U0635052

陆南泉　著

# 俄罗斯经济体制改革史论：

## 从俄国彼得一世到普京

### （上卷）

天津出版传媒集团

天津人民出版社

图书在版编目（CIP）数据

俄罗斯经济体制改革史论 ：从俄国彼得一世到普京 ：
上、下卷 / 陆南泉著. -- 天津 ： 天津人民出版社，
2024.7

ISBN 978-7-201-20319-5

Ⅰ．①俄… Ⅱ．①陆… Ⅲ．①经济史—俄罗斯 Ⅳ.
①F151.29

中国国家版本馆 CIP 数据核字(2024)第 062240 号

**俄罗斯经济体制改革史论:从俄国彼得一世到普京(上、下卷)**
ELUOSI JINGJI TIZHI GAIGE SHI LUN；CONG EGUO BIDE YISHI DAO PUJING (SHANG,XIA JUAN)

| | |
|---|---|
| 出　　版 | 天津人民出版社 |
| 出 版 人 | 刘锦泉 |
| 地　　址 | 天津市和平区西康路 35 号康岳大厦 |
| 邮政编码 | 300051 |
| 邮购电话 | (022)23332469 |
| 电子信箱 | reader@tjrmcbs.com |
| 责任编辑 | 王　玡 |
| 特约编辑 | 曹忠鑫 |
| 封面设计 | 卢炀炀 |
| 印　　刷 | 天津新华印务有限公司 |
| 经　　销 | 新华书店 |
| 开　　本 | 710 毫米×1000 毫米　1/16 |
| 印　　张 | 67.5 |
| 插　　页 | 11 |
| 字　　数 | 960 千字 |
| 版次印次 | 2024 年 7 月第 1 版　2024 年 7 月第 1 次印刷 |
| 定　　价 | 298.00 元(上、下卷) |

版权所有　侵权必究
图书如出现印装质量问题,请致电联系调换（022-23332469）

读大学本科时的照片

1956—1960 年在苏联留学读研究生（摄于莫斯科河畔）

1986—1987 年任日本北海道大学斯拉夫研究中心客座教授（摄于研究室）

2005 年访问俄罗斯进行学术交流（摄于红场）

1997 年在美国普林斯顿大学讲学（摄于住处）

1997 年参加由上海市前市长汪道涵倡议召开的"苏联剧变深层次原因研究"研讨会合影，左起：作者、汪道涵、徐葵（时任中国俄罗斯东欧中亚学会会长）

2008 年参加在钓鱼台国宾馆召开的中俄贸易经济论坛与前俄罗斯驻华大使罗高寿（中）和原苏联部长会议主席雷日科夫（右）合影

2017 年参加学习《胡耀邦文选》第 19 次读书会，与前中共中央统战部副部长胡德平的合影

2024 年 2 月 11 日与杜海燕（左）看望中国社会科学院原副院长刘国光学部委员（中）

2014 年参加中俄经济合作高层智库研讨会，与前中国驻俄罗斯大使李凤林（左）和原黑龙江副省长、现全国政协常委、中华职业教育社副理事长孙尧（中）合影

　　2014 年参加中国国际交流协会召开的"苏联解体原因"研讨会，与前美国驻苏联大使小杰克·F.马特洛克合影

　　2012 年参加德意志民主共和国最后一任总理莫德罗《我眼中的改革》一书讨论会并与他合影

与原体改委副主任高尚全合影

与著名经济学家吴敬琏合影

2005 年访俄时与俄罗斯阿甘别基扬院士合影

2011 年参加中国社会科学院召开的学部委员会议时与学部委员李静杰的合影

2019 年与程伟（辽宁大学前校长、党委书记）教授一起参加转型国家经济政治论坛时的合影

2023 年应邀到北京大学进行讲座，与主持讲座的北大副校长宁琦教授合影

2019 年与大连外语大学校长刘宏教授合影（摄于中共中央党校）

2024 年 2 月 1 日与中国社会科学院俄罗斯东欧中亚研究所所长孙壮志合影（摄于作者斗室书屋）

　　1987年在日本北海道大学参加有关戈尔巴乔夫体制改革研讨会，与日本著名苏联经济问题学者佐藤经明教授合影

　　2014年参加新疆师范大学召开的第三届中亚研究论坛，与哈萨克斯坦总统战略研究所经济研究部部长谢尔勒巴娃·白拉·拉西多夫那合影

与中共中央党校毛蓉芳教授合影

1987年拜访东京大学菊地昌典教授（摄于他的研究室）

　　2021 年参加北京大学国际关系学院研讨会时的合影，左起：刘显中、左凤荣、关贵海、黄宗良、作者、郑异凡、马龙闪、杨闯与孔田平

　　2018 年在哈尔滨参加第五届中俄经济合作论坛时的合影，左起：李新、王宪举、作者、盛世良与田永祥

　　2000 年与最后一位博士生曲文轶(右 2)的论文答辩委员合影,左起:许新、高成兴、作者、张康琴、李建民与乔木森

　　2024 年 6 月 15 日在华东师大参加学术研讨会合影,前排:作者;后排左起:曲文轶、李建民与马蔚云

2023 年在山东大学（青岛校区）参加会议时与北京大学冯玉军教授合影

2019 年在上海外国语大学参加中俄关系国际会议时与杨成教授合影

2023 年在山东大学（青岛校区）讲座，与主持讲座的马风书教授合影

2023 年 11 月 29 日庆祝作者 90 岁生日，左起：高际香、李雅君、杜海燕、作者、申健、张弘、李建民、高歌、离晓琼

2008 年在辽宁大学参加学术讨论会合影,第一排左起:徐坡岭、郭连成、郑羽、作者、程伟、李静杰、李永全与景维民

第一排左起:孔寒冰、朱晓中、徐涛、程伟、作者、郭连成、李建民,常玢

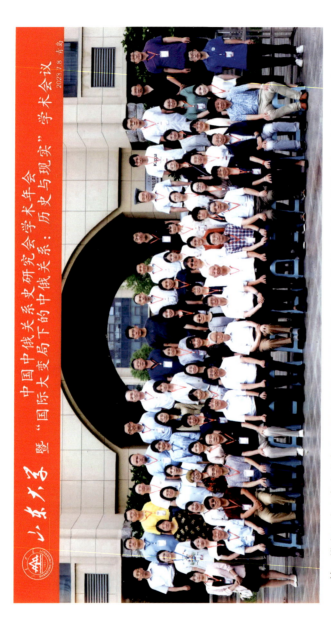

中国中俄关系史研究会学术年会暨"国际大变局下的中俄关系：历史与现实"学术会议

2023.7.8 青岛

第一排左六为山东大学青岛校区党工委书记邢占军，左七为作者，左八为中俄关系史研究会会长那广程，右四为中俄关系史研究会秘书长陈开科

# 自　序

苏联经济体制是斯大林-苏联模式的一个重要组成部分。苏联计划经济体制模式的形成、发展与改革进程,以及它对苏联社会经济乃至对苏联继承国——俄罗斯的经济转型有着十分重大的影响。因此,系统地研究苏联经济体制改革、俄罗斯的体制转型与对社会经济发展的影响,具有十分重要的理论与现实意义。

一、国内外研究状况

应该说,对苏联、俄罗斯经济与经济体制的研究一直是国内外十分关注的问题。我国对这一领域的研究,大致可分为五个不同时期:

一是从十月革命后到斯大林逝世,这一时期重点研究苏联社会主义经济建设的基本政策与计划经济体制形成的原因及弊端。

二是从赫鲁晓夫上台后到中苏两党友好时期。这期间对苏联经济及其体制改革的研究,主要特点是客观介绍的内容多,内部报告多,公开发表的论著少。

三是在中苏两党出现分歧,对国际共产主义运动中的一些重大问题进行大论战时期,这一时期我们对苏联经济体制改革的研究严重受意识形态的影响,如对赫鲁晓夫时期在经济体制改革方面提出的理论、政策与措施,往往作为修正主义加以批判。

四是中共十一届三中全会之后,研究的重点是总结苏联经济体制改革的经验教训,特别关注苏联改革遇到的阻力和难以取得进展的原因。在此基础上,对中国的经济改革提出对策建议。另外,也日益重视经济改革理论的研究。

五是从苏联解体(1991年年底)到目前为止。这期间对斯大林-苏联经济体制模式的研究与苏联解体原因的研究两者紧密联系起来。

这方面的研究日益受到重视,认识越来越深化,表现在:①重新认识斯大林-苏联模式的形成的原因,不少学者认为,这种模式的形成不具有历史的必然性;②分析苏联历次改革失败产生的影响,认识到这种模式已日益失去动力机制,走进死胡同,从而成为苏联解体的一个重要因素;③不少学者提出,苏联解体的根子是斯大林-苏联模式,改革的阻力主要来自政治体制、"左"的僵化的教条主义理论特别是苏联长期以来批判"市场社会主义",这使其改革难以摆脱"产品"经济理论的影响,一直不能确立以市场经济为改革的目标;④大家清楚地看到,俄罗斯作为苏联继承国也继承了苏联经济体制模式,因此俄罗斯面临十分复杂的经济体制转型任务。俄罗斯的经济转型,日益成为国内学者研究的一个重要内容。

我对苏联经济体制改革进行较集中的研究,是从邓小平同志主政后开始的。为了深入研究苏联社会性质,论证苏联是不是社会帝国主义国家,邓小平决定成立国际问题写作小组,研究苏联社会帝国主义问题,该小组设在钓鱼台,由胡乔木、宦乡具体负责,小组成员有李慎之、唐文瑞(时任《人民日报》副总编)、李汇川与何方等老一辈领导与资深学者。1978年至1980年12月,由中联部(当时我在中联部工作)派出我参加该写作小组。研究了一段时间后,认为得不出苏联是社会帝国主义国家的结论。另外,邓小平已在积极准备推行改革开放政策,召开理论务虚会,批判"两个凡是"。后来,小平同志决定集中研究改革问题。这样,我就转向研究苏联体制改革问题。通过总结苏联改革的经验教训,对中国改革提出对策建议。在此期间我向中央写了多篇内部报告。可以说,我是国内最早联系中国改革来研究苏联改革的学者之一。后来我一直从事这方面的研究。1979年我撰写了《苏联经济体制改革为何迈不开大步》一文,时任中央党校副校长的胡耀邦批示在《理论动态》发表,该文得到很多刊物转载。同年,我为《人民日报·理论宣传动态》撰写了《对扩大企业自主权的几点看法》的内部报告,提出中国的改革第一要把计划权交给企业;第二要解决企业的法律地位,成为真正独立的商品生产者;第三,企业职工要有管理权;第四,加紧对经济管理干部的培训,转变思想观念。该报告的主要内容在1980年1月1日《人民日报》发表。现在来看,上述观点谈不上有多大新意,但在当时来说,提出上述观点并不是容易的事。在长期积累材料研究分析的基础上,2007年我出版了《苏联经济体制改革史论——从列宁到普京》,较系统地总结了苏联经济体制改革历史,并对各个历史时期的改革提出了看法。可以说,从1978年开始至今,我的主要精力一直放在苏联体制改革与俄罗斯转型问题上。

在苏东剧变前,苏联学者一般都是从更广泛的领域来研究斯大林-苏联经济体制模式的,着重研究的问题如下:

(1)对十月革命理论及俄国道路的分析,这是研究的总课题。

(2)生产资料社会化与国有化的问题。这两者不能等同,苏联的所有制体制没有一点符合马克思主义关于社会主义占有方式的特征,苏联生产资料国有化和集体化并没有使劳动者成为生产资料的主人。

(3)苏联体制模式的形成原因问题。它与苏联党内政治派系斗争交织在一起,是极其复杂的过程,是一个从属于政治斗争的过程。

(4)关于经济管理民主化问题。不解决社会主义民主种种问题,就不可能解决社会主义经济问题,更谈不上生产者成为主人的问题了。

(5)关于斯大林-苏联模式不可避免地产生异化问题。研究社会主义思想、体制构建,必须把马克思主义的异化学说考虑进去。

(6)苏联经济体制模式特点及主要问题。苏联经济实质上"命令经济""统制经济"和"战备经济"。

(7)从各个角度分析斯大林-苏联体制模式改革难以推动的原因。

(8)在理论上研究苏联社会主义与市场的关系问题。由于苏联把市场经济视为资本主义、是"邪说"和"左倾修正主义",因此,它的经济改革就不可能成功。

(9)农业、农民问题。这是过去所有社会主义国家没有解决好的问题,根本原因是实行苏联集体农庄制度的结果,因为它是超高速工业化的产物,是通过强制办法实现的。

(10)斯大林-苏联经济体制模式与对外政策关系问题。这种模式之所以需要,是因为它是苏联推行霸权主义最有效、最稳妥的手段。

苏联解体后,俄罗斯与西方学者,更多地注意研究解体与斯大林-苏联模式的关系问题。另一个研究重点是俄罗斯转型的前景与振兴的可能性。这里自然涉及经济体制转型的方向与取得成功的可能性问题。从已出版的论著来看,大多数是对某个历史阶段进行研究(如戈尔巴乔夫时期的改革、叶利钦时期的转型和普京振兴俄罗斯的经济发展与转型政策等)。

二、研究体制问题的重要性

世界各国体制改革与转型的实践表明,一个社会主义国家的成败、兴衰,归根到底取决于其选择的体制模式,以及能否在不同历史时期根据变化了的情况对选择的模式进行正确与及时的改革。正如邓小平同志一再强调指出的:"不是说个人没有责任,而是说领导制度、组织制度问题更带有根本性、全局性、稳定性和长期性。这种制度问题,关系到党和国家是否改变颜色,必须引起全党的高度重视。……制度好可以使坏人无法任意横行,制度不好可以使好人无法充分做好事,甚至会走向反面。即使像毛泽东同志这样伟大的人物,也受到一些不好的制度的严重影响,以至对党对国家对他个人都造成很大的不幸。"邓小平同志还说:"斯大林严重破坏社会主义法制,毛泽东同志就说过,这样事件在英、法、美这样的西方国家不可能发生。他虽然认识到这一点,但是由于没有在实际上解决领导制度问题以及其他一些原因,仍然导致了'文化大革命'的十年浩劫。这个教训是极其深刻的。"①上述论述,清楚地说明,邓小平同志关于制度问题"更带有根本性、全局性、稳定性和长期性"这一重要理论观点具有重大意义。经济体制是整个体制中的一个重要组成部分,它对生产力的发展起着重大的作用,研究苏联的兴衰,不从体制(包括经济体制)这个视角去研究,很多重大问题难以得出正确的结论,也难以有深刻的认识。邓小平同志还指出:"社会主义基本制度确立之后,还要从根本上改变束缚生产力发展的经济体制,这是改革"②,"只有对这些弊端进行有计划、有步骤而又坚决彻底的改革,人民才会信任我们的

---

① 《邓小平文选》第二卷,人民出版社,1983 年,第 333 页。
② 《邓小平文选》第二卷,人民出版社,1983 年,第 333 页。

领导,才会信任党和社会主义"①。这里顺便讲一下,1992 年邓小平南方谈话的中心思想是中国必须坚持改革开放的大方向,决不能动摇,并且要加大改革力度,指出了不改革只能是死路一条。邓小平在南方谈话讲到党的问题时亦是从制度、体制层面去考察问题的。2012 年 12 月 31 日,习近平在主持十八届中共中央政治局第二次集体学习时的讲话中指出:"改革开放只有进行时没有完成时。没有改革开放,就没有中国的今天,也就没有中国的明天。"这是笔者研究这一问题的首要原因。

不论是我国国内还是苏联(俄罗斯)与西方学者,尽管在斯大林-苏联经济体制模式的研究方面取得了不少进展,有些论著有相当的深度,但是迄今为止,在国内外,尚未见到一部较系统与完整地论述涵盖以下内容的斯大林-苏联经济体制模式的著作:①其历史跨度从俄国彼得一世到普京;②从这一模式的形成、发展、僵化到阵营化;③各个历史时期的改革与失败,最终成为导致苏联剧变的一个重要原因;④苏联解体后,俄罗斯社会变迁过程中的经济体制转型进程与遇到的种种难题。这是笔者决定研究这一问题的原因之二。

研究斯大林-苏联经济体制模式,也是为了从经济体制这一角度总结苏联社会主义的历史,只有深刻地认识了过去,才能更好地把握未来,向后看,就是向前进。本课题的研究,也是为了中国在深化经济体制改革过程中,根据中国的实际,来建设具有中国特色的社会主义。还应看到,斯大林-苏联社会主义模式,曾对我国几代人的世界观、人生道路留下深刻印记,要消除它也并不容易,其后果至今仍然以各种方式存在着。只有摆脱这一模式的影响,才能使我们建设的中国特色的社会主义反映出科学社会主义的本质特征,才能推进中国现代化的进程。因此,研究这一课题具有现实意义。这也是笔者决定研究斯大林-苏联经济体制模式的第三个原因。

长期以来,特别是中国实行改革开放政策之后,我对苏联(俄罗斯)的研究,主要精力花在了经济体制改革与转型问题上,并发表了一些论著,但历史在发展,俄罗斯转型还在继续,中国体制改革正在进一步深化,为此,我一直在继续收集材料,在过去研究的基础上,力图撰写一部更为系统、完整地

---

① 《邓小平文选》第三卷,人民出版社,1983 年,第 370 页。

论述苏联经济体制改革、俄罗斯转型以及对社会经济发展影响的著作。

三、研究方法

马克思列宁主义的唯物辩证法是本课题的研究方法,即既要尊重历史事实,又要对历史作出新的评价,避免总结历史陷入"存在就是合理的"历史唯心主义泥潭之中。在史与论的关系问题上,根据"论从史出"的原则,在弄清史实的基础上,作出必要的分析,力求做到史论结合。

四、基本框架

本书的书名是《俄罗斯经济体制改革史论》。这里讲的俄罗斯包括三个历史时期:十月革命前的俄国、十月革命后的苏联与苏联解体后的俄罗斯。本书分上下两卷。上卷在简要阐明从俄国彼得一世开启的改革到十月革命前这一时期的体制改革后,主要论述修补性的苏联经济体制改革过程。着重分析苏联计划经济体制模式形成、发展、凝固化与阵营化的过程;研究这一体制的改革过程、主要政策与措施以及分析历次改革未能取得成功的原因。在研究这些问题时,还探索各个阶段在改革理论方面的变化。本书下卷在论说戈尔巴乔夫执政后期经济体制开启转型有关政策和措施之后,集中研究苏联解体后,作为苏联继承国的俄罗斯在制度变迁过程中如何实行经济体制转型的。考虑到斯大林-苏联经济体制模式到 1991 年底苏联解体时尚未发生实质性的变革,就是说,叶利钦上台后,所面临的仍然是传统的经济体制模式,因此俄罗斯新领导人要改革的仍然是苏联时期的经济体制。另外,俄罗斯从 1992 年初通过实行全方位的体制转型已经有 28 个年头了,很多问题值得研究,因此,必须把苏联解体后俄罗斯经济体制转型内容单独作为下卷加以论述。还有一点需要指出,在苏联解体前即从赫鲁晓夫到戈尔巴乔夫时期,笔者都用经济体制"改革"一词,而从叶利钦时期开始,用经济体制"转型"一词。之所以用两个不同的概念,因为苏东剧变前,改革的目标是通过对原体制的改进、改良来达到现有经济体制的完善,而不以根本改变制度为目标。与此相反。转型则意味着发生实质性的、制度性的变化,将引入全新的制度安排,或者像有的学者指出的:改革焦点是调整与完善现有制度,而转型是改变制度基础的过程。这是我把改革与转型区别开来的原因。

五、几点认识

写完这本书,感触很多,对不少问题认识得深刻一些了。

第一,从体制模式层面研究苏联社会主义制度,应包含理论、路线与基本政策三个相互联系和相互作用的内容。

第二,苏联经济体制模式的形成并不具有历史的必然性,不是唯一的选择,它的形成具有明显的人为的政治斗争因素。

第三,历次改革不成功导致这一模式的日益僵化,阻碍机制的日益严重化,从而到20世纪80年代末通过改革来完善苏联社会主义已变得越来越艰难。因此,不失时机的改革,是使社会主义具有生命力的必由之路,正如邓小平讲的:"坚持改革开放是决定中国命运的一招。"①

第四,苏联解体表明斯大林式的苏联社会主义模式的失败(包括经济体制),并不意味着科学社会主义的失败。中共十一届三中全会以后中国通过改革,开始摆脱斯大林模式,坚持走符合中国国情的社会主义道路,从而取得了世界公认的成就,这就是一个证明。

第五,苏联几十年的体制改革表明,改革的阻力主要来自高度集权的政治体制、既得利益阶层和"左"的理论上的教条主义,因此,在经济改革过程中,必须推行政治体制改革,排除"左"的干扰。要与时俱进,不断创新,不断发展社会主义理论。中国共产党一再强调要坚持全面深化改革。习近平在中共十九大报告中指出:"只有改革开放才能发展中国,发展社会主义,发展马克思主义。"他还强调:"坚决破除一切不合时宜的思想观念和体制机制弊端,突破利益固化的藩篱,吸收人类文明有益成果。"这些论述对推动我国社会经济的发展与深化改革具有十分重要的意义。

第六,正确对待农民、处理好与农民的关系,是极为重要的现实问题。苏联一直没有解决好这个问题,成为它尖锐的社会经济问题之一。曾在叶利钦时期任职8个月的总理普里马科夫,在他2001年发表的著作中,谈到农

---

① 《邓小平文选》第三卷,人民出版社,1993年,第368页。

民问题和农业政策时,深有感触地写下了以下一段话:"尽管采取的措施①很多,但它们带有'消防'性质,未来就不能总是这样下去。应当从整体上考虑俄罗斯农民的命运。他们不仅是忍受了各种苦难的伟大劳动者,也是民族文化、民族传统的保护者。俄罗斯农民蒙受了多少苦难啊!农奴的权利,给成千上万人造成致命打击的'没收富农的财产和土地',夺去了数百万人生命的饥饿,数十年的集体农庄的无权地位。蕴藏着巨大的朝气蓬勃力量的农民忍受住了。今后怎么办?""……(20 世纪)90 年代实行的经济政策,继续把俄罗斯农民推进深渊。"在俄罗斯转入市场关系后,并没有挡住"掠夺农村的半刑事或公开的刑事'中间商'"。国家也"没有狠狠打击敲诈勒索分子和其他犯罪分子"。不少地方,"经常有一些人与警察勾结,按'牌价'抢购农民的产品,然后拿到市场上高价倒卖"②。

笔者在研究苏联体制模式改革问题时,力求做到秉笔直书,实事求是;在阅读大量历史资料的基础上选择可靠的材料去说明问题,并提出自己的看法;对已有的有关研究著作认真学习,吸取其所长。笔者认为,这些都是研究问题应有的基本态度。

笔者还想说,不论对苏联时期的改革还是对俄罗斯的体制转型,学术界存在不同看法,这是很正常的,应本着"双百"方针以平等讨论的态度,一起去讨论,应鼓励学者以实事求是的态度去研究问题,以推动问题研究的深入,这对我国推动理论创新具有十分重要的意义。应该说,中国自改革开放以来,学术研究的环境已有了明显的改善。对学术界存在的不同意见那种动辄扣政治大帽子的做法,达不到追求真理的目标。苏联在这方面的教训是十分深刻的。

由于研究的问题历史跨度长,要阅读的材料非常之多,而笔者的水平又有限,书中的缺点错误肯定不少,恳切地希望同行与广大读者的批评指正。

陆南泉

2019 年 6 月

---

① 此处指对农业、农民。

② [俄]叶夫根尼·普里马科夫:《临危受命》,高增训等译,东方出版社,2002 年,第 40~41 页。

# 目　录

上　卷

## 第一编　十月革命前俄国的体制改革

## 第二编　计划经济体制形成过程

## 第三编 修补性的改革过程

# 下　卷

## 第四编　经济体制转型酝酿与发端时期

# 第五编　经济体制转型时期

# 第一编

# 十月革命前俄国的体制改革

长期以来,一直落后于欧洲的俄国,它的改革更具其自身的特点与特有的复杂性,这是由于俄国的发展是在长期存在的农奴制与沙皇专制制度的基础上进行的。俄国改革进程十分艰难,这个过程延续了两百多年,一直到当今的俄罗斯,仍处在持续之中。本编着重研究俄国改革的进程。

# 第一章　十月革命前俄国的历次改革

这是一段长达 180 年的历史时期,先后经历了彼得一世(彼得大帝)(1682—1725 年)、叶卡捷琳娜一世(1725—1727 年)、彼得二世(1727—1730 年)、安娜(1730—1740 年)、伊凡六世(1740—1741 年)、伊丽莎白(1741—1762 年)、彼得三世(1762 年)、叶卡捷琳娜二世(叶卡捷琳娜大帝)(1762—1796 年)、保罗(1796—1801 年)、亚历山大一世(1801—1825 年)、尼古拉一世(1825—1855 年)与亚历山大二世前 6 年(1855—1861 年①)的统治。

笔者的目的不是去论述这段漫长的历史发展过程,而只是从改革和转型视角,考察在这一时期俄国在政治与经济领域发生了哪些变化,有何进展,在此基础上进行一些评析。

## 第一节　从彼得一世到保罗(1682—1801 年)

### 一、彼得一世的执政时期(1682—1725 年)

彼得一世的统治,与以前的俄国相比可称为进入了一个新时代。这个时代的俄国有人称为"帝国时代",有人因其首都迁到圣彼得堡故称为"圣彼得堡时代",也有人称为"全俄罗斯时代",因这时的俄国已纳入了更多的民族,不再是单一的俄罗斯民族。

彼得一世上台时是 1682 年,他还是一个 10 岁的孩子,被宣布称为沙皇。在同一年,同父异母的哥哥伊凡并立为沙皇,只是到 1694 年彼得一世母亲去

---

① 亚历山大二世实际统治时期为 1855—1881 年。

世与 1696 年伊凡去世,他才真正成为俄国唯一的君主。但彼得一世还有一
个异母的姐姐——索菲亚。她在做女皇的强烈欲望驱使下试图发动政变,
后以失败告终,只得向她弟弟投降,被监禁在一所修道院中。这样,彼得一
世最终掌握了统治俄国的大权,那时他 22 岁。彼得一世体格强壮、精力充
沛,参与所有的国事活动,并逐渐成长为一位称职的陆海军指挥官。他在
1697—1698 年间在国外共待了 8 个月。在这期间,他招募了 750 多位外国
人主要是荷兰人为沙皇效力,后又在 1717 年出国向西方学习,并又向欧洲各
国的人士发出邀请为俄国工作。对邀请的人士,不分民族,并保证在宗教方
面的宽容态度与给予司法自治,但他认为犹太人具有寄生性,故不在邀请之
列。彼得一世重视专家的意见,但又坚持独立思考。他性格的另一方面是
脾气暴躁,做事咄咄逼人,粗鲁无礼,残忍。

彼得一世执政后,清楚地意识到俄国在经济、政治、军事与文化等各领
域落后于欧洲,也深刻地认识到在国家管理与社会治理方面的严重混乱,不
论是中央还是地方的政权机构十分庞杂。特别是他看到世袭贵族与封建王
公仍把持着国家的政权机构,成为阻碍社会进步与反对改革的主要力量。
另一个突出问题是,在不断战争的情况下,巨大的军事开支造成财政不堪重
负。鉴于这种情况,彼得意识到,必须通过大刀阔斧的改革来促进俄国的发
展,向欧洲文明中吸收有益的营养。

彼得一世改革的主要内容是军事改革。可以说,他的改革首先是从军
队体制入手的。不少军事改革的直接起因与战争需要有关。历史学者尼古
拉·梁赞诺夫斯基与马克·斯坦伯格合著的《俄罗斯史》一书中指出:"在这
个领域①,彼得大帝的改革措施不仅仅是对西方的模仿,同时也具有渐进性、
成功性和持久性的特点。正因为如此,他被正确地视为现代化俄罗斯军队
的创立者。""这位改革者实行普遍征兵制,重组了军队,并使其现代化。"②
"还规定:贵族们也必须亲自服兵役。在征集大批兵员之后,彼得一世着手
把他们改造成为一支现代化军队,还亲自制定一套新的军事手册。他还缔

① 此处指军事领域。
② [美]尼古拉·梁赞诺夫斯基等:《俄罗斯史》第 7 版,杨烨等译,上海人民出版社,2007 年,
第 212 页。

造了新式的俄罗斯海军。在彼得一世刚上台执政时,俄国海军只有一艘过时的军舰,而他留给继任者的,则是 48 艘主力战舰、787 艘小型的辅助性的船只和 28000 名官兵,还有一个新生的造船工业、波罗的海的一些港口和波罗的海海岸线。"①

行政改革是彼得一世的另一项重要改革。在把主要精力用于军事方面的同时,彼得一世对中央、地方与教会的行政管理及财政方面都进行了改革。

1711 年,彼得一世通过颁布有关设立参政院的诏令,使参政院成为监督所有司法、财政和行政事务的最高国家管理机构。为了沟通君主与参政院之间的联系,专门设立了一个高级官职即总监察官,他实际上是君王的耳目。按规定,参政院的任何决定必须由总监察官签署后才能生效。如参政院与总监察官之间产生分歧,最后均由彼得大帝裁决。在 1717 年之后,彼得一世又设立各种委员会以取代众多旧式的、职能重叠、效率低下的衙门。这种委员会大体上相当于后来政府的各个部。当时成立各种委员会,因为当时这种模式在欧洲被广泛采用。这个委员会制度运行了近百年,直到亚历山大一世用各部取代为止。地方政府的改革是随着 1699 年重新设置城镇机构进行的。

财政政策的变革,在彼得一世改革中占有重要地位。由于不断地进行战争,在彼得一世执政期间一直感到资金严重短缺,有时甚至财政困难到令人绝望的境地。财政政策变革的一个重要内容是,开征五花八门的税收,难以置信的有胡须税、澡堂税、棺材税等。据有数据表明,与 1680 年相比,政府收入在 1702 年翻了一番,到 1724 年则已增加到了 4.5 倍。②

彼得一世通过改革,首先考虑满足战争的直接需要,同时从 1710 年开始亦着手大力发展民用工业,其目的是增加出口。彼得一世还想方设法促进私人企业发展。据统计,彼得统治时期建立了 200 家工场,其中 86 家由政府开办,114 家属于私人和公司所有。而在 1695 年,全俄只有 21 家工场。另

---

① ［美］尼古拉·梁赞诺夫斯基等:《俄罗斯史》第 7 版,杨烨等译,上海人民出版社,2007 年,第 213～214 页。

② 参见［美］尼古拉·梁赞诺夫斯基等:《俄罗斯史》第 7 版,杨烨等译,上海人民出版社,2007年,第 216 页。

一材料说,这位皇帝去世之际,已经开工的俄国企业有 250 家。发展最快的是冶金、采矿和纺织业,纺织业实际上是由这位皇帝开创的。[①]

在彼得一世统治时期,教育与文化改革在所有改革中成效最持久。不少学者认为:"教育和文化改革推动着俄罗斯坚定地、不可逆转地向西方文化的方向前进。"[②]彼得一世还积极鼓励兴办培养专门人才的各类学校,他还设想当时还没有条件实现的创办一个科学院。为了推进俄罗斯欧化,彼得还试图引进西方的服装、礼仪与生活习惯。[③]

如何评价彼得一世时期的改革?

首先应该指出的是,这一时期的改革并不是事先有计划地、相互协调地进行的,不少改革是为了应对战争压力而采取的各种特殊的措施。尽人皆知,这一时期只有 1724 年没有战争,没有战事的时间总共不超过 13 个月。但同时又要看到,把彼得一世的改革视为仅仅是为了赢得战争的看法,也是片面的。实际上,他希望俄国的一切领域,如政府、社会、日常生活和文化等都能西化与现代化。他发展教育事业所持的看法是:如果没有教育的发展一个现代化的行政系统就不可能有效运作。

其次,彼得一世为了推动改革,消除阻力,对反对改革者实行残酷的镇压政策,大开杀戒。镇压了一大批那些敢于反对改革的贵族、僧侣乃至包括他的妻子和儿子。马克思对彼得一世的评价是:"彼得大帝用野蛮制服了俄国的野蛮。"[④]

再次,彼得执政时期的经济发展,是以牺牲处于最贫困阶层的农奴利益为代价的,他通过改革,借助名目繁多的税收尽可能地压榨农奴,为兴办军工企业,彼得下令,允许工场主把整村农奴买到工场做工。使广大农奴在人身上更加依附地主贵族,更加没有社会地位。

---

① 参见[美]尼古拉·梁赞诺夫斯基等:《俄罗斯史》第 7 版,杨烨等译,上海人民出版社,2007 年,第 219 页。

② [美]尼古拉·梁赞诺夫斯基等:《俄罗斯史》第 7 版,杨烨等译,上海人民出版社,2007 年,第 220 页。

③ 参见[美]尼古拉·梁赞诺夫斯基等:《俄罗斯史》第 7 版,杨烨等译,上海人民出版社,2007 年,第 220 页。

④ 《马克思恩格斯全集》第 21 卷,人民出版社,2003 年,第 62 页。

最后,彼得一世改革,使俄国建立与完善了在严格等级制基础上的绝对君主制国家。从对彼得一世统治时期的改革进程来看,可以说俄国欧化或向西方学习,是从彼得一世开始的。但同样亦应看到,他改革的主要目标是建立强大的俄国。余伟民教授认为:"彼得一世改革的直接结果表现在两个方面:其一,通过引进西方的技术文化,为建立具有对外扩张能力的强大国家奠定了物质基础;其二,通过行政改革和宗教改革,再次确立绝对君主制度,国家获得了控制个人的物质生活和精神生活的绝对权力。完成了社会生活全面国家化和国家政治生活的高度集权化。"①

尽管学术界对彼得一世的改革对俄国现代化关系的评价有不同看法,但笔者认为:第一,总的来说,彼得一世的改革,打开了通往欧洲的大门,引进了欧洲的科技、文化、教育乃至生活习惯。虽然彼得一世亦希望有控制地学习欧洲,如他亦实行贸易保护主义等措施,但已经发生了变化很难得以控制,资本主义虽处于萌芽状态,但毕竟出现了。这无疑对俄国社会经济的发展与现代化具有进步意义。第二,彼得一世改革的结果,使俄国成为欧洲的军事强国,大大提高了它在欧洲的地位。从而俄国成为帝国,彼得加冕为"彼得大帝"。同时,彼得一世不断实行扩张政策。第三,从当时俄国的历史条件来看,建立绝对君主制国家体制,对于维护国家统一,抵御外国侵略等,都有积极意义。正如恩格斯所说:"王权在混乱中代表着秩序,代表着正在形成的民族(Nation)而与分裂成叛乱的各附庸国的状态对抗。"②

美国梁赞诺夫斯基等在《俄罗斯史》一书中,对彼得一世改革时进行总体评价时指出:"虽然在俄罗斯历史长河中,彼得大帝只是世间凡人,并非超人,但是这位改革者依然占据着极其重要的地位。俄罗斯迟早要被欧化,这几乎是不可避免的,但不可否认的是,彼得大帝是这一历史宿命的主要执行人。至少,这位皇帝的统治大大加速了不可避免的西方化进程。其统治也在一个原来是纯粹个人的选择和机遇大行其道的领域里确立了国家的政策和国家的控制。"他在书中接着写道:"鉴于彼得大帝是一个务实的功利主义者,所以最好还是用比历史命运之类的东西更实际的评论来给我们的讨论

① 余伟民:《国家主义现代化道路的历史作用及其局限性》,《俄罗斯学刊》2012 年第 5 期。
② 《马克思恩格斯全集》第 21 卷,人民出版社,1975 年,第 453 页。

作个总结。"此后,书中引用了这位皇帝的众多崇拜者之一、历史学家、右翼知识分子波戈金的如下一段话来评价彼得一世的改革:

是的,彼得大帝为俄罗斯做了很多,取得了巨大的成就。有的人对此视而不见,有的人则想统计出他到底为俄国做了多少事,但总也得不出一个总数。在家里,在街上,在教堂,在学校,在军营,在剧院的走廊里,无论我们在哪里,只要一睁眼,一迈步,一转身,就能碰到他。每一天,每一刻,每一步,他都在。他无时不在!

我们醒来了。今天是几号? 1841 年 1 月 1 日。彼得大帝命令我们从基督诞生之日起开始计算年份,还命令我们从一月份开始计算月份。

该穿衣了。我们的衣服是根据彼得一世规定的款式而裁制成的。我们的制服样式也是他规定的。布匹是在他建立的工厂中生产出来的。羊毛是从他开始饲养的绵羊身上剪下来的。

一本书吸引了我们的目光。铅字印刷术是彼得大帝当年引进的,字母表是他亲自删削过的。你开始读它了。你所读的书面文体是在彼得一世时期才取代了早期的宗教文体的。

当天的报纸到了,这也是彼得大帝引进来的。

生活中,你总得买东西吧。从丝织围巾到鞋底,所有的生活用品都能让你想起彼得大帝。有些是他下令引进俄国的,另一些是他第一个使用的,还有一些是经他改良过的;这些商品装在他下令建造的船上,卸在他开始修建的码头上,航行在他下令开挖的运河里,行驶在他下令修建的公路上。

当你进餐之时,所有的菜,无论是腌鲱鱼,还是西红柿,还是红葡萄酒,都在提醒你,不要忘记了彼得大帝。西红柿是他下令种植的,酿葡萄酒用的葡萄也是他开始栽种的。

餐后,你驾车外出去一个名叫彼得大帝广场的地方。在那里,你会遇见许多女士,正是由于彼得一世颁布的法令,她们才得以和男子一起外出并且进入原来只有男人才能去的社交场所。

让我们去大学看看吧。第一所世俗学校是彼得大帝建立的。

根据彼得大帝所制定的"官秩表",你得到了一个品级。

"官秩表"给了我贵族身份,这也是彼得大帝安排的。

如果我必须起草一份起诉书,彼得大帝已经把它的形式规定好了。起诉书将会在彼得大帝命令设立的那面代表正义的镜子前被接受;然后会按照《总规程》(General Reglament)的规定得到处理。

如果你决定出国旅游,就像彼得大帝当年做的那样,你会得到良好的接待。因为,正是彼得大帝把俄罗斯变成欧洲的一员,并开始为他赢得尊重。他为俄罗斯做的还有很多,很多。①

## 二、叶卡捷琳娜二世的"开明专制"

1725 年 1 月 28 日彼得大帝死后到 1762 年叶卡捷琳娜成功地发动了一场宫廷政变,推翻并处死其丈夫彼得三世,于 1762 年自己成为叶卡捷琳娜二世。在这 37 年,俄国王位不断更迭,宠臣起起落落。这期间,反封建的斗争以各种形式连绵不断地出现,贵族上层统治集团之间的争夺皇位的斗争日益激化,但有两点始终没有变化,即皇权贵族的暴政与对外侵略扩张一直没有停止。

叶卡捷琳娜二世执政至 1796 年,共 34 年,这是俄国封建社会发展历史上一个重要时期。研究这一时期对于了解俄国有重要意义。正如著名学者瓦利舍夫斯基指出的:"要摸清这个组织的底细,首先就应该研究叶卡捷琳娜,因为现代俄国多半不过是这位伟大国君的遗产。"②

叶卡捷琳娜二世执政时期的 18 世纪下半期,从客观上讲,这正是以法国大革命为标志的欧洲资本主义迅速发展的时期,也是欧洲许多国家宣布实行"开明专制"时期;从俄国国内来讲,俄国社会矛盾、阶级矛盾处于激化的时期,1762—1772 年间,农民暴动不断,起义就达到五十多次。叶卡捷琳娜

---

① ［美］尼古拉·梁赞诺夫斯基等:《俄罗斯史》第 7 版,杨烨等译,上海人民出版社,2007 年,第 222 ~ 223 页。

② ［波兰］卡瓦舍夫斯基:《俄国女皇——叶卡捷琳娜二世传》,姜其煌等译,上海译文出版社,1982 年,序言第 3 页。

二世预感到,不断出现的农民暴动与反抗,将会影响到俄国封建统治的基础,1773—1775 年发生的大规模的普加乔夫农民起义就是一个明显的信号;从叶卡捷琳娜二世本人来讲,她出生在普鲁士边境的什切青,从小接受的是欧洲教育,其父母亲都是"开明专制"的拥护者。

叶卡捷琳娜二世"开明专制"的思想,理论来自 18 世纪法国一些启蒙思想家。伏尔泰的《共和国思想》一书提出的看法是:"开明专制"是最文明和最合理的政治制度。他认为,专制制度的缺点在于权力过于集中,势必会造成当权者的专制独断和扼杀自由,而共和制度也不是最好的制度,尽管它提倡自由平等,但平等会导致无政府状态。因此,最完善的政治制度是"保存着专制政体中有用的部分和一个共和国所必需的部分"的开明君主制度,是"开明专制向君主立宪制过渡的桥梁"。① 孟德斯鸠在《论法的精神》和《罗马兴衰原因论》中赞颂了罗马共和制度,并把罗马帝国的灭亡归结为实施独裁专政的结果,他提出了封建专制制度最终必然走向灭亡的观点。但是由于他的上层出身,他不愿意看到他所出身的那个阶级的衰落,不愿意立即看到封建专制制度的灭亡。尽管他赞扬共和政体,但同时认为共和政体容易走向极端平等,容易滋生个别人的政治野心,产生许多小的专权者,因此在他看来共和政体是不现实的。他的政治主张是寄希望于君主的开明自识,借助于思想家和哲学家的帮助,君主下决心自上而下进行改革,实行法制,同资产阶级联合,最终建立资产阶级的君主立宪制度。另一位启蒙思想家达兰贝尔认为:"当统治者和教育统治者的人意见一致时,国家的最大幸福便实现了。"后来又盛情邀请狄德罗来俄国,帮助她进行政治改革。

叶卡捷琳娜二世不仅从思想家那里学来了华丽的辞藻,而且形成了自己的开明专制思想。《俄国自由主义史》的作者列昂托维奇认为:"叶卡捷琳娜二世的改革计划就是建立在西欧自由主义原则,首先是建立在孟德斯鸠的思想基础之上的。叶卡捷琳娜二世试图给宗教宽容以合法承认,使刑法变得更加人道些,为经济生活领域的私人创造性开辟了道路通过个别法令巩固贵族的自由权利,还包括扩大贵族和城市的所有权,以保护它们的特权

---

① 张建华:《俄国现代化道路的研究》,北京师范大学出版社,2002 年,第 30 页。

免于受到来自国家方面的破坏。除此之外她还试图改善农民的地位,扩大一些阶层的自治机构在所有的行政管理体系发展和稳定条件下的作用,也包括实现在建立地方管理局和自治局的条件下的权利划分原则。这个内容广泛的自由主义纲领,首先是反映在她的圣谕之中。"①

叶卡捷琳娜二世为推行"开明专制"实施一些改革措施。在女皇地位巩固后,1766 年,她认为可以根据启蒙思想对俄国的政治进行重大改革了,于是她召集了立法委员会。该委员会的主要任务是编纂法律,目的是要使俄国的法律与生活合理化与现代化。尽管女皇一再宣传新的法律具有激进的性质,但立法委员会制定的《训谕》淡化了激进的色彩,但在当时来说仍被认为是一份让人们感到震惊的自由主义文件。叶卡捷琳娜女皇花了 18 个月的时间亲笔撰写的《训谕》,充分反映了启蒙思想所产生的影响。但在考虑到俄国的具体国情后,女皇并没有照搬她的理论导师孟德斯鸠的思想,在她的《训谕》中有意把导师的思想有时表达得模糊晦涩,有时甚至改得面目全非。例如,孟德斯鸠对英国政权、司法权与立法分立的思想,视为改善俄国政治的一种重要运作手段;而女皇仍然信奉专制制度是唯一能把庞大的俄国统一在一起的法门。

立法委员会与会代表有 564 人,其中 28 人是任命的,536 人是选举产生的。这 536 人中,161 人为土地贵族,208 人为城镇居民,79 人为国家农民,88 人为哥萨克人与各少数民族。立法委员会的预备会于 1767 年夏召开,该会只存在一年半,开了 203 次会议。由于立法委员会规模过大,工作效率低,特别是由于该委员会内部因阶级的严重差别而导致分裂,尤其是贵族代表与农民代表在农奴制问题上存在尖锐的冲突。由此,女皇于 1768 年利用土耳其战争爆发之机解散了立法委员会。

叶卡捷琳娜二世的另一项改革是,从 1775 年开始组建新的地方政府体系,调整中央与地方政府的关系。力图通过分权的方式来加强外省的政府,具体办法是分散权力和职能,以鼓励地方贵族参政,从她执政初期的全国共分 15 个直属中央的地方行政单位。到她结束统治时,省级地方行政单位以

---

① 张建华:《俄国现代化道路的研究》,北京师范大学出版社,2002 年,第 33 页。

扩增到 30 个,每个省级单位又分 10 个左右的县。省长由中央任命。女皇的地方政府改革,目的是加强地主的地位,为此她给贵族以结社权与其他权利。1785 年公布的《贵族宪章》,使贵族的地位与特权达到了顶点。贵族地位与特权的提升同时,农奴制随之也加强。

在土地方面,叶卡捷琳娜二世进行了一次大规模的土地丈量和土地权利调查工作,目的是使土地所有权合法化。

女皇在发展俄国工商业、教育与文化方面做出了不少努力。

对叶卡捷琳娜二世的评价,褒贬不一。有人严厉批评她统治时期,把俄国农奴制推到了极点,她所推行的"开明专制"主要是为了巩固贵族封建统治,有其很大的局限性和欺骗性。无疑这些都是客观存在的事实。但是在叶卡捷琳娜执政时期,在推行"开明专制"过程中,以下两点是不能忽视的:首先,应该看到,叶卡捷琳娜二世在其执政期间,把欧洲自由主义思潮下的"开明专制"引进俄国,从而对传播西方先进思想与文明是有积极意义的,并且在带动俄国文化领域的西化有了很大的进展。还应看到,这些对俄国今后的现代化进程还会继续产生影响。其次,在叶卡捷琳娜二世统治时期,连同她逝世后的继承者保罗执政 5 年(到 1801 年)在内这段历史时期,俄国社会经济、文化与教育等各个领域有了很大发展。

从工业生产来看,这段时期俄国工业有了不少发展,工厂数从彼得大帝去世时的 200～250 家增加到 18 世纪末的 1200 家,如把规模很小的制造厂家算上,其数目可能超过 3000 家;工人数量约在 10 万到 22.5 万人之间。许多工厂雇用工人达百人以上,最多的达 3500 人左右;具有十分重要意义的采矿业与金属业有了很快的发展。这个时期一些地主建立了庄园工厂,使用他们的农奴作为没有人身自由的劳动力,这类工厂主要从事轻工业生产。特别要指出的是,这一时期,在俄国工业发展中自由劳动力的地位日益提高,这些自由的劳工通常是为了缴纳代役租而外出做工的属于地主个人的农奴,但此时这种劳工在工厂中逐渐成为一种新型的、具有"资本主义"色彩的经济关系。[1]

---

　　[1]　参见[美]尼古拉·梁赞诺夫斯基等:《俄罗斯史》第 7 版,杨烨等译,人民出版社,2007 年,第 259 页。

从贸易来看,也在增长,特别到了18世纪下半叶,在叶卡捷琳娜二世时期,以卢布计算的俄国年度进出口总额增长了两倍。在整个18世纪,俄国的出口远远大于进口值。①

从人口变化来看,一方面反映在叶卡捷琳娜二世时期人口的增长。在彼得大帝时期俄国人口变化是静止的,在1725年的俄国版图内,居住着约1300万人,1762年增至1900万人,1796年达2900万人,到18世纪末已超过3600万人,这其中由于叶卡捷琳娜对外扩张带来的新臣民约700万人。另一方面反映在城市人口也有所增加。1724年,俄国城市人口占全国人口的比例为3%,到1796年上升为4.1%。

从教育与文化来看,在彼得一世去世后,俄国教育出现了衰退,但在1755年创办了俄国第一所大学——莫斯科大学,该大学刚创办时只有十名教授与一些助教,十名教授中只有两位是俄国人,一位是数学家,一位是修辞学家。十年后教授增加了一倍,其中俄国人已占了半数。学校最初授课用拉丁语,从1767年起改用俄语。在文化方面有了较大进步,彼得大帝时期俄国出版了600种书,1725年到1775年间出版了2000本书,1775年到1800年出版了7500本,1783年叶卡捷琳娜二世私人出版社颁发许可证,这对推动出版有重要作用。在科学与学术研究方面,女皇一直提倡学习西方,吸收现代科学、知识与艺术。②

以上简要分析说明,叶卡捷琳娜大帝时期,从改革对俄国向现代化方面的影响来看,确有积极意义。从俄国历史的发展来看,也是一个非常重要的时期,所以有人称她为在俄国创造了历史的杰出英雄人物。

# 第二节　亚历山大一世到尼古拉一世(1801—1855年)

1801年3月,粗鲁、暴戾与难以预测行事为风格的保罗在宫廷政变中丧

---

① 参见[美]尼古拉·梁赞诺夫斯基等:《俄罗斯史》第7版,杨烨等译,人民出版社,2007年,第261页。

② 同上,第268～271页。

命。其儿子亚历山大一世登上皇位。新沙皇执政的最初时期,曾打算废除专制制度与农奴制。但这样做,对当时的俄国来说有很大风险与困难:一是农奴制代表着俄帝国的最大利益,必然影响着对俄国极端重要的贵族阶级;至于废除专制制度转向共和国,将会削弱皇权。这些使亚历山大一世很快打消了以上念头。但他还是采取了如恢复参政院等措施,并实施了一些有限的社会立法,如1801年将财产拥有权从贵族延伸到俄国的一切自由民,《自由农民法》于1803年生效,该法规定农奴主有权自愿解放农奴,保证被解放的农奴拥有土地,并建立相关的规章与法庭以确保法案的实施。但这一法案从开始实施到该法于半个世纪后"大变革"前夕被废除为止,共只有384名农奴主依据该法解放了115734名从事非家务劳动的男性农奴和他们的家庭。①

1807—1812年是亚历山大一世改革的第二阶段。作为皇帝助手的斯佩兰斯基,于1809年应亚历山大一世的要求,提交了一份彻底的宪政改革计划。该改革计划的主要内容有三点:一是把俄国人分为三类,即贵族、"中等地位的人"和劳动者(中等地位的人包括商人、工匠、农民以及拥有一定资产的小经营者;劳动者包括农奴、仆役和学徒)。二是该计划也规定了三项权利,即一般的公民权;特殊的公民权,如免除各种服役;受财产资格限制的政治权利。贵族拥有所有权利;中间地位的人享有一般公民权,如果财产达到一定要求,也拥有相应的政治权利;劳动者也享有一般公民权利,但由于没有足够的财产,没有参与政治的权利。三是把俄国的行政划分为四个级别,即乡或镇(Volost)、县、省和国家。每一级均设有以下机构:①立法会或杜马,全国一级的立法机构称国家杜马;②法院系统,其中参政院是最高法院;③各级行政委员会,在中央一级包括各部及中央执行权力机关。需要指出的是,亚历山大一世未能实施斯佩兰斯基的改革计划,一个重要原因是遭到官僚与贵族的反对。但是亚历山大一世在斯佩兰斯基的努力下,在立法方面还是取得了一些进展,主要表现在1810年创建了国务会议。国务委员会的成员由沙皇任命,协助沙皇开展立法工作,但无权限制专制政府的原则。

---

① 参见[美]尼古拉·梁赞诺夫斯基等:《俄罗斯史》第7版,杨烨等译,人民出版社,2007年,第283~284页。

尽管委员会倾向于极端保守,但还是强调法制、能力和按程序办事的精神。还应看到,在国务会议创立后俄国的历史中,"所有重大改革方案都是由国务会议经正规程序通过的,历届政府几乎所有最有害的法令,都是在国务会议的职权之外,作为行政法规通过的,名义上都只是暂时性的措施"。另一项重要改革措施是,在斯佩兰斯基的努力下,通过采用文官考试制度及其他旨在强调文官的业绩及提高政府效率的措施,俄国的官僚机构有所加强。①

由于俄国内情况日益恶化,阶级矛盾十分尖锐,俄国封建王朝日趋腐朽衰败,这样,俄国历史上出现了第一个革命组织,后被称为"十二月党人",因他们在 1825 年 12 月发动了一场不成功的起义。十二月党人是由一批年轻的贵族革命家组成的。起义虽失败了,但这是俄国反封建革命运动的新起点,他们企图在俄国建立宪政,实现基本的自由并废除农奴制。列宁在评价十二月党人的历史地位时指出:"这些革命者的圈子是狭小的。他们同人民的距离非常远。但是他们的事业没有落空。"②

1825 年 12 月,亚历山大一世死去,转入尼古拉一世统治(1825—1855年)。他在继位时发生了十二月党人起义。这使这位新沙皇下决心要与革命进行彻底的斗争。他热衷于军事,在其统治后期,他的亲信中几乎没有文职人员。这个长达 30 年的统治时期,被认为是俄国历史上最为反动腐朽的一个时期。面对欧洲资本主义的迅猛发展,亚历山大一世竭尽全力来挽救农奴制与封建贵族专制制度。他曾说过:"革命到了俄国的门槛,但我发誓,只要我还有一口气,绝不会让它闯进来……"③

在国内政治方面,他实行高度专权的军事化管理,把全俄国变成高度集权统治的兵营;在文化思想方面,实行严格的监控,为此成立的第三厅即政治警察,成为尼古拉一世独裁统治的象征。对这些国家新卫士们的工作,史学家是这样描述的:"他们试图介入人民的全部生活,实际上他们干涉一切可以不干涉的事情:家庭生活、商业交易、私人争吵、发明项目、见习修士从

---

① 有关斯佩兰斯基改革计划的有关论述,参见[美]尼古拉·梁赞诺夫斯基等:《俄罗斯史》第 7 版,杨烨等译,上海人民出版社,2007 年),第 284~285 页有关内容。

② 《列宁全集》第 21 卷,人民出版社,1990 年,第 267 页。

③ [苏]波诺马廖夫主编:《苏联史》第四卷,莫斯科,1967 年俄文版,第 260 页。

修道院逃跑等等,秘密警察对这一切都感兴趣。同时第三厅还收到不计其数的陈情书、投诉、告发信,他们每封信都要调查,都要立案。"①第三厅还对包括普希金在内的人们进行严密监控并授意写作为俄国现存制度辩护的文章。这种背景下,告密者大大增加,而虚假的密报之多使第三厅不得不着手惩罚一些告密者,并焚烧大量的密报。

总之,尼古拉一世统治期间,实际上把俄国冻结了30年,而欧洲各国正经历着种种变革,从而又大大推迟了俄国欧化的进程。

## 第三节 农民改革:俄国农奴制度废除与
## 迈向现代化的重要一步

对1861年俄国废除农奴制的改革,有人称为"大改革",有人称为是一场自上而下的经济变革,也有人用"农民改革"一词。用词虽有差别,但实质内容大体上是相同的——废除农奴制,也就是说,通过这个大改革解放农奴,使其获得人身自由,从而逐步使主导社会经济形态的资本主义在俄国建立,向现代化迈出了重要一步。

### 一、农民改革的原因

1855年2月,面对克里米亚战争失败成定局的形势,尼古拉一世服毒自杀,亚历山大二世在37岁时继承了其父亲尼古拉一世的皇位。不少历史学家断定,新皇帝在继承皇位前是个顺从父亲的儿子,并没有显示出自由倾向,实际他的一生一直保持着保守心态,他决定进行废除农奴制的大改革,是出于形势所迫。从大量的史料来看,笔者认为,亚历山大1861年的大改革,是由以下重要原因决定的:

第一,从当时的国际环境看,在19世纪中期,沙皇俄国与欧洲的旧势力勾结在一起镇压了1848年的革命,使俄国成为欧洲阻碍乃至抗衡资本主义

---

① [美]尼古拉·梁赞诺夫斯基等:《俄罗斯史》第7版,杨烨等译,上海人民出版社,2007年,第302页。

发展的主要力量。同时,随着克里米亚战争的失败,不仅仅使俄国失去主导欧大陆的霸主地位,并在经济实力上进一步拉开了与欧洲资本主义国家的距离。与此同时,充分显露了俄国封建农奴制的腐败。正如列宁指出的:"克里木(指克里米亚——引者注)战争表明了农奴制俄国的腐败和无能。"①如果不废除农奴制俄国将进一步衰落下去,在欧洲就失去了应有的地位。这正如赫尔岑所说:"如果在俄国奴隶制将继续存在下去,那么,一切最终结果将是,我们像一群野蛮人那样闯入欧洲,将一切踏碎,将一切都毁掉,而自身也将在这种绝望的行动中毁灭。"②

第二,长期没有发生根本性变革的农奴制,导致其经济效率十分低下,这种生产方式不具有在国际市场上竞争的比较优势,成为生产社会化与资本主义工业化的主要障碍。再说,到了19世纪中期,许多地主特别是一些小地主,已经不能养活自己的农奴,不少贵族积累了大量债务。在此情况下,在19世纪前半期,自由劳动力,无论是真的自由身份还是其他农奴主的合同债务农奴的身份,已经普遍地存在于俄国经济中。据有关资料,1811年,农奴占总人口的比重为58%,在大改革的前夕为44.5%。③这在客观上已反映出,农奴制在大改革前,由于日益变得不合时宜,已出现了日益松散的状态。

第三,克里米亚战争失败与农奴制的严重腐败,生产效率的极其低下,所有这些,导致俄国国内阶级矛盾尖锐化,引发了反农奴斗争的加剧,加速了俄国封建专制制度的全面危机。根据俄官方统计,在废除农奴制之前,曾发生了550次农民起义,而苏联历史学家伊格纳托维奇则认为,农民起义的次数达1467次,并且进行了详细的分类:1801年到1825年间农民暴乱有281次,占总数的19%;1826年到1854年间农民暴乱有712次,占总数的49%;在亚历山大二世废除农奴制的六年零两个月里发生了474次,占总数的32%。不少苏联历史学家认为,农民暴动在农奴解放中起到至关重要的

①　《列宁全集》第20卷,人民出版社,1989年,第174页。

②　[俄]安·米格拉尼扬:《俄罗斯现代化之路——为何如此曲折》,徐葵等译,新华出版社,2002年,第5页。

③　参见[美]尼古拉·梁赞诺夫斯基等:《俄罗斯史》第7版,杨烨等译,上海人民出版社,2007年,第340页。

作用,可以说事实上是经历了一场革命。这也就是为什么亚历山大二世在登基一年后的加冕礼上说,与其等待农奴自下而上地解放自己,不如主动地自上而下地废除农奴制。

第四,不能忽视的道德因素。十二月党人、斯拉夫文化优越主义者、西方化人士,以及由于当时俄国文学进入繁荣期,导致人道主义的情感越来越普遍与强烈。在不少小说中描写农奴精疲力竭、痛苦不堪的悲惨情景,他们给人们留下的难以忘怀的极为同情的人群。人们日益意识到,农奴制的不人道,不能再继续实行这种制度了,这种道德观对促进废除农奴制有着促进作用。

以上废除农奴制的四个原因,是相互联系,相互促进的。

二、农民改革的主要内容——废除农奴制

在正式宣布废除农奴制的 1861 年前,亚历山大二世在结束克里米亚战争的宣言中已承诺要改革,他还在战争结束前已颁布了一些措施,废除了尼古拉一世后期一些严厉的规定,如对出国旅游和大学入学人数的限制,并在1856 年 3 月 30 日,在对莫斯科的贵族发表演说时,他就第一次宣布要废除农奴制。他说:"农民和他们的地主之间存在着敌对情绪,不幸的是由于这种敌对情绪,发生了一些不服地主管束的事情。我深信,我们迟早会解决这个问题。我想,诸位是同意我的意见的,因而从上面解决必有由下面解决好得多。"①

为了推动农奴的解放,对此问题展开公开讨论,亚历山大二世还取消了限制报刊讨论废除农奴制的禁令,一些历史专家认为,在当时沙皇政府中有不少自由主义倾向的成员,都在努力唤醒民众,认识废除农奴制的必要性,力求在大改革过程中培育具有现代市民意识的阶层。从组织上来说,1858年各省成立了贵族委员会讨论解放农奴的问题,同时,在圣彼得堡成立了由9 名人员组成的中央委员会。此时在俄国,除了少数顽固的地主贵族外,大部分人已认清了当时俄国的处境,接受了政府解放农奴的改革,当然,他们

① 刘祖熙:《改革与革命——俄国现代化研究(1861—1971)》,北京大学出版社,2001 年,第15 页。

也提出改革要尽可能在以对其有利的方式下进行。

经过五年的准备与策划，以及二十个月的文件起草工作后，国务会议通过了改革计划，亚历山大二世在 1861 年 3 月 3 日（俄历 2 月 19 日）签署了《关于农民脱离农奴依附关系的总法令》与废除农奴制的《宣言》，并于 3 月 5 日（17 日），这两项文件正式颁布。

《总法令》规定农民改革的基本原则，明确宣布自法令公布之日起，农民获得人身自由和支配自身财产的权利，禁止买卖或交换农奴；贵族地主保留原土地的所有权，但须将其部分土地划为农民的份地作为耕种使用；农民获得份地的同时必须承担劳役租、代役租和履行为贵族地主服务的义务；农民占有份地和服役的数量由契约规定，而契约由贵族地主制定并负责监督实施；在征得地主贵族同意的前提下，农民缴纳赎金后可将份地归自己占有。①关于土地分配的有关条款十分复杂，在不同地区亦不相同。

经过这次改革，农民大致获得以前耕地的一半，另一半仍然留在地主贵族手里。还应看到，分配给以前的农奴的土地严重不足，从有关条款规定来说，农奴应该获得 1861 年以前他们自己耕种的所有土地的面积，但实际所得到的土地少了 18%，有些地区甚至少了 40%。据有关统计，这次改革后有 13% 的农奴获得了足够的自由土地，45% 的农奴获得的土地可以维持自己的家庭生计，42% 的农奴没有获得足够的土地。在改革后，3000 名贵族保留了 9500 万俄亩的土地，而 2000 万被解放的农奴获得了 1.16 亿俄亩土地。②

随着农民改革的进行，亚历山大二世还着手地方政府的改革。1864 年 1 月所颁布的新法律，反映了地方政府强烈的现代化与民主化趋势。实行地方自治是地方政府改革的一项重要内容，它激发了地方政府积极性与主动性。尽管地方政府改革存在不少问题，如"地方自治"机构税收权力有限，在区一级议会中贵族所占的席位过多，一般要占 42%，在省级的议会中要占到 74%，在"地方自治"委员会占了 62%。但成立一个"地方自治"系统，这对长期实行专制独裁的俄国来说，无疑是向民主方向迈出了一大步。还应看

---

①　参见陆南泉等主编：《苏联兴亡史论》修订版，人民出版社，2004 年，第 81 页。

②　参见［美］尼古拉·梁赞诺夫斯基等：《俄罗斯史》第 7 版，杨烨等译，上海人民出版社，2007 年，第 341～344 页。

到,不少"地方自治"制度在不少地区发挥了一定的作用。有人认为,这个制度从 1864 年建立起到 1917 年俄国消亡,在大众医疗与教育等方面做出了不少贡献。在 1864 年推行"地方自治"改革后,在法律系统特别是立法方面的改革,使司法机构不再是行政官僚制度的一个组成部分,而成为一个独立部门。司法的独立,体现了资产阶级的"三权分立"的思想,俄国再也不可能回到农奴制或大改革之前的司法状况了。

1874 年俄国又进行了军队改革,主要内容是义务服役从低级阶层扩展到所有的俄国人,服役期限也从亚历山大二世统治初期的 25 年缩短到 1874 年改革后的 6 年。在军队废除肉体惩罚,提高军官的专业素质,并使军队内部更加民主,建立专门的军队院校,对应征入伍者进行初级教育。所有这些改革措施,对推进俄国整个国家现代化和民主化均有重要意义。

从转型对现代化影响的视角来分析,1861 年俄国以废除农奴制为主要内容的农民改革并带动其他的改革,无疑加速了从封建专制制度向资本主义制度过渡的进程,促进了资本主义生产关系的发展,对俄国社会经济的变革、发展有深远的影响。1861 年改革后,俄国一些农村较为发达地区,农业生产专业化与农产品的商业化有了一定的发展,农业机器使用也有一定的推广,雇佣工人也从 19 世纪 60 年代的 70 万人增加到 90 年代的 360 万人。资本主义的工业也有了发展。在 1861 年改革后的 30 年间,作为主要工业的机器制造业的发展,与军工发展有密切的关系。在 19 世纪 70 年代,俄国主要铁路干线已基本建成。铁路从 1861 年的 1488 俄里①增加到 1891 年的 2.8 万俄里,1900 年达到 4.78 万俄里。②

俄国 1861 年改革以来的变化,也反映了欧洲自由主义思想在俄国得到传播与在激进的知识分子阶层得到认可。

对亚历山大二世的农民改革,俄罗斯学者的评价是:"奴隶制废除后,居民的绝大多数在俄国历史上第一次获得了最起码的权利。其中包括支配自己生活的权利、自由迁徙的权利、财产权。像独块巨石般的整体社会的破坏过程开始了。亚历山大二世的改革在某种程度上遏制了贵族的绝对专断。

① 1 俄里 ≈1.0668 千米。
② 参见陆南泉等主编:《苏联兴亡史论》修订版,人民出版社,2004 年,第 86 页。

农民和贵族的分化、城市和工业的发展、独立的强有力的经济中心的出现，使得一部分俄国居民产生了向国家要更多自由的愿望。特别是资产者及雇员这样的城市居民，以及成了独立主人的那部分农民有这种愿望。尽管俄国各阶级政治上无权的状况并没有改变，缺少行使公共权利的环境，但相当大的一部分居民获得了一些权利，这仍是一个巨大的进步。俄国沿着资本主义道路的进一步发展，深化和加强了这一进程。知识分子、居民中的受教育阶层、大小资产阶级、工人阶级和个体农户的增多，为进一步的演进发展创造了必要的前提，也使人们更加相信只有进行政治体制改革，个人才有可能获得基本的公民权利。遗憾的是，由于亚历山大二世遇刺的悲剧事件的发生，使这种情况没有出现。"①

应该说，上述评价较为客观与全面。

## 第四节　农民改革之后的两次革命

亚历山大二世被暗杀之后，1845 年出生的亚历山大三世于 1881 年继承了俄国王位。从此开始一直到 1917 年十月革命长达 36 年之久的这段时间，经历了 1905 年与 1917 年的二月革命，其中有些年份是进行了一些改革。这是俄国沙皇统治危机日益深化，各种反抗活动频繁发生的历史时期。

亚历山大三世执政后，不仅没有继承其父王亚历山大二世推行的进步措施，而是实施了反改革措施。他的基本信念是：沙皇掌控的不受限制的个人权利是神圣的和必要的。这位新统治者竭力维持俄国体制的中央集权化、官僚化和等级制度，为此，他一方面决心镇压革命以保证其独裁统治；此外，在改革方面不断倒退，这表现在诸多领域，例如在 1881 年夏公布的"临时性法令"赋予了政府官员广泛的权力，可以处置各种出版物与被认为会危害公共秩序的人。军事法庭草率地搜查、逮捕、监禁、流放与判决成为司空见惯的事情。1884 年颁布的大学规章，取代了 1863 年颁布的较具自由色彩

① ［俄］安·米格拉尼扬：《俄罗斯现代化之路——为何如此曲折》，徐葵等译，新华出版社，2002 年，第 18～19 页。

的规章,取消了大学的自主权,不允许学生在学校建立社团,大大压缩教育经费。亚历山大三世利用一些机会来支持贵族,强调贵族在俄国的领导地位,同时对农民加以种种严格限制。他对亚历山大二世建立的"地方自治"体系,进行了重大的变革,通过大大提高投票权对资产多寡的规定,使选民数量大大减少,如在圣彼得堡选民数量从21000人下降到8000人,莫斯科地区则从20000人下降到7000人,①这样做使贵族的代表权明显提高了。由于以上原因,亚历山大三世在俄国历史上以"改革反对者"著称。

1894年亚历山大三世去世后,由他的长子尼古拉二世继位。这位皇帝对彼得大帝时期的俄国有着浓厚的怀旧心理,他认为:"沙皇不受限制的个人权利是俄国实力和稳定乃至整个国家进步的唯一保障。"即使在1905年,在被迫对大规模的骚乱做出回应并同意建立全国代表大会的要求时,还说:"让我们仍如昔日那样建立起沙皇与全俄人民之间的联盟还有朕与子民之间的融洽关系,这些都以一种与独一无二的俄罗斯原则相对应的秩序为基础。"②一般都认为,尼古拉二世统治时期是极端保守主义的。但要指出的是,这个时期在任财政大臣谢尔盖.维特,着重在经济领域采取了一些比俄国政府其他部门较有进步的与有远见的政策,他改革的主要内容与政绩有:

第一,积极引进外国资产阶级的资本,推动外国资本与沙皇政府的合作。19世纪90年代俄国工业中的外资由2亿卢布增加到9亿卢布,外资在俄国全部股份资本中所占有的比重由1890年的1/3强增加到1900年的1/2。③ 外资主要投向冶金、机械制造、石油和煤炭等重工业部门,1890年冶金业的外资为2700万卢布。1900年增加到2.573亿卢布。④ 这一政策为俄国工业的发展起到不小的作用,但另一个后果是,使俄国在经济上特别是在一些主要工业部门对欧美国家的依赖。

第二,货币改革(1897年)使卢布在市场上价格降低三分之一。从经济

---

① 参见[美]尼古拉·梁赞诺夫斯基等:《俄罗斯史》第7版,杨烨等译,上海人民出版社,2007年,第362页。

② [美]尼古拉·梁赞诺夫斯基等:《俄罗斯史》第7版,杨烨等译,上海人民出版社,2007年,第364页。

③ 参见樊亢:《外国经济史》第2卷,人民出版社,1965年,第191页。

④ 参见张建华:《俄国现代化道路研究》,北京师范大学出版社,2002年,第74页。

现代化或欧化视角来讲,这一改革重要意义在于使俄国的金融体制与欧美国家接轨,有利于俄国与国际金融市场的联系以及为引进外资创造了条件。

第三,修建西伯利亚大铁路。维特认为,俄国经济发展缓慢,生产率低下,在诸多原因中,交通不发达是一个重要因素。19 世纪 90 年代直接投资于铁路建设的资金为 16.9 亿卢布,为国有资产的一半。1891—1895 年新建铁路里程达到 6275 俄里,1900 年增至 1500 俄里,1901 年猛增到 56130 俄里。在维特任期内,俄国新建铁路里程占全俄铁路里程的 37%,其中,1893—1900 年每年的铁路建设里程平均为 2600 千米。[①] 大规模地快速发展铁路,带动了其他工业部门的发展,促进了俄国经济与国际市场的联系,这为俄国加速资本主义生产方式的建立创造了条件,从而也为俄国从封建农奴制度向资本主义工业化过渡起到了重要的推动作用。

第四,通过实行高关税保护俄国民族工业的发展。当俄国在 19 世纪 80 年代工业有了相当基础与发展之后,在有些欧洲国家如德国实行高关税情况下,维特决定提高关税来保护尚难与发达的欧美国家竞争的本国民族工业,并可增加财政收入。维特除实施上述经济改革政策外,还实行酒业类专卖制与制定斯托雷平改革的基本原则。

尼古拉二世统治后期,即到了 19 世纪 90 年代初,一方面工业取得了迅速发展,在俄国资本主义终于取得了优势地位;另一方面俄国仍然是沙皇专制统治、小农经济占国民经济总产值 2/3 的封建主导型国家,加上 1861 年的农民改革,也没有从根本上改善农民的政治地位与生活条件,农奴为了获得土地要为其花大量赎金,使他们背负着沉重债务,只是到了 1905 年农奴所需偿还债务才被最终废除。另外,尼古拉二世执政后又推行了一系列反改革措施。以上各种因素,导致俄国国内封建主义与资本主义的矛盾加剧,并出现了直接对抗。以农民为主要力量的社会各阶层反封建专制主义斗争日益高涨。与此同时,工人阶级力量开始壮大与觉醒,对封建沙皇专制制度持严厉批判的激进政治精英,于 1903 年建立解放联盟,又于 1905 年组建了立宪民主党。激进主义者在世纪之交组织了两个重要政党:社会民主党与社会

① 参见[苏]梁士琴科:《苏联国民经济史》第 2 卷,中国人民大学编译室译,人民出版社,1956 年,第 213 页。

革命党。

20 世纪初,俄国国内工人游行示威、罢工活动在全国蔓延。沙皇政府对人民的反抗进行了残酷的镇压,但这并没有扑灭革命的烈火,1906 年和 1907 年仍有 110 万人及 74 万人参加了罢工。1906 年 5—8 月中有 250 个县、9—12 月间有 72 个县爆发了农民起义。军队内部的士兵抗暴斗争也时有发生。

另外,这一时期国家杜马已成为两大势力争斗的舞台。国家杜马一直是由封建贵族控制的,在 1905 年革命浪潮的冲击下,沙皇政府不得不作出让步,允许社会其他阶级参加杜马选举。封建统治者在反封建斗争浪潮中被迫实行部分的立宪制。这是俄国第一次资产阶级革命取得的一个重要成果,因为沙皇专制统治制度终究被打开了一个缺口。

1906 年 3 月的国家杜马选举,共选出代表 499 名,其中立宪民主党人 166 人,无党派人士 144 名,农民和工人代表(包括社会革命党人)130~140 名,社会民主党人 18 名(均为孟什维克)。立宪民主党人当选为国家杜马主席。随后,在本届国家杜马(1906 年 5 月 10 日—7 月 21 日)活动期间,土地问题成为议会斗争的核心议题。1907 年初新一届国家杜马共选举出代表 518 名,其中立宪民主党人 98 名,社会民主党人、农民和工人代表及人民社会党人共 157 名,社会民主党人 54 名,布尔什维克参加了此次杜马选举,获 15 席。立宪民主党人再次当选杜马主席。新一届国家杜马(1907 年 3 月 5 日—6 月 15 日)活动期间,土地问题依然是革命与反革命较量的中心问题。两届国家杜马尽管存在的时间都很短暂,但都是以新的方式和手段,围绕资产阶级民主革命的首要问题——土地问题,同封建贵族进行了较量,从而将革命进程推到了一个新的高度。①

广泛的群众性起义与种种反抗活动,迫使沙皇封建统治者在政治上做了一些让步。但革命进步势力居主导地位的国家杜马日益强烈要求解决俄国最为迫切的土地问题,而这正是贵族地主难以容忍的。1907 年 6 月初,沙皇政府以国家杜马中的革命党人代表在军队中谋反为借口,将他们逮捕,并随即发布命令解散第二届国家杜马。这次事件史称"六三政变"。一般史书

---

① 参见陆南泉等主编:《苏联兴亡史论》修订版,人民出版社,2004 年,第 94~95 页。

以此为界,认为它意味着俄国 1905 年革命的终结,并将以后的时期称作"斯托雷平政府反动统治时期"。所以在论述 1905 年开始的俄国资产阶级民主革命问题时,还应把斯托雷平政府执政时期的有关政策包括进去。"六三政变"后,斯托雷平一方面实行残酷的镇压政策,另一方面实行土地改革,成为俄国最大的自由主义改革家。当时斯托雷平决心实行土地改革,主要出于以下考虑:一是从国际比较来看,与欧洲国家相比,俄国的经济特别是农业制度大大落后了,必须向欧洲学习,为此改革旧的土地制度与从根本上废除村社制度已成为一个迫切的问题。二是不论是斯托雷平本人还是一些有远见的贵族都认识到,村社完全是封建制度的典型残余,它既阻碍经济的独立发展,并且还使已经获得自由身份的农民难以摆脱对村社的依赖,还得继续忍受村社官吏的残暴统治,从而导致农民日益疏远沙皇的政权。三是由于旧的土地制度,束缚了农民的积极性,导致生产效率极低,农民生活十分贫困。斯托雷平认为,村社是制约俄国农民走向富裕的主要枷锁,贫困比奴隶地位更可怕,是造成社会不稳定的主要原因。

鉴于上述原因,斯托雷平有关土地改革规定与主要内容是:允许农民自由和随时退出村社。将农村村社分为两种:一种是在不实行定期重分土地的村社中,将土地直接归农民所有;另一种是在实行定期重分土地的村社中,任何农户都可以把重分土地时所有应划归他的土地确定为私人所有。当农户占有土地超过应分限额时,超额部分只要向村社支付 1861 年的赎地价格即可确定为原耕种者所有。当分得的地段零散时,农户有权提出要求,让村社将划给他的土地尽可能集中在一起。所有划归农民私有的土地,都可以自由买卖和抵押。原村社的公共产业,如草地、森林、水源仍为公有。

法令还规定:除去有村社中划分给个人的土地外,只要在个别农户土地所有制的农村中由全体农民的大多数投票决定、在村社土地所有制的农村由全体农民的三分之二以上投票决定,法令即允许把全部村社转变为独立地段的农户所有。这一条对鼓励大农场主的出现无疑起到了促进作用。

为配合土地改革政策,沙皇政府从 1906 年开始,大规模将欧俄地区的农民迁移向西伯利亚、中亚和远东等地区。1906—1910 年共有 250 万农民移民到西伯利亚、中亚和远东等地区。

在这次土地改革过程中,农奴制改革后建立的农民土地银行发挥了重要作用,沙皇政府将农民土地银行变成新土地政策的工具。该银行接受破产农民的委托,向退出村社的富裕农民出卖土地。1906—1916 年,农民银行收购的土地卖给富农的占 54.6%,卖给农民的土地占 23.4%,卖给村社的占 17%,卖给其他阶层的人占 5%。在 1905—1911 年期间,农民单独或集体地获得了 486.84 万俄亩的土地。此外,商人、手工业者获得了 104.34 俄亩的土地。因此,银行在自己的事务中实施了那种奠定斯托雷平改革之基础的政策——建立个体富农经济的政策。① 斯托雷平在进行土地改革的同时,还在政治方面推进地方自治制度的改革。

斯托雷平的土地改革,虽从本质上来讲,是为了维护封建贵族与沙皇制度的统治,但从社会进步与国家现代化转变角度来讲,土地改革在客观上起到了破坏俄国传统的封建土地所有制,从而动摇了数百年的俄国封建专制制度的经济基础,加速了农村资产阶级的形成与发展,强化了在经济中市场经济原则的作用,也为形成多种经济成分、提高经济效率与在国际经济中的竞争能力创造了重要条件。列宁在评价斯托雷平土地改革问题时指出:"拿右派地主和十二月党人赞同的斯托雷平纲领来说吧。这是公开的地主纲领。但是能不能说,它在经济上是反动的,是排斥或力图排斥资本主义发展的呢? 能不能说它是不允许资产阶级的农业演进的呢? 绝对不能这样说。相反,斯托雷平按根本法第 87 条颁布的有名的土地法贯穿着纯资产阶级的精神。毫无疑问,这项法律所遵循的是资本主义演进的道路,它促进和推动这一演进,加速对农民的剥夺,加速村社的瓦解,使农民资产阶级更快地形成。从科学的经济学来讲,这项法律无疑是进步的。"②

由于 20 世纪初,世界资本主义经济发生了重大变化,由自由竞争发展到国家垄断。从而出现了主要大国为了重新划分势力范围爆发了以欧洲列强为核心与以欧洲为主要战场的第一次世界大战。而作为这次战争的主要发动者与参与者俄国,不断遭到失败,使得俄国国内社会矛盾进一步加剧,大

---

① 有关斯托雷平土地改革的主要内容,笔者引用了张建华:《俄国现代化道路研究》,北京师范大学出版社,2002 年,第 107~108 页。

② 《列宁全集》第 16 卷,人民出版社,1988 年,第 209 页。

量的军费开支使国内广大民众生活更加困难,终于在 1917 年 3 月 8 日到 11
日(俄历 2 月 23 日到 26 日),在俄国首都圣彼得堡由于严重缺乏面包和煤
炭而发生了骚乱与示威活动,并且不断扩大,沙皇政府派去镇压民众的后备
部队倒戈,首都市内再也没有其他军队。谁也没有预见到这次最缺乏领导
的、最自发的二月革命,最终推翻了罗曼诺夫王朝长达三百年的军事封建统
治,从而为俄罗斯的新生创造了历史性的机遇。二月革命是资产阶级性质
的民主革命,它比 1905 年的革命更具深远的意义,它一开始就旗帜鲜明地把
斗争目标定为推翻沙皇政权。二月革命后出现了"两个政权并存"的局面:
即以临时政府为代表的资产阶级专政和以工兵为代表的工农专政。但要指
出的是,"两个政权"虽各自的表现方式不尽相同,但作为资产阶级民主革命
的方向是一致的。二月革命后俄国社会形势发生了重大变化,但广大民众
最为关心的和平、土地、面包与民族自治问题,不仅一个也未解决,反而变得
更加尖锐了。十分明显,二月革命也只能是完成俄国资产阶级民主革命任
务的开端,而这一革命进程的结束,对于封建专制制度根深蒂固的俄国来
说,将是一个长期、复杂的过程。

　　以上我们简要地论述了从彼得大帝开始一直到 1917 年十月革命前俄国
改革的进程,可以清晰地看到,这一时期的俄国改革具有以下特点:

　　第一,总体来看,各个不同时期的改革,都是"自下而上"进行的,都是出
于形势所迫。

　　第二,俄国通过改革向现代化迈进往往与对外扩张相联系的,因此,在
发展工业时往往首先发展与军工有关的部门。正如俄罗斯学者指出的:"一
千年来,征服、恫吓及奴役是俄罗斯民族精神的主要表现形式和证明形式。
这种情况并没有使俄国知识分子获得自由感、自豪感或庄严感。对俄国来
说,对外的每一次胜利都造成了国内的巨大失败,导致了不自由成分的加
强。民族的自我肯定是通过地理扩张达到的。"[①]

　　第三,每一次改革都遇到封建贵族的强烈反对,这是因为,正如上面指
出的,在俄国改革是"自下而上"进行的,改革的领导者是封建贵族,是各时

---

　　① 　[俄]安·米格拉尼扬:《俄罗斯现代化之路——为何如此曲折》,徐葵等译,新华出版社,
2002 年,第 10 页。

期的沙皇,而改革的对象亦是这些人,因此,改革中的矛盾斗争必然是十分激烈的,历次改革都是不可能彻底的,有很大的局限性。另外,每次改革也不允许动摇封建贵族的统治地位。

第四,俄国的每一次改革都是十分曲折的、缓慢的过程,这是因为俄罗斯有别于其他欧洲国家,它长期保留着农奴制及与此相关的种种畸形表现,如沙皇个人专权、独裁,没有任何法律意识,国家就是一切,俄国以国家吞没了一切,等等。

第五,由于俄国在历史上一直落后于欧洲,因此它力图通过实现现代化一直具有"赶超"欧洲的特点。但这种"赶超"或者说学习欧洲还是欧化,俄国都尽力保持自身的传统,因此,在现代化过程中经常出现俄国特殊性与世界普世性(或共性)之间的矛盾。这种矛盾突出反映在,俄国在向欧洲学习现代化时,主要是在经济、技术与军事层面,而在社会层面如民主、政治、法制、自由与个人权利等方面,往往是十分谨慎乃至抵制的。这亦是俄国现代化迟缓的一个不可忽视的因素。

# 第二章　十月革命前俄国政治
## 与经济主要特点

　　从前一章论述俄国现代化进程中可以看到,尽管这一过程曲折、缓慢和矛盾重重,但客观条件还是迫使俄国向现代化方向推进。从社会转型与现代化关系看,俄国国家制度总体上实现了由封建农奴制向资本主义体制过渡;经济体制由传统农业经济向现代化工业经济转变,从而商品经济冲破了自然经济,使资本主义经济得到发展。但是社会转型在推动俄现代化过程中所遇到的阻力,要比欧洲国家大得多,其原因甚多,笔者看来最主要的有以下两个因素:

　　一是农奴制存在的时间漫长,它在俄国保持了 370 年的统治,就是在1861 年解放农奴的改革和又经斯托雷平土地改革之后,到 20 世纪初封建贵族地主占有的土地仍超过其他成分的土地占有量。这说明在俄国农奴制的残余是十分浓重的,这不能不影响俄国资本主义的发展与现代化的进程。

　　二是一直难以摆脱"现代化"与"传统"之间的矛盾。俄国每次改革都十分清楚地展示,一方面要学习欧洲,另一方面又强烈地设法保持俄罗斯的传统;或者说,一方面看到现代化的"普世性",另一方面又强调"俄罗斯的特殊性"。俄国在现代化的进程中,"都表现出了强烈的文化对抗特征,这种对抗不仅表现为传统与现代的对抗,而且表现为本土与外来的对抗。俄罗斯现代化就是在这两种对抗的激烈冲突中踯躅向前的。其激烈的程度,历时之长久,都是西方国家无可比拟的。西方国家现代化也充斥着转型的冲突,但不会存在本土与外来之争,也不会像俄罗斯这样始终困惑于是否应坚守(俄罗斯特殊性)"。因此可以说:"自彼得大帝开始,在世界时间的宏观时空背景下,俄罗斯进入到特殊性与普世性、传统性与现代性二元冲突、互异、融构的民族精神苦难历程。"①

经过漫长时期的社会经济转型,在国家迈向现代化取得进展之后,在1917年十月革命前的俄国,按列宁的说法仍是一个具有特色的"军事封建帝国主义"国家。俄国的资本主义在相当程度上是在封建体制中运行的。正如列宁指出的,俄国的"现代资本主义帝国可以说是被前资本主义关系的密网紧紧缠绕着"②。因此,俄国与欧洲国家相比,在十月革命前它在政治与经济方面必然有其自身的一些特点。

## 第一节 政治领域的主要特点

### 一、封建君主专制的政治体制

由于在十月革命前,俄国的政治基础仍是大地主封建土地占有制。与这一经济基础相适应,在政治体制方面必然是封建专制的制度。像列宁所说的:就是在"1905年革命以后是13万地主管理俄国,他们的管理方式是对15000万人滥用暴力,肆意侮辱,强迫大多数人从事苦役,过半饥饿的生活"③。

从具体政治体制来看,在俄国统一国家形成初期,土地所有制的形式是封建世袭领地制,与此相适应的是等级君主制,即大贵族、领主杜马是与沙皇一起分掌国家政权的最高管理机关。后经几次变革,沙皇为了扩充自己的统治基础,对中小贵族实行扶持政策,同时,逐步用封地制替代世袭领地制,与此相适应地把俄国的君主专制制度也从等级君主制向绝对专制君主制过渡。到了1861年,随着农民改革,农奴的解放,俄国才由封建农奴制社会向资本主义社会过渡,随之,封建专制制度才开始向资产阶级君主制度转变,这反映在我们前一章所提及的司法、地方自治等领域的改革。但是这些

---

① 王元龙:《现代化的特殊道路——沙皇俄国最后60年社会转型历程解析》,商务印书馆,2004年,第2、35页。
② 《列宁选集》第2卷,人民出版社,1995年,第644页。
③ 《列宁全集》第32卷,人民出版社,1992年,第305页。

变革并没有触动封建专制制度,沙皇一直是握有无限的权力,一切都得服从沙皇的最高权力,任何法律没有沙皇的签署是不能通过的。在 1905 年革命后,沙皇封建专制制度开始向杜马君主制度转变,但在俄国一直未能建立起真正的资产阶级君主立宪制度。

二、资产阶级民主革命任务没有完成,广大人民一直处于无权地位

不用说在 1905 年俄国历史上第一次资产阶级民主革命前的种种改革,没有从根本上触动沙皇封建专制制度,就是 1905 年以主要解决土地问题与沙皇专制统治的资产阶级革命,虽然它起到了动摇沙皇封建专制制度与在经济上进一步瓦解沙皇封建专制的经济基础——地主贵族土地所有制,并且通过这次改革亦锻炼与教育了革命群众,还是资产阶级政党与其他政党首次在国家杜马中占据主导地位,但同样没有摧毁沙皇封建专制制度。正如列宁谈到这次革命时指出的:"沙皇还远远没有投降。专制制度根本没有不复存在。它只不过把战场留给敌人,从战场上退却了,在一场异常激烈的战斗中退却了,但它远远没有被击溃,它还在集结自己的力量,革命的人民还要解决许多极为重大的战斗任务,才能使革命真正的完全的胜利。"①再从 1917 年二月革命来看,它虽然推翻了沙皇封建专制制度,但并没有像西方国家那样,建立起一个统一的资产阶级政府。二月革命后,代表各阶级的政党,面对革命形势的变化与发展,都忙于调整自己的方针政策,重新组合力量,因此,不论客观条件还是在时间上,都不可能着手去建立资产阶级民主制度。在这种情况下,1905 年的革命与 1917 年的二月革命,实际上都没有解决广大民众最为关心的和平、土地、面包和民族自治问题,人民群众不论在政治上还是在经济上都处于无权地位。正如哲学家别尔嘉耶夫指出的:"俄罗斯人为了缔造俄罗斯国家作出了伟大的牺牲,洒下了多少鲜血;可是,自己在广袤无垠的国家里却仍然处于无权的地位。"②

---

① 《列宁全集》第 12 卷,人民出版社,1987 年,第 26 页。
② [俄]别尔嘉耶夫:《俄罗斯的命运》,汪剑钊译,云南人民出版社,1999 年,第 7 页。

### 三、与军事化及对外扩张紧密联系的国家现代化

俄国在现代化进程中,利用高度集权的封建专制制度,集中国家尽可能多的资源与财政资金,发展军事力量来为对外扩张服务,从而逐步形成政治经济军事化体制,一步一步地使俄国成为一个大兵营。

沙皇俄国对外扩张的主要目的是掠夺别国的土地与财富。另外,沙皇还通过对外扩张、发动侵略战争来缓解国内矛盾。

俄国在莫斯科公国时期只有 43 万平方千米,俄罗斯统一国家形成时面积为 280 万平方千米,从 1547 年伊万雷帝加冕为沙皇开始,到 1917 年末代沙皇尼古拉二世下台,俄国的面积扩大到 2280 多万平方千米,扩大了近 7.8 倍,这在世界历史上是绝无仅有的。俄国成为东西长 1 万千米、南北宽 5000 千米、占欧洲面积的一半、亚洲面积的 1/3、世界陆地面积的 1/6、横跨欧亚两大洲的空前规模的大帝国。它侵略过许许多多的民族与国家,由单一的民族国家发展成为一个多民族的大帝国。

为了进行大规模的扩张,就需要建立一支庞大的军队。在整个 19 世纪,俄国的常备军一直是欧洲规模最大的;而且在临近第一次世界大战时,它也仍比其他国家的军队多得多,拥有 130 万前线部队和号称 500 万的后备军。维特说:"俄罗斯帝国究竟靠什么支持呢? 不仅主要是,而且完全是依靠自己的军队。是谁创造了俄国帝国,把半亚洲式的莫斯科公国变成最有影响,最有力量的大国呢? 只有靠军队刺刀的力量。"俄国这支欧洲最庞大的军队掌握在地主贵族,而不是资产阶级手里。据 1905 年 5 月《将军职位统计表》记载:266 名中将中有 255 名世袭贵族,占 96%。1904 年 1 月总参谋部 185 名少将中,有世袭贵族 159 名,占 85.4%,283 名校官中有世袭贵族 210 人,占 74.2%。1900 年,有一半军官是世袭贵族,1905 年,高级军官中有 30 名公爵、22 名伯爵、39 名男爵和 36 名有其他爵位的人,贵族的提升比一般人快,如升到中将,伯爵平均需要 15.4 年,而没有爵位的人平均需要 20.9 年。①

---

① 有关俄罗斯领土扩张与军队情况的有关资料,是左凤荣为笔者提供的,特此说明。

## 第二节　经济现代化进展与经济主要特点

十月革命前的俄国,其资本主义的发展要比欧美先进国家晚得多。如果与资产阶级革命最早的英国相比大约要晚二百年。正如列宁指出的:"如果把俄国前资本主义时期作比较(而这种比较正是正确解决问题所必要的),那就必须承认,在资本主义下,社会经济的发展是非常迅速的。如果把这一发展速度与现代化整个技术文化水平之下所能有的发展速度作比较,那就确实必须承认,俄国当前的资本主义发展是缓慢的。它不能不是缓慢的,因为没有一个资本主义国家内残存着这样多的旧制度,这些旧制度与资本主义不相容,阻碍资本主义发展,使生产者状况无限地恶化,而生产者不仅苦于资本主义生产的发展,而且苦于资本主义生产的不发展。"[①]1861年俄国进行农民改革,宣布废除农奴制后,资本主义开始有了较快的发展。19世纪末20世纪初工业经过一段高速增长期后,俄国才成为资本主义经济占据优势的国家。在20世纪初,俄国资本主义要比欧美国家在短得多的时间里进入了帝国主义阶段。但总的来说,俄国的资本主义经济要比欧美发达资本主义国家经济落后得多,并有其自身的一些明显特点。本章从转型视角论述十月革命前俄国经济现代化所取得的进展,以利于对十月革命后特别是起始阶段布尔什维克党实行经济现代化政策的认识。

### 一、经济现代化取得的进展

如果说,俄国在现代化历史发展进程中,在政治领域的进展是十分有限,到1917年十月革命前,俄国总的来说仍是一个封建专制的国家,没有建立起资产阶级民主制度,那么在经济领域的现代化还是取得了明显的进步,实现了由封建农奴制经济向现代化工业经济的转变。

从1861年农民改革开始到1917年十月革命前这一历史时期,从转型角度考察现代化的进展,如果作一简要的归纳,在农业方面突出表现在以下三

①　《列宁全集》第3卷,人民出版社,2011年,第552页。

个方面:一是促进了地主贵族阶级逐步走向衰落,普查结果表明,如果1877年地主贵族拥有7310万俄亩土地的话,到1911年则减少到4320万俄亩。加快了地主经济向资本主义道路的演进。

二是加速了农民的分化进程,为资本主义发展提供了充分的自由劳动力。改革前,俄国的农民主要由贵族地主农奴、国家农奴和宫廷农奴三部分构成。到了19世纪80年代,俄国农民分化为富农、中农与贫农三类,分别占总农户数的20%、30%和50%,各占有份地总面积的32%、31%和37%。购买土地的富裕农户占74%,而贫农只有9%。① 但是很多贫农由于无力耕种手中的土地,不得不出租给富农,而自己到城市去做雇工。富农除了自己的份地外,还购入和租入大量土地。这样,占农户20%的富农实际使用的农田占全部农田的35%~50%,而占农户总数50%的贫农实际使用的农田只有20%~30%。耕畜与农具分配不均的情况更为严重。38%~62%的耕畜和70%~86%的改良农具属于富农,而贫农只有10%~31%的耕畜和1%~4%的改良农具。② 在1896—1900年,无马农户和有一匹马的农户就从560万增加到660万(农户总数为1100万户)。这意味着,2400万~3000万的农民生活极为困难。③ 农民分化,使得富裕农民对雇佣劳动的需要增加,在19世纪80年代全俄农业工人已超过350万人,占农村中成年劳动力的20%。再加上农民改革时已使2000多万农民摆脱了农奴地位,获得了人身自由。所有这些,都为俄国资本主义发展在提供自由劳动力方面创造了必要条件。另外,随着农民分化趋势的发展,开始形成农村资产阶级,他们是从事商业性农业的农场主,他们除了经营农业,还经营工商业和高利贷活动,这约有150万户。与此同时,开始形成农村无产阶级,即有份地的雇农、短工和其他工人。他们占农户总数一半以上,约650万户。④

三是农民改革后,促进了农业技术水平与生产的发展。1876—1894年,农业机器增加2.5倍以上。1864—1905年,粮食播种面积增加近50%,粮食

---

① 参见孙成木等主编:《俄国通史简编》(下),人民出版社,1986年,第127~128页。
② 参见樊亢等主编:《外国经济史》第二册,人民出版社,1981年,第186页。
③ 参见[苏]B.T.琼图洛夫等编:《苏联经济史》,郑彪等译,吉林大学出版社,1988年,第73页。
④ 参见樊亢等主编:《外国经济史》第二册,人民出版社,1981年,第187页。

产量增加 1.6 倍。马铃薯的产量增加 4.5 倍。劳动生产率也有了提高,在改革后的 40 年间,每个劳动者的粮食平均产量增加 27% 左右,马铃薯增加 2 倍以上。[①] 农业生产的发展,使商品流转量与国内贸易市场的扩大。农民改革初期,国内商品的流转主要依赖国内大多数农民从事生产的农产品。后来,随着商品货币关系与交通的发展,农业商品率的提高,使更大部分的农产品变成了商品。同时,由于农民的税捐负担重与必须偿还土地赎金等因素,增加了农民对货币的需要,从而使他们更多地出售自己的农产品。

俄国农业生产发展后,还形成了专业化的农牧区,在各地出现了一些商业性谷物地区和畜牧业地区。这对增加农畜产品的商品交换起了不少作用。这从谷物的铁路运输的增长就可以证明。1876—1880 年至 1891—1895 年间,6 种主要谷物运输量平均增长了 1 倍多,谷物运输量在 1861—1895 年间增加了 4.5 倍。[②]

俄国内市场的扩大,还与农民改革后俄国把土地变成商品有关。1863—1867 年 5 年内出售的土地为 860 万俄亩,1893—1897 年 5 年内出售的土地几乎增加了 1 倍,而且 19 世纪 90 年代的地价比 60 年代增加了 2 倍。[③]

还应看到,农民改革后,俄国工业也得到发展,市场上对生产资料的需求也越来越大。

以上种种因素,都使得商品交换增加,市场扩大,从而大大冲击了自然经济,导致资本主义经济关系的不断发展。

在此还应指出的是,1906—1910 年斯托雷平的土地改革,从对农业发展的角度看,还是起到了一定的积极作用。在第一次世界大战前夕,全俄播种面积,在前帝俄 71 个省和区,从 1901—1905 年的年均 8830 万俄亩增加到 1911—1913 年时期的 9760 万俄亩,谷物播种面积增加了 10.8%。同期,经济作物播种面积增加更快,棉田扩大了 111.6%,向日葵 61%,甜菜 39.5%,烟草 18.5%。农业中使用机器的数量也增加了,从 1900 年到 1913 年使用

---

①　参见樊亢等主编:《外国经济史》第二册,人民出版社,1981 年,第 187 页。

②　参见樊亢等主编:《外国经济史》第二册,人民出版社,1981 年,第 187 页。

③　参见[苏]波梁斯基等主编:《苏联国民经济史讲义》上册,秦文允等译,生活·读书·新知三联书店,1964 年,第 276 页。

机器的价值增加约 3 倍,但只是在资本主义化的地主和大的富农经济中使用。农业中使用的化肥也有较大增加,1900 年进口 600 万普特①,1912 年进口了 3500 万普特,国内还生产了 324 万普特。谷物产量也有较大增长,1900—1904 年谷物年均产量为 39 亿普特。1909—1913 年增加到 46 亿普特,1913 年为丰收年,谷物产量达到 50 亿普特,按人均计算为 574.9 千克。由于农业的发展,其商品率也有提高。农产品商品率的提高主要依赖地主与富农经济的发展,以谷物为例,1913 年,地主与富农生产了全部粮食的一半(地主为 6000 万普特,富农为 1.9 亿普特),提供了全部商品粮的 71.6%。与此同时,俄国农产品出口也随之增加,1911—1913 年比 1901—1905 年年均增加 60%。农产品的大量出口成为俄国资本积累的一个重要来源。但要指出的是,俄国农产品出口大量增加,一方面反映了其农业生产的发展与商品率的提高;另一方面也反映了沙皇政府实行"饥饿输出"改革的结果。当时沙皇的口号是:"吃不饱,也得出口。"②

从工业方面来看,现代化的进展突出表现在:一是逐步实现了由工场手工业向工厂的过渡。农民改革前,俄国工业主要表现两种形态:农民家庭手工业与城市小手工业。自 17 世纪后半期起,在俄国的手工业中已产生了类似工场手工业的作坊。18 世纪初期,彼得大帝对工场手工业实行扶植与鼓励的政策。俄国工业在 18 世纪 30 年代中期开始了从工场手工业向工厂的过渡。与市场相联系的工场手工业是俄国资本主义发展初期的原始形态。到了 19 世纪上半叶,由于受到对外军事扩张与西欧产业革命的影响,俄国的工场手工业获得了进一步发展,开始出现了机器生产代替手工劳动的趋势,这标志着在俄国资本主义有了新的发展。1845 年已有工场 9994 家,这个时期不少行业开始采用资本主义的雇佣劳动。1860 年雇佣工人已达 53 万人,占工人总数的 61.4%(其中加工工业的雇佣工人占 87%)。棉纺织业在工业中发展最快,雇佣工人已占 95%,并在 19 世纪初已开始使用蒸汽机。由于产业革命的兴起,带动了机器制造业的发展,1860 年的彼得堡成为机器制

---

① 普特:是沙皇时期俄国的主要计量单位之一,1 普特≈16.38 千克。

② 参见樊亢等主编:《外国经济史》第二册,人民出版社,1981 年,第 200~201 页。

造业中心,已有 15 家机器制造厂。① 俄国自 19 世纪 30 年代中期开始了由手工劳动向机器生产的过渡。二是交通运输特别是铁路有了大的发展。要发展资本主义的工业,必须有良好的交通道路。为此,沙俄在农民改革的头 10 年里,把 2/3 的资本投入铁路建筑。铁路建筑的发展,推动了重工业的发展,开始生产铁轨。在农民改革后的 40 年中(即从 1861—1900 年),生铁的产量与石油产量迅速地增长,几乎增加了 10 倍。三是出现了工业高速发展时期。从 19 世纪 90 年代后半期开始,俄国工业进入了一个巨大高潮时期。这一时期之所以出现工业的高潮,其主要原因有:

第一,俄国内市场的发展,并且俄国已卷入世界市场。

第二,1861 年农民改革后的相当一个时期,工业仍受到农村半农奴制与自然经济残余的严重影响,但进入 19 世纪 90 年代农民的分化进程加速了,城市人口与工业、商业的人口大大增加。对形成资本主义市场起了促进作用,亦为工业发展创造了条件。

第三,19 世纪 60—80 年代俄国工业与整个经济的发展,为 90 年代后期工业高涨打下了基础。特别要指出的是,在七八十年代大规模修建铁路,为今后的工业高涨具有重大的意义。1885 年俄国铁路总长度为 26024 千米,1890 年为 30596 千米,1900 年为 53234 千米,这样,1885 年至 1900 年的 15 年中,俄国铁路网扩大了 1 倍。这一时期,铁路平均每年增长 2000 千米以上。到 1901 年长达 7000 多千米的西伯利亚大铁路已大体完工。② 这条铁路对俄国欧洲部分与西伯利亚的经济联系、统一市场,都起到了特别重要的作用。

第四,引进外资对工业的推动作用。在工业高涨时期,投到俄国工业的外资增加了 4 倍,到 19 世纪 90 年代已达到了 10 亿卢布(1890 年为 2 亿卢布)。从 1896 年到 1900 年,成立了 190 家股份制企业,其中 1/4 是外国企业。外资在全俄股份资本中的比重,在 1890—1900 年间由 1/3 强增长到约占 1/2。外国资本在采矿、冶金和机器制造等重工业高达 74%。南方的冶金

---

① 参见陆南泉等主编:《苏联兴亡史论》修订版,人民出版社,2004 年,第 78 页。
② 参见[苏]安·米·潘克拉托娃主编:《苏联通史》第二卷,山东大学翻译组译,生活·读书·新知三联书店,1980 年,第 524 页。

工厂除一两家外,几乎全部属于外国股份公司。俄国从外国进口了大量技术设备。在工业和铁路的投资中,有25%以上是用于进口设备的。[①] 列宁针对这一情况指出:"外国的资本、工程师与工人大批地移入并且继续移入南俄,而在目前的狂热时期(1898年),许多工厂也从美国搬到这里来。"[②]

第五,沙俄政府实行保护关税、发展国有经济与增加国家订货等政策,对19世纪90年代工业高涨也起促进作用。沙俄政府利用国家拥有的大量土地与各种丰富的自然资源,以及掌握的全部军事工业92%的铁路投资,使国有经济得到迅速发展,从而也弥补了私人资本积累的不足。

由于上述原因,19世纪90年代俄国工业得到了迅速发展。就其速度而言,是俄国资本主义工业发展史上的一个特殊阶段。俄国工业发展情况还可从以下材料中得到体现(详见表2-1)。

表2-1　19世纪90年代俄国工业发展概况

| 年份 | 企业数 | 工人数(千人) | 生产总额(百万卢布) |
| --- | --- | --- | --- |
| 1890 | 32254 | 1424.7 | 1502.7 |
| 1900 | 38141 | 2373.4 | 3005.9 |

资料来源:[苏]波梁斯基等主编:《苏联国民经济史讲义》上册,秦文允等译,生活·读书·新知三联书店,1964年,第337页。

从表2-1可以看出,10年内,企业数增加了18.3%,工人人数增加了66.5%,工业产值增加了1倍。在这一时期,生产资料部门的产值增加了1.5倍以上。金属冶炼与能源部门增长速度更快,生铁产量从1890年到1900年增加了2倍(从5660万普特增加到17910万普特),钢产量增加近5倍,石油产量增加了1倍。19世纪90年代中期,俄国石油采量与美国相等,而到19世纪末甚至曾一度超过美国。机器制造业在迅猛发展的铁路建筑业带动下,也得到较大的发展。19世纪末,俄国已有569家工厂制造工业劳动工

---

① 参见[苏]安·米·潘克拉托娃主编:《苏联通史》第二卷,山东大学翻译组译,生活·读书·新知三联书店,1980年,第529页;樊亢等主编:《外国经济史》第二册,人民出版社,1981年,第191页。

② 《列宁全集》第3卷,人民出版社,2011年,第448页。

具,181 家企业生产农业机器,14 家机车和车厢工厂。纺织工业也是快速发展的部门,从 1890—1900 年,纺织生产的产品增加了 97.5%,织布生产的产品量增加了 75.4%。这 10 年间,俄国棉纺织工业的设备,平均每年增加 220000 只纱锭和 6400 台织布机。纺织业的快速发展,与当时俄国的下列因素有关:一是沙俄政府采取关税保护政策;二是俄国建立了自己的纺织业原料基地。

工业的发展,使得俄国国内外贸易也得到很快发展。从 1890—1900 年,俄国内商品流转额几乎增长了 1 倍。在对外贸易中,谷物、糖、亚麻、木材、石油等产品的出口量大有增加。在工业高涨的 19 世纪末,俄国还建立起发达的资本主义银行信贷系统。到 1899 年底,作为俄国中央发行机关、最大的国内短期信贷银行的国家银行,在全国各地区已有 9 个办事处与 104 个分行。另外,贵族土地银行有 26 家分行,农民土地银行有 39 个分行。还有 42 家商业股份银行,10 家抵押贷款股份银行,116 家信贷互助公司,241 家城市银行,众多的储蓄银行网点。

此外,在工业领域逐步走向国家垄断资本主义。在第一次世界大战前夕,俄国国家垄断资本主义的趋势就已出现,而在 1914—1917 年战争期间,国家垄断的趋势进一步发展。对此,列宁在十月革命后不久所著的《为了面包与和平》这一论文中指出:"发展成帝国主义即垄断资本主义的资本主义,在战争的影响下变成了国家垄断资本主义。我们现在达到了世界经济发展的这样一个阶段,这个阶段已是贴近社会主义的前阶段。"[①]

这里需要指出的是,在经济现代化取得进展的同时,俄国在教育、科学等领域也有了很大进步。据官方统计,1856 年共有 45 万名小学生,占学龄儿童人口的 9%,到 1911 年小学生已达 660 万人,占学龄儿童人口的 50%。到 1917 年,俄国有大学 12 所,还有一百多所等专科学校。在科学领域,从农奴制废除到 1917 年前,俄国在数学、化学、物理、生物、动物与生理学等方面都取得了很高的成就。在文学与艺术方面的成就更加突出。这些对推进俄国现代化无疑有重大影响。

---

① 《列宁全集》第 33 卷,人民出版社,1985 年,第 171 页。

二、主要特点

虽然在 19 世纪末 20 世纪初,与美欧资本主义国家一样,俄国已进入资本主义最后阶段的垄断资本主义,但它在经济方面具有自身的一些重要特点。

(一)有着浓厚的封建特色

长期以来,俄国的资本主义,就是到垄断资本主义阶段,它一直受着浓厚的传统的封建关系的束缚。俄国资本主义之所以被封建关系的密网紧紧地缠绕着,其主要原因是:

第一,不论是 1861 年的农民革命还是 1906—1910 年实行斯托雷平的土地法,都没有从根本上解决农村封建主义的土地关系,实际上都是以"地主方式清洗土地",仍然存在严重的农奴制残余。另外,还应看到,俄国的大地主与工业资本家往往是紧密结合在一起的。在俄国进入资本主义发展阶段后,还约有一半的大地主同时兼管资本主义企业。就是在俄国垄断资本主义有了相当发展后,封建土地所有制与封建剥削的方法,不仅继续存在,而且与资本主义剥削结合在一起,在农村经济中还居优势。还有不少垄断组织本身就具有明显的半封建性质,例如糖业辛迪加就是由制糖工业资本家与种植甜菜的大地主共同组成的。就是说,在十月革命前的俄国,除了存在垄断资本主义外,还存在着半农奴制的土地占有制、农民小商品生产者、宗法式的和封建主义的经济形式。列宁指出,俄国经济的特点"一方面是最落后的土地占有制和最野蛮的乡村,另一方面又是最先进的工业资本主义和金融资本主义!"①

第二,俄国资本发展的历史条件与美欧国家不同。英、法等国资产阶级通过对封建地主反复的斗争和以暴力革命的手段,摧垮封建统治,并为资本主义生产方式的建立创造了良好的条件。但在俄国,对封建地主占有土地关系的改革,一直是自上而下进行的,不仅不触及贵族地主的根本利益,而且对他们的利益加以保护,这自然就难以根本消除农村的封建土地关系,从

---

① 《列宁全集》第 16 卷,人民出版社,1984 年,第 400 页。

而成为阻碍俄罗斯资本主义的一个重要因素。

第三，从政治上来讲，沙皇长期实行的专制制度，它所依赖的是贵族地主与大资产阶级相互勾结的联合专政。列宁把沙皇专制制度视为俄国封建残余中的"最大残余"，是"所有这一切野蛮行为的最强有力的支柱"。① 这种政治制度下，俄国经济中的农奴制残余及其浓厚的封建性都不可能消除。

（二）垄断与集中程度高

俄国垄断资本主义的发展虽晚于美欧国家，其经济亦比美欧国家落后，但它的垄断与集中程度要比美欧国家高。19 世纪末 20 世纪初，在俄国一些最重要的工业部门出现了垄断联合组织。从 20 世纪开始，垄断组织成了俄国经济生活的基础之一。到 1909 年初为止，俄国 45 个工业部门中计有 140 个垄断联合组织，而在第一次世界大战前约有 200 个全俄或者省规模的卡特尔和辛迪加。银行资本也已高度集中，12 家最大的银行集中了俄国所有 50 家股份银行 80% 的固定资产和债务，参与了 90% 以上的筹措资金和工业信贷的业务。俄国在垄断化的程度方面处于先进资本主义国家的水平，甚至超过了几个先进的资本主义国家。列宁指出："俄国的资本主义也成了垄断资本主义，这一点可由'煤炭公司''五金公司'、糖业辛迪加等等充分证明。"②"五金公司"辛迪加（俄罗斯冶金工厂产品销售公司）联合了 30 家工厂，垄断了俄国冶金工业 80% 以上的产品；"铜业"辛迪加的各个工厂提供了国内 90% 的铜产量；在石油工业中，三家垄断联合组织控制了俄国石油开采总量的一半以上；独霸顿巴斯采煤工业的"煤炭公司"辛迪加控制了国内主要矿区采煤量的 75% ，等等。③ 俄国在 1910 年，拥有工人 500 人以上的企业，占了全部工人数的 53.4% ，同年美国的情况则只占了将近 33% 。在俄国，拥有工人 1000 人以上的企业数目，从 1901 年到 1910 年增加约 50% ；1910 年在这些企业中做工的有 70 万人。在棉纺织工业中，有 1000 人以上做工的工厂，1913 年占了全部工人数的 3/4。1900 年，俄南部拥有工人 3500

① 《列宁全集》第 29 卷，人民出版社，1985 年，第 485 页。
② 《列宁选集》第 3 卷，人民出版社，1984 年，第 162 页。
③ 参见苏联科学院经济研究所编：《苏联社会主义经济史》第一卷，复旦大学经济系等译，生活·读书·新知三联书店，1979 年，第 16 页。

人以上的工厂还只有 3 家,1914 年,这样的工厂已有 9 家,这 9 家工厂占了南部冶金工业动力设备总量的 4/5、生铁产量的 3/4、工人总数的 4/5。①

俄国经济垄断与集中程度高,除了与参加第一次世界大战有关外,这与它工业走上资本主义道路较其他国家晚有关,它得到了其他资本主义国家在技术与资本方面的帮助,从而加速了工场手工业向工厂的发展进程,这使得用外国机器装备起来的大工厂快速发展。另一个因素是俄国国有经济发展快,到了 20 世纪后,国有经济成了俄国家财政收入的主要来源。国家从控制大量国有土地、森林、矿山、铁路、军事工业和邮电等方面所获得的财政收入,1897 年为 4.84 亿卢布,1913 年增加到 9.64 亿卢布,增长了 3 倍,国有经济提供的财政收入所占的比重由 34% 上升到 60%。② 这也表明,俄国的资产阶级对沙皇政府的依赖性很大。

(三)对外国资本依赖程度高

在经济、财政上对外国资本依赖程度高是俄国经济的又一个特点。1900 年外国投资占俄国国内全部股份资本的 45%。1916 年与 1917 年间外资为 22.3 亿卢布,大约占俄国工业投资总额的 1/3。1917 年前,全部外国投资的 54.7%(约 22 亿卢布)用于矿山和冶金工业。在南方的冶金工厂除一两家外,几乎全部属于外国股份公司的。在外国资本中一半属于法国和比利时。外资的大量引入,一方面促进了俄国工业的发展,另一方面使俄国沙皇政府与俄国资本依附于西欧资本,特别是法国资本,还使得俄国的燃料、冶金等国民经济重要部门受外国资本的控制。

俄国经济对外依附程度高的另一个表现是,政府的外债不断增加。1900 年外债为 39.95 亿卢布,到 1913 年缓增加到 54.61 亿卢布,增长了 36%。③

(四)经济的落后

尽管俄国资本主义经济在 19 世纪 90 年代的发展速度是快的,但如果和

---

① 参见[苏]波梁斯基等主编:《苏联国民经济史讲义》上册,秦文允等译,生活·读书·新知三联书店,1964 年,第 397~398 页。

② 参见梦亢等主编:《外国经济史》第二册,人民出版社,1981 年,第 207 页。

③ 参见[俄]A. H. 雅科夫列夫主编:《20 世纪初的俄罗斯》,莫斯科俄文版,2002 年,第 190 页。

现代技术与文化水平下所能达到的速度相比，那是慢的。这主要是由于俄国国内残存的封建旧制度比任何一个西方资本主义国家多得多，时间长得多。

俄国资本主义经济的落后主要表现在：

第一，俄国工业虽有了较快的发展，但直到十月革命前的1914年，它仍是一个落后的农业国。1914年俄国国民经济固定资产的结构是：农业占53.7%，工业、交通、商业、事业总共占46.3%；国民收入中农业占53.6%，其余占46.4%。[①] 1912年城市人口占全俄人口的14%，农村人口占86%。从1914年1月1日俄国国民财富的构成来看，农业、林业和渔业占首位——34.8%，而工业只占8.8%。[②] 还应指出，俄国农业生产十分落后。1910年俄国农业机械化水平只及德国的1/9，美国的1/20。[③] 在第一次世界大战前，俄国农业中完全没有拖拉机、电犁和其他新技术。保留了300万张木犁、790万个木索哈，只有81.1万台收割机和27万台蒸汽机。俄国农业中机器和畜力之比为24∶100，当时英国为152∶100，美国为420∶100。化肥使用量方面俄国也明显落后于先进的资本主义国家。俄国实际上自己不能生产矿物肥料。俄国人均生产粮食为26普特，而当时美国为48普特，加拿大为73普特。[④] 1909—1913年俄国粮食的单位面积产量每一俄亩为45普特，只及法国的1/2、德国的1/3。农业的商品率也不高，就是在大丰收的1913年也仅为26%。至于俄国农村文化水平的情况更为糟糕，到了革命后的1920年文盲仍高达70%。

第二，从工业发展情况来看，其增长速度虽曾一度超过西方发达资本主义国家，但整个工业水平不高，在世界经济中所占的地位很低（详见表2-2）。

---

① 转引自陆南泉等主编：《苏联兴亡史论》（修订本），人民出版社，2004年，第112页。

② 参见［俄］A. H. 雅科夫列夫主编：《20世纪初的俄罗斯》，莫斯科俄文版，2002年，第174页。

③ 参见［苏］波梁斯基等主编：《苏联国民经济史讲义》上册，秦文允等译，生活·读书·新知三联书店，1964年，第392页。

④ 参见［苏］B. T. 琼图洛夫等编：《苏联经济史》，郑彪等译，吉林大学出版社，1988年，第98～99页。

表2-2 俄、美、英、德、法的工业产值在世界中的份额(%)

| 国 家 | 1881—1885 年 | 1896—1900 年 | 1913 年 |
|---|---|---|---|
| 俄 国 | 3.4 | 5.0 | 5.3 |
| 美 国 | 28.6 | 30.1 | 35.8 |
| 英 国 | 26.6 | 19.5 | 14.0 |
| 德 国 | 13.9 | 16.6 | 15.7 |
| 法 国 | 8.6 | 7.1 | 6.4 |

资料来源:[俄]A. H.雅科夫列夫主编:《20世纪初的俄罗斯》,莫斯科俄文版,2002年,第172页。

从上表材料可以看到,1913 年俄国工业产值在世界中的份额仅为5.3%,比1896—1900 年的5.0%并没有提高多少。至于工业产品的产量水平也很低,只及法国的1/2.5,英国的1/4.6,德国的1/6,美国的1/14。俄国的生铁产量几乎只及美国的1/8,煤产量只及美国的1/10。按人均计算的产量更低,1913 年俄国按人均计算的电力为11 千瓦时,而美国同期为俄国的20 倍以上,煤约为美国和英国的1/33,生铁为美国的1/12.5,英国的1/8.3,棉织品(坯布)为英国的1/13,等等。1900—1913 年期间,俄国工业劳动生产率只及美国的1/10。[①]

在十月革命前的俄国,并没有建立起发达的机器制造业,大部分机器依赖进口。在进口的工业产品中,机器设备要占进口总额的30%~35%。俄国最为发达的纺织工业中有70%以上的机器设备是从国外进口的。俄国的机器制造在工业生产总额中只占7%。工业的落后,在工业的部门结构中也得到明显的反映(详见表2-3)。

---

① 参见[苏]波梁斯基等主编:《苏联国民经济史讲义》上册,秦文允等译,生活·读书·新知三联书店,1964 年,第396~397 页。

表2-3　俄国工业生产的部门结构

（以产品价值计算,单位为万卢布;占当年的%）

| 年份 | 纺织 | 食品 | 畜产品加工 | 矿业 | 冶金加工 | 化工 | 建材 | 农产品加工 |
|------|------|------|-----------|------|---------|------|------|-----------|
| 1887 | 453.8 | 451.0 | 64.0 | 185.8 | 114.4 | 54.8 | 29.0 | 48.1 |
|      | 32.4 | 32.2 | 4.6 | 13.2 | 8.2 | 3.9 | 2.1 | 3.4 |
| 1900 | 805.2 | 767.4 | 118.8 | 671.6 | 357.8 | 131.2 | 80.7 | 153.3 |
|      | 26.1 | 24.9 | 3.8 | 21.8 | 11.6 | 4.2 | 2.6 | 5.0 |
| 1913 | 1854.9 | 1443.7 | 240.4 | 1182.4 | 769.0 | 478.6 | 187.7 | 315.4 |
|      | 28.6 | 22.3 | 3.7 | 18.3 | 11.9 | 7.4 | 2.9 | 4.9 |

资料来源:［俄］A. H. 雅科夫列夫主编:《20世纪初的俄罗斯》,莫斯科俄文版,2002年,第170页。

　　从上表可以看出,1913年,纺织、食品、畜产品加工、农产品加工工业,其产值占俄国工业总产值的59.5%。

　　十月革命前俄国的社会经济特点,它对革命后如何向社会主义过渡,对俄国经济如何改造,如何通过转型实现现代化,必然会产生各种复杂的影响,亦必然会引起各种不同观点的争论。列宁指出:"由于开始向建立社会主义前进时所处的条件不同",从资本主义向社会主义过渡的具体条件和形式"必然是而且应当是多种多样的"①,"这要取决于国内是大资本主义关系占优势,还是小农经济占优势"②。列宁谈到俄国时写道:"毫无疑问,在一个农民人数相当可观的国家中,社会主义革命和从资本主义到社会主义的过渡,必然要采取特殊的形式。"③

---

① 《列宁全集》第34卷,人民出版社,1985年,第140页。
② 《列宁全集》第41卷,人民出版社,1986年,第70页。
③ 《列宁全集》第35卷,人民出版社,1985年,第202~203页。

# 第二编
## 计划经济体制形成过程

高度集中的指令性计划经济体制模式，形成于斯大林执政的 20 世纪二三十年代。这一经济体制模式的形成有其十分复杂的原因，它涉及多方面的问题，是各种因素综合作用的结果，它有个历史发展过程。苏联在卫国战争时期空前的强化，进一步中央集权化。卫国战争后，这一体制日渐凝固化，并推广到东欧等国，使其阵营化。

# 第三章　形成计划经济体制的起始阶段

人类历史上第一个社会主义国家苏联,在 1991 年底解体前,一直采用计划经济体制来运行和管理其经济,其他社会主义国家亦普遍采用这种体制。十月革命胜利后的俄国,之所以毫不犹豫地朝着建立计划经济体制方向发展,这有其深刻的理论渊源,即与马克思、恩格斯对未来社会的设想有关。列宁在十月革命前,有关在无产阶级专政和社会主义制度下,对未来社会经济性质等问题的看法上,大体与马克思、恩格斯相似。就是在十月革命胜利后的头几年,其观点也没有发生实质性变化,只是在总结了军事共产主义政策的经验教训基础上,在推进新经济政策时,列宁关于未来社会经济性质的看法才发生根本变化。

## 第一节　先从马克思、恩格斯对未来社会主义的设想谈起

马克思(1818—1883 年)和恩格斯(1820—1895 年)都生活在处于资本主义初期的 19 世纪,并没有亲眼见到社会主义。在《反杜林论》中,恩格斯是在批判当时资本主义的基础上提出未来社会主义设想的。他指出,资本主义社会存在的基本矛盾,首先是社会化生产与资本主义占有之间的矛盾,他说:"新的生产方式越是在一切有决定意义的生产部门和一切在经济上起决定作用的国家里占统治地位,并从而把个体生产排挤到无足轻重的残余

地位,社会的生产和资本主义占有的不相容性,也必然越加鲜明地表现出来。"①他接着指出:"社会的生产和资本主义占有之间的矛盾表现为个别工厂中的生产组织性和整个社会中生产的无政府状态之间的对立。"②恩格斯认为:"社会的生产和资本主义占有之间的矛盾表现为无产阶级和资产阶级的对立。"③他在上述分析基础上,得出的结论是,"……在把资本主义生产方式本身炸毁以前不能使矛盾得到解决,所以它就成为周期性的了。资本主义生产造成了新的'恶性循环'"④。这就是指必将出现周期性经济危机。

那么未来的社会如何消除资本主义所存在的基本矛盾呢? 按马克思、恩格斯的观点首先是要消灭一切罪恶之源的私有制,即改变资本主义占有方式,如《共产党宣言》中说的:"……共产党人可以把自己的理论概括为一句话:消灭私有制。"⑤其次,随着私有制的消灭,在未来社会商品生产也应消除,价值关系必将消失。马克思在《哥达纲领批判》一书中写道:"在一个集体的、以生产资料公有为基础的社会中,生产者不交换自己的产品;用在产品上的劳动,在这里也不表现为这些产品的价值,不表现为这些产品所具有的某种物的属性,因为这时,同资本主义社会相反,个人的劳动不再经过迂回曲折的道路,而是直接作为总劳动的组成部分存在着。"⑥而恩格斯在其《反杜林论》一书中曾断言:"一旦社会占有了生产资料,商品生产就将被消除,而产品对生产者的统治也将随之消除。社会生产内部的无政府状态将为有计划的自觉的组织所代替。"⑦

他接着往下说:"社会一旦占有生产资料并且以直接社会化的形式把它们应用于生产,每一个人的劳动,无论其特殊的有用性质是如何的不同,从一开始就直接成为社会劳动。那时,一个产品中所包含的社会劳动量,可以不必首先采用迂回的途径加以确定;日常的经验就直接显示出这个产品平

---

① 《马克思恩格斯选集》第三卷,人民出版社,1995 年,第 621 页。
② 同上,第 624 页。
③ 同上,第 622 页。
④ 同上,第 626 页。
⑤ 《马克思恩格斯选集》第一卷,人民出版社,1995 年,第 286 页。
⑥ 《马克思恩格斯选集》第三卷,人民出版社,1995 年,第 303 页。
⑦ 同上,第 633 页。

均需要多少数量的社会劳动。……因此,在上述前提下,社会也不会赋予产品以价值。生产 100 平方米的布,譬如说需要 1000 劳动小时,社会就不会用间接的和无意义的方法来表现这一简单的事实,说这 100 平方米的布具有1000 劳动小时的价值。……人们可以非常简单地处理这一切,而不需要著名的'价值'插手其间。"①

从上面马克思、恩格斯的论述可以看到,未来的社会主义社会是自觉调节的,即以生产资料公有制为基础有计划的、没有商品生产的与自治的社会。这样,社会可以十分简单地直接计划生产与计划分配。这就是计划经济理论的渊源。在这种产品经济观支配下,就出现了无产阶级取得政权后,可以立即地、全面地实现"一个国家 = 一个工厂"的设想,整个社会的生产与分配可以按照预先经过深思熟虑的计划来进行。

20 世纪所有社会主义国家的实践表明,马克思、恩格斯对未来社会主义提出的否定商品经济(市场经济)而实行计划经济模式的设想,是不符合社会发展实际的。如何看待这种认识上偏差,对此,笔者想谈点看法。

首先,正如上面一开始提到的,马克思、恩格斯都未亲眼看到社会主义社会,因此,他们提出的有关未来社会的设想,是一种预测性的,在考察商品货币关系问题时往往带有一般的推论性质。正如有的学者指出的:"这一部分理论尚属于'未来学'的范畴。"②我们不能要求他们在不具备解决这些问题的材料时作出明确无误的理论结论。

其次,在马克思、恩格斯看来,资本主义早期出现的种种社会经济弊病,一般都与私有制在这个基础上存在的商品生产、市场经济有关的范畴有关,并把它们视为产生各种罪恶之源,因此要想方设法在未来的社会主义社会摆脱它们,不再受市场经济有关范畴的纠缠,从而使资本主义生产决定性目的的剩余价值等所带来痉挛和痛苦也就终止了。

最后,马克思、恩格斯在设想未来社会主义社会时,之所以否定市场经济,还有其历史原因。在两百多年前,社会经济的市场化、工业化和资本主义化是在同一个历史时期发生的。因而,正如熊映梧教授指出的,这引起一

①　《马克思恩格斯选集》第三卷,人民出版社,1995 年,第 660~661 页。
②　熊映梧:《中华民富论》,江苏人民出版社,1998 年,第 107 页。

场全球性的误解:市场经济成了资本主义的同义语、专利品。所以马克思、恩格斯在设想未来社会时,必须消除商品(市场)经济。① 十分遗憾的是,这个历史误解延续的时间太长了,一直到原社会主义国家纷纷向市场经济转型时才得以消除。

## 第二节　十月革命后最初时期的经济革命改造

十月革命胜利后,政权转到了工人阶级手里。领导这场革命的是以列宁为领袖的布尔什维克党,其立即面临着两个极为迫切的问题:一是首先要解决新生的苏维埃使俄国刻不容缓地退出战争,这个问题涉及俄国千百万人的命运,能否争取到一个喘息的时机,从战争灾难中摆脱出来。为此,在1917 年 11 月 8 日召开的全俄工兵代表苏维埃第二次代表大会上,通过了列宁提出的和平法令,从而把布尔什维克党在战争发生后即宣布的完全摆脱帝国主义战争的政策从法令上固定下来。二是要解决更为复杂、更为艰难的任务,那就是立即对俄国的资产阶级地主经济进行革命的改造,使其转向社会主义,使生产服从于人民群众利益,这是胜利了的工人阶级与劳动人民的主要任务。十月革命后的最初时期对俄国经济的革命改造纲领与政策,大体上是按照十月革命前夕列宁在《大难临头,出路何在?》中提出的主张进行的。革命胜利后,采取了一些具体实施的政策。

一、实行土地改革

在通过和平法令之后,紧接着解决关系到千百万农民群众根本利益的土地问题。土地改革这是十月革命后苏维埃政权实行的第一批重大经济措施之一。在十月革命胜利的第二天,全俄苏维埃第二次代表大会就通过了由列宁起草的土地法令,宣布全部土地收归国有,没收地主的土地并规定农民无偿使用。法令综合了 242 份农民委托书的要求,不仅废除土地私有制,

---

① 参见熊映梧:《中华民富论》,江苏人民出版社,1998 年,第 111 页。

而且根据劳动标准或消费标准平均分配土地。土地法令通过后,苏维埃政权在各地作了大量的宣传、解释与准备工作,派工人、士兵开赴农村,召开农民大会。本来农民早就十分渴望从地主那里得到土地,为什么为了实施土地法令还需要做大量宣传工作呢？这是因为二月革命后,部分农民曾自发夺取了地主的土地,但后来遭到临时政府的镇压,苏维埃政权虽通过了土地法令,但农民吸取过去教训,不敢立即采取行动。为了消除农民的疑虑,不仅派工人、士兵下农村作宣传,并且列宁在 1917 年 11 月 5 日,以人民委员会主席的名义,针对农民的疑虑作了明确的说明,指出"地主土地占有制已被全俄第二届苏维埃代表大会废除","乡土地委员会应当立即夺取地主一切土地,但应实行严格统计,保证全部秩序,严格保护前地主财产,因为这些财产已成为公共财富,人民应当予以爱护"。① 接着,11 月 17 日全俄苏维埃执行委员会通电全国,再次重申土地法令,并于 11 月 25 日宣布撤销贵族土地银行与农民贷款银行,这样从财务上全部豁免了农民的土地债务并取消地主对典押土地的所有权。这些促进了全国土地改革的顺利进行。

土地法令还规定,地下资源和水域一并收归国有。地主的牲畜、农具和建筑物也同土地一起没收。

土地改革经历了两个主要阶段。第一阶段从 1917 年 11 月 8 日通过土地法令开始到 1918 年夏。这一阶段的主要任务是打击地主,没收其土地及其他农业生产资料,平均分配给农民,是反封建的资产阶级民主革命。第二阶段是从 1918 年夏成立贫农委员会时开始的。全俄中央执行委员会 1918 年 6 月 11 日关于组织贫农委员会的法令视为发展土地改革的转折点。这一阶段的主要任务是向富农进攻,将他们的土地重新分配,没收富农多余的即超过劳动标准的土地,并把这些土地分配给贫农与中农。同时还剥夺了富农多余的机器、工具与牲畜。当时苏维埃政权之所以在完成第一阶段资产阶级民主革命任务的土地改革之后,急于转入向富农进攻的第二阶段土地改革,直接原因是富农藏有粮食。从强制富农交出粮食发展到没收他们的土地、农具与财产。第二阶段的土地改革具有社会主义革命的性质。

---

① 《苏维埃政权法令》第 1 卷,莫斯科俄文版,1957 年,第 46~47 页。

十月革命胜利后立即进行土地改革,具有十分重要的意义。

第一,巩固了年轻的苏维埃政权。土地改革解决了二月革命遗留下来的一项极为迫切的社会经济任务——取消土地私有制和把土地交给农民,以满足俄国农民长期渴望获得土地的夙愿,使广大农民支持苏维埃政权。第一阶段的土地改革使农民无偿得到 1.5 亿俄亩土地。为农民使用的土地面积约增加了 70%。农民再也不用向地主与资本家缴纳地租,也不需要用钱去购买新土地。土地法令还废除了农民所欠农民土地银行的约 30 亿卢布的债务。第二阶段的土地改革,剥夺了富农 5000 万公顷①土地和大量的牲畜和农具。列宁说到土地改革的意义时指出:"如果无产阶级的国家政权不实行这种政策②,那它就维持不下去。"③

第二,在俄国,通过土地改革在农村消灭了阻碍社会经济发展的封建农奴制残余,地主作为一个阶级被消灭了。另外,土地改革不仅沉重地打击了地主,也沉重地打击了在俄国内占有大量土地的资本家。资本家拥有 1900 万俄亩土地,还有 6200 万俄亩土地抵押给银行。这样,农村的阶级关系、经济关系发生了根本性的变化。在苏维埃政权领导下实行的土地改革,它已越出了民主改革的范围,成了走向社会主义的一个步骤,也就是说成了向社会主义一项过渡性措施。

从俄国十月革命前夕与十月革命胜利后初期布尔什维克党土地改革政策的变化情况来看,有一个问题是值得我们思考的,那就是急于搞大农业、搞农场或集体化,并不符合当时俄国农民的思想。这也是列宁与布尔什维克党修改二月革命后提出的第一个土地纲领的原因。现在回过头看,十月革命后实行土地改革的结果,使俄国农村由大土地占有制国家变成了中农占有制国家,或者说变成了"中农化"国家。中农由原占总农户的 20% 骤升为 60% 以上。④ 在这种情况下,布尔什维克党如何引导俄国农民走向社会主义,成为一个十分重要的问题。客观地说,布尔什维克党虽然接受了农民委托书的

---

① 1 公顷 = 0.01 平方千米。

② 此处指土地改革。

③ 《列宁全集》第 39 卷,人民出版社,1986 年,第 239 页。

④ 参见姜长斌:《苏联早期体制的形成》,黑龙江教育出版社,1988 年,第 193 页。

要求,平均分配土地,亦看到这样做对反封建主义残余的斗争具有进步性,但与此同时,也反复强调其局限性,认为把平分土地作为一种摆脱贫困和破产的方法是靠不住的。尽快把小农经济、小商品生产者过渡到大规模的社会化生产、建立大型的国营农场的思想,一直影响着布尔什维克党的农民政策。

二、银行国有化

通过银行国有化来控制俄国资产阶级地主的整个信贷系统,这在苏维埃改造俄国经济时具有特别重要的意义。因此,在推翻资产阶级临时政府,当银行领导人拒绝承认人民委员会,并拒绝按照人民委员会的要求支付货币时,1917 年 11 月 7 日即十月革命的第一天,赤卫队就占领了革命前俄国最大的信贷机构——国家银行。1917 年年初,国家银行设有 11 个管辖行,133 个固定的与 55 个临时的分行,在 42 个粮库设有代办所,至 1917 年 10 月 23 日为止,国家银行的资产负债表上的总金额为 242 亿卢布,而当时全国所有私营信贷机构(股份银行、互助信用社、城市银行等)的资产负债表上总金额的汇总数为 1800 万卢布。[①] 可见,占领国家银行的重要性。

在银行国有化之前先是实行对银行的监督,采取这一准备性措施目的有二:一是实行工人监督为的是制止资产阶级为反革命的目的而利用银行,使得苏维埃政权有关限制往来账户和存款支配权得以保证实现,同时防止资产阶级分子在信贷机构国有化之前从这些机构中继续提取资金;二是工人监督过程中,使劳动者熟悉银行业务,学会管理银行,为银行国有化做好准备。但在实行工人监督过程中,遭到银行资本家的强烈反抗。在此情况下,1917 年 12 月 27 日早晨,武装赤卫队的人员占领了彼得格勒各银行,并且为了使这些银行不能彼此联系,切断了它们之间的电话联系。到了中午 12 时,彼得格勒的一切私人银行都掌握在苏维埃政权手里,当天晚上,全俄中央执行委员会批准了全国银行国有化法令。同一天,莫斯科的一切私人银行也被占领。列宁谈到为什么采取这一办法实行银行国有化时指出,这是为了要使银行的巨头惊慌失措,以便使他们来不及"找到一条退路,逃避

---

① 参见苏联科学院经济研究所:《苏联社会主义经济史》第一卷,复旦大学经济系等译,生活·读书·新知三联书店,1979 年,第 112 页。

这件不愉快的事情"①。银行国有化法令还规定银行业国家垄断。另外,还通过了关于检查银行保险箱的法令。法令规定,保险箱的现款被列入国家银行的活期存款,而金币、金块则予没收。从 1918 年 1 月起暂停支付息票与股息,禁止股票及有价证券交易。最后,1918 年 1 月 24 日人民委员会的法令把私人银行的全部股份资本没收并交给国家银行,银行的全部股票被废除。由于这一法律的实施,银行国有化从法律上讲,是彻底完成了。

废除沙皇与临时政府的国债,是苏维埃政权在财政信贷方面仅次于银行国有化的第二个重大革命措施。外国银行利用债务作为制约俄国的重要手段,大量国债使广大劳动人民承担沉重的负担。在十月革命前夕,俄国的国债已超过 600 亿卢布,几乎比战前国家预算多 16 倍。内债为 440 亿卢布,其中长期债务为 250 亿卢布,国库短期债务超过 70 亿卢布。② 十分明显,不废除债务,既不能有力地打击剥削阶级在债务上获取的资本利益,也不能减轻广大劳动群众的负担。为此,全俄中央执行委员会于 1918 年 2 月 3 日通过法令,决定取消沙俄与资产阶级政府所借的国债,以及政府对各企业、机关债务的担保。还宣布,储金局的存款和利息不受侵犯,同时储金局的债券也不予取消。贫苦公民持有的被废除公债的债券,可以调换俄罗斯苏维埃联邦社会主义共和国准备发行公债的记名证券。

列宁十分重视银行国有化,这对革命初期打击和剥夺大资产阶级,并用革命手段制止银行资本家的怠工、反抗起了重要作用,也是使经济转向社会主义的决定性步骤与克服全国经济紊乱的必要条件。列宁在 1918 年 1 月 11 日全俄工兵农代表苏维埃第三次代表大会上的报告中指出:"为了在俄国土地上不仅消灭地主,而且要根本铲除资产阶级的统治,铲除资本压迫千百万劳动群众的可能性,苏维埃政府采取的第一批措施之一,便是过渡到银行国有化。"③列宁还认为,银行和铁路的国有化才使苏维埃政权"有可能着手建设新的社会主义经济"④。

---

① 《列宁选集》第 3 卷,人民出版社,1995 年,第 411 页。

② 参见苏联科学院经济研究所编:《苏联社会主义经济史》第一卷,复旦大学经济系等译,生活·读书·新知三联书店,1979 年,第 118～119 页。

③ 《列宁选集》第 3 卷,人民出版社,1995 年,第 411 页。

④ 《列宁选集》第 3 卷,人民出版社,1995 年,第 412 页。

这里还应指出,银行国有化不仅摧毁了国内资产阶级经济,并且还对外国资产阶级经济给予了严重打击,因为革命前外国资产阶级在俄国各股份商业信贷银行的私人资本中占42%。

三、工人监督与工业国有化

1905 年,列宁首次指出在工业中实行工人监督的思想。后来在二月革命前后,列宁又发表了几篇研究工人监督著作。列宁把工人监督社会生产与产品分配、普遍劳动义务制等措施视为走向社会主义的过渡步骤。在1917 年 3 月到 10 月期间,列宁一再宣传工人监督的思想,他认为,在当时俄国的情况下,工人监督是同经济破坏和饥饿作斗争的主要手段,它为银行和辛迪加的国有化创造前提,调动劳动群众的主动创造精神,推动他们的政治教育,向工人提供经济活动的经验。[①] 1917 年 7 月到 8 月召开的俄国社会民主党(布)第六次代表大会肯定了列宁有关工人监督的思想,代表大会提出:"应当通过逐步实行的措施把工人监督发展为对生产进行完全的调节。"十月革命胜利后,工人监督开始普遍开展,成了工业国有化的准备措施。

在革命胜利的头几天,列宁就制定了《工人监督条例草案》,规定了工人监督机构的任务、权利与义务。该《草案》共有 8 条,其第一条就规定:"在工人和职员(共计)人数不少于 5 人,或年周转额不少于 1 万卢布的一切工业、商业、银行、农业等企业中,对一切产品和原料的生产、储藏和买卖事宜应实行工人监督。"接着列宁在这个草案的基础上,开始起草全俄中央执行委员会和人民委员会关于工人监督的法令。

1917 年 11 月 14 日通过了《工人监督条例》,第二天即 1917 年 11 月 15 日,列宁签署了法令。法令的第一条宣布:"为了有计划地调节国民经济,兹规定在一切工业、商业、银行、农业、运输业、合作社和生产协作社,以及其他有雇用工人或家庭劳动的企业中,施行由工人监督企业产品和原料的生产、买卖及其保管事宜以及监督财务的办法。"法令规定:工人监督由该企业全体工人通过其选出的机构实行之;同时该机构中应该有职员和技术人员的

---

① 　参见《列宁全集》第 24 卷,人民出版社,1957 年,第 80 页。

代表参加。每个大城市、省或工业区均设立地方工人监督委员会,由工会、工厂委员会和工人合作社的代表组成。工厂委员会和监督委员会有权监督"生产和规定企业的最低产量,以及采取措施查明生产产品的成本"。营业秘密应予以废除,企业主应将本年度以及过去各决算年度的所有账册、决算报告和各种单据提交监督委员会。工人监督机关的决定,企业主必须服从,企业主和选出行使工人监督的职工代表,都应"对国家负维持最严格秩序、纪委和保护财产之责"①。

在实施工人监督过程中,遭到了资本家的激烈反抗,并扬言:"凡实行监督、积极干预原来管理的企业都予关闭。"许多企业主不承认工人监督,他们主要通过关闭工厂、破坏生产、停运燃料和原料、停拨企业流动资金、拖延或完全停发工资、解雇工人等办法,来抵制工人监督。仅彼得格勒在1917年12月怠工的资本家就关闭了44家企业。列宁与布尔什维克党对此进行了坚决斗争,在工人监督机构的帮助下,挽救了大批的企业,这对促进经济的发展,巩固十月革命的成果起了十分重要的作用,也为工业国有化做好了准备。

十月革命后,在对私人企业实行工人监督的同时,苏维埃政权立即对归俄国的国有企业(官方企业)实行国有化,收归苏维埃国家所有。至于私人工业,在实行一段时间的工人监督之后,从1918年春开始,对大工业的主要部门实行国有化。完成一切工厂、铁路、生产资料和交换的国有化是苏维埃政权最重要的任务之一。工业国有化首先是石油、机器制造、纺织和制糖业有计划地实行国有化。同时只规定剥夺大资本家,对中小企业,考虑到它们分担了年轻的苏维埃国家必须充分保障千百万人就业的重担,对它们尚不能实行国有化。大工业的国有化在相当短的时间内完成了。据1918年6月28日的法令,应当收为国有的企业共3000多家。到1918年5月31日为止,有512家大企业已国有化,其中仅矿山冶金工业和金属加工工业企业就有218个(占42.7%)。此外,还有17个燃料工业企业、18个电机工业企业和42个化工企业实行了国有化。在所有上列部门中国有化企业计有295个

① 苏联科学院经济研究所编:《苏联社会主义经济史》第一卷,复旦大学经济系等译,生活·读书·新知三联书店,1979年,第143页。

（占 57.6%）。在转归苏维埃共和国所有的企业中有半数以上属于重工业。一些重工业地区的国有化进展也很快,如到 1918 年 5 月中旬,乌拉尔重工业的大多数大型企业已实行国有。1917 年 11 月到 1918 年 3 月,苏维埃政权机关已将乌克兰大多数大型企业收归国有。到 1918 年 3 月底为止,仅在顿巴斯收归国有的矿井和矿场就达 230 个。[①] 到 1918 年 10 月,所有部门的全部大工业企业都收归苏维埃国家所有。

大工业的国有化对形成苏维埃共和国的经济基础有决定性的意义,因为这表明基本生产资料向公有制过渡,也意味着新政权掌握了主要经济命脉,并为整个国民经济的社会主义改造创造了必要的条件。

在实行大工业国有化的同时,苏维埃政权在最初几个月里,为了摧毁资产阶级的经济势力,克服经济紊乱,把官办的铁路掌握在自己手里。十月革命胜利后不久,先对铁路行政当局的活动进行监督,到 1917 年 12 月初,就完全停止铁路行政当局的活动,使铁路的领导权转到执行委员会手中。在掌握了官办铁路(占全部铁路线的 70%)后,苏维埃政权就利用它来为当时面临的政治、经济与军事任务服务。到了 1918 年初,对许多私人股份公司的所有铁路,也开始实行工人管理,实际上是没收了资产阶级大的私人铁路。到 1918 年 6 月 28 日,苏维埃联邦社会主义共和国人民委员会以法令的形式,把私人铁路收归国有在法律上固定下来。

另外,在大工业普遍国有化法令颁布前的几个月,用命令的方式颁布了海上商船和内河商船国有化的法令。苏维埃政权没收了 1.4 万只内河船舶和 2476 只远洋船舶。

通过以上措施,实现了苏维埃政权对资产阶级交通运输业方面的主要生产资料的剥夺。从而也为在全国形成统一的运输系统创造了前提条件。

四、流通领域的革命改造

这里包括国内贸易和对外贸易两个领域。

十月革命后,苏维埃政权根据当时国内在商品交换方面面临的复杂与

---

① 有关大工业企业国有化进展情况的资料,参见苏联科学院经济研究所编:《苏联社会主义经济史》第一卷,复旦大学经济系等译,生活·读书·新知三联书店,1979 年,第 155、159、160 页。

困难局面,首先实行了对私人商业的监督和调节,并规定最主要食品与日用品的固定价格。正确地组织商业,最迅速地掌握商品交换是事关苏维埃共和国生死存亡的问题。也像在其他经济领域一样,监督与调节政策遭到商业资本家的强烈反抗。在此情况下,苏维埃政府不得不再对大型批发商业实行国有化,对最重要的商品实行国家垄断。与此同时,对部分零售商业也收归市有。私人商业收归国有和市有之后,由于缺乏经营经验和必要的物质条件等原因,难以做到充分保证对居民的商品供应。苏维埃政权需要建立一批新的商业机构并按新的方式从事经营活动。这样,早在革命前在俄国已建立的、一向受到列宁重视的消费合作社就成了这种机构。这种合作社,在1917年底有3.5万个基层社、1150万入股的社员。为了推进消费合作社的发展,人民委员会于1918年4月10日通过了《关于消费合作社组织》的法令。该法令的作用有:①推动消费合作社的发展;②有助于吸引部分先进的合作社工作人员站到苏维埃政权一边来;③有利于改善对居民的食品供应;④在组织对全国食品分配的计算与监督方面发挥作用。列宁认为这是最重要的任务。

为了安排好全国各地区的经济联系,缓解市场的紧张,苏维埃政权在1918年7月28日开展集市贸易。主要参加者是全俄消费合作总社。由于受当时条件的限制,集市贸易未能得到大的发展。

在谈到国内商业国有化和对主要食品垄断政策时,特别强调要国家控制粮食问题。因为粮食问题在革命胜利之初具有头等重要的意义。苏维埃政府通过国家垄断粮食,最精确地计算全部余粮与正确地把粮食运到特别需要的地方以及在公民中合理分配粮食等重要政策,来解决粮荒问题。粮食是当时资产阶级和一切富人,对工人国家、对苏维埃政权作最后的决战。所以列宁认为,一切争夺粮食的斗争,实际上"是争取社会主义的斗争"[①]。

在对外贸易方面,十月革命后不久,就实行了垄断。列宁在谈到实行对外贸易垄断必要性时指出:我们对资本主义国家的关系只能建立在对外贸易垄断的基础上,只有这样才能使年轻的共和国免受外国资本家的侵犯,成

---

　　① 《列宁全集》第34卷,人民出版社,1985年,第420页。

功地解决社会主义建设的任务。"没有这种垄断,专靠缴纳'贡款',我们就不能'摆脱'外国资本的羁绊。"列宁还认为,加强对某些商品对外贸易业务的国家垄断,是准备实行对外贸易部门国家垄断的重要条件。必须"巩固并且整顿那些已经实行了国家垄断的事业(如粮食垄断、皮革垄断等等),借此准备实行对外贸易的国家垄断"①。从1917年11月到1918年3月通过的一系列法令,如规定对粮食、农业机器与工具的分配,对黄金、白金和其他一些重要商品实行国家垄断,以及银行的国有化等,都为对外贸易的国家垄断作了准备。到1918年4月22日,人民委员会通过了《关于对外贸易国有化》法令,实行对外贸易国家垄断。法令规定:"对外贸易全部实行国有化。向外国政府以及国外一些贸易企业买卖各种产品(采掘工业、加工工业和农产品等等)的交易,由特别授权的机关代表俄罗斯共和国进行之。除这些机构外,禁止同外国进行任何出口交易。"

五、推行强有力的财政政策与改造国家社会保险

十月革命后的苏维埃共和国,面临着极其困难的财政状况。列宁在1918年2月初对派往外省的鼓动员讲话中说:"苏维埃的收入是80亿,而支出是280亿。在这种情况下,如果我们不能把这辆被沙皇政府赶进泥潭的国家马车拉出来,我们自然都要垮台……资产阶级把抢来的钱财装进箱子,镇定自若地想道:'没什么,能躲过去。'人民应当把这种'吸血鬼'揪出来,强迫他交还抢去的东西。你们到了地方上就应该这样办。"②为了解决财政困难,苏维埃政府在革命后的最初时间里,采取了一系列强有力的政策措施:

考虑到资产阶级的反抗,不得不对其采用强制征款的办法;

为了满足对货币资金的需要,在考虑到稳定卢布的情况下,不得不发行纸币;

严格管制货币流通,办法是:货币资金必须存放在信贷机构(国家银行及其分行和储金局);从往来账户上和从存款中提取消费性需要的现金,要以规定的最低生活费为限;对往来账户上和从存款中提取生产资金实行工

---

① 《列宁选集》第3卷,人民出版社,1984年,第486页。
② 《列宁全集》第33卷,人民出版社,1985年,第330～331页。

人监督;实行非现金结算,其中包括支票流通;

实行外汇垄断,把黄金储备集中在国家手里,制止黄金外流;

为了减少货币发行量与克服财政危机,实行硬性削减国家开支的临时性措施;

着手编制经费预算;

实行统一的财政政策,在全国范围内有计划地分配货币资金,从上到下严格执行各项财政上的决定;

正确组织税收,征收累进的所得税及财产税。为了保证经常的资金收入,把一开始对资产阶级的强制征款改为经常的征税。对各种税收进行严格的计算与监督;

准备实行货币改革,用新货币更替旧货币,目的是一方面进一步打击资产阶级分子,另一方面为稳定货币创造条件。1918年4月货币改革准备工作已就绪,已准备印刷新货币,到1918年秋开始兑换旧币,但因外国武装干涉和国内战争破坏了这一计划的实行。

强有力的财政措施,对苏维埃政府度过经济困难起了不小的作用,它的意义是不能低估的。正如列宁所说:"我们无论如何,要争取完成财政的扎实的改造,但必须记住,如果我们的财政政策上不成功,那么,我们的一切根本改革都会遭到失败。"①

实行国家社会保险并确立国家对保险的垄断,也是十月革命后采取的一项重要政策。革命前的俄国,在1912年曾实行过社会保险,但只涉及职工总人数的15%,并只限于在劳动时由于事故而丧失劳动能力的人。苏维埃政府执政后,对社会保险进行根本性改造。在1917年11月14日的政府公报中阐明了新社会保险制度的一些基本原则:保险毫无例外地扩大到所有雇佣工人与城乡居民;保险适用于各种丧失劳动能力的人(患病、残废、年老、产期)以及鳏寡孤独和失业者;全部保险费用完全由企业主承担;在失业和丧失劳动能力期间偿付全部工资;保险者在一切保险机构中充分享有自

---

① 《列宁全集》第34卷,人民出版社,1985年,第327~328页。

治权利。① 苏维埃政府考虑到大部分私有财产已收归国有,私人保险公司也已不存在,通过对各种保险事业的国家监督并逐步加以改造,这样就于1918年11月28日人民委员会通过了《关于俄罗斯共和国建立保险事业》的法令,宣布各种类型和形式的保险事业实行国家垄断。

### 六、成立具有广泛权力的最高国民经济委员会

十月革命后苏维埃政府要采取革命性措施,快速地解决种种复杂的经济改造任务。这一客观情况,必然要求采取组织措施,建立一个能起到集中统一领导的中央经济领导机构。为此,于1917年12月2日全俄中央执行委员会和人民委员会颁发了成立最高国民经济委员会的法令,该委员会的主要任务是:组织国民经济和国家政权;制订全国经济调节计划;协调并统一中央和地方经济机关、全俄工人监督委员会、工厂委员会及工会的活动;有权没收、征用、冻结、管制工商业及其他部分的企业,并有权强制这些企业联合成辛迪加;掌握与监督工业国有化的进程;等等。到了1918年8月8日再次发布了有关最高国民经济委员会法令,降低了其地位,其任务也大为减少。但从当时成立最高国民经济委员会的目的和规定的职权范围来看,它是拥有十分广泛权力和高度集中管理的经济行政管理机构。

最高国民经济委员会内工业部门设立总管理局。随着战争的进行,加快了建立总管理局的步伐。1918年1—4月建立了7个总管理局,1918年9—12月建立了24个,到1920年总计有52个总管理局,13个生产部和8个各自管辖若干个企业工业部门的"混合性"的部。此外,还建立了集团性(联营的和地区的)生产联合组织,即托拉斯。1920年初国内已有179个托拉斯,联合了1449个企业。② 总管理局是通过强制性垂直行政领导的方法来管理其下属企业的。这样,在军事共产主义时期,苏维埃国家的国有企业一般实行三级管理体制:最高国民经济管理委员会管理局—州管理局—企业;直属中央管理的企业则实行两级管理体制:总管理局—企业。

---

① 参见[苏]苏维埃科学院经济研究所编:《苏联社会主义经济史》第一卷,复旦大学经济系等译,生活·读书·新知三联书店,1974年,第121页。
② 同上,第312页。

在谈及经济管理问题时,不能不提及有关列宁提出的一长制问题。我们在前面已谈到,十月革命胜利后不久,列宁决定实行工人监督。苏维埃政权实行工人监督有以下的意图:一是刚刚建立起来的苏维埃政权实行无产阶级在经济领域向资产阶级的夺权;二是在国家经济生活中使工人监督委员会成为群众性的权威组织;三是发现与培养第一批社会主义企业的管理干部;四是能起到对国民经济实行计划调节的起点作用。在资本主义企业国有化后,工人直接参加管理。

当时对国有企业由工厂委员会按集体原则进行管理,实行集体管理制即委员制。由于当时苏维埃面临极其复杂的社会、政治与经济形势,加上工人管理委员会缺乏明确的分工,职责不明,很多问题往往议而不决。这些,使无政府主义、无组织无纪律现象日益泛滥,企业运转不灵,从而严重阻碍经济的发展。列宁针对上述情况指出:"工人监督应当是任何一个社会主义工人政府必须实行的第一个基本步骤。……我们知道,这一步骤是存在矛盾的,不彻底的,但是必须让工人们在不要剥削者和反对剥削者的情况下亲自担当起在一个大国建设工业的伟大事业。"①列宁在1918年春随着工业国有化政策的推行,在工业管理方面提出应由委员制向一长制转化,必须把民主制同一长制("个人独裁")结合起来。②

列宁一长制的主张曾遭到来自各方面的批评与反对,并在布尔什维克党内也展开激烈争论。反对者所提出的问题实质上只是一个:即实行一长制与苏维埃政权要推行的民主制是否矛盾,一长制会不会形成个人独裁。列宁在阐述之所以要实行一长制有两个理由:一是与管理大机器工业的客观需要联系起来。他指出:"任何大机器工业——即社会主义的物质的、生产的泉源和基础——都要求无条件的和最严格的统一意志,以指导几百人、几千人以至几万人的共同工作。"③"可是,怎样才能保证有最严格的统一意志呢? 这就只有使千百人的意志服从于一个人的意志。"④列宁说:"如果没

---

① 《列宁全集》第35卷,人民出版社,1985年,第138页。

② 参见《列宁全集》第34卷,人民出版社,1985年,第178～180页。

③ 《列宁全集》第34卷,人民出版社,1985年,第179～180页。

④ 同上,第180页。

有统一意志把全体劳动者结合成一个像钟表一样准确地工作的经济机关，那么无论是铁路、运输、大机器和企业都不能正常地进行工作。社会主义是大机器工业的产物。如果正在实现社会主义的劳动群众不能使自己的各种机构像大机器工业所应该做的那样进行工作，那么也就谈不上实现社会主义了。"①二是列宁指出，一长制与管理的民主基础不矛盾。他说："把开群众大会讨论工作条件同在工作时间无条件服从拥有独裁权力的苏维埃领导者的意志这两项任务结合起来。"②

应该说，上述经济纲领是列宁针对当时情况提出的对俄国旧经济制度进行改造的初步设想。

# 第三节　军事共产主义时期(1918 年春至 1921 年初)

十月革命后，年轻的苏维埃政权赢得的和平喘息时间是很短的。1918年春，俄国内反革命叛乱和外国帝国主义势力对苏维埃政权发动了武装干涉，企图把它扼杀在摇篮里。这样，致使刚刚开始的和平经济建设停了下来。当时，列宁提出了"一切为了前线的口号"，把整个经济转向军事轨道，实行军事共产主义的政策。

军事共产主义时期，对十月革命胜利后不久的苏维埃俄国来说，它是一个极为特殊的、非常短促的历史时期。后来东欧与亚洲一些国家无产阶级取得政权后，都没有经历这样的历史时期。但俄国军事共产主义时期所形成的有关建设社会主义的思想、理论与政策，对苏联以后的社会主义建设产生了不小的影响。特别在如何向社会主义过渡、构建什么样的政治经济体制问题上，有着十分深远的影响。

一、军事共产主义时期实施的主要经济政策

新生的苏维埃政权，在经济方面所进行的社会主义革命改造取得初步

① 《列宁全集》第34卷，人民出版社，1985年，第144页。
② 同上，第181页。

的成功,这对国内外的阶级敌人已受到沉重打击,而他们并不甘心这个失败,因此互相勾结起来,妄图用武力推翻年轻的苏维埃政权,达到最终在俄国复辟地主、资本主义制度。列宁在1918年2月22日发布的《社会主义祖国在危急中》的号召书中写道:"德国军国主义履行各国资本家的委托,要扼杀俄罗斯和乌克兰的工人和农民,要把土地归还地主,工厂归还银行家,政权恢复君主制。德国将军们想在彼得格勒和基辅建立自己的'秩序'。苏维埃社会主义共和国处在万分危急中。"①苏维埃共和国的国内经济本来就十分困难,而国内资产阶级对工人监督又竭力反抗,因而经济情况极其严峻,为了战胜敌人,年轻的苏维埃政权,不得暂时停止执行列宁1918年春天和平暂息时期拟定的经济政策,而实行带有军事性的特殊的军事共产主义政策,把全俄国变成一个军营,把全国经济生活服从于战争的需要,全国只服从一个任务:"一切为了前线,一切为了胜利!"围绕实现这个任务,苏维埃共和国采取了一系列特殊的坚决的经济政策。

1. 余粮收集制

十月革命前俄国农业由于战争使其处于全面衰退状况,十月革命后短短的几个月里,1917年就已出现粮荒。1918年1月,粮食部门只完成粮食计划采购量的21.8%,2月和3月只完成36.5%,4月为14.1%,5月为12.2%。莫斯科和彼得格勒的粮食供应1月份只及计划供应的7.1%,2、3、4、5月份的粮食供应量分别只占供应计划的16%、16%、6.1%与5.7%。到了夏天,这两个城市的工人每人只能领到1/8磅的面包,有时整整一个星期领不到面包。② 1918年5月9日,列宁向各地发出电报:"彼得格勒处于空前的危急境地,没有粮食。只能把剩余的土豆粉、面包干发给居民。红色首都因饥荒处于灭亡边缘……我以苏维埃社会主义共和国的名义,要求你们毫不迟延地支持彼得格勒。"③

随着武装干涉与国内战争的发展,粮食问题变得非常严重和尖锐。有

---

① 《列宁选集》第3卷,人民出版社,1984年,第418页。
② 转引自周尚文等主编:《苏联兴亡史》,上海人民出版社,2002年,第71~72页。
③ 转引自苏联科学院经济研究所编:《苏联社会主义经济史》第一卷,复旦大学经济系等译,生活·读书·新知三联书店,1979年,第246页。

以下情况使粮食问题更加突出：一是由于工业的严重衰退，苏维埃政府已没有可以用于交换农产品的工业品。二是在战争的第一年，武装干涉者与白卫分子便侵占了俄国的主要产粮区——乌克兰、北高加索、西伯利亚，甚至连伏尔加河流域各个地区也被占领了。这样，全国粮食供应的全部重负就由俄罗斯中部少数几个产粮省承担。三是随着战争的进行，国内外资产阶级分子对粮食组织与供应工作的破坏活动加强了。正如列宁在1918年5月22日《给彼得格勒工人的信》中所指出的："饥荒并不是由于俄罗斯没有粮食，而是由于资产阶级和一切富人在最重要最尖锐的问题即粮食问题上，对劳动者的统治，即对工人国家、对苏维埃政权作最后的决战。"①上述情况下，为了保证对前线士兵的粮食供应和城市居民粮食的最低需要，必须把一切余粮收归苏维埃国家掌握并加以合理分配，这成为一项十分迫切的工作，做不好这项工作，要取得战争的胜利是不可思议的。所以争取粮食的斗争成了拯救苏维埃共和国的斗争。如列宁所说："看起来，这仅仅是一场争夺粮食的斗争；实际上这是争取社会主义。"②为此，苏维埃国家，被迫决定实行从粮食垄断专卖转向粮食收集制。1918年5月9日，全俄苏维埃中央执行委员会颁布法令，授予粮食人民委员特别职权，法令重申：粮食垄断和固定价格都是不可更改的，必须同粮食投机商进行无情的斗争。号召全体劳动者和贫苦农民立即联合起来同富农展开无情的斗争。法令还宣布，所有握有余粮而不送往收粮站的人以及浪费存粮酿造私酒的人为人民敌人，要把他们交付革命法庭，判处十年以上的监禁，还要从村社中永远驱逐出去，并无偿没收其粮食。③后来，又不断采取措施，加强国家对粮食的控制。为了贯彻粮食专卖法令，严禁粮食私人买卖，人民委员会决定建立工人征粮队，要求每25名工厂工人中挑选1名品质好的工人参加征粮队，奔赴农村征购粮食。征粮队员从1918年6月的3000人增加1918年底的8万人。这一措施对国家控制更多的粮食起到一定的效果，1918年下半年全国征购粮食为

---

①　《列宁选集》第3卷，人民出版社，1984年，第560页。

②　《列宁全集》第34卷，人民出版社，1985年，第420页。

③　法令内容，详见《苏联共产党和苏联政府经济问题决议汇编》第一卷，中国人民大学出版社，1984年，第52~55页。

6700 万普特,这比上半年增加了 3900 万普特。

但是实施粮食垄断与专卖的法令,并不能从根本上解决国家粮食困难问题。这是由以下因素决定的:第一,粮食生产总的形势恶化,粮食大幅度减少,征购来的粮食只能满足城市居民口粮的一半左右,其余一半仍需向私商购买。第二,在粮食严重短缺、小农经济占优势与黑市价格比规定的国家收购价格高出 10 倍的情况下,要杜绝粮食私人买卖与投机倒卖是不可能的。当时不仅遭到富农的反抗,同时也遭到中农的抵制。

为了进一步控制粮食,全俄中央执行委员会于 1918 年 10 月 30 日又颁布了征收农产品实物税的法令,规定必须在缴纳实物税后的粮食才可以按固定价格出售或收购。法令的主要目的是对农民中不同阶层征收不同的实物税来取代过去对所有农民统一征收的货币税,从而可以达到在货币不断贬值的条件下,能保证征集到粮食。但征收实物税只涉及有余粮的富农与富裕农户,贫农免税,而中农亦往往逃避了部分税收。为了解决十分迫切的粮食问题,1918 年 12 月 30 日至 1919 年 1 月 6 日,在莫斯科召开了全俄粮食工作会议,全面讨论了粮食问题,人民委员会于 1919 年 1 月 11 日颁布了《关于在产粮省份收集归国家支配的粮食和饲料》的法令,即余粮收集制的法令。法令规定:"为满足国家需求所要的一切粮食和谷物饲料,摊配给各产粮省向居民征收。"除了粮食人民委员部规定的国家摊派任务外,经省粮食委员会批准还可以增征一定数量本地居民所需的粮食和谷物饲料。征收办法是:按照粮食人民委员会确定的征粮总数,自上而下逐级下达,直至每个农户,按固定价格强制性地向农民征购。不按规定期限交售粮食而又发现其储备者予以没收,私藏粮食者可没收其财产乃至逮捕法办。余粮收集制这种摊配原则与办法,应用范围不断扩大,1919 年只用于粮食谷物饲料与肉类,1920 年油脂、其他农产品与农产原料的采购也采用摊配的办法。实行余粮收集制后,征集的粮食与饲用谷物大大增加(见表 3-1)。

表 3-1 国家征集粮食与饲料用粮增长情况

| 年度 | 增长值(万普特) | 对应 1917/18 年度的% |
|---|---|---|
| 1917/18 | 7340 | 100 |

续表

| 年度 | 增长值(万普特) | 对应 1917/18 年度的% |
|------|------|------|
| 1918/19 | 10790 | 147.5 |
| 1919/20 | 21250 | 289.5 |
| 1920/21 | 36700 | 500 |

资料来源:苏联科学院经济研究所编:《苏联社会主义经济史》第一卷,复旦大学经济系等译,生活·读书·新知三联书店,1979 年,第 484 页。

肉类征购也大大增加。1918 年肉类和牲畜的征购量只有 12.15 万吨(活重),1919 年就有 17.13 万吨,到 1920 年虽然畜牧区(南方和东南地区以及西伯利亚、高加索)与苏维埃俄罗斯经销了几个月,但该年征购量竟达到 86.42 万吨。[①]

在战争期间,通过余粮收集制的办法所征集的食品与轻工业产品,其主要部分用于军队粮食、必需品与制服的供应(见表 3-2)。

表 3-2　1920 年夏国家供应计划中军需部分占全国消费量的比重(%)

| 产品 | % | 产品 | % |
|------|------|------|------|
| 面粉 | 25 | 脂皂 | 40 |
| 米 | 50 | 火柴 | 20 |
| 谷物饲料 | 40 | 烟叶 | 100 |
| 鱼和肉 | 60 | 棉布 | 40 |
| 食糖 | 60 | 其他织物 | 70~100 |
| 食盐 | 15 | 男用鞋靴 | 90 |
| 油脂 | 40 |  |  |

资料来源:苏联科学院经济研究所编:《苏联社会主义经济史》第一卷,复旦大学经济系等译,生活·读书·新知三联书店,1979 年,第 487 页。

---

[①]　参见苏联科学院经济研究所编:《苏联社会主义经济史》第一卷,复旦大学经济系等译,生活·读书·新知三联书店,1979 年,第 484~485 页。

余粮收集制是按阶级原则实行的:不向贫农收粮,中农酌情征收,富裕农户多收。这可以从 1920 年初中央统计局对 6 个省几个不同的乡进行的抽样调查资料得以证明,如辛比尔斯克省塞基利耶克县沃耶茨克乡,播种面积在 1 俄亩以内的全部农户完全免交摊派粮,播种面积 1~2 俄亩以内的农户中有 50% 免交,其余 50% 每户交纳 50 普特以下;2~4 俄亩以内的农户中有 28.6% 免交,52.4% 农户交 50 普特以下,19% 的农户交 50 普特以上;4~8 俄亩的农户中交 50 普特以下的只有 5.9%,交 50~100 普特的占 24.7%;8 俄亩以上的全部农户每户要交 100 普特以上粮食。①

但总的来说,苏维埃共和国出于对粮食的迫切需要,在实行余粮收集制过程中,也常常出现摊派的指标过高、中农与富农的界限分得不清、对贫农户的征收过宽的情况,在前面所引的材料可以看到,对播种面积为 1~2 俄亩的贫农户中有一半要交摊派粮。

应该看到,余粮收集制的实行,它标志着苏维埃国家在粮食政策方面的根本性变化,这是在特殊情况下被迫采取的一次特殊政策。列宁在《论粮食税》中指出:"特殊的'战时共产主义'就是:我们实际上从农民手里拿来了全部余粮,甚至有时不仅是余食,而是农民的一部分必需的粮食,我们拿来这些粮食,为的是供给军队和养活工人。其中大部分,我们是借来的,付的都是纸币。我们当时不这样做就不能在一个经济遭到破坏的小农国家里战胜地主和资本家。"②

2. 普遍实行工业国有化

随着经济转入战争轨道,苏维埃共和国不仅要对粮食等食品加紧管控,而且为了保证战争的胜利,还需要把整个工业控制在自己手里,为此加速了普遍实行工业国有化的步伐。1918 年 5 月底和 6 月初,召开了全俄国民经济委员会第一次代表大会。会议的中心问题是,完成大工业国家化和组织生产的原则。代表大会通过的《关于经济状况和经济政策》的决议中写道:必须从个别企业国有化进而到"各个工业部门的彻底国有化,首先是金属加

---

① 参见苏联科学院经济研究所编:《苏联社会主义经济史》第一卷,复旦大学经济系等译,生活·读书·新知三联书店,1979 年,第 477 页。

② 《列宁选集》第 4 卷,人民出版社,1995 年,第 501~502 页。

工和机器制造业、化学工业、石油工业和纺织工业的国有化"。人民委员会于 1918 年 6 月 28 日通过了《关于采矿、冶金、金属加工、纺织、电气、锯木、木器制造、烟草、玻璃、陶瓷、皮革、水泥和其他工业部门的大企业以及蒸汽磨、地方公用事业企业和铁路运输企业的国有化》法令。该法令一开头就指出：为了与经济遭受破坏和粮食危急状态进行坚决的斗争，为了巩固工人阶级和农村贫农的专政，人民委员会决定：宣布苏维埃共和国境内的下列各工业企业和工商企业及其所有资本和财产，不论属于什么种类，一律为俄罗斯社会主义联邦苏维埃共和国的财产。这里说的"下列各工业企业和工商企业"包括：采矿工业、冶金工业与金属加工工业、烟草工业、橡胶工业、玻璃工业与陶瓷工业、皮革工业、水泥工业、蒸汽磨、地方公用事业、铁路运输和其他工业部门。①

　　工业国有化的进程在加速进行。1918 年底举行的全俄国民经济委员会第二次代表大会宣布："工业国有化已基本完成。"1919 年夏，属于最高国民经济委员会直接管理的企业已达 4000 个。这里要提出的是，在工业国有化过程中，被国有化的工业企业不只限于大企业，而是涉及一批中小型企业。1920 年秋，雇用 30 名工人以下的小企业，已有 36% 被收归国有。1920 年底，在注册工业企业中，属于国有的已占 88%，属于合作社所有企业占有 3.7%，私人工业仍占 8.3%。其中国有化的小企业和手工企业共有工人 11.5 万人，产值 1.08 亿卢布，合作社企业约有工人 14.5 万人，产值 0.99 亿卢布，国有化和合作化的企业共占全部中小企业中工人总数的 16% 和生产总值的 31.4%。② 对当时的苏维埃政府看来，国有化和合作化企业在中小企业中的比重太低，为此，1920 年 11 月 29 日，最高国民经济委员会颁布了把全俄所有小工业企业收归国有的法令。规定凡雇用工人 5 名以上，并拥有动力机械，或雇用工人在 10 名以上，无动力机械的一切私人企业，全部收归国有，使全部工业都为国防服务。后来由于战争结束很快转入新经济政策时期，该法令未能全部实行。但是这个法令的颁布，意味着从法律角度上讲，

---

　　①　参见《苏联共产党和苏联政府经济问题决议汇编》第一卷，中国人民大学出版社，1984 年，第 98～105 页。

　　②　参见陈之骅主编：《苏联史纲：1917—1937》上，人民出版社，1991 年，第 153 页。

在苏维埃共和国,全部大、中、小私人企业,已失去了存在的合法性。

3. 禁止自由贸易,货币流通范围大大缩小,经济关系实物化

在军事共产主义时期,苏维埃共和国实行余粮收集制,垄断了全部农产品和工业品,并由国家组织分配,对商业又进行国有化,禁止自由贸易,在这种条件下,流通领域必然产生重大变化。再说,在当时粮食与工业极端短缺的情况下,正常的商品交换实际上也不可能,而存在的只是投机。为此,列宁认为必须对自由贸易加以严格限制。1919 年 1 月 17 日,列宁在全俄中央执行委员会、莫斯科苏维埃和全俄工会代表大会联席会议上指出:"如果在关系人民死活的食物明明不够的情况下准许自由贸易,就一定会造成疯狂的投机,使食物价格暴涨,以至出现所谓垄断价格或饥饿价格。"①

围绕取消自由贸易,苏维埃政府在国内战争期间采取了一系列措施:1918 年 11 月起,在对国内私人商业方面实行更加坚决与严厉的国有化政策,最为突出的做法是,同年 11 月 21 日人民委员会颁布了《关于组织居民各种食品、个人消费品和家庭日用品供应》的法令,或称《贸易垄断法令》。法令规定,一切消费品和家庭日用品都由一个机构即粮食人民委员部来办理,国营商业与消费合作社取代私人商业。接着,在 5 天之后即 11 月 26 日,最高国民经济委员会和粮食人民委员部颁布了《关于对某些食品和日用品贸易的国家垄断》的决定,对大众消费品广泛实行国家垄断,这包括有:烟草制品、食糖与糖制品、茶叶、咖啡、食盐、火柴、纺织品、煤油、工厂生产的鞋子、钉子和肥皂,等等。很显然,苏维埃国家取缔私人贸易,实行贸易垄断,是为了保证前线红军的供应和对全俄城镇居民实行统一的定额供应而必须采取的政策。

这里要指出的是,尽管苏维埃政府在商业国有化与贸易垄断方面采取了十分严厉的措施,契卡人员日夜巡逻,严格禁止私人贩卖国家垄断产品,但在最必需消费品特别是食品供应严重短缺的情况下,要根本取消非法的黑市贸易也是不可能的,不少城市工人家庭与其他家庭的消费中,仍有相当一部分从黑市贸易中得到满足的(详见表 3-3)。

---

① 《列宁全集》第 35 卷,人民出版社,1985 年,第 408 页。

表3-3 1919年城市工人与其他家庭从黑市自由贸易中采购
消费品的比重(%)

| 月份 | 3—4月 | | 7月 | | 12月 | |
|---|---|---|---|---|---|---|
| 品名 | 工人家庭 | 其他家庭 | 工人家庭 | 其他家庭 | 工人家庭 | 其他家庭 |
| 面包 | 48.5 | 52.5 | 44.0 | 46.8 | 32.8 | 33.2 |
| 油粕 | 75.8 | 81.0 | 86.3 | 89.1 | 73.8 | 70.9 |
| 马铃薯 | 95.5 | 96.7 | —— | —— | —— | —— |
| 面粉 | —— | —— | 75.8 | 78.8 | 62.4 | 59.8 |

资料来源:姜长斌:《苏联早期体制的形成》,黑龙江教育出版社,1988年,第223页。

在对大众食品和日用消费品由国家垄断收购并由国家统一按定额分配的情况下,在卢布大幅度贬值的条件下,经济关系中的货币作用日益消失,并且不可避免地出现实物化,一切以货币形式体现的工资、流通与税收等,只不过是一种形式和计算符号而已。

4.平均主义的分配制

苏维埃政府对经济实行严格的管制,除了实行国有化、垄断、集中管理等政策外,另一个重要政策是改变对居民的分配供应制度。

首先要指出的是,十月革命后苏维埃政府制定的劳动报酬(工资)制度[①],在国内战争期间已无法实行。这是因为,在通货膨胀极其严重的情况,货币工资已失去意义。而在商品极其短缺的条件下,实物分配又是严格按定额标准分配的,定额非常低,最后不得不以平均主义的政策来进行分配。职工工资的实物部分主要是口粮。食品根据配给证和固定价格发给职工。到1920年末,是免费供给。免费发放的还有工作服、各类公用事业和交通补贴。为了组织好分配,1919年3月16日人民委员会通过了《关于消费公社》的法令。该法令说:"粮食状况的困难,要求采取从饥荒中拯救国家的紧急措施,对人力物力实行最严格的节约。""因此在分配方面必须建立统一的分配机构。这样做之所以刻不容缓,尤其是因为,所有的分配机关(主要分为

---

① 1919年苏维埃政府制定了35个等级,其最低级和最高级的比例为1:5的统一工资等级表。前14级是工人的等级;从15级起是工程技术人员的等级。

三类:粮食机关、工人合作社和普通公民合作社)现在都从一个来源得到大部分产品,而这三类机关之间的纠葛,在实际工作中已成为有害于事业的不堪忍受的障碍。"所以成立消费公社的目的是:把所有的分配机关联合起来,使之成为合理地进行群众性分配的主要机构。为此,人民委员会决定:"在全国各城市和农业区中,合作社一律联合并改组为统一的分配机关——消费公社。"①经过改组后合作社其最重要的特点是,全体居民必须入社,即每个公民必须成为公社社员,编入公社的一个分配站。同时规定免费入社。在粮食人民委员部及其他机关监督下把所有的商店、小铺、仓库,以及必需品的分配,一律移交给消费公社。消费公社在粮食人民委员部监督下,执行居民供应的国家职能。

面包等食品供应量一开始是很低的。1919 年初,工人家庭一个男性成年人只能得到 2268 卡路里(最低需要量为 3000~3500 卡路里)。特别在最大的工业中心食物含卡量减少了:彼得格勒只有 1598 卡,莫斯科也只有 2066 卡。后来,供应量逐步提高(详见表 3-4)。

表 3-4　1919—1920 年每个居民平均分到的某些食品消费量的变化(磅)

| 品名 | 工 人 | | | | 职 员 | | | |
|---|---|---|---|---|---|---|---|---|
| | 面粉 | 马铃薯 | 肉和鱼 | 面包 | 面粉 | 马铃薯 | 肉和鱼 | 面包 |
| 1919 年 3—4 月 | 0.666 | 0.370 | 1.109 | 0.215 | 0.614 | 0.402 | 1.112 | 0.242 |
| 1919 年 5 月 | 0.817 | 0.455 | 0.959 | 0.061 | 0.707 | 0.359 | 0.984 | 0.098 |
| 1919 年 7 月 | 0.562 | 0.571 | 0.957 | 0.102 | 0.500 | 0.526 | 0.861 | 0.156 |
| 1919 年 10 月 | 0.964 | 0.345 | 1.355 | 0.114 | 0.854 | 0.337 | 1.221 | 0.198 |
| 1919 年 12 月 | 0.735 | 0.499 | 1.580 | 0.102 | 0.680 | 0.481 | 1.419 | 0.170 |

资料来源:苏联科学院经济研究所编:《苏联社会主义经济史》第一卷,复旦大学经济系等译,生活·读书·新知三联书店,1979 年,第 500 页。

这里需要指出的是,劳动报酬平均化主要表现在工资差别方面(如按 1918 年 6 月 1 日的统计资料,最高级别的熟练工人和粗工之间的工资差别

---

① 详细内容可见《苏联共产党和苏联政府经济问题决议汇编》第一卷,中国人民大学出版社,1984 年,第 137~140 页。

仅为 1.39∶1），以及卢布的贬值加上国家严格控制私人贸易，使工资在市场上实际买不到消费品，从而使仅有的一点工资等级差别也就不起作用。但在实物定额分配方面还是有所区别的。一是体现阶级原则，按劳动者与不劳动分子实现定量分类。另外，还按劳动条件的不同划分定量标准，如 1919年分四类供应口粮：①重体力劳动工人，每月分给面包 36 磅；②普通工人，25磅，③职员，18 磅；④居民，12 磅。1919 年末对最重要的工业部门和企业的工人，实行高于一般配给证定量的"专用供应"。该年 12 月享受专用供应的有 64.2 万人，1920 年年末已增加到 273.88 万人，1921 年三四月间已有370.86 万人，占全部工人的 50% 以上。

5. 推行共产主义劳动义务制

国内战争期间，一方面由于大批工人参军走向前线，另一方面由于城市粮食等食品供应的极度困难和工厂关闭，致使一部分工人流向农村。这样，出现了劳动力资源严重不足。这在客观上要求苏维埃政权在组织劳动方面有新的举措。布尔什维克党一方面号召全体有觉悟的工人、农民创立越来越多的劳动业绩，以革命的精神从事劳动；另一方面提倡群众性的共产主义劳动义务制。一开始，实行普遍的义务劳动制主要针对剥削阶级与非劳动者阶层，强迫他们必须参加劳动，只有在领取到劳动的证明之后，才可分得食物。对广大工人和其他劳动者来说，主要是强调加强劳动纪律。1918 年 12月 10 日，全俄中央委员会颁布的《劳动法典》规定，对 16～50 岁的所有有劳动能力的公民实行义务劳动。地方机关有权强迫这些公民完成公益劳动。

工农劳动群众的义务劳动始于 1919 年春天。第一次共产主义星期六义务劳动是莫斯科—喀山铁路工人组织起来的。莫斯科车站机车库的共产党员们在 1919 年 4 月 12 日星期六不要报酬从晚上 8 时加班工作到第二天清晨，完成了 3 台机车的修理。布尔什维克党对此大加赞扬。1919 年 5 月 17日《真理报》在《用革命精神从事工作（共产主义星期六义务劳动）》一文中论述了它的意义。5 月 20 日《真理报》发表的又一篇文章中，把这一创举称作"值得学习的范例"，并号召"后方的所有共产党支部"效仿这一榜样。列宁在 1919 年 7 月 28 日的《伟大创举》著作中，赞扬共产主义星期六义务劳动是伟大转变的开端。他指出："党中央写过一封'用革命精神从事工作'的信。这是拥有一二十万党员……的党员中央委员会提出的主张。"①列宁反复强调了义务劳动制的重大意义,他说:"工人自己发起和组织的共产主义星期六义务劳动确实具有极大的意义。显然,这还只是开端,但这是非常重要的开端。这是比推翻资产阶级更困难、更重大、更深刻、更有决定意义的变革的开端,因为这是战胜自身的保守、涣散和小资产阶级利己主义,战胜万恶的资本主义遗留给工农的习惯。当这种胜利获得巩固时,那时而且只有那时,新的社会纪律,社会主义的纪律才会建立起来;那时而且只有那时,退回到资本主义才不可能,共产主义才真正变得不可战胜。"②共产主义星期六义务劳动的意义还在于工人自觉地提高劳动生产率,对此列宁写道:"劳动生产率,归根到底是使新社会制度取得胜利的最重要最主要的东西。资本主义创造了在农奴制度下所没有过的劳动生产率。资本主义可以被最终战胜,而且一定会被最终战胜,因为社会主义能创造新的高得多的劳动效率。这是很困难很长期的事业,但这个事业已经开始,这是最重要的。"③

列宁的《伟大的创举》一文发表后,共产主义星期六义务劳动更加广泛地开展。1920 年五一节参加星期六义务劳动的人数超过 42.5 万人。1920年 5 月份,参加这一劳动的莫斯科人无偿地为国家额外工作了 450 万工时。彼得格勒参加星期六义务劳动的人数为 16.5 万人。1920 年,仅莫斯科一地参加这一劳动的就超过 200 万人。

6. 实行高度集中的工业管理体制

我们从国内战争期间苏维埃政府采取的上述一些主要政策与措施可以看到,年轻的苏维埃政权为了应对严峻的战争局势,不只需要通过国有化、垄断等政策,把全国经济控制在自己手里,并且还通过建立高度集权化的管理体制,对经济实行严格的管制。这样,就需要有一个具有广泛权力和又能高度集中指挥的机构。

我们在前面已提到,十月革命胜利后不久,随着土地与银行国有化完成之后,于 1917 年 12 月就建立了最高国民经济委员会,它是管理经济的最高

---

① 《列宁选集》第 4 卷,人民出版社,1995 年,第 22 页。

② 同上,第 1 页。

③ 同上,第 16 页。

机关。国内战争开始后,统一集中的管理体制不断强化。1918 年 9 月 2 日,全俄中央执行委员宣布苏维埃共和国全国为"军营",1918 年 11 月 30 日成立了以列宁为首的工农国防委员会(1920 年春改名为劳动和国防委员会),以协调军事主管部门、交通人民委员部、粮食人民委员部与红军给养委员会的工作。管理体制高度集中化一项重要措施是,最高国民经济委员会作出决定,按工业部门建立工业管理总局,即把大量国有化的工业企业按部门原则分给各总局,实行垂直领导。到了 1920 年底,最高国民经济委员会在全俄已建立了 52 个工业管理总局。总局的权限很大,它有权向大型国有化的工业企业委派厂长,在企业中实行一长制的领导原则。总局的建立,大大强化了中央管理经济的权力。例如,在原料供应方面,如果在 1918 年,由各管理总局及最高国民经济委员的物质资源使用委员会制定对现有物质的分配计划只有 19 项,1919 年就增加到 33 项,1920 年前 10 个月已达到 55 项。[①] 总局是工业管理体系中的中心环节。总局的管理体制,对经济领导是以垂直的行政方法进行的,它控制着下属企业的生产、物资调拨、产品销售等全部生产经营活动。企业不存在自主权,也谈不上企业实行经济核算。苏维埃政府在建立总局时曾设想,可以减少管理层次,即可取消工业管理的中间环节,总局直接管理企业。但实际上,总局下属企业数量多,又分布在全国各地,总局要对下属全部企业都实行直接领导,在客观上有很多困难,因此在一些工业部门不得不建立一个中间管理环节——托拉斯。

二、经济状况

到 1920 年底,全国大部分领土已从敌人手中解放出来,国内战争结束。战争期间,苏维埃俄国的经济受重创,国民收入从 1913 年的 210 亿卢布降到 1920 年的 105 亿卢布。战争给苏维埃国家造成的损失总数为 390 亿卢布,也就是说国家的国民财富减少了 1/4。[②] 战争期间工业下降情况详见表 3-5。

---

① 参见陈之骅主编:《苏联史纲》上,人民出版社,1991 年,第 154 页。
② 参见苏联科学院经济研究所编:《苏联社会主义经济史》第一卷,复旦大学经济系等译,生活・读书・新知三联书店,1979 年,第 344 页。

表3-5　1915年革命前的俄国工业情况和1920年各苏维埃共和国工业情况

| 共和国与地区 | 1915年 全部工业 | | | | | | 1920年 全部工业 | | | | | | 1920年为1915年的百分比(%) | | |
|---|---|---|---|---|---|---|---|---|---|---|---|---|---|---|---|
| | 加工工业企业 | | 工人人数 | | 总产值 | | 加工工业企业 | | 工人人数 | | 总产值 | | 加工工业企业 | 全部工业 | |
| | 数量 | 比重(%) | 千人 | 比重 | 百万卢布 | 比重(%) | 数量 | 比重(%) | 千人 | 比重(%) | 百万卢布 | 比重(%) | | 工人人数 | 总产值 |
| 苏联* | 15942 | 100 | 2709.7 | 100 | 6411.3 | 100 | 8102 | 100 | 1531.5 | 100 | 859.1 | 100 | 50.8 | 56.1 | 13.4 |
| 俄罗斯苏维埃联邦社会主义共和国 | 10210 | 64.1 | 2120.2 | 77.7 | 4622.9 | 72.1 | 6113 | 75.5 | 1183.6 | 77.3 | 616.4 | 71.8 | 59.9 | 55.8 | 13.3 |
| 其中: | | | | | | | | | | | | | | | |
| 西北区 | 1441 | 9 | 358.3 | 16.8 | 955.4 | 14.9 | 546 | 6.7 | 143.3 | 9.4 | 70.8 | 8.2 | 37.9 | 39.9 | 7.4 |
| 中部工业区 | 3745 | 23.5 | 973.4 | 35.7 | 2036.1 | 31.8 | 1608 | 19.8 | 492.4 | 32.2 | 202.8 | 23.6 | 42.9 | 49.6 | 10 |
| 乌克兰苏维埃社会主义共和国 | 3233 | 20.3 | 499.2 | 18.3 | 1225.4 | 19.1 | 1376 | 17 | 268.9 | 18.6 | 119.8 | 13.9 | 42.6 | 57.5 | 9.8 |

续表

| | | | | | | | | | | | | | | | |
|---|---|---|---|---|---|---|---|---|---|---|---|---|---|---|---|
| 白俄罗斯苏维埃社会主义共和国 | 804 | 5 | 22.2 | 0.8 | 38.9 | 0.6 | 352 | 4.3 | 19.3 | 1.3 | 9.9 | 1.2 | 43.8 | 96.9 | 25.4 |
| 南高加索各共和国 | 264 | 7.9 | 71 | 2.6 | 375.9 | 5.9 | 12 | 0.1 | 20.8 | 1.4 | 100.9 | 11.7 | 0.9 | 29.3 | 26.8 |

注：* 革命前俄国和各苏维埃共和国的国土按苏联1930年疆界计算。

资料来源：苏联科学院经济研究所编：《苏联社会主义经济史》第一卷，复旦大学经济系等译，生活·读书·新知三联书店,1979年,第334页。

从上表可以看出,工业的总产值 1920 年只及 1915 年的 13% 多一点。一些主要工业产品的下降情况是:煤产量 1920 年为 870 万吨,是 1917 年 3130 万吨的 28%;石油产量为 390 万吨,是 1917 年 883 万吨的 44%;铁产量为 12 万吨,是 1917 年 3303 万吨的 4%;钢产量为 19 万吨,为 1917 年 310 万吨的 6%。在一些民族地区工业下降的情况也十分严重,尤其是大工业企业几乎都停产了。1920 年阿塞拜疆大工业的产值比战前水平降低 85.7%,石油开采工业下降 70%。哈萨克斯坦工业产值 1920 年比 1913 年降低 50%,石油开采降低 75%,卡拉干达煤开采量降低 80%,黄金开采量下降 98.9%,铜矿石和铜的冶炼停顿了,洗毛工业下降 96%,净棉工业下降 95%,制革工业下降 60%。[①]

农业生产也出现大幅度下降。一是由于战争使农户遭到严重破坏,大批农户破产,丧失了马匹与产品畜。二是由于余粮收集制度没收了一切余粮,使农民在物质利益上丧失了发展农业生产的兴趣。

表3-6　牲畜畜头数下降情况(单位:千头)

| 年份 | 马 | 牛 | 羊 | 山羊 | 猪 | 总数 |
|---|---|---|---|---|---|---|
| 1916 年 | 31505 | 49965 | 80908 | 3085 | 19587 | 185052 |
| 1920 年 | 25411 | 39100 | 49798 | 1231 | 14829 | 130371 |

资料来源:[苏]B. T. 琼图洛夫等编:《苏联经济史》,郑彪等译,吉林大学出版社,1988 年,第 133 页。

1920 年全部播种面积比 1913 年减少 7.4%,谷类播种面积缩减 7.8%。另外,单位面积产量也下降了。粮食的平均单产 1909—1913 年每公顷为 6.9 公担[②],1917 年为 6.4 公担,1918 年为 6 公担,1919 年为 6.2 公担,1920 年为 5.7 公担。由于播种面积缩减与单产下降,使全国粮食产量下降。1909—1913 年(年平均)粮食产量为 39.79 亿普特,1917 年降为 33.31 亿普特,1918 年为 30.24 亿普特,1919 年为 30.80 亿普特,1920 年进一步降为 27.59 亿普

---

　① 参见苏联科学院经济研究所编:《苏联社会主义经济史》第一卷,复旦大学经济系等译,生活·读书·新知三联书店,1979 年,第 333 页。

　② 公担:公制重量单位,1 公担 = 100 公斤。

特。1920 年粮食产量比 1912 年下降 317.2%，而比 1909—1913 年平均产量下降 30.7%。在经济作物中，下降幅度最大的籽棉，1920 年其播种面积只及 1913 年的 14.2%，产量从 1913 年的 4500 万普特下降到 1920 年的 280 万普特。①

从农业的社会结构来看，随着土地改革的进行，在国内战争时期也发生了变化，地主经济退出了农业生产，富农与富裕中农的比重下降，中农、贫农的比重提高（详见表 3-7）。

表 3-7 各类农民在耕地、播种面积中的比例（单位:%）

| 类别 | 耕田面积 | | 播种面积 | |
|---|---|---|---|---|
| | 1917 年 | 1920 年 | 1917 年 | 1920 年 |
| 富裕农民 | 32.3 | 20.7 | 33.3 | 19.9 |
| 中农 | 45.2 | 47.2 | 45.1 | 47.4 |
| 贫苦农民 | 22.5 | 32.1 | 21.6 | 32.7 |
| 总计 | 100 | 100 | 100 | 100 |

资料来源:苏联科学院经济研究所编:《苏联社会主义经济史》第一卷，复旦大学经济系等译，生活·读书·新知三联书店，1979 年，第 405 页。

农民各社会阶层之间在役畜与产品畜占有量方面，在国内战争期间也发生了变化。如果以 1917 年的马匹数为 100，到 1920 年富裕农民的马匹数为 67.6%，中农为 93%，而贫苦农民为 129%。产品畜的占有量也发生了类似的变化。产品畜头数（折算成牛）1920 年与 1917 年相比，富裕农民为 71%，中农为 96.9%，而贫苦农民为 128.7%。②

至于在战争期间，农业社会主义改造并没有停止，由地主庄园改变为带有示范性的国营农场，1918 年年底在俄罗斯苏维埃共和国已有 3000 个，到 1920 年，全国有 6000 个左右。集体农庄也有一定发展，但总的来说数量极少。集体农庄在当时有三种组织形式:农业公社、劳动组合和共耕社。1919 年与 1920 年，农业公社分别为 1961 个与 1892 个;劳动组合分别为 3605 个

①② 参见苏联科学院经济研究所编:《苏联社会主义经济史》第一卷，复旦大学经济系等译，生活·读书·新知三联书店，1979 年，第 403~404 页。

与7722个,共耕社分别为622个与886个。这说明,劳动组合这一形式占主导地位。集体农庄发展情况详见表3-8。

表3-8 1918—1920年集体农庄发展情况

| 年份 | 集体农庄数<br>(万个) | 集体化的农户<br>(万户) | 占农户数的<br>百分比(%) | 集体农庄土地总<br>面积(万俄亩) |
|------|------|------|------|------|
| 1918 | 0.16 | 1.64 | 0.1 | 20.16 |
| 1919 | 0.62 | 8.13 | 0.3 | 92.46 |
| 1920 | 1.05 | 13.10 | 0.5 | 117.66 |

资料来源:苏联科学院经济研究所编:《苏联社会主义经济史》第一卷,复旦大学经济系等译,生活·读书·新知三联书店,1979年,第392页。

从上表可以看出,集体化的农户占农户总数的比重1918年仅为0.15,1919年为0.3%,到1920年也仅为0.5%。

国内战争使运输业遭到了巨大损失。这一期间受到一次破坏的铁路为5万多俄里,受二次以上破坏的约2.4万俄里铁路区段。1918—1920年间被破坏的桥梁有4000多座。还有许多主要轨道、农村桥梁、道岔、建筑物和各种民用设施也遭破坏。1917年1月机车总数为2.04万台,到1920年8月减为1.66万台,而其中可供使用的只有6700台。货车车厢也遭到严重的破坏和损失,车厢总数1917年1月为53.73万节,1920年6月减至45.53万节。运输业遭到严重破坏,这反映在货运量大幅度下降,1917年货运量总计为160亿普特,而到1920年降为47亿普特。[①]

财政领域出现了严重危机。在整个经济遭到严重破坏的情况下,国家没有稳定的收入,大量的国家财政支出没有着落,不得靠发行大量纸币来弥补财政赤字。1920年纸币发行量几乎达1万亿卢布,而实际收入仅为1.44亿卢布。大量发行纸币,使卢布的购买力到1920年底仅为1919年的1/13000。纸币发行量急剧增加,消费品又极其短缺,必然导致恶化通货膨胀。

---

① 参见苏联科学院经济研究所编:《苏联社会主义经济史》第一卷,复旦大学经济系等译,生活·读书·新知三联书店,1979年,第409页。

### 三、对军事共产主义经济政策的看法

#### 1. 军事共产主义的经济政策的基本评价

这一时期采取的种种经济政策,是在特殊条件下实行的特殊政策,往往是一种极端的政策,服从于战争的需要,是为取得战争胜利与保证年轻的苏维埃政权的需要。它"在一个经济遭到破坏的落后国家中保全了无产阶级专政"①,这是军事共产主义最主要的功绩。但是军事共产主义的政策也有不少消极与错误的方面。列宁指出,那时候"做了许多完全错误的事情;我们没有掌握好分寸,也不知道如何掌握这个分寸"②。另外在商业国有化和工业国有化方面,在禁止地方流转方面走得太远了。从实际结果来看,像对小型工业国有化并没有产生积极作用,国家垄断全部流通领域,禁止地方贸易活动使得向居民供应地方产品的情况恶化,导致投机的蔓延。缺乏商品流转渠道,使工农业之间的正常联系也被破坏了,这特别影响了农民的小商品经济的发展,严重打击了农民发展生产的积极性,这样也影响了工业的发展。正如列宁在《论粮食税》一文中指出的:"……工业和农业之间流转'被堵塞'的情况已经到了不堪忍受的地步。"③另外,还应看到,由于军事共产主义走得太远,也超过了工农联盟许可的程度。总之,军事共产主义在军事上取得了成功,战胜了敌人,但在经济战线上,不能说是圆满成功的,它没有把基本群众吸引到社会主义建设中来。"在某种程度上脱离了广大农民群众中所发生的情况","当时在国有化和社会化的工厂和国营农场中建立起来的经济没有同农民经济结合起来"。④

#### 2. 军事共产主义时期经济政策形成的原因

应该说这一时期苏维埃政府实行的一系列经济政策,一个直接的、重要的因素是当时战争的环境,这是无疑义的。但是如果仅仅归结为战争环境这个客观因素,那也是不全面的。应该看到,这是主观因素即直接过渡思想

---

①　《列宁选集》第4卷,人民出版社,1995年,第541页。
②　《列宁全集》第41卷,人民出版社,1986年,第56页。
③　《列宁选集》第4卷,人民出版社,1995年,第512页。
④　同上,第660~661页。

所起的作用。从十月革命到 1918 年夏这一期间,列宁领导的苏维埃政府所采取的基本经济政策可以看到,当时直接过渡到社会主义的途径主要有:一是经过全民对产品生产和分配的计算与监督,二是对土地银行和大工业国有化。这反映了列宁在国内战争前一个阶段直接过渡的思想。到 1918 年夏战争开始后,在战争环境下,军事共产主义的道路,使直接过渡的思想进一步发展,在政策上体现得更加具体。所以笔者认为,军事共产主义的各种政策,如从思想理论根源来探索的话,它反映了传统的马克思主义观点,力图通过直接过渡的办法在俄国实现共产主义。否则,我们就难以解释 1920 年春季战争基本结束,和平形势已经到来时,苏维埃俄国所采取的政策,并不是解除或取消 1918 年夏以来推行的特殊政策,而是还不断强化。这可从 1920 年 4 月 3 日《俄共(布)第九次代表大会决议》中说明这一点,该决议强调说:"我国经济恢复的基本条件是,坚定不移地实行最近一个历史时期的统一的经济计划";进一步强化劳动义务制,强调"对于星期六义务劳动,各地都应当比目前更加重视";对工业继续加强垂直的集中领导,并制定社会主义集中制的各种形式,等等。[①] 又如在 1920 年 9 月 7 日还通过法令,决定进一步对小企业实行国有化。

军事共产主义这种直接过渡的思想,也反映了本章第一节有关计划经济理论渊源时分析的传统马克思主义的下述观点,即随着私有制的消灭,在未来社会商品生产也应消除,价值关系必将消失。从思想理论上讲,十月革命前一直到俄国开始社会主义建设为止,列宁一直赞成马克思、恩格斯有关社会主义社会是没有商品生产的观点。否定与消灭商品生产与货币的理论观点,这在军事共产主义时期的经济政策中得到了充分的体现。

3. 军事共产主义时期经济体制的主要特点及其影响

从本章论述的整个内容来看,可以对军事共产主义时期所形成的经济体制的主要特点,作以下简要归纳:

第一,除了农业外,几乎对全部经济(包括对超过 5 人的小企业)都实行国有化,以此来达到最大限度地扩大国有制企业。对农民,通过余粮征集制

---

① 详见《苏联共产党和苏联政府经济问题决议汇编》第一卷,中国人民大学出版社,1984 年,第 173～187 页。

征收全部农业剩余产品集中在国家手里。

第二,对从生产到分配全部经济活动,其决策与管理权都集中在国家手里,实行强制的行政方法进行管理。

第三,在消灭商品、货币的条件下,经济关系实物化。

第四,国有企业与国家(总管理局)的关系是一种行政隶属关系,各企业从国家那里获得全部物资供应,而企业生产的全部产品上缴国家,是完全的"统收统支制"。

第五,分配上实行高度的平均主义。

第六,实行劳动力的强制分配和普遍劳动义务制。

第七,对当时很不发达的对外经济是完全由国家控制,这与十月革命后不久列宁把对外贸实行国家垄断制的措施有关。

很显然,这种体制在战争时期就已暴露了很多弊端,到了和平时期它更不符合客观实际情况的需要,依靠这种体制模式不可能促进经济的发展,得不到广大群众的拥护。但是遗憾的是,军事共产主义结束后,仍有不少人认为它是简捷、有效的体制,并没有从直接过渡的思想中走出来。它对苏联乃至其他社会主义国家构建经济体制与认识社会主义都产生了很大影响。这也是为什么后来列宁提出的新经济政策没有上升到全党的指导思想、没有达成共识的一个不可忽视的原因。

# 第四章 斯大林经济体制模式 形成的原因与过程

高度集中的指令性计划经济体制模式,有关其在苏联形成的原因,在过去很长一个时期,主要从客观因素去分析,如苏联是世界上第一个社会主义国家,如何建设社会主义,建立什么样的经济体制,无先例可循;当时苏联处于资本主义包围之中,受到严重的战争势力的威胁,为此,需要高度集中的经济体制,把具有国防意义的工业部门搞上去,等等。但实际上,形成苏联传统的经济体制模式,有其十分复杂的原因,它涉及多方面的问题,是各种因素综合作用的结果,它有个历史发展过程。如果只是从客观因素去研究苏联经济体制的形成问题,那就难以解释苏联长期坚持这种体制的原因。

## 第一节 1924—1929 年新经济政策实施与被抛弃

苏维埃国家在取得国内战争胜利后,从 1920 年底开始转入恢复国民经济的和平建设时期。随着战争的胜利,苏维埃政府于 1921 年先后与很多国家签订了和约与贸易协定。年轻的苏维埃共和国国际环境有了大的变化,其对外政治地位迅速获得巩固。列宁在 1920 年 11 月谈到这一点时说:"……我们不仅有了喘息时机,而且进入了一个新的阶段:尽管存在资本主义国家的包围,我们已经基本上能够在国际上生存下去。"[①]这些,为着手恢复国民经济创造了条件。再说,连续 7 年的战争(4 年帝国主义战争,3 年国

---

① 《列宁全集》第40卷,人民出版社,1986年,第24页。

内战争),已使苏维埃俄国的经济破烂不堪,必须把经济问题提到首位,恢复经济成为首要问题,成了最大的政治。1920 年 11 月 3 日,列宁《在全俄省、县国民教育局政治教育委员会工作会议上的讲话》中强调指出:"现在我们主要的政治应当是:从事国家的经济建设,收获更多的粮食,开采更多的煤炭,解决更恰当地利用这些粮食和煤炭的问题,消除饥荒,这就是我们的政治。""应当少说空话,因为空话满足不了劳动人民的需要。"在教育群众时,"应该首先把群众同国家经济生活的建设联系起来"①。在 12 月召开的全俄苏维埃第八次代表会议上列宁又指出:"经济任务、经济战线现在又作为最主要的、基本的任务和战线提到我们面前来了。"②恢复经济,把中心工作转到经济问题上来,一个十分紧迫的问题是,从根本上改变军事共产主义的经济政策,向新经济政策过渡。换言之,没有这种经济政策的根本转变,不向新经济政策过渡,要克服危机、恢复经济是不可能的。因为如列宁所讲的:"目前政治形势的全部关键,就是我们正处在转折时期即过渡时期,正处在有着某些曲折的、从战争转向经济建设的时期。"③

一、面临严重的危机

国内战争结束时,苏维埃俄国的经济可以说已到崩溃的边缘。经济的严峻形势我们已在本书第三章第二节作了简述,这里不再重复。问题是,在最为严重的经济危机中潜伏着的种种政治危机亦明显地暴露出来,政治形势已非常紧张。到 1921 年初,紊乱、复杂的形势已到了顶点。

从农民的情况来说,在战时,农民还能接受余粮收集制,但战争结束后,农民就不愿接受余粮收集制了。苏维埃政府从农民那里收到的粮食日益减少,粮食问题特别尖锐化。农民一方面无法承受国家征集沉重的粮食负担;另一方面由于工业的严重衰退,农民最必需的一些日用工业品,如肥皂、火柴、煤油、蜡烛等,也得不到起码满足。在余粮收集制的条件下,农民感到国家分给土地后,并没有使他们获得实际好处,也并没有获得实际使用土地的

---

① 《列宁选集》第 4 卷,人民出版社,1995 年,第 308～310 页。
② 同上,第 346 页。
③ 同上,第 347 页。

权利。在此情况下,农民的不满情绪日益激化,这就是在 1920 年底到 1921 年初,在全俄国各地普遍发生农民武装骚动的原因。最为严重的是 1921 年 3 月爆发的喀琅施塔得叛乱事件。参加叛乱的士兵,大部分是参军不久的农民。他们占领了波罗的海舰队和喀琅施塔得要塞。当时为了镇压这次叛乱,派去了一些红军精锐部队,还派去以伏罗希洛夫为首的 300 名出席第十次党代表大会的代表加强红军部队。3 月 17 日才平定了这次叛乱。另外,1921 年 2—3 月,西伯利亚伊施姆一县,参加暴动的农民就有 6 万余人,参加坦波夫省安东诺夫叛乱的农民有 5 万人。这些叛乱在全国很多地方出现,尽管有各种反革命分子的煽动,但根本原因是农民的严重不满所引起的,也充分说明农民对严重恶化的经济已忍无可忍。这也是为什么当时把"打倒苏维埃"的旧口号改换为"拥护苏维埃,但不要共产党员参加"的新口号有市场。同时亦说明,农民对无产阶级专政的态度已发生重大变化,对苏维埃政权失去信任。列宁对农民叛乱及时地提出了看法,他说:"农民曾经不得不去拯救国家,同意实行无偿的余粮收集制,但是它现在已经承受不了这样的重担。"①事件表明,这已是"向政治转变。1921 年春天的经济转变为政治:'喀琅施塔得'"②。1921 年 10 月 17 日列宁《在俄政治教育省委员会第二次代表大会上的报告》中,在分析 1921 年春产生严重危机的原因时指出:"在农村实行余粮收集制,这种解决城市建设任务的直接的共产主义办法阻碍了生产力的提高,它是我们在 1921 年春天遭到严重的经济危机和政治危机的主要原因。"③

从工人的情况来说,由于国内战争使大批工业企业开工不足和关闭,1920 年的工人人数仅为战前的一半。许多工人由于饥饿,逃往粮食供给稍比城市好的农村。工人队伍不仅大大减少和涣散,而且与农民一样,不满情绪日益滋长。这种情况下,难以让广大工人群众积极参与经济的恢复工作。

从工农联盟来看,实行余粮收集制后,农民没有余粮用来交换工业品,而国家也没有工业品用来与农民交换,更何况,贸易已被国家垄断。这说明

---

① 《列宁全集》第 41 卷,人民出版社,1986 年,第 131～132 页。
② 《列宁全集》第 32 卷,人民出版社,1958 年,第 576 页。
③ 《列宁全集》第 41 卷,人民出版社,1986 年,第 131～132 页。

军事共产主义的政策使工农联盟日趋走向破裂,它已失去了生命力。如果不改变这种极端的直接过渡的政策,最后结局是导致革命的失败。像列宁说的那样,"我们便会像法国革命一样倒退回去。一定是这样"①。十分明显,根本改变军事共产主义政策已刻不容缓。

二、转向新经济政策

1921 年 3 月 8 日至 16 日,在莫斯科召开了俄共(布)第十次代表大会。参加会议的有 694 名有表决权的代表,共代表 732521 名党员。会议议程有十项。虽然议题很多,但主题是总结军事共产主义的错误与教训,在此基础上,讨论如何解决国内面临的政治与经济危机,特别是解决农民与农业的发展问题,再深一步说,要解决在农民小商品经济占统治地位的俄国,如何对待农民与向社会主义过渡的问题。因此,处理好农民问题成为布尔什维克党最为紧迫的任务。

3 月 15 日,列宁在会上作了《关于以实物税代替余粮收集制的报告》。报告一开头就指出:"关于以实物税代替余粮收集制的问题,首先而且主要是一个政治问题,因为这个问题的本质在于工人阶级如何对待农民。提出这个问题就意味着我们必须对这两个主要阶级之间的关系(这两个阶级之间的斗争或妥协决定着我国整个革命的命运)作新的、也许可以说是更慎重更精确的补充考察,并且作一定的修正。我没有必要来详细论述为什么要作出这种修正的问题。你们大家当然都很清楚,好多事件,特别是战争、经济破坏、军队复员以及极端严重的歉收造成的极度贫困引起的事件,好多情况,使得农民处境特别困难、特别紧张,并且不可避免地加剧了农民的动摇,使他们从无产阶级方面倒向资产阶级方面。"②

为实现由军事共产主义向新经济政策过渡,涉及很多方面的问题。

1. 最为重要的一项政策是以实物税代替余粮收集制

关于以实物税代替余粮收集制的问题,最初是在 1921 年 2 月 8 日俄共(布)中央政治局会议上提出的。这次会议听取了恩·奥新斯基《关于播种

---

① 《列宁全集》第 41 卷,人民出版社,1986 年,第 132 页。
② 《列宁选集》第 4 卷,人民出版社,1995 年,第 444 页。

运动和农民状况的报告》,研究了改善农民状况的问题,并成立了一个专门委员会来起草关于这个问题的决议。在这次会议上,列宁给专门委员会写了一个题为《农民问题提纲初稿》的文件,其中表述了以实物税代替余粮收集制的基本原则。2月16日,中央政治局又决定,在《真理报》上就以实物税代替余粮收集制的问题进行公开讨论。第一批讨论文章于2月17日和26日发表。2月19日,中央政治局讨论了专门委员会拟订的关于以实物税代替余粮收集制的决议草案,决定将草案提交中央全会审议。2月24日,俄共(布)中央全会审议并原则上通过了这一决议草案。会议指派一个新的委员会再次对该草案从细节上进行修订。在专门委员会起草决议期间,列宁接见一些农民和农民代表团,认真听取了他们对粮食政策的建议和要求。3月3日,列宁对专门委员会拟订的决议草案第二稿提出了三点修改意见。3月7日,中央全会再次审查了决议草案,并将草案交给由列宁主持的专门委员会最后定稿。3月15日俄共(布)第十次代表大会一致通过了《关于以实物税代替余粮收集制的决议》。① 该决议的主要内容如下:

第一,为了保证农民在比较自由地支配自己的经济资源的基础上正确和安心地进行经营,为了巩固农民经济和提高其生产率,以及为了确切地规定农民所应担负的国家义务,应当以实物税代替余粮收集制这种国家收购粮食、原料和饲料的方法。

第二,这种税的税额应当比以前用余粮收集制的方法所征收的少。税额的总数应当满足军队、城市工人和非农业人口的最低限度的必需的消费。当运输业和工业的恢复使苏维埃政权有可能通过正常途径,即以工业品和手工业品作交换的方法取得农产品时,税的总额应当随之不断减少。

第三,征收的税额应当根据农户的收获量、人口和实有牲畜数量,从农户产品中按百分比扣除或按份额扣除。

第四,税额应当具有累进的性质;对于中农、力量单薄的农民和城

---

① 参见《列宁选集》第4卷,人民出版社,1995年,第851~852页。

市工人等,税额应当低一些。

最贫苦的农户可以免缴某些实物税,而在特殊情况下可以免缴全部实物税。

扩大自己的播种面积以及提高整个农户生产率的勤恳的农民,在缴纳实物税方面应当得到优待,或者是降低税额,或者部分地免税。

第五,在拟定税收法令和确定其公布日期时,应当考虑到使农民在春耕开始以前就尽可能比较确切地知道他所应当缴纳的数额。

第六,向国家缴纳实物税,应当在法令所确切规定的一定期限内完成。

第七,缴纳实物税的税额应当按农村联合组织(村社)计算。在农村联合组织内部,税额是根据第3条所规定的一般标准,由联合组织自己决定如何在各个农户之间分配。

为了监督税收标准的实施和税款的征收,应当按不同的纳税额分别成立当地农民的民选组织。

第八,在纳税后剩余的一切粮食、原料和饲料,农民可以自己全权处理,可以用来改善和巩固自己的经济,也可以用来提高个人的消费,用来交换工业品、手工业品和农产品。

允许在地方经济流通范围内实行交换。

第九,为了供应最贫苦的农民以及为了交换农民在纳税后剩余的、自愿缴售给国家的粮食、饲料和原料,应当建立专门的农具和日用品储备。这种储备应当包括国内的产品以及用一部分国家黄金基金和一部分收购来的原料从国外换来的产品。[①]

接着,1921年3月21日全俄中央委员会通过《关于以实物税代替余粮原料收集制》的法令。该法令的内容与3月15日俄共(布)第十次代表大会

---

① 《苏联共产党代表大会、代表会议和中央全会决议汇编》第二分册,人民出版社,1964年,第105～107页。

通过的《关于以实物税代替余粮收集制的决议》雷同。① 3 月 23 日,全俄中央执行委员会发表《告俄罗斯联邦共和国农民》号召书。以这种形式告知全体农民:"从现在起,全俄中央执行委员会和人民委员会决定废除收集制,代之以农产品实物税。"明确指出:"纳税之后留在农民手中的剩余产品完全由自己支配。"②号召俄国农民全力以赴,把每一俄亩耕地都种上庄稼。现在,每一个农民都应当知道并牢牢记住,他播种的地越多,完全由他支配的余粮就越多。③ 3 月 28 日,人民委员会又颁布《关于 1921—1922 年粮食实物税总额》与《关于已完成收集制的省份进行自由交换农产品》的两项法令。主要规定:一是减少 1921—1922 年粮食税总额的数量;二是对 1920 年已完成余粮收集制的 44 个省,撤除所有的武装征粮队,并允许粮食与饲料可以自由交换与买卖。改粮食税后,农民要比余粮收集制时缴纳的数额要低得多:粮食低 43.3%,油料籽低 50%,肉类低 74.5%,油低 36.1%,亚麻纤维低 93.3%,等等。④

在改行粮食税后,苏维埃政府获得粮食等农产品有两种渠道:一是实物税;二是商品交换。在废除余粮收集制的第一年即 1921 年,通过粮食税征得粮食 1.62 亿普特(原计划为 2.4 亿普特,后因歉收未完成);通过交换获得 0.6 亿普特。粮食税在头三年以实物形式征收,征收的农产品共有 18 种。从 1924 年起,准许根据农民的意愿用产品或货币两种形式缴纳。1925 年改行向农民征收货币税。农民乐意改行货币税,因为这样他们可以按有利的条件出售自己的产品,获得货币后再向国家缴纳。用货币税有利于加强农业的专业化发展,不必为完成实物税去从事特定的农产品生产。再从客观条件来讲,到 1925 年,货币的稳定亦为改行货币税创造了条件。

粮食税的征收,还考虑到地租与阶级等级差别的因素。这主要体现在

① 参见《苏联共产党和苏联政府经济问题决议汇编》第一卷,中国人民大学出版社,1984 年,第 232~233 页。

② 参见《苏联共产党和苏联政府经济问题决议汇编》第一卷,中国人民大学出版社,1984 年,第 235 页。

③ 参见《苏联共产党和苏联政府经济问题决议汇编》第一卷,中国人民大学出版社,1984 年,第 235 页。

④ 参见苏联科学院经济研究所编:《苏联社会主义经济史》第二卷,唐朱昌等译,生活·读书·新知三联书店,1980 年,第 41 页。

税收根据每一农户的单位面积产量和耕种土地的数量而有所差别。1921 年对粮食作物的课税情况是:每一人口的耕田为 1.6 ~ 2 俄亩,单产在 25 普特以下者,则每俄亩的税收是 2 普特(占单产的 8%),单产为 45 ~ 50 普特以上者,税收为 4.5 普特(占单产的 9%),单产为 70 普特以上者,税收是 7 普特(占单产的 10%)。在每俄亩的产量为 50 普特时,如果农户每一人口的耕地为 0.5 俄亩及 0.5 俄亩以下,税收为每俄亩 1.25 普特,每一人口的耕田为 1.6 ~ 2 俄亩者税收提高到 4.5 普特,每一人口的耕田为 4 俄亩及 4 俄亩以上时,税收是每俄亩 9 普特。在 1923 年全苏有 590 万农户全部或部分免缴粮食税,有 290 万农户因贫困而完全免税。到 1925 年,粮食税主要由富裕农户负担,占 23% 以上的贫困农户免税,440 万户得到了不同程度的减税。[①]

　　在粮食税推行过程中,也遇到种种问题,党内思想也并不完全统一,有些人认为把粮食税这一政策视为临时性措施,还出现不按粮食税有关规定征收,而往往习惯于余粮收集制的征收办法。这样,在粮食税法令执行一个月之后,列宁在 1921 年 3 月开始写的《论粮食税》(新政策的意义及其条件)这本小册子于 4 月 21 日完稿。并于 5 月初由国家出版社刊印。俄共(布)中央曾专门作出决定,要求各级党委按照列宁《论粮食税》的基本精神向劳动人民解释新经济政策的实质与意义。在这一重要论著中,列宁进一步阐述了实行粮食税的意义与必要性。他一再强调:"在小农国家内实现本阶级专政的无产阶级,其正确的政策是要用农民所必需的工业品去换取粮食。只有这样的粮食政策才能适应无产阶级的任务,只有这样的粮食政策才能巩固社会主义的基础,才能使社会主义取得完全的胜利。""粮食税就是向这种粮食政策的过渡。"[②]这实质上是向正常的社会主义产品交换的过渡。列宁在这一论著中,批判了那些把粮食税取替余粮收集制的实质归结为似乎是从共产主义过渡到资产阶级制度的错误看法。他认为,如果按照这些人的想法,必将堵塞商品交换,禁止商业发展,这是死路一条。

---

　　① 参见苏联科学院经济研究所编:《苏联社会主义经济史》第二卷,唐朱昌等译,生活·读书·新知三联书店,1980 年,第 43 ~ 44 页。

　　② 《列宁选集》第 4 卷,人民出版社,1995 年,第 502 页。

2. 新经济政策的实质是发展商品货币关系

1921 年 5 月 26—28 日,在莫斯科召开了俄共(布)第十次全国代表会议。会议是由于必须对各地执行新经济的政策的经验进行研究临时召开的。列宁在会上作了关于新经济政策的报告。他强调说:"应当把商品交换提到首要地位,把它作为新经济政策的主要杠杆。如果不在工业和农业之间实行系统的商品交换或产品交换,无产阶级和农民就不可能建立正常的关系,就不可能在从资本主义到社会主义的过渡时期建立十分巩固的经济联盟。""同时,实行商品交换可以刺激农民扩大播种面积和改进农业。"列宁还具体指出:"应当以余粮最多的省份作为重点,首先实行商品交换。"他还认为:"……合作社是实行商品交换的主要机构。"①1921 年 11 月 5 日列宁在《论黄金在目前和社会主义完全胜利后的作用》一文中说:"假定在千百万小农旁边没有电缆纵横的先进的大机器工业——这种工业按其技术能力和有组织的'上层建筑'以及其他伴生的条件来说,能够比从前更迅速更便宜更多地向小农提供优质产品——那么商业就是千百万小农与大工业之间唯一可能的经济联系。"②1921 年 12 月 23 日,列宁在苏维埃第九次代表大会的报告中又指出:"虽然大工业转到国家手里,靠它供给农民产品的尝试还是没有成功。既然这一点办不到,那么在农民和工人之间,即在农业和工业之间,除了交换,除了商业,就不可能有别的经济联系。问题的实质就在这里。……只能在工人国家的领导和监督下利用商业并逐步发展农业和工业,使其超过现有水平,此外没有任何别的出路。"③

列宁为什么反复强调要恢复发展商品货币关系,指出其重要的意义,这与一开始通过粮食税与国家资本主义来发展商品货币关系出现的问题有关。到了 1921 年秋发现商品交换的计划未能实现。当时形成这一局面的主要原因是:

第一,原来列宁设想的是通过有组织的、直接的商品交换来向社会主义过渡,但这行不通。1921 年 10 月 29 日,列宁《在莫斯科省第七次代表会上

---

① 《列宁选集》第 4 卷,人民出版社,1995 年,第 533 页。
② 同上,第 615 页。
③ 《列宁全集》第 42 卷,人民出版社,1987 年,第 334~335 页。

关于新经济政策的报告》中指出："商品交换没有取得丝毫结果，私人市场比我们强大，通常的买卖、贸易代替了商品交换。""我们应当认识到，我们还退得不够，必须再退，再后退，从国家资本主义转到由国家调节买卖和货币流通。"①退到哪里，要退到通过商业的这条迂回的道路上去，即实行真正意义上的商品交换。

第二，从 1921 年改革余粮收集制后，虽在客观上使农民有余粮可以与工业品进行交换，但 1920 年与 1921 年的干旱使农业歉收，农民手中的余粮有限。再说，实行新经济政策初期，工业刚在恢复，国家还拿不出大量工业品与农民去交换。

第三，当时作为商品交换主要机构的消费合作社，它的能力非常薄弱，其总基金总共只有 25.4 亿卢布，一个城市合作社的平均资本仅为 950 金卢布，一个农村合作社平均资本只有 29 金卢布。② 这种情况，合作社是不可能完成商品交换的主要工作任务的。

第四，由于战后工农业产品价格剪刀差比战前不仅未缩小，反而提高了两倍，这种情况下，农民不愿意与国家组织的工业品进行交换，而是愿意在私人市场进行交换，这样必然出现像列宁前面指出的，"私人市场比我们强大"的局面。

为了实现真正意义的商品交换，最主要的是要重新认识商品交换的性质。应该说，列宁本人在这个问题上的认识也是不断发展的，并且不断纠正对这个问题认识上的片面与狭隘的观点。1921 年 8 月 9 日，人民委员会发布了《关于贯彻新经济政策原则》的指令，明确指出："为了全面恢复国民经济，尤其是恢复货币流通，又需要发展城乡之间的商品交换。鉴于所有这一切，应当采取措施发展国营私合作社的商品交换，而且不应当只限于地方流通范围，在可能和有利的地方应当转为货币交换方式。"③与此同时，还采取了一些扩大商品交换的具体措施，这主要有：

---

① 《列宁全集》第 42 卷，人民出版社，1987 年，第 228 页。

② 参见陈之骅主编：《苏联史纲》上，人民出版社，1991 年，第 194 页。

③ 《苏联共产党和苏联政府经济问题决议汇编》第一卷，中国人民大学出版社，1984 年，第 270 页。

改组与重新设立一些商品流通机构。在对军事共产主义时期形成的供应机构和商品流通机构进行改组时,又重新设立了贸易辛迪加、合作社、商品交易所、定期市场、贸易股份公司等组织。在流通领域建立三类贸易机构——国营、合作社与私营机构。在批发贸易中,是国营占优势,在零售贸易中,部分是合作社占优势,部分是私人资本占优势。

根据 1921 年 4 月 7 日的命令,对消费合作社进行改组,让其成为城乡之间商品自由流通的最主要途径之一。根据 7 月 7 日的命令,在军事共产主义时期被取缔的手工业与小手工艺合作社以及农业合作社又得以恢复。此后,各类合作社得到了发展,1921 年为 54800 家,到 1925 年增加到 99500 家,参加各类合作社居民人数近 1000 万人,连同家属一并计算在内为 5000 万人,即约占人口总数的 35%。①

发展私人贸易。实际上,在新经济改革实行前,小集市、小商贩等私人贸易一直存在着,但它们是非法的。实行新经济政策后,这些私人贸易以合法的形式出现,并且不断地发展。1921 年底,全苏领有营业执照的私人商业企业数为 185000 家,1922 年 7 月为 359000 家,1922 年底为 667000 家。1922 年私人贸易的总交易额为 339200 万卢布,占商业流通总额的 43.9%。但随着国营商业的发展,私人商业占商业流通总额中的比重到 1925 年降为 25% 左右。

在组织国营贸易、合作社及私人贸易的商业企业网的同时,还成立了一些专门的贸易机构,如交易所与定期市场等。

为了使工农业之间、城乡之间商品交换顺利进行,还必须调整工农业产品价格的比价。由于工业销售机构任意提高工业品价格,使工农产品价格的剪刀差到 1923 年秋达到了顶点,农用生产资料的价格特别昂贵。例如,1913 年农民购买的一架犁出售 20 普特粮食,1923 年则要出售 150 普特,相应地买一台割草机必须分别出售 150 和 847 普特粮食,买一台收割机为 120 和 704 普特粮食。再从农民购买工业消费品的情况看,1913 年 1 普特小麦平均可买到 5.7 俄尺②印花布,1923 年只能买到 1.5 俄尺;1913 年 1 普特黑

---

① 参见[苏]梁士琴科:《苏联国民经济史》第三卷,叶林等译,人民出版社,1960 年,第 187 页。

② 俄尺:长度单位,1 俄尺约等于 0.71 米。

麦能买到 0.16 普特食糖,1923 年只能买到 0.06 普特;1913 年用 1 普特小麦能买到 8 俄尺印花布,1923 年只能买到 2.1 俄尺。显然,这种不合理的价格,必然导致农民不购买机器与农具,而这些商品不得不滞留在仓库里,这就出现了销售危机。为了解决这个问题,苏联政府采取措施,改进这种不合理的价格,主要是降低工业品批发价格,限制商品流通网的商业加成,降低工业品的成本。1923 年 10 月 1 日至 1924 年 10 月 1 日,国营工业品的出厂价格降低了 25.3%。与此同时,不同程度地提高农产品价格的水平。例如,与 1913 年比,1925 年黑麦价格提高了 50.2%。燕麦价格提高了 41%,土豆价格提高了 23.5%。以上措施,既有利于工农产品的正常销售与交换,也有利于巩固工农联盟。

3. 改变土地使用方面的一些限制政策

尽快恢复农业生产,巩固工农联盟,除了我们在前面谈到的取消余粮收集制与积极发展商品货币关系外,改变土地使用法也具有重要意义,即必须取消军事共产主义时期在土地使用方面已不合时宜的一些限制性政策。1921 年 3 月 23—28 日召开的第九次全俄苏维埃代表大会通过的有关农业问题的决议强调:"在毫不动摇地保持土地国有化的基础上,巩固农民的土地使用权,并给农村居民以选择土地使用形式的自由,以保证农民得以正确经营和发展所必需的条件。"为此,代表大会委托农业人民委员部制定土地法典。但是,在研究制定土地法典过程中,农村中不少地区出现了自发调整土地关系的情况。为了使农村中已出现的土地租佃与雇佣劳动力有章可循,1922 年 5 月 22 日召开的全俄苏维埃中央执行委员会第九届第三次会议,通过了《土地劳动使用法》。法令首次规定,准予土地的劳动出租(土地使用权的临时转让)和在劳动农户中辅助性地使用雇佣劳动,并且还允许农民有自由选择土地使用形式。法令还规定:"对因自然灾害(歉收、水灾、牲畜倒毙等)或劳动力(因死亡、临时出去干活挣钱、应征入伍、被选举担任苏维埃和社会职务等)不足或减少而暂时受到削弱的劳动农户,准予出租全部或部分土地,收取货币、产品或者其他形式的报酬作租金","出租期限不得多于在承租地上实施一个轮作期所需的时间,在缺少有规律的轮作期的情况下——期限不得多于三年,特殊情况可以延至六年。"《土地劳动使用法》

还规定农民可选择以下四种使用土地的形式:各户平均重分土地的村社制;独立农庄与独立农田、协作制(农业公社、劳动组合、共耕社)与混合制。在土地使用方面的上述规定,取消了军事共产主义时期有关禁止出租土地、以任何其他形式出让土地与雇佣劳动等规定,这是新经济政策在农业中的一项重要政策与措施,这对充分利用有多余生产资料和生产能力的农户的力量,扩大耕地面积,促进农业生产力的发展,都具有重要的意义。1922 年 10 月 30 日,全俄中央执行委员会第四次会议通过了体现《土地劳动使用法》精神的《劳动法典》。它在土地出租期限和使用雇佣劳动的范围等方面又进一步放宽了。以上政策执行的结果,出租的土地与雇佣劳动力的情况呈不断发展的趋势(见表 4-1)。

表 4-1 1922—1925 年土地出租与雇佣劳动力的情况

| 类型 | 1922 年 | 1923 年 | 1924 年 | 1925 年 |
|---|---|---|---|---|
| 租赁土地农户的% | 2.8 | 3.3 | 4.2 | 6.1 |
| 出租的土地(单位:百万俄亩) | — | 3.0 | 4.5 | 7.0 |
| 使用雇佣工人的农户的% | 1.0 | 1.0 | 1.7 | 1.9 |

资料来源:苏联科学院经济研究所编:《苏联社会主义经济史》第二卷,唐朱昌等译,生活·读书·新知三联书店,1980 年,第 463 页。

从上表材料可以看出,发生土地租佃关系的农户,在 1922 年占农户总数的 2.8%,而到 1925 年上升到 6.1%;出租的土地从 1923 年的 300 万俄亩增加到 1925 年的 700 万俄亩;雇用工人的农户占农户总数的比重由 1922 年的 1%提高到 1925 年的 1.9%。根据工农检查人民委员部的调查资料,1926 年,每 100 起出租土地中,有 72.3 起是因生产资料不足,8.7 起是缺乏劳动力。上述调查资料表明:"没有必需的生产资料的贫农和中农出租土地是目前租赁关系的主要形式。"1926 年俄罗斯联邦在被雇用的工人中,60%是由于没有播种地,89%因没有牲畜,74.5%因没有母牛。富农使用的雇用工人要占到 50%以上,某些贫农与中农雇佣劳动往往与季节性或本人缺乏劳动力有关。

4. 积极发展合作社

列宁特别重视合作社的发展,在实行新经济时期合作社的意义更为重要。列宁指出:"不管新经济政策如何(相反,在这方面应该说,正是由于实行了新经济政策),合作社在我国有了非常重大的意义。"①

在实行新经济政策前,列宁就早已把广泛发展合作社视为联合农民走社会主义道路的主要形式。他在1918年就指出,对农业的社会主义改造应采取一系列的过渡办法。"一下子就把数量很多的小农户变成大农庄是办不到的。"②"由个体小农经济过渡到共耕社,是千百万人生活中一场触及生活方式最深处的大变革,只有经过长期的努力才能变成,只有到人们非改变自己生活不可的时候才会实现。"③在发展合作过程中,列宁反复强调坚持自愿的原则。列宁强调说:"我国有千百万个体农户,分散在偏僻的农村。要想用某种快速的办法,下个命令从外面、从旁边去强迫它改造,那是完全荒谬的。我们十分清楚,要想影响千百万小农经济,只能采取谨慎的逐步的办法,只能靠成功的实际例子,因为农民非常实际,固守老一套的经营方法,要使他们进行某种重大的改变,单靠忠告和书本知识是不行的。"④

在新经济政策前,列宁是着重从改造小农与小农经济如何向社会主义过渡角度论述合作社问题的。在推行新经济政策后,列宁在强调合作社的重大意义时,不只着眼于改造小农经济,而还把它与农业的恢复与发展联系起来。他设想,通过广泛地发展各种简单易行的初级形式的合作社,并逐步在产品销售、生产资料供应与信贷等方面把农民联合起来,从而使商品货币关系得到发展,使农民生产的积极性得以提高。

在实行新经济政策过程中,合作社有多种形式。在头几年,农户组织起来的供销合作社具有重要意义。国家通过供销形式的合作社取得农产品以供应城市居民食品,供应工业所需的原料,而农民通过这种合作社销售自己的劳动产品并购买必需的农用生产资料。后来,农业合作社得到广泛发展,

---

① 《列宁选集》第4卷,人民出版社,1995年,第767页。
② 《列宁全集》第25卷,人民出版社,1985年,第170页。
③ 同上,第353页。
④ 《列宁全集》第37卷,人民出版社,1986年,第360~361页。

建立了各种形式的合作社组织。1921 年共有合作社 24000 个,1925 年为 54800 个,联合了 650 万农户(占农户总数的 28%)。合作社组织在组织工业与农民生产之间经济周转方面的作用,反映在:

第一,在农产品采购方面,1925 年农业合作社组织与分担的采购粮食的比重约占全国采购量的 29%,亚麻占 26.5%,棉花占 76.5%,糖用甜菜占 45%,马合烟占 60%,烟草占 77%。当年,农业合作社组织采购了 1.3 亿普特粮食,消费合作社组织采购了 1.8 亿普特。

第二,在供应工业原料方面,1925 年合作社组织供应工业棉花的比重为 75%,蓖麻 60%,烟草 50%,马合烟为 45.3%,糖甜菜为 44%,毛类为 45%。

第三,在供应农村生产资料方面,农业生产合作社组织的作用提高得更快,1921 年合作社联社出售农业机器为 75.81 万卢布,到 1925 年增加 790 万卢布。在恢复时期末,农业合作社组织提供给农村机器的比重为 75%,种子为 63.3%,肥料为 61.8%,除虫药剂为 42.5%,五金商品为 51.2%。仅 1925 年农业合作社就出售了 1110 台拖拉机。[①]

农业合作社组织的作用,还表现在组织农产品加工与组建基本上是手工业型的工业企业方面。

以上情况证明,各种类型的农业合作社组织,对恢复经济起着不少的作用,因此得到较快的发展。但列宁认为:"为了通过新经济政策使全体居民人人参加合作社,这就需要整整一个历史时代。在最好的情况下,我们度过这个时代也要一二十年。"[②]

在新经济政策推行的头几年,苏维埃国家为了尽快恢复农业,除了采取以上一些具体措施外,还在其他方面给予农业帮助:提供贷款。1924—1925 年间,享受农业贷款的农民超过 110 万人,贷款数额从 1923 年的 810 万卢布增加到 1925 年的 23770 万卢布;以优惠的条件向农民供应农具与农业机器。苏维埃国家采取措施增加农机的生产,农机生产从 1920 年的 280 万卢布增加 1925 年 3580 万卢布。同时,还增加农机的进口量。进口的农机同期从

---

① 参见苏联科学院经济研究所编:《苏联社会主义经济史》第二卷,唐朱昌等译,生活·读书·新知三联书店,1980 年,第 469~470 页。

② 《列宁选集》第 4 卷,人民出版社,1995 年,第 770 页。

230 万卢布增加到 1925 年的 2000 万卢布。对农业供应的农具与机器在 1921—1925 年的经济恢复时期,几乎增加了 10 倍;苏维埃政府协助与鼓励农民改善耕作技术。1921 年 8 月 22 日人民委员会通过了《关于向农民普遍传播农业知识和改进领导农业的方法》的专门决议。随后还为农民开办短期训练班、举办讲座、召开会议、组织区际展览会,等等。

5. 租让制与租赁制的发展

军事共产主义时期,苏维埃国家实际上对全部工商企业实行了国有化,从而列宁早在 1918 年初提出的通过国家资本主义向社会主义过渡的特殊经济形式,并未付诸实践。在实行新经济政策时,列宁又根据他在 1918 年对苏维埃俄国存在 5 种经济成分,①再次提出国家资本主义是在小农国家向社会主义的过渡形式的观点。他指出:"我们应该利用资本主义(特别是要把它纳入国家资本主义的轨道)作为小生产和社会主义之间的中间环节,作为提高生产力的手段、途径、方法与方式。"②这就是说,要使私人经济与社会主义经济相结合,通过这种结合既要达到恢复经济的目的,又要成为一种向社会主义过渡的经济形式。租让制与租赁制就是在这种背景下提出来的。

租让制。1921 年 3 月俄共(布)第十次代表大会通过的决议中指出:"租让是外国资本家参加开发苏维埃共和国的自然资源的一种切实可行的形式。在实行租让制的时候,承租者可以得到租让企业所生产的一部分产品作为报酬。""可以作为租让对象的有下列这些国民经济部门:森林、采矿、石油和俄国电气化事业等。""租让在实质上是社会主义共和国同在工业方面比它发达的资本主义国家之间缔结经济协定的一种形式,同时,它也应当成为发展苏维埃共和国的生产力和巩固在苏维埃共和国内已经建立的社会主义经济基础的有力手段。"③很明显,苏维埃共和国设想通过租让制,达到利用外国资本、先进技术与管理经验的目的。对于租让的资源、土地与企业,按一定的条件在一定时期内租让给外国资本家,但仍保留其财产所有权,而

---

① 5 种经济成分:宗法式的,即最原始形式的自然农民经济,小商品生产(这里多数是出卖粮食的农民),私人资本主义,国家资本主义,社会主义。

② 《列宁全集》第 41 卷,人民出版社,1986 年,第 217 页。

③ 《苏联共产党代表大会、代表会议和中央全会决议汇编》第二册,人民出版社,1964 年,第 110 页。

承租者必须按合同的规定把其所得产品的一部分交给苏维埃国家。租让期限一般为 20 年以上。为了推行租让制,人民委员会组建了租让事业管理委员会。在 1921—1926 年期间,苏维埃国家共收到承租申请 1937 份,但因西方国家往往提出苛刻的条件,实际签订的合同不足 1/10(共 144 项),而实际执行的合同又只及签订数的一半。到 1927 年,苏联共租让企业 73 家,这些企业的就业人数约 5 万人,租让企业的产值还不到苏联工业产值的 0.5%。①这说明,租让制所起的作用远远没有达到原来的设想。

租赁制。这是指苏维埃国家把一部分中小企业租给私人或合作社经营。1921 年 5 月 27 日,人民委员会颁布有关国有企业可以租赁的法令。同年 8 月 9 日,又颁布了《关于贯彻新经济政策原则》的法令,规定把一部分企业,"应当根据出租法和最高国民经济委员会的细则所规定的原则租给合作社、协作社和其他联合组织以及私人"。"应当毫不迟疑地坚决贯彻出租法令,以便使国家机关卸掉小企业小工厂这些包袱。""未能出租而国家及其机关又不能承担起经营责任的企业应予关闭。"②到 1921 年 9 月,出租了 260 家关闭的或管理差的企业,到 10 月,出租企业已增至 600 余家。随着 12 月全俄中央执行委员会颁布解除小企业国有化的法令之后,企业的出租进程加快,到 1923 年 1 月,出租企业约为 5000 家,工人人数为 7.5 万~7.8 万人。③

租赁制的推行,对促进工业的发展,增加居民所需的日用品与食品的供应,活跃市场都起到了积极作用。另外,还使得国家用更多的精力去集中管理大型工业企业,提高其生产效率。

6. 财政信贷政策

国内战争结束时,苏维埃国家在财政信贷方面面临一系列尖锐的问题,最为突出的是货币大幅度贬值与巨额的财政赤字。这种情况下,要使新经济政策得以贯彻,使商品货币关系正常发展,那是不可能的。因此,在实行新经济政策的最初几年,财政政策的一项中心任务是巩固与稳定苏维埃货

---

① 参见陆南泉主编:《苏联经济简明教程》,中国财政经济出版社,1991 年,第 167 页。

② 《苏联共产党和苏联政府经济问题决议汇编》第一卷,中国人民大学出版社,1984 年,第 269 页。

③ 参见陈之骅主编:《苏联史纲》上,人民出版社,1991 年,第 193 页。

币。1922 年 11 月 13 日，列宁在《俄国革命五年和世界革命的前途》这一报告中说："首先谈谈我们的金融体系和出了名的俄国卢布。俄国卢布的数量已经超过 1000 万亿，我看，单凭这一点，俄国卢布就够出名的了。（笑声）这可真不少。这是天文数字。"因此，"真正重要的是稳定卢布的问题，我们在研究这个问题，我们的优秀力量在研究这个问题，我们认为这一任务具有决定意义。如果我们能够使卢布稳定一个长时期，然后永远稳定下来，那我们就胜利了。……那时我们就能把我们的经济放在一个坚固的基础上继续发展下去"。①

苏维埃国家解决卢布稳定问题，是在战后经济完全被破坏的情况下进行的。1921 年 12 月俄共（布）第十一次全国代表大会通过的决议中，提出了解决这一问题的一系列措施，主要有：通过发展国营、合作社和私营的国内商业和提高农民经济商品率的办法来扩大商品流通范围，扩大对外贸易；减少而后完全消灭财政赤字；通过运用和巩固经济核算制、扩大商品和服务收费制度、提高劳动生产率、降低杂费的办法来增加国营企业的收入和财产；加强税收收入，坚定不移地从实物税过渡到货币税；发展信贷业务；等等。②

随着国民经济的发展和财政建设方面取得的进展，这为 1924 年俄共（布）在第十三次代表会议提出货币改革创造了条件。货币改革是按 2 月 5 日苏联执行委员会和人民委员会法令通过发行面值为 1、3、5 金卢布的国库券而实现的。3 月 7 日俄共（布）中央给俄共（布）各级组织《关于货币改革》的信中强调："币制改革应该是党和苏维埃全部工作的中心，其他的利益都应当服从顺利进行币制改革的利益。因为现在，币制改革体现着革命发展的进程已使我们非加以解决不可的基本任务。"到 1924 年 6 月 1 日，苏联流通的货币完全稳定的通货，即为银行券、国库券、银辅币、铜辅币和暂时的兑换用的流通券。苏维埃纸币完全停止流通。从 1924 年 10 月开始，不再用发行国库券来弥补财政赤字了。

随着商品货币关系的发展，信贷关系的范围扩大了，对经济的作用提高

---

① 《列宁选集》第 4 卷，人民出版社，1995 年，第 720～721 页。

② 参见《苏联共产党代表大会、代表会议和中央全会决议汇编》第二分册，人民出版社，1964 年，第 165～170 页。

了。俄共(布)第十一次代表大会的决议指出:"没有信贷(应由国家银行调节)的大力支援,就不能顺利而迅速地发展城乡间的商品流转、城乡市场的商品流通以及在更大程度上同国外市场的商品流转。"①

在向新经济政策过渡后,信贷的主要作用在于:促进工业、农业和商品流转的发展,使卢布尽快地稳定。围绕信贷的主要任务,采取了一些措施:

1921年10月重建国家银行,并开始组织信贷系统。国家银行的主要职能是:对大型国营工业、合作社及其他组织、私营企业、农业与手工业提供贷款;收受与支付货币存款;收购与出售外国有价证券、汇票、外汇与贵金属以及商品(根据委托);预算出纳业务;组织和办理各机关、企业、合作社等之间的结算。国家银行在开展业务初期,其资金主要来源是国家预算转交给国家银行的资金共为284.1亿卢布,其中用于组成和扩大国家银行自有资金的为162.75亿卢布,其余部分用于工业、农业、消费合作等发放专用贷款。

为了充分地动员合作社自身的资金以及联合的居民的资金,并改善合作社的信贷工作,于1922年成立了消费合作银行。1923年2月消费合作银行改组为全俄合作银行,目的是对各类、各级合作组织发放贷款,并为它们的需要办理一切银行业务,该银行以股份制形式建立的。

1922年以股份公司形式建立了工商银行。银行的股份在工业、商业、运输业各经济组织与信贷机关之间分派。它的业务规模仅次于国家银行,居第二位。在建立工商银行的同时,为农业电气化提供信贷,建立了规模不大的"电气化信贷公司"。1924年它改组为电气化股份银行。

以吸收外资为目的,于1922年秋建立了俄罗斯商业银行,后于1924年4月改组为对外贸易银行。它的主要职能是:发展苏联对外贸易的商业流转,并促进与进出口有关的国内商业与工业。

1923年1月,苏联政府授权省执行委员会组织地方公用事业银行系统。经过一段时期发展,于1925年年初建立全苏公用事业和住宅建设。该银行的一项主要任务是,对工人住宅建设提供贷款。

新经济政策推行初期,最为重要的任务是恢复农业生产,因此通过信贷

---

① 《苏联共产党代表大会、代表会议和中央全会决议汇编》第二分册,人民出版社,1964年,第170页。

系统帮助农民提高生产成了一项十分迫切的工作。为此,从 1922 年 1 月开始,成立了信用和贷款储蓄合作社。在十月革命前的 1913 年农村信用合作社的生产性贷款占 40.8%,而到 1925 年则为 86.6%。由于这种合作社为数众多,对它们的经营活动与资金使用难以监督与管理,从 1923 年开始以新的方式建立地方农业银行,它由国家银行信贷处负责直接领导。1923 年 2 月 1 日,苏维埃第十一次代表大会通过决议,创立中央农业银行,并确定该行与各共和国农业银行、地方农业银行相互关系的原则。各级农业银行是以集股方式建立起来的。预算拨款是农业银行的主要资金来源,1923—1925 年 3 年期间,预算转拨给农业银行的资金超过 2.05 亿卢布,其中 1.3 亿卢布组成它们的资金,0.75 亿卢布作为专用资金。

从信贷组织建立过程来看,在国内战争结束转入新经济政策的初期,总的来说是根据恢复经济、促进商品货币关系发展的需要,按各个领域形成了各自的信贷机构。这样,必然形成各自为政的局面,为了解决这一问题,1924 年 4 月,在苏联国家银行之下建立了银行事务委员会,对全苏信贷系统进行协调与管理。

在新经济政策初期,由于当时银行信贷正处于整顿与建设的开始阶段,另外流动资金又十分短缺,这样便产生了一个矛盾,即客观上要求提高信贷的作用,增加贷款,支持生产与商品流通;而主观上不具备这种条件。这种情况下,决定了发展商业信用的必要性。

三、国民经济的恢复

按照苏联学者的总结,在新经济政策实施的头几年(1925 年之前),国民经济的恢复与发展的次序是:"首先恢复农业,然后小工业,在这个基础上再恢复大工业;为整个国民经济的改造建立新的强大的技术基础;同时准备和实现对农民小商品经济的社会主义改造;消除经济的多成分性;保证社会主义在整个国民经济中获得胜利。"①这个总结大体上符合国内战争结束后头几年的情况。

---

① 苏联科学院经济研究所编:《苏联社会主义经济史》第二卷,唐朱昌等译,生活·读书·新知三联书店,1980 年,第 77 页。

（一）首先着力恢复农业

之所以全力以赴是抓农业,除了解决最为迫切的粮食问题外,苏维埃国家清楚地知道,在战争年代大工业遭到特别严重的破坏,而为了恢复大工业,需要粮食资源与原料资源,而这很大程度上又取决于农业。

由于根据新经济政策的基本原则与要求,在农业方面实行了一系列符合苏维埃俄国国情的措施,保证了农业的迅速恢复。播种面积从1920年的0.972亿公顷增加到1925年的1.043亿公顷,共增加710万公顷(7.3%),为战前水平的99.3%。1925年农业产值超过1913年的12%,其中种植业为7%,畜牧业为21%。发展农业的重点是恢复粮食生产。1921—1925年粮食播种面积增加了2110万公顷,增长了24.2%。单位面积产量也有所增加,1909—1913年粮食作物每公顷为6.9公担,1922—1925年为7.6公担。

表4-2　粮食生产恢复情况(单位:亿普特)

| 项目 | 1909—1913年 | 1920年 | 1921年 | 1922年 | 1923年 | 1924年 | 1925年 |
|---|---|---|---|---|---|---|---|
| 谷物作物总收获量 | 39.79 | 27.59 | 22.13 | 30.71 | 34.55 | 31.38 | 44.24 |
| 国家得到的粮食 | — | 3.67 | 2.33 | 4.324 | 3.972 | 2.747 | 4.96 |
| 国家采购的粮食占总收获量的% | — | 13.3 | 10.5 | 13.4 | 11.5 | 8.8 | 11.2 |

资料来源:苏联科学院经济研究所编:《苏联社会主义经济史》第二卷,唐朱昌等译,生活·读书·新知三联书店,1980年,第493页。

从上表材料可见,1925年苏联粮食产量比1920年多17亿普特,即多0.6倍,比战前5年的平均数多4.45亿普特,即多11.2%。

技术作物播种面积在内战期间大大缩减,因而在1921—1925年其播种面积的恢复取得了显著成绩。棉花的播种面积增长5倍,糖用甜菜1.7倍,亚麻0.8倍,向日葵1.3倍。但技术作物的产量并没有与播种面积同比增长。1925年棉花与糖用甜菜的产量未达到战前水平,向日葵的产量几乎超过1913年的两倍,而亚麻播种面积虽超过战前水平,但产量未达到战前水平(详见表4-3)。

表4-3　技术作物恢复情况

| 项目 | 棉花 | | 糖用甜菜 | | 亚麻 | | 向日葵 | |
|---|---|---|---|---|---|---|---|---|
| | 1913 年 | 1925 年 | 1913 年 | 1925 年 | 1913 年 | 1925 年 | 1913 年 | 1925 年 |
| 播种面积<br>（千公顷） | 688.0 | 591.0 | 648.7 | 533.8 | 1398.0 | 1575.8 | 968.7 | 3096.7 |
| 总收获量<br>（百万公担） | 7.4 | 5.4 | 108.6 | 90.7 | 3.3 | 3.0 | 7.4 | 22.3 |

资料来源:苏联科学院经济研究所编:《苏联社会主义经济史》第二卷,唐朱昌等译,生活·读书·新知三联书店,1980 年,第 495 页。

畜牧业也恢复得较快。到 1925 年底,牲畜总头数(除马以外)超过了 1916 年的水平。但畜产品产量未达到战前水平。另外,畜产品的商品率的水平不高,这主要由于以下原因引起的:首先,产品畜的头数分散在小农户手中,他们的畜产品主要用于满足个人消费;其次,牲畜头数恢复得快,但在恢复期间大部分是仔畜,还难以提供畜产品。

(二)工业的恢复

由于大工业遭到战争的严重破坏,因此,在恢复工业的初期,苏维埃俄国没有条件立即着手恢复大工业。1920 年小工业提供的产值约占工业总产值的 50%,在许多部门中小工业居优势地位。只是到了 1922 年大工业不论在增长速度还是产值所占比重方面都超过了小工业。这样,小工业的产值在工业总产值中的比重从 1920 年的 52.3% 降至 1926 年的 23.6%。

战后恢复工业的另一个特点是,国家不可能拨出大量资金用于发展工业(1923—1926 年国家对工业的投资总额才 15 亿卢布),无法对工业进行根本的技术改造,只能在原有设备基础上来恢复工业。工业的恢复在相当程度上依赖于发挥劳动者的生产积极性,提高劳动生产率。

轻工业的恢复速度要快于整个工业。到 1926 年轻工业的一些主要部门已基本达到或超过战前 1913 年的水平(详见表4-4)。按实物表示的轻工业产品恢复的情况,各类产品的差别甚大,详见表4-5。

表4-4 一些轻工业部门产值动态(按1926/27年度不变价格计算)

| 项目 | 1913 年 | 1920 年 | 1921 年 | 1922 年 | 1923 年 | 1924 年 | 1925 年 | 1926 年 |
|---|---|---|---|---|---|---|---|---|
| 整个工业（百万卢布） | 10251 | 1410 | 2004 | 2619 | 4005 | 4660 | 7739 | 10704 |
| 对1913 年的% | 100.0 | 13.8 | 19.5 | 25.5 | 39.1 | 45.5 | 75.5 | 104.4 |
| 其中： | | | | | | | | |
| 纺织工业（百万卢布） | 2886 | 271 | 434 | 731 | 972 | 1283 | 2099 | 2869 |
| 对1913 年的% | 100.0 | 9.4 | 15.0 | 25.3 | 33.7 | 44.5 | 72.7 | 99.4 |
| 制革工业（百万卢布） | 86 | — | 52.0 | 72.5 | 145 | 161 | 229 | 315 |
| 对1913 年的% | 100 | — | 60.5 | 84.4 | 168.2 | 187.2 | 266.3 | 366.3 |
| 制鞋工业（百万卢布） | 65 | 21.8 | 11.8 | 32.2 | 36.0 | 52.4 | 81.0 | 98.3 |
| 对1913 年的% | 100 | 35.5 | 18.2 | 49.5 | 55.4 | 80.6 | 124.6 | 151.3 |

资料来源:苏联科学院经济研究所编:《苏联社会主义经济史》第二卷,唐朱昌等译,生活·读书·新知三联书店,1980 年,第416 页。

表4-5　主要轻工产品增长情况

| 项目 | | 1913 年 | 1920 年 | 1921 年 | 1922 年 | 1923 年 | 1924 年 | 1925 年 | 1926 年 |
|---|---|---|---|---|---|---|---|---|---|
| 纱 | 棉纱（千吨） | 270.7 | 13.5 | 21.8 | 71.5 | 87.4 | 116.4 | 196.9 | 247.3 |
| | 对 1913 年的 % | 100.0 | 5.0 | 8.1 | 26.4 | 32.3 | 42.9 | 72.7 | 91.4 |
| | 毛纱（千吨） | 46.5 | 8.0 | 6.8 | 13.8 | 15.9 | 20.7 | 29.7 | 39.5 |
| | 对 1913 年的 % | 100.0 | 17.2 | 14.6 | 29.6 | 34.1 | 44.6 | 63.8 | 85.0 |
| | 麻纱（千吨） | 53.3 | 13.1 | 8.4 | 20.8 | 32.7 | 43.0 | 45.3 | 64.5 |
| | 对 1913 年的 % | 100.0 | 24.6 | 15.7 | 39.1 | 61.5 | 80.8 | 85.1 | 121.1 |
| 纺织品 | 棉织品（百万米） | 2224.4 | 100.1 | 150.7 | 347.2 | 642.4 | 923.0 | 1677.5 | 2273.3 |
| | 对 1913 年的 % | 100.0 | 4.5 | 6.8 | 15.6 | 28.9 | 41.5 | 75.4 | 102.4 |
| | 麻织品（百万米） | 120.0 | — | 20.0 | 80.8 | 74.3 | 110.6 | 125.3 | 162.7 |
| | 对 1913 年的 % | 100.0 | — | 16.7 | 67.3 | 61.9 | 92.2 | 101.4 | 135.6 |
| | 皮鞋（千双） | 8349 | 2638 | 3361 | 3442 | 4528 | 5066 | 9095 | 12010 |
| | 对 1913 年的 % | 100.0 | 31.6 | 40.3 | 41.2 | 54.2 | 60.7 | 108.9 | 147.8 |

资料来源:苏联科学院经济研究所编:《苏联社会主义经济史》第二卷,唐朱昌等译,生活·读书·新知三联书店,1980 年,第 417 页。

从上表可以看到,以实物表现的大部分轻工业产品产量在 1925 年尚未恢复到战前 1913 年水平,但到 1926 年除了毛纱、棉纱等少数几种产品外,大部分产品已超过 1913 年的水平。

食品工业的恢复速度,主要取决于农业提供原料的增长情况。1921—1925 年奶品加工量由 1921 年 43.7 吨增加到 1925 年的 116.1 万吨,砂糖产量在同期由 5.1 万吨增加到 106.4 万吨,植物油的产量由 2.67 万吨增加到 21.93 万吨,捕鱼量由 29.8 万吨增加到 72.1 万吨。

轻工业与食品工业恢复较快,除了农业恢复较快而提供较多的原料这一因素外,还因为,这些部门固定生产基金,在战争期间尽管处于无人照管状态,但完好保存的程度比重工业都要好。如轻工业部门的固定生产基金基本上保存在92%以内,其中机器设备保存90%左右。另外,在具体做法上也较合理,即在缺乏原料的情况下,苏维埃政府恢复轻工业的办法是,先集中在技术设备好、地理位置有利的企业开始,即对这些企业首先提供原料与必要的资金。这样做,取得了较好的效果。

重工业的恢复要困难得多。这不只因为重工业遭受的损失要比轻工业大,而且还由于:第一,革命前俄国机器制造业落后,因此,在战后恢复时期新设备代替旧设备遇到重大困难。第二,战争使运输系统极度紊乱并遭到严重破坏,这样对重工业企业恢复生产需要运输大量货物带来了十分严重的困难。第三,在1921—1925年,苏维埃俄国产品出口极其有限,这样外汇资金很少,从而很难通过进口来恢复与发展重工业所需的设备。第四,恢复重工业还遇到一时难以解决的两个最尖锐、最迫切的问题:金属与燃料。尽管苏维埃俄国作了很大努力,重工业也得到了很大恢复,但一些主要重工业产品到1925年未能达到战前水平:1925年石油开采量为战前的76%,采煤量为56.7%,生铁产量为36.4%,钢产量为50.3%,当时全俄国感到"金属荒"。就整体而言,1921—1925年苏维埃国家工业有了大的发展,1925年工业总产值已达到战前的73%,其中大工业为战前水平的75%。某些重要工业产品产量超过了1913年的水平,如1925年发电量超过50.4%,泥炭采掘量超过47.1%,蒸汽涡轮生产量超过174.6%,锅炉超过16%,变压器超过159%,等等。①

运输业亦有了很大的恢复。1913年铁路长度为58500千米,到1925年增长到74500千米。货运量从1920年的3190万吨增加到1925年的9240万吨,即约为战前水平的70%。②

在经济恢复的开始阶段重工业的年均增长率很高。例如,1921—1923

---

① 参见[苏]波梁斯基等主编:《苏联国民经济史讲义》下册,秦文允等译,生活·读书·新知三联书店,1964年,第524~525页。

② 同上,第526页。

年达到 48.3%,而消费资料生产的年均增长速度为 30.4%,整个工业生产的年均增长速度为 41.4%。这样,第一部类在工业总产值中的比重从 1921 年的 43.7% 提高到 1923 年的 48.1%。

表 4-6　工业发展动态

| 年份 | 整个工业总产值 | | "甲"类总产值 | | "乙"类总产值 | | 大工业的比重% | |
| --- | --- | --- | --- | --- | --- | --- | --- | --- |
| | 百万卢布 | 对上一年的百分比(%) | 百万卢布 | 对上一年的百分比(%) | 百万卢布 | 对上一年的百分比(%) | "甲"类 | "乙"类 |
| 1913 | 10251 | — | 4177 | — | 6074 | — | 40.7 | 59.3 |
| 1920 | 1410 | — | 665 | — | 745 | — | 47.2 | 52.8 |
| 1921 | 2004 | 142.1 | 876 | 131.7 | 1128 | 151.4 | 43.7 | 56.3 |
| 1922 | 2619 | 130.7 | 1173 | 133.9 | 1446 | 128.2 | 44.8 | 55.2 |
| 1923 | 4005 | 152.9 | 1925 | 164.1 | 2080 | 143.8 | 48.1 | 51.9 |
| 1924 | 4660 | 116.4 | 2109 | 109.6 | 2551 | 122.6 | 45.3 | 54.7 |
| 1925 | 7739 | 166.1 | 3356 | 159.1 | 4383 | 171.8 | 43.4 | 56.6 |
| 1926 | 11083 | 143.2 | 4865 | 145.0 | 6218 | 141.9 | 43.9 | 56.1 |

资料来源:苏联科学院经济研究所编:《苏联社会主义经济史》第二卷,唐朱昌等译,生活·读书·新知三联书店,1980 年,第 340 页。

随着国民经济的恢复,人民生活水平也随之提高。这表现在很多方面:工人就业人数从 1921 年的 118.55 万人增加到 1925 年的 234.79 万人,实行了 8 小时工作日制度。整个工业部门职工平均工资在 1925 年已恢复到 1913 年的 90.8%。1922—1925 年三年内,建设了 400 多万平方米的住房。1926 年的城市住房总面积比 1913 年增加了 3600 万平方米。特别要指出的是,食品供应有了很大改善。1918 年工人家庭中成年人每日摄取热量为 1786 卡,而到 1926 年增至 3445 卡。同时,饮食质量也有改进。面包、各类谷物、土豆等消费量日益减少,而肉类、市场油脂、奶制品、蛋类等消费量日益增加。有关食品消费的结构变化详见表 4-7。

表4-7 食品消费动态(按每人每日平均计算;单位:克)

| 食品种类 | 工人家庭 | | | 职员家庭 | | |
|---|---|---|---|---|---|---|
| | 1922年10月 | 1925年10月 | 1925年对1922年的百分比(%) | 1922年10月 | 1925年10月 | 1925年对1922年的百分比(%) |
| 黑麦粉 | 364.9 | 169.5 | 46.4 | 285.4 | 122.0 | 42.7 |
| 小麦粉 | 144.1 | 316.1 | 219.4 | 168.3 | 300.2 | 178.4 |
| 谷粒和豆类 | 63.1 | 38.9 | 61.6 | 60.6 | 34.8 | 57.4 |
| 土豆 | 436.9 | 280.5 | 64.2 | 366.5 | 223.2 | 60.9 |
| 蔬菜和水果 | 221.9 | 206.0 | 92.8 | 231.0 | 217.9 | 94.3 |
| 糖和点心 | 9.0 | 31.9 | 354.4 | 13.5 | 42.6 | 315.5 |
| 肉类 | 70.4 | 154.0 | 218.8 | 91.7 | 178.1 | 194.2 |
| 鱼类 | 28.3 | 21.7 | 76.7 | 25.0 | 19.7 | 78.8 |
| 动物油脂 | 9.0 | 15.6 | 173.3 | 16.4 | 22.1 | 134.8 |
| 植物油脂 | 12.3 | 10.2 | 82.9 | 10.6 | 7.0 | 66.0 |
| 奶和奶制品 | 108.5 | 176.5 | 162.7 | 153.6 | 233.8 | 152.2 |

资料来源:苏联科学院经济研究所编:《苏联社会主义经济史》第二卷,唐朱昌等译,生活·读书·新知三联书店,1980年,第589页。

非食品消费量的增长速度也较快。例如,1924年用于购买衣服和鞋类的现金开支总额按居民人均计算比1923年增加37.7%。但亦应看到,居民日用消费品消费量的增长受到其生产情况的制约。1925年非食品消费品的生产量为1913年的72.1%。

四、对列宁转向新经济政策的几点认识

我们在本节前三部分,分析了1921—1925年期间,苏维埃国家由军事共产主义转向新经济政策的历史背景、实行的主要政策与取得的经济效果。新经济政策一直推行到1929年。在苏联历史上,新经济政策时期具有特别重要的意义,它给人们很多启示,不少问题值得我们思考。

1.列宁的新经济政策在联共(布)党内领导层未达成共识的原因

新经济政策实行的头几年,在经济上取得的成效,对巩固工农联盟所起的作用,都表明它是行之有效的政策,是向社会主义过渡的康庄大道。邓小平在评论苏联社会主义时指出:"社会主义究竟是个什么样子,苏联搞了很多年,也并没有完全搞清楚。可能列宁的思路比较好,搞了个新经济政策,但是后来苏联的模式僵化了。"①在这里,邓小平对苏联表示明确肯定的只是"新经济政策"的 8 年。新经济政策夭折,虽有不少原因,但主要与当时党内不少人存在"左"的"直接过渡"的思想有关。这从新经济政策形成与实施过程中在党内的争论与斗争中可以看到这一点。

尽管列宁晚年对社会主义建设问题进行了战略性的思考并提出了不少重要的看法,但这时列宁毕竟已病重并过早逝世,给他留的时间太短了。另外,列宁在 1921—1922 年,即新经济政策实行的前两年,对这一政策的认识也存在局限性。他也说过,新经济政策是退却,并强调通过行政手段来推动经济发展,并对军事共产主义的效率表示过欣赏。关于这一点,反映在他1921 年 11 月 6—7 日发表在《真理报》的《论黄金目前和在社会主义完全胜利后的作用》一文中,他说:"我们将来在世界范围内取得胜利以后,我想,我们会在世界几个最大城市的街道上用黄金修建一些公共厕所。"②"……无论上述那种使用黄金的办法多么'公正'多么有益,多么人道,我们仍然说:要做到这一点,我们还应当像 1917—1921 年间那样紧张、那样有成效地再干它一二十年,不过工作的舞台比那时要广阔得多。"③至于后来列宁对新经济政策改变了的看法,也并未获得俄共(布)其他所有领导人的理解和接受。应该承认,列宁的新经济政策在党内领导层并未达成共识,也没有成为全党的指导思想,这不能不说是个历史的遗憾。它也是列宁逝世后俄共(布)党内产生意见分歧并进行尖锐斗争的一个原因。这里,我们仅就新经济政策问题的争论作些分析。

大家知道,俄共(布)十大决定由军事共产主义向新经济政策过渡时,虽然当时并没有遭到反对,这是因为,军事共产主义在经济方面造成的严重后果是有目共睹的,人们普遍认识到必须改变政策。但同时,人们对实行新经

① 《邓小平文选》第 3 卷,人民出版社,1993 年,第 139 页。
② 《列宁选集》第 4 卷,人民出版社,1995 年,第 614 页。
③ 同上,第 615 页。

济政策会引起什么变化与出现什么问题,当时都尚不清楚。但随着新经济政策的推行,俄共(布)党内领导层的分歧与斗争日趋尖锐。争论实际上是围绕社会主义建设的方法及其发展前景问题展开的。当时党内对新经济政策有三种观点:

一是有些人把新经济政策仅仅看成俄国无产阶级革命由于遇到不利的国内外条件而做的退却,是某种策略,是权宜之计,是两次进攻之间的喘息时机,一旦时机成熟,还将对资本主义重新发动进攻,实行消灭商品货币关系并把小农经济完全掌握在无产阶级手中的政策,并且反对国营企业参与市场活动。这是"左"倾反对派(托洛茨基、季诺维也夫、加米涅夫等人)所持的观点。季诺维也夫说:"新经济政策——这是类似于布列斯特的退却,是类似于1917年6月以后的退却。当无产阶级革命在其他国家成熟和西方无产阶级给予我们帮助时,我们就重新开始进攻。暂时我们所需要的只是'喘息'。"①这些人往往以实行新经济政策初期列宁的一些观点为依据。在新经济政策的反对者中还有一些持极端看法的人,被称为"原则卫士"的人,他们直截了当地说,新经济政策是向资产阶级投降,为资本主义复活创造前提条件,是从十月革命口号的后退。一些人甚至因此而退党。

二是有些人把新经济政策仅仅看作是为了尽快恢复国民经济,使社会主义经济有效地运转起来,社会主义经济一旦恢复起来,就要排挤与消灭资本主义。这一观点的代表人物是经济学家、财政人民委员会主席普列奥布拉任斯基等人。在他看来,实行新经济政策之后,社会主义与资本主义两种经济都将得到发展,这必然会导致政治冲突。他还认为,在经济发展过程中,虽还存在商品货币关系,但应实行严格的集中制和最广泛的国有化,为此必须依靠行政手段去排挤与消灭私人资本主义和前资本主义成分。普列奥布拉任斯基1922年在回答列宁的《无产阶级专政时代的纸币》这一小册子时说:什么黄金,什么改革卢布,新经济政策只是一种暂时现象,一旦世界革命燃起,世界上所有货币都得取消。列宁在1922年3月16日给政治局写信,对普列奥布拉任斯基的"左"倾教条主义进行了批评,并针对这种情绪强

---

① [苏]В.Г.阿法纳西耶夫、Г.Л.斯米尔诺夫:《历史的教训》,莫斯科俄文版,1989年,第102页。

调指出,新经济政策是严肃的、长期的政策。①

三是一些对新经济政策有深刻理解和坚决拥护的人,其代表人物是布哈林等人。他们认为,军事共产主义只适于国内战争的特殊条件,不适用于和平时期。并强调,新经济政策引入商品货币和市场关系具有十分重要的积极作用,这能使各种经济成分之间建立起正常的经济联系,从而相互促进,推动经济的发展。布哈林等人坚持认为,各种经济通过参与市场进行竞争,竞争的最后结局是:社会主义经济力量排挤和战胜私人资本而获得胜利,但这是一个长期过程。布哈林认为,新经济政策是建设社会主义的必由之路,社会主义经济成分将通过市场竞争逐步加强,最终排挤、战胜和改造私人资本。②

可以说,有关新经济政策的争论与党内展开的斗争,主要是在第一与第三种观点之间进行的。斯大林在 1924 年以前对新经济政策并没有提出明确的看法,也更没有把新经济政策与建设社会主义思想与方法等重大理论问题联系起来。笔者认为,在分析斯大林在列宁逝世后有关新经济政策的看法,必须与当时存在的建设社会主义的两种不同主张与两条不同路线联系起来考察。从这个角度看,斯大林的思想倾向更接近于“左”派代表托洛茨基,因此在新经济政策等问题上,他不可避免地与布哈林发生对抗。在 1924年之后,斯大林也是把新经济政策理解为是一种过渡性政策,是权宜之计。但与“左”派的不同之处是,他认为新经济政策不仅是退却,而还包含着进攻之意。斯大林说:“新经济政策是无产阶级国家所采取的一种特殊政策,它预计到在经济命脉掌握在无产阶级国家手中的条件下容许资本主义存在,预计到资本主义成分同社会主义成分的斗争,预计到社会主义成分的作用日益增长而资本主义成分的作用日益削弱,预计到社会主义成分战胜资本主义成分,预计到消灭阶级和建立社会主义的经济基础。谁不了解新经济政策的这种过渡性即两重性,谁就是离开列宁主义。”③他还说:“新经济政策是党容许社会主义成分和资本主义成分斗争并预计社会主义成分要战胜资

---

① 参见陆南泉等主编:《苏联兴亡史论》修订版,人民出版社,2004 年,第 246 页。
② 参见《布哈林文选》上册,东方出版社,1988 年,第 259~260 页。
③ 《斯大林全集》第 7 卷,人民出版社,1958 年,第 302~303 页。

本主义成分的政策。其实,新经济政策只是以退却为开始,但它预计在退却过程中重新部署力量并举行进攻。其实,我们已经进攻几年了,而且很有成效地进攻着:发展我们的工业,发展苏维埃商业,排挤私人资本。"①

斯大林与布哈林之间斗争的直接起因是,有关 1928 年的粮食收购危机的原因与摆脱危机的途径问题。② 斯大林硬把危机与阶级斗争联系起来,在他看来,小农经济的落后性、劣根性与富农(实际上多数为富裕中农)捣乱是粮食收购危机的主要原因,也是问题的"全部实质"。由此提出建立集体农庄的主张。而布哈林则认为,粮食收购危机的主要原因是粮价偏低,使得农民不愿种粮与卖粮,因此出路在于调整工农业产品的市场价格比例,城乡关系的基础是农业的商品化,个体农民仍具有发展潜力。事实证明,布哈林的观点是正确的。1928 年粮食收购危机的真实原因是国家政策的失误所致,亦是反映了农民对国家制定的不合理的价格的抗议,这本来是可以通过调整价格来解决的。但斯大林抓住这个事件,急剧改变新经济政策。1929 年11 月 7 日,斯大林为纪念十月革命十二周年而作的《大转变的一年》一文,其主要目的是推动当时已处于高速发展的农业集体化运动。他在文章中说,1928 年是"大转变"的一年,这个"大转变"的实质"过去是现在仍然是在社会主义向城乡资本主义分子坚决进攻的标志下进行的"③。也是在 1929 年,斯大林宣布"当它(指新经济政策——笔者注)不再为社会主义事业服务的时候,我们就把它抛开"④。事实上,当斯大林用高压手段强制征粮时,严重地损害了农民利益,与此同时,新经济政策的基础也就被动摇了。可以说,从 1928 年起,斯大林对农民的政策发生了根本变化。在击败布哈林后,斯大林在 1929 年全面停止了新经济政策,推行他自己的一套建设社会主义的方针政策。可以说,斯大林模式的萌芽于 1929 年,而付诸实践于第一个五年计划(1928—1932 年)。在此期间,斯大林为首的联共(布)特别强调计划性与贯彻计划的纪律制度。

---

① 《斯大林全集》第 8 卷,人民出版社,1954 年,第 82 页。
② 布哈林于 1929 年 4 月被撤销领导职务,11 月被开除出政治局,1937 年被捕,1938 年被枪决。
③ 《斯大林选集》下卷,人民出版社,1979 年,第 196 页。
④ 《斯大林全集》第 12 卷,人民出版社,1955 年,第 151 页。

2.围绕新经济政策的党内斗争说明什么

第一，虽然列宁一再指出，军事共产主义时期的不少政策超过了限度，多次加以批判性的总结，但应看到，俄共(布)领导层和一般党员干部中仍然不少人把这个时期实行的那套高度集中的、用行政命令的、排斥商品货币关系的经济体制视为长期有效的。这也是以斯大林为首的新领导下决心取消新经济政策，向军事共产主义政策回归的一个不可忽视的因素。

第二，随着新经济政策的中止，布哈林被击败并清除出党，斯大林的主张逐步成了党的指导思想，这标志着斯大林的经济体制模式的初步确立，因为这时布哈林等人竭力维护的列宁提出的一系列正确主张已最后被否定，按照新经济政策建设社会主义、建立经济体制的可能性已被排除。也就是说，又回到了"军事共产主义"的向社会主义"直接过渡"方式上来了。

第三，1929年斯大林提出的"大转变"有着深刻的含义，涉及各个领域，也可以说全方位的"大转变"，包括经济、政治、意识形态领域的"大转变"。斯大林在1924—1929年党内斗争中的胜利，这个"大转变"的胜利，其影响十分深远，他在结束新经济政策的同时，就大胆地提出了自己发展社会主义的一套设想，从而为建立斯大林体制模式开辟了道路。

第四，社会主义两种模式(军事共产主义模式与新经济政策模式)、两种社会主义观念的斗争，在这个时期起显得特别明朗，并在整个苏联历史发展过程中没有停止过，尽管表现的形式与斗争激烈的程度有很大不同。苏联各个阶段状况的变化一般都与两种模式斗争结果有关。但同时也不得不承认，斯大林的社会主义观，他逐步确立起来的体制模式，在苏联剧变前，虽然遭到多次冲击，但长期居统治地位。

3.新经济政策是代表列宁晚年思想的一个主要内容

可以说，列宁从1921年提出新经济政策到1924年逝世这段时间，他的全部精力着力于研究这一政策的制定与如何有效地付诸实施。由于列宁过早的逝世，没有来得及对新经济政策头几年实施的情况进行总结，并在此基础上进一步完善与发展他的设想，使其系统化。并且，没有给列宁留下时间去解决新经济政策与当时布尔什维克党及其他一些领导人，在社会主义观念上及未来经济体制模式设想方面存在的矛盾乃至冲突。这也是有关新经济政策的理论与政策,过早地被高速工业化与农业全盘集体化政策取代的一个重要原因。但是新经济政策关系到如何向社会主义过渡与建立什么样的经济体制等一系列重大问题,反映了列宁晚年思想的一个主要内容,它体现在:

第一,反映了列宁在向社会主义过渡问题上两种不同的理论与政策。在十月革命前与革命胜利后的初期,列宁认为,通过全盘国有化即国家垄断制,利用国家机器的强制力量,不需利用商品货币关系的办法,过渡到由国家直接控制生产与分配,这就是"直接过渡"。1918 年春采取的战时特殊的紧急措施,与"直接过渡"思想结合起来,形成了"军事共产主义"政策。列宁回顾说:"当时设想不必先经过一个旧经济适应社会主义经济的时期就直接过渡到社会主义。我们设想,既然实行了国家生产和国家分配的制度,我们也就直接进入了一种与以前不同的生产和分配的经济制度。"[①]列宁在总结军事共产主义政策之后,认识到这种"直接过渡"在俄国是行不通的。从而否定了"直接过渡"的思想,而是采用"间接过渡"的方式,即国家在掌握国民经济中居重要地位的大企业的同时,允许多种经济成分的存在,要正确对待国家资本主义、私人资本主义与小生产者,通过利用商品货币关系以迂回方式向社会主义过渡,这就是新经济政策。

第二,新经济政策对军事共产主义时期的经济体制而言,无疑是一次重大而又十分深刻的改革,也是十月革命胜利后苏维埃政权在经济体制方面(当然也必然涉及政治体制)第一次改革。这一改革使军事共产主义时期产品交换的经济关系过渡到商品货币关系,从坚决排斥市场机制转变为必须运用市场机制。这样,使一系列经济政策符合当时苏维埃俄国的客观实际,新经济政策时期成为苏联历史上最富有生命力的时期,也是列宁对发展科学社会主义理论所做出的最为重大的贡献。正是由于新经济政策符合俄国的实际,因此取得了明显的效果。

第三,列宁明确指出:真正意义上的商品交换实现了,新经济政策才算全面形成。这个时间是 1921 年秋,即在列宁发现了由国家和合作社组织进

---

① 《列宁全集》第 42 卷,人民出版社,1987 年,第 221 页。

行"商品交换失败了"之时。列宁在1921年10月29日对此作了解释,他说:"现在你们从实践中以及从我国所有的报刊上都可以清楚地看到,结果是商品交换失败了。所谓失败,是说它变成了商品买卖。"①列宁还说:"如果我们不想把脑袋藏在翅膀下面,如果我们不想硬着头皮不看自己的失败,如果我们不怕正视危险,我们就必须认识到这一点。"②"我们不得不退这样远,因为商业问题成了党的一个实际问题,成了经济建设的一个实际问题。"③这里也可看到,要真正转到新经济政策上来,要以实现商品经济意义的商品交换关系为条件的。同时也说明,列宁关于商品货币的理论是有个发展与变化的过程。客观地说,甚至在新经济政策开始时,列宁还认为,货币是资本主义经济范畴,因此最初设想不用货币,而是用国营企业的产品直接交换农民的粮食来组织城市和乡村之间的联系。④

五、对社会主义的看法发生了根本的变化

列宁推行新经济政策的时间不长,从1921年算起到列宁逝世,总共才3年的时间,如果从1921年10月新经济政策才全面形成算起,那么时间更短,只有两年多一点。所以这个时期苏联的经济体制是很不成熟和很不定型的。还应看到,列宁对社会主义的认识上,一方面在理论上是十分谨慎的,另一方面也是经常变化的。列宁在1918年3月召开的俄共(布)第七次代表大会上强调说:"我们不知道,而且也不可能知道,过渡到社会主义还要经过多少阶段。"⑤还说:"社会主义不是少数人,不是一个党所能实施的。只有千百万人学会亲自做这件事的时候,他们才能实施社会主义。"⑥到了1923年1月,列宁在《论合作社》一文中说:"……我们不得不承认我们对社会主

---

① 《列宁全集》第42卷,人民出版社,1987年,第228页。
② 同上,第228页。
③ 同上,第237页。
④ 列宁在1921年10月之前也经常用"商品交换"一词,但其含义一般与"产品交换"的概念相同,即不是指真正商品经济意义上的"商品交换",不弄清这一点,会误认为,列宁早就承认社会主义应存在货币、商品交换等范畴了。
⑤ 《列宁选集》第3卷,人民出版社,1995年,第460页。
⑥ 同上,第464页。

义的整个看法根本改变了。"①苏联长期以来,受《联共(布)党史简明教程》的影响,往往把这一"改变"仅归结为用粮食税代替余粮征集制。实际上,这一"改变"的内容要广泛得多,深刻得多,还反映在工作重心的转移,对社会主义条件下合作社的性质与商品经济作出新的判断上,以及"国内和平"、大量裁军及财政改革等。在国外方面,包括同资本主义国家经济合作、共产国际的"统一战线"和与社会民主党人关于共同行动的谈判等。正如苏联学者指出的,"这种'根本转变',就其深刻的程度来说,也许只有1917年的十月革命能够与之加以比较"②。再从对新经济政策的认识来讲,列宁在1922年3月联共(布)党的第十一次代表大会期间还认为新经济政策是"退却",到1922年底至1923年初,列宁改变了看法,认为新经济政策是向社会主义过渡的必由之路。

### 六、反映了列宁的高尚品质

从军事共产主义转向新经济政策过程中,充分体现了作为领袖的列宁具有的高尚品质。列宁的伟大不在于不犯错误,而在于根据变化了的情况在总结经验教训的基础上及时改正错误,公开地、大胆地作自我批评。对军事共产主义时期政策所造成的严重经济问题乃至政治问题,列宁承认错误并及时纠正就是一例。其次,在十月革命胜利后列宁逝世前,当时的苏维埃政权面临着极其严峻的形势与复杂的任务,采取什么方式与政策去解决问题,党内存在尖锐的意见分歧,不赞成列宁某些主张的人不少,有时争论非常激烈,但列宁对持不同意见的人,甚至坚决反对他的人,仍是允许其充分发表意见,没有用什么反对党等政治帽子压人,也没用镇压的办法,更没有采用肉体消灭的办法去对待。历史证明,一旦党的领袖容不得不同意见,动辄加以批判乃至镇压,必定会给其领导的国家、民族带来严重的灾难。另外,列宁对政策的修改,是根据变化了的情况作出的,不把马克思主义理论当作教条。他说:"我们决不把马克思的理论看作某种一成不变的和神圣不

---

① 《列宁选集》第4卷,人民出版社,1995年,第773页。
② [苏]尤里·阿法纳西耶夫编:《别无选择》,王复士等译,辽宁大学出版社,1989年,第501~520页。

可侵犯的东西;恰恰相反,我们深信:它只是给一种科学奠定了基础,社会党人如果不愿意落后于实际生活,就应当在各方面把这门科学推向前进。"①

## 第二节　工业化与斯大林经济体制模式的全面建立与巩固

20世纪20年代中期,苏联②基本上完成了战后经济的恢复工作。1925年农业基本上达到了战前的水平,1925/26年度农业总产值相当于1913/14年度的95.3%。但此时的苏联仍是一个落后的农业国。根据1926年的统计资料,82.1%人口居住在农村,1925/26年度农业提供了国民经济总产值的56.6%。农业生产中以手工劳动为主。③ 因此,联共(布)党十分关切国家工业的发展问题,使苏联尽快由农业国变成工业国。1925年12月召开的联共(布)十四大提出了发展工业的方针。斯大林在这次代表大会上说:"我在报告中谈到我们的总路线,我们的前途,意思是说要把我国从农业国变成工业国。"④在他报告的结论中明确指出:"把我国从农业国变成能自力生产必需的装备的工业国——这就是我们总路线的实质的基础。"⑤1925年提出工业化方针,但这并不是说工业化时期就此开始了。因为工业化并不是十四大讨论的重点问题,也没有提出实现工业化的具体政策、纲领和规定明确的任务。从实际情况看,苏联工业化作为一个运动的全面开展始于1928年,即第一个五年计划。⑥

---

① 《列宁全集》第4卷,人民出版社,1984年,第161页。
② 1922年12月30日成立苏联。
③ [苏]B.T.琼图洛夫等编:《苏联经济史》,郑彪等译,吉林大学出版社,1988年,第157页。
④ 《斯大林全集》第7卷,人民出版社,1958年,第293页。
⑤ 同上,第294页。
⑥ 日本著名苏联经济问题学者佐藤经明教授也认为苏联工业化是从1928年开始的。参见陆南泉等编:《国外对苏联问题的评论简介》,求实出版社,1982年,第123页。

至于工业化时期何时结束的问题,斯大林本人就有各种说法。[①] 看来,工业化作为一个运动或时期来讲,斯大林1946年的说法可能更贴近实际。就是说,苏联工业化时期经历了头三个五年计划。这三个五年计划时期斯大林实行了两大政策:工业化与农业全盘集体化。这两大政策不只对苏联经济发展与改造有着决定性作用,并且对苏联以后时期的经济发展道路与最后形成过度集中的斯大林=苏联经济体制模式也有重大的影响。

一、战前三个五年计划期间工业化的进程概述

1.继续恢复经济与为"一五"计划作准备的1926—1928年

苏联第一个五年计划[②],从1928年10月1日开始执行到1932年结束。按苏联的说法,实际上是用了4年零3个月的时间完成了五年计划的任务。

"一五"计划要实现广泛的经济与政治任务,但如果作一简单的归纳,其主要任务有三个方面:

第一,建立具有头等意义的重工业,在此基础上着手改造国民经济各部门,以便巩固苏联的国防与经济的独立性;

第二,着手个体的小农经济改造成为大型的社会主义集体经济,主要途径是发展集体农庄与国营农场;

第三,在经济中不断排挤资本主义成分,最后达到消灭资产阶级。

但要指出,"一五"计划的中心环节是经济建设。这是由当时苏联所处

---

① 按斯大林第一种说法,1932年,即"一五"计划结束时,工业化时期就结束了。他在1933年1月作的《第一个五年计划的总结》报告中说:由于第一个五年计划四年完成,"这一切就使我国由农业国变成了工业国,因为工业产值的比重和农业产值的比重相比,已经由五年计划初(1928年)的48%提高到五年计划第四年度(1932年)末的70%"(《斯大林全集》第13卷,第164页)。但到了1946年斯大林在谈到苏联由落后国变成先进国,由农业国变成工业国之事时,称这是"一个飞跃"。在他看来,"这个历史性的转变是从1928年即第一个五年计划的头一年开始,在三个五年计划期间实现的"。他还进一步明确说:"我们国家由农业国变为工业国一共只花了十三年左右的时间。"(见《斯大林选集》下,人民出版社,1979年,第495页)。

② 苏联各五年计划时期:"一五"(1928—1932年),"二五"(1933—1937年),"三五"(1938—1940年,由于1941年爆发卫国战争而中断);"四五"(1946—1950年),"五五"(1966—1970年),"九五"前三年(1956—1958年),七年计划(1959—1965年),"八五"(1966—1970年),"九五"(1971—1975年),"十五"(1976—1980年),"十一五"(1981—1985年),"十二五"(1986—1990年)。本书谈及各五年计划时,不再列出时间。

的历史时期所决定的,这指的是:国家需要高速度的发展工业;必须从速彻底改变旧的经济结构,建立起符合建设社会主义经济基础的任务的结构;需要在整个社会生产中提高工业的比重,改变轻重工业之间和工农业之间的对比关系;改变生产力的布局;广泛开展国民经济的技术改造,首先实现国家电气化计划规定的任务。

关于"一五"计划发展国民经济的任务,1929 年 4 月在联共(布)第十六次代表会议决议中,作了具体的规定:

在国民经济总的增长方面,五年计划应达到的水平:

(1)"一五"计划期间,整个国民经济的基建投资总额为 646 亿卢布;

(2)由于进行了这些投资,国家固定基金总额在 5 年期间要增加 82%;

(3)工业总产值到"一五"计划结束时要比战前增加两倍多,农业产值增加 50% 以上;

(4)根据国家工业化、加强苏联国防力量与不依赖资本主义国家这一总方针,工业基建投资主要用于生产生产资料的工业部门,它要占全部工业投资的 78%。因此,这些工业部门的产值增长快得多:在计划工业总产值增长 1.8 倍的情况下,生产生产资料的工业部门的总产值增加 2.3 倍。

"一五"计划还规定一系列重大的建设项目:

(1)在电站建设方面,计划规定建设 42 个区中心发电站。从而使五年计划末发电量由 50 亿度增加到 220 亿度;

(2)在黑色冶金业方面,计划规定建设像马格尼托哥尔斯克等大型冶金工厂,这样,到 1932—1933 年度生铁的产量应当由 350 万吨增加到 1000 万吨;[①]

(3)在煤炭工业方面,计划在顿巴斯、乌拉库兹巴斯和莫斯科煤矿区建设大矿井,使煤产量从 1927—1928 年度的 3500 万吨增加到 1932—

---

① 后来斯大林把生铁产量指标提高到 1700 万吨,钢产量规定为 1040 万吨。

1933 年度的 7500 万吨；

（4）在机器制造业方面，由于改建原有的工厂和建设新工厂，可使机器制造工业的总产值增加 2.5 倍，农业机器制造业的产值增加 3 倍；

（5）在化学工业方面，计划建设化学联合工厂，使化肥产量在 1932—1933 年度达到 800 多万吨，而 1927—1928 年度是 17.5 万吨。

"一五"计划期间，规定在城乡社会主义经济改造的任务是：

（1）固定基金的结构方面，国营经济成分由 1927—1928 年度的 51% 提高到 1932—1933 年度的 63.6%，合作社成分相应由 1.7% 提高到 5.3%，私营成分则由 47.3% 下降到 31.1%；

（2）社会主义经济成分在总产值中所占的比重方面，工业产值由 1927—1928 年度的 80% 提高到 1932—1933 年度的 92%，农业产值相应由 2% 提高到 15%，零售额由 75% 提高到 91%；

（3）合作化的发展方面，农业公有经济的播种面积计划在 1933 年达到 2600 万公顷，占总播种面积的 17.5%。公有经济产量占总产量计划达到 15.5%，占粮食作物商品产量的 43%。集体农庄产值占农业总产值的比重计划由 1927—1928 年度的 1.0% 提高到 1932—1933 年度的 11.4%。加入农业合作社的农户数占农户总数由 37.5% 提高到 85%。

"一五"计划期间，规定国民收入将从 244 亿卢布增加到 497 亿卢布（按不变价格计算），即计划增加 103%，年均增长率在 12% 以上。到"一五"计划末，产业工人的实际工资计划提高 71%，农业人口的收入计划增加 67%。

为了保证"一五"计划的完成，1929 年 4 月 29 日联共（布）第十六次代表会议发表了《致苏联全体工人和劳动农民》的公告。公告发出以下的号召：

我们一定要在较短的历史时期内实现整个国民经济的社会主义改造，在技术和经济方面赶上并超过先进的资本主义国家。

我们一定要保证工业迅速发展，同时保证农业的高涨，在优良机器设备的基础上日益发展农村的公有化大农业（国营农场、集体农庄）。

我们一定要开展最广泛的提倡文明的群众运动,把各种各样的铺张浪费、经营不善、作风拖拉和官僚主义分子全部从我们的国家机关中清除出去。

我们一定要进一步向资本主义分子进攻。我们不仅要战胜和排挤城市的而且要战胜和排挤农村的资本主义分子。

我们一定要始终不渝地加强苏联的防御能力。[①]

从联共(布)发表的公告中可以明显感到,苏联在很大程度上是在用一种政治运动的方式来推进经济建设与经济改造计划的完成。公告还反复强调开展竞赛的重要性,把竞赛视为提高劳动生产率的强有力的手段,并要求在一切建设部门组织竞赛。在为完成"一五"计划过程中,苏联还提出了"五年计划四年完成"的口号,甚至还提出过"五年计划三年完成"的口号。

1933 年 1 月,斯大林宣布"一五"计划提前完成并公布了有关统计数字。有关"一五"计划执行情况的统计数字,在苏联报刊报道的材料中,也不相同。根据 1933 年 1 月 10 日联共(布)中央委员会和中央监察委员会联席会议通过的《第一个五年计划的总结和第二个五年计划的第一年——1933 年的国民经济计划》的决议,"一五"期间整个工业产值年均增长率为 22%,工业总产值 1932 年比 1928 年增加了 119%。而苏联科学院经济研究所编写的《苏联社会主义经济史》第三卷提供的资料要高一些(详见表4-8)。

表4-8　苏联第一个五年计划中国民经济增长速度和结构的基本指标

| 项目 | 1928 年 | 1932 年实际指标 | 1932 年对 1928 年的百分比(%) | 年平均增长百分比(%) |
|---|---|---|---|---|
| 国民收入(按 1926/27 年度价格计算,亿卢布) | 244 | 455 | 186 | — |
| 国民经济基本建设投资(按相应年份价格计算,亿卢布) | — | 600 | — | — |

[①] 《苏联共产党和苏联政府经济问题决议汇编》第二卷,中国人民大学出版社,1987 年,第39～40 页。

续表

| 项目 | 1928 年 | 1932 年<br>实际指标 | 1932 年对 1928<br>年的百分比(%) | 年平均增长<br>百分比(%) |
|---|---|---|---|---|
| 其中: | | | | |
| 公有化经济成分投资 | — | 525<br>(四年零三个月) | — | — |
| 工业总产值(按 1926/27 年<br>度价格计算,亿卢布) | 158 | (四年零三个月)<br>368 | 233 | 23.5 |
| 第一部类 | 70 | 206 | 293 | 31.0 |
| 第二部类 | 88 | 162 | 184 | 16.5 |
| 铁路货物流转量(亿吨/千米) | 934 | 1693 | 181 | 16.0 |
| 国民经济职工的年平均人数<br>(百万人) | 11.6 | 22.9 | 198 | 18.6 |
| 其中: | | | | |
| 工业的年平均人数 | 3.5 | 6.8 | 193 | 17.9 |
| 工业劳动生产率(%) | 100 | 141 | — | 9.0 |

资料来源:参见苏联科学院经济研究所编:《苏联社会主义经济史》第三卷,王逸琳等译,生活·读书·新知三联书店,1982 年,第 30 页。

表 4-9 苏联第一个五年计划最重要任务的完成情况

| 项目 | 五年计划<br>第一年 | 五年计划 | 四年零三个月<br>的完成数 |
|---|---|---|---|
| 社会主义的工业化<br>五年内工业产值的增长(五年计划最后<br>一年对第一年的百分比%) | — | 230 | 224 |
| 重工业的比值 | 44.4 | 47.5 | 54.1 |
| 工业在工农业总产值中的比重(%) | 46 | 58.5 | 70.7 |
| 社会主义的公有化<br>社会主义部分的比重(%): | | | |
| 工业中 | 79.5 | 92.4 | 99.5 |
| 农业中 | 1.8 | 17.7 | 76.1 |

| 项目 | 五年计划<br>第一年 | 五年计划 | 四年零三个月<br>的完成数 |
|---|---|---|---|
| 零售商品流转额中 | 75 | 91 | 100 |
| 国民收入中 | 44 | 99.3 | 93 |
| 集体化农户的比重（％） | 1.7 | 20 | 61.5 |
| 国营农场和集体农庄在商品粮中的份额 | 7.5 | 42.6 | 84 |
| 经济上的独立<br>供应的比重（％）： | | | |
| 国产设备 | 67.5 | — | 90 以上 |
| 国产机床 | 33 | — | 46 |
| 自有生产抵补国内消费<br>拖拉机 | 24.6 | — | 100 |
| 棉花 | 66.8 | — | 98.4 |
| 居民就业： | | | |
| 城市的失业人数（千人） | 1133 | 511 | — |
| 农业人口过剩（百万人） | 8.5 | 2.6 | — |

资料来源：参见苏联科学院经济研究所编：《苏联社会主义经济史》第三卷，王逸琳等译，生活·读书·新知三联书店，1982 年，第 30 页。

表4-10 苏联1928—1932 年主要工业品产量

| 项目 | 1928 年 | 1932 年 | 1932 年对 1928 年<br>的百分比（％） |
|---|---|---|---|
| 生铁（百万吨） | 3.3 | 6.2 | 188 |
| 钢（百万吨） | 4.3 | 5.9 | 139 |
| 铁矿石（百万吨） | 6.1 | 12.1 | 198.3 |
| 煤（百万吨） | 35.5 | 64.4 | 181 |
| 石油（百万吨） | 11.6 | 21.4 | 184 |
| 电（亿度） | 50 | 135 | 270 |
| 其中： | | | |
| 水力发电（万吨） | 0.4 | 0.8 | 200 |

续表

| 项目 | 1928 年 | 1932 年 | 1932 年对 1928 年的百分比（%） |
|---|---|---|---|
| 金属切削机床（千台） | 2.0 | 19.7 | 1000 |
| 干线蒸汽机车（台） | 479 | 827 | 172.4 |
| 货运车皮（千节） | 7.9 | 15.2 | 192.4 |
| 汽车（千台） | 0.8 | 23.9 | 2900 |
| 拖拉机（折合 15 马力）（千台） | 1.8 | 50.8 | 2800 |
| 机引犁（千副） | 0.5 | 61.1 | 12200 |
| 机引播种机（千台） | 0.6 | 28.4 | 4730 |
| 谷物联合收割机（千台） | — | 10.0 | — |
| 棉布（百万米） | 2678 | 2694 | 100.6 |
| 毛织品（百万米） | 86.8 | 88.7 | 102.0 |
| 针织品（百万米） | 8.3 | 29.0 | 460 |
| 皮鞋（百万双） | 58.0 | 86.9 | 149.8 |

资料来源：[苏]B.T.琼图洛夫等编：《苏联经济史》，郑彪等译，吉林大学出版社，1988 年，第 164 页。

从上述三个表格中可以看到"一五"计划执行结果的大体情况，亦反映了"一五"计划的基本特点：

首先，从总体上来讲，发展速度是很高的，工业总产值年均增长速度为 23.5%（有些统计资料确定为 19.2%）。但就是这样的增长速度，也未达到计划规定的目标。如工业总产值原计划规定 1932 年要比 1928 年增加 1.8 倍，而实际只增长 1.33 倍，重工业计划规定要增加 2.3 倍，而实际增长 1.93 倍。①

其次，特别强调生产资料部门的增长。"一五"计划期间在整个工业产值年均增长率为 23.5%（或 19.2%）的情况下，第一部类却为 31%。但要指出的是，尽管第一部类高速增长，但不少重要工业产品产量计划未能完成。

---

① 按苏联其他有关刊物透露，只增加 1.7 倍。参见[苏]罗·亚·麦德维杰夫：《让历史来审判：斯大林主义的起源及其后果》，赵洵等译，人民出版社，1981 年，第 176 页。

如生铁产量计划规定为 1000 万吨,后来斯大林拔高到 1700 万吨,但到 1932 年实际生产量为 620 万吨。钢产量计划规定为 1040 万吨,而 1932 年实际产量为 590 万吨。电力生产计划规定为 220 亿千瓦小时发电量,而 1932 年实际只达到 134 亿千瓦小时发电量。煤和煤炭的生产量比计划规定的指标要少 10%~15%。机器制造业部门的许多重要指标也未完成,如各种汽车计划规定为 10 万辆,而实际只生产 23879 辆。拖拉机计划规定生产 5.5 万台,实际生产 4.89 万台。

最后,与人民生活密切相关的轻工业与食品工业在"一五"计划时期增长速度要比重工业低得多。按计划,日用品生产应增长 1.4 倍,而实际只增长 56%。食糖产量计划要增加 1 倍,实际上 1932 年反而比 1928 年减少 30%。肉类与牛奶的产量也显著下降。乳品产量 1932 年与 1928 年相同,动物油产量 1932 年还低于 1928 年的 12%。"一五"计划期间,农业由于受全盘集体化的影响,处于停滞不前的状态。1928 年粮食产量为 7332 万吨,而 1932 年下降为 6987 万吨。上述情况,使得苏联从 1929 年起不得不对粮食、食品与日用工业品实行按人口定量供应的办法。

由于"一五"计划期间第一部类发展速度大大快于第二部类,这使第一部类在整个工业总产值中的比重由 1928 年的 39.5% 上升到 1932 年的 53.4%,而第二部类的比重则由 60.5% 下降为 46.6%。第一部类的快速增长,也使工农业之间的比例发生了变化,工业产值在工农业总产值中的比重由 1928 年的 48% 上升到 1932 年的 70%。

在"一五"计划期间,对经济的社会主义改造方面取得了明显的进展,到 1932 年在工业中社会主义成分的经济已占 99.5%,在农业中已占 76.1%,在零售商品流转额中已占 100%。这是斯大林发动"社会主义的全线进攻"的结果。因此,当时苏联认为:社会主义建设的第一个五年计划最重要的成绩,就是彻底摧毁了资本主义在农村的根基,从而注定了资本主义成分和阶级必然会彻底消灭。苏联社会主义基础的建成,意味着列宁所提出的"谁战胜谁"的问题,不论在城市还是在农村,都已彻底地永远地解决了:社会主义已经战胜了资本主义。

这里值得一提的是,苏联在"一五"计划期间开展大规模工业建设过程中,既要对许多陈旧设备加以更新,又要新建大量的大型工业企业("一五"计划期间新建了 1500 个工厂),这样,就需要大量的新技术设备,但国内又无法满足这一需要。而这一期间,又恰逢西方资本主义国家面临 1929—1933 年的空前严重的经济危机,这就形成了一个极好的机遇,即西方国家为了摆脱自身的经济危机,竞相向苏联出售工业设备与钢铁、机械等重要产品。这样,在"一五"计划期间,进口商品中生产资料的比重提高到 90% 以上,其中机器设备占一半以上。到"一五"计划结束时,苏联进口的机器设备占世界机器设备出口总量的一半,居世界第一位。①

苏联在购入技术设备的同时,还十分重视技术的引进,1929 年 5 月,在苏联最高国民经济委员会的建设委员会,专门设立了外国咨询局,以领导外国技术力量的引进与利用业务。1932 年,在苏联工作的外国专家和技术人员分别为 1910 人与 10655 人,比 1928 年分别增加了 4 倍多和 20 多倍。与此同时,还选派了领导干部、经济工作者和工程技术人员到国外进修和进行合作研究。在 1929—1931 年期间,仅最高国民经济委员会就派出了 2000 多人。

大量购进设备与引进技术,对"一五"计划期间建立大型工厂与技术进步都起着重要作用。苏联的马格尼托哥尔斯克钢铁厂、库兹涅茨克钢铁厂和扎波罗钢铁厂,均在美国与德国的技术援助下建成的。斯大林格勒拖拉机厂、第聂伯水电站等,也都是在利用西方技术与设备的条件下建成的。

2."二五"计划②

在"一五"计划结束前夕,苏联已着手制订"二五"计划。"二五"计划也提出过两个方案。一是交给联共(布)第十七次代表会议审查讨论的方案,要求工业产值年均增长率不低于 20%,即比"一五"计划期间年均增长率 19.2% 还要高。但 1933 年 1 月联共(布)中央委员会与中央监察委员会召开的联席会议,对"一五"计划进行总结时,考虑到对工业产值增长起主要作用的不像"一五"计划时期是旧企业而是新企业,掌握新企业的技术都要有

① 参见陆南泉主编:《苏联经济简明教程》,中国财政经济出版社,1991 年,第 168 页。
② 有关"二五"计划规定的主要任务、具体指标,详见《苏联共产党代表大会、代表会议和中央全会决议汇编》第四分册,人民出版社,1957 年,第 359~382 页。

个过程,因此建议"二五"计划期间工业产值年均增长率降至13%～14%。根据这一建议,在1934年1—2月召开的联共(布)第十七次代表会议,通过了《关于苏联发展国民经济的第二个五年计划(1933—1937年)》决议。规定的"二五"计划期间工业产值年均增长率为16.5%。

"二五"计划期间的基本政治任务是:"彻底消灭资本主义成分和一般阶级,彻底消灭产生阶级差别和剥削的根源,肃清经济中和人们意识中的资本主义残余,使我国一切劳动人民变成没有阶级的社会主义社会的自觉而积极的建设者。"

"二五"计划期间具有决定意义的基本经济任务是:完成整个国民经济的技术改造。

"二五"计划与"一五"计划相比,主要特点有:一是降低增长速度。二是在经济结构方面力图进行调整,并采取了一些具体措施。如为了增加与人民生活密切相关的日用品、食品工业的发展,"二五"计划规定,生产资料的生产增加97.2%,而消费品的生产则要求增加1.336倍。对农业的投资增加50%,产值要求增加1倍。对生产消费品的工业部门的投资也有明显的增加,投资额规定为161亿卢布,这比"一五"计划期间的35亿卢布增加了3.6倍。而对生产生产资料的工业部门投资增长幅度为1.5倍。三是把完成整个国民经济的技术改造放在中心地位。为此提出,要在苏联一切国民经济部门改换技术装备,保证在最短期间采用最新的技术成就,并保证在1973年使新企业的产值达到工业产值的80%左右。到"二五"计划结束时,单是在"二五"计划期间提供给国民经济的生产工具,将占整个国民经济中在"一五"计划结束时所使用的生产工具的50%～60%。

另外,还规定要对在国民经济起主导作用的机器制造业进行改造,要在这一部门广泛发展新的生产部门,达到用本国的力量来满足国民经济对现代化先进技术装备的一切需要,并还要求,在"二五"计划期间必须掌握200种最新式机床的生产。在冶金机器制造业方面,必须掌握冶金车间所需要的全套装备的生产。在轻工业和食品工业机器制造方面,必须掌握数十种新式机器的生产。在农业机器制造业方面,必须掌握为进一步推行农业机械化、特别是耕种技术作物中耕作物的费力的工作的机械化所必需的一切机器和拖拉机牵引的农具的生产。必须扩大筑路、公用事业以及住宅建筑所需要的各种装备的生产。通过技术改造提高生产中的机械化程度,也是"二五"计划的一项重要任务。如规定,"二五"计划末,要使采煤工作的机械化程度达到93%,钢铁生产达到80%,建筑业的主要工作过程要达到80%,等等。依赖技术改造与机械化程度的提高,要使劳动生产率有大的提高,"二五"计划规定,工业劳动生产率要提高63%,从而使工业成本降低26%。

"二五"计划规定,主要工业部门生产能力必须有如下的增长数据:钢铁工业生铁增加1.3倍;煤矿工业增加1倍多,发电机制造业增加1.4倍,汽车工业增加约3倍,机车制造增加2.2倍,车辆制造增加2.9倍,区电站增加1.5倍,制鞋工业增加1倍,棉纺织工业增加0.5倍,麻纺织业增加1倍多,制糖工业增加0.5倍,大型肉类联合工厂增加1.5倍。

"二五"计划对一些重要工业产品产量规定的基本任务是:煤产量到1937年达到1.526亿吨,原油4680吨,生铁1600万吨,钢1700万吨,钢材1300万吨,锯材4300万立方米,棉织品51亿米,亚麻织品6亿米,鞋1.8亿双,砂糖250万吨,捕鱼量180万吨,肉类120万吨,罐头20亿听。在机器制造业方面,到1937年金属切屑机床要生产4万台,拖拉机(每台以15马力计)16.7万台,联合收割机2万台,干线蒸汽机车2800台,货车11.84万辆,汽车20万辆。"二五"计划另一个特点还反映工业地区配置方面更加重视东部地区的发展。在煤矿、石油等能源开发与钢铁生产等方面,东部地区在"二五"计划时期的作用大大提高。计划在"二五"计划末,东部地区的钢产量要占全苏的30.5%,煤产量占17%。

"二五"计划期间出现了社会主义竞赛的新形式——斯达汉诺夫运动,它主要是以突破旧定额、创新纪录、大幅度提高劳动生产率为主要内容的社会主义竞赛运动。考虑到"二五"计划的一个中心任务是完成国民经济的技术改造,因此技术干部的作用大大提高,这样,斯大林在1931年2月提出"技术决定一切"的口号之后,又于1935年5月,提出"干部决定一切"的口号。他说:"度过十分缺乏技术的时期以后,我们就进入了新的时期,进入了我认为是十分缺乏人才、缺乏干部和缺乏驾驭技术并推进技术的工作者的时期。"斯大林接着说:"为了把技术运用起来并得到充分利用,就需要有掌握技术的人才,就需要有能够精通并十分内行地运用这种技术的干部。没有掌握技术的人才,技术就是死的东西。有了掌握技术的人才,技术就能够而且一定会创造出奇迹来。"①

根据苏联官方宣布,"二五"计划于1937年4月1日完成,与"一五"计划一样,只用了4年3个月完成了5年的任务。在完成第二个五年计划期间,发生了"基洛夫案件",展开了"大清洗"运动。这一时期又是苏联实现工业化与完成农业集体化的重要阶段。因此,完成"二五"计划期间苏联国内政治气氛极其紧张,在客观上形成了强大的政治压力,换言之,计划是在各种政治运动、阶级斗争的推动下进行的。

据苏联官方公布的资料,"二五"计划最后一年的1937年,工业产值比1932年增加1.2倍,年均增长率为17.1%,计划为16.5%,生产资料的产值增加1.39倍,消费资料的产值增加99%,农业产值增加50%,国民收入增加1倍。"一五"计划时期甲类工业增长速度超过乙类工业75%,而"二五"计划时期仅超过20%,甲、乙两类的增长速度出现接近的趋向。"二五"计划执行结果表明,机器制造业的增长大大超过原计划的规定速度。1937年机器制造与金属加工工业产值比1932年增加1.9倍,而计划规定为1.1倍。在整个工业产值增加1.2倍的情况下,钢与钢材产量增加2倍,化学工业产值增加2倍,发电量增加1.7倍,但发电量只完成计划规定的96%。"二五"计划的后几年,苏联把一部分原计划用于发展轻工业的资金调拨给了国防工业部门,使国防工业产值增长1.8倍,由于机器制造业的高速发展,为更新生产设备创造了条件。"二五"计划期间更新了50%~60%的生产设备,如考虑到"一五"计划期间进行的设备更新,那么,从1928—1937年这两个五年计划期间,苏联生产部门的设备已全部得到更新。"二五"计划期间,对运输业的投资为170亿卢布,比上个五年多1.5倍。铺设了3000千米长的新铁路线和5700千米长的复线,对克服交通运输业的落后状况起了不小的作用。"二五"计划期间,工业品产量有了很大的增加(详见表4-11)。

① 《斯大林选集》上,人民出版社,1979年,第371页。

表 4-11　苏联 1932—1937 年主要工业品生产的增长

| 项目 | 1932 年 | 1937 年 | 1937 年对 1932 年的百分比(%) |
|---|---|---|---|
| 生铁(百万吨) | 6.2 | 14.5 | 230 |
| 钢(百万吨) | 5.9 | 17.7 | 300 |
| 轧材(百万吨) | 4.4 | 13.0 | 290 |
| 铁矿石(百万吨) | 12.1 | 27.8 | 229 |
| 煤(百万吨) | 64.4 | 128.0 | 190 |
| 石油(百万吨) | 21.4 | 28.5 | 133 |
| 电力(亿度) | 136 | 362 | 266 |
| 矿肥(千吨) | 921.0 | 3240.0 | 350 |
| 金属切削机床(千台) | 19.7 | 48.5 | 246 |
| 锻压机(千台) | 1.1 | 13.1 | 1196 |
| 轧钢设备(千吨) | 3.7 | 11.2 | 300 |
| 轮机(千瓦) | 298.5 | 1156.3 | 380 |
| 干线蒸汽机车(辆) | 827 | 1172 | 141 |
| 干线货运车皮(千节) | 15.2 | 29.8 | 195 |
| 载重汽车(千辆) | 23.7 | 180.3 | 760 |
| 小汽车(千辆) | 0.03 | 18.2 | 6066 |
| 拖拉机(折合15马力)(千台) | 50.8 | 66.5 | 111 |
| 机引犁(千副) | 61.1 | 96.4 | 157 |
| 挖掘机(台) | 85 | 522 | 610 |
| 水泥(百万吨) | 3.5 | 5.5 | 156 |
| 棉织品(百万米) | 2694 | 3448 | 127 |
| 毛织品(百万米) | 88.7 | 108.3 | 122 |
| 人造纤维(千吨) | 2.8 | 8.6 | 300 |
| 皮鞋(百万双) | 86.9 | 182.9 | 210 |
| 糖(千吨) | 828 | 2421 | 292 |
| 肉(千吨) | 596 | 1002 | 138 |

续表

| 项目 | 1932 年 | 1937 年 | 1937 年对 1932 年的百分比（%） |
|---|---|---|---|
| 动物油（千吨） | 72 | 185 | 256 |

资料来源：[苏]B. T. 琼图洛夫等编：《苏联经济史》，郑彪等译，吉林大学出版社，1988 年，第 180 页。

　　"二五"计划期间苏联经济的社会结构发生了根本性变化，社会主义经济成分已占绝对优势（详见表 4 - 12）。

表 4 - 12　苏联国民经济中社会主义成分比重增长情况（%）

| 项目 | 1928 年 | 1937 年 |
|---|---|---|
| 在固定生产基金中（不含牧畜） | 65.7 | 99.6 |
| 在国民收入中 | 44.0 | 99.1 |
| 在工业总产值中 | 82.4 | 99.8 |
| 在农业总产值中 | 3.3 | 98.5 |
| 在零售商品流转额中 | 76.4 | 100.0 |

资料来源：[苏]B. T. 琼图洛夫等编：《苏联经济史》，郑彪等译，吉林大学出版社，1988 年，第 186 页。

　　"二五"计划期间，苏联人民物质文化生活也有大的提高。职工实际工资增加了 1 倍。由于农业发展情况远不如工业，如粮食产量"一五"计划期间年均产量为 7360 万吨，而"二五"计划期间下降为 7290 万吨，[①]但集体农庄庄员的实物收入与现金收入与"一五"计划时期相比还是增长了。

　　"二五"计划期间文化教育事业有了大的发展。到 1937 年几乎完全消灭了文盲，受过高等与中等教育的毕业生人数比"一五"计划期间增加 1 倍多。

　　"二五"计划期间在经济发展与社会主义改造等方面发生的变化，这使得斯大林在 1936 年 11 月宣布："我们苏联社会已经做到在基本上实现了社会主义，建立了社会主义制度，即实现了马克思主义者又称为共产主义第一

---

① 参见陆南泉等编：《苏联国民经济发展七十年》，机械工业出版社，1988 年，第 250 页。

阶段或低级阶段的制度。这就是说,我们已经基本上实现了共产主义第一阶段,即社会主义。"①

3."三五"计划

苏联于1936年上半年已由国家计委着手制定"三五"计划。苏联人民委员会在1937年4月28日的决议中,责成苏联国家计委、各人民委员会与各加盟共和国完成发展国民经济的"三五"计划的编制工作,并要求于1937年7月1日前提交政府审批。1939年3月20日联共(布)第十八次代表大会通过了"三五"计划的决议。根据决议,"三五"计划规定,到1942年工业产值为1840亿卢布,这比1937年的955亿卢布增加92%。工业产值年均增长速度为14%,生产资料的生产年均增长速度为15.7%,消费品生产为11.5%。农业产值规定由1937年的201亿卢布增至1942年的305亿卢布,即增加52%。

"三五"计划的主要特点:一是考虑到面临复杂的国际形势,计划的出发点是要迅速提高苏联的军事经济潜力,加强国家的防御能力。规定加速发展国防工业,建立雄厚的国家储备,首先是燃料、电力及某些其他具有国防意义的产品储备;二是新的工业主要拟建在苏联的东部地区,特别像钢铁、石油、化工、机器制造业更着重建在东部地区;三是改变"一五"与"二五"计划期间建设大型工业企业的方针,而改为重点发展中型企业的方针,目的是缩短工厂的施工与投产期;四是新建企业不要集中在某些地区,而要分散到各个不同地区;五是强调应确立国民经济的一些主要的新的比例关系,如积累与消费、工业中的甲类与乙类、工业与农业等关系。1938年2月,由人民委员会批准的苏联国家计委的条例指出:"国家计划委员会的最主要任务是,保证苏联国民经济计划各部门发展的正确对比关系,以必要的措施防止国民经济比例失调。"1937年4月,苏联国家计委在编制"三五"计划时,还拟定了电力、燃料、金属、化学制品、设备、商品周转物资补偿等一系列平衡表。苏联认为,"三五"计划与前两个五年计划相比,计划指标更完整与更具体,因此计划性大大加强了。

① 《斯大林选集》下,人民出版社,1979年,第399页。

"一五"与"二五"计划期间,虽然在发展速度方面大大超过了西方国家,但按人均计算的生产规模还是大大落后于经济发达的资本主义国家(详见表4-13)。

表4-13　1937年按人均计算的一些工业产品产量与西方国家相比

| 产品 | 计量单位 | 苏联 | 美国 | 德国 | 英国 |
|------|----------|------|------|------|------|
| 电力 | 度 | 215 | 1160 | 735 | 608 |
| 生铁 | 公斤 | 86 | 292 | 234 | 183 |
| 煤炭 | 公斤 | 757 | 3429 | 3313 | 5165 |
| 棉织品 | 平方米 | 16 | 58 | — | 60 |
| 皮鞋 | 双 | 1 | 2.6 | 1.1 | 2.2 |
| 砂糖 | 公斤 | 14 | 12 | 29 | 8 |
| 肥皂 | 公斤 | 3 | 12 | 7 | 11 |

资料来源:[苏]梁士琴科:《苏联国民经济史》第三卷,叶林等译,人民出版社,1960年,第463页。

考虑到上述情况,苏联把"三五"计划视为解决按人均计算的产品产量赶超主要资本主义国家这一基本经济任务的重要阶段。

由于希特勒德国发动战争,"三五"计划不得不中断。从1938—1940年的三年情况看,工业产值年均增长率为13%(计划规定为14%),生产资料生产年均增长率为15.3%(计划规定为15.7%)。但机器制造业产值年均增长率为20.6%,大大超过计划规定的指标。对工业与运输业的投资为750亿卢布,比整个"二五"计划期间的投资还多,有2900个工业项目投产。到1941年中期,按主要国民经济指标与"三五"计划规定的最后一年(1942年)相比,其达到的水平是:工业总产值为86%,其中甲类为90%,乙类为80%,粮食生产(1940年)为91%,铁路货运量为90%,零售商品流转额为92%,工资基金96%。[①]

在"三五"计划的头三年中,由于要求广泛的资源用于国防,使国防开支

--------

① 参见苏联科学院经济研究所编:《苏联社会主义经济史》第五卷,周邦新等译,生活·读书·新知三联书店,1984年,第26页。

在国家预算中所占的比重从 18.6% 提高到 32.6%。整个工业产值年均增长为 13%,而国防工业为 39%。国防工业在二年中增加了 1.8 倍。与此相关,到 1940 年,生产资料生产在全部产值中的比重达到 61.2%,消费品生产的比重为 38.8%。

苏联东部地区在工业生产中的地位有明显提高。东部地区在全苏煤的产量中已占 36%,生铁占 28.5%,钢占 32%。苏联整个大工业的产量 1940 年比 1913 年增加近 11 倍,而乌拉尔的工业产量增长 13 倍,西伯利亚增长 28 倍,哈萨克斯坦增长 19 倍。① 东部地区已成为苏联主要的军事工业基地。

苏联经过三个五年计划的发展,经济水平有了明显的提高。为了对战前苏联经济的发展情况有个概括了解,下面,以苏联官方公布的统计资料为依据,对 1940 年的主要国民经济指标达到的水平作一简要展示。

表 4-14　苏联 1913 年、1940 年国际经济主要指标

| 产品 | 1913 年 | 1940 年 |
|---|---|---|
| 电力(亿度) | 20.39 | 486 |
| 石油(包括凝析油)(万吨) | 1028.1 | 3112.1 |
| 天然气(亿立方米) | — | 32.19 |
| 煤炭(万吨) | 2915.3 | 16592.3 |
| 生铁(万吨) | 421.6 | 1490.2 |
| 钢(万吨) | 430.7 | 1831.7 |
| 钢材(万吨) | 359.4 | 1311.3 |
| 化肥(按 100% 有效成分计算)(万吨) | 1.7 | 75.6 |
| 化学纤维(万吨) | — | 1.1 |
| 金属切削机床(万台) | 0.18 | 5.84 |
| 汽车(万辆) | — | 14.54 |
| 水泥(万吨) | 177.7 | 577.3 |

① 参见苏联科学院经济研究所编:《苏联社会主义经济史》第五卷,周邦新等译,生活·读书·新知三联书店,1984 年,第 29 页。

续表

| 产品 | 1913 年 | 1940 年 |
|---|---|---|
| 拖拉机(万台) | — | 3.16 |
| 谷物联合收割机(万台) | — | 1.28 |
| 木材运出量(实积亿立方米) | 0.67 | 2.47 |
| 纺织品(亿平方米) | 4.60 | 33.20 |
| 纸张(万吨) | 4.0 | 83.8 |
| 皮鞋(万双) | 680 | 21200 |
| 砂糖(万吨) | 136.3 | 216.5 |
| 肉(屠宰量)(万吨) | 500 | 470 |
| 粮食产量(万吨) | 8600 | 9564 |
| 籽棉产量(万吨) | 74 | 224 |
| 牲畜存栏头数(万头) | 5840 | 4780 |

资料来源:根据陆南泉等编:《苏联国民经济发展七十年》(机械工业出版社,1988年)与周荣坤等编《苏联基本数字手册》(时事出版社,1982 年)等有关资料编制。

1940 年苏联人口 1.94 亿,而 1913 年为 1.59 亿。1913 年城市与农村人口分别占总人口数的 18% 与 82%,而 1940 年分别为 33% 与 67%。1940 年苏联的国民收入与工业产值均不到美国的 30%。从主要工业产品产量来看,苏联的发电量为美国的 26%,石油为 17%,天然气为 4%,钢为 29%。苏联总的经济水平不到美国的 1/3。①

二、对斯大林工业化若干重要问题的看法

可以说,战前三个五年计划,在很大程度是斯大林实行工业化的计划。尽管 20 世纪 20 年代中期,苏联基本上完成了经济恢复工作,但此时的苏联仍是一个落后的农业国。因此,联共(布)党十分关切国家工业的发展问题,使苏联尽快由农业国变成工业国。

苏联工业化不仅使斯大林经济体制模式全面建立与日益巩固,并且也

① 参见金挥、陆南泉主编:《战后苏联经济》,时事出版社,1985 年,第 434～435 页。

使斯大林社会主义模式全面扎了根。

1. 斯大林的工业方针导致经济的高度集中

斯大林工业化方针的最主要特点是：

首先，强调高速度是工业化的灵魂。其做法是高积累高投入，把基本建设投资主要用于工业，尤其是重工业。当时布哈林认为，应该使工业化具有尽可能的速度，但"不是把一切都用于基本建设"，不能片面追求积累和工业投入，"应该坚决地把严重的商品荒缓和下来，并且不是在遥远的将来，而是在最近的几年中"。① 他还指出：单纯追求高速度，是"疯人的政策"。但不顾有人反对，斯大林还是竭力追求高速度。这在我们前一节论述头三个五年计划时所列举的材料已说明这一点。斯大林不仅追求超高速，并且往往在执行计划时一开始就提出"五年计划四年完成"的口号。1939 年 3 月在讨论第三个五年计划的联共（布）第十八次代表大会上，斯大林在其总结报告中继续坚持"向共产主义前进"的口号，并提出苏联的基本任务是要在 10～15 年内在按人均计算的产量方面赶上或超过主要的资本主义国家。工业年均增长速度规定为 14%。

其次，集中一切力量片面发展重工业。斯大林一再强调，苏联不能实行"'通常的'工业化道路，而从发展重工业开始实行工业化"②。与此同时，斯大林指责布哈林等人，"右倾"反对派提倡的是"印花布"工业化道路。实际上，布哈林等人也强调发展重工业的决定性意义，但反对片面发展重工业。他认为："为了使社会再生产和社会主义不断增长尽可能有利地（尽可能没有危机地）进行，从而达到对无产阶级尽可能有利的国内阶级力量对比，必须力求把国民经济各种基本成分尽可能正确地结合起来（它们必须'保持平衡'安排得恰到好处，积极影响经济生活和阶级斗争的进程）。"③集中力量发展重工业，就要大量资金的投入。"一五"计划期间，在整个国民经济投资中用于重工业的投资占 32%，在整个工业化时期其比重均在 30% 左右，有时甚至达 40%。在整个工业投资中重工业的投资比重更加突出，"一五"计划期

---

① 《布哈林文选》中册，东方出版社，1988 年，第 309 页。

② 《斯大林文选》下，人民出版社，1977 年，第 449 页。

③ 《布哈林文选》中册，东方出版社，1988 年，第 293 页。

间高达 86%。

最后,斯大林用高积累与剥夺农民的办法保证工业化所需的资金。"一五"计划末的 1932 年国民收入用于积累的比重为 27%,在整个工业化时期一直在 30% 左右。另外,为了高速工业化、片面发展重工业,还实行榨取农民、靠农民"贡税"来积累资金。斯大林用强制的办法,使农民的一半收入交给国家。据估计,第一个五年计划时期,从农业吸收的资金占用于发展工业所需资金的 1/3 以上。

2. 工业管理体制改革朝着加强计划性、部门原则方向发展

从 1930 年"一五"计划第三个年度计划开始,苏联随着工业化的推进,国民经济年度计划不再是一些控制数字,而是成为国民经济各部门和各地区必须执行的国家计划,从而也就改变了计划的性质。斯大林在评价实施第一个五年计划的意义时说:"我们的计划不是臆测的计划,不是想当然的计划,而是指令性的计划,这种计划各领导机关必须执行,这种计划能决定我国经济在全国范围内将来发展的方向。"[1]在斯大林看来,指令性计划是社会主义经济制度的一个本质特征。后来,苏联经济界对否定计划的指令性观点加以批判,说"把苏联的计划同未必要执行的资产阶级计划目标相提并论","否定计划的指令性","把国民经济计划归结为一个大致的目标,即预测计划",是一种"左倾"理论与"投降主义"。[2]

苏联在工业化开始后,一方面加强计划性,加强对经济的计划领导,靠行政命令的指令性计划来管理经济;另一方面着手在工业管理体制进行调整与改组。

通过不断改组,在 20 世纪 30 年代末苏联工业形成了以加强国家集中计划管理为目的的部门管理体制:部—总管理局—企业。总管理局是部的主要机构,也是部领导企业的中心环节。这一领导体制一直延续到 50 年代中期。

苏联工业化时期工业管理体制的主要变化反映在以下七个方面:

---

① 《斯大林全集》第 10 卷,人民出版社,1954 年,第 280 页。

② 参见苏联科学院经济研究所编:《苏联社会主义经济史》第三卷,王逸琳等译,生活·读书·新知三联书店,1982 年,第 42~43 页。

第一，形成指令性计划制度。这是苏联整个经济体制的一个基本内容。

第二，不论部还是总管理局作为国家行政组织，对企业生产经营活动的直接管理与指挥，都是通过行政方法实现的。

第三，与上述特点相关，企业实际上是上级行政机关的附属品或派出单位。

第四，形成部门管理原则，这有利于中央对分布在全国各地企业实行集中领导。

第五，由于工业管理体制的上述变化，使得工业化时期力图实现扩大企业权力和加强经济核算的目的实际上都落空了。

第六，工业企业管理一长制得以实际的执行。与一长制相适应的工业管理系统实行垂直单一领导制，即下级只接受上级行政首长的指令，上级各职能管理机关只是行政首长的参谋和助手，它不能越过行政首长给下级下达指令。这些措施，加强了领导体制的集中程度。

第七，在工业化时期，企业国有化迅速发展。到了五年计划的最后一年（1932年）私人经济成分在工业总产值中就只占0.5%。这里可清楚地看到，苏联在工业化时期的工业管理体制是建立在单一的国家所有制基础上的。这是苏联全面推行指令性计划的基础，也是使计划范围大大扩大和国家成为工业管理的主体与中心的必要条件。

以上分析说明，从体制角度来看，工业化运动对斯大林体制模式形成具有特别重要的作用。

斯大林的工业化运动实施在第一、第二和第三个五年计划期间，大体上花了13年（1941年德国入侵导致苏联第三个五年计划被打断）。如果说，1929年全面中止新经济政策和斯大林思想占主导地位标志着斯大林经济体制模式得以初步确立，那么斯大林工业化方针的全面贯彻和到战前的1941年，不只是斯大林工业管理体制、经济体制模式全面建立和已扎了根，而且斯大林社会主义模式已全面建立并扎了根。这是因为：第一，在工业化运动期间，斯大林不只在苏联创造了"世界上所有一切工业中最大最集中的工业",并且成为"按照计划领导"的"统一的工业经济"①;第二,在工业化运动过程中,对整个经济的计划性管理大大加强了,行政指令的作用大大提高了;第三,1929年全盘农业集体化的快速推行,农业也受到斯大林经济体制的统制;第四,工业化运动时期,斯大林逐个击败了他的对手,接着是20世纪30年代的大清洗,最后形成了高度集权的政治体制模式。

从1920年到二战前,苏联工业管理体制的变化可参见下图:

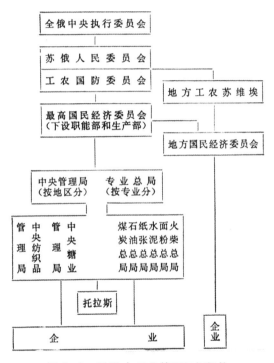

图4-1　1920年工业管理组织机构

———————————

① 参见《斯大林全集》第10卷,人民出版社,1954年,第258页。

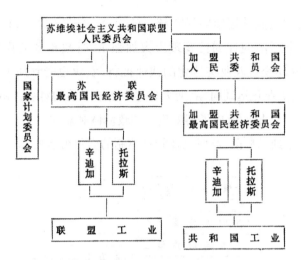

图 4-2　新经济政策时期(1922 年以后)苏联工业管理组织机构

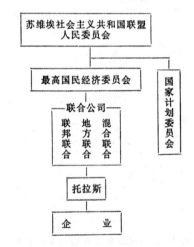

图 4-3　1929—1932 年的苏联工业管理组织机构

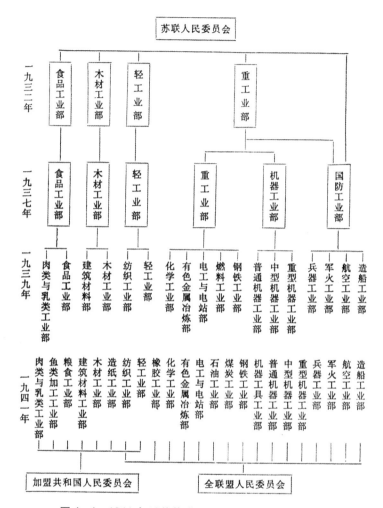

图4-4 1941年以前苏联工业行政机构演变情况表

资料来源:图4-1至4-4均摘自梅文彬等:《苏联经济管理体制沿革》,人民出版社,1981年,第57、58、60、62页。

3.斯大林工业化道路并不能成为社会主义各国工业化应遵循的共同规律

超高速地发展重工业,以高积累与剥夺农民的办法集聚资金,是斯大林工业化道路的基本原则和特点。

战前三个五年计划期间,苏联整个工业年均增长速度为17%,其中甲类工业增长速度为21%,而乙类工业增长速度仅为11%。在这期间,全部工业增长了5.5倍,甲类工业增长了9倍,而乙类工业只增长了3倍。在13年的工业化期间,重工业在全部工业中的比重从39.5%上升到1940年的61%。重工业内部结构也发生了很大变化,机器制造业的产值在1940年已占全部工业产值的30%左右。为了保证重工业以最快的速度发展,大大增加了对重工业的投资,在第一个五年计划时期重工业投资在整个国民经济投资中的比重,平均要超过30%(而1918—1928年期间,只占11.9%)。

为了筹集大量资金保证工业化的快速发展,只能采用提高积累压低消费的办法。在工业化前的1925年,国民收入中用于积累的比重为16%,但到第一个五年计划结束时的1932年增加到27%,在整个工业化时期这个比重一般都保持在30%左右。通过农民缴纳"贡税"也是积聚工业化所需资金的一个重要来源。斯大林对完不成国家规定任务的地区,轻的是停止供应商品,重的是把地方干部送上法庭,或是整村的人口迁至边远地区。更有甚者,在1932—1933年,乌克兰歉收,斯大林动用警察、国家安全机关强行收粮,致使400万人饿死。[1] 乌克兰统计,死亡人数为500万人。事情发生后,直到1933年夏季,苏联政府都没有对乌克兰提供任何食品援助,更没有采取措施消除饥荒后果,而是继续出口粮食。斯大林在1942年8月会见英国领导人才谈道:"这的确是一次恐怖事件,它持续了多年,但是,为了我们工厂里出现新的机器,田野里奔跑着拖拉机,这是必要的。"[2]对此,戈尔巴乔夫说:"在斯大林时期,工业化……是靠农业的破产来实现的。"[3]

苏联人民为工业化付出了十分沉重的代价。苏联历史学家 O. И. 什卡拉坦根据列宁格勒的材料计算表明,1930年所有部门的工人实际工资水平比1928—1929年低。苏联只是到第二个五年计划期间实际工资才开始回升,于1960年才达到1928年的水平。[4] 至于广大农民,不仅长期处于困苦状态,而且还发生了大量的人员死亡。

---

① 参见姜长斌主编:《斯大林政治评传》,中共中央党校出版社,1998年,第419页。
② [乌克兰]马洛奇科:《1932—1933年乌克兰大饥荒》,基辅,1993年。
③ [俄]米哈伊尔·戈尔巴乔夫:《对过去和未来的思考》,新华出版社,2002年,第35~36页。
④ 参见[苏]罗·亚·麦德维杰夫:《让历史来审判:斯大林主义的起源及其后果》上,赵洵等译,人民出版社,1981年,第174~180页。

　　斯大林的工业化道路,在经济上造成的严重后果是,经济结构严重畸形,比例严重失调,农业长期落后。另外,大量投资,大规模地上基建项目,仅第一个五年计划时期就建成了1500多个大工业企业。但由于基建项目过多,战线拉得过长,往往造成巨额资金长期被冻结在未完工程上,典型的例子是,斯大林不顾化学委员会主席杨·厄·卢祖塔克等专家的反对,决定在第一个五年计划时期建立10个生产合成橡胶的大工厂,结果是在1932—1933年只有三个工厂开始生产第一批合成橡胶,其他7个工厂在第一、二个五年计划期间都未开工。[①] 另外,新建项目经济效益也不佳,从1928年开始实行第一个五年计划后,到1935年才有第一个新建重工业企业获得盈利。投入大于产出的现象也很突出,如1929—1940年,苏联基本建设投资年均增长17.9%,比社会总产值的年均增长13.4%的速度高4.5个百分点,即高33.6%,比国民收入生产额的年均增长14.6%的速度高3.3个百分点,即高22.6%。[②]

　　以上简单的分析说明,斯大林工业化道路是在苏联当时特殊条件下的产物,尽管工业化运动使苏联由农业国变成了工业国,形成了强大的物质基础,它连同在工业过程中建立起来的高度集中的经济体制,在战胜法西斯德国中起了重要作用,这是无可置疑的,但它存在的问题也是非常突出的。斯大林的工业化,不论在理论上还是具体政策,都存在很多严重失误。斯大林工业化的道路,不可能是其他社会主义工业化应遵循的共同规律。中国在工业化初期跟苏联走了一段之后,较早发现了斯大林工业化道路存在的问题。1956年毛泽东在《论十大关系》的报告中就指出:苏联"片面地注重重工业,忽视农业和轻工业",是犯了原则性的错误和产生了严重问题,又提出了要正确处理重工业和轻工业、农业间的相互关系的见解。[③] 中国其他领导人也对斯大林在优先发展重工业的同时却忽视人民当前利益的做法提出批评。1956年周恩来在谈到中国经济建设几个方针性问题时指出:"直接与人

　　① 参见[苏]罗·亚·麦德维杰夫:《让历史来审判:斯大林主义的起源及其后果》上,赵洵等译,人民出版社,1981年,第180~181页。
　　② 参见李宗禹等:《斯大林模式研究》,中央编译出版社,1999年,第150页。
　　③ 参见《毛泽东著作选编》,中共中央党校出版社,2002年,第394页。

民利益关系最大的是轻工业、农业,轻视这两者就会带来不好的后果,就会发生经济发展上的严重不平衡"。"如果不关心人民的当前利益,要求人民过分地束紧裤带,他们的生活不能改善甚至还要降低水平,他们要购买的物品不能供应,那么,人民群众的积极性就不能很好地发挥,资金也不能积累,即使重工业发展起来也还得停下来。所以,这一条经验也值得我们在建设中经常想到。"总之,中国要实行"要重工业,又要人民"①的工业化政策。

4. 片面认识斯大林工业化运动,是苏联经济体制难以进行根本性改革的一重要原因

我们前面已讲过,工业化运动的结果,使斯大林模式得以全面确立与深深地扎了根。这一模式之所以在苏联长期未能发生根本性改革,尽管原因甚多,但片面认识斯大林工业化运动的作用,是其中的原因之一。在相当一个时期里,从苏联领导人到学者更多的是看到工业化的成就。积极反对斯大林个人迷信的赫鲁晓夫说,斯大林时期正是由于遵循"优先发展重工业的总路线",在"很短的时期内就改变了经济落后的面貌",并"建立了强大的社会主义工业",使苏联"变成为强大的工业——集体农业的强国"和"坚如磐石的社会主义堡垒"。② 勃列日涅夫在评价实行工业化的三个五年计划时说:"头几个五年计划的岁月离开得越远,这段困难的然而是光荣的时间在我们面前也就显得越加宏伟","我们头几个五年计划是争取社会主义的真正战斗"。③ 提倡改革新思维的戈尔巴乔夫说:"当时不加快工业化进程是不行的。法西斯的威胁从 1933 年起就开始迅速增长。""我国人民用他们在(20 世纪)20—30 年代建立起来的力量粉碎了法西斯。如果没有工业化,我们就会在法西斯面前处于手无寸铁的境地。"④长期以来,苏联学者对工业化的评价与官方是一致的。在具有权威性的苏联科学院经济研究所集体编写

---

① 《周恩来选集》下卷,人民出版社,1984 年,第 230 页。

② 参见《赫鲁晓夫言论》第九集,世界知识出版社,1965 年,第 18~20 页。

③ 《勃列日涅夫言论 1967 年》第 3 集,上海人民出版社,1974 年,第 182~183 页。

④ [苏]米·谢·戈尔巴乔夫:《改革与新思维》,新华出版社,1987 年,第 41 页。戈尔巴乔夫下台后,在 1998 年发表的《对过去和未来的思考》一书中,对斯大林的工业化和集体化运动的看法有了很大变化。他说,过去苏联往往用"增强国家"的必要性为工业化方法辩护。如斯大林所说的,不这样,"我们就会挨打"。但有谁说过,采用别的办法,就不可能使国家发展起来。第 35~36 页。

的《苏联社会主义经济史》七卷本中,第三、四、五卷是分别论述工业化时期的三个五年计划的,笔者查阅了这三卷所列的章节,没有发现有论述斯大林工业化有何不足和问题的内容。既然工业化取得巨大成就,那么对这个时期形成的高度集中的指令性计划经济体制,也就只看到其积极作用而不会发现其存在的种种难以克服的弊病了。这样,斯大林模式也像工业化一样,成了其他社会主义国家的样板了,大家必须遵循的模式了,在斯大林逝世后的很长一个时期内所进行的改革,也只能在斯大林模式框架内作了些修补。

5. 为了克服对斯大林工业化道路片面认识值得提出的几个问题

一是苏联官方对工业化时期成就的宣传带有明显的政治色彩,有浮夸之处。正如有些苏联学者指出的,光是总产值指标往往是骗人的和不能说明问题的。如果用各类产品实物指标来衡量,那么实际上很多指标未完成。譬如:

规定第一个五年计划的最后一年生铁的产量为 1000 万吨,斯大林 1930 年把这个指标提高到 1700 万吨,但到 1932 年实际产量仅为 616 万吨,到战前的 1940 年才达到 1500 万吨;

规定到 1932 年钢产量为 1040 万吨,实际只达到 600 万吨;

规定各种汽车 1932 年要生产 10 万辆(1930 年斯大林宣布把这个指标提高 1 倍),而 1932 年实际生产 23879 辆;

不少轻工业产品在第一个五年计划期未完成计划,如棉织品最后一年的计划数为 45.88 亿米,而实际产量为 26.94 米。毛织品、麻织品都未实现计划规定的任务。食糖产量原计划增加 1 倍,而实际上 1932 年比 1928 年反而减少了 30%。肉类和牛奶产量比 1928 年也显著下降。[①]

就是官方公布的工业化时期工业增长速度而言(1929—1940 年年均增长率为 16.8%),对此国际上也持怀疑的态度,如美国学者提出由于苏联统

---

① 详细情况可参见[苏]罗·亚·麦德维杰夫:《让历史来审判:斯大林主义的起源及其后果》上,赵洵等译,人民出版社,1981 年,第 174~179 页。

计方法存在严重问题,年均增长率可能是 5.1% ,也可能是 9.3% 。①

　　二是关于工业化与卫国战胜利的关系问题。工业化时期工业的迅速发展,特别是重工业和军事工业的迅速发展,是取得战争胜利一个极其重要因素。但是应该看到,工业化时期形成的经济力量,在战争中并未全部发挥作用。人所共知的事实是,由于德国发动突然袭击,苏联又没有防御的准备,因此苏联大量领土很快被德军占领。这样,使苏联遭受重大损失。以下事实可说明这一点:1940 年苏联钢的产量为 1830 万吨,其中南部地区钢产量占 1/2 以上。战争初期南部冶金工业地区和部分中部冶金工业地区被德军占领,这意味着在战争中苏联不是以 1830 万吨钢同德国作战,而是以 800 万吨钢抗击德军进攻。在头三个星期里,红军损失约 85 万人,3500 架飞机,一半坦克,整个 1941 年下半年红军损失 500 万人,合战前红军总数的 9/10 以上。② “尽管红军遭受了极其严重的挫折,但战争却激发了波澜壮阔的和不可战胜的人民爱国主义的浪潮,千百万苏联人民奋起保卫自己的祖国。” “苏联人民及其军队伟大的爱国主义,苏军战士、军官、将领的丰富经验,乃是保证苏联取得对德战争胜利的主要因素。”③

　　三是斯大林的工业化,不论在其理论方面还是在一些具体政策方面,都存在严重失误,那么为何在当时苏联能得到推行,并且斯大林的方针一直能得以贯彻,其原因何在? 我认为,主要原因有:首先斯大林利用手中已掌握的大权,通过在各个领域的大清洗与镇压,形成了集中统一的思想文化、舆论一致的局面。其次,最为重要的一点是用强制的手段推进其政策,把任何一个具体的工业化政策与阶级斗争、路线斗争联系起来,动辄扣政治帽子。例如,1930 年 6 月在联共( 布) 十六大上,斯大林提出了“五年计划四年完成”的口号,有人表示反对,斯大林就批判说:“那些胡说必须减低我国工业发展速度的人,是社会主义的敌人,是我们阶级敌人的代理人。”④在这种情况下,谁还能提不同意见呢! 最后,斯大林总是打着列宁的旗号推行他的政

　　① 　参见李宗禹等:《斯大林模式研究》,中央编译出版社,1999 年,第 133 ~ 134 页。

　　② 　同上,第 55 页。

　　③ 　[苏]罗·亚·麦德维杰夫:《让历史来审判:斯大林主义的起源及其后果》下,赵洵等译,人民出版社,1981 年,第 794 ~ 795 页。

　　④ 　《斯大林全集》第 12 卷,人民出版社,1955 年,第 240 页。

策,这对广大群众的宣传作用也是不能低估的。如高速发展工业,也称是列宁的主张。列宁在十月革命前后也讲过要开足马力前进,但在总结军事共产主义政策的教训后,在1922年就明确指出:"同农民群众,同普通劳动农民汇合起来,开始一道前进,虽然比我们所期望的慢得多,慢得不知多少,但全体群众却真正会同我们一道前进。到了一定的时候,前进的步子就会加快到我们现在梦想不到的速度。"①这里清楚地说明列宁不赞成片面追求高速度,而是讲究以辩证的方法对待工业发展速度问题,主张国民经济平衡发展,把发展农业放在首位。

　　四是斯大林工业化道路仍需进一步深入研究的一个重要问题。有些学者正确指出:在改革大潮席卷中国大地的大前提下,"我国学术界开始重新认识斯大林时期的苏联工业化运动。通过十多年的艰辛努力,我国学者就斯大林时期工业化问题的研究发表了不少成果,与过去相比,科研水平无论从广度和深度讲都有了极大提高,如果说人们的认识有了质的飞跃也是毫不过分的"②。不少学者对斯大林工业化的评价与以前相比,要贴近实际得多与深刻得多。如有些学者指出:"把斯大林进行的国家工业化放到历史的长河考察,只能恰如其分地给予肯定,如实承认这不过是一个集中力量发展工业、并取得了一些成效的阶段。但是就在这个阶段中,伴随着成就,既包含着违反客观规律的理论错误,也包含着严重的实践错误。如果把一时取得的成就夸大为多么正确的理论,多么伟大的功绩,那就极为片面了。至于有人认为这是斯大林的英明决策,吹嘘他给马克思主义增添了多少新内容,为社会主义国家开创了现实的发展道路等等,那更是差之毫厘,谬之千里了。"③

　　苏联著名学者麦德维杰夫在1974年指出:"应该直截了当地说,我国20年代末—30年代初工业发展过程中所付出的代价,如果有一个更明智的计划和领导,就不会这么大,在这方面斯大林的领导所起的作用并不是无足轻重的。如果把我们的人民为了工业化而付出的巨大努力和牺牲同工业化初步结果比较的话,那么应该承认,如果没有斯大林的话,我们的成就可能会

<hr />

① 《列宁全集》第43卷,人民出版社,1987年,第77页。
② 姜长斌主编:《斯大林政治评传》,中共中央党校出版社,1998年,第456~457页。
③ 李宗禹等:《斯大林模式研究》,中央编译出版社,1999年,第156页。

大得多。"斯大林作为一个唯意志论者和空想家,在许多情况下,他的领导"不是引向胜利,相反,在我国制造了多余的困难"①。

## 第三节  信贷与税制改革

在工业化时期,为了适应高度集中的计划经济体制的要求,除了对工业管理体制进行不断调整与改组外,并在信贷与税制方面作了重大改革。

### 一、信贷改革

根据苏联中央执行委员会和苏联人民委员会《关于信贷改革》的决议,从 1930 年 1 月开始进行信贷改革。改革的目的是加强有计划地组织社会生产与流通,对企业生产经营活动加强卢布监督,最终使银行信贷制度适应集中计划体制的要求,使其能承担计划经济管理职能与执行国家预算的职能。当时苏联银行信贷体制方面存在两个突出的问题:一是商业信贷与银行信贷并存;二是银行与基层生产单位的企业不发生直接联系,而要通过中间环节托拉斯和辛迪加。因此,1930 年在进行信贷改革时,取消了商业信用(企业和组织利用票据相互提供的信贷,亦称票据信用),改由银行直接向基层企业发放短期贷款,这项贷款集中由国家银行办理。最高国民经济委员会和国家银行协调其对工业联合公司和托拉斯的贷款计划,而后者则在协调计划的范围内制订其业务贷款计划。这样,就使专用贷款同生产计划和产品的销售计划发生直接关系,从而也可消除采用商业信用形式与集中的有计划地领导整个国民经济之间发生的矛盾。

在改革的第一阶段信贷与结算方面也产生了一些严重的弊端,最突出的是首先反映在自动贷款制上,即一度实行毫无区别的、对所有企业按计划贷款的"自动兑付制"。这样就产生了一些问题:一是实行自动贷款制后,因为不管什么情况下,银行总是会支付企业所需的一切费用,因此降低了企业

① [苏]罗·亚·麦德维杰夫:《让历史来审判:斯大林主义的起源及其后果》上,赵洵等译,人民出版社,1981 年,第 172、182 页。

与经济机关完成生产计划的积极性;二是破坏了经济机构之间合同关系的原则,因为自动贷款与自动结算是联系在一起的,即付款方在事先未得到银行通知并取得其同意,而只凭供货方提供银行的发贷账单,也不管交货期限、质量、品种、价格等供货条件是否执行了,就从付款方消费账户上转入供货方的往来账户;三是"按计划"的自动贷款原则,往往会使企业获得超计划贷款,即使贷款不符合实际交易情况,从而会破坏经济核算制原则;四是自动贷款制容易造成信用膨胀,也难以使银行对企业生产经营活动实行必要的卢布监督。1931 年 3 月 20 日,苏联人民委员会通过信贷改革决议的修正案,纠正了上述偏差。修正案的要点是取消"按计划"的自动贷款制,改为对经济机构间按签订的经济合同进行的实际交易提供贷款,即只在订货方同意承付后才支付供货方。这次信贷改革,还把企业的流动资金明确划分为自有资金与借入资金,这有利于信贷原则的巩固。

另外,在长期信贷方面也发生了重大变化。按苏共中央执行委员会 1934 年 3 月"关于工业、运输业和邮电业国营企业基本建设拨款无偿性"的决议,用于上述部门的基本建设拨款的一切预算内和预算外资金均无须偿还,企业欠银行的债务(指用长期贷款进行的投资)也宣告取消。这样,除农业银行继续对集体农庄发放长期贷款外,各专业银行成了对各部门基本建设无偿拨款的机构,或者说成了财政部门的出纳机构。

至于短期信贷,它主要用于补充季节性的资金短缺。到第二个五年计划时期,信贷投资结构一个重要特点是,对轻工业、食品工业与农产品收购机构短期贷款大大增加。"二五"计划结束时,这些部门的贷款占国家银行短期贷款总额的44%。[1]

20 世纪 30 年代初的信贷改革与 1936 年进行的银行合并及调整,形成了斯大林时期的银行信贷体制:全部短期信贷集中在国家银行,它变成了唯一的短期信贷与结算中心,还垄断了货币发行和现金划拨业务。银行体系由苏联国家银行、三个投资拨款银行(工业、农业、公用事业和住宅建设)、一个外贸银行与国家劳动储金局组成。这一银行信贷体制一直沿用到 50 年代

---

① 参见苏联科学院经济研究所编:《苏联社会主义经济史》第三卷,王逸琳等译,生活·读书·新知三联书店,1982 年,第 592 页。

中期,中间没有发生过大的变革。

二、税制改革

在 1930—1932 年税制改革以前,国营企业向预算的缴款制度,基本上是在实行新经济政策的第一阶段形成的。当时,苏联国家虽然掌握了国民经济的主要部分,但私人资本主义经济和小商品经济在国家经济中仍占不小的比重,在商业中尤为突出。例如在 1924 年,在苏联零售商品流转额中,私人经济占 52.7%,到 1928 年还占 23.6%。① 当时,国营企业的经济核算工作水平很低,实行经济计划的可能性受到极大的限制。加上革命初期还顾不上对税制进行根本性的改革,因此当时企业的上缴制度存在着缴款多样性、课征多次性、计征手续复杂性等特点。另外当时也没有把社会主义企业缴款与私人经济的纳税区别开来。国营企业向预算缴纳款项达六十多种,其中主要有:营业税(12 种)、消费税、所得税、各种利润提成、关税、印花税、地方预算税收加成、地方税捐和为建立各种专门基金的各种捐款。

上述缴纳制度在 1930—1932 年税制改革前,虽然作了不少修改和调整,但都是局部性的,都跟不上经济发展的需要。缴款的多样性和课税的多次性还给财政计划工作造成困难,妨碍有计划地贯彻价格政策、贯彻经济核算制。随着国营经济占绝对统治地位,第一个五年计划开始,在客观上迫切要求改革繁杂的缴纳制度。

经过一段时间的讨论和准备,在 1930—1932 年间对原来的税制实行了根本性的改革。在这期间,对如何改变企业向预算的缴纳制度,存在两种方案:一部分经济学家主张,国营企业的全部纯收入采取利润提成形式向预算缴款,另一些经济学家则认为可以把纯收入分为两个部分,一部分以周转税形式上缴,一部分以利润提成形式上缴。讨论结果,决定采用两个渠道的缴纳制度,即国营企业向预算缴纳周转税和利润提成,合作社组织缴纳周转税和所得税。之所以实行两个渠道的缴纳制度而否定单一的利润提成制度,其主要原因是,如果只是单一地缴纳利润提成,就难以解决以下问题:

---

① 参见[苏]苏联部长会议中央统计局编:《苏联国民经济六十年》,陆南泉等译,生活·读书·新知三联书店,1979 年,第 5 页。

第一,不能保证预算收入的稳定性。因为企业缴纳利润提成的多少直接取决于它的经营活动结果,主要是取决于成本降低情况。如果企业经营不善而发生亏损,那么上缴预算的计划就不能完成。从而预算收入计划就不能实现。

第二,把纯收入的一种形式即税收并入利润之中,会导致某些部门和企业的利润急剧增加,这会削弱企业的经济核算制和节约制度。

单一的利润提成制度还会造成这样的局面:工作好的企业成本低、利润就高,上缴预算也就多;反之,工作差的企业成本高,利润少,上缴预算也少。这样同样会削弱经济核算的巩固和积累的增长。

实行两个渠道的缴纳制度就可以克服上述缺点,保证预算收入的稳定性。因为国家预算可以以周转税形式取得固定的、稳定的和均衡的收入来源。周转税是商品价格中硬性规定的一部分,它不取决于企业降低产品成本和积累计划的完成情况。另外,有利于促进经济核算制原则,因为,一方面企业可以利用一部分利润用于企业扩大再生产和对工作人员进行物质鼓励;另一方面,向预算缴纳利润提成,能消除多余的资金在周转中的积压。

1930年对周转税和利润提成制度作了以下具体规定:

第一,对商品一次性并在一个环节课征周转税;

第二,对应课征周转税的商品实行统一的部门平均税率;

第三,采取同预算集中的结算方式,这就是说,周转税和利润提成的缴纳者,不是单个的企业,而是联合组织;

第四,规定利润提成的最高提成率为81%,但用于建立鼓励基金的利润不在其内。

之后,在新的缴纳制度实行过程中,根据暴露出来的问题又作了不少修正。例如,采用统一的部门周转税率,难以保证同一部门内的所有种类的产品获得必要的盈利率,即使在联合组织内部按商品的种类和品种分别规定税率也是如此。这样就出现了某些商品利润过多,而某些商品则又亏损,对各企业来说,也出现了类似的情况。后来,针对这种情况取消了统一的部门周转税率,实行按商品规定的税率。又如,规定联合组织向预算集中结算的制度,使各级地方财政机关难以监督企业这一级的生产和销售活动。周转税是按计划周转额,而不是按实际周转额计算的,并且是从联合组织的结算账户上把相应的款额自动地划归预算收入,这不能促进巩固经济核算制,同时又削弱了财政纪律。后来规定企业有权独立销售自己的产品,并相应规定周转税由联合组织同预算集中结算制度改为由各企业直接向财政机关缴纳的非集中结算制度。另外,由于规定上缴预算的利润提成率过高,使得几乎全部的企业利润(除了用于鼓励基金外),都缴入了预算,这影响了企业的积极性。后来,实行了不同的上缴预算的利润提成率,最低提成率规定为10%。不论是周转税还是利润提成,都按照企业的实际成果缴纳和结算,取消了自动结算的方法。

在以后的时期,企业向预算的两条渠道的缴纳制度,尽管进行过不少修补,但在1965年经济改革以前,基本上一直采用着。只是随着1965年实行经济管理体制改革,企业向预算的上缴制度才发生了重大的变化。

## 第四节　斯大林的农业全盘集体化政策

如果说,工业化时期形成的工业管理体制,在很大程度上是反映斯大林经济体制模式的一个重要内容的话,那么从斯大林根本改变对农民的看法为起点,随之而来的是根本改变农民的政策,推行农业全盘集体化运动。其结果是,就不仅仅把占人口最多的农民与国民经济中居重要地位的农业,纳入了斯大林统制经济体制之中,而且意味着在苏联正在朝斯大林整个社会主义模式迈进。为什么这样讲,因为十月革命前的俄国,虽然已经走上了资本主义的发展道路并过渡到垄断资本主义,但在认识到这一点的同时,必须清醒地看到,俄国仍然是一个小农经济占优势并且农业水平相当落后的国家。1913年、1917年,农村人口都占全俄人口总数的82%。[①] 1914年俄国民经济固定资产的构成是:农业占53.7%,工业、交通、商业、事业合计占46.3%;国民收入中农业占53.6%,其余部门占46.4%。不论从哪个角度来

---

① 参见[苏]苏联部长会议中央统计局编:《苏联国民经济六十年》,陆南泉等译,生活·读书·新知三联书店,1979年,第4页。

讲,俄国的农业生产水平是十分低下的。① 第一次世界大战前,俄国的农业
机械化水平只及德国的 1/9,美国的 1/2;1913 年俄国每公顷耕地使用的化
肥平均为 6.9 公斤,而比利时为 36 公斤;在 1909—1913 年期间,俄国谷物的
平均产量每俄亩为 45 普特,而丹麦为 195 普特,德国为 152 普特。第一次世
界大战前,俄国农业商品率大约为 26%。②

在上述俄国国情的条件下,如何把占人口多数的农民与十分落后的农
业引向社会主义的道路,以什么样的态度与政策对待农民与农业问题,是十
月革命胜利后布尔什维克党面临的一个极为重要的问题,也成为苏联社会
主义改造与建设中的一个中心问题。也正因为问题如此重要,因此在十月
革命后,不论在军事共产主义时期、新经济政策时期,还是在工业化运动时
期,农民问题都成为苏联党内、各政治派别民间斗争的焦点。在开展农业全
盘集体化运动过程中,农民问题自然就更加突出了,围绕这个问题的斗争更
加尖锐了。列宁在对军事共产主义时期"直接过渡"的理论与实践进行批判
性总结之后,对农民问题看得更清楚与深远了,他指出:"从世界无产阶级革
命发展的整个进程来看,俄国所处的时代的意义,就是在实践中考验和检验
掌握国家政权的无产阶级对待小资产阶级群众的政策。"③

一、农业全盘集体化之前的农业

军事共产主义时期的结束,新经济政策的实行,到了 20 世纪 20 年代中
期,苏联农村的形势已出现了明显的好转。1926 年与 1913 年的水平相比播
种面积为 105%,与 1916 年的水平相比的牛的头数为 109.6%,猪为 108.1%,
绵羊与山羊为 112%。马的头数为 1916 年水平的 85.1%,1926 年苏联农业
总产值达到 1913 年水平的 118%,其中种植业产值为 114%,畜牧业产值为
127%。④ 这一发展,与受农民欢迎的、主要从事商品流通活动的消费合作社
迅速发展有关。在发动群众性大规模集体化前夕,农业合作社联合了 55%

①　参见[苏]勃维金:《大变动前夕的俄国》,莫斯科俄文版,1988 年,第 113 页。
②　参见[苏]B.T.琼图洛夫等编:《苏联经济史》,郑彪等译,吉林大学出版社,1988 年,第 98 页。
③　《列宁全集》第 42 卷,人民出版社,1987 年,第 4 页。
④　参见苏联科学院经济研究所编:《苏联社会主义经济史》第三卷,王逸琳等译,生活·读书·
新知三联书店,1982 年,第 412 页。

以上的农户。这些合作社其组织形式较简单,活动主要局限于消费与流通领域,但它符合当时俄国生产力水平低和人民文化不高的客观实际情况,正如列宁指出的,是"……尽可能使农民感到简便易行和容易接受的方法过渡到新制度"①的组织形式。这种合作社遵循农民自愿参加和退出的原则,它是按商品生产与市场规律进行活动的。如果能继续坚持下去,并在发展过程中,按照列宁合作制思想不断修正与完善政策,那么,完全有可能走出一条改造农民的康庄大道。但遗憾的是,斯大林到了 1928 年对农民问题的看法有了重大变化,列宁的合作制思想与政策已不再符合他的口味了。

二、直接的起因是粮食收购危机

应该说,斯大林在 1928 年前对农民问题的认识,在总体上与列宁的思想是一致的,对农民在社会主义建设中的作用基本上是肯定的,也讲过:"基本农民群众的根本利益是同无产阶级的利益完全一致的。"②"这些共同利益就是工农联盟的基础。"③对工农联盟内部的斗争,要"用协商和互助让步的方法来调节","无论如何不要把它导向尖锐化的形式,导向冲突"。④ 斯大林在 1925 年 5 月召开的联共(布)第十四次代表会议上的工作总结中的第五部分,专门论述"党在农村中的政策"。在这里,他明确指出:"现在主要的问题完全不是挑起农村中的阶级斗争。现在主要的问题是:使中农团结在无产阶级周围,重新把他们争取过来。现在主要的问题是:和基本农民群众结合起来,提高他们的物质生活和文化生活水平并和这些基本群众一道沿着社会主义的道路前进。"⑤

但从 1928 年开始,斯大林对农民的看法及采取的政策发生了根本性的变化,直接起因是出现了粮食收购危机。实际上,在 1928 年以前,国家粮食收购量已有多次出现过下降的情况,如 1924 年收购量为 524 万吨,这比 1923 年的 652 万吨减少 128 万吨。截至 1927 年 1 月,国家收购的粮食为

---

① 《列宁选集》第 4 卷,人民出版社,1995 年,第 768 页。
② 《斯大林选集》上,人民出版社,1979 年,第 372 页。
③ 同上,第 336 页。
④ 同上,第 369 页。
⑤ 同上,第 346 页。

4.28 亿普特,这与 1926 年同期 6.3 亿普特相比减少了 2.02 亿普特。但到了 1928 年 1 月,粮食收购的情况进一步急剧下降,减少到了 3 亿普特,使城市和军队的粮食供应出现了严重困难。

围绕粮食收购危机在党内领导层开展了激烈的争论。存在着两种截然不同的看法:一派的看法是,粮食收购危机的主要原因是党实行的压低粮食收购价格所致,是人为地扩大了工农业产品剪刀差的结果。1923 年 10 月,工农业产品的价格剪刀差几乎是战前的 3 倍。后来在 1923—1924 年工业品价格下调了 23.3%。但在 1924 年对农户实行货币税后,政府又竭力压低粮价。另外,大幅度增加富裕农户(售粮大户)的纳税负担,仅 1926/27 年度的税额就比上年度增加 58%,超过贫困农户的 100 倍。[①] 这些因素,很自然地让农民感到生产粮食是无利可图的,严重挫伤了农民种粮的积极性,从而农民不仅缩小粮食面积(从 1926 年起,苏联播种面积的增长速度就开始减缓,当年增长 5.8%,1927 年为 1.9%,1928 年降为 0.5%,该年谷物播种面积甚至比 1927 年减少 2.6%),而且即使有余粮也不愿卖给国家,而用出卖畜产品或技术作物的收入来缴纳税收与购买工业品。还有些农民,用余粮去发展畜牧业,之后再出卖牲畜,而不愿出售粮食。这正是使 1927 年到 1928 年粮食收购危机突然严重起来的主导原因。而另一派则认为,粮食收购危机的发生,完全是由于阶级敌人主要是农村富农的破坏与捣乱的结果,因此,主张采用暴力剥夺的办法,从农民特别是富裕农民手中夺取粮食。这一建议被 1927 年 8 月召开的联共(布)中央委员会和中央监察委员会联席全会否定。全会于 1927 年 8 月 9 日通过的决议说:"中央委员会和中央监察委员会拒绝反对派关于用暴力剥夺余粮的荒诞的,预谋在国民经济发展中造成更多困难的蛊惑性的建议……中央委员会和中央监委认为,这些建议实际上要推翻在列宁领导下由党制订的新经济政策。"

但时隔不久,在 1927 年底至 1928 年初,在斯大林主持下,不断地以联共(布)中央的名义,向各级地方党组织发出紧急指示,限期完成粮食收购任务。仅在 1928 年春季,就派出三万多城市工人和党政干部下乡征粮,这些征

---

① 参见姜长斌主编:《斯大林政治评传》,中共中央党校出版社,1998 年,第 470 页。

粮工作队,在农村挨家挨户搜查,设路卡强行拦截农民出售和关闭市场等办法完成征粮任务,并还应用俄罗斯刑法第 107 条规定,对"抗粮"农民,可实行没收其粮食和农业机器,乃至处于三年以下监禁的惩罚措施。这就是1928 年斯大林对农民采取的"非常措施"。苏联政府在 1928 年初开始,还对农民提高征税额,如 1928 年初北高加索地区农业税与 1927 年相比提高了101%。但是"非常措施"得到的回报是,富农(到 1928 年,这时的富农相当一部分是新经济政策时期富裕起来的中农)缩小和减少农业生产。事实证明到 1928 年秋粮食收购计划又受到了威胁。到 1929 年 4 月,收购的粮食比1928 年同期还少,连莫斯科的面包供应也出现了间断的情况。对富裕农民施加压力的结果是,他们还是继续以缩小耕地面积来回答。应该说,到了1929 年中,苏联面临的形势十分复杂和危险。调整"非常措施"这一错误政策的余地很小了。一方面斯大林为首的联共(布)党已很难对富裕农民作出相当大的让步,使党与富裕农民的关系恢复到实行"非常措施"之前的状况。另一方面,富裕农民已不再相信党会继续实行新经济政策了。就在这种情况下,斯大林决心加速农村的集体化运动,实行农业全盘集体化,即在农村建立相当强大的集体农庄并消灭富农对商品粮的垄断,以便把粮食牢牢地控制在国家手里。

　　这里还要指出,粮食收购危机不只使斯大林对农民的认识与政策发生了根本性的变化,并且也是布哈林与斯大林分歧公开化的催化剂。可以说,1928 年联共(布)中央七月全会召开时,布哈林与斯大林的关系紧张到了临界点。1928 年 6 月初,布哈林就粮食问题给斯大林写信说:"苏联的国内外形势都很严峻,而党没有整体计划,只是凭经验办事!国内粮食普遍欠缺,而问题根本不在富农的'猖獗'。我们不能一下子向集体农庄提供足够的资本和机器,因此不能不考虑必须发展个体经济的问题。不能把同农民的关系搞得很紧张。"①一个月之后,斯大林在七月全会上的发言指出:成功地推行工业化政策的关键在于靠农村来进行内部积累。他主张暂时对农民征收类似"贡税"的超额税,以促使工业的发展。也正是在七月全会上,布哈林决

---

① 转引自《国外社科信息》1992 年第 4 期。

定与斯大林最后摊牌。

三、农业全盘集体化的进程与目的

1. 进程

斯大林从1929年开始向富农进攻,消灭富农阶级,用集体农庄和国营农场的生产代替富农的生产。

1929年中,每25户农民只有一户参加集体农庄,到了下半年,斯大林及其助手们推出集体化高速发展的方针,用各种办法催促地方机关加速集体化进程。到1929年11月初,全国虽已有7万个集体农庄,但规模很小,只包括了1919400个农户,占全国总户的7.6%。农庄庄员绝大部分是贫民,只有个别地区中农也加入农庄。但斯大林急急忙忙地把个别事实加以综合,认为这是集体农庄"根本的新的转折"的开始。他在1929年11月3日发表的《大转变的一年》一文中宣称:"目前集体农庄运动中的新现象是什么呢?目前集体农庄运动中具有决定意义的新现象,就是农民已经不像从前那样一批一批地加入集体农庄,而是整村、整乡、整区,甚至整个专区地加入了。""这是什么意思呢? 这就是说,中农加入集体农庄了。这是农业发展中的根本转变的基础,而这个根本转变是苏维埃政权过去一年最重要的成就。"①在这种缺乏根据的基础上,斯大林在1929年秋天提出普遍集体化的口号。

在上述背景下,1930年1月5日通过了《关于集体化的速度和国家帮助集体农庄建设的办法》的决议,根据这一决议,联共(布)中央委员会按不同地区集体化装备程度的差别,把各地区按照集体化的速度划分三类:第一类包括最主要的产粮区北高加索、伏尔加河中游和下游。这些地区的集体化要在1931年春季大体完成。乌克兰、中部黑土地区、西伯利亚、乌拉尔、哈萨克斯坦为第二类。这些地区要在1932年春季完成。其余地区,如莫斯科州、南高加索、中亚等,集体化要推迟到1933年,即第一个五年计划结束时完成。根据这个决议,联共(布)中央委员会和苏联人民委员会在1930年2月通过了一个决定,禁止个体农户使用雇佣劳动,并赋予各地方苏维埃在全盘集体

---

① 《斯大林选集》下,人民出版社,1979年,第206~207页。

化地区可以采取一切必要措施同富农作斗争,直至没收富农土地和强制富农迁出本地区的权力。

在斯大林普遍集体化的思想指导下,在强大的政治压力下,用粗暴的命令和暴力强迫农民与中农参加集体农庄的情况,在 1929 年底与 1930 年初就开始出现了。许多州提出了"谁不加入集体农业,谁就是苏维埃政权的敌人"的口号。随着农业全盘集体化运动的展开,农村形势的紧张程度在加剧,1930 年 3 月斯大林不得不发表《胜利冲昏头脑》的文章,对集体化政策进行纠偏,才使农村形势得以缓解。斯大林文章发表后不久,联共(布)中央通过了《关于在集体化运动中同对党的路线歪曲作斗争》的决议,主要解决在集体化运动中采取强制的做法,并允许农民退出农庄。到 1930 年 7 月 1 日,留在集体农庄中的农户已不到 600 万,占贫农与中农总数 1/4 还不到。有些州把 1930 年年初以来建立起来的集体农庄都解散了。[①] 这里要指出的是,强制与暴力在整个农业集体化运动中实际上没有停止过。

按苏联公布的材料,1932 年底至第一个五年计划结束时,已有 60% 以上的农户加入了集体农庄,集体农庄的播种面积已占全国播种面积的 70% 以上。在主要产粮区,加入集体农庄的农户达到 80%~90%。以此认为:在苏联"新的集体农庄制度建立起来了"[②]。1933 年 1 月,联共(布)中央宣布:"把分散的个体小农经济纳入社会主义大农业轨道的历史任务已经完成。"

2. 目的

一是控制粮食与取得资金。从斯大林 1929 年决定推行农业全盘集体化的直接起因来看,控制粮食是建立集体农庄的一个重要的又是直接的原因。建立集体农庄可为斯大林取得粮食,向农民征收"贡税"提供组织上的保证。由于工业化与集体化基本上是同时进行的,加上超高速的工业化所需资金相当一部分要从农业中取得,因此加速农业集体化,又为斯大林通过控制农业来解决工业化所需资金提供了保证。但是把农业集体化的目的仅仅归结

---

① 参见[苏]罗·亚·麦德维杰夫:《让历史来审判:斯大林主义的起源及其后果》上,赵洵等译,人民出版社,1981 年,第 153 页。

② [苏]安·米·潘克拉托娃主编:《苏联通史》第三卷,山东大学翻译组译,生活·读书·新知三联书店,1980 年,第 617 页。

为控制粮食和资金,那是不够全面的。

二是全面建立社会主义的经济基础。在斯大林看来,通过农业集体化,使得苏联社会主义有了牢固的经济基础。到了 1934 年,由于工业化与农业化都取得了重大进展,社会主义经济成分在苏联已成为整个国民经济的绝对统治力量。社会主义工业已占苏联全部工业的 99%。社会主义农业(集体农庄与国营农场)的谷物播种面积已占全部谷物播种面积的 85.5%。斯大林认为,如果不搞农业集体化,苏维埃政权和社会主义建设事业就会建立在两个不同的基础上,"就是说,建立在最巨大最统一的社会主义工业基础上和最分散最落后的农民小商品经济基础上"。如果是"这样下去,总有一天会使整个国民经济全部崩溃"。那么,"出路就在于使农业成为大农业"①。斯大林的上述看法,是他在 1929 年 12 月 27 日发表的以"论苏联土地政策的几个问题"为题的演说中讲的,是用来批评"平衡"论的。很清楚,这时的斯大林完全否定了小商品生产者再有发展的可能了,在社会主义建设中不再有积极作用了,从而也就否定了改造农民的长期性。

三是消灭"最后一个资本主义阶级"的个体农民。随着斯大林对农民问题看法的根本改变,在农业集体化高潮的 1930 年,不仅用暴力消灭了"富农阶级",②而且把个体农民视为最后一个资本主义阶级加以消灭。斯大林对此解释说:"为什么把个体农民看作是最后一个资本主义阶级呢? 因为在构成我国社会的两个基本阶级中,农民是一个以私有制和小商品生产为经济基础的阶级。因为农民当他还是从事小商品生产的个体农民的时候,经常不断地从自己中间分泌出而且不能不分泌出资本家来。"③就这样,把在苏联

---

① 《斯大林选集》下,人民出版社,1979 年,第 213 页。

② 正如我们前面指出的,这时的富农大部分是新经济政策时期发展起来的富裕农民。另外,农业集体化时期对划定富农的标准随意性很大,扩大化也十分明显,往往寻找各种理由把中农当成富农:例如:一个中农因为过去卖给同村人十几把镰刀;另一个中农因为出卖了自己的余粮;第三个是因为卖了自留地;第四个因为两年前卖了牛;第五个因为卖了鞋底子;第六个因为于 1927 年把谷草卖给合作社等等。巴图林区村苏维埃决定把 34 户当富农没收。检查后发现,其中有 3 户是富农,其他全是中农(参见[苏]罗·亚·麦德维杰夫:《让历史来审判:斯大林主义的起源及其后果》上,赵洵等译,人民出版社,1981 年,第 160 ~ 161 页)。

③ 《斯大林全集》第 12 卷,人民出版社,1955 年,第 37 页。

社会中人口众多的农民当作"最后一个资本主义阶级消灭了"①。这样就在国内消灭了资本主义复辟的最后根源。

四是最终形成了完整的斯大林经济体制。农业集体化完成过程中,苏联也逐步建立起高度集中的农业管理体制,并成为斯大林经济体制中的一个不可分割的有机组成部分。有关这方面的内容,下面进行专门的论述。

### 四、与国营工业企业无实质区别的农业管理体制

苏联在完成农业全盘集体化之后,对集体农庄的管理体制,基本上搬用了国营工业企业的管理体制。

#### 1. 从计划管理体制来讲

按理论,集体农庄是集体所有制经济,国家无权给它们下达指令性指标。再说,农业经济与工业经济不同,它受自然条件的影响很大,因此应给予集体农庄更大的自主权与独立性。但实际情况是,随着集体农庄的建立,国家开始对农业实行直接的指令性计划管理。到20世纪50年代初,国家给集体农庄下达的各类生产计划指标已多达200~250个。集体农庄把大量精力花在各种烦琐的报告、统计报表等工作上。在一年中,每个农庄要把近一万个项目的情况报告给区农业机关,比战前年代几乎增加7倍。②

苏联在农业集体化过程中形成的农庄计划体制具有以下特点:一是计划的指令性,即国家下达的指标,集体农庄必须执行;二是指标繁多;三是完全忽视集体农庄是集体经济的特点,实质上实行的是与国营企业同样的计划制度;四是从农业集体化时期开始一直到斯大林逝世前国家在规定集体农庄生产计划制度时,都以有利于国家控制粮食为基本出发点和原则的。

集体农庄生产计划制度的上述特点,决定了计划往往脱离实际,国家下达的指令性计划经常完不成。拿加速推进农业全盘集体化的第一个五年计划来说,农业总产值只完成计划规定的58%,其他主要指标仅完成32.8%~75.6%。

---

① 《联共(布)党史简明教程》,人民出版社,1975年,第337页。
② 参见《赫鲁晓夫言论》第二集,世界知识出版社,1965年,第369页。

2. 从农畜产品采购制度来看

这是一种挖农民的制度。在新经济政策时期,实行的是通过市场采购农产品的办法。但到 1928 年即新经济政策将结束时,为了完成农畜产品收购的计划性,打击市场上的投机活动,苏联把市场采购改为预约订购,即国家采购组织通过预先同农民签订合同的办法采购农畜产品。随着农业集体化完成从 20 世纪 30 年代初开始,苏联对粮食等主要农畜产品(经济作物产品仍实行预约订购制度)主要实行两种采购制度:一是义务交售制。集体农庄、经营个人副业的庄员,个体农户必须按规定的数量完成向国家交售的农畜产品,这是一种十分严厉的强制性交售制度。如不能按期完成交售任务,要罚款乃至要负法律责任。二是国家收购制。它是指国家对集体农庄和庄员,在完成义务交售与向拖拉机站的实物报酬任务之后的剩余部分农畜产品,以较高的价格进行收购的制度,通过这个办法收购的农畜产品数量不大,是国家获取农产品的补充办法。

这里必须谈谈国家通过拖拉机站在获取农畜产品中的作用。拖拉机站负责完成集体农庄凡需使用机器农活,而农庄则向拖拉机站以农畜产品支付实物报酬,即表现为农庄向拖拉机站支付的劳动报酬。从这个意义上讲,它不同于以上两种粮食收购制度。但从控制农庄粮食角度来看,它起的作用是不小的,特别在农庄机械化农活日益增多的情况下,通过这种劳动报酬形式获得的农畜产品在全部农畜产品采购中的比重越来越大。以 1937 年为例,国家收购农庄粮食中各种方式所占的比重是:义务交售占 40.6%,国家采购占 14.4%,而拖拉机站实物报酬占 45.0%。①

这里要指出的是,拖拉机站的作用不局限于控制粮食,而对农庄进行政治控制的作用是不能低估的。特别在 1933—1934 年全国三千多个拖拉机站设立了政治部之后,它对农庄的政治领导大大加强了,强化了阶级斗争,为在农庄实现党的政策与确保中央指令性计划的完成起了极其重要的作用。

3. 从农畜产品价格制度来看

这完全可以说是为实现斯大林的"贡税"政策服务的。在工业化与农业

---

① 参见苏联科学院经济研究所编:《苏联社会主义经济史》第四卷,马文奇等译,生活·读书·新知三联书店,1982 年,第 493 页。

集体化时期,为了保证超高速工业化所需资金,工农业产品剪刀差的价格不仅形成了,并且不断地发展着。农产品的收购价格比其成本低好几倍的情况长期得不到改变。只要举出下面的材料就足以说明这一点:在1953年斯大林逝世时,集体农庄义务交售的粮食价格只等于成本的13.2%。土豆价格等于7.5%,牛肉价格等于5%。为了能买一辆"吉斯-5"型汽车,1940年乌克兰的集体农庄需要卖给国家99吨小麦,在1948年就必须卖出124吨,而到了1949年就要卖出238吨小麦。

4. 从集体农庄人事制度来讲

按照农庄章程规定,集体农庄的最高权力机关是庄员大会,大会选举农庄管理委员与主席。但实际上,农庄的最高领导人——主席,是由代表国家的上级机关指定的,选举只是一种形式而已。

5. 从劳动和分配制度来看

农庄庄员的劳动基本上是强制进行的,庄员在农庄的劳动报酬是极其低微的。农庄的基本生产单位是按专业划分的生产队,每个庄员都组织在生产队里,无权拒绝分配给他们的农活,每年必须完成最低限度的劳动量,对不完成劳动量的庄员要受到严厉的处罚,如扣除1/4的劳动报酬,没收其宅旁园地,甚至可开除出农庄。此外,庄员没有职业选择权,生产资料所有权、生产管理权与产品支配权。更有甚者,苏联在1932年12月实行身份证制度时,不发给农庄庄员身份证,目的是不让他们自由迁徙,让他们牢牢地固定在一个地方。至于劳动报酬,在农庄采用按完成劳动日支付的制度。农庄庄员靠劳动日所得,就连满足农庄庄员家庭最必要的生活要求往往都不够,而必须靠个人副业。在不少情况下,正是想保有个人副业的愿望才迫使农民到农庄田地上去干活,因只有庄员才有从事个人副业的权利。所以有人说,在公有土地上实际上从事的无报酬劳动,变成了农民对自己一小块土地的使用权的一种特殊形式的报偿。

五、从经济体制角度来看农业集体化中的问题

应该说,国内外学术界,对斯大林农业全盘集体化运动已作了大量研究,认识也日益加深,在这里,笔者仅从经济体制角度提出以下看法:

首先,反映生产关系一个重要内容的经济管理体制,十分突出地超越了生产力的发展水平。从斯大林整个经济体制形成过程来看,生产关系脱离生产力发展水平,使形成的经济体制不符合客观实际,这是带有普遍性的问题,但农业集体化显得最为突出。在苏联农业集体化的 20 世纪 20 年代末,农业还非常落后,1928 年全苏春播作物的工作,99% 是由人力与畜力进行的。这一年每俄亩平均粮食产量为 52.9 普特,人均粮食占有量为 30.6 普特。这两个数字均低于第一次世界大战前五年的平均数——54.9 普特和 38 普特。[①] 这说明,第一,在农业如此低水平的情况下,不具备条件在农村立即实现社会主义;第二,俄国的小农经济尚有巨大的发展潜力,决不像斯大林1928 年后讲的小农经济已毫无生命力了。斯大林否定新经济政策和农民容易接受的合作社,而匆忙地搞集体农庄,并建立了与国营企业无实质差别的农业管理体制,这样集体农庄制度对农业的发展,从一开始到以后的很长历史时期一直起着消极的作用,甚至是严重的破坏作用。以实现农业全盘集体化有决定意义的第一个五年计划为例,如以 1928 年农业产值为 100% ,那么 1929 年为 98% ,1930 年为 94.4% ,1931 为 92% ,1932 年为 86% ,1933 年为 81.5% 。畜产品生产 1933 年只为 1913 年的 65% 。1933—1940 年粮食年均产量为 45.63 亿普特,而 1913 年为 47.7 亿普特。到 1953 年,牛、马、绵羊的头数仍未达到集体化前的水平,粮食产量甚至还低于 1913 年的水平。

其次,农业集体化运动过程中往往是用行政命令、强制的办法来推行的,有时还采用暴力的手段。从而把商品货币关系作用的范围压挤到最低限度。列宁的合作制强调的思想是农民改造的长期性;自愿,即不能用行政命令和强迫的办法;建立在商品货币关系基础上,通过农民熟悉市场贸易把他们逐步引向社会主义经济轨道。从斯大林整个农业集体化过程来看,与列宁的合作制思想完全是背道而驰的。斯大林这样做的目的先是牢牢控制粮食,最终是为了把整个农业牢牢控制在国家手里,从而使商品货币关系、贸易等价值范畴的作用排挤出去。为此采取的主要措施是:一方面通过义务交售等渠道,把农庄与庄员生产的大部分农畜产品收购到国家手里;另一

①　参见李宗禹等:《斯大林模式研究》,中央编译出版社,1999 年,第 79～80 页。

方面,在农业生产不断下降的条件下,国家的收购量不断增加。在这样的条件下,农庄和农民就没有多少剩余畜产品可拿到市场上进行贸易。关于这一情况可用以下材料证明:如果把 1926—1929 年年均农产品产量当作 100,那么以后 10 年(1930—1939 年)年均农业生产产量为 95,可是 30 年代国家征购和收购量的农产品比 20 年代后半期增加了许多。例如,粮食就增加 1 倍。如果说,1932 年集体农庄交售给国家的粮食是 1/4 多一些,那么 1933—1934 年是 1/3 之强,1935 几乎达到 40%。① 在农业歉收的 1938 年和 1939 年,集体农庄通过义务交售和上交拖拉机站的实物报酬,还分别占其粮食总收获量的 31% 与 34%。之后,再留下种子与庄员的口粮,农庄与农民能拿到市场上进行贸易的粮食就只占其收获总量的 4%~5%。直到 1952 年斯大林在《苏联社会主义经济问题》著作中还认为,将集体农庄生产的剩余品进入市场,从而列入商品流通系统,就会阻碍集体农庄所有制提高到全民所有制的水平。他还说,把巨量的农业生产工具投进商品流通的范围去与农庄进行商品贸易,就会扩大商品流通范围,从而也只会阻碍向共产主义前进。他接着批评两位苏联经济学家说,他们的错误在于"不了解商品流通是和从社会主义过渡到共产主义的前途不相容的"②。

在农业集体化期间一直到以后相当长的历史时期,对商品经济、货币关系不仅在理论上持否定态度,而在实际经济生活中特别在工农业的经济联系中被否定了,从而失去了联结工农联盟的纽带。这也是长期以来,农民没积极性的一个重要原因。这样就造成了以下的局面:一方面农民生产积极性下降,并且发展到消极对抗,或者用斯大林 1933 年致肖洛霍夫信中的话说:"令人尊敬的庄稼人实际上同苏维埃政权进行一场'无声'的'战争'。"这自然导致农业生产情况的恶化。另一方面,高速工业化和城市的发展又增加了对农畜产品特别是粮食的需求。矛盾如何解决? 斯大林用强制和暴力的手段,用高征购的办法使国家控制更多的粮食,这样悲剧就一幕一幕地出现了。因未完成交粮任务的农庄领导有的被撤职、开除党籍,有的直至被

① 参见[苏]罗·亚·麦德维杰夫:《让历史来:斯大林主义的起源及其后果审判》上,赵洵等译,人民出版社,1981 年,第 163 页。

② 《斯大林选集》下,人民出版社,1979 年,第 609~610 页。

枪毙。在库班地区,甚至将 16 个未完成交粮任务的村镇迁徙到极北地带。由于高征购,农民连口粮都上交了。农村严重缺粮,造成了大量农民死亡。

斯大林的农业集体化确实是独特的原始积累方式。当我们说到它在推进苏联从农业文明社会向工业文明社会转换中的作用时,应当补充说一句,苏联为此付出的代价太大了。

# 第五节　产品经济观一直占主导地位

一定的经济体制模式是由一定的经济理论决定的。我们在第一章开篇就谈到,计划经济的理论源于马克思、恩格斯有关未来社会是不存在商品货币、市场的社会的理论。列宁在实行新经济政策前也与马克思、恩格斯持相似的看法。他们都把社会主义经济视为一种产品经济。但到了实行新经济政策时期,列宁改变了上述看法。后来,在工业化、农业集体化过程中,一直到斯大林经济体制模式的最后形成的历史时期,有关商品货币关系的理论,尽管中间有所变化与发展,也有不少争论,但总体来讲,把社会主义经济视为商品经济和承认价值规律、市场对经济起调节作用的观点,一直不占主导地位,并不断遭到批判。而产品经济观,即否定社会主义经济是商品经济,否定价值规律、市场的调节作用的观点,一直居主导地位。从而,也就牢牢地成为斯大林计划经济体制的理论基础,也就成为斯大林逝世后苏联难以对经济体制进行根本性改革的一个重要原因(这一问题将在本书以后有关部分谈到)。

一、斯大林在商品货币关系问题上的教条主义

我们在第三章分析马克思、恩格斯对未来社会没有商品货币设想时就指出,这种设想带有一般的、大概的、草图的性质。列宁在总结军事共产主义后,果断地改行新经济政策,并认为,新经济政策就是要充分利用商品货币关系。货币、商品等问题上的看法有了很大的变化。列宁一开始就从允许小生产者有贸易自由做起,而对大资本的生产资料则运用国家资本主义

一些原则,要求国营企业实行商业性质的经济核算制。但后来很快被实践证明,在生产力水平低下的小生产者占优势的俄国,必须后退,从而"……在国家的正确调节(引导)下活跃国内商业"①。这里可以看到,列宁在实行新经济政策开始阶段强调利用商品货币关系与发展商业,主要出发点是当时存在大量小生产者等多种经济成分,为了建立国营经济与非社会主义的一种联系方式,那么在所有制改造任务完成之后,即在社会主义经济基础建成后如何对待商品货币关系与商业等问题,列宁没有作出明确回答。但列宁毕竟否定了长期存在的、社会主义与商品货币关系不相容的观点,这不能不说是个重大进步。这也为党内坚决拥护新经济政策的领导人正确理解与对待市场关系提供了理论依据,如布哈林指出:"过去我们认为,我们可以一举消灭市场关系。而实际情况表明,我们恰恰要通过市场关系走向社会主义。"②"市场关系的存在——在某种程度上——是新经济政策的决定因素。这是确定新经济政策实质的重要标准。"③

但斯大林不从俄国实际情况出发,积极主张取消商业,他说:"国家、国营工业不经过中介人直接成为农民的商品供应者,而农民也不经过中介人直接成为工业、国家的粮食供应者,这有什么不好呢?"④很清楚,斯大林这里说的取消"中介人"就是指取消商业,商业没有了,就不存在商品流通了,那也不存在商品货币关系了。这种思想是他对商品经济的错误看法的必然反映。在斯大林看来,资本主义的根就"藏在商品生产里"⑤,也正是这个原因,斯大林急于结束新经济政策,急于搞农业全盘集体化,尽快消灭在他看来迫使苏维埃从事商业和商品流通的小生产者。就这样,斯大林在工业化与农业集体化过程中,坚持要消灭商品货币关系,坚持产品经济观,以此理论为基础,一步一步地建立起了高度集中的指令性计划经济体制。

在 20 世纪 20 年代中期到 30 年代,斯大林坚持产品经济观,竭力限制与消灭商品货币关系,也是为其在这一期间推行的经济政策服务的。

---

① 《列宁选集》第 4 卷,人民出版社,1995 年,第 614 页。

② 《布哈林文选》上册,人民出版社,1981 年,第 441 页。

③ 《布哈林文选》下册,人民出版社,1981 年,第 392 页。

④ 《斯大林全集》第 12 卷,人民出版社,1955 年,第 43 页。

⑤ 《斯大林全集》第 11 卷,人民出版社,1955 年,第 196 页。

第一,为了保证超高速工业化需要的财力、物力与人力资源,斯大林认为,必须利用高度集中的计划经济体制达到控制经济的目的。因此,就不能通过市场,不能通过批发贸易,而是通过集中分配的办法来实现对整个经济的控制。这样的条件下,商品货币关系,商业原则自然就受到最大限度的挤压。

第二,在很大程度上可以说,农业全盘集体化是超高速工业化合乎逻辑的产物,是从农村榨取资金与粮食的重要办法。如果在这个时期提出社会主义经济是商品经济,应该按照商品交换原则运行经济,重视市场的作用,那么客观上就要求工农业之间、城乡之间的等价交换,取消集体农庄向国家的义务交售和对拖拉机站工作的以实物形式的报酬,也就不允许对农庄这样的集体经济下达几百个指令性指标,更不允许工农业产品存在十分严重的剪刀差,就得承认价值规律的作用,并大幅度调高农产品收购价格。这样国家就难以从农村获得大量的粮食与资金,从而也就无法保证工业化的超高速发展。这是斯大林绝对不允许出现的情况。

第三,如果把社会主义经济视为商品经济,积极发展商品货币关系,苏联经济应该把当时占主导地位的实物经济转变为商品经济。而在20世纪20年代末30年代初,从实际经济生活来讲,经济联系的实物化趋势在发展,国家正想方设法直接控制经济,特别像对粮食等农畜产品采取了十分严厉的控制手段,为此,甚至不惜造成大量农民的死亡。另外,还实行配给制。在理论方面,这一时期流行的一种说法是,似乎苏联经济已进入了商品货币关系不断消亡阶段。有的学者甚至说,在苏联价格不是价值规律的表现,而是自觉的计划领导的工具。① 大多数人确信,社会主义是一种没有货币的实物经济。十分自然,在实物经济中,没有也不可能有价值规律这一商品生产规律的地位。

第四,强化计划原则与计划权力是实现政治集权的保证。列宁逝世后,联共(布)党内展开的种种斗争,虽然涉及一些理论问题,但往往与权力之争密切相关。斯大林通过党内斗争,把各个反对派逐一击破,在这过程中把权

---

① 参见[苏]A. H. 马拉菲耶夫:《社会主义制度下的商品生产理论今昔》,马文奇等译,中国财政经济出版社,1979年,第63页。

力日益集中在自己手里,在政治权力集中的同时,必须牢牢地控制经济,其最重要的途径是建立高度集中的指令性计划经济体制。这在当时来说,从商品货币关系理论来讲,就必须解决一个十分迫切的问题,即谁是生产的调节者。主要有两种观点:是价值还是计划性。从官方到大多数经济学家认为,苏维埃经济的调节者是计划。一般是这样解释这个观点的:既然有计划发展被看成市场自发势力的最明显的对抗者,那么计划也就被宣布为苏维埃经济的调节者,首先在社会主义成分中能起最大的作用。同时,计划不仅同自发势力相对立,而且还同价值规律本身相对立,因为这一规律只能是自发的。为了使计划性(或计划原则)在调节经济中得到强化并富有理论色彩,经济学家们把计划性变成规律,即国民经济有计划按比例发展规律。这样就可以与它对立面价值规律处于同等地位了,就是说这两者都是客观规律了,并且在理论上可解释为:发生自发作用的价值规律代表资本主义商品经济,具有计划性作用有计划按比例发展规律代表社会主义产品经济。计划原则的绝对化,把计划性提升为规律,不只意味着斯大林计划经济体制的强化,并也意味着指令的随意性和唯意志论的进一步发展,从而大大提高了对经济控制的有效性和合法性,并对斯大林在政治上实行极权体制有了经济基础。这样也是为了防止出现价值、货币的权力压倒计划权力的可能性。

20 世纪 20 年代末到 30 年代,不断地把计划原则绝对化,产生的一个严重问题是,在社会经济发展中主观主义的唯意志论大大发展了,所谓计划调节实际上变成了一些经济领导机关、少数领导人乃至个别领导人的意志来进行调节。

二、斯大林商品货币关系理论的最后结论

尽管斯大林执政时期的苏联,商品生产与社会主义不相容的观点占主导地位,但是对这一观点持反对的或者不完全赞成的看法,也不时出现过。20 世纪 20 年代中期,随着新经济政策的执行,苏联经济界对商品货币关系的理论讨论曾明显出现过一段活跃的时期。在此期间,这方面理论分析的基本出发点是:①在过渡时期是社会主义生产关系与资本主义生产关系结合在一起的时期,因此常常有人认为,在经济中起调节作用的有两个因素,即计划性和自发的价值规律。②在过渡时期,一方面要允许商品经济自发势力的存在,但这并不是目的本身;因此,另一方面又要加强计划原则,如有的学者说:正是由于实行了新经济政策,"放手让自由市场的自发势力活动应当同加紧把计划因素引入我国经济活动的工作结合起来"①。③新经济政策时期,对商品货币关系所强调的是"利用",即利用它来为发展经济、克服当时存在的经济困难与解决复杂的经济问题服务。

到 20 世纪 30 年代下半期,特别在废除配给制后,商品货币关系的理论有了新的变化。在 1932 年召开的联共(布)第十七次代表大会上对战胜商品关系和取消货币的思想提出了批评,强调有必要巩固苏维埃卢布和开展城乡间的经济联系。不少人认为,社会主义并不排除商品生产,商品货币关系与社会主义可以并存。

在联共(布)中央为讨论政治经济学教科书未定稿,于 1941 年 1 月召开经济学家和党的领导者的会议之后,有关商品货币关系的理论又有了新的发展。否认价值规律在社会主义经济中起作用的观点在会上受到批评,实际上开始承认社会主义条件下存在商品生产的事实。

二战后,在对政治经济学教科书未定稿又作了两次大的修改后,于 1951 年 4 月完稿并提交全苏经济学讨论会。这次会议就社会主义条件下的经济规律、价值规律的作用以及商品货币关系的性质与存在的原因等一系列重大问题进行了讨论。应该说,讨论气氛较活跃,在克服教条主义、发表新看法等方面都有所进步。会后,斯大林对讨论会的结论以及其他有关文件汇集在一起,出版了被认为是斯大林在政治经济学理论方面经典著作的《苏联社会主义经济问题》。此书中的观点,又成为 1952 年出版的《苏联政治经济学》教科书的理论基础,成为像《联共(布)党史简明教程》那样的人人必读的(包括世界各社会主义国家共产党人)著作。这里,仅从《苏联社会主义经济问题》一书中有关商品货币关系的理论作些简要的分析。在这个问题上,斯大林提出的基本观点是:

第一,社会主义制度下之所以还存在或者还需保留商品生产,其原因在

---

① 章良猷编:《苏联经济思想史论文选集》,生活·读书·新知三联书店,1982 年,第 363 页。

于存在生产资料全民所有制与集体农庄所有制两种形式。斯大林解释说："在国家企业中,生产资料和产品是全民的财产。在集体农庄这种企业中,虽然生产资料(土地、机器)也属于国家,可是产品却是各个集体农庄的财产;因为集体农庄中的劳动以及种子是它们自己所有的,而国家交给集体农庄永久使用的土地,事实上是由集体农庄当作自己的财产来支配的,尽管它们不能出卖、购买、出租或抵押这些土地。""这种情况就使得国家所能支配的只是国家企业的产品,至于集体农庄的产品,只有集体农庄才能把它当作自己的财产来支配。然而,集体农庄只愿把自己的产品当作商品让出去,愿意以这种商品换得它们所需要的商品。现时,除了经过商品的联系,除了通过买卖的交换以外,与城市的其他经济联系,都是集体农庄所不接受的。因此,商品生产和商品流转,目前在我国,也像大约三十来年以前当列宁宣布必须以全力扩展商品流转时一样,仍是必要的东西。"[①]

　　斯大林的上述观点,比他把资本主义根就"藏在商品生产里"与要消灭商品生产等观点大大前进了一步。这也说明,不管斯大林手中有多大权力与对消灭商品生产有多么坚强的意志,到了 20 世纪 50 年代初他还得承认社会主义制度下仍然需要商品生产,这才是不以人们意志为转移的客观规律。但应看到,斯大林对存在商品生产原因的论述,在理论上是肤浅的和不彻底的,远不是全面的。后来,斯大林的上述观点,不少苏联学者提出不同看法。有些学者认为,社会主义制度下之所以存在商品生产,除了由于存在生产资料所有制两种形式这一原因外,还有其他一些重要因素,如社会分工;个人所有制;社会主义工作者劳动性质的特点引起物质刺激的必要性;由于劳动条件的不同,就产生了在通过劳动产品交换活动时保持等价和使用劳动产品彼此相等的必要性,这种相等要求利用货币作为一般商品等价物;社会主义企业之间关系的等价性就必须有商品形式;还有的学者从社会主义条件下劳动交换的有偿性视为保留商品货币关系的最根本原因;另外,苏联与外国进行对外经贸联系也需以商品形式进行;等等。总之,较为普遍的看法是,社会主义社会保留商品货币关系的原因是多方面的,如果仅从存在社会

---

　　[①]　《斯大林选集》下,人民出版社,1979 年,第550 页。

主义所有制两种形式去说明,那么一旦集体农庄所有制发展成全民所有制之后,商品生产的命运如何呢?按斯大林的说法,那就不存在了。他说:"在这样的国家中,在把一切生产资料公有化的同时,还应该消除商品生产。这当然是正确的。"①

第二,苏联存在的商品生产是特种商品生产。斯大林说:"我国的商品生产并不是通常的商品生产,而是特种的商品生产,是没有资本家参加的商品生产,它所涉及的基本上都是联合起来的社会主义生产者(国家、集体农庄、合作社)所生产的商品。它的活动范围只限于个人消费品。"②斯大林在这里强调"特种"商品生产,其主要用意是坚持在苏联消除资本主义社会的一些特有的经济范畴,如"作为商品的劳动力、剩余价值、资本、资本利润、平均利润率等等"③。并且强调,生产资料不是商品。这一看法,是前面有关商品生产存在原因的直接引申,既然主要是因为集体农庄只能接受商品交换形式才产生存在商品生产的必要性,那么国家经济部门中的生产资料在内部运动时所有者不变,仍然是国家,那么生产资料只是形式上是商品,保留着商品的外壳而已。

第三,有关价值规律的作用问题。斯大林的看法是:价值规律"是存在的,是发生作用的。在有商品和商品生产的地方,是不能没有价值规律的"④。价值规律与其他规律一样,不是"改造过的"或者甚至是"根本改造过"的规律。"价值规律发生作用的范围,首先是包括商品流通,包括通过买卖的商品交换,包括主要是个人消费品的商品交换。""价值规律在我国社会主义生产中,并没有调节的意义。"⑤斯大林在这个问题上的结论性看法是:"不容置疑,在我国现今的社会主义生产条件下,价值规律不能是各个生产部门间劳动分配方面的'比例的调节者'。"⑥在这里,斯大林有两点是正确的:一是明确说,哪里有商品生产,哪里就有价值规律;二是说,价值规律是

①　《斯大林选集》下,人民出版社,1979 年,第 546 页。
②　同上,第 551 页。
③　同上,第 551 页。
④　同上,第 557 页。
⑤　同上,第 556 页。
⑥　同上,第 552 页。

不能改造的。但极为重要的是,他否认价值规律对生产起调节作用,这样,把这个规律的作用从生产领域驱逐到流通领域。在斯大林看来,价值规律对生产调节作用只能与资本主义制度联系在一起。他指出:"价值规律只是在资本主义制度下,在存在着生产资料私有制的情况下,在存在着竞争、生产无政府状态、生产过剩危机的情况下,才能是生产的调节者。……在我国,价值规律发生作用的范围被生产资料公有制的存在、被国民经济有计划发展这一规律的作用限制着的,因而,也是被大致反映了这个规律的要求的我们的年度计划和五年计划限制着的。"[①]

斯大林的上述看法与生产资料不是商品的观点是一致的,但与价值规律是不能改造的观点又是矛盾的。生产是个统一的过程,价值规律又是客观存在的,那么斯大林怎么能把它的作用主要只限于个人消费品的商品交换领域呢!在他看来,编制的年度计划与五年计划就可以起到这个作用,换言之,在苏联的条件下,在很大程度上反映主要领导人意志的指令性计划,实际上成为生产的调节者。但是正是这种调节者的作用,才使苏联经济畸形和比例失调到难以令人置信的地步。

斯大林上述关于商品货币关系的理论,从本质上来讲,其目标是要使苏联朝着逐步取消商品货币关系方向发展,用教条主义的态度坚持产品经济观。因此,完全可以说,在斯大林时期,实际上对社会主义社会生产理解的出发点是:直接社会的、有计划的生产。而商品货币关系是被迫利用的形式而已。至于谈到市场经济,在斯大林时期是绝对不允许使用的概念。有些学者批判说:"各色各样的'市场'观点也同样与建设和发展社会主义的真正需要格格不入。不管主观愿望如何,这些观点必然同右倾修正主义观点合流。在这方应特别指出,那种从党的决议中挖出个别词句并赋予它们本来不具有的普遍意义,从而来'论证'这些观点的企图,是不允许的。例如,党的第十二次代表大会指出利用市场的必要性,警告对它的'调节'作用估计不足的害处。这是否意味着承认市场是调节社会主义经济发展的力量呢?不,不是这样。实际上这里讲的是'生产的经营实践还没有造成必要的依

---

① 《斯大林选集》下,人民出版社,1979 年,第 552 页。

托'的情况,以及'如果集中的调节显然落后于已经成熟的需要,我们就会用不经济的市场方法去解决经济问题'."①

我们在这一节,只是从斯大林长期对商品货币关系的教条主义态度来分析与形成其经济体制的关系,说明产品经济观是斯大林计划经济体制的直接理论基础。实际上,我们从工业化和农业集体化过程看到,斯大林急于把生产资料国有即建立国有企业作为基本国策,因为他把国有企业视为全民所有制企业,是社会主义公有制的最高形式。这是斯大林在社会主义所有制问题上对马克思主义的又一教条。斯大林从上述看法出发,自然就认为国家必须对国有企业实行全面的直接控制和垄断,重要的途径就是实行指令性的计划经济体制。关于社会主义所有制理论,我们将在本书分析阻碍苏联经济体制改革原因时,进行较为详细的探讨。

这里顺便要指出的是,斯大林在以教条地对待马克思主义的同时,往往对马克思主义还采用实用主义的态度。正如尤·波利亚科夫在列宁诞辰120周年前夕举行的讨论会上指出的:"斯大林主义的一个特点是……根据自己的需要加以剪裁,以便首先能够证明他的学说的正确。为了达到这一目的,有些事要略而不计,有些事巧而掩饰,有些事要秘而不宣,有些事则干脆一笔勾销。"斯大林在推行他的政策或提出理论时,"最不光彩的就是,这一切都是打着列宁主义的旗帜做的"②。

## 第六节　不能忽视俄国传统、"大清洗"与斯大林个人品性的影响

### 一、不能不联系到俄国的传统

要对俄国十月革命之后出现的种种重大问题有个深刻理解,就必须把这些问题的研究,与十月革命前俄国在漫长的发展历史过程中形成的传统

---

① 苏联《经济科学》1971 年第 8～9 期。
② 苏联《党的生活》1990 年第 7 期。

联系起来考察,特别是在分析斯大林模式形成原因问题,显得尤为重要。在这里,我们着重对斯大林高度集中的指令性计划经济体制形成的影响这一角度作些简要的分析。

从俄国发展的历史可以发现,革命前的俄国曾是一个长期集权统治的国家。当世界资本主义进入垄断阶段以后,列宁还一再称俄国是"军事封建帝国主义",是"军事官僚式的帝国"。在经济上,十月革命前,俄国的资本主义经济还带有浓厚的封建关系。这就是说,俄国虽已进入垄断资本主义即帝国主义阶段,但在经济与政治方面仍保留着浓厚的封建传统的特点。俄国的资本主义在相当的程度上是在封建主义体制中运行的。正如列宁所说的:俄国的"现代资本帝国主义可以说是被前资本主义关系的密网紧紧缠绕着"①。在这种政治经济条件下,沙皇长期实行的是专制制度,国家最高权力操在沙皇一人手中。因此,在分析苏联高度集中的经济体制形成原因时,必须考虑到影响很深的历史传统因素。正如列宁在十月革命胜利五年以后还指出的,苏维埃国家机构仍是"从沙皇制度那里接收过来的,不过稍微涂了一点苏维埃色彩罢了"②,它们"仅仅在表面上稍微粉饰了一下,而从其他方面来看,仍然是一些最典型的旧式国家机关"③。斯大林所继承的俄国历史传统,最主要是沙皇的集权与扩张。当然,这种扩张是以世界革命名义的扩张。而所有这些,都要求有个高度集中的经济体制,依靠它来建立军事经济或战备经济,依靠它把经济权集中在少数人乃至斯大林一个人手里,成为其推行各种政策的财政经济基础。

这里,引用一下以下有趣的材料,来说明斯大林是如何自觉地接受俄国历史传统的,也许不是多余的。彼得·察金(曾是列宁格勒党组织的一名重要干部,是和基洛夫接近的人)说,在基洛夫被选为列宁格勒党委第一书记后不久举行了一次午宴,出席的除了基洛夫、察金和列宁格勒其他一些同志外,还有斯大林和托姆斯基。谈话涉及各方面的问题,但是最后如同当时许多党内同志谈话时一样,不久归结到这样一个问题:"没有列宁怎样领导?"

---

① 《列宁选集》第2卷,人民出版社,1995年,第644页。
② 《列宁选集》第4卷,人民出版社,1995年,第755~756页。
③ 同上,第779页。

所有的人理所当然地一致认为,应该是集体领导党。斯大林起初没有参加谈话,但后来他站了起来,围绕着桌子走了一圈说:"不要忘记,我们住在俄罗斯,一个沙皇国家。俄国人民喜欢国家为首的是某一个人。当然这个人应该执行集体的意志。"①非常典型的事实是,当时在座的人没有一个想到,斯大林指的俄国这样的领袖就是他自己,他们甚至没有估计到斯大林会有这种想法。另外,还应看到,俄国社会、政治与经济的落后性,决定了人民对接受真正的民主理想的准备不足,在群众的意识中,"好沙皇"、永远正确的无所不知的领导人等老观念根深蒂固。这些老观念,在斯大林时期被广泛加以利用,成了他把权力集中到自己手里的心理基础。

二、不能不谈及 20 世纪 30 年代的"大清洗"

斯大林模式的形成,它经历了一个极其复杂的过程,又是与围绕社会主义发展道路、方针与政策所展开的政治斗争紧密联系在一起的过程,也就是说,它是在苏联特殊历史条件下在复杂斗争中形成的。20 世纪 30 年代的"大清洗"又最为集中地反映了政治斗争对形成高度集权政治体制的影响,这种政治体制又回过来使高度集中的计划经济体制日益巩固与发展。我们在这里,也只是从这个角度来简要地论述 30 年代在苏联发生的"大清洗"。②

我们通过对工业化与农业集体化运动的研究,十分清楚地看到,这两个运动不只是通过行政命令进行的,而是在相当程度,借助强制和暴力,从而导致社会关系和党群关系紧张,党内外的强烈不满。仅 1930 年 1—3 月全苏发生了 2200 多起骚乱,大约有 80 万人参加。③ 斯大林为了坚持推行他的工业化与农业集体化运动的各项政策,在 20 世纪 20 年代末,用压制、批判等办法,已把一个一个的党内反对派打下去。1929 年联共(布)中央批判"布哈林右倾投降主义集团"之后,党内已不存在公开的反对派,但这并不意味着

①　[苏]罗·亚·麦德维杰夫:《让历史来审判:斯大林主义的起源及其后果》下,赵洵等译,人民出版社,1981 年,第 530 页。

②　如果对"大清洗"运动的详细情况有兴趣的话,笔者建议读一下苏联著名历史学者罗·亚·麦德维杰夫花了十年工夫撰写的《让历史来审判:斯大林主义的起源及其后果》一书(人民出版社,1981 年)和姜长斌教授主编的《斯大林政治评传》一书的第五章(中共中央党校出版社,1997 年)。

③　参见姜长斌等:《读懂斯大林》,四川人民出版社,2001 年,第 206 页。

党内不同意见与矛盾就不存在了,而在斯大林高压政策的情况下,以别的形式表现出来。这就使得 20 世纪 30 年代"公开的"政治审判与秘密的镇压事件大量出现,并且规模越来越大,镇压的手段也越来越残酷。这就构成了 20 世纪 30 年代的"大清洗"运动。它与工业化和农业集体化运动一起,称之为三大运动。

"大清洗"运动不仅是实现工业化与农业集体化的重要政治保证的手段,也是最终形成斯大林模式的不可分割的重要因素。从 1934 年底到 1938 年秋的近四年时间里,"大清洗"运动高潮迭起。但这里需要指出的是,第一,斯大林的镇压并没有到 1938 年结束。大量材料证明,在斯大林逝世之前,镇压一直未停止过;①第二,斯大林的镇压并不是从 1934 年才开始的,在此前已经出现了。现在大家都用"30 年代大清洗"这个概念,主要是因为这个年代特别是其中的 1937—1938 年,镇压运动规模之大使苏联所有的人震惊。这简直是突然降临在苏共党和国家头上的某种莫名其妙的可怕的灾难。

斯大林的"大清洗"涉及各个阶层的人,既包括原反对派领导人及其成员,也包括苏联党、政、军的高层领导人与广大干部队伍与人民群众。不论是"大清洗"的规模还是手段之残酷,都可以说是苏联历史上的最可怕的悲剧。1934 年初党的第十七次代表大会选举出来的 139 名中央委员和候补中央委员有 110 人被捕,他们所有的人很快从肉体上被消灭了;党的十七大选出的监察委员会的多数成员被逮捕了,其中一些重要成员一个也没有能活下;和中央委员、监察委员同时遭镇压的还有绝大多数在这两个机关的工作人员。

对军队的镇压也是骇人听闻的。战前被捕的人数如下:5 名元帅中的 3人,4 名一级指挥员中 3 人,12 名二级集团军军中 12 人,67 名军团长中 60人,199 名师长中 136 人,397 名旅长中 221 人,2 名一级海军最高指挥员中 2人,2 名二级海军指挥员中 2 名,6 名一级军政治委员中 6 人,15 名二级海军指挥员中 9 人,2 名一级军政治委员中 2 人,15 名二级军政治委员中 15 人,28 名集团军政治委员中 25 人,97 名师政治委员中 79 人,36 名旅政治委员

---

① 如 1949—1951 年发生的所谓"列宁格勒事件"和 1952 年 11 月发生的"医生谋杀案"等。

中 35 人。中下级指挥系统的损失也很大。斯大林对军队的大肆镇压,使希特勒欢喜若狂,在许多德国将领提醒他不要进攻苏联时,希特勒说:"苏联高级军事干部最优秀的部分已于 1937 年被斯大林消灭了。这样一来,那些正在成长的接班人,暂时还缺乏作战必需的智慧。"1941 年 1 月 9 日,希特勒在高级纳粹将领会议上谈到准备进攻苏联时说:"他们没有好的统帅。"①

　　"大清洗"运动的规模究竟有多大,或换句话说,究竟死了多少人,多少人遭到迫害。长期以来苏联官方没有公布过这方面的数字。西方学者布热津斯基认为:"尽管被斯大林处死的确切数字将永远无法获知,但估计在 2000 万到 2500 万的范围内,这不会是夸大的。"②也许有人会说,这是西方反共人士夸大的数字。那么,看看苏联学者提供的材料。1988 年,苏联报刊透露说:在斯大林逝世前,全苏 2 亿多人口中有 7400 万人遭受迫害。麦德维杰夫说:"斯大林恐怖的规模之大是无法比拟的。根据最谨慎的估计,1936—1939 年受迫害的政治犯不少于四五百万人,其中至少 50 万人很快就被枪决了(而被枪决的首先是负责干部),其余犯人被判处长期监禁。1937—1938 年镇压和枪杀活动是如此猖獗,仅仅在莫斯科有时根据法院判决枪杀的,一天就有上千人。1937—1938 年在内务人民委员部监狱路比杨卡平均每天登记的执行枪决的数字就有 200 起之多。"③在苏联"八一九事件"前的 1991 年 6 月 14 日,苏联克格勃主席克留奇科夫首次公布了 20 年代至 50 年代在苏联受到镇压的总人数。他说,目前已查明,在苏联约有 420 万人受到镇压,其中 200 多万人是在 1937—1938 年受到镇压。受害者中许多是外国公民。

　　从上面所引的数字来看,存在很大差别,其中一个重要的原因是,这些数字所包括的时期、范围不同。但是我想说,我们现在来争论"大清洗"运动被镇压与迫害的人数是几百万还是几千万,这有重要意义吗? 是我们研究的主要问题吗? 就算是几百万人,难道还少吗,难道斯大林的所为是为党和

---

① 〔苏〕罗·亚·麦德维杰夫:《让历史来审判:斯大林主义的起源及其后果》上,赵洵等译,人民出版社,1981 年,第 337~338 页。
② 〔美〕兹比格涅夫·布热津斯基:《大失控与大混乱》,潘嘉玢等译,中国社会科学出版社,1995 年,第 22 页。
③ 〔苏〕罗·亚·麦德维杰夫:《让历史来审判:斯大林主义的起源及其后果》上,赵洵等译,人民出版社,1981 年,第 381 页。

人民为建设社会主义必须付出的代价吗？至于有人说，被斯大林镇压的人中有真正的反革命，但这是极个别的情况，这些人在那被关在监狱和流放集中营里的苏联人民洪流中不过是沧海之一粟罢了。[①]

往下我们要回答的问题是，斯大林"大清洗"运动的目的是什么？我们赞成这样的看法，不要把它说得太复杂了。斯大林的目的是保持自己无限的权力，斯大林的内心里充满着渴求权力的强烈欲望。在 20 世纪 30 年代初，他的影响已经很大了，但他所想要获得的是无限的权力和对他绝对的服从。同时他也很清楚，要做到这一点肯定会遭到和他一起在革命和国内战争年代造就的党与国家领导人的反对。正是这个原因，就不难解释为什么"大清洗"首先冲向中央领导干部。我们不妨看一下 1917 年 8 月俄共（布）六大选出的、领导十月革命的中央委员会 24 名中央委员中，有 11 人被非法处死，有 3 人受到不公正对待。在 1922 年列宁最后一次出席的俄共（布）十一大选出的 27 名中央委员中，有 12 名遭非法处决，有 5 人或遭监禁，或含冤自杀，或遭不公正对待。[②] 这些人中间，很多是列宁的战友。关于联共（布）十七大选出的中央委员的悲惨命运在前面已谈及，在此不再重复。

斯大林搞"大清洗"运动，与 1934 年出现的以下重要情况有密切的联系。1934 年 1 月召开的联共（布）十七大在选举中央委员时，按票数斯大林在中央委员会名单中排最后一个。在反对基洛夫的只有 3 票的同时，反对斯大林的有 270 票左右。只是因为中央委员的人数和候选人数一样，斯大林才被选了出来。根据曾任十七大监票委员会副主席的 B. M. 韦尔霍维赫的证实，该委员会说谎了，不敢向大会宣布选举结果。监票委员会主席弗·彼·札东斯基把负责这次大会组织工作的卡岗诺维奇请来。卡岗诺维奇命令销毁反对斯大林的大部分选票，在大会上宣布结果是反对斯大林的和反对基洛夫的都是 3 票。但是斯大林不可能不知道选举的真实结果。[③] 这次投票

① 参见［苏］罗·亚·麦德维杰夫：《让历史来审判：斯大林主义的起源及其后果》上，赵洵等译，人民出版社，1981 年，第 959 页。

② 参见刘克明、金挥主编：《苏联政治经济体制七十年》，中国社会科学出版社，1990 年，第 264～266 页。

③ 参见［苏］罗·亚·麦德杰夫：《让历史来审判：斯大林主义的起源及其后果》上，赵洵等译，人民出版社，1981 年，第 251 页。

充分地反映了对斯大林的不满。

与此同时,由于斯大林工业化和农业集体化政策出现的种种措施对党和国家造成的困难,斯大林与党的基本骨干领导之间的关系有了大的变化。党中央许多有威望的活动家到了1934年(虽然晚了一点)意识到,对于党来说,斯大林作为领导人已是不需要了。正如十七大所反映的情况说明:"党内正在形成的不正常现象使部分党员,特别是列宁时期的老干部十分忧虑。大会的许多代表,首先是知道弗·伊·列宁'遗嘱'的那部分同志认为,已到了把斯大林从总书记岗位上调到另一岗位上的时候了。"①对任何事情有非常敏感的斯大林来说,对党的领导层中的这种情绪变化不可能不觉察到。

在这种背景下,1934年12月1日,基洛夫在列宁格勒被害,斯大林抓住这个时机,开始了"大清洗"运动。而爱记仇、疑心重的斯大林,在这个运动中就创造了"人民的敌人"这个宽而广的概念,为自己破坏法制与践踏民主大开闸门,消灭反对他的政治敌人和他所怀疑的人。在这个过程中,斯大林在更大程度上巩固了自己的权力与影响。与此同时,在全国造成一种政治斗争十分尖锐的非常局势,以便利用这种局势把权力更加集中在自己手里,在这集中权力的过程中,斯大林竭力把自己打扮成是挽救局势的"救星"。

斯大林搞"大清洗",用"人民的敌人"等种种罪名消灭"敌人",其另一个重要目的是为他在工业化和农业集体化运动中由于政策失当而造成的严重政治与经济困难寻找"替罪羊"。20世纪30年代的"替罪羊"主要是中央领导层。这样做一方面可以把造成国内困境的原因推到"人民的敌人"的头上,说成是由于他们破坏党的政策的结果;另一方面,随着这些"人民的敌人"的消灭,对斯大林搞极权统治和个人迷信创造了更为有利的条件。

从上面简单的分析表明,斯大林20世纪30年代的"大清洗"运动,一个中心目标就是把一切权力集中在他手里。

这次"大清洗"运动结束了夺权过程。由于大规模的镇压,集中制发展到了专制主义,使全党全国服从于斯大林一个人的意志,按照他的思想在苏联建设斯大林模式的社会主义。到了这个时候,凡是限制斯大林个人权力

---

① [苏]罗·亚·麦德杰夫:《让历史来审判:斯大林主义的起源及其后果》上,赵洵等译,人民出版社,1981年,第251页。

的制度都将被抛弃,凡是他不喜欢的人都将被撤职或消灭。应该看到,20 世纪 30 年代的"大清洗"把苏联发展到了一个严重的历史转折时期,不论是社会主义建设理论还是实践,都已遭到严重的扭曲。麦德维杰夫远在 1974 年就谈到,这场"大清洗"可能断送十月革命的成果。他指出:"那是一场沉疴重病,其严重后果的现实危险性在于有可能把十月革命的许多成果完全断送。"①不幸言中了,由于"大清洗"使得斯大林个人专权的形成和巩固,并导致最后形成的斯大林模式,而这个模式在斯大林之后又未进行根本性的改革,这样,斯大林模式最后成为 20 世纪 90 年代初苏联解体的根本性、主导性原因。换言之,斯大林模式的失败是 20 世纪社会主义遭受严重挫折的根本原因。

### 三、不能不考虑到斯大林个人的品性

斯大林体制模式的确立,与苏联这个时期的客观历史条件密切相关,但斯大林作为苏联最高领导人,且又是长期执政,因此斯大林个人品性对体制形成的影响是不能不考虑的。如果把一切都归咎于"历史"(反正历史都得忍受),把各种历史事件与因素对形成斯大林体制模式所起的影响作用,简单地说成斯大林体制模式在苏联的形成是一种历史的必然,不可能有别的选择,那也不符合马克思列宁主义唯物辩证法的。这样,在认识历史时,就可能产生两方面的片面性:一是会掉进"存在就是合理的"泥潭中。这是一种宿命论观点。不仅与理论原则相悖,而且也不符合实际情况。虽然历史不允许有"假定式",但不是一切发生的历史都是合乎规律的。社会的发展模式是可以选择的。二是忽视或否定了特别是领袖人物对历史发展的作用。具体说,就会忽视斯大林个人的品性特点,对在苏联形成的体制模式的特点所起的影响。笔者在此也正是从这个角度分析问题的。

详细摘录斯大林传记中有关对他描述的材料,在这里是不必要的。笔者只想根据斯大林在苏联社会主义革命与建设中的实践,来考察他个人对体制模式形成产生的影响。

---

①　[苏]罗·亚·麦德维杰夫:《让历史来审判:斯大林主义的起源及其后果》下,赵洵等译,人民出版社,1981 年,第 740 页。

不少学者认为,坚毅、刚强和政治敏感反映了斯大林个人品性的一个方面,而粗暴任性、强烈的权力欲,冷酷无情、崇尚暴力,主观片面、妒贤嫉能和孤僻,反映斯大林个人品性的另一个方面。斯大林是十分复杂的人物,因此他的个人品性对体制模式形成所产生的影响也表现在很多方面。

斯大林的粗暴使他容易犯滥用权力、破坏法制等错误,从而使政治体制中的这一弊端不断发展。

斯大林的强烈权力欲,使得他不惜一切地破坏民主集中制原则,独断专行,排除持不同观点的人,甚至从肉体上加以消灭。斯大林在工作中不需要顾问,只需要执行者。他要求下属对他完全服从、听话,百依百顺、完全遵守奴隶般的纪律。他不喜欢那些有自己见解的人们,他用特有的粗暴把这样的人推开。斯大林的独断专行,不仅表现了领导工作方面,并且在对很多学科的命运问题上,毫不犹豫地扮演了最高仲裁者的角色。对待遗传学是这样,对待语言学是这样,对待社会主义政治经济学也是这样。还要指出的是,斯大林对不同意他观点的学者,不只是极不尊重,而且加以粗暴的侮辱、嘲弄。譬如,对经济学家雅罗申柯对政治经济学家教科书提出的意见,斯大林说他"是在跟着布哈林的尾巴跑"[1],是发了疯的马克思主义者。当雅罗申柯请求委托他编写社会主义政治经济学教科书问题时,斯大林说,这个请求"不能认为是严肃的,至少是因为他这种请求充满着赫列斯塔科夫[2]的气味"[3]。看来,斯大林在科学领导中需要的也是一种以奴隶主义对待理论的工作者。

斯大林的主观片面,不能听取不同意见,导致产生一系列错误的有关社会主义理论,如随着社会主义建设取得进展阶级斗争更加尖锐的理论,把阶级斗争视为社会发展的唯一动力,排斥、商品货币关系……斯大林的社会主义观、道路和体制模式的选择有着十分重要的影响。

斯大林崇尚暴力、冷酷无情,导致大规模的镇压。1934 年 7 月斯大林与

———————

① 《斯大林选集》下,人民出版社,1979 年,第 594 页。

② 赫列斯塔科夫是果戈理的讽刺喜剧《钦差大臣》中的主角。他是一个招摇撞骗、虚伪轻浮、厚颜无耻的典型人物。

③ 《斯大林选集》下,人民出版社,1979 年,第 603 页。

英国作家威尔斯谈话时说:"一种社会制度被另一种社会制度所代替的过程,在共产党人看来,并不简单地是自发的和平的过程。而是复杂的、长期的和暴力的过程。"①对"大清洗"运动中,滥杀那么多无辜,对斯大林来说,并不构成什么道德问题,他从不检讨自己,从不后悔,而他考虑的只是为了不间断的"革命"和扩大自己的权力而拼命向前,不惜用火和剑粉碎任何反抗,哪怕是最轻微的反抗——即使来自最亲密的战友。后来,实践向人们表明,斯大林逐步对强制与暴力当作偶像加以崇拜。在斯大林看来,革命、所有制的改造、工业化、农业集体化、文化管理等,都是强制暴力的同义语。现在回过头来看,斯大林之所以在很多场合赞赏伊凡四世、彼得一世、叶卡捷琳娜二世是"伟大而英明的统治者",也就不奇怪了。斯大林甚至还认为,伊凡四世专权和残酷得还不够,伊凡四世在处死人之后总是后悔和忏悔个没完,这表现得不果断,说彼得一世"对外国人过分纵容",②国门开得过大,听任外来影响向国内渗透。

　　斯大林妒贤嫉能也是他个人品性中的不可忽视的一个弱点。他一方面把与他同代的革命领导人通过各种手段排挤出去,垄断了对列宁主义的解释权,另一方面他竭力压制知识分子。特别是党内知识分子。斯大林的文化素质不高,没有受过系统教育,不懂外文,而在他的周围有不少智慧非凡和具有突出才能的、受过高等教育的人。在这样的环境里,斯大林有着无止境的想领导一切的欲求,却是才能有限,因此感到自己作为政治活动家、理论家和演说家都有许多不足之处。正是这一点产生了他的嫉妒心以及对任何真正有教养的党内知识分子心怀仇恨。这也是为什么许多人成为斯大林的敌人并不是因为他们反对苏维埃政权,反对党和反对斯大林,而是因为按对革命贡献来说,他们是可以与斯大林平起平坐的,甚至比斯大林有更大贡献的。③

　　在再版了300多次、发行量逾430万册的《联共(布)党史简明教程》中

---

① 《斯大林选集》下,人民出版社,1979年,第361页。

② 转引自陆南泉:《论苏联、俄罗斯经济》,中国社会科学出版社,2013年,第171页。

③ 参见[苏]罗·亚·麦德维杰夫:《让历史来审判:斯大林主义的起源及其后果》,赵洵等译,人民出版社,1981年,第532~533页。

也反映出斯大林个人的品性。这部书的主要观点无疑是属于斯大林的。该书的特点是:伪造历史、教条主义、公式化和民族主义(在不少情况下变成大俄罗斯沙文主义)。这方面的情况很多人熟知的,就不进一步论述了。但要指出的是,在苏联历史科学中经常出现为沙皇的许多侵略战争辩解,不能不说与斯大林的影响有关,并在斯大林的对外政策中不时地有所反映。

# 第五章　苏联计划经济体制的基本特点与主要弊端

作为斯大林社会主义模式一个重要组成部分的计划经济体制,在第二次世界大战前已牢牢地确立了。

## 第一节　构成苏联模式的主要内容

苏联经济制度的形成过程,它自然是与整个斯大林社会主义模式形成是同一个过程。在这里有必要对一些概念作个简单的交代。

斯大林模式是一个大的概念,是指斯大林按照他的社会主义观在苏联建立的社会主义制度,人们一般简称为斯大林模式或苏联模式。斯大林模式是一个统一的完整体系。

根据苏联的实践在斯大林执政时期建立的斯大林模式。它包括的主要内容是:

第一,决定社会经济基础和生产方式性质的是生产关系的性质,而生产关系的组成中,起决定性作用的是生产资料占有方式,即生产资料归谁所有的问题。在斯大林看来,苏联建立的公有制有两种形式:一是以国有企业为代表的全民所有制,被认为是社会主义公有制的最高形式;二是以集体农庄为代表的集体所有制,它是公有制的低级形式,应该尽快向全民所有制这一最高形式过渡。国有企业是社会主义公有制最高形式的理论,实际上并不来源于马克思主义,而是斯大林主义。从斯大林的苏联社会主义实践中可以看到,在国有制条件下,支配生产资料的不是社会的人,劳动者并没有取得他们用于集体劳动的生产资料的个人所有权,支配生产资料的是党、国家和斯大林。

第二,从政治上来讲,斯大林模式主要包括实行一党制,主要问题都由党决定;党政合一,党国合一;实行不受法律限制的无产阶级专政;贯彻民主集中制原则过程中,实际上搞的是没有广泛民主(包括党内民主)基础的集中制,把权力集中在少数人手里,最后集中在斯大林一个人手里;对文化、意识形态严加控制,斯大林垄断了马克思列宁主义的解释权。在这些条件下形成的是高度集权的政治体制模式,最后发展成斯大林个人集权主义或专制主义。斯大林搞的个人极权主义,"其要害是实行个人集权制、领导职务终身制、指定接班人制、党政不分制、干部等级授职制和党政官僚特权制"①。

第三,在社会主义建设与社会主义改造过程中,在强大的阶级斗争压力下,用强制乃至暴力的手段,实行称之为斯大林的工业化与农业集体化的道路。

第四,以公有经济为基础和以产品经济观为理论,建立起与高度集权的政治体制模式相适应的高度集中的,指令性的计划经济体制模式。

第五,在民族问题上,历史实践表明,斯大林实际上是把联邦制度变形为事实上的单一制,斯大林执政时期,随着政治权力日益集中在中央,集中在斯大林一个人手里,各加盟共和国的独立自主权大大削弱,民族自决权的原则实际上流于形式。1990 年召开的苏共中央二月全会指出,斯大林时期的联邦制"就实质来说是单一制的国家制度的模式"②。苏联"这个国家一直是采取单一形式进行统治,民族和地方利益并不是考虑问题的原则。""每一个民族都有自治权……在苏联整个历史中,这理论只是一种幻想。"③

第六,斯大林模式在对外关系方面,往往表现为实行扩张与霸权主义。斯大林的扩张与霸权主义有以下三个明显特点:一是在国际主义和世界革命的旗号下进行的;二是重点放在意识形态方面,斯大林把他的社会主义观

---

① 高放:《苏联制度宏观研究论纲》,载宫达非主编:《中国著名学者苏联剧变新探》,世界知识出版社,1998 年,第 80 页。
② 苏联《真理报》1990 年 7 月 15 日。
③ [美]杰克·F. 马特洛克:《苏联解体亲历记》上,吴乃华等译,世界知识出版社,1996 年,第 33 页。

强加给别国,让别国接受,俯首听命;三是国内高度集中的经济体制是其推行霸权主义最为有效、最稳妥的手段。

第七,一系列赖以形成斯大林模式的理论:如"一国社会主义";不受法律限制的无产阶级专政;"阶级斗争尖锐化";国有企业是社会主义公有制最高形式;社会主义是产品经济;个体农民是"最后一个资本主义阶级"等。

这里需要指出,我们上面所列举的构成斯大林模式的一些主要方面,它们相互之间有着密切的联系,互相促进,相互制约,互为条件。因此,在分析斯大林经济体制基本特点时,应对斯大林模式有个总体了解与评价。

## 第二节　对斯大林模式的总体评价

随着对苏联社会主义模式研究的深入,对斯大林时期确立的斯大林模式的认识也有了很大变化,占主导地位的看法是,它是社会主义的严重变形和扭曲。这里仅介绍一下苏联国内有关人士的看法。布坚科认为:"根据现在的全部情况,是否应当这样说才是正确的:由于(20 世纪)30 年代末我国历史性建设新社会的特点,苏联建成的社会主义是斯大林式的,即国家行政,国家官僚、兵营式的社会主义,而不是科学共产主义奠基人所预见的社会主义。"①这些学者把斯大林模式视为"国家社会主义""早期社会主义"或"封建社会主义"。戈尔巴乔夫认为,斯大林时期在苏联建成的社会主义,"占上风的是僵硬的、甚至残酷的极权主义制度。这种制度当然是在演变的,在斯大林死后,它的残酷性略有削弱,变得缓和些。但实质依然故我"。"归根到底,大家看到,苏联所实现的'模式'不是社会主义社会的模式,而是极权主义社会的模式。这对所有认真追求人类进步的人来说,都是值得进行思考的一个严肃的问题。"②

为了有利于更深刻地认识斯大林模式的主要特点,在 1989 年《有关社

①　[苏]尤里·阿法纳西耶夫编:《别无选择》,王复士等译,辽宁大学出版社,1989 年,第 764 页。

②　[俄]米哈伊尔·戈尔巴乔夫:《对过去和未来的思考》,徐葵等译,新华出版社,2002 年,第 19、29 页。

会主义的现代概念》专题讨论会上,有的学者从列宁晚期著作中描绘出来的轮廓,把列宁的社会主义模式的主要特征归纳为以下几点:

在国家计划范围内,为了劳动者的利益利用价值规律和商品货币关系;

根据劳动的质和量付给报酬的原则;

允许多元化的社会主义所有制形式存在;

承认合作社是社会主义生产的一种形式;

在防止官僚机构为所欲为的条件下保持"坚强有力而灵活的"国家机关,人民对它的监督;

考虑劳动者利益的多样性;

实行生产者同公民之间的横向联系而不一定非通过国家不可,允许建立社会主义的公民团体;

劳动者积极参加管理国家和社会事务;

坚持不懈地扩大民主;

在多民族国家条件下公正地解决民族问题。①

有关斯大林模式主要特点的看法,国内外学者较为一致,或者说大同小异。《消息报》政治评论员鲍文认为,需要彻底改革的斯大林模式最明显的特征是:

——在生产资料广泛、彻底公有化基础上政治权力和经济权力最大的硬性集中;

——社会实践划一,不考虑地方条件的多样性、群众利益的分散性以及精神、智力领域不可避免的、有益于发展的多元化;

——经济过程行政命令式的管理方法,忽视价值规律;注重粗放式经济增长,权力追求数量和有损于质量的标准(虽说质次仍以量大为好);

① 参见苏联《真理报》1989 年 7 月 18 日。

——明显的收缩,党和国家生活民主准则形式化,不实行公开性,抛开"下层"和党员基本群众通过重大决议;从肉体上消灭被怀疑为对"领袖",对政治制度不规矩者;

——文化贫困,社会科学瘫痪,历史自我意识,自我批评衰退,为现实辩护,在意识形态上编造神话,令人苦恼的、毒害社会生活的言行不一。①

这里不能不提到苏联学者 B. 基谢廖夫的看法。他认为,斯大林模式的突出特点是:

——全面集中管理社会生活的所有领域,将行政命令方法与国家恐怖手段相结合,直至组织大规模镇压和建立强制性劳动的集中营;

——粗放和浪费的经济和政治机制,在这种机制下,完全取消了依据社会效益来评价成果;

——否认从前的民主化形式的价值,取消群众管理和民主制度的形式;否认自治思想,政权的神圣化直至到个人崇拜;

——社会生活甚至不受形式的民主程序控制;把党和国家的机关结为一体;执行机关监督选举机关;执法机关脱离法律和社会,其结果是独断专行。

他接着指出:"所有这些变形的'兵营式共产主义'的特点,与马克思、恩格斯、列宁为之奋斗的自治社会主义和社会解放的理志是格格不入的。"②

我们仅从上面的材料可以看到,对斯大林模式主要特征的看法,从本质上讲是一致的,都认为斯大林搞的社会主义,与马克思、恩格斯所设想的是不相同的,是不民主的、不人道的、极不尊重人的社会制度。与列宁晚期对社会主义所设想的轮廓也是不相同的。

———————————

① 参见[苏]尤里·阿法纳西耶夫编:《别无选择》,王复士等译,辽宁大学出版社,1989年,第724~725页。

② 同上,第492页。

　　这里想从体制模式形成的思想这一角度,简单地谈谈列宁与斯大林主义的关系。在这个问题上,学术界一直存在不同看法,经常碰到两种截然不同的观点:一种观点认为,列宁从理论和实践上为斯大林主义作了准备,因而列宁要为斯大林主义的产生负全部责任;另一种观点认为,斯大林主义的产生是完全孤立的,与列宁无关。前者可以称为:"连续性"概念;后者可称为"非连续性"概念。① 实际上这两种观点都存在片面性,都把问题绝对化了。就是说列宁与斯大林主义既有联系又不是一回事。人所共知,列宁在十月革命前乃至军事共产主义政策结束前,与他晚期特别是对军事共产主义政策作了批判性的总结之后,有关社会主义的构想与看法是有很大区别的,正像列宁本人在向新经济政策过渡时公开讲的,对社会主义的整个看法根本改变了。斯大林主义并在此基础上产生的斯大林模式,其复杂性在于既同列宁遗产有一定的联系,但又有斯大林自己提出的概念与在社会主义建设的一些重大问题上实行的政策,而为实行这些政策的理论根据,斯大林又往往打着列宁旗号,大量的,逐字逐句地引证列宁的话,让人觉得斯大林的政策是体现列宁思想的,是与列宁思想完全一致的。而实际上列宁与斯大林主义的联系是非本质的,斯大林主义背离列宁是主要的和本质的。这方面的事例是大量的,例如列宁曾一度设想向社会主义的直接过渡,从而把社会主义视为高度统一、集中管理的大工厂,追求单一的国有制。而军事共产主义结束后,强调把全国视为一个合作社,向社会主义过渡时期是长期的,并可能会有各种各样的过渡形式。但斯大林实际上坚持的是军事共产主义理论与政策,他竭力缩短过渡时期,加快历史的发展,跃过过渡时期及其各个阶段。这集中反映在超高速工业化与全盘农业集体化的政策上。列宁在 1918 年 4 月发表的《苏维埃政权的当前任务》一文中,根据当时俄国面临的严峻形势、提出需要有"无条件的和最严格的统一意志",怎样才能保证有最严格的统一意志呢?"这就只有使千百人的意志服从于一个人的意志。"② 之后,在谈到国家电气化计划时,他又把最大限度的集中和无保留的执行一长制为实现这一计划的条件。列宁把官僚主义集中与民主集中制加

---

① 详见苏联《哲学问题》1989 年第 7 期。
② 《列宁全集》第 34 卷,人民出版社,1985 年,第 180 页。

以区分,他认为混淆两者之间的区别会产生有害后果,为了防止官僚主义集中制的发展,列宁要求来自下面的群众监督,并要使这种监督更有力量。而斯大林不仅把列宁当时所说的那种在特定条件下需要的集中制上升为普遍原则,而且使严格的集中制失去了来自下面的群众监督,并且,把这种集中制变成了官僚主义集中制、个人集权制,最后在苏联形成专制主义。在组织问题上,列宁强调民主集中制是党的组织原则,并明确地把民主集中制与一言堂区别开来。而斯大林把民主集中制变成一言堂,把一言堂变成不容置疑的绝对化原则,最后形成由他一个说了算的极权制。

一些学者从苏联历史发展过程中研究了列宁与斯大林主义关系后,得出了以下结论:

> 第一,斯大林主要是列宁学说的具体立场而非本质立场的继承者。在对待列宁遗产方面他的非连续性显然占优势,而且在最重要问题上。
>
> 第二,无疑,斯大林主义同列宁遗产有一定程度的联系,但是不能把列宁的学说与斯大林主义混为一谈,因为后者对列宁主义的背离大大超过对列宁主义的结合。
>
> 第三,列宁不能为他逝世后发生的一切事件承担直接责任。他及时建议撤销斯大林的总书记职务;他由于身体不佳不能参加后来的苏联社会建设;他的指示为新社会顺利建设和避免斯大林化开辟了可能性,斯大林及其心腹擅自决定对立的立场,并背离列宁走上另一条道路——斯大林主义道路。[①]

我们认为,以上的结论是正确的。特别在分析斯大林模式成因与揭示它的特点严重弊端时,正确认识与深刻理解列宁与斯大林主义的关系是十分重要的。

---

① 苏联《苏共历史问题》1991 年第 3 期。

# 第三节　斯大林经济体制模式的主要特点

在 20 世纪二三十年代形成的苏联计划经济体制模式所具有的特点,国内外曾有不少研究,发表的论著也不少。特别在 20 世纪 60 年代中期苏联、东欧各国进行经济体制改革后,国内外学者对这一问题更加关注。笔者认为斯大林建立起来的高度集中的指令性计划经济体制模式,其最大特点可以简单地归结为:管理权限的高度集中化,管理方法的高度行政化。这一特点反映在苏联经济活动的各个方面:

一、管理权限高度集中化,国家对整个经济实行统制

与整个高度集权的斯大林模式相适应,其经济管理权限也是高度集中的,即集中在中央。具体说,在中央、地方和企业之间经济管理权限的相互关系方面,把管理经济的权力高度集中在按专业划分的中央经济管理部门,由它们来统治全国的经济。1936 年全苏工业总产值中,中央管理的工业占 90%,地方管理的工业只占 10%。这也是苏联长期实行的高度集中的部门管理体制,也是一种"条条专政"的体制。在这种体制下,企业的全部生产经营活动由中央各部门决定,甚至"每一千块砖头,每一双皮鞋或每一件内衣,都要由中央调配"①。这种由中央各部门集中管理经济,必然要求建立大量的管理机关,到 1950 年,苏联部长会议直属的国家委员会与主管局共有 7 个:国家计委、国家经委、国家物资技术供应委员会、国家先进技术委员会、中央统计局、国家银行与国家建设委员会、全职盟工业部;职盟兼共和国工业部。

二、实行无所不包的计划经济管理体制

长期来,苏联的基本观点是在完成生产资料所有制的社会主义改造后,只存在社会主义所有制的两种形式,即全民所有制和集体所有制,而全民所

---

① 《联共(布)第十七次代表大会速记记录》,俄文版,第 422～423 页。

有制又表现为国家所有制的形式。在这种条件下,国家作为全民的代表,支配着社会生产资料,掌握着国民经济命脉,因此国家就应该具有集中管理经济的权威和能力。另外,苏联对计划经济还长期存在绝对化的和片面的理解。这些因素,逐步形成了苏联国家实行的计划经济是一种包揽国民经济整个生产过程和分配过程的国家计划。这种计划不仅决定宏观经济,也决定微观经济。也就是说,中央计划定下来,基本上也等于企业计划定下来。另外,对外经济关系也严格实行计划控制和国家垄断。对企业经营活动成果,基本上实行由国家包下来的办法,即获得利润大部分上缴国家财政,亏损由财政补贴,企业所需要资金再由国家财政进行拨款。物资由国家统一分配,产品由国家商业部门统销,价格由国家统一规定,等等。在这种经济管理体制下,企业的权限很小,它的任务主要只限于使国家计划具体化和寻找完成计划的方法。苏联的计划管理制度渗透到社会经济生活的各个领域。古比雪夫曾说过:"在我们计划制度中,我们已经走得这样远,这样深,以致我们确实没有任何经济,文化和科学研究部门还在计划之外和在计划工作范围之外。"①

为了实行无所不包的计划经济管理。一是必须建立庞大的计划管理机构体系。在苏联,这个庞大的体系主要由两大系统组成:即一是各级政府的计委系统与部门计划机构系统。各级政府的计委系统又分中央一级(苏联部长会议下设的苏联国家计划委员会)和地方一级(各加盟共和国、州(边疆区)与市(区)三级政府所设的本地区计划委员会)。二是设置计划指标体系。国家规定的计划任务具体体现在各种计划指标上。计划指标体系按其性质和表现形式可分为:数量指标与质量指标;实物指标与货币指标;指令性指标与核算指标。计划指标的数量在各个历史时期是不相同的。在斯大林逝世前,国家下达给企业的指标有九大类:生产计划、生产技术发展计划、基本建设投资计划、物资技术供应计划、劳动计划、原材料消耗计划、生产费用和成本计划、财务计划和其他(详见表5-1)。

---

① 《古比雪夫言论选集》,莫斯科苏联国家政治书籍出版社,1953年俄文版,第226页。

表 5-1　1953 年前国家下达给企业的主要计划指标

| | |
|---|---|
| (一)生产计划 | 2. 原材料储备定额 |
| 　1. 主要产品品种数量 | 3. 原材料节约额 |
| 　2. 总产值 | (七)生产费用和成本计划 |
| 　其中:主要产品总产值、主要协作产品产值、新产品产值 | 　1. 生产费用总额 |
| | 　其中:直接费用、间接费用 |
| 　3. 商品产值 | 　2. 主要产品工厂成本 |
| 　其中:主要产品商品产值 | 　3. 主要产品商业成本 |
| (二)生产技术发展计划 | 　4. 可比产品成本的降低 |
| 　1. 新技术增产 | (八)财务计划 |
| 　2. 新技术采用 | 　1. 固定基金总值 |
| (三)基本建设投资计划 | 　2. 固定基金折旧 |
| 　1. 基本建设投资额 | 　3. 固定基金利用状况 |
| 　2. 基本建设工作总量 | 　其中:设备利用率 |
| 　3. 生产能力和其他工程项目交付使用 | 　4. 流动资金总额 |
| 　4. 固定基金大修理 | 　其中:生产用流动资金、流通资金 |
| (四)物资技术供应计划 | 　5. 流动资金周转速度 |
| 　1. 上级机关分配给企业的物资 | 　6. 自有流动资金和借入资金 |
| 　2. 企业按协作等方式自行采购的物资 | 　其中:银行信贷 |
| (五)劳动计划 | 　7. 利润总额 |
| 　1. 劳动生产率 | 　8. 盈利率(成本利润率) |
| 　其中:全员劳动生产率 | 　9. 预算拨款 |
| 　　　　工人劳动生产率 | 　其中:基本建设与固定基金大修理拨款、增补企业流动资金、弥补事业费及其他生产外支出 |
| 　2. 企业人员编制数(工人、工程技术人员和职员等) | |
| 　3. 工资基金 | 　10. 预算缴款 |
| 　4. 平均工资 | 　其中:周转税、上缴利润、上缴多余自有流动资金 |
| 　5. 干部培养 | (九)其他 |
| (六)原材料消耗计划 | |
| 　1. 主要产品原材料消耗定额 | |

　　资料来源:金挥、陆南泉、张康琴主编:《论苏联经济:管理体制与主要政策》,辽宁人民出版社,1982 年,第 33 页。

### 三、实行全面直接的指令性计划管理

　　赋予计划经济以指令性的特征,这是苏联传统经济体制的一个重要内容。中央制定的十分详细的计划是通过国家下达几十项"指令性"指标的形

式逐级下达的,下级机关和企业必须执行。国家用这个办法来达到控制地方和企业的目的。长期以来,在苏联一直把中央指令性同计划经济等同起来。计划的指令性是斯大林明确提出的。按当时任苏联国家计委主席沃兹湟辛斯基的解释,指令性就是计划作为经济政治指令,具有法律的效力。不完成指令性计划,国家可以追究行政责任乃至法律责任。在斯大林时期,经济计划一般是以年度计划为主,并按季度、月度和天数划分,至于五年计划或时间更长一点的远景计划,实际上只是反映国家经济政策的纲领,主要起宣传动员作用,对企业没有约束力。由于实行严格的指令性计划,又以年度计划为主,因此年度计划完成情况成了衡量企业工作成绩的主要标准。

四、对经济的管理主要靠行政方法

既然计划是通过指令性的方式下达的,决策权主要集中在中央,因此管理经济主要靠行政方法,即整个经济的运转主要靠各种行政指令和指示,而不重视经济方法,忽视经济规律和经济刺激的作用,排斥市场机制经济的调节作用。在管理经济高度行政化的条件下,国家行政机关与企业的关系是行政上的隶属关系,企业实际上成了国家机关的一个派出机构。国家机关对经济的管理更多的是考虑行政上的方便,并习惯地喜欢通过强制性的各种指令来达到管理经济的目的。从斯大林执政时期来看,这种管理经济的行政化趋势是逐步加强的,其原因有:一是在生产资料公有化之后,斯大林强调国家管理经济的职能要强化;二是在管理组织方面推行了部门管理;三是在企业贯彻一长制的原则。这些因素,逐步使国家的行政管理职能与经济管理职能日益密切地结合在一起,而这两种职能又是通过各级行政首长来行使的。

五、实物计划占主要地位

高度集中的管理体制,另一个重要特点是实物计划占主要地位。苏联在编制计划时,虽然一直是把产量计划与产值计划结合起来的,但由于国家有下达大量的指令性指标,注重实物数量,因此实际上在产品生产和分配中突出的是以实物单位计算的数量计划。另外,在国营企业内部,货币的作用十分有限,企业所需的原材料不能自由选择,价格对企业也不起作用,经济核算往往徒具形式。在这种经济管理体制下,货币流通基本上是消极和被动地反映按计划调节的物资运动,货币、价格、财政等对经济活动所起的杠杆作用很小,往往只是监督计划执行的工具。由于货币计算、货币关系作用被忽视,导致了经济上的浪费和低效率。

### 六、带有明显的等级性和矛盾

在高度集中的指令性计划经济体制下,苏联的经济过程由国家通过生产和分配计划来控制,但苏联国家是按等级(或层次)划分的各级国家机关组成的。国家的集中计划并不意味着中央一级能够安排国民经济发展的全部过程和各个方面。这是因为:第一,中央计划机关不可能知道国民经济各方面的情况,并能从下面迅速得到经济信息,对信息做出及时处理;第二,由于各级国家政治和经济机关之间存在利益上的矛盾,而这种矛盾在经济管理权限上不可避免地要反映出来,这就会导致各级机关会从自身的利益出发,用各种办法来对付上一级的指令和控制,各级都这样做,就形成管理体制上的等级性和矛盾性。这说明,传统的经济管理体制在其存在高度集中一面的同时,实际上又不可避免地存在摆脱国家集中控制的分散一面。也是我们常说的,上有政策下有对策。因此国家要通过计划来控制整个经济生活,这只能是一种幻想。传统体制的这一矛盾,亦是在苏联经济中出现种种问题的根由之一。

这种高度集中的斯大林经济体制模式,西方学者往往称为"命令经济"。指的是资源无论是短期的还是长期的分配,都主要由中央发指示(命令),而不是通过一般市场机制运转的一种体制。

## 第四节　主要弊端

高度集中的指令性计划经济体制,在苏联特定的历史时期曾对经济发展起过积极作用,主要表现在:首先,利用这种体制,最大限度地集中全苏的人力、物力和财力,建设一些重大项目,特别在工业化时期,建成了大量具有重要意义的项目。在战前的三个五年计划时期,共建成了 9000 个大型工业企业。其次,利用这种体制,通过行政手段(往往是强制性的)调整经济结构,快速地发展了苏联基础工业,在工业化时期这一作用更为明显。再次,利用这种体制,通过对落后地区增大投资等办法,较快地实现了调整生产力布局的战略意图。加速对资源丰富但经济又十分落后的西伯利亚与远东地区的开发就说明这一点。第二个五年计划时期,用于重工业新建项目的投资约有 50% 建在这一地区。1928 年到 1937 年,西伯利亚工业的总产值增长了 8 倍,几乎为全苏工业总产值增长速度的两倍。这一地区的加速发展满足了工业化所需的原料,也使东部地区在卫国战争中发挥了后方基地的作用。最后,利用这种体制,对一些落后民族地区的经济发展也起过一定的作用。

在谈到斯大林经济体制模式的积极作用时应清醒地认识到:第一,它只是特定历史时期:如革命胜利后的初期,经济目标单一,在落后国家从事基础工业的发展和备战或战争时期(西方往往称苏联经济是备战经济)。第二,就是这种体制在发挥积极作用的同时,它潜藏着深刻的矛盾和存在着严重的问题,从而对今后的经济发展带来了一系列的困难。第三,借助斯大林经济体制在 20 世纪 30 年代与 40 年代所取得成就,正如我们在第二章有关部分所指出的,苏联人民为此付出的代价太大了。因此,我觉得很难说 20 世纪 30 年代与 40 年代的成就是苏联历史上光辉的篇章。第四,随着历史的发展,斯大林经济体制模式的弊端也在发展,越来越阻碍社会经济的发展,离科学社会主义也越来越远。第五,它与构成斯大林模式的其他各个因素联系在一起,导致苏联发生剧变。鉴于此,在这里有必要对斯大林经济体制的弊端进行集中的分析,以便正确地总结经验教训。

一、难以克服异化问题

苏联计划经济体制模式的一个突出的弊端是,不仅不能克服资本主义社会存在的异化,而且使异化普遍地存在并日益加深。可以说研究苏联社会异化问题的论著不多,特别在苏联国内更少。而从苏联计划经济体制模式弊病这一角度研究异化的论著更是少见。产生这个情况是有原因的,长期以来,苏联理论界否定在社会主义社会存在异化,异化作为一个哲学概念几乎没有合法存在的权利。苏联《简明哲学辞典》在1963年改为《哲学词典》出版时,第一次有了异化这一条目,而《苏联大百科全书》到1975年出版第3版时才收入异化这一条目。这个时期苏联之所以承认异化这个范畴,其主要是为了对国际上认为苏联制度存在异化所进行的批判做出一种反应,并一再力图证明苏联在劳动成果的异化、人和人的异化以及人与社会的异化等,都已卓有成效地克服。

　　而实际上,苏联在高度集中的指令性计划体制下,在生产活动中的异化处处都存在:例如劳动者只按行政指令从事生产活动,实际只能充当"螺丝钉"的作用,并未感到自己是劳动的主人,广大劳动者并没有感到劳动成为"自己的"自由的劳动,他们并没有参加管理生产的权力,即在经济领域没有民主管理权。因此在工矿企业,旷工、怠工十分严重;又如在对待劳动成果方面,劳动者并不感到自己是劳动产品的主人,因此在生产中的浪费远远超过资本主义国家,这就毫不奇怪了。按照奥塔·希克的说法,第一个指出当代"社会主义"国家仍继续存在着异化的是亚当·沙夫①,但他并没有从这个事实出发对现存社会主义制度的性质提出异议,但他毕竟对社会主义制度中还存在异化提出了批评。奥塔·希克对斯大林时期建立起来的经济体制与异化关系作过深刻的分析。他指出:依靠权力建立起来的制度,其特点是既没有克服那些已成熟的资本主义矛盾和异化现象,相反,还加深了这些矛盾和异化现象。从这一事实中可以得出结论:今日的苏联体制根本不是社会主义的体制。他接着指出:只有当劳动人民"在经济上与企业、与生产的相异化真正被克服了,他们能够参与对企业的管理,享有对企业、企业管理和生产成果的共同决定权,了解宏观经济的发展情况,并能通过其他的抉择来影响决定,国家对他们来说已不再是异己的了,那么,那里的生产条件才算是真正实现了社会化"。他还说:"如果在一个制度中,大多数的劳动者继续只对个人消费和工资感兴趣,丝毫不关心资本,如果在这个社会中,劳动者对企业的发展剩余价值的分配和使用情况,国家的经济政策、政治机构的

────────────

①　亚当·沙夫系波兰哲学家。见[捷克斯洛伐克]奥塔·希克:《第三条道路》,张斌译,人民出版社,1982年,第92页。

组成,重要的政治决定,既不能参与决定,也对此漠不关心,那么,这个社会就不是社会主义社会。"他最后得出的结论是:"实际上,在今后的'社会主义国家'中,劳动者的严重异化已成为制度本身内在的问题,如果继续保持这种制度的基本特点,异化就不可能克服。尽管这个制度的执政者仍坚持用社会主义的称号,但这个制度并不具备社会主义特征。"①

上述分析说明,高度集中的经济管理体制,加上依靠政权力量排斥市场的作用,再加上集权体制下劳动者长期处于无权地位并逐步养成的奴隶心理,即依赖和服从"上面"指示的习惯,就难以解决资本主义存在的异化问题,无法解决生产者与生产资料的结合。正如俄罗斯一些学者指出的,斯大林的体制模式,"不可避免地导致了劳动人民一方面同公有制的异化,另一方面同政权的异化。除了新的无可弥补的损失及危机状态,这种道路不能有别的结果"②。戈尔巴乔夫谈到这一问题时指出:"极权主义促使人与国家、财产、政治和文化异化,力图压制社会多样性的最小表现,它使社会丧失了自我发展的动力,从而注定了它自己的失败。"③总之,严重的异化也就导致广大劳动者在生产中缺乏主人翁感,而且对生产不可能有强烈的责任心。应该说,这是苏联高度集中体制的一个重大弱点,是阻碍生产力发展的一个重要因素。因为人们对事业的积极性和主人翁感是提高工作效率的最大潜力之一,限制这种潜力的发挥所带来的物质损失是无法计算的。

二、国家、企业和个人三者利益难以结合

在高度集中的指令性计划经济体制条件下,由于企业缺乏经营自主权,只是完成上级规定计划的机械执行者,因此也就缺乏生产的积极性。企业和劳动者往往感到对国家有利的并不一定对企业和职工有利。这样使国家、企业与个人三者利益难以结合。所以,从企业的角度看,斯大林经济体制其弊病突出表现在:一是往往对上级隐瞒企业的生产成果和生产能力,以

---

① ［捷克斯洛伐克］奥塔·希克:《第三条道路》,张斌译,人民出版社,1982年,第86、91、92页。
② ［苏］尤里·阿法纳西耶夫编:《别无选择》,王复士等译,辽宁大学出版社,1989年,第908~909页。
③ ［俄］米哈伊尔·戈尔巴乔夫:《对过去和未来的思考》,徐葵等译,新华出版社,2002年,第99页。

提防国家对它提高计划指标,想方设法追求"轻松的计划";二是企业在完成生产计划时,一般都把数量置之首位,质量放在次要地位,因为在这种体制下,各级所关心的是数量指标,企业也是根据这一指标获得奖金的;三是企业为了提防国家临时给它提高计划任务以及防止出现各类生产资料供应的中断,而采取各种办法储备过多的生产资料,从而产生积压和浪费;四是为了确保数量计划的完成,企业不愿采用新技术生产新产品,产品缺乏竞争能力。

### 三、违背客观经济规律

在高度集中的指令性计划经济体制下,经济的运行主要靠上级(主要是中央)下达的大量指令性计划指标,采用的是强制的行政手段。从企业来说,它一直是政府的附属品,不是独立的商品生产者,从而必然导致官僚主义的管理。这样市场的作用必然被排除在外,竞争机制也建立不起来,经济活动以上级领导者的意志为转移,这些最终导致经济发展违背客观经济规律。

### 四、浪费型经济

严重浪费,这是苏联计划经济体制模式的一大弊病。这种浪费表现在各个方面,包括资源、人才和时间等。在生产过程中,原材料和工时的耗费多少与生产者无关,因此谁也不对原材料和工时的浪费表示关切。企业在生产经营活动中,往往采用牺牲消费者的利益来提高产值。如通过增加原材料的消耗、无根据地使用昂贵材料、生产利润高的产品等办法来提高产值。但这对社会、消费者没有任何好处,只是一种浪费。由于经济主管部门只关心在实物数量方面完成任务,产品的最终消费情况如何无人过问,结果造成大量产品积压在仓库里。一个典型的例子是生产钉子的工厂。上级主管部门给工厂下达每月生产多少吨钉子的指标,经理发现把每个钉子造得尽可能大,就可以轻而易举地完成计划任务。上级主管部门为了制止这种做法,把指标改为不以吨位为计量单位,而以钉子的数目为指标,于是工厂经理又拼命生产尽可能小的钉子,因为这样容易完成数量指标。决策失误造成的浪费也很大,如基本建设项目的安排缺乏经济根据,经济比例失调,产品不符合市场的要求等,都会造成严重浪费。伴随浪费而来的则是低效率的经济。所以,在斯大林经济体制模式下的经济完全可以说是一种浪费型经济,浪费是这种体制的必然产物。

五、出现一批缺乏主动精神的"传声筒式"的经济领导干部

由于长期实行高度集中的管理体制,使苏联各级管理机关中不可避免地出现一批"传声筒式"的干部,①这些人只是机械地执行上级下达的任务,例行公事,而对承办的事情表现为不负责任,缺乏主动精神。这样一批"传声筒式"的干部的存在,加上普遍存在的广大生产者的惰性,这对苏联在政治和经济上产生的消极影响是极其严重的。

以上列举的高度集权体制的种种弊病,归结到一点,那就是广大劳动者与生产资料和政权难以相结合,从而不可能形成经济民主,而经济民主又是政治民主的基础,在这种条件下,就不可能发挥广大劳动群众对社会主义事业的主动性、创造性和负责精神。而正是这些对社会主义社会来说是最宝贵的,否则,社会主义政治制度就缺乏生机,经济发展就缺乏活力和动力,就难以发挥应有的潜力,而体现社会主义优越性的正是这些因素。可以认为,斯大林创建的经济体制模式只能使广大劳动者疏远所有制与政权,如果不进行根本性改革,社会主义是没有希望的,只能走进死胡同。1991年底苏联解体的史实已作出证明。

---

① 苏联《苏维埃国家与法》1981 年第 5 期。

# 第六章　经济体制空前的中央集权化、凝固化与阵营化

　　1941 年 6 月 21 日,德国法西斯军队实际上已作好了对苏联入侵的准备。这时,在苏联边界,德国已经集结了 190 个整编师(包括德国军队和仆从国的军队)、3500 辆坦克、近 4000 架飞机、50000 门大炮和迫击炮。从 6 月 22 日凌晨 3 时 17 分起,莫斯科就接到了各个方面军和舰队关于遭到德国飞机空袭的报告。到了凌晨 4 时,朱可夫和铁木辛哥根据国防委员会的命令给斯大林打电话,向他报告情况。4 时 30 分,全体政治局委员在克里姆林宫开会。这时的斯大林要求立即给德国大使馆打个电话。使馆答复说,大使冯·舒伦堡勋爵要求接见,此事由莫洛托夫负责。过了不一会儿,莫洛托夫匆匆回到办公室,告诉说:“德国政府已向我国宣战……”就这样,1941 年 6 月 22 日,苏联的和平建设被打断了,进入了伟大的卫国战争时期。

## 第一节　战时采取的主要经济政策

　　这次战争是苏联所经历的一次最艰难、最残酷的战争。在国内战争时期提出的“一切为了前线、一切为了胜利”的口号,它也成了卫国战争时期苏联一切活动坚定不移的根本原则。为了取得战争的胜利,苏联必须按战时状态改组经济,在经济政策方面作出根本性的调整,为此采取了一系列的重大措施。

　　一、改变全国的经济领导体制

　　改变经济领导体制的根本目的是保证前线的一切必需品,以赢得战争

的胜利。随着战争的开始,国家迫切需要对全国经济实行全面与最严格的集中控制。这是使经济转向战时经济的重要条件。根据苏联最高苏维埃主席团、联共(布)中央委员会和苏联人民委员会的决议,于1941年6月30日成立了国防委员会,它集中了国家的所有权力。全体公民、党、苏维埃、共青团和军事部门的所有机关都必须绝对履行国防委员会的决定与指示。国防委员会还拥有包括全部生产、计划工作的最高领导权。坦克、迫击炮、弹药和武器装备生产的领导权集中到各专门人民委员部。为了不断地为工业、运输业和新建工程补充劳动力,专门设立了劳动力统计和分配委员会,隶属于苏联人民委员会。总之,国防委员会统一领导前线和后方,使全国成为统一的军营。国防委员会的一切决议与指示具有战时的法律效力,全国各组织必须执行。

国防委员会利用原有的集中管理经济的机构,同时根据战时的需要,特别加强了工业物质技术供应体系的高度集中和强化全国性经济计划的编制工作。国家计划委员会根据国防委员会的指示,在它所属的各专业局(特别是武器、弹药、造船、航空和坦克工业等局)对全国所有生产军用品的企业(不管其隶属哪个部门)制定计划,对军用生产的物质技术供应状况进行监督。国家计划委员会每天从各工业人民委员部得到关于完成国防委员会各项任务的汇报。为了加强与各部在生产方面的业务联系,在苏联25个经济区派有国家计划委员会的代表。

为了保证及时而又迅速地落实与完成人民委员会承担的任务,为此,1941年7月1日苏联人民委员会通过了《关于扩大人民委员在战时条件下的权力》的决定。该委员会在国民经济的改组中起了巨大作用。为了使国民经济尽快转入军事轨道,首先要做的一项工作是根据战争的需要修改经济计划。为此废除了苏联国民经济第三季度的计划,取代它的是6月30日制定并批准的1941年第三季度国民经济动员计划。这也是改组国民经济的第一步。新确定的动员计划规定,增加生产军事技术装备26%。拟定了军事企业、冶金和燃料工业、电站和新的铁路干线一些紧急建筑工程。同时计划还规定,减少民用商品的产量与零售商品流转额。其次在1941年7月4日,国防委员会建立了一个以苏联国家计划委员会主席 H. A. 沃兹涅辛斯基为首的、制定新的军事经济计划委员会。1941 年 8 月 16 日,苏联人民委员会和联共(布)中央委员会批准了国家计委提出的伏尔加流域、乌拉尔、西西伯利亚、哈萨克斯坦与中亚地区 1941 年第四季度和 1942 年的军事经济计划。计划最主要的任务是加速发展武器生产,增加一些重要物资如煤、冶金、机器制造、电力等产品的生产。另外,担任国防委员会委员的一些政治局委员与候补委员被指派负责战时经济的各主要部门的总领导。几乎 3/4 的中央委员,1/2 的中央候补委员作为特派全权代表参加组织战时经济工作。[①]

　　战争开始后不久,经过改组,斯大林把一切权力更加集中到自己手里。他身兼最高统帅、中央总书记、人民委员会主席、国防委员会主席、大本营主席等最重要的职务。无疑,卫国战争期间苏联所采取的一切重大政策都与斯大林有关。

　　二、生产力快速疏散到东部地区

　　苏联利用国家对经济最严格的集中管理权,利用计划体制的组织机构,把西部地区的生产力快速向东部地区转移。仅 1941 年 7 月至 11 月期间,苏联向乌拉尔、西伯利亚和中亚疏散了几百万苏联人,转移了 1523 个国营工业企业,数千个集体农庄、国营农场与拖拉机站财产。转移到新地区的企业,在广大职工积极努力下,克服了种种困难,平均不到两个月的时间就恢复了生产,企业通常在三四个月后就达到了战前的产量,其中许多企业超过了战前所达到的生产水平。

　　由于大批工业企业东移,加上战争初期(1941 年 11 月以前)苏联经济蒙受巨大损失,德国占领了苏联相当多的领土,在被占领的领土上居住着全国42% 的人口,这些地区的生产占全苏整个工业生产的 1/3:生铁达 71% ,钢约占 60% 。全国 47% 的播种面积在这些地区。从而使东部地区在战时经济中的作用大大提高,这一地区的工业基地成了全苏战时经济的中心。1942 年东部地区的工业生产急剧增长,特别是军事工业得到了飞速发展,西西伯利亚的军工产品比 1940 年增长了 26 倍。西伯利亚工业生产总值所占的比重

---

① 参见苏联科学院经济研究所编:《苏联社会主义经济史》第五卷,周邦新等译,生活·读书·新知三联书店,1984 年,第 231 页。

也大大提高,如果 1940 年只占 17%,那么到了 1944 年已提高到了 65%。东部地区的煤炭工业也有较大发展,在顿巴斯暂时丧失后,库兹巴斯一个煤田就提供了全苏煤炭的 29%。西伯利亚的冶金工业也得到很快发展,1942 年已生产全苏 1/3 的生铁,1/4 的钢和钢材。1945 年西西伯利亚的工业总产值比 1940 年增长 1.7 倍。

促进东部地区工业迅速发展的另一个重要原因是,对这一地区进行基建投资,搞新的特别是燃料动力与冶金生产的工程项目建设。1942 年在东部地区有 10315 项新工业工程,1943 年有 10413 项,1944 年 20647 项。从 1941 年到 1945 年底,在东部地区有 10 座炼铁炉、45 座平炉、16 座电冶炼钢炉、2 座巨型转炉、14 台轧钢机和 13 组焦炉投入生产。

卫国战争初期生产力的转移是件十分复杂的工作,一是在十分有限的时间中进行的;二是从苏联西部大型工业区向东部地区转移,既是从广阔的前线和靠近前线地带进行,还要冒着敌人的拦截;三是由于搬迁的运输量巨大,仅 1941 年下半年通过铁路运输搬迁企业的货物约 150 万节车厢。但交通运输线又遭到敌人的破坏,所以搬迁的运输工作出现了很多困难。这样使不少工厂几乎完全落到敌人手里,有些工厂为了不落入敌人之手,不得不毁掉。

为了安排好疏散生产力的工作,1941 年 6 月 24 日成立了以 H. M. 什维尔尼克为首的疏散委员会。在国防委员会成立后,疏散委员会在它的直接领导下工作。委员会制订了疏散次序:首先,运走成品、未安装的设备、主要设备、原料、电缆等主要物资;其次,运走现有工厂需要安装的工艺设备、动力设备、机床;最后,运走辅助材料、交通工具和其他物资。委员会还制订了职工及其家属疏散条例。企业的每个职工疏散时可以随身携带 100 公斤物品,每个家属可以携带 40 公斤物品。由国家负担运输费用。企业职工疏散期间完全保留工资(以最后三个月的平均工资计算)。旅费按照如下数量支付:向身为户主的企业职工支付一个月的工资,向其妻支付月工资额的 1/4,向没有工作的其他每个家庭成员支付月工资额的 1/8。[1]

---

① [苏]克拉夫琴柯:《苏联军事经济(1941—1945)》,梁丰年等译,解放军出版社,1984 年,第 94 页。

从战争爆发,对农业也很快地进行改组。主要措施是迅速把集体农庄、国营农场的机器、拖拉机站的物资从靠近前线地区运到东部地区,同时还要加快收割粮食作物。此外,在敌人侵占了苏联农产品最富饶的西部与南部之后,为了不断把食品供应给前线和后方,把农业原料供应给工业,就要扩大东部地区粮食作物的播种面积,增加牲畜头数,开垦那些适合种植甜菜、蔬菜的荒地。到1941年,后方地区秋播的土地扩大了160万公顷,其中东部地区就占135万公顷。[①] 东部地区的播种面积从1940年的7270万公顷扩大到1942年的7770万公顷,其中,粮食作物从5760万公顷扩大到6040万公顷,经济作物从490万公顷扩大到510万公顷,蔬菜、瓜类作物与土豆从340万公顷扩大到420万公顷,饲料作物从680万公顷扩大到800万公顷。东部地区共扩大播种面积200万公顷。[②] 这样,使东部地区在农业生产中的比重有了显著提高,1942年,东部地区在粮食总收获量中的比重占89.1%(1940年为42.3%),在牛的总头数中的比重相应为93.3%(53.3%),猪的头数为98.3%(28.7%),羊的头数为95.6%(66.5%)。[③]

由于在战争爆发的头两年,大量生产力东移,使东部地区的作用大大提高(详见表6-1)。

表6-1 东部地区在苏联最重要产品中所占比重的变化(单位:%)

| 产品种类 | 1940 年 | 1942 年 |
|---|---|---|
| 铁 矿 | 28.7 | 96.8 |
| 锰 矿 | 8.4 | 84.7 |
| 生 铁 | 28.5 | 97.4 |
| 钢 | 36.9 | 88.6 |
| 轧 材 | 36.6 | 89.8 |

① 参见[苏]克拉夫琴柯:《苏联军事经济(1941—1945)》,梁丰年等译,解放军出版社,1984年,第99页。

② 同上,第140~141页。

③ 参见苏联科学院经济研究所编:《苏联社会主义经济史》第五卷,周邦新等译,生活·读书·新知三联书店,1984年,第226页。

续表

| 产品种类 | 1940 年 | 1942 年 |
|---|---|---|
| 焦炭 | 24.5 | 98.9 |
| 煤 | 35.7 | 81.8 |
| 石油 | 12.2 | 18.3 |
| 机床 | 14.6 | 52.0 |
| 拖拉机 | 50.8 | 100.0 |
| 电力 | 25.7 | 59.3 |
| 谷物总收获量(入库量) | 42.3 | 89.1 |

资料来源:[苏]克拉夫琴柯:《苏联军事经济(1941—1945)》,梁丰年等译,解放军出版社,1984 年,第 105 页。

### 三、加速民转军

尽管战前斯大林在推行工业化运动时,集中力量发展重工业,使苏联经济实际上成为一种战备经济,但战争一旦爆发,为了使全部经济转入战时轨道,使整个经济都服从于战争的需要,还必须把民用生产部门快速转向军用产品的生产。

国防委员会利用对经济的高度控制权,对物力、财力与劳动力进行有利于国防工业的再分配,促进企业改产。例如汽车和拖拉机工厂在为前线生产牵引机和汽车的同时,也从事坦克和其他军事技术装备的生产。制造拖拉和汽车个别零件的工厂改为生产射击武器。机床制造工业为军事工业提供专用机床。大批机器制造厂改为制造弹药、通信工具、工兵装备以及其他军事技术装备。纺织和制鞋工业厂改为生产军用布匹和鞋靴。食品工业增产浓缩食品的罐头。石油工业增产飞机用油。铁路等运输部门改组为军事体制,均按战时运行规程运行。由于快速实行转产,在战争时期苏联所生产的全部工业产品的 65%~68% 按其实物形态来说是军需物品。如果将协作部门提供军工厂各企业的产量统计在内,那么军用生产的比重还要高。例如 1942 年军事工业人民委员部的产量在苏联整个工业总产量中所占的比重

（其他人民委员部所属企业完成的军事订货统计在内）已达到70%~80%。①

四、动员大量财政资金保证战争需要

战争时期需要大量的资金满足战争的需要。苏联为此通过财政体系的分配与再分配，把大量国民收入集中在国家预算中。国家预算收入占国民收入的比重1940年为15%，到1942年急剧上升到55%。在1941—1945年整个战争时期，苏联的直接军费支出为5824亿卢布，占同期国家预算支出总额的50%以上。为了把大量资金动员到国家预算中来，在战时苏联政府曾采取了以下措施：

第一，保证作为国家预算收入主要来源（占预算收入总额的一半）的周转税与利润提成的及时上缴，以保证预算收入的稳定性。

第二，动员国营企业与经济组织的内部财源，具体办法是停止企业提取厂长基金，并把该项目未动用的余额上缴国家预算；把企业与各经济机构闲置的流动资金，尚未使用的基本建设拨款以及折旧基金，缴入国家预算；把国家预算与整个国民经济的财政准备金也用于军事拨款。以上动员的各项资金约200亿卢布。

第三，提高居民税率与扩大征税范围。来自居民的税收，从1940年的94亿卢布上升到1942年的216亿卢布，在整个战争时期增加了3.3倍。结果，居民税收在国家预算收入的比重由1940年的5.2%提高到1945年的13.2%。②

第四，通过发行公债、彩票、开展捐献活动等方式，动员集体农庄、合作社和居民的储蓄和积累。战争时期发行四期战时公债，这些公债的认购数为897亿卢布。

第五，在国家预算支出方面，一方面实行调整支出结构，即压缩非军事开支，保证军事开支的需要。用于国民经济与社会文化措施的拨款，1940年在国家预算支出总额中的比重分别为33.4%与23.5%，到1942年分别下降

---

① 参见苏联科学院经济研究所编：《苏联社会主义经济史》第五卷，周邦新等译，生活·读书·新知三联书店，1984年，第234页。

② 参见樊亢、宋则行主编：《外国经济史》第4册，人民出版社，1990年，第331页。

到 17.3% 和 16.6%；另一方面节约开支,主要通过精简机构,特别是通过降低军工产品成本来降低军事产品的采购费,达到降低军费开支的目的。仅这一项节约军费开支就达 500 亿卢布。

### 五、对居民消费品实行配给制

战争初期,由于一些重要的产粮区被敌人占领,农产品的生产与收购量均大幅度减少,广大居民与士兵的粮食与食品供应,一开始主要靠战前建立起来的国家储备来解决。为了缓解供应方面的矛盾,苏联从 1941 年 7 月到 10 月基本上改为实行居民凭证供应制度。凭证供应的主要食品有:粮食制品、糖、糖果点心、油脂、肉品和鱼品;非食品类商品有:棉织品、麻织品和丝织品、缝纫品、针织品和袜子、皮鞋和胶鞋、肥皂等。战争结束时国家统筹供应粮食与其他产品的人数为 7680 万人。

由于巨额的军费开支与为恢复经济发放贷款使得到 1945 年流通中的纸币发行量过大,从而卢布购买力大大下降。为了消除战争时期给货币流通带来的不良后果,苏联于 1947 年进行货币改革,主要内容有:一是旧币以 10∶1 的比例兑换新币(辅币不予兑换)。二是对苏联人在储蓄银行的劳动存款按一定比例兑换,数额在 3000 卢布以内的按 1∶1 兑换,3000~10000 卢布的存款按 3∶2 兑换,10000 卢布以上的按 2∶1 兑换。结算账户和往来账户中的合作组织和集体农庄的货币资金,按 5 个旧卢布兑换 4 个新卢布重新折算。三是 1948 年以前发行的所有公债券,按 3∶1 调换成利率为 2% 的 1948 年公债。

1947 年在币制改革的同时取消了配给制,也废止了非配给价格,规定了新的统一价格。

### 六、发展农副业

在战争期间,苏联对整个经济大大加强了集中与控制,但由于农业生产遭到严重破坏,国家对广大居民的食品供应自然会产生严重困难。在这样的条件下,对工业企业和机关以及职工个人从事农副业生产采取放松的政策。其目的十分明显,为了缓解食品特别是蔬菜等供应的严重不足。根据苏联人民委员会和联共(布)中央 1942 年 10 月批准的发展 1943 年各个工业人民委员会农副业计划,1943 年各种作物的播种面积要达到 101.63 万公顷,土豆为 24.38 万公顷,蔬菜为 14.49 万公顷,块根作物为 3 万公顷。到 1944 年 1 月 1 日前,猪的头数要增长到 61.06 万头,绵羊与山羊为 31.11 万头,牛为 31.58 万头,家禽为 85.7 万只,蜂为 10.14 万箱。向在农村地区的职工家庭以及在集体农庄工作的疏散居民提供 0.15 公顷的土地。① 应该说,发展农副业的政策在为居民提供食品方面起了很大的作用。

## 第二节　战时经济状况

德国法西斯侵略者对苏联造成了巨大的灾难,完全或部分地毁坏和烧毁了 1710 座城市和 70000 多个大小村庄,使大约 2500 万人无家可归,毁坏了 31850 家工厂及其工业企业。占领者破坏了 65000 千米铁路、4100 座火车站,炸毁 13000 座桥梁,洗劫并完全破坏了 98000 个集体农庄、1876 个国营农场、2890 个机器拖拉机站。最为严重的是损失了 2000 万人。② 战争期间,苏联国民经济的直接损失估计达 25690 亿卢布。

战时的苏联经济可分为两个阶段:1941 年 6 月至 1942 年 6 月为第一阶段;1942 年 7 月至 1945 年 9 月为第二阶段。

一、第一阶段苏联战时经济的状况

这一阶段,正如在上一节指出的,苏联为了尽快适应战争的需要,对经济实行了一系列的改组。从经济状况来看,这阶段是苏联经历了最危险的局势,经济也处于最为困难的局面。特别是 1941 年末到 1942 年初,整个经济明显下降。1942 年苏联对国民经济的投资额比 1940 年下降了 50%。苏联生产性固定资产(不包括牲畜)1941 年是 1940 年的 72%,其中工业为 78%,农业为 65%,运输与邮电为 71%,非生产资产减少到 61%,其中住宅事业减

---

① 参见[苏]克拉夫琴柯:《苏联军事经济(1941—1945)》,梁丰年等译,解放军出版社,1984 年,第 100～101 页。

② 参见[苏]琼图洛夫等编:《苏联经济史》,郑彪等译,吉林大学出版社,1988 年,第 211 页。

少到62%。1942年苏联工业产值为1940年的77%。苏联在国民经济中的从业人员,1940年为3120万职工,到1942年则减少到1840万人,其中在工业部门工作的人员相应从1097.7万人减少到717.1万人。职工总人数减少了41%。

战争的第一年,作为战时经济最基础的、最关键的部门也出现了严重的情况:

冶金工业在战争最初的6个月里,苏联损失了61座高炉,204座平炉,150台轧钢机,14台钢管机和204座炼焦炉。在苏联冶金工业人民委员部的企业里,1942年1月同1941年6月相比,生产设备减少的情况是:高炉减少58%,平炉减少49%,转炉减少100%,电熔炉减少73%,电铁合金炉减少29%,轧钢机减少46%,轧管机减少80%,炼焦炉减少87%。就整个苏联来说,1942年黑色冶金生产水平大大下降,同1941年相比,生铁下降34.6%,钢下降45.1%,轧材下降43%,焦炭下降37.3%,铁管下降39%,铁矿开采量下降39.5%,锰矿开采量下降33.2%。1942年黑色冶金总产量比1940年减少一半以上。[①] 这一情况,使得在1941—1942年冬,黑色冶金产品的低水平与战争对其迅速增长的需求之间的比例严重失调,即制造弹药的黑色金属在苏联严重不足。

表6-2 战争第一年苏联黑色冶金工业主要产品生产动态(对1941年6月的百分比,%)

| 品种 | 1941年各月份 | | | | | | | 1942年各月份 | | | | | |
|------|-----|----|----|----|----|----|----|----|----|----|----|----|----|
| | 6 | 7 | 8 | 9 | 10 | 11 | 12 | 1 | 2 | 3 | 4 | 5 | 6 |
| 生铁 | 100 | 44 | 71 | 57 | 34 | 24 | 23 | 23 | 20 | 23 | 25 | 28 | 28 |
| 钢 | 100 | 89 | 72 | 60 | 45 | 37 | 36 | 33 | 29 | 34 | 35 | 38 | 38 |
| 轧材 | 100 | 90 | 70 | 54 | 42 | 34 | 32 | 30 | 26 | 30 | 31 | 35 | 34 |

资料来源:[苏]克拉夫琴柯:《苏联军事经济(1941—1945)》,梁丰年等译,解放军出版社,1984年,第113页。

从上表可以看出,1942年2月是黑色金属生产水平最低的月份。

---

① 有关冶金工业的材料,参见[苏]克拉夫琴柯:《苏联军事经济(1941—1945)》,梁丰年等译,解放军出版社,1984年,第111、113页。

燃料在战争初期也出现突出问题。在战争开始后的几个月,由于顿巴斯的沦陷,加上占领军在图拉州和莫斯科州的短期停留时间,毁坏了莫斯科近郊煤矿几乎所有的矿井。后来苏联采取了一系列措施来增加煤的产量,如苏联人民委员会于 1941 年 12 月 8 日通过了《关于发展东部地区煤炭工业》的专门决定,1942 年 5 月 4 日苏联人民委员会作出《关于增加乌拉尔 1942 年采煤量》的决定。尽管采取了不少措施,但 1942 年煤的产量比战前大约下降了 1/2,即生产了 7553.6 万吨,而 1940 年为 1.65923 亿吨。[①] 石油生产在战争的头一年比其他燃料生产处于有利条件,因为主要的石油产区没有被占领。但它亦处于下降与上升的复杂变化过程中。战争的头一年石油开采形势总的来说处于十分紧张的状态,1942 年石油产量为 1941 年的 66.6%。另外,石油运输条件恶化了。这些势必影响战争时石油产品的需求。

表 6-3 战争第一年苏联煤炭与石油开采量(对 1941 年 6 月的百分比,%)

| 品种 | 1941 年各月份 | | | | | | | 1942 年各月份 | | | | | |
|------|------|------|------|------|------|------|------|------|------|------|------|------|------|
| | 6 | 7 | 8 | 9 | 10 | 11 | 12 | 1 | 2 | 3 | 4 | 5 | 6 |
| 煤 | 10 | 15 | 90 | 62 | 44 | 37 | 35 | 33 | 32 | 35 | 39 | 44 | 45 |
| 石油 | 100 | 102 | 100 | 95 | 96 | 69 | 66 | 62 | 56 | 62 | 62 | 73 | 72 |

资料来源:[苏]克拉夫琴柯:《苏联军事经济(1941—1945)》,梁丰年等译,解放军出版社,1984 年,第 125 页。

从上表可以看到,煤炭与石油生产的水平与黑色冶金工业相似,1942 年 2 月是产量最低的。但石油工业在战争的头 4 个月与战前水平相近。石油开采总量在 1942 年为 2198.8 万吨,而 1941 年为 3303.8 万吨。

机器制造业在战争前夕由于加速推行工业化,它处于高涨时期。战争开始后,机器制造工业大量东移,使不少地区机床生产停止了。战争第一年,苏联中部地区金属切削机床的产量就下降 46.8%,北高加索地区减少 91%,西西伯利亚减少 49%,格鲁吉亚减少 49%,阿塞拜疆减少 85%。就整

---

① 参见[苏]克拉夫琴柯:《苏联军事经济(1941—1945)》,梁丰年等译,解放军出版社,1984 年,第 121 页。

个苏联来说,1942 年金属切削机床的产量比 1941 年下降 48.4%,同 1940 年比,则下降 61%。1942 年是整个战争时期机床生产水平最低的一年。

发电量在战争第一年也是大幅度下降。与 1941 年第二季度相比,该年第三季度的电力生产水平为 85.8%,第四季度下降到 57.7%,而到 1942 年第一季度降到最低水平 50.9%。整个 1942 年苏联发电量为 290.68 亿度,相当于 1940 年的 60%。

作为保障前线与后方粮食需要以及工业所需原料的农业,在战争初期遇到极大的困难,这有多方面的原因:一是德国军队入侵苏联,在短期内侵占了大片肥沃的土地(共被占领 7080 万公顷的粮食与经济作物的种植面积)。二是战争开始后,苏联从农业调用了大量的拖拉机、载重汽车和马匹用于国防。同时大大削减了拖拉机、机引和马拉的中耕机、马拉割草机与脱谷机等的产量。由于金属与生产能力不足,完全停止了机引粗耕机、耙、播种机、割草机、脱谷机与谷物联合收割机的生产。这导致农业机械与汽车总数在战争头一年急剧减少。1942 年与 1941 年相比,拖拉机(按 15 匹马力计算)的总数只有 69.2%,谷物联合收割机只有 77.8%,载重汽车(包括油罐车)只有 29.4%。1942 年与 1940 年相比,农业部门得到的农业机械备用零件减少 86%,汽油、煤油和柴油减少 60%。三是大量农业劳动力应召到军队,使农业部门青壮年劳动力大大减少;四是农用肥料大大减少。以上因素使得农业状况严重恶化:与 1940 年比,1942 年苏联粮食总产量从 9950 万吨减少到 2910 万吨,籽棉从 200 万吨减到 130 万吨,长纤维亚麻从 34.9 万吨减少到 21 万吨,糖用甜菜从 1800 万吨减少到 210 万吨,向日葵籽从 260 万吨减少到 28 万吨,土豆从 7590 万吨减少到 2350 万吨。可见,农产品的下降幅度非常大。与此相关,农产品采购量也大幅度减少(详见表6-4)。

表6-4  1940—1942 年农产品采购量(单位:千吨)

| 产品种类 | 1940 年 | 1941 年 | 1942 年 | 1942 年为 1940 年的百分比(%) |
|---|---|---|---|---|
| 谷 物 | 36446 | 24298 | 12516 | 39 |
| 向日葵籽 | 1500 | 478 | 128 | 8 |
| 糖用甜菜 | 17357 | 1670 | 1537 | 9 |

续表

| 产品种类 | 1940 年 | 1941 年 | 1942 年 | 1942 年为 1940 年的百分比（%） |
|---|---|---|---|---|
| 籽 棉 | 2237 | 2478 | 1329 | 59 |
| 亚 麻 | 245 | 67 | 108 | 44 |

资料来源：[苏]克拉夫琴柯：《苏联军事经济（1941—1945）》，梁丰年等译，解放军出版社，1984 年，第 142 页。

在苏联，1943 年 1 月 1 日与 1941 年 1 月 1 日比较，牛的总头数减少了48%，其中母牛减少 50%，绵羊和山羊减少 33%，猪减少 78%。其结果导致主要畜产品征购量的减少。1942 年肉类采购量毛重为 124.4 万吨，相当于1940 年的 61%；牛奶为 287.7 万吨，相当于 1940 年的 45%；羊毛为 8 万吨，相当于 1940 年的 67%；蛋为 6.72 亿个，相当于 1940 年的 25%。[①]

由于把大量载重汽车移交给军队使用，1943 年年初与 1941 年比较，苏联国民经济部门拥有的载重汽车总数减少 74%，1942 年在各种运输部门工作的职工人数相当于战前人数的 59%。铁路运输量在战时头几个月同样出现了大幅度下降，如以 1941 年第二季度为 100%，那么第三、第四季度分别为 70.6% 与 39.7%，1942 年第一、第二季度分别为 30.8% 与 42.0%。其他交通运输部门的情况与铁路运输大致相同。[②]

从上述各经济部门的情况可以说明，1941 年下半年到 1942 年上半年是苏联战时经济发展最困难的时期。到 1942 年下半年经济状况出现好转，但生产能力与战前相比仍然是低的（详见表 6－5）。

表 6－5　1940—1942 年苏联重要工业产品的生产水平

| 产品种类 | 计算单位 | 1940 年 | 1941 年 | | 1942 年 | |
|---|---|---|---|---|---|---|
| | | | 上半年 | 下半年 | 上半年 | 下半年 |
| 铁 矿 | 百万吨 | 29.9 | 16.6 | 8.1 | 4.6 | 5.1 |
| 生 铁 | 百万吨 | 14.9 | 9.0 | 4.8 | 2.3 | 2.5 |

① 参见[苏]克拉夫琴柯：《苏联军事经济（1941—1945）》，梁丰年等译，解放军出版社，1984年，第 142 页。

② 同上，第 143～145 页。

续表

| 产品种类 | 计算单位 | 1940 年 | 1941 年 | | 1942 年 | |
|---|---|---|---|---|---|---|
| | | | 上半年 | 下半年 | 上半年 | 下半年 |
| 钢 | 百万吨 | 18.3 | 11.4 | 6.5 | 3.9 | 4.2 |
| 轧 材 | 百万吨 | 13.1 | 8.2 | 4.4 | 2.6 | 2.8 |
| 煤 | 百万吨 | 165.9 | 91.9 | 59.5 | 35.6 | 39.9 |
| 石 油 | 百万吨 | 31.1 | 17.3 | 15.7 | 11.7 | 10.3 |
| 金属切削机床 | 千台 | 58.4 | 28.1 | 16.4 | 8.0 | 14.9 |
| 电 力 | 亿度 | 483 | 274 | 193 | 140 | 150 |

资料来源:参见[苏]克拉夫琴柯:《苏联军事经济(1941—1945)》,梁丰年等译,解放军出版社,1984 年,第 151 页。

二、第二阶段苏联战时经济的状况

从 1942 年下半年开始,苏联战时经济已度过了最困难的时期,经济停止大幅度下降,开始逐步回升。这种情况的出现与苏德战线的局势不断好转有关。如果 1942 年 11 月 18 日前苏军还处于防御阶段,那么 1942 年 11 月 19 日拂晓,苏军西南方面军与顿河方面军首先突破西北的德军防线,在伏尔加河与顿河之间转入反攻,这标志着苏军已转入反攻阶段。在这期间,苏联为保障前线的物资供应,军事产品的生产水平不断提高。"当时,构成军事经济基础的几乎所有国民经济主要部门,已经终止了下降趋势,度过了危急时期。""这一时期军事经济的主要任务是:提高军事经济基础的生产能力和增加军用品的产量。"①但在当时要提高与扩大军事生产的能力,要比和平时期面临的困难多得多。首先,战时经济主要是生产军事产品,因此它在社会总产品中的比重急剧提高。人所共知,军事产品在战争中完全被消耗掉,这大大减少了扩大再生产的可能性。其次,战争初期,苏联基础设施遭到严重破坏,要提高生产能力,扩大再生产计划,先要恢复已经丧失的生产能力。

————————

① [苏]克拉夫琴柯:《苏联军事经济(1941—1945)》,梁丰年等译,解放军出版社,1984 年,第 198 页。

这些条件下苏联要扩大军用品生产的能力，必须增加基本建设投资。1943年、1944年与1945年的基建投资总额分别为259亿、356亿与429亿卢布。这比战前1940年的投资总额75亿卢布要大得多。这说明为恢复国民经济、扩大军用品的生产，花费了大量的资金。随着投资的增加，苏联的固定资产也随之增加。1942年国民经济全部固定资产（不包括牲畜）与1940年比（按1945年可比价格计算）减少到63%，但随后几年固定资产不断增加，1943年为1940年的76%，1944年为87%，1945年已为91%。工业部门的生产资金增长更快，到1945年已达到战前的水平（为1940年的98%）。[①]

由于1943—1945年苏联对国民经济进行了大量基建投资，使国民经济各主要部门生产性固定资产在这一期间不断增长（详见表6-6）。

表6-6　1943—1945（对1942年的百分比%）苏联生产性固定资产增长情况

| 种类 | 1942年 | 1943年 | 1944年 | 1945年 |
|---|---|---|---|---|
| 生产性固定资产 | 100 | 112 | 124 | 129 |
| 其中： | | | | |
| 工业 | 100 | 112 | 123 | 131 |
| 农业 | 100 | 120 | 132 | 135 |
| 交通与邮电 | 100 | 104 | 122 | 130 |

资料来源：[苏]克拉夫琴柯：《苏联军事经济（1941—1945）》，梁丰年等译，解放军出版社，1984年，第201页。

另外，非生产性资产1943年比1942年增加了29%，1944年又增加20%。

生产性固定资产的大量增加，使国民经济各部门产值也有明显增长。工业产值如以1942年为100%的话，1943年为117%，1944年为135%。到1945年整个工业产值仅比战前低8%。

在战争第二阶段，一些重要的军事经济的主要部门，也是以较快的速度发展。

---

①　参见[苏]克拉夫琴柯：《苏联军事经济（1941—1945）》，梁丰年等译，解放军出版社，1984年，第200页。

作为军事经济基础骨干的冶金工业,是特别受到重视的部门。这个部门的发展首先受到铁矿不足的制约,到 1943 年仍存在这个问题。为此,苏联广泛开展了铁矿的勘探,到 1943 年末已探明 534 个矿床。铁矿石的开采量 1943 年为 932 万吨,1944 年为 1166.3 万吨,1945 年为 1586.4 万吨。尽管逐年增长,但 1945 年的矿石开采总量只相当于 1940 年的 53%。从 1943—1945 年,新投产和恢复生产的大型冶金项目共 273 个。这使苏联黑色冶金工业最重要的产品产量不断增加(详见表 6—7)。

表 6-7　1943—1945 年苏联黑色冶金工业最重要产品增长情况(单位:万吨)

| 产品种类 | 1943 年 | 1944 年 | 1945 年 |
|---|---|---|---|
| 生铁 | 559.1 | 729.6 | 880.3 |
| 钢 | 847.5 | 1088.7 | 1225.2 |
| 轧材 | 567.5 | 727.8 | 848.5 |
| 焦炭 | 822.0 | 1149.5 | 1364.9 |

[苏]克拉夫琴柯:《苏联军事经济(1941—1945)》,梁丰年等译,解放军出版社,1984 年,第 222 页。

如果以 1942 年黑色冶金产品的产量水平为 100%,那么 1943 年生产产量为 117%,1944 年为 153%,1945 年为 184%;钢产量分别为 105%、135% 与 152%;轧材产量分别为 105%、134% 与 157%;焦炭产量分别为 119%、167% 与 198%。

在军事经济发展的第二阶段,煤与石油在苏联燃料中仍居主要地位,占整个燃料的 3/4。1943—1945 年期间,苏联采煤量增长速度超过和平时期。1943 年全苏煤产量为 9314.1 万吨,比 1942 年增加 1760.5 万吨,1944 年为 1.2147 亿吨,比 1943 年增加 2832.9 万吨,1945 年为 1.49333 亿吨,比 1944 年增加 2786.3 万吨。但 1945 年的采煤量仍低于战前的 10%。

1943 年苏联石油产量为 1798.4 万吨,1944 年为 1826.1 万吨,1945 年为 1943.6 万吨,它为战前水平的 62%。

到 1945 年,苏联各种燃料开发量为 1940 年的 78%。

机器制造业在军事经济第二阶段是加速发展的部门。如果把 1942 年第二季度金属切削机床的产量为 100%,那么 1943 年第四季度就达到 167%,1944 年第四季度为 217%,1945 年第三季度为 228%。1943 年整个苏联机器制造业其产值已超过 1940 年的 42%,1944 年超过 57%,1945 年超过 31%。这里要指出的是机器制造业内部发展是极不平稳的,民用机器与设备大幅度下降,有些到 1945 年下降到仅为 1940 年生产水平的零点几(详见表 6-8)。

表 6-8　机器制造业部门有关产品产量

| 种类 | 1940 年 | 1945 年 | 1945 年对 1940 年的百分比(%) |
|---|---|---|---|
| 蒸汽锅炉(千平方米) | 276.3 | 90.3 | 32.7 |
| 涡轮机(百万千瓦) | 1.2 | 0.2 | 16.7 |
| 涡轮发电机(百万千瓦) | 0.5 | 0.3 | 60.0 |
| 柴油机(不包括汽车及拖拉机用柴油机)(千马力) | 255.2 | 18.7 | 7.3 |
| 金属切削机床(千台) | 58.4 | 38.4 | 65.8 |
| 锻压机(不包括手摇机和剪床)(千台) | 4.7 | 2.9 | 61.7 |
| 仪器、自动化工具及备用零件(按 1955 年 7 月 1 日企业批发价计算)(百万卢布) | 30.9 | 66.0 | 213.6 |
| 冶金设备(千吨) | 23.7 | 26.9 | 113.5 |
| 洗煤联合机(台) | 22 | 5 | 22.7 |
| 汽车(千辆) | 145.4 | 74.7 | 51.4 |
| 其中:载重汽车(千辆) | 136.0 | 68.6 | 50.4 |
| 拖拉机(按实体单位计算)(千台) | 31.6 | 7.7 | 24.3 |
| 挖土机(台) | 274 | 10 | 3.6 |
| 谷物联合收获机(千台) | 12.8 | 0.3 | 2.3 |
| 石油器械(千吨) | 16 | 1 | 6.2 |
| 干线机车(辆) | 914 | 8 | 0.9 |
| 铲土机(台) | 2704 | 34 | 1.3 |
| 推土机(台) | 118 | 1 | 0.8 |

续表

| 种类 | 1940年 | 1945年 | 1945年对1940年的百分比(%) |
|---|---|---|---|
| 塔式起重机(台) | 57 | 3 | 5.3 |
| 汽车起重机(台) | 139 | 17 | 12.2 |
| 纺纱机(台) | 1109 | 11 | 1.0 |
| 织布机(台) | 1823 | 18 | 1.0 |

资料来源:苏联科学院经济研究所编:《苏联社会主义经济史》第五卷,周邦新等译,生活·读书·新知三联书店,1984年,第343页。

从1943年起,苏联为发展电力工业拨出了大量资金,仅苏联电站人民委员部系统1943年的投资为8.283亿卢布,1944年为11.659亿卢布,1945年为14.542亿卢布。这使苏联全部发电站的装机容量大大增加,从1943年的854.7万千瓦增加到1945年的1112.4万千瓦。发电量从1943年的322.88亿度增加到1945年432.57亿度,这为1940年水平的90%。

苏联化学工业部门发展速度很快,1943年的产值已为战前水平的99.8%,到1944年已高出战前水平的28%。这主要是由具有国防意义的化工产品带动起来的,如作为火药和炸药必要成分的氨和浓硝酸的产量一直在不断增长。

苏联其他工业部门虽在军事经济第二阶段也有发展,但比不上以上这些与军事密切相关的部门,如建筑工业1945年只达到1940年生产水平的46%,轻工业为62%,食品工业为79%。

农业的情况远不如工业。战争时期农业生产水平下降幅度很大,到1943年农业产值仅为战前的37%。主要农作物到1945年比1940年普遍要低得多(详见表6-9)。

表6-9　战争时期主要农作物生产的变化情况

| | 时间 | 播种面积（百万公顷） | 产量（公担/公顷） | 总收获量（百万吨） |
|---|---|---|---|---|
| 谷物 | 1940年 | 110.7 | 8.6 | 95.6 |
| | 1945年 | 85.2 | 5.6 | 47.3 |
| | 1945年对1940年的百分比（%） | 77.1 | 65.1 | 49.5 |
| 棉花 | 1940年 | 2.08 | 10.8 | 2.24 |
| | 1945年 | 1.21 | 9.6 | 1.16 |
| | 1945年对1940年的百分比（%） | 58.1 | 88.9 | 51.8 |
| 糖用甜菜 | 1940年 | 1.23 | 146 | 18.0 |
| | 1945年 | 0.83 | 66 | 5.5 |
| | 1945年对1940年的百分比（%） | 67.4 | 45.2 | 30.6 |
| 长纤维亚麻 | 1940年 | 2.10 | 1.7 | 0.35 |
| | 1945年 | 1.00 | 1.5 | 0.15 |
| | 1945年对1940年的百分比（%） | 47.6 | 88.2 | 42.9 |
| 向日葵 | 1940年 | 3.54 | 7.4 | 2.64 |
| | 1945年 | 2.93 | 2.9 | 0.84 |
| | 1945年对1940年的百分比（%） | 82.8 | 39.2 | 31.8 |
| 马铃薯 | 1940年 | 7.7 | 99 | 76.1 |
| | 1945年 | 8.3 | 70 | 58.3 |
| | 1945年对1940年的百分比（%） | 108.0 | 70.7 | 76.6 |
| 蔬菜 | 1940年 | 1.5 | 91 | 13.7 |
| | 1945年 | 1.8 | 58 | 10.3 |
| | 1945年对1940年的百分比（%） | 120.0 | 63.7 | 75.2 |

资料来源:苏联科学院经济研究所编:《苏联社会主义经济史》第五卷,周邦新等译,生活·读书·新知三联书店,1984年,第523~524页。

畜牧业的情况比种植业要好,在1943—1945年以较稳定的速度得到恢复(详见表6-10)。

表 6-10　牲畜数量的变化情况

| 牲畜 | 1942 年 | 1943 年 | 1944 年 | 1945 年 |
|---|---|---|---|---|
| 牛 | 94 | 95 | 92 | 94 |
| 其中:母牛 | 97 | 98 | 94 | 94 |
| 猪 | 83 | 73 | 52 | 48 |
| 绵羊和山羊 | 96 | 97 | 91 | 92 |
| 马 | 86 | 77 | 64 | 58 |

资料来源:苏联科学院经济研究所编:《苏联社会主义经济史》第五卷,周邦新等译,生活·读书·新知三联书店,1984 年,第 530 页。

　　畜产品产量的情况是,肉类(屠宰量)1945 年为 1940 年的 55.3%,牛奶为 78.6%,蛋为 40.2%,羊毛为 68.9%。

　　由于在整个战争期间,经济的发展完全服从于战争的需要,因此苏联军事经济发展的第二阶段,在经济逐步恢复与回升过程中,经济结构亦发生了重大变化,使得本来就占很高比例的重工业在整个工业中的地位更加突出了。1943 年第一部类产品的生产比 1942 年增加 19%,1944 年比 1943 年增加 17%。到 1945 年战争结束时,第一部类产品的生产不仅达到战前的水平,而且超过了战前水平 12%,而消费品生产水平比战前低 41%。第一部类产品的生产在苏联工业总产值中的比重由 1941 年的 69.5% 提高到 1944 年的 79.8%。[①] 为了保证军事经济的发展,在战争期间苏联的国民收入一半以上用于军事需要,各年的情况是:1941 年军费开支占苏联国民收入的 29%,1942 年占 57%,1943 年占 58%,1944 年占 52%。[②]

　　在战争第二阶段,经济发展的地区结构进一步发生变化,即继续东移。仅在 1942—1944 年三年中,在东部地区重新建立和投产的有 2250 个大型工业企业。对东部地区的投资日益增加,仅对乌拉尔工业的投资,1943 年为 59 亿卢布,1944 年和 1945 年为 94 亿卢布;对西西伯利亚分别为 22 亿和 36 亿卢布。东部地区工业的增长速度比全苏工业要快得多,如果 1945 年全苏工

---

　　① 参见[苏]克拉夫琴柯:《苏联军事经济(1941—1945)》,梁丰年等译,解放军出版社,1984 年,第 203~204 页。

　　② 同上,第 210 页。

业产值比战前低 8% 的话,那么东西伯利亚已为战前水平的 125%,远东为 114%,西西伯利亚为 270%,乌拉尔地区为 305%。1945 年上半年,整个东部地区工业产值为 1941 年上半年的 210%,即增加一倍多。[①] 一些重要的工业产品,东部地区在全苏工业产品中的比重更高,如铁矿石的开采量乌拉尔在 1943 年要占到 90%,就是在从德国占领者解放出来的地区不断得到恢复生产的 1945 年亦占到 68%。1945 年乌拉尔、西西伯利亚、东西伯利亚与远东三个地区的钢产量占全苏的 74.3%。东部地区的石油开采量在全苏的比重,1942 年为 18.3%,1943 年为 23.8%,1944 年为 25.5%,1945 年为 28.3%。东部地区的发电量也大幅度上升,它占全苏发电量的比重从 1940 年的 26% 提高到 1943—1945 年的 50% 以上。在战争期间,乌拉尔的发电量居首位,它在 1943 年占全苏的 32.5%,1944 年为 30.6%,1945 年为 28.3%。

东部地区在战争期间,在农业中的作用也十分明显,1943 年粮食收获量(入库量)为 1850 万吨,占全苏的 69.8%,1944 年为 2130 万吨,占全苏的 43.3%,1945 年为 2110 万吨,占全苏的 51.1%。还应指出的是,东部地区的畜牧业在战争期间起着决定性作用,到 1945 年年底有 2700 万头牛,占全苏牛总头数的 57%。绵羊与山羊的头数到 1945 年年底为 5400 万只,占全苏的 70%。

在战争进行过程中,苏联经济在管理体制方面的一个重大变化是,原来已经高度集中的体制更加集中了,在全国范围内完全成了统制经济。这是在战争期间被迫采取的一种体制。

## 第三节　战后经济恢复与发展

第二次世界大战结束时,苏联面临的形势是:从国内来讲,由于在战时经济遭到空前的破坏,恢复经济的任务十分紧迫与复杂;从国际格局来讲,东欧与亚洲出现了一批人民民主国家,后来形成了社会主义阵营,苏联已不

---

① 参见[苏]克拉夫琴柯:《苏联军事经济(1941—1945)》,梁丰年等译,解放军出版社,1984 年,第 204 页。

再处于世界资本主义包围之中。战后苏联利用有利的国际环境,全力以赴进行经济恢复工作。本章主要论述苏联"四五"与"五五"两个五年经济计划。在此期间,苏联发生了最高领导人的更迭:1953年斯大林逝世与赫鲁晓夫上台。可见,此期间主要还是斯大林执政,因此重点仍是论述斯大林推行的经济政策与经济发展状况。有关赫鲁晓夫执政后的经济政策与经济发展状况,将集中在以后几章论述。

一、"四五"计划

苏联卫国战争胜利后,其经济转入和平发展时期,着手恢复经济。"四五"计划是战后第一个五年计划。该计划在战争结束时开始编制,并于1945年11月结束,1946年3月苏联最高苏维埃根据 H. A. 沃兹涅辛斯基的报告通过。根据斯大林1946年2月9日《在莫斯科市斯大林选区选举的选民大会上的演说》所指出的:"新五年计划的基本任务,就是要使我国遭受战祸的区域恢复起来,使工农业恢复到战前水平,然后较大地超过这个水平。"①"四五"计划规定,为了实现上述任务:"必须保证首先恢复与发展重工业和铁路运输业。"至于农业与消费资料的生产只是笼统地说:"达到有可能超过战前国民收入和人民消费水平的那种高度。"②

"四五"计划与战前几个五年计划相比,一个明显的特点是规模大(详见表6-11)。

表6-11　"四五"计划工业发展主要指标

| 产品 | 1932 年 | 1937 年 | 1940 年 | 1950 年(计划数) |
|---|---|---|---|---|
| 工业总产值(亿卢布) | 385 | 955 | 1385 | 2050 |
| 煤(百万吨) | 64.4 | 128.0 | 165.9 | 250.0 |
| 石油(百万吨) | 21.4 | 28.5 | 31.1 | 35.4 |
| 生铁(百万吨) | 6.2 | 14.5 | 14.9 | 19.5 |

① 《斯大林选集》下,人民出版社,1979 年,第 498～499 页。
② 苏联科学院经济研究所编:《苏联社会主义经济史》第六卷,盛曾安等译,东方出版社,1986年,第11页。

续表

| 产品 | 1932 年 | 1937 年 | 1940 年 | 1950 年（计划数） |
|---|---|---|---|---|
| 钢（百万吨） | 5.9 | 17.7 | 18.3 | 25.4 |
| 钢材（百万吨） | 4.4 | 13.0 | 13.1 | 17.8 |
| 金属切削机床（千台） | 19.7 | 48.5 | 58.4 | 74.0 |
| 发电量（亿度） | 135 | 362 | 483 | 820 |

资料来源：苏联科学院经济研究所编：《苏联社会主义经济史》第六卷，盛曾安等译，东方出版社，1986 年，第 11 页。

第四个五年计划的发展规模超过第一、第二两个五年计划的总和。1946—1950 年期间，需要恢复、建成并投产的国营工业企业约有 5900 个。

苏联为了完成"四五"计划，迅速从战时经济轨道转入和平时期的正常轨道，采取了一系列的组织措施：①军队复员和吸收前军人参加生产，为此对他们进行生产技能的培训；②把战时疏散到东部地区的居民遣返原地，并为他们创造工作、学习的条件；③组织企业由生产军用产品转产民用产品；④加速德国占领区经济恢复工作；⑤注重农业的恢复工作；⑥消费品由定额配售向敞开的商业销售过渡；⑦广泛培养专家与熟练工作人员；⑧发展科技、文化和艺术；⑨进行币制改革。

苏联实现了"四五"计划规定的一些主要国民经济指标，并且大大超过了战前水平（详见表 6-12）。

表 6-12　"四五"计划执行情况（以 1940 年为 100%）

| 项目 | 计划 | 实绩 | 项目 | 计划 | 实绩 |
|---|---|---|---|---|---|
| 国民收入产额 | 138 | 164 | 农业 | | |
| 工业 | | | 总产值 | 127 | 99.8 |
| 总产值 | 148 | 173 | 运输业 | | |
| 黑色金属 | 135 | 145 | 铁路货物周转量 | 128 | 145 |
| 石油 | 114 | 122 | 商品流转额 | | |
| 煤 | 151 | 157 | 国营和合作社商业 | 128 | 110 |
| 电力 | 170 | 187 | 零售商品流转额 | | |

续表

| 项目 | 计划 | 实绩 | 项目 | 计划 | 实绩 |
|------|------|------|------|------|------|
| 机器制造 | 200 | 230 | 基本建设投资 | | |
| 化学制品 | 150 | 180 | 五年内基建投资总额（计划价格,亿卢布） | 2500 | 3050 |
| 水泥 | 180 | 180 | 劳动生产率 | | |
| 棉织品 | 119 | 99 | 工业中工人的 | | |
| 毛织品 | 132 | 130 | 劳动生产率 | 136 | 137 |
| 皮鞋 | 114 | 96 | | | |
| 砂糖 | 110 | 117 | | | |

资料来源:苏联科学院经济研究所编:《苏联社会主义经济史》第六卷,盛曾安等译,东方出版社,1986 年,第 17 页。

"四五"计划第一个特点是突出重工业的发展,带有明显的军备竞赛的意图。这具体反映在以下方面:

第一,"四五"计划期间,苏联用于工业部门的基本建设投资为 171.64 亿卢布,其中甲类部门为 150.84 亿卢布,乙类部门为 20.8 亿卢布。十分明显,这种投资分配政策,是为了确保斯大林强调的第四个五年计划的任务首先要保证恢复与发展重工业的指导思想得以实现。

表6-13　各工业部门的基本建设投资额(单位:百万卢布)

| 工业部门 | 第三个五年计划的三年半 | | 从 1941 年 7 月 1 日至 1946 年 1 月 1 日 | | 1946—1950 年 | |
|---------|--------|---------|--------|---------|--------|---------|
| | 绝对额 | 百分比（%） | 绝对额 | 百分比（%） | 绝对额 | 百分比（%） |
| 整个工业 | 6228 | 100 | 7903 | 100 | 17164 | 100 |
| "甲"类 | 5264 | 84.5 | 7380 | 93.3 | 15084 | 87.9 |
| "乙"类 | 964 | 15.5 | 528 | 6.7 | 2080 | 12.1 |
| 黑色冶金业 | 444 | 7.1 | 946 | 12.0 | 1876 | 10.9 |
| 化学工业 | 293 | 4.7 | 282 | 3.6 | 633 | 3.7 |
| 石油与气体工业 | 461 | 7.4 | 624 | 7.9 | 1974 | 11.5 |

| 工业部门 | 第三个五年计划的三年半 | | 从1941年7月1日至1946年1月1日 | | 1946—1950年 | |
|---|---|---|---|---|---|---|
| | 绝对额 | 百分比（％） | 绝对额 | 百分比（％） | 绝对额 | 百分比（％） |
| 煤炭工业 | 383 | 6.2 | 779 | 9.9 | 2659 | 15.5 |
| 电站、电网与供热网 | 484 | 7.8 | 502 | 6.3 | 1302 | 7.6 |
| 机器制造业 | 2083 | 33.4 | 2721 | 34.4 | 2811 | 16.4 |
| 建材生产部门与建筑工业 | 287 | 4.6 | 436 | 5.5 | 1615 | 9.4 |
| 森林/造纸与木材加工工业 | 220 | 3.5 | 194 | 2.5 | 824 | 4.8 |
| 轻工业 | 490 | 7.9 | 189 | 2.4 | 716 | 4.2 |
| 食品工业 | 474 | 7.6 | 339 | 4.3 | 1364 | 7.9 |

资料来源:苏联科学院经济研究所编:《苏联社会主义经济史》第六卷,盛曾安等译,东方出版社,1986年,第64页。

从上表可以看出,"四五"计划期间,用于甲类工业投资要占整个工业投资的87.9％,它只低于战争时期(1941年7月1日至1946年7月1日)的93.3％,而还高于"三五"计划的84.5％。而轻工业的投资只占4.2％,比"三五"计划时期的7.9％还低得多。

由于"四五"计划期间仍坚持发展与军事密切相关的重工业,使一些主要的重工业产品迅速增长。作为重工业重要部分的机器制造业发展情况也表明这一点。这个部门的产值1950年比1940年增加135％,而同期工业产值增长72％。至于一些最重要的产品产量增长情况更可证明机器制造业的高速增长:1950年冶金设备的产量比战前水平增长3.7倍,其中轧钢设备增长5.5倍,石油设备2倍,涡轮钻机10倍,联合采煤机5倍,汽轮机1.6倍,电气设备2倍,柴油机将近12倍,功率100千瓦以上的电动机3.3倍,拖拉机2.7倍,联合收获机2.6倍,机引犁2.1倍,播种机4.5倍,中耕机2.1倍。[①]

①　参见苏联科学院经济研究所编:《苏联社会主义经济史》第六卷,盛曾安等译,东方出版社,1986年,第72、76页。

冶金工业也得到很快发展。1950 年与 1940 年相比,黑色冶金业为国民经济提供的生铁增加 29%,钢增加 49%,钢材增加 59%。产量增长情况见表 6-14。

表6-14 冶金部门主要产量增长情况(单位:百万吨)

| 产品 | 1940 年 | 1945 年 | 1948 年 | 1949 年 | 1950 年 |
|------|---------|---------|---------|---------|---------|
| 生铁 | 14.9 | 8.8 | 13.7 | 16.4 | 19.2 |
| 钢 | 18.3 | 12.3 | 18.6 | 23.3 | 27.3 |
| 钢材(包括用钢锭制成的管子和锻件) | 13.1 | 8.5 | 14.2 | 18.0 | 20.9 |

资料来源:苏联科学院经济研究所编:《苏联社会主义经济史》第六卷,盛曾安等译,东方出版社,1986 年,第 109 页。

"四五"计划期间石油产量的年均增长额超过战前水平 1 倍多。1949 年苏联石油产量已达到战前的水平,而 1950 年已超过战前水平的 22%。五年内石油开采量几乎增加 1 倍,达到 3790 万吨。

第二,"四五"计划执行结果,生产资料增长 105%,而消费品生产增长 23%,相应为 1940 年的 204% 与 122%。[①] 特别是与人民生活密切相关的食品工业发展速度大大低于整个工业。如前面指出的,1950 整个工业产值比 1940 年增加 72%,但食品工业到 1950 年尚未达到 1940 年的水平(只及 97%)。食品工业发展缓慢与整个农业有关。1950 年种植业总产值只及 1940 年的 97%,畜牧业的总产值为 1940 年的 104%。这样,使得在居民生活中占有重要地位的肉类产品到 1950 年才达到 155.6 万吨,这比 1940 年的 154.4 万吨仅增加 0.8%。肉类产品产量的增加主要受饲料不足的影响,而饲料不足是与粮食产量有关,1950 年粮食产量 8120 万吨,这比 1940 年的 9560 万吨低得多。苏联认为,农业处于落后状态,"主要由于严重忽略了对农业的领导,违反了集体农庄和庄员在物质上关心自己劳动的原则"[②]。战后第一个五年计划期间几种重要作物的单位面积产量稍低于战前的五年。

---

① 参见苏联科学院经济研究所编:《苏联社会主义经济史》第六卷,盛曾安等译,东方出版社,1986 年,第 63 页。

② 《苏联共产党历史》,政治书籍出版社,1977 年俄文版,第 530 页。

只有籽棉和马铃薯的指标比较高(详见表6–15)。

表6–15　主要农作物产量(公担/公顷)

| 产品 | 1936—1940 年<br>(年平均数) | 1940 年 | 1946—1950 年<br>(年平均数) | 1950 年 |
|---|---|---|---|---|
| 谷物 | 7.6 | 8.6 | 6.7 | 7.9 |
| 籽棉 | 12.0 | 10.8 | 13.6 | 15.3 |
| 糖用甜菜(工厂用) | 143 | 146 | 111 | 159 |
| 向日葵 | 5.5 | 7.4 | 4.5 | 5.0 |
| 亚麻纤维 | 1.7 | 1.7 | 1.6 | 1.3 |
| 马铃薯 | 71 | 99 | 97 | 104 |
| 蔬菜 | 76 | 91 | 73 | 72 |

资料来源:苏联科学院经济研究所编:《苏联社会主义经济史》第六卷,盛曾安等译,东方出版社,1986 年,第 161 页。

第三,人民生活水平虽有提高,但由于轻工业、食品工业与农业发展速度远不及重工业,因此,市场供应仍然紧张,日用消费品与食品仍然十分短缺。正如苏联学者提出的,苏联在战后第一个五年期间的经济军事化吞没了近1/4 的国民收入。巨大的经济损失与恢复国民经济需要大量费用,加深了经济困难和城乡劳动者绝对与相对贫困的趋势。[①] 市场供应紧张,特别是农业不景气,使得原计划规定于 1946 年秋季起废除面包、面粉、米类与通心粉制品的配给制,不得不延至 1947 年 12 月 6 日开始取消。与此同时实行货币改革,要求一切食品和日用消费品都按统一的价格在市场上公开出售,无须配给证。

二、"五五"计划

"五五"计划是在 1952 年 10 月召开的苏共第十九次代表大会上通过的。苏共对该五年计划的指示中指出:"由于第四个五年计划的顺利完成,

---

[①]　参见[俄]尼·西蒙诺夫:《20—50 年代苏联军事工业综合体:经济发展速度、结构、生产和管理组织》,政治书籍出版社,1996 年俄文版,第 192 页。

我们能够通过一个新的五年计划来保证国民经济的进一步发展以及人民物质福利、保健事业和文化水平的进一步提高。""五五"计划的主要特点是：

第一，经济增长速度比上个五年计划有所下降的情况下，仍保持重工业高速增长态势。

"五五"计划规定的一些重要经济指标，如国民收入与工业总产值年均增长率分别为 9.9% 与 12%，要比"四五"计划上述两项指标执行的实际结果（年增长率分别为 11.3% 与 13.6%）要低。"五五"计划之所以降低增长率，主要有以下两个因素决定的：一是战后经济的恢复过程已基本完成；二是"五五"计划更多地要考虑提高产品质量、改善产品结构与提高劳动生产率，并要注意到国民经济各部门的全面发展。尽管苏联制定"五五"计划时，在考虑到上述因素的情况下，降低增长速度，但执行结果，经济增长率还是比计划规定的指标要高，如社会总产值年均增长率为 10.8%，国民收入为 11.3%，工业总产值为 13.1%。

特别要指出的是，在制定"五五"计划时，苏联曾强调消费品的生产与生产资料的生产两者增长速度相接近，并计划规定为：生产资料的生产（第一部类）的年均增长率为 13%，而消费品的生产（第二部类）为 11%。苏联当时认为，这两者的接近，是"五五"计划中工业结构规划的最重要的特点。但执行结果，第一部类的年均增长率仍是最高的，为 13.7%，这比"四五"计划的 12.9% 还要高。而第二部类为 12%，这比"四五"计划 15.7% 要低得多。苏联在 1951—1955 年仍坚持生产资料生产的高速增长，有以下三个重要原因：一是认为，战后世界资本主义体系虽进一步削弱，但国际形势尖锐化，以美国为首的西方集团所造成的战争威胁越来越大，因此苏联要为斯大林准备新的世界大战的思想具体落实到经济发展政策上。二是由于二战的胜利，苏联领导层特别是斯大林认为，他的高速、优先发展重工业的工业化政策是完全正确的，并把它视为社会主义经济发展一种战略选择与必须遵循的客观规律。关于这一点，马林科夫在苏共十九大的报告中体现得十分清楚。三是苏联在"五五"计划期间，需要加强一些工业部门的发展，而这些部门主要是重工业，如动力、石油、黑色冶金、化学等部门。例如，石油产量到 1955 年为 7079 万吨，1951—1955 年期间，总增长额为 3292 万吨，平均增长额660万吨,而1946—1950年年增长额为370万吨。生铁与钢的产量,分别由1950年的1918万吨与2733万吨增加到1955年的3331万吨与4527万吨。机械制造业与金属加工工业在"五五"计划期间增长了1.2倍(计划预定增长1倍)。由于苏联继续坚持优先发展重工业的方针,在工业产值中生产资料生产与消费品生产两者的比例关系,由1950年的68.8∶31.2改变为1955年70.5∶29.5。显然,消费品生产的比重不仅没有提高,反而下降了。

第二,提高积累率,把资金主要投入重工业。

加速重工业的发展,要求把大量资金用于重工业部门,从而导致高积累。1951—1955年,用于生产资料生产的投资占工业投资总额的89.1%,而用于消费品生产的投资只占10.9%。这是苏联战后各五年计划中生产资料生产投资所占比重最高的(在二战期间为92.1%)。① 由于需要用大量资金进行基建投资,特别是用于发展重工业,使得基建投资增长速度往往超过国民收入增长速度,"五五"计划时期,除了1953年基建投资增长速度低于国民收入外,其余4年基建投资增长速度都超过国民收入,如1954年基建投资比上年增长18.2%,而国民收入为12.2%。巨额资金用于生产性的投资,必然使国民收入中用于积累部分的比重不断提高。"五五"计划期间年均积累率为28.6%,而头3年超过29%。

第三,把加速农业发展视为"五五"计划的一项中心任务。

苏共有关"五五"计划的指示中强调:农业方面的主要任务是,提高一切农作物的单位面积产量,进一步增加公有牲畜的头数,大大提高牲畜的产品率,增加农业与畜牧业的总产量与商品产量。规定5年内谷物产量增加40%～50%。肉类和脂油提高80%～90%,牛增加18%～20%,奶牛增加约1倍,生猪增加45%～50%。从农业的一些主要指标来看,增幅还是比较大的。特别考虑到在"四五"计划期间规定的农业任务未能全面完成,谷物产量与播种面积都未达到战前1940年的水平,更应加快农业的发展。

还应指出的是,农业中存在的问题甚多。马林科夫在苏共十九大报告中指出,农业的主要问题有:不抓集体农庄的生产,而是把注意力放在合并

① 参见陆南泉等编:《苏联国民经济发展七十年》,机械工业出版社,1988年,第410页。

农庄,在新的地址上建立大的"集体农庄镇""集体农庄城""农业城"问题上,并把这些看作是"在组织上和经济上巩固集体农庄的最重要的任务";农庄与农场没有很好地贯彻经济利益的原则;在农业领导上用千篇一律的公式的办法来解决许多实际问题,计划不能因地而异;农业方面利用科学院技术成就不够;等等。这些批评意见是对的。

但亦应看到,马林科夫在报告中,对农业中的某些问题的批评则是错误的,如他批评农庄成立独立的生产小组的实验,批评农庄、农作物建设附属企业的做法等,都不利于对农业制度改革的探索。至于当时苏联领导,所看到农业中存在的种种问题,更没有从农业体制角度去分析,因此亦难以触及问题的实质。这里还需要指出的是,苏联农业存在种种问题难以得到根本解决,这与苏共主要领导长期不深入农村了解情况有关。斯大林作为苏联最高领导人,只有1928年为了推行以强迫的手段征收农民存粮而去过西伯利亚农村,而后来长达20年没有去过农村。这种情况下制定的农业政策往往脱离实际,这就很难搞好国民经济基础的农业了。

为了加强农业,"五五"计划时期对农业的基建投资增加1倍,从而加强了农村的物质技术基础,机器拖拉机站的拖拉机总功率大约增加了0.5倍,从而提高了农业机械化水平。但要指出的是,"五五"计划的前4年,农业状况并没有取得大的进展,谷物产量1951—1954年都未达到战前1940年9561万吨的水平,只是到了1955年,由于1954—1955年赫鲁晓夫开垦荒地①,谷物产量才超过1940年的水平,达到10370万吨。而农作物单产也没有大的提高,1955年每公顷为8.4公担,而1950年为7.9公担。牛的存栏总头数,到1955年为5880万头,这比1950年的5710万头并没有增加多少。马、山羊的存栏头数还大大少于1950年。

第四,关注人民生活水平的提高。

我们在分析"四五"计划的发展情况时指出,通过战后第一个五年计划,人民生活虽有一定改善,但仍十分困难,因此苏共制定"五五"计划时,力图加速消费品的生产,使生产资料生产与消费品生产的增长速度接近;给居民

---

① 关于赫鲁晓夫上台后的包括垦荒在内的农业政策,将在本书第八章论述。

供应的重要消费品有极大增加;5 年内国民收入增加 68% ,农庄庄员的实际
收入增加 0.5 倍,零售商品流转额几乎增长 90% ,对住宅建筑投入大量资
金,仅通过国家拨款建成的住房面积达 1 亿平方米。①

第五,不切实切地把"五五"计划视为发达社会主义建设阶段的开始。

二战后,斯大林在理论上提出了一国实现共产主义的理论。这与他在
战前苏联已建成社会主义并处于向共产主义过渡的观点是相联系的。战后
第一个五年计划使经济基本恢复后,实行"五五"计划时,苏联认为已进入
"发达社会主义的经济建设阶段",这个阶段"包括第五个五年计划、第六个
五年计划和第七个五年计划"。② 苏联学者把"五五"计划视为发达社会主义
的经济建设阶段,这与苏共十九大的基调是一致的,这次代表大会,苏共第
一次把向共产主义过渡作为自己直接任务而载入史册。在 1952 年 10 月 23
日通过的苏联共产党党章程第一条就明确指出:"现在,苏联共产党的主要任
务是:从社会主义逐渐过渡到共产主义,最后建成共产主义社会。"③马林科
夫在大会上所作的政治报告中说:"苏联现在已经不是一个被资本主义包围
的孤岛了。苏联有着建成一个完全的共产主义社会的一切必要条件,它正
在为了实现在我国建成共产主义的伟大目标而顺利地战斗着。这种超越发
展阶段的理论,给苏联社会经济的发展带来了严重的后果。"

## 第四节　战后不思改革的原因

在战争期间,德国侵略者使苏联遭受巨大损失:完全或部分地破坏和烧
毁了 1710 座城市和 70000 多大小村庄,使大约 2500 万人无家可归,毁坏了
31850 家工厂及其他工业企业,破坏了 65000 千米铁路,4100 座火车站,炸毁

① 参见苏联科学院经济研究所编:《苏联社会主义经济史》第六卷,盛曾安等译,东方出版社,
1986 年,第 288 页。

② 苏联科学院经济研究所编:《苏联社会主义经济史》第六卷,盛曾安等译,东方出版社,1986
年,第 283 页。

③ 《苏联共产党代表大会、代表会议和中央全会决议汇编》第五分册,人民出版社,1958 年,第
298 页。

13000 座桥梁,洗劫并完全破坏了 98000 个集体农庄、1876 个国营农场,2890 个机器拖拉机站。最为严重的是损失了 2000 万人。[①]

战争胜利后,人们强烈地希望能有一个和平、稳定的环境,重建国家经济与家园,尽快地提高物质文化生活水平。人们意识到这种愿望的实现,就不能简单地再回到战前的状况,而必须在对战前的各种政策进行深刻反思与认真总结的基础上,并根据战后出现的新情况和新形势,对社会主义发展方向、目标与实行的政策等方面,进行重大调整。这必然涉及包括经济体制在内的斯大林模式的改革。实际上,在战前最后确立的斯大林经济体制模式,其严重弊端在这一体制形成过程中就已明显地暴露出来了。二战前,苏联的经济问题与人民生活的困难已非常明显。战争的严重破坏,使问题发展到极其尖锐的程度。在战争时期这些困难暂时被掩盖起来了,但战争结束后,这些问题自然就会很快凸显出来。另外,还要看到,在战争时期,苏联与美、英、法等西方发达资本主义国家是反战同盟国,自然会发生各种交往,这对苏联中上层人士的思想不可避免地会产生影响。从下层士兵来讲,由于战争的需要他们越出国家,并与盟国的士兵接触来往,还与国外的人民来往,从而看到了也了解了外部世界的真实情况。战争结束后,这些士兵回国后,很自然地相聚在小饭馆与小酒店,议论在国外的所见所闻,后来被人们称为"小酒店民主"[②]。这也反映了人们渴望改革的心理,人民期待看到改革机会的出现。

从改革的客观条件看,当时取得战争胜利的苏联,在国际上的地位大大提高了,它的地位得以空前的巩固。苏维埃政权在战争时期产生的凝聚力尚未消失。斯大林个人的威信因战争的胜利空前提高。如果斯大林能正确地对待这个情况,利用这个有利条件,以战争胜利为契机进行改革,那么苏联就会出现崭新的局面。

但遗憾的是,斯大林不仅不思改革,而且继续强化战前的体制。下面我们分析一下经济体制方面的情况。

---

① 参见[苏]B.T.琼图洛夫等编:《苏联经济史》,郑彪等译,吉林大学出版社,1988 年,第 211 页。

② 张盛发:《斯大林与冷战》,中国社会科学出版社,2000 年,第 86 页。

战争胜利后,在经济体制方面,采取的主要措施是废除战时实行的管理体制,以适应和平时期经济发展的需要。这主要有:取消国防委员会,扩大苏联部长会议与国家计划委员会在改组经济、技术进步与加强生产集约化基础上进一步发展经济的权力;把国家领导国民经济的基本职能划分为三种,并由三个经济机构执行:编制国民经济计划并监督其执行,这由国家计划委员会改组为苏联部长会议国家计划委员会(苏联国家计委)负责;物资技术供应,这由苏联部长会议国家国民经济供应委员会(苏联国家供应局)负责;将新技术应用于国民经济,这由苏联部长会议国家经济应用新技术委员会(苏联国家新技术委员会)负责,扩大各部权力。各部有权在规定的工作人员数的范围内批准企业与建筑单位行政管理机构的结构的编制,可以在工资基金构成中变动某些工作人员的工资等级。同时扩大加盟共和国在管理和编制计划方面的权力。那些保证地方需要的许多部门的工业企业、联盟都交给共和国管理;进行价格改革,主要是取消补贴制度与提高许多重工业部门产品的价格。从1949年1月起,规定了新的批发价格,使整个工业部门的批发价格平均提高50%以上;扩大企业支配利润的比例,主要是改变战争时期企业利润全部上缴的制度。改革后,基本建设费用中企业自有资金所占的比重和计划规定的企业自有流动资金均有大的增加。在1949年基本建设投资比1948年总共增长59.4%的情况下,经济机构用于基本建设投资的自有资金的比重提高了185.5%。

十分明显,以上一些措施,只是恢复战前的体制。这里还要指出的是,战时的某些管理体制并未及时取消,如对1940年颁布的处罚旷工和迟到的命令,1941年颁布的《关于军工企业工人和职员擅离企业的责任法》(该法规定擅离企业者处于剥夺5~8年自由刑罚),到1948年5月才正式宣布废除,但实际一直存在到1956年。仅1948年,因擅离企业而根据1941年法令被判刑的就达24000人。根据1940年法令被追究刑事责任的1947年为215000人,1948年为250000人。在铁路和水上运输部门,特别法庭一直存在到1948年5月。① 斯大林在战后仍坚持原来的体制,并不断强化,其主要

---

① 参见张盛发:《斯大林与冷战》,中国社会科学出版社,2000年,第89页。

原因有：

第一，斯大林把战争的胜利归结为苏维埃社会制度的优越性。他在1946年2月9日《在莫斯科市斯大林选区选举前的选民大会上的演说》中指出："苏维埃社会制度比非苏维埃社会制度更有生命力，更稳固，苏维埃社会制度是比任何一种非苏维埃社会制度更优越的社会组织形式。"[①]斯大林在这个演说中，还列举了战前1940年苏联可以用来进行战争的经济基础。[②]苏联之所以能在短短的13年取得这些物质条件，在斯大林看来最为重要的是两条：一是依靠了苏维埃的国家工业化政策；二是依靠了农业集体化。尽管农业集体化对农业生产力造成的严重破坏是无可争辩的历史事实，但斯大林在这个演说中却说："毫无疑问，如果不实行集体化政策，我们就不能在这样短的时期内消灭我国农业历来落后的状况。"[③]农业集体化的成就，就是从二战时期来看，主要也是体现在保证大量农产品征集到国家手里，满足战争的需要。还必须指出的是，斯大林在这一演说中，用回忆的方式，继续批判党内反对工业化与农业集体化政策的人，说这些人"一贯把党拉向后退，千方百计想把它拉到'通常的'资本主义的发展道路上去"。他们所做的全部工作，"都是在追求一个目的，即破坏党的政策并阻碍工业化和集体化的事业。但是党既没有在一些人的威胁面前屈服，也没有在另一些人的号叫面前屈服，而是坚定不移地、不顾一切地前进。党的功绩就在于它并没有迁就落后分子，不害怕逆流而进，始终坚持着党内主导力量的立场"[④]。为什么在工业化与集体化早已完成，到了1946年斯大林要讲这么一段话，十分明显，目的有二：一是通过战争的胜利，证明他搞的工业化与集体化是完全正确的，不可怀疑；二是通过工业化与集体化形成的经济体制模式是十分有效的，因此也是不能改变的。从而，在战后苏联排除了对高度集中的、指令性计划经济体制改革的可能性，丧失了改革时机，并且使体制更加僵化与凝固化。

第二，二战后，斯大林个人迷信大大发展了，达到了神化的程度。战争

① 《斯大林选集》下，人民出版社，1979年，第492页。

② 此处的经济基础指的是1940年生产了1500万吨生铁，1830万吨钢，1.66亿吨煤，3100万吨石油，3830万吨商品谷物，270万吨籽棉。同上，第495页。

③ 《斯大林选集》下，人民出版社，1979年，第497页。

④ 《斯大林选集》下，人民出版社，1979年，第497页。

之所以取得胜利,主要是四个因素作用的结果:一是苏联的反法西斯战争是正义的战争;二是广大苏联人民与苏联红军(从广大指战员到一般士兵)强烈的爱国热情,誓死保卫祖国的决心;三是战前已建立起来的实际上主要是适合战争需要的战备体制;四是不应忽视参与反法西斯战争中的盟国的作用,这既有西方发达资本主义国家,还有像中国等那样落后国家。没有这些国家和人民的全力支持,苏联取得战争的胜利将会困难百倍。至于斯大林的功劳,虽然有不同评价,但大量史料表明,对苏联军队取得反法西斯德国的历史性胜利,主要归功于斯大林善于领导的看法是站不住的。由于斯大林在 1941 年春对军事战略形势所作的不正确估计,对战争一开始造成的严重损失,已被历史证明。造成这一严重失误的根本原因,正如前海军人民委员 H. T. 库兹涅佐夫在回忆录中指出的,还是斯大林的领导制度问题,他写道:"斯大林有一种追求无限的权力的欲望,他把军事工作掌握在自己手里。在战争的情况下,即使个别人可能在极其关键的时刻伤亡,制度应当保证作战行动不能中断。但当时我们却没有这样的制度。战争到来的时候,我们这方面是没有准备的。"[①]在这种情况下,那些掌握着确凿情报材料的机构与权威人士,没有可能向斯大林证明当时局势的危急程度,更没有权力去采取足够的措施,防止这种危险局势的出现。赫鲁晓夫在苏共二十二大上所作的报告中谈到,战争突然爆发之后的最初几天,斯大林实际上是临阵脱逃。据赫鲁晓夫证实,斯大林获悉苏军遭受重创的溃败之后,认为已经彻底完蛋了,苏联已无可挽回地失去列宁所创造的一切了。后来斯大林实际上长时间没有领导作战,而且根本不予过问,只是在一些政治局委员去找他并要求他应当毫不迟延地采取措施扭转前线的局势之后,他才重新领导作战。不仅所有的苏联元帅,而且当时苏共中央主席团委员莫洛托夫、马林科夫、卡冈诺维奇、伏罗希洛夫和布尔加宁都出席了苏共二十二大,但他们没有认为必须去更正赫鲁晓夫的讲话。[②] 赫鲁晓夫揭示的上述情况,也许像莫洛托夫

---

① 转引自[苏]罗·亚·麦德维杰夫:《让历史来审判:斯大林主义的起源及其后果》下,赵洵等译,人民出版社,1981 年,第 765 页。

② [苏]罗·亚·麦德维杰夫:《让历史来审判:斯大林主义的起源及其后果》下,赵洵等译,人民出版社,1981 年,第 780 页。

等重要领导人,在当时不便反驳赫鲁晓夫,那么在后来苏联出版的《莫洛托夫访谈录》中证实上述情况是事实。① 下面我们看看访谈录是怎样讲的:

> 战争爆发的头几天,"他②两三天没有露面,待在别墅里。不用说,他难过得很,郁郁不乐,人们全都不自在,他尤其如此。"
>
> 1941 年 6 月 22 日,"大家来到斯大林别墅,请他发表告人民书,但遭到断然拒绝。众人遂请莫洛托夫……"莫洛托夫回答:"是的,是这样,大致是对的。"
>
> 丘耶夫问:"(大家)提议让斯大林领导红军最高统帅部,可是他拒不接受。"莫洛托夫回答:"他拒绝了,这当然是对的。"③

过去有关斯大林在反法西斯战争一开始的表现,曾有过上面那种情况的传说,但谁会相信,在中国一直把这说成反革命造谣。正如有的同志说的,要不是百分之二百的斯大林主义者莫洛托夫出来证实,谁会相信这些有万分之一可能会是事实呢?④

我们在指出斯大林在战争中所犯严重错误时,需要指出的是:①绝不是要贬低苏联人民与红军建立的伟大功勋,而在斯大林时期这一伟大功勋被贬低了。恢复历史的本来面目,使苏联人民的功勋显得更伟大了。②并不是完全抹杀斯大林在战争中的作用。不少苏联军事领导人与学者认为,到了 1943 年春苏联红军打了一次大败仗之后,这才使斯大林能够较正确地了解苏德战场力量对比的真实情况。1943—1945 年斯大林对军队所下达的指示是比较深思熟虑和比较正确的。③在斯大林个人迷信的情况,对于广大普通的人民群众与士兵来说,已造成了斯大林的名字和人民对他的信任,在相当程度上成为团结人民、赢得胜利的希望。不仅如此,按照对任何个人迷

---

① 访问者是丘耶夫,是一位历史学教授,从 1969—1986 年间,前后访问了 139 次。根据录音访谈后的整理实录而成书,于 1991 年在莫斯科出版。

② 此处指斯大林。

③ [苏]丘耶夫:《莫洛托夫访谈录》,军事科学院外国军事研究部译,吉林人民出版社,1992 年,第 395、394 页。

④ 参见严秀:《半杯水集》,福建人民出版社,2001 年,第 222~231 页。

信的逻辑,军事上的一切失误与失败,必然归咎于其他将领,而一切成功与胜利都与斯大林名字联系在一起。因此,对许多当年高呼着斯大林名字去作战的苏军士兵与军官来说,要重新认识斯大林、改变对斯大林的看法自然就不那么容易的了。而相反,战争的胜利,不仅掩盖了斯大林的所有错误,不论是战前的还是战争时期的,并且使得斯大林的个人迷信比战前大大发展了,把斯大林神化了,把斯大林模式也神化了。个人迷信的基础是高度集权,而高度集权的政治经济体制,又促进了个人迷信的不断发展。完全可以说,个人迷信已成为苏联制度的一个组成部分。所以战后,斯大林不可能考虑政治经济体制改革,而更多考虑的是进一步强化高度集中的体制,这也是强化他所需要的统治制度,从而使国家政治权与经济权作为他的个人工具,把无产阶级专政变成他的个人专政。

第三,从斯大林思想深处来看,战后他并没有离开战备的政策。二战结束后,对苏联来说,已并不存在来自外部的现实的战争危险。因此,完全有可能来调整它战时的经济结构,压缩军费开支。由于战后苏联人民生活极度困难,斯大林不得不在这些方面作些调整。如1946年武装部队人数从1100万减到280万人,直接的军费开支在国家预算支出中的比重,从1945年54.3%降到1946年的24%,1947年的18%。但随着冷战的开始和战时联盟的瓦解,苏联的军事预算与军队编制也随之增加。据苏联官方的材料计算,战后第一个五年计划时期(1946—1950年)国民经济军事化吞没了近1/4的国民收入。战后第一个五年计划规定,机器制造业和金属加工工业产值要比1940年增加115%,在规定工业总产值增长72%的情况下,机器制造业要增长135%,这些指标提前超额完成了。1952年,苏共召开十九大前夕,在为大会准备的文件中谈到苏联的成就时说:"国防工业取得了相当的成就。1950年与1940年相比,航空工业增长了33%,武器工业增长了75%,造船工业增长了140%,在战后五年间按计划总产值,航空工业完成102.8%,武器工业完成了103.1%,造船工业完成106.2%。生产能力、工人数都在增长。"[1]这个五年计划期间用于整个工业的基本建设投资额中,用于"甲"类占

---

① [俄]尼·西蒙诺夫:《20—50年代,苏联军事工业综合体:经济发展的速度、结构、生产和管理组织》,俄罗斯政治百科出版社,1996年,第192页。

87.9%,"乙"类仅占 12.1%。而轻工业只完成计划规定的 80%,未达到战前的水平。农业情况最糟。1950 年农业产值只相当于 1940 年的 99%。粮食产量为 8500 万吨(原计划是 1.27 亿吨),在第五个五年计划头 3 年(1951—1953 年),农业计划方面一项指标也未完成。

二战后,苏联普通老百姓的生活虽有一定改善,但仍处于极低的水平,远未摆脱贫困乃至饥饿,市场供应严重不足。

二战后斯大林继续推行经济军事化的政策,尽管与苏联加强国防任务的必要性有关,特别面对美国拥有原子弹的情况下,需要考虑加强军事工业。但问题是,面对国内人民生活极其困难的情况下,应该把握发展军工生产的度的问题,超过了一定的度,就不仅破坏整个国民经济的平衡发展,人民生活的改善,而且也超出了防御的界限。综观战后到斯大林逝世前,苏联实际上一直把经济纳入战备的轨道,这不能不说,这与斯大林对世界形势的错误估计,与思想上根深蒂固的扩张思想有关。在二战尚未结束前的 1945 年 4 月,铁托率领南斯拉夫政府代表团访问莫斯科时,斯大林在其别墅宴请代表团中的共产党人时讲:"如果斯拉夫人团结一致,那么将来谁也不敢碰他们一下。对,连碰一下也不敢!""所以斯拉夫人应该团结起来。"他还接着说:"战争结束了,再过 15～20 年,我们也会恢复起来,然后再打仗!"[①]

战备经济必然要求经济体制的高度集中化,把物力、财力和人力集中用于军事部门。在这种情况下,斯大林为了保证军事工业的优先发展,与美国进行军备竞赛,他不可能改革高度集中的经济体制,而是实行强化这种体制的政策。

第四,进一步统制农业与加强对农民的榨取。自斯大林推行工业化与农业集体化运动之后,可以十分清楚地看到,农业、农民与农村情况一直处于极端困难状况,在二战期间和战后第一个五年计划时期显得更加突出,特别是饥荒日益严重。而斯大林不仅没有采取措施来缓解饥荒,反而以更为严厉的手段惩处因不堪饥荒而"越轨"的农民乃至小孩。根据苏联内务部长的报告,仅 1946 年 12 月一个月内就有 13559 人(包括 12 岁以下的儿童)因

---

① [南斯拉夫]米·杰拉斯:《同斯大林的谈话》,赵洵等译,吉林人民出版社,1983 年,第 89 页。

"偷窃"集体农庄的粮食"被追究刑事责任"。1949 年 8 月,国营农场一名女教师因生活走投无路,杀死了自己的三个孩子,等等。① 1946—1947 年,乌克兰发生大饥荒,出现过人吃人的惨事。饿得发疯的妇女杀死亲生的孩子,吃孩子的尸体……②

　　谁都清楚,农村中出现的严重困难,主要是集体农庄制度。造成的 1946 年有 75.8% 的农庄付给庄员的报酬每天少于 1 公斤谷物,而 7.7% 的农庄却无谷物可支付。在俄罗斯联邦,不能给庄员提供粮食品的占 13.2% ,在俄罗斯一些州,不能按庄员劳动付给谷物的占 50% ~ 70% 。③ 集体农庄庄员普遍失去了对劳动的兴趣,不出工的现象很普遍,出了工也不出力。很明显,集体农庄制度面临危机。这个时期,苏联农村传播着解散农庄的消息。1945 年 7 月苏共中央的一位监察委员在库尔斯克州视察后报告说:"关于集体农庄解散的消息……现在在集体农庄庄员中广为的流传。"④农庄庄员对上面来视察的干部,总是询问农庄解散的问题。一次,一个庄员对区里来的干部说:"是不是说很快解散集体农庄? 如果没有集体农庄,我们生活会更好,也会给国家带来更多的好处。"⑤另外,甚至还有许多人相信,解散集体农庄的倡议来自最高权力机关的斯大林本人。有人还说,在莫斯科成立了研究解散农庄的委员会,并还有人说已经签署了解散集体农庄的命令。也有人分析,斯大林不会解散农庄,如果他要解散农庄,也是美国和英国施加压力的结果……为什么当时苏联农村如此盛传解散农庄的消息呢,又说得有鼻子有眼像真的那样。其实原因也很简单:一是大家都已清楚地看到集体农庄制度从产生一开始就显得毫无生命力,成了影响农业发展的主要障碍;二是农民生活实在过不下去了,希望寻找新的出路。当时有很多人提出,战争胜利了,农庄的主要使命(向国家上交大批粮食)已经完成了,现在应该解散农庄了。简言之,解散农庄的传言,是广大农民强烈愿望的一种反映。

---

　　① 　参见[苏]沃尔科戈诺夫:《斯大林》下,第 578、469 ~ 470 页;资料来源:《苏联中央国家十月革命档案馆第 9401 全宗》第 2 目录第 98 卷宗第 7 项第 380 页、第 319 卷宗第 192 ~ 198 页。

　　② 　参见《赫鲁晓夫回忆录》,张岱云等译,东方出版社,1988 年,第 334 页。

　　③ 　参见俄罗斯《祖国历史》1998 年第 3 期。

　　④ 　俄罗斯《祖国历史》1998 年第 3 期。

　　⑤ 　俄罗斯《祖国历史》1998 年第 3 期。

遗憾的是,农民这种要求改革集体农庄的强烈愿望不仅没有实现,并且斯大林采取措施来进一步控制农业,巩固与发展集体农庄制度,达到统制全国经济的目的。斯大林的具体做法是:

第一,对新并入苏联版图的波罗的海沿岸三国(立陶宛、拉脱维亚和爱沙尼亚),于1947年5月,按20世纪30年代的模式开展农业集体化运动,到了1950年4月,完成了集体化。

第二,实行继续压榨农民的政策。二战后,资金从农村往城市"流入"不仅没有减少,相反增加了。在货币的实际币值明显贬值的情况下,农产品收购价格却几乎没有提高。集体农庄必须把自己的大部分产品比农产品的实际成本还要低得很多的价格交售出去。更有甚者,在斯大林生前最后几年,在苏联形成了一种分派国家征购计划的不良制度。农庄都无力完成上交计划。这样一来,农庄都欠了大量税款,从而使粮食收购变成了余粮征集制性质。另外,1946年10月,苏联成立了直属部长会议的集体农庄事务委员会。该委员会向各共和国各州派驻"不属地方领导的中央检查员",其目的是强化对集体农庄的直接指挥。

第三,批判"包产小组",合并集体农庄。当时主管农业的中央政治局委员安德烈耶夫在1947年2月在联共(布)中央作了农业问题的报告,主张对农业体制加以改革,主要内容是集体农庄在分配收入时,应当计算工作的收成(在工作队中则计算小组的收成),使收成较高的工作队和小组的庄员相应地获得较多的报酬,收成较低的工作队和小组的庄员获得较低的劳动报酬。这一改革的主要目的是克服分配中的平均主义,促进劳动生产率和单位面积产量的提高。在这一改革思想的推动下,苏联从1947年至1950年,在不少地区曾试行"包产到组",在乌克兰得到广泛推广。但由于这种改革,与斯大林的大农业、公有制程度越高越先进和对农业的全面统制的思想相抵触,这种"包产到组"的改革很快遭到批判。说它在经济上、组织上与巩固集体农庄的利益相违背的,"会使农业工作误入歧途"。① 马林科夫在苏共十九大上的工作报告中也批判说:"在集体农庄的劳动组织问题上,某些领导

_____

① 苏联《真理报》1950年2月19日。

人采取了不正确的路线,在集体农庄内培植独立的小组,取消了生产队;这种做法实际上是反对谷物业耕作的机械化,结果引起了集体农庄的削弱。"[1] "包产到组"试验的夭折,安德烈耶夫随后也被撤职。与此同时,在全苏范围内开展大规模的集体农庄合并运动。到 1951 年 1 月 1 日,农庄总数就从战前 30 万个,合并为 12.3 万个。到了斯大林逝世的 1953 年合并运动暂告一个段落。

战后苏联农业发展情况表明,斯大林的上述种种措施,并没有促进农业生产力的发展,而是进一步造成农业生产力的破坏。1953 年苏联的粮食产量仅为 8250 万吨,低于沙皇时代最高水平的 1913 年的 8600 万吨,按人均计算的产量则低 19%。

第四,由于斯大林对外部世界认识的错误并实行了错误政策,战后使苏联走向"闭关锁国"的经济发展道路。

在对待社会主义国家关系问题上,提出建立社会主义阵营,并建立"经济互助合作委员会"(简称"经互会")。在对待资本主义世界关系上,提出了资本主义总危机理论与两个平行市场理论。这样,不仅使苏联难以正确认识外部世界,特别是西方资本主义世界,并且还使苏联自我封闭起来,使它的经济体制模式不断凝固化,并且还强迫其他社会主义国家接受,即阵营化。因为在斯大林看来,苏联的经济体制模式是唯一合理的、所有社会主义国家普遍适用的。在这种背景下,斯大林怎么能改革在战前建设起来的体制模式呢! 我们在这里提出的一些问题在本章下一节论述斯大林体制模式阵营化问题时,进行较为详细的分析。

# 第五节　斯大林经济体制模式阵营化

## 一、从划分势力范围到形成社会主义阵营

斯大林在苏德战争前就已在为建立苏联势力范围而努力。1939 年 8 月

---

[1] 《苏联共产党第 19 次代表大会文件汇编》,人民出版社,1955 年,第 58 页。

23 日,苏联与德国签订的互不侵犯条约及秘密附加协定书,可以认为是苏联为自己确立势力范围的一个最早的步骤。此后,苏联采取了一系列行动,扩大地盘与势力范围。到了 1940 年秋,苏联先后扩展的领土有:西乌克兰、西白俄罗斯、立陶宛、拉脱维亚、爱沙尼亚、比萨拉比亚和北布科维纳。1941 年6 月苏德战争开始和同年 12 日美日太平洋战争的爆发,使得英、美等资本主义国家与苏联建立了互助同盟关系,即成为与德、意、日进行殊死战斗的同盟国。同盟国的共同目标是打败法西斯。但由于它们在社会制度、国家利益与意识形态上的重大差别及矛盾,可以毫不夸大地说,在同盟关系一建立起,它们围绕着战后安排等问题都有自己的打算,并随着战争的发展,各国的不同想法与矛盾日益显露出来。1943 年,苏联在斯大林格勒战役取得胜利后,它在战后安排方面的谈判地位明显加强。这一年的 11 月召开了苏、美、英三大国战时第一次首脑会议,即德黑兰会议。在这个会议上,苏联在确立东欧势力范围的努力已取得初步成功。1945 年 2 月,在反法西斯战争已临近胜利之际,苏、美、英三国在苏联雅尔塔举行了战时第二次首脑会议,这是一次具有重大历史意义的会议,因为它就战后世界特别是欧洲势力范围的划分作出了安排。后来长期被称作"雅尔塔体制"。根据雅尔塔会议的议定书和协定,有关欧洲部分的势力范围划分是:西欧仍旧保留资本主义,东欧为苏联的势力范围;德国由美、英、苏三国分区占领(后来变为西德属美、英,东德归苏联)。雅尔塔会议有其积极作用和一定程度上反映了时代的进步性,如一致同意彻底"消灭纳粹主义和法西斯主义的最后形迹",建立维护战后和平与安全的国际机构——联合国,并确定"大国一致"的原则作为安理会运作的基础。但其局限性和消极面也很明显,它在很大程度上是一次强国瓜分世界,确立势力范围的一次强权政治会议。这次会议把盟国中的两个重要成员中国与法国撇在一边,并且与会三国无视中国在抗击日本法西斯方面做出的巨大贡献和牺牲,赤裸裸地侵犯中国的主权与领土完整。

苏联把东欧纳入自己的势力范围,在当时的国际背景下,斯大林的出发点是:确保苏联在欧洲与世界政治格局中的安全、优势地位;挡住美、英等西方国家对东欧地区的影响与干预;建立一个由苏联为领导的社会主义国家组成的势力范围,这些国家应以相同的意识形态为基础。其实,斯大林在战争结束前就有了这个想法。前面提到的 1945 年 4 月斯大林对南斯拉夫政府代表团的那次讲话中还说:"这次战争与过去不同,谁解放领土,谁就把自己的社会制度推行到他们军队所到之处。绝不可能不是这样。"①这里,斯大林已明确表达自己的意愿,即苏联红军挺进东欧国家之后,将在那里推行斯大林式的社会主义制度。但是在战后初期(在 1947 年之前),斯大林并不急于让东欧国家照搬苏联模式,之所以这样做,主要出于以下考虑:一是从与西方国家的关系来看,苏联为了确保在东欧的特殊地位,巩固取得的胜利成果,力图维持与美、英等西方国家的良好关系,不要求东欧国家采取过激措施刺激西方;二是战争结束后的苏联,经济极度困难,百废待兴,要尽快恢复经济,客观上也要求有个良好的、缓和的国际环境,因此不希望与西方国家发生更多的摩擦。在这种情况下,斯大林并没有急于提出社会主义阵营的问题。

但到了 1947 年 6 月 5 日,当美国提出马歇尔计划后,情况有了很大变化。苏联把马歇尔计划的目标归结为稳定欧洲与侵蚀东欧,是为建立反对苏联的西欧集团服务的,并且把马歇尔计划视为美国转嫁经济危机的手段。当时苏联科学院世界经济与政治研究所所长、瓦尔加院士给莫洛托夫的一份报告中说:"美国经济状况在提出马歇尔计划时具有决定性的意义。马歇尔计划首先是缓解迫在眉睫的经济危机的工具,在美国没有谁怀疑经济危机的来临……这样,为了自己的利益,美国将会提供比它们迄今为止已经提供的更多的贷款以便为本国的剩余产品找到出路,即使事先知道这部分贷款永远得不到偿还……在这种背景下,马歇尔计划的目的就在于:如果为了自身的利益美国必须以贷款形式向国外没有偿还能力的债务国提供价值数十亿美元的美国产品的话,那么就必须从中获取最大的政治利益。"②

鉴于上述认识,苏联从开始怀疑到最后彻底否定马歇尔计划,不仅自己不参加 1947 年 7 月 12 日在巴黎召开的欧洲经济会议,而且下令也不让东欧一些国家参加。之后,苏联开始对马歇尔计划进行尖锐的批判。9 月在第二届联合国大会上苏联代表团发表了谴责马歇尔计划的声明,认为"这个计划

---

①　[南斯拉夫]米·杰拉斯:《同斯大林的谈话》,赵洵等译,吉林人民出版社,1983 年,第 89 页。

②　俄罗斯《近现代史》1993 年第 2 期。

的一项重要特征是企图以包括德国在内的西欧集团国家来对付东欧国家"。
为了防御马歇尔计划对苏联与东欧国家可能引起的冲击,防止东欧国家可
能出现的对苏联的离心倾向,也考虑到拒绝马歇尔计划可能对苏联与东欧
各国经济恢复产生的不利影响,苏联决定加强与东欧各国的经济联系与合
作。苏联与东欧各国签订了一系列经济贸易协议,这被西方称之为"莫洛托
夫计划"。后来于1949年1月成立的"经互会",从而在经济上奠定了苏联
东欧集团的经济基础。但在这时,苏联模式还未能阵营化,东欧各国强调实
行人民民主制度,实行的是不同于斯大林模式、具有较强民族特色的社会主
义。到了1952年,随着国际形势与东欧各国国内在苏联的压力与控制下所
发生的巨大变化,斯大林明确宣布:由于中国和欧洲各人民民主国家"脱离
了资本主义体系,和苏联一起形成了统一的和强大的社会主义阵营,而与资
本主义相对立"①。在斯大林看来,组成社会主义"阵营"的国家,应该具有共
同的模式,这就是大家应遵循斯大林模式,即在意识形态、政治经济体制、外
交政策等方面都与苏联保持一致。如离开斯大林模式一步就是反马克思主
义,就是异己。

二、一步一步地加强控制

既然东欧地区国家是苏联的势力范围,既然所有社会主义国家必须遵
循斯大林模式,那就必须加强控制。我们在前面谈到,在1947年前,由于国
内外原因,斯大林对东欧国家虽然有巨大影响,但还没有威迫这些国家全盘
搬用斯大林模式。据多方面的历史材料来看,战争胜利的初期,斯大林授意
东欧国家搞人民民主制度。当时波、捷、保、南、民主德国等国党的领导人先
后都郑重提出要通过本国独特道路走向社会主义,即实行人民民主制度。
如季米特洛夫1946年2月在保加利亚工人党索非亚州委扩大会议上说:"各
个国家的人民向社会主义过渡,将不会照搬相同的模式,不会完全按照苏联
的道路,而是根据本国的历史、民族、社会、文化等方面的条件寻找自己的道
路。我们……一定能找到我们通向社会主义的道路。"同年9月,他向来保

---

① 《斯大林选集》下,人民出版社,1979年,第561页。

加利亚参加国庆活动的外国代表团和记者讲:"保加利亚完全可能有朝一日不通过无产阶级专政,而是通过人民民主和议会制度走向社会主义。"①

又如,1946 年 11 月波兰工人党总书记哥穆尔卡在工人党与社会党积极分子会议上作的报告中,指出了苏联道路与人民民主道路的三点根本区别,这就是"流血与和平,经过与不经过无产阶级专政阶段,苏维埃与会议民主"②。1945 年 5 月铁托在讲到苏联时说:"我们走的完全是另一条路。"③东欧各国共产党的领导人,普遍认为,从人民民主制度过渡到社会主义,将是一个相当长的历史阶段。

从战后头几年的情况看,东欧各国从本国国情出发的人民民主道路,得到了人民的拥护,人们希望这种制度能继续下去。但 1947 年东西方联盟破裂后,苏联对东欧的政策发生了大的转折,针对美国"控制西欧、分化拉拢东欧、遏制苏联"的政策,苏联开始实行与美对抗的政策,而实行这种政策最为重要的一条是,要牢牢地控制东欧,使自己的"后院"不出问题。因为一个稳固的苏联东欧国家集团才能有力地与以美国为首的西方集团抗争。苏联控制东欧各国的主要步骤与措施有:

第一,在政治上加强对东欧各国共产党的控制。为此,斯大林首先要做的是统一东欧各国党的政治思想。从 1947 年下半年开始到 1948 年上半年,苏联集中揭露与批判这些党及其领导人所存在的反马克思主义的倾向,实际上主要是指民族社会主义道路的思想,指责一些领导人的反苏倾向,要求东欧各党按苏联布尔什维克的原则行事。其次,迫使东欧各国从战后初期的多党联合体制向共产党一党制政权过渡。1948 年先是强制性地实行共产党与社会民主党合并,后来,实现了向共产党一党政权的过渡。最后,为了加强联共(布)与东欧国家各党之间政策和行动的协调,创办情报局机关刊物并设立常设编辑部。1947 年 10 月 7 日,联共(布)中央政治局通过了《关于设在贝尔格莱德的共产党情报局机关刊物的工作人员》的决议。决议规定,尤金率领一些苏联代表去担任编辑部的领导工作,尤金担任情报局刊物

① 转引自李宗禹等:《斯大林模式研究》,中央编译出版社,1999 年,第 376～377 页。
② 同上,第 377 页。
③ 同上,第 377 页。

的主编。

第二,加强经济控制。1949 年成立"经互会"实质上是苏联控制的东欧国家经济的工具。"经互会"成员国之间经济关系的实现,实际上是苏联计划经济体制在东欧国家中的延伸,即通过计划来实现各国之间的资源配置,竞争机制是很难起作用的。"经互会"成员国关起门来进行经济合作,苏联就利用自己的特权与经济优势,可以发号施令,让东欧各国按照苏联的需要进行国际分工和生产。苏联通过"经互会"对东欧国家经济的控制主要途径有:一是苏联加强与东欧各国的计划协调,协调的最终目的是使东欧国家的经济从属于或者说服务于苏联经济;二是大搞国际分工与生产专业化协作等办法,迫使东欧各国实行生产"定向",使这些国家的一些部门成为苏联经济发展所需的生产基地,从而使东欧国家经济的单一化与畸形;三是苏联利用东欧国家对其燃料与原材料的严重依赖,控制这些国家的经济;四是建立一些与"经互会"同时起作用的超国家经济组织,如"国际经济合作银行""国际投资银行"等,直接控制东欧各国的外贸动向与操纵银行的信贷。

在东欧国家 1989 年先后发生剧变之后,笔者对某些国家进行访问,在询问政府经济官员与一些著名经济学家有关"经互会"的作用时,普遍持否定态度,认为最大的副作用有两个:一是由于"经互会"成员国之间的经济关系缺乏竞争,因此,这些国家经济长期处于低水平的徘徊,无法提高经济素质;二是由于苏联通过行政命令乃至强制的办法搞经济分工,因此,各国难以实行与本国国情相符的政策,造成经济结构的严重不合理,市场供应困难,人民生活水平难以提高。斯大林往往不切实际地强调苏联对"经互会"其他成员国的援助而忽视"互助",似乎其他国家对苏联没有援助的作用。

现在回过头来看,如果放到当时世界经济发展的大背景下来考察,从深一层来分析,那么"经互会"的消极作用,远不止上面提到的两个方面。不论对苏联还是对东欧各国,"经互会"对经济发展造成的危害还突出表现在:一是由于"经互会"是个封闭性的经济集团,经贸合作主要在这个范围内进行,如 1950 年苏联对外贸易总额的 81.1% 是与"经互会"成员国实现的。这样,这些国家必然与世界市场隔离,难以参与世界产业转移过程,这自然就影响各成员国的产业结构升级与经济增长方式的转变。二是难以对世界科技革命作出有效反应,去吸收世界科技革命的成果。战后,正逢世界科技呈迅速发展时期,它在西方国家大大促进了生产力的发展。但由于"经互会"具有封闭性与排斥市场的特点,"经互会"成员国缺乏接受新技术与采用新技术的内在机制,从而导致经济的长期落后。

在谈到"经互会"与世界经济隔绝问题时,不能不提及斯大林的"两个平行市场的理论"。斯大林说:"两个对立阵营的存在所造成的经济结果,就是统一的无所不包的世界市场瓦解了,因而现在就有了两个平行的也是互相对立的世界市场。""这个情况决定了世界资本主义体系总危机的进一步加深。"①斯大林把"两个平行市场"的出现,一方面视为两个对立阵营存在必然产生的经济结果,这样,把东欧各国框在"经互会"范围内就有了理论根据,从而导致"经互会"国家经济长期难以融入世界经济体系,忽视世界市场的主导作用;另一方面,斯大林错误地估计了"两个平行市场出现"对世界经济的影响,他认为,这会使世界资本主义体系总危机进一步加深。斯大林忽视了资本主义生产关系自我调整的可能性与潜力,忽视了科技革命对其经济发展产生的巨大影响。斯大林在这里的另一个错误估计是,把战后资本主义在国外的剥削仍主要放在掠夺原材料这一狭隘的领域,而实际上,随着科技发展,对原材料等初级产品的需求大大下降了。而斯大林仍把资本主义总危机的加深主要归结为"市场的缩小"。从而他得出结论说:"各主要资本主义国家(美、英、法)夺取世界资源的范围,将不会扩大而会缩小;世界销售市场的条件对于这些国家将会恶化,而这些国家的企业开工不足的现象将会增大。世界市场的瓦解所造成的世界资本主义体系总危机的加深就表现在这里。"②与此同时,斯大林又错误地高估了"经互会"国家经济的发展,他认为,在苏联"极度便宜的,技术头等"的帮助下,"可以满怀信心地说,在这样的工业发展速度之下,很快就会使得这些国家不仅不需要从资本主义国家输入商品,而且它们还会感到必须把自己生产的多余商品输往他国"③。遗憾的是,上述情况并未出现,"经互会"国家一直未能改变短缺经济的状况。

---

① 《斯大林选集》下,人民出版社,1979 年,第 561 页。
② 同上,第 562 页。
③ 《斯大林文集》,人民出版社,1962 年,第 594~595 页。

第三,在东欧国家驻军。战后,苏联对东欧的驻军,一方面根据形势发展的需要,始终保持一定的水平,驻东欧的常备军总数一直超过 60 万人;另一方面,苏联十分注意在东欧国家军队常规武器的升级换代。苏联在东欧国家部署军事力量,主要目的有二:一是针对美、英、法等西方国家,反映它与这些国家在战略上的对峙意图;二是针对东欧国家,即以武力为保障,使这些国家紧密地与苏联一起,实行苏联所需的内外政策,防止它们在国际上出现风吹草动时就东张西望。十分明显,苏联在东欧的驻军,对“不顺从”的势力是一种强有力的威慑作用,无疑是控制与整治东欧国家的后盾。

第四,严厉镇压“叛逆者”。在这方面最典型的例子反映在南斯拉夫问题上。由于铁托不顺从斯大林,在内外政策方面有自己的主张。在 20 世纪 40 年代末 50 年代初,当时南斯拉夫提出改革的重要目标是建立不同于苏联的模式,这是对斯大林模式的最早的一次冲击。其结果是人所共知的。1948 年 6 月 19 日,在罗马尼亚首都布加勒斯特召开的讨论南斯拉夫问题的情报局会议上,通过了《关于南斯拉夫共产党情况的决议》,谴责南共领导人奉行的是一条背离马克思列宁主义的路线,实行对苏联不友好的政策。会议还建议共产党情报局的所有成员断绝与南共的一切关系。到了 1949 年 11 月,情报局在匈牙利首都布达佩斯召开的第四次会议上,在通过的《关于南斯拉夫共产党在杀人犯和间谍掌握中的决议》,这次把南共领导人已说成是人民的敌人,杀人犯与间谍,认为南共已由资产阶级民族主义转到法西斯主义,成为帝国主义侵略的工具和新战争挑拨者的帮凶。苏南关系破裂后,苏联军队推进到南斯拉夫边界。苏联报刊上竟然直接号召南斯拉夫进行国内战争。此后,东欧各国加快了斯大林模式的“引进”进程。十分清楚,斯大林对南的做法,是杀鸡给猴看,不允许任何其他社会主义国家脱离斯大林模式。正如斯大林在 1948 年致铁托的信中说的:“低估苏联经验,在政治上是极其危险的,而且对马克思主义者来说这是不允许的。”①

三、斯大林经济体制模式被移植到东欧国家

划分了势力范围,确立了与西方资本主义国家相对立的、以苏联为首的

---

① ［英］斯蒂芬·克利索德:《南苏关系(1939—1973)》,人民出版社,1980 年,第 357 页。

社会主义阵营,一步一步地加强了对东欧各国的控制,其最终目的是,要把斯大林模式移植到东欧国家。在这里,我们只是就构成斯大林模式一个主要内容的经济体制模式向东欧国家移植的问题,作些简要的分析。

第一,先搞国有化。战后,东欧各国共产党仿效苏联,对工业、交通运输业和银行等部门进行部分国有化,以建立国营企业。随着生产资料所有制改造的深化,国有经济成分在经济中的作用日益提高,并逐步确立了它的主导地位。如匈牙利,在 1946 年 11 月,就把最重要的重工业企业收归国家经营。到了 1949 年,匈牙利全国工矿企业都收归国家所有。[①]

第二,搬用苏联计划经济制度。搞计划经济是斯大林经济体制模式中的一个重要内容。因此,战后各东欧国家,为了恢复经济与国家着手从事经济的管理,普遍采用苏联计划管理经济的一套办法。在这方面起步最早的是南斯拉夫,1946 年通过的新宪法就规定要实现计划经济,并从 1947 年开始实行发展国民经济的第一个五年计划。但后来因苏南关系突变,加上国内出现的经济困难,五年计划执行了一年就停止了,以后也不再制订苏联式的五年计划了。东欧其他国家先搞短期计划,有两年的也有三年的,都以恢复国民经济为计划的主要目标。从 1949 年或 1950 年开始,不少国家开始实行五年计划,并建立了国家计划委员会,负责编制与监督计划的执行。在实行计划过程中,都建立了从中央到地方的层层管理体制,逐级下达指令性计划指标加以控制。如匈牙利,1952 年基本已形成了 7 个层次的计划管理体制,1953 年由部长会议批准的计划指标有 5899 项,由各部规定的指标有 11497 项,而且在 1951 年 11 月已作出规定,主要指标的执行情况每 10 天甚至每天要上报一次。为了保证高度集中的指令性计划经济体制的贯彻,还广为宣传苏联有关“计划就是法律”的口号。[②] 后来,苏联的计划经济体制在东欧各国(除南斯拉夫外)扎了根。

第三,搞苏联式的工业化。斯大林不顾东欧一些国家的国情,要他们搬用苏联工业化的那套政策与做法,如优先发展重工业,盲目追求高速度,提

---

[①]　参见姜琦等:《悲剧悄悄来临——东欧政治大地震的征兆》,华东师范大学出版社,2001 年,第 111 页。

[②]　参见李宗禹等:《斯大林模式研究》,中央编译出版社,1999 年,第 396 页。

高积累率,榨取农民,把农民的"贡款"视为工业化资金的重要来源。在这方面真是亦步亦趋地走苏联道路。这种工业化道路造成的严重后果与苏联也是相同的。

第四,农业集体化是斯大林经济体制模式的一个重要组成部分,也是社会主义改造的一个主要内容。在 1948 年 6 月前,东欧国家并不急于搞农业集体化,强调当前不存在农业生产合作社代替个体经营的条件,转向合作社需要一个缓慢的过程。但在批判南斯拉夫农业集体化缓慢,农业还掌握在富农手里之后,东欧各国被迫把农业集体化作为重要任务列入五年计划。农业集体化也是以行政命令用强迫的办法推行的。1956 年波兰战后第一次发生了社会政治危机,矛盾直指斯大林模式,其中包括农业集体化。因此,当时的领导人哥穆尔卡在详细分析各种农业生产组织的实际效果后,不得不得出结论说:在波兰目前的情况下,农业集体化的时机根本不成熟,波兰没有能力组织大规模的农业生产,农业生产应以个体农业为主。在以后的一年时间里,有 8% 以上被集体化的土地退回到个体耕种,原有的 9790 个农业合作社解散了 8280 个。①

斯大林对东欧国家搬用其模式出现的问题如何对待呢,他还是以"阶级斗争尖锐化"的理论为武器,让东欧各国进行政治镇压与清洗运动。斯大林在东欧国家推行他的模式的决心是决不会动摇的,对东欧国家控制的决心也是坚定不移的。斯大林也绝不允许东欧各国根据自己的国情走自己的道路,而必须遵循由他审定的苏联政治经济学教科书中总结的"共同规律"。他在《苏联社会主义经济问题》一书中说,苏联编写的政治经济学教科书"是给予世界各国年轻共产党人的好礼物","由于外国大多数共产党的马克思主义发展的水平不够,这样的教科书也会给予这些国家的非年轻的共产党员干部以很大的好处"。② 他还说:"不容置疑,对于一切具有人数相当多的中小生产者阶级的资本主义国家,这条发展道路是使社会主义获得胜利的

① 参见姜琦等:《悲剧悄悄来临——东欧政治大地震的征兆》,华东师范大学出版社,2001 年,第 44～45 页。
② 《斯大林选集》下,人民出版社,1979 年,第 574 页。

唯一可能的和适当的道路。"①斯大林对待东欧等社会主义国家的政策,正像有些学者指出的是"社会主义的"沙皇制。斯大林认为新社会主义国家的领导人是他的仆从,应该在国内外政策上绝对服从他。斯大林如同一个有统治权的邦君,认为扩大社会主义阵营就是扩大他个人的领地。如果斯大林主观上觉得某一国家的利益,甚至苏联的国家利益,同他的虚荣性发生矛盾的话,那么他毫不迟疑地满足个人的欲望。斯大林以社会主义阵营的全权主人和最高裁判自命,粗暴地干涉东欧各国共产党的内部事务,把完全错误的、墨守成规的决定强加于人。斯大林常常不考虑东欧国家的政治、经济特点,不考虑它们的特殊利益的需要。这样一来,他的做法就不是使这些国家变成独立友好的同盟国,而是把它们当成了苏联的保护国。②

### 四、几句后话

人们常说,"历史是不能假设的",是的。这就是说,后人应该尊重历史,不能更改历史事实。但这绝不是说后人没有可能对历史进行评析,作出合乎历史实际的结论。如果不是这样的话,必然会陷入"存在就是合理的"泥潭之中。

从体制模式这个角度,对战后到斯大林逝世的 1953 年这段历史进行考察,有些问题是值得我们思考的。

一是由于丧失改革机遇,使社会主义更加扭曲。本来斯大林可以利用战后的良好时机,通过改革来纠正过去的错误政策,从根本上改变极权主义的、不人道的体制模式,建立起富有生命力的体制,促进社会经济的健康发展,改变被扭曲了的社会主义形象。但斯大林不仅拒绝改革,而且强化他战前建立起来的体制模式,并使其日益僵化。结果是,社会主义更严重地被扭曲,离科学社会主义越来越远,成为苏联 1991 年解体的总根源。

二是所谓的"共同规律"害人匪浅。列宁晚年给人们留下了十分宝贵的、值得人们思考、学习的建设社会主义的理论财富。而斯大林晚年的著作

---

① 《斯大林选集》下,人民出版社,1979 年,第 548 页。

② 参见[苏]罗·亚·麦德维杰夫:《让历史来审判:斯大林主义的起源及其后果》下,赵洵等译,人民出版社,1981 年,第 810 页。

（以 1946 年《在莫斯科市斯大林选区前的选民大会上的演说》、1952 年的《苏联社会主义经济问题》与 1954 年出版的由他定稿的《政治经济学》教学书等为代表），留给人们的是，在总结苏联社会主义建设基础上得出的"共同规律"。斯大林于 20 世纪二三十年代在苏联搞社会主义的一套做法，如工业化道路、农业全盘集体化、建立单一的公有制经济结构、高度集中的指令性计划经济体制、把市场经济与资本主义画等号、对外贸易的国家垄断制等，都视为所有社会主义国家必须遵守的"共同规律"和识别真假社会主义的主要准则。这样，把本来不断发展与变革的社会主义社会，被斯大林的"共同规律"框住了，固定住了，当然也就很难进行改革了。这个"共同规律"阻碍了几代共产党人的理论创新，误导了包括苏联在内的许多国家的社会主义建设。它对社会主义发展所造成的损失是十分严重的，使不少国家出现了严重的曲折。如果斯大林能遵循马克思、恩格斯和列宁有关社会主义社会是不断变化和发展的、不存在固定不变的模式与"最终规律"的教导，能虚心地把斯大林模式视为苏联特定历史条件下的产物，并且根据客观情况的变化，对苏联的体制模式进行不断的改革，加以完善，那么世界社会主义历史可能是另一个面目了。

三是斯大林模式强制性地移植到东欧各国，后来又不允许这些国家进行根本性的改革，使这些国家一步一步地走向绝路。如果斯大林不施加各种压力，允许东欧各国在战后根据本国国情建设社会主义，有了问题通过改革由自己来解决，那么 20 世纪 80 年代末 90 年代初苏联东欧各国一个接着一个垮台的悲剧，也就不会出现。现今世界上就有可能存在丰富多彩、多种模式的社会主义社会，展示着比资本主义的优越性，推动着人类历史滚滚向前。

# 第三编
## 修补性的改革过程

高度集中的指令性计划经济体制的弊端日趋明显，成为阻碍苏联社会经济的一个重要因素。改革传统的斯大林时期形成并日益发展的经济体制模式成为斯大林去世后苏联领导人必须思考的问题。但由于受到各种因素的影响，经济体制改革难以迈开大步，往往在传统体制框架下加以修补，不断丧失改革机遇，最后成为苏联社会主义失败的一个重要原因。

# 第七章　苏联第一个改革者赫鲁晓夫上台执政的背景

　　赫鲁晓夫,1894 年 4 月 17 日出生在库尔斯克州卡利诺夫卡村的一个贫穷家庭。他在农村当过牧童,后来在顿巴斯地区的尤索夫卡矿区城镇做过机械工人,并在苏维埃政权极其困难与危险的岁月里参加过各种战斗。这些一直都是赫鲁晓夫引以为豪的。他在 1918 年 24 岁时加入了布尔什维克,在党内晋升得很快,可以说是官运亨通。1935 年,赫鲁晓夫担任了莫斯科市委和莫斯科州委第一书记。1938 年 1 月,在苏联最高苏维埃会议上,赫鲁晓夫被选进主席团,并在同时举行的党中央委员会全体会议上当选为政治局候补委员,从而进入了苏联党与国家的最高决策层。1938 年初,斯大林把赫鲁晓夫派往苏联仅次于俄罗斯联邦的第二大加盟共和国——乌克兰当第一把手。

　　卫国战争胜利后,赫鲁晓夫又忙于乌克兰的重建工作。在斯大林 70 寿辰的 1949 年 12 月,赫鲁晓夫又被召回莫斯科,担任莫斯科州委第一书记,并同时担任莫斯科市委第一书记。1952 年夏,斯大林考虑到自 1938 年召开联共(布)十八大至今已有 13 年,卫国战争结束也已有 7 年之多,难以找到不召开代表大会的理由了,于是着手筹备召开十九大的工作。1952 年 10 月召开联共(布)十九大上,马林科夫作中央委员会的政治报告这一任务,萨布罗夫作关于第五个五年计划的报告,赫鲁晓夫作关于修改党章的报告。随后,在斯大林主持的中央委员会第一次全体会议上一致通过了他提出的由 25 人组成的主席团名单。根据斯大林的建议成立主席团常务委员会,其成员包括:斯大林、马林科夫、贝利亚、赫鲁晓夫、伏罗希洛夫、卡冈诺夫奇、萨布罗夫、别尔乌辛与布尔加宁。这样,在斯大林逝世前,赫鲁晓夫进入了苏共领导的核心层。

1953 年 3 月 5 日,斯大林去世。他在世时的最后几年,实际上对任何人不信任,包括最亲近的同事,并一直害怕会被推翻,因此斯大林并没有留下任何形式的政治遗嘱,明确地指定接班人。① 所以不论主席团成员还是主席团常务委员会成员中的任何一个成员,都不能说或敢说自己是斯大林的接班人。在这个背景下,赫鲁晓夫要达到权力的顶峰,必然面临着严峻的挑战和种种危险。但赫鲁晓夫成功了,他克服了一个接一个的障碍,最终成了斯大林之后苏联历史上第一位最高领导人(不算马林科夫的短暂执政②)。但他面临着十分复杂的局面和艰巨的任务。正如苏联著名政论家费奥多尔·布尔拉茨基指出的,摆在当时赫鲁晓夫面前的是斯大林留下的苏联:"越来越贫困的、实际上半崩溃的农村,技术上落后的工业,最尖锐的住房短缺,居民生活的低水平,数百万人被关押在监狱和集中营,国家与外部各界的隔绝——所有这一切都要求有新的政策和彻底的变革。于是,赫鲁晓夫——正是这样!(像人民期望的那样)成了新时代的先驱者。"③亚·尼·雅科夫列夫在分析赫鲁晓夫上台时前任给他留下什么样的遗产时写道:"赫鲁晓夫继承了一份可怕的遗产。1953 年初,专制制度的狂妄行为达到了登峰造极的地步。""千百万人还关在劳改营和监狱里。""农民过着赤贫生活,战后完全荒芜。每天晚上集体农庄的作业队队长总是沿着村里的街道一户一户地给成年人派明天的任务。他这种派工也是吃力不讨好。因为那些由于繁忙的家务变得凶狠的婆娘都给做嘲弄的手势,而留在农村的男子汉则一边骂娘一边诅咒为'工分'、为工作日去干活。""儿童们拎着粗布袋在收割过麦子的布满麦茬的地里捡掉下来的麦穗。""每个农户在整个春天和夏天向收货站交牛奶,而秋天交牲畜和家禽,这是在交实物税。""斯大林爱好历史,熟知农奴制的一套规章制度,他原封不动地通过强硬手段把它们运用于我国农村。""20 世纪中叶,俄罗斯的农村成了国家农奴制农村,而且国家从农民那

---

① 1923 年,当列宁病危时,曾以给党代表大会的一封信的形式留下遗嘱,对身边的其他主要领导人一一作了评价。遗憾的是,他的关于把斯大林调离权力中心的这一主要意思未能得到实施。

② 从斯大林 1953 年 3 月 5 日去世到同年 9 月 7 日赫鲁晓夫任苏共中央第一书记前这段时间中,马林科夫主持苏共中央主席团工作。

③ [苏]尤里·阿法纳西耶夫编:《别无选择》,王复士等译,辽宁大学出版社,1984 年,第 584 页。

里夺去了除空气以外的所有东西。"①

当然,以上的一些论述是十分概括的和简要的。当时苏联的实际情况与存在的问题要复杂得多,赫鲁晓夫面临很多难题。怎么解决,只能通过更新政策与根本性的改革才能找到出路。赫鲁晓夫执政年代向人民表明,他对此是有深刻理解的。改革确是赫鲁晓夫的本意,尽管他的改革有时表现得反复无常,但一直到他下台前一天也没有停止过。赫鲁晓夫为了推行改革,需要对斯大林的遗产有个清楚的认识:先要站稳脚跟,掌握权力;必须破除对斯大林的个人迷信。这些,不论是赫鲁晓夫上台初期进行的初步调整政策还是后来进行的重大改革,都是要求务必解决的一些迫切的问题。要消化这份沉重的涉及方方面面的遗产,回避是不可能的。否则,改革就难以进行。

## 第一节 消除政治恐怖,让人民过正常生活

斯大林在执政时期滥杀无辜,冤假错案的严重程度达到了难以置信的地步。一个国家要进步,社会要稳定,经济要发展,就要有法制,要防止斯大林时期严重破坏法制的不正常状态重演,以消除广大人民、干部的政治恐慌。因此,在社会政治领域进行严肃的整顿与清理成为赫鲁晓夫一上台首先要做的一件大事。正如赫鲁晓夫指出的:"在我们苏维埃国家的生活中,斯大林逝世后的时期就是这样一个整顿和清理的时期。"②为此,他采取了以下措施:

一、清除贝利亚,为政治领域进行整顿清理创造前提条件

贝利亚在斯大林执政后期是苏联党和国家的主要领导人之一,他长期把持苏联内务部。斯大林死后,内务部与安全部合二为一,作为部长会议第

---

① 〔俄〕亚·尼·雅科夫列夫:《一杯苦酒——俄罗斯的布尔什维主义和改革运动》,徐葵等译,新华出版社,1999年,第15页。

② 苏联《共产党人》1961年第7期。

一副主席的贝利亚兼任部长,他的权力更加扩大,实际上把公、检、法权力集中在他一人手里。在斯大林时期,贝利亚及其领导的内务部直接受斯大林控制,不受党和国家机关的监督。斯大林死后,贝利亚已无所顾忌,建立起自己的"独立王国"。作为斯大林破坏法制、进行恐怖活动最主要与直接帮凶的贝利亚的权势进一步扩大,使得其他的领导人极度恐慌,处于人人自危状态。在这种情况下,如果不解决贝利亚的问题就无法在政治领域进行整顿清理,达到消除政治恐怖,让广大人民、干部过正常的生活。为此,1953 年6 月下旬,在赫鲁晓夫积极做好各方面的工作之后,苏共中央主席团决定采取措施,逮捕与处决了贝利亚。[①] 清除贝利亚,在苏联历史上意味着一个恐怖时代的结束;对苏联社会政治生活和人民的思想来说,意味着解冻的第一步;对苏联今后政治领域的整顿清理和体制改革来说,扫除了一个障碍。

二、清理冤假错案,全面平反昭雪

贝利亚被清除后,"法院里堆放了几百万份上诉,要求对仍被关在监狱和集中营里的人的案子重新进行复查,或亲属要求为死者平反,恢复名誉。国家司法机关再也不能对这些要求盖上'拒绝重新审理'的印章置之不理了。因为在几乎整个国家保安部门的核心受到谴责、批判的时候,自然对被这个机构所处理的,包括逮捕、判刑的所有案件都要打上问号"[②]。为了进行平反工作,1954 年,苏共中央成立了一个调查委员会。另外,考虑到原有的司法机构对迅速复查所有案情已无能为力,于是设立了临时司法委员会,它被授权对关押的囚犯进行平反。据估计,在斯大林时代被关进集中营的1200 万~1300 万人中,到1953 年只有4000 人得到释放。到1954 年至1955 年,被释放的人数增至12000 人,这些人中大多数曾在党和政府内担任过要职,具有广泛的社会关系,因此这些人返回工作岗位,使党内的领导层的组

---

① 贝利亚怎样被捕和处决的,有各种说法。弄清楚这个问题并不是本书任务。但不管怎么说,贝利亚被逮捕和处决是历史事实。关于这一问题较细的论述可参见王桂香:《"贝利亚事件"真相如何》,载陆南泉等主编:《苏联真相——对 101 个重要问题的思考》中,新华出版社,2010 年,第669~686 页。

② [苏]罗伊·A. 麦德维杰夫等:《赫鲁晓夫的执政年代》,邹子婴等译,吉林人民出版社,1981年,第22 页。

成和政治气氛有了变化。1956 年至 1957 年,约有 70 千万～80 千万人被释放回家,另有 50 千万～60 千万人死后得以平反昭雪。早在 1937 年至 1938 年被捕的那些人中,只有 4%～5% 到 1956 年还活着,而且多数人已经年老体弱,不能工作。在集中营里被处决或死掉的军人,由国防部部长朱可夫发布特殊命令,追认为烈士,与在前线牺牲的烈士同等对待,并发给家属抚恤金和特别终身养老金。①

赫鲁晓夫从集中营释放"政治犯"具有非常重要的意义,它所产生的积极影响是不可低估的。如果继续推迟人们期待已久的大规模的平反昭雪工作,那么将为日益增长的强烈的公众舆论所不容,会失去民意。当然,如果认为这些"政治犯"被释放后就万事大吉了,那就错了,他们必然会在两个方面提出要求:一是对那些制造冤假错案的人进行道义上的谴责;二是采取法律行动,惩罚那些历史罪人,其中有相当数量的人仍然处于重要的领导岗位上。中央委员会和总检察长的办公室里堆满了上访信件,就是一个证明。这些被释放的人,要求强有力的法律制度加以保证,使斯大林时期的镇压和恐怖行动不再重演。自然,这些要求是完全合理的。

三、采取组织措施,改组国家安全机构和健全司法制度

为了使苏联社会有安全感,在清除贝利亚之后,赫鲁晓夫对国家安全机构进行了改组,并健全了司法制度。在这一领域采取的主要措施有:贝利亚清除后,重新把内务部一分为二,即国家安全委员会(即"克格勃")和内务部。内务部的权力大大缩小,只负责维护社会治安;精简机构和编制,对这两个部门的干部进行撤换和调整。赫鲁晓夫在苏共二十大说:"用经过审查的干部来加强国家安全机关";检察机关的职权逐步得到恢复。斯大林时期这一机关的职能大大削弱了;没有全苏性的法律来保证检察长的监督权。1955 年 5 月颁布了《苏联检察长监督条例》。它规定检察机关的权利、义务和检察工作的原则与方法,检察机关有权对一切机关、公职人员和苏联公民是否准确遵守法律进行监督,还规定,对侦查机关的活动实行监督,以便"使

---

① 　参见[苏]罗伊·A.麦德维杰夫等:《赫鲁晓夫的执政年代》,邹子婴等译,吉林人民出版社,1981 年,第 25～26 页。

任何一个公民不致被非法地和无根据地追究刑事责任,或者在权利上受到非法的限制","使任何人非经法院决定或检察长批准,不受逮捕";完善审判制度。在斯大林时期苏联的审判制度遭到严重损害,正常的诉讼秩序已遭破坏。为了完善审判制度,苏联撤销了内务部"特别会议"这种不经过法院审理刑事案件的制度,取消了侦查和审理方面的"特别程序";等等。

另外,还应指出的是,赫鲁晓夫上台后,苏共在采取上述措施过程中,一方面提出了"加强社会主义法制"的口号;另一方面组织理论界批判斯大林有关苏联愈向社会主义前进,阶级斗争就愈尖锐的错误理论,从而从理论上清除了粗暴地破坏社会主义法制与大规模进行镇压的论据。

## 第二节　反对斯大林个人崇拜是进行改革绕不过的一步

苏联要向前发展就必须对斯大林体制模式进行改革,因此"非斯大林化"成了赫鲁晓夫上台后必须解决的一个重要问题,也是赫鲁晓夫执政时期的一个主要标志。

有关赫鲁晓夫反对个人崇拜、批判斯大林问题,学者已作了大量的研究,出版了大量论著,笔者不想作一般泛泛的论述,而是从体制改革这个角度作些分析。

1953 年,苏共中央七月全会正式开始了批判个人崇拜。这次全会主要议题,除了揭露和处理贝利亚外,还包括批判个人崇拜和讨论经济问题。但到 1953 年年底,并没有以苏共或其他组织名义公开点名批判斯大林。对斯大林的批判仅在党内上层进行。但要指出的是,赫鲁晓夫对斯大林公开点名批判也并不是从 1956 年苏共二十大才开始的。1954 年,赫鲁晓夫在滨海边疆区对包括渔船船长在内的当地积极分子的一次讲话中,"对斯大林时代讲了一段很尖锐的话。……当时他说:党当前面临着一项任务,这就是'要把在斯大林年代被糟蹋掉的、被轻率地消耗掉的人民信任的善意一点一滴地收集起来'"①。1955 年，赫鲁晓夫在第一次农业问题上也公开批判了斯大林。② 随着国内外形势的发展，反对个人崇拜、批判斯大林的呼声日益强烈。这是因为：第一，在 1954 年到 1955 年间，在苏联全国范围内审讯贝利亚的同案犯过程中，从调查出来的大量材料证明，在苏联搞大清洗的恐怖的核心人物不是别人，正是斯大林。因此，再要把一切罪责推给贝利亚已难以自圆其说了。第二，审讯贝利亚的同案犯是公开进行的，全国各地很多党员、干部、知识分子与前政治犯旁听，这在推动反对个人崇拜方面起了很大的作用。第三，由于平反工作进展缓慢，集中营里还有大量的政治犯，当审讯贝利亚的同案犯、"医生谋杀案"和"列宁格勒案件"平反的消息传到集中营时，大量政治犯强烈要求尽快平反，有些集中营甚至发生了暴动。第四，对苏共与其他国家共产党关系存在的问题，特别是苏南关系，苏共把责任推给贝利亚，引起了南斯拉夫领导人的强烈不满，因为主要责任在斯大林，苏共领导亦感到不批判斯大林，就难以与其他兄弟党关系正常化。

在上述情况下，赫鲁晓夫感到再也无法容忍下去了。当时赫鲁晓夫是这样描述自己的心情的：大量触目惊心的事实，"沉重地压在我的心上"，"几十万被枪毙的人使我良心不安"，一种为无辜蒙冤者恢复名誉的崇高责任感和正义感使我在二十大会议的一次休息时"鼓足了勇气"，向苏共中央主席团提出反对斯大林个人崇拜问题，③决定在 1956 年召开的苏共二十大上，把反对个人崇拜的斗争推向高潮。在会议的最后一天，赫鲁晓夫向代表们作了"秘密报告"，报告的题目是"关于个人崇拜及其后果"。④ 赫鲁晓夫在报告的开头就指出：

　　斯大林死了以后，党中央奉行的政策是要详细地、彻底地阐明：决不允许把一个人吹捧到具有神仙般那样超自然性格的超人地步。我们还指出：这种做法是没有一点马克思主义气味的。这种做法就是认为

---

① ［苏］亚·尼·雅科夫列夫：《一杯苦酒——俄罗斯的布尔什维主义和改革运动》，徐葵等译，新华出版社，1999 年，第 12～13 页。

② 详见邢广程：《苏联高层决策 70 年》第三分册，世界知识出版社，1998 年，第 25～26 页。

③ 参见《赫鲁晓夫回忆录》，张岱云等译，东方出版社，1988 年，第 504 页。

④ 报告全文见本书附件。

这样的人物什么都懂得，什么都了解，他能代替一切人思考，他什么都能做，他的行动绝对没有错误。……长期以来，在我们中间培育着某个个人，具体地谈也就是对斯大林的这种崇拜。

赫鲁晓夫接着说：

> 我这个报告的目的并不在于全面地评价斯大林政治生涯及其活动，就斯大林的功绩而论，在他活着的时候已经写过无数这方面的书籍、小册子、研究性文件，就斯大林在准备和进行社会主义革命的过程中所起的作用以及他在内战时期和我国建设时期所起的作用作了大量的宣传。这是众所周知的。我们现在关心的是一个无论现在还是将来对党都是极为重要的问题，即对于斯大林的个人崇拜到底是怎样慢慢滋长起来的。而这种个人崇拜又怎样在特定的阶段成了给予党的各项原则，党内民主以及革命的法制秩序的极其严重的极其深刻的危害的一切事情的根源的。

苏共二十大后，赫鲁晓夫的"秘密报告"引起了国际国内的强烈反应。国际共运内部出现动荡，格鲁吉亚共和国发生骚乱。在内外压力下，赫鲁晓夫转而发表了一些颂扬与肯定斯大林的话。但到1961年10月召开的苏共二十二大上，赫鲁晓夫再一次掀起公开批判斯大林个人崇拜的高潮。

综观批判斯大林个人崇拜的过程，联系到赫鲁晓夫回忆录，可以看到，赫鲁晓夫在执政后对斯大林个人崇拜、严重破坏法制和集体领导原则等问题上总的是持严厉批判态度的。尽管由于受国内外形势的牵制，也不时地出现过来回摇摆。

通过批判斯大林个人崇拜，揭露斯大林苏联社会主义模式的严重弊端，是改革斯大林体制模式必须走的重要步骤，因此从体制改革角度来看，它具有十分重要的意义。

一、人们认识到个人崇拜是斯大林-苏联体制模式的产物

在苏联出现极其严重的斯大林个人崇拜，绝不是由最高领导人个人品

性决定的,它最重要的根源在于过度集权的政治与经济体制。关于这一点,应该说在苏共二十大之后,当时不少共产党领导人有深刻的认识。南共联盟领导人铁托指出:"个人崇拜,实际上,是一种制度的产物","这里不仅仅是一个个人崇拜问题,而是一种使得个人崇拜得以产生的制度,根源就在这里"。① 波兰领导人哥穆尔卡认为:

> 个人崇拜不能仅仅限于斯大林个人。个人崇拜是一种曾经流行于苏联的制度,而且它大概曾经移植到所有的共产党,以及包括波兰在内的一些社会主义阵营国家。个人崇拜的制度的实质在于这样一个事实:产生了一个个人的和层层的崇拜阶梯。每一种这样的崇拜都包含它发挥作用的一定领域。在社会主义国家集团里,斯大林站在这个特权的崇拜阶梯的顶端,所有站在阶梯的较下层的人都向他鞠躬致敬。那些鞠躬的人不但有苏联共产党的其他领导人和苏联的领导人,而且还有社会主义阵营国家共产党和工人党的领导人。后者也就是各国党中央委员会的第一书记,他们坐在一个人崇拜阶梯的第二层,也披着不会犯错误和英明的大袍。但是对他们所受的崇拜只是存在于一定国家的领土范围以内,在这些国家里,他们站在他们本国的崇拜阶梯的顶端。这种崇拜只能称为是一种反射的光彩,一种借来的亮光。它的光同月亮的光一样。尽管这样,它在它的活动范围内仍旧有无上权力。这样,在每个国家里又有从上而下地坚持着崇拜的阶梯。②

以上的分析说明,个人崇拜是斯大林-苏联体制模式的产物,因此,认识了这一点,就必须从改革体制着手才能从根上解决这个问题。意大利共产党领导人陶里亚蒂也指出:"斯大林的错误同苏联的经济和政治生活中,也许首先是整个党的生活中各个官僚机构的分量过分增长有关"。明确这一事实后,得出的结论是,要解决个人崇拜问题,"……有必要在体制内部进行

---

① 《铁托在普拉的演说及有关评论》,世界知识出版社,1966年,第78页。
② 转引自邢广程:《苏联高层决策70年》第三分册,世界知识出版社,1998年,第95~96页。

甚至是深刻的修改",改革"极端的中央集权形式"。①

邓小平在推行改革开放时,总结了中国与苏联的历史经验教训,特别强调了要从制度上去解决问题。他说:制度问题"更带有根本性、全局性、稳定性和长期性"。"制度好可以使坏人无法任意横行,制度不好可以使好人无法充分做好事,甚至走向反面。即使像毛泽东同志这样的伟大人物,也受到一些不好制度的严重影响,以至对党对国家对他个人都造成了很大的不幸。"邓小平接着还讲:"只有对这些弊端进行有计划、有步骤而又坚决彻底的改革,人民才会信任我们的领导,才会信任党和社会主义,我们的事业才有无限的希望。"②

二、人们认识到斯大林-苏联体制模式并非唯一正确的模式,因此需要变革

通过对斯大林个人崇拜的揭露与批判,才有可能对斯大林-苏联体制模式进行批判性的认识。正如俄罗斯著名学者阿尔巴托夫指出的:"苏共二十大向人们讲出了他们曾经猜测的许多事情的实话后,与其说它给我们的社会提供了答案,毋宁说是提出了问题——它的历史意义恰恰就在这里。当时谁也没有答案,重要的是把主要的问题极其尖锐地摆出来,即必须变革,必须探索新的社会主义模式。但是为了能够有说服力地提出问题,就必须说出有关过去的严酷的真话。说明我们的社会发生了什么,斯大林主义把它带到哪里去了。在这个意义上,揭露斯大林及其罪行是赫鲁晓夫所能做得最有效的行动。"③各国共产党也深刻地认识到,斯大林时期所建立起来的苏联体制模式,不论在政治上还是经济上,都存在严重的弊端。这个问题特别是在战后表现得更为明显。个人崇拜不只是制约了苏联社会各个领域的发展,还严重地束缚了国际共运的发展,使得各社会主义国家从本国具体条件出发,独立自主地制定本国社会主义建设的政策,选择符合本国实情的体

---

① 《陶里亚蒂言论》第2卷,世界知识出版社,1966年,第70页。
② 《邓小平文选》第二卷,人民出版社,1994年,第333页。
③ [俄]格·阿·阿尔巴托夫:《苏联政治内幕:知情者的见证》,徐葵等译,新华出版社,1998年,第56页。

制模式,对明显已成为阻碍社会经济发展的体制进行改革。不反对个人崇拜,斯大林-苏联体制模式还将是绝对正确的,不能离开它一步。所以随着对个人崇拜的批判,不只清除了对斯大林的个人迷信,更重要的是使人们认识到斯大林-苏联体制模式并不是唯一正确的模式,从而推动了人们对社会主义模式多样化的探索。苏共二十大后,一些社会主义国家,特别是南、匈、波、捷等国力图通过改革建立符合本国国情的体制模式,决定走自己的道路。意大利共产党总书记陶里亚蒂明确指出:"苏联的模型已经不能并且也不应当被认为是必须遵循的模型了。"①哥穆尔卡指出:"社会主义的形式也能够是不同的。它可以是在苏联产生的那种形式,也可以是像我们在南斯拉夫所看到的那种形式,它还可以有别的不同形式。只有通过各个建设社会主义国家的经验和成就,才能产生在一定条件下最好形式的社会主义。"②东欧一些国家20世纪50年代中期开始的改革,也充分体现了不同国家对社会主义不同模式的探索。在这里,应该指出的是,允许其他社会主义国家建设可以走不同的道路,可以有不同的体制模式。在苏联赫鲁晓夫是起了带头作用的。1955年6月,赫鲁晓夫率苏联政府代表团访问南斯拉夫,为恢复苏南关系作出努力。这次访问不仅使苏南两国建立了新型的国家关系,即两国关系应建立在相互尊重他国的主权、独立、领土完整和互相平等的基础上,而且赫鲁晓夫认为社会主义可以有不同的道路,并承认南建设社会主义的独特道路。他说:"如果你们认为你们的做法好,那我们祝你们成功。至于说到我们,我认为我们仍将采用自己的方法,但是,无论是我们还是你们,更深入地研究彼此的经验,学习那些被证明是有用的经验是有好处的。但是这是一种自愿的事情。"③在发表《两国政府宣言》中也明确地说:"互相尊重并且互不以任何(经济上、政治上或思想体系上的)理由干涉内政。因为国内制度问题,社会制度的不同和发展社会主义的具体形式的不同是各国人民自身的事情。"

---

① 《陶里亚蒂言论》,世界知识出版社,1966年,第90页。
② 《关于波兰局势》,世界知识出版社,1957年,第23页。
③ 苏联《真理报》1955年6月2日。

三、促进思想解放，活跃理论研究，从而为推动改革创造条件

理论的创新与发展，是推动体制改革的重要因素。如像赫鲁晓夫在"秘密报告"中说的那样："在斯大林总是正确的""他能代替一切人思考"的情况下，理论不可能发展，只能是僵化的教条。大家都按斯大林的指示办，都按斯大林的理论行动，其他社会主义国家也不能远离斯大林总结的"共同规律"一步。这样，斯大林的体制模式就难以进行改革，而且越来越僵化。通过对个人崇拜的批判，在赫鲁晓夫执政时期，人们的思想得到了解放，围绕改革展开的理论讨论十分活跃（关于这个问题在本书第八章将作专门论述）。这些，对推进体制改革无疑是重要的。

四、直接推动了改革的进程

这里，首先应该指出，在酝酿反对个人崇拜过程中，苏联推行了一些初步的调整与改革的政策与措施。在苏共二十大前，苏联通过了大量决议，以解决斯大林时期留下的急待解决的问题。从经济领域来讲，1953 年苏共中央九月全会，通过了《关于进一步发展苏联农业的措施》的决定，以此为契机，一步一步地推动农业的改革。对工业也进行了一些调整与改革，扩大了加盟共和国与企业的权限。1954 年 10 月 14 日通过的有关改进国家机关工作措施的决议，要求精简机构和行政管理人员，整顿核算、报表和计划工作，这是作为"保证根本改进国家机关工作的第一步"[①]。从政治领域来讲，围绕反对个人专权，实行集体领导原则，进行了不少调整与改革措施，主要有：改变了自 1941 年起斯大林一人身兼党政军职务这种党政不分的状况。斯大林逝世后，马林科夫以苏共中央书记身份兼任部长会议主席，但仅仅任职 9 天，后来只任政府首脑，赫鲁晓夫任党的最高领导人。党政最高领导职务分开，这是避免权力过分集中在一个人手里，对防止破坏集体领导原则、决策中主观主义和工作中的一言堂，具有重要意义。为了保证党内生活正常化，恢复了定期召开党代会和党中央全会制度。

---

① 《苏联共产党和苏联政府经济问题决议汇编》第四卷，中国人民大学出版社，1987 年，第 149～150 页。

在苏共二十大之前,苏联采取的上述调整与改革措施都是初步的。要进行更深入的重大改革,不从思想上、政治上破除对斯大林的个人崇拜,那是不可能的。

## 第三节 通过斗争巩固领导地位

笔者在本章一开头就指出,赫鲁晓夫并不是一上台就处于说一不二的地位。他要大力推行改革政策,需要有巩固的领导地位,需要有强有力的权力,清除贝利亚,反对个人崇拜,这些对他巩固与扩大权力都起了重要作用。但这并不意味着改革已不存在阻力了。在当时的苏联,特别是苏共高层领导中顽固抵制改革的势力仍是相当大的。因此,赫鲁晓夫面临着复杂的形势。借用苏联官方报刊的说法,“‘革新与传统’这两股互相对抗的力量构成苏联政治、文化和社会中的‘两极’。它们反映着‘两种根本不同的生活态度’,它们在‘为心理障碍所分隔的两部分人之间的激烈冲突’中表现着自身”。这实际上反映着“改革势力与保守势力之间的对抗”,这也是“苏联政治生活中‘两极’之间根本冲突的涵义”。① 在这两种势力之间对抗和两极之间根本冲突中,要使改革势力不断取胜,就要看赫鲁晓夫在政治斗争中能否战胜保守势力在党内高层领导的人物,为此,赫鲁晓夫在调整政策与进行体制改革的同时,又要与保守势力作斗争,有时是你死我活的斗争。

赫鲁晓夫首先要削弱马林科夫的权力。斯大林去世后,马林科夫既是政府首脑又是党的主要领导人。1953 年 3 月 14 日,马林科夫为了集中力量做政府工作而辞去了苏共中央书记的工作。同时,选举赫鲁晓夫等 5 人组成中央书记处。由于只有赫鲁晓夫一人同时任中央主席团成员和书记处书记,因此他实际上成了主持党务工作的主要人物。在同年召开的苏共中央九月全会上,赫鲁晓夫被选为中央委员会第一书记,正式成为苏共最高领导人。

在赫鲁晓夫与马林科夫联手清除贝利亚之后,他们两人的摩擦与矛盾

① [美]斯蒂芬·F.科恩:《苏联经验重探——1917 年以来的政治和历史》,陈玮译,东方出版社,1987 年,第 141～142 页。

日益增多,在一些重要问题上,如农业问题的解决途径、垦荒问题与发展工业方针等,都存在分歧。在这些问题上,赫鲁晓夫都取得了胜利,使马林科夫处于不利地位。赫鲁晓夫还利用马林科夫参与"列宁格勒案件",并与贝利亚一起对此案件负有责任为由,使马林科夫处于极其困难的境地,不得不于1955年2月8日在苏联最高苏维埃联盟院和民族院举行的联席会议上提出辞职申请。他在辞职报告中说:"我清楚地看到由于我缺乏在地方工作的经验,以及没有在部里或任何经济机关中直接管理过国民经济的某些部门,这就对我执行部长会议主席这个复杂和责任重大的职务产生了不好的影响。""我特别清楚地看到自己的过失和对农业中存在的不能令人满意状况所要负的责任。因为在这以前的好几年中,我一直负责监督和领导中央农业机关的工作,以及地方党和苏维埃组织在农业方面的工作。"①他还承认:"继续发展重工业,并且只有实现这一点才能为一切必需消费品生产的真正高涨创造必要的条件"的观点是"唯一正确的"。② 会议接受了马林科夫的辞职要求,任命布尔加宁为部长会议主席。尽管马林科夫还是中央主席团成员,并任苏联部长会议副主席兼苏联电站部部长,但其威信已大大下降,而同时,赫鲁晓夫的地位与威信大大上升。

但随着改革的进一步发展,对内、对外政策的不断调整,同时也由于赫鲁晓夫在工作中各种缺点和错误的出现,党内高层领导中的矛盾与斗争日趋严重与尖锐。以马林科夫、莫洛托夫和卡冈诺维奇为代表的赫鲁晓夫的对手,在1957年6月7日赫鲁晓夫与布尔加宁一起对芬兰进行为期一周的访问之际,他们策划召开苏共中央主席团会议,计划在会上撤销赫鲁晓夫苏共中央第一书记的职务,如他能认错可让其任农业部部长。当时主席团成员有11名,其中7人(马林科夫、卡冈诺维奇、莫洛托夫、布尔加宁、别尔乌辛、萨布洛夫和伏罗希洛夫)对赫鲁晓夫推行的改革政策持抵制态度,对其粗暴、专断、个人说了算的领导作风表示强烈不满,而米高扬、苏斯洛夫和基里钦科三人则站在赫鲁晓夫一边。

6月18日,赫鲁晓夫接到布尔加宁的电话,去克里姆林宫参加会议。会

---

① 《人民日报》1955年2月9日。

② 《新华日报》1955年第3期。

议由布尔加宁主持,马林科夫首先发言,诉说赫鲁晓夫的种种错误,并向会
议明确提出撤销赫鲁晓夫苏共中央第一书记的职务。赫鲁晓夫坚决反击,
他要求召开中央全会,因为第一书记是由中央委员会选举产生的,所以主席
团无权撤换第一书记。另外,赫鲁晓夫在主席团虽不占优势,但在主席团6
名候补委员中只有谢皮洛夫1人反对赫鲁晓夫,其余5人都支持赫鲁晓夫。
朱可夫表示军队支持赫鲁晓夫。到6月22—29日召开中央全会,经过激烈
争论,反对派承认错误,赫鲁晓夫获胜。6月29日,在莫洛托夫一票弃权的
情况下,全会通过了《关于格·马·马林科夫、拉·莫·卡冈诺夫维奇和米·
莫洛托夫反党集团的决议》。决议指出:"这个集团为了达到改变党的政治
路线的目的,采取了反党的派别斗争的手段,谋求更换由苏共中央全会选举
产生的党的领导机关的组成人员。"在有关反党集团问题苏共中央致党内的
一封信中指出:"马林科夫、卡冈诺维奇和莫洛托夫同志强烈反对中央委员
会和我们全党为消除个人迷信造成的后果,为消除先前破坏革命法制的现
象,以及为防止此类现象今后重演而创造条件所采取的种种措施。"决议还
指出:"马林科夫、卡冈诺维奇和莫洛托夫同志之所以采取同党的路线相悖
的立场,其根源就在于:他们过去和现在一直沉湎于陈腐的观念和方法,脱
离党和国家的实际生活,视而不见新的条件、新的情况,因循守旧,对于已经
过时的、不利于向共产主义前进的工作方式和方法总是死抱住不放,而对那
些生活中产生的、源于苏联社会发展的利益和整个社会主义阵营的利益所
需要的事务则一概采取排斥的态度。"[①]这是苏联共产党最后一个反党集团
的结果。俄罗斯《历史档案》杂志对此评价说,这样"结束了斯大林亲信们在
独裁者死后进行的权力之争"。对反党集团成员的处理完全不同于斯大林
时期,没有一个被开除出党,更没有一个被杀头——马林科夫任一个水电站
站长,卡冈诺维奇任一家水泥厂厂长,莫洛托夫去蒙古当大使,谢皮洛夫去
大学任教。应该说,这样处理问题,是苏共历史上的一大进步,也可以认为,
它向人们表示,斯大林的恐怖时代结束了,一些基本法制在恢复。

　　接着,1957年10月4日,当朱可夫赴南斯拉夫和阿尔巴尼亚访问期间,

---

　　① 《历史档案:苏联共产党最后一个"反党"集团》,赵永穆等译,中国社会出版社,1997年,第
973、988、978 页。

苏共中央讨论了撤销其职务的问题。10 月 26 日,朱可夫一回国就被带到克里姆林宫参加苏共中央全会,宣布撤销其苏共中央主席团成员和中央委员职务。当赫鲁晓夫谈到使用这一举措的理由时说:"主席团其他委员一个个来找我,表示他们的关注。他们问我,我是否能像他们那样能够看出朱可夫努力夺权——我们正面临一次军事政变。我得到情报,朱可夫在同军区司令的谈话中确实流露出波拿巴式的意图来。我们不能让朱可夫在我们国家演出南美洲式的军事接管。""他的不正当活动使我们别无选择,只有解除他的职务。"①

解决了朱可夫问题后,赫鲁晓夫着手解决 1957 年支持反党集团的布尔加宁问题。终于在 1958 年 3 月 27 日,最高苏维埃会议解除了布尔加宁部长会议主席职务,改任国家银行行长。会上,赫鲁晓夫当选为部长会议主席。

苏联为了加强党对军事部门的一元化领导,成立了最高国防委员会,赫鲁晓夫任主席。从此,赫鲁晓夫成了像斯大林一样的人物,把党政军大权都集中到自己手里。这样,赫鲁晓夫登上了权力的顶峰。他能不能用好这个权力,会不会为所欲为而重犯斯大林的错误,看来,在当时苏联高度集权的体制下是很难避免的。后文我们在分析赫鲁晓夫改革难以取得成功的原因时,将会作出分析。

---

① 《最后的遗言——赫鲁晓夫回忆录》续集,上海国际问题研究所等译,东方出版社,1988 年,第 40 页。

# 第八章　赫鲁晓夫时期的农业改革

上一章分析了赫鲁晓夫上台执政时所面临的复杂形势,重点放在当时苏联社会政治领域。论述这方面的问题,主要想说明,赫鲁晓夫要对经济体制作出重大改革:首先,要在国内为广大人民和干部创造一个正常的政治生活环境,摆脱斯大林时期的恐怖;其次,要破除对斯大林个人的崇拜,消除思想上的种种禁锢;最后,赫鲁晓夫通过错综复杂的斗争巩固自己的领导地位,强有力地握有最高权力。这些,赫鲁晓夫逐步做到了。这里要指出的是,赫鲁晓夫在围绕上面三个方面进行争斗的过程中,并不是抛开改革单打一地进行的。实际上,他一上台就着手经济政策的调整和某些初步的改革。这些对他权力的巩固也有重要的意义。本章集中论述赫鲁晓夫执政以来的农业改革。

赫鲁晓夫上台后,在围绕巩固自己政治领导地位的争斗过程中,之所以很快地赢得人心,其中一个十分重要的因素是,他首先对农业进行了一系列重大改革。这样做绝不是出于他对农业的特殊爱好,而是出于当时苏联客观情况的要求。

## 第一节　把农业改革放在突出优先地位

赫鲁晓夫上台时面临的农业问题是十分尖锐的。由于二战后苏联没有把注意力放在与人民生活密切相关的农业问题上,而是集中精力抓城市的重建与工业的恢复。战争期间大量从农村参加军队的农民,在战争结束后复员退伍的年轻人,并没有回到农村的集体农庄,而主要去工厂做工了。还有一个特别重要的原因是,苏联对农业制度特别是集体农庄制度方面存在的严重弊端,在战后没有进行改革。这些因素,导致在斯大林逝世时,苏联农业处于严重落后状态。苏联平均单位面积产量从 1913 年至 1953 年就没有什么提高,其产量仅是欧洲其他国家平均产量的 1/3。1953 年的农业生产水平只达到 1940 年的 104%。①

赫鲁晓夫在 1953 年苏共中央讨论农业问题的九月全会上,所作的《关于进一步发展苏联农业的措施》的报告中,分析了当时农业中存在的种种严重问题。他指出:"我们还有不少落后的、甚至无人过问的集体农庄和整块的地区。在许多集体农庄和地区内,农作物的产量仍然很低。农业生产的产品率、特别是畜牧业的饲料作物、马铃薯和蔬菜的产品率提高得非常缓慢。"赫鲁晓夫在报告中,还特别指出,苏联畜牧业"发展得特别缓慢。公有畜牧业的产品率仍然较低。个别州和共和国的牛奶产品率的情况特别不能容忍"。乳牛在 1953 年年初比 1941 年年初少 350 万头,比 1928 年少 890 万头。但与此同时,苏联城市人口大幅度增加,从 1926 年到 1952 年,城市人口增加了 2 倍以上。1940 年到 1952 年工业产量增加了 1.3 倍,而农业总产量(按可比价格计算)只增加了 10%。② 这样,就形成了农业与工业及居民对农产品需求之间极不协调的局面。正如赫鲁晓夫接着指的:"随着劳动人民物质福利的增进,居民的需要日益从面包转到肉类和奶类产品、蔬菜、水果等等方面了。但是,正是在这些农业部门中,居民迅速增长的需要和生产的水平,在近几年来是明显不相称的。许多重要的农业部门的落后,延缓了轻工业和食品工业的进一步发展,阻碍了集体农庄和集体农民的收入的增加。"③

赫鲁晓夫还特别分析了苏联粮食问题。大家知道,马林科夫在 1952 年召开的苏共十九大报告中,宣布说苏联粮食问题已彻底解决。④ 作为苏共高

---

① 参见[苏]罗伊·A.麦德维杰夫等:《赫鲁晓夫的执政年代》,邹子婴等译,吉林人民出版社,1981 年,第 32、35 页。

② 参见《赫鲁晓夫言论》第三集,世界知识出版社,1964 年,第 317、318、327 页。

③ 《赫鲁晓夫言论》第二集,世界知识出版社,1965 年,第 318 页。

④ 马林科夫在苏共十九大是这样讲的:"今年(1952 年),谷物的总收获量达 80 亿普特,而最主要粮食作物——小麦的总收获量比 1940 年增加了 48%。以前认为最尖锐、最严重的问题——谷物问题就这样顺利地解决了,彻底而无可改变的解决了。"

层领导人的农业问题专家赫鲁晓夫,出于各种考虑,特别是在自己地位尚不十分巩固的情况下,并没有对马林科夫有关粮食问题这一不符合实际情况的结论进行批驳。但等他站稳脚跟之后,就针对这一与苏联经济发展和人民生活密切相关的问题,用大量的材料揭示了苏联粮食问题的真实情况。1954年1月22日,赫鲁晓夫给苏共中央主席团的信(题为"解决粮食问题的途径")中集中反映了他的看法。信中说:"进一步研究农业和粮食收购的状况表明,我们曾经宣布粮食问题已经解决,这是不完全符合国内粮食供应的实际情况的。""粮食生产现在还保证不了需求,满足不了国民经济全部需要,而国家的粮食储备量又不允许我们普遍进行数量充足的谷物产品、特别是优质谷物产品贸易和米粮贸易。由于粮食不宽余,我们只得限制粮食的出口量。""许多州、边疆区和共和国的集体农庄在完成对国家的义务后剩下来的粮食,不能满足集体农庄在公共经济的一切需要。留给农庄的谷物饲料尤其少,而没有谷物饲料,畜牧业就不可能急剧发展。""1940年其收购粮食二十二亿二千五百万普特,而1953年只收购十八亿五千万普特,即减少了三亿七千五百万普特。同时,由于国民经济的普遍发展,城市人口大大增加,实际工资的提高,国内的粮食消耗量正在逐年增加,国家掌握的粮食数量同粮食需求量的增长不相适应。"①1953年粮食的收购量同1948年的收购量大致相等(分别为18.42亿普特与18.50亿普特),可是消费却增加了50%以上。这样,1953年的粮食收购量满足不了国内人民的必需消费量。这个差额不得不动用国家粮食储备粮1.6亿普特。赫鲁晓夫对此在信中说,这是绝对不允许的。② 由于1953年苏联粮食歉收,这就要求"农业产量要大幅度提高,农产品的匮乏已经严重到即使农业以每年10%的速度增长,也难以解决城市的粮食供应,因为城镇人口的增长过于迅速"③。

应该说,斯大林逝世时苏联所面临的农业问题是极其严重的,一些苏联学者甚至指出:"再有二、三年时间,就可能发生灾难性的粮食生产危机和全

---

① 《赫鲁晓夫言论》第三集,世界知识出版社,1965年,第3页。
② 参见《赫鲁晓夫言论》第三集,世界知识出版社,1965年,第3~4页。
③ [苏]罗伊·A. 麦德维杰夫等:《赫鲁晓夫的执政年代》,邹子婴等译,吉林人民出版社,1981年,第59页。

国性的饥荒。斯大林没有意识到这一点。在最接近他的人当中,只有一个人真正看到了这种危险,这个人就是赫鲁晓夫。""斯大林自己对农业一窍不通,还对农民怀有一种特别的憎恶与不信任,他从来没有参观视察过任何一个集体农庄。""其他政府官员,如日丹诺夫、马林科夫、米高扬等,比斯大林懂得更少,十月革命前,斯大林到底还在西伯利亚的一个村庄被流放了三年,而且自己种过一个小菜园。""赫鲁晓夫出身于农民家庭,他是斯大林的政治局成员中唯一经常去农村视察的人,他常与农庄主席交谈,努力了解他们的困难。"①

苏联农业问题发展到如此严重的地步,已不能从十月革命前的历史中去寻觅原因了。1955 年 3 月 18 日,赫鲁晓夫在萨拉托夫市举行的东南地区各州农业工作会议的讲话中说:"沙皇俄国没有给我们留下多少东西。但是,同志们,自从苏维埃政权成立以来,已近三十八年了。时间不算短了。因此,再往尼古拉二世身上推诿,该觉得可耻了,他早已不在人世了。"②农业严重落后是多种原因造成的,既有斯大林经济体制模式特别是农业制度严重弊端的因素对农业发展的制约作用;也有具体的农业政策因素对农业发展的破坏作用。这方面的问题甚多:如长期以来片面发展重工业而忽视农业;长期实行剥夺农民的政策;违反物质利益原则,对农产品实行高征购和低价的政策;对农村的个人副业缺乏稳定的政策;等等。赫鲁晓夫执政后,在农业方面的政策,既涉及农业制度方面的问题,也涉及农业政策。

## 第二节　以扩权为主要内容的农业计划体制改革

如果说,苏联在二战后,由于经济的恢复与发展,建设规模的不断扩大,经济联系和社会生产分工也日益复杂,科技的发展也异常迅速,优先发展的重点不再像过去那样单一,经济情报与信息的大量增加要求迅速处理等。

---

① [苏]罗伊·A.麦德维杰夫等:《赫鲁晓夫的执政年代》,邹子婴等译,吉林人民出版社,1981年,第36页。

② 《赫鲁晓夫言论》第四集,世界知识出版社,1965年,第112~113页。

这些生产经营条件的变化,使高度集中的指令性计划体制模式与整个国民经济发展之间所存在的矛盾,从原来的潜伏状态变得表面化了,变得比过去更加突出了、尖锐了,那么,这个矛盾在农业部门显得尤为复杂,对生产的阻碍作用比其他经济部也更加严重。这是因为,农业生产总是与一个自然的再生产过程密切联系在一起的,它在相当程度上依赖于自然条件,因此农业生产更要求因地制宜。而在斯大林时期,苏联对农业生产实行的是与工业部门相同的严格的指令性计划管理。随着 20 世纪 30 年代集体农庄制度的建立,苏联开始向各级地方机关和集体农庄下达扩大播种面积与农业技术改造计划。①

在斯大林逝世前,由于国家对农业生产计划安排得死死的,极大地束缚了农庄、农场的主动性。对此,1953 年赫鲁晓夫在苏共中央九月全会上所作的《关于进一步发展苏联农业的措施》报告中指出:农业部门"工作中的缺点特别显著地反映在制定农业计划的工作上。计划中有许多不必要的项目,限制住地方机关、农业机器拖拉机站和集体农庄的主动性。只要指出这一点就够了,这就是分配给集体农庄的耕作业和畜牧业方面的任务总共有二百到二百五十个项目。中央制定了这样的措施:例如由杂交得来的猪的养肥工作应于什么时候结束,播种高茎植物作物休闲地屏障的工作以及其他许多工作等"。"由于任务所包含的项目多,数量又太大,下面就必然要制作一大堆各式各样的报告。大批农业专家和集体农庄工作人员把精力花在制作各种各样的报告、呈文和报表上面去了,每一个集体农庄在一年中要向区农业机关交约一万个项目报告材料。和战前相比,集体农庄报告中的项目几乎增加了七倍。"②

另外,苏联对农庄实行与国营企业一样的高度集中的指令性计划制度,这就忽视了农庄集体经济的特点,不尊重农庄的自主权与庄员个人的利益,在处理国家与农庄和庄员的关系时,不实行等价交换与自愿原则。

在斯大林逝世前的苏联,农业计划制度,既不考虑农业生产与自然条件密切相关的特点,也没有考虑农庄这一集体经济的特点,这样,必然形成对

---

① 有关内容可见本书第四章第三节有关部分的论述。
② 《赫鲁晓夫言论》第二集,世界知识出版社,1964 年,第 369 页。

农业生产的瞎指挥,使农业生产违背自然规律,从而破坏农业生产。

赫鲁晓夫执政后,首先着手对农业体制进行改革,首先改革农业计划制度。1955年是最为重要的一次改革。这一年的3月9日苏共中央和苏联部长会议通过了《关于修改农业计划工作的办法》的决议。《决议》中明确指出:

> 苏联国家计划委员会、苏联农业部和农产品采购部在农业计划工作的实践中,犯有严重的缺点和错误。现行的农业计划制度过于集中,而且对集体农庄、机器拖拉机站和国营农场规定过多的指标,这种做法并非出于国家需要。为了保证国家得到各种农产品,决不需要由中央给集体农庄和国营农场布置各种作物的播种面积,计划规定出所有种类的牲畜和牲畜头数,因为这不能使各集体农庄和国营农场发挥主动精神来更正确、更合理地管理经济。在现行的农业计划制度下,往往导致不合理的经营管理。千篇一律地计划播种面积造成了农作物分布上的不合理现象,因为这不符合各集体农庄的经济条件和土壤气候条件,不符合集体农庄积累的经营农业的经验和现有的耕作水平,并且无助于农作物总产量的提高。这种计划方式也不容许各集体农庄更符合实际地组织公有畜牧业的管理和争取提高肉、奶、蛋、羊毛及其他产品的产量。这一切限制了集体农庄和机器拖拉机站的主动精神,削弱了它们对发展农业生产的责任心和兴趣,不能刺激各集体农庄从它们使用的土地上增加产品的产量,减少了集体农庄获得高额收入的可能性。[①]

在《决议》中指出,苏联的农业计划制度是官僚主义的、非常脱离实际、脱离生活的。因此,苏共中央和苏联部长会议明确提出:在集体农庄中,必须改用以商品产量为出发点的计划方法。农业生产的计划工作应该直接从集体农庄(会同机器拖拉机站)和国营农场开始做起,计划中应考虑到更好地利用土地资源的问题。同时,在订计划和计算时,不应根据某种作物的播种公顷数,也不应根据牲畜的头数,而要以谷物、土豆、蔬菜和其他农作物实

---

① 《决议》详细内容可见《苏联共产党和苏联政府经济问题决议汇编》第四卷,中国人民大学出版社,1987年,第200~205页。

际收获的公担数,以及肉、奶、羊毛和其他畜产品的收获量为依据。

这次农业计划体制改革的主要内容有:一是农业计划工作以商品产量为出发点,大大减少给农庄农场的计划指标,即只下达农产品采购量一项指标,其他生产计划均由农庄农场根据农产品采购任务与自己内部需要来确定,即有关播种面积和结构、牲畜种类与头数、作物单位面积产量与牲畜产品率,各种农艺措施等,由农业企业自行决定。但在执行农业计划新办法相当长的一段时间里,苏联还规定:集体农庄全体庄员大会通过的作物播种计划和畜牧业发展计划应提交区执行委员会审核。如果集体农庄提出的计划不能保证集体农庄以相应的作物和畜产品完成义务交售额、机器拖拉机站工作的实物报酬额、预购合同和国家收购量,区执行委员会应建议集体农庄对计划进行必要的修改。二是农业计划制定的程序作了改变,即由过去农庄、农场从上级机关领取任务,改为直接由农庄、农场制订计划。三是计划计算的方法也作了改变,即把过去按种植作物的公顷数与饲养牲畜头数的计算方法改为按农产品、畜产品数量进行计算。

1955 年实行新的农业计划办法,目的是使集体农庄与农庄庄员、机器拖拉机站和国营农场及其工作人员充分利用生产潜力与发挥农业生产的主动精神,促进每个集体农庄和国营农场从计划给他们的农业用地上获得尽可能多的产品,增强集体农庄、机器拖拉机站和国营农场为国家生产必要数量农产品的责任感。但是,新计划办法的实施并不顺利,主要原因有:第一,很多地方机关并不认真执行新的农业计划办法,它们与过去一样,照旧向农庄、农场下达农产品采购指标之外的其他指标,对农业瞎指挥现象仍然十分严重。第二,正如前面提到的,由于 1955 年《决议》中规定,如果区执委会认为农庄制定的生产计划不能保证国家收购任务的完成,有权让农庄修订计划。这样,农庄自行制订生产计划的权限就受到很大制约。为此,1964 年 3月苏联取消了上述规定。但实践证明,农庄、农场自行制订生产计划的权限问题并没有得到实际解决。第三,国家下达给农业企业的采购计划指标过高,使很多农庄、农场难以完成。这种做法,迫使农庄、农场不能按自己的实际情况,因地制宜地制订生产计划,而计划的制订受制于如何完成国家下达的农畜产品采购指标。这样做,也必然使农庄、农场在生产中丧失主动性与积极性。从而使赫鲁晓夫改革农业计划制度的两大目标,"即一方面能够保证国家有计划地领导农业的发展,同时也要能够发挥地方的主动性"①,都难以很好地实现。

这里还要指出的是,为了实现以扩权为主要目的农业体制改革,赫鲁晓夫对农业管理机构进行了改组。1954 年他明确提出,要"从上到下地改进所有农业机关的工作"②。他改组农业机关的目的是,削弱这些机关对农庄、农场的控制,使农业计划体制改革的主要目的——扩权,能得以实现。到后来,赫鲁晓夫又把苏联农业部的主要职能改为"领导科学机关,进一步发展科学和在生产中广泛推行农业生产工作者的经验"③。他还提出:农业部只应通过试验和实例向集体农庄做出建议。并把农业部全部人马迁到了距莫斯科一百多千米外的、规模巨大的米哈依洛夫国营农场。

## 第三节 以提高物质利益为主要目的的农产品采购制度的改革

斯大林时期,苏联实行的农产品采购制度是剥夺农民的一种重要手段,也是严重影响农业发展的一个重要因素,它涉及一系列关系:如国家、农业企业与农业生产者三者利益关系,工业与农业关系,工人与农民的关系,城乡经济关系和工农联盟关系等。这些关系处理不好,不只直接影响农业的发展,还会产生严重的社会政治影响。

斯大林逝世时,农产品采购制度方面的问题异常突出,已是发展农业的一个严重障碍。从农产品收购价格来说,20 世纪 50 年代初,苏联每公斤谷物为 4 ~ 8 戈比,这一收购价格还是在 1927—1931 年间规定的,在以后的整个时期实际上没有变动过。1952 年,小麦每千克按 9.7 戈比出售,马铃薯 4.7 戈比,蔬菜 19.2 戈比,牛肉 20.3 戈比,猪肉 67.2 戈比,牛奶 25.2 戈比,蛋

---

① 《赫鲁晓夫言论》第三集,世界知识出版社,1965 年,第 171 页。
② 苏联《真理报》1954 年 4 月 27 日。
③ 苏联《真理报》1961 年 1 月 21—22 日。

每千个 2 卢布。集体农庄按照这种价格交售了谷物总收获量的 20% 左右以及几乎全部的畜产品,收获量的 1/3 付给机器拖拉机站。这样,致使农庄交售产品所得的收入还不够补偿生产费用。许多农庄生产 1 公担马铃薯的成本是 40 卢布,而它的收购价格仅为 3 卢布。1952—1953 年,谷物、牛肉、猪肉和牛奶都是赔本的。

农产品收购价格不合理,还表现在价格不能反映出用于生产各种农产品的劳动消耗的实际比价。虽然 1953 年生产 1 公担籽棉的劳动消耗比生产 1 公担谷物只高出 4.8 倍,但 1 公担籽棉的价格却超过 1 公担谷物价格的 37 倍。用于生产 1 公担糖用甜菜的劳动要比生产 1 公担谷物少耗费 38%,但糖用甜菜的收购价格却超过谷物价格的 25%。还有,生产 1 公担肉的劳动耗费比 1 公担谷物多 14~15 倍,而 1952 年的肉的采购价仅高于谷物价格的 5~7 倍。

另外,农产品收购价格的不合理,还反映在与工业品、食品零售价格之间的不协调。如果工业品与食品零售价格 1950 年与 1940 年相比,提高了 86%,那么,正如前面提到的,而农产品收购价格在这一时期大致停留在原来水平上。[①] 这自然使工农业产品价格剪刀差日益扩大,严重损害农庄、农场的物质利益,从而束缚了农业生产的发展。

赫鲁晓夫执政后,为了调动农庄、农场的生产积极性,贯彻物质利益原则,在农产品采购制度方面采取了一系列措施:

第一,提高农畜产品价格。从 1953 年到 1963 年,农畜产品共提价 6 次。1964 年与 1952 年相比,全部农畜产品的收购价格提高了 2.54 倍,其中粮食提高了 7.4 倍,畜产品 15 倍,牛奶 3.55 倍。

第二,实行统一的国家收购制度。随着 1958 年改组机器拖拉机站,也就要求改革采购制度。1958 年 6 月,决定取消义务交售制和机器拖拉机站实物报酬制,实行按地区分别规定的统一收购价格。这种价格比义务交售价格提高了 2 倍。

第三,在取消义务交售制与机器拖拉机站实物报酬制前,逐步放宽农产

---

① 有关斯大林逝世时苏联农产品收购价格严重扭曲的材料,参见苏联科学经济研究所编:《苏联社会主义经济史》第六卷,盛曾安等译,东方出版社,1986 年,第 521~522 页。

品义务交售的定额和最后取消义务交售制。根据 1953 年苏共中央九月全会决议，苏联降低了集体农庄和庄员个人副业向国家义务交售畜产品、马铃薯、蔬菜的定额。1954 年，免除了拥有个人副业的庄员、职工、渔业和手工业劳动组合成员谷物的义务交售任务。从 1958 年 1 月 1 日起，完全取消了庄员、职工个人副业的义务交售。

由于采取了上述措施，特别是农产品收购价格的提高，使农庄收入大大提高。如果说 1953 年农庄向国家和合作社出售种植业和畜牧业产品的收入为 41.4 亿卢布，那么 1960 年为 141.6 亿卢布，即在产量增长 0.6 倍的情况下，收入增加 2 倍以上。这样，生产者从出售农产品中多增加了 75.4 亿卢布的现金收入。据有关材料，1952—1962 年期间，苏联全国集体农户的收入增长了 2.9 倍。

另外，由于实行了按地区分别规定的统一收购价格，缩小了苏联各加盟共和国集体农户在收入方面的差距。1952—1961 年期间，集体农户高收入与低收入之间的差距缩小到 4 倍。①

赫鲁晓夫执政后，为了提高农业企业与农业劳动者的收入水平和加强物质刺激，除了提高农产品收购价格、取消义务交售等措施外，还勾销了农庄在义务交售和支付机器拖拉机站实物报酬方面的积欠，勾销了各农庄和庄员在畜产品方面未完成的交售量。此外，还在所得税方面实行优惠政策，并增加了对农庄的贷款，延长了贷款期限，从 1955 年起利率几乎降低了 1/2。从 1956 年起，改变了过去用于劳动日分配的大部分收入只能在经济年度年终发给农庄庄员的办法，而改为每月按庄员在公有经济中所做的全部劳动日发给预付款的办法。从 1957 年起，集体农庄开始逐步改为货币形式的报酬，到 1960 年，货币在苏联农庄庄员报酬中的比重已提高到 62%。②

---

① 参见苏联科学院经济研究所编：《苏联社会主义经济史》第六卷，盛曾安等译，东方出版社，1986 年，第 524～525 页

② 同上，第 527 页。

# 第四节 个人副业管理制度的改革

苏联农村的个人副业,是在农业集体化过程中产生并得到不断发展的一种经济形式。个人副业主要是指农庄庄员、农场职工和农村其他居民耕种宅旁园地与自养牲畜、家禽等家庭副业。

长期以来,个人副业在苏联农业经济中占有相当重要的地位。据苏联官方公布的材料,在斯大林去世的1953年,个人副业生产的农产品占全苏总产量的比重是:肉为52%,奶为67%,蛋为85%,粮食为3%,土豆为72%,蔬菜为48%。个人副业在农庄庄员家庭收入来源中占26%。①

赫鲁晓夫上台初期在个人副业的管理方面,实行积极鼓励的政策。当时他主要出于以下原因:一是为了尽快缓解苏联面临食品供应方面的严重困难,特别需要采取一些措施来扶植个人副业的发展;二是赫鲁晓夫在1953年的九月中央全会报告中明确提出,农业落后的一个重要原因是"违反了物质利益原则",其中包括违反了农业劳动组合章程关于允许"每个集体农户都有权拥有小规模的经济作为个人财产"这个"最主要的原则"。而许多农庄违反了这个原则。他还指出:"如果公有经济中的工作不能使集体农民得到劳动日应得的收入,如果他的副业中的个人利益又受到损害,那么集体农民很容易给自己的劳动找到另外的用途——他跑到城里去,到工厂做工。这就是集体农民个人经济缩减和落后的集体农庄的农业人口外流的原因。"他还要求:"在发展公有畜牧业的同时,党、苏维埃和农业的地方机关必须完全终止在个人所有牲畜方面侵犯集体农民利益的不正确的作法。""必须消除这样一种偏见,即认为工人和职员个人有牲畜是件不体面的事。"②

这次全会以后,赫鲁晓夫对个人副业的管理采取一系列鼓励的措施,主要有:免除庄员和农场职工的欠款;先是降低庄员职工向国家义务交售畜产品、土豆和蔬菜的定额,最后废除经营个人副业的义务交售制度,并取消了

---

① 参见陆南泉:《赫鲁晓夫、勃列日涅夫的农村私人经济政策》,载苏联经济研究会编:《苏联经济体制问题》,时事出版社,1981年,第166页。

② 《赫鲁晓夫言论》第二集,世界知识出版社,1964年,第320、337、338页。

1953年1月1日以前向国家义务交售私人牲畜的积欠；实行新的农业税法，税额按每1%公顷土地的收入规定的固定税率计算；实行新税法，使个人副业的税率降低了80%；要求各级领导人都要协助居民购买牲畜和家禽，并保证他们饲养牲畜所需的饲料与运输饲料的工具；等等。以上措施使个人副业得以迅速恢复与发展。1958年与1953年相比，个人副业有了较大幅度增长：土豆、蔬菜增长14.3%，牛的头数增加了25.3%，肉、奶产量分别增加了33%和27%，水果增加了46%。① 1953年时，2000万农户中，有1/4的家庭不养奶牛，到了1959年，几乎每家农户都养了奶牛。②

应该说，在1958年以前，赫鲁晓夫在个人副业方面所采取的改革措施，其积极影响是不可低估的，苏联当时有人称之为这是一种使私人生产受益的"新经济政策"。"它带来了一定程度的民主化。即国家不再直接干预一个地区的人民生活，允许他们自己决定怎样使用实际上多少是租借来的那1/4公顷土地。希望得到一小片菜地或果园的要求，很快超出了小镇和城郊工人的范围。大城市的机关被允许在乡村的路边、树林及铁路沿线寻找荒地，作为菜地或果园分给其工作人员，一般为1000平方米。这就是所谓工人集体园地的开端，工人们可以在业余时间和工休日来这里劳动。"③

但是赫鲁晓夫从1956年开始，对个人副业的看法发生了变化。1956年3月6日通过的苏共中央和苏联部长会议《关于农业劳动组合章程进一步发挥农庄庄员在组织集体农庄的生产和管理劳动组合事务中的主动精神》决议中指出："庄员的一切需要基本上靠公有经济来满足"，而个人副业"只起辅助作用"，"主要满足庄员个人对新鲜蔬菜、水果和浆果的需要，并且力求在宅旁园地建造果园、浆果园以美化庄员的生活环境"。④

随着对个人副业认识的变化，赫鲁晓夫对其管理上开始采取限制的政

① 参见陆南泉：《赫鲁晓夫、勃列日涅夫的农村私人政策》，载苏联经济研究会编：《苏联经济体制问题》，时事出版社，1981年，第167～168页。
② 参见[苏]罗伊·A.麦德维杰夫等：《赫鲁晓夫的执政年代》，邹子婴等译，吉林人民出版社，1981年，第39页。
③ [苏]罗伊·A.麦德维杰夫等：《赫鲁晓夫的执政年代》，邹子婴等译，吉林人民出版社，1981年，第39页。
④ 《苏联共产党和苏联政府经济问题决议汇编》第四卷，中国人民大学出版社，1987年，第303～304页。

策。1956 年 8 月,苏联最高苏维埃主席团通过法令,规定对城市公民个人饲养牲畜征收货币税,如所养牲畜数额超过规定标准,税收加倍。由于 1958 年农业丰收,①在这一年召开的苏共中央十二月全会上赫鲁晓夫讲:"党解决了发展社会主义农业最重要的经济问题。"苏联"在短期内克服了农业生产的落后状态"。"在经济方面最强大的集体农庄目前就已经能够满足集体农庄庄员个人对马铃薯、蔬菜,甚至是牛奶的需要。"个人副业"将逐渐失去它的意义"。②赫鲁晓夫在报告中,还建议推广卡里诺夫卡村集体农庄把奶牛卖给农庄的经验,要求庄员放弃菜园,取消农场职工自留地、自养畜。俄罗斯联邦最高苏维埃主席团发布命令,从 1959 年 10 月 1 日起,禁止城市公民个人饲养牲畜。

　　由于赫鲁晓夫对个人副业在管理上采取限制的措施,个人副业生产出现了明显下降。1959 年与 1958 年相比,私养牛减少 377 万头,即减少 12%,其中奶牛减少 135 万头,即减少 7%;私养猪、绵羊和山羊各减少 3%。1960年,私养牛比 1958 年减少了 22%,其中奶牛减少 12%。③ 个人副业的下降,导致市场供应紧张。这迫使赫鲁晓夫在 1961 年召开的苏共中央一月全会上又强调要重视个人副业,强调个人副业不仅"不违背社会主义和共产主义的发展",而且"是对从集体经济中所得收入的补充"。要"严惩那些热衷于取消宅旁园地的人。"

　　由于赫鲁晓夫在个人副业管理上采取时松时紧的缺乏一贯的政策,特别是从 1958 年起采取的限制措施,致使个人副业呈现缩减趋势。1958 年与1964 年相比,个人副业经济的播种面积、私养牲畜头数、产肉量和产奶量,一般都减少了 13%~15%。④

　　赫鲁晓夫执政后期,之所以对个人副业在管理上实行卡紧的政策,其主要原因有:

　　第一,最为重要的是对苏联农业状况缺乏一个正确的看法,把农业问题

　　① 1958 年苏联谷物产量比 1957 年一下子增加了 3200 万吨,增长 31.2%,农业产值增长 10.7%。
　　② 《赫鲁晓夫言论》第十集,世界知识出版社,1965 年,第 415、477 页。
　　③ 参见金挥、陆南泉主编:《战后苏联经济》,时事出版社,1985 年,第 340 页。
　　④ 参见陆南泉:《赫鲁晓夫、勃列日涅夫的农村私人政策》,载苏联经济研究会编:《苏联经济体制问题》,时事出版社,1981 年,第 168 页。

的解决看得过于简单,特别是1958年的丰收使赫鲁晓夫头脑发热,认为作为苏联最重要的经济问题——农业问题解决了,而且是在短期内改变了农业落后状况。不论是农畜产品的市场供应还是满足农庄庄员家庭需要方面,靠公有经济均可得到解决。而实际情况证明,个人副业在苏联长期占据十分重要的地位。如20世纪70年代末80年代初,为农村居民提供95%的土豆,75%的蔬菜,80%的肉奶及其制品,100%的鸡蛋。同时,通过市场也为全国居民提供1/10的食品。① 个人副业在农庄庄员家庭收入中一般要占1/4以上。

第二,从客观上讲,在赫鲁晓夫对个人副业管理上采取宽松政策后,出现了一些庄员把主要时间花在私人经济上。而不是花在集体经济上的情况,形成了这样的局面:"认真工作的庄员承担着集体经济后果的全部责任和集体农庄对国家必须完成的全部任务,而懒散的庄员不参加劳动组合的公有经济的劳动,却享受着庄员的全部待遇,并通过损害公有经济,即损害劳动组合全体成员的共同利益来扩大自己的私有经济。"②实际上,庄员花在私人副业上的劳力多一些,而在公有经济上的出勤率低的情况,一直存在。这与长期以来苏联农村公有经济发展缓慢、效率不高有关,这个问题的解决有个过程,只有公有经济迅速发展、效益大大增加和庄员收入水平有大幅度提高的情况下,庄员才能集中精力从事公有经济。

第三,苏联从斯大林开始,其农业政策的一个最为重要的目标是控制粮食。而个人副业提供的粮食极其有限的,③主要提供农副产品。赫鲁晓夫担心农庄庄员劳力过多地投入农副产品的生产,从而会影响粮食生产。

第四,由于过高地估计了公有农业经济发展,赫鲁晓夫在1958年提出,苏联已经到了使"集体农庄庄员,特别是女庄员,从每天饲养自己的奶牛的生产率很低的劳动力中解放出来"的时候了。这显然不符合实际情况。实际上占全苏耕地不到3%的个人副业,就是在赫鲁晓夫1958年采取限制政

---

① 参见苏联《农业经济》1980年第1期。

② 《苏联共产党和苏联政府经济问题决议汇编》第四卷,中国人民大学出版社,1987年,第303页。

③ 1953年个人副业生产的粮食占苏联全国粮食产量的3%。

策之后,仍然提供大量农产品,如 1961—1965 年期间(年平均),个人副业的产值占苏联农业产值的 33%,其中种植业占 22%,畜牧业占 44%。在赫鲁晓夫下台的 1964 年,个人副业生产的粮食占全苏粮食产量的 2%,向日葵占 2%,土豆占 60%,蔬菜占 39%,肉类占 42%,奶类占 42%,蛋类占 73%,羊毛占 21%;个人副业的商品产值在全苏农业商品产值的 14%。个人饲养的牲畜头数在全苏牲畜总头数的比重是:牛占 28.8%,其中奶牛占 41.7%;猪占 27.4%;绵羊占 20.8%;山羊占 82.9%。国家从个人副业收购的主要畜产品在总收购量中的比重为:牲畜与禽类占 12%,奶类和奶制品为 4%,蛋类为 30%,羊毛为 13%。[①] 在上述情况下,提出可以使农庄庄员从个人副业中解放出来,这既不实际,也不可能。

## 第五节　机器拖拉机站的改组

大家知道,列宁之所以把农业合作化的时间估计得很长,其中一个重要原因是苏联缺乏改造农业的物质技术基础。因为农业只有具备了较雄厚的物质技术基础,才能体现出大生产的优越性,才能吸引农民走社会主义的道路。列宁指出:"要获得拖拉机和机器,要实现一个大国家的电气化,无论如何要有几十年的时间才行。"[②]在斯大林通过政治高压、强制的手段实行农业全盘集体化之后,当时的苏维埃国家既无力向农庄提供它们所需的农业机器,即使有农业机器,而这些农庄也没有经济能力去购买。在这种情况下,如何解决向农庄提供生产技术服务问题就显得十分迫切,没有物质技术基础,就难以巩固与发展农庄和提高生产水平。正在这个时候,1927 年敖德萨州舍甫琴科国营农场建立了有 10 台拖拉机的小队,帮助周围农村的农民进行生产。1928 年,以这个小队为基础建立了全国第一个机器拖拉机站。这个做法给了斯大林启示:在国家不能保证每个农庄都有自己的农业机器的情况下,把有限的农业机器集中起来组建机器拖拉机站,让其为若干个农庄

---

① 参见陆南泉等编:《苏联国民经济发展七十年》,机械工业出版社,1988 年,第 319～324 页。
② 《列宁全集》第 41 卷,人民出版社,1986 年,第 53 页。

提供技术服务。接着联共(布)中央在总结了建设机器拖拉机站的初步经验后,于1930年通过了一项决议,肯定了这些措施的作用和意义。决议指出:"通过拖拉机站找出了、并由群众的经验检验了苏维埃国家在高度技术基础上组织大型集体农业的形式,在这里农民群众建设集体农庄的主动精神同无产阶级国家的组织上和技术上的帮助及领导充分结合起来了。"[①]此后,在苏联机器拖拉机站的建设大规模开始了。1932年已达到2446个,1941年超过7000个,而在1957年达到8000个左右。[②]

这里需要强调的是,机器拖拉机站与农庄的关系,决不限于前者为后者提供生产技术服务,后者为前者支付报酬。实际上,机器拖拉机站一直起着联共(布)党在农村的政治领导作用,也是对农庄加以控制的机构。1958年3月31日苏联最高苏维埃通过的《关于进一步发展集体农庄制度和改组机器拖拉机站》的法律也明确指出:"机器拖拉机站曾经是掌握在苏维埃国家手中一支巨大政治力量组织力量。"[③]因此,机器拖拉机站是苏联-斯大林农业制度中的一个重要组成部分,有人把苏联-斯大林农业制度称为机器拖拉机站—集体农庄制度,这不无道理。这也充分说明,改组机器拖拉机站在改革整顿农业制度中占十分重要的地位。赫鲁晓夫认为:"工业管理的改组是一个重要的革命措施。而在农业方面应该采取的革命措施就是改组机器拖拉机站。"[④]

到了1957年下半年,有关机器拖拉机站—集体农庄制度问题,成为苏联理论界讨论的热点。在讨论中普遍认为,将机器拖拉机站的农业机器出售给农庄是必要的,在这个时候已具备了可能性。1957年,还在一个大农庄往往拥有几千公顷土地的斯塔克罗彼尔地区,对12个拖拉机站做了试验性的合并,这些拖拉机站都是各自只为一个集体农庄服务的,合并后,农庄主席同时担任为该农庄服务的拖拉机站的站长。试验结果表明,这样做可以更有效地使用机器设备,农业劳动的质量有所提高,也简化了经营管理,因为

---

① 《赫鲁晓夫言论》第八集,世界知识出版社,1965年,第175页。
② 关于机器拖拉机站建立与发展过程材料,参见同上,第174~175页。
③ 《苏联共产党和苏联政府经济问题决议汇编》第四卷,中国人民大学出版社,1987年,第416页。
④ 《赫鲁晓夫言论》第八集,世界知识出版社,1965年,第318页。

不需要在地区一级为农庄和拖拉机站之间进行协调。①

　　赫鲁晓夫日益感到,不改组机器拖拉机站,也就改变不了充满矛盾的苏联农业制度。1957年12月26日,他在乌克兰共产党中央全会上就作了题为"技术装备和土地要归一个主人"的讲话,表明他改组机器拖拉机站的主导思想。他说:"……现在是不是可以把机器拖拉机站的技术装备卖给某些集体农庄了呢? 我认为这是对的。只有土地和技术装备掌握在一个主人手里,所有的机器就一定会利用得更有效。这样我们就更能发挥集体农庄庄员的主动性。"②不久后,他在白俄罗斯共和国农业先进工作者会议上又进一步阐明上述思想,指出:"一块土地有两个主人:一个是集体农庄,另一个是机器拖拉机站。在有两个主人的地方,不可能有良好的秩序。在现代的农业中,一切都决定于拖拉机和联合收割机的工作。然而,集体农庄现在甚至连在什么地方放置拖拉机的问题,也得同机器拖拉机站商量和联系。所有这一切都使技术设备得不到合理使用,使国家和集体农庄的利益受到损失。""我们也常常遇到这样的现象:一个机器拖拉机站只替一个或两个集体农庄服务,但也保持着庞大的管理机构。试问,把机器卖给集体农庄,让集体农庄根据农庄需要利用这些机器岂不更好吗? 看来,这样会使机器工作得更有效,会发挥更大的能力。"③

　　接着,1958年召开的苏共中央二月全会通过了赫鲁晓夫《关于进一步发展集体农庄制度和改组机器拖拉机站》的报告。同年2月26苏共中央通过相应的决议;3月31日苏联最高苏维埃通过相应的法律。这些文件对机器拖拉机站的历史作用作出评价,并对其改组的内容、部署等都作了规定。

　　改组机器拖拉机站的主要内容是:改变为集体农庄进行生产技术服务的现行制度,逐步把机器拖拉机站改组为技术修理站并逐渐过渡到把农业机器卖给集体农庄。在苏共中央的决议中指出,采取这一措施,"势必可以大大改善利用现代化技术设备,加速农业的技术进步,提高劳动生产率,增

---

　　① 参见[苏]罗伊·A.麦德维杰夫等:《赫鲁晓夫的执政年代》,邹子婴等译,吉林人民出版社,1981年,第86页。

　　② 《赫鲁晓夫言论》第七集,世界知识出版社,1965年,第398页。

　　③ 《赫鲁晓夫言论》第八集,世界知识出版社,1965年,第33页。

加每百公顷农业用地的平均总产量和商品量,并降低其成本"①。

改组机器拖拉机站要解决的问题有四个方面:

首先,最为重要的是要解决长期存在的、难以解决的"一块土地、两个主人"极不协调的农业管理制度。这是赫鲁晓夫在谈及改组机器拖拉机站时一再强调的一个重要理由。他在1958年2月提供的有关这一问题的报告提纲中指出:把农业机器卖给农庄,"这样一来就能取消两个社会主义企业——集体农庄和机器拖拉机站同时经营一块土地这种在目前条件下已经过时的制度,这种制度使得领导平行重叠,使生产组织无人负责,并且维持多余的管理机构,结果使得生产工具和劳动力不能得到充分的利用"②。

其次,使得土地的主要耕作者——集体农庄与生产工具能紧密地结合在一起。改组前,在苏联"很多地区,首先是谷物区,机器拖拉机站替集体农庄进行绝大部分耕耘工作。因此,农业的主要生产力——集体农庄的劳动力就脱离了主要生产工具——拖拉机和其他机器,从而妨碍了劳动力和技术设备的最有效的利用。"③

一块土地上有两个主人和农庄与主要生产工具相脱离,是农庄与机器拖拉机站经常发生矛盾的主要原因,并且往往出现扯皮现象,农庄主席一个意见,拖拉机站站长又是一个意见,最后往往按掌握农业机器的站长的意见办,而牺牲农庄的利益。由于机器拖拉机站控制的农业机器越多其权力也越大。因此,往往产生拖拉机站盲目增加农业机器,而不管实际是否需要,从而造成机器的闲置,难以充分发挥作用,有时放在仓库里锈坏。

再次,从制度上促进和保证以扩权为主要目的的农业计划制度改革。我们在前面谈到,对农业实行高度集中的指令性计划制度,其消极作用异常突出,因此改革农业计划制度是赫鲁晓夫整个农业改革的一个重要内容。但要通过改革农业计划制度来达到扩大农业企业的自主权,使其能因地制宜地进行生产经营活动,除了对农业计划制度自身进行改革外,改组机器拖

---

① 《苏联共产党和苏联政府经济问题决议汇编》第四卷,中国人民大学出版社,1987年,第412页。

② 《赫鲁晓夫言论》第八集,世界知识出版社,1965年,第181页。

③ 同上,第179页。

拉机站具有重要意义。因此,拖拉机站一直是直接管理农庄计划的领导者,是组织农庄执行指令性计划的直接监督者。因此,如果不改组机器拖拉机站,不废除集体农庄向其支付实物报酬的制度,农业计划制度的改革就难以实现,农畜产品的采购制度的改革也同样难以进行。这里可以看出,改组机器拖拉机站是赫鲁晓夫整个农业制度改革中的重要一环,是破除机器拖拉机站-集体农庄的苏联农业制度不可缺少的一个步骤。

最后,在理论和实践中,推动农业与工业之间主要以商品交换形式的经济关系,从而扩大商品货币关系的范围。把机器拖拉机站卖给集体农庄,当时涉及两个理论问题:一是生产资料是不是商品;二是把全民所有制的财产转到集体所有制,会不会违背向共产主义过渡的总方向与总政策。

人所共知,斯大林在1952年发表的《苏联社会主义经济问题》中还坚持认为,生产资料不是商品,不能进入流通领域,商品生产的活动范围只限于个人消费品。机器拖拉机站的农业机器卖给农庄,今后农庄需要农业机器从工业部门购买,这从实践中突破了斯大林有关生产资料不是商品的理论教条。从而,使国家与农庄之间的经济关系发生了质的变化,也必然使商品货币关系的领域扩展了。

关于机器拖拉机站的农业机器卖给农庄的建议,早在斯大林时期就有经济学家提出了,但遭到斯大林的批驳。[1] 提出这个建议的是萨宁娜和文热尔两位经济学家。斯大林说:他俩所建议的提高集体农庄所有制的基本办法是:把集中在机器拖拉机站的基本生产工具出售给集体农庄,归其所有,这样来解除国家对农业提供基本建设投资的负担,让集体农庄负责维持和发展机器拖拉机站。对此,斯大林批评说:第一,这样做,只会使集体农庄离全民所有制更远,不会使苏联接近共产主义,反而会远离共产主义;第二,这样做,结果就会扩大商品流通的活动范围,因为巨量的农业生产工具会投进商品流通范围,而商品流通范围的扩大不能使苏联向共产主义推进,而会阻碍向共产主义前进。斯大林的结论性意见是,如果接受萨宁娜与文热尔的建议,"就是向落后方面倒退一步,就是企图把历史的车轮拉向后转"[2]。

---

[1] 参见《斯大林选集》下,人民出版社,1979年,第605~612页。

[2] 同上,第608~609页。

赫鲁晓夫在1958年前,对前几年就上面提到的两位经济学家有关机器拖拉机站卖给农庄的建议也认为是错误的,但他与斯大林的分析方法不同,在他看来,主要是那个时候根本不具备条件。赫鲁晓夫说:"当集体农庄多半是小型的和经济上软弱的情况下,它们无力购买和正确使用机器拖拉机站的技术设备,如果取消机器拖拉机站就必然会削弱集体农庄的经济和破坏集体农庄制度。"①而在谈到1958年决定向集体农庄出售机器是否会降低全民所有制的水平问题时,赫鲁晓夫否定了这种看法,他说:"这样提法,实质上是不正确的,是错误的。""问题是要逐渐提高集体农庄的公有化水平,从而把它们提高到全民所有制水平。只有进一步努力巩固国家所有制和集体农庄所有制才能做到这一点。""不应该害怕集体农庄所有制的加强。如果把社会主义所有制的一个形式同另一个形式对立起来,如果硬说集体农庄所有制的加强会削弱全民所有制,那就要一直弄到荒谬的程度。"②

1958年,赫鲁晓夫详细地分析了改组机器拖拉机站的条件已经成熟,他总的看法是,自1953年苏共中央九月全会到1958年这一时期,苏联为发展农业所作的努力和取得的成就,"标志着在集体农庄制度发展中的新阶段的开端"③。这个阶段的特点有:

第一,1950年到1951年进行的、合并扩大集体农庄的工作取得的进展,加上农业自身获得的较大发展,使得大部分集体农庄的规模大大扩大了,经济实力有了很大提高。在进行生产时都已在广泛采用现代化的技术设备以及科学成就。1949年全苏共有35万个以上的集体农庄,由于合并到1957年约为7800个。该年苏联平均每个集体农庄有1954平方米耕地,这比集体农庄合并前增加了两倍多。许多农庄,特别是主要的谷场地区,分别有5000平方米、1万平方米和1万平方米以上的耕地,这样就有可能大规模地使用机器设备。平均每个集体农庄有劳动能力的人数也增加了两倍多。

第二,为农业提供的机器设备大量增加。1957年为农业提供的拖拉机、联合收割机、载重汽车及其他机器,比前4年增加了50%~100%。1953—

---

① 《赫鲁晓夫言论》第八集,世界知识出版社,1965年,第181页。
② 同上,第184~185页。
③ 同上,第177页。

1957 年,苏联农业得到了 90.8 万台拖拉机(每台按 15 匹马力计算),29.3
万台谷物联合收割机,14.3 万台青贮饲料联合收割机和玉米联合收割机,
46.7 万辆载重汽车。

第三,集体农庄干部大大增加,其水平也大大提高,其中包括技术干部。
如果 1953 年在集体农庄里工作的专业干部只有 18500 人,那么到 1958 年已
有受过高等和中等专门教育的专业人才已达 15 万人。

第四,集体农庄收入水平有了较大提高。1956 年农庄的货币收入为
946.16 亿卢布,几乎比 1950 年增加了两倍,这使农庄的公积金大量增加。
据赫鲁晓夫的估计,1958 年集体农庄的公积金约为 250 亿卢布,要卖给农庄
的技术设备总价值为 180 亿 ~ 200 亿卢布。[①]

以上一些条件,就是赫鲁晓夫提出把机器拖拉机站和其他农业机器卖
给集体农庄的依据。[②]

鉴于改组机器拖拉机站既涉及千百万农民的利益,也关系到国家的利
益,苏共强调"把技术装备卖给农庄,是有重大经济政治意义的问题"。为
此,在有关文件中还作出一些具体规定:第一,在改组机器拖拉机站的时间
安排上,反对仓促进行,必须谨慎,根据不同地区分阶段进行。有些地区的
农庄可以立刻向机器拖拉机站购买农业机器;有些地区在一定时期内保留
机器拖拉机站。第二,必须根据自愿原则进行,不能采取强制的办法。第
三,对那些没有能力一次付清拖拉机和其他机器价款的集体农庄,可允许根
据其经济状况分期付款。还允许用实物抵偿货款,也可赊欠,经区批准赊欠
时期可为 2 ~ 3 年,州批准则可延至 5 年,按期将款付清可不计利息。第四,
考虑到农业机器设备的使用情况,对旧的机器应考虑折旧而降低其价格,简
言之,价格要合理。第五,要求苏联部长会议必须保证正确使用由机器拖拉
机站转到农庄工作的机务人员和农业专门人才,同时对他们的物质生活给
予必要的注意和关怀。为此,还具体规定,这些人员的报酬不应低于在机器
拖拉机站时做同样工作所得的最低数额。

应该说,以上一些规定是较为妥当的,如果能在实践过程中得到认真执

---

①　参见《赫鲁晓夫言论》第八集,世界知识出版社,1965 年,第 189 页。
②　同上,第 177 ~ 188 页。

行,会取得良好的效果。因为改组机器拖拉机站是符合当时苏联农业发展要求的,是改革整个农业制度不可缺少的一个步骤和内容。但这次改组也出现了一些严重后果,其原因是多方面的。①

第一,尽管一再强调把农业机器卖给集体农庄要有选择地分期进行,不能立刻普遍推广,但"恰恰是赫鲁晓夫无视自己关于要稳步前进的忠告,实际上是借助中央委员会的指示强迫推行这次计划。改革三个月后,大多数拖拉机被取消了"。这样,意味着农庄从政府手里花了数十年时间才积累、支付了的这些农业机器设备,要求农庄在一年之内就买下来。到1958年年底80%以上的农庄(包括穷的和比较富裕的)都被迫买下了机器拖拉机站的设备。其他20%左右已经负债累累的极端贫困的农庄根本买不起任何机器。但苏共中央委员会指示,这些农庄就是贷款也必须买机器,以防止他们滋长"依赖别人的思想"。这样,到1959年1月,几乎所有的机器拖拉机站都撤销了。8000个拖拉机站仅剩下345个,到1959年年底,就仅有34个了。结果,赫鲁晓夫关于需要几年时间来实行改组机器拖拉机站的比较明智的计划,被荒谬地缩短到不满12个月。这样,集体农庄要在短短的一年时间内拿出巨额资金去购买农业机器,使其经济发生严重的困难,而不得不取消或推迟许多原计划规定的重要项目,特别是直接关系到建立新的奶制品厂和使畜牧业现代化的计划项目。

第二,由于以下三个因素使农庄资金更加困难乃至导致破产:一是没有按原先的规定实行公平的价格。在机器拖拉机站向农庄出售农业机器时,新旧机器的价格是一样的。这样迫使农庄用同样的价格买进旧机器,而且旧机器的比重很高,例如从1958年4月至1959年7月,集体农庄购买的61万台拖拉机中只有10万台是新的,247万台谷物联合收割机中25万台是新的。② 必然使农庄花费更多的资金。二是赫鲁晓夫原先估计的农庄公积金的数额与购买机器所需的资金数额很不准确(前者为250亿卢布后者为180

---

① 对机器拖拉机站改组后所出现的问题的分析,笔者参阅了苏联学者的一些看法。参见[苏]罗伊·A.麦德维杰夫等:《赫鲁晓夫的执政年代》,邹子婴等译,吉林人民出版社,1981年,第85～95页。

② 转引自邢广程:《苏联高层决策70年》第三分册,世界知识出版社,1998年,第208页。

亿~200亿卢布),而实际上农庄为购买机器拖拉机站的机器设备花费了320亿卢布。与此同时,在考虑到农庄经济能力时,只是考虑了购买农业机器本身的费用,而没有估计到农庄还要花很大一笔钱建造新的机房、油库和修配厂等。三是对经济上不富裕的农庄未能实行原先规定的可以分期付款的办法。一些富裕农庄发起"竞赛",要在一年内把购买机器拖拉机站农业机器的款项全部付清。赫鲁晓夫对这种"积极性"大加赞赏,从而形成了无形的压力,迫使几乎所有的农庄在这一时期内还清了欠款。这些因素加在一起,已不只是使一些农庄延误其他项目,而甚至挪用工资基金,或者动用用于完成粮食生产任务的部分周转基金,濒临破产。

第三,在机器拖拉机站改组过程中,原工作人员有50%离开了农业岗位,特别是技术水平较高的职工去城市或工业城镇找到了工作。这样,农庄购买了机器,立即出现了缺乏足够数量的、经过正规训练而能有效使用这些农业机械的技术人员。这自然会影响农业机器的使用效率。

第四,农庄购买了农业机器,一方面需要经过训练的管理人员,同时又需要及时建设放置机器的库房。在这两个条件不具备的情况下,结果使农庄的机器在1959年到1960年期间,由于失修和使用过度造成了严重的损坏。

第五,在导致苏联庞大的农业机器工业危机的同时,又造成农业机器的短缺。前面已提到,1959年苏联实际上已不存在机器拖拉机站,由农庄自行购买农业机器。但农庄已把大量资金耗在购买旧的机器上了,没有能力购买新的机器,这样使农业机器制造厂家生产大大萎缩,1958年至1961年期间在苏联出现了农业机器总数第一次在和平时期的下降。从而使这期间农庄缺乏农业机器,例如,仅仅俄罗斯加盟共和国就缺少42万台拖拉机,7.6万辆卡车和13.6万台联合收割机。这样,使农庄现有的机器只能完成实际工作量的26%~48%,从而使大多数农活几乎都要拖延。

第六,由于快速进行机器拖拉机站的改组,一年内把农业机器卖给农庄。这些机器需要进行日常修理。当时曾设想,8000个拖拉机站需建立4000个国营拖拉机修配厂,但这些修配厂一直未能建立起来。到了1961年做出决定,机器在农庄就地修配。约有1万个大型农庄能够建立自己的修配厂,3.4万个农庄没有修配厂,只能敷衍了事地进行一些整修。就是到了1964

年,建立起来的一些农业技术服务站,也只能满足修理任务需要量的一半。

机器拖拉机站改组过程中出现的上述种种问题,在很大程度上由于没有执行原来的一些重要规定和政策,把一个需要3年至5年逐步完成的过程用激进的办法在不到一年的时间完成了。再加上事先对不少问题考虑不周,往往出现了事与愿违的结果,如赫鲁晓夫本来想通过改组机器拖拉机站来增加农庄的经济实力,结果由于激进的改革和没有执行原来有关价格的规定,反而使农庄陷入困境。

但笔者认为,出现的这些问题并不能成为根本否定1958年改组机器拖拉机站的必要性与可能性的根据,也不能认为这次改组是一个"最严重的错误"。

## 第六节　集体农庄劳动报酬制度的改革

苏联集体农庄在1956年之前,一直实行自1931年起的按劳动日计酬的制度。根据这一制度,农庄在年终缴纳所得税、偿还银行贷款、提取公积金和扣除其他必要的支出之后,把收入的剩余部分作为劳动报酬基金,按每个庄员的劳动日数,并根据每个劳动日的日值以实物为主向庄员发放劳动报酬。当时苏联采取这种付酬办法的主要根据:一是认为这一制度比较能充分体现按劳分配原则,二是较适应当时农业生产水平。但这一报酬制度有明显的缺陷:首先,庄员的按劳动日得到的报酬,一般要等到在经济年度结束时才能给予,这就是说,在一年内庄员没有任何固定收入。另外,劳动日的日值是随着年景好坏而波动的,因此,庄员也不清楚一个劳动日能拿到多少报酬,当然也更不知道经济年度结束时总共能获得的收入是多少。这种付酬制度,减弱了农庄庄员对劳动结果的物质兴趣,也就不会从物质利益上去关心农业的发展。其次,由于各种农活繁多,十分复杂,很难使劳动日记分的标准定得合理与科学。随着农业经济的发展,生产力水平的提高,为了克服上述缺陷,在总结了许多农庄已采取的更先进的付酬制度基础上,苏联于1956年决定改行按庄员在公有经济中所做的全部劳动日发给预付款制度。这一制度规定,年初以卢布对劳动日单价进行估算,然后按月预支报酬,到年终结算。预付款由货币与实物两部分组成。集体农庄要建立滚存的货币基金和粮食储备。货币预付基金的来源是 25% 的农产品销售收入和 50% 的采购预付定金。为了保证每月的预付款能兑现,苏联国家银行对货币预付基金的上述两项来源列入特别往来账户。这笔钱只能由农庄管理委员会用来给农庄庄员发放预付款和按劳动日进行分配。

应该说,这次改革虽然有利于克服按劳动日年终支付报酬的一些缺陷,并对提高农庄庄员对劳动成果的关心也起到一定的作用,但改革之后的农庄员付酬制度其基础仍是劳动日,因此并没有解决庄员的报酬存在的不稳定和无保障的问题。

与农庄劳动报酬制度有关的另一个问题是,赫鲁晓夫为了贯彻物质利益与经济刺激的原则,曾试验和推广国营农场和集体农庄中的机械化小组实行包工包产制度。1958 年,赫鲁晓夫派基洛夫格勒州的苏共二十大集体农庄的拖拉机队长等人去美国农场学习 3 个月回来后,开始组织推广这一制度。机械化包工包产的制度的实施办法是:年初,由农庄农场规定小组的计划产量(一般均以前 5 年平均单位面积产量为依据)、计划成本,在此基础上,根据标准小组基金确定包工劳动报酬基金。到年终进行结算,如果超产、提高质量、节约成本、则分别可给补加报酬。

机械化包工包产小组,在赫鲁晓夫推广过程中曾出现过三种形式:一是综合机械化生产队,一般规模不大;二是在综合机械化生产队中又分若干个机械化小组;三是农机手家庭承包。如梁赞州"沙茨基"国营农场哈尔拉莫夫一家承包了 670 平方米的土地,农场固定给他两台拖拉机。1963 年他们收获了 720 吨谷物、100 吨豆子、500 吨甜菜、600 吨玉米青贮饲料。[①] 以上三种形式的共同点是,都是建立在经济承包基础上的,它使最终劳动成果与收入挂钩,从而有利于农业劳动生产率的提高。但在赫鲁晓夫时期,这种承包制度,由于受各种因素特别是思想理论的束缚,并未成为苏联农业中的主要劳动组织形式。

---

① 　苏联《农村生活报》1963 年 4 月 12 日。

## 第七节 垦荒、扩种玉米与畜产品产量赶超美国的政策

赫鲁晓夫上台执政后,为了摆脱国家面临的农业严重落后状况,使农业有较快的发展,可以说,他是多方面采取了措施,即除了对农业制度的各个领域进行改革外,还在发展农业政策方面采取了一些重大措施。垦荒、扩种玉米与畜产品产量赶超美国这三大政策,在赫鲁晓夫执政时期,可称为推进农业的熊熊燃烧的三把火。这三大政策本身,并不属于体制改革的内容,但却与农业发展和农业制度的改革有着密切关系,因此在研究赫鲁晓夫上台后的农业制度改革时,有必要对这三大政策作一简要分析。

### 一、垦荒

赫鲁晓夫决心搞垦荒,其基本思想或主要出发点是:第一,在实行农业计划制度与农产品采购制度等一系列改革后,苏联农业虽取得了不小进展,但在赫鲁晓夫看来,要迅速提高粮食和畜产品产量,垦荒是个捷径。他在1954 年 1 月 22 日致信苏共中央主席团,就解决粮食问题的途径提出了看法。信中分析了当时粮食问题的严重性之后指出:"目前国家的任务是,设法急剧增加粮食产量。"而"增加粮食的一个重要的,而且完全现实的来源就是在今后几年内在哈萨克斯坦、西西伯利亚、伏尔加河流域以及北高加索的一部分地区开垦熟荒地和生荒地以扩大粮食播种面积,同时采取措施大力提高全国各地的单位面积产量。"①第二,垦荒投资效益高,回收期短。赫鲁晓夫对此列举了以下资料:1954—1955 年垦荒 1300 万平方米,如果每公顷的产量达到 15 公担,每年得到 8 亿至 9 亿普特的商品粮,那么 1955—1956年国家预算收入可增加 260 亿 ~280 亿卢布,而此期间,为垦荒所需的基本建设费约为 50 亿 ~60 亿卢布。他得出结论说:"用于开垦新土地的基本投资,实际上一年之内就能收回。"②第三,赫鲁晓夫认为,在当时苏联的条件下,很难通过集约化耕作的途径来解决农业问题特别是增加粮食产量。当

---

① 《赫鲁晓夫言论》第三集,世界知识出版社,1965 年,第 6 页。
② 同上,第 819 页。

莫洛托夫等人说,苏联应当集中精力提高现有耕地的生产效率,极力主张农业的"集约耕作"而反对"粗放耕作"时,赫鲁晓夫反驳说,他们这些人不懂得集约耕作意味着为将来而发展苏联农业,但苏联今天就需要面包,而不是明天。他接着指出:"原则上,我赞成农业的集约发展,但是这需要非常先进的农业劳动力和巨大的物质资源。我们这两者都没有。"①

赫鲁晓夫以十分迫切的心情,力图通过垦荒迅速增加粮食产量。为此,于1954年召开了苏共二月全会。他在会上作了题为"关于进一步扩大苏联谷物生产和开垦生荒地和熟荒地"报告。在报告中提出了垦荒的宏伟计划,他要求1955—1956年两年内通过垦荒计划扩大谷物播种面积1300万平方米,并认为完全有可能超过计划。赫鲁晓夫说:"开垦新地的计划是一种辉煌的事业。开垦生荒地和熟荒地按照这个当前工作的规模及其全国的意义来说,可与我国人民在共产党领导下所完成的最巨大的事业相媲美。"

赫鲁晓夫排除各种阻力,全力以赴地贯彻他的垦荒计划。1954年春夏两季,在全苏范围内展开了这项工作。这一年开垦了1900万平方米,1955年又开垦了1400万平方米,大大超过了原来的计划。1954年获得好收成,全苏粮食产量增长1000万吨,但其中大部分是老农业区增产的,新开垦区只收获300万吨,这是因为垦荒工作刚刚开始。1955年遭遇干旱,新开垦区的春小麦全枯死了。到了冬天,粮食与其他食品供应十分困难,导致成千上万移来新垦区长期定居的人纷纷离去。这时赫鲁晓夫处境十分困难,莫洛托夫等人借此指责他垦荒是"大飞跃"式的鲁莽的冒险。但赫鲁晓夫并没有动摇,而且还进一步扩大垦荒面积。② 1956年成了关键的一年,如果再次出现1955年的情况,赫鲁晓夫的执政地位将会出现动摇。但这一年农业因气候好和垦荒区头几年肥力充足而获得了空前的丰收,粮食总产量达到1.25亿吨,其中垦荒区的产量为6300万吨,占总产量的51%。国家收购的粮食为5410万吨,其中从垦荒区收购了3680万吨,占总收购量的68%。这样,不仅

---

① 《最后的遗言——赫鲁晓夫回忆录续集》,上海国际问题研究所等译,东方出版社,1988年,第200页。

② 参见[苏]罗伊·A.麦德维杰夫等:《赫鲁晓夫的执政年代》,邹子婴等译,吉林人民出版社,1981年,第62页。

使对垦荒政策的批评者暂时失去了口实,而且于 1957 年 4 月苏共中央主席团决定授予赫鲁晓夫列宁勋章和第二枚"镰刀、锤头"金质奖章,对其在垦荒工作中的功绩给予表彰。

自大规模垦荒后,苏联农业收成与过去一样,有丰收年也有歉收年。从总体上如何评价垦荒,主要争论的焦点是:是不是把物力财力用来提高原有耕地的肥力、提高农业劳动的技术装备水平比用于垦荒效果更好? 笔者对这个问题的基本看法是:第一,正如前面谈到的,当时苏联没有条件搞集约化的农业生产,即不可能通过提高单位面积产量来迅速增产粮食,从而解决对粮食的需求。第二,实际情况表明,垦荒是取得了较好经济效果的。1954—1960 年,垦荒面积达到 4180 万平方米,使播种面积扩大了 29%,谷物播种面积扩大了 67%。1954—1959 年,苏联用于垦荒的投资总额为 440 亿卢布,而同期内垦荒区生产的商品产品,使国家预算进款 760 亿卢布,还不包括垦荒区新增加的生产基金(约 350 亿卢布)和建造的大量住房在内。1953—1958 年,农业产值增长 50% 以上,谷物产量年均超过 1 亿吨,比前 6 年增长 39% 以上。1958 年,农庄庄员的平均劳动报酬比 1953 年增加 82%。[1]

垦荒的主要问题是,在垦荒的后期,没有及时采取相应的保持生态平衡的措施,单一产品的连续耕作,使新垦的荒地长期积蓄的养分消耗得很快。赫鲁晓夫原来设想,从垦荒地所得的粮食,可以在四五年内消除长期的粮食赤字,这样就可以有时间来改善老粮食产区的状况,通过增加化肥、拖拉机及其他设备的供应,使产量增加,从而减少对垦荒地区的粮食依赖,从而从单一的耕作小麦过渡到轮种制。但赫鲁晓夫被垦荒头几年的成绩冲昏了头脑,忘记了原来的设想。当哈萨克各州领导人建议在垦荒地上留出 18% 的休闲地时,他回答说:"只有蠢货才会要休闲地!"当地一个研究所所长因为留了 25% 的休闲地竟被撤了职、开除了党籍。[2] 这种违背科学、凭主观意志的态度,到后期,造成大量土地遭到风沙侵蚀。1962 年干旱的夏季,风化侵蚀波及了几百万平方米,仅在巴夫洛达州一地,就有 150 万平方米土地被风

---

① 转引自金挥、陆南泉主编:《战后苏联经济》,时事出版社,1985 年,第 289~290 页。
② 参见《苏共中央三月全会速记记录》,世界知识出版社,1966 年,第 111 页。

"刮走了"。① 这样,农业生产仍处于不稳定状态。

## 二、扩种玉米

在1953年召开的苏联中央九月全会上,赫鲁晓夫就提倡扩大玉米在畜牧业饲料中的作用,认为,苏联今后必须更多注意种植玉米,它是有价值的饲料作物,许多畜牧业发达的国家都广泛地利用玉米来作饲料。他还批评说,在苏联,即使是在最适于种植玉米的地方,玉米也只占极小的面积。② 1954年11月29日,赫鲁晓夫在给苏共中央主席团关于远东和库页岛之行的信中,一方面批评这一地区的领导"忽视了苏共中央和苏联部长会议就玉米所作的决策",同时明确提出:"玉米可以成为主要饲料作物,成为迅速发展边疆区畜牧业的基础。"③1955年召开的苏共中央一月全会上,在题为"关于增加畜牧业产品生产"的报告中,介绍了美国是如何扩大玉米播种面积达到增加谷物产量并使畜牧业迅速发展的经验。他说:"美国主要是用扩大玉蜀黍播种面积的办法增加了谷物总产量。在美国,玉蜀黍是产量最高的一种作物。1953年,美国玉蜀黍播种面积占全部谷物播种面积的35%,约三千万公顷,等于小麦的播种面积;玉蜀黍的产量共达四十五亿普特,占全部谷物产量的55%。美国的玉蜀黍几乎全部用作饲料。此外,还播种三四百万公顷的玉蜀黍作青饲料。美国人正是靠着玉蜀黍才得以使畜牧业高度发展的。"接着,赫鲁晓夫指出:"增加谷物生产的最大潜力就是扩大我国玉蜀黍的播种面积。如果我们到1960年,把玉蜀黍的播种面积从1953年的三百五十万公顷至少增加到二千八百万公顷,那么就有可能大大增加我国的谷物产量。"④

从赫鲁晓夫有关扩种玉米的思想发展过程看,他的基本思路是:第一,就当时的苏联来说,虽在农业方面采取了不少改革措施,但农业问题特别是谷物问题并未解决,远远不能满足国民经济日益增长的需要。而谷物问题不解决,也就无法解决在整个农业中更加落后的畜牧业。这样,增加谷物产

---

① 参见[苏]罗伊·A.麦德维杰夫等:《赫鲁晓夫的执政年代》,邹子婴等译,吉林人民出版社,1981年,第116页。

② 参见《赫鲁晓夫言论》第二集,世界知识出版社,1964年,第333页。

③ 《赫鲁晓夫言论》第三集,世界知识出版社,1964年,第378页。

④ 《赫鲁晓夫言论》第四集,世界知识出版社,1965年,第19～20页。

量是提高畜牧业的关键。因此要求,在 1960 年之前要保证每年谷物总产量至少达到 100 亿普特(16500 万吨)的规模。这样就可满足全国对谷物的需要,同时还可拨出 40 亿普特的谷物供应畜牧业。第二,"增加谷物产量最快途径就是开垦生荒地和熟荒地"。"增加谷物产量的最大潜力是扩大玉米的播种面积。""玉米之所以可贵,因为它同时可以解决两个任务:既可以补充谷物来源,又可以用它的秸秆得到很好的青贮饲料。"①赫鲁晓夫于 1955 年 5 月在乌克兰的一次讲话中,对此说得更加明确。他说:"在目前条件下,最大限度地增产玉米是发展农业的根本问题之一。不增产玉米,要保证急剧增加肉类牛奶的产量,那是不可思议的。"②第三,基于上述认识,加上 1955 年作青贮饲料的玉米获得了丰收,在当时种植玉米的运动已开展起来,一时间种玉米成了时髦。赫鲁晓夫开始规划建立新的粮仓,制定用青饲料喂养牧畜的办法,设计制造了机械化种植玉米的专门设备,改进纯种玉米的培育。乌克兰成立了一个专门的玉米研究所;莫斯科的展览馆里开辟了一个玉米展厅;农业部发行一本新的刊名为《玉米》的科学杂志;食品生产部门增加了用玉米制作的食品种类,还在莫斯科开设了一家名为"玉米"的专门的食品商店。③ 也在此时,赫鲁晓夫要求不断扩大玉米播种面积。1959 年 9 月赫鲁晓夫访美时,在看到那里生长良好的玉米并用它来喂养的牛长得很肥壮之后,更使他下决心进一步在苏联推动玉米的扩种工作。1960 年,玉米播种面积达到 2800 平方米之后,于 1962 年又扩大到 3700 平方米。

应该说,赫鲁晓夫力图通过扩种玉米的途径来解决谷物增产和加快畜牧业发展的思路,这并没有错。问题在于,由于他不顾具体条件,违背农业生产因地制宜这个最重要的原则,通过一种政治压力搞运动的办法,让那些根本不适合种玉米的地区去种植这一作物。1961 年 10 月,赫鲁晓夫在苏共二十二大上对种植玉米不积极的地方领导人提出批评时说:"在那些没有长出玉米的地方,存在着不能促使它生长的'因素',这一'因素'应当在领导干

① 《苏联共产党和苏联政府经济问题决议汇编》第四卷,中国人民大学出版社,1987 年,第 167~169 页。

② 《赫鲁晓夫言论》第十二集,世界知识出版社,1966 年,第 52 页。

③ 参见[苏]罗伊·A.麦德维杰夫等:《赫鲁晓夫的执政年代》,邹子婴等译,吉林人民出版社,1981 年,第 66 页。

部中寻找。……应当撤换那些本身使玉米这种作物干旱枯萎、但却没有为它恢复生机提供机会的领导者。"①强制推行扩种玉米运动的不良后果有：一是由于玉米产量不高，其经济效益比其他饲料作物要差。据 1958 年至 1962 年的统计，种植、收获 100 饲养单位的多年生饲料，如三叶草、梯牧草、牧场草等，成本为 1~3 卢布，而同样 100 饲养单位的玉米种植和收获的成本是 5~6 卢布。② 二是由于玉米播种面积的扩大，挤掉了冬小麦的播种面积，从而影响了谷物的增产。赫鲁晓夫在 1955 年提出的在 1960 年之前每年谷物总产量至少要达到 1.65 亿吨的指标根本没有达到，到 1960 年仅为 1.255 亿吨。三是使一些地区特别是不适合种玉米的地区，青饲料供应大大减少，如在立陶宛，1960 年为每头奶牛购买的青饲料量为 6 吨，1961 年降为 4.5 吨，1962 年不到 1 吨。③

应该说，赫鲁晓夫后来，对不顾条件地扩大玉米播种面积所犯的一些错误有所认识，承认玉米并非在所有的地区都适合种植的。他在 1963 年召开的苏共中央十二月全会上讲："在乌克兰和某些其他共和国的干旱地区究竟种植哪一种谷物更为有利，是冬小麦还是玉米，这是必须谨慎考虑的问题。这里的方针应该是什么，哪一种作物应该得到优先考虑呢？当然是耗费劳动最少而产量更高的那一种……我们并没有特别对哪一种作物发誓要效忠到底，我们并没有打算要崇拜它，一定要对产量予以优先考虑。在某一区域的条件下能提供高产、能使投入的劳动获得最大报酬的作物，就应当成为这里农场的主要作物。我们不应害怕去改变作物布局，如有必要就在干旱区域减少玉米面积，使这些面积让位于各种高产的小麦、大麦、豌豆和高粱。"④但在赫鲁晓夫意识到自己错误时，亦常常把责任推给别人，如他在回忆录中说："当我开始为种植玉米开展宣传运动时，我真诚地相信——并且我仍然

① 《苏联共产党第二十二次代表大会 1961 年 10 月 17—31 日，速记记录》第 1 卷，莫斯科，1962 年俄文版，第 80 页。

② 转引自[苏]罗伊·A.麦德维杰夫等：《赫鲁晓夫的执政年代》，邹子婴等译，吉林人民出版社，1981 年，第 120 页。

③ [苏]罗伊·A.麦德维杰夫等：《赫鲁晓夫的执政年代》，邹子婴等译，吉林人民出版社，1981 年，第 120 页。

④ 苏联《真理报》1963 年 12 月 10 日。

相信——这是做得对的。但有些干部想迎合我。说得粗一点,他们好像一群马屁精。他们不首先为农民作好适当的准备,就坚持大面积种植玉米。结果,农民根本不懂得如何正确地种植和收割玉米。最后,人们对玉米可以作为青贮饲料作物产生怀疑,而我作为第一个推广种植玉米的倡议人的声誉也受到了损害。"①

三、畜产品产量赶超美国的政策

在 1955 年召开的苏共中央一月全会上,赫鲁晓夫提出,到 1960 年全国主要畜产品的产量比 1954 年要增加:肉类和各种油脂、奶品为 100%,蛋类为 120%,各种羊毛为 80%。② 很明显,增长幅度是相当大的。但赫鲁晓夫在垦荒和扩种玉米方面一开始所取得的成绩影响下,已不满足上述规定的主要畜产品的增长幅度了。1957 年 5 月,赫鲁晓夫在列宁格勒召开的一次农业工作者会议上,提出了惊人的计划:要在三四年内(即到 1960 或 1961年)在按人均计算的肉类、牛奶和黄油产量方面超过美国。1957 年按人均计算的主要畜产品产量如下:肉类,苏联为 32.3 千克,美国为 102.3 千克;牛奶,苏联为 245 千克,美国为 343 千克;黄油,苏联为 2.8 千克,美国为 3.8 千克。③ 根据苏联公布的材料,1955 年至 1957 年,苏联肉类产量平均每年增长率不到 10%,如按这个已经不算低的速度来计算,要使苏联人均肉类产量赶上美国 1957 年的水平,约需要 15 年。赶超计划执行结果是,1957 年至 1964年肉类产量,苏联从每人每年平均 37 千克提高到 40 千克,而美国 1961 年的肉产量每人每年平均为 100 千克。可见,赫鲁晓夫 1957 年提出的 3～4 年赶超美国的计划多么不现实。

赫鲁晓夫这一赶超美国的政策,成为反对派在 1957 年要把他赶下第一书记位子的一个重要原因。他提出赶超口号并没有事先与党中央主要领导商量,是头脑发热、一时冲动提出的冒险计划。应该说这是赫鲁晓夫的一大失误。

①　《最后的遗言——赫鲁晓夫回忆录续集》,上海国际问题研究所等译,东方出版社,1988 年,第 217 页。
②　参见《赫鲁晓夫言论》第四集,世界知识出版社,1965 年,第 28 页。
③　参见《赫鲁晓夫言论》第六集,世界知识出版社,1965 年,第 332 页。

# 第九章　赫鲁晓夫时期的工业管理体制改革

按照高度集中的计划经济体制模式运行与管理经济,在工业部门表现得尤为突出。这是因为:一是到了斯大林宣布 1936 年社会主义在苏联基本建成时,工业企业几乎都国有化了,这在客观上为国家对工业企业进行直接的行政控制创造了条件;二是在苏联工业中重工业体制是军事工业占主导地位,因此国家必须牢牢地控制工业。消除高度集中的计划经济体制模式的严重弊端,不只是要改革农业制度,而工业管理体制的改革,也是赫鲁晓夫面临的极为迫切的重大任务。工业管理体制改革大体上分两步进行:第一步是在 1957 年之前的局部性改革;第二步是 1957 年的大改组。

## 第一节　1957 年工业和建筑业大改组之前的局部性改革

实际上,赫鲁晓夫上台后,从 1953 年起就已开始探索工业管理体制的改革,并着手解决工业管理中过分集中的弊端,扩大各加盟共和国对经济管理权力和企业权力的问题。

二战后初期的第四个五年计划时期(1946—1950 年),苏联在工业管理方面不仅没有扩大地方、各加盟共和国的权力,反而加强了各部的专业化进程,当时还新建了很多独立的部,直至建立了专业很窄的医疗工业部和调味品工业部。这样,以部为核心的部门管理体制进一步加强。与此同时,工业管理集中的程度也在提高。"但管理的过分集中意味着在经济建设中缩小了加盟共和国的权力,把它们降低到地方党组织、地方苏维埃和经济机关的地位。1953 年共和国管辖的企业提供了全部工业产值的 31% ,而 69% 的工业产值是在联盟管辖的企业中生产的。共和国领导机关对相当大部分位于共和国境内的企业停止领导,因为这是企业隶属于联盟和联盟-共和国的部。因此,共和国对工业工作的责任心降低了。"①

为了扩大加盟共和国的权力,提高其在管理工业方面的作用,1954 年 10 月 14 日,苏共中央和苏联部长会议通过了《关于苏联各部和主管机关的结构方面的重大难点和改进国家机关工作的措施》的决议。在决议中就有关工业管理中存在的问题作了分析,指出:"在所有各部和主管机关的工作中,暴露了机关的组织结构有造成文牍主义,官僚主义领导方法和大肆扩充行政管理人员编制的缺点。""管理工作分散到为数众多的司、局、处和其他下属单位",这"为处理问题时滋长拖拉、官僚主义和不负责任的态度创造了条件。在各部和主管机关中,粗暴地破坏领导干部和具体工作人员之间的正常比例关系,因而在管理机关中通常每 3 ~ 4 名工作人员中就有 1 名领导人员。设置大量的各种下属单位和领导人员,这在工作中造成组织上的混乱"。在"部与企业之间存在着多余的中间环节以及不必要的平行的工作组织","企业的管理机关的人员也大大超编"。由于存在过分集中的现象,"共和国部长会议和部,对所辖地区内的联盟兼共和国部所共管的许多部门,实际上无法实行领导"。另一个问题是,使"统计和报表的大量增多,使会计、统计和计划经济人员大大增加,这类人员的人数,到 1954 年 1 月 1 日止已达到 191.7 万人,几乎占行政管理人员总数的 30% "。"职工总人数于 1954 年年初已达到 4480 万人,其中行政管理人员为 651.6 万人。这就是说,平均每 7 名职工中,就有 1 名是行政管理人员。""臃肿的和需要大量经费开支的行政管理机关,对国家来说是一种沉重的负担。"②鉴于上述情况,苏联各部和主管机关为执行苏共中央 1954 年 1 月 25 日和 6 月 3 日的决议,各部的组织

---

① 苏联科学院经济研究所编:《苏联社会主义经济史》第六卷,盛曾安等译,东方出版社,1986 年,第 362 页。

② 《苏联共产党和苏联政府经济问题决议汇编》第四卷,中国人民大学出版社,1987 年,第 150 ~ 151 页。

结构进行了改动,并缩减管理人员至少45万人,为此,每年可节省50多亿卢布。仅苏联46个部和主管部门,就撤销了200个管理总局、管理局和独立的处,147个托拉斯,93个地方管理局,898个供应组织,4500个各种办事处和其他组织。①

1955年5月4日,苏联部长会议还通过了《关于修改加盟共和国的国家经济计划和拨款办法》的决议。目的是改进各加盟共和国的经济计划和拨款工作,扩大他们在编制计划、基本建设、预算问题、解决劳动与工资问题、使用折旧提成、重新分配多余的自有流动资金和建立企业基金等方面的权力与管理范围。决议规定,工业产值、基本建设工程,以及提高生产率、增加职工人数和工资基金方面的任务,基本上都由各加盟共和国计划确定。给各加盟共和国经济机关规定计划任务,开始属于加盟共和国部长会议的权限。为了提高加盟共和国预算的作用,改变了国家预算编制方法。从1955年起,在苏联国家预算中,只按收入和支出总额规定各加盟共和国的预算,而不再分共和国预算和地方预算。共和国预算支出和单独的地方预算支出由加盟共和国部长会议规定。同时,取消了在苏联国家预算中对加盟共和国预算各项措施的拨款限额。在苏联国家预算中,只对各加盟共和国下列支出规定总额:国民经济拨款、社会主义措施拨款、加盟共和国国家管理机关的经费拨款及由预算支付的补助金拨款。

随着一些加盟共和国新建了某些共和国部(如乌克兰建立了黑色冶金和煤炭工业部,阿塞拜疆建立了石油工业部,哈萨克斯坦建立了有色冶金部),共和国境内有关工业部门的一切企业都转交给了这些部,从而共和国在管理工业方面的权力与范围扩大了。苏共二十大后,在进一步扩大加盟共和国国民经济管理权力方面,采取了一些补充措施,如国民经济许多部门(食品工业、肉品工业和奶品、采购、轻工、纺织、鱼品、造纸及其他部门)的企业和机构、零售商业网、公共饮食业,以及汽车运输、河运、保健等企业都交给了加盟共和国管辖。1954—1956年期间交给共和国管辖的企业约有1.5

---

① 参见《苏联共产党和苏联政府经济问题决议汇编》第四卷,中国人民大学出版社,1987年,第151~152页。

万个。① 因此,共和国工业在整个工业产值中的比重从 1953 年的 31% 上升到 1956 年的 55%。② 加盟共和国和地方预算的作用也得到了提高。1950 年这两级预算的支出占全苏预算支出的比重从 1950 年的 23.2% 上升到 1956 年的 31.2%。③ 1953—1956 年,中央控制的国家计划指标减少了 70% 左右,其中,仅 1955 年比 1954 年减少了 46%。④

在扩大加盟共和国经济权限的同时,在 1957 年工业建筑业大改组之前,还就扩大企业经理权力采取了一些改革措施,这集中反映在 1955 年 8 月 9 日苏联部长会议通过的《关于扩大企业经理的权力》的决议中。该决议的主要目的是:为了加强企业经理对完成国家计划、在生产中推行新技术和新工艺、规定劳动定额和组织劳动、提高劳动生产率、降低产品成本、更广泛地发挥企业工作人员的主动创造性和充分利用现有生产潜力等方面的责任,以及为了消除解决业务问题时权力过于集中的现象,并保证企业管理具有更大的独立性和机动性。

根据决议,在计划方面,企业经理的权限有了较大的扩大,如规定,企业经理可根据部(主管机关)的上级组织批准的年度(分季度)计划,按全部数量指标和质量指标,批准企业的全面技术生产财务计划;在订货单位同意在季度内提前供货或延期供货的情况下,在季度范围内变动设备和制品(大量生产的产品除外)的生产计划;在不影响企业按照批准的产品品名表完成商品产品生产计划的情况下,可以接受其他企业和组织的订货;等等。在企业的基本建设和改建方面,经理有权根据为企业规定的基本建设计划和新设备投产的年度(分季)计划,批准月度基本建设计划,还有权批准限额以下的工程项目表等。在物资销售方面,经理有权出售企业不用的多余材料、设备、运输工具和其他物资,条件是如果部(主管机关)拒绝重新分配这些物资或有关销售机关也不愿经营这些物资的销售工作。在编制、工资和拨款方

① 参见苏联科学院经济研究所编:《苏联社会主义经济史》第六卷,盛曾安等译,东方出版社,1980 年,第 363～364 页。

② 参见陆南泉主编:《苏联经济简明教程》,中国财政经济出版社,1991 年,第 274 页。

③ 参见陆南泉等编:《苏联国民经济发展七十年》,机械工业出版社,1988 年,第 637 页。

④ 参见陆南泉:《苏联经济改革的历史发展》,载苏联经济研究会编:《苏联经济体制问题》,时事出版社,1981 年,第 4 页。

面,经理有权在上级机关为企业规定的劳动计划以及职员和工程技术人员总编制的范围内,批准和变动车间和工厂管理处各科室的结构与编制,还可根据本企业的工资基金总额和职务工资表调整车间和科室人员的工资。另外,经理还可在企业行政管理费用的范围内,变动个别项目和行政管理费用,其数额不得超过 10%。①

应该说,在工业部门推行的上述局部性改革,对调动各加盟共和国和地方的积极性与主动性起了一定的作用,加上农业方面采取的改革措施,有利于经济的发展。1956 年苏联的经济形势是令人振奋的,工业产值比上年增长 11%,谷物总收获量增加 20%。可以说,1956 年是赫鲁晓夫十分得意的一年。同时,对他在苏共二十大上提出的主要经济任务——在历史上的短时期内在按人口平均计算的产品产量方面赶上和超过最发达的资本主义国家这一任务的实现充满信心。而要使整个国民经济特别是工业顺利发展,赫鲁晓夫认为,一项迫切的任务是要对工业和建筑业进行大改组。

## 第二节　工业和建筑业的大改组

一、酝酿方案提交全民讨论

1957 年 5 月 10 日,苏联最高苏维埃通过了《关于进一步完善工业和建筑业管理的组织工作》的法令。在这一法令通过前,赫鲁晓夫先后不断召开会议,分析工业管理体制方面的种种弊端。

1957 年 1 月 28 日,赫鲁晓夫向苏共中央主席团提交了《关于完善工业和建筑业的管理体制的几点意见》,主要内容是建议将工业和建筑业的部门管理改组为地方国民经济委员会管理。但当时并没有得到热烈的反应,显然,存在不同看法。当天,主席团会议决定,将赫鲁晓夫提出的意见书送交全体中央委员和候补委员、中央检查委员会委员、加盟共和国党中央书记、

①　参见《关于扩大企业经理的权力决议》,详细内容可见《苏联共产党和苏联政府经济问题决议汇编》第四卷,中国人民大学出版社,1987 年,第 253~259 页。

州委书记和边疆区委书记、苏共中央各部和苏联政府各部部长,以听取他们的意见;并在赫鲁晓夫领导下成立了一个委员会,负责制定贯彻意见书中的各项措施。① 接着,苏共中央召开二月全会,会上赫鲁晓夫作了《关于进一步改组工业和建筑业的组织形式》的报告。全会对这一报告表示赞成,还通过相应的决议,并委托苏联中央主席团和苏联部长会议提出改组的具体建议,之后再将建议提交苏联最高苏维埃会议审议。3月22日,赫鲁晓夫向苏共中央主席团会议宣读了他准备向最高苏维埃作的《关于进一步改组工业和建筑业的管理组织》的提纲草稿。会上对提纲没有提出不同意见。但在会后的3月24日,莫洛托夫上书中央,提出提纲草稿"显然不够完善,有片面性,如不做重大修改,势必会给管理机构造成严重困难"。因此,他建议对草稿进一步加工。但在3月27日的主席团会议上,提纲草稿未作修改就被通过。② 提纲草稿通过后就成了正式的提纲,并发表在3月30日《真理报》上,以供全民讨论。1957年5月7—11日举行苏联最高苏维埃第七次会议,会议就赫鲁晓夫的报告通过了《关于进一步完善工业和建筑业管理体制的法令》。在最高苏维埃第七次会议上,赫鲁晓夫首先总结了在这次会议的准备阶段对这个问题的全民讨论情况。他说:根据初步统计,从3月30日到5月4日,各工厂和建设单位、各科学机关、各集体农庄、机器拖拉机站和国营农场、苏军部队、学校共召开了514000次会议,出席会议的群众有4082万人,其中有230余万人在会上发了言。中央和地方的报刊都就这个问题进行了广泛的讨论。有68000余人在中央和地方的报纸上发表了自己的建议、意见和对报告的补充。例如,《真理报》和《消息报》就发表了854人的论文、来信的建议,这两家报纸的编辑部共收到8000余件来信和论文,就这个问题提出建议。③

这次全国范围内的讨论时间并不长,总共才35天。但应该说,讨论带有全民性质。赫鲁晓夫之所以发动这场讨论,笔者认为,用意有四:

---

① 参见《历史档案:苏联共产党最后一个"反党"集团》下,赵永穆等译,中国社会出版社,1997年,第1079页。

② 同上,第1079~1080页。

③ 参见《赫鲁晓夫言论》第六集,世界知识出版社,1965年,第240页。

一是这次工业和建筑业的大改组,毕竟是个十分复杂的问题,涉及要处理好各经济区、各州、各共和国、各国民经济部门的经济利益关系,需要听取各方面的意见和具体建议;二是为了发扬民主,不是口头上而是实际上保证亿万劳动群众广泛参与解决发展国民经济的重大问题;三是通过广泛的讨论,深入揭露原工业和建筑业管理体制的种种问题与存在的矛盾,为赫鲁晓夫论证进行大改组的必要性寻找更充实的根据;四是为了对反对派施压。

上面我们提到,对大改组,在苏共中央最高领导层以及中央各部都有反对者。各共和国、州和地方机关对大改组表示欢迎,而莫斯科的官僚特权者们则持反对态度,因这将使数以千计的部委人员失去他们在首都的职务。[①]大讨论过程中,发表的意见大多数是赞成和支持进行大改组的。正如赫鲁晓夫说的:"对于那种无忧无虑、自安自慰和骄傲自满的情绪采取布尔什维克的不调和的精神……同因循守旧、停滞不前、官僚主义、狭隘本位主义等现象作斗争,这种不断前进的不可抑止的志向,乃是这次全民讨论的突出特点。"[②]

二、揭示问题,论证大改组的必要性

为这次大改组另一项要做的重要准备工作是,系统和深入地说明大改组的必要性,而要说明这一点,就必须充分揭露原工业与建筑业管理体制存在的主要弊端。这个问题,赫鲁晓夫在1957年3月30日的报告提纲和5月7日在最高苏维埃第七次会议的报告中都作了分析。这里,我们作一归纳。

第一,从总的情况看,赫鲁晓夫认为,随着苏联工业和建筑业数量大大增加(1957年已有二十多万个国营工业企业和十多万个建设工地),并分散在辽阔的苏联各个地区,"在这种条件下,一个部或一个局很难对大量企业和工作进行有效的领导。在现有的生产规模的条件下,目前的工业和建筑业的管理形式不能适应具体而有效地领导国民经济发展的日益增长的要

---

① 参见[苏]罗伊·A. 麦德维杰夫等:《赫鲁晓夫的执政年代》,邹子婴等译,吉林人民出版社,1981年,第103页。

② 《赫鲁晓夫言论》第六集,世界知识出版社,1965年,第241~242页。

求,它们限制了充分利用社会主义经济体系内的潜力"①。

他还具体地说,由"部和局从中央来领导分布在全国各地的企业,这样不可避免地要设立许多平行机构——各种供销办事处、供应站和托拉斯等。在各个部里设有许多总局、管理局、处和其他分支机构。负责领导西伯利亚企业、中亚细亚企业、远东企业和其他遥远地区企业的地区总管理局一般都设在莫斯科。部的机构臃肿,这样,解决企业所提出的问题要经过很长的途径和通过重重叠叠的许多机构。由于各机关之间互不通气,由于部和总局远离企业和工地,所以部的工作人员不得不拿出许多时间来写信、制定和发布命令和指示、拟定和发送通报和报告,而不能很好地在工厂和工地进行实际的组织工作。部里发出的大量文件,使企业的许多工作人员脱离了具体工作。很多专家离开生动的生产工作,从地方被召到中央,在部里耽搁几个月之久"。

第二,集中揭示和分析部门管理原则所造成的本位主义以及它所带来的严重后果。赫鲁晓夫认为:"本位主义的障碍是工业和建筑业领导工作中的重大缺点,它往往有碍于许多极重要的发展国民经济问题的解决。"他具体指出:本位主义"往往会破坏同一个城市或同一个经济区内属于不同部的企业之间的正常的生产联系"。"由于对待工作的本位主义态度,致使国民经济中的大量设备远不能经常得到合理的使用。根据企业的报告,多余的金属切削机床竟有二万五千台。在许多企业里还有多余的电动机、压缩机、水泵、蒸汽锅炉、锅驼机、柴油机和其他设备,而与此同时,往往邻近的许多企业就正需要这种设备。"②本位主义的隔阂还造成不合理的运输,使国家每年遭受的损失不下1亿卢布。列宁格勒每年生产36万吨铸铁和铸钢,而它的企业只需要25万吨,其余部分都运往别的地方。与此同时,列宁格勒从别的地方又运入4万吨铸铁和铸钢。这种情况十分普遍。本位主义还对物资技术供应组织工作产生不良影响。为了保证本部门所需物资的及时供应,部和局有自己一套庞大的供销机构,这不仅使供应机构臃肿并费钱,而且还不能保证对企业生产与工地建设所需材料的有节奏地、及时地供应。因为,

---

① 《赫鲁晓夫言论》第六集,世界知识出版社,1965年,第108页。
② 同上,第113、249、250页。

各供应机构从本位主义出发想方设法去搞物资,但在物资有限和短缺的情况下,必然造成物资供应紧张。这就必然出现有的部门的企业和工地物资积压,有的则相反,出现供应中断,导致停工停产。

第三,机构庞大,平行重叠,这必然造成管理机构臃肿,人浮于事。而集中在部和管理局中的干部,大部分是有才干的工程技术人员和有专业知识的专家,这些人员往往不能直接参加和组织生产,而是留在管理机构中处理日常事务。这既影响科技发展,也容易埋没和浪费人才。只有通过改革,才能把这些人员从管理机构中精简出来,调到直接创造物质财富的企业和工地。

第四,原有的工业和建筑业管理体制,其另一个重要问题是,不利于发挥地方领导人员的积极性。赫鲁晓夫认为:"为了进一步发展我国的国民经济……必须采取这样的经济建设领导形式,它能把地方上具体而有效的领导同严格遵守全国范围内集中的计划原则充分地结合起来。根据上述方针来改革工业和建筑业的领导工作,一定能够进一步巩固领导国民经济的列宁的民主集中制原则和计划基础。"[1]

在分析大改组的必要性时,还有两个因素是必须考虑的:一是从赫鲁晓夫本人工作经历来看,他长期在乌克兰共和国工作,这使他熟知斯大林时期的那套过度集中的管理体制存在的问题,特别看到了中央与加盟共和国之间存在的矛盾及部门管理原则的严重弊端。所以他一上台,就集中力量急于解决扩大地方管理经济权限的问题。二是当时苏联为了在极短的时期内实现按人均计算的产品产量方面赶超最发达的资本主义国家——美国的任务。但苏美之间的经济差距很大,在短期内这一任务是难以实现的。而赫鲁晓夫把达到这一目标的赌注押在工业和建筑业的大改组上。赫鲁晓夫在1957年3月8日的一次讲话中说:"我们一旦实现二月全会通过的决议,一旦发挥出自己的组织力量,工业就将突飞猛进,工业方面的成就不会小于我们在农业方面由于开垦荒地而取得的成就。根据二月全会的决议改组工作,将在我国工业中开拓出真正的生荒地。"5月22日,他在列宁格勒的一次讲话中说:"我们成功地开垦了生荒地并收到了很大的效果。然而,我们在

---

① 《赫鲁晓夫言论》第六集,世界知识出版社,1965年,第114页。

改组工业管理方面将取得的一切,就其范围和意义来讲,会大大超过我们在生荒地的工作。工业中现有的(假如可以这样说的话)不是两个或三个生荒地,而是更多的生荒地,因为在工业中有数以百万计的人,而且都是技术最熟练的人。"①赫鲁晓夫确信:"将要进行的改组,能够为领导我国工业和建筑业创造极好的条件,能使国民经济的巨大潜力开始发挥作用。"②

三、大改组的主要内容与措施

赫鲁晓夫除了进行以上的一些准备工作外,还在 1957 年 5 月最高苏维埃通过大改组法令之前,通过了若干有关扩大加盟共和国权限的决议。1957 年 2 月 25 日,苏联部长会议通过《关于把 1957 年的联盟共和国各部规定的基本建设、劳动力、成本的限额和任务都下放给各加盟共和国部长会议》和《关于把 1957 年拨给联盟共和国各部的各项物资下放给加盟共和国部长会议掌握处理》的两个决议。3 月 20 日,苏联部长会议通过了《关于批准工艺方法、技术条件、标准、食品及工业品零售价格的权限移交给各加盟共和国部长会议》的决议。这些决议,都是为工业和建筑业全面大改组作准备。

1957 年 5 月 22 日,在最高苏维埃 5 月颁布的法令后,苏联部长会议于 5 月 22 日通过《关于执行进一步改进工业和建筑业管理组织法令的有关措施的决定》,责成各部在 1957 年 7 月 1 日以前将下放的企业和经济机关全部移交有关经济行政区国民经济委员会。5 月 28 日,苏共中央和苏联部长会议通过《关于改进工业和建筑业管理体制而精简的管理人员的工作安置问题》的决议。7 月 10 日,苏联最高苏维埃公布全国 105 个经济区的划分。8 月 29 日,苏联部长会议通过《关于再把一些经济和文化建设问题交给各加盟共和国部长会议处理》的决议。9 月 26 日,苏联部长会议通过了《苏联各经济行政区国民经济委员会条例》,以确定国民经济委员会管理体制的组织形式。

根据通过的大量决议、决定等文件来看,这次大改组的主要内容是,根

① 《赫鲁晓夫言论》第六集,世界知识出版社,1965 年,第 63、347 页。
② 陆南泉主编:《苏联经济简明教程》,中国财政经济出版社,1991 年,第 273~274 页。

据部门管理体制存在的弊端,决定变工业和建筑业管理的部门原则为地区原则,即以"条条"部门管理改为"块块"地区管理,以便把工业和建筑业管理的重心从中央转到地方;通过大改组,要达到的目的是,在消除部门管理原则而产生的管理过分集中等问题和扩大地方管理经济权限的同时,以便能使国家的集中领导与提高地方经济机关、党的机关和工会组织的作用结合起来,使全国(联盟、加盟共和国和地方)的经济协调发展;大改组后,管理工业和建筑业的基本组织形式是以经济行政区来建立国民经济委员会。为了实现上述改组目标,采取的主要措施有:

第一,撤销联盟和联盟兼共和国的绝大多数部。1957 年 5 月 10 日通过的法令指出:随着工业和建筑业管理工作的改变,应撤销苏联下列 10 个全联盟部,它们是:汽车工业部、机器制造部、仪器制造和自动化工具部、机床制造和工具工业部、建筑机器和筑路机器制造部、石油工业企业建设部、拖拉机和农业机器制造部、运输机器制造部、重型机器制造部和电工器材工业部。撤销联盟兼共和国部,它们是:造纸和木材加工工业部、城乡建设部、轻工业部、森林工业部、石油工业部、乳肉制品工业部、食品工业部、建筑部、冶金工业和化学工业企业建设部、煤炭工业企业建设部、煤炭工业部、有色冶金工业部和黑色冶金工业部。加上撤销的各加盟共和国部,总共撤销了 141个部。与此同时,将苏联电站部和苏联电站建设部合并为苏联全联盟电站部,将苏联国防工业部和苏联普通机器制造部合并为全联盟国防工业部。进行这样的调整与撤销工作之后,保留的全联盟工业和建筑部有:航空工业部、无线电工业部、造船工业部、化学工业部、中型机器制造部和运输建筑部。被撤销的各部所管辖的企业和机构,以及保留的联盟工业部所管辖的一部分企业和机构(根据苏联部长会议批准的企业名单),移交给相应的国民经济委员会。

1957 年 7 月至 9 日,拟议中的上述各部的撤销工作基本上已结束。同年 12 月,最高苏维埃主席团又决定撤销航空工业部、国防工业部、无线电工业部和造船工业部。在这 4 个部的基础上成立 4 个隶属于部长会议的国家委员会。

第二,在全苏建立 105 个经济行政区(俄罗斯联邦 70 个、乌克兰 11 个、哈萨克斯坦9个、乌兹别克斯坦4个,其他11个加盟共和国各1个①)。每个经济行政区建立一个国民经济委员会来管理工业和建筑业。经济行政区的国民经济委员会被视为能够管理工业和建筑业最适当的机构,是管理工业和建筑业的"基本环节",②下面设立各种公司、托拉斯等经济联合组织,对企业实行具体领导。国民经济委员会由加盟共和国部长会议组建,成员有国民经济委员会主席1人,副主席数人及委员若干人。各经济行政区的国民经济委员会受加盟共和国部长会议和加盟共和国国民经济委员会的双重领导。国民经济委员会拥有广泛的权力,其主要任务是:"制定和实行长期和短期生产计划,制定企业专业化计划、生产协作计划、经济行政区内部及同其他州和共和国相互供应原料和半成品的计划;编制和实行物资技术供应计划。"③国民经济委员会有权解决过去由各部解决的重大经济问题。

第三,改变部的工作性质与职能。改组后保留的一些部,其主要任务是制订本部门的发展计划并保证其生产的高度技术水平,编制科研和设计工作计划并监督其执行。这些部的职能是通过各国民经济委员会来实现的,它们不再对企业进行直接管理。

第四,改组中央经济管理机构。既然国民经济委员会已成为经济管理的基本环节,已实行地区为主的管理原则,那么,必然要改组中央经济计划管理机构。

不论在工业和建筑业大改组之前的局部改革过程中,还是在全面开展大改组的过程中,赫鲁晓夫经常谈到国家计委等中央经济计划管理机关存在的问题。他在1957年5月7日向最高苏维埃第七次会议上所作的报告中,用了很大篇幅集中谈了国家计委工作中的缺点与如何改组问题。④赫鲁晓夫在这次会议上专门提出,请各位代表在讨论改组国家计委时应加以注意的一些问题,特别涉及计划机关工作中存在的严重缺点,如各年年度计划、各五年计划之间的相互脱节;编制计划工作拖的时间很长,往往需要一

---

① 1961年调整后为102个经济行政区:俄罗斯联邦67个、乌克兰14个、哈萨克斯坦9个,其他12个加盟共和国各1个。

② 参见《赫鲁晓夫言论》第六集,世界知识出版社,1965年,第116～117页。

③ 《赫鲁晓夫言论》第六集,世界知识出版社,1965年,第117～118页。

④ 参见《赫鲁晓夫言论》第六集,世界知识出版社,1965年,第267～277页。

年的时间才能为某部门制订出详细的长期计划来,这样往往使国家急需生产的产品和上马的项目不能被国家经委列入新编的年度计划中去……赫鲁晓夫提出:"工业和建筑业的改组,要求根本改进中央和地方的计划机关的工作,为苏联国家计划委员会、共和国计划委员会以及地方计划机关配备有能力的专家。""苏联国家计划委员会应当成为全国计划和经济的科学机关。它的责任是深入地全面地研究国民经济的需要,考虑科学和技术方面的成就并在此基础上提出关于发展国民经济各部门的建议。这些建议应详细规定综合发展经济的可能性,并从全国利益出发合理利用全国资源。在新的条件下,国民经济计划将由共和国和行政区编制。苏联国家计划委员会应保证国民经济各部门的正确的合理的发展,并从这个立场出发检查各共和国和经济区的计划。"①还规定,国家计委不得干预经济区的行政管理。根据工业和建筑业大改组的要求,苏联决定撤销了原来负责短期计划的国家计委,把国家经济长期规划委员会改组为国家计委,负责全苏长短期的综合平衡工作,不再是部长会议的职能机构。与此同时,还在改善计划工作方面采取了一些措施,如从1959年起,不再实行制订和批准年度国民经济计划的办法,而规定,国民经济计划应以长期规划为根据,分别按年度、部门、加盟共和国、各经济区企业和建筑机构进行编制。另外,还大大减少了国家下达的计划指标,1958年比1956年减少了一半,1959—1965年"七年计划"的控制数字比1958年又减少了2/3。②

至于国家经委,在工业和建筑业改组后,它就没有必要存在了。它的职能由苏联国家计委和共和国计委来实现。

与工业与建筑业的大改组相适应,苏联在物资技术供应体制方面也作了较大改革。主要内容是:把原来由国家计委、供委和各部管理与分配的绝大部分物资,下放给各加盟共和国国民经济委员来管理与分配。撤销了原来负责全国范围内物资技术供应的国家供委。物资分配和供应计划也交由各国民经济委员会编制,国家计委负责综合。以上的改革,使物资的管理体制也由部门原则改为地区原则。改革后,物资分配的权力做了以下规定:凡

---

① 《赫鲁晓夫言论》第六集,世界知识出版社,1965年,第267~268页。
② 参见陆南泉主编:《苏联经济简明教程》,中国财政经济出版社,1991年,第275~276页。

由一个加盟共和国(或一个经济区)生产,若干加盟共和国消费的生产资料,为生产该产品的加盟共和国(或经济区)分配;凡由 2 至 3 个加盟共和国生产,在若干加盟共和国消费的,归生产该产品的比重最大的加盟共和国分配和供应;其他凡由若干加盟共和国生产,若干加盟共和国消费的产品,以及最重要的产品,仍由国家计委统一分配。改革后,由苏联国家计委负责分配的物资为 1100 种,由各加盟共和国分配的为 5000 种,其中 4000 种由俄罗斯联邦共和国分配,600 种由乌克兰共和国分配,近 400 种由其他加盟共和国分配。[①]

### 四、大改组的成效与问题

工业和建筑业的大改组,一个重要的意图是克服过分高度集中管理体制所产生的严重弊病,特别是解决部门本位主义和扩大地方管理经济的权限,提高其积极性与主动性等问题。从这个意义上说,这次大改组的效果很快得到了体现,表现在:到 1959 年按经济行政区成立的国民经济委员会管辖的工业占全苏工业总产值的 72%,地方管辖的工业占 22%,而中央管辖的工业急剧地下降到 6%。联盟预算与加盟共和国预算以及地方预算的关系也有了大的变化。1955 年联盟预算占全国预算支出的 73%,到 1960 年降至41.2%。而同期,加盟共和国和地方预算分别从 12.5% 和 14.5% 提高到39.1% 和 19.7%。[②]大改组对协调各地区经济综合发展和同一个地区内不同部门之间的协作方面,也起了一定的促进作用。由于大改组在克服部门本位主义上起了作用,从而在打破各部门的条条分割,使很多跨部门的、综合性的重要问题较容易得到解决。另外,还应看到,由于实行地区管理原则,使得在本经济区范围内可以较合理组织产销关系,互通有无,充分利用本地区物资,从而有利于节约运费和降低成本。

但是这次大改组出现了不少问题,从发展经济的综合效益来看,并没有达到预期的目的。突出的问题有:

---

① 参见刘克明、金挥主编:《苏联政治经济体制七十年》,中国社会科学出版社,1990 年,第491 页。

② 参见陆南泉等编:《苏联国民经济发展七十年》,机械工业出版社,1988 年,第 637 页。

第一，最为尖锐的问题是，在克服部门本位主义的同时，导致以地区本位主义为基础的地方主义和分散主义的严重泛滥，消除部门"割据"的同时又产生地方"割据"。后来，赫鲁晓夫对这些问题有所认识并不断加以批评，他在 1959 年召开的苏共中央六月全会上就指出："必须用尽一切办法加强和严格遵守国法，不容许出现地方主义，擅自把投资和物资用于地方需要，不执行合作供应计划的现象。"还有"一些令人气愤的事实：一些经济领导人没有及时完成为其他国民经济委员会提供产品和材料的任务。个别工作人员不考虑国家利益，越权行事，似乎法律不是为他们制定的，他们办事的原则就是，想干什么，就干什么。"①赫鲁晓夫在 1961 年召开的苏共二十二大报告中批评说，地区本位主义的发展，导致地区一味地扩大自己的权限，助长了州、边疆区甚至共和国"贪图私利"的欲望，它们"在关怀全国利益的漂亮词句后面，往往隐藏着真正的地方主义"。地方主义还导致各地方任意破坏国家生产计划和物资供应计划。争投资和争项目的情况大量出现，1958—1962 年，全苏新建项目增加了 1/5，达到 19.5 万个；全苏未完工程量增加了一半以上，即由 175 亿卢布增加到 270 亿卢布，分别占当年基建投资的 77%和国民收入的 15%。② 还应指出的是，各国民经济委员会争来的资金又不按规定使用。例如，在卡冈达州，国民经济委员会主席奥尼加把原定用于一个重要钢铁联合企业上的钱用来修建一所马戏院、一座戏院、一些休息所、两个游泳池和另一些类似的非生产设施。③ 这种地方主义的泛滥，不仅影响到工业和建筑业，也往往破坏畜产品供应计划的执行。赫鲁晓夫在 1959 年召开的苏共中央六月全会上指出：哈萨克斯坦上半年肉制品的采购计划到 6 月1 日完成了 111%，而供应给国家的计划只完成了 28%，供应给本地区的完成了 95%。乌克兰肉类采购计划在同一时期完成了 95%，供应给国家的只完成 47%，供应本地区的完成了 92.1%。④

第二，地区本位主义和分散主义的泛滥，必然影响到国家对国民经济必

---

① 《赫鲁晓夫言论》第十二集，世界知识出版社，1966 年，第 316～317 页。
② 苏联《经济问题》1963 年第 11 期。
③ 转引自邢广程：《苏联高层决策 70 年》第三分册，世界知识出版社，1998 年，第 152 页。
④ 参见《赫鲁晓夫言论》第十二集，世界知识出版社，1966 年，第 317 页。

要的集中统一领导。赫鲁晓夫的大改组,在由部门管理原则转至地区管理原则过程中,使得中央经济管理机关和部丧失了对企业进行直接领导的职能。另外,正如上面提到的,中央机关控制的物资、财政资金和企业大大减少,使得其对宏观经济的调控能力也大大减弱,截断了中央机关领导国民经济必要的渠道。这样,形成了地方"割据",国民经济委员会往往以邻为壑、高筑壁垒,破坏供货合同,这在相当程度上冲击了过去全苏范围内已形成的国民经济综合体系,从而在全国范围内造成了经济混乱。

第三,搞乱了生产专业化和协作,影响了统一技术政策的有效执行。大改组后,绝大部分的企业和科研组织下放到了各个经济行政区国民经济委员会,这样"开始使它们仅仅适合于地方的需要,忘记了全国统一的技术政策,忘记了生产的专业化和协作"[①]。同时,科研机关的分散化现象日趋严重,例如,拖拉机制造业系统的30个专业化科研和设计局分布在6个加盟共和国,原由中央专业部统一领导,改组后却属于18个国民经济委员会领导。汽车工业系统原有40个设计局,改组后竟分属于24个国民经济委员会。地处不同的经济行政区的同类企业和科研机关往往彼此隔绝,互不通气,不可避免地造成"闭门造车"和重复设计的现象,从而破坏了机器设备和零部件的标准化、系列化和通用化。结果,"常常有几个工厂生产同一类型但又彼此不统一的机器",使得产品的型号和牌号极其繁杂,如农业机器中的零件种类超过42000种。[②] 这种"各自为政"的现象,也成为科技落后、科研生产周期长和工业生产集中化和专业化进展缓慢的主要原因之一。

第四,管理机构重叠和更加臃肿。大改组的重要目的之一是精简机构和提高工作效率,但实际结果是,工业和建筑业中的管理机构不仅没有减少而反而大量增加。到1963年,管理机构的数量比大改组前几乎扩大了3倍。产生这一结果的原因有:一是改为地区管理后,不只是行政区国民经济管理委员会本身的数量超过原专业部很多,而且每个国民经济委员会自身又设置大量的管理局和处等中层环节;二是在改组后发现中央机关对国民经济管理失控情况后,就不断增设新的垂直与平行的领导机构。

---

① 苏联《真理报》1957年4月29日。

② 同上 1964年2月21日。

这里还应看到,大改组也并没有使经济增长速度加快。1951—1955 年社会总产值年均增长率为 10.8%,1956—1960 年为 9.1%,1961—1965 年为 6.5%;同期工业产值年均增长率分别为 13.1%、10.4% 和 8.6%。[①] 另外,由于出现了机构重叠、平行和责任分散等问题,出现了以下情况:一方面是短缺产品更多了,另一方面仓库里却堆满了被消费者嗤之以鼻、卖不出去的过时产品。

五、应急的修补与调整措施

针对大改组出现的问题,赫鲁晓夫除了反复强调要与地区本位主义、地方主义作斗争外,还不得不采取一些应急的修补和调整措施,以尽快摆脱困境,控制局面。为此,赫鲁晓夫在推行大改组政策的后期,通过了大量的决议。从其内容来看,主要有以下方面:

第一,收回中央领导经济的一些重要权力。为了加强中央对国民经济的集中与统一领导,一些重要的经济领导权收归中央,具体内容如下:

1960 年 4 月 7 日通过《关于进一步改善计划工作和国民经济领导工作》的决议,决定改变国家计委不编年度计划而下放给地方编制的做法,责成国家计委编制年度计划,并协调各加盟共和国在经济建设方面的活动。1963 年 1 月 11 日,苏共中央、苏联部长会议通过《关于进一步改进制定国民经济发展计划的组织工作》的决议。决议在指出了大改组后计划工作中存在的种种问题之后,决定进一步回收计划权限。该决议决定:"把全国性的发展国民经济计划工作集中于苏联部长会议国家计划委员会。苏联国家计委在这方面的任务是:根据《苏共纲领》及党和政府的指示,在各加盟共和国民经济计划的基础上,制订发展苏联国民经济的国家计划;保证计划的连续性和计划任务的继承性。"国家计委要编制计划期苏联国民经济发展要点,这指的是:"拟定产量任务、基建投资任务、劳动生产率任务、产品成本任务及其他最重要的指标任务。"[②]

---

① 参见陆南泉等编:《苏联国民经济发展七十年》,机械工业出版社,1988 年,第 30、12 页。

② 《苏联共产党和苏联政府经济问题决议汇编》第五卷,中国人民大学出版社,1983 年,第 281～282 页。

1959 年 1 月 22 日,苏联部长会议通过《关于苏联国民经济物资技术供应办法》的决议。决议指出,为了使生产计划、基本建设计划与国民经济物资技术供应计划更完全地衔接起来,决定"苏联国家计划委员会应在全面研究国民经济需要的基础上每年制订国家的国民经济物资技术计划,包括:物资平衡表、产品分配计划、跨共和国的产品供应计划以及全苏需要的供应计划"。决议还要求,国民经济委员会、各部、主管机关、自治共和国部长会议、州执委会、边疆区执委会、企业和供销机关必须严格遵守有关物资技术供应的一系列规定,并要坚决制止在这方面的地方主义倾向。[①] 贯彻上述决议后,中央统一分配的产品迅速增加,到 1960 年已占全部产品的 95%,各加盟共和国和国民经济委员会分配的产品仅占 5%。

第二,调整与合并经济行政区。1960 年 6 月 15 日,苏共中央与苏联部长会议通过《关于进一步改进加盟共和国计划工作和国民经济领导》的决议。决议要求俄罗斯联邦共和国、乌克兰共和国和哈萨克斯坦三个共和国建立加盟共和国国民经济委员会,以集中保证完成共和国的国民经济计划以及协调各国民经济委员会的经济活动,国民经济委员会决定问题的范围,由各加盟共和国部长会议决定。1961 年 4 月 26 日,苏共中央和苏联部长会议决定将全国划分为 17 个大经济区,[②]每个大区设立一个国民经济委员会工作协调和计划委员会,以便协调 102 个国民经济行政区。设立大经济区除了为了克服各国民经济委员由于地方主义产生的互不通气、重复生产与对流运输等问题外,也还考虑到,随着经济的发展,专业化、协作化、生产配置、

---

① 参见《党的工作人员手册》第 2 册,苏联政治书籍出版社,1959 年,第 374 页。

② 苏联的经济区划经历了多次变化。1920 年,在制订电气化计划时全国划分为 8 个经济区。1921 年根据"经济区划与行政区统一"的原则,在全俄划分为 21 个经济区。1930 年又改变为 13 个经济区。1957 年工业和建筑业大改组后全国成立 105 个经济行政区。1961 年划分 17 个大经济区,1966 年起,决定划分为 18 个经济区。1982 年,苏联部长会议通过了《关于进一步明确国家经济区划》的决议,决定把原属于 18 个经济区之一的西北经济区划出一个北方经济区,最后形成 19 个经济区。但由于较长时期划分为 18 个经济区,所以一般把北方经济区列在西北经济区加以介绍。18 个经济区为:中央经济区、西北经济区(包括北方经济区)、伏尔加—维亚特经济区、中央黑土经济区、伏尔加沿岸经济区、北高加索经济区、乌拉尔经济区、西西伯利亚经济区、东西伯利亚经济区、远东经济区、顿涅茨—第聂伯河沿岸经济区、西南经济区、南方经济区、波罗的海沿岸经济区、外高加索经济区、中亚经济区、哈萨克经济区和白俄罗斯经济区。参见陆南泉主编:《苏联经济简明教程》,中国财政经济出版社,1991 年,第 8～11 页。

自然资源的利用,建立大型企业、开矿山、筑铁路、搞大型水电等,均需要在大范围内考虑问题。1963 年 2 月 9 日,苏联最高苏维埃主席团发布命令,在乌兹别克、吉尔吉斯、塔吉克和土库曼共和国行政区基础上,成立中亚细亚大经济区,并建立中亚细亚国民经济委员会,作为领导这 4 个共和国的统一机构。2 月 16 日,苏联部长会议根据 1962 年苏共中央十一月全会有关加强经济领导的生产原则的决定。将全国经济行政区加以调整。合并调整后共成立 47 个经济行政区,设立 47 个国民经济委员会。这次调整后,苏联在全国经济区共划分为三级:基层是地区生产管理局,全国共约有 1500 个;中间是经济行政区,共为 47 个;最高为大经济区,共有 17 个,它们是中央计划机关制订全国性国民经济计划的根据。① 5 月 30 日,苏共中央和苏联部长会议通过《关于成立苏联经济区计划委员会及国民经济发展协调委员会》的决议。决定在 12 个经济区设立计划委员会,在 31 个经济区设立国民经济发展协调委员会。决议指出,上述举措是为了"保证各经济区在经济上综合发展,挖掘更多的潜力,使苏联国家计委和加盟共和国国家计委同各国民经济委员会和企业更加紧密地联系在一起"②。

第三,建立最高国民经济委员会。根据 1963 年 3 月 13 日苏联最高苏维埃主席团的命令,决定建立苏联部长会议最高国民经济委员会,它是领导国家工业和建筑业的最高国家机关,它在自己的权限范围内颁布对所有国家机关(不管其隶属关系如何)都具有约束力的决议和指令。③

第四,改组党对工业、建筑业和农业的领导体制。1962 年召开的苏共中央十一月全会上,赫鲁晓夫作了《关于苏联经济发展和改组党对国民经济的领导》的报告,根据这个报告通过相应的决议。当时赫鲁晓夫认为,为了克服大改组后出现的经济管理上的混乱,克服各级党的领导机关在领导国民经济时出现的力量分散,一会儿管管这个、一会儿又管管那个等现象,并使党的领导接近企业、建筑工地、农庄和农场,认为"必须以生产原则为基础自

---

① 参见苏联《经济报》1963 年 2 月 2 日。

② 《苏联共产党和苏联政府经济问题决议汇编》第五卷,中国人民大学出版社,1983 年,第 376 页。

③ 参见《苏联共产党和苏联政府经济问题决议汇编》第五卷,中国人民大学出版社,1983 年,第 300 页。

下而上地改组党的领导机构,从而保证对工农业生产的更具体的领导。"具体做法是:在苏共中央和加盟共和国党中央设立中央工业生产领导局和中央农业生产领导局;在边疆区、州的范围内一般成立两个独立的党组织,即工业党和农业党;在边疆区和州的党组织中分别设立领导工业生产的边疆区和州的党委会与领导农业生产的边疆区和州的党委会。在地区,建立地区集体农庄和国营农场生产管理局党委会代替原来的区党委。①

① 参见北京大学经济研究所编:《赫鲁晓夫时期苏共中央全会文件汇编》,商务印书馆,1976年,第550~551页。

# 第十章　赫鲁晓夫时期为推动改革积极提倡经济理论讨论

在联系经济体制改革分析赫鲁晓夫时期经济理论的变化与发展问题时,往往局限于与利别尔曼教授1962年9月9日在《真理报》发表的题为"计划、利润、奖金"一文进行有关的讨论。实际上,苏共二十大批判斯大林,为解放思想,对斯大林经济理论的重新认识提供了可能。之后,随着赫鲁晓夫对经济体制(包括农业制度和工业与建筑业的大改组)的改革,苏联学术界就不断地探索经济理论,提出新看法。在工业与建筑业大改组出现种种问题,采取一些旨在加强集中统一的修补措施未能消除地区本位主义和地方主义等弊端时,赫鲁晓夫开始从理论与实践方面探索经济管理体制的新形式。从而使经济理论的讨论更受到重视,并在更大范围内展开。特别是在利别尔曼教授的文章发表后,讨论集中围绕今后的经济改革的方向而展开。

## 第一节　对斯大林经济理论的重新审视

从客观条件来看,1956年苏共二十大后,斯大林垄断理论的局面结束了,他的《苏联社会主义经济问题》与由他定稿的《政治经济学》教科书提出的经济理论观点,再也不是神圣不可侵犯的绝对真理了,并要求在经济理论的研究方面克服书呆子习气和教条主义。主管意识形态的苏共领导人苏斯洛夫在苏共二十大发言中强调:

苏维埃社会的发展已经进入应当把主要的注意力集中在研究和探讨经济科学的阶段了。……由于部分经济学家和哲学家脱离实际,书呆子习气和教条主义得到了广泛的传播。这种书呆子习气的坏毛病的实质不单纯在于染上这种毛病的人所作的引证是否恰当,而在于他们认为真理的最高标准不是实践,而是权威人士对这一问题的言论。他们丧失了研究具体实际情况的兴趣,他们用选择引文和巧妙地搬弄引文来代替一切。他们认为稍微违反引文就是修改原理。书呆子们的这种做法不仅没有好处,而且还有害处。

他还批评说:

经济学家没有好好地研究价值规律在社会主义生产中的作用。我们的建筑师一味奢侈浪费,不考虑人民的戈比,机器拖拉机站和集体农庄中还是常常不计算生产一公担谷物、肉类的费用,这些情况毫无疑问也反映出经济学家没有研究价值规律如何具体在我国经济中起作用这个问题。①

另外,赫鲁晓夫执政后,实行的一系列改革措施,如农产品采购价格制度的改革,机器拖拉机站的改组,广泛运用商品货币关系编制国民经济计划,在确定国民经济各种比例时,开始考虑到价值规律的要求,在实施各种经济政策时考虑到贯彻物质利益原则等,所有这些,在实践中已突破了斯大林的一些经济理论的束缚。同时,也应看到,苏联经济理论界,在1961年苏共二十二大前这一时期,对有关商品货币关系的理论已进行了相当广泛的讨论,并对推动经济理论的发展起了十分有益的先导作用。下面我们就一些主要理论问题,根据这一时期苏联报刊和一些论著的材料作一简要的介绍。②

---

① 《苏联共产党第二十次代表大会文件汇编》上,人民出版社,1962年,第405～406页。

② 以下两个问题(即社会主义制度下商品生产存在的原因与必要性和社会主义经济性质)一些观点的材料,除了脚注注明的外,笔者引用了苏联学者有关介绍。参见[苏]A. H. 马拉菲耶夫:《社会主义制度下的商品生产理论今昔》,马文奇等译,中国财政经济出版社,1979年,第89～120页。

一、社会主义制度下商品生产存在的原因与必要性问题

人所共知,一直到20世纪50年代中期,苏联都以斯大林的生产资料两种公有制形式的存在为理由解释商品生产存在的必要性。在苏共二十大后,1957年5月,苏联科学院经济研究所召开了关于价值规律及其在苏联国民经济中利用问题的学术讨论会。苏联经济理论界联系实际展开了广泛讨论,对发展商品货币理论起了很大的推动作用。

会上,广泛讨论了社会主义制度下商品生产的必要性问题。苏联著名经济学家奥斯特罗维季扬诺夫院士作了《社会主义条件下的商品生产及其特点》的报告。他坚持这样的论点:商品生产之所以必要,是由于存在着生产资料的两种公有制形式。同时,他批判了这样的理论:生产资料在实质上似乎不是商品,而只具有商品的纯粹的外壳。

在会议发言者中只有少数人(斯皮里多诺娃、阿洪多夫、维亚齐明)支持社会主义制度下商品生产的必要性是由于存在着生产资料的两种所有制形式这一解释。其他接触到这个问题的人则注意到奥斯特罗维季扬诺夫在逻辑上的混乱,因为他以为下面这个原理是正确的,即在国营经济内部流通的生产资料不仅在形式上,而且在实质上也是商品;但同时,他又认为商品生产之所以必要,是由于存在着生产资料的两种公有制形式。

按照季亚钦科的看法,对社会主义制度下商品生产存在的原因和性质作如下的解释才是正确的:社会分工和社会主义生产资料所有制,它们决定着社会劳动的独特性质,而社会劳动又决定着商品生产的必要性和社会主义制度下商品的各种矛盾的特殊性。

在1957年会议后,关于商品生产必要性的问题在莫斯科大学会议上、在1959年10月顿河罗斯托夫市高等院校的会议上、在有关报刊和书籍中继续进行讨论。在讨论中,提出了许多新的关于商品生产必要性的观点,其内容已由普拉沃托罗夫汇编成册,并作了说明,普拉沃托罗夫得出的结论是:其中每一种观点都包含着不少有价值的综合,但任何一种观点都没有彻底解决问题。因为每种观点的维护者们在其他的理论体系中都能找到不论是立足点、论据体系或最后结论方面的缺点。作者得出结论:所有这一切表明有

必要继续开展研究工作,以探索社会主义经济中商品货币关系存在的原因。而马拉菲耶夫认为,对商品生产必要性的各种解释,在绝大多数情况下是把商品生产同社会主义生产关系的各个不同的方面联系起来,但社会主义制度下商品生产存在的主要原因,必须在社会主义生产关系的整个体系中,即从生产力发展的水平上去寻找。但是这样的回答仍旧很一般,因为商品货币关系本身原是社会主义生产关系的一个因素。

在我们看来,商品生产的直接原因在于,存在着社会主义的社会分工和社会主义企业及其工作人员的相对独立性,这种独立性是多种多样的。以国营企业为一方,集体农庄为另一方,由于它们对生产资料和所生产的产品的不同关系,彼此是独立的。各个集体农庄,作为不同的所有者,是彼此独立的。各个国营企业,作为生产资料和所生产的产品的不同占有者,也是彼此独立的。一部分生产资料和产品是在副业经济中生产的,集体农庄庄员就是它们的个人所有者。社会主义社会的劳动者是他们所获得的收入的所有者。这样一来,社会主义的客观经济条件(社会分工和国民经济各个不同环节在经济上的独立性)使劳动产品变成了商品,并决定社会主义制度下商品生产的存在。

绝不能以为通过纯粹逻辑的论证来解释商品生产的必要性是非常有说服力的。在 1957 年的讨论会上,温热尔在论证商品生产的必要性时,援引了"来自实践"的理由。他说道:"苏联四十年的社会主义建设经验表明,社会主义生产是特种商品生产,社会主义没有劳动产品的商品形式是不可思议的。"帕什科夫号召正视事实。他说,现在也许是我们应该老老实实地、严肃地对待在苏维埃经济中存在已不止一个十年的商品生产,承认商品货币关系的必要性早已为实践本身所证实的时候了。他接着说:"苏联和各人民民主国家的全部实践令人信服地、不容置疑地证明:没有商品生产,没有使城乡、工农业和国民经济其他各部门相联系的市场形式,无论在资本主义到社会主义的过渡时期,或者在社会主义社会里,经营活动都不可能顺利地开展。过渡时期商品生产的必要性,实践上和理论上早于 1921 年已在列宁的著作、苏联共产党的决议中得到了证实。商品生产对于社会主义社会的必要性,实践上和理论上也早已于 30 年代初期,在同所谓'左派空谈家'的斗争中同样得到了证实,由于新经济政策已经到了最后阶段,'左派空谈家'们便硬说贸易、货币、银行体系以及商品生产的其他因素和杠杆似乎在当时已面临末日。""以后的全部实践也表明,即使在社会主义制度下,不仅对集体农庄农民,而且对工人阶级来说,贸易、市场仍然是经济联系的必要形式,而在共产主义社会的第一阶段,党也不可能向劳动人民提出更好的形式来代替这个经过人类几千年实践的考验和检查的联系形式。社会主义政治经济学应该注意到这一事实,应该揭示社会主义制度下商品生产的特点。"

二、社会主义经济性质问题

20 世纪 50 年代末,围绕经济体制改革,对社会主义经济是不是商品经济与价值规律是否起作用的问题,也是一直存在争论的重要经济理论问题。这时期,存在三种观点:

一种观点认为,社会主义并不是一种商品生产制度,它只存在商品关系的外表形式,商品货币关系的空虚性表明,价值规律并不发生作用。有的学者对此解释说,社会主义生产是直接社会生产,它本身在直接上不是商品生产。商品生产和社会主义是不相容的。

另一种观点认为,社会主义生产是新型的商品生产。持这一观点的学者指出,只要有商品生产存在,生产资料不是商品的观点是不可思议的。生活实践证明,社会主义生产不是通过直接的产品交换来代替商品货币关系,而是通过广泛利用价值范畴而向前进步的。在社会主义商品生产中,价格、利润、工资等不是资本主义的残余,而是社会主义生产关系的表现,是社会主义的价值范围。之所以说社会主义生产是新型的商品生产,因为这种商品生产不是自发的,而是有计划的;不是以劳动工具私有制,而是以公有制为基础的商品生产形式。社会主义集中计划制度不仅包括商品生产的经济杠杆,而且是和合理地利用它们分不开的。

第三种观点是承认社会主义制度下存在商品生产,主张对商品货币关系要充分与利用。持这一观点的学者指出,那种只认为社会主义条件下存在的仅仅是产品的商品货币形式,而不存在商品生产和价值规律的观点是错误的。因为不存在没有形式的内容或没有内容的形式。商品、价格、货币、利润以及与价值规律有关的社会主义经济的其他范畴,并不只是外表形式,或只是简单地核算劳动和计算成本的工具。这些范畴和经济杠杆具有一定的社会内容,反映了社会主义生产关系的一定联系和相互依赖性。它们本身是社会主义生产关系内在固有的,同社会主义生产关系不可分离的。①

从苏共二十二大前这一时期的讨论情况看,大多数经济学家认为,商品生产在社会主义条件下是必要的。但也应看到,还有不少学者断言,在社会主义制度下商品形式并不反映商品的内容,而价值规律似乎不起作用。1959 年在莫斯科大学举行的讨论会上,赫辛和奥斯特罗维季扬诺夫之间就这个问题开展了一场论战。赫辛认为,社会主义不是一种商品生产制度,所以在书籍中所碰到的诸如"社会主义的商品生产""社会主义商品""社会主义的价值规律"这样一类提法,应该说是不正确的。按照他的意思,可以说在社会主义制度下存在着商品关系的形式,但是不可能明确地说出这种关系的实质。商品形式的空虚性表明,在社会主义制度下价值规律并不发生作用,而价格政策是以考虑到社会主义的全部规律的要求为基础的。

在其他一些学者的发言中,也往往低估了社会主义制度下商品货币关系的作用。奥斯特罗维季扬诺夫针对赫辛等人的发言说道:"我听了赫辛同志的发言,之前还听了科尔加诺夫同志的发言,使我想起了 1951 年的经济讨论会,我似有'车到现在还没动'之感。我忽然想到,否定苏维埃经济中商品生产和价值规律的说法,在我国 1941 年以前曾风行一时,正像解释商品生产的核算分配观点在我国曾一度占优势地位一样,但都早已成为历史的档案。"奥斯特罗维季扬诺夫还指出赫辛等人错误观点的根源,在于以反历史的态度来对待社会主义制度下的商品生产问题,在于使形式脱离内容并学究式地解释马克思列宁主义经典作家的观点。实际上,赫辛认为只有资本主义生产才是名副其实的商品生产。持与赫辛相同观点的代表人物还有阿特拉斯教授,他在 1959 年的会议上说:"虽然在社会主义社会里存在着商品货币关系,同时商品货币形式在国民经济发展中起着重要作用,然而决不能把整个社会主义生产看作为商品经济制度的变种,即使加上'特种'两个字。

---

① 参见陆南泉等编:《苏联经济建设和体制改革理论的发展》,中国社会科学出版社,1988 年,第 113~116 页。

社会主义社会,这是直接社会生产,它本身在实质上并不是商品生产。"阿特拉斯说不是商品生产,而是社会主义从资本主义经济继承下来的商品货币形式。这种观点遭到不少学者的批判。认为阿特拉斯把形式同内容割裂开来,因而不止一次地自相矛盾。他错误地把直接社会生产同商品生产对立起来,企图以此来强调自己关于社会主义生产非商品性质的结论。

莫斯科大学讨论会之后,在苏联出版的学术专著中,还不断出现否定在社会主义制度下存在商品生产和价值规律起作用的观点。奥斯特罗维季扬诺夫等人,也在自己的论著中不断批判这些经济学家的观点是同社会主义建设事业中利用商品货币关系的任务不相容的。

总的来说,苏共二十大后,围绕商品货币关系问题展开的理论讨论,使苏联经济理论前进了。特别是 1957 年苏联科学院经济研究所召开的这次讨论会,在推动经济理论发展方面的作用是不能低估的。有关社会主义国家为了有计划地扩大和完善整个社会生产以及提高人民物质福利而自觉地利用价值规律,这一原理得到了所有谈及这个问题的人的支持。承认价值规律的作用,它为运用经济核算、盈利、价格形成和基建投资的效率等问题的研究,在经济理论上提供了基础。例如,有的学者在这次讨论会上,提出在价格形成方面研究的四个问题:①商品的价格与价值的关系,和苏联的价格动态;②生产资料价格与消费品价格的关系;③生产资料的价格体系;④国民消费品的零售价格。这些问题的研究都涉及如何正确认识价值规律的作用问题。又如在《经济问题》杂志上,就基建投资效率与价值规律的关系展开了讨论。通过讨论,在 20 世纪 50 年代下半期,苏联经济学界得出一个重要结论:价值规律的作用不只包括消费品生产领域,还包括生产资料生产领域。承认这一论点是以后接着而来的对基建投资和新技术效率问题开展讨论取得成效的必要条件之一。

1958 年 6 月召开了针对这些问题的全苏科学技术会议,会议由苏联科学院经济研究所和全苏工会中央理事会科学技术协会全苏委员会经济与生产组织委员会主办,参加者约八百人。会议承认,社会主义生产条件下基建投资和新技术经济效率的实质在于提高社会劳动生产率,即降低产品价值。从而在解决效率问题时考虑到价值规律作用方面跨出了一步。会议认为,将国民收入实际额的增长同为此所必需的基建投资进行对照的原则是确定国民经济范围内基建投资经济效率的基础。为了选择最有效的投资方案，会议建议将追加投资回收率的期限同这一指标的标准值进行对照，并利用其他的技术经济指标，也包括生产的盈利。

根据会议的各种建议，制定了《确定苏联国民经济基建投资和新技术经济效率的标准方法学》。《方法学》提供了比较效率的标准系数（回收率数值、回收期限）。

三、苏共二十二大进一步强调商品货币关系的作用

苏共二十二大之前举行的多次经济理论讨论会，总的来说，学术界对斯大林有关生产资料不是商品、缩小商品流通、用产品流通代替商品流通和忽视价值规律作用持批判态度，强调要在新的条件下，根据社会经济生活的变化创造性地运用与发展马克思列宁主义。

1961年10月，不论是苏共二十二大通过的《苏共纲领》还是赫鲁晓夫在大会上作的报告，都强调要重视经济科学的研究，要扩大企业自主权、加强物质刺激和充分利用商品货币关系。《苏共纲领》指出：

> 为了动员内部潜力，更有效地利用基本建设投资、生产基金和财政资金，必须在国家计划任务的基础上，扩大企业的业务独立性和主动性，提高企业在采用先进技术和更充分利用生产能力方面的作用和兴趣。

> 在共产主义建设过程中，经济领导将依靠对高生产指标的物质刺激和精神刺激。对劳动的物质刺激和精神刺激的正确结合，是争取共产主义的斗争中的伟大的创造力量。

> 在共产主义建设中，必须根据商品货币关系和社会主义特有的新内容，对商品货币关系充分加以利用。在这方面，运用经济核算、货币、价格、成本、利润、贸易、信贷、财政这些发展经济的工具，起着巨大的作用。

> 必须大力加强经济核算，力求做到严格的节约、减少损失、降低成

本和提高生产赢利。应当经常改善价格制度……价格应当在越来越大的程度上反映必要劳动消耗,保证能补偿生产和流通费用,使每一个正常工作的企业得到一定的利润。在提高劳动生产率和降低产品成本的基础上,不断地、有经济根据地降低价格。①

赫鲁晓夫在苏共二十二大的报告中说:"把物质刺激和精神刺激正确地结合起来——这是我们的方针,我们在整个共产主义建设时期的路线。当社会处在社会主义阶段的时候,不要按劳分配,不要商品货币关系以及像价格、利润、财政、信贷这样一些范畴是不行的。"他接着说:"在建设共产主义的进程中,我们的任务是要更多地利用和完善财政信贷的杠杆、卢布监督、价格、利润。我们应该提高利润和盈利的意义。为了更好地完成计划,应该给予企业以更多的可能性来支配利用,更广泛地利用利润来奖励自己集体良好的工作,来扩大生产。研究和采用集体刺激的形式,使每个工作者不只从物质利益上关心自己的工作成果,而且关心全部集体劳动的成果,这一点具有重大意义。"②

## 第二节　利别尔曼建议和寻觅改革新思路

根据本章第一节的分析,在赫鲁晓夫授意下于 1962 年发表了利别尔曼教授的文章,此文当时之所以能发表和需要发表,其主要原因如下:一是苏共二十大破除斯大林个人迷信,这是提供了政治前提条件;二是在苏共二十二大前经济理论特别是商品货币关系理论的新发展,这是打下了理论基础;三是工业与建筑业大改组造成的全国性经济混乱并没有采取修补措施而得到了解决,因此急需寻觅新的改革思路,这是说明有其客观需要;四是苏共二十二大通过《苏共纲领》中提出的扩大企业权限、加强物质刺激和充分利用商品货币关系的新的改革主导思想,这是最为直接的具有最高官方权威

---

① 《苏联共产党第二十二次代表大会主要文件》,人民出版社,1961 年,第 235～236 页。
② 同上,第 349 页。

的根据。正是由于这个原因,利别尔曼在文章的一开头就说,他在文章中提出的建议是为了解决《苏共纲领》提出的重要的任务。可以说,利别尔曼文章的发表,是以上四个因素综合作用的结果。这也是文章发表的大背景。

正是这些原因,文章发表后它能掀起风浪,引起普遍关注。《真理报》在发表叶·利别尔曼文章的同时还加了编辑部按语,指出:"今天刊登的经济学博士叶·利别尔曼的文章提出了重要的原则性问题。《真理报》编辑部认为这些问题具有巨大意义,请经济学家以及工业、计划机关和国民经济机关的工作人员对文章作者的具体建议发表自己的意见。"①文章发表后,在苏联全国范围内掀起声势浩大的讨论,各主要报刊几乎都发表文章和读者来信评论利别尔曼提出的建议或提出新建议。《真理报》开辟了题为"生活、生产的利益要求这样做"的专栏,专门发表讨论文章,而且收到一千多篇讨论文章。苏共中央主办的《经济报》还组织了两次大型研讨会。《消息报》《经济问题》《计划经济》等全国性和地方性报刊、各高等院校和研究机构和学刊都刊登文章,参加讨论。后来,东欧不少国家也参加了讨论。

利别尔曼文章的主要观点是:在承认社会主义是商品经济的前提下,重建整个计划制度,计划的重点是解决国民经济的总量和结构变化。用经济方法引导企业,使其符合客观计划的要求,减少对企业的指令性指标,扩大企业自主权,允许和鼓励企业竞争。把利润指标视为解决问题的关键。他在文章的最后部分,把为改进计划管理工作提出的具体建议归结为以下六个方面:

(1)规定在产量品种计划经过协调和批准后企业的计划全部由企业自行编制。

(2)为了保证国家的公正和企业对最大的生产效果的关心,根据盈利率(利润与生产基金之比)规定各种物质奖励的统一基金。

(3)为各个部门以及自然条件和技术条件大致相同的各类企业统一批准随盈利率而变化的奖金比率表,作为长期使用的定额。

(4)加强和改进集中的计划工作,办法是把应当遵守的任务(控制数字)

---

① 孙尚清等编:《苏联报刊关于利别尔曼建议的讨论文集》,生活·读书·新知三联书店,1963年,第1页。

只下达到国民经济委员会(苏维埃执委会和主管部门),取消国民经济委员会按照"已达到的水平"在各企业间摊派任务的做法。责成国民经济委员会在经济分析的基础上来检查、评价和改进各企业自行制订的计划,但不得改变作为企业奖励基础的盈利比率表。

(5)制定从企业利润提取的统一奖励基金的使用方法,同时考虑扩大企业把奖励基金用于集体奖励和个人奖励方面的权限。

(6)规定灵活制定新产品价格的原则和程序,以便使更有效的产品既对生产单位也对使用单位,即对整个国民经济都能够提供盈利。①

利别尔曼的文章建议,要达到的主要目的是让企业"接受最高的计划任务"和"关心最大的生产效果"。

长期以来,在苏联传统的计划经济体制条件下,国家与企业之间的一个突出矛盾是,国家要求企业完成更高的计划指标任务,而企业想方设法压低计划指标,尽量隐瞒生产潜力。之所以发生这种情况,是因为计划是根据上年的已达到的水平编制的。这就使得挖掘潜力、完成生产计划好的企业反而总处于紧张状态,而工作不好的企业倒处于轻松状态。利别尔曼认为:"现在企业的初步计划一般都大大低于它们实际的可能性。"如何改变这一状况,使企业接受最高计划任务,文章提出的建议说:主要办法是加强利润刺激。"为此,应该按每个生产部门制订并核准供长期使用的计划盈利定额。这些定额最好是以比率表的形式统一核批。"比率表形成基础见具体建议的第三条。文章认为,实行利润刺激,就可以解决上面提到的在编制计划时国家与企业之间的矛盾,并能摆脱上级机关对企业琐碎的监督,无须进行用行政措施而不是用经济措施来影响企业生产经营活动,从而使企业挖掘自身的潜力,增产节约,以便在"争取优秀成绩的竞赛中一显身手"。利别尔曼在文章中,还根据24个工厂5年内活动情况的资料,制定了一个示范性的奖金比率表。他认为,实行这个奖金比率表所规定的原则,其所起的积极作用有:第一,"盈利率越高,奖金就越多"。第二,"企业在按份额争取所创造的收入的基础上来取得奖金:企业编制的盈利计划越高,奖金也就越多"。

---

① 本节所引用的利别尔曼文章中的观点,均见孙尚清等编:《苏联报刊关于利别尔曼建议的讨论文集》,生活·读书·新知三联书店,1963年,第1~8页。

"因此,编制低的计划对于企业是极为不利的事。"第三,可以促使"企业力求尽可能地降低产品成本,精打细算,不去人为地抬高材料、燃料、工具和动力的消耗定额"。第四,"最重要的,是企业将力求尽可能地提高劳动生产率。企业将不再要求并招收过多的劳动力。这种过多的劳动力将降低盈利,从而也减少奖励基金"。利别尔曼的文章还强调:"按所达到的盈利水平建立的奖金应当成为各种奖金的统一和唯一的来源。"文章提出上述建议的出发点是:"凡是有利于社会的,也就应当是有利于每个企业的。反之,不利于社会的,对任何企业的集体来说,也应当是极不利的。"

利别尔曼在文章中,还对有些人对他的建议提出的担心作了解释。有些经济学家认为不应过分突出利润,因为它是资本主义指标。他回答说:"我们的利润同资本主义的利润毫无共同之处。""我们的利润既是劳动消耗的结果,同时又是劳动消耗实际效果的尺度(以货币形式表现)。"有人担心,强调利润,会不会导致企业只生产有盈利的产品,而不生产没有盈利的产品。利别尔曼回答说:"企业一旦破坏了产品品种,就得不到任何奖励。"另外,过去确实存在价格形成方面的如下缺点:"有些产品的盈利很大,另一些产品则亏本。"但苏共二十二大决议要求,在价格形成方面要克服上述缺点,"要保证在正常的情况下全部产品品种都盈利。"至于有人担心,企业会不会为了利润人为地提高新产品价格,利别尔曼认为,这是现在"最难控制"的。因为在以总产值作为考核企业工作好坏的情况下,在物资供应紧张的条件下,"使用单位对供货单位的作价是无所谓的"。但是在利润指标作为考核企业的情况下,"使用单位就会极其严格地考虑供货单位所规定的价格"。因为供应产品的价格一变,就会影响使用单位的利润。另外,他也指出,要防止人为提高新产品的价格,价格应经过某单位批准。但他建议,应灵活制订新产品的价格的原则和程序。具体说,"在最初时期应该这样规定价格:使生产者能够补偿它的额外消耗。使用单位并不会因此遭受任何损失,恰恰相反,对使用单位和国民经济都有利。因此,奖励盈利,能够成为争取更迅速地采用新技术和提高产品质量(坚固、耐用)的灵活手段"。

以上简要的分析说明,利别尔曼建议的核心是利用刺激,即以统一核定的部门基金盈利水平定额作为企业编制计划和对企业进行奖惩的基础。换言之,把国家与企业两者之间的关系建立在利润分配的基础上,企业应该按照其占用的生产基金向国家缴纳相应的利润。国家根据企业向国家上缴利润的多寡来评定企业工作的好坏,从而使国家与企业的利益结合起来。

赫鲁晓夫在 1962 年召开的苏共中央十一月全会上指出:"利润问题作为企业活动效果的经济指标具有重要意义。不计算利润就不能确定企业的经营是在什么水平上进行的,它对全民基金作出了什么贡献。"①"应委托计划机关、苏联科学院经济研究所仔细研究这些建议。"在此基础上提出改进计划工作和科学组织劳动的建议。接着,于 1963 年年初,根据十一月全会的精神,成立了一个由苏联科学院等部门组成的生产经济核算和物质刺激学术委员会②,对这场大讨论进行总结和研究。1964 年 1 月,该委员会受苏共中央委托写出了有关总结讨论情况和制定实际建议的综合报告。列·加托夫斯基在该委员会的总结报告中提出的建议包括以下九个方面:

第一,改进计划、评价和刺激企业工作的价值指标和实物指标体系。把无效的指标(例如总产值、若干不能令人满意的指标)代之以新的先进的指标;前者常常不正确地反映企业的实际工作质量并把企业引向对社会不利的方面,后者则客观地反映企业的实际成绩并把企业引向提高它们工作的数量水平和质量水平,提高产品的国民经济效果、可靠性和耐用性等。

保证在指标体系中有区别的对待,考虑各部门、各企业以及企业内部各单位的特点、具体条件和特殊任务;在此基础上克服对企业及其所属单位的评价和奖励制度中千篇一律和平均主义的现象。

第二,改进对企业的计划领导制度;改进制订企业计划的技术经济基础并使计划的各个要素相互衔接;保证计划的稳定性和连续性;遵守企业专业化的原则;发挥企业的经营主动性以更好地完成计划;扩大企业在利用资源和巩固经济核算方面的经营权限,包括提高厂内经济核算作用、保证从下面制订计划的原则。

第三,采用这样的计划和刺激企业工作的方法不会使企业关心偏低的

① 苏联《真理报》1962 年 11 月 20 日。
② 该委员会由科学院、计委、有关企业、《真理报》和其他机关的编辑部、某些经济研究所和高等院校组成。

计划和低估自己的可能性,而是关心接受并完成高的计划任务,也就是说关心最大限度地利用企业的潜力。

奖励不应当一般地按照完成和超额完成计划的情况(而不管计划中对企业提出的要求是多还是少,计划是比较大的还是比较小的)来进行,而应当根据计划中所规定的工作改进实际达到的程度(与前一个时期相比或者与先进的定额或先进企业的水平相比的动态)来进行。

同时应当考虑该企业的实际条件,它对这些条件(例如生产基金)的利用程度。

第四,提高利润在企业经济活动中的作用,它是工作质量的指标、生产发展和刺激基金的源泉。增加企业在提高盈利上的利益。

第五,改进奖励基金的形成办法并提高它的使用效果,提高奖金的作用,采用新的奖励方法。提高企业基金的作用并改进企业基金组织(特别是消除预定作为物质刺激和社会生活需要之用的那一部分企业基金的缺点)。

第六,改进有效利用固定基金、迅速掌握生产能力的计划工作和刺激。

第七,改进提高生产资料和消费品质量的计划工作和刺激。

第八,加强对创造和加速采用新技术、科学成就、各种进步的新产品的刺激,保证生产者和消费者有经济上的优越性。利用奖励和评价企业工作制度、修正指标和专设的新产品试制基金来达到这一点,保证新产品和旧产品之间的比价和它们的利润对比关系能使新技术和新产品比陈旧的技术和产品有显著的经济上的优越性,发展对新技术的贷款。

第九,关于采用和发展科学的劳动组织的措施。该委员会还指出,过去人们总排斥经济科学方面的试验,但经过讨论,已经非常清楚,"试验应当成为具有同等权利的极为重要的经济研究要素之一",因此"大规模地进行试验工作是科学委员会的主要任务之一"。[①]

利别尔曼的文章发表后,在全国范围内展开讨论的同时,1962年10月,苏联国家计委国民经济计划局,决定在一些企业对利别尔曼的建议在某些方面进行试验。1964年3月,苏联部长会议国家劳动和工资委员会和全苏

---

① 孙尚清等编:《苏联报刊关于利别尔曼建议的讨论文集》续集,生活·读书·新知三联书店,1965年,第255~257页。

工会中央理事会,决定在莫斯科市、顿涅茨、德涅伯、哈尔科夫与其他一些国民经济委员会的大约八十个工业企业中试行对领导人员、工程技术人员和职员的新奖励制度,拟订并批准了化学、机器制造、采煤、黑色冶金、有色冶金、纺织等部门的标准奖励条例。新奖励制度根据利别尔曼的建议,把利润作为企业形成奖励基金额和支付奖金额的主要指标。国民经济委员会可以根据利润水平提高或降低企业奖励基金的数额。试验的企业,利润成为奖励基金的唯一来源。

1964 年 7 月,苏联决定在莫斯科国民经济委员会的布尔什维克缝纫联合公司和伏尔加-维亚特国民经济委员会的"灯塔"缝纫联合公司,开始试行新计划制度,其主要内容是:这两家缝纫联合公司实行直接根据商业组织订货合同编制年度和季度生产计划制度。这样,使得联合公司有权确定产品产量、销售额、所需要的材料、工资基金和人员编制计划,以及原料、辅助材料和成品定额,并有权规定某些产品的价格。

苏联原来计划,在总结和研究利别尔曼建议和上述试验的基础上进行大规模的试验,但扩大试验范围的计划还没有来得及推行,赫鲁晓夫于 1964 年 10 月突然下台了。他正在探索和寻觅的以及尚未定型的改革新思路、新方案,也就告一段落,扩大试验的计划也就停了下来。

# 第十一章 赫鲁晓夫时期经济改革的评析

前四章即第七至第十章,研究了赫鲁晓夫上台执政背景、农业制度改革、工业和建筑业大改组以及围绕改革展开的经济理论讨论等问题,可以说,对赫鲁晓夫时期经济改革的主要内容与进程已作了扼要但又较系统的论述,似乎完成了对这一历史时期经济改革的研究。但笔者觉得,像如何看待赫鲁晓夫时期经济改革的历史作用? 为什么这一时期改革未取得成功? 导致赫鲁晓夫最后被迫下台的主要原因是什么等一些重要问题,都需要深入分析并提出看法。

## 第一节 赫鲁晓夫时期经济改革的历史作用

总的来说,赫鲁晓夫时期的经济体制改革未取得成功,造成了国民经济的混乱和严重的社会经济后果。但它在苏联改革史上留下了不可磨灭的印记,仍有不少方面应加以肯定。

一、给苏联社会留下深刻影响的改革起始时期

作为苏联历史上第一个改革者的赫鲁晓夫,他在对斯大林过度集中体制弊端有所认识的基础上,在批判斯大林个人迷信开始解冻后,下决心在各个领域进行改革,这对苏联产生了深刻的影响。戈尔巴乔夫在其执政时期

以及下台后,多次谈及这一时期改革的积极意义。① 他在庆祝十月革命 70 周年大会上的报告中说:"在(20 世纪)50 年代中期,特别是在苏共二十大之后,变革之风吹到国家上空,人民振奋起来,活跃起来,变得更大胆,更有信心。批评个人迷信及其后果,恢复社会主义法制要求党及以尼·谢·赫鲁晓夫为首的领导拿出很大的勇气。开始摧毁以前对内对外政策中的刻板公式。开始试图摧毁 30—40 年代所确立的发号施令和官僚主义的管理方法,赋予社会主义以更大的活力,强调人道主义理想和价值观,在理论和实践中恢复列宁主义的创造精神。苏共中央九月全会(1953 年)和七月全会(1955 年)决议的核心是力求改变经济发展的先后次序,使联系与劳动成果挂钩的个人利害关系的刺激因素起作用。于是着重注意了农业的发展、住房建设、轻工业、消费领域和满足人的需要有关的一切。"他在《改革与新思维》一书中指出:"苏共第二十二次代表大会是我们历史上的一个重大里程碑。它对社会主义建设的理论和实践作出了很大贡献。会上和会后都曾作出过大力的尝试,想使国家走上正轨,想推动我国摆脱对斯大林的个人崇拜在社会政治生活中所产生的各种消极因素。"②

戈尔巴乔夫在下台后出版的著作中说:"由于苏共二十大而对'个人迷信'进行的批判……变革开始了,整个社会气氛改变了。这是摆脱极权主义的第一步。""赫鲁晓夫是改革的先驱者。他第一个推动了改革进程。""赫鲁晓夫留下的主要东西就是使斯大林主义失掉了声誉……这是改革得以开始的前提和条件之一。因此,我承认改革③是同赫鲁晓夫所做的事是有一定联系的。一般说,我对他的历史作用是有较高评价的。"④西方学者斯蒂芬·科恩在为麦德维杰夫等所写的《赫鲁晓夫的执政年代》一书所作的序中说:"赫鲁晓夫执政的年代,是苏联进行了真正的政治和社会改革的时期。尽管这些

---

① 戈尔巴乔夫和苏联大多数官方人士、学者以及西方学者一样,对赫鲁晓夫时期的改革既有积极的评价,也提出了尖锐的批评性看法。在本章下一节分析赫鲁晓夫时期改革不成功原因时,我们将会引用戈尔巴乔夫等人的一些分析。

② [苏]米·谢·戈尔巴乔夫:《改革与新思维》,苏群译,新华出版社,1987 年,第 47 页。

③ 系指戈尔巴乔夫在 20 世纪 80 年代中期自己推行的改革。

④ [俄]米哈伊尔·戈尔巴乔夫:《对过去和未来的思考》,徐葵等译,新华出版社,2002 年,第 41、42、44 页。

改革充满矛盾,而且毕竟是有限的,但在实际上,苏联社会生活的每一领域无不受到 1953 年至 1964 年这段时期变革的影响:大恐怖的结束,千百万监押在集中营的囚犯获释,为限制一些最恶劣官僚习气和特权所采取的措施;公众的觉悟,知识界越来越多地参与政治。一系列经济和社会福利的改革;以及导致我们今天所谈的'缓和'的外交政策的变化,等等。这个常常被称为'非斯大林化'的改革过程,有许多值得注意的特点,其中远不只是它的发生没有引起长时间的暴力或动乱和往往出人意料这两点。"他还批评说,西方一些研究苏联问题的学者,由于"他们被斯大林二十五年的恐怖专制主义统治及其强加给社会和官场的畏惧、尊奉、僵化的形象所束缚,也被他们自己头脑中固定不变的'极权主义'的苏维埃模式所禁锢,感到难以想象任何重大、持久的变化。他们否认或者看不到,在赫鲁晓夫作为苏联领导人当权的整个时期内,这种变化已经发生,而且进行改革确是赫鲁晓夫的本意"①。

有关评论赫鲁晓夫的论著卷帙浩繁,众说纷纭,莫衷一是。但笔者认为,不论是赞誉还是诋毁,有一条是不能否认的:赫鲁晓夫顶住了巨大的压力勇敢地站出来揭露了斯大林,破除个人迷信,成为苏联第一个改革者,使苏联历史上翻开了新的一页,活跃了气氛,振奋了人心,在苏联历史上留下了谁也不能抹杀的深深的印痕。美国前总统尼克松的下面一段话是有道理的。他说:"在第二次世界大战以后的年代里,没有一位世界领袖人物的成败能像赫鲁晓夫的成败如此急剧地和决定性地改变历史的进程。"②这就是为什么笔者在论述赫鲁晓夫时期改革的意义时,首先是从他的改革对改变苏联历史进程的影响这个大视角来考察的。苏联不少学者也指出,当时赫鲁晓夫的改革,是符合社会发展已经成熟的需要的,改革对当时官僚化的苏联引起了一场"地震",在国内和国际关系方面都产生了"良好的变化"。

二、推进了经济理论的发展

在斯大林时期,个人崇拜严重地束缚人们的思想,僵化的教条主义盛

---

① [苏]罗伊·A.麦德维杰夫等:《赫鲁晓夫的执政年代》,邹于婴等译,吉林人民出版社,1981年,第1~2页。

② [美]尼克松:《领袖们》,刘湖译,知识出版社,1984年,第230页。

行,在理论上不可能与时俱进。应该说,在赫鲁晓夫围绕经济体制改革展开的经济理论讨论十分活跃,特别是在商品货币关系等主要问题上,苏联学者提出不少新的看法。① 尽管经济理论的发展受历史条件的影响,仍有很大的局限性,但毕竟是对多少年来不容有半点怀疑的斯大林经济理论是一次巨大的冲击,让人们有可能根据实际已变化了情况去探索理论和发展理论,可称得上是苏联在经济理论的一个重要的发展时期。赫鲁晓夫时期展开的经济理论大讨论,它的重要意义还在于:一是为苏联以后的经济改革作了一定的舆论和理论的准备;二是赫鲁晓夫在苏联这么一个大国推行改革政策,又积极提倡改革理论的讨论,这对东欧一些国家在 20 世纪 60 年代中期相继实行经济体制改革有着十分重要的影响。

三、提出社会主义国家可以有不同的体制模式

随着经济体制改革与理论的发展,赫鲁晓夫提出,各国的社会主义建设可以走不同的道路,可以有不同的体制模式。我们在本书第五章谈到反对斯大林个人迷信的意义时已指出,它有助于人们认识到斯大林-苏联模式不是唯一正确的模式。而在开展体制改革的过程中,赫鲁晓夫意识到,苏联长期以来把自己建设社会主义的道路及体制模式视为样板,不允许别国偏离一步,否则就动辄批判、开除,甚至加以镇压的做法是不可取的。1963 年 8 月,正当世界各国共产党和工人党同声谴责南斯拉夫背离社会主义复辟资本主义之际,赫鲁晓夫赴南访问,他在访问期间公开发表演说指出:南斯拉夫是一个“先进的”社会主义国家,在那里,不是“空谈革命”,而是“具体建设社会主义”,南斯拉夫的发展是“对总的国际革命工人运动的具体贡献”。②

南斯拉夫是社会主义国家率先进行改革的国家,它第一个宣布摈弃斯大林模式。人们都可以看到,尽管南斯拉夫所进行的改革,虽然有不少问题,有些问题还十分严重,而且也没有形成一个成熟的体制模式,最后也没有逃脱解体的命运,但在斯大林的寒冬时期走了自己的改革之路,确实是第一枝报春花。

---

① 详见本书第十章。

② 参见赫鲁晓夫 1963 年 3 月 30 日在南斯拉夫维累涅市群众大会上的讲话。

## 四、经济体制改革本身也有一些应予肯定的方面

我们讲,在赫鲁晓夫下台时,从苏联出现的种种社会经济问题来看,他的改革的确是不成功的。苏联经济发展的"伟大十年"是在赫鲁晓夫下台前有人制造出来的一个根本不存在的神话。这些说法是符合客观情况的。但是赫鲁晓夫在改革经济体制过程中,也确有一些值得肯定的东西。拿农业制度改革来说,在1958年前的一些改革思路与政策措施,肯定的方面应该是多一些。这主要反映在:第一,赫鲁晓夫一上台紧紧抓住了农业的改革,无疑是个正确而又果断的决策。这样做,使苏联躲过了很可能会出现的粮食危机和全国性的饥荒。第二,通过对农业计划制度的改革来扩大农场、农庄的经营自主权,提高物质利益原则的作用和大规模垦荒等思路,是符合当时农业发展客观要求的,特别对解决苏联当时最为关心的粮食增产问题,起了积极作用。1953年苏联粮食产量为8250万吨,1954年为8560万吨,1955年10370万吨,1956年为12500万吨,①1957年为10260万吨,1958年为13470万吨。这期间,粮食产量除个别年份虽出现过减少的情况外,总的来说呈现增长的趋势。也正是在此期间,"使赫鲁晓夫赢得了农业内行的声誉"②。还应该说,这对赫鲁晓夫在1957年苏共中央六月全会上战胜马林科夫、卡冈诺维奇和莫洛托夫反对派并一致同意继续留任第一书记,都起了不可低估的作用。

至于经济改革的另一个重要内容,即工业和建筑业的大改组问题,苏联自己的评价是,这不能算是一次改革,而"只是一次不成功的试验"。在赫鲁晓夫下台后不久,苏联《真理报》发表的社论中批评1957年的大改组是"没有经过周密思考、没有仔细权衡、没有经过实际试验的改组"③。

---

① 这是1956年以前苏联历史上最高产量,而在12500万吨粮食。产量中一半以上产自新的开垦区。苏联学者指出:"若不是多亏新开垦的处女地获得丰收,苏联在1956年几乎肯定要发生饥荒。"参见[苏]罗伊·A.麦德维杰夫等:《赫鲁晓夫的执政年代》,邹子婴等译,吉林人民出版社,1981年,第63页。

② [苏]罗伊·A.麦德维杰夫等:《赫鲁晓夫的执政年代》,邹子婴等译,吉林人民出版社,1981年,第38页。

③ 苏联《真理报》,1964年11月8日。

以上的评价,总体来说也是符合实际的。但1957年的大改组,它力图解决部门与地区管理之间的矛盾,虽然未取得成功,但赫鲁晓夫搞经济行政区建立国民经济委员会的办法,毕竟是一种试验,为后人提供了经验教训。如何使部门管理与地区管理有机结合,如何发挥地方的权限来提高其管理经济的主动性,与此同时中央又不失控,这对所有当今处于经济转轨国家来说,仍是一个有待解决的最为复杂的问题之一,至今都尚在寻觅解决的途径。从苏联来说,勃列日涅夫执政后,又恢复了部门管理原则,但在他执政后期,又发现部门管理原则存在一系列问题,后来又成为阻碍工业和建筑业发展的一个重要因素。正是这个原因,广大学者在勃列日涅夫执政后期对此又展开了热烈的讨论,对部门管理原则提出了尖锐的批评意见,这也证明,在工业和建筑业中改变高度集中的部门管理原则有其必要性。关于这方面情况,我们在本书第十五章第一节作较为详细的阐述。

## 第二节　赫鲁晓夫时期改革未取得成功的原因

导致赫鲁晓夫时期的经济改革未获得成功,其原因是多种多样的。涉及的问题很多,这可以从多方面去分析。

一、从赫鲁晓夫反斯大林的局限性谈起

不认识这一点,就难以对赫鲁晓夫时期改革出现的种种问题有深刻的理解。现在人们对赫鲁晓夫在苏共二十大反斯大林已有一个共识,即"赫鲁晓夫揭露的、批判的并力图战而胜之的是斯大林,而不是斯大林主义。也许,他真诚地相信,整个问题也就是这样,只要揭露斯大林,他就解决了使社会从过去的极权主义桎梏中解放出来的全部问题"[①]。赫鲁晓夫并不理解,揭露斯大林仅是走上革新社会道路的第一步,而更重要的是对斯大林模式,必须在经济、政治、社会精神生活等方面进行根本性的重大改革。"赫鲁晓

① ［俄］格·阿·阿尔巴托夫:《苏联政治内幕:知情者的见证》,徐葵等译,新华出版社,1998年,第139页。

夫的主要错误认识就在于此,而他至死也没有摆脱这个错误认识。总的看来,他真的相信,揭露了斯大林个人,他就完成了任务,完成了自己的使命,虽然对消除我们社会生活各个方面(经济、文化、意识形态、整个社会上层建筑)出现的深刻的变形现象没有做任何一点事情。""我在读他的回忆录时感到震惊的是,他或者对一些明显的事情完全视而不见,或者是顽固地相信那些老的谎言,即使是他后来的经验已揭穿了这些谎言的时候仍然如此。例如在他回忆录中,他似乎一本正经地说,在挑选领导人问题上,用哪一个人取代另一个人的问题可经常提到代表大会和中央委员会去解决。没有这一点,'我不知道党会变成什么样的党'。"①

　　赫鲁晓夫揭露斯大林问题的局限性,还表现在对苏联历史发展过程中一些重大问题的错误认识,"赫鲁晓夫主张,绝不能为在'公审'时被'公开定罪'和斯大林的激烈反对者,如季诺维也夫、加米涅夫、季可夫和布哈林等人平反,就像不能让人不得安宁的魔鬼列夫·托洛茨基恢复名誉一样。他认为,斯大林在这些案子中消除了对尚处于幼年时期的共产党国家进行破坏的'极左'和'极右'分子是正确的。而且在他看来,对农民残酷地搞集体化,以及二十年代末、三十年代初对一部分知识分子的镇压,也都是必要和正当的"②。

　　西方学者认为,赫鲁晓夫对斯大林的指控在三个重大方面有明确的局限性。"首先,这种指控集中在斯大林'对党的干部'以及其他政界精英'实行大恐怖'问题上。它反映了赫鲁晓夫在 50 年代作为恢复活力的共产党领袖执政以及他的改革主张的局限性;它只字不提在斯大林统治下无辜屈死的数百万老百姓。其次,赫鲁晓夫把斯大林的罪恶暴行说成是从 1934 年开始的,这等于为斯大林于 1929—1933 年间推行的、给农民带来极大痛苦的集体化运动辩护,把它说成是令人钦佩的必要措施;同时,这也等于宣布不准讨论关于 1929 年以前党内反对派对斯大林主义的选择这一禁令继续生效。最后,赫鲁晓夫把滥用权力说成仅仅是斯大林以及'一小撮'帮凶(这些帮凶

--------

　　① 　[俄]格·阿·阿尔巴托夫:《苏联政治内幕:知情者的见证》,徐葵等译,新华出版社,1998年,第 139～140 页。

　　② 　同上,第 22～23 页。

已被揭露并受到惩办)的罪过,从而回避了广泛追究刑事责任并给予惩罚的问题。他硬说(至少是公开表示过),幸存下来的政治局委员都是无罪的。"①

上述的局限性,决定了赫鲁晓夫不能从斯大林体制模式的根本性弊端这个角度去思考问题和进行改革。

赫鲁晓夫对斯大林问题认识之所以存在严重的局限性,这与赫鲁晓夫是斯大林时代的产儿,是斯大林体制形成与发展时期的产儿有关。正如阿尔巴托夫说的,赫鲁晓夫的"主要问题在于他本人就是那个时代的产物,斯大林主义的产物"。因此,要靠他来"清除斯大林主义遗产方面做更多的事,他多半是根本做不到的"。这样,"在政治上他变成了'在原地跑步'"。② 对此,麦德维杰夫分析说:"赫鲁晓夫同时又是斯大林的门生,是斯大林时代的一个产物,那个时代训练了他在政治上的灵巧熟练,也为他留下一部具有残酷无情、审慎从事以及那种可以置某些明显真理不顾之机敏颖悟的遗产。"③因此,就产生了赫鲁晓夫这位"非同寻常的、带有悲剧性的双重意识的矛盾性人物。赫鲁晓夫在苏共二十大所作的关于揭露斯大林镇压的报告,这是在政治上走出的出色的一步,它在很多方面决定了斯大林去世后的过渡时期事态发展方向。他想要同斯大林主义分手,但不是同这种制度分手。他虽同这种制度的创造者决裂,可是他崇拜由这位创始者所创造的世界。这种矛盾无法解决,但他不懂得这个道理。"④赫鲁晓夫,一方面"给了社会一点儿自由,后来他自己拧紧了龙头"。正如他在回忆录中说的:"苏联领导决定开始解冻时期,并自觉地走出去的时候,大家,也包括我在内,同时对解冻感到担心:'会不会因解冻而出现冲向我们的洪水,这就将很难处理。'""在赫鲁晓夫的活动中有许多与他的生活道路的特点(从政治意识形态上说他是斯大林派的活动家,在他的良心中也有斯大林制度的罪恶的阴影)以及他的

① [美]斯蒂芬·F.科恩:《苏联经验重探》,陈玮译,东方出版社,1987年,第116页。

② [俄]格·阿·阿尔巴托夫:《苏联政治内幕:知情者的见证》,徐葵等译,新华出版社,1998年,第141页。

③ [苏]罗·亚·麦德维杰夫:《赫鲁晓夫传》,肖庆平等译,中国文联出版公司,1988年,第4页。

④ [俄]亚·尼·雅科夫列夫:《一杯苦酒——俄罗斯的布尔什维主义和改革运动》,徐葵等译,新华出版社,1999年,第202~203页。

个性相联系的矛盾。他往往是进一步,退两步。这儿碰碰,那儿撞撞。"①这些都说明,赫鲁晓夫执政期间,在体制改革和重大国内外政策方面出现的摇摆、前后不一贯、不彻底性和动摇性的原因,不能归结为纯属他个人的弱点(如虚荣心)和实用主义(争权)。

二、与上述因素相联系,赫鲁晓夫时期的改革,从来没有离开斯大林体制模式的大框架

赫鲁晓夫在改革过程中,往往是一只脚向民主迈进,另一只脚却陷入了教条主义和主观主义的泥潭。② 由于赫鲁晓夫个人的经历,他在反斯大林过程中,也能感悟到二战后新时代将会到来,但他又无力自觉地把握住二战后时代转换的重要契机,深刻地转变斯大林留下的不能再继续推进社会经济进步的体制。很明显,他只能是个过渡性人物,而不是能担当推进苏联社会大步前进、改变旧体制的代表新生力量的人物。

从经济理论上讲,改革,虽然取得了一定进展,但赫鲁晓夫并没有摆脱斯大林"左"的教条主义。拿讨论得最多的商品货币理论来说,到 1961 年通过的《苏共纲领》,也只是说它具有新内容和加以充分利用而已,根本没有人提出经济体制改革要以市场经济为方向,强调的还是指令性计划。在所有制问题上,赫鲁晓夫同样是片面追求"一大二公三纯"。在他执政时期,急于消灭手工业合作社,向单一的全民所有制过渡;在赫鲁晓夫的倡导下,人们搞起扩大集体农庄规模,有的地方甚至把 30 来个、甚至更多的农村合并成一个大集体,也就是说,成立了根本无法管理的集体农庄。"合并集体农庄,而且常常是胡来得令人不快的合并,这也是集体化的继续,确切地说是集体化的大功告成";1958 年砍掉农村个人副业,认为它影响了公有农业经济发展。这种错误思想,"是赫鲁晓夫对农民,也是对全体人民犯下了滔天大罪";③在

---

① [俄]米哈伊尔·戈尔巴乔夫:《对过去和未来的思考》,徐葵等译,新华出版社,2002 年,第 43~44 页。

② 参见[苏]尤·阿克秀金编:《赫鲁晓夫——同时代人的回忆》,李树柏等译,东方出版社,1990 年,第 3 页。

③ [俄]亚·尼·雅科夫列夫:《一杯苦酒——俄罗斯的布尔什维主义和改革运动》,徐葵等译,新华出版社,1999 年,第 16 页。

"左"的思想支配下,赫鲁晓夫超越社会发展阶段,急于向共产主义过渡……

政治体制改革的局限性,也使得赫鲁晓夫经济体制改革难以从传统体制中解脱出来。应该说,赫鲁晓夫在揭露斯大林问题过程中,力图推进苏联政治民主化进程,他针对斯大林政治体制存在的弊端,提出了反对个人集权、加强党的集体领导、加强法制、反对个人专横行为、反对干部终身制和提出实行干部任期制等改革措施。这些改革措施在赫鲁晓夫执政的头几年(1958 年前)取得了一定进展,但到执政后期,有的改革措施并没有贯彻到底,有的被赫鲁晓夫破坏,譬如,他自己搞集权乃至个人迷信,又如,他通过干部制度的改革,并没有建立起一套民主、科学的选拔干部制度,"他挑选干部越来越不按德才兼备的原则,而按忠实于人,叫干啥就干啥的原则"①。产生这种情况虽有多种原因,但主要的是赫鲁晓夫时期的政治体制改革没有从根本上触动其要害即权力过度集中。按照熟知苏联内情的阿尔巴托夫的说法,"赫鲁晓夫完全是有意识地不想放弃从斯大林时期继承下来的政治制度的,因为他作为党的头头知道这样做会直接威胁到他自己的利益,因为他想象不出用以取代这种制度的其他方法。如果你不想在政治和经济体制中实现深刻的变革(而赫鲁晓夫是不想的),掌握权力就会越来越变成目的本身。他不想放弃过去的政治制度。如果将从斯大林那里继承下来后,当年斯大林建立它们正是为了确保'个人专政'(尼基塔·谢尔盖耶维奇在回忆录里用了库西宁的这个概念。看来,这个概念深深地印在他心上——显然他不了解这个概念的全部含义)的许多机制原封不动的保留下来,那么领导党和国家就可能简单得多和方便得多了。他还欣赏对他本人的颂扬,当然不是斯大林时期的那种凶险的血腥的个人迷信,但毕竟是十分有害的"。②著名苏联历史学家麦德维杰夫与阿尔巴托夫在这个问题上有共同的认识。他说:赫鲁晓夫"本人肯定没把扫除他前任所建立的那种政治体制当成自己的任务,相反,为了巩固他自己的权力以及实施某些政治和经济上的改革,

---

①　引自解密档案材料,俄联邦总统档案 3 号全宗,67 号目录,223 号案卷。

②　[俄]格·阿·阿尔巴托夫:《苏联政治内幕:知情者的见证》,徐葵等译,新华出版社,1998年,第140页。

他还充分利用了这种体制的独裁主义结构"①。

以上分析说明,赫鲁晓夫执政时期,不论是经济体制改革还是政治体制改革,都没有改变斯大林模式的大框架,高度集中的指令性计划经济与高度集权的政治体制交织在一起,互为需要,从而成为阻碍体制改革的一个重要因素。

### 三、经济体制改革本身存在一系列问题

从改革思路来讲,为了克服传统体制的弊病,在改革开始阶段,首先应把重心放在改革经济机制和调整经济关系上,即要调整好国家与企业的关系,扩权让利,重视商品货币关系与经济杠杆的作用,而 1957 年的工业和建筑业大改组把重心放在调整经济管理组织形式上,只是把经济管理的重心由中央转到地方,管理机构从条条搬到块块,即只是在条条与块块、中央与地方的关系上兜圈子。由于上述原因相联系,大改组的结果只是从一种行政手段转为另一种行政手段,即从中央的行政指令方法转向地方的行政指令方法。另外,由于大改组的核心是取消部门管理原则,因此花大力气分析了部门管理存在的种种问题,但并没有注意部门管理的客观合理的内核,并努力在改组中解决地区管理与部门管理如何合理地结合的问题。

从改革的步骤来看,1957 年大改组确实是未经充分准备,仓促上阵,事先也未经过试验。正如一些苏联学者指出的:"这样全面的工业改革,不言而喻是一项十分复杂的工作,应该经过几个州若干年试点后,再在全国范围内推广。报刊上对改革计划的种种分析,不能代替实际的尝试。"②改组的结果使企业下放过了头,权力分散过了头,例如,大改组后,中央管辖的工业产值在全苏工业产值中的比重大大下降,从而削弱了国家对国民经济必要的集中统一领导和计划管理,致使地区的"分散主义"和"本位主义"泛滥,"差不多在每个管理局中都有分散力量的情况"③。赫鲁晓夫在打破原来的部门

① [苏]罗·亚·麦德维杰夫等:《赫鲁晓夫传》,肖庆平等译,中国文联出版公司,1988 年,第 2 页。

② [苏]罗伊·A.麦德维杰夫:《赫鲁晓夫的执政年代》,邹子婴等译,吉林人民出版社,1981 年,第 103 页。

③ 苏联《消息报》1963 年 11 月 3 日。

管理体制的同时,并没有建立起一套新的管理体制。

从改革方法来看,赫鲁晓夫往往凭个人的主观愿望,依靠行政命令强制推行改革,特别是到后期,随着赫鲁晓夫领导地位的确立,他的头脑日益膨胀起来,个人专断,唯意志论日益增长。苏联学者布拉尔茨基在文章中分析说,赫鲁晓夫的改革是不彻底的和低效益的。其原因是他用传统的行政方法、官僚主义方法搞改革,不重视人民群众的作用,没有发动劳动人民为改革而斗争。① 这个说法是有道理的。这里特别要指出的是,赫鲁晓夫对农业心血来潮的改革和对农业发展政策的瞎指挥尤为突出,他不顾条件地扩种玉米,取消农民的个人副业,停止采用草田轮作制,通过政治压力在短期内改组了机器拖拉机站……这些都对农业的发展带来了极其不利的影响。

四、从政治角度来看

由于赫鲁晓夫的改革,涉及大量的人事变动,侵犯了很多人的利益,对此事先又没有充分考虑,也未作出应有的安排。在这方面,赫鲁晓夫面临的挑战是十分严峻的,例如,他要取消领导干部终身制,对于党的选举产生的各级领导机关(从地方到中央委员会成员),采取按一定比例经常更换的制度。每次选举时,苏共中央委员会及其主席团成员至少更换 1/4,1962 年苏联最高苏维埃的代表在选举中更换了近 70%;②他还取消了高级干部(如州委书记、中央委员、报纸主编等)的相当可观的月薪"津贴",对局级干部不再配备司机,不再提供可以随意到任何地方去的专车;在工业和建筑业大改组时,大量领导干部调动;在农业改革过程中,由于赫鲁晓夫的鲁莽和急躁,改组了从农业部、大中农业机构、农学院到试验站的整套政府机构。让农业部离开莫斯科,迁到农村,农业部工作人员失去了在莫斯科舒适的办公室,与此同时,各加盟共和国也采取了类似的做法。并且,从苏联农业部部长到各加盟共和国农业部部长,都由一个国营农场的场长来担任。一年之内,2200名工作人员中有 1700 名接到了调离的通知,其中大部分是职务较高的领导人。农业院校也迁到了农村。不论是农业部还是农业院校的工作人员,由

① 参见苏联《文学报》1988 年 2 月 24 日。
② 参见苏联《真理报》1962 年 4 月 25 日。

于农村条件差,造成了大量农业工作人员包括农业专家的流失……赫鲁晓夫上述种种做法中,有关反特权的措施有其积极意义,但必然引起原来受益者的反对。至于在农业改革中的一些做法,既导致了农业灾难,又引起了农业部门干部的反对。

以上情况说明,赫鲁晓夫在改革过程中,触犯了很多人,在客观上树立了一批"政敌"或"反对派"。在这种情况下,即使是正确的改革方案,也难以贯彻取得成功。

五、从赫鲁晓夫个人的性格来看

赫鲁晓夫的性格尽管对改革的失败不起主要作用,但也是不可忽视的因素。苏联著名政治家布尔拉茨基写道:"赫鲁晓夫不仅是环境的牺牲者,而且也是其性格的牺牲者。急性子、过于匆忙、容易激动,这是他无法克服的缺点。"他还引证1956年赫鲁晓夫和布尔加宁访问英国期间,在苏联大使馆举行的招待会上,丘吉尔对赫鲁晓夫说的话:"赫鲁晓夫先生,您在着手大规模改革,这当然好! 我只是想劝您不要操之过急,靠跳跃两步跨越鸿沟是相当难的,还可能会坠入沟中。""我①冒昧地试着以个人名义补充一句:当你没有看清,准备跳到那个岸上时,是不能跨越鸿沟的。"②

六、不可忽视的国际压力

赫鲁晓夫要推进体制改革,阻力不只来自国内保守势力和传统的意识形态,还来自国际的压力。1956年苏共二十大揭开斯大林的"盖子"后,西方国家利用斯大林问题大肆攻击社会主义制度,在资本主义国家的共产党陷入了严重困境;而在东欧一些原社会主义国家出现了混乱,发生了波兰和匈牙利事件;中苏两党因在斯大林问题上产生不同看法和加上其他因素,导致历时十年之久的有关建设社会主义道路和国际共运的意识形态的大论战。这种压力,使赫鲁晓夫在反斯大林个人迷信和改革时而出现动摇。阿尔巴

---

① 在此指布尔拉茨基。
② 转引自[苏]尤里·阿法纳西耶夫编:《别无选择》,王复士等译,辽宁大学出版社,1989年,第606页。

托夫谈到这一问题时指出："共产主义运动中的困难使得赫鲁晓夫转而放慢而不是加速去克服斯大林主义,放慢而不是加速去进行改革,首先是实行国家政治生活的民主化。""在赫鲁晓夫和当时的整个领导对东欧一些国家,尤其是匈牙利和波兰政治危机作出的反应中,这一点表现得更为明显。"而中国因素对赫鲁晓夫在这一转变中,也起了不小的作用。中国先后发表一论、再论《无产阶级专政历史经验》两篇文章和"九评",在当时形势复杂和思想混乱的情况下,"中国的宣传就不难于在一些问题上把我们吓住,迫使我们处于守势,促使我们采取前后不一贯的,或者完全错误的立场"。①

　　这里顺便说几句有关中苏大论战问题。1989 年 5 月,邓小平在会见戈尔巴乔夫时说:"经过二十多年的实践,回过头来看,双方都讲了许多空话。""多年来,存在一个对马克思主义、社会主义的理解问题。""马克思去世以后一百多年,究竟发生了什么变化,在变化的条件下,如何认识和发展马克思主义,没有搞清楚。"②从邓小平的谈话中可以看出,中苏大论战脱离了已经变化的历史实际,论战双方尽管都以"真正的马克思主义"自居,而实际上并没有弄懂什么是马克思主义,什么是社会主义。大论战是一场"空对空""左对左"的论战,后来发展成中国的极左。从总体来说,赫鲁晓夫不是右,而是"左",这样就形成了中国的"极左"对赫鲁晓夫的"左"。后来,又给赫鲁晓夫扣上了修正主义帽子。邓小平曾对法共领导人马歇尔说:"我们的错误不是个别的错误,我们的错误在于以我们的标准去评判别人的实践和是非,违反唯物辩证法。"在这样的背景下,对赫鲁晓夫进行浅层次的、不触及斯大林模式要害的改革横加批判,"九评"连赫鲁晓夫在改革经济体制过程中提出物质刺激、利润原则、改变官僚主义的农业计划制度等,都说成是在苏联复辟资本主义,是修正主义。大论战,无疑对苏联当时正在进行的经济改革产生影响。对中国的影响是,强化了斯大林模式,理论上更加教条化。更为不幸的是,大论战和农村开展社教运动实际上为"文化大革命"做了理论、舆论和政治准备,最后把中国带入"文化大革命"的十年,全国上下到处抓大大小

---

① ［俄］格・阿・阿尔巴托夫:《苏联政治内幕:知情者的见证》,徐葵等译,新华出版社,1998年,第66、133 页。

② 《邓小平文选》第三卷,人民出版社,1993 年,第291 页。

小的"赫鲁晓夫"。

如果要说大论战的积极意义,也许可以说,使中国彻底摆脱了苏联的控制,打破了苏共在国际共运中的霸主地位。邓小平讲:"我们一直反对苏共搞老子党和大国沙文主义那一套。他们在对外关系上奉行的是霸权主义的路线和政策。"①"我们反对'老子党',这一点我们是反对得对了。"②

## 第三节　赫鲁晓夫下台的原因

过去有人说,赫鲁晓夫下台是中国"九评"批倒的。但实际上并非如此。以下史实从一个侧面说明了这一点。在赫鲁晓夫下台后,中共中央对此立即进行研究,并作出决定,派周恩来率党、政代表团赴莫斯科参加十月革命47周年庆典,了解一下情况,试探改善中苏关系的可能性。1964 年 11 月 9日,周恩来和苏共新领导会谈时,苏共中央主席团委员米高扬说:过去苏共是集体领导的,在同中共中央分歧问题上,苏共中央内部甚至在细节上也是没有分歧的。后来,周恩来询问赫鲁晓夫下台的政治原因,苏共新领导没有立即答复,只是到了第三次,即最后一次会谈时,苏共新领导用了 20 分钟时间泛泛答复周恩来说:苏共二十次代表大会、第二十一次代表大会和第二十二次代表大会通过的路线和苏共纲领是正确的,不可动摇的。赫鲁晓夫主要是在国内工作的某些方面,以及在工作作风和领导方法方面犯了一些错误。③ 这说明,苏共方面认为,赫鲁晓夫在中苏关系方面并没有错,当然大论战也不是影响赫鲁晓夫领导地位的原因。

赫鲁晓夫下台的真正原因,苏斯洛夫在 1964 年召开的苏共中央十月全会上所作的主题报告中作了说明。他列举了赫鲁晓夫一系列的严重错误。但在苏共中央全会召开前,苏共中央主席团曾委托主席团委员波利扬斯基起

---

① 《邓小平文选》第二卷,人民出版社,1994 年,第 319 页。
② 《邓小平文选》第三卷,人民出版社,1993 年,第 237 页。
③ 参见王泰平主编:《中华人民共和国外交史》(第二卷),世界知识出版社,1998 年,第 259 ~ 260 页。

草苏共中央主席团向苏共中央全会的报告。之所以没有采用波利扬斯基起草的报告而最后采用苏斯洛夫的报告,其主要原因有:一是波利扬斯基起草的报告虽较全面、深刻和尖锐,但有些错误的责任很难说完全由赫鲁晓夫一人承担,中央主席团其他成员也难脱干系,出于策略考虑,未加采用。而苏斯洛夫的报告较温和、只是概括地、粗略地列了赫鲁晓夫的主要错误。二是苏斯洛夫的报告回避了对外政策方面,特别是在同与各国共产党关系方面的错误。而波利扬斯基起草的报告,涉及对外(包括对各国共产党国家)关系,并在总体上肯定苏共反华政策的前提下,也承认对华政策中的某些错误。两份报告虽有差别,但基本内容的观点是一致的,而且,这两份报告的一开头都强调苏共二十大的各项决议和党的纲领所确定的路线是正确的。这里,我们着重从体制、经济等苏联国内问题,分析赫鲁晓夫下台的真正原因。

一、从政治体制角度看

赫鲁晓夫所犯的严重错误是背离了列宁主义集体领导原则,把无限的权力集中在自己手里,但又不善于、不正确地运用这些权力。这样就造成以下的状况:对带有根本性的重大的内外政策问题,中央集体无法进行自由的、切实的讨论。赫鲁晓夫公然无视党与政府领导集体的意见,不再考虑其他领导人的主张,不把任何人放在眼里,力图建立他的个人专政;赫鲁晓夫自以为绝对正确,骄傲自满,毫无根据地企图充当马克思列宁主义的伟大理论与实践家;他把一切成就不是归功于党,而是全部归功于他个人;他到执政后期,尽量摆脱苏共中央及其主席团的监督;在工作中,不尊重别人,只要有人谈谈自己的看法,立即就被他打断,经常怒气冲冲地吼叫,极端粗暴、为所欲为、任性、心胸狭窄和热衷于发号施令;赫鲁晓夫的个人迷信虽未最后形成,但正处于形成过程中,处于复发阶段……一句话,在苏共中央"形成了一种令人不能容忍的局面,使得中央主席团不能正常地进行工作"①。正是在这种情况下,苏共中央主席团不得不下决心让赫鲁晓夫离开领导岗位。

写到这里不禁要问,赫鲁晓夫上台后就把很大精力花在反对斯大林个

①　引自俄罗斯联邦总统档案馆 3 号全宗,67 号目录,223 号案卷。报告全文见本书附件。

人迷信、揭露其独裁政治产生的严重弊端上，后来，他为什么在不少方面又走斯大林的老路呢？斯大林的一些不良品质又在赫鲁晓夫身上得到反映了呢？在波利扬斯基起草的报告中，对此作了一些分析。事情的发生亦是有个过程的。斯大林去世后，苏共"一面揭露对斯大林的个人迷信，一面遵循列宁的警告，并没有立即委托给赫鲁晓夫同志无限的权力。初期他仅仅领导苏共中央，担任中共第一书记。在这一时期，尽管他犯过一些错误和失误，总的说来还是相当谨慎地使用权力，尊重领导人集体的意见。因此，当1957年推举部长会议主席人选时，党中央委员会提名赫鲁晓夫，认为他在这方面也会正确地使用权力。他当时的行为没有引起人们的担心。此外，当时允许这种权力集中还出于对一些国内和国外形势的考虑"。"我们党及其中央委员会，在推举赫鲁晓夫同志担任苏共中央第一书记和苏联部长会议主席之后，不断地对他表示关注，使他能够出色地履行这些崇高的职责，少犯错误，少出差错，使他的威望不断提高和巩固。的确，由于苏共中央委员会和全党的努力，为他树立了不小的威望。"

"应当承认，赫鲁晓夫同志在初期似乎还能理解这些事实真相，对自己的威信之所以不断提高似乎还有自知之明。""大概正因为如此，我们的警惕在某种程度上放松了。""当时的形势也助长了这个问题的发展。我指的是派别活动分子——对斯大林个人迷信的拥护者向党发动进攻的那个时期。当然，他们也向赫鲁晓夫同志发动了进攻。我们在反击的过程中，按照斗争的逻辑，不得不说许多赞扬赫鲁晓夫的话，而且那时又不能批评他。看来，他由此得出关于他本人的、完全不正确的结论。"从这里可以看出，在高度集权的政治体制没有触动的情况下，在党内没有民主、对最高领导缺乏监督机制的情况下，起初沿着正确路线前进的赫鲁晓夫，之所以会背离这条路线，"这首先是权力过分集中在一个人手中的结果"。"权力集中在一个手中，势必潜伏着产生严重危险的可能性。"①亚·尼·雅科夫列夫对此说道："人是脆弱的，绝对的权力使人绝对腐败。"②说得多有哲理啊！

---

① 引自解密档案材料，俄联邦总统档案馆3号全宗，67号目录，223号案卷。

② ［俄］亚·尼·雅科夫列夫：《一杯苦酒——俄罗斯的布尔什维主义和改革运动》，徐葵等译，新华出版社，1999年，第18页。

二、从经济体制改革角度看

由于改革未取得成功,使得经济状况呈现恶化的趋势并出现了混乱的局面。下面根据波利扬斯基的报告材料作些分析。[①]

1. 国民经济一些综合指标下降

根据苏联科学院经济研究所提供的材料,社会总产值从 1956 年到 1963 年 8 年间,增长速度降低了一半(详见表 11-1)。

表 11-1　社会总产值下降情况

| 年份 | 年均增长率(%) |
|---|---|
| 1950—1953 | 10.6 |
| 1953—1956 | 11.1 |
| 1956—1959 | 8.9 |
| 1959—1962 | 6.9 |
| 1962 | 6.0 |
| 1963 | 5.0 |

国民收入指标也出现了下降,直到 1964 年初,在 8 年中国民收入增长速度降低了 2/3(详见表 11-2)。

表 11-2　国民收入下降情况

| 年份 | 年均增长率(%) |
|---|---|
| 1950—1953 | 11.0 |
| 1953—1956 | 12.0 |
| 1956—1959 | 8.9 |
| 1959—1962 | 6.9 |
| 1962 | 6.0 |
| 1963 | 4.0 |

① 表 11-1、表 11-2 和其他材料,引自解密档案材料,俄联邦总统档案馆 3 号全宗,67 号目录,223 号案卷。

2. 一些重要的质量指标不断恶化

以固定资产的利用指标为例,在七年计划①的四年当中,整个国民经济中的上述指标降低了9%,而在农业当中甚至降低了21%。劳动生产率也不断下降。1950—1955年,工业中劳动生产率年均增长7.8%,而在七年计划的年份里,工业劳动生产率年均增长实际下降到5.6%,1962年为5.5%,1963年为5.2%。而按中央统计局的汇总材料来看,劳动生产率增长计划已经超额完成了。

工业中的"第一部类"与"第二部类"之间的比例更加失调。到1963年这种比例失调已经达到创纪录的水平。当年,"第一部类"的增长速度为10%,比"第二部类"的5%高出1倍。

3. 农业生产形势严峻

按七年计划规定,1959—1963年农产品的年均增长速度应为8%,而实际上,前4年的年均增长速度为1.7%,1963年则为负增长,按价值计算的总产量低于1958年的水平。5年中,国营农场的农产品成本理应降低2.1%,实际上却提高了24%。严重缺粮和缺饲料,导致大量屠宰牲畜,结果是使肉、油、蛋及其他产品严重缺乏。到1964年,肉类产品在各地几乎普遍出现长时间脱销。在1963年苏联国内甚至连面包供应都发生了严重的困难。为此,赫鲁晓夫甚至建议实行粮食凭卡供应制度。后来动用了860吨黄金,从加拿大和美国进口粮食,另外还动用了国家的国防储备粮,才未实行凭卡供应粮食制度。

通过农业改革提高农业工作人员对物质利益的关心问题,也未能得很好的解决。1958年,集体农庄一个人每天劳动报酬所得的货币与实物报酬合计为1.56卢布,而到5年后的1963年,仅增加到1.89卢布,5年间一共增加36戈比,即一个人每年每天的劳动报酬才增加7戈比。

从赫鲁晓夫执政后期来看,苏联经济的发展状况表明,远没有达到改革所预期要达到的目的。"赫鲁晓夫迈着笨拙的步子急急忙忙地去追赶美国,结果以出丑告终。"

---

① 1959年召开的苏共二十一大通过的1959—1965年国民经济七年发展计划。

以上我们仅从体制角度分析了赫鲁晓夫下台的真实原因，应该说，这也是主要原因。但赫鲁晓夫对外政策的一些失误，对他垮台也不是没有影响。赫鲁晓夫喜欢出国访问，在对外活动中竭力让外交部、外交官靠边站，力图通过他本人去解决很多国际问题。还有一个特点，他出国喜欢携带家眷及大量随行人员。1959 年赴美访问，随行人员为 150 人，带上了夫人、儿子、女儿、女婿，并带去一大批礼物。在赫鲁晓夫执政的后七年当中，"苏维埃国家在无任何重大理由和根据的情况下，已经三次陷入战争的边缘"①。

总之，到赫鲁晓夫执政后期，他已处于极其困难的境地。"当时许多人都已感到赫鲁晓夫及其政策已经到了穷途末路、空转打滑、毫无作为的地步，虽然他离开了习惯了的斯大林政策的此岸，但无论如何也不能找到彼岸。换句话说，他失掉了人们对他的信任和个人的声望……因此，在关键时刻到来时，他没有得任何人的支持，几乎引起了所有人的愤怒。""鲜明的对比是，1964 年没有一个人上街维护赫鲁晓夫，而 1991 年成千上万的人起来支持戈尔巴乔夫和叶利钦，赤手空拳的群众挫败了世界上最强大的军队和秘密警察力量。"②

赫鲁晓夫是个矛盾人物，如何看待赫鲁晓夫其人与他执政时期的历史作用？至今在我国学术界对他的评价仍存在不少分歧。在 20 世纪 60 年代中苏大论战时期，把赫鲁晓夫时期的改革、政策、路线说成是"违背马克思列宁主义所指出的社会历史的发展规律"的，把赫鲁晓夫说成是"现代修正主义的头号代表"。③ 而现如今还有人把赫鲁晓夫时期的改革视为"对苏联社会主义基本经济政治制度的否定，这就为日后苏联解体、苏共垮台这大山般的倒塌掘了第一锄，也可被称之为关键性的第一锄"④。甚至还有人把苏联发生剧变的原因归结为由于赫鲁晓夫揭露与批判了斯大林的个人崇拜。这岂不是说中国通过改革从斯大林-苏联体制模式中解脱出来，是走错了；这

---

① 这是指 1956 年苏伊士运河危机、1958 年的"柏林问题"危机和 1962 年的加勒比海危机。

② ［俄］格·阿·阿尔巴托夫：《苏联政治内幕：知情者的见证》，徐葵等译，新华出版社，1998 年，第 139、141、142 页。

③ 《关于国际共产主义运动总路线的论战》，人民出版社，1965 年，第 519～520 页。

④ 李慎明主编：《居安思危——苏共亡党二十年的思考》，社会科学文献出版社，2011 年，第 21 页。

岂不是说中国应该坚持斯大林-苏联模式才是正确的。看来,"历史至今还没有对他(指赫鲁晓夫——笔者注)勇敢走出的一步作出全面的和应有的评价"①。客观全面地认识赫鲁晓夫与其执政时期,仍是需要深入研究的一个重大历史问题。

---

① [俄]亚·尼·雅科夫列夫:《一杯苦酒——俄罗斯的布尔什维主义和改革运动》,徐葵等译,新华出版社,1999 年,第 11 页。

# 第十二章　勃列日涅夫执政初期的调整政策与经济改革措施

　　1964年10月14日下午召开的苏共中央全会,在满足了赫鲁晓夫"因年迈和健康状况恶化"而提出的解除他苏共中央第一书记、苏共中央主席团委员和苏联部长会议主席职务"请求"的同时,选举了勃列日涅夫为苏共中央第一书记。[①] 12月9日,苏联最高苏维埃举行会议,解除赫鲁晓夫部长会议主席职务,并通过了由勃列日涅夫提出的由柯西金接任部长会议主席职务的建议。这样,通过一场真正的"宫廷政变"结束了赫鲁晓夫时代,苏联进入了由一个平淡无奇、大多数人认为是个能力弱的人——勃列日涅夫为领导的新时期。也许正是这个原因,废黜赫鲁晓夫政变的参与者把他作为苏共中央第一书记候选人的意见是一致的。

　　这在过去政治斗争的历史上也不止一次地发生过,如果当时找不到一个普遍能接受的领袖人物,又急需撤换原来的领导人,那么别的领导人就会寻找妥协的人物,并往往物色能力差的人,而不物色认为是能力强的人。这样做,能使其他一些领导人感到更安全一些。再说,勃列日涅夫在党政机关和部队都工作过——他为党工作17年,在政府工作10年,在部队工作7年。他懂得一些工业,也懂得一些农业,虽懂得不多。

　　还有一点也是重要的,即勃列日涅夫是俄罗斯人。另外,他与当时的苏共中央主席团委员中的其他三个元老(米高扬、苏斯洛夫、柯西金)相比是最年轻的(1906年出生)。"勃列日涅夫的许多缺点一开始也十分明显。他有一个恰如其人的名声,说他是一个没有受过多少教育,智力也不高的人。但

---

　　① 1966年4月8日起改称为总书记。

是,那些把他形容成非常愚蠢的人是不对的。他不仅有政治上的处世才能,而且有灵活的机关工作经验,没有这些,在当时的政治坐标系中是无法生存下去的。"还应看到,勃列日涅夫"这个人在权力斗争和安插干部方面是不用别人去教他的"①。也许是勃列日涅夫以上的特点,使得他上台后,能对他的权力构成威胁的人,一个一个地被排挤掉,很快他巩固了自己的领导地位,而且一直执政到他1982年逝世。他执政18年(1964—1982年),时间之长仅次于执政30年之久的斯大林。

这18年,经济体制改革一直没有停止过,因此从改革角度如何认识勃列日涅夫时期在苏联历史上的地位,他在体制改革方面做了些什么并对苏联的兴衰起了什么作用等问题,应作出分析和评价。

这一章是分析整个勃列日涅夫时期经济体制改革的第一章,它实际上起承上启下的作用。这里主要论述两个问题:一是勃列日涅夫上台后对赫鲁晓夫执政时期的一些政策进行调整;二是继续进行赫鲁晓夫下台前在经济体制改革方面已开始的一些试验,并为全面推进经济体制改革作准备。

## 第一节　调整与修改政策

这里讲的调整与修改政策,主要指勃列日涅夫上台后到1965年九十月,在通过全面推行新经济体制一系列重要决议之前这一期间,在政治经济方面所采取的一些政策。

赫鲁晓夫下台时,苏联社会经济处于混乱状态。勃列日涅夫上台后,面对当时苏联的状况,实行的政策是,在不使苏联社会发生大的波动、人心稳定的前提下,尽快地对赫鲁晓夫时期的一些具体政策进行调整和纠偏。以勃列日涅夫为首的新领导班子,一上台,就不断地强调赫鲁晓夫时期召开的苏共二十大、二十一大和二十二大所确定的路线方针不变。勃列日涅夫第一次向公众亮相是在1964年10月19日出席欢迎宇航员大会上,他说:"我

---

① ［俄］格·阿·阿尔巴托夫:《苏联政治内幕:知情者的见证》,徐葵等译,新华出版社,1998年,第154、161页。

们党第二十次、第二十一次和第二十二次代表大会所制定的我们党的总路线是列宁主义的路线。它过去、现在和将来都是共产党和苏联政府对整个对内外政策唯一的、不可动摇的路线。党认为自己的最高目标是为人民服务,加强我们社会主义祖国的威力,提高它的荣誉和威信,始终如一地、坚定不移地贯彻马克思列宁主义的伟大思想。"①1964 年 11 月 25 日柯西金在土库曼共和国成立 40 周年庆祝大会上也明确地说:"我们的一切成绩,都是由于实现第二十次、第二十一次和第二十二次党代表大会决议以及苏共纲领所规定的党的总路线的结果。这是马克思列宁主义的路线,它是不可动摇的。"②《真理报》还发表了编辑部文章,表示苏共"始终不渝地执行着"并"永远忠于苏共第二十次、第二十一次和第二十二次代表大会所拟订的、在苏共纲领中得到反映的列宁主义的总路线。"③

苏共新领导上台伊始,之所以一再公开作以上的表态,一个重要的直接原因是针对当时国内外有相当多的人,对赫鲁晓夫的废黜,新领导会不会改变苏共二十大反对斯大林个人迷信的立场和政策,绝大多数拥护二十大方针的人都感到不安和困惑,或者觉得失望。当时,苏共内部也确实存在为斯大林主义恢复名誉、主张回到内外政策的陈规旧套方针的人。他们在 1964 年苏共中央十月全会以后,竭力对勃列日涅夫吹风,吹了各种各样的风,在争取勃列日涅夫的"心"。④

在这种情况下,勃列日涅夫上台之初,为了在重大政治问题上不出现大的反复,明确表明坚持赫鲁晓夫执政时期三次代表大会制定的路线方针是必要的。并且,勃列日涅夫还考虑到,应把人们的注意力引到发展经济等问题上来。在上面提到的第一次亮相会上,他说:"党认为国内政策的主要任务是:发展我国社会的生产力,在此基础上不断提高苏联人民的福利,大力发扬社会主义民主。我们党希望苏联人民一年比一年生活得更好,更有保

---

① 《勃列日涅夫言论》第一集,上海人民出版社,1974 年,第 4 页。

② 苏联《真理报》1964 年 11 月 26 日。

③ 同上 1964 年 11 月 1 日。

④ 参见[俄]格·阿·阿尔巴托夫:《苏联政治内幕:知情者的见证》,徐葵等译,新华出版社,1998 年,第 164～165 页。

障,更有文化,希望人民充分发挥主动性。"①

但在保证社会稳定和安定人心的条件下,为了克服赫鲁晓夫执政时期造成的混乱,勃列日涅夫又必须对其前任的一些重要政策进行批判、调整与修改。这除了在撤销赫鲁晓夫职务的 1964 年苏共中央十月全会所作的批判外,勃列日涅夫上台后,在苏联报刊上对赫鲁晓夫不点名的批判还是继续进行。10 月 17 日《真理报》发表题为"苏共不可动摇的列宁主义总路线"一文指出:"列宁式的党反对主观主义和在共产主义建设中采取放任自流的态度。裙带关系,草率的结论,鲁莽冒失的、脱离实际的决定和行动,吹牛皮说大话,根本不顾科学和实际经验已经研究出来的结论,凡此种种都是和列宁式的党格格不入的。共产主义建设是个生气勃勃的创造性的事业,它不能容忍官府衙门的工作方法,个人单独作出决议,不能容忍无视群众实际经验的态度。"后来,"唯意志论"和"主观主义"成为苏联报刊用来批判赫鲁晓夫的代名词。政策的调整与修改突出反映在以下几个方面:

一、建立统一的党组织和领导机关

1964 年召开的苏共中央十一月全会通过决议,决定重新恢复按地区生产特征建立统一的党组织与领导机关,取消赫鲁晓夫时期以生产原则为基础分别成立的工业党组织与农业党组织。全会决议指出:"必须恢复按地区生产特征建立党组织及其领导机关的原则。""在原被分为工业党组织和农业党组织的州和边疆区,恢复统一的州、边疆区的党组织,把州和边疆区的所有共产党员,不论他们是从事工业工作,还是从事农业生产,都联合在一起。边疆区、州的党组织建立统一的边疆区、州的党委会。""必须把集体农庄国营农场生产管理局党委改组为区党委会,集中对各级党组织,包括对该区的工业企业和建设单位党组织的领导。撤销以前在农业地区、州中心和共和国中心建立的工业生产(地区)党委会。""凡是恢复统一的边疆区党委会和州党委会的边疆区和州,于 1964 年 12 月分别举行党的代表会议,选举相应的党的组织机关。"决议还指出:"赞成苏共中央主席团提出的关于合并

① 《勃列日涅夫言论》第一集,上海人民出版社,1974 年,第 4 页。

边疆区、州的工业党组织和农业党组织的办法和建议；委托中央主席团研究和解决有关在边疆区和州建立统一的党及其领导机关以及有关恢复统一的苏维埃机关的一切组织问题。"

在谈到这次苏共中央全会之所以要尽快纠正赫鲁晓夫时期把党分为工业党和农业党的做法时，《真理报》在中央全会结束后的 11 月 18 日发表的《忠于列宁主义组织原则》的社论中，对此作了说明，指出："把党组织分为工业的和农业的，引起了许多困难和麻烦。改组同生活发生了矛盾。生活表明，实际上不可能划清工业党组织同农业党组织的活动范围。用所谓生产原则代替按地区特征建立党组织的原则，客观上使党政机关和经济的组织职能、权利和义务相互混乱，使党委会代替了经济机关。改组的结果，作为行政经济单位的区，在党和国家的关系上应付不过来。"

二、恢复集体领导原则

考虑到赫鲁晓夫执政后期，党的集体领导原则遭到严重破坏的情况，勃列日涅夫上台后，也像赫鲁晓夫上台初期一样，强调要恢复被斯大林破坏了的集体领导原则。这也是斯大林逝世后在苏联第二次认真地试图实行集体领导。《真理报》发表的社论说："党内生活和活动等是由弗·伊·列宁制定的，并被几十年的历史经验所考验、检验和丰富的那些原则和标准确定的。集体领导是这些原则中最重要的一个原则，是经过考验的武器，是我们党的最伟大的政治财富。""只有在列宁的集体领导原则的基础上，才能引导和发扬党和全国人民日益增长的创造性的主动精神。只有依靠这个原则，才能正确地分析局势，才能清醒地、客观地、不骄傲地评价所取得的成就，才能看到缺点，并且及时地彻底地消除这些缺点。"[1]

勃列日涅夫执政初期，还是比较谨慎的，在一段时期内他与部长会议主席柯西金和最高苏维埃主席波德戈尔内（他是在年满 70 岁的米高扬于 1965 年 12 月辞职后接任该职务的）三人，形成了被称之为三驾马车的、体现最高权力的集体领导架构。另外，勃列日涅夫上台不久，就通过决议，规定苏共

---

[1]　苏联《真理报》1964 年 10 月 17 日。

中央第一书记和苏联部长会议主席职务"永远分离,不得兼任"。但后来的实际情况证明,当勃列日涅夫地位日益巩固,三驾马车的构架也逐步解体,集体领导也不复存在时,最后也发展到了个人崇拜(关于这个问题后面还将论述)。这是因为在高度集权的体制下,党内缺乏民主的条件下,集体领导很难实现,最高领导凌驾于政治局之上的局面也很难改变。

### 三、改变党的作风

改变党的作风,强调民主与法治。这主要是针对赫鲁晓夫时期"唯意志论"、草率决定重大问题等弊端提出来的。勃列日涅夫在刚上台欢迎宇航员大会上的讲话中说:"我们在前进的同时,将提高党的责任及其在社会生活中的领导作用和组织作用,在经过周密考虑的、严格的科学基础上制定自己的政策。"他在不久后的庆祝十月革命 47 周年大会上的报告中强调:"不大力提高群众的创造性,不发扬社会主义民主,是不可能建立共产主义的物质技术基础的"。"我们的制度保障劳动人民享有广泛权利和政治自由。党和国家将警惕地捍卫这些权利和自由,恪守社会主义法制。"①

以上三个方面调整,主要是涉及政治领域一些重要问题,这对以后有序地开展经济改革是十分重要的条件。

### 四、在农业方面采取一些应急的纠偏政策

勃列日涅夫一上台,对农村个人副业立即采取措施,决定取消赫鲁晓夫时期的种种限制性规定。为此,苏共中央 1964 年 10 月 27 日通过《关于取消对集体农庄庄员、工人和职员个人副业的不合理限制》的决议。苏共中央委托加盟共和国党中央和部长会议,审议和解决关于取消最近几年实行的对集体农庄庄员、工人和职员(在农村、城市和郊区)个人副业中生产农产品的限制的问题。要求苏联财政部和苏联国家银行,在一个月内向苏联部长会议提出关于给集体农庄庄员、工人和职员提供购买奶牛和牛犊用的贷款办法的建议。1964 年 11 月 6 日,勃列日涅夫在庆祝十月革命 47 周年大会上

---

① 《勃列日涅夫言论》第一集,上海人民出版社,1974 年,第 5、23 页。

的报告中对此解释说:"忽视集体农庄庄员、工人和职员为满足是本身需要而从事个人副业的条件,是不正确的。最近几年,在这方面实行了没有根据的限制,而采取这种步骤的经济条件并没有成熟。"①

1965 年召开的苏共中央三月全会,专门讨论了农业问题。通过了《关于进一步发展苏联农业的刻不容缓的措施》的决议。这次全会,在总结了赫鲁晓夫下台前几年农业状况的基础上,提出了一系列改革农业的政策与措施,以便顺利实现进一步发展集体农庄和国营农场的经济,以及提高农村劳动者对劳动成果的物质兴趣。勃列日涅夫在全会所作的报告中,就农副产品采购和收购办法、加强农业的物质技术基础、发展农业科学和其他有关问题,提出了改进意见。这次全会,对苏联今后进行广泛的农业改革具有重要意义,考虑到下一章专门论述勃列日涅夫时期的农业改革,因此这里对这次全会的内容不作详细论述。

1965 年 4 月 1 日,苏共中央和苏联部长会议通过《关于向集体农庄提供财政帮助》的决议。目的是为进一步增加农产品产量、增加集体农庄公有基金和收入,为提高集体农庄庄员的物质兴趣创造条件。为此,决议决定:责成苏联国家银行破例注销集体农庄拖欠苏联国家银行的贷款,数额为 20.1 亿卢布;集体农庄按预购合同拖欠采购组织的预付款可以延期偿还,数额为 1.2 亿卢布;集体农庄因向机器拖拉机站和修理技术购买技术设备、房屋而拖欠的债务余额,应予全部注销。② 在全面推行新经济体制之前,勃列日涅夫为加强农业采取了不少措施,通过了不少决议。仅 1965 年 4 月 1 日苏共中央和苏联部长会议还通过了《关于 1966—1970 年供应农业拖拉机、农业机器、运输工具、挖土技术设备和化肥》《关于 1966—1970 年发展农业的基建投资》《关于 1966—1970 年农产品收购计划》《关于提高集体农庄和国营农场对增加肉类产品量和国家交售量的物质兴趣》和《关于土地已交给国营农场及其他企业和前集体农庄成员的优抚保障》等决议。

---

① 《勃列日涅夫言论》第一集,上海人民出版社,1974 年,第 22 页。
② 参见《苏联共产党和苏联政府经济问题决议汇编》第五卷,中国人民大学出版社,1983 年,第 631 页。

## 第二节　对赫鲁晓夫后期酝酿的经济改革进行试验

　　勃列日涅夫一上台,先采取了一系列调整政策,这并不意味着对赫鲁晓夫时期经济体制改革的全盘否定,并不像有些学者所说的:"直到 1964 年年末,赫鲁晓夫的许多改革——不论好坏——全都废除了。"①新领导更没有否定改革的必要性。勃列日涅夫在 1964 年 11 月 6 日庆祝十月革命 47 周年大会上的报告中指出:"在发展生产方面,我们必须广泛地采用经济刺激,这一点现在比任何时候更明显了。经济杠杆应该促使企业更好地使用生产基金,更节约地耗费原料和材料,更快地运用新技术,完善所生产的产品和提高每个企业的劳动生产率。""完成这些任务有助于保证把整个社会的利益同每个生产单位和每个劳动者的物质利益正确地结合起来。""与一贯实行使工作人员从物质利益上关心他们劳动成果的原则的同时,在我们的社会里精神刺激因素也起着作用。"②

　　作为主管经济的苏联部长会议主席柯西金也一再强调,必须改善现行的经济管理体制和提高经济刺激对生产的作用。1964 年 12 月 9—11 日他在第六届苏联最高苏维埃第五次会议上说:"扩大企业经营独立性、扩大企业经理、车间主任、工长的权力,采用经济核算,规定有经济根据的价格,提高利润的作用和物质鼓励是加速发展苏联经济的条件。"

　　1965 年 4 月,勃列日涅夫访问波兰时在华沙车站的讲话中,又谈到了苏联对经济管理体制改革的想法,他论述了物质刺激与发展农业的关系,指出:苏联"将特别注意对集体农庄庄员和国营农场工作人员的劳动的物质刺激问题。在这方面,我们党的出发点是:进一步发展农业生产的任务同提高农村劳动者的福利有着不可分割的联系。只有在提高农民的收入、生活水平和文化的基础上,才能提高农业生产效力"。接着,他在谈到社会主义国家在寻求计划工作和领导国民经济、科学地组织劳动和管理新形式问题时

---

　　①　[民主德国]米夏埃尔·莫罗佐夫:《勃列日涅夫传》,张玉书等译,生活·读书·新知三联书店,1975 年,第 346 页。

　　②　《勃列日涅夫言论》第一集,上海人民出版社,1974 年,第 21 页。

说:"实际上这就是要更合理地利用社会主义的经济规律,制定符合我们国家已经达到的生产力水平的社会主义经营方法。同时,生活和实际经验也不断肯定一些形式和淘汰另一些形式。"他还强调,"研究其他兄弟国家的相应经验,无疑对每个社会主义国家都有很大意义"①。

勃列日涅夫和柯西金上台不久有关经济改革的上述讲话,可以证明:第一,他们上台后,并没有忽视经济改革的紧迫性,并在探索与酝酿下一步的苏联经济改革的方案。第二,他们的上述讲话,在一定程度上反映出今后经济体制改革的大体思路,例如要使经营方法与符合已达到的生产力发展水平;扩大企业权限;加强物质刺激和提高利润的作用等。

与此同时,苏共中央和苏联部长会议,为了制定新的经济改革方案,继续进行赫鲁晓夫在 1964 年夏天已进行的"利别尔曼建议"的试验。1964 年 12 月 26 日,苏联《消息报》宣布,从 1965 年开始,利沃夫国民经济委员会所属的 5 个工业企业试行"利别尔曼建议",试验方案是由利别尔曼教授参加制定的。方案的主要内容是:对重工业企业只规定产量(包括品种)计划与盈利(包括盈利率)计划,其他各项经济指标由企业自行规定。对轻工业企业的产量(品种)计划根据商店的订货合同,由企业自行规定。方案还规定,利润是奖金的来源。当企业完成计划时,可按照工资基金的比例从利润中提取奖励基金。利润越大,奖励基金也越多。企业的奖励基金一半用于企业的投资,另一半用作企业领导人、工程技术人员的奖金。奖金的最高额度不得超过基本工资的 40%。

1965 年 1 月 1 日,苏联最高国民经济委员会决定:"自即日起,在莫斯科、列宁格勒等十个大城市的全部缝纫和制鞋企业,以及哈萨克、摩尔达维亚、中亚细亚与外高加索各共和国的 400 家轻工业企业和 128 家纺织与皮革厂,推行根据商业部门直接订货进行生产的试验。试行新制度的企业,其经理有权根据订货者的需要改变计划,规定总产量、工资基金和工作人员人数等。产品销售量与赢利成为企业的两项主要计划指标。"1965 年 1 月 13 日,《真理报》公布,又有 336 家企业进行改革试验。据《经济报》统计,在 1965

①　《勃列日涅夫言论》第一集,上海人民出版社,1974 年,第 137 页。

年,莫斯科、列宁格勒、高尔基与其他一些城市,31%的服装企业、17%的纺织工业企业、10%的皮革业试行利别尔曼改革方案。

据1965年1月13日《经济报》报道,伏尔加国民经济委员会化学和机器制造厂、中央黑土地带经济区机器制造厂、吉尔吉斯国民经济委员会房屋家具厂等企业,由1965年开始,对建造、改建与扩建现有企业所需的投资,试行由原来的财政拨款改为贷款,其目的是通过贷款的方式加强对工程的监控,以促使工程缩短工期,加快投资回收和降低造价。

1965年3月13日,苏联部长会议通过《关于使轻工业和食品工业企业工作人员更加从物质利益上关心增产日用消费品和改进产品质量,使商业企业工作人员更加从物质利益上关心完成和超额完成商品周转额计划》的决议,决定了轻工业和食品工业新的生产计划制度(按照商店、批发站、办事处和商业的订货单制订生产计划)。对上述企业的生产单位、车间和工段的领导人、工程技术人员和职员,试行完成和超额完成产品实物生产计划(任务)奖,完成和超额完成劳动生产率计划奖、改进质量指标奖。奖金用利润提成发放,数额不得超过得奖工作人员的职务工资总额的50%。[①]

4月3日,苏联部长会议通过《关于在汽车场的工作中试行计划和领导的新办法》的决议。为了提高货运汽车使用效率,使汽车场工作人员更加从物质利益上关心减少汽车空驶和停歇,降低汽车保养费和增加汽车场利润,决定对莫斯科与列宁格勒一些汽车场试行完全自负盈亏的制度,对这些汽车场只规定一项计划指标——上缴预算的利润提成额(过去上级机关规定46个指标)。其他所有经济指标(如运输量、劳动、成本等)都由汽车场的领导人自行规定。上缴预算后留下的利润用于汽车场工作人员的物质奖励、提高工资、进行住宅建设、文化生活建设和其他社会文化需要、采用新技术、设备现代化、扩大生产和建立必要的后备。[②]

1965年5月15日,苏联部长会议通过《关于改进居民生活服务企业工作的措施》的决议。决议指出:为了使居民生活服务企业工作人员更加从物

---

① 参见《苏联共产党和苏联政府经济问题决议汇编》第五卷,中国人民大学出版社,1983年,第620~626页。

② 同上,第645~647页。

质利益上关心生活劳务工作量的增加和质量的改进,小型修鞋店、房修班、房修组、居民流动服务店、外出照相馆、文化生活用品和家庭用品出租社(站)、居民服务处(所)的职工,以及服装化学洗染厂接活点、洗衣房、洗衣厂和修鞋店的职工,都实行按收益百分比计酬制。从1965年起,生活服务企业基金按直接为居民提供劳务所得的实际利润的4%提取。计划亏损的生活服务企业基金从降低劳务成本所得计划节约额和超计划节约额中提取。苏联作出上述决议的主要目的是,解决居民生活服企业数量不足,建设又很缓慢的问题。特别在农村地区,居民服务尤其不能令人满意。在许多集体农庄和国营农场中都没有组织接收居民的靴鞋、服装、住宅、金属制品和其他生活服务的项目。①

　　1965年6月26日,国民经济委员会通过决议,决定从第四季度开始,在莫斯科、列宁格勒和基辅的一些食品厂和肉类工厂,推行商店向工厂直接订货制度,赋予企业自行制订生产计划、工资基金和人员编制等自主权。另外,从1965年第三季度起,俄罗斯联邦等4个加盟共和国的商店、消费合作社和其他商业企业都开始试行新的计划制度,上级只给商业企业下达两项指标:商品流转额与利润,其他经济指标均由商业企业自行规定。

　　9月25日,苏联部长会议通过《关于在莫斯科市执委会所属的莫斯科住房及民政建筑总局的某些组织和企业的工作中试行计划与领导的新办法》的决议。② 决定采纳莫斯科市执委会所属的莫斯科住房及民政建筑总局的建议,从1965年10月1日起,对一些建筑安装管理局和企业规定以下的季度和年度计划指标:对建筑安装管理局——建筑工程投产任务、利润计划和上缴预算的利润提成;对企业——商品产值计划、利润计划和上缴预算的利润提成额;对汽车场——利润计划和上缴预算的利润提成。其余的计划指标,如建筑安装工程量、工作人员名额、每名工作人员的工作量和工资基金等,均由建筑安装组织和企业的领导人根据现行定额加以规定。试行计划与领导新办法的目的是,为了加快建筑工程项目的投产,使建筑安装组织、

_____

①　参见《苏联共产党和苏联政府经济问题决议汇编》第五卷,中国人民大学出版社,1983年,第652~658页。

②　同上,第663~666页。

企业和汽车场工作人员更加从物质利益上关心缩短工程项目的工期、改进建筑质量和提高建筑业的盈利率。该决议,也是苏联全面推行新经济体制前的最后一个试行"利别尔曼建议"方案的决议。

以上改革试验情况说明:一是赫鲁晓夫下台后,"利别尔曼建议"改革方案的试验一直未停止过,而且试验涉及的部门很多;二是改革试验的中心内容是一样的,即扩大企业在计划方面的自主权,用利润和奖金来增加工作人员的物质利益,从而增加生产和提高经济效益;三是在试验过程中,不断总结,积极酝酿改革新方案,并准备全面推行经济改革。在 1965 年下半年,勃列日涅夫多次谈到这一情况,为下一步的改革作舆论和思想准备。

1965 年 7 月 3 日,勃列日涅夫在接见军事学院毕业生时的讲话中说:"目前,苏共中央和苏联部长会议正在大力进行工作,以制订旨在根本改善工业和建筑业的计划和管理制度以及提高国民经济中经济刺激作用的措施。正在制订 1966 年国民经济计划和 1966 年到 1970 年下一个五年计划。在这方面,注意到了更好更合理地使用国民收入和保证进一步发展我国的工业,根据国际局势加强国家防御能力,发展农业生产、轻工业和食品工业以及进一步提高苏联人民的物质福利。"他在讲话中,还讲到苏联今后的经济发展与改革,要防止出现"主观主义和心血来潮的作风"①。

一周之后的 7 月 10 日,勃列日涅夫在授予英雄城列宁格勒金星奖章大会上的讲话中又提道:"共产党和苏联政府经常关心我国国民经济、文化和苏联人的物质福利的进一步提高。""中央委员会认为现在自己最重要的任务是逐步完善经济建设的形式和方法。我们的管理经济必须充分考虑到社会主义生产发展的客观经济规律。苏共中央三月全会(1965 年)的决议在这方面具有重要意义。这次全会提出了一系列关于管理社会主义经济方法的有原则性重要意义的论点。中央全会的注意中心不仅有为我们农业提供财力和技术援助的措施,而且有关于利用新的经济杠杆的问题。这些杠杆应该在不远的将来坚决改变我们农业的现状。""我们在工业上也有许多悬而未决的问题。中央主席团准备召开中央委员会全体会议讨论我国的工业工

---

① 《勃列日涅夫言论》第一卷,上海人民出版社,1974 年,第 206 ~ 207 页。

作问题,以便保证工业更加顺利地发展和在整个国民经济中加速技术进步。"①

　　勃列日涅夫的以上讲话,明确无误地向人们传递了苏联即将出台经济体制改革的新案。1965 年 9 月 27—29 日召开的苏共中央全会,集中讨论了推行"新经济体制"(全称为"计划工作和经济刺激新体制")。

<hr>

① 《勃列日涅夫言论》第一卷,上海人民出版社,1974 年,第 231～232 页。

# 第十三章　勃列日涅夫时期的农业体制改革

　　赫鲁晓夫上台之初,农业是他面临的最紧迫问题。所以上台后他先抓农业问题。随后,农业出现好转,赫鲁晓夫站稳了脚跟。但后来,由于出现了不少失误,糟糕的农业状况又成了赫鲁晓夫下台的一个重要原因。

　　勃列日涅夫一上台,与赫鲁晓夫刚上台时处境雷同,面临着严峻的农业形势,因此,他一上台也很快召开讨论农业问题的苏共中央全会(1965 年 3月)。赫鲁晓夫与勃列日涅夫还有一个共同点,他俩作为苏联最高领导人,上台后都亲自挂帅抓农业,并对农业问题花了很大精力。从 1965 年苏共中央三月全会通过的《关于进一步发展农业的刻不容缓的措施》的决议来看,也说明,解决农业问题已到了"刻不容缓"的紧迫地步。有关工业管理体制的改革,是在 1965 年召开的苏共中央九月全会才通过有关决议的。这也说明,勃列日涅夫上台后,改革是先从农业入手的。因此,我们先分析农业体制改革。

## 第一节　对农业状况的基本总结

　　1965 年 3 月 24—26 日,苏共的中央全会集中讨论了赫鲁晓夫下台时苏联面临的农业形势,分析当时存在的问题及解决农业问题应采取的刻不容缓的措施。这次全会有以下特点:一是从这届全会的出席情况看比较整齐,174 名中央委员来了 160 名,141 名中央候补委员来了 134 名,62 名中央检查委员会来了 56 名。这表明大家都十分重视这次全会。二是各加盟共和国和各有关部的 29 名主要领导人在会上发了言,对农业问题提出了自己的看法。三是对苏联农业中特别是农业体制中问题的认识是比较深刻的。应该说,这是勃列日涅夫上台后有关解决农业问题的一次重要全会。

勃列日涅夫在全会所作的报告中谈道,之所以要提出农业问题,"是由于近几年来在农业领导方面产生了重大的缺点和错误"。他对赫鲁晓夫1953年召开的讨论农业问题的苏共中央九月全会是肯定的,认为那次全会制定了农业方面的正确方针,取得了一定成果。"但遗憾的是,这些良好的成果没有得到巩固和进一步发展。我们面临的事实是:近几年来农业的发展速度减慢了,我们没有完成提高农业生产的计划。"他对赫鲁晓夫时期农业发展情况的基本结论是:"如果说在一九五九年以前农业有显著提高的话,那么在后来这个时期它实质上是在原地踏步。"①乌克兰共产党中央委员会第一书记谢列斯特在发言中,对当时农业状况作了以下描述:"破坏发展经济的经济规律会导致政策中的冒险。我们知道有这样的口号:要在最近期间在按人口计算的肉类和牛奶的产量方面赶上和超过美国。我们知道有这样的口号:七年计划要三四年完成。我们知道还有这样的口号:今天我们生活得好,明天将生活得更好,而就在这时人们却排着队买面包。"②

农业发展的停滞不前,除了赫鲁晓夫下台后一再遭到批评的农业领导中的唯意志论、神经过敏和瞎忙一阵的改组等原因外,从各代表在全会发言中普通提出的问题有:

第一,不合理的农产品采购制度和价格阻碍了农业的发展。赫鲁晓夫时期虽然在这方面作了一些改革,但并没有从根本上解决问题。结果是与此相关的两个老大难问题未能解决:一是许多地区,收购谷物的价格还补偿不了生产谷物的费用。对此,罗斯托夫州党委第一书记索洛缅采夫在发言中提出,谷物"收购价格应调整到不仅可以补偿生产的开支,而且可以按照扩大再生产的规律经营每个农庄和农场,提高对集体农庄庄员和国营农场工人的物质鼓励水平"③。二是谷物收购任务过重,农庄与农场难以完成。

---

① 《苏共中央三月全会速记记录》(1965年3月24—26日),世界知识出版社,1966年,第5～6页。
② 同上,第38～39页。
③ 同上,第123页。

勃列日涅夫在报告中说,近十年来只有 1956 年、1958 年和 1964 年三次完成了收购计划。但集体农庄和国营农场在完成粮食征购任务后,不得不向国家申请拨给种子。1965 年就向国家申请拨给大约 200 万吨种子。① 有的代表在发言中还指出,不少农庄、农场虽完成国家谷物征购任务,但导致饲料的严重不足,从而影响了畜牧业的发展。

第二,农业技术装备程度未能得到很快的提高。拖拉机、汽车、联合收割机和其他农业机械普遍不足。这样使秋耕往往不是 18 ~ 20 天就能完成,而是要延续两个月直到寒潮来到时才结束。由于联合收割机和其他技术装备不足,收割谷物往往要 30 天到 40 天才能完成,这对收成带来了严重的损失。苏共坦波夫州第一书记在发言中说:由于农机不足,不能及时完成农活,使每公顷损失谷物不少于 3 公担。1965 年农庄、农场所需的重型拖拉机与谷物播种机分别只能达到需要量的 40% 与 20%。② 在谈到农机不足问题时,与此有关的一个尖锐问题是,农机的零部件往往得不到保证并且不规格化。这样,很多农机因不能及时修理而无法使用。农用运输工具的缺乏对农业的影响也非常突出,有些州的甜菜因未及时运往征购站,就损失 1/4。坦波夫州需要 14000 辆汽车,但实际上只有 6000 辆。③ 农业技术装备差还表现在电力的严重不足。到 1965 年尚有 12% 的农庄连照明用电都没有。农业消耗的电量只占发电量的 4%,其中用于生产目的仅占 2%。④

第三,农用技术装备和备件定价过高,使工农产品剪刀差扩大,严重影响农业的发展。关于这一点,很多代表在发言中都谈到了这一点。有人举例说:一辆谷物联合收割机主动轮的外胎就值 224 卢布 50 戈比,为了买一条补胎,农庄必须卖出 3 吨多小麦。要买一个 T - 54 型拖拉机的汽缸盖,需出售 6 公担小麦。整个汽缸需要 15 公担。而买一条履带(每年都要换),需要卖给国家 3 吨谷物。另外,农机涨价太快,1955 年一台 cyь - 48 型播种机价值 180 卢布,而 1965 年却要 340 卢布。

---

① 参见《苏共中央三月全会速记记录》(1965 年 3 月 24—26 日),世界知识出版社,1966 年,第 9 页。

② 同上,第 57 页。

③ 同上,第 58 页。

④ 同上,第 23 页。

第四,由于农村生活条件差,缺乏必要的福利设施,导致农村人口外流,使农村严重缺乏劳动力。如阿塞拜疆代表在发言中指出:过去该共和国曾有 3500 个集体农庄,现在只有 1000 个左右,而居民点是 4000 个。在这些居民点中有 50% 住 25～100 人。在那里没有福利设施,没有水、学校、医院、诊疗所、俱乐部与取暖设备。由于这些情况,对从事工作的 2000 人调查结果表明,60% 多的男人从事自己的私人经济(这包括个人副业和家务劳动)。① 有人在发言中深刻地指出,在苏联农村出现了"农民不再爱惜土地,丢开不管,任其荒芜,要求少种,不种等等"现象。"而这种不正常状况的原因是:在很多地区,这些土地没有很好地养活农民。""当然,事情不在于土地本身,而在于粗暴地破坏了列宁的物质利益原则。"②

第五,由于唯意志论、行政命令盛行,农业科学、农业专家的作用日益被削弱。忽视了他们的知识和经验,在许多情况下,他们实际上被排挤。这次全会,严厉地批判了在赫鲁晓夫后期一些行政领导人充当科学家之间争论的仲裁者角色的做法,还有些人像列宁批评的那样,"以自己有权'不予批准'自傲"。在一些农庄、农场,农艺师和畜牧师不被邀请参加管理委员会,甚至连讨论解决与畜牧业工作有关的问题时,也不请畜牧师参加。由于这种情况,很多农业专家离开农村。有一个农庄,在 4 年里走了 10 名农业专家,其中 4 名是受过高等教育的。③

第六,农庄的民主原则遭到严重破坏。勃列日涅夫在报告中说:"集体农庄的民主原则在许多情况下遭到粗暴的破坏。在许多集体农庄里,集体农庄庄员、基本群众实际上不参加讨论和解决集体农庄经营的根本问题。更有甚者,对某些集体农庄的管理甚至不遵守章程的要求,而要知道,集体农庄的章程,对集体农庄的管理和社会生活的基础。"④

---

①　参见《苏共中央三月全会建议记录》(1965 年 3 月 24—26 日),世界知识出版社,1966 年,第 131～132 页。

②　《苏共中央三月全会建议记录》(1965 年 3 月 24—26 日),世界知识出版社,1966 年,第 184～185 页。

③　参见《苏共中央三月全会速记记录》(1965 年 3 月 24—26 日),世界知识出版社,1966 年,第 174 页。

④　《苏共中央三月全会速记记录》(1965 年 3 月 24—26 日),世界知识出版社,1966 年,第 174 页。

第七,轮作制遭到破坏,起码的农业技术规程没有得到遵守。

## 第二节　农产品采购制度改革

勃列日涅夫针对农产品收购计划指标过高与价格偏低等弊病,决定对农产品采购制度进行改革。

### 一、实行固定收购和超计划交售奖励制度

在赫鲁晓夫时期,国家收购农产品计划是每年下达一次,并且下达的时间过晚,在征购过程中还经常发生变更与追加收购任务的情况。这样影响了农庄、农场的主动性和积极性,不能正确地计划自己的生产。为此,1965年召开的苏共中央三月全会提出了实行若干年的收购农产品固定计划。后来规定五年不变的收购计划,并且降低收购计划指标。在这次全会上,勃列日涅夫还提出:第一,把业已批准的1965年谷物收购计划从40亿普特减少到34亿普特;第二,上述34亿普特的收购计划在下一个五年计划的各年里,包括1970年在内,固定不变。① 同时,在减少收购计划后,为了使国家能得到满足需要的农产品,还实行奖励超计划交售农产品的办法。具体做法是,凡是农庄、农场超过固定收购计划指标后交售给国家的农产品,国家按比收购价格高出50%的价格收购。固定收购计划与超计划交售加价制度,对刺激农庄、农场的生产和向国家多交售农产品起到了良好的作用。苏联在1965—1980年,一直实行这一制度。但是超计划加价制度在实行过程中也出现一些问题,这主要是农庄、农场为了追求超计划加价而尽量压低计划,从而使国家增加支出。另外,生产条件好的农庄、农场获得的利益要比条件差的多得多,从而扩大了农庄、农场之间的贫富差距。还使农庄、农场在丰年与歉收年的收入不平衡。由于农庄、农场相当一部分收入来自超计划加价收入,这使以货币表现的农业产值不能真实地反映其实际工作成果。为

---

① 参见《苏共中央三月全会速记记录》(1965年3月24—26日),世界知识出版社,1966年,第10页。

了克服这些弊端,从1981年起改变超计划交售加价制度。具体做法是,对超计划交售加价改为对超过"十五计划"平均水平而交售的农产品实行加价。同时,把固定收购计划改为实行五年分年度的国家统一的收购价格计划。

二、提高农产品收购价格

赫鲁晓夫执政时期也不断提高农产品收购价格,但在他执政后期工业品价格也随之提价,从而使农业生产费用不断增加,后来又形成了收购价格不能抵偿生产成本的现象。勃列日涅夫一上台,为了发挥经济杠杆作用,特别强调要提高物质刺激在促进农业生产中的作用,一个重要的改革措施是提高农产品收购价格。从1965—1979年,农产品共提价7次(分别在1965、1969、1970、1975、1976、1978和1979年)。勃列日涅夫在调整农产品价格时,还充分考虑到不同地区由于在自然与生产条件方面的差别而出现的单产与成本的不同,在调价时增加价格区和扩大了地区差价,而赫鲁晓夫时期地区差价很小。由于农产品收购价格的不断提高,到1980年各种农产品的收购价格比1964年提高了70%,其中谷物提高26.6%,土豆64.3%,籽棉57.8%,蔬菜69.4%,牛1.14倍,猪34.1%,羊1.12倍,奶1.16倍。[1]

收购价格的提高,不仅使农庄、农场得以补偿生产成本,而且也扭转了长期存在的亏损局面。1964—1974年农场由年亏损7%变为盈利10%,农庄的年盈利则达到24%。但是由于农产品成本的不断提高,到了70年代后期,不少农产品亏损情况又有发展。1976—1977年,许多畜产品亏损率达8%~23%,整个农庄、农场的成本盈利率从1966—1970年的21%降至1976—1980年的6%。1980年全苏有50%的农庄与农场是亏损的。鉴于上述情况,1981年又再次提高农产品收购价格,在调整收购价格加价制度时,把原来的加价并入原收购价格。1982年5月24日,苏共中央和苏联部长会议批准了《关于完善经济机制和加强农庄农场经济的措施的决议》。决定从1983年1月起,进一步提高牛、猪、奶类、谷物、甜菜、土豆、蔬菜和其他农产品收购价格,对盈利率低和亏本的农庄农场向国家出售的产品实行收购价

---

[1]　参见陆南泉等:《苏联东欧社会主义国家经济体制改革》,重庆出版社,1986年,第43页。

格补贴,此项开支一年为160亿卢布。①

　　苏联在不断提高农产品收购价格过程中,实行了稳定零售价格的政策(除了1962年赫鲁晓夫在大幅度提高畜产品收购的同时,提高肉类、肉制品、动物油的零售价格外)。这样做,有利于社会稳定,但也出现一些问题:一是某些农产品收购价格超过了零售价格,出现了倒挂,从而产生一些极不正常的情况,如近郊农民拿着大麻袋到城市大量购买面包用于喂猪。二是财政补贴不断增加。1961—1965年苏联国家财政为此支出的补贴额为87.9亿卢布,占同期国家预算支出的2%;1971—1975年为860亿卢布,占9.2%,1983年为425亿卢布,占12%。可以看出,苏联通过不断提高和调整农产品价格的政策,一方面对农业的发展起到了一定的经济刺激作用,也说明,斯大林之后的苏联领导人,日益重视农业问题,逐步在改变剥夺农民的政策,并转向工业支援农业;但另一方面,又使国家财政负担越来越重。这是一个很大的矛盾,在短期内很难解决。这里还要指出的是,由于农用生产资料的价格也在不断提高,从而又使农产品成本提高和农业盈利率又下降。这样,又要求国家提高农产品收购价格,国家财政压力又增大。这些都说明,斯大林执政期间长期实行的剥夺农民的政策及其造成的一系列严重后果,仅靠改革农产品收购价格一项措施是难以消除的。

## 第三节　国营农场推行完全经济核算制

　　1967年4月13日,苏共中央和苏联部长会议通过了《关于国营农场和其他国营农业企业改行完全经济核算制》的决议。决议指出,为了加强对农产品生产的经济刺激并提高国营农场及其他国营农业企业的工作人员对改进企业工作成果的物质兴趣,决定在国营农场、种畜场和种马场、养禽工厂、苗圃、试验农场和教学实验农场及其他国营农业企业改行完全经济核算制。改行完全经济核算制的农业企业应能保证靠自有资金偿付一切生产费用,

---

① 参见郑国绮等选编:《苏联经济改革决议、条例选编》,商务印书馆,1988年,第338～342页。

进一步扩大再生产（进行生产性基建投资、组成基本畜群、增加自有流动资金，等等），设立各种经济刺激基金和其他资金，以及按时归还银行贷款。①

　　这一决议通过后，在当年先在 390 个国营农场和其他农业企业中试行完全经济核算制。试行的农场大部分是盈利率较高的农场。这一年试验结果，这些农场都完成了生产计划，6 个月内全部补偿了国家的预算拨款，并向国家多交了 1000 万卢布。② 在 1967 年试验的基础上，1968 年有 400 多个农场改行完全经济核算制。从 1969 年起在农场中普遍推广完全经济核算制。到 1971 年改行完全经济核算制的农场已达 8290 个，占全部农场数的53.5%。但到 1973 年，改行新体制的进程基本上处于停滞状态，原因是剩下的是生产条件较差、盈利水平较低的农场。为了使条件差的这部分农场也有可能实行完全经济核算制，1973 年苏联作出补充规定，允许这些农场在自有资金不足时仍可获得国家预算拨款，但需根据有关条件规定得到各加盟共和国部长会议批准。

　　农场完全经济核算制的主要内容包括以下两个方面：

　　一、扩大农场的经营自主权

　　苏联通过的有关决议指出，对实行完全经济核算制的国营农场和其他国营农业企业，必须扩大其经营自主权。为此，缩减了上级机关对这些农业企业规定的计划指标，只规定下列指标：

　　生产方面：国家只下达应向国家交售的最主要产品的实物交售量，而对专业化农业企业来说，除上述指标外，还规定相应的产品（良种幼畜、优良种子、树苗等）交售量；

　　劳动方面：国家只下达工资基金总额指标。在该指标范围内，国营农场可自行决定工作人员人数，管理机构等指标；

　　财务方面：国家只下达利润总额、预算拨款和农用固定生产基金付费三项指标。产品成本、盈利率等指标由农场自行决定；

────────

　　① 参见《苏联共产党和苏联政府经济问题决议汇编》第六卷，中国人民大学出版社，1983 年，第 388～400 页。

　　② 参见［苏］M. 鲍格坚科等：《苏联国营农场史》，1976 年俄文版，第 248 页。

基建投资方面:国家只下达包括建筑安装工程量在内的统一的基建投资总额和用集中的基建投资实现的固定基金投产金额两项指标。有关投资方向和具体建设项目由农场自行决定;

物资技术供应方面:国家只下达由上级组织分配的拖拉机、汽车、农业机器、设备、肥料、建筑材料和其他生产资料的供应量。

改行完全经济核算制的国营农场,除了在以上几个方面扩大了自主权外,还有权:在上级机关拒绝对多余物资进行再分配,或者向上级机关发出关于存有多余物资的报告而一个月后尚未接到答复的情况下,可由其他企业、组织和集体农庄出售多余不用的拖拉机、农业机械、役畜、产品畜、种子、饲料、运输工具、设备及其物资;另外,采购组织没有接收的蔬菜、果类、水果、浆果、葡萄、其他易腐产品以及土豆和禽类,按买卖双方商定的价格,出售给本州、边疆区和共和国境内外的国营组织、合作社组织,或在市场上出售。

二、改革利润分配和使用办法

在改革前,国营农场与整个国营工业企业一样,大部分利润上缴国家预算,只能留用12%的计划利润(其中8%用作巩固和扩大农场基金,4%用于改善职工文化生活条件)。为了提高利润对农场发展生产的积极性,必须改变利润分配和使用办法。以便使改行完全经济核算制的农场,把大部分利润留为自己支配,而不是上缴预算。

1.实行基金付费制度

1967年4月13日通过的有关决议规定,为了提高国营农场和其他农业企业更好地使用固定生产基金,对改行完全经济核算制的企业对其农用固定生产基金实行基金付费制度。付费从实际获得的利润中提取,付费额为这些基金的价值(产品畜、役畜和多年生林木除外)的1%。对用巩固和扩大农业企业基金设立的固定生产基金,两年内不征收费用,对用银行贷款设立的固定生产基金,在偿还贷款前不征收费用,对企业中有为有关部门服务和试验性生产单位的固定生产基金(车间、工段、装置)和列入企业资产负债表的地上排水设施,也不征收费用。盈利率低于销售产品成本25%的企业免缴基金费用。

2.设立多种经济刺激基金

改行完全经济核算制的农场与其他国营农业企业,在确定农用固定生产基金付费数额之后,再从利润总额中提取以下基金:

第一,物质鼓励基金。

按1967年的规定,该项基金从计划利润中的15%提取,其总额不得超过全年工资基金的12%。为了使不同盈利率水平的农场设立同样的物质鼓励基金,上级机关可以规定不同的提成比率。到1981年年初,物质鼓励基金的形成办法改为按农产品生产的增长和获得利润的情况所确定的固定标准进行,即按农业总产值较前五年平均水平的每增长1%所规定的利润提成比率标准确定,按获得利润的情况所规定的提成标准设立。利润提成标准若干年不变,只有在农场的产量、工艺和其他条件根本改变的情况下才变动。①

物质鼓励基金的用途是:用于奖励工人、领导人员、工程技术人员、职员和其他各类工作人员;用于按照企业全年工作总成果付给工人、领导人员、工程技术人员、职员和其他各类工作人员奖金;用于支付农业企业内部社会主义竞赛优胜集体和优胜个人奖金;用于对企业工作人员进行一次性奖励。

物质鼓励基金设立后,国营农场对职工的物质鼓励增多。1976年,农场发给职工的全部奖金中,有60%是来自物质鼓励基金。②

第二,社会文化设施和住宅建设基金。

该项基金是用扣除基金付费后的实际利润总额的10%的提成设立的。在亏损的农场,该项基金按这一年较最近三年平均亏损水平减少额的10%提取。这一基金主要用于改善企业职工文化生活和医疗服务,购置企业医疗单位所需的药品、休养证和疗养证,用于装备食堂和小卖部、休养所、疗养院、俱乐部、儿童机构以及为它们购置交通工具和用具,用于体育设施,加强幼儿园、托儿所、少先队夏令营儿童的营养以及用于其他文化生活需要;用于在国家计划之外新建、扩建和大修住房、休养所疗养院、防治所、少先队夏令营、幼儿园和托儿所、食堂和小卖部、体育构筑物和其他文化生活用工程项目。

---

① 参见[苏]格·多尔戈舍依等:《农业经济手册》,1981年俄文版,第340~341页。
② 参见[苏]姆·拉菲科夫:《农业生产的经济、组织与计划》,1982年俄文版,第314页。

第三,保险基金。

该项基金是用扣除基金付费后的实际利润总额的 20% 的提成设立的。保险基金中,50% 以下的资金留归农场支配,其余部分按照农场和其他国营农业企业的隶属关系上缴给主管部,集中用于对遭受自然灾害或因气候条件影响生产而歉收的农业企业的财政帮助。

第四,巩固和扩大农业企业基金。

该项基金的来源有:一是扣除基金付费后的实际利润总额的 10% 的提成。二是部分折旧提成。提成额由有关部决定,最多不超过用于完全恢复固定基金的折旧提成的 30%。三是销售过时与多余财产的进款。这一基金主要用于支付国家计划规定的非集中性投资,用于采用新技术、实现机械化、机器和设备的现代化、更新固定基金、改进生产劳动和劳动组织等方面的其他费用,运用于旨在提高劳动生产率、降低产品成本、改进产品质量、提高生产盈利率的各项措施的费用。

第五,奖励农场领导人与专家的基金。

由扣除基金付费后的实际利润总额的 2.5% 的提成形成,主要用于奖励农场领导人和专家由于有效工作而获得的盈利。奖金按领导人和专家的职务工资比例发给。

3. 余下利润的分配与使用

以上五项基金共占利润总额的 57.5%,余下的 42.5% 主要用于以下方面:一是增加自有流动资金,偿还用于推行新技术、扩大日用消费品生产的银行贷款与利息等;二是在自有资金不足时,用于集中性的基建投资;三是建立基础畜群的部分费用。

在支付上述各项费用之后,再余的利润称为闲置利润余额,上缴给农场和其他国营农业企业所属的主管部,用于在缺乏发展生产所需的自有资金的改行完全经济核算制的其他农场中进行再分配。农场在上缴闲置利润余额时,有权可扣留不超过其中 10% 的资金,用作补充经济刺激基金。

4. 效果与问题

农场实行完全经济核算制后,由于扩大了自主权,加强了经济刺激,从而对提高了农场生产的积极性和经济效益。1967—1971 年,改行完全经济核算制的农场,其产值增长 28.4%,每 100 公顷农地上生产的产品比其他农场几乎高 3 倍。1973 年盈利率近 24%,比农业部的全部农场盈利的 12.6% 高得多。1961—1965 年,农场亏损近 50 亿卢布,而到 1971—1974 年共盈利 91 亿卢布。[①]

但是应该看到,农场改行完全经济核算制的主要目标并没有达到,即没有达到真正意义的完全经济核算制。因为,完全经济核算制的核心内容是靠农场自身的收入支付一切费用,解决自身的生产发展问题。而要达到这一目标,据苏联学者计算,农场盈利率不应低于 40%。而全苏农场盈利率的水平是:1966—1970 年为 21%,1971—1975 年为 19%,1976—1978 年为 15.6%。上述盈利率只是按农场卖给国家的产品这一项计算的,如把农场的全部经营活动计算在内,实际盈利率仅为 2.1%。[②] 这样,使得大多数农场和国营农业企业仍需靠国家财政拨款来维持。1980 年,农庄、农场用于扩大再生产的资金中,自有资金仅占 1/4,其余部分全靠财政拨款。到勃列日涅夫执政后期,农业盈利率出现了明显的下降趋势,主要原因有:一是农产品成本不断提高,这与农用生产资料价格上涨有关;二是劳动报酬的增长速度快于劳动生产率的增长速率。农场盈利率水平下降,加上农业管理方面的其他问题,阻碍了农场完全经济核算制的实行。

## 第四节  为加强农民个人物质利益
## 采取的重要改革措施

在本章第一节谈到,1964 年召开的苏共中央十月全会揭露了苏联农村生活条件的种种困境,这是影响苏联农业发展的重要因素。如不采取一些直接与提高农民生活水平有关的政策与措施,农民的积极性难以很快提高。勃列日涅夫执政后,在这方面采取了一系列措施。

---

① 参见［苏］姆·鲍利基科等:《苏联国营农场简史》,1976 年俄文版,第 250、272 页。
② 参见［苏］阿·叶缅里扬诺夫等:《现阶段的农业经济》,1980 年俄文版,第 234 页。

一、改革农庄劳动报酬制度

农庄庄员的劳动报酬制度虽经多次改革,但基本办法是按劳动日计酬。这种计酬制度,简单地说,其缺点主要有二:一是报酬低,二是庄员收入不稳定并得不到保障。为了迅速改变这一局面,1966 年 5 月 16 日,苏共中央和苏联部长会议通过了《关于提高集体农庄庄员对发展公有生产的物质兴趣》的决议。[①] 决议一开头就指出:在集体农庄收入分配和庄员劳动报酬的实践中,存在严重的缺点。在许多集体农庄中,庄员劳动报酬不能保证使他们对发展公有经济产生必要的物质兴趣。苏联决定从 1966 年 7 月 1 日起,按照国营农场相应工种职工的工资标准,对庄员实行有保障的劳动报酬制(发给货币与实物),并参照国营农场同类工作的现行工作定额,结合本身的具体条件,制定工作定额。除了按完成工作量发给庄员有保障的劳动报酬外,还按他们劳动的最终成果(按生产的产品数量和质量或按实际总收入)发给劳动报酬。

为了使这项改革得以实施,决议规定:在集体农庄的生产财务计划中设立必要数量的货币和实物作为庄员劳动报酬基金,这项基金只能按直接规定的用途使用;同庄员结算有保障的劳动报酬,货币部分至少每月一次,实物部分按产品的收获期进行;集体农庄在分配收入时,首先要提取用于支付庄员劳动报酬的基金;责成国家银行,在集体农庄的自有资金不足以保证向庄员发放有保障的劳动报酬时,给这些农庄发放为期 5 年的贷款。

应该说,上述改革,是苏联对农庄庄员劳动报酬制度方面一次重大变革,它表现为从劳动日为基础的报酬制转为等级工资奖励制,从以实物为主转为以货币现金为主。这种改革,所起的作用有:明显地提高了庄员的收入水平;在相当程度上满足了庄员按月获得现金收入的要求;固定等级工资与按最终成果发给奖金相结合,有利于促进庄员对生产与改善经营管理的关注度。

---

① 参见《苏联共产党和苏联政府经济问题决议汇编》第六卷,中国人民大学出版社,1983 年,第 112～114 页。

二、在农村试行和推广小组包工奖励制

赫鲁晓夫时期已进行过机械化小组包工包产制度。勃列日涅夫上台后以小组包工奖励制形式逐步加以推广。简单地说,就是实行分田到组,包工奖励的制度。它的最大特点是把劳动者的报酬与最终成果紧密联系起来。包工小组拥有一定数量的生产资料(土地、拖拉机与其他机器设备)和固定的人员,人数视生产的条件而定,从几人到几十人,大田作物人多一些,技术作物人少一些,小组领导人经选举产生。包工小组实行内部经济核算,要包产包工包费用,多产多得,节约为己。其劳动报酬支付办法是,在农活结束前,发包人先要预支一部分基本工资(70%~90%不等),年终收获后总结算。如超产、提高产品质量和节约费用有奖,反之则罚。试行这一制度的农庄农场,在产量、劳动生产率和利润等方面,都取得了较大的效果。

表 13-1　罗戈夫斯克农场①祖宾克养牛包工小组工人与全场工人生产情况比较

| 项目 | 包工小组 | 全农场 |
|---|---|---|
| 一个工人的饲养量(头) | 122 | 48 |
| 一昼夜一头牛的增重(克) | 616 | 337 |
| 一个工人生产的产品(公担) | 276 | 66 |

资料来源:苏联《共青团真理报》1970 年 3 月 27 日。

科斯特罗马区"二十大"农庄,试行小组包工奖励前后有明显变化,1972年劳动生产比 1968 年提高了 65%,每公担谷物劳动消耗量降低了 58%,盈利率达到 41%。②

由于试行小组包工奖励制有明显效果,苏联在总结试验的基础上,1982年召开的苏共中央五月全会决定,在"十一五"计划期间,准备在全苏推行这一制度。但实际上,推行这一制度过程中遇到的困难与阻力很大,这主要有:一是农庄农场领导人,不愿因实行这一制度而丧失自己的权力,也不愿

---

① 属于罗斯托夫州。
② 参见苏联《农业经济》1973 年第 10 期。

为自己的工作"增添新的麻烦"。二是小组包工奖励制本身也不完善,一系列数据与标准计算起来很麻烦,从而难以准确反映小组内每个人的劳动贡献,从而容易发生纠纷。三是受到整个农业体制的制约,如计划、物资技术供应体制在未改革前,很难适应小组包工奖励制的要求。

三、其他一些改革措施

为了直接提高农民的物质利益,除了采取以上的改革措施外,勃列日涅夫上台后,还在个人副业与税收方面采取了一些改革措施。

1. 继续强调个人副业重要性

前面已指出,勃列日涅夫一上台(1964 年 10 月)就对赫鲁晓夫急于取消个人副业进行纠偏,并在 1969 年 11 月 28 日由苏共中央和苏联部长会议通过的《集体农庄示范章程》中明确规定:农庄庄员家庭(集体农户)可以自己拥有住宅、经营建筑物、产品畜、家畜、蜜蜂以及在宅旁园地上耕作用的小型农具。拨给农庄庄员家庭的菜园、果园等宅旁园地面积,不得超过 0.5 公顷(包括建筑物所占土地),如果是水浇地,则不得超过 0.2 公顷。集体农庄庄员家庭可以拥有一头带有一岁以下仔牛的奶牛,一头两岁以下的小牛,一头带有三个月以下仔猪的母猪,或两头育肥猪,10 只绵羊和山羊,以及蜂群、家禽和家兔。集体农庄可根据庄员大会的决定,为在农村地区工作并居住在本集体农庄界内的教师、医生和其他专家提供宅旁园地。如宅旁园地有多余,也可以根据庄员大会的决定给居住在本集体农庄界内的工人、职员、养老金领取者和残废者提供宅旁园地。农庄还允许上述人员按规定使用放牧他们的牲畜。

应该说,在 1969 年通过的《集体农庄示范章程》中,有关支持个人副业发展的政策是明确的,并作出了一些具体规定。同时亦有一些控制性规定,如宅旁园地不能转让他人,或雇用劳力来耕种。农庄管理委员会有权没收擅自增加的宅旁园地。还规定宅旁园地面积和庄员家庭所饲养的牲畜头数,由庄员大会在考虑家庭人口及其参加农庄公有经济的情况下确定。到了 1977 年,勃列日涅夫在作"关于苏联宪法草案及全民讨论的总结"报告时,对有人提出有关取消或限制个人副业的建议持否定态度。他说:"还有人建议取消或严格限制经营副业。但是大家都知道，这种与剥削无关的劳动形式目前在我国经济中起着有益的作用。因此，我们认为，建议在宪法中强调国家和集体农庄要协助公民经营副业的同志是正确的。"①

1981 年 1 月，苏联通过了《关于增加公民个人副业农产品产量的补充措施》的决定。决定的主要内容有：

允许国营农场和其他农业企业，以及建议集体农庄在严格自愿的基础上同农庄庄员、工人、职员和其他生活在其土地上并自愿参加社会生产的公民，以及领养老金者签订饲养和收购牲畜、家禽及收购多余奶类的合同；

规定按照集体农庄、国营农场和其他农业企业所订的合同，以及同消费合作社组织所订的合同饲养的牲畜头数，可以超过农庄庄员（农户）、工人、职员和其他公民家庭私人饲养的头数；

根据同集体农民、工人、职员和其他公民签订的合同，集体农庄、国营农场和其他农业企业收购的牲畜、家禽和剩余奶类由这些单位交售给国家，并计入它们的产量总额和完成国家收购农产品的计划，按数量质量指标对规定的增加部分予以补贴；

要求集体农庄、国营农场和其他农业企业为那些同自己以及这些消费合作社订立了生产畜产品合同的集体农民、工人、职员和其他公民提供更多的地段，使他们既可以靠宅旁园地，也可以在必要的情况下靠生产单位暂时还没有利用的土地来种植饲料作物。

决定还在贷款、提供肥料、农用机器等方面，为发展个人副业给予帮助。

从这次决定的总的内容来看，苏联对农村私人副业政策比过去有较大的放宽，目的是让私人副业生产更多的农产品，改善市场供应，特别强调要重视私人副业在补充苏联居民食品方面的重要作用。

———————

① 《勃列日涅夫言论》第十三集，上海译文出版社，1981 年，第 288 页。

总的来说,勃列日涅夫时期对农村个人副业政策不像赫鲁晓夫时期那样多变,比较稳定。在收成好、市场供应较好的情况下,仍重视个人副业的发展,坚持认为当前缩减私人经济的农产品生产"为时过早",再三强调"必须充分利用私人副业的潜力"。

勃列日涅夫时期对个人副业的政策较为稳定,并且实行了一些以鼓励其发展为主的措施,这与对个人副业的基本认识有关。在这一时期,苏联认为,个人副业的存在是由客观经济条件决定的,即在苏联公有经济还远不能满足居民对各种农产品的需要时,私人经济仍然是满足全国居民食品需要的一个重要来源,而对集体农庄庄员来说,还是一项重要的补充收入。

从发展的总趋势来看,不论从绝对量,还是从所占的比重,农村的个人副业呈逐渐下降的趋势。

表 13-2　1971—1979 年个人副业下降情况

| 项目 | 1971 年 | 1979 年 | 减少率(%) |
|---|---|---|---|
| 播种面积(百万公顷) | 6.68 | 6.05 | -9.4 |
| 牛(万头) | 2495 | 2300 | -8.0 |
| 其中:奶牛(万头) | 1552 | 1320 | -15 |
| 猪(万头) | 1656 | 1480 | -11 |
| 肉(万吨) | 460 | 440 | -6 |
| 奶(万吨) | 2930 | 2710 | -8 |
| 土豆(万吨) | 5838 | 5360 | -8 |

资料来源:陆南泉:《赫鲁晓夫-勃列日涅夫的农村私人经济政策》,载苏联经济研究会编:《苏联经济体制问题》,时事出版社,1981 年,第 181 页。

应该指出,勃列日涅夫时期个人副业出现下降趋势,与苏联农村公有经济发展水平提高有关(在勃列日涅夫执政后期公有经济生产了 99% 的粮食,70% 以上的肉、奶和蔬菜等),当然也受到其他因素的影响。这可从个人副业减少的具体原因中看出:第一,它与农村人口大大减少有关。1971 年至 1978 年,全苏农村人口由于去城市从事工业生产,而减少了 760 万,平均每年减少 110 万。第二,与农业生产专业化有关。专业化生产发展后,不少农庄、农场取消了养畜、养禽场,因此卖给私人的猪仔等大为减少。第三,与农庄普遍实行有保证的劳动报酬制度(每月领取工资)有关,不少庄员在商店购买食品,自产的减少。从1965年到1979年,农村居民按人口平均计算的购买食品商品的数额增长了1.34倍,而同期,城市居民在这方面的开支只增长了61%。第四,与农村住宅大量增加有关,因为这使用作耕种的宅旁园地日益减少。

这里,有一个问题是值得深思的,农村个人副业的耕地面积长期以来占全国耕地面积都没有超过3%,但长期以来,它生产出来的农产品产值占全苏农业产值的比重一直没有低于25%。

表13-3　个人副业产值占全苏农业产值的比重(%)

| 年份 | 占农业总产值 | 其中 | |
|---|---|---|---|
| | | 占整个种植业产值 | 占整个畜牧业产值 |
| 1966—1970(年平均) | 30 | 22 | 38 |
| 1971—1975(年平均) | 28 | 22 | 34 |
| 1976—1980(年平均) | 25.5 | 19 | 31 |

资料来源:陆南泉等编:《苏联国民经济发展七十年》,机械工业出版社,1988年,第319页。

集体农庄庄员家庭收入中来自个人副业的部分,1965年占36.5%,1970年占31.9%,1975年占25.4%,1979年占26.9%。

以上材料说明,农村的个人副业的经济效益要比国营农场和集体农庄的高得多。同时也说明,斯大林时期建立起来的农村公有制经济制度,如果不进行根本性改革,就不可能解决苏联农业经济发展缓慢、效率不高的问题。

2. 农业税收改革

这里主要涉及对集体农庄和庄员劳动报酬基金的课税。

在1965年之前,对农庄课征所得税是按总收入(即总产值扣除物质耗费之后的部分)计征,不管盈利与否农庄必须缴纳。1965年4月10日,苏联最高苏维埃主席团通过《关于集体农庄所得税》的命令。规定农庄按纯收入(总收入扣除庄员劳动报酬以后的部分)课征所得税。计征办法是从农庄纯收入中扣除本年度应缴全苏集中性的农庄庄员社会保障基金,再扣除相当于盈利率(纯收入与成本之比)15%的一部分收入后,余下的为应税收入,税率为12%。1970年改为以盈利率水平为根据的不同税率。

农庄庄员劳动报酬基金所得税,按1965年通过的命令规定,庄员劳动报酬基金中超过苏联部长会议规定的月均劳动报酬(为60卢布)以上的部分为应税收入,其所得税税率为8%。该项税收与农庄盈利与否无关。它不是由农庄庄员个人直接缴纳,而是由农庄统一从劳动基金中提取上缴。

农业税制改革后,对农庄和庄员的负担有一定的减轻。1961—1965年年均农庄上缴所得税为10亿卢布,而到1966—1970年年均为7亿卢布;同期,庄员上缴所得税亦由4亿卢布降至3亿卢布。来自农庄上缴的所得税在苏联国家预算收入中的比重一直很小,一般占0.4%~0.5%。

3. 对农庄庄员实行社会保证与保险制度

在1964年之前,从法律上讲,对农庄庄员生老病死国家并没有规定给予保障。1964年7月15日,苏联最高苏维埃通过了《集体农庄成员优抚金和补助金法》。该法律指出:苏联现已有可能在集体农庄中设立养老金、残废优抚金、丧失赡养人员优抚金以及女庄员的妊娠生育补助金,从而实行更稳定的社会保障制度。法律规定的优抚金和补助金,用农庄和国家的资金来支付,不得从农庄庄员收入中作任何扣除。几经变更后,农庄的社会保障与保险基金,1/3来自农庄,2/3来自国家预算拨款。1965年到1982年,按法律规定领取优抚金(主要是养老金)的农庄庄员人数由800万人增加到1080万人。

## 第五节 增加农业投资与发展跨单位合作组织

从发展政策来看,勃列日涅夫时期采取的一项重要政策是,大幅度增加对农业的投资,以进一步加强农业的物质技术基础,加快农业机械化、化学化和水利化的进程,开发俄罗斯联邦的非黑土地带,加强农业的科研工作。

在斯大林时期,对农业的投资是不多的,一般只占国民经济投资总额的

11%~13%，而通过国家预算对农业的投资只占5%左右。赫鲁晓夫上台后，开始增加对农业的投资，到了勃列日涅夫时期，农业投资有了大幅度的增加。1965—1982年的17年中，用于农业投资的总额为4708亿卢布，比1918—1964年47年的农业投资总额1030亿卢布增加了3.6倍。从增长速度来看，1982年的农业投资比1965年增长了2.1倍，而同期，整个国民经济的基建投资总额增长了1.57倍。从1973年开始到勃列日涅夫逝世，农业投资在整个国民经济的基建投资总额中一直要占27%左右。如果把与发展农业直接有关的化肥、农药、农机、混合饲料、微生物工业部门的投资计算在内，农业投资要占整个国民经济投资总额的30%以上。苏联对农业投资的数额，在世界各大国中居首位。另外，在农业投资中，国家投资比重迅速增加。1970—1980年期间，国家投资在农业中的比重为65%~68%。在分析国家对农业的投资时，还必须考虑到在提高农产品收购价格条件下，为了稳定消费品零售价格，苏联每年要支出大量的财政补贴。20世纪70年代末80年代初，国家对肉奶和蔬菜采购价格与零售价格之间差价补贴，高达260亿卢布左右，这约占当年预算支出总额的10%。[①]

从生产经营组织形式来看，在勃列日涅夫执政时期，积极发展跨单位合作与农工一体化。这一组织形式始于20世纪的60年代中期，被视为苏联农业生产组织发展的基本方向。1976年5月28日苏共中央通过了《关于在跨单位合作和农工一体化基础上进一步发展农业生产专业化和集中化的决议》。决议指出："生产力的进一步发展，客观上要求对农业生产的组织采取崭新的解决办法，要求农业进一步加深专业化，把各单位的力量联合起来，广泛利用科学技术进步的成就。科学和现代的实践证明，这是合理利用土地、劳动、技术设备以及集约化的其他因素并在此基础上加速提高农业生产的产量和效率的可靠途径。""现在，全国大约有6000个跨单位的专业化联合公司、专业化组织和企业。经验表明，它们的单位产品生产的劳动耗费，比非专业化集体农庄和国营农场低五分之三到三分之二，成本低三分之一到二分之一。"[②]

---

① 参见陆南泉等主编:《苏联兴亡史论》修订版，人民出版社，2004年，第633页。
② 郑国绮等选编:《苏联经济改革决议、条例选编》，商务印书馆，1988年，第285页。

跨单位合作企业按其经营业务分为以下四种形式:一是建筑、建材生产企业,二是农畜产品生产企业,三是农产品加工、复合饲料生产企业,四是社会服务业企业。跨单位合作与农工一体化,反映了科技进步与社会劳动分工深化的要求,即在客观上使农业提供的最终产品(食品和各种消费品),越来越变成农业与农业相关的工业部门共同活动的成果,这也就要求农业与工业部门之间联系更加紧密,形成一个有机的综合体,即农工综合体。这种综合体,在当时,苏联基本上有两种形式:一是农工企业。它是农场、农庄和工业企业联合从事农畜产品生产和加工的企业。农工企业有统一的经营领导,农场的场长同时也是企业领导人,工农企业有统一的资产负债表,是法人。农工企业以生产水果、蔬菜与罐头的居多。1979 年全苏有 386 个农工企业。二是农工生产联合公司。它是由若干农业企业与在生产上和农业有关的从事加工、废物利用、农产品保管及包装的企业和生产单位组成的。后来经过不断发展,出现了一些规模更大、社会化程度更高的农工生产联合公司。它包括的部门有:为农业提供生产资料和生产服务的"农业前"部门,农业生产部门,"农业后"部门与专业化生产部门。

除了以上两种形式外,还有由农业科研机构、试验性生产基地与农业企业联合组成的"农业科学生产联合公司"。

参加农工联合公司的企业,一般都保持原有的独立性。联合公司有的由主企业的机构领导,有的由独立的管理机构领导。

农业生产组织形式的变革,是在高度集中的政治、经济体制条件下进行的,因此,在变革过程中,必然会遇到一些问题,如一些农场、农庄以及有关企业与部门领导,担心联合后会丧失自己的权力和利益而抵制建立跨部门的农工联合公司;而一些州等上层领导,为了完成任务,违背自愿原则强迫农场、农庄参加跨部门合作,并忽视条件是否成熟;也有些地方出现片面追求规模,管理又跟不上,从而造成浪费,不少跨单位企业出现亏损。

但总体来说,在勃列日涅夫执政后期,农业跨单位合作的发展还是取得了不少进展,全国有 13000 多个农工联合企业,几乎所有的农庄和 60% 以上农场参加了跨单位合作与农工一体化。

## 第六节　农业与农业体制存在的主要问题

应该说,勃列日涅夫时期,在扩大农场、农庄自主权与农产品收购制度等方面都采取了不少改革措施,加上增加了对农业的投资,农业的物质技术基础的加强,这些对调动农业劳动者的积极性和促进农业发展都产生了有益的影响。以 5 年平均产量来看,粮食产量有较大幅度增长。1961—1965 年平均产量为 1. 303 亿吨,1966—1970 年平均产量为 1. 676 亿吨,1971—1975 年平均产量为 1. 816 亿吨,1976—1980 年平均产量为 2. 051 亿吨。[①] 畜牧业也有较大发展,如 1965—1976 年增长了 48% 。

一、农业中存在的主要问题

勃列日涅夫执政 18 年,农业虽有进展,但并没有从根本上解决农业问题。投资大、效益低,生产稳定性差、波动幅度大,仍是苏联农业的基本特点。

我们已在前面提到,勃列日涅夫时期对农业的投资是巨大的,比美国多 4 倍。但巨额的农业投资,并没有保证苏联农业稳定发展。从农业产值 5 年的增长速度来看,是大幅下降的趋势。即由“八五”(1966—1970 年)计划期间的 21% 下降到“九五”(1971—1975)计划期间的 13. 3% ,“十五”(1976—1980 年)计划期间的 9% ,而 1981 年则是 - 2% 。勃列日涅夫执政 18 年,就有 10 年减产。有些年份减产幅度很大,如 1975 年比 1974 年减产 5560 万吨,1979 年比 1978 年减少 5790 万吨。粮食产量也经常达不到计划规定的指标。1976—1980 年,计划规定年均粮食产量为 2. 17 亿吨,而实际是 2. 0505 亿吨,1981—1985 年计划规定的年均产量为 2. 4 亿吨,而实际产量为 1. 803 亿吨,比计划相差 6000 万吨,其中 1981—1982 年为 1. 7249 亿吨。

更为严重的是,1979—1982 年农业连续 4 年歉收,这是创历史纪录的。上述情况,完全打破了苏联粮食生产的一般常规:即在三年中,一年丰收,一年平年,一年歉收。农业连续多年的不景气,给苏联整个国民经济的发展带

---

① 上述粮食产量是以“谷箱重量”为依据的,其中含有很多杂质,在运输过程中浪费很大,因此水分很大。据西方估计,苏联粮食实际产量应从苏官方公布的数字中扣除 15% ~ 19% 。

来了严重的影响,它越来越成为经济增长率下降的重要因素之一。例如,1979 年粮食产量与农业产值分别比上年下降 26.4% 和 3.1%,这使当年的国民收入增长率下降为 3.4%,由于 1981 年农业大歉收,迫使苏联制订 1982 年计划时,国民收入的计划增长率只规定为 3%。粮食连年减产,导致苏联不得靠进口来满足其国内的需求。在勃列日涅夫执政的 1973 年,苏联在历史上第一次成为粮食净进口国。这一年净进口 1904 万吨。后来,粮食进口上了瘾,就像吸毒者上了海洛因的瘾一样。[①] "1981—1982 年,由于购买小麦太多,震惊了世界市场,各国纷纷表示愤怒:俄罗斯简直是在吃穷人的粮食。但是,事已至此,粮价虽然贵两倍,还是进口大量粮食。"[②]农业占用大量资金,生产落后,还限制了其他部门的发展,仅粮食每年大约需要进口 3000 万吨。进口食品和食品原料所花的钱,约等于每年外贸进口总额的 20%,成了苏联仅次于机器设备进口的第二项大宗商品。这种情况,使得苏联外汇更加拮据,亦难以保证对国内经济发展起重要作用的技术设备的进口,从而也影响着整个国民经济,特别是一些关键部门的发展。农业不景气,还限制了经济结构的调整。苏联一直在设法加速"乙类"工业的发展,但苏联轻工业原料的 2/3 和食品工业原料的 80% 来自农业,这样,甲、乙两类的比例和工农业之间的比例关系,很难得到改善,农业的连续多年歉收,直接影响市场供应和人民生活水平的提高。使得一部分有支付能力的需求不能实现,从而使储蓄迅速增长。在勃列日涅夫执政时期零售商品流转额与储蓄的增长速度很不协调,如 1970—1981 年期间,零售商品流转额增长了 82.7%,其中食品商品零售流转额增长了 56%,而同期居民的储蓄存款则增长了 2.56倍。这显然是以后通货膨胀的重要潜在因素,并给以后的改革造成障碍。为此,勃列日涅夫在 1982 年多次讲话中谈道,食品问题已成为苏联"最紧迫的政治和经济问题"。

苏联农业落后还突出反映在效率低下。农业劳动生产率 1976—1980 年年平均值只及美国的 20%~25%。正如西方报刊所评述的:"苏联农业生产

---

① 参见[俄]格·阿·阿尔巴托夫:《苏联政治内幕:知情者的见证》,徐葵等译,新华出版社,1998 年,第 239 页。

② [俄]瓦·博尔金:《戈尔巴乔夫沉浮录》,李永金等译,中央编译出版社,1996 年,第 28 页。

的效率低得出奇",低效率是苏联农业"赶不掉的恶鬼"。①

二、农业管理体制中存在的主要问题

勃列日涅夫时期,苏联农业依然十分脆弱,效益十分低下,主要问题仍然是在改革农业体制和调整农业政策过程中,一些主要问题未能解决。

首先,长期以来,苏联的农业生产力水平与生产关系不相适应。

在"左"的思想支配下,勃列日涅夫时期对此并没有作出实质性的调整,生产资料越公越先进,生产规模越大越优越的思想,在勃列日涅夫执政时期仍占统治地位。突出反映在:不断合并集体农庄,把农庄改为国营农场;对农业中生产资料公有制的两种形式——全民所有制的国营农场和集体所有制的集体农庄,实际上不加区分。国家对它们下达一样的指令指标,领导人实际上均由国家委派,不尊重农庄的自主权利。在理论上强调的是,加速集体所有制向全民所有制过渡。在发展农工综合体过程中,时而出现追求速度和规模的情况,一些农工综合体的农场由盈利变为亏损;在分配方面存在严重的平均主义。这里特别要提出的是关于在农庄推行的有保障的劳动报酬制度。这种工资报酬制度,一开始对提高农庄庄员的生产积极性起了一定的作用。

但这种报酬制度并不符合苏联农业生产力的发展水平。它在一定程度上助长了吃大锅饭。这样看来,把国营职工的工资制度搬用到集体所有制的农业部门是不适合的。勃列日涅夫逝世后,苏联新领导和学者尖锐地批评了这一时期在分配方面存在的平均主义问题,认为在勃列日涅夫时期存在随心所欲的、不顾生产力发展水平朝前奔跑——追求共产主义分配方式的现象。在分配时,不去精确计算每个人在创造物质和精神财富中的劳动贡献。有的学者还明确指出,对庄员实行有保障的劳动报酬制度,这样使庄员的劳动报酬摆脱了气候的影响,但收成并没有摆脱天气的影响,从而使庄员所得与他们的最终劳动成果不能挂钩。

其次,在管理体制方面,特别是在农业计划制度方面,虽然明确规定国

---

① 转引自陆南泉、周荣坤:《当前苏联经济面临的主要问题》,载苏联经济研究会编:《苏联经济体制问题》,时事出版社,1981 年,第 364 页。

家只下达主要农产品的采购量,但实际上农庄、农场并未摆脱上级机关的琐碎监督。

仍然是从上到下,从共和国的部,经过州和区的机关,向农庄、农场下达播种计划、牲畜头数,有时简直闹到向农庄下达母猪交配任务的荒谬程度。① 这样的情况下,农庄、农场的生产经营自主权只是一句空话。由于投资决策权一直控制在国家手里,往往造成投资政策的不合理,使大量的农业投资难以发挥应有的作用。举例来说,苏联有个农场,在"九五"计划期间补贴400万卢布。"十五"计划的前3年又补贴420万卢布。这个农场亏损的根本原因是缺一条与城市相连的公路。据计算,修建这条公路只需要45万卢布。但国家不拨款修公路,而宁愿年年给农场补贴。② 正是由于这种情况,勃列日涅夫在1982年还指出:"必须坚决消除有充分根据可称之为整个农业生产基础的农庄农场发布行政命令和采取琐碎监督的做法。"③

最后,农业劳动者实际上无权参与生产与经营。

尽管勃列日涅夫上台后,亦曾批评由于农业劳动者无管理权,农庄理事会流于形式,从而影响生产者的积极性。但这个问题一直到勃列日涅夫1982年逝世时也未发生实质性变化。在1982年召开的苏共中央五月全会上,勃列日涅夫在其所作的关于食品纲要的讲话中说:"必须鼓励农庄庄员发挥积极性,加强对遵守民主管理生产原则情况的监督。要知道,许多集体农庄不经常举行全体会议,这并不是秘密。而大家知道,全体会议是集体农庄最高的管理机构。这就降低了集体农庄庄员在解决农村内部生活问题上所起的作用。不能回避和限制集体农庄章程所规定的民主程序。"他还强调:提高和完善农庄庄员和农场职工"参加管理的民主制度将只会得到好处"④。苏联农业生产条件与自然、气候条件在十分多样化的条件下,特别需要农业生产者的主人翁态度,要给予他们作出决定的独立性和灵活性的可能。

---

① 参见苏联《共产党人》1982年第2期。
② 同上1981年第14期。
③ 《勃列日涅夫言论》第十八集,上海译文出版社,1986年,第154页。
④ 同上,第157页。

由于农庄农场缺乏真正的自主权,农业劳动者又没有民主决策权,在这样的情况,物质刺激并不总是能把积极性刺激起来,再加上农村生活条件改善有限,这样,必然造成两种结果:一是农业劳动者把不少精力用于从事个人副业上;二是农业劳动大量外流,特别农技人员更为严重,如俄罗斯联邦在3年内共培养了117.5万名农机手,而实际上农机手仅增加23.5万名。沃罗涅什州三年共培养出4200名农机手,而同期内离开农村的却有4800名。[①]

同时,由于农业管理体制存在的种种弊端,管理效率低下,生产者又缺乏主人翁态度,在苏联农业中又产生了一个长期不易解决的痼疾——严重浪费。在勃列日涅夫执政后期,每年报废的拖拉机要占当年新提供数的80%以上,1979年则占新提供数的93%。该年提供35.4万台,报废32.9万台。各种农产品在进入消费之前的损失大得惊人,达到了"特别不能容忍"的程度。粮食的浪费,仅在收割过程中就达2300万至2500万吨。土豆有效利用率不超过田间培育块茎重量的55%~60%,根据典型调查材料,在储存中甜菜的损失达22.1%,胡萝卜23.3%,白菜36.9%。[②]

---

① 参见苏联《农业干部》1980年第1期。
② 参见陆南泉、周荣坤:《当前苏联经济面临的主要问题》,载苏联经济研究会编:《苏联经济体制问题》,时事出版社,1981年,第364页。

# 第十四章　全面推行新经济体制

勃列日涅夫上台后,为了整治赫鲁晓夫下台时苏联出现的社会经济混乱局面,一方面采取一些最紧迫的调整措施;另一方面对在赫鲁晓夫后期已酝酿的经济改革进行继续试验。在此基础上,苏联决定在工业部门推行新经济体制。

## 第一节　改革大体过程与基本原则

1965 年苏共召开中央九月全会。时任苏联部长会议主席柯西金在会上作了《关于改进工业管理、完善计划工作和加强工业生产的经济刺激》的报告。1965 年 9 月 29 日苏共中央通过了相应的决议。会议决定苏联推行新经济体制。决议提出,苏联工业管理体制之所以需要进行改革,这是因为:"工业中现行的管理组织结构、计划工作和经济刺激的方法,不适合现代条件和生产力的发展水平";"在工业领导中也有严重缺点,那就是喜欢用行政方法,而厌弃经济方法。企业经济核算大多徒具形式,企业在经济活动方面的权力受到限制";"给企业工作规定大量计划指标,这种做法限制了企业职工的自主性和主动精神,降低了对改善生产组织的责任感。对工业工作者的物质鼓励制度,不足以使他们关心企业工作的总成果,关心生产的盈利率的提高和工业产品质量的改进";"按地区性原则管理工业,使工业生产在经济区范围内的实现跨部门专业化和协作化有了较多的便利条件,但同时却妨碍了部门专业化和不同经济区企业之间合理的生产联系的发展,使科学远离生产,导致工业各部门领导的分散和层次繁多,使工作失去效能";"为了进一步发展工业,提高社会生产效率,加速技术进步,提高国民收入增长速度,并在此基础上保证苏联人民福利的进一步高涨,要求完善工业生产的计划方法,加强工业生产的经济刺激,使工作人员更加从物质利益上关心改进企业工作结果"。①

为了消除工业管理体制中存在的上述种种问题,并达到工业改革的目的,柯西金在报告中指出:"这一切只有在集中的计划领导同企业和全体职工的经营主动性相结合、同加强发展生产的经济杠杆和物质刺激相结合、同完全的经济核算制相结合的情况下,才能达到。这样,经营管理体制才足以适应提高生产效果的任务。"

可以说,勃列日涅夫执政后,经济体制的改革从未停止过。自1965年苏共中央九月全会通过了《关于改进工业管理、完善计划工作和加强工业生产的经济刺激》的决议后,接着苏共中央与苏联部长会议于1965年9月30日通过了《关于改进工业管理》的决议,10月4日通过了《关于完善计划工作和加强工业生产的经济刺激》的决议。同一天,苏联部长会议批准了《社会主义国营生产企业条例》。这些经济改革决议的通过,标志着新经济体制的正式推行。可以认为,1965年9月至10日通过的上述经济改革决议,是勃列日涅夫时期所进行的各种改革的基础,以后的各种改革措施,都是这次改革的继续和修补。

一开始,苏联计划在两三年内完成向新体制的过渡,但由于遇到各种矛盾和阻力,实际上一直拖到20世纪70年代中期整个国民经济才基本上完成向新体制的过渡。

如果粗分一下,勃列日涅夫时期的经济体制改革,大体上可以分为下列三个阶段:

第一阶段是20世纪60年代中期到末期。这一时期,要解决的问题是,克服赫鲁晓夫时期造成的经济混乱局面,撤销在1957年建立起来的各地区国民经济委员会,重新建立与加强中央的专业部,恢复部门管理为主的体制,加强中央集中统一领导。这一时期企业和经济组织基本上完成了向新

---

①　《苏联共产党和苏联政府经济问题决议汇编》第五卷,中国人民大学出版社,1983年,第667~668页。

经济体制的过渡。

第二阶段是 20 世纪 60 年代末期到 70 年代初期。这一时期,主要是针对前一段经济改革中出现的问题,采取一些修补措施,为进一步改革进行各种试验,并通过了在工业中普遍建立生产联合公司的决议,开始改革工业管理体制。

第三阶段是 70 年代末期以后。1979 年 7 月 12 日苏共中央和苏联部长会议了通过了《关于改进计划工作和加强经济体制对提高生产效率和工作质量作用》的决议(以下简称为"新决议")。企图对经济改革以来出现的各种问题来个一揽子解决,重点放在加速科技发展、贯彻生产集约化方针和提高效率与质量方面。这个决议,在勃列日涅夫时期的改革史上占有重要地位。它涉及各个方面的问题。

勃列日涅夫时期一直强调,改革要遵循以下三项基本原则进行:一是扩大企业经营管理的自主权,以利于提高企业的主动性和积极性;二是管理经济由行政方法与经济方法相结合,逐步转向以经济方法为主,加强经济杠杆作用;三是贯彻国家、企业和个人三者利益结合的原则。这三条,既是实行新经济体制的原则,也是改革要达到的目标,同时也是达到提高经济效益、避免经济增长率下降的主要措施。

从 1965 年通过的决议和柯西金所作的报告看,新经济体制涉及的内容十分广泛,它关系到经济体制的各个领域,主要有:改进工业管理的组织,恢复部门管理原则;改进工业计划工作和扩大企业经营自主权;加强对企业的经济刺激和巩固经济核算制;加强工作人员从物质利益上对改进企业工作的关心;提高信贷在工业发展中的作用;完善工业品批发价格和改革物资供应体制等。按柯西金在报告中的说法,这些改革内容大体可分为两方面:"第一是关于完善计划工作、加强企业的经营主动性和经济刺激;第二是关于改进管理工业的组织。第一类问题与批准的社会主义企业条例有密切联系;第二类问题是同扩大加盟共和国的经营权限的决议密切联系。所有这些问题构成一个统一的整体。"①而以上的改革内容,实际上都是为了实现上

---

① 苏联《真理报》1965 年 9 月 28 日。

面提到的三项改革原则和目标。

## 第二节　重新建立部门管理体制

柯西金在 1965 年苏共中央九月全会的报告中说，从 1957 年工业和建筑业大改组后，"随着时间的推移，工业管理开始出现巨大的缺点。工业部门在生产技术方面是一个统一的整体，但对它的领导，却分散在许多经济区，因而完全遭到破坏"。"实际上，没有一个统一的机关能够通盘地审查和解决部门的发展问题。""在社会主义经营管理制度的条件下，只有应用部门的管理原则才能使工业领导的力量达到应有的集中。""为了改进工业领导，必须建立按部门原则设置机关。各工业部应当成为这样的机关，它们拥有领导各生产部门的全部权力，并对这些部门的发展负完全责任。"[①]1965 年，苏共中央九月全会通过的决议中也明确指出：为了克服按地区性原则管理工业原则所产生的弊端，"必须按部门原则组织工业管理，按工业部门成立联盟兼共和国部、全联盟部"[②]。可以说，苏联在为推行新经济体制作准备的同时，也着手研究工业如何重建部门管理体制，所以，在 1965 年 9 月 29 日苏联中央通过有关新经济体制决议后的第一天即 9 月 30 日，苏共中央和苏联部长会议就通过了有关改进工业管理的决议。这一决议，集中解决重建工业部门管理体制问题。决议重申："必须按部门原则组织工业管理，把领导有关工业部门的企业、科学研究组织、设计组织和支配拨给它们的物质资源和财政资源的工作，集中在统一的联盟兼共和国机关或全联盟机关进行。"决议认为，这样组织工业管理有利于："加强工业部门，使其成为国民经济中最重要的生产技术和经济综合体；保证该工业部的生产领导、发展科学技术的领导和经济领导的统一，改进物质资源和财政资源的使用；提高经济因素在工业企业工作中的作用；消灭现有的管理机关层次繁多的现象和它们工作

---

① 苏联《真理报》1965 年 9 月 28 日。
② 《苏联共产党和苏联政府经济问题决议汇编》第五卷，中国人民大学出版社，1983 年，第668 页。

中的重复现象,提高工业管理机关工作人员对他们所担负的工作的责任感。"①决议还就重组工业管理机关作出具体规定:

(1)组建以下几个苏联联盟共和国部:黑色冶金工业部,有色冶金工业部,煤炭工业部,化学工业部,石油开采工业部,石油加工和石油化学工业部,森林、造纸和木材加工工业部,建筑材料工业部,轻工业部,食品工业部,肉品和奶品工业部。在各加盟共和国,根据境内该工业部门的产品产量和企业数目,设立同名的联盟共和国部或管理局(联合公司),直接管理企业和对企业的活动负责。各加盟共和国的联盟兼共和国部或管理局(联合公司)隶属于加盟共和国部长会议和相应的苏联联盟兼共和国部,在管理企业的活动中遵循苏联联盟兼共和国部制定的条例。

(2)考虑到机器制造业的发展要求最广泛地实行生产的专业化和协作化,实现机器零件和部件的统一化,要求把为国民经济所有部门研制新的、技术上完善的机器和设备的结构的科学研究组织、设计组织和企业力量联合起来,而这只有在该工业部门实行集中领导的条件下才能做到。鉴于机器制造业具有上述特点,组建下列全联盟部:重型、动力和运输机器制造部,机床制造和工具工业部,建筑、筑路和公用工程机械制造部,拖拉机和农业机器制造部,汽车工业部,化学和石油机器制造部,电工器材工业部,仪器制造、自动化工具和控制系统部,轻工业、食品工业机器和日用器械制造部。上述全联盟机器制造部负责向工业、运输业、农业和国民经济其他部门提供技术上完善的和高效能的机器、设备和仪表,满足居民对优质金属制品的需要。

(3)将以下国家委员会改组为相应的联盟兼共和国部:将苏联国家动力和电力化生产委员会改组为苏联动力和电力化部;将苏联国家渔业生产委员会改组为苏联渔业部;将苏联国家安装和专门建筑工程生产委员会改组为苏联安装和专门建筑工程部;将苏联国家灌溉农业和水利生产委员会改组为苏联土地改良和水利部;将苏联国家地质委员会改组为苏联地质部;将苏联部长会议国家商业委员会改组为苏联商业部。

_____

① 《苏联共产党和苏联政府经济问题决议汇编》第五卷,中国人民大学出版社,1983 年,第674 页。

（4）将以下国家委员会改组为全联盟部:将苏联国家天然气工业生产委员会改组为天然气工业部;将苏联国家运输建设生产委员会改组为交通建设部。

（5）将医疗工业企业转入苏联卫生部系统。在重建工业部的同时,决议决定:撤销苏联部长会议所属的苏联最高国民经济委员会、苏联国民经济委员会、共和国国民经济委员会和经济区国民经济委员会。苏联国家计划委员会和国家建设委员改为苏联部长会议直接领导,并设立国家物资供应委员会。

通过上述改组以后,苏联工业管理体制大体上又恢复到1957年赫鲁晓夫大改组以前的状况。重建部门管理体制后,企业根据其隶属关系可分四类:一是全联盟所属企业,其管理系统是联盟部—总管理局—企业;二是全联盟的联盟兼共和国部所属企业,其管理系统是全联盟的联盟兼共和国—加盟共和国的联盟兼共和国部—总管理局—企业;三是加盟共和国的部所属企业,其管理系统是加盟共和国部—总管理局—企业;四是各地区苏维埃所属地方企业,其管理系统是地区苏维埃工业局（处）—企业。①

1967年7月10,苏联部长会议批准的《苏联部的总条例》,对苏联各部的任务、权力、构成与义务,都作了规定。条例第一条明确指出:"苏联部是对相应国民经济部门实行领导的中央国家管理机关。"并规定部的首要任务是:"保证委托给它的作为我国国民经济组成部分的部门得到全力发展,保证在科学技术进步的基础上高速度发展生产和提高劳动生产率,以便最充分地满足我国国民经济和国防对各种产品的需求;完成国家计划任务和保证严格遵守国家纪律;保证在社会劳动耗费最少的情况下生产优质产品,提高生产效率,改进固定基金、人力、物力和财力的利用状况;在部门中实行统一的技术政策,采用最新的科学技术成就和先进经验,保证使生产达到高度技术经济指标;合理地利用基本投资并提高其效率,降低工程造价和缩短工期,使生产能力和固定基金及时投产,并在短期内掌握生产能力;采用科学的劳动和管理组织,保证给该部系统的企业、组织和机构配备熟练干部,为

---

① 参见梅文彬等:《苏联经济管理体制沿革》,人民出版社,1981年,第195页。

最好地利用工作人员的知识和经验创造条件,提拔年轻而又表现好的专家担任领导工作;改善职工的居住和文化生活条件,创造安全的生产劳动条件。"①

这里需要指出的是,我们讲苏联工业管理体制大体上回归到1957年以前的情况,是从总体上来说的,但并不是说没有任何区别。苏联在1965年9月决定恢复部门管理原则时,与1957年以前相比,还是有其某些新情况的。最为重要的是,1965年恢复部门管理是在推行新经济体制大前提下进行的,这一改革涉及的内容十分广泛,而绝不只是像赫鲁晓夫1957年大改组时那样,主要局限于部门管理改为地区管理问题上,即在"条条"和"块块"上兜圈子。因此,在恢复部门管理原则时,它需要充分考虑推行新经济体制的要求。例如,新条件下恢复和发展部门集中管理,它不应妨碍调整国家与企业关系和扩大企业自主权。勃列日涅夫在1965年召开的苏共中央九月全会上讲:"我们今天在全会上讨论改善工业领导问题,不是说机械地回到旧的、国民经济委员会以前的制度,而是在计划和评价企业经济活动的新原则基础上、在进一步发展集中管理和扩大企业的业务经营自主性的基础上的部门性管理制度。"②

1965年苏联在恢复部门管理原则时,还是十分注意发挥共和国和地方积极性的,力图"把集中的部门管理同共和国和地方的广泛的经营主动性结合起来"③。从实际情况看,也说明1965年改组后,并没有像1957年大改组后按企业隶属关系的工业产值发生急剧变动的情况,加盟共和国(包括地方)所属工业产值,在1965—1982年这一期间,一般占45%左右,而联盟所属工业一般占55%左右(详见表14-1)。

---

① 《苏联共产党和苏联政府经济问题决议汇编》第六卷,中国人民大学出版社,1983年,第512～513页。

② 《勃列日涅夫言论》第一集,上海人民出版社,1974年,第304页。

③ 《苏联共产党和苏联政府经济问题决议汇编》第五卷,中国人民大学出版社,1983年,第669页。

表14-1　按企业隶属关系划分的工业产值(％)

| 年份 | 全部工业 | 其　中 | |
|---|---|---|---|
| | | 联盟所属工业 | 联盟共和国所属工业、共和国所属工业和加盟共和国部长会议所属地方工业 |
| 1950 | 100 | 67 | 33 |
| 1955 | 100 | 53 | 47 |
| 1957 | 100 | 6 | 94 |
| 1958 | 100 | 6 | 94 |
| 1959 | 100 | 6 | 94 |
| 1960 | 100 | 6 | 94 |
| 1965 | 100 | 49 | 51 |
| 1970 | 100 | 50 | 50 |
| 1975 | 100 | 51 | 49 |
| 1982 | 100 | 55 | 45 |

资料来源:陆南泉等编:《苏联国民经济发展七十年》,机械工业出版社,1988年,第122页。

　　尽管勃列日涅夫在重建部门管理体制时,采取了一些措施来克服部门管理的一些弊端,但实践证明,部门管理体制一些固有的问题如部门壁垒、阻碍跨部门的专业化协作等不易解决。特别是随着生产规模的扩大和劳动分工的加深,各部的管理职能越分越细,管理环节和机构亦越来越多,平行的管理机构也随之大大增加。到1972年,苏联的工业和建筑业已有40多个全联盟部和联盟兼共和国部,在全联盟部管辖下有280个部门性总管理局,而在联盟兼共和国部下面有400个总管理局,而共和国部下还有几百个总管理局。在如此多的总管理局下面还有5万个进行独立经济核算的企业。具体到一个部,如轻工业部领导着30个分部门的3000个企业。[①] 这种工业管理环节过多,层次重叠,导致官僚主义和领导机关脱离生产的现象日趋严重。另一个突出的问题是,工业管理中存在权责分离的弊病日益严重。作为部

---

[①]　转引自金挥、陆南泉主编:《战后苏联经济》,时事出版社,1985年,第234～235页。

与企业之间的中间管理环节——总管理局,是个行政单位,一切费用靠预算拨款,它对企业有权下达计划任务并修改计划,但对企业生产经营总成果并不负责任,这样往往造成总管理局的瞎指挥,给企业生产经营的正常进行造成困难。如苏联科学院西伯利亚分院在当地调查了部分企业,在财务指标没有任何改变的情况下,一年内生产计划就被上级机关修改了 1554 次。①

苏联针对部门管理体制出现的问题,决定通过建立联合公司的办法,即通过企业联合、减少管理环节,来缓解一些矛盾。联合公司在赫鲁晓夫执政后期已开始建立,即 1964 年已建生产联合公司和科研生产联合公司 410 个。但发展并不快,到 1969 年 7 月 1 日仅为 510 个。勃列日涅夫在 1971 年召开的苏共二十四大上强调指出:"积累的经验表明,只有大的联合公司,方能集中足够数量的熟练专家,方能保证技术迅速进步和更好更充分地利用全部资源。建立联合公司和联合企业的方针必须更坚决地加以贯彻——将来它们应该成为社会生产的基本经济核算单位。建立联合公司时,特别重要的是,各企业的行政界限和归属关系不致成为实行更有效的管理形式的障碍。"1973 年 3 月 2 日,苏联部长会议通过了《关于进一步完善工业管理的若干措施》的决议。决议明确规定:撤销总管理局,取消多级管理体制,建立生产联合公司和工业联合公司,工业改为二、三级管理体制。在通过上述决议同时,计委责成各工业部在半年之内制定出部门管理总方案,并要求确定本部门建立联合公司的数量、进度、每个联合公司包括的企业名单,使建立联合公司的工作有步骤、有计划地进行。之后,苏联部长会议相继出台了《全苏和共和国工业联合公司总条例》《生产联合公司(联合企业)条例》与《科学生产联合公司条例》。

在 1973 年实行了上述措施后,联合公司才有了较快的发展。到 1975 年已组建联合公司 2314 个,它联合了 9558 独立企业与组织。到 1982 年这两项指标分别为 4206 个和 18087 个。②

从经济体制改革角度看,苏联决定大力推行联合公司,其主要目的有:一是简化工业管理环节,在 1973—1975 年期间,将工业管理改为二、三级管

---

① 转引自金挥、陆南泉主编:《战后苏联经济》,时事出版社,1985 年,第 235 页。
② 参见《1983 年苏联国民经济统计年鉴》,财政与统计出版社,1984 年俄文版,第 118 页。

理体制。两级制：全联盟部或联盟兼共和国部—生产联合公司、企业（或加盟共和国部—生产联合公司、企业）；三级制：全联盟部或联盟兼共和国部—全苏工业联合公司—生产联合公司、企业（或加盟共和国部—加盟共和国工业联合公司—生产联合公司、企业）。二是打破企业的行政归属和部门界限，加强专业化协作。三是解决管理部门权责不统一的矛盾。由于联合公司实行经济核算，其总经理要负全责。在一个公司内，生产指标、收入与亏损等经济利益都是共同的，大家对生产、对完成国家财政任务等负责。这些特点决定了联合公司容易把权责统一起来。① 四是想借助建立联合公司达到加速推行新经济体制的目的。到 1972 年苏联已有 87% 的工业企业转向新体制，而未能实行新体制的企业，一般都是生产水平和盈利水平低的小企业。据统计，不到一百人的小工厂就占苏联工业企业总数的 1/3，不到二百人的占 55%。这些小企业，就是在实行了新经济体制后，也不可能充分利用赋予它们的权力，不具有贯彻新经济体制要求的经营知识和充分的资金。所以这种生产极为分散的小企业，不仅对管理带来很大的困难，并已成为推行新经济体制的"根本障碍。"但建联合的公司后，进行经营管理的原则扩大到部以下的中间一级环节，实行经济核算的基层生产单位由企业变为联合公司。苏联一直认为，建立联合公司是推行新经济体制的一个重要阶段。五是企图加强经济和管理的集中。

在苏联工业一直存在着集中的趋势，20 世纪 50 年代中期，约有 20 万个企业，到 1977 年已减少为 43800 个。1973 年通过决议建立联合公司时，设想把当时近 5 万个企业合并建成 7000～8000 个联合公司。这样，可使经济更为集中，同时也加强了集中管理，国家只需同七八千个联合公司打交道。另外，在实行新经济体制初期，较大地扩大了企业经营管理权，强调自主性。这一时期较多地出现了为了单纯追求利润而破坏计划、合同和抬高价格等混乱情况。为了扭转这一局面，苏联曾采取一些措施，对企业权限作了一些

---

① 联合公司实行经济核算对权责统一起到了一定的作用，但部仍是一个行政管理机构，它所属的企业工作好坏对其财务状况无影响。部对国家也不承担直接的经济责任。为了充分发挥经济核算、利润等经济杠杆的作用，在部一级亦使权责统一起来，苏联于 1970 年 3 月通过决议，在仪表部试行全面经济核算，其主要内容是对该部在国家预算和部之间实行利润分成。1981 年苏联决定逐步推广部一级的经济核算。

限制,并通过增加下达一些经济指标来控制企业。而大力推行建立联合公司,为加强集中管理在组织形式上提供了一定的保障。

## 第三节 改革计划体制

1965 年实行新经济体制在改革计划体制方面涉及的主要内容有:

一、扩大工业企业的经营自主性,减少上级组织为企业规定的计划指标的数目

传统的计划经济体制,国家主要靠下达大量指令性指标来控制企业的生产经营活动,从而也使企业丧失独立性。1965 年改革时,国家给企业下达的指标,由赫鲁晓夫时期的八类二十多项减为六类九项:

生产指标:

按现行批发价格计算的产品销售总额。个别部门必要时可以采用产品发货量指标;

用实物表示的各种最重要的产品(其中标明出口的产品),包括产品质量指标;

劳动指标:

工资总额;

财务指标:

利润总额和盈利率(与固定基金和流动资金之比);

预算缴款和预算拨款;

基本建设指标:

统一投资总额,其中包括建筑安装工程款;

用统一投资实现的固定基金和生产能力的投产;

采用新技术指标:

试制新产品的任务,采用对部门发展有特殊重要意义的新工

艺流程的任务,实现生产的综合机械化和自动化的任务;

　　物资技术供应指标:

　　　　由上级机关分配给企业的原料、材料和设备的供应量。①

　　上述九项指标以外的一切计划指标,无须上级机关核准,由企业自行制订。实行新经济体制后,上级下达给企业的指令性指标,不只反映了指标数量减少,而且体现了通过指标调整(如用产品销售额、利润额和盈利率指标)来引导企业提高生产效率,关心最终成果,使生产符合市场的需要。九个指标中,销售额和利润额是核心,前者反映企业生产经营活动量的方面,后者反映质的方面。后来,考虑一些企业不愿试制、生产新产品和有竞争能力的高质量产品,以及防止平均工资的增长速度超过劳动生产率的增长速度。

　　为此,在1971年6月21日苏联部长会议通过的《关于改进工业生产的计划工作和经济刺激的若干措施》的决议中规定:从1972年开始,在给每个企业和组织规定其产品销售总额的年度计划任务时,各部和各主管机关、各加盟共和国部长会议,应当把技术经济指标符合国内外最高技术成就的新产品的销售额单独列出来,并提高这种产品在总产量中的比重,同时还应当把上述产品纳入以实物表现的各种最重要的产品的生产计划中,并在建立鼓励基金时考虑这些指标。苏联国家计委等主管部门,为了达到这方面的目标,还采取了一些经济刺激措施。决议还规定:在制定1971—1975年经济刺激基金稳定的利润提成定额时,应规定所设立的这种基金的数额要能保证维持工资、劳动生产率、利润和其他计划指标在经济上合理的增长比例。同时,在5年间用于设立鼓励基金数额,以及1971—1975年各部、各主管机关、各企业和组织上述基金的利润提成定额的数额,应当以劳动生产率的增长速度为依据。简言之,根据决议的上述规定,从1972年起,又给企业增加了新产品销售额与劳动生产率两项指标。

　　1979年7月苏联通过的"新决议",对下达给企业的指标又作了较大调整。决议指出:应在经济和社会发展五年计划中,为各工业部、联合公司和

---

　　① 《苏联共产党和苏联政府经济问题决议汇编》第五卷,中国人民大学出版社,1983年,第687～688页。

企业规定下列指标和经济定额(按年度分配)。

生产方面:

定额净产值(有的部门可采用以可比价格计算的商品产值);

用实物计算的各种主要产品产量,其中包括出口产品的产量;

优质产品产量增长额或为该部门规定的其他产品质量指标;

劳动和社会发展方面:

劳动生产率增长额;

职工人数限额;

每卢布产值所含的工资定额(有些部门采用工资基金总额);

减少使用手工劳动的任务;

财务方面:

利润总额(有些部门则采用产品成本降低额);

国家预算缴款和国家预算拨款;

基本建设方面:

固定基金、生产能力和项目的投产(其中包括通过对现有企业的技术改装和改建而取得的生产能力的增长额);

国家基本建设投资和建筑安装工程的限额(其中包括用于现有企业技术改装和改建的费用);

发展生产基金形成定额;

采用新技术方面:

完成科技纲要,研究、掌握和采用新的高效率的工艺流程和各种产品的基本任务(其中包括新投产的企业和项目的基本任务);

生产的技术水平和各种最重要的产品的主要指标;

实施科技措施的经济效果;

物资技术供应方面:

完成五年计划所必备的各种主要物质技术资源供应量;

　　平均降低各种最重要的物质资源消耗定额的任务。①

　　苏联这次计划指标体系的大调整，主要由于以下两点：一是随着经济发展向集约化方针转变，发展科技和提高经济效益越来越显得更为迫切，因此企图通过调整指标体系为集约化方针服务。所以在新增加或更换的指标中，一个明显的特点是突出质量与效益指标，如定额净产值指标替代了销售额指标，又如新增加了物资消耗定额、主要产品的技术水平和采用新技术的经济效果等指标。1979 年的计划指标体系上述调整倾向，也体现了 1976 年苏共二十五大提出的完善计划体系为提高经济效益服务的方针。勃列日涅夫在会上所作的报告中指出：为此，"必须首先保证完善计划的工作"。"管理工业、首先是计划工作应着眼于国民经济的最终成果。"②二是由于 1965 年实行新的计划指标体系后，在经济中出现了不少问题，资源消耗量大，劳动力浪费严重，手工劳动比重过大，基建中未完工程不断增加等。由当时苏联领导看来，就必须通过增加和调整计划指标来解决，实际上仍然认为，只有加强集中的指令性计划才能解决问题。

　　二、考核指标的变革

　　1965 年前，考核工业企业工作的指标主要为总产值和成本两项。1965 年实行新体制后考核指标改为产品销售额、利润与盈利三项指标。

　　用产品销售额代替总产值，其原因主要是总产值指标有非常明显的缺陷：一是在客观上鼓励企业单纯追求数量而不顾质量，从而使企业为了完成产值而不惜物化劳动消耗，并使用贵重的原材料，从而造成大量浪费，出现用 200 千克的钢锭制造 30 千克零件的现象。因为使用的原材料越贵、越多，总产值就越大；二是总产值大小不完全取决于企业，它还受原材料价格高低的影响；三是总产值指标不能反映企业最终生产经营成果，因总产值中还包括制品价值，即未销售出去的产品价值，从而使企业不去关心产品的实际销

---

　　①　郑国绮等选编：《苏联经济改革决议、条例选编》，商务印书馆，1988 年，第 5～7 页。
　　②　《苏联共产党第二十五次代表大会主要文件汇编》，生活·读书·新知三联书店，1977 年，第 81 页。

售情况与产品质量及社会是否需要。1965 年改为销售额,主要目的是防止企业只顾数量而不顾质量,只顾生产而不顾销售,因为一旦产品销售不出去,企业就不能完成销售额指标。

采用利润指标来考核工业企业,目的也很明确,为了促使企业在生产中降低消耗和成本,提高经济效益。

至于资金盈利率指标,目的是防止企业争资金和设备而不顾使用效率,从而造成浪费。因为资金占用多盈利率就低,而资金占用少盈利率则高。

但要指出的是,当企业没有成为独立商品生产者、市场对企业生产经营活动起不到矫正作用和国家主要依靠行政指令性指标控制企业的情况下,用以上三项指标来考核企业工作,都存在很大的局限性。产品销售额指标并没有使企业克服不惜耗费物化劳动的弊端,在很大程度上是变相的总产值指标。在用利润指标考核企业工作时,企业往往利用各种办法(如仅改变产品外形就以新产品出现,从而提价)获取高额利润。用盈利率指标考核企业工作时,企业为了少缴基金付费而不愿为采用新技术而增加固定基金。

以上情况,苏联不得不经常更换指标,如产品销售额曾一度被净产值指标替代,净产值后来又被定额净产值替代。净产值指标曾在 1969—1971 年期间在 106 个企业进行试验,由于各种产品的结构差别很大,把净产值作为计算劳动生产率等指标的基础,并用不变价格计算物资消耗等方法,计算起来十分复杂,在实际工作中难以操作。1974 年又改试定额净产值指标。定额净产值是指企业职工新创造的价值,它可排除产品价值中物化劳动的影响。计算方法是:先是求出一个企业各种单位产品的工资额,然后分别乘上定额盈利率,再乘上各自的产量,最后把它们相加所得的总额。这一指标虽具有促使企业节约原材料、不使用贵重原材料、避免追求生产高利率产品的优点,但容易导致企业对生产费工的产品不感兴趣,致使企业对采用新技术不感兴趣。

三、提高五年计划的作用

1965 年 10 月 4 日通过的决议明确指出:"五年计划(规定各个年度的重要任务)是国家发展国民经济计划的基本形式。"1979 年 7 月通过的"新决议"再次强调:五年计划是国家经济和社会发展计划的主要形式和组织活动的基础。勃列日涅夫执政后,之所以强调五年计划的作用,主要基于以下考虑:一是有利于国民经济按比例、平衡和协调发展,五年中如果某个年份出现问题,仍可按五年计划规定的目标加以调整;二是有利于发挥企业主动性和积极性,完成计划任务时间长,企业活动余地也就大;三是有利于企业掌握新技术和更新产品,搞新技术、新产品的期限一般在一年内难以实现,需要更长的时间,而五年计划这一期限比较合适。这是苏联当时的一种设想,但在实际操作过程中,年度计划仍起主导作用。这是因为:第一,评价企业工作成果是以年度计划为根据的;第二,尽管五年计划中规定了按年度分配的任务,但企业在制订年度计划时往往是根据国家另行下达的控制数字。

## 第四节　企业利润分配制度的改革

1965 年改行新经济体制的一个极为重要的目的是,调整或者是理顺国家、企业和职工三者之间的利益关系。而要做到这一点,其中的一个主要内容是,如何合理地分配和使用企业创造的利润。这必然涉及经济关系中的一个重要关系——利益关系。正如恩格斯指出的:"每一既定社会的经济关系首先表现为利益。"①

从 1965 年的经济体制改革来看,企业利润分配制度的改革,主要涉及国家财政与企业的关系,即利润上缴财政制度与财政对企业拨款制度的改革;企业基金的设立和使用。

一、企业向预算缴款制度的改革

1965 年之前,苏联企业一直以周转税和利润提成两个渠道向预算缴款。苏联一直把周转税和利润提成都视为企业创造的纯收入。由于周转税是商品价格中硬性规定的一部分,它不取决于企业降低产品成本和积累计划的

---

① 《马克思恩格斯选集》第三卷,人民出版社,1995 年,第 209 页。

完成情况,因此它可以保证预算收入的稳定性。企业把创造的纯收入通过周转税渠道上缴预算后,把纯收入的另一部分以利润提成渠道上缴预算,提成率最高可达81%。由于提成率过高,使得企业的全部利润(除了少量用鼓励基金外)都缴入了预算,这自然会影响企业及职工的积极性。这种企业利润缴纳制度在1965年前,没有发生重大变革。

1965年实行的经济改革,重视企业这一环节,强调企业应具有相对的独立性。因此,把解决国家与企业利益相结合的问题作为改革的一项重要任务,在调整国家与企业关系方面下了更多的功夫。

苏联调整国家与企业的财政关系时,力图体现以下四个原则:

第一,要做到国家财政收入稳定增长,又要保证企业在上缴财政后仍保留有相当数量的利润;

第二,在改革企业上缴利润的制度和方法时,既要考虑到保证国家财政收入,又要考虑到能刺激企业关心改善经营管理;

第三,在分配和使用留归企业支配的利润时,既要考虑到企业发展生产的需要,又要考虑到提高职工物质福利的需要;

第四,在用留归企业支配的利润来提高职工物质福利时,要把集体福利与个人奖励两者结合起来,并要把个人奖励放在首位。

为了体现以上四个原则,对企业原有的两个渠道的上缴财政制度作了重大改革。

企业上缴财政制度改革的主要内容是,把实行新经济体制的企业由原来上缴的利润提成改为三种缴款,即生产基金付费、固定(地租)缴款和闲置利润余额缴款。原来的周转税基本上没有变化。1965年经济改革后的企业向预算缴款的情况表14-2。

表 14-2　苏联国营企业和经济组织向预算的缴款

| 项目 | 1982 年 金额(亿卢布) | 1982 年 占总额的百分比(%) | 1965 年 金额(亿卢布) | 1965 年 占总额的百分比(%) | 1970 年 金额(亿卢布) | 1970 年 占总额的百分比(%) | 1975 年 金额(亿卢布) | 1975 年 占总额的百分比(%) |
|---|---|---|---|---|---|---|---|---|
| 国家预算收入总额 | 1023 | 100 | 1567 | 100 | 2188 | 100 | 3530 | 100 |
| 其中: | | | | | | | | |
| 周转税 | — | 37.8 | — | 31.5 | — | 30.4 | | 28.5 |
| 国营企业和经济 | 387 | — | 494 | — | 666 | 31.9 | 1006 | 29.0 |
| 组织的利润缴款 | 309 | 30.2 | 542 | 34.6 | 697 | 10.3 | 1.024 | 8.8 |
| 其中: | — | — | 137 | — | 226 | 1.1 | — | 1.5 |
| 基金付费 | — | — | 25 | 8.7 | 24 | 15.1 | — | 13.1 |
| 固定缴款 | — | — | 248 | 1.7 | 330 | — | 312 | — |
| 闲置利润余额 | — | — | — | 15.8 | — | 5.4 | 52 | 5.6 |
| 利润提成和其他 | 309 | — | — | 8.4 | — | 117 | — | 463 |
| 缴款 | — | — | — | 8.4 | — | — | 197 | — |

资料来源:《1982 年苏联国民经济统计年鉴》,财政与统计出版社,1983 年俄文版,第 520~521 页。

下面分别就上述各种缴款的性质和作用等问题,作一概略的分析。

1. 周转税

随着利润的逐步增加,周转税在苏联国家预算收入总额中的比重出现了日益下降的趋势,1950 年占全部预算收入的 55.8% ,1965 年占 37.8% ,到了 1982 年下降到 28.5% 。但由于生产的不断发展,加上周转税的课征范围有所扩大,因此,绝对额还是不断增加的,1965 年周转税为 387 亿卢布,到了 1982 年增加到 1006 亿卢布。十分明显,周转税一直是苏联国家预算收入的一项重要来源。如果把周转税和各种形式的利润缴款之和作为 100,那么

1982 年苏联税、利两者的比例为 49.6∶50.4，基本上各占一半。

苏联周转税的缴纳者主要是盈利率高的国民经济部门，如轻工业和食品工业。大部分重工业部门免缴周转税，[①]这类部门的企业所创造的积累，以利润的形式上缴预算。这种做法与苏联长期以来实行的以下价格制度有关：即第一部类企业所生产的生产资料的价格，往往低于生产费用的水平，第一部类企业所生产的产品价值的一部分，在第二部类实现。另外，在轻工业和食品工业的销售进款中，还有一部分是农业部门转移过来的。据苏联计算，这部分约占周转税总额的 40%。

以周转税的形式上缴预算，除了能保证预算收入的稳定性外，还能对产品生产起到一定的调节作用，这主要通过税率来达到。如奢侈品和非生活必需品规定高税率，而生活必需品规定低税率。另外，利用周转税还可以调节各部门和各种产品的盈利水平。周转税这种缴纳制度的主要缺点是，难以刺激企业改善经营管理。这是因为周转税是商品价格中的固定部分，在税率既定的情况下，企业成本的降低或提高，盈利率的高低，都不影响周转税，而只能影响利润。这样，周转税不能起到刺激企业降低生产费用的作用，削弱了企业对增加收入的关心。

2. 基金付费

1965 年苏联改行新经济体制时，规定企业使用固定基金及定额流动资金的付费制度。1982 年，上缴预算的基金付费为 312 亿卢布，占国营企业和组织利润缴款总额的 30.4%，占预算收入总额的 8.8%。基金付费 1982 年比 1970 年增加了 1.98 倍。

基金付费的缴纳者是：改行新经济体制的、实行经济核算的和有独立资产负债表并在银行设立了结算账户的国营工业企业、生产联合公司、建筑安装组织、公共事业企业、国营农业企业和地质勘探组织等。下列生产基金不向预算缴纳基金付费：①靠发展生产基金建立的（在头两年内）；②靠银行贷款建立的（在贷款还清之前）；③新投产的企业（在掌握生产能力之前）；④根据苏联部长会议和各加盟共和国部长会议决议长期停止使用的。另外，根

---

① 后来苏联对某些重工业部门的产品亦课周转税，如石油、天然气和轮胎等。

据苏联各部和主管部门的决议并征得苏联财政部的同意,下列新投产的固定基金可以免缴生产基金付费:①如果短期内投产的数额很大,并在掌握生产能力的计划期内;②企业的实验生产设施、建筑物、实验室,等等。①

基金付费的具体提取办法是:根据企业生产固定基金(不扣除磨损)的原始价值(个别部门,如石油工业则按残存价值)和定额流动资金的年平均定额价值的一定比例即付费率(基金付费率一般规定为生产基金总额的6%),把一部分利润上缴预算。

实行基金付费制度,主要目的是促使企业改进生产基金的使用。过去企业无偿使用国家拨给的固定基金和流动资金,造成企业争投资、争资金,而争来以后又不能合理而有效地使用,形成积压和浪费。实行基金付费,还有利于用经济方法来管理经济,并在使企业的权力和责任统一方面起到一定的作用,企业一方面有权使用拨给的生产基金,而另一方面又要对使用基金的效果负责。由于基金付费的来源是利润,因此基金使用的好坏又能与企业职工的物质利益联系起来,有利于生产者改进基金的利用。实行基金付费的另一个目的是,力图拉平不同企业生产经营的经济条件。生产基金不付费,生产设备好、基金占用多的企业在经济上就处于优越的地位,而规定了基金付费制度,这类企业势必多付费;反之,设备差、占用基金少的企业则少付费。这样做,还便于按实际经营成果来考核企业。

基金付费就其实质而言,是企业与国家之间分配利润的一种形式。它同过去上缴利润的提成形式不同。利润提成完全取决于企业获得利润多寡,而基金付费不管企业利润多少,都要首先缴纳。这样,基金付费的数额反过来直接影响企业实际利润额。企业只有从总利润额中扣除上缴的基金付费及其他缴款之后,才能提取企业经济刺激基金。这就使企业关心有效地使用基金,以最少的基金来完成生产计划。为了刺激企业用自己的基金来扩大生产,采用新技术,苏联对基金付费还规定了一些优惠措施。

实行基金付费,在促进企业有效利用生产基金等方面起了一定的积极作用。但也存在一些问题:

---

① 参见[苏]M. K. 舍尔麦涅夫主编:《苏联财政》,毛蓉芳等译,中国财政经济出版社,1980年,第286页。

（1）规定基金付费率为6%,这个付费标准对大多数企业,特别是盈利率高的企业来说,占利润的比重很小。这样,基金付费对企业改进生产经营管理、提高生产基金使用效率的压力并不大。

（2）基金付费制度对采用新技术有一定阻碍作用。虽然规定新设立的生产基金两年内不付费,但企业仍不愿意购买新的技术装备,因为这会增加以后的生产基金,从而增加基金付费。

（3）由于规定用银行贷款设立的固定基金在全部偿还前免缴付费,企业就钻这个空子,有意拖延偿还贷款的日期。

（4）未达到设计能力的固定基金不付费这一规定,对企业尽早达到设计能力也产生了不利的影响。

（5）由于基金付费优惠的种类过多及其他一些原因,使得苏联整个工业部门约有20%的固定基金不付费。这本身就削弱了基金付费的作用。

针对上述问题,苏联于1979年7月通过的《新决议》,对提高基金付费的刺激作用规定了一些措施,主要有:

（1）对超定额的非贷款的物资储备和未安装的设备的付费,由留归企业或联合公司的利润来支持,以便促使企业减少定额储备和未安装设备。

（2）如果企业用比计划规定少的生产基金完成生产计划和利润计划,基金付费的节约额留归企业支配,这可鼓励企业减少生产基金的占用量。

（3）对基金付费的优惠作了限制。

总的来说,基金付费对企业有效利用生产基金的促进作用是应该肯定的。1979年7月《新决议》规定,企业付费的范围要扩大,如从1982年1月1日起,苏联对使用水利系统的水源的工业企业实行用水付费制度,水费以一个立方米的水量为计算单位,水费列入工业企业产品的计划成本。超定额的用水,要以5倍的数额交费。这样做,有利于企业节约使用自然资源。另外,当时有些苏联经济学家还提出,企业使用的人力资源也应付费,以防止人力资源的浪费。

3. 固定（地租）缴款

这项缴款,主要是采掘和加工工业部门,因所处自然、地理、运输和其他条件的优越而获得的收入的一种缴款形式。采取这种缴款方式,可以把不是由于企业的努力而获得的那部分利润征入国家预算,同时可以消除盈利率悬殊,避免因盈利率过高而不关心改善经营管理的状况,也为客观地评价企业经济活动创造了条件。

苏联采用企业利润与部门平均利润之间的差额(超过部分)作为确定固定(地租)缴款的标准。计算固定(地租)缴款的办法取决于应征产品的种类。

有一些部门,固定(地租)缴款在利润中所占的比重很大,如石油采掘工业,占利润的 40% 左右,天然气开采工业占 60% 以上。但总的来说,这项缴款数额不大,1982 年为 52 亿卢布,还不到国家预算收入总额的 1.5%。

4. 闲置利润余额缴款

所谓闲置利润余额,是指企业获得的利润总额中,除去企业的各种义务缴纳、向银行支付贷款利息以及按规定设立经济刺激基金以后所剩下的那部分利润。闲置利润余额缴款是最终使企业经营条件均等的一种利润缴款制度,其目的是把超出企业资金需要量的那部分利润征入国家预算。实行新经济体制以来,苏联工业企业的利润缴款中,闲置利润余额缴款一直占首位,1982 年这项缴款额为 463 亿卢布,占国营企业和组织利润缴款总额的 45.2%。尽管这项缴款制度既起到最终平衡、调节企业和国家预算在利润分配方面的关系的作用,又可达到把大部分利润控制在国家手里的目的,但这种缴款亦存在着严重缺陷:

第一,这项缴款对企业的生产经营活动是不起刺激作用的。就是说,企业从获得的利润总额中扣除各种缴款和提成之后,要全部上缴预算。利润多就多缴,少就少缴,与企业物质利益无直接关系。

第二,这项缴款数额很大,说明大多数企业存在着多余的利润。因此,企业并不害怕多缴一些基金付费和贷款利息,对违反经济合同的罚款也不在乎,这大大削弱了企业对经营成果的关心。

苏联学者对改进闲置利润余额缴款的制度,也曾提出不少改进建议,如要求逐步减少这部分利润的数额,还有人提出从这项利润中提取一部分留归企业支配。但从集中控制财政资金这个角度考虑,对这一缴款制度未作修改。

### 二、国家财政对企业拨款制度的改革

对企业和经济组织来说,国家财政拨款主要用于建立新企业或扩建原有企业时所需增加的固定基金和流动资金。因此,国家对企业的财政拨款主要用于两个方面:一是基本建设投资拨款,二是流动资金拨款。

长期以来,由于企业利润基本上全部上缴,因此,基本建设投资主要靠国家财政的无偿拨款。勃列日涅夫时期进行经济改革时,强调基建投资的资金来源与企业经营结果之间要挂钩,并且有相当一部分利润留给企业,这样,基建投资的资金来源除了国家财政拨款外,还有相当一部分是企业自有资金和银行长期贷款。但是财政拨款一直是企业增加固定基金的一项重要来源。

在推行新经济体制前的 1964 年,财政拨款在基建投资总额中的比重为61.7%,1965 年后逐步下降,但国家财政投资所占的比重仍在 40% 以上。①

财政拨款在基建投资总额中的比重日益下降,主要有以下原因:

(1)经济改革后,苏联强调企业在确定基建投资数额时,应考虑各种资金来源的比例,既要规定财政资金、自有资金和银行贷款三者之间的比例,又要逐步减少财政拨款和增加银行贷款,以便提高投资效率;

(2)明确规定,回收期短以及扩建与改建项目,在自有资金不足时,一律由银行贷款解决;

(3)经济改革后,留归企业支配的利润份额有较大提高;

(4)由于苏联固定资产大量增加,加上折旧率有所提高,使得折旧提成日益增加。1965 年苏联整个国民经济的折旧基金为 188 亿卢布,1982 年达到了 841 亿卢布,增加了 3.5 倍。另外,实行新经济体制后,还扩大了企业利用折旧基金的权限。折旧基金分两部分;即大修理基金和基本折旧基金,两者各占一半。大修理基金过去归企业支配,但只能用于设备维修,而不能用于设备更新。这种规定,往往因该更新的设备只能修理,从而造成资金浪费,阻碍技术进步。1965 年后,规定企业可以自行决定大修理基金的用途。

① 1966 年为 57.9%,1970 年为 49.3%,1975 年为 47.7%,1978 年为 41.2%。参见苏联《计划经济》1980 年第 3 期。

关于基本折旧基金,改革前规定要全部上缴,现在可以提取 10% ~ 50% 留作企业用于发展生产基金。这样,在用于基建投资的企业自有资金中,折旧提成基金占的比重大大提高,20 世纪 70 年代中期达到 50% 左右。

对流动资金的拨款,是指为国营企业和经济组织分配、增加和补充流动资金而提供的财政资金。对流动资金的财政拨款,规定用于:为新投产企业形成自有流动资金,为盈利企业增加定额流动资金,为计划亏损企业增加自有流动资金。在 1965 年改革后,整个国民经济流动资金来源中,1/4 来自苏联国家财政拨款,在工业部门约为 1/3。

对流动资金的财政拨款,在苏联是根据批准的企业和组织的财务计划按季度拨给的。拨款数额要按企业的实际需要,并要考虑到生产计划完成的情况。在对增加定额流动资金给予财政拨款时,必须考虑到加速流动资金周转率的因素。

三、企业内部的利润分配和使用制度

在前面,我们着重从企业向国家财政的缴纳制度和国家对企业拨款制度两个方面,论述了苏联国家与企业在分配企业创造的纯收入方面的关系。但是,从财政体制这个角度来研究国家、企业和职工个人三者关系,还必须进一步分析企业上缴后所剩下的、留归企业支配的那部分利润的分配和使用制度。因为这对在财政上保证企业权限的扩大、调动企业集体和广大职工积极性有直接的关系。在苏联,对留归企业支配的那部分利润的使用,主要是靠建立各种形式的企业基金进行的。

(一)1965 年前的企业基金制度

苏联在十月革命后不久,就在企业建立了刺激基金。1921 年 4 月 7 日,苏俄人民委员会颁布了由列宁签署的《工人实物奖励法》。规定企业可以提取一部分自产产品,以便为职工集体设立实物奖励基金。1923 年 4 月,苏联国营企业开始设立改善工人生活基金以及节约原料、燃料等奖励基金。在第一个五年计划时期,又陆续增设了其他形式的奖励基金:如超计划降低成本基金、社会主义竞赛奖励基金、发明和合理化建议奖励基金,超计划利润提成基金,管理人员奖励基金,等等。这些基金的来源一般是超计划利润和超计划降低成本的节约额。

这一时期企业基金存在的主要问题是：名目繁多，使用时难以掌握，并不易监督。后来，苏联中央执行委员会和人民委员会于 1936 年 4 月 9 日通过了《关于用利润建立企业经理基金的决议》，规定从 1936 年 1 月 1 日起，一切企业都设立统一的经理基金，同时宣布废除以前所有的企业各项基金。

经理基金是靠计划利润和超计划利润设立的，计划亏损企业则靠降低成本节约额来设立。

经理基金的 50% 以上用于住宅建设，其余部分用于改善职工和工程技术人员的各种文化生活服务，对工作中表现突出的职工进行个人奖励，工人临时困难补助，以及补充基建费用等。

第二次世界大战期间，由于需要最大限度地动员和集中资金用于国防，企业停止提取经理基金。战争结束后，又于 1946 年 7 月 1 日恢复了这项基金，并对经理基金的形成条件和提成率作了修改。规定企业只有在完成和超额完成按产品品种计算的商品产值和产品销售及利润计划任务、降低成本时，才能提取经理基金。作这一修改的目的，是促使企业全面完成生产任务和财务计划。

另外，战前各部门企业的经理基金是按同一提成率提取的。这种做法的结果是，由于盈利率水平不同而使各部门之间，特别是轻重工业之间出现苦乐不均的情况。如煤炭工业、机器制造业等第一部类企业，人均分摊到的经理基金只有几个卢布，而轻工业、食品工业部门的企业则达 130～140 卢布。为了克服上述缺点，后来改为按各部门不同盈利率区别规定经理基金提成率。

在使用范围方面，也作了修改。规定经理基金的 50% 可用作计划外的基建投资，其余 50% 可用于改善职工文化生活条件和修建住宅，支付职工的个人奖励和临时困难补助等。

由于从 1949 年 1 月 1 日起提高了产品的批发价格，一系列国民经济部门的盈利率也随之提高，从而要求降低原来的提成率。具体规定经理基金的计划利润或计划降低成本节约额和超计划利润或超计划降低成本节约额的提成率，分别降低 50% 和 40%。

1955 年，苏联把工业部门的经理基金改为"改善职工文化、生活条件和改进生产的企业基金"。企业基金与原来的经理基金在形成、使用等条件方面，基本上相同。主要不同点有：一是企业基金中用于采用新技术和设备现代化的部分增加了，二是经理使用这项基金的权力较前有所扩大。

1965 年之前的企业基金或经理基金，总的来说，在刺激企业集体和职工个人的生产积极性方面所起的作用是十分有限的。主要缺点是：首先，由于基金数额太小，加上有半数的企业没有能力靠自身的利润来设立这项基金，所以就很难发挥这项基金的刺激作用；其次，在基金形成制度方面又有严重缺点，即超计划利润的基金提成定额大大高于计划利润的基金提成定额。这就导致企业有意压低计划任务，为超额完成计划提供方便，以便更多地提取基金。

（二）实行新经济体制后建立的经济刺激基金制度

1965 年苏联下决心搞经济体制改革，主要想解决经济管理体制中存在的企业缺乏自主权，在经济管理中过多地使用行政命令以及企业和职工不关心整个经济成果等问题。这些问题的解决，在很大程度上取决于如何解决从物质利益上刺激企业和职工积极性的问题。

另外，改革要使企业的每个车间和工段，以及全体职工，不仅从物质利益上关心完成自己的任务，而且还要关心改进企业工作的总成果。为此目的，苏联在体制改革过程中不断地调整一些奖励制度，使物质刺激制度有利于使每个职工和生产集体关心企业生产经营总成果。

通过经济改革，一方面要着重解决使企业在人财物、产供销方面具有较大的自主权；另一方面，要加强对企业和职工的经济刺激，调整留归企业支配的那部分利润的分配和使用制度。苏联把原来的企业基金改为经济刺激基金，作为调整企业与国家关系的一项重大措施，也是完善整个经济刺激体系中的一项重大措施。企业经济刺激基金包括：物质鼓励基金、社会文化措施和住宅建设基金及发展生产基金。

苏联实行新经济体制以来，留归企业支配的经济刺激基金较前有很大的增长，使用范围也大为扩大（详见表 14－3）。

表 14-3 工业企业经济刺激基金

| 项目 | 1982 年 | | 1970 年 | | 1975 年 | | 1980 年 | |
|---|---|---|---|---|---|---|---|---|
| | 金额（百万卢布） | 百分比（%） | 金额（百万卢布） | 百分比（%） | 金额（百万卢布） | 百分比（%） | 金额（百万卢布） | 百分比（%） |
| 经济刺激基金总额 | 8700 | 100 | 12832 | 100 | 16216 | 100 | 16943 | 100 |
| 其中： | | | | | | | | |
| 物质鼓励基金 | 3739 | 43.0 | 5663 | 44.1 | 6714 | 41.4 | 7202 | 42.5 |
| 社会文化措施与住宅建设基金 | 1620 | 18.6 | 1764 | 13.9 | 2251 | 13.9 | 2471 | 14.6 |
| 发展生产基金 | 3341 | 38.4 | 5405 | 42.0 | 7251 | 44.7 | 7270 | 42.9 |

资料来源：《1982 年苏联国民经济统计年鉴》，财政与统计出版社，1983 年俄文版，第 518 页。

1982 年同 1967 年相比，经济刺激基金总额增长了 6.8 倍，其中物质鼓励基金和社会文化措施与住宅建设基金均增长了 5.6 倍，发展生产基金增长了近 9.2 倍。经济刺激基金在全部工业企业利润中的比重，从 1965 年的 6% 提高到 1982 年的 21%。

企业经济刺激基金三个部分的经济内容和用途，以及建立和使用的方法各不相同。

1. 物质鼓励基金

从这项基金的构成和使用办法来看，在企业设立物质鼓励基金的客观必要性表现在：

（1）靠发工资只能使每个职工从个人物质利益上关心自己的劳动成果，而物质鼓励基金的数额及用这项基金支付给每个职工的数额主要取决于整个集体的工作成果，这能刺激每个职工从物质利益上关心企业集体的总的工作结果。

（2）企业是个独立的经济核算单位，因此，在客观上就存在着集体的物质利益。

（3）各部门、各企业的生产和管理水平是不相同的，技术条件和社会经济条件也不一样。因此，对于那些经营好、生产发展快、对国家贡献大的企业集体,给予更多的物质利益,是有利于生产发展的。

（4）在现代化生产条件下,技术的不断进步以及专业化、协作化和社会化的发展,使生产过程中个人作用日益减弱,而劳动集体的作用日益增强,企业的每一生产成果都是集体努力的结果。因此,要找出适应这种生产形式的奖励制度。

（5）在机械化和自动化生产条件下,每个劳动者只能在其他工作者有节奏的、准确的配合下,才能取得成效,这更体现了劳动的集体性质。因此,经济刺激制度要做到每个人都从企业集体的物质利益上关心总成果的提高。

苏联在设立物质鼓励基金时,特别强调职工的收入要与企业集体的最终生产成果联系起来。

苏联在各个五年计划中,物质鼓励基金的数额,是由国家逐级加以规定的。先在国家批准五年计划时,规定各部和主管部门五年计划中各个年度的物质鼓励基金总额;之后,各部和主管部门在下达五年计划任务时,在国家批准的物质鼓励基金范围内,确定每个企业五年计划各年度的物质鼓励基金数额。

在 1965 年实行经济改革时,规定物质鼓励基金有两个主要来源,即利润提成和工资基金提成。另外还规定以提高产品质量和加价获得的利润以及从销售高质量的民用消费品获得的利润中提取一部分,补充这项基金。

在苏联,物质鼓励基金形成的指标要根据各个五年计划强调的重点而定。如"八五"计划时期,基金形成指标主要是产品销售额（或利润额）和盈利率这两项。在"十五"计划时期,由于强调质量和效率,规定了四项物质鼓励基金形成指标:劳动生产率、优质产品在产量中的比重、产品销售额（或利润额）、总盈利率水平。落实到每个企业,指标一般不得超过三项,而前两项是必不可少的。

1979 年 7 月《新决议》规定,从"十一五"计划开始,物质鼓励基金全部来自利润提成,不再来自工资基金。决定基金提成额的指标改为三项:劳动生产率、优质产品产量（依据这两个指标按结算利润一定百分比提取）和供货合同的执行情况（决定基金绝对量的增减）。这一变动的目的在于鼓励提高生产效率和工作质量,保证产销计划的平衡。

物质鼓励基金主要用于以下方面：

（1）根据批准的奖励条例，对工人、工程技术人员和职员进行奖励；

（2）对在完成特别重要的任务中表现出色的优秀职工的一次性奖励；

（3）支付给工人、工程技术人员和职工全年工作总成果奖金；

（4）对企业职工进行一次性补助。

这些用途基本上可分为两类：一是日常奖励；二是全年总成果奖。后者在物质鼓励基金中的比重日益提高，1967 年占 11.2%，后来差不多要占 40%。

经济改革后，随着物质鼓励基金的增加，奖金在职工工资中的比重也从 1965 年的 8.7%，后来逐步提高到 16%。但由于对企业物质鼓励基金的形成和使用制度规定得较死，另外，基金形成与企业本身的经营成果直接挂钩的部分不很大，再加上奖金方面存在一些弊病，如平均主义、企业领导人利用职权和非法手段捞取奖金等，这些都影响了物质鼓励基金对生产的刺激作用。

2. 社会文化措施和住宅建设基金

这项基金就其经济内容而言，属于社会消费基金的一种形式。所不同的是，一般社会消费基金是通过国家预算对国民收入再分配来形成的，它为全国居民服务；而企业设立的社会文化措施和住宅建设基金，是在一个企业范围内使用和分配的，是改善该企业职工劳动和生活条件的主要资金来源，它是靠该企业的利润提成设立的。提成定额同物质鼓励基金一样，是按不同部门和企业类别划分和规定的。一般规定这项基金大致相当于职工工资基金的 3%～5%。1982 年工业企业的社会文化措施和住宅建设基金为 24.7 亿卢布，占工业企业经济刺激基金总额的 14.6%。

社会文化措施和住宅建设基金的具体用途是：

（1）建设、扩建和大修企业职工住房、文体卫生和食堂等工程项目，以及购买与上述各项工程有关的交通运输工具和其他设备、器材；

（2）支付文化教育、体育运动、医药卫生和生活服务等措施的费用；

（3）增加幼儿园、托儿所、少年宫的儿童营养，补贴职工食堂伙食费。

苏联规定，物质鼓励基金与社会文化措施和住宅建设基金两者可以相互调节使用,但调节部分不得超过这两项基金额的20%。1979年7月《新决议》规定,社会文化措施和住宅建设基金按照物质鼓励基金的30%～50%的数额设立。在此范围内,各部根据住宅保证的程度及社会文化措施的情况,在企业、联合公司规定不同的社会文化措施和住宅建设基金的提成数额。

3. 发展生产基金

1965年9月通过的经济改革决议,规定在企业设立和使用的经济刺激基金中,专门设立一项改善和发展生产的基金。当时苏联认为,要加强企业的独立性和主动性,如果国家不给企业以足够的资金用于改进技术、改善经营管理,用于设备现代化,那么就不能实现企业在经济上的独立性和主动性。另外还考虑到,随着科技进步,生产条件变化也很快,很多问题需由企业独立自主地解决,不能都依靠国家预算拨款,这也需要在企业设立专门的基金解决这些问题。

发展生产基金的资金来源主要有:

(1)利润提成。用作这一基金的利润提成比例,各类企业不完全相同。提成是按照年度计划中规定的产品销售额或利润额(按可比价格计算)的增长幅度和盈利率定额进行的,并规定定额若干年不变。为了刺激企业接受紧张的计划,规定超额完成计划指标时,对超额部分的基金提成定额比计划内的提成定额要低30%～40%。由利润提成形成的发展生产基金约占该基金总额的36%左右;

(2)固定资产折旧提成的一部分。这部分资金占企业发展生产基金的比重最大,在工业企业约占一半以上;

(3)报废和多余固定资产变价收入。

发展生产基金的主要用途是:

(1)采用新技术、设备现代化和固定资产更新;

(2)偿还银行提供的采用新技术贷款;

(3)完善劳动和生产组织;

(4)发展生产的其他投资,如扩建生产用房、生活住房和仓库,以及组织日用消费品生产,等等。

发展生产基金在经济刺激基金中的比重日益提高,后来占首要地位,

1982 年工业企业的发展生产基金为 72.7 亿卢布,占当年经济刺激基金总额的 42.9%,它在刺激企业改进生产和经营方面起了一定的作用。但是发展生产基金的作用还是受到很大的限制,主要问题有两个:一是该项基金数额仍太小,如在工业部门,1982 年它只相当于工业生产性固定基金的 1.1%,如果靠这项基金来更新企业陈旧设备,那需要十分漫长的时间,这显然对企业的刺激作用不会很大;另一个问题是,发展生产基金的来源中,只有利润提成一项是与企业的经营成果直接挂钩的。而作为这项基金主要来源的基本折旧提成,则是一个固定不变的常数,它不取决于企业的工作成果。这样就削弱了发展生产基金的刺激作用。

苏联 1965 年经济改革后,随着经济刺激基金的不断增加,留归企业支配的利润份额也有很大提高。以工业企业为例,1965 年为 29%,到 1982 年提高到 41%。但这里必须指出,留给工业企业的 41% 的利润,企业并不是都可以支配的。在这部分利润中用于经济刺激基金的占 17%,而用于抵拨企业基建投资部分占 4%,用于增加企业自有流动资金和抵补计划亏损的部分占 3%,用于其他用途的(偿还银行长期贷款、支付利息等)占 17%。后三项的基金用途均由国家规定,因此实际上这仍是国家财政资金,只是抵拨企业使用。由于这个原因,苏联企业领导人对经济改革意见最多的一条,就是认为改革未能很好地解决扩大企业自主权问题。勃列日涅夫逝世后,苏联一直在探索新的改革方案。1983 年 7 月苏联通过决议,决定在某些部进行扩大企业计划和经营自主权的试验。从调整企业利润分配和使用方面来看,试点的内容主要有:试点单位有权独立自主地使用发展生产基金,把一部分折旧提成资金用于技术改装,并独立自主地使用一部分部门发展科技统一基金;另外,试点单位的物质鼓励基金、社会发展和技术改装等资金的数额,将直接取决于生产的最终成果以及完成合同的情况和生产效益的提高。

因此,在勃列日涅夫逝世后,苏联继续在围绕扩大企业自主权、进一步调整国家与企业的关系方面,进行经济改革的试验,随之在企业利润分配和使用制度方面,不断地进行改革。

# 第五节　物资技术供应体制的改革

物资技术供应体制是实现高度集中的指令性计划经济体制的重要一环。随着 1965 年撤销了国民经济委员会,实行以部门管理为主的经济体制,以及全面推行新经济体制,在物资技术供应体制方面也进行了改革,改革的主要目的是:加强对物资的控制与改进物资管理工作。

1965 年 9 月 30 日苏联通过的《关于改进工业管理》的决议中,第二部分专门就物资技术供应组织改革问题作了规定。决议指出:

> 由于实行部门工业管理原则,所以苏联联盟兼共和国部和全联盟部都有权支配为了各该工业部门的发展而拨给的物质技术资源,而物资技术供应计划则通过物资技术供销总局和地区机关系统来实现;
>
> 责成联盟兼共和国部和全联盟部负责本工业部门的企业和组织的物资技术供应。各部计算企业的材料和设备需要量,把拨给的材料和设备调拨量分配给消费单位,对调拨量实现情况进行监督,保证部门内部的协作供应;
>
> 保留各经济区内按地区原则组织起来的物资技术供应机关以及专门(按主要产品)的和综合的供应站和仓库网,这些机关的任务是:实现拨给本地区企业的物资调拨量,对从该地区向苏联其他地区发运产品的情况进行监督;
>
> 为了领导物资技术供应工作,组建联盟兼共和国的苏联部长会议国家物资技术供应委员会。

苏联部长会议国家物资技术供应委员会的任务是:

> 实现物资技术供应计划和保证跨部门的协作供应;
>
> 将不归苏联国家计委分配的、生产计划由有关部批准的那些产品分配给消费单位;

监督作为供货单位的各部、主管机关和企业及时完成产品供应计划；

制订并实施完善物资技术供应系统和机关的措施。①

在 1965 年召开的苏共中央九月全会上,柯西金在谈到调整物资技术供应体制改革的原则时指出:"物资供应的组织问题在管理国民经济中占重要地位。为使物资供应工作适应国民经济的需要,物资技术供应必须作为一个统一的独立的系统来加以计划和管理。""以后,物质技术资源将由苏联国家计划委员会拨给苏联各部支配,而苏联各部也将是调拨量的持有单位。这些部将按所属的消费者分配资源。""调拨量的实现将由现有的各供销总管理局和地区的物资技术供应机构来进行。""为保证对全国物资供应工作的领导,建议成立部长会议联盟兼共和国的国家物资技术供应委员会,它负责实现供应计划,保证部门间的协作供应,监督及时完成供应计划。"②

根据以上的一些规定和原则,1965 年在物资技术供应体制方面主要的改革内容有:

一、物资技术供应机构与权限的调整

随着部门管理原则的恢复,建立了物资技术供应的中央机构,它们是:苏联部长会议、国家计委、国家供委和苏联国家农业生产技术供应委员会。苏联部长会议居最高领导地位,苏联国家计委领导和负责全国物资技术供应和计划编制,国家供委起国民经济物资技术供应的中心作用,具体领导与负责全苏大部分物资技术的供应工作,苏联国家农业生产技术供应委员会的主要任务是对农庄、农场统一供应农机具、农机备件、农药和化肥等,并还提供各种农业生产技术服务。

物资技术供应的地区机构,主要是国家供委系统的地区供应机构,包括各加盟共和国的物资技术供应局和石油供销总局。

---

① 《苏联共产党和苏联政府经济问题决议汇编》第五卷,中国人民大学出版社,1983 年,第 678 ~ 679 页。

② 苏联《真理报》1965 年 9 月 28 日。

　　从以上的机构设置可以看出,物资技术供应体制虽然从总体上讲,与整个国民经济实行的部门管理原则是相适应的,但从物资技术分配权限看,正如柯西金指出的,它具有相对独立性,是一个既统一又独立的系统。因此,物资技术供应体制具有部门兼顾地区管理原则的特点。这既是为了克服地方本位主义,又是为了克服部门本位主义。这种部门兼顾地区管理的原则,在物资分配方面主要表现为:参与物资分配的不只是中央机构即苏联部长会议、国家计委、国家供委和各部,而且还有各加盟共和国。具体说,建立的物资技术中央管理机构,它们按照自己的权限分管不同的物资,而其中各部和国家供委均下设本系统的管理物资的办事机构,这体现了物资技术供应管理的部门原则;而在物资的具体分配上,则主要由按地区建立的物资管理机构,根据就近原则供应,这又体现了地区原则。

　　物资技术供应体制改革的一个重要内容是,划分各级物资管理机构分配物资的权限。根据划分的原则主要依据物资在国民经济中重要性和产品使用的特点,即按本部门还是跨部门使用来划分。

　　在1965年改行新经济体制时,计划分配的物资约有55000种,物资技术供应的各级管理机构,对物资分级管理的大体情况如下:第一,由国家计委制定物资平衡表与分配计划并按主管部门分配的产品(即称为"苏联国家计委产品目录")约有2000种(约占工业产品销售总额的70%),这是在国民经济中具有重要意义的产品。在这约2000种的产品中,约有300种是最为重要的物资,它由苏联国家计委制订平衡表与分配计划,报苏联部长会议批准(即称为"苏联国民经济计划产品目录");第二,由国家供委编制物资平衡表和分配计划(即称为"苏联国家供委产品名录")的产品,这约有13000种,大部分是跨部门使用的产品。这类产品的特点是:种类多、数量少,主要按地区原则由共和国和供委地区机构加以分配;第三,归主管部门分配的产品。系指本部门生产和消费的产品(本部门内消费的比重不低于85%~90%),或一小部分供给其他部门使用的产品。这部分产品种类最多,级有40000种,但在工业产品销售额中只占7%左右;第四,由各加盟共和国和共和国部分分配和管理的产品。这系指地方产品与共和国境内的联盟企业生产的超计划产品的 50% 部分。①

## 二、物资供应方式的改革

与高度集中的计划经济体制相适应,苏联长期以来,实行按计划统一调拨的物资技术供应体制。苏联还特别强调,为了使指令性计划得到严格执行,因此,对生产资料必须有十分严格的统一分配体制。简单地说,在 1965 年之前,苏联对物资实行的是统购包销的体制,即企业只负责完成生产计划,而为完成计划所需物资由国家统一供给。而企业生产的产品,由国家包销。事实证明,在生产规模不断扩大,产品品种日益增多,有近 5 万个企业,它们之间相互交换的生产资料几乎达 20 亿个品种②的情况下,任何一个机构不可能计划与计算得那么精确。正如有些苏联经济学家所说的,如果按原来的物资供应办法,即使全国有劳动能力的人口一半以上都来从事物资供应工作,也不可能把日益复杂的生产安排得当。③事实证明这种高度集中、统一调拨物资的体制,并未保证苏联生产过程的顺利进行,保持正常的生产秩序,而且出现很多问题,如产生严重的浪费。由于申请调拨物资的计划和审批手续极其复杂,企业为了不因物资供应脱节而影响生产,从而往往宽打窄用,造成大量物资积压;由于企业生产的产品由国家包销,生产者不需考虑产品销售问题,因而长期不采用新技术,改进产品质量;由于申请物资手续烦琐,加上各企业往往不遵守供货合同,使企业都设法自己生产零部件,这样就形成了"大而全""小而全"的全能企业,严重影响专业化和协作化的发展。

针对上述情况,苏联 1965 年推行新经济体制时,着手改革物资供应办法。改革后,实行以下三种方式:

1. 企业之间建立长期的直接经济联系

这是指供求双方通过建立直接经济联系供应各种物资。具体做法是:国家供委(或其下属的各种供销总局)根据产销平衡情况并参考历史上形成

---

① 有关物资分级管理情况的材料,转引自陆南泉等:《苏联东欧社会主义国家经济体制改革》,重庆出版社,1986 年,第 59~60 页。

② 转引自梅文林等:《苏联经济管理体制的沿革》,人民出版社,1981 年,第 251~252 页。

③ 同上,第 252 页。

的供求关系,会同有关部门共同确定供求单位,并由国家供委把确定的固定供货计划下达给供求双方。供求双方只能根据下达的固定供货计划来建立长期的直接经济联系。这种联系一旦建立起来不得任意变更。但实行企业这种直接联系后,上级机关不再对企业进行过多的干预。直接供货的时间一般规定为5年,同时还规定分年度的详细品种的供应量。长期合同签订后具有法律效力,违约要赔偿经济损失。在1965年改革后,这一方式成为物资供应的主要方式。以这种方式供应的物资约占供委系统生产资料流转额的70%。1979年,按这种方式供应的产品在有关产品总额中的比重是:黑色金属为42%,有色金属为51%,水泥为82%,石棉为93%,汽车轮胎为88%,轴承为77%。[①]

采用上述物资供应方式,用货单位的物资需要能得到较好的保证,有利于均衡生产,并在生产中获得了较多的自主性。但这一方式实行起来亦有不少问题,首先是要有大量的复杂的组织工作,由供委出面建立供求双方的直接联系,是件非常困难和往往难以奏效的事。另一个问题是,破坏合同的事经常出现,仅1978年上半年就达5万多起。苏联尽管对违约规定了一些罚款办法,但所起作用十分有限。在上述情况下,1979年7月通过的"新决议"不得不把完成供货合同作为考核企业业绩的一个指标,并作为企业提取物资鼓励基金的一个指标。

2. 有保障的综合供应

在一定计划期内,有许多用货单位对某些产品的需求量不大(低于最低发货定额),或者所需要的产品数量与品种都不稳定,则采用这种供货方式,是通过国家供委地区物资技术供应管理局作为中间人来供货。国家供委地区物资技术供应管理局负责把位于其管辖区各单位少量需求集中起来,统一向某一生产单位订货,之后由它通过自己的供销点和仓库转发给用货单位。这种供应方式要求供销机构增加一定数量的物资储备,以便保证可靠的供应,但社会总储备量可以大大减少。有保障的综合供应方式,能节约运输费。这一供货方式约占供委组织的生产资料流转额的20%。由于这种供

---

① 参见苏联《经济报》1979年第41期。

应方式具有某些优点,1979 年 7 月通过的《新决议》要求国家供委必须"在生产联合公司(企业)和组织同苏联供委机关签订合同的基础上,发展有保障的综合供应,作为保证向它们提供物质资源的一种形式"①。

3. 生产资料批发贸易

它是由国家供委地区供应机构所属商店进行的一种非计划内的小额产品供应。但长期以来,对于生产资料批发贸易的概念,在苏联经济界持有不同看法。如有的学者指出:"生产资料批发贸易的概念迄今还没有统一说法。我国经济著作中最广泛流行的说法是:生产资料批发贸易首先是一种对用户不实行统一调拨的产品买卖行为,而不管供货的形式如何。""我们认为,现阶段生产资料商品流通的发展,其特点并非根本取消统一调拨制度,而是表明调拨制度达到了更高的经济水平。这指的是:在一定保留和改善按地区(地区供应机构)和按部门(生产联合组织、大型工业企业)实行统一的计划分配的条件下逐步取消对每个个别用户统一调拨制度。对于生产联合组织等环节,生产资料将归成大类统一分配下达,则企业一级再详细规定。这样便可在统一计划的范围内使企业与企业、企业与供销机构之间的相互经济关系灵活自如。"②

生产资料批发贸易供应方式在 1966 年 3 月召开的苏共二十三大上就提出了。1966 年 4 月 8 日通过的苏共二十三大关于 1966—1970 年苏联发展国民经济五年计划指出:"必须坚决改进物质技术供应办法并准备通过批发贸易办法对设备、材料和半成品实行计划分配制。"③但问题提出后,生产资料批发贸易方式未能得到很快发展。这是因为:

第一,批发贸易就必须与市场的调节作用结合起来,而在当时把市场视为资本主义的条件下,在猛烈批判"市场社会主义"的情况下,批发贸易很难发展。正如苏联报刊在分析这一问题时指出的:"难道一个因循守旧的、见了'市场'这个词就害怕而只知道'调拨'这个词的供应机构工作者,一个不

---

① 郑国绮等编:《苏联经济改革决议、条例选编》,商务印书馆,1988 年,第 13 页。

② 苏联《经济科学》1971 年第 10 期。

③ 《苏联共产党和苏联政府经济问题决议汇编》第六卷,中国人民大学出版社,1983 年,第 54 页。

懂得正确的供应方法本身就能给生产增加所需资源的人在这里能胜任工作吗?"①

第二,由于批发贸易是一种物资的非计划分配,而苏联当时几乎有 1/4 的企业不能按计划供货,经常出现生产计划与物资供应脱节,在这种情况下,要大力推行批发贸易,就要求在流通领域建立充足的物资储备。而苏联又难以做到这一点。正是由于这个原因,企业宁愿采取计划性较强、保证程度较高的前两种供应方式,而不愿采取扩大生产资料批发贸易的方式。因此,这一物资供应方式,只占生产资料流转额的 5% 左右。

从以上分析可以看出,1965 年苏联推行新经济体制后,在物资技术供应体制方面的改革是极其有限的,这与在理论上如何认识商品货币关系有关。斯大林逝世后,生产资料不是商品的理论被否定了,承认生产资料是商品。但同时又否定价值规律对生产的调节作用。这样,在理论认识上的矛盾,亦使得物资供应体制改革也处于矛盾状态:承认生产资料是商品,那就应该允许进入流通,不能只视为国家集中统一调拨的对象,因此不得不作些改革;同时又认为,价值规律对生产资料这种商品不起调节作用,否则就会破坏国民经济按比例的平衡发展,因此生产资料又必须严格地按计划进行分配。这样,又决定了物资技术供应体制的改革不可能迈开大步。

## 第六节　工业品批发价格的改革

1965 年推行新经济体制,要求联合公司和企业实行完全经济核算制,不仅要达到收支相抵,而且要有足够的利润完成上缴财政任务和设立经济刺激基金,提高企业和职工的主动性和积极性,这在客观上必然要求改革工业品批发价格。人所共知,长期以来,苏联在价格形成制度方面存在的主要问题是,价格与价值严重背离,导致价格严重扭曲。在这种情况下,柯西金在苏共中央九月(1965 年)全会的报告中提出了价格体制改革要遵循以下原则:

---

① 苏联《文学报》1967 年第 34 期。

第一，价格要反映社会必要劳动消耗。他指出："实行工业生产新的经济刺激的形式和方法，要求改进价格形成制度。价格应当在越来越大的程度上反映社会必要劳动消耗，保证生产费用和流通费用得到补偿，并保证每个正常进行工作的企业获得利润。"

第二，盈利率水平的确定应有科学根据。他指出："在确定工业品批发价格时，必须对工业部门的盈利率水平的确定作科学的论证，正常生产的企业按照批发价格从销售自己的产品中，应该有可能适当地设立鼓励基金，并且拥有用来扩大自己活动、缴纳固定基金付费和其他预算缴款所必需的资金。"

第三，应在提高产品质量等方面起重要作用。他指出："价格在解决同提高产品质量和提高产品应有的寿命和耐用程度有关的问题方面，也必须起重大作用。因此，在确定新的更完善的产品的价格时，应该考虑到生产单位的额外消耗，也考虑到使用单位在利用这种质量高的产品时所得到的经济效果。在这种情况下，生产单位将会非常关心产品的改进，而使用单位采用这种产品，在经济上也是有利的。"

苏共中央主席团和苏联部长会议在筹备1965年的九月全会过程中，决定在苏联国家计委之下成立国家价格委员会，并委托其根据必须使价格同社会必要劳动消耗水平最大接近这一点出发，在1966年1月1日以前制定并提出了关于制定工业产品批发价格的基本方针的建议。考虑到各种工业产品批发价格水平的计算和所有工业部门新的价目表的准备，需要相当长的时间，新的价格计划在1967—1968年施行。而实际上，经过一段时间的准备后，苏联从1967年7月1日开始实行新价格制度。苏联国家价格委员会主席西特宁，在对推行新的工业品批发价格进行初步总结时指出，实行新价格制度要解决的基本任务有三："第一项任务是改进利润指标——说明企业和国民经济部门工作效果的总指标的利用状况。显然，这只有在采用经济上有根据的价格的条件下才有可能。第二项任务规定在新价格基础上为一切正常工作的企业的经济活动创造条件。第三项任务是积极利用价格作为刺激技术进步、提高产品质量和改进产品品种的方法。这三项任务实际上可归结为一项任务，即创造一种价格制度，使它适应苏共中央九月全会（1965

年)和我们党第二十三次代表大会所规定的新的经营条件所产生的要求。"①

为了体现柯西金提出的价格改革的原则和西特宁提出的新价格制度形成要完成的任务,1967 年 7 月年推行新价格制度时,采取了以下做法:一是以各部门平均生产基金盈利率来确定各类产品价格中的利润额。经过核算,平均生产基金盈利率确定为 15%。国家价格委员认为,这一盈利率可以使一般企业有能力缴纳生产基金付费、提取经济刺激基金及其他计划费用。在规定统一生产基金盈利率 15% 的基础上,具体规定各部门的生产基金盈利率。各类重工业产品价格平均提高 11% ~ 12%,其中煤炭提高 78%,原油提高 130%,电力 21.9%,铁矿石 127%,生铁 70.1%,型钢 29.1%,木材 34.7%,水泥 13.1%。机床降低 2%,其他机器制造品,电气仪器设备和塑料等产品价格均有所下降。轻工业和食品工业产品价格在 1966 年第三季度已进行调整,未再变动。②

实行新价格后,在工业部门取得了明显的成效。首先,所有工业部门都获得盈利,甚至连亏损最严重的煤炭工业部门也扭亏为盈。如果仍实行旧价格,这一部门在 1967 年下半年亏损率为 18.3%,而改行新价格后,其基金盈利率为 8.2%。③ 其次,工业部门盈利率水平大大拉平了。例如,在前面提到的,如在旧价格的条件下,煤炭工业 1967 年下半年的亏损率为 18.3%,而仪表制造业盈利率高达 67.9%。再从重工业部门来看,未实行新价格之前,平均基金盈利率为 7.4%,而机器创造业约为 30%。改行新价格后,重工业盈利率提高到 14.8%,而机器制造业降到 21.1%,虽仍有差距,但是大大缩小了。另外,改行新价格之后,亏损企业大大减少。如黑色冶金工业,采用旧价格时,有 40 个计划亏损企业,改用新价格后,减少为 21 个,动力工业从原有 5 个计划亏损系统减至 2 个。④

由于实行新价格,各个部门平均盈利率接近了,但部门内部各企业盈利率水平还存在较大的差距。如重型、电力和运输机器制造业部所属的企业

---

① 苏联《经济问题》1968 年第 5 期。
② 参见陆南泉等:《苏联东欧社会主义国家经济体制改革》,重庆出版社,1986 年,第 49 ~ 50 页。
③ 参见苏联《经济问题》1968 年第 5 期。
④ 参见苏联《经济问题》1968 年第 5 期。

平均基金盈利率为 16.5%，而其中 19 个企业的盈利率为 30% 以上，有 30 个企业盈利率不足 10%。这是因为价格通常是根据各部门的平均费用规定的，而各个企业的实际个别费用颇为悬殊。[①] 另一个问题是，价格改革时，在确定了部分生产基金盈利率之后，还得进一步确定同一企业各种产品价格中的盈利率。在利润作为考核企业工业效果的重要指标条件下，这个问题就显得很重要，因为不解决好这个问题，会使企业竭力去生产那些能够保证高盈利率的产品，而不生产低盈利率的产品。

从 1967 年下半年改革价格后，由于苏联计划价格不能随时灵活的变动，过了一段时间，随着各种经济条件的变化，苏联根据 1979 年通过的"新决议"，要求使批发价格适应于产品生产的社会必要劳动消耗，适应于实际经济核算与经济刺激的新条件。1981 年 2 月苏共二十六大通过的决议中还明确提出："完善国民经济各部门的价格形成以作为计划管理的重要工具。加强批发价格对改进产品质量、加速掌握新的高效率的技术设备和淘汰过时的技术设备、更合理地利用生产资源和降低产品成本的刺激作用。加强国家的价格纪律。"[②]

根据上述两个决议的精神，1982 年苏联对工业品批发价格又作了一次全面的修订。这次价格改革的主要措施和目的有：一是把重点放在促进技术进步、降低消耗、促进新产品生产与提高产品质量与效率上，为此广泛采用加价与折扣制度，即对高质量的新产品加价，低质旧产品打折扣。二是通过调整各部门的产品价格，进一步缩小它们之间盈利率的差距。三是通过全面修订，使产品价格能重新反映从 1967 年以来已变化了的社会必要劳动消耗，各种工业产品价格有升有降。这次价格调整后，工业品批发价格总水平提高 11%，整个工业基金盈利率达到 14.5%，成本盈利率为 16.5%。价格调整之后，除了煤炭工业部门外，其他各工业部门正常工作的企业一般能够做到在弥补生产费用后，获得必要的利润。

尽管苏联采取稳定零售价格的政策取得一定效果，但西特宁认为，随着

---

① 参见苏联《经济问题》1968 年第 5 期。
② 《苏联共产党第二十六次代表大会主要文件汇编》，生活·读书·新知三联书店，1982 年，第 250 页。

工业品批发价格的提高，"不涉及整个零售价格制度是不可能的。实现批发价格的改革会导致一大批生产人民消费品的亏损企业的出现"[①]。据有关材料计算，1982 年同 1975 年相比，国家零售价格指数增长 4.3%。[②]

　　关于价格管理权限问题，从 1965 年推行新经济体制以来，并没有发生实质性的变化，占全国重工业总产值 80% 产品批发价格，占商品流转额的 60%~70% 的食品和轻工业产品的批发价格和零售价格，是由苏联部长会议国家价格委员会制定的；加盟共和国价格委员会制定 10%~15% 的重工业产品批发价格与 20%~30% 的食品和轻工业产品的批发价格与零售价格；其余由地方自治共和国、州、边疆区等价格局制定。至于企业，除了一次性订货价格、全新产品临时价格和企业内部自身使用生产的产品价格可以自行制定外，没有其他定价权力。[③] 这种价格管理体制是与高度集中的指令性计划经济体制相适应的。1967 年下半年价格改革以来，可以说，在克服苏联长期以来存在的价格呆滞、凝固、不能及时反映社会必要劳动的变化和市场供求关系的变化等弊端方面，没有取得实质性的进展。

---

①　苏联《经济问题》1968 年第 5 期。

②　参见中国苏联经济研究会编：《1982 年苏联经济》，人民出版社，1984 年，第 23 页。

③　参见陆南泉等：《苏联东欧社会主义国家经济体制改革》，重庆出版社，1986 年，第 54~55 页。

# 第十五章　对部门管理体制原则的再讨论再认识

我们在研究勃列日涅夫时期经济体制改革时，一开头论述了这一时期起始阶段政策的调整、农业体制改革和全面推行新经济体制三方面问题。可以说，简要地阐明了勃列日涅夫时期经济改革的大体内容。为什么接下来单设一章，专门对部门管理体制原则之争论做客观介绍，这是因为：

第一，不论赫鲁晓夫时期的改革还是勃列日涅夫时期的改革，如何认识与对待部门管理体制原则，都是经济体制、特别是工业管理体制改革的重要内容。赫鲁晓夫把部门管理体制原则改为地区管理体制原则，产生了很多社会经济问题，被认为是他改革中的一大败笔，也是迫使他下台的主要原因之一。勃列日涅夫上台后，在全面推行新经济体制时，首要的改革措施之一，就是重新建立部门管理体制原则。这也是对他前任造成混乱的一种整治措施。但是到了勃列日涅夫执政后期，重建的部门管理体制原则又出现了大量的问题，这些问题与赫鲁晓夫1957年工业与建筑业大改组时揭示的问题几乎是一模一样的。

第二，随着部门管理体制原则所产生的种种弊端，勃列日涅夫不得不采取一些措施，如为了消除部门管理对跨部门间协作的阻碍作用，成立各种形式的跨部门协调组织；为了简化部门管理原则而出现多层次管理环节，组建了联合公司；为了不使部门管理影响地方的积极性，适当地扩大了地方管理经济的权力；等等。所有这些措施，对部门管理体制原则出现的矛盾起到了一定的缓解作用，但并不能从根本上解决勃列日涅夫后期部门管理所产生的各种问题。

第三，对所有实行传统计划经济体制的国家，特别是像苏联和中国这样的大国而言,在经济改革过程中,都面临着如何合理地解决部门管理与地区管理的关系和调动地方积极性的问题。

到了勃列日涅夫执政后期,苏联学术界对部门管理原则已提出了大量的批评性意见,有的学者认为:"现行部门管理体制原则上已经过时。"①

鉴于上述原因,我们把勃列日涅夫执政后期以及他逝世后的一段时间,在苏联报刊上围绕部门管理体制原则的争论,提出的各种看法作一梳理和介绍,这也许对启发我们的思想,拓宽我们认识的视野有益处。我们在介绍上述问题的材料时,一是把勃列日涅夫逝世后头几年的情况也归纳进去,这是因为这期间的争论亦都是针对勃列日涅夫时期的改革的;二是介绍的材料不只局限于部门管理体制原则本身的一些问题,还涉及与此问题相关的内容,如管理的集中与分散问题,管理民主化与自治等问题。


## 第一节　对彻底改革部门管理体制的新探索

针对部门管理日益明显暴露出来的弊端,苏共二十六大决议指出:"采取措施克服各主管部门间互不通气的现象,使部门管理和地区管理更正确地结合起来。"②随后,苏联学者在这个问题上进行了大胆探索,提出了各种看法与改革主张。

一、部门管理机构的性质与职能问题

苏联学者苏博茨基在《部门体系及其管理中心》③一文中,从部应该是什么性质的管理机构这一角度,分析了改革部门管理体制的必要性。他指出,在当前社会主义国家文献中,有两种观点:一种观点认为部应当是全国性机构体系的一部分,代表全民利益,保证在专业部门中实现全民利益。换言

———————

　①　苏联《共产党人》1982 年第 18 期。

　②　《苏联共产党第二十六次代表大会主要文件汇编》,生活・读书・新知三联书店,1982 年,第 252 页。

　③　苏联《苏维埃国家与法》1981 年第 11 期。

之,一个部就是代表国民经济管理水平的机构,因此不能直接领导企业,领导企业乃是大型联合公司的职能。根据这种见解,一个部不应对基层经济单位的工作结果负责,而应对自己在领导专业部门方面采取的行动承担责任。另一种观点认为,一个部是专业管理机构,它不是国民经济中心的组成部分,而是该中心和经济组织之间的中心环节。在专业部门和国家的关系中,它代表专业部门的利益,并对其实行业务领导。

苏博茨基本人的看法是:部应当代表专业部门的管理水平,同时又体现国民经济利益。实现这两个模式会遇到相当大的困难。然而这正是完善部的组织机构与活动的基本方向。目前,部门中心从事两种活动:首先,对专业部门的发展实行行政领导,在这一具体领域内,通过计划调节职能贯彻统一的经济政策;其次,通过业务职能,对各企业和组织进行日常领导。此时有一种明显的倾向,即越来越多的日常管理事务集中在部一级,这就带来了一系列消极因素。最主要的是,在部一级活动中,大量日常问题"挤掉了"本部门发展的重大问题。部门的最高管理机构职能过多,负担过重的现象仍然存在。部一级需要决定的问题与日俱增,这种趋势至今未见减弱。部一级的精力尚未集中到发展和提高生产效率、完善计划与管理方法、贯彻统一的技术政策等根本问题上来。各部像以前一样主要忙于指导日常事务,只顾年度计划,而不考虑五年计划与长远安排,不能有效分配资源。在管理中整体规划与局部安排的脱节依然起着掣肘作用。

由于部门中心同时具有计划职能和执行职能,它的活动带有某种程度的两重性和内在矛盾性。一方面,部作为一个部门中的社会主义国家的代表,有责任发掘增产潜力,在制订计划时调动这些潜力,使计划既合理又充分。与此同时,部还是担负实现计划的执行职能并负责完成计划的专业性经济中心。因此,一个部的使命是既负责制订计划,又监督计划完成情况,确保计划的实现。这种两重性降低了部中心的积极性,使之不愿拟定难度较大的计划。这种状态大抵可以解释如下事实:各部对基建投资、物资供应和技术装备的要求很高,在计划草案中把各项指标却压得很低。也就是通过修改计划指标帮后进企业过关。

二、改革部门管理体制的必要性

库拉什维利在《可行的改革轮廓》①一文中认为,当前苏联最根本的改革要涉及部门管理这个管理系统,因为它与企业直接有联系。各专业主管部门的专业化势必筑起本专业的部门壁垒。建立专业主管部,这是采用行政方法实行计划摊派时期的产物,实际上完全排斥了经济的自我调节。如今,在实行生产集约化的情况下,这种计划摊派已经不可能达到所要求的水平。这不是说部门管理现在一般已不再需要,而是说部门管理必须更新,即不是狭窄的部门管理,而是多部门的管理,不是直接的具体的管理,而是总的、战略的管理,主要使用经济方法(只在必要时使用行政方法)的管理。

卡拉盖多夫在《关于工业管理的组织结构问题》②一文中指出:以部门管理方法为准则的工业管理组织形式,已不适应苏联经济发展变化了的条件。一些经济科学专著提出,在科技革命条件下,技术和工艺变化的规律性,随着劳动分工的发展而不断增长的跨部门协作的意义以及其他客观过程,使独立部门解决国民经济任务的能力日益减弱。由于这些原因使各工业部越来越不能作为执行长期科技政策和进行经济领导的国家机构,日益变为对企业进行日常业务管理的机构。工业部门组织上的独立性产生着严重问题。在这种情况下,非常需要寻找新的组织形式,这种组织形式有利于充分利用计划经济的优越性,战略决策的集中和保障整个国民经济利益绝对优先地位的可能性。现实生活不仅向管理组织结构,而且向经济机制的各个环节提出了新的要求。

波波夫在《工业中部门管理的发展》③一文中也谈道,部门管理有两个目标,即主要有两项任务:一是满足社会对本部门产品的需要;二是加速科技进步,实行统一的科技政策。由于科技革命的发展,各部门的地位和作用发生了变化。部门在独立解决社会生产任务各方面的作用削弱了。另外,部门管理中的弊病正好为力求建立"自己的"辅助生产单位的做法提供了借

---

① 苏联《工业生产的经济与组织》1985 年第 5 期。
② 同上 1983 年第 8 期。
③ 苏联《共产党人》1982 年第 18 期。

口,部门首先关心自己的事情,然后才考虑在跨部门科技纲要中委托它们牵头的问题。这里可以得出一个结论,完善经济体制无疑是必要的,但是这种完善一定要由结构上的某些变革加以补充。波波夫观点的核心是,部门管理已经过时,对这种管理体制必须进行真正的改革。

卡尔宾科在《完善国民经济的部门管理》①一文中,也分析了改革部门管理体制的必要性与紧迫性。他指出:在完善国民经济管理的全部任务中,完善工业管理组织结构占有重要地位并受到很大的注意。随着各个工业部门生产规模的扩大,经营项目的增加、劳动工具单位生产能力的增长,加强科学与生产联系的必要性的提高以及由于大量小企业的存在使工业管理结构日益复杂、管理机构数量显著增加等,有必要采取一系列强有力的措施,大大改善部门管理体制,减少部门管理中各个环节的数量,使管理机构进一步接近生产。

为了论证改革部门管理体制的必要性,当时苏联一些学者撰文分析了部门管理体制的弊病。

1. 部门林立、部门隔绝造成生产分散,严重影响企业间的横向联系

卡拉盖多夫在《关于工业管理的组织结构问题》一文中指出,部门管理,就其实质而言,就是"按产品"的管理。这种管理与按实物指标来计划生产对象和在生产单位之间分配计划任务是一致的。实行这种管理原则是以"纯部门"的划分和使部门具有组织上的独立地位为前提的。随着现代化工业生产结构的日益复杂和各个部门产品种类的日益繁多,部门管理机构的数量不断增加。简单地扩大部门的生产规模和企业数量,进一步助长了这种趋势的发展。这使苏联出现了部门林立的局面。

部门管理机构的不断增加,就意味着工业发展决策中心的数量不断增加,协调其活动变得越来越复杂。不同部门经济利益的不同是显而易见的。多种工业通用资源的局限性使得各工业部门之间的联系日益增强。在各工业部门独立存在的条件下,它们之间经济利益的不同就是产生矛盾的根源,这些矛盾使集中管理的任务日益复杂。这种利益的差别造成"部门隔绝",

---

① 苏联《计划经济》1983 年第 3 期。

助长了自给自足的倾向。极力优先发展"自己的"部门,发展自我供应,这是很自然的。

工业中生产多样性的不合理的组织形式,在很大程度上是由于各部门的组织隔绝所造成的。在生产经营过程中,部门隔绝导致跨部门生产的分散和专业化生产水平降低,许多同种用途的产品生产不协调。

各部的生产结构中形成的非专业化生产和自给自足的"自然经济"式的经营方式,与原来设想的部门管理原则是背道而驰的。这种经营方式逐渐变成了部门主义,其结果是部门管理的威信逐渐丧失,本位主义的相互隔绝倾向日益严重;既然"纯部门"与自身原先的经营管理业务范围越来越不相符,那么准确划分对部门状况和部门发展负责的管理环节结构就越来越不可能。不同工业部门经济利益的不同导致各主管部门兴趣和着眼点的不同。但最主要的是,生产经营的多样性往往是迫不得已的。它不是受取得更高国民经济最终结果的想法的指使,甚至不是受部门利益的指使,而是受本位主义指使。这种生产不是为了更灵活地适应不断变化的经济情况的需要,而是不惜任何代价来保障主管部门所需物资的自我供应,其代价是生产的专业化水平长期提不高,各项经济指标不断恶化。

各工业部管理本身是按照多级系统进行的——这种管理系统与现行批准指令性计划的程序结合在一起,构成了部门经济决策的高度集中。这种决策的根据远不是反映当前实际情况的具体情报。结果导致决策不及时,缺乏灵敏度。在这种情况下,各级都尽量编制"谨慎"的计划,计划草案的批准手续日益繁多,各部门企业之间的横向联系,跨部门协作所必需的各项决定的协调工作难以进行,因为大量决定还要经过部门管理的上级机关烦琐的批准手续。在每个部门机关,决议草案要通过自下而上的管理机关的各个环节,而批准的决定又要自上而下地反复一次。生产基层环节的权利的局限性大大限制了它们的义务。

多环节的部门管理系统使合理的情报交流难以实现。情报交流锁链大大延长,费用大大增加。既然各级管理的具体目标不同,有时甚至相反,相互之间的联系就很困难,双方互有需要的一些情报交流活动遭到破坏。上级机关很少报道有关下级机关的情况,很少报道一些有损其威信的较为隐蔽的情报。下级机关弄虚作假,报喜不报忧,掩盖错误和问题。在这种情况下,自下而上和自上而下的情报都缺乏完整性、准确性和真实性,这些都给正确的经济决策带来很大困难。按照自上而下的行政监督的效率所作的种种设想都不能令人信服,决策者的责任也往往化为乌有。

波波夫在《工业中部门管理的发展》一文中提出,苏联的大多数部,实质上与其说是部门部,不如说是分部门部,机器制造分部门部、动力分部门部,等等。分部门型的部,不能把部门集中在一个部手中,甚至像石油开采这种单一的部门,也未完全在一个部系统中。另一方面,同石油开采无关的企业,却被包括在石油工业部系统中,这就严重影响了部的管理。在建立部的时候曾认为,今后在部的活动中,会加强企业和联合公司的专业化,部和部门的界限之间的脱节会逐步缩小。事实上情况并非如此。其重要原因是在经济改革过程中未能成功地建立能够充分保障各部之间协作的经济机制。各部、联合公司和企业依旧全力发展辅助生产单位,这些单位的产品本来不属于该部的生产范围,这些单位规模不大,专业化生产水平低,效率很差,但却是可靠的供货单位。

波波夫关于苏联事实上只存在分部门的部这个观点,遭到一些人的反对,如别利亚克的《工业的部门管理》①一文认为,波波夫的上述说法是在玩弄词句。他指出:根据苏联国内通用的国民经济部门和工业部门的说法,国民经济的每个部门,例如工业分为几个大的(综合性的)生产部门。在工业中,燃料工业,机器制造业、动力工业等就是这样的部门。每一个这种综合部门把同类的,但专业化生产一定种类产品的部门联合在一起,故此应该认为,现有的大多数部都是生产一定消费用产品的部门部。

2.严重阻碍部门与地区的联系

库拉什维利在《部门管理的命运》②一文中指出,生产地区结构的合理化,有节奏地形成作为全国统一的国民经济综合体相对独立成分的地区国民经济综合体,这是促进当前经济发展的一个重要因素。然而这种因素的作用也受到部门分割的严重不利影响。

---

① 苏联《共产党人》1983 年第 8 期。
② 苏联《工业生产的经济与组织》1983 年第 10 期。

部门管理机构千方百计把某些企业置于自己的直接管辖下。隶属于这些部门的不同企业互不来往，地方也无权过问它们的活动。在发展对各企业都有利的生产性基础设施方面，共和国和地方机构也难以发挥协调作用。这些企业理应转交给共和国和地方机构，但各部都不愿交出自己的企业。

马纽希斯在《部门管理与区域管理的结合》①一文中指出，加盟共和国国民经济综合发展的困难还在于，非生产领域的增长多半取决于部门的联盟部和主管部门，因为它们掌握着社会基础结构的投资计划。用于上述目的的资金通常由部和主管部门以比例参与的形式转拨给市和区的苏维埃。按部门分配发展非生产领域的资金，往往造成个别城市在发展非生产领域方面比例失调。

另外，某些工业部门（例如机器制造业等）现有的部门管理组织结构，是按照具体专业化基础上的科技进步的要求而形成的。这种结构不能很好地适应把生产联合成大型综合体的现代要求，也不能适应生产的地区组织和工艺专业化要求。立陶宛共和国有 50 多个机器制造企业和联合公司，分别属于 14 个联盟部和为数更多的全苏工业联合公司。格鲁吉亚电机工业部的 22 个企业分别属于有关部的 12 个全苏工业联合公司。地方对这些企业无权过问，这种状况使地方的许多问题难以解决。在这样复杂的管理结构下，很难在加盟共和国一级实现有关部门的合理一体化。

卡拉盖多夫在《关于工业管理的组织结构问题》一文中指出，部门与地区的利益在很多方面是不一致的；部门总想减少基础设施的费用，总想在交通方便、劳力充足和基础设施有保证的地区投资。而在这种情况下，往往就不大考虑经济区的利益。对位于同一地区而隶属于不同部门的企业的合理协作，环境保护及其再生产问题等也很少考虑。区域机构的利益则集中在跨部门和基础设施问题上。它们的正当要求往往得不到满足，因为它们缺乏相应的专项基金。部门和地区利益的差异极大地妨碍着综合开发自然资源和充分利用原材料问题的合理解决。

---

① 苏联《经济问题》1983 年第 4 期。

### 3. 部门壁垒阻碍科技进步

波波夫在《工业中部门管理的发展》一文中谈到,决定工业部门发展的一个主要因素是科技革命条件下技术与工艺变化的客观规律。以前,部门是社会生产极为特殊的、在很大程度上独立制造产品的一个环节,而且科技进步主要是部门的科技进步。

在科技革命的条件下,情况逐渐变成了另一种样子。实际上一个部门的每一种真正复杂的新技术措施,都需要其他许多部的共同努力。科技进步的成就在更大的程度上取决于许多部门努力的协调程度,科技进步已主要成为跨部门的科技进步。跨部门科技纲要数量的不断增加,是科技进步跨部门特点的作用不断加强的一个间接证明。当前采用重大的科技成果,需要的不是部门内,而是跨部门的解决方案,而部门管理对这种方案是很不适应的。

库拉什维利在《部门管理的命运》一文中也谈到,在科学成就的基础上对生产进行技术和工艺改造通常也具有跨部门的性质。许多种技术工具和工艺有着同样的科学技术思想和设计决定。但采用这些技术新成就也受到部门管理的限制,部门为自己的科研机构确定的方针只解决狭隘的部门问题,它们的兴趣在于对部门生产的修修补补。

伊孔尼科夫和克雷诺夫的《试谈部门和地区相结合的经济管理体制》①一文指出:部门与地区之间矛盾最尖锐的问题是基本建设投资的分配。因为部门要将基建投资用于生产目的,而地区则要用于生产性和社会性的基础设施方面。这种矛盾往往导致生活环境恶化,基础设施落后,从而破坏社会主义扩大再生产的一项最重要的社会经济比例,最终对基本生产造成不良影响。各部追求眼前利益,不愿也不可能正视使地区机关感到不安的前景。在投资问题上,地区在部门管理体制中居于财力物力"乞求者"的地位。因为地区不拥有足够的经济杠杆,没有财政、物质技术和权力基础。各部也不会拨给企业足够数量的资金以发展生产性更不用说社会性的基础设施。因为按现行条例,部可以有根据地辩解说,在资金不足的情况下应以生产任务为主。由此可见,部门管理体制本身就有许多内在矛盾。

---

① 苏联《共产党人》1984 年第 4 期。

三、改革部门管理体制的设想

对如何改革部门管理体制,苏联经济学界提出了不少设想。库拉什维利在《部门管理的命运》一文中概括地介绍了当时苏联已提出的三种方案,并作了简要分析:

第一种是保持稳定的方案,其实质可概括为"在什么都不改变的情况下改进一切"。在保持现行部门体制的条件下,在这个体制的范围内发展跨部门的协调。可以按相同类型或相互联系的部门分类,建立若干个国家委员会或"超级部"。在这两种情况下,都要尽量扩大不同部属企业、联合公司、科研和其他机构之间的直接合作关系,必要时,则通过跨部门综合目标纲要,把它们的力量联合起来。

事实证明,通过这种方法,只能部分地打破部门壁垒。很明显,那些仍然"忠于"本部利益,仍然以完成部门指标为目标的组织,它们之间的协调关系是无法摆脱巨大困难的。只要现行部门管理体制还存在,只要对它们进行改革的决定还未通过,那么很自然,在管理实践中就只能保持稳定的立场和思考现有结构中蕴藏的所有潜力的利用问题。

在保持稳定方案方面,意义最深远的是 1982 年 5 月通过的各项决议,尤其是苏共中央和苏联部长会议《关于改善农业和农工综合体其他部门管理的决议》。在这些决议中,把建立多部门国民经济综合体的统一管理机构同保持狭窄专业化的部、主管部门及其体系独特地结合在一起。在这些因素中,第一个因素是面向未来的,第二个因素则同目前联系在一起。

第二种是适度改组的方案,其实质是对主管部门进行合并。完全可以设想,管理国民经济(不包括流通领域),将不再是目前的五十多个主管部门,而是假定以下主管部门:燃料动力工业部,冶金工业部,机器制造工业部;轻工业部,木材和化学工业部,建筑部,公用事业和邮电部;农业和食品工业部,交通部和国家军工生产委员会。

不言而喻,这个方案只有在显著扩大企业和联合公司的自主权,从而大大减少对它们的不必要的集中业务管理范围的情况下才能实现。因此,设想得是这样的合并,即以一个部代替几个部,并在该部内仍设一样多的总局;同时它们按老方法管理自己的"对象",或是某种更加严肃的东西。

第三种方案是彻底改组的方案。其可能的办法可以概括如下:国家对国民经济的管理最大限度地集中化。对物质生产的管理集中在下面四个主管部门:国民经济部(大概的名称),公用事业和邮电部,交通部以及国家军工生产委员会。

显然,在这种情况下,管理流通和社会文化领域的各主管部门必然也要合并。国民经济部的成立很自然地将要导致国家计委职能的变化,国家计委将集中研究国家的社会和经济发展总规划问题。在这个计划中,关键措施是设立国民经济部(或者同样不太准确地把它称为物质生产部)。

可以设想,苏联国民经济部将把归其管辖的物质生产作为社会劳动分工体系中的一个统一综合部门加以管理。它作为一个国家管理机关,即作为一个社会政治管理机关,将把保证生产取得最大的社会效益作为追求的目标。这个部不会是很庞大的,因为一方面企业自主权的扩大会急剧减少国家对其进行的业务管理的工作量;另一方面,那些仍然必要的这类工作中的大部分将由该部的加盟共和国机构和地方机构承担。它最终将为集中化的国家管理致力于解决经济发展战略问题提供现实条件。

第二与第三个改组方案相比,适度改组比彻底改组有一些优越性是显而易见的,破的东西较少,向新的管理体制过渡的渐进性,一旦需要,可以很容易地恢复严格的国家管理。但在适度改组的不彻底性中也隐藏着严重的缺点。各经济部将力图使用老的即现在通用的命令方式管理自己的企业(统一的国民经济部是无力做到这一点的)。地区综合体的管理问题根本得不到令人满意的解决。很可能在将来被迫使部门管理彻底集中化,这意味着要重新进行一次改组,并必然为此付出代价。

适度改组在目前情况下还算不错,但不是发展部门管理的最好办法。库拉什维利的结论是:最好彻底改组。他认为,为了实行彻底改组方案,需要彻底改变生产经营体系中的主要环节——企业的地位。另外,必须对管理的核心——计划体制进行根本改革。这是因为,扩大企业自主权的前提条件是使企业有权独立地制定自己的生产经营计划,同时又绝不废除国家计划。管理国民经济的国家管理机关在摆脱了必须计划一切之后,才有可能有选择地制定重大的国民经济问题决策计划,也就是可以充分利用纲要目标计划法。编制全苏、加盟共和国和地方的目标纲要,将成为编制国家计划的最重要形式。国民经济部的职能包括调查、建立和使用统一的信息系统及其分系统,对生产力、科技进步、国内市场和世界市场现状的估计及其发展方向的预测,国民经济部机关将通过强制登记企业计划的办法,获得为充分了解物质生产运动细节所需的原始资料。

在国民经济部及其机关面前,展现出实际研究经济生活和各种经济形势的广阔活动余地。总揽直接反映社会需求动态的、千百万生产经营活动的总成果和未来成果,并在此基础上弄清国民经济发展的深远趋势,将把国民经济部及其机关的权力同充分可靠的知识权威结合起来。这对提高主要社会生活领域的管理水平,将是一个最好的促进。

在国民经济部及其加盟共和国和地方机关的职能体系中,占有最主要地位的自然是组织生产机构,它的目的是在全国和各级地方(行政区包括若干加盟共和国或州的经济区):有效地建立统一的国民经济综合体。

建立国民经济部与适度合并部主管部门不同,更不用说在稳定方案范围内设立各种跨部门委员会了。库拉什维利认为,这是从各个管理层次上,尤其是从企业一级开始,使物质生产坚决摆脱“本位主义瘟疫”的唯一正确方法。

库拉什维利有关彻底改革部门管理体制的设想,其思想基础是对高度集中和命令式经济模式的否定。他在《国家对国民经济的管理:发展前景》①一文中分析说:有两种管理体制,一种是高度集中或命令式的管理体制;另一种是相对分散或“刺激式”的管理体制。命令式管理体制主要借助于硬性指标,但也不排除刺激,而刺激式管理体制主要靠刺激,同时也需要一定的硬性指标。在一般情况下,刺激式管理体制更有效。

苏联还有一些学者,主张通过建立跨部门的管理机构来消除部门壁垒,以便解决各个部越来越难以完成的管理任务。

波波夫在《工业中部门管理的发展》一文中指出:“部之上”的管理问题

---

① 苏联《苏维埃国家与法》1982 年第 6 期。

建议采用跨部门的专项纲要的方法来解决。考虑到部门作用的削弱和跨部门联系及地区联系的扩大,可以断定,"部之上"的机构的着眼点不应该是作为划分部基础的那些部门,而应该是真正的工业部门,如机器制造业或动力工业等。"部之上"的机构可以更充分地包括部门管理任务,并能把仅仅由于部门变得非常狭窄而逐渐成为跨部门的大量问题包括在内。至于联合公司,则应该打破部门壁垒,组织真正跨部门的专业化的联合公司。

近年发展起来的跨部门管理和专项纲要管理形式,是克服本位主义和地方主义倾向,改善部门和地区管理协调工作的重要条件。建立和发展多部门的地区生产综合体,为"条块"的合理结合和合理利用地区资源,创造了广泛的可能性。

对于库拉什维利和波波夫等人彻底改革部门管理体制的观点,在20世纪80年代初,苏联存在着尖锐的分歧意见。例如,别利亚科在《工业的部门管理》[1]一文中说:"部门管理有不可泯灭的功绩。今天,部门管理没有过时,当前用不着成立'部之上'的和跨部门的管理机构,现阶段工业管理亟待解决的问题是加强和发展现行部门,完善部门部的工作方法和作风。"

阿甘别基扬院士在分析改革部门管理体制问题时,把重点放在如何使部门管理与地区管理相结合的问题上。他在《部门管理与区域管理》[2]一文中提出了改革设想。他的主要观点是:改革部门管理体制,必须考虑地方利益和部门利益以及它们的结合,必须特别注意区域计划的效能,加强区域计划在发展全国各地区经济中的作用。可以把对待生产管理的态度分为三种:第一,从问题和目标出发的国民经济态度。它重视经济发展的最终目标,把一切客体(不问其部门和区域的隶属关系)都列为管理对象,使它们最大限度地促进最终目标的实现。第二,部门态度。每一个部门都有自己特定的工艺、生产过程组织、产品、对干部的专业要求、专业化、联合化、集中化等。这些问题都要求从部门的角度加以解决。第三,区域态度。它要考虑发展社会生产的地区条件,具有跨部门性质。它详细考察位于该地区的所有对象,而不论它们的部门所属。把这些对象联结在一起的是社会性和生

①　苏联《共产党人》1983年第8期。
②　苏联《社会科学》1983年第3期。

产性基础设施与自然资源的综合利用。这三种态度都有自己的依据,自己的长处与局限性。

阿甘别基扬接着指出,狭隘的部门态度和区域态度都不能为国民经济创造最佳条件。必须将部门管理和区域管理同国民经济的立场协调起来,只有协调的最优化才能创造全面的最佳条件。在制定国民经济计划和管理的最佳经济数学模型体系时,就是贯彻了这样的想法。在这种体系中不仅应规定从部门决策到区域决策的直接联系,而且应规定根据对地区因素的深入研究来修正部门决策的逆向联系。

过多地强调部门管理方法会造成本位主义倾向,这与整个国民经济发展的利益是背道而驰的。同样,过多地强调区域方法,地方利益就会同国民经济利益对立起来。把部门管理与地区管理的结合仅仅归结为部门与地区计划的结合,或者归结为部门与区域机关的形成及其相互作用,那是不正确的。因为各种管理因素是彼此紧密相连,共同构成完整的经济机制的。

## 第二节　对经济管理的集中与分散关系问题的探索

经济管理的集中与分散关系,它不仅与部门管理与地区管理关系有关,而且在经济体制改革过程中,它还与如何正确地实现民主集中制原则密切相关。因此,这一直是苏联学术界关注的一个重要课题。这一问题在勃列日涅夫执政后期,由《苏维埃国家与法》杂志发起了一次讨论。该杂志主编皮斯考金教授发表了《民主集中制:集中与分散的结合问题》①一文。文章的主要观点如下:

一、民主集中制原则在理论上应有正确的认识

1. 集中与分散的关系不可能一成不变

在社会主义条件下,管理实行一定的集中有其客观必要性。但这个原

①　苏联《苏维埃国家与法》1981 年第 5 期。

则的出发点,用列宁的话来说,集中只应当在"主要的、根本的、本质的问题上",应当同民主原则有机地结合起来。这种结合,一方面可以通过中央国家机关的组织和活动的民主制度来达到;另一方面,可以通过给予地方、企业、联合公司和其他组织必要的自主权,发挥它们的主动性的途径来达到。列宁指出,承认集中的必要性,不等于不存在"在某一部门和某一时期需要把集中加强到多少或减弱到多少"的问题。

根据这一点,可以提出两类同实现民主集中制有关的问题。第一类是保证集中领导本身的民主作风问题。这里指的是中央国家机关的形成和向人民报告工作的民主制度以及它们工作的民主形式和方法。集中与分散的结合问题,属于第二类问题。其中最重要的问题有:一是管辖对象的划分和联盟机关、共和国机关、自治共和国机关和地区行政单位间的职权范围问题;二是集中领导与各企业、联合公司和其他组织的经营自主权和主动性结合的形式;三是在社会文化领域管理中集中与分散关系的特点。介于这两类问题中间的问题,是集中或分散问题,即决策权的集中和分散问题,包括中央国家管理机关、联盟机关和共和国机关各不同层次领导的集中程度问题。

已形成的集中与分散关系是决定国家管理体制、社会主义民主的发展以及政治、经济和社会生活形式的一个最重要的特征。在社会主义条件下,这种集中与分散的关系具有特别重要的意义,因为它涉及苏联整个经济的组织领导,在很大程度上决定社会生产效率;因此,应当把创立集中与分散结合的具体形式列为社会主义国家的组织和活动的根本问题。

集中与分散的关系,不是,也不可能是一成不变的,需要在各种因素的影响下不断发展。在各种因素中,客观因素是第一位的,如在新中国成立后的一定历史条件影响下所发生的变化,首先是生产力的发展,经济规模的扩大和居民文化水平的提高等。虽然这些因素往往直接要求对集中与分散关系进行必要的修改,但是这些因素也不会机械地起作用。对其中每种因素,各有关国家机关应当作出一定判断,进行理论思考,只有在得出结论的基础上才能考虑改变集中与分散的关系。可见,在这里主观因素的作用是很大的,思想体系、社会意识、已形成和占主导地位的观念与传统,对于所有问题的解决会有直接影响。为了正确理解和全面估计这方面存在的情况,也是为了弄清作出必要变化应当选择的途径,就不仅应当分析客观因素,而且要分析主观因素,特别是要分析在历史发展过程中所形成的那些传统因素。

2. 既要看到在不同历史时期实行高度集中的必要性,又不能忽视许多集中措施的被迫性

尖锐的阶级斗争,克服经济遭受的破坏,必须在最短的历史时期内实行工业化,以及新的世界大战的威胁,要求实行"铁的纪律、保持高度警惕性和实行严格的集中领导……"在伟大的卫国战争时期以及战后的头几年,实行高度集中以便恢复被战争破坏的经济是必要的。

苏联历史进程的上述特点,在人们的社会意识中留下了深刻的痕迹。强调集中在不同历史时期(从建立俄罗斯统一国家起到社会主义工业化和反德国法西斯战争期间止)所起的作用,主要是为了肯定集中,却往往忽略了加强集中的许多措施的被迫性质。

3. 集中不应与民主对立起来

在这里,最重要的是保证实行真正民主意义上的集中,即通过民主方式实现的集中,给予地方、基层生产环节和各种工作者充分广泛的自主权。当集中达到极端程度时,即大量问题的决策权都集中在中央管理机关,而且集中在小范围或个别领导人手里时,发扬下层的民主和主动性就会受到很大的限制,积极性的源泉会大大减少。严格的集中领导不能不对某些民主形式的发展产生有害影响。

对事业的主动精神和积极负责态度——这反映质量和效率以及每个人社会积极性的程度。毫无疑问,任何部门提高工作效率和质量的最大潜力之一,就是发挥积极性和责任心。反之,限制这种潜力的发挥,就会带来重大损失,尤其是所造成的物质损失,是无法计算也是无法记录的;然而这种物质损失却是相当可观的。过分集中,不仅会削弱管理领域工作者的主动性和责任心,而且会削弱劳动集体成员和所有公民的主动性和责任心。因此,过分集中所带来的损失,包括精神损失,相当严重。

二、只有采取分散管理才能消除集中管理体制中的有害影响

针对勃列日涅夫执政后期,部门管理体制原则出现的种种严重问题,苏

联学者提出:一般说来,处理有关地区行政单位和生产单位的问题,不如由地方直接解决问题更能考虑地方条件和特点。因为集中处理有关单位的问题势必会降低决策的效果。比如,由于对地方特点考虑不周而使潜力得不到发挥,或者因此造成直接损失;决策过分集中,往往使紧迫的问题久拖不决;加之许多人逐渐习惯了这样一种不正常的情况:应当改的不改,听之任之,甚至不认为这是一种反常情况。在管理机关中,传声筒式的干部越来越普遍,他们只传达上级任务;自己对工作毫不负责,缺乏真正的积极性和进取心。还必须看到,在高度集中的情况下,管理工作量大大增加,因为同样的问题要呈送好几个机关去解决。管理机关人浮于事,官僚主义倾向大为发展。

为了消除集中的有害影响和由于过分集中所造成的不良后果,只有在可能的地方采取分散的管理形式,才能解决。

生产集中的发展,在许多情况下是受科技进步制约的。科技革命本身要求大大加强生产管理的集中。但是保证集中与分散正确结合的问题没有解决,并要求给予经常的注意,采取十分自觉的态度。这主要是因为:要求集中的因素本身可以畅通无阻,而要求分散的因素,作为客观存在的因素,只有经过一番努力才能反映在管理体制中。这些因素的力量是不均等的,需要国家进行有目的的调整,以便一视同仁地考虑这两种因素。

### 三、苏联已具备实行分散管理的条件

在勃列日涅夫后期,解决集中与分散的关系的问题,已显得极为迫切,因为在完善集中领导的同时还存在着一系列要求发展分散管理形式的重要因素。而且,重要的还在于已经具备了广泛运用分散管理形式的必要条件。

苏共二十六大提出了进一步发展经济的三个基本手段——集约化、提高生产效率和加快科技进步。为了发挥每种手段所包含的潜力,要求把集中与分散灵活地结合起来,把发展民主原则自下而上的创造精神,作为一个必要条件。

发展分散管理的问题之所以突出,还因为到20世纪80年代初苏联国家执行的任务和职能增多,而且多半涉及中央国家管理机关,首先是全苏机关。这些机关负担过重,为了应付按现行立法和已经习惯应由全苏机关来

解决的大量复杂的事务,不得不一再设立新的苏联国家管理机关。除了新设立的各个苏联国家委员会和部以外,在苏联部长会议下面又出现了不少委员会、总管理局和其他主管部门。但是这种办法不仅使苏联国家管理系统过于复杂,而且根本不解决问题。

在苏维埃政权最初年代,加强国家管理的集中,在很大程度上是由于缺乏忠于社会主义的文化力量以及地方上受过教育的、能独立熟练地处理地方问题的人员。但是从那时以来,情况发生了根本变化。到1980年年底,苏联在业人员中,受过高等教育和中等教育的已占83%。因此,干部条件不再是限制发展分散管理的因素。居民教育和文化水平的普遍提高,为扩大地区行政单位和生产单位的自主权创造了可靠前提。最后,还应该强调指出,随着发达社会主义的建立和以社会政治、思想统一为基础的全民国家的形成,苏维埃国家发展最初时期需要实行"严格集中领导"的那些理由已经消失。在目前情况下,探讨集中与分散相结合的具体形式,应当更多地考虑对管理科学化的合理要求。

分散管理形式的发展可以沿着两个方向进行,一个是扩大加盟共和国、自治共和国和地方苏维埃独立解决问题的范围,另一个是加强企业、联合公司、社会文化机构和其他基层机构的自主权,减少各级和各级管理机关决策的集中程度。对这两个方向都要进行专门分析和讨论。

全联盟、各加盟共和国、自治共和国和地区行政单位间职权的划分,是同它们按隶属关系划分国民经济管辖对象和社会文化设施紧密联系在一起的。现在全联盟集中管辖的这些对象和设施,并非都是正确的。应当将其中实际不是联盟性的对象和设施交给加盟共和国管辖,而将实际上为地方需要服务的管辖对象,交给自治共和国和地方苏维埃,同时扩大各共和国和地方机关在经济领域,特别在为居民需要服务的各经济部门中的权限和责任。这样做不仅能减轻"上层领导"的工作量,有助于鼓励共和国机关和地方机关的积极性,而且可以使经济对供求关系的变化作出迅速而灵活的反应。

整个国家管理中的集中与分散的关系,在许多方面取决于财政集中程度。如果不在财政领域采取相应措施,在管理领域实施发展分散管理的任何重要措施,是不可能成功的。因此在 20 世纪 50 年代采取的消除过分集中的措施中,扩大加盟共和国、自治共和国和地方苏维埃的预算权占有重要地位不是偶然的。无论国家财政资金怎样增加,也无法满足日益增长的需要。因此,在资金分配上需要实行一定的集中。集中有助于把资金首先用于最需要的地方,避免资金分散。但是,重要的不在于正确地分配资金,而在于集约使用资金,广开收入来源,以便为满足大量的社会需要创造条件。只靠集中是达不到这个目的的,这里需要主动性、社会主义进取精神和物质利益。而这些又是同分散管理联系在一起的。

继皮斯考金发表的文章之后,利弗希茨作为讨论集权与分散关系问题的继续,发表了《经济机制的完善和劳动法的某些问题》[①]一文。文章主要探索劳动工资管理职权划分问题。他认为,现在苏联劳动管理分两级:一级是在独立的直接从事生产的环节(联合公司,企业、机关、组织),这里是进行具体生产劳动和创造物质财富的地方;另一级是在上级机关(苏联部长会议和加盟共和国部长会议,苏联国家劳动委员会和加盟共和国劳动委员会、各部的主管部门),这里制定生产发展参数,但不从事物质财富的生产。苏联劳动管理机关组成了一个统一的体系,体系中的每一个机关都有自己的职权。但最重要的是应把企业的职权和上级机关的职权区分开来。应在划分劳动管理职权方面摸索出一些规律。总的趋势应该是扩大企业的自主权,扩大经济领导干部的权利和职责。企业权利由上级规定,但一经决定,上级机关应予以尊重。如何组织劳动,工作人员担负哪些劳动职能,招聘多少专家和哪类专家(在定员范围内),薪金待遇多少之类问题,均应由企业自行决定。

利弗希茨在文章中提出:在工资方面限制企业权力的趋势在理论上是站不住脚的。因这种趋势实际上造成的消极后果是十分严重的。由于种种限制,企业不能给表现好的人以应得的报偿。工作人员也因此不愿积极工作。因为不管工作好坏工资都一样,他们的劳动兴趣就这样渐渐减少了。企业、劳动集体对社会产生了一种消极心理,它们不去挖掘潜力,而是越来越多地向部里伸手。

--------

① 　苏联《苏维埃国家与法》1981 年第 10 期。

勃列日涅夫逝世后,苏联在讨论集权与分散问题时,把注意力放在扩大企业自主权与集中管理的关系问题上。例如,捷良比娜在《经济组织的独立性和责任》①一文中,就批判当时苏联广泛流行的提高企业独立性会妨碍在经济体制改革中贯彻集中计划原则的观点。文章的主要观点如下:

加强集中的计划管理、完善它的形式和方法,必须同时提高企业的经营独立性。民主集中制的两个因素应该在辩证统一中发展,没有根据地强调某一方面,必然会导致经济管理的混乱,给国民经济带来巨大损失。劳动集体的经营主动性和积极性是社会主义经济的"发动机",而集中的计划领导是社会主义经济的"方向盘"。在发动机能力很小的情况下,最准确的方向盘也没有意义;而没有方向盘轮船就会出事故。

下述现象已不是什么秘密,即在上面下达大量指令性计划任务、进行最严密监督的情况下,企业不仅不按全国任务的轨道运动,而且往往直接违反国家利益。它们用追加基建投资,无止境地扩大原料、材料、设备的超定额储备等办法来提前或超额完成计划。

用指令性计划严格监督企业行政管理人员的数量和结构的任务,在实践中并未完成。苏联和其他社会主义国家的报刊不止一次地批评这种状况。当然,需要遵守计划纪律。但主要力量应该放在如何把"方向盘"与"发动机"合理结合起来,以消除管理不善的因素,消除经营过程的理想、正常状态与实际状态的差别。这一种差别并不是仅仅因为没有很好遵守计划纪律。

国民经济以向集约为主的发展道路过渡,需要在集中的经济领导与企业活动之间建立另一种相互关系。集约化要求所有生产部门和生产类别协调、平衡地发展。在国民经济宏观比例相对稳定的情况下,各个经济环节的技术发展、实物量比例、增长速度经常发生积极的变化。

世界经济发展规律表明,对于工业发达国家来说,其特点是宏观比例长时期稳定,即第一部类和第二部类之间以及社会总产品中的物资消耗与定额净产值之间的比例关系变化比较缓慢。这种稳定性的基础就在于,微观

① 苏联《工业生产的经济与组织》1984 年第 4 期。

经济变化快及其对迅速变化了的条件的适应。在科技革命条件下,情况尤其如此。

由于在低级管理环节发生的比例失调往往在综合指标中被掩盖,用集中的办法已越来越难以影响各种相互联系以及变化多端的生产和经济结构。这就更加需要把许多管理职能转移到低级管理环节,即提高经济组织的独立性和责任。

## 第三节　经济管理民主化与自治问题

苏联针对勃涅日列夫执政后期面临的社会经济问题,并且为了推动经济体制改革,在讨论部门管理与地区管理关系以及经济管理中的集中与分散关系等问题时,管理民主化与自治问题的理论探讨日益多了起来。在这方面强调的主要问题有:

一、突出管理民主化对解决经济问题的重要意义

苏联领导人及学者都强调要解决当今苏联经济问题,只有在每个劳动者都参与的情况下才有可能。新政权的实质,就是通过人民自己实现人民的管理。《苏联历史问题》杂志发表的编辑部文章[1]提出:如果不坚持不懈地发扬民主,社会主义是不可能实现的。

二、对待管理民主化问题在理论上要有正确的认识

在这方面,对过去苏联存在的认为民主管理难以实现的观点进行了批评。1983 年,《苏维埃国家与法》杂志编辑部召开了《社会主义国家理论问题研究》圆桌会议。布坚科作了题为"关于社会主义条件下的政治权力"[2]的发言。他的主要观点如下:

在现实的社会主义国家中,代表劳动群众和为了劳动群众的政权早已

---

① 苏联《苏联历史问题》1983 年第 9 期。

② 苏联《社会科学》1983 年第 7 ~ 9 期。

确立并有效地行使着职能。但这并不是说，在社会主义的政权领域，在"为了劳动群众的政权"转变为"通过劳动群众自己来实现的政权"的过程中不存在任何复杂问题。有一种流传颇广的偏见认为，似乎"通过劳动群众自己来实现的政权"根本不能实现，因为在当代世界上，社会事务的管理变得非常复杂，需要专门知识，所以"每一个厨娘都能进行管理"的时代永远不会到来。然而尽管这个问题相当复杂，也应该着重指出："通过劳动群众来实现的政权"是唯一的完全符合社会主义本质的政权。"通过劳动群众来实现的政权"以及"为了劳动群众的政权"是真正为劳动群众利益服务的政权。这两种政权的根本共同性以及它们二者与剥削阶级社会的"代表人民的政权"的共同的对立性，使这两种为劳动群众利益服务的政权有很大相似之处（并导致一种政权转变为另一种政权）。正是这种根本共同性产生了它们与群众的牢固关系，决定了这二者的机制的共同性：民主制与集中制，代表制民主和直接民主的相互配合，地方权力机关和中央权力机关的相互配合等。而"通过劳动群众来实现的政权"与"为了劳动群众的政权"的主要区别在于，在前者的条件下，政权职能中有决定意义的部分是由劳动群众自己直接行使的，是按他们自己的意志行使的，而不是委托给劳动群众的代表行使的。

关于在代表制下应设何种机制以便保障劳动群众行使权力的问题，解决的办法不仅在于劳动群众将权力交给他们的代表——管理者，并建立一种保障实现劳动群众意志的可靠机制，而且还在于，从一开始就有科学根据地把权力职能分为两部分：把最重大的决定权划为劳动群众自己的职权，而把日常管理性质的权力作为劳动群众的代表——管理者的职权。社会主义民主的矛盾与以下错误观点很有联系：似乎工人阶级的权力，劳动群众的权力只有通过他们的代表才能实现，否则是不可能兑现的。

另外，苏联还对那种认为民主机制的作用已得到充分发挥的观点进行了批判。《苏联历史问题》杂志编辑部文章[1]指出："如果有人认为苏联的社会主义民主机制似乎已达到了发展的极限，那是不对的。完善民主对于我

---

[1] 苏联《苏联历史问题》1983 年第 9 期。

们的社会来说,是要在许多方面做大量的实际工作:这既是活跃、改善、联合群众的一切组织——苏维埃、工会、共青团的工作,完善我们民主的立法基础,也是更充分地确立人民的社会主义自治,在劳动集体中直接发展民主的基础。苏联在进一步发展生产管理中的民主原则方面,在领导人员对居民力求公开和建立定期汇报制度方面,民主化有着巨大的可能性。"

三、民主管理与体制改革的密切关系

苏联越来越认为,经济管理的进一步民主化,使劳动者感到自己是生产的主人,这是今后改革经济体制的一个重要方面,并且也是发展生产资料公有制作用的客观前提。

托尔卡诺夫斯基在《发展生产管理中的民主原则》①一文中,比较系统地论述了在生产管理中实现民主管理的重要性。他在文章中指出:党认为必须直接在生产中加强民主原则,使群众参与各级生产环节的管理。发展生产管理的民主原则是党的经济政策的战略方针,是利用社会主义经济制度优越性的最重要的一个途径。托尔卡诺夫斯基进一步分析说,在社会主义条件下,使劳动人民最大限度地参与管理过程符合生产力发展的客观规律,符合建立在生产资料公有制基础上的生产关系的性质。劳动人民参与管理是实施全民所有制的一个重要的社会形式,是全民所有制的一个方面。在社会主义条件下,如果生产者联盟的成员不积极参与,就不可能相应地实施所有制关系。这就意味着,劳动人民参与管理生产是所有制关系正常发挥职能和完善的客观前提,是社会主义经济制度不可分离的特性。劳动人民参与管理不会自然而然地实现,应当通过经济机制来实现。因此,在一些企业,使劳动人民参与管理的措施已成为计划工作的对象。

在《工业生产的经济与组织》杂志召开的"圆桌会议"上不少学者谈了管理民主化问题。阿巴尔金指出:管理进一步民主化,使劳动者感到自己是生产的主人,也是完善经济体制的重要方面。布尼奇认为:使人感到自己是主人,有效地进行经济核算,具有头等重要的意义。谢里科夫指出:在解决任

———————

① 苏联《共产党人》1983 年第 8 期。

何问题人是起主要作用的,无论是什么问题,能否顺利地解决,都取决于下面的人员。①

萨法罗夫在《民主化是社会主义国家发展的规律》②一文中指出:劳动集体对国家的民主化给予了决定性影响。值得注意的是,社会主义各国都意识到在生产关系方面,在劳动集体的组织和活动中都必须使民主有新的发展。全面发扬生产民主的理由有以下方面:工人和职员最有资格讨论和决定生产中所出现的各种问题;既然劳动和劳动成果不会与工作人员本人脱节,所以他们就不能不参加民主过程,首先是生产单位一级的民主过程;不要限制劳动集体这个主人的能力,他们的使命是影响生产单位所出现的各种社会过程。

萨法罗夫还进一步指出:作为社会主义政治制度主体的劳动集体,它的办事效率在很多方面取决于生产关系的进一步民主化。

四、把发展民主管理与社会自治联系起来

关于这个问题,安德罗波夫作了论述。他在《卡尔·马克思的学说与苏联社会主义建设的若干问题》③的重要文章中指出:有时能听到有人说什么现代社会主义国家体制和民主制度的面貌同马克思指出的共产主义自治前景不符。但是我们所走过的道路,我们所拥有的经验说明得却是相反。例如,根据马克思的概念,管理新社会,乃是"组织在公社里的人民"的事业。新政权的实质,就是"通过人民自己实现的人民管理制"。这些思想是由生活,由巴黎公社社员的英雄主义激情所提出的。然而它们仅仅含有对遥远目标的最一般的指示。唯有群众本身的革命创造性才能使接近这一目标的方法具体化。到十月革命前夕,这种革命创造性就提供了材料使列宁制定出在我们国家条件下实现马克思公式的实际措施:"管理国家的……应当是由苏维埃所联合起来的普遍武装的人民自己。"④除了自己本身联合的政权

---

① 参见苏联《工业生产的经济与组织》1983 年第 8 期。
② 苏联《社会科学》1983 年第 6 期。
③ 苏联《共产党人》1983 年第 3 期。
④ 《列宁全集》第 29 卷,人民出版社,1985 年,第 186～187 页。

外,人民不受别种政权的约束。这一思想体现在工会及其他社会团体的工作中,体现在劳动集体的生活以及我们社会整个政治制度的发展中。但是问题完全不在于要找出它同共产主义自治理想的差别——由于把我们同共产主义第二阶段分开的历史间隔,可以指出不少此类差别。重要得多的是另外一点,即这个制度在发挥职能和不断完善,在探索发扬民主、扩大劳动者在生产中以及从人民代表委员会、人民监察机关到常设生产会议的所有社会政治实践中的主人翁权利及作用的新方式方法。这正是共产主义建设过程中不断发展的、人民真正需要的社会主义自治。

随着改革进程的发展,社会自治理论在苏联社会科学研究中日益受到重视。法学博士托尔卡诺夫斯基在上面提到的《发展生产管理中的民主原则》一文中,对民主与自治关系问题作了明确的阐述。他说:在管理民主化发展到一定广度和深度时,最后必然导致质变,而这种质变就会把劳动者参加管理变成自治。这种民主管理向自治过渡,就意味着劳动集体由过去的只是执行决定向作出决定的方向过渡。

有的学者认为:自治思想属于科学共产主义理论的基本概念。自治原则的发展完全符合民主集中制原则,苏联的整个社会政治制度就是建立在这个原则基础之上的。自治能够彻底制止官僚主义干涉纯属地方的问题。

# 第十六章 勃列日涅夫时期经济体制改革的评析

勃列日涅夫执政18年,对经济管理体制改革了18年。如何评价这个时期的改革,是个重要问题,也是个复杂问题。

勃列日涅夫时期的经济改革,可以说是一次较为系统和涉及面较广的改革。改革的准备工作要比赫鲁晓夫时期做得充分。在改革的头几年,不论在农业还是工业方面都取得了一定的效果,但在总的来说,改革没有达到预期目的,也没有实现改革的总目标,即改革后形成的管理模式,仍然是效率低、浪费大、过度集中的一种体制。

勃列日涅夫时期的经济体制改革,从总体情况来看,处于一种停滞状态。如果说,赫鲁晓夫时期的改革是在"条条"与"块块"之间兜圈子,那么勃列日涅夫时期的改革,则是在增加几个还是减少几个指令性指标之间扭来扭去,改革始终迈不开大步。形成这种情况,有其十分复杂的原因。由于改革的停滞不前,产生了一系列十分严重的社会经济后果。勃列日涅夫时期,一方面消耗苏联积存的种种潜力,另一方面又不断地产生种种社会经济疾病和积累大量的问题与矛盾,是使苏联走近衰亡的时期。从勃列日涅夫执政18年的改革过程与出现的种种问题来看,确实它在很多方面再次向人们展示了斯大林-苏联模式所存在的带有制度性的弊病,是非常值得我们深思的。笔者在本章力图从较宽的视野来评析上面提到的一些问题。

## 第一节 设计的改革原则与目标未能实现

1965年勃列日涅夫推行新经济体制所设计的改革原则与目标,在贯彻执行一段时间后,逐步后退,以致最后未能实现。

## 一、企业自主权问题未能取得实质性的解决

经过改革,企业自主权有了一定程度的扩大,但并未得到实际解决,企业的地位并未发生根本性的变化。据苏联调查,大多数经理认为,改革的主要问题是,企业权限太小,就是企业条例中规定的一些权限经常遭到上级机关的侵犯。这一直是苏联改革过程中存在的主要矛盾之一。苏联著名学者阿甘别基扬发表的一篇调查报告中说:被调查的 1064 名大企业经理中,有80% 的人认为,各级机关仍然像以前一样,侵犯企业权力,90% 的经理认为,企业权力太小,今后必须从根本上扩大企业权力。[①] 列宁格勒工业重型机器研究所处长、在工业部门工作 40 年、最后任生产联合公司总经理的库拉金,在谈到实行新经济体制后企业实际上仍处在身不由己的地位时写道:目前经理们仍然"感到自己像一个突然面临一整排军官们指挥的士兵,而当其中一个军官下达'前进'的命令时,另一个军官却高喊'卧倒'!……"[②]扩大企业自主权的问题得不到实际解决的主要原因有:第一,从计划制度来看,尽管减少了下达给企业的指令性指标,但一些主要指标仍由国家控制。再说,减少下达指令性指标的数量,这毕竟只是量的变化,并没有使计划制度发生质的变化。第二,改革以来,企业的法律地位在理论上和实际上都未得到解决,现在企业实际上仍面对几十个"婆婆",各上级机关不时地发出各种指示或某些禁令,但对企业执行它们的种种指示所需要的资金和条件却不加过问,而且对执行它们指示的后果也不负任何责任。苏联报刊发表不少文章,要求从法律上切实解决企业地位问题,制止各机关任意指挥企业的作法,并强烈要求每个企业只能有一个上级领导机关,其他单位都只能是平等的伙伴关系。第三,没有解决企业实现经营自主权的客观条件。在目前高度集中的管理体制下,极大地限制了企业经营自主权和主动性。

---

① 参见苏联《真理报》1973 年 11 月 13 日。
② 苏联《工业生产的经济与组织》1975 年第 5 期。

二、经济方法在领导经济中作用十分有限

之所以用经济方法来领导经济的设想未能实现,因为经过18年的改革,并没有改变计划仍然按老一套行政指令方法进行。这样各种经济杠杆的作用往往被忽视。加上苏联长期存在的随意给企业下达指标的做法,就使计划难以符合市场需要等客观条件。苏联对经济改革过程中存在的问题,一般也是通过一些强制性的条例、法令等行政措施解决。由于这个原因,造成了在国民经济各部门中各种指示和规章数以千计,无数烦琐的规定简直难以使人弄清的情况。在这样的情况下,经济方法在经济管理中的作用必然会受到很大限制。

三、国家、企业和个人三者利益仍处于矛盾状态

苏联在勃列日涅夫时期,经过改革,国家、企业和个人三者利益关系有了一定改善,但在不少场合下,这三者之间仍然是矛盾的,并没有很好地协调起来。从企业和职工的关系来看,主要是通过物质刺激来促进劳动者个人的生产积极性。经济改革后,苏联虽然设立了名目繁多的奖金,奖金在职工工资中的比重,从改革前1965年的8.7%,提高到目前的16%左右,但奖金对职工的生产积极性并没有起多大作用。这首先是,由于长期以来没有真正解决奖金与企业的最终成果挂钩问题。其次,由于在奖金方面存在很多矛盾,而日益出现了平均主义的倾向,奖金慢慢成为固定的附加工资。另外,一些企业领导人,经常利用职权和非法手段捞取奖金。这些都使得奖金难以起到调整企业和职工的利益关系。从国家与企业的关系来看,由于目前行政方法领导经济仍然盛行,这就往往造成行政领导不顾社会与企业之间存在的矛盾,强制企业违背自己的切身利益去从事行政领导认为社会需要的各种经济活动。其结果是,使企业活动在经济上的动机消失了,过多的是行政杠杆在起作用。

以上分析说明,1965年改革时确定的一些原则,并没有顺利地实现,一些问题也未得到解决,因此改革也就不可能达到预期的目标,收效也不大。到勃列日涅夫执政后期,认为1965年的改革已经失败的议论多了起来。有

的学者在《真理报》公开发表文章说："往往可以听到这样的议论,似乎经济改革已经失败,不得不放弃这一改革。"①西方学者对勃列日涅夫时期经济改革的评价比较一致:一方面认为,1965年的经济改革完全是必要的;另一方面认为,这次改革和后几年实行的改革措施所带来的变化,只是触动了经济计划和管理的具体制度安排,但没有触动苏联经济运转机制,更多的是改变了计划和指标等表现形式。谈到改革成效时,西方的一般结论是:收效甚微。1977年12月在美国中央情报局全国国际情况估计中心编写了名为《苏联经济的组织与管理——无止境地寻找灵丹妙药》的研究报告和美国牛津大学客座教授布鲁斯亦持雷同看法,认为苏联1965年的经济改革,其效果是微乎其微的。造成这种情况的原因何在? 这有待于进一步研究改革中遇到的阻力和理论问题之后,才能更好地理解。

## 第二节　经济体制改革停滞不前的原因

勃列日涅夫时期经济体制改革停滞不前,难以跨大步,总是在过度集中的指令性计划体制框架内进行修修补补,原地踏步,没有也不敢触动传统计划体制的一些本质性问题。阿尔巴托夫对勃列日涅夫时期的体制改革所作的总体评价是:"到这个时期,我国社会在斯大林专制的艰难年代中保存下来的向前发展的潜力看来已经耗尽。而苏共二十大所激发的,而在随后的岁月中被保守主义的灭火队竭力加以扑灭的那股新的热情也已逐渐泯灭。1964年上台的领导人甚至不想去使国内政策恢复活力。经济方面的改革也是短命的,很快被我国历史上最盛行的无所不在的行政命令和官僚主义的管理作风和管理方法所代替。"②勃列日涅夫时期经济体制改革停滞不前是很多复杂因素共同作用的结果。

---

① 苏联《真理报》1977年11月10日。

② ［俄］格·阿·阿尔巴托夫:《苏联政治内幕:知情者的见证》,徐葵等译,新华出版社,1998年,第266页。

一、必须充分考虑到苏联已建成发达社会主义是勃列日涅夫改革的大背景

勃列日涅夫在 1967 年 11 月第一次宣布：苏联已经建成发达社会主义。① 后来，把发达社会主义社会与逐渐发展为共产主义社会关系联系起来。关于这一点，勃列日涅夫在 1977 年 10 月 4 日所作的《关于苏联宪法草案及全民讨论的总结》报告中作了论述。他说："发达社会主义社会才有可能着手进行共产主义建设。"他解释说："苏联现在已经建成了发达的社会主义，也就是说，新社会达到这样一个成熟阶段：根据社会主义内在和固有的集体性原则对全部社会关系进行的改造即将完成。从这里可以看到社会主义规律发挥作用的广阔天地，以及社会主义生活各个领域显示其优越性的广阔天地。从这里可以看到社会制度所具有的有机的完整性和活力，以及它在政治上的稳定性和牢不可破的内在统一性。从这里可以看到各个阶级、各个社会集团和各民族在日益接近，人们在我国结成了历史上崭新的国际主义的社会共同体——苏联人民。从这里可以看到新的社会主义文化的诞生和新的社会主义生活方式的确立。"②自勃列日涅夫提出苏联已建成发达社会主义并要向共产主义过渡这一理论后，可以说，有关发达社会主义的论著充斥着苏联的出版物，真可谓连篇累牍。强调苏联发达社会主义社会的成熟性、社会的一致性和矛盾的统一性。有鉴于此，苏联所需要的是发达社会主义的自我完善。可见，在此背景下，勃列日涅夫不可能也不认为需要进行大的改革，更不用说根本性的改革。

二、改革一开始就强调在不影响集中统一计划的原则下进行

我们如果仔细地研究勃列日涅夫执政后所通过的各项有关经济改革的决议、决定，就可以发现，在推行各项改革措施时，都强调不能影响国家集中统一计划的原则。1965 年全面推行新经济体制的有关决议中指出："统一的国家计划对所有企业、组织的活动，对苏联人民的集体劳动，发挥保证和指

① 参见《勃列日涅夫言论》第三集，上海人民出版社，1974 年，第 190 页。
② 《勃列日涅夫言论》第十三集，上海人民出版社，1981 年，第 300～301 页。

导作用。""进一步改进工业的计划领导,是解决这些任务的最重要的条件。"①到了1977年苏共中央五月全会上勃列日涅夫还强调:"经济管理上的集中制是必要的,也是合理的。"②从采取的一些改革措施来看,有的措施是为了加强管理的集中。如建立联合公司,虽有多方面的目的,但其中重要的一条是为了使经济更加集中和加强集中管理。

另外,再从勃列日涅夫上台之初推行新经济体制的客观条件来分析,也容易使改革朝着原来设想的原则相反的方向发展。在赫鲁晓夫下台时,苏联经济面临很多困难,经济紧张并混乱,市场供应严重不足,经济结构严重不合理等。就是说,当时苏联国民经济中的薄弱环节很多,改革的任务又非常广泛,在这样的情况下,要解决这些问题,往往就会较多地使用行政手段,加强集中控制。这样,使扩大企业自主权、更多地利用经济方法的经济改革容易朝着相反的方向发展,出现倒退的现象。

三、改革引起的权力之争使不少改革措施难以实施

经济改革首先关系到实行改革的人,因此势必要涉及各个系统各级领导之间的权力再分配。在苏联,由于官职、地位和权势与物质利益是密切结合的,因此改革实际上也会导致物质利益的再分配。

从苏联中央最高领导层来看,现行的管理体制虽有不少问题,但在这种体制下,可以通过国家计委、价格委员会、供委和财政部等这样一些中央经济机关,把全国的经济大权控制在自己手里。苏联害怕进行根本性的改革,会从根本上破坏以高度集中计划原则为基础的经济管理体制,从而影响到资金聚集到国家预算中来,减少国家集中调配全国的物资和资金的可能性。而传统的、高度集中的管理体制,可使全国国民经济各部门都隶属于党和国家机关的指令之下,这尽管大大限制了人民实行民主管理的可能性,影响了地方和广大生产者的积极性和主动性,极大地阻碍了经济的发展,但却是实行集中控制经济的有效方法。

---

① 《苏联共产党和苏联政府经济问题决议汇编》第五卷,中国人民大学出版社,1983年,第684页。

② 《勃列日涅夫言论》第十三集,上海人民出版社,1981年,第130页。

从各管理机关与企业的关系来看,自改革开始后,围绕权力问题的斗争和争论从未停止过,经常在报刊上互相指责和质问。矛盾的焦点是,企业要求扩大经营管理的权力,认为权力小是妨碍提高积极性和经济效率的主要障碍,而计划管理等机关则认为,企业工作没有搞好,主要不是由于权力小的问题,指责企业是用客观原因来掩盖自己由于经营不善而带来的损失。苏联报刊经常透露:许多主管部门反对对它们的权力给予任何法律上的限制,一直喜欢发号施令,"俨然以管理机关自居",竭力反对扩大企业权力。

从执行决议来看,由于涉及权力和利益问题,往往议而不决,决而不行,行而无效。例如,在苏联长期存在破坏供货合同的现象。1973 年,由于破坏合同而引起的财产纠纷事件比 1965 年增加了 50%,每 4 个供货单位中就有1 个破坏合同。为了加强经济纪律,在 1974 年 3 月公布了有关企业不执行合同必须罚款及其主要领导人不能获得奖金的规定,但由于遭到企业经理和一些主管部门的抵制和反对,一直到 1978 年 1 月,即经过了 4 年多的时间才开始执行。在这个过程中又经过不断修改,留下了很多空子,使这一规定起不了多大作用。

20 世纪 70 年代初,苏联决定通过合并企业和撤销管理局的办法来建立生产联合公司,把原来的四到六级工业管理体制改组为二到三级,这使改革进入了一个新的阶段。苏联原计划要在 1975 年在工业中普遍建立联合公司,但到 1975 年年底,联合公司的产值只占工业总产值的 24.4%。1976 年苏共通过的决议中,又明确规定,到 1980 年要完成建立联合公司的任务,但到 1980 年联合公司的产值还不到工业产值的一半。从联合公司的建立与发展过程中可以清楚地看到,争夺权力的斗争也日益发展与尖锐化。苏联的各个领导层,从自己切身的利益关系考虑,想方设法阻止建立联合公司。这种斗争表现在以下方面:

1. 企业领导人不愿意放弃领导独立企业的权力

通过合并中小企业建立联合公司的办法,首先触动企业领导人的利益。因为参加联合公司后,按条例规定,这些企业在法律上失去了独立性,即失去了法人的地位,从而变成了公司的分支机构或车间。在这种情况下,原来那些企业的经理、厂长,不过是一个车间主任而已,权力大大受到削减。因此他们竭力想保持原来的地位。苏联报刊公开批评这些领导人不愿失掉自己独立的做法,是为了维护"个人威望","要保'当家人'的地位",不愿失去"直接接触上级领导的权力",等等。

另外,尽管苏联一再强调,加入联合公司的原企业领导人和专家,不会受到物质上的损失,但实际上往往发生由于企业合并而使得他们的劳动报酬有减少的情况。

上述情况,使企业领导人对加入联合公司采取抵制态度;不少企业就是在参加联合公司之后,仍然要求独立性,不愿失去法人地位。据透露,组建联合公司以来,一直有50%到60%的企业在参加联合公司后仍保持独立性。这样,实际上联合公司把一切技术、经济活动和法律上的活动权继续交给原工厂的经理来行使。苏联当局认为,"这一切只能看作是对建立生产联合公司基本思想的抛弃"使联合公司徒有形式。

2.管理总局的领导人怕丢掉领导职务而不甘心撤销总局

随着撤销管理总局这一措施的实施,就会有大批干部调动,甚至发生大换班。例如,原煤炭工业部各管理总局这一中间环节就有五十九个,建立联合公司后缩减为七个。这一层的管理人员要从八千人减到七百五十人,其中相当一部分是领导人。这样改组以后,势必有不少领导人会丢掉领导职务。另外,苏联一再强调,在现代化的生产条件下,要求有高度科学文化的专家来当领导。尽管当时苏工业管理部门的领导人很多是具有专业知识的,但仍然有一部分是凭资格或某些社会关系而占据领导岗位。对这些人来说,原来在脱离生产的总局还可混得下去,可一旦到生产第一线领导一个直接指挥生产的联合公司就困难了。还有一些党政干部必然要调离原来的工作,另做不熟悉的工作。因此,取消总局,自然会引起这层领导人的不满和反对,甚至对抗。

3.部不愿交出自己的企业和权力

按规定,建立联合公司后,工业各部在管理和计划方面的权限要缩小,部的主要任务是"集中力量解决部门发展远景和提高生产效率的根本问题,以及完善计划体制和管理方法"等。另外,有不少联合公司是跨部门的,因而有些企业就会转到另外的部门去。再加上原独立企业参加联合公司后,产值的重复计算减少了,从而最后从整个部的角度来看,总产值指标会降低,这会影响基金的提成。这些因素,都使得部不积极建立联合公司,对制定联合公司的总方案也一再拖延。

4.地方行政机关怕丢掉自己的企业而反对建立联合公司

联合公司是以生产同类产品的部门为原则而建立的,往往是跨地区的。大的联合公司可以包括一个州、一个边疆区、一个共和国甚至全国范围内的一个部门的全部或几乎全部的企业。各级地方行政机关都无权插手联合公司的事情。这样,地方利益受到很大影响。如原属地方的生产日用品的企业,缴纳的周转税大部分属于地方财政收入,而当企业参加联合公司后,地方的财政收入就要减少。这一矛盾在闹得厉害的时候,财政部不得不对地方机关采用财政补贴的办法来缓和矛盾。又如,地方企业参加联合公司后,就会有部分产品运出本地区,地方机关丢掉了支配权。再有,地方机关过去经常利用手中的权力,从其所在地区的企业捞取各种实惠,像占有企业用自己的基金建筑的住宅(尽管这是违反企业条例的),经常让这些企业为本地区完成某些工作,等等。由于这些非常实际的利害关系,地方机关不愿失掉这些企业。苏联报刊在谈到地方机关阻碍建立联合公司的态度时认为,它们有时比主管部门"还要顽固",一再提出要与狭隘的本位主义和地方主义作坚决斗争。

苏联中央领导层为了提高经济效益和精简管理机构,面对出现的各种阻力与矛盾,还是硬着头皮,在不断修修补补的情况下,把继续推行建立联合公司这一方针,对于那些危及这一方针的人,往往要给予政治制裁,直至赶下台。而在一般情况下,中央领导集团就用党性、服从国家利益以及加强政治工作等办法,来说服中下层干部,尽力弥合矛盾,适当调整分享的权力以减少阻力。但是上述种种矛盾,在官职和物资特权不可分的体制条件下,是很难克服的,谁都不会轻易放弃能带来利益的权势。

四、行政官僚机构对改革的阻碍作用

十月革命胜利之后,列宁曾设想让全体劳动群众参加政治、经济的管理工作,充分实行无产阶级民主,防止苏维埃政权复活为官僚专制制度。但由于各种原因,民主管理没有实现。加上在政治上不注意发挥民主,久而久之,就不可避免地使各级党和政府机关里官僚主义、等级制度发展起来,使一部分人处于特权地位,或者像列宁指出的,使一些人以自己有权"不予批准"而自傲。

苏联到了勃列日涅夫时期,经过几十年发展起来的这一套管理体制,已是根深蒂固,盘根错节,极大地妨碍了改革的步伐。苏联在总结十多年来的经济改革时也认识到:当初"那种相信几项决议就能改变几十年来形成的经济体制的想法是何等天真","多么幼稚可笑!"

与上述有关的另一个问题是,苏联管理机关工作人员长期以来已习惯了的靠行政命令领导经济,不根据客观经济规律办事的工作方法,一时难以改变。因为学会用经济方法领导经济毕竟不是一件容易的事,这在客观上也会影响经济改革。

还应该指出,十多年来的经济改革,在上层的行政管理机构中,不仅在工作作风和方法方面没有多少变化,并且改革也没有达到精简机构和人员,减少行政开支的目的。1971—1975 年,国家行政机关的工作人员增加了近22%,而全国同期就业人数只增加了 16%。国家预算中支出的行政管理费,从 1965 年的 13 亿卢布增加到 1982 年的 28 亿卢布,增加了 1.15 倍。

以上情况说明,原来的旧体制和旧机构,不时地对经济改革起着阻碍作用。

五、理论障碍

在理论方面,主要障碍来自根深蒂固的"左"的教条主义。苏联各届领导,往往以"马克思主义的正统"自居并对其持"左"的教条主义态度,勃列日涅夫也显得十分突出。在这种背景下,也就很难根据变化的情况发展理论,提出新看法。理论对体制的改革有着十分重要的影响。体制模式实质上是由理论决定的,即有什么样的指导理论及体现这一理论的、运用在政治与经济体制上的原则,就有什么样的体制模式。理论问题关系到体制政策的总目标和总方向,决定着苏联社会主义制度。因此,要想改革,首先要有理论勇气,打破旧思维的禁锢。在长达 18 年之久的勃列日涅夫时期,对赫鲁晓夫时期理论上开始出现的一点活跃气氛,像灭火队一样很快把它压下去了。综观勃列日涅夫执政18年的思想理论,从大的方面即社会主义模式来看,是坚持斯大林的那一套,并且斯大林式的社会主义在勃列日涅夫时期已处于"成熟",即更加"定型"和更加"僵化"。这也是"左"的教条主义发展的必然结果。

社会主义社会本来是充满生机、丰富多彩、不断发展与变革的社会,它并没有一个固定不变的模式与"最终规律"可循。马克思主义经典作家历来反对无产阶级政党在建设社会主义方面"提出任何一劳永逸的现成方案"。恩格斯曾说过:"我们是不断发展论者,我们不打算把什么最终规律强加给人类。关于未来社会组织方面的详细情况的预定看法吗? 您在我们这里连它们的影子也找不到。"①他还指出:"所谓'社会主义社会'不是一种一成不变的东西,而应当和任何其他社会制度一样,把它看成经常变化和改革的社会。"②列宁对社会主义的看法也是经常变化的,特别在新经济政策时期,当他看到了一些新的情况后,对社会主义的看法发生了很大变化。1989年5月,邓小平会见戈尔巴乔夫时说:"绝不能要求马克思为解决他去世后上百年、几百年所产生的问题提供现成答案。列宁也不能承担为他去世以后五十年、一百年所产生的问题提供现成答案的任务。真正的马克思列宁主义者必须根据现在的情况,认识、继承和发展马克思列宁主义。"③但遗憾的是,苏联在1936年宣布建成社会主义社会之后,就把斯大林模式的社会主义固定化,把苏联20世纪二三十年代搞社会主义的一套做法,都视为所有社会主义国家必须遵守的"共同规律"和识别真假社会主义的主要准则。

勃列日涅夫时期"左"的教条主义反映在许多方面,但鼓吹建成发达社会主义的理论是十分卖力的,而批判"市场社会主义"是最起劲的,在批判时,常常挥舞政治大棒。这对体制改革影响最大和最为直接。与"市场社会主义"关系最为密切的是涉及商品关系理论问题。勃列日涅夫时期,在商品货币关系理论问题上有了一些进步,不再简单地把商品货币关系与资本主

---

① 《马克思恩格斯全集》第22卷,人民出版社,1965年,第628~629页。
② 《马克思恩格斯全集》第37卷,人民出版社,1971年,第443页。
③ 《邓小平文选》第三卷,人民出版社,1993年,第291页。

义画等号,而是强调要利用商品货币关系。但有关这一问题的理论未取得实质性进展,基本观点是:

第一,商品货币关系不是社会主义经济属性,表明社会主义本质特征的是直接社会关系,商品关系是处于从属地位的。

第二,直接社会关系是社会主义经济的内容,而商品关系是形式。

第三,在强调必须利用商品货币关系的同时,又强调它的"新内容""新特征"。就是说,市场机制的一切作用都要通过计划来实现,

第四,与第三点相联系,不恰当地强调商品货币关系的特殊性,忽视共性,从而导致否定价值规律的调节作用。

可以说,在勃列日涅夫时期,占主导地位的商品货币关系理论是"新内容论",其主要含义是:

第一,承认商品是使用价值与价值的矛盾统一,因而也是具体劳动和抽象劳动的矛盾统一。但上述矛盾不再反映私人劳动和社会劳动的矛盾,无论具体劳动还是抽象劳动都是直接社会劳动的表现形式。

第二,社会主义劳动具有直接社会性。这种社会直接性还处于比较低级阶段。它不能直接以劳动时间表现自己,还必须通过非本质形式——货币形式来实现。因此,商品货币关系存在的原因,不应当到直接社会劳动之外,而应当从直接社会劳动内部来寻觅。

第三,社会主义制度下的商品货币关系,不是存在于计划之外,也不是与计划并存,而是社会主义阶段有计划发展的一种形式。与商品货币关系的"新内容论"相适应,价值规律以及与之相关的一些范畴也都具有了计划性,市场也成了"有组织有计划的市场"。

"新内容论"的实质是,把商品货币关系与市场机制的作用纳入社会主义的计划体系之中,具有计划性的特点,从而从根本上否定了价值规律与市场机制在经济中的调节作用。在勃列日涅夫时期,"新内容论"也是官方接受的一种观点。当时的《苏共纲领》中指出:"在共产主义建设中,必须根据商品货币关系在社会主义时期所特有的新内容,对商品货币关系充分加以利用。"柯西金在苏共二十四大报告中也指出:"商品货币关系在我国具有新的社会主义固有的新内容。"

在商品货币关系理论有所发展的同时,对一些学者提出应在一定程度上利用市场机制调节作用的观点受到批判,被指责为"市场社会主义"。柯西金在苏共二十四大的报告中指出:"党中央委员会和苏联政府的出发点是:指令性计划是主要的和有决定意义的……我们要批驳主张用市场调节来取代国家集中计划领导作用的各种错误观点。"

苏联著名经济学家、国家计委副主席巴秋林认为,"市场社会主义"的主要观点是:①给企业以生产上和商业上的完全独立,国家所有制变为各个集体的所有制;②把市场联系看作是商品生产者之间的基本联系形式,它最充分地表现社会主义的经济实质;③国家不干涉企业的经济活动,放弃集中计划,似乎它是行政的、官僚主义的管理形式,计划服从市场;④利用价值规律作为经济发展的基本调节者,竞争成为经济发展的最重要动力;⑤取消对外贸易的垄断。巴秋林批判这一理论时指出,按照"市场社会主义"的观点,决定生产过程的主要比例、经济发展的速度和经济效果提高的不是计划,而是自发作用的市场。计划的作用仅仅被归结为消极地反映市场行情,使经济随市场的变化而变化。他强调指出,主张"市场社会主义"的人用各个企业的互相作用来代替社会主义国家在发展经济上的领导作用。按照这种改良主义的观点,企业应当同国家分离,而经济发展应当完全由市场机制来调节。他还尖锐指出,主张"市场社会主义"观点的人修正了社会主义的基本的社会经济关系,即所有制关系。右倾修正主义者提出三种人为的所有制形式的构想:国家所有制(运输业、邮电业、动力、林业)、企业所有制(大型企业和部分中型企业)和私有制(小型的和中型的私营企业和"合营"企业)。这是对全民所有制的"侵蚀",它孕育着资本主义因素的复活以及由此产生的一切后果。① 十分明显,在勃列日涅夫时期,官方理论仍然是:解决国民经济计划比例的是靠集中的指令性计划,而不是利用市场调节。计划与市场是两个对立的东西:一个是公有制基础上产生的计划化,另一个是以私有制为基础的资本主义特有的市场机制。这两个相互排斥的因素不能凑合在一起。市场调节实际上是资产阶级学者所说的资本主义式的"市场社会主

---

① 参见[苏]A.巴秋林:《计划经济管理方法》,陈慧等译,生活·读书·新知三联书店,1980年,第133、136~138页。

义",是一种"邪说"。它会使中央计划机关只起情报中心作用,它是"右倾修正主义"作为计划工作"民主化",向"官僚主义"作斗争的借口,实际上会使经济离开党的国家的政策,造成经济混乱。1979 年苏共中央社会科学院院长麦德维杰夫发表文章强调说:要揭露借改善计划制度之名,而引向"市场社会主义"方向去的"伪善建议",说要积极地抵制这种资产阶级和修正主义的谰言。① 另外,在苏联官方看来,主张市场调节作用,企业就会要求过多的经营管理权,从而导致企业自治,脱离国家轨道,因此认为,正是在解决企业经营管理权的问题上,"右倾机会主义分子"企图用来"冲垮"和破坏马克思主义的理论基础。还断言,这些也是"市场社会主义"的理论基础。

在对"市场社会主义"展开批判之后,少数学者如利西奇金、列昂节夫主张市场调节的观点,也就销声匿迹了。在这种理论条件下,经济体制改革不可能有重大进展。只能在传统的集中计划体制的范围内进行修补。鲍文提到 1965 年改革以失败告终及原因时指出,是不坚决、措施不彻底和不能把事情进行到底的做法害了我们。我们用一只手给了权利,却又用另一只手收了回来。我们通过了新的法律,可是旧的指令还照样保留。②

还要指出的是,由于把斯大林模式的社会主义神圣化、僵化和国际化,不允许对改革理论自由讨论,对马克思主义采取"左"的教条主义态度,不只是在苏联难以实行改革,而且还严重阻碍其他社会主义国家的改革。在东欧国家中最早着手改革的是南斯拉夫,始于 20 世纪 40 年代末 50 年代初,当时提出改革的重要目标之一是建立不同于苏联的斯大林模式,这是对斯大林模式的最早的一次冲击。其结果是人所共知的,在斯大林的指使下,各国共产党对所谓"铁托分子"与"民族主义分子"展开批判与清洗。当时斯大林明确指出:"低估苏联经验,在政治上是极其危险的,而且对马克思主义者来说这是不容许的。"③到了 20 世纪 50 年代中期,东欧一些国家在发现搬用斯大林模式出现问题后,就准备进行改革。1956 年匈牙利提出改革要求,力图

---

① 参见苏联《经济报》1979 年第 26 期。
② 参见苏联《新时代》1987 年第 5 期。
③ [英]斯蒂芬·克利索德编:《南苏关系 1939—1973 年文件与评注》,人民出版社,1980 年,第 357 页。

摆脱斯大林模式来振兴社会主义,遭到了苏联的镇压,造成了匈牙利悲剧,扼杀了改革和各种变革。后来到20世纪60年代,匈又悄悄地进行改革,并取得一定的成效。但在当时的条件下,要进行整体、深入的改革是不可能的。1968年捷克斯洛伐克的改革,就是力图摆脱斯大林模式,勃列日涅夫也加以镇压。当时在捷克斯洛伐克是以经济学与社会学领域出现的新思想为制定体制改革方案的,即提出制定捷克斯洛伐克改革模式的基本先决条件是社会主义政治经济学的非教条化,社会主义政治经济学家们早在60年代初就已清醒地认识到:若不打破旧的理论教条,要改变苏联型的传统计划体制,是不可能的。因此,经济学家进行的这场公开讨论,其目的就是要有效地改变斯大林主义的正统思想。所以这场讨论从一开始就不存在有利的先决条件。就是说,苏联是绝不允许的。这些都使东欧各国贻误了改革的时机,不得不继续实行不能适应本国国情的斯大林模式。

在生产资料所有制问题上,勃列日涅夫在整个改革过程中,一直坚持全民所有制是最高形式和最先进形式的观点,并认为,经济改革不涉及改变所有制形式问题。

但在推行新经济体制时,结合扩大企业权限和利益,国家与企业关系,在讨论由谁来实际支配、管理和使用生产资料问题时,苏联学者还提出了一些新的看法。例如,在讨论过程中,一些经济学家提出,要确定企业在全民占有中的地位和作用。不少学者指出,既然社会主义企业的生产是商品生产,各个企业就必须以相对独立的商品生产者的资格出现于社会,就应该对国家拨给的资产和资金有权加以支配,企业可以自行选择顾主和供应者,而不能像过去那样,一切都得听凭国家控制和安排。但有些学者提出,经济改革虽然应赋予企业以广泛的独立性,但不是要它们变成独立的单位,因为这样会使企业的活动离开整个国民经济规定的和要解决的任务,从而使全民所有制成了失去经济内容的形式。另外,还有人担心,过多地给予企业经营管理权会导致企业自治,并坚持认为,企业自治是修正主义的。

主张给企业更大权力的人,在改革措施方面,提出要减少国家集中计划。如利别尔曼一开始就提出只给企业下达按品种的产量计划和交货日期这两个指标,而其他指标一律由企业根据所接受的产量和品种任务,自己来编制完整的计划,持这种观点的人,还主张逐步取消物资的统一调拨,除对国民经济具有非常大意义的、规模巨大的基建项目外,一般投资由企业来制定投资计划。上述改革建议,遭到另一些人的坚决反对。他们认为,这样做就等于放弃由国家来调整国民经济的重要比例,实质上就是放弃了国民经济计划化。时任苏联财政部部长兹维列夫认为,把投资权交给企业就会造成国民经济比例失调,将会引起很多错误。

在经济改革过程中,对企业地位问题认识是不一致的。改革基本上是按照后一种意见进行的。企业的权限虽然有一定程度的扩大,但都是以不损害国家集中控制的计划体制为前提的。可以看出,苏联的改革,在生产资料实际由谁来支配、决策和使用问题上,与改革前没有很大的区别,在理论上也没有深入展开讨论。

关于领导经济的方法问题,也是一个争论的理论问题。

在1965年实行经济体制改革时,为了克服过多地用行政方法领导经济的缺点,苏联提出要把领导经济的行政方法逐步转向经济方法,要充分利用各种经济杠杆,加强经济刺激和经济核算制。但是究竟如何理解和评价行政方法和经济方法,在看法上并不一致。

一种意见认为,经济领域中实行的行政领导,指的是这样一种领导,它在实现社会经济需要和社会经济规律的要求时,直接依靠的主要是或完全是政权威信,并且是通过政权的制裁,也就是说通过经济外的强制来实现的。它不是直接依靠物质利益和经济刺激。因此,行政领导本身包含着任意脱离现实的经济条件和破坏经济规律要求的极大可能性。并进一步指出:只依靠行政领导方法而不考虑价值规律和价值范畴的计划,不会使国民经济的计划原则得到加强,而是使它削弱。加强计划领导,就要求尽可能充分地发展经济方法和经济刺激,而这只有在利用价值规律范畴的基础上才能达到。

持上述观点的人认为,经济方法,就其本质来讲,与行政方法根本不同,虽然也借助于政权的威信和依靠法律的制裁而得到增强和维持,但是它直接依靠经济利益和物质刺激体系,即直接依靠经济的强制。

严厉抨击行政方法的人,并不是要求放弃行政方法,也认为行政方法是管理经济不可或缺的一部分,但改革经济管理体制,在领导经济方法方面,就必须解决以下两个方面的问题:一是上面已提到的,要防止以行政方法排挤经济方法,二是要克服行政方法的"形式主义的命令"性质。这指的是:上级机关通过行政领导的方法,上级机关发布的、下级机关必须无条件接受的指示和行政命令,往往是不考虑生产单位的经济利益,以及国民经济的利益,即没有客观依据和科学性。这种情况在苏联是十分严重的,表现在计划朝令夕改,生产的产品不符合社会消费的需要而大量积压,国民经济常常缺乏综合平衡和比例失调,等等。

为了搞好经济方法与行政方法的关系,并消除行政方法存在的问题,在经济改革初期,有些经济学家就曾提出以下具体建议:第一,必须逐步取消各部和总管理局通过摊派,把任务交给下属企业的做法。企业与国家之间的相互关系应通过供货网和利润,把调节企业与整个国民经济的相互关系建立在经济核算和尊重经济利益的基础上。第二,必须逐步把物质技术供应转到有计划的批发贸易的轨道上。第三,应该放弃把企业闲置利润余额全部上缴国家预算的做法,而采取企业按份额分享利润的原则。第四,银行要有更大的灵活性:一方面企业能自由支配自己的账户,另一方面要加强银行作为企业财务活动的鉴定者、顾问和监督的作用。

经济改革的实践证明,上述建议基本上没有实现。

在经济改革过程中,一些经济学家提出了与上述意见不同的看法。他们的主要观点大致可归结为以下两点:

第一,认为不能笼统地说计划领导是"经济外的强制"。这个观点是从下列看法引申出来的,即苏联当时的集中的指令性计划,本身就包含有发展价值形式的指标和任务,这种计划从来没有脱离过价值杠杆,考虑到了企业和工作者的经济利益及对其进行刺激的因素。因此,苏联集中的计划领导经济方法,本身就是经济方法,而不是行政方法。而只有当计划离开了上述的客观基础,完全不反映客观事实,经济领导完全只是靠强制,靠国家政权和制裁来实现,那才是行政方法。这些人还列举苏联国民经济计划顺利完成的事实,来证明计划领导本身就是经济方法的观点的正确性。

第二,认为行政方法从来就是利用价值杠杆的,因此不应把行政方法与经济方法对立起来。在苏联,脱离行政方法的经济方法是不存在的,科学的行政方法同时就是经济方法。

在经济改革过程中,持第二种观点的人,竭力主张不要削弱行政方法,并且往往抓住在改革中出现的一些问题,就对经济方法进行批判,似乎经济中出现的问题都是由于强调经济方法而造成的。苏联报刊也承认,在苏联一些持传统观点的人坚持认为:"行政方法丝毫不比经济方法坏。"在苏联也确实出现了"逐步地回到被党谴责过的,即用行政方法管理经济的方针上去"的趋势。

在领导经济方法上的观点不一致,是与对计划与市场、商品生产等问题的不同看法相联系的。直到20世纪60年代和70年代,即在"新经济体制"已全面推行之后,仍有少数经济学家对苏联当时的经济条件下,存在商品生产和商品货币关系的合理性提出异议,而且,由于在实行经济改革过程中碰到了一些困难,这些经济学家时而活跃起来了。这些人认为,商品生产和社会主义是不相容的,商品、货币、价格仅仅是一种外壳,是资本主义遗留给我们的纯粹的外表形式。由此可以得出结论:在社会主义经济中也没有价值规律的地位。[①] 持这种观点的人,坚持要实行高度集中、不给企业及其集体的独立性和首创精神留下任何余地。他们所坚持的看法,也主要为用行政方法管理经济提供理论依据,从而大大削弱经济杠杆的作用。

这种在20世纪20年代初期存在的"非商品派"即"实物经济"的理论,在进行经济改革时期重新复活,说明苏联仍有一些经济学家以教条主义的态度对待商品货币关系。同样也说明苏联及东欧一些国家进行经济改革时,在选择管理模式时,一个非常重要的问题就是要对这些国家的经济性质、商品货币关系等问题讨论清楚,有个统一的认识。

从苏联十多年的经济改革情况来看,围绕改革展开的理论争论一直没有停止过,但到勃列日涅夫后期,探索问题的渠道越来越狭窄,对一些重大的理论问题日益采取回避的态度。因此,讨论问题的气氛也远远没有改革一开始那样活跃。产生这种情况的一个主要原因是,一些代表官方观点的

---

① 参见[苏]A.马拉菲耶夫:《社会主义制度下的商品生产理论今昔》,马文奇等译,中国财政经济出版社,1979年,第132~133页。

经济界"权威人士",经常对一些新提出的理论加以批判,并戴上各种政治帽子,把争论压下去。这种情况,很难使经济体制改革取得重大发展。

六、政治体制的倒退制约着经济体制改革

经济体制的改革要求进行相应的政治体制改革。勃列日涅夫时期进行经济体制改革过程中,不仅没有触动政治体制,而是出现了不少倒退,政治体制朝着集权化方向发展。这突出表现在以下方面:

(一)恢复并逐步加强党政集中领导体制

1.党政不分,以党代政大大发展

在勃列日涅夫时期特别在后期,党政不分、以党代政的情况日益严重。表面上政治局各委员都对自己主管的领域负责,一切决策都由政治局作出,但实际上政治局作出决策,也往往是形式上的,主要还是由党的最高领导勃列日涅夫等少数几个人决定。特别随着勃列日涅夫地位巩固与加强之后,更是大权独揽。1977年苏共中央五月全会决定,勃列日涅夫以总书记身份兼任最高苏维埃主席团主席。同年10月7日,最高苏维埃非常代表会议上审议通过了《苏维埃社会主义共和国联盟宪法(根本法)》。按新宪法增加的一些条款,勃列日涅夫同时又兼任国防委员会主席,这样,他就总揽了党、政、军的大权。这种党政不分、以党代政的体制,不只反映在勃列日涅夫这个最高领导人一个人身上,苏联党的很多领导人兼任苏维埃与政府部门的重要职务。另外,在党政领导的组织机构上也得到充分体现。苏共"党中央"机关设置的与政府部门相应的部门比过去更多了,如国防工业、重工业、机器制造、化学工业、食品工业和农业等部门,在加盟共和国党中央委员会和地方党委也出现了类似的情况。这导致各级党组织往往对一些具体经济问题作决议与发指示,从而大大削弱苏维埃与政府部门的领导作用。

勃列日涅夫坚持党政不分的政策,其理论根据来自斯大林。他在1977年苏共中央五月全会上决定兼任苏维埃主席团主席的讲话就可以说明这一点。当时他解释说:"这绝非是一个徒具形式的行动","这首先是共产党领导作用不断提高的表现","苏共作为执政党……在我们的日常工作中,中央政治局许多成员直接处理国家的内政外交事务"。换言之,因为苏共是执政党,因此苏共领导人可以处理苏联国内外所有事务。十分明显,这种观点,直接承袭斯大林在苏共十八大报告中的下列提法:"党的干部是党的指挥人员,而由于我们是执政党,所以他们也就是国家领导机关的指挥人员。"

苏联长期来未能正确处理好党政关系,在勃列日涅夫时期党政不分、以党代政进一步发展,这虽有多方面的原因造成的,如有关党政关系一直缺乏正确的理论指导,因此也就没有确定党政关系的原则。在实际工作中,过多强调苏共执政党的地位等。但最主要的原因还是与斯大林高度集中的体制模式紧密联系在一起的。高度集权,在客观上要求党统揽党政大权。高度集权的体制模式不进行根本性改革,党政不分的体制也难以改革。

2. 个人集权加强,独断专行现象严重

随着勃列日涅夫领袖地位和权力基础的巩固,个人集权日益发展。应该说,勃列日涅夫执政初期形成的"三驾马车"之间的关系,一开始也不是三者之间的力量与权力处于均等状态,作为总书记的勃列日涅夫利用一切机会提高自己的政治地位,扩大权力。苏共中央 1972 年十二月全会上对由柯西金主管的"新经济体制"作了否定性评价之后,勃列日涅夫把在经济方面的决策权控制在自己手里,随后又控制了外交权,这样,柯西金的地位就大大下降了。1977 年,解除了其在波德戈尔内最高苏维埃主席团主席职务并宣布他退休。这样,勃列日涅夫的权力大大膨胀,决策权高度集中。据不少资料披露,像 1979 年年底出兵入侵阿富汗这样的重大事情,只是由勃列日涅夫、乌斯季诺夫、葛罗米柯和安德罗波夫四人商量后作出决定的。① 从这一件事就可看出勃列日涅夫时期个人专权的情况。

由于个人集权的加强,党内民主日益流于形式。在勃列日涅夫时期,虽然中央全会、政治局会议、书记处会议和苏共代表大会按规定举行,但并不意味着党内有真正的民主生活。戈尔巴乔夫在 1987 年举行的苏共中央一月全会上讲:"让我们坦率地说,多年来,党和人民关心的许多迫切问题没有被提到全会日程上来。同志们都记得,虽不止一次地举行时间很短和形式化的中央全会,许多中央委员在其整个任期内没有可能参加讨论甚至提出建

① 　详见[俄]格·阿·阿尔巴托夫:《苏联政治内幕:知情者见证》,徐葵等译,新华出版社,1988年,第 274 ~ 279 页。

议。中央全会这种气氛也影响到地方党委和党组织的工作作风。"一切重大问题不是经过认真和充分讨论决定的,这种情况在勃列日涅夫时期显得更加突出。沃尔戈诺夫所著的《七个领袖》一书中说:政治局讨论问题的程式,如由谁发言,如何发言等,事先都由党中央机关秘书班子作好仔细安排。令人难以想象的是,政治局委员们事实上经常不是进行讨论,而是相互念自己的助手们为他们写好的两三页讲稿。大家总是表现出"英雄所见略同",照例不会发表同事先由起草班子起草的决议草案有多少出入的意见。① 戈尔巴乔夫在他的回忆录《生活和改革》一书说:在那个时期政治局有些会议,开会的时间只有 15～20 分钟,用于集合就座的时间往往比用于讨论工作的时间还多。即使是十分重大的问题,也很难进行认真的讨论。主持者惯用的言辞是,"同志们已作过研究,事先交换过意见,也向专家作过咨询,大家还有什么意见?"在这种情况下,还能提什么意见?② 在苏共二十七大上不少代表对勃列日涅夫执政年代缺乏民主提出了尖锐的批评意见。另外,这种政治气氛还表现在对不同观点包括学术观点动辄批判和扣政治帽子。勃列日涅夫时期批判"市场社会主义"就是一例,它严重地阻碍了经济体制改革的进行。这个问题下面作专门论述。

(二)个人崇拜盛行

个人集权、缺乏民主必然产生个人崇拜。随着勃列日涅夫个人权力的膨胀,个人崇拜也泛滥起来。勃列日涅夫在这方面采取的方法很多,如用编造历史来夸大其在战争中的作用,通过各种宣传工具,大肆宣扬其工作中的政绩,给自己颁发各种勋章奖章,军衔不断晋升,从 1975—1977 年 3 年内,他由中将一跃而为苏联元帅。如果翻开 20 世纪 70 年代中期的苏联报纸杂志,对勃列日涅夫令人作呕的颂扬言论到处可见。1976 年年底在为勃列日涅夫庆祝 70 诞辰时,掀起了颂扬的高潮,为此,《真理报》开辟了 7 天的专栏。而率先颂扬勃列日涅夫的是基里延科,他称勃列日涅夫为"我们党的领袖",当时阿塞拜疆第一书记阿利耶夫称勃列日涅夫为"我们时代的伟大人物"。③

---

① 转引自《东欧中亚研究》1998 年第 1 期。
② 《东欧中亚研究》1998 年第 1 期。
③ 苏联《巴库工人报》1976 年 11 月 25 日。

那些阿谀奉承、恭维勃列日涅夫的言论更多："党和人民热爱您,列昂尼德·伊里奇。他们爱您,是由于您的仁慈和热忱,是由于您的智慧和对列宁主义的无限忠诚。您的一生,您的智慧和天才赋予您获得并融化党和国家领导人的宝贵品质的能力,这些品质是我们这个时代伟大人物,我们党和我国各族人民的领袖的特殊品质。"①吹捧的调子越来越高,如有人称勃列日涅夫是"真正列宁式的领导人","党和国家的英明领袖","英明的理论家"。这里还要指出的是,以勃列日涅夫名义发表的几本小册子《小地》《复兴》《垦荒地》等,获列宁文学奖。其发行量之大也是惊人的,截至 1981 年底,平均每两个苏联人就有一册。② 1978 年 11 月 12 日《真理报》宣传说:苏联人在"读、重读、废寝忘食地研究勃列日涅夫的著作",因为这是"无穷无尽的思想智慧和泉源"。还有些报刊吹捧这些著作是"党的巨大瑰宝""政治才略的教科书",是"令人爱不释手的诗篇"等。而这种做法所起的作用是极其恶劣的。阿尔巴托夫说,这像"全民演出了一出荒诞的戏",人们"都并不信以为真。这大大加深了人们对政权的不信任感,加剧了不关心政治和玩世不恭的消极风气,腐蚀了人们的思想和灵魂。从象征的意义上说,这个插曲犹如我国历史上我们为之付出了很大代价的这段可悲的时期竖立了一块墓志铭。这是名副其实的停滞时期。其登峰造极之时我认为是 1975—1982 年"。③

这里可以看出,勃列日涅夫为制造对他的个人崇拜和个人迷信是费尽了心机。个人迷信是个人集权的必然产物,它反过来也为巩固与发展个人集权创造条件,相互促进。这样发展的结果是,在勃列日涅夫时期的政治体制朝高度集权方向一步一步地迈进,一步一步地深化。使得斯大林时期形成的高度集权的政治体制变得"成熟",即更趋于凝固化、僵化。这种"'成熟'在掩盖着、钝化着矛盾的同时,就已孕育着、潜伏着危机!"④

(三)干部领导职务终身制等体制的弊端日益严重

应该说,赫鲁晓夫执政时,他看到了传统体制下的干部制度存在着严重

---

① 《国外社会主义研究资料丛书 1》,求实出版社,1983 年。

② 参见《苏联东欧问题》1983 年第 2 期。

③ [俄]格·阿·阿尔巴托夫:《苏联政治内幕:知情者的见证》,徐葵等译,新华出版社,1998 年,第 346 页。

④ 宫达非主编:《中国著名学者苏联剧变新探》,世界知识出版社,1998 年,第 294 页。

弊端,因此他在这方面作了不少改革,目的是要废除像干部领导职务终身制等腐朽的制度,使社会的发展富有活力。但在这一领域的改革,也出现了一些问题,如发生过干部大换班,变动过于频繁等。勃列日涅夫上台后,注意力集中放在赫鲁晓夫时期干部制度改革所出现的问题上,并没有考虑到传统的干部制度存在的严重弊端。因此,勃列日涅夫执政后以稳定政局等为由,很快就恢复了传统的干部领导职务终身制,干部任免制。在这方面的倒退,其消极作用十分明显。

首先,干部领导职务的终身制,使新生力量难以成长,难以在年富力强时进入重要的领导岗位。在赫鲁晓夫执政时期,中央委员连选连任者占49.6%,到二十二大,中央委员连选连任者上升为79.4%,二十五大时上升为83.4%,二十六大为90%以上。勃列日涅夫时期,中央政治局、书记处的变动更小,18年中只换下12人。① 1981年召开的苏共二十六大选出的中央政治局和书记处,是二十五大的原班人马,这是苏共历史上没有过的。1976年至1981年两届加盟共和国党的代表大会期间,共和国党中央第一书记,除死亡和正常工作调动外,没有1人被撤换。② 由于干部领导职务终身制、任命制,重要干部由"一号人物"来决策,一些重要岗位的领导干部不可能由年轻干部去担任。勃列日涅夫后来提拔和担任重要领导职务的人员的情况就说明这一点。如苏联国防部长格列奇科1976年去世时为73岁,而接替他的乌斯季诺夫当时已经69岁;苏联交通部部长科热夫1975年去世时为70岁,接替他的索斯诺夫为67岁;造船工业部部长托马1976年去世时为69岁,接替他的叶戈罗夫当年也是69岁。勃列日涅夫兼任国家元首之后,竟选择比他大5岁的库兹涅佐夫担任自己的副手。1976年吉洪诺夫任苏联部长会议副主席时已72岁。③

其次,终身制的一个必然结果是领导干部老化。1952年苏共中央政治局委员平均年龄为55.4岁,书记处成员为52岁,到赫鲁晓夫下台前夕的1964年,政治局委员平均年龄为61岁,书记处成员为54岁。到1981年苏

---

① 参见刘克明、金挥主编:《苏联政治经济体制七十年》,中国社会科学出版社,1990年,第549页。
② 参见《苏联东欧问题》1983年第2期。
③ 参见《苏联东欧问题》1983年第2期。

共二十六大时,政治局委员平均年龄为 70 岁,书记处成员为 68 岁,核心成员的平均年龄高达 75 岁。最高领导层的老化,同样反映在地方党政机关。戈尔巴乔夫在 1981 年一月中央全会报告中说:"一系列党委的书记和成员,地方、共和国和全苏一级苏维埃和经济机关的工作人员,往往好几十年没有发生必要的干部变动,没有增添新人。"干部的普遍老化,是苏联社会死气沉沉、保守、僵化和各种消极现象出现的一个不可忽视的因素。这个问题,从勃列日涅夫本人就可充分说明这一点。大家知道,勃列日涅夫于 1974 年 12 月在符拉迪沃斯托克附近的军用飞机场刚送走美国总统福特就感到不适——患了大脑动脉粥样硬化症。第二天前往蒙古,从那里乘火车返回莫斯科时又发生了第二次中风,从此他病得很重,病了很长时间。阿尔巴托夫在他的回忆录中说:从这时起,勃列日涅夫还活了 8 年,并在干部领导职务终身制的体制下,他还"统治了"8 年。在这 8 年中,他的病情不时地有某些好转,但他一直没有能恢复到哪怕是自己正常的工作状态。他极易疲倦,无兴趣处理手头该解决的问题,说话越来越困难,记忆力越来越衰退。在他生命的晚期,就连起码的谈话内容和礼节性的应酬话也要别人替他写好,没有这种"小抄"他简直无法应付。① 对此,博尔金作了以下描述:"很多人都非常清楚,勃列日涅夫不能继续领导党和国家,中央政治局会议越开越短。勃列日涅夫茫然坐在那儿,并不十分清楚自己身在何处,会议室里都有谁,应该做些什么。经常出现这种局面,他坐在那儿,读着助手们用特制大号字母打字机打出的简短讲稿,有时读错行,前言不搭后语。他大概也意识到这一点,用忧伤的目光望着在场的人。为了尽快作出结论并提出提案,结束这种折磨人的场面,契尔年科出面结束会议,大家急忙通过各种议案,怀着不安的心情离开政治局会议室。"② 在勃列日涅夫后期的 8 年中,他已失去了工作的能力,"已经无力正常执行领导者的起码职责"③。当时的苏联上层都很清楚,但在传统的集权体制下,在干部领导职务终身制的条件下,只有等到勃

---

① 参见[俄]格·阿·阿尔巴托夫:《苏联政治内幕:知情者的见证》,徐葵等译,新华出版社,1998 年,第 267～268 页。

② [俄]瓦·博尔金:《戈尔巴乔夫沉浮录》,李永全等译,中央编译出版社,1996 年,第 30 页。

③ [俄]格·阿·阿尔巴托夫:《苏联政治内幕:知情者的见证》,徐葵等译,新华出版社,1998 年,第 266～267 页。

列日涅夫去世他才能离开苏联最高领导职位。这正如阿尔巴托夫说的："现行的机制、传统和现实的政治环境实际上排除了'正常'接班的可能性。"①

最后，干部领导职务终身制、任命制产生的另一个严重弊端是不正之风盛行。在勃列日涅夫时期，苏联高层领导人是否退休，并不取决于年龄与是否有才能，而是取决于与苏联主要领导人的关系。正如利加乔夫指出的："在勃列日涅夫时期，党的领导干部是否退休，主要取决于与某些政治局委员和列昂尼德、伊里奇本人的关系。这种程序（确切些说是无程序）必然要加重地方领导人对中央领导机关的依赖性。就问题的实质来说，一切都取决于个人的好恶程度，换句话说，是否退休问题在于主观方面。所以出现这种情况，那些忘我工作的书记，由于没有注意到在中央和中央委员会的个人关系，当到退休期限时便处于'无人过问状态'。"②可以说，在勃列日涅夫时期，在干部任用问题上，任人唯亲、搞裙带关系已发展到极其严重的程度。这样，使不少干部不是把精力用于如何做好工作，而是搞投机钻营，那些吹吹拍拍、讨好上级、唯上是从、在上层寻找保护伞的干部越来越多。还要特别指出的是，勃列日涅夫还对其家属与沾亲带故的人都给予"照顾"，让这些人升官、捞取私利。他女儿的最后一任丈夫丘尔巴诺夫令人头晕目眩地青云直上，在屈指可数的几年内当上中将，从一名平平常常的民警政治工作者一跃成为内务部第一副部长；他被选入党的高层机关；获得了奖赏——汽车和别墅。勃列日涅夫的儿子被提拔为外贸部第一副部长。他的弟弟也当上了副部长。这两个人都有酗酒的恶习。③

（四）"特权阶层"扩大化、稳定化和思想僵化

勃列日涅夫时期政治体制倒退，使得苏联社会早已存在的"特权阶层"进一步扩大与稳定，这一阶层的人思想更趋僵化，这也成为阻碍整个体制改革的一个重要因素。是的，"特权阶层"并不是勃列日涅夫时期才出现的，而在斯大林时期就逐步形成起来，像政府别墅、特殊门诊、医院、休养所和疗养

---

① ［俄］格·阿·阿尔巴托夫：《苏联政治内幕：知情者的见证》，徐葵等译，新华出版社，1998年，第267～268页。

② 同上，第341～343页。

③ 参见［俄］格·阿·阿尔巴托夫：《苏联政治内幕：知情者的见证》，徐葵等译，新华出版社，1998年，第341～343页。

院、配备司机、专用汽车等，"早在 30 年代所有这些已经形成完整的制度。根据这个制度的等级——政治局委员、政治局候补委员、中央书记、中央委员、人民委员、总局的首长，等等——每一级都有自己的一套特权。战争之前享有这种特权的人范围相当小，但特殊待遇本身是非常优厚的，特别是同人民生活相比更是如此"①。在二战后，对苏联上层领导人的配给制达到了非常精细的程度。特别是各种商品的购货证与票券大大发展了，逐渐成了高中级负责干部家庭正常生活方式的一部分。高级将领在这方面越来越起带头作用。有些将军大胆妄为到这种地步，以致向来对这种腐化行为睁一只眼闭一只眼的斯大林不得不出来纠正，命令把某些人逮捕。但特权并没有消失，后来很快地扩大了，在斯大林时期达到登峰造极地步的是所谓钱袋，即领导人的工资附加款，这个附加款可以从几百卢布到几千卢布，取决于职位高低，装在信袋里秘密发给。一个部长可拿到相当于 1960 年改革后 2000 卢布，如果考虑到通货膨胀和不纳税，这个数目相当于不久前苏联总统规定的工资的两倍。②

　　不少西方学者也都认为，苏联的特权阶层早在斯大林时期就已经形成。③ 他们把特权阶层的特权归结如下：名目繁多的津贴、免费疗养和特别医疗服务、宽敞的住宅和豪华的别墅、特殊的配给和供应、称号带来的特权，等等。对苏联上层领导来说，高薪并不是主要报酬，远为贵重得多的是上层所享有的特权。他们一切的获得主要靠特权。因此，不论苏联的任何时期，作为特权阶层的一个基本特征是一样的，即他们掌握着各级党政、军领导机关的领导权。这个领导权是实现特权的基础。

　　至于形成这个特权阶层的原因，笔者认为，阿尔巴托夫的分析是很有道理的。他说：特权阶层的形成，"这是斯大林故意采用的政策，目的在于收买党和苏维埃机关上层，使其落入某种连环套之中。这是一种路线，旨在借助于直接收买，借助于灌输丢掉职位就丢掉特权，失掉自由甚至生命的恐惧思

---

① ［俄］格·阿·阿尔巴托夫：《苏联政治内幕：知情者的见证》，徐葵等译，新华出版社，1998 年，第 311 页。

② 参见［俄］格·阿·阿尔巴托夫：《苏联政治内幕：知情者的见证》，徐葵等译，新华出版社，1998 年，第 311～312 页。

③ 参见陆南泉等编：《国外对苏联问题的评论简介》，求实出版社，1981 年，第 81～83 页。

想,从而保证官员们绝对听话,并积极地为个人迷信服务"①。另外,他还指出:"社会的贫困本身实际上使特权不可避免。"②那种把由于斯大林时期因"国内物质条件还不富裕"作为形不成特权阶层的理由,是值得商榷的。

　　当然,斯大林时期与勃列日涅夫时期特权阶层是有区别的。第一,由于勃列日涅夫时期实际上没有进行政治体制改革,干部领导职务搞任命制与终身制,干部队伍较为稳定,因此"特权阶层"也比较稳定。而斯大林时期,虽然形成了"特权阶层",但它是不稳定的。这是因为斯大林一方面给予上层人物大量的物质利益和特权,另一方面又不断地消灭这些人。首当其冲遭受斯大林屠杀的便是这个"特权阶层"。第二,由于勃列日涅夫时期的僵化和官僚主义的发展,各级领导机关干部数量大大膨胀,与此同时,特权阶层的人数也随之增加。据俄国学者估计,当时这个阶层大约有 50 万 ~ 70 万人,加上他们的家属,共有 300 万人之多,约占全国总人口的 1.5%。③ 对特权阶层人数估计不一。"英国的默文·马修斯认为,连同家属共有一百万人左右。西德的鲍里斯·迈斯纳认为,苏联的上层人物约有四十万,如果把官僚集团和军事部门的知识分子包括进去,约七十万人。苏联持不同政见者阿·利姆别尔格尔估计,今天苏联的特权阶层有四百万人,另一些人估计不少于五百万人。"④第三,斯大林时期,"特权阶层"主要使命是维护、巩固斯大林的体制模式。而勃列日涅夫时期,特权阶层的主要使命是抵制各种实质性的改革,维护现状,使斯大林式的社会主义更加"成熟"。这也是使这个时期体制改革停滞不前的一个重要因素。看来,不能以斯大林时期特权人物不稳定和人数可能没有像勃列日涅夫那么多为根据,得出只是到了勃列日涅夫执政后期才形成"特权阶层"的结论。这个结论是不符合苏联历史发展情况。因为特权人物不稳定,今天是这一批人,明天是另一批人,人数这个时期多一些,那个时期少一些,但总是存在这么一个阶层的人,这些人,用

　　① 　[俄]格·阿·阿尔巴托夫:《苏联政治内幕:知情者的见证》,徐葵等译,新华出版社,1998年,第 312 页。

　　② 　[俄]格·阿·阿尔巴托夫:《苏联政治内幕:知情者的见证》,徐葵等译,新华出版社,1998年,第 310 页。

　　③ 　转引自陈之骅主编:《勃列日涅夫时期的苏联》,中国社会科学出版社,1998 年,第 15 页。

　　④ 　陆南泉等编:《国外对苏联问题的评论简介》,求实出版社,1981 年,第 82 页。

苏联人的话来说就是列入"花名册"的人,即那些被党的首领选来掌管最重要的职位的人的秘密名单。

在社会科学方面,烦琐的理论研究成风,僵化的教条主义盛行,有创造性的思想被排除出社会科学领域,而肤浅的、唯意志论的推断却成为只能注释而不容反驳的真理。

我们之所以用较多的篇幅论述勃列日涅夫时期政治体制种种倒退现象,主要是为了深刻地剖析,在苏联极权政治体制条件下,不进行政治体制改革,企图单一地进行经济体制改革是不可能取得实质性进展的,其结果只能是政治体制不可避免地对经济体制改革起制约作用,例如由于不进行政治体制改革,官僚主义和官僚机构对改革的阻碍乃至破坏作用日益明显。在勃列日涅夫时期,"一个具有代表性的特征,这就是官僚主义、本位主义、机关专权和独断得到了史无前例的所谓双倍的泛滥"。"所有的决定都是由最上层作出的,与此同时,'上边'却不能真正采取任何一个决定——其中每一项决定要经过几十次甚至几百次协商。此外,领导人任何一项决定作出后,在贯彻时又受到机关的专横的阻挠。""几乎没有人对某件事真正承担责任。""官僚主义的管理机关膨胀到令人难以置信的规模"。① 据俄罗斯社会科学研究所提供的材料,这一时期苏联党政领导机构作出的决议得到执行的充其量不到1/10。② 官僚主义的盛行,勃列日涅夫本人表现得尤为突出。阿尔巴托夫在其回忆录中,列举了不少事例,其中有关科技革命问题最为生动。在20世纪60年代末,考虑到苏联加速科技发展的紧迫性,苏共二十四大后,政治局作出决定,准备专门就科技革命问题召开一次苏共中央全会。会议的准备工作与通常一样,委托一个委员会负责,该委员会由数名中央书记组成。同时,还成立一个工作组,准备会议材料,其中包括起草总书记的报告。经过许多个月紧张的工作,终于拟就了一份篇幅长达130页的总结性文件。文件于1973年5月按期交给基里延科等三位书记。自然,这份文件交给了勃列日涅夫,但长久没有下文,召开讨论科技革命的中央全会的整个

---

① ［俄］格·阿·阿尔巴托夫:《苏联政治内幕:知情者见证》,徐葵等译,新华出版社,1998年,第301页。

② 参见《东欧中亚研究》1998年第1期。

思想石沉大海了。到了 1982 年勃列日涅夫逝世后一个专门委员清理他的档案时,发现了这个文件。之后,再转到戈尔巴乔夫手里。但科技体制改革已拖延了 20 年,从而使科技进步问题大大加重了。[①]

七、因循守旧、求稳抑变思想支配下对传统经济体制不可能采取根本改变的方针

综观勃列日涅夫 18 年的体制改革,不难发现,一直是在因循守旧、求稳抑变的思想支配下进行的。为什么上述思想占据了支配地位,大致有以下三个因素:

首先,从近几年来出版的有关勃列日涅夫传记等有关资料看,对他的评价基本上是一致的。他的家庭成员以及他周围的人们强烈地表现和反映出小市民的气质、小市民的思维方式和心理状态,甚至小市民的某些"天性本能"。[②] 总的来说,勃列日涅夫是个平庸之辈,文化水平不高,不爱学习,思想上与理论上保守僵化,性格上软弱,特别爱好虚荣与阿谀奉承,生活上贪图安逸,爱好打猎与开高级轿车,工作上不勤奋刻苦,长期从事政治工作。他最大的一个弱点是,几乎完全缺乏经济知识,对新生事物简直就是个过敏反应症患者。还应指出,勃列日涅夫思想守旧,缺乏经济知识,还与他不爱学习理论有关。他的助手给他写讲话稿时,对他们说:"写简单点,不要把我写成理论家,否则,不管怎么样,谁也不会相信这是我写的,他们将会嘲笑我的。""他常常把复杂的、独出心裁的段落勾掉(有时他甚至删去经典作家的引语),并解释说:"有谁会相信我读过马克思著作呢!"[③]勃列日涅夫作报告的一贯风格是:"四平八稳,既无高潮,也无水平,无聊乏味,一本正经。"[④]对这样的人,不可能期待他不时地出现新思想,不断地改革传统的体制。

其次,勃列日涅夫的专长是搞组织工作,操纵权力可谓得心应手。在他

---

① 详见[俄]格·阿·阿尔巴托夫:《苏联政治内幕:知情者见证》,徐葵等译,新华出版社,1998年,第216~218页。

② 同上,第337页。

③ 同上,第333、162页。

④ [西德]米夏埃尔·莫罗佐夫:《勃列日涅夫传》,张玉书等译,生活·读书·新知三联书店,1975年,第370页。

上台初期,他的很大一部分精力用于积极培植亲信,排除异己方面很快取得进展。到20世纪60年代末他的地位已十分巩固,权力已大大扩大,在最高领导层中他的权力与地位已明显地高于其他人。之后,到了70年代中期,随着苏联国力的增长特别是军事力量的膨胀,勃列日涅夫对苏联当时的形势估计十分乐观,并不认为苏联需要什么改革,还是认为传统的高度集中的计划经济体制是十分有效的,对柯西金的经济改革政策表现不满。据苏共中央机关的干部回忆当时勃列日涅夫对柯西金的经济改革报告说过以下的话:"看他想出什么来了,改革、改革……谁需要这个改革?而且,谁懂得改革。现在需要的是更好地工作,这就是全部问题之所在。"①到了1974年勃列日涅夫成为一个病人之后,更不能指望他来推动改革,整个体制改革像勃列日涅夫的身体和国家一样,朝着相反方向发展,不断地滑坡。

最后,如果说赫鲁晓夫只反斯大林不反斯大林主义,那么,勃列日涅夫就是既不反斯大林又不反斯大林主义。在勃列日涅夫执政18年里,越来越清楚地看到,把掌握权力看作是目的本身,他不想改变斯大林建立起来的政治体制,因为没有这个体制就难以保证他"个人专政"或者说个人专权和特权。而政治体制的不触动,它不与经济体制改革结合起来,就必然对经济体制改革起不到促进作用,而是相反,日益成为经济体制改革的阻力,这已为所有转轨国家的实践证明。

在勃列日涅夫时期,因循守旧、求稳抑变的思想占主导地位。对此,阿尔巴托夫指出:"应该看到这一时期有一种越来越清楚的现象,那就是大部分领导人倾向于倒退。"②因此,体制改革必然难以推进,这在经济体制改革方面,明显地表现为对传统体制不是采取根本改革的方针,以下情况可以说明:

一是改革的保守性,即改革是修补性的,没有从根本上去变革旧体制。改革的指导思想是:在不改变国家集中统一的计划原则下,适当扩大企业权限,逐步采用经济方法管理经济,加强对企业和职工的物质刺激。改革的主要措施都是以不影响高度集中的经济体制为前提的。在改革前和改革过程

---

① 转引自《东欧中亚研究》1998年第1期。

② [俄]格·阿·阿尔巴托夫:《苏联政治内幕:知情者的见证》,徐葵等译,新华出版社,1998年,第364页。

中,没有对旧体制的弊病从根本上进行系统地、批判性地总结,使改革的目标符合商品经济原则。这样,必然使改革在不根本改变原有模式的前提条件下,集中在管理方法上下功夫,作些改进。与此相关,往往把完善指令性计划体制作为改革的摹本目标。结果是,18 年的改革,在理论上并未克服没有指令性就没有计划的简单化概念;在实践中,国家仍然通过集中下达的指令性计划控制企业生产经营活动。勃列日涅夫时期,仅在由国家计委编制下达的工农业生产计划中,就包括了约四千个产品品种,约占工农业总产值的80%~90%;生产资料通过国家计划实行统一调拨的部分占 95% 以上;企业利润的 83% 左右由国家直接或间接地支配。在这样的条件下,企业不可能成为商品生产者,独立自主地经营,从而使经济核算徒具形式。

二是改革缺乏坚决性,遇到阻力和困难就动摇、退缩,通过的改革决议不能执行,导致改革原地踏步。最为典型的例子是,当改革出现了一些问题之后,一些人对改革提出了疑问和反对,在此情况下,对 1965 年全面推行"新经济体制"时经常使用的"改革"一词,在 1971 年的苏共二十四大后,就不准用了,而改用"完善"一词。在改革过程中,这种摇摇摆摆的做法,当然不可能使改革取得良好的效果。

三是改革缺乏综合性。在苏联传统的体制模式下,计划、物资、价格、财政、信贷、基建、劳动工资等体制,相互之间有着密切的联系,是一个完整的整体。对旧体制的改革如果不综合配套地进行,这不仅难以取得预期的改革效果,并且还会产生很多矛盾。在勃列日涅夫时期,苏联的经济体制改革本身是不配套的,如为了搞活微观经济,就不断扩大企业自主权,宏观调控体制虽作出了一些相应的改革,但并没有解决各级部门还是采取老一套的行政方法干预企业活动、实行烦琐监督的做法,这必然会引起许多矛盾。另外,经济体制改革也没有与政治体制改革、社会关系与社会政策调整、改变人们传统的思想等同时进行。这样做的结果是,经济体制改革遇到的阻力越来越大,人们的积极性难以调动,改革也难以取得人们的支持。改革缺乏综合配套,还表现在勃列日涅夫时期"并没有一个可行的全面的改革总思路,也不够清楚如何使我们自己从过去的变形中摆脱出来,同样地也没有足够理解这项任务的艰巨性与复杂性"①。这样,改革的这种局限性,时间一长,就必然被旧的政治体制和思想捆住,以致改革最后被窒息。

求稳抑变,也反映在勃列日涅夫在苏共二十五大报告中有关对改革的态度。他说:"中央委员会反对仓促轻率地改组管理机构和改变已经形成的经营管理方法。剪裁之前,不是像俗话所说的量七次,而是八次甚至十次。"过去,我们有些人在评论这段话时,只看到勃列日涅夫对改革的慎重一面,而忽视了其保守的一面。改革遇到的各种阻力,使勃列日涅夫时期讨论一项改革决议时,往往议而不决,决而不行,行而无效。

八、革命口号下的帝国野心需要高度集中的体制

如果以苏美关系作为苏联对外政策的主要内容来考察,应该说,在勃列日涅夫执政初期,由于国内与国际诸因素的制约,出现了一定的缓和,到20世纪70年代前半期缓和有了较大发展。对东欧国家的政策,主要是加强控制。特别是在1968年苏联入侵捷克斯洛伐克之后,作为控制东欧各国的理论"勃列日涅夫主义"出现了,特别是"有限主权论"与"国际专政论"等,像悬在东欧各国头上的一把利剑。对第三世界则是加强争夺与渗透,当然是在支援这些国家革命、民族独立的口号下进行的。在对华政策方面,继续推行反华路线,在中苏边境增兵,加强对中国的军事威胁。就勃列日涅夫时期对外政策整个内容来看,从20世纪70年代中期起,缓和政策所取得的成效逐步丧失,到勃列日涅夫逝世的80年代初,已经从缓和进入第二次"冷战"。苏联学者把这一时期的缓和称为"短命的和不走运的缓和"②。究其原因,主要与苏联对外政策的总弱点有关,"即对外政策过分意识形态化,以及在保障安全方面过分注重军事因素,这导致了军事政策和国防计划不再受政治控制"③。苏联的扩张、争霸世界的政策,有其根深蒂固的根源,从沙皇到斯大林,都推行扩张政策,后者的特点是以推进世界"革命"的名义进行的。往

---

① [俄]格·阿·阿尔巴托夫:《苏联政治内幕:知情者的见证》,徐葵等译,新华出版社,1998年,第266页。

② 同上,第223页。

③ 同上,第269页。

往把帝国奢望和野心隐蔽起来,有时让人们"在天真的革命浪漫主义与大国实用主义乃至厚颜无耻之间很难划清界限"①。勃列日涅夫在这方面是继承了斯大林的传统。就是在对美搞缓和政策时,勃列日涅夫时期的苏联最高领导层亦是一种策略或谋略,缓和政策的目的是在麻痹以美国为首的西方国家的同时,加快发展苏联自身的力量。这种缓和策略被西方称之为仅仅有利于苏联的"单行道"。随着经济、军事实力的增强,苏联在勃列日涅夫时期特别在后期,扩军、争霸政策大大发展了。苏联对别国不断进行军事干涉就是例证。阿尔巴托夫指出,这个时期,"在安哥拉之后,我们沿着这条显得已经蹚平的道路大胆前进,实际上是沿着干涉升级的阶梯前进。这些阶梯就是——埃塞俄比亚、也门、一系列非洲国家(我不想涉及东欧问题,它十分复杂,应该由专家研究),最后是阿富汗。"这样做的结果是,"在70年代下半期我们自己对一系列国家的事务实行军事干涉和'半干涉'的政策,使我们国家变成了一个扩张主义的侵略国家,促使大量国家起来反对我们自己,并且给缓和带来严重的打击。实际上我们是在给美国极右派伴奏",而推行扩张、争霸政策,必然使苏联"以史无前例的速度实施许多军事计划。在这些年内我们全力以赴地狂热地卷入军备竞赛的漩涡,很少考虑这样做会导致什么样的经济后果和政治后果"②。

这里还要指出的是,在勃列日涅夫时期,不只通过武装干涉进行扩张,还通过"军援"和"经援"搞扩张渗透,对第三世界更为明显。据统计,1970—1979年,苏联对第三世界的"军援"达474亿多美元,"经援"达116亿多美元,占1955年以来苏联"军援""经援"总额的87.6%和63.9%。苏联在第三世界的军事人员从1965年的3635人,增加到1979年的15865人(不含侵略阿富汗的驻军),增加了3.4倍。苏联还通过同第三世界国家签订包含军事合作内容的条约(共签订12个,有2个已被废除)企图控制这些国家,并有40多个军事基地。③

---

①　[俄]格·阿·阿尔巴托夫:《苏联政治内幕:知情者的见证》,徐葵等译,新华出版社,1998年,第273页。

②　同上,第273、279页。

③　参见《苏联东欧问题》1983年第3期。

苏联推行扩张、争霸的对外政策,就必须大力发展军事工业,使"军工综合体已膨胀到不受政治控制的程度"①。这对经济力量远远低于美国的苏联来说,高度集中的计划经济体制是保证其扩军的重要条件。苏联通过这种体制,把大量的资金集中在国家手里。在勃列日涅夫时期,苏联国家预算收入占国民收入的比重呈不断上升的趋势:1966 年占 51.3%,1970 年占 54.1%,1975 年占 60.1%,1980 年占 62.2%,勃列日涅夫逝世的 1982 年提高到 67.4%。② 另外,苏联为了把更多的资金集中到国家预算中来,预算收入的增长速度要比国民收入的增长速度快得多。20 世纪 70 年代末 80 年代初几年的情况充分说明了这一点:1979 年苏联国家预算收入增长率为 5.9%,而国民收入的增长率为 2.2%,1980 年这两个指标的增长率分别为 7.5% 和 3.8%,1981 年为 5.9% 和 3.8%,1982 年为 10.1% 和 2.6%。③ 把那么多的财政资源集中在国家手里,便于集中用于发展军工和与军工密切相关的工业部门。在勃列日涅夫时期,如以工业投资为 100%,那么其中甲类工业一般要占 85%~88%。国家掌握了大量资金,还保证了迅速增长的军费支出的需要。1965 年苏联军费为 326 亿美元(占当年国民收入的 15.2%),1981 年增至 1550 亿美元(占当年国民收入的 21%),比 1965 年增长 3.75 倍。④ 勃列日涅夫就是这样把苏联军事实力推向"鼎盛"时期的。

再从与东欧国家的关系来看,从两个方面影响勃列日涅夫时期的改革:一是因为苏联高度集中的体制,是苏联在这些国家范围内进行政治、经济控制的手段。在政治上,保证这些国家按统一的政策与方向发展,不允许其背离斯大林的政治体制模式。在经济上按统一的计划经济模式行事,使东欧一些国家的计划与苏联的计划挂上钩,以便保证经互会国家之间双边的计划合作得以实现,使这些国家的经济力量与苏联联结在一起。苏联害怕的是,一旦在体制方面进行大的改革,东欧一些国家会立即跟上,尽快摆脱斯大林的体制模式,最后会导致失去对东欧国家的控制,从而也就失去了苏联

---

① [俄]格·阿·阿尔巴托夫:《苏联政治内幕:知情者的见证》,徐葵等译,新华出版社,1998 年,第 280 页。
② 参见陆南泉等编:《苏联国民经济发展七十年》,机械工业出版社,1988 年,第 636 页。
③ 同上,第 637 页。
④ 参见《苏联东欧问题》1983 年第 3 期。

的"切身利益范围"。这也是 1968 年"布拉格之春"之后,勃列日涅夫大大放慢体制改革进程的一个重要因素。因为"在 60 年代末,我们为在捷克斯洛伐克的冒险付出了很大的代价。它在助长国内的保守趋势中起了重要作用,这种趋势最终导致了一个停滞时期"①。二是因为像勃列日涅夫这样的领导人,对"社会主义大家庭"国家的政策,是由根深蒂固的意识形态模式决定的,即根据他们自己认识的什么是社会主义和什么不是社会主义标准,来判断某个社会主义国家的改革政策是否背离了社会主义,是不是对苏联式的社会主义的背叛和罪行。基于这种传统思维方式,勃列日涅夫在决定入侵捷克斯洛伐克时,就以断定那里出现了"修正主义"作为派兵入侵根据的。据当时苏联驻捷克斯洛伐克大使契尔年科回忆,勃列日涅夫曾讲过,如果捷克斯洛伐克"修正主义"取得胜利,他就只好辞去苏共中央总书记的职务。因为"要知道,大家会认为是我把捷克斯洛伐克丢掉了"②。这种根深蒂固的意识形态,在苏联持续了很长的时间,"只是到了 80 年代末期,我们才最后停止认为自己有权垄断真理,停止把自己看作'唯一真正的社会主义',停止对邻国和盟国的内部事务的干预"③。

对勃列日涅夫时期改革停滞原因的分析,说明"斯大林体制既产生了自己品牌的经济和管理思想,也产生了自己类型的经济管理人员(整个中央管理层都包括在内)"④。

## 第三节　体制改革停滞产生的严重经济后果

改革的停滞带来的社会经济的停滞。勃列日涅夫时期的停滞,具有以下明显的特点:第一,是全面的停滞,这自然有个发展过程;第二,在人类社会不断发展、特别是在 20 世纪 60 年代末世界开始了新的科技革命的条件

---

① ［俄］格·阿·阿尔巴托夫:《苏联政治内幕:知情者的见证》,徐葵等译,新华出版社,1998年,第 184 页。
② 同上,第 188～189 页。
③ 同上,第 68 页。
④ 同上,第 296 页。

下,这种停滞并不是意味着原地踏步,而是出现了倒退;第三,停滞的结果,使苏联逐步地迈向衰败。利加乔夫认为,这个时期的苏联,"已处在通往社会经济绝境的轨道上"①。

在这一节,我们主要分析经济改革的停滞带来的严重经济后果。

一、经济增长率明显递减和停滞

1965 年勃列日涅夫在推行新经济体制时,一个十分明确的目的是:力图通过改革来扭转当时已出现的经济增长速度下降的趋势。但结果是,18 年的改革,不仅没有改变经济增长速度下降的局面,反而使经济增长速度大幅下降。在 1971—1985 年的三个五年计划时期,国民收入的增长速度下降了一半以上。其他一些综合经济指标也出现了类似的情况(详见表 16-1)。

表 16-1　苏联经济增长率下降情况(年平均,%)

| 项目 | 1961—1965 年 | 1966—1970 年 | 1971—1975 年 | 1976—1980 年 | 1982 年 |
|------|------|------|------|------|------|
| 社会总产值 | 6.5 | 7.4 | 6.3 | 4.2 | 3.3* |
| 国民收入 | 6.5 | 7.8 | 5.7 | 4.3 | 2.6 |
| 工业总产值 | 8.6 | 8.5 | 7.4 | 4.4 | 2.8 |
| 农业总产值 | 2.2 | 3.9 | 2.5 | 1.7 | 4.0 |
| 基建投资 | 5.4 | 7.3 | 6.7 | 3.7 | 2.0 |

*为 1982—1983 年平均增长率。

资料来源:《苏联国民经济 70 年(纪念统计年鉴)》,财政与统计出版社,1987 年俄文版,第 51 页;中国苏联经济研究会编:《1984 年苏联经济》,人民出版社,1986 年,第 355 页。

从上表材料可以看出,在勃列日涅夫执政的第一个五年计划期间,即推行"新经济体制"的第一个五年,经济效果较好,与此前的五年计划相比,经济发展速度是普遍上升的趋势。但是以后的时期,特别是到 80 年代初,速度已下降到使苏联"几乎临近停顿的程度"②。勃列日涅夫逝世的 1982 年,国

---

① 《政党与当代世界》1992 年第 8~9 期。
② [苏]米·谢·戈尔巴乔夫:《改革与新思维》,苏群译,新华出版社,1987 年,第 14 页。

民收入比 1981 年仅增长 2.6%。戈尔巴乔夫在苏共中央二月全会(1988年)上的报告指出:20 世纪 80 年代初苏联经济缓慢的增长速度在很大程度上也是在不正常的基础上,靠一些临时性的因素达到的。这指的是靠当时国际市场上的高价出售石油,大量生产和出售对人体健康有害的酒精饮料达到的,如排除这些因素,差不多有 4 个五年计划的时期,国民收入的绝对额没有增加。十分明显,这一状况,给苏联带来的困难是相当大的。戈尔巴乔夫认为,如果经济增长速度低于 4% 的话,苏联一系列刻不容缓的社会经济任务难以实现。

这里,我们完全从量这个角度即增长速度来考虑勃列日涅夫时期出现的经济停滞趋势,即经济增长速度大大放慢了。问题是,这个低速增长,也并不能反映勃列日涅夫时期经济的实际情况,其中国际市场石油价格猛涨起了很大的作用。人所共知,1973 年爆发了中东战争。之后,阿拉伯石油输出国组织"欧佩克"为对付西方国家,把石油价格提高了 15 倍。苏联当时作为世界主要石油输出国之一,借机大量出口石油,据统计,1974—1984 年苏联仅从出卖石油与石油产品获得的收入,最保守的估计也达到 1760 亿外汇卢布,约折合 2700 亿 ~ 3200 亿美元。① 这笔巨额"石油美元"对当时苏联渡过经济难关起着重要的作用,在很大程度上掩盖了经济停滞和下滑的严重性,缓解了种种矛盾。有人说,这里不存在掩盖不掩盖的问题,因为石油产量和出口量的激增是客观事实。但是问题在于,石油价格上涨 15 倍这比石油产量和石油出口量的增长速度不知高出多少倍。

据苏联统计资料,石油产量从 1974 年的 6.5630 亿吨增加到 1984 年的8.7620 亿吨,增长了 33.5%。1974 年石油与石油产品出口量为 1.1620 亿吨,1985 年为 1.6670 亿吨,增长了 43.5%。② 非常明显,如果这个时期不是石油价格飞速地上涨,单靠石油产量与出口量的增加,绝不可能获得如此大的"石油美元"。正如马龙闪研究员指出的:"这笔收入在以总产值指标衡量经济发展的条件下,也掩盖了苏联 70 年代中后期经济的停滞与衰退,它像雨后天空的彩虹一样,给苏联经济以虚幻的繁荣。待短暂的彩虹逝去,依然是

---

① 参见陈之骅主编:《勃列日涅夫时期的苏联》,中国社会科学出版社,1998 年,第 195 ~ 196 页。

② 由于 1984 年的统计数字未能找到,这里石油与石油产品出口量用的是 1985 年的数字。

飘散着片片乌云的天空。"①

对此问题,阿尔巴托夫分析说:当时苏联应该把这种赚取的石油外汇视为一个喘息时机,并充分有效地利用这个时机推进改革,使国民经济走上正轨,但苏联并没有这样做,这"主要是由于石油财富突然从天上落到了我们手里,于是我们就冻结了把经济改革推向前进的尝试,取消了研究科技革命的中央全会"。他接着又指出:"在70年代末至80年代初,不论是我还是我的许多同事都不止一次地想到,西西伯利亚石油挽救了我国经济。而后来开始得出结论,这个财富同时又严重破坏了我国经济,它使我们不可饶恕地丢失了许多时间,长久地推迟了已经成熟甚至过分成熟的改革。"②他还说:"那时我们把载能体出口无限度地增长,从这里找到了摆脱一切灾难的灵丹妙药。那时没有一个人(包括我自己)懂得不是挣来的财富最容易使人腐败这句古老的谚语,不但适合于个人,而且也适用于国家。"③

以上的材料与分析说明,在判断苏联20世纪70年代以来的经济情况时,应该看到,1973年以来因石油飞速涨价而获得的巨额"石油美元"并不能反映当时苏联经济的正常发展状况。

在勃列日涅夫时期,农业问题亦十分突出,有关这方面的情况详见本书第十三章第六节。

二、粗放的经济增长方式和低效的经济难以改变

前面我们主要从量这个角度,分析了在勃列日涅夫时期由于经济改革的停滞所造成的经济增长速度的大滑坡。但如果从质这个角度分析,这一时期的经济问题显得更加尖锐。经济质量与效率低以及高度浪费等问题长期得不到解决,一个重要的原因是,经济增长方式长期不能改变,而制约经济增长方式改变的主要原因是苏联传统的过度集中的指令性计划经济体制。因为一定的经济运行机制决定着相应的增长方式,而经济运行机制基

---

① 转引自陈之骅主编:《勃列日涅夫时期的苏联》,中国社会科学出版社,1998年,第196页。
② [俄]格·阿·阿尔托夫:《苏联政治内幕:知情者的见证》,徐葵等译,新华出版社,1998年,第300~301页。
③ 同上,第299页。

本上是由经济体制决定的。

从微观经济层面讲,在苏联传统的计划经济条件下,无论是国有企业还是集体企业经营机制都不是按市场经济的要求进行的,它对市场的敏感性与适应性很差,投入多产出少的情况比比皆是;从资源配置层面讲,在传统的计划经济条件下,资源配置是由指令性计划决定的,这必然导致经济结构不合理并且长期难以调整,造成资源的巨大浪费;再从宏观层面讲,在传统的计划经济条件下,政府对宏观经济调控的主要方法是直接的行政命令,而不是间接的经济方法。这样也就排斥了市场的作用,使官僚主义的唯意志论盛行,往往造成重大的政策失误和经济损失。这说明,落后的经济增长方式从一个重要的方面反映了苏联-斯大林模式的社会主义生命力的脆弱性,它是苏联在与资本主义竞争中被击败的一个重要因素。因此,在分析勃列日涅夫时期改革停滞所带来的经济后果时,有必要较为详细与深入地探讨改革停滞是如何阻碍经济增长方式由粗放型转向集约型问题。

1. 向集约型转变的背景

苏联在20世纪70年代以前(二战期间除外),经济一直以较高速度增长,这是靠不断地大量投入新的人力、物力和财力达到的,走的是粗放型发展道路,是一种消耗型经济。苏联自20世纪30年代消灭失业后到80年代末,每年平均增加的劳动力为200万人。基建投资不仅增长幅度大,而且增长速度快,一般要占国民收入的30%左右,约占国家预算支出的50%。基建投资增长速度大多数年份快于国民收入增长速度,如1961—1987年,国民收入年均增长率为5.4%,而基建投资为5.6%。1950年苏联的基建投资只及美国的30%,到1971年已与美国相等,1974年超过美国。苏联生产每单位产品的物资消耗很大,如在70年代末,生产每单位国民收入用钢量比美国多90%,耗电量多20%,耗石油量多100%,水泥用量多80%,投资多50%。

70年代初,苏联经济面临的主要任务是:扭转已开始出现的速度下降趋势与提高经济效益。要做到这一点,必须使经济发展由粗放转向集约化。1971年苏共二十四大正式提出经济向集约化为主的发展道路过渡。

苏联在20世纪70年代初决定改变经济增长方式、走集约化道路的直接原因是,由于粗放因素日益缩小。表现在:

一是从 60 年代中期开始,苏联国民经济的许多部门已感到劳动力不足。据计算,70 年代有劳动能力人口的年增长率为 18%,到 80 年代将下降到 3.8%。1961—1965 年,靠农庄庄员补充劳动力的人数为 310 万人,1971—1975 年降到 150 万人,1976—1980 年又降到 80 万人。退休人员激增(从 1950 年的 85 万人增加到 1970 年的 1900 万人),使劳动资源问题更加突出。

二是由于长期实行粗放发展经济方式的结果,使原材料、燃料动力资源消耗量大量增加,出现供需之间的不平衡。苏联虽资源丰富,但地区分布极不平衡。进入 70 年代,集中工业生产能力 80% 的西部地区资源"已近于耗尽",要靠东部地区供应,从而使运输距离大大拉长。1966—1977 年,燃料运输的平均距离从 734 千米拉长到 1152 千米,生产费用日益增加。另外,随着原料、燃料基地东移,开采条件恶化,开采成本大大提高,如 1980—1985 年,开采每吨石油的费用增加 80% ~ 100%。廉价原料与燃料的时代已一去不复返。再者,苏联每年要出口大量原料与燃料以换取外汇。这些因素,使得苏联用大量投入资源来发展经济的道路走不通了。

三是资金日益紧张。60 年代中期之后,基建投资增长速度明显下降。苏联 20 世纪 50 年代基建投资年均增长率为 13.3%,60 年代降为 7.1%,70 年代降到 5.3%。

另外,由于长期实行粗放的经济增长方式,使经济效益日益下降,如 1960 年每卢布生产基金产生的国民收入为 72 戈比,1970 年降为 55 戈比,下降了 28%。社会劳动生产率从 1961—1965 年年均增长率的 6.1% 下降到 1971—1975 年的 4.8%。70 年代初,苏联已有大量产品产量占世界第一和第二,但质次、报废率高,如钢的产量很大(1970 年为 1.16 亿吨),但仍需进口各种钢材,拖拉机每年的报废率有时甚至高于新增产量。

苏联认识到,在不少产品数量超过美国之后,要想争取优势,必须通过科技进步,由过去的数量赶超转向质量赶超。而达到这一目标的主要途径是改变经济增长方式,实行集约化方针。

70 年代初推行的集约方针,并没有取得成效。苏联经济仍是一种粗放的增长方式,集约化因素在扩大再生产中的比重不仅没有提高,而日趋下降(见表 16-2)。

表16-2　集约化因素在扩大再生产中的比重(%)

| 项目 | 1961—1965 年 | 1966—1970 年 | 1971—1975 年 | 1976—1980 年 |
|------|------------|------------|------------|------------|
| 按社会最终产品计算 | 33.8 | 35.2 | 26.9 | 30.5 |
| 按社会总产值计算 | 33.6 | 37.1 | 32.9 | 24.6 |

资料来源:苏联《经济科学》1981 年第 10 期。

可以看出,苏联在扩大再生产的增长额中 3/4 是依赖于粗放因素得到的。无论按社会最终产品计算还是按社会总产值计算,从 60 年代至 80 年代,集约化因素的作用明显削弱。整个 70 年代集约化未取得进展,也可以反映集约化程度的一些效率与质量指标不仅没有改善而是进一步恶化。例如,苏联提出集约化方针之后,反映经济效益重要指标的劳动生产率不断下降(见表 16-3)。

表16-3　劳动生产率年平均增长速度(%)

| 项目 | 1961—1965 年 | 1976—1980 年 | 1981—1982 年 |
|------|------------|------------|------------|
| 社会劳动生产率 | 6.1 | 3.3 | 2.9 |
| 工业劳动生产率 | 4.6 | 3.2 | 2.4 |
| 农业劳动生产率 | 4.8 | 2.6 | 1.0 |
| 建筑业劳动生产率 | 5.3 | 2.1 | 2.3 |
| 铁路运输业劳动生产率 | 5.4 | 0.1 | 0.0 |

资料来源:《1984 年苏联国民经济统计年鉴》,财政与统计出版社,1985 年俄文版,第 53 页;《苏联国民经济七十年(纪念统计年鉴)》,财政与统计出版社,1987 年,第 107 页。

从单位产品的物资耗用量来看,也未取得进展,反而从 1970 年占 54.9% 提高到 1980 年的 57.2%。单位产品的物资耗用量指标恶化,与苏联经济中存在严重浪费密切相关。由于集约化方针未取得成效,这一时期苏联经济中的浪费现象显得十分突出。苏联报刊大量揭露苏联经济中的浪费现象:能源的有效利用率为 43%,损失达 57%,折合标准燃料相当于 9 亿吨;每年因锈蚀而无情地吞掉 2000 万～2500 万吨金属;因质量低劣,每年有 15%～20% 的工业产品要报废或降价处理;谷物每年浪费 3500 万～4000 万吨;由于保管不善,每年要损失 500 万～600 万吨化肥,等于向农业提供化肥总量的1/10;苏联、美国每年木材运出量均为3亿立方米,苏联从产地运出,经运输、加工等要耗费掉一半。苏联每吨木材所生产的纸板几乎比美国少9/10,纸少5/6,胶合板少8/9等。①

上述情况都说明,苏联70年代初提出集约化方针后,经济仍是粗放型的,是拼消耗的经济,也是浪费型经济。

2. 转向集约化的主要措施

一是加速科技进步。苏联提出,要把科技进步作为经济发展的"决定性的战略方向",应看作是推动生产集约化的主要因素。具体措施有:发展"科学与生产密切联系的一体化",实行有利于新技术、新产品应用、推广和生产的价格政策,加强科技进步的物质刺激,积极引进外国先进技术和设备等。

二是调整投资政策,把投资重点从新建企业为主转向现有企业的技术改造,加速技术设备的更新,提高陈旧设备报废率等。

三是调整国民经济的部门结构和技术结构。主要是优先发展机器制造业等技术密集型部门,调整和改进能源需求结构等。

四是提高劳动者的文化技术水平,加速智力开发。为此,调整专业和学科设置,增加教育和科研经费拨款,加速科技干部与管理干部的培训等。

五是改革经济体制,使其符合集约化方针的要求。

苏联从20世纪70年代初开始实行的集约化方针,并没有取得实质性的进展。一直到勃列日涅夫逝世,苏联基本上仍是粗放经济,经济效益没有提高,如基金产值率继续不断下降,每卢布生产性固定基金生产的国民收入从1970年的55戈比下降到1980年的40戈比。20世纪80年代中期单位产品消耗量仍然要比美国大得多,生产的切屑机床的金属耗用量比美、日、德、法等国同类产品高1~1.5倍。加上粗放因素进一步受到限制,这些成了经济增长速度下降和停滞的一个重要原因。勃列日涅夫时期经济增长方式未能转变,不只制约了这个时期的经济发展,并且也为以后时期的经济发展带来了严重的影响,成为苏联发生剧变的一个不可忽视的因素。

---

① 参见陆南泉:《前苏联经济增长方式的转变情况》,载曾培炎主编:《加快转变经济增长方式》,中国计划出版社,1995年,第254页。

3. 转向集约化难以取得进展的根本原因是经济体制问题

苏联从 20 世纪 70 年代初开始的转变经济增长方式的方针政策,之所以未能取得进展,正如我们在前面已指出的,根本原因是经济体制问题。勃列日涅夫时期经济体制改革的停滞,导致经济增长方式难以转变,这可从科技进步与经济集约化发展相互关系上得到反映。苏联长期把加速科技进步视为推行集约化方针最重要的措施。明确指出:加速科技进步、提高劳动生产率与实现经济集约化发展两者之间的密切关系,是"极严格的,毋庸置疑的",在这个问题上不可能有其他"可供选择的方案"。苏联拥有巨大的科技潜力,80 年代末科技人员为 150 万人,相当于世界科技人员总数的 1/4;每年新技术发明占世界新技术发明总数的 1/3,仅次于日本,居世界第二位。但先进的科技研发水平,难以在经济转向集约化发展过程中发挥作用。长期以来,只有 1/4 的科技成果在经济中得到应用,一项新技术从研究到应用的周期长达 10 ~ 12 年之久。形成上述情况的主要原因是传统经济体制对科技进步的阻碍作用,苏联学者认为,传统体制在科技进步道路上制造着一种独特的"反促进因素"。下面,从经济体制阻碍科技进步进而严重影响经济集约化发展的各个方面,来具体说明苏联长期以来集约化难以取得进展的根本原因是经济体制问题。

(1)企业缺乏采用新技术的内在动力。苏联长期坚持指令性计划制度。企业的任务是竭尽全力去完成和超额完成国家下达的生产指标。总产值指标是对企业工作评价和奖励的中心指标。这是企业对采用新技术顾虑重重的一个重要原因。因为,采用新技术、生产新产品,需要改装设备,改变工艺流程,重新培训技术人员和工人,等等。这些都会打破原来的生产节奏,并在一段时间里往往会导致产量下降,最后完不成生产计划和利润计划,从而使企业收入减少,最终影响经济刺激基金。这样,企业领导人只愿意"稳稳当当"地进行生产,不想冒采用新技术的"风险"。这就是说,传统经济管理体制,促使企业的活动只局限于追求短期内获得最多的产量,而阻碍生产的革新过程。

(2)物资技术供应制度阻碍企业技术革新。苏联企业长期以来主要是通过国家统一调拨制度获得生产资料的,而无权在市场上自由购买,因此,企业在制订生产计划时就得想方设法生产那些在物资上有保障的产品。采用新技术、生产新产品,物资供应往往得不到保障。因为新产品在投产的最初几年常常需要重新设计,而生产新产品的企业,对生产这些产品需要多少物资的估计,也难以做到像生产老产品那样准确。再加上生产新产品还要使用过去未用过的材料,这就要求企业必须与原先毫不相干的新的供货单位建立联系。这些都增加了生产新产品企业在物资供应方面的不稳定性和完不成生产计划的可能性。这样,企业就自然希望尽可能地减少改变产品结构,年复一年地生产旧产品。

(3)新技术产品的生产者与使用者之间一直存在矛盾。新技术产品的生产企业,在规定新技术产品价格时,往往利用一次性定价的机会,不根据新技术产品的实际生产效率和成本,大大提高价格,以获得高额利润。这就产生下列情况:新技术产品与原来同一类型的旧产品相比,价格要高出好多,而效率并没有提高多少,即价格的提高与效率的提高不成比例。在这种情况下,使用单位就对这类新技术产品不感兴趣。因改用了这类新技术,产品成本会提高,还要增加基金付费,最后利润率还会下降。据车床制造工业部统计,在生产总值中采用新技术生产的比重占10%的情况下,盈利率为23.6%,采用新技术生产占50%的情况下,盈利率则降为11%。但是反过来讲,如果压低新技术产品的价格,那么生产新技术产品的企业就会失去兴趣。

(4)物质奖励制度弊端甚多。这主要有三个问题:一是苏联长期以来把奖励的重点放在量上而不放在质上,结果是导致企业只顾数量,而不愿更新产品和提高质量;二是采用新技术获得的奖金数额,往往弥补不了因采用新技术而损失的奖金数额;三是奖金制度存在严重的平均主义倾向。新技术成果奖的获得者往往包括与新技术发明不相干的人员。

(5)产品供不应求,缺乏竞争。在苏联,尽管每年有一些质量低劣和不对路的产品要削价处理,但通常存在的是供不应求,是短缺经济,加上产品由国家统一包销,缺乏竞争,在这种情况下,客观上就造成了一种产品可以年复一年地按老样子生产下去,可以几十年不进行技术革新的状况。

(6)企业资金不足,阻碍设备更新。苏联自1965年实行"新经济体制"以来,一直在扩大企业权利。但真正归企业自由支配的利润仍较少,并在使用上有严格规定。这样企业缺乏更新改造设备的自主权。留归工业企业主要用于更新设备等用途的发展生产基金十分有限,如果靠这项基金用来更新工业部门的固定资产的话,那么工业部门的固定资产约要用八十多年的时间才能得到全部更新。80年代中期机器设备的淘汰率为2.2%,全部设备的更新需花45年之久,而按当代技术发展速度,机器设备的役龄不应超过10年。技术设备更新缓慢,致使苏联工业部门产生了巨大的、专业化程度很小的、经济效益很低的修理行业,它不生产新技术,而只是维修旧的技术装备。

(7)科技管理体制的弊病。这方面的问题有:一是科研、设计、实验直到生产这几个环节是相互脱节的,各机构只对"研究—生产"过程中的某一阶段负责,这是造成新技术从研制采用周期长的一个重要原因。二是很多科研机构缺乏必要的实验基地,现有的实验基地也不完善,能力薄弱,缺乏成套的工艺设备,不完全具备制造新技术工业样品的生产能力。三是苏联生产部门的科研与研制工作是按部门原则实行领导的。各部门一般都把生产计划排得满满的,主要考虑完成生产计划,这样就往往把完成科研和研制新技术任务所需的人员和设备挤掉。四是国家财政为科研机构完成科研课题提供无偿的固定经费,这样不易保证科研成果的质量,即其实际应用价值。五是科技管理方面存在严重官僚主义。如苏联机床制造与工具工业部门,批准一项技术设计平均要经过10~12个领导人签字,要经过标准化部门及其下属技术机构的30道关口。每年仅花费在批准设计上的人力和时间就要35万个人时,即要使40%的最熟练的设计人员脱离自己的设计工作。这种官僚主义浪费了大量的时间和技术人才,使最先进的技术设计投入生产时已变得陈旧。

另外,苏联保密范围过宽,造成了相互严重封锁的情况,技术情报传播很慢。军工部门的先进技术转到民用部门的速度十分缓慢,造成了同一领域的技术在军事工业部门十分先进,而在民用工业部门十分落后的现象。

以上分析说明,传统经济体制严重阻碍科技进步,从而也成为阻碍苏联经济集约化发展的一个重要因素。所以一些俄罗斯学者在后来总结科技进步与体制改革关系时明确指出:"要加速科技进步而不在经济上进行根本的改革,简直是不可思议的。"①另外,还应指出,在勃列日涅夫时期,科技进步缓慢与当时"左"的封闭的思想有关。当时,苏联对20世纪60年代末开始的、世界上已发生新的一轮科技革命的信号"置之不理,直到70年代初甚至还不准使用'科学技术革命'这个概念,不仅想方设法从官方文件中勾掉,而且还从报刊书籍中删掉"②。

### 三、粗放型的投资是导致经济效率低和浪费大的一个重要因素

在前面,我们较详细地分析了由于受到经济体制的制约,在勃列日涅夫时期经济增长方式仍然为粗放型的,从而阻碍了经济的发展和效益的提高。粗放型的经济增长方式还突出地表现在投资领域。投资规模大,是苏联经济的一个重要特点。苏联投资总额一般要占国民收入30%左右。巨额投资的效益对整个经济有着重大影响。因此,研究投资中的问题及产生的原因,对于正确评价勃列日涅夫时期的经济有重要意义。

1. 贪大求快,导致基建战线过长、投资分散,未完工程大量增加

长期以来,由于苏联靠高投资、增加基建项目来维持经济一定速度的发展,而不顾客观条件的高投资,这必然造成基建战线过长,投资分散。

苏联院士哈恰图罗夫在一篇文章中指出,目前的基建任务与建筑单位拥有的力量与生产能力不相符合。当前,苏联每年同时施工的生产性基建项目达25万~26万个,③加上每年还要建筑一亿平方米左右的居民住宅和其他一些非生产性建设项目。每年新上马的项目就要占在建项目总数的30%~40%,结果使基建力量严重分散。据苏联建筑部副部长提供的材料来看,由该部各施工单位承担的基建项目现已超过32000个,按该部现有建筑工人计算,平均每个项目摊到的工人还不到12人。

基建资金和建筑材料的供应难以保障。勃列日涅夫在苏共二十四大上就指出,基建中的问题之一是"在制定计划时往往不考虑现实可能性,把基

---

① 〔俄〕格·阿·阿尔巴托夫:《苏联政治内幕:知情者的见证》,徐葵等译,新华出版社,1998年,第217页。
② 同上,第216页
③ 参见苏联《真理报》1979年8月29日。

本建设规模和建设项目数定得过高和过多,从而造成资金分散、未完工程增多和大量资源呆滞"。苏联财政资金一直很紧张,大规模的基建任务,再加上基建周期拖长,工程实际造价往往要比预算高出50%~100%,这样一来,经常造成资金和物资得不到及时供应而停工。在苏联工业建筑系统,只有10%的建筑队可以不间断地得到物资供应。以上情况发展的必然结果是未完工程大量增加(见表16-4)。

表16-4 苏联未完工程量增长情况

| 年份 | 未完工程量(亿卢布) | 占当年基建投资总额比例(%) |
|------|------|------|
| 1965 | 296 | 69 |
| 1970 | 525 | 73 |
| 1975 | 767 | 75 |
| 1978 | 990 | 85 |
| 1979 | 1064 | 91 |
| 1980 | 1051 | 87 |
| 1981 | 1080 | 86 |
| 1982 | 1089 | 84 |

资料来源:陆南泉等编:《苏联国民经济发展七十年》,机械工业出版社,1988年,第418页。

从上表可以看出,在勃列日涅夫执政时期未完工程量大幅度增加,1982年为1089亿卢布,这比1965年的296亿卢布增长了2.68倍,占当年基建投资总额的比重也从1965年的69%上升到1982年的84%,其中1979年高达91%。特别值得注意的是,生产性项目的未完工程量更大,例如,1978年它超过了当年基建投资额的27%,在煤炭工业部超过40%,黑色冶金部超过31%,化学和石油化学工业部门则超过了73%。"成百亿甚至成千亿卢布由于可怕的损失或由于'世纪工程'而年复一年地白白地丢掉了,冻结在'长期建设项目'上,耗费在无用产品的生产上(更不必说用在严格保密的、吸干了经济血的、连多数领导人都不知道确切数字的军费开支上)。把问题缩小为一个财政纪律问题永远不能够医好严重的经济疾病。"①

造成苏联未完工程增加除了投资本身是粗放型的这一原因外,与经济体制密切相关。例如,从苏联基建投资拨款制度来看,预算拨款一直占主要地位。改革后,企业用于基建投资的自有资金比重虽然增加,但它是按国家计划规定加以使用的,这部分资金实际上同预算拨款一样,是无偿的。这种无偿拨款制度,对发包单位和承包单位,都没有直接的经济利益关系,它们不承担任何物质责任。这就导致各地区、各部门、各企业单位在编制基建计划时竭力争项目和争投资。苏联在审批国家计划时,每次都要砍掉各部和各加盟共和国提出的大量项目。为了达到争投资、争项目的目的,设计、建筑单位,往往有意压低工程造价,以便较容易地被计划部门通过。可一旦项目被列入计划,就逐步向国家提出追加预算。这使工程实际造价大大超过预算造价,再加上苏联施工期限长(大型项目经常达8~12年甚至20年;而规定期限为4~5年),这样必然使基建投资难以控制,未完工程也随之增加。由于各单位急于争项目、争投资,还往往发生在设计、资金、设备和材料等无保障的情况下,就抢着施工,造成既成事实,结果使基建摊子铺得很大。

另外,评价建筑单位工作的指标和工程结算制度,也助长了未完工程增加。自经济改革以来,评价建筑安装组织工作效率的指标,简言之,就是看其资金动用多少,即基建投资用得越多,工作成绩就越大,利润和奖金就越多。对工程采用分阶段结算付款制度,就是说,在建筑单位完成某个施工阶段后,即可交给发包单位,并能得到付款。但对发包单位来说,工程某个阶段一般是不能投产使用的。以上这些作法使得建筑单位只对完成工程预算造价高的某些"有利"阶段感兴趣,如打地基、支框架等,因为这些阶段是耗用材料多的阶段。而对工程收尾阶段,由于材料消耗少,一般是薄利费工,因而建筑单位这时常把工人撤走,去搞新的工程,结果拖延了扫尾工程的完成。这必然导致未完工程增加。还应指出的是,由于动用的基建投资越多,对建筑单位越有利,就促使建筑单位毫无根据地采用贵重的材料和构件,从而使工程造价普遍提高,因而往往引起资金不足,迫使工程停顿下来,处于

---

① [俄]格·阿·阿尔巴托夫:《苏联政治内幕:知情者的见证》,徐葵等译,新华出版社,1998年,第298页。

未完工程状态。

2. 投资效率大大下降

基建战线过长、资金分散、周期长，大量资金冻结在未完工程上，过多地搞新建和扩建，现有企业的挖潜、革新和改造进展不快，最终必然导致投资效率的下降。集中反映投资效率的综合性指标是每卢布投资产生的国民收入增长额。这项指标在苏联出现了明显的下降趋势。如"九五"计划时期比"八五"计划时期，每卢布投资产生的国民收入额就减少了 13 戈比，减少50%。"十五"计划时期，每卢布投资产生的国民收入增长额分别为：1976 年为 18.9 戈比。1977 年为 16.3 戈比，1978 年为 15.9 戈比，1979 年为 9.2 戈比，1980 年为 11.9 戈比。1980 年与 1970 年相比，每卢布投资产生的国民收入增长额下降了 36.4%。由于基建项目不能按时投产，使投资回收期延长。工业部门的投资回收期，1977 年比 1960 年几乎长 4 倍。反映投资效率的另一个指标——基金产值率也呈现下降趋势，1961—1975 年基金产值率下降了 23%，1971—1977 年又下降了 13%。[1] 工业基金产值率 1979 年比 1975年下降了 11 戈比，这使国民经济少得 550 亿卢布的产品。[2] 由于基建投资效率下降，则要求为生产同样的国民收入要花更多的投资。据苏联院士哈恰图罗夫计算，每增加 1 卢布的国民收入所需要的基建投资 1951—1955 年为 1.81 卢布，到 1976—1977 年则需要 6 卢布，增加了 2.3 倍。1977 年，苏联同美国相比，生产每单位国民收入的投资用量高出近 50%。[3]

农业部门投资效率下降的情况更为严重。如"八五"计划时期，1 卢布农业投资所增加的农业产值为 1.47 卢布，到"九五"计划时期为 0.67 卢布，"十五"计划时期进一步下降到 0.36 卢布。

投资中存在如此严重的问题说明，在勃列日涅夫时期不断批判"市场社会主义"条件下，市场难以在促进资源优化配置中起作用。同时还说明，用巨额投资即使保持了一定的经济增长速度或者完成了计划，也不能以此来反映经济的真实状况。问题是，在苏联传统的经济体制下，大家最喜欢的衡

---

① 参见苏联《经济问题》1979 年第 5 期。

② 同上 1981 年第 1 期。

③ 同上 1979 年第 2 期。

量成就的一个标准是百分之百地完成计划,经济增长率多少。但这个百分之百地完成计划和经济增长多少又能说明什么呢?"在大多数场合下,这不过是一种官僚主义的花招",因它从不说明这"是用什么代价获得的"。①

四、经济结构更加畸形,抑制人民生活水平的提高

由于在勃列日涅夫时期的经济体制改革过程中,一直在批判"市场社会主义",资源配置主要靠行政指令,排除了市场的调节作用,加上与美国搞军备竞赛,使得苏联在军事实力方面很快达到"鼎盛"和"顶峰"。但它导致了勃列日涅夫时期经济更加畸形。② 以轻、重工业的比例看,勃列日涅夫执政初期,曾一度拉平甲、乙两类工业的增长速度,但在"九五"与"十五"计划期间,这两类工业增长速度的差距又拉开了,即由 1966—1970 年间的 1.04∶1 扩大到 1971—1980 年的 1.28∶1,这一差距较 1951—1960 年间的 1.2∶1 和 1961—1970 年间的 1.18∶1 都大。在重工业内部,与军工密切相关的部门发展更快,如在 1971—1980 年,机器制造业产值增长了 1.7 倍(年均增长率为 10.4%),比工业总产值的增长速度高 1.2 倍。而同期的仪表制造业产值增长了 3.3 倍,其中电子计算机增长了 9 倍。③ 这一时期片面发展重工业,同样是以牺牲人民消费品生产为代价的。因为当时苏联经济实力的水平,做不到"既要大炮又要黄油"。

长期以来,苏联市场紧张,社会主义经济一直被称为"短缺经济"。勃列日涅夫在苏共二十六大上也谈到,许多地方"向居民供应食品的困难依然存在",抱怨"许多消费品,特别是纺织品、皮鞋、家具、电视机的生产计划,年复一年地没有完成。在质量、装潢、品种方面没有取得应有的进步"。在勃列日涅夫执政后期,"商品短缺,通货膨胀十分严重,以致人们寻找短缺商品的时间比工作时间还要多"④。由于苏联军备竞赛对经济的长期发展产生严重

---

① [俄]格·阿·阿尔巴托夫:《苏联政治内幕:知情者的见证》,徐葵等译,新华出版社,1998年,第 297 页。

② 关于这一问题见陆南泉:《军备竞赛对苏联经济的影响》,载《人民日报》1984 年 2 月 7 日。

③ 参见陆南泉、周荣坤:《当前苏联经济面临的主要问题》,载苏联经济研究会编:《苏联经济体制问题》,时事出版社,1981 年,第 370～371 页。

④ [俄]瓦·博尔金:《戈尔巴乔夫沉浮录》,李永全等译,中央编译出版社,1996 年,第 26 页。

影响,因此在勃列日涅夫之后的时期,市场供应越来越紧张。据西方学者估计,如果苏联把它的军费预算削减25%的话,国民生产总值和消费的增长率几乎可增长1倍。

写到这里,不禁想到了由斯大林审定的、于1954年出版的苏联《政治经济学》教科书中,对两个重要的社会主义经济规律下的几十年来被人们奉为经典的定义。一个是基本经济规律,教科书引用了斯大林在《苏联社会主义经济问题》一书中的论述:社会主义的基本经济规律的主要特点和要求就是:"用在高度技术基础上使社会主义生产不断增长和不断完善的办法,来保证最大限度地满足整个社会经常增长的物质和文化的需要"。1958年修订的第三版的定义有所修改,定义为:"社会主义基本经济规律的特点就是在先进技术基础上使生产不断增长和不断完善,以便充分地满足全体社会成员经常增长的需要并使他们得到全面发展。"这里把"最大限度地满足"改为"充分地满足"。事实证明,苏联社会主义生产的目的,更多的是为实行扩张政策需要的扩军备战的需要,广大人民的物质与文化需要一直不是放在发展生产的首要目的上,既谈不上最大限度满足全体社会成员的需要,也谈不上充分满足。另一个是国民经济有计划按比例发展的规律。可以毫不夸张地说,70多年经济发展实际情况表明,苏联社会主义经济的发展却是有计划不按比例的发展。不论是农、轻、重的比例还是工业内部的比例,都是不协调不平衡的。这些决定了斯大林-苏联社会主义模式如不进行根本性的改革,它是不可能健康发展的,是不可能持续发展的,而出现由停滞、全面停滞到衰退,一直到垮台是不可避免的。

## 第四节　两个值得深入思考的问题

这一节,力图在对勃列日涅夫执政时期体制改革进行以上各章分析的基础上,对某些重要问题提出看法。考虑到勃列日涅夫执政长达18年,涉及的问题很多,这里仅就两个主要问题提出笔者的看法。

一、勃列日涅夫时期的主要特征是:停滞和积聚危机因素并走近衰亡

这是笔者对勃列日涅夫时期作出的历史定位。下面对这一看法作出分析。

如果以主要领导人来划分苏联历史发展阶段的话,如果把安德罗波夫和契尔年科短暂执政时期撇开不算,那么,勃列日涅夫时期是苏联解体前的最后一个历史时期。戈尔巴乔夫上台执政后,在对苏联国内情况进行分析之后,把勃列日涅夫执政的时期,概括为停滞时期,这是一个总体的评价。时任苏联部长会议主席的雷日科夫在1987年苏共中央六月全会的报告中说:勃列日涅夫时期的改革,实际上是"惰性和停滞不前的力量当时占了上风,一切都回到了旧的轨道"。戈尔巴乔夫在1988年召开的苏共第十九次代表会议上所作的报告中指出:"我们对过去那些年里的扭曲和停滞的深度和严重性估计不足。许多东西过去根本不知道,只有现在才看到,各经济领域的松松垮垮状况比原来估计得要严重。"在他的《改革与新思维》一书中还指出:"经济中的障碍和停滞现象不可能不反映在社会生活的其他方面。消极现象严重地触动了社会领域。"①把勃列日涅夫执政年代视为停滞时期,这一总体评价,在苏联和俄罗斯的领导到学术界较为一致。如阿尔巴托夫指出:"如果用很高的政治和经济标准来评价,那么我们可以认为从赫鲁晓夫下台到勃列日涅夫逝世的整个年代是停滞时期。在这些年内(这毕竟是18年),我国没有出现过沿着使我们的社会得到总的改善的道路前进的任何不可忘却的历史性里程碑。"②

当然由于勃列日涅夫执政时间长达18年,在这个18年中,有着错综复杂的情况,在各个阶段也有所区别。对此,阿尔巴托夫接着指出:"考虑到历史遗产的重负和斯大林专制年代形成的社会特点,而采用较为具体的标准来衡量,那么这18年就可能不是那么单一,不是那么全然灰暗无光。其中60年代后半期和70年代初期,开始在工业中实施某些改革,在农村贯彻某

---

　　① [苏]米·戈尔巴乔夫:《改革与新思维》,苏群译,新华出版社,1987年,第16页。
　　② [俄]格·阿·阿尔巴托夫:《苏联政治内幕:知情者的见证》,徐葵等译,新华出版社,1998年,第265页。

些重要决定,这是国民经济相当顺利发展的时期。"①我以为,阿尔巴托夫上述两段话并不矛盾。如果从总的发展趋势看,如果把苏联作为社会主义,从变迁的角度去分析,勃列日涅夫执政的18年,完全可以说是停滞和衰颓时期,僵化的保守的思想占统治地位,在很多方面"悄悄地重新斯大林主义化"②。就是说,苏联作为一种社会主义制度并没有朝着进步与完善方向迈出大的步子,总体上讲,仍然是斯大林时期形成的那一套模式。

应该指出,近年来我国内对勃列日涅夫时期的研究有了很大进展,如有些学术论著明确指出:在勃列日涅夫这18年中,"苏联积累了大量政治、经济和社会问题,导致国家政治生活和经济发展的全面停滞。从最近十多年来苏联和俄罗斯发表的许多材料来看,我们可以确定地说,勃列日涅夫年代是苏联走向衰亡的一个关键性的转折时期"。"它为以后苏联的解体准备了条件。"③笔者认为,看到了勃列日涅夫时期的主要特征是停滞,是在走近衰亡,这抓住了这一时期的本质,从而也就找到了它在苏联历史上的确切定位。

如果对这个18年的某个具体领域的情况看,例如经济发展情况,虽各个阶段有差别,但总的来说呈逐步下降的趋势。④ 从军事实力的发展来看,与经济发展情况不同,它则是在20世纪70年代上半期开始大大膨胀起来的,这期间,苏联战略核武器迅速发展,争得了与美国相等的超级军事大国地位。这就是被一些人称之为苏联"鼎盛"时期的主要标志。

这里,还想再次强调,我们是从历史发展的大趋势,从对苏联以后的衰亡产生的影响,从苏联社会主义制度是前进了还是停步不前等角度,来确定勃列日涅夫时期在苏联历史上的地位的,并提出这个时期是以停滞和积聚危机因素并走近衰亡为主要特征的看法。我们并不否认这18年的前期与后期存在的差别,要找差别的话,不但前期与后期之间存在,18年间各年的情况亦会不同。这里笔者也只对勃列日涅夫时期提出一个总的看法。

---

① ［俄］格·阿·阿尔巴托夫:《苏联政治内幕:知情者的见证》,徐葵等译,新华出版社,1998年,第265页。

② 同上,第190页。

③ 徐葵:《勃列日涅夫年代:苏联走向衰亡的关键性转折时期》,载《东欧中亚研究》1998年第1期。

④ 详见本章第三节。

　　考虑到勃列日涅夫时期苏联走向衰亡和 20 世纪 90 年代末发生剧变所起的重要作用,而对这一时期在苏联历史上所处地位看法不尽一致,我认为,今后应重视对这一历史时期的研究。过去,对勃列日涅夫时期研究不那么重视和深入,其主要原因有二:

　　首先,长期以来,勃列日涅夫时期给人们的表象是稳定。曾有一个时期有些人认为,勃列日涅夫时期的改革是苏联历史上最为稳妥的改革。[①] 而人们没有看到,这种稳定在勃列日涅夫执政相当长的一个时期里是意味着停滞。正如有人指出的:"勃列日涅夫提出'稳定'的口号,成为稳定的化身和形象,如果我们把稳定理解为静止不动的话。"[②]正是由于这个原因,人们也就忽略了这种稳定所掩盖的在当时苏联社会正在日益发展着的种种矛盾。从而,人们在研究苏联剧变原因与其兴亡发展过程问题时,忽略了这一时期的重要性。之所以产生这种稳定的表象,与勃列日涅夫执政 18 年在苏联国内并没有发生历史性的重大事件有关,这个时期像一部平淡的历史剧,形不成高潮,不像斯大林时期那样,重大事件一个接一个,高潮迭起:从战时共产主义过渡到"新经济政策"、国家工业化、农业全盘集体化、伴随党内激烈的斗争而来的政治大清洗、肃反扩大化……一直到高度集权的斯大林体制模式的形成与发展,无不一一成为研究苏联的重要问题。也没有像赫鲁晓夫执政时期那样发生过在苏共二十大作震撼世界的大反斯大林个人迷信的秘密报告,进行过 1957 年的工业大改组,展开了经济体制改革的理论大讨论,他又是苏联历史上第一个改革者,还提出超美口号和埋葬资本主义的豪言壮语……至于戈尔巴乔夫时期,由于苏联的解体发生在他执政的年代,也就很自然地引起了极大的关注,对他提出的改革新思维,"人道的、民主的社会主义"都成为学术界研究苏联兴亡与改革问题的热点与争论的热门话题。长期以来,勃列日涅夫时期呈现在人们面前稳定的表象,很容易使人忽视这

---

　　①　1985 年 6 月 10—15 日,在南京召开了"勃列日涅夫及其以后时期苏联政治经济体制改革"学术讨论会。会上一些学者认为,勃列日涅夫时期的改革基本是成功的,成效是显著的,不能否定。(详见《苏联东欧问题》1985 年第 5 期)。当时在会上,笔者提出了不同的看法,强调勃列日涅夫时期的社会经济发展的停滞不前。

　　②　[俄]格·阿·阿尔巴托夫:《苏联政治内幕:知情者的见证》,徐葵等译,新华出版社,1998年,第 309 页。

一时期研究的重要性。

其次,1991 年年底苏联解体后,人们研究的重点自然放在世界上第一个社会主义国家苏联为什么亡了,要着力探索亡的深层原因。但在某个时期某些人更多看到的是,勃列日涅夫是兴盛的标志,这主要指的是:从 20 世纪 60 年代下半期苏联经济保持了较快的发展速度,到了 70 年代初苏联战略核武器达到与美国持平衡的水平,苏联已成为一个能与美国平起平坐的超级大国,与美国争霸,真是不可一世。所以勃列日涅夫执政年代是"苏联综合国力最强大的鼎盛时期"。既然是"最强大的鼎盛时期",那么在研究苏联解体与衰亡过程时就容易忽略这个时期。

这里要指出的是,我们讲,研究勃列日涅夫时期具有重要意义,是因为这个时期在稳定这个表象掩盖下,苏联社会主义社会逐步积累了大量的社会、政治与经济问题,一步一步由停滞走向全面停滞的社会,极大地消耗了苏联的各种潜力,从而使勃列日涅夫执政年代对苏联走向衰亡有着重大影响。

二、悄悄地重新斯大林主义化是勃列日涅夫时期的又一个重要特征

经济改革的停滞,政治体制的倒退,带来的另一个严重后果是,在勃列日涅夫时期苏联社会又开始了"悄悄地重新斯大林主义化"。这是笔者借用了阿尔巴托夫回忆录中的一个提法,因为这个提法很符合实情。"我之所以把这个重新斯大林主义化的过程称之为悄悄地过程,就是因为它不是用一个正式的法令、一项专门的决定去推行的,它是渐渐地、一步一步地把社会生活笼罩起来的,一个阵地一个阵地巩固起来的。那些想要回到斯大林主义的人,则是有意识地加以推动。"①应该说,重新斯大林主义化在勃列日涅夫时期并不是困难的事,因为:

一是正如我们在分析赫鲁晓夫改革失败原因时已谈到的,在赫鲁晓夫时期虽然捅了一下斯大林,特别是斯大林个人迷信,但是并没有从根本触动斯大林主义或斯大林时期形成与发展起来的体制。就是说,赫鲁晓夫在苏

_____

①　[俄]格·阿·阿尔巴托夫:《苏联政治内幕:知情者的见证》,徐葵等译,新华出版社,1998年,第 191 页。

共二十大作报告时,对斯大林时期的苏联社会主义制度存在的问题是想得很肤浅的,可以说还根本没有触及制度性问题。二是植入苏联社会的斯大林主义,它经历了很长一个历史时期,为了让它生根采取了各种手段,包括最极端的大规模的恐怖,从而使其在苏联根深蒂固。三是在斯大林时期,不只形成了以斯大林主义为基础的体制,并在这个体制下培养了适应和积极维护这个体制的领导干部。这些干部,同时又握有种种特权,他们离开了这个体制很难工作,又会失去特权与利益。

因此,在勃列日涅夫时期,"正如我们所看到的,领导层中很多很多人仍然持旧的、斯大林主义观点。他们要在任何一个别的社会政治体制下为自己寻找一个位子即使说不是完全不可能,那也是很难的。这些当权者除了往下面贯彻'上头'的意旨外,不会做任何其他事情"。在上述条件下,在苏联社会"形成了一种独特的局面。只要最高领导一停止施加压力,使社会实现非斯大林主义化的种种努力,整个社会意识形态和社会机制几乎无须下达新的补充指示就会自动恢复原状,就像被按倒的不倒翁一样,只要手一松开,它马上便直立起来,或者像自行车一样,如果你不再用脚蹬,它就向一侧倒下去"①。所以正如有人指出的:"断言我们似乎告别了斯大林主义,此话说早了,太早了。"②

勃列日涅夫为重新斯大林主义化,主要通过一些行政措施对站在反斯大林主义立场上的人施加压力,但又不采取或很少采取极端的手段,如逮捕判刑等。"一般的做法是革职,给予严厉的党纪处分,直至开除党籍,以及用越来越巧妙的手段搞臭和迫害持不同政见者,包括公开诋毁中伤他们,送入精神病医院,乃至驱逐出境,剥夺苏联国籍,等等。"③

勃列日涅夫在重新斯大林主义化方面,首先的步骤是恢复斯大林作为"伟大领袖"的名誉,最简单的办法是1965年利用纪念卫国战争胜利20周

---

① [俄]格·阿·阿尔巴托夫:《苏联政治内幕:知情者的见证》,徐葵等译,新华出版社,1998年,第190页。

② [俄]亚·尼·雅科夫列夫列等:《一杯苦酒——俄罗斯的布尔什维主义和改革运动》,徐葵等译,新华出版社,1999年,第323页。

③ [俄]格·阿·阿尔巴托夫:《苏联政治内幕:知情者的见证》,徐葵等译,新华出版社,1998年,第191页。

年庆典,提及中央委员会总书记斯大林为首的国防委员会。后来,利用撰写各种各样的有关二次大战的回忆录把斯大林重新抬出来。官方要求回忆录也好还是二战史也好,要符合当时的苏共路线、方针与政策的需要。这样,连十分重要的朱可夫回忆录中,也要把有损于斯大林形象的内容删去,如从书的原稿中砍掉有关1937年斯大林对红军高级指挥人员实行镇压的一章。①

与此同时,"思想限制的范围扩大了,成为迫害对象的人数增加了,社会的政治、精神和道德氛围明显地变坏了"。"'合法性'的界限和可以在体制之内采取行动的范围变得越来越窄了,人们明确无误地知道不久前还准许说的话和曾在崇高讲坛上讲过的话也被置于禁止之列了。"②

这期间,"秘密警察"机关作用加强了,鼓励大家告密,检查私人信件,偷听电话谈话多了起来。"苏共中央的高级负责人,甚至中央书记,在自己的办公室谈到尖锐的话题时,也常常看一看电话机,作出一种明显的手势——把手指按在嘴上,并转到另一个话题。"③

至于文化、社会科学领域的情况,并不比其他方面好些,拿经济科学来说,勃列日涅夫时期实际上在走回头路,精力集中在研究传统的政治经济学上,不切实际地去拨弄从马列主义奠基人著作中摘出来的一连串抽象原理,而且主要是用他们最粗俗的、纯粹斯大林式的诠释来研究。④ 这种斯大林式的诠释,早已成为被推销得贬了值的理论,还在强迫人们接受,而对"市场社会主义"的批判不断升级,并纳入了政治经济学教科书。⑤ 对主张更多发挥市场调节作用的学者如阿甘别基扬和札斯拉夫斯卡娅等,成为围攻的对象,

---

① 朱可夫元帅的回忆录完整的未经删改的版本现在已经问世。自1937年5月至1938年9月,遭到斯大林镇压的有近半数的团长,几乎所有的旅长和师长、所有的军长和军区司令员、军区军事委员会委员和政治部主任;大多数军、师旅的政工领导干部,近三分之一的团政委,以及高等和中等军事学校的许多教员。参见[俄]格·阿·阿尔巴托夫:《苏联政治内幕:知情者的见证》,徐葵等译,新华出版社,1998年,第202~205页。

② [俄]格·阿·阿尔巴托夫:《苏联政治内幕:知情者的见证》,徐葵等译,新华出版社,1998年,第191~192页。

③ 同上,第317页。

④ 参见[俄]格·阿·阿尔巴托夫:《苏联政治内幕:知情者的见证》,徐葵等译,新华出版社,1998年,第220页。

⑤ 1975年苏联出版的《政治经济学》教科书专门列有批判"市场社会主义"的内容。

并迫使他们远离莫斯科去新西伯利亚。

　　当然,我们说勃列日涅夫时期重新斯大林主义化,最主要的内容还是表现在政治、经济体制的僵化和"成熟化"方面,即这一时期的体制的基本方面仍然是斯大林时期留下的传统体制模式。另外,我们说重新斯大林主义化,绝不意味着勃列日涅夫时期与斯大林时期一模一样,而基本含义是指"要保持和重建斯大林时期的秩序和机制"①。

　　以上我们从体制、社会、政治与经济等方面,分析了胸前挂满勋章的勃列日涅夫在 1982 年闭上双眼时给苏联带来的严重后果和后人难以接受的"遗产"。

---

　　① ［俄］格·阿·阿尔巴托夫:《苏联政治内幕:知情者的见证》,徐葵等译,新华出版社,1998年,第213页。

# 第十七章 安德罗波夫与契尔年科时期的经济体制改革

1982 年 11 月 12 日安德罗波夫当选为苏共中央总书记,于 1984 年 2 月 9 日逝世。同年 2 月 13 日契尔年科当选为苏共中央总书记,于 1985 年 3 月 10 日去世。

安德罗波夫与契尔年科作为勃列日涅夫之后的两位领导人,在对待改革和个人品行、素质等方面存在很大差别,但他们有共同点:一是执政时间都很短(安德罗波夫执政 14 个月,上台任总书记时已 68 岁,而契尔年科执政仅 13 个月,上台任总书记时已 73 岁);二是都年老体弱,身患疾病;三是由于勃列日涅夫时期留下的大量社会经济问题,他俩在主观上都力图通过改革缓和与改善社会经济状况。但由于受条件的限制,在改革方面难有大的作为。安德罗波夫在经济改革特别在改革理论问题虽提出了一些想法,但并没有给他实施的时间。至于契尔年科一上台就处于濒死状态,更难以指望他在改革方面迈出大步。

## 第一节 安德罗波夫时期在改革必要性问题上的理论探索

如果与他的前任勃列日涅夫与后任契尔年科相比,安德罗波夫不论在智慧和才干方面,都要胜他们一筹,作为最高领导人来说,他颇有不寻常的知识分子气质,他一向为人清廉。但正如与安德罗波夫共事很久且十分熟悉他的阿尔巴托夫说的:安德罗波夫是个矛盾人物,或者说是"一个复杂的多层面的人物"。他一方面看到苏联的状况不仅在斯大林统治下,而且在勃列日涅夫统治下都是不正常的,应该进行认真的变革,并应从经济领域开始。而在另一方面,他的一个弱点是对经济问题从来不感兴趣,在这个领域的思维方式相当传统,他不敢过于超越诸如有必要整顿秩序、巩固纪律以及提高物质刺激和精神刺激作用等概念的范围。假若命运和生命给予他更长的时间,他对这些问题的观点可能会有所变化。但也不能认为安德罗波夫能背离所有旧的教条沿着通向健全思维的道路一直走下去。

　　安德罗波夫在工作中的另一个弱点是优柔寡断甚至不时地表现出恐惧心理,他常常由于"过分讲究策略"而丢失战略目标。这突出反映在改革与干部政策问题上。他很理解社会还未从斯大林主义中恢复过来,在停滞年代的岁月中又饱经失望的屈辱,社会渴求认真的改革和革新。但他对迅速彻底的变革过于审慎。对于干部问题显得更为突出,安德罗波夫未能使党和国家及早从那些一无所长,而且常常冥顽不化、愚昧无知同时又年老体衰的人们的治理下摆脱出来。① 安德罗波夫这种复杂性格不是天生的,它的形成是有其深刻的历史原因。他"也如同多数在斯大林统治下生活过,而且还步入了政界的他的同龄人一样,他也是个深受创伤的人,其实这正是斯大林肉体恐怖和精神恐怖政策所追求的目标——打断人们的心理道德脊梁骨,使他们丧失坚毅勇敢的性格、独立思考和行动的能力。安德罗波夫身上的创伤比起他同辈政治家来说可能不那么深重和不可救药。何况他聪明,也颇有独立思考的愿望和能力。但是我认为这一弱点使他过于轻易地作出了一系列重大的妥协"②。

　　但应看到,即使在这种复杂的情况下,安德罗波夫也不得不对苏联僵化了的政治立场和经济理论作出某些变更,迈出了向前走的步伐。一个十分重要的原因是,他对由于勃列日涅夫时期改革停滞所带来的种种严重社会经济后果已看得十分清楚。关于这一点,在本书研究勃列日涅夫时期经济改

---

① 参见[俄]格·阿·阿尔巴托夫:《苏联政治内幕:知情者的见证》,徐葵等译,新华出版社,1998 年,第 373～375 页。

② [俄]格·阿·阿尔巴托夫:《苏联政治内幕:知情者的见证》,徐葵等译,新华出版社,1998年,第 351～352 页。

革有关部分作了论述。西方学者也普遍认为,勃列日涅夫逝世时苏联社会经济形势是十分严峻的。美国哥伦比亚大学国际动态研究所所长西奥伦·比亚勒教授,在1983年9月访华时所作的学术报告中指出:从某种意义上讲,安德罗波夫就任时面临的问题,要比斯大林死后苏联领导人面临的问题还要困难,还要大,这些问题普遍与经济有关。在勃列日涅夫执政的最后4年中,苏联经济陷入了空前的混乱之中。苏联是一个经济大国,资源丰富,但即便如此,许多关键部门,苏联面临的问题比过去任何时候都要严重。之所以认为苏联经济面临的问题比过去严重,比亚勒提出下列四个原因:

第一,苏联经济面临的困难第一次影响到苏联军事力量的增长,当然,苏联的军事力量还要继续增长,但要做到这一点,苏联必须付出较前大得多的代价。

第二,以往的经济困难是苏联经济增长中的困难,是可以解决的,产生的后果也不会那么严重。相比之下,目前的经济困难则是苏联经济停滞不前中的困难,当一个国家的经济停滞不前的时候,要解决即使是与过去相同的困难也非易事。

第三,在以前,苏联体制本身就能对付这些困难。苏联领导人可以集中力量,动员大量的劳力、资金,资源解决困难。而现在苏联再想动员大规模的人力和物力却是困难重重了。苏联现在劳动力不足,20世纪70年代苏联的劳动力每年可增长250万人,到1985年只能增长25万人,减少了9/10。此外,要想获得廉价的自然资源也极为困难了。在这种情况下,苏联发展国民经济必须搞集约化生产。要做到这一点,必须具备两个条件:一是要保证充分利用自然资源,二是要大力推广新技术。当时苏联要做到这两点都是非常困难的。这是苏联当时经济比以前更加困难的主要原因。

第四,困难的原因还与苏联人民对提高生活水平的期望有关。过去苏联人民对提高生活水平的期望不高,得到的也不多。但在过去的25年中,人们的期望提高了。所以苏联经济如果在今后仍然停滞不前,人民生活只能维持原状或下降的话,那对苏联领导人来讲,就会出现危险的局势。当然这是潜在的危险。苏联领导人也很清楚地知道这些危险。

最为重要的问题是基础设施问题。苏联当年建立工业的时候并没有建立基础设施,也就是说,苏联的工业是有脑袋,没有手脚。苏联当时想在今后建立基础设施,因为在当时搞基础设施既费时间又花钱,而当时的今后就是现在了。现在的工业中仍然有很多短板,铁路就是最重要的薄弱环节。苏联的电话机比英国还要少,硬面公路比美国的得克萨斯州还要少。现在要在农业方面花更多的投资是愚蠢的,因为不搞好运输,即使农业产量提高了,也会白白浪费掉。苏联既要为发展工业增加新投资,又要建立基础设施。这就形成这样的一个局面:即蛋糕非常小,可要吃的人却很多。①

日本学者小川和男在发表的一篇题为《苏联与东欧的经济困境和东西方贸易》的文章中指出:勃列日涅夫执政时期虽然取得了各种成效,但也给后继者留下很多经济困难,而且相当严重。整个 20 世纪 70 年代,苏联的经济衰退不断深化,尽管五年经济计划的计划指标已经定得很低了,但仍然完不成。苏联经济衰退的原因是很复杂的,并带有结构性质:投资不足,劳动力短缺,未完工程项目成堆,农业生产衰退。而且庞大的官僚机构死气沉沉,中央计划经济体制僵化,使经济管理工作无法顺利进行。60 年代后半期实施的经济改革并没有取得应有的成效。苏联党、政领导人老年化,在这些老年人的领导下,苏联人民中间滋长了一种毫无生气的、贪图安逸的气氛。②

勃列日涅夫去世后,当时苏联广大人民渴望随着新领导人上台,结束勃列日涅夫时期留下的一潭死水的沉闷局面,以及使人感到无止境的滑坡现象。按照阿尔巴托夫的分析,安德罗波夫的上台,使苏联人民看到:第一,苏联开始由一个正常的、值得信赖的甚至不乏魅力的人来领导了。即领导苏联的已不再是一个残疾的勃列日涅夫,此人即使在最好岁月也无法显示出才华而是拙口笨舌,在其患病期间给人的印象简直是个对周围事物丧失分辨能力的人。安德罗波夫一上台时与勃列日涅夫相比出现的这一反差本身鼓舞了国家与人民,使他们萌发出不小的希望。第二,安德罗波夫在上台后的最初几次讲话中已经许诺要进行变革,要与贪污腐化,纪律松散以及全面混乱的状态进行斗争,已经提出目标要振兴国家、克服困难和解决问题。第

---

① 参见陆南泉:《西方学者评安德罗波夫执政后的苏联经济》,载中国苏联经济研究会编:《1983:苏联经济》,人民出版社,1985 年,第 226~228 页。

② 参见日本《世界经济评论》1983 年 2 月号。

三,人们看到了可以当作更大规模变革先兆的某些实际事例。一些民愤较大的败类已被撤职,反对索贿受贿、侵吞公款的斗争方兴未艾;在反腐肃贪、整顿秩序和加强纪律方面都已开始行动起来。安德罗波夫在执政头几个月声名大振,社会各阶层对他寄予厚望。①

安德罗波夫执政期间,共召开了三次苏共中央全会。根据苏联出版物的材料,他从任苏共中央总书记到逝世,共发表重要的理论、政策性讲话与文章 7 篇,其中最重要的一篇是 1983 年发表在《共产党人》杂志第 3 期的《卡尔·马克思的学说和苏联社会主义建设的若干问题》一文。

从安德罗波夫执政 14 个月来发表的讲话与有关文章中可以看出,他对经济问题是谈得最多的,这是因为,正如前面指出的,严重的经济形势明明白白地摆在他面前。他对经济问题的解决,大体上是沿着以下思路进行的:

第一,不掩盖问题和粉饰太平。他上台一开始,从表面上看,没有对其前任勃列日涅夫采取贬低或批判的做法,而是口头上加以赞扬,在勃列日涅夫的追悼大会上说:勃列日涅夫是"祖国光荣的儿子、热情的马克思列宁主义者、苏联共产党苏维埃国家的卓越领导人、国际共产主义运动和工人运动的著名活动家、争取和平和各国人民友谊的孜孜不倦的战士",并表示"决心坚定不移地执行在列昂尼德·伊里奇·勃列日涅夫的良好影响下制定的国内外政策中的战略路线"和"贯彻党的第二十六次代表大会决议"。② 但在实际工作中,要求改变勃列日涅夫时期那种粉饰现实与对问题不采取实事求是的态度。

在安德罗波夫送走了勃列日涅夫后的一周即 1982 年 11 月 22 日召开的苏共中央全会上,他就毫不留情地揭露社会经济问题。安德罗波夫提出:"一系列重要指标上,五年计划头两年的计划任务没有完成。"苏联经济在向提高生产率、转向生产集约化这个轨道上"进行得缓慢"。"经济效率的主要指标——劳动生产率的增长速度不能使我们满意。原料部门和加工部门发展不协调的问题尚未解决。产品的材料消耗量实际上并未降低。""计划依

---

① 参见[俄]格·阿·阿尔巴托夫:《苏联政治内幕:知情者的见证》,徐葵等译,新华出版社,1998 年,第 371~372 页。

② 《安德罗波夫言论选集》,新华出版社,1984 年,第 383~384 页。

然是用消耗大和生产费用高的代价来完成的。""惰性、旧习惯还在起作用。看来,有人根本就不知道怎样工作。"①后来,安德罗波夫在很多次讲话与发表的文章中,都强调苏联存在严重的经济问题。

第二,通过整顿纪律来提高经济效益和发展生产。由于在勃列日涅夫逝世时,苏联劳动纪律已十分松散,旷工、消极怠工现象已十分普遍,这给国民经济造成的损失十分严重,仅莫斯科州就有73%的职工在上班时去办私事。据统计,如果把浪费的工时减少一半,就可使工业劳动生产率提高5%~6%,每年工业产值增加350亿卢布。② 为此,安德罗波夫在1982年召开的苏共中央十一月全会上讲:"应当更坚决地反对任何违反党纪国纪和劳动纪律的现象。"③1983年1月31日他在会见莫斯科机床厂工人的谈话时又强调,为了抓起整个链条,必须抓住那么一个环节,这指的是纪律。尽管不能把一切都归结到纪律上去,但是的确应该从抓纪律做起。他还指出:"中央统计局提供的材料说明,由于旷工、抽烟、闲逛,再加上有人干活吊儿郎当,我们损失几百万个工时。"接着他解释为什么苏共中央全会如此尖锐地提出劳动纪律问题:"首先,这是生活的要求。因为没有应有的纪律,包括劳动纪律、计划纪律、国家纪律,我们就无法迅速前进。整顿纪律是不需要任何投资的,但效果却很大。旷工的人、生产废品的人和懒汉主要不是给个人,而是给集体、给整个社会造成损失。"④

应该说,安德罗波夫上台后,为加强纪律做了不少工作:1983年1月7日,苏共中央召集党政各部门、工会、共青团和人民监督委员会负责人会议,专门讨论加强劳动和生产纪律问题;同年4月,通过了苏共中央和苏联部长会议《关于履行供货合同》的决议;8月,苏共中央、苏联部长会议和全苏工会中央理事会通过了《关于进一步做好加强社会主义劳动纪律方面的工作的决议》和《关于加强劳动纪律的补充措施》等。需要指出的是,安德罗波夫加强纪律的要求,不只是对一般的劳动者,同时也是对各级领导干部的。据不

---

① 《安德罗波夫言论选集》,新华出版社,1984年,第387~388页。
② 参见中国苏联经济研究会编:《1983:苏联经济》,人民出版社,1985年,第114页。
③ 《安德罗波夫言论选集》,新华出版社,1984年,第388页。
④ 同上,第269~270页。

完全统计，经过整顿纪律，到 1983 年 12 月底，仅党中央和政府部长以上以及州党委第一书记的人事变动就有 70 多起，涉及 90 多人。在安德罗波夫执政期间，有 9 个苏共中央部门的第一把手调动工作，21 个部委一级的第一把手工作有了变动。①

第三，最重要的思路是，认为解决问题的根本出路是推进经济体制改革，使大家从理论上认识到改革的必要性。安德罗波夫在 1982 年苏共中央十一月全会上明确指出，要解决经济问题，"主要是加速完善整个经济领域——管理、计划、经济机制的工作"。"必须创造经济上和组织上的条件，以便刺激优质高产劳动、主动精神和进取精神。反之，工作不力、无所作为、不负责任等表现都会直接不可避免地影响到工作人员的物质报酬，影响到他们的职位，又影响到他们的道德声望。"②

西方学者对安德罗波夫解决苏联当时经济问题的思路与措施，也提出了一些看法。

美国比亚勒教授认为，安德罗波夫执政后，在解决经济问题时采取以下措施：①坦率地向苏联人民讲明面临的困难，明确告诉苏联人必须勤俭地生活，让人民降低对未来的希望；②花了很大的气力来加强纪律，逮捕那些腐化的干部，对那些不上班的工人进行惩罚。当然，安德罗波夫本人对这一点是非常了解的，仅仅用强制的办法是解决不了苏联目前面临的问题的。③ 事实也证明，在大力整顿劳动纪律的初期，收到了一定的效果，如 1983 年 1—2 月工业产值增长 5.3%。但这一增长势头单靠抓劳动纪律并没有保持下来，后来又逐步跌落下去。④

美国学者达斯科·多德认为：安德罗波夫解决苏联经济问题的经济战略包括三个阶段：第一阶段是改变国内气氛。他用领导班子的更迭告诉这个国家，放任自流阶段结束了。第二阶段是重新组织阶段。这反映在有限的"经济试验"中。目的是促进经济改革和调动管理人员的积极性。第三阶

---

① 参见李忠杰等：《社会主义改革史》，春秋出版社，1988 年，第 705 页。

② 《安德罗波夫言论选集》，新华出版社，1984 年，第 388 页。

③ 参见陆南泉：《西方学者评安德罗波夫执政后的苏联经济》，载中国苏联经济研究会编：《1983：苏联经济》，人民出版社，1985 年，第 233 页。

④ 参见中国苏联经济研究会编：《1983：苏联经济》，人民出版社，1985 年，第 65 页。

段涉及经济体制的改革。但不管如何发展,安德罗波夫对机构和管理体制的改革在经济方面都不大可能收到立竿见影的效果。①

从以上分析可以看出,不论是安德罗波夫本人还是国内外学者都认识到,解决苏联经济问题的根本出路是改革,而要推行改革,一个十分重要的条件是创造讨论改革理论的气氛,使全国从理论上认识到改革的必要性。可以说,安德罗波夫上台后一直在强调这一问题。他在前面提到的《卡尔·马克思的学说与苏联社会主义建设的若干问题》一文中明确指出,当前阻碍苏联经济发展的主要原因是体制问题。文章分析说:在社会主义所有制的基础上,我们已建立了强大的、有计划发展的经济,它能够提出并解决规模巨大和内容复杂的国民经济任务与社会任务。当然,我们的这些可能性并不会自然而然地实现。在这方面既有一些问题,也有很大的困难。

我们的任务现在集中在有关提高生产和整个经济的效率上。党和苏联人民已经深刻地意识到了这个问题的严重性。然而至于实际解决这个问题,则事情的进展还不是那样足够顺利。在这里是什么在起阻碍作用呢?为什么在投入大量资金之后,我们现在得不到应有的效益呢? 为什么在生产中掌握科技成就的速度不能使我们感到满意呢?

当然,可以列举出许多原因。首先不能不看到,我们旨在完善和改革经济机制、管理形式与方法的工作仍然落后于苏联物质技术、社会、精神发展业已达到的水平所提出的要求。这也是主要的一点。

为了加速发展生产力,必须有相应的组织经济生活的形式,只要这个理论上的真理还没有变成具体的实践,情况就不会有进展。制定各种措施时,必须始终以社会主义经济制度的发展规律为出发点,要避免用与经济的本质格格不入的形形色色的方法管理经济。在这里回忆一下列宁下述警告不是多余的:好像用共产党员的名义发号施令,他们就能够完成自己的一切任务。

安德罗波夫在 1983 年苏共中央六月全会的讲话中特别强调指出:我们在社会发展的历史上现在已经接近这样一个阶段:生产力的深刻质变以及

---

① 参见美国《华盛顿邮报》1984 年 1 月 15 日。

与此相适应的生产关系的完善不仅迫在眉睫,而且已是势在必行了。这不仅是我们的愿望,也是客观的需要,对这种必要性我们既无法绕过,也无法回避。与此密切相关的是:人们的意识,通常称为上层建筑的各种社会生活形式,也得发生变化。接着,他还指出:要保证整个经济机制不间断地协调运转,这是当今的要求和未来的纲领性任务,是完善苏联社会制度的整个过程的组成部分。

安德罗波夫在其逝世前召开的1983年苏共中央十二月全会上发表的书面讲话中,谈了具体完善当时苏联经济体制的一些设想,而后得出结论说:只有综合地、相互联系地研究改进管理体制的问题,才能解决最充分利用社会主义生产方式所具有的优越性的任务。这应该成为苏共纲领修订本的重要组成部分。

苏联学者也纷纷发表文章与研究报告,从理论上论证经济改革的必要性。具有代表性的是1983年8月,苏联科学院西伯利亚分院扎斯拉夫斯卡娅院士,在一次学术讨论会上发表的报告(西方称为"秘密报告")中,集中分析了这一问题。在她报告的第一部分首先指出:苏联最近12~15年中,国民经济发展速度呈现明显下降的趋势,主要是由于生产关系体系以及反映生产关系体系的国家管理机制落后于生产力发展水平造成的,更具体地说,就是这一体系不能保证社会的劳动潜力和智力潜力得到完全而充分有效的利用。

苏联现行的国家管理体制(以及通过它表现出来的生产关系体系)的基本轮廓,大约是在五十年前形成的。从那时起,这个体制虽经多次小修小改,但没有进行过一次能反映生产力已经发生根本变化的彻底改革。这种体制最主要的特征是:经济决策高度集中;生产计划的指令性、市场关系很不发达(产品价格背离其社会价值、没有生产资料市场等);对劳动的各种形式的物质刺激进行集中调节;部门管理原则优先于地区原则;对经济部门和分部门的管理处于本位主义的隔绝状态;企业管理权限有限,对经营活动结果的经济责任同样有限;居民在生产、服务、交换领域等一切形式的不受控制的积极性也受到限制。所有这些特征都反映了经济管理的行政方法多于经济方法,集中多于分散。

上述经济管理体制是根据社会主义制度下社会再生产规律的理论概念制定的。这个概念在苏联包括以下一些主要因素：

（1）社会主义生产关系"可以超越"生产力的发展，两者之间不会发生矛盾；

（2）社会主义制度下，个人、集团和社会的利益之间不存在深刻的、更不用说是对抗的矛盾，正如不同的阶级和社会集体利益之间不存在这些矛盾一样；

（3）社会主义生产劳动者的劳动具有直接的社会性；

（4）用于生产商品的个人消耗不一定通过市场机制确认其社会必要性，即商品货币关系并非社会主义经济所固有的；

（5）社会主义公有经济成分具有绝对的经济优势，它与个体经济成分之间，不可能存在竞争；

（6）社会主义的生产劳动者，是由"上级"集中管理的，就其本质而言是消极的，不能指望那些充当劳动资源的人发挥他们的积极性；

（7）在人们的经济活动中，物质需要、物质刺激和物质动因占绝对优势。

上述概念，连同建立在此基础上的集中的、主要靠行政方法管理经济的体制，基本上适应于20世纪30年代社会生产力的发展水平。当时，劳动的社会化水平较低，部门、企业和地区之间的联系，中央容易觉察到，能够从上面进行调整；绝大多数工人刚从农村出来，法治观念淡薄，没有参加管理的要求，多数人对物质刺激的关注要超过社会鼓励和精神鼓励。由于种种原因的限制，劳动力流动较少。在企业和机关采用了近乎战时的劳动纪律措施。

但是迄今已经过去几十年了。在此期间，苏联社会的政治和经济形势已发生了根本变化。现在的生产力状况比起30年代不仅在数量上不同了，而且在质量上也不同了。首先，国民经济的部门、主管部门、地区的结构复杂了许多倍，它的环节的数目，尤其是这些环节之间的工艺联系、经济联系和社会联系都大大地增加了。国民经济结构的复杂性早已超越了统一的中央所能有效调节的界限。其次，劳动者的"社会类型"也发生了重大变化，他们的教育程度、文化水平、见识、社会意识和法治观念今非昔比地提高了。

决定生产过程效益的熟练工人的基本核心更是具有相当开阔的政治和经济视野,能批判地评价经济和政治领导人的活动,清楚地认识到自己的利益,并且在必要时会捍卫这些利益。现代工人需要和利益的内容比 30 年代劳动者要丰富和广泛许多倍,除了经济的需要外,还有发达的社会需要和精神需要。最后,生产的物质技术基础和生产对活劳动的要求发生了质变。生产资料的总量和价值、劳动的技术装备率增长了许多倍。

结果,一方面劳动生产率的水平大大提高了,另一方面不诚实的劳动、破坏劳动纪律和工艺纪律、对技术不负责的态度等给社会带来的损失的规模也大大扩大了。总之,一方面对劳动者劳动活动的工艺要求提高了,另一方面建立在上级对下级活动规定行政规章制度的基础上的、集中的生产管理的效率降低了。

根据上述分析,扎斯拉夫斯卡娅报告第一部分的结论是:集中的行政管理经济的可能性业已用尽了,必须更积极地利用与发展市场关系有关的"自动"调节器,以便平衡生产,纠正最近几个五年计划期间苏联国民经济中不断加剧的比例失调现象。在这种情况下,那些还在捍卫社会主义劳动的直接社会性和社会主义商品货币关系"特殊性"理论的学者们,是在给社会帮倒忙。扎斯拉夫斯卡娅进一步指出:现在一切都证明,现行的生产关系体系严重落后于生产力的水平。它不能促进生产力的迅速发展,相反却越来越变为生产力向前发展的障碍。

阿巴尔金发表的《经济机制的若干理论问题》①一文,分析了当时苏联经济体制进行深刻改造的必要性。他的基本观点如下:

经济机制发挥作用的效果在决定性程度上取决于它的适应性,即首先取决于它与社会主义的根本原则和公有制性质是否适应;其次取决于与国家在某一阶段的经济发展的特点是否适应。违背适应性的要求,就不能使社会主义经济制度的优越性和潜力得到应有的利用,而违背适应性要求表现为脱离了经济机制组织形式的社会主义原则或者在已经变化了的条件下,仍然保持陈旧的和已经过时的管理的具体形式。

---

① 苏联《共产党人》1983 年第 14 期。

在 20 世纪 70 年代末和 80 年代初苏联经济形势的特点是:在取得了毫无疑问的重大成就的情况下经济增长的速度大大减慢了。苏联把最新的科技成就推广到生产中的速度也很缓慢,而科技成就又是提高劳动生产率和实现经济集约化的主要潜力。同世界上优秀的指标相比,苏联花在单位国民收入上的原料和能源较多,许多种机器和设备的材料用量较大。以前就存在的国民经济比例失调,最近几年来进一步加剧了,并且又出现了新的严重失调。完不成计划的现象有增无减,劳动纪律和行政纪律松懈了。

在分析限制生产力直线上升发展的原因时,马克思列宁主义的理论首先是着眼于生产关系的状况。根据这种观点可以得出一个结论:生产力的新水平同生产关系的具体形式,这两者之间产生并逐步加剧的矛盾是上述不良过程和现象的深刻基础。

要解决这个矛盾,从而消除限制经济发展,妨碍利用经济和社会进步的新的巨大潜力的各种障碍,就要求把经济机制提高到一个崭新的阶段,要求对经济机制进行深刻的改造。这就是说,要使经济机制完全适应社会生产发挥职能的已经大大改观的新条件。

现在的经济机制是在发达社会主义建成之前那个阶段形成的,有自己的各种基本特点。最近 15 ~ 20 年来,它发生了某种变化,但是仍然保持了社会主义社会最初阶段所固有的许多特点。这就造成了经济机制不适应当前的新条件,限制和妨碍生产力进一步发展这样一种情况。

更具体地说,这种不适应表现在以下方面:

首先,现行经济机制当初的目的是建立(往往是填补空白)强大的生产潜力,恢复被战争破坏了的生产力。制订计划指标、实行经济刺激和组织社会主义竞赛,也都是为了这种目的。那个时候,某些产品,如钢、水泥、拖拉机、布匹和靴鞋数量的增多,就十分准确地说明了我们取得的成就的程度。

现在,任务发生了变化,况且发生了根本变化。国家已拥有高度发达的经济潜力和科技潜力。在钢、水泥和拖拉机(按发动机的总功率计算)的产量方面我们已超过了美国,我们生产的皮鞋按人口平均计算要多得多。我国的金属加工机床占世界首位,有大批的厂房,集中了世界四分之一的科学工作者。因此,必须使经济机制面向更好地和最有效地利用已经创立出来的东西,面向经济发展的质量方面和国民经济的最终结果。自然,这就要求进行深刻的改造。

其次,过去,经济发展在决定性的程度上是靠把更多的人力、物力和财力投入生产中实现的,现行经济机制就是在这种条件下形成的。这并不像某些书籍中有时候说的那样,是什么纯粗放的发展。但是比起今天我们要转向的发展来看,终究是完全不同的发展类型。

使经济转入集约发展的轨道,或者转入社会主义扩大再生产的彻底的集约形式,这是一种深刻的质变。因此,同现在的经济机制有很大不同的另一种机制能够与经济增长的这种形式完全相适应,这是很自然的。

归根到底,科学在社会生产发展方面的作用发生了根本的变化,科学已经变成直接的生产力。我们经常重复这种提法,但却不能总是考虑到这一点:承认这个事实要求对解决计划工作、建立经济核算、经济刺激以及财政信贷机制的许多问题采取新的态度。现行的经济机制不仅不能加速科技进步,而且有时还会在科技进步的道路上制造一种独特的"反促进因素"。由此便产生了这样的情况:敢于"冒风险"和在企业采用新工艺,使用或生产新设备的经济工作者往往受损失,而回避新生事物的那些人则一无所失。

波波夫在《意料中的效果》①一文中,从目前的苏联经济管理体制影响科技进步这一角度,分析了改革现行经济体制的必要性。

波波夫在文章的一开头就指出:目前在苏联,新技术的采用阶段是最薄弱的环节,而这一点恰恰可以清楚地证明管理科技进步的整个机制是尚不健全的试验场。现在需要做的不是借助于几百条措施去完善现有的制度,而是要建立这样一种管理机制,在这种机制里,新的决定不是作为辅助和添补,而是有机地组成这种管理机制实质的本身。

波波夫在文章结尾部分得出的结论是:现行的经营制度基本上是在30年代为解决下述总任务而形成的:依靠劳动人民已掌握的权力,建立社会主义的技术基础和经济基础。照列宁的话说,在社会主义政权还缺少与社会主义相适应的技术经济基础的条件下,借助于多半是行政的方法经常不断

_____

① 苏联《苏维埃俄罗斯报》1983 年 5 月 27 日。

地由中央调整多项日常经营数据的制度,恰恰能够成为唯一可行的经营管理制度。建立这样一种管理制度是我们的历史性功绩。

然而正是这些保证进入了发达社会主义时期的、由上述这样一种管理制度起作用而取得的胜利成果,为否定这一制度,为过渡到新的、同正在行使职能的发达社会主义经济相适应的制度准备了一切条件。

阿巴尔金在《发达社会主义和现代的经济思想》①一文中,再次对勃列日涅夫时期形成的经济体制作了批判性的分析,提出了改革的紧迫性。他说:70年代末、80年代初,再用旧的管理方法去管理已经增长好几倍的生产力,那就无法管理了。现有的管理结构和计划组织看起来已经不能保证科技进步高速度的发展,不能保证转向集约化的轨道。经济增长速度大大降低,比例严重失调,这就是上述年代中苏联的国民经济遇到困难的最主要最深刻的原因。

哈恰图罗夫院士撰写的《社会主义生产管理的经济方法》②一文,从分析苏联经济增长率下降原因这一角度论述了深刻改革现行经济体制的必要性。他说:在苏联有些人把经济发展速度下降的原因归结为客观的、不以人的意志为转移的因素,如人口增长率下降和由此而产生的劳动力日益缺乏。还有人认为,经济发展速度下降的原因是距离工业中心较近的便于开采的资源枯竭,资源开采费用上升,环境保护费用增加等。这些观点是不能同意的,这些不是主要原因。因为在一系列部门、企业、城市和地区的劳动力不足,可以通过更充分地利用劳动资源、提高劳动生产率、消除停工、减少手工劳动来解决。另外,一些企业为了增加工资基金,尽量多占用工人,这种情况也是比较普遍的。至于资源状况虽然不容忽视,但需要作具体分析。把经济发展速度下降归结为这些客观原因并不能令人信服,这些客观原因远非总是起决定作用的。例如,在东部地区,首先是在西伯利亚,开采矿物原料比在苏联欧洲部分便宜得多,库兹涅茨克煤炭开采成本比顿涅茨克便宜50%以上,甚至加上运费仍比顿涅茨克的煤便宜。

哈恰图罗夫的结论是:苏联经济发展速度下降的主要原因是现行经济

---

① 苏联《共产党人》1984年第18期。
② 苏联《经济问题》1984年第6期。

管理体制陈旧过时。他指出:随着经济的发展,需要完善经济机制,其中包括管理的组织形式、计划和经济核算方法,以便实现集约化,提高生产效率。多年来,随着生产社会化的加深,经济联系的扩大,科技的发展和新地区的开发,苏联经济不仅从数量上,而且从质量上发生了重大变化,已形成了统一的国民经济综合体。现行管理体制对于管理这样一个综合体来说已经陈旧过时,已不符合当代条件的要求。目前需要全面完善管理体制,实行新的领导方法。

卡拉盖多夫在《独立性的思想与实现》①一文中指出:苏联的经济管理体制形成于特殊的条件之下:世界第一个社会主义国家,国内战争,外国干涉,建设崭新的社会主义经济体制的艰难任务。所有这些特点决定了经济机制的类型。它们的特征是经济决策高度集中,这在历史上是合理的。但是从那时起已经过去了很长时间。我们已不是落后的大国,而是强大的工业发达国家。然而经济体制却在很大程度上保留着 20 年代末 30 年代初形成的旧的特点。我们越来越体会到这种不适应的情况。

苏联科学院西伯利亚分院工业生产的经济和组织研究所所长阿甘别基扬院士认为:惯性和因循守旧的势力要比改进管理体制的部分措施强得多。看来,问题应该按安德罗波夫在 1982 年十一月全会上指出的方向对经济机制来一次彻底改革。重要的是,计划机关工作人员、学者和经济领导者应该共同揭露现时经济的薄弱环节,提出根本改革经营管理体制的具体措施。②

以上只是列举了当时苏联部分学者在理论上论证经济改革必要性的一些观点。应该说,在安德罗波夫的带动下,有关经济改革理论的讨论又开始活跃了起来。


## 第二节　对一些重要问题在理论上提出新看法

在安德罗波夫执政时期,在理论上围绕探索改革必要性的同时,为了促

---

① 苏联《工业生产的经济与组织》1984 年第 12 期。
② 参见苏联《工业生产的经济与组织》1983 年第 8 期。

进体制的改革,还在其他一些重要问题提出新看法。

一、"建成论"改为"起点论"

1967 年勃列日涅夫宣布苏联已经建成了"发达的(成熟的)社会主义",以后的任务是为共产主义社会准备物质技术基础,向共产主义过渡。安德罗波夫为了在体制改革方面有所前进,他在 1983 年初对社会发展阶段问题上提出了与勃列日涅夫迥然不同的看法。他并不认为苏联已建成了发达的社会主义,而指出当前苏联社会处于这个"漫长历史阶段的起点"[①]。安德罗波夫的"起点论",包括三方面的内容:

第一,"发达社会主义"是一个漫长的历史阶段,要防止苏联在社会发展阶段问题上可能出现的夸张,并批评这一代人要在共产主义制度下生活这些论点是"脱离实际"和"超越时间发展"。

第二,不要把苏联社会看作是"尽善尽美"的社会,而这个社会既有许多受客观制约而形成的困难,也有不少因主观原因而造成的缺点。这就决定了,当前与今后一个时期,主要任务是完善"发达社会主义"。

第三,强调要重视并解决各种非对抗性矛盾。"简单化地认为社会主义似乎根本不存在任何矛盾与分歧,是政治上的幼稚。"既然苏联社会处于"发达社会主义"的起点阶段,又很不完善并存在很多矛盾。因此,通过改革解决各种问题那就理所当然的了,这也就为改革留下了很大的余地。

二、所有制理论的松动

在勃列日涅夫时期,一直强调经济体制改革不涉及所有制问题,并且在批判"市场社会主义"时,往往与动摇计划经济的基础即公有制特别是国有制联系起来。安德罗波夫上台后,在所有制理论方面有松动,主要表现在:

第一,强调"所有制方面的变革绝不会是一次性行动","这是一个长期的、多方面的、不应该简单化的过程"。"把'我的',即私有制的,变成'我们的',即公有制的,并非易事。"劳动者"取得作主人的权利同当家作主——成

---

① 苏联《共产党人》1983 年第 3 期。

为真正的、聪明的和勤勉的主人——远不是一回事"①。这就是说,在苏联所有制的变革远未完成,需要通过改革来加以完善。

第二,强调要从理论上把占有方式和经营方式区别开来。占有方式是说明生产发展的方向、生产目的和社会结构,它决定着一切社会关系的内容;经营方式是揭示社会生产的组织机制,通过社会生产的组织机制从经济上实现这种占有方式。苏联建立了公有制,这就可使占有形式与生产力性质相适应了。但是这种适应不可能自然而然地实现,而要通过不断改造经营方式和方法,使社会主义生产关系的具体形式同不断增长的生产力水平之间能主动地相适应。因此,完善经济机制是社会主义固有的实现生产关系适应于生产力性质和发展水平这一规律的一种形式。

以上观点的重要性在于,为改革提供了更大的可能,免受所有制理论禁区的束缚。因为按这种观点,改革经济体制,只是改革经营方式,而不是改革占有方式。

第三,批判超越生产力水平而一味追求向全民所有制过渡的做法,强调苏联现阶段集体所有制不是"过时的"所有制形式,应充分发挥它的作用。

第四,提出要放松对个体劳动的限制。不少学者写文章指出,现在该是更坚决地取消为居民服务的各种个体劳动活动限制的时候了;②建议把修表、照相、理发、修鞋等行业交给个人去干;一些小商店可以试验在合同的基础上租包出去等等。一些学者还认为,考虑到服务部门是个体劳动这一特点,最合适的办法是租赁制。租赁时间三年左右为好。租赁时,应该采用招标的方法,只租给那些能保证完成服务项目和质量要求的人。

在安德罗波夫时期,在所有制问题上,越来越多的学者持这样的观点:所有制关系的重要问题并不在于不断地去提高公有化的程度,而在于提高劳动者的积极性,生产效率的提高是所有制关系成熟程度的表现。

应该说,安德罗波夫时期,联系经济体制改革,对所有制的理论进行的探索,提出的看法,更接近于苏联社会生产力水平的现实。

---

① 苏联《共产党人》1983 年第 3 期。

② 参见苏联《劳动报》1983 年 9 月 4 日。

### 三、反对分配中的平均主义,完善刺激制度

安德罗波夫针对勃列日涅夫时期存在的严重平均主义,提出了尖锐批评。他认为,在苏联长期存在着随心所欲的、超越客观水平的追求共产主义的分配方式的倾向。这种平均主义在劳动工资、奖金、对落后企业的照顾等方面普遍存在。也就是说,勃列日涅夫时期的体制改革,没有很好地解决劳动报酬与最终成果挂钩的问题,物质刺激对生产的作用很小。在安德罗波夫提出反对平均主义之后,不少学者联系经济体制改革,在这方面提出以下的改革方向:首先,要进一步寻找评价工作者劳动贡献的标准;其次,要采用更灵活的工资等级制度,不应再像过去那样缩小工资差距,特别要扩大工程技术人员的工资级差;工资不只是要刺激劳动者的潜在能力,而要刺激这一潜在能力在具体劳动成果中得到切实的体现;加强工资对最终成果的依赖关系,这不仅指工资的"可变"部分,标准工资和职务工资也只能在保质保量完成任务的情况下才完全支付。

### 四、进一步探索民主管理对完善体制的重要作用

安德罗波夫执政期间,一再强调只有在每个劳动者参加管理的情况下才能解决当前苏联的经济问题。从改革体制角度看,这一年多来,苏联在探索民主管理问题时,有以下的特点:一是把民主管理与改革体制紧密联系起来,认为管理的进一步民主化,使劳动者感到自己是生产的主人,这是改革经济体制的一个重要方面,并且也是发展生产资料公有制作用的客观前提。二是把发展民主管理与发展社会自治联系起来。不少学者强调,在当前苏联的条件下,生产管理的民主化不仅要向广度发展,而且要向深度发展,最后导致质变:把劳动者参加管理变成生产自治。关于这一点,安德罗波夫也指出:现在的问题是,不在于找出现阶段苏联社会与共产主义自治理想的差别,而且要探索不断完善发扬民主、扩大劳动者在生产中,在所有社会实践中主人翁权利及作用的新方式方法。这正是共产主义建设过程中不断发展

的人民的真正的社会主义自治。①

五、探索改变工业企业的组织形式

长期以来,苏联一直强调企业的大型化和集中化,把工厂建成职工人数众多的、大而全的、包办一切的生产单位。由于苏联工业企业的多专业性,辅助车间众多,人员队伍过于庞大,因而劳动生产率大大低于技术发达的西方国家。

针对上述情况,苏联经济学家库拉金在《真理报》发表文章,尖锐地批评了现行工业企业组织结构中的这一弊病,主张改变现行工业组织中大而全的模式,应效法西方国家向小型专业化工厂方向发展。② 库拉金的文章,发表在安德罗波夫在1982年苏共中央十一月全会批评苏联经济效益低这一问题之后,受到西方评论界的关注。这也可能说明安德罗波夫在改革经济体制时,要寻找提高工业企业生产效率的新途径。

六、主张在一些根本性问题上探索改革

勃列日涅夫时期,通过的改革决议数以千计,搞得十分烦琐。安德罗波夫执政期间,不少学者提出,在探索今后的改革时,必须抓住一些根本性问题。例如阿巴尔金认为:应该集中力量讨论最概括和最有原则意义的问题,不要集中在细节上(如用一个指标代替另一个指标,改变鼓励基金的构成方法等)。只有这样,才能确定选择这些或那些指标和经济杠杆的适宜性的可靠标准。他还指出,当前苏联在制定改革的实际计划时,应该注意解决下列相互关联的三项任务:

(1)要制订符合当前条件和党的经济政策的专项方针和经济机制的理论模式或构想;

(2)使具有原则性的理论方针体现在有关的标准文件中;

(3)要使业已制订的措施得到充分的、及时的实现,并在企业经营管理

---

① 参见苏联《共产党人》1983年第3期。
② 参见苏联《真理报》1982年12月8日。

的实践中体现出来。①

除了上述问题外，苏联学者还在改革部门管理体制、完善发展经济的社会机制和今后改革会遇到哪些阻力等问题上，进行了研究。由于时间的限制，在安德罗波夫逝世前，农业改革方向比较明确，而整个国民经济管理体制的改革方向还处在探索阶段。

## 第三节　经济体制改革的一些政策与措施

一、在农业中着力推行集体承包制

安德罗波夫上台后，为什么要在农业中着力推行集体承包制？对此，美国格拉斯哥大学国际经济研究所亚历山大·诺夫教授，在1983年5月访华时，在其所作的讲演中，较多的分析了这一问题。他认为："近20年来，苏联在农业上投资相当大，但效率相当低，这是由下述原因造成的：一是劳动者缺乏积极性。旧俄时，每个农民在抢收时每天劳动达16个小时，而现在只劳动7小时；二是集体农庄庄员和国营农场职工的报酬同生产成果没有有机地联系起来。只要完成定额不管质量如何，都可以得到报酬和奖励；三是在农业计划中，苏联地方党政机关对农业生产干涉太多，这就影响了农民的生产积极性；四是农业基础设施落后，缺乏道路、仓库和必要的包装材料。当然，除了上述原因外，还有食品价格偏低影响农业生产，工业对农业缺乏帮助和农业生产本身的组织等问题。"②

安德罗波夫为了在农业中大力推行集体承包制，首先进行了大量宣传工作，各级党政领导与学者纷纷在报刊上发表文章，强调推行集体承包制是件"大事"，具有"重大的意义"。其次是召开一系列会议，如1983年3月10

---

① 参见陆南泉：《经济管理体制的改革》，载金挥、陆南泉主编：《战后苏联经济》，时事出版社，1985年，第221~222页。

② 转引自陆南泉：《西方学者评安德罗波夫执政后的苏联经济》，载中国苏联经济研究会编：《1983：苏联经济》，人民出版社，1985年，第229页。

日,苏共中央政治局召开会议,专门讨论关于加强在农庄、农场中推行集体承包制的组织工作问题。为了落实这次会议的有关指示,在同年 3 月 18—19 日苏联召开有各加盟共和国党中央书记、州(边疆区)委书记、农业部部长(局长)以及许多农工综合体领导人参加的会议,专门研究如何推广农业集体承包制问题。接着,公布了《关于在种植业组织集体承包单位的建议书》。

这个《建议书》为各地实行集体承包制规定了统一的原则与实施办法。文件规定,种植业集体承包单位的建立和工作的基本原则主要是:按最终成果支付集体劳动报酬,根据个人贡献在承包组织成员之间分配集体工资;承包组织的规模不宜太大,以发挥集体工资的刺激作用;必须保证给承包单位提供技术设备和其他资源;在自愿基础上建立承包单位,通过选举产生其领导人;承包单位同农庄、农场领导通过签订合同建立经济核算关系;承包单位有解决生产问题的自主权等。文件规定在种植业中可以建立专业化单位、综合性单位和机械化单位等三种类别的集体承包组织。给承包单位规定的产品生产任务应有充分的根据,年度生产任务的计划工作应从编制或修订工艺图表开始,在规定各类作物的单产和总产时既要考虑到土地质量,还要考虑到种子质量和肥料、农药等生产资料的供给情况。由承包单位领导人定期登记本单位完成的农活量和每个成员的劳动情况,每月填写工作时间登记表,作为计算每月预付数额的根据。文件详细规定了计算劳动报酬和进行物质刺激的具体办法,包括产品工资单价的计算、计时预付款项的确定、按产品计算报酬和发放奖金等。承包组织在年终分配集体工资时可以采用劳动参与系数。在确定劳动参与系数时,把"我"作为基础系数,每个工作人员的实际劳动参与系数按其劳动情况可以等于、大于或小于基础系数。《建议书》罗列了提高或降低劳动参与系数的各种因素和相应的数额。该文件还明确规定:因发生自然灾害而引起单产急剧下降、庄稼枯死的情况下,可按照承包组织种植农作物实际完成的工作量向承包组织成员支付全数工资。[①]

据一些材料分析,在种植业推行集体承包的小组,其单位面积产量比一

---

[①]　转引自中国苏联经济研究会编:《1983:苏联经济》,人民出版社,1985 年,第 166 页。

般要高20%～30%，其他指标如劳动生产率、产品成本、投资回收率等，也体现了优越性。但农业集体承包制在推行过程中存在不少问题，如不少地方流于形式，集体承包制本身很不完善。因此，在推行高潮的1983年，在种植业中实行集体承包制的单位占30%左右。这些承包单位中大约有1/3的组织缺乏承包的必要基础，随时都可能解散。我们上面提到的诺夫教授在访华报告中，对苏联农业中推行集体承包制难以取得进展的原因作了分析，他认为主要原因是：

（1）由于集体农庄、国营农场规模很大，这给各组、各小组如何完成合同计划、各小组种植哪些作物等造成很多困难；

（2）"按劳分配"是分配劳动报酬制度的原则，但是由于各个小组的工作量不同，劳动强度不一样，因此应该如何分配才算比较合理，这是一个难题，地方政权一时难以解决；

（3）农庄、农场的领导人在心理上有一个适应过程。因为在过去一切遵照由上级下达的指令执行。而现在，对下，要对每一个庄员、农场职工负责；对上，要对区级领导和更高一级领导负责；

（4）成立包工小组后，物资技术供应问题如何解决，也就是说，农用机器设备、化肥等如何供应，由谁供应等都是一个有待解决的问题。①

二、在工业中实行一些扩权的措施

首先，安德罗波夫进行扩大企业自主权的试点。1983年7月14日，苏共中央和苏联部长会议作出决议，决定从1984年1月1日起在重型与运输机器制造部、电机工业部、乌克兰共和国食品工业部、白俄罗斯共和国轻工业部、立陶宛共和国地方工业部5个部，进行扩大生产联合公司（企业）在计划工作和经营活动方面的权限，加强它们对工作成果的责任的试点。围绕扩大企业自主权的试点的主要内容有：①使企业在计划工作的所有阶段上发挥积极性，为此，缩减指令性计划指标的数目，企业在制订计划方面有更大的权力；②用经济定额的办法，来协调国家与企业之间的利益关系，促使

① 转引自中国苏联经济研究会编：《1983：苏联经济》，人民出版社，1985年，第230页。

企业在权责利两个方面统一起来。这种经济定额5年不变,这有利于调动企业挖掘内部潜力的积极性;③在考核企业成绩和对企业及领导人的奖惩办法方面,也作了一些修改。对试点的5个部的企业,考核企业指标方面,强调了技术发展基本任务的完成情况,其重要目的是促进经济朝集约化方面发展,提高经济效益。试点条例规定,如这次指标未完成,企业领导人的奖金至少要减少25%。另外,把完成合同供货计划这一指标的作用提高了。规定如在全面完成合同供货的情况下,把物质鼓励基金从原来的10%提高到15%。如果未完成这一指标,则每少完成1%的任务就减少3%的物质鼓励基金。而企业领导人只有完成这一指标时才能获得奖金。除此以外,在试点中还有其他一些内容,这里不一一论述。

至于改革可供选择的方案,苏联学者与西方学者有过一些分析,认为勃列日涅夫逝世后,安德罗波夫选择改革方案的余地可能会大一些。苏联经济学家库拉什维利提出三种可供选择的方案:第一个是稳步改革的方案,第二个是有节制的改革方案,第三个是彻底改革的方案。①

美国马萨诸塞州布兰第斯大学经济学教授伯林纳在自己的一篇长文中指出:安德罗波夫就任后,苏联在今后一个时期,经济改革各种可供选择的模式有以下四种可能:

1.“保守”模式

这种模式将保留现在体制基本的结构特点,但不应把它看成一成不变的。虽然中央集权计划仍将被坚定地认为是经济机制的基础。当然,由于在中央计划编制中采用了一些新技术,计划体制也将发生变化。从过去的情况推测,计划编制可能将更加详细,尽管计划编制过程的日益复杂最终将在某些方面带来编制更具有综合性质计划的趋向。

在一定时期以后,许多生产联合公司将要撤销,而趋向于大小企业混合存在的体制。对经理人员的考核指标,看来也将有所改变。定额净产值指标实行起来已证明费力太大。也许会把利润重新作为更加全面的考核指标。

①　详见本书第十五章第一节。

由于"保守"模式与过去没有什么重大的改变,因此可以用过去作为预料未来经济成果的引导。中央集权经济计划作为一种经济机制,是 20 世纪 30 年代苏联领导人的一项创造。随着时间的推移,它曾经成为一种愈来愈有效率的体制;但正如所有的发明创造在它的基本概念范围内将达到它效率的最大限度一样,到 60 年代时对这种机制加以完善的可能性也许已经到头了。同时人们应该注意,这种体制是在以"外延增长"作为经济发展战略的时期制定的。为达到"外延增长"的目的,它也许仍然是一种成功的模式。问题是当今经济运行所处的情况已经不是要求能有高速度外延增长的情况了。

只要苏联经济能从过去的高增长率向未来的低的但却是稳定的增长率调整,不使消费下降到刺激界限以下(即下降到政治界限的危险水平),苏联领导就不一定会被迫放弃"保守"模式。

2."复原"模式

在经济方面要回到斯大林式的体制需要作哪些变动,答案是很不明显的。斯大林去世后,苏联的政治生活不管有多大变动,但在经济体制的本质方面却并没有什么大的变化。在"复原"的模式下,苏联领导想要作的是恢复纪律与秩序,认为他们的任务就是重新坚持强有力的中央集权控制。但是他们将发现,在计划和管理体制上,时钟的移动是这样小,以致无须把它拨回来。

生产联合公司很可能会得到"复原"模式领导的偏爱,因为它们很像斯大林时代企业规模大的特点。

"复原"模式与"保守"模式在中央集权化这一点上的差别不会是很大的。二者主要的差别,看来并不在组织形式上,而是在政策上。在"复原"模式下,首先要办的是实行加强劳动纪律的政策。人们可以预想要回到 30 年代后期严厉的法律:不经批准的离职就是非法,迟到\旷工、酗酒要受到刑事处分。也许可能还有恢复第二次世界大战后初期高速度增长年代的高投资战略的安排,虽然这需要否定其后流行的内涵增长的观点。

这种模式的特点可能是来自南斯拉夫和匈牙利的经验。可以把它简单地想作是对企业不实行指令性指标的中央计划。如果不能要求企业按指令进行生产,就不能要求它们对指定的中间原料和物资供应的交货负责,就必须放弃行之多年的物资技术供应体制。没有指令性指标,评价企业成就的标准就得加以修改,而除了经过适当修正的利润形式外也很难再想出什么别的标准。

3. 采用"激进"模式

党和政府在有些方面可能仍将保持经济的控制:如投资、价格、收入分配的调节等。另外,苏联领导对自治不会有兴趣。

4. "自由"模式

最后一种模式可以恰当地称之为"自由"模式,因为它在大部分经济领域里保留着传统的计划方法,同时对私人的积极性放宽了目前的限制。也可以把它叫作"新经济政策"模式。按这一模式进行改革的实质是,把社会主义化的中央集权计划部分退居于统帅的地位。不过,这次退居统帅地位的将包含整个经济的绝大部分,其范围将按领导认为在政治上,经济上最适当的任何界限来划定。在这个范围以内的,将按过去一样:对企业有指令性指标,实行物质技术供应,中央集权的价格管理,等等。在这个范围以外的,则鼓励个人从事以获取利润为目的的任何经济活动。可以允许他们雇人,工资水平不低于国营部门。私人企业的规模将由法律加以限制,开始时可能相当小,如果改革成功,限制可能随着时间的推移而放宽。

与"激进"模式一样,"自由"模式也是"混合经济"的模式。但二者间有一个主要区别。"激进"模式是中央集权计划与市场的混合,但所有的企业都是国营企业,说它是"激进"的,就是它放弃了对企业的指令性指标计划。而"自由"模式是在经济的大部分领域保留着中央集权计划的传统模式,但这种模式既包括国营企业,也包括私营企业。

当最后作抉择时,无疑将要考虑各种不同模式的经济前景。但是安德罗波夫最终支配作出何种选择的是政治,而不是经济。对于现在继承下来的体制,"保守"模式与苏联的既得利益抵触最小,因此很可能将占上风;改革的前景取决于"保守"模式搞得如何。如果经济增长稳定在刺激界限以上,这种模式将会保持下去,苏联的经济将蹒跚地走向21世纪。但是假如增长率降到刺激界限以下,积聚起来的社会压力和政治压力就将促使领导转向"复原"模式或"自由"模式。更大的经济潜力在于后者,但如果在政治谨慎方面的考虑占上风,那么签牌就将落于前者。①

实践证明。尽管安德罗波夫在改革理论上比勃列日涅夫要活跃,但也并没有大的突破,如对"市场社会主义"虽不再批判,但官方也不提市场调节问题,有些领导仍然肯定地说,苏联现在和将来都不会产生市场经济问题。从采取的一些改革措施来看,大部分与柯西金、勃列日涅夫在 20 世纪 60 年代中期提出的改革思路雷同,有的是在勃列日涅夫执政后期被放弃的改革办法又被重新捡了起来。因此,仍然是对传统体制的修改。正如有些评论文章指出的:"试行扩大企业自主权是朝着改革苏联经济体制的方向迈出的一步,但这仅仅是为现行政治体制所能接受的极为小心翼翼的一步。""这是一次有限的经济措施"。② 安德罗波夫时期的改革之所以仍然是保守性的,除了受到"左"的理论束缚、他本人是斯大林体制下成长起来的和遭到既得利益者的强力抵制这些带有普遍性的原因外,还有一些特殊因素:

首先,安德罗波夫总共执政 14 个月,假如扣除病重时间,则大概还不到半年。他上台担任总书记为时已晚,"是在'受尽煎熬'之后才成为政治领袖的,长期笼罩国家的政治秩序和社会风尚使他走上领袖岗位之际已经精疲力竭,疲惫不堪"③。其次,正如我们前面指出的,他个性的弱点是优柔寡断,过于审慎。最后,安德罗波夫上台后,虽然他清楚地知道,最急的是要解决经济问题,在这一领域需要进行重大改革,但他并没有改变不懂经济和对经济不感兴趣的状况。

在 70 年代下半期,就有人建议他费些力气充实经济知识以便在政治局讨论经济问题时更好地把握方向;"还建议请专家为其选一些有关读物,但这些都被拒绝了。"④博尔金回忆说,安德罗波夫上台后,一开始搞的整顿纪律、处理贪污受贿大案和把一些重要领导人从中央委员会开除出去等,这股热情没有坚持长久,因为主要是没有触及造成经济停滞的内在因素。博尔

---

① 参见美国《共产主义问题》1983 年 1—2 月号。

② 南斯拉夫《政治报》1983 年 7 月 27 日。

③ 〔俄〕格·阿·阿尔巴托夫:《苏联政治内幕:知情者的见证》,徐葵等译,新华出版社,1998年,第 386 页。

④ 同上,第 374、355~356 页。

金引用当时戈尔巴乔夫的话说:安德罗波夫"总书记既不懂生产,也不懂金融,而且不大熟悉经济问题。但一切又都取决于经济问题"①。

安德罗波夫执政期间,虽然经济状况有所好转,1983 年工业产值出现了回升,增长率为 4.2%,国民收入增长了 3.1%,这均好于 1982 年。但总体而言,并没有取得明显的成果,特别是体制改革进展十分有限。在他逝世后,后人对他的评价尽管有矛盾,但总体上是肯定的。有人认为,这个时期"是改革到来之前的序幕和序曲。安德罗波夫走上岗位后,国家开始觉醒,开始从停滞年代的政治休眠状态中走了出来"②。

## 第四节　契尔年科时期的经济体制改革

一、选择契尔年科本身就意味着改革难有作为

1984 年 2 月 9 日安德罗波夫逝世后,由契尔年科接任总书记提议一度出现了复杂的局面。到了 2 月 11 日在指定契尔年科为安德罗波夫治丧委员会主席时,这一问题才明朗化。2 月 13 日在苏共中央召开非常全会上,通过了由吉洪诺夫推荐契尔年科为党的总书记的建议。

契尔年科怎么成为苏联新领袖的,他的上台说明什么? 对研究苏联体制改革为何停滞不前,对研究苏联这个社会主义国家为何衰亡,这可以从一个侧面得到不少启示。

安德罗波夫去世后,立即面临着谁是总书记候选人这个尖锐问题。争论的焦点集中在是让年富力强的戈尔巴乔夫担任,还是让老态龙钟的契尔年科担任。最后推荐契尔年科任新的总书记。

苏联为何作出这样的抉择,有各种说法。但更多的说法是:党内强烈希望把权力移交给更年轻一代的人,即希望戈尔巴乔夫上台的人,亦包括戈尔

---

① 　[俄]瓦·博尔金:《戈尔巴乔夫沉浮录》,李永全等译,中央编译出版社,1996 年,第 45~46 页。
② 　[俄]格·阿·阿尔巴托夫:《苏联政治内幕:知情者的见证》,徐葵等译,新华出版社,1998 年,第 387 页。

巴乔夫本人在内,经过激烈争论,与老一代领导人之间达成了一次妥协性的默契:再由老一代人任最高领导,作一次过渡。但同时也提出了条件:一是今后不能把安德罗波夫视为苏联历史上不存在的人,二是不能随意给勃列日涅夫恢复名誉。这两条,在1984年2月13日契尔年科当选为总书记的讲话中得到了体现。他在讲话中明确表示,今后毫无保留地执行安德罗波夫的路线,而在讲话中连勃列日涅夫的名字都未提到。

另外,这种妥协,明显反映在有关这次中央全会的新闻报道中。按惯例,全会应由新选出的总书记契尔年科作闭幕词,却由戈尔巴乔夫作了闭幕讲话。他在讲话中说:"统一和团结的精神是这次中央全会的特征。"从安德罗波夫的葬礼来看,送葬的队伍是由契尔年科和戈尔巴乔夫共同率领的。这些做法,都说明在新老领导人之间达成妥协的条件下,戈尔巴乔夫实际上已成为苏联党的第二号人物。博尔金的回忆录也说明这一点。当时在政治局权力极大的乌斯基诺夫在表示拥护契尔年科担任总书记的同时,亦附带谈了另一个问题,即让戈尔巴乔夫起二把手的作用。但明确戈尔巴乔夫第二书记的问题进展缓慢,契尔年科一直是含含糊糊地承认他为第二把手,政治局也没有就这个问题通过决议。因此,中央政治局开会戈尔巴乔夫未能坐在契尔年科的右侧,而还是坐在老位置上。这个情况持续了一段时间后,直至乌斯季诺夫忍不住在中央政治局会议上说,戈尔巴乔夫应该坐到新位置上。契尔年科好像突然醒悟过来,也跟着批准了这件事。[①]

之所以形成上述妥协的局面,简单地说,在中央领导层中,还有相当多的人怕年轻的、积极主张改革的戈尔巴乔夫上台,担心会失去他们既得的权力、地位和利益。再说,这些人对赫鲁晓夫时期的改革至今还心有余悸。另外,还应看到,在安德罗波夫执政时期,由于采取了一些改革措施,开展了反贪污腐化运动,已撤换了一些领导人,连勃列日涅夫女儿加琳娜的一些好友也受到了严厉的惩罚。在这种情况下,契尔年科就成了容易接受的人选。

实践证明,病魔缠身的、长期担任勃列日涅夫总管家角色的契尔年科,在他执政的一年多的时间里,可以说是无所事事。定于1986年2月召开的

---

① 参见[俄]瓦·博尔金:《戈尔巴乔夫沉浮录》,李永金等译,中央编译出版社,1996年,第54～55页。

苏共二十七大的筹备工作,不是由任总书记的契尔年科负责,而是由戈尔巴乔夫负责的。难怪《真理报》主编阿法纳西耶夫在1984年10月9日对日本《朝日新闻》说:戈尔巴乔夫实际上是苏共党的第二位总书记。①

契尔年科执政的一年,被称为"浪费时光的一年"。对苏联人民来说,他成了一个负担,1985年3月10日契尔年科逝世的消息广播后,苏联人民的反应是既不悲痛,又不惊讶,无动于衷。人们似乎在说:死就死了吧! 一些大学生把契尔年科的死和戈尔巴乔夫任总书记这两件事放在一起而喊"乌拉"。3月13日为契尔年科举行了葬礼。在葬礼上只有他的遗孀安娜表现得十分悲痛,而其他政治局委员们却显得漠不关心,在交头接耳无拘无束地谈论着什么。当棺木入土时,一向板着面孔的葛罗米柯露出一丝微笑,似乎在说:总算卸了一个包袱。虽然苏联所有报纸将报道契尔年科逝世的消息放在头版,但镶着黑边的死者的照片却放在第二版;第一版刊登的是新任总书记戈尔巴乔夫的照片和简单的传记。这与1982年和1984年勃列日涅夫和安德罗波夫逝世时的报道完全是不一样的,它反映了契尔年科的历史地位。1986年笔者见到一些苏联朋友,谈起契尔年科执政这段历史时,他们的表情是沮丧的:两手一摊,耸耸肩膀说,这段历史我们苏联人早就忘了,不值得再提了。但是研究苏联问题特别是政治体制的人,并没有忘记这段历史。普通的苏联人也没有忘记。在1988年6月召开的苏共第十九次全国代表会议上,有一位代表在发言中又提出了这个问题:为什么1984年要任命"已患有严重疾病,而且不得人心"的契尔年科任党的总书记? 这位代表说,为了防止个人崇拜,为了防止斯大林式统治的复活,必须挖掘让契尔年科上台的"根源"。

实际上,寻觅这个"根源"并不难,可以从斯大林时期留下的后来被勃列日涅夫等人继承下来的并日趋"成熟化"的政治体制中找到答案。具体地说,契尔年科上台的根源在于:

第一,腐朽的苏联领导特别是最高领导干部职务的终身制的必然产物。就是说,苏联的政治制度不可能保证领导干部的正常更迭。而一般只能通

---

① 参见[联邦德国]克里斯蒂安·施密特-豪尔:《戈尔巴乔夫——俄罗斯的旋风》,吴红杰等译,工人出版社,1987年,第114页。

过两种办法:一是宫廷政变,如赫鲁晓夫的下台和勃列日涅夫的上台;二是尽管最高领导因病已不能甚至完全不能工作(如勃列日涅夫、安德罗波夫与契尔年科执政后期),但只能等到这些人去世后才能更换新领导。

这些领导人最后时期的形象"更明确无误地表明,由斯大林现象在我国所培育起来的整个政治制度和政治机制是何等颓萎不济。这样说并非出自评论者的政治口味,而是因为我国的政治制度和机制根本没有力量能使社会摆脱诸如领导人患病不起、完全丧失领导国家的能力、对正常治理社会束手无策等不愉快的现象"①。契尔年科上台,"这再次暴露在我国形成的政治机制以及整个斯大林极权主义遗产已可谓黔驴技穷"②。

第二,在决定最高领导具体人选时,有两个因素起着重要的作用:一是在政治局中谁的权力和影响力最大,二是是否会影响到最高领导层的权力。在契尔年科执政时期,乌斯季诺夫在政治局中起着举足轻重的作用,他对下属具有说一不二甚至蛮横无理的大多数"斯大林部长"的特性,连性格刚强的葛罗米柯在他面前几乎总是怯生生的,当时政治局其他成员也是如此。因此,安德罗波夫去世后谁是继承人,乌斯基诺夫有最后的发言权,他扮演导演的角色。现在进一步要分析的问题是,为什么乌斯基诺夫等人明明知道契尔年科已病入膏肓和安德罗波夫病重时向政治局的交代,即把政治局与书记处的领导工作交付戈尔巴乔夫的情况下,仍提名契尔年科任苏共总书记。

据时任苏联卫生部"第四局"局长、负责给领导人治病的恰佐夫在从红场契尔年科葬礼结束后回来的路上,曾向阿尔巴托夫发誓说,他一年前就曾给政治局委员发出警告,契尔年科病入膏肓,已丧失工作能力,将不久于人世,因而不能让他担任领袖之职。又据时任安德罗波夫助理的沃尔斯基在《星期》周刊(1990年第30期第7页)访谈录中曾有一段描述,内容如下:安德罗波夫去世前不久,在其分发给中央委员会成员的备忘录中曾有下面一段话:"同志们和苏共中央委员会的委员们,由于你们知道的原因,我不能在

---

① [俄]格·阿·阿尔巴托夫:《苏联政治内幕:知情者的见证》,徐葵等译,新华出版社,1998年,第437页。

② 同上,第388页。

此时此刻积极参与中央政治局和书记处的领导工作……我认为有必要直截了当地告诉你们:这可能是持续已久的时期的最后时刻。有鉴于此,我想请求中央全会审议此事并将中央委员会政治局和书记处的领导工作交付给戈尔巴乔夫同志。"这实际上就是他就继任人选所作的建议。然而根据沃尔斯基的说法,这一段话被契尔年科、吉洪诺夫、乌斯基诺夫三人集团从分发给中央委员的备忘录中删除了。据沃尔斯基说,这一行径使安德罗波夫十分生气。又据沃尔斯基1990年7月4日在答《文学报》记者问时说:"记得安德罗波夫去世后,有一天政治局开会,乌斯基诺夫和吉洪诺夫在我们面前往大厅走去。国防部部长把手放在总理的肩膀上说:'柯斯嘉(契尔年科)要比此人来得随和……'""此人"指的就是戈尔巴乔夫。一个伟大强国的领袖问题就这样决定了。①

十分明显,乌斯季诺夫出于非常自私的动机,他考虑到自己也是个年老多病的人(他在安德罗波夫去世后半年之后也去世),害怕年富力强的戈尔巴乔夫,他感到与奄奄一息的契尔年科共事会更舒服一些,其他一些领导人也会有同样的感觉。

第三,与第二个因素相关,在苏联式的社会主义制度下,最高领导集团的权力是高于国家利益的。从这个角度去看,契尔年科这个体弱多病、言语迟钝、呼吸困难的人之所以会成为苏联共产党的一个大国的领袖,一是在权与利紧密结合在一起的政治制度下,苏联领导人不可能主动放弃领导职位。博尔金自问自答道:"我常想,一个人难道在死神就要降临时也不能节制自己的野心,不能为国家和宁静的繁荣放弃力不从心的担子吗?""一个73岁高龄、体弱多病的老人竟决定迈出这么不明智的一步,他成为拥有千百万党员的政党的领袖,成为这个大国危难之时的领袖,用正常心理是无法理解这种决定的。对于契尔年科同意当总书记的这个举动只能理解为缺乏现实感,有太强烈的,甚至在垂暮之年还这么强烈的权力欲望。"二是,正如前面已提及的,契尔年科上台,也反映了苏联最高领导层不希望由于发生力量对比的变化,而妨碍传统方针政策的推行。事实也证明,契尔年科开始当总书

---

① 参见[俄]格·阿·阿尔巴托夫:《苏联政治内幕:知情者的见证》,徐葵等译,新华出版社,1998年,第387~388页。

记和不久后又兼任最高苏维埃主席时,他也想有所作为,但他很快又回到老路上,"契尔年科唯一能够做的就是继续充当勃列日涅夫的影子,落实中央、部长会议、国家计委、各部和主管部门提出的决议。契尔年科尽管职位升高了,但仍然只是他人建议的执行者和传达者,他根本不可能成为新思想的创造者,即使在年轻时他也未必能做到这一点"①。正如在苏共二十八大上当选为苏共中央书记处书记瓦连京·法林,回忆起雅科夫列夫在苏联解体后谈的一个观点:"契尔年科的上台,本身就是该制度面临灾难和丧失生存能力的尖锐信号。"②

## 二、沿着前任的思路继续进行一些经济体制改革的试验

如果说,契尔年科在经济体制改革方面有何特点,那么可简单地归结为"继承性",即继续进行安德罗波夫经济改革的一些思想和具体措施。在选择他为苏共中央总书记的1984年2月苏共中央非常全会上,他说:要"继续奉行尤里·弗拉基米洛维奇·安德罗波夫始终不渝和坚定不移执行的我们党的原则性路线"。"把在尤里·弗拉基米洛维奇领导下开始的工作继续下去并依靠集体的努力把这一工作推向前进。"③

从改革理论上来讲,契尔年科也强调经济改革的必要性。他指出:"经济管理体制,我国的整个经济机制都需要进行认真的改造。这方面的工作刚刚开始。它包括进行扩大企业权利和加强企业责任的大规模经济试验。服务行业正在探索新的经营形式和经营方法。毫无疑问,这种探索将提供许多有益的东西,有助于我们解决提高整个国民经济效益这个重要的战略问题。"他还批评一些经济领导干部说:"让我们扪心自问一下吧:某些经济领导人是不是以等待试验结果作借口来掩饰他们的消极态度和要按老一套办事的意愿呢?当然,经济结构的更新是一件重大的事情。在这方面不妨遵守一条格言:三思而行。但是,这绝不能成为那些根本不愿意考虑已经变

---

① 参见[俄]瓦·博尔金:《戈尔巴乔夫沉浮录》,李永金等译,中央编译出版社,1996年,第50~52页。

② 转引自[俄]瓦连京·法林:《密室隐情——苏联解体亲历记》,余燕学译,军事读物出版社,2001年,第374页。

③ 《契尔年科言论选集》,生活·读书·新知三联书店,1985年,第458~460页。

化的条件和生活的新要求的人自我辩解的理由。"①

在苏联社会发展阶段问题,契尔年科也一再表示赞同安德罗波夫的看法。他指出:"党十分注意了解当前时期的特点,注意清醒地、毫不空想地确定我们的新社会在社会经济方面所达到的成熟程度。为了确定这一点,我们正在制定苏共政策严谨的科学原则。……发达社会主义是一个漫长的历史阶段,我国正处在这个阶段的开端。"②1984 年 4 月,他在苏共中央苏共纲领新修订本起草委员会会议上,更加明确地指出:"在最近几年党的文件中得出了一个具有原则性重要意义的结论:我们正处在一个漫长的历史时期——发达社会主义阶段——的开端。"③不论"起点论"还是"开端论",从改革角度来讲,都是为改革铺路的理论。既然苏联发达社会主义还处于"起点"阶段,即不成熟阶段,那么就需要不断完善它,而完善的途径主要是体制改革,通过改革来解决各种社会经济矛盾,促进生产的发展,提高经济效益。

从经济体制改革具体措施来看,契尔年科的重点是放在安德罗波夫时期已作出决定的以下两次改革试验上。

一是继续进行从 1984 年 1 月 1 日起在 5 个工业部的企业扩大企业自主权的经济改革试验契尔年科执政后,对这方面的试验不断地总结经验。国家科委副主席格维希阿尼认为,苏联企业扩权试验应本着以下两个精神进行:第一,大大缩减指令指标数目,在计划中只规定发展生产和提高劳动率的主要任务;并压缩集中分配的产品目录,保证彻底过渡到供货单位和消费单位的直接合同联系,发展生产资料批发贸易。第二,让企业和联合公司利用利润形成的自有资金进行设备更新和技术改造,扩大企业和联合公司利用生产发展基金的自主权。企业和联合公司同国家管理机关之间的关系,也可以建立在合同关系的基础上。④ 1984 年 8 月,经济学博士卡拉多夫发表文章,论述苏联扩大企业自主权经济试验的初步结果。他说,苏联科学院西伯利亚分院的专家对苏联电机工业部、动力机器制造部以及苏联重型和运

---

① 《契尔年科言论选集》,生活·读书·新知三联书店,1985 年,第 463 页。

② 同上,第 477 页。

③ 同上,第 498 页。

④ 参见苏联《共产党人》1984 年第 4 期。

输机器制造部的 22 个西伯利亚企业进行了调查;认为,试验无疑活跃了这些企业的经济工作,促进了对某些内部潜力的利用,明显地提高了对准确完成计划的责任感。

所调查的 4 家联合公司和工厂近年来第一次在第一季度完成了供货计划。调查发现的问题是,目前实行的改革试验措施不完善,反复实行计划和管理方法的过时做法,首先是部机关。旧的经营领导作风的惯性阻碍了试验的进一步发展,并把"武断的"计划方法强加于它。在调查的一些企业里,数额与品种计划之间的差别、生产计划和现有实力的不平衡以及物质资源不足依然存在。① 1984 年 11 月 19 日塔斯社报道,据苏联一批著名经济学家进行的调查证明,参加经济试验的 5 个部所属企业的经济活动的结果明显改进。认为值得注意的是,在企业的技术改造方面暂时还未能取得实质性进展。有的调查报告还指出,为了改进经济试验工作,应进一步完善工业管理体制,减少下达给企业的任务,发展生产资料批发贸易,使价格具有更大的灵活性。经济学家克隆罗德认为,苏联现行价格的主要有以下三个严重缺陷:①价格大大偏离价值。生产资料价格低于它的价值,而消费品价格高于价值。②价格不能刺激生产效率的提高,阻碍先进设备的采用。③价格缺乏灵活性。在生产费用出现重大变化的情况下,价格长期保持不变,造成价格与价值的进一步偏离。②

5 个工业部企业的扩权试验,取得较好的效果,特别在完成供货合同和劳动生产率提高方面,都好于未进行经济试验的企业。契尔年科在总结扩权试验的基础上,进一步扩大试验范围,决定从 1985 年 1 月起,将扩权试验范围扩大到 26 个部的 2300 多家企业(约占工业产值的 12%),在 1985 年年底进一步总结经验后,准备于 1986 年全面推广。

二是根据 1984 年 2 月,苏共中央和苏联部长会议《关于扩大俄罗斯联邦生活服务生产联合公司(企业)的经营自主权》的决议,③决定自该年 7 月 1 日起,在俄罗斯联邦居民生活服务部系统(在巴什基尔自治共和国和科米自

---

① 参见苏联《真理报》1984 年 8 月 9 日。
② 参见苏联《经济问题》1984 年第 5 期。
③ 详见郑国绮等选编:《苏联经济改革决议条例选编》,商务印书馆,1988 年,第 507～511 页。

治共和国的居民生活服务部、阿尔泰边疆区和阿斯特拉罕、伊万诺沃、克麦罗沃、萨拉托夫和雅罗斯拉夫尔州执委会的居民生活服务局)进行扩大生活服务联合公司(企业)经营自主权和使之进一步关心更充分地满足居民对服务的需求的经济试验

进行这一改革试验的目的是,为了使生活服务业的水平能适应苏联人民日益增长的需要,完善经营机制,使之更积极地促进扩大生活服务行业,提高服务质量。决议强调,在进行试验时,要特别注意改进质量,如期完成订货和提高居民服务水平。

生活服务业企业经济试验的主要内容有:

(1)围绕扩大生活服务业企业经营自主权采取措施

具体做法是:第一,进行试验的企业,将大大减少上级下达的指标数量。决议规定,只给参加试验的企业规定下达指标与定额。生活服务完成量(其中要分别列出农村地区完成的生活服务量和居民付款的生活服务量)、向上级组织和国家预算缴纳的利润提成定额、工资基金形成定额和奖励基金形成定额。生活服务指标完成情况,对评价企业工作好坏具有头等重要意义。在上级机关下达指标和经济定额、服务的现行价格和收费标准基础上,参加试验的企业以及部和局可以自行制订经济与社会发展计划,并将这些计划呈报上级机关,由上级机关给企业拨出所需物资及下达承包工作限额。

第二,扩大企业利用利润的权力。企业所获得的全部利润,在按规定的定额上缴后,余下部分的利润完全由企业自行支配。企业可以从留归其支配的利润中形成两项基金:生产与社会发展基金和鼓励基金。

第三,在物资技术供应方面,制定了改善服务业企业物资技术供应的措施。零售商业和组织可以向参加试验的生产联合公司(企业)出售为完成居民生活服务订货所必需的商品。苏联国家物资技术供应委员会系统的企业和工业企业,根据同苏联国家物资技术供应委员会的地方机构的协商,有权向生活服务生产联合公司(企业)出售它们所拥有的超定额和不使用的设备、工具、原料、材料及不合标准的商品。企业和组织可以根据参加试验的生产联合公司(企业)的要求,生产用于完成生活服务订货的半成品和毛坯,这些产品不计入消费品总产值中。

（2）采用新的不同的劳动组织和劳动制缴方法。决议规定服务业企业可采用以下劳动组织形式：

①作业队形式。这是较广泛采用的形式。它按同意承包单位根据最终结果确定劳动报酬，按劳动参与系数分配集体工资，实行经济核算原则。除工人外，还允许工程技术人员和职员参加作业队。

②合同形式。这是对生活服务集体和各个工作人员实行的形式。合同中规定应向企业上缴的服务收入的固定数额和从这些收入中提取支付工作人员劳动报酬的资金数额。也可按收入的一定比例支付劳动报酬。

③工作时间以外的兼职承包形式。允许工人、工程技术人员和职员业余时间在本企业或别的企业兼职承包，根据管理机构同承包者签订的合同中的定额和单价规定他们的劳动报酬。

④不完全工作日或不完全工作周形式。这主要是吸收某些大学生、退休者、残疾人和家庭妇女从事服务业工作的方式。

服务业企业工作人员的奖惩，主要取决于居民付款服务量的完成情况以及能否生产出工艺水平高和新颖产品。

在契尔年科时期，除了继续进行在工业企业和服务业企业中进行经济试验外，还在改进基本建设计划、组织和管理等方面，采取了一些改革措施。围绕提高经济效益，在发展经济方针方面，契尔年科继续强调要贯彻加速科技进步和向集约化转变的政策。

我们分析了选择契尔年科任苏联最高领导人的原因，我们看到了他在短短的 13 个月的执政时期在经济改革方面的作为，可以清楚地看到，苏联社会要进步、要现代化、要消除斯大林-苏联社会主义体制模式中的种种弊端，靠契尔年科那样的领导人是不可能的。我们还应看到，在年老多病的契尔年科于 1985 年 3 月 10 日去世时，苏联历史上出现了何等严重的创伤：从 1982 年 11 月到 1985 年 2 月（仅短短的二年零四个月），先后有三个年老多病的苏联最高领导病亡，这严重地伤害了苏联人民的感情，极大地损害了苏联这个社会主义国家的形象。在 1985 年 3 月初，即在契尔年科逝世前几天，两次在苏联电视屏幕上播出气息奄奄、行将就木的契尔年科在别人搀扶下跟跟跄跄来到电视摄像机前面的情景，这不仅使苏联人感到厌恶，而且它还向全世界告示:苏联这个社会主义社会确实到了可称之为"极度萧条衰退时期",也是"苏联处于衰退甚至濒死状态"的一个证明。① 至于人们频繁地、接连不断地到红场向苏联党和国家领导人告别,广大苏联人民一次又一次承受的屈辱和被沉痛情感的折磨,这对为了自身的权力可牺牲国家利益的最高领导层来说,对为了巩固斯大林-苏联体制模式以达到维护最高领导层自身权利来说,又算得了什么!

　　但社会总是要向前发展的,人们要变革的思想与愿望是抑制不住的。广大苏联人民总是要设法摆脱斯大林体制模式的。当然,面对契尔年科逝世时处于濒死状态的苏联,由谁和通过什么样的改革途径能拯救它呢,戈尔巴乔夫、叶利钦和普京又将如何面对呢?!

---

　　① ［俄］格·阿·阿尔巴托夫:《苏联政治内幕:知情者的见证》,徐葵等译,新华出版社,1998年,第391页。

# 第十八章 戈尔巴乔夫上台执政的背景与面临的主要问题

应该说,戈尔巴乔夫上台执政时的苏联,不论从哪个角度来讲,都面临着十分复杂的局面,特别是国内经济形势已显得非常严峻。由于勃列日涅夫时期经济长期处于停滞状态使苏联逐步走近衰亡,后虽经安德罗波夫的努力,经济有所好转,但复杂的经济形势并没有发生大的变化。在勃列日涅夫逝世后,苏联从高层领导到普通群众,都在耐心地等待变化,等待安德罗波夫有所作为。利加乔夫说:"因为我明白,国家已处在通往社会经济绝境的轨道上。应该真正地干一番事业,把国家拉到正道上去。"[1]安德罗波夫逝世后,上来了一个年老多病的契尔年科,让人们大为失望。契尔年科逝世后,苏联人民有理由期待一个年富力强的人上台执政,带领他们摆脱困境,振兴苏联。

## 第一节 戈尔巴乔夫上台执政

戈尔巴乔夫1985年3月11日任苏共中央总书记,1991年12月25日向全国发表电视讲话,宣布辞去苏联总统职务,执政近7年。考虑到对戈尔巴乔夫执政时期与对他本人的评价,至今有不同的看法,并且分歧甚大。为此,我们一开始对戈尔巴乔夫在任苏联最高领导人之前的情况作一简单介绍。

---

① 《政党与当代世界》1992年第8~9期。

戈尔巴乔夫 1931 年 3 月 2 日出生于斯塔夫罗波尔边疆区克拉斯诺格瓦尔杰伊斯克区普里沃利诺耶村的一个农民家庭。这里气候温和,青山绿水,风景优美。

第二次世界大战结束后不久,15 岁的戈尔巴乔夫就开始了自己的劳动生涯,在机器拖拉机站当农机手。在斯塔夫罗波尔时,18 岁的戈尔巴乔夫就获得了"劳动红旗"勋章。接着,通过斯塔夫罗波尔市的推荐,他于 1950 年即 19 岁时,被送到莫斯科大学学习,攻读法律专业。这样,戈尔巴乔夫离开闭塞、狭窄的农村来到了完全是另一个天地的城市,而且是苏联的政治、文化中心的莫斯科。在这里,为他更多地了解苏联和外部世界提供了极好的机会。

在斯大林执政时期的 1952 年 10 月,21 岁的戈尔巴乔夫加入了苏联共产党。应该说,对戈尔巴乔夫来说,选择这个时间入党,并没有特殊的含义。20 世纪 50 年代初,苏联掀起了一场吸收新党员的运动,这时期入党的人,大部分是像戈尔巴乔夫这样的年轻人。

1955 年,戈尔巴乔夫以优异的成绩从苏联最有名的以莱蒙诺索夫命名的国立莫斯科大学法律系毕业。毕业后,他离开了首都莫斯科重返故乡。但这时与 1950 年来莫斯科时不同,戈尔巴乔夫不再是单身一人,陪同他一起去斯塔夫罗波尔的还有其夫人赖莎·戈尔巴乔娃,她是哲学系的毕业生。这位苗条迷人、富有哲学思维的夫人,对戈尔巴乔夫有不小的影响。

戈尔巴乔夫回到故乡后,先从事共产主义青年团的工作。这是苏联成为党的职业干部通常走的道路。从 1955 年起,他在斯塔夫罗波尔边疆区先后任共青团斯塔夫罗波尔市委第一书记、宣传鼓动部副部长。在赫鲁晓夫执政时期的 1956 年,即召开苏共二十大开始批判斯大林时,戈尔巴乔夫任共青团斯塔夫罗波尔边疆区第二书记,两年后提升为第一书记。

1962 年 3 月,戈尔巴乔夫改做党的机关工作,具体说担任斯塔夫罗波尔地区农庄、农场生产管理局党的负责人,同年 12 月被任命为苏共边疆区委党机关部部长。戈尔巴乔夫在大学学的是法律专业,为了适应农业工作的需要,他立即在斯塔夫罗波尔农业学院学习,于 1967 年学完了函授课程,并获得了农业经济学家的资格。在苏联,函授所学课程与通常的全日制和非全日制的课程完全相同。因此,所获得的资历亦是相同的。戈尔巴乔夫获得农业经济学家的资格,对他以后的晋升无疑是重要的。同年,赖莎·戈尔巴乔娃已 34 岁,有了一个名叫伊莲娜的女儿。这时赖莎已完成了副博士论文,并获得了副博士学位(相当于西方的哲学博士)。她的论文题目是《集体农庄农民日常生活中出现的新情况——以在斯塔夫罗波尔区进行的社会调查为基础》。这个调查材料,对帮助戈尔巴乔夫了解农民、充实和认识党的工作起了不少作用。

拥有八万多平方千米和约二百八十万人口的斯塔夫罗波尔边疆区,在 1960 年,一直由费·达·库拉科夫担任区党委的书记,戈尔巴乔夫在这里结识了他。库拉科夫十分赏识戈尔巴乔夫。1962 年 12 月,他让戈尔巴乔夫担任该区的区委机关部的部长,这是主管边区全部党员干部的重要职务,加上这个区又是个重要产粮区,因此这一新的任职无疑对戈尔巴乔夫今后发挥更大的作用有着重要的意义。1964 年,库拉科夫调往莫斯科,很快就担任了苏共中央主管农业的书记,即成了主管全苏农业的党内最高领导人。在库拉科夫调往莫斯科的第二年即 1966 年 9 月,戈尔巴乔夫就担任了斯塔夫罗波尔市党委第一书记。1968 年 8 月起,戈尔巴乔夫任苏共斯塔夫罗波尔边疆区委第二书记,1970 年 4 月任该区委第一书记。这一任职,标志着他已成为苏联党的高级领导的一个成员,可望在下届党代会上成为中央委员。不出所料,在 1971 年召开的苏共二十四大上戈尔巴乔夫被选为中央委员。

戈尔巴乔夫在斯塔夫罗波尔边疆区任党的主要领导职务期间,主要集中力量抓农业。在 1970 年年初,他就在这一边疆区推行以产定奖的制度,试验作业队的制度,根据产量与成本计算劳动报酬。到 20 世纪 70 年代中期,该边疆区已有 1500 个机械化作业队,1976 年在全区推广作业队制度。根据当时报纸报道,实行作业队制度的水田和旱田的收成,要比未实行作业队制度的分别高出 50% 和 30%～40%。1977 年,戈尔巴乔夫又试行"伊帕托夫方法"。伊帕托夫是这一区的一个地名。新方法与作业队方法刚好相反,把收割机与农业运输车辆全部组织起来,在全国组成大的机动队。在这一年,斯塔夫罗波尔边疆区农业获得好收成。当时执政的勃列日涅夫为此给予了祝贺。戈尔巴乔夫为何从原来提倡实行作业队方法突然转而推行"伊帕托夫方法",主要是作业队方法受到当时中央一些领导人的反对。戈尔巴乔夫本人的兴趣还是在作业队方法上。几年以后的变化就证明了这一点。若干年后,当戈尔巴乔夫成为重要领导人时,《消息报》1983年9月29日发表文章否定了"伊帕托夫方法"。同年,《消息报》又发表消息说,戈尔巴乔夫仍然推荐在农业中实行作业队方法。

1978年7月,库拉科夫逝世。在红场为他送葬的没有当时的主要领导人勃列日涅夫、柯西金、苏斯洛夫和契尔年科等。而致悼词的却是当时还只是一个普通中央委员的戈尔巴乔夫。后来,据可靠消息说,这是因为库拉科夫是自杀的。葬礼之后的第4个月,即1978年11月,戈尔巴乔夫接替库拉科夫,任苏共中央主管农业的书记,当时他年仅47岁,这比当时的政治局委员的平均年龄要小14岁。据西方一些苏联问题学者分析,调戈尔巴乔夫来莫斯科的是当时主管苏共意识形态的苏斯洛夫,因为他也曾一度在斯塔夫罗波尔边疆区任党的第一书记。在苏斯洛夫看来,戈尔巴乔夫的长处是:受过良好教育,有能力,是俄罗斯人。大家指望年轻的戈尔巴乔夫把力量集中于农业,改变农业的落后面貌。

1979年,戈尔巴乔夫当选为政治局候补委员,一年之后又当选为政治局委员和中央委员会书记,主管农业。当时他离50岁还差半年。

1982年勃列日涅夫逝世后,安德罗波夫任苏共中央总书记。

戈尔巴乔夫对安德罗波夫执政时期决心推行改革的政策,持完全支持的态度。他还积极支持安德罗波夫提倡的反对贪污腐化等经济犯罪的整顿纪律的运动。

1983年9月,长期患肾病的安德罗波夫病情恶化,住在孔策沃医院的一间既可当卧室又可当办公室的病房里,这时戈尔巴乔夫扮演了政治局与医院病房之间的联络官的角色。这就是说,苏联其他重要领导人已不太容易见到安德罗波夫了。这个机遇,无疑对加强和巩固戈尔巴乔夫的地位起了作用。再说,由于过去安德罗波夫因治疗肾病常去高加索基斯洛沃茨克温泉疗养院养病,作为当地党的领导人的戈尔巴乔夫自然要亲自迎接这位要人。这样,他们两人之间早就有了相互了解的机遇。西方学者认为:"假若戈尔巴乔夫是远在北方的摩尔曼斯克的党的首脑,他肯定就不可能登上总书记的宝座。"①在苏联的政治体制条件下,这种说法不无道理。

　　这里顺便提一下,戈尔巴乔夫任总书记后提出的很多新思维,其中不少是他自己的独创,但也应看到,有不少是安德罗波夫在世时早已提出。因此,在研究戈尔巴乔夫的新思维时,完全与安德罗波夫割裂开来,完全算作是戈尔巴乔夫的,那是不公正的。1984 年 2 月安德罗波夫去世,由契尔年科任苏共中央总书记。尽管由于复杂的政治原因戈尔巴乔夫没有成为总书记,但戈尔巴乔夫实际上已成为苏联党的第二号人物。

　　契尔年科逝世后,决定继承人的问题,不再像安德罗波夫逝世时那么复杂了。但也并不是说一帆风顺。1985 年 3 月 10 日,即契尔年科逝世的当天晚上,召开了政治局会议。在契尔年科逝世前的几个月,一直由戈尔巴乔夫主持政治局会议,虽然他不坐在会议主席的座位上,而坐在主席座位的一侧。在这次的政治局会议上,戈尔巴乔夫提出的一个最主要问题是,什么时候召开苏共中央全会? 什么时候选举苏共中央新的总书记。当然,戈尔巴乔夫说得很简单,"什么时候召开全会?"别的没讲,因为全会当然是主要选举新的总书记。

　　戈尔巴乔夫提出问题后,自己回答说:"我认为,明天就应召开中央全会,不要拖延……"但有人立刻作出反驳:有必要这么急吗? 但是这种反驳没有得到支持,大家同意不能推迟举行中央全会。这么大的国家没有苏共中央总书记无法正常运转,因为在当时的党-国家领导体制下,大部分权力集中在总书记手中。3 月 11 日 15 点,再次召开苏共中央政治局会议。戈尔巴乔夫宣布:"现在我们要讨论有关总书记问题。17 点将召开中央全会,在两小时之内我们应讨论完这个问题。"在这次会上,葛罗米柯马上从自己的座位上站了起来,要求发言,开始说:"我已详细考虑过了,我建议米哈伊尔·谢尔盖耶维奇·戈尔巴乔夫为苏共中央总书记的职务候选人。"这次政治局会议与 3 月 10 日的气氛不同了,力量的分配变得很明显,这种情况下对抗不能给任何人带来任何好处,并且此时,政治局委员必须表明是"赞成"还是"反对"。结果所有的人都表示"赞成"。顺便说一下,后来有些传闻,说政治

---

　　① ［联邦德国］克里斯蒂安·施密特-豪尔:《戈尔巴乔夫——俄罗斯的旋风》,吴红杰等译,工人出版社,1987 年,第 65 页。

局会议的表决是分散的,猜测谁表示赞成谁表示反对。这都不是事实。接着 17 点召开中央全会,葛罗米柯代表政治局建议选举戈尔巴乔夫为总书记,大家支持这一提议,谁也没有发言。一致选举戈尔巴乔夫为苏共中央总书记。① 当天莫斯科时间 18 时 9 分,苏联宣布了这一消息。从此,戈尔巴乔夫作为苏联第八位领导人的地位得到了确认。

当时苏联人对新领导有很多期望,希望戈尔巴乔夫能够领导苏联进入一个新的时代,能够振兴苏联,重建苏联。

戈尔巴乔夫执政后,要做的事太多了,一大堆社会经济问题和国际关系问题要解决。从何着手? 戈尔巴乔夫在 3 月 11 日就任总书记的中央全会的讲话中明确提道:"今后仍将采取果断措施来进一步整顿秩序,清除生活中的不良现象和任何侵犯社会和公民利益的现象,加强社会主义法制。"之后,戈尔巴乔夫就开展反贪污腐化和反酗酒运动。与此同时,他全力以赴抓改革。

## 第二节　戈尔巴乔夫面临的主要问题

戈尔巴乔夫上台的 1985 年,苏联正处于历史性的关键时期,形势已迫使新领导人作出抉择:要么进行根本性的改革,对国内外政策作出重大调整,以达到振兴苏联的目的;要么对失去生命力的斯大林-苏联体制模式,像前几任领导那样进行修修补补,继续维持现状,最后使社会经济状况进一步恶化。1985 年戈尔巴乔夫上台后,下了决不拖延改革的决心,并在后来提出根本改革经济体制的方针。戈尔巴乔夫作出了后一种选择,并且态度十分坚决,他上台后,一再反复强调改革的必要性与紧迫性。在任总书记后不久 1985 年召开的苏共中央四月全会上所作的报告中指出:"由于管理体制不完善,繁文缛节的规章制度和泛滥成灾的报表文件,工作条件变得极为复杂。摆脱这种状况的出路只有一条,就是必须采取刻不容缓的强有力措施解决

---

① 参见《政党史与当代世界》1992 年第 8～9 期。

一揽子的管理问题。"①

　　为了向苏联人民进一步更具体和实际地说明改革的必要性,根据瓦·博尔金②的说法,戈尔巴乔夫上台后所组成的领导班子,"最初采取的行动之一就是组织力量对80年代中期国内的社会经济状况作出详细的分析。这无疑是一个正确的决定。它可以使人深刻理解国内形势,作出客观结论,提出摆脱社会近几年所陷入的绝境的途径。之所以必须研究经济、财政、科学、文化教育与情况,还因官方统计往往为'迎合'过去的领导人,总是把形势说得一派大好"。"这种分析由苏共中央机关的一批专家、许多大学科研机构、苏联科学院、统计机关联合进行。参加材料总结工作的有阿·格·阿甘别基扬院士、安·伊·安奇什金院士、斯·谢·沙塔林院士、莫任院士、斯·阿·西塔良院士、国家什委及其他政府机关和党的机关负责人。提交给总书记的分析报告得出的结论证明,国家正处在产生危机和严重的社会紧张局势的边缘。形成这种局势的原因是,以前的国家领导人对社会经济问题和工艺问题没有足够的重视,没有采取必要的措施改变局势。"③

　　我想,有关20世纪80年代中期苏联国内社会经济状况的分析材料,是戈尔巴乔夫在1987年出版的《改革与新思维》一书的重要素材,会充分加以利用,也为戈尔巴乔夫在该书中论述有关改革问题提供了根据。他在书中说:

　　　　我认为,要想了解苏联进行改革的起源和实质,必须注意下面这一点:改革不是个别人或一批人心血来潮的结果。如果是这样的话,任何号召、任何全会、甚至党代表大会都不可能发动人们投入这项工作,而今天这项工作却在我国全面展开,并且投身这项工作的苏联人一天比一天多。

　　　　改革是迫切的需要,是从我国社会主义发展的深刻进程中产生的。我国的社会主义社会迫切需要进行变革,可以说,为了变革,它历尽了

---

① 苏联《真理报》1985年4月24日。

② 系戈尔巴乔夫领导班子成员。

③ [俄]瓦·博尔金:《戈尔巴乔夫沉浮录》,李永金等译,中央编译出版社,1996年,第407页。

艰辛,而拖延改革就会在最近时期造成国内局势的加剧,直截了当地说,这种局势包藏着发生严重的社会经济和政治危机的威胁。

不抱偏见的诚实态度使我们得出一个必然的结论:国家正处于危机前的状态。这一结论是在 1985 年 4 月举行的中央全会上作出的,这次全会标志着转向新的战略方针,转向改革,给改革的构想提供了依据。

所积累的新问题既迫切又严重……这就要求采取革命性行动,宣布对社会进行革命性改革。

改革不能迟缓,我们不能,也没有权利耽误,哪怕是耽误一天。①

下面,我们较为具体地谈谈戈尔巴乔夫上台执政时面临的问题,有助于我们悟出戈尔巴乔夫强调改革紧迫性和提出根本改革体制必要性的缘由来。应该说,不少问题在本书第十四章第三节分析勃列日涅夫时期由于改革停滞产生的严重经济后果时,已作了论述,但是勃列日涅夫留下的问题后来并没有改变,而是还在发展,苏联的制度处于"濒死状态"。

一、面临的仍是斯大林高度集中的指令性计划经济体制模式

这种模式早已失去动力机制,成了阻碍社会经济发展的主要阻力。对刚上台的戈尔巴乔夫来说,他要深思的一个问题是,为什么斯大林体制模式在此后经过多次改革却没有发生实质性变化,现在应该解决如何对待体制改革问题的时候了。1985 年 6 月 11 日,戈尔巴乔夫在一次讨论科技进步的特别会议上说,苏联在经济体制改革问题上,"已绕了多年的圈子,反复衡量怎么办才更好,但实际前进很少。看来是由于害怕采取坚决措施而犯错误,有时是明显的保守主义作怪。今天我们遇到的实质上还是 10 年前产生的问题,但变得更加尖锐了。我们越来越明显地感到,再也不能容许在这次工作中有消极情绪和惰性了"。也是在 1985 年 6 月,戈尔巴乔夫在乌克兰工业中心、前勃列日涅夫派的堡垒——第聂伯罗彼特罗夫斯基,对彼得罗夫斯基冶

---

① ［苏］米·谢·戈尔巴乔夫:《改革与新思维》,苏群译,新华出版社,1987 年,第 11～12、20、54 页。

金厂的工人们说:"可以提这样一个问题,我们是进展得太快了吗? 否,我们甚至一次都未能在苏共中央委员会中讨论过这个问题。一个不同的,也就是说一个更加折中的方案是我们所难以接受的。时代要求我们这样做,除此之外,别无选择。"①

二、经济增长率下降趋势并未得到遏制

在勃列日涅夫时期,苏联经济增长率递减趋势已十分明显,但之后这种趋势并没有得到遏制。例如,1976—1980 年苏联社会总产值年均增长率为4.2%,而 1981—1985 年下降为 3.3%;社会劳动生产率由 3.3% 下降为3.1%。②

三、经济效益日益下降、浪费十分严重与生产设备十分落后

这个问题可以说贯穿苏联经济发展的全过程。尽管在勃列日涅夫时期曾一再强调经济的发展方式要从粗放型向集约化转变,但都只停留在口头上。这方面的材料很多,这里只想引用一下戈尔巴乔夫 1985 年 4 月 11 日向苏共中央政治局提交的材料就可以说明这一点。

在食品工业中,手工劳动占 60%,劳动生产率比资本主义国家要低60%~70%。1300 家干酪、奶类、黄油生产厂家,200 家肉类生产工厂,103 家罐头厂和 60 家淀粉——果酱生产厂没有净化装置。

在 1190 万个农产品储藏仓库中只有 1/3 安装了冷藏设备。只有19% 安装有通风设备。在制糖企业中只有 20% 的企业拥有仓库。140家肉类联合企业没有冷库。生产现代化机器的部门只能保证需求量的 55%。

由于这一切,农业原料的损失约为 30%。在采购和运输牲畜的过

① 转引自[联邦德国]克里斯蒂安·施密特-豪尔:《戈尔巴乔夫——俄罗斯的旋风》,吴红杰等译,工人出版社,1987 年,第 126 页。

② 参见陆南泉:《从"三个代表"重要思想分析苏联剧变苏共垮台的原因》,载《上海行政学院学报》2004 年第 2 期。

程中,损失10万吨,在采购和转运过程中,土豆的损耗量为100万吨,甜菜损耗量为150万吨,已捕捞的鱼类损耗量为100万吨。由于缺乏必需的包装材料,造成了大量鲜果及蔬菜的腐烂。

仅俄罗斯就有2亿平方米的住房面积急需大修或者拆除。大量简易住宅尚未拆除。自来水及排水设施的负荷已达到极限。还有300多座城市根本没有自来水和排水设施。俄罗斯联邦各城市的街道与马路几乎有一半没有铺设硬路面。①

客观地讲,到了戈尔巴乔夫上台的1985年,当苏联领导正视现实的时候,国家确实已陷入了困境,已处于危机边缘。正如戈尔巴乔夫指出的:"粗放发展的惰性就把经济拉进了死胡同,使发展停滞下来。国民经济的财政状况更加紧张。大量石油及其他燃料动力和原料商品投放世界市场的做法,不仅无济于事,而且还使疾病内延了。卖这些东西得到的外汇主要用于解决日常任务,而不是用于经济现代化和克服经济的技术落后状况。"②

由于经济效益下降和严重浪费,"形成了荒谬的局面。苏联在钢、原料和燃料动力资源生产方面规模巨大,早已无可匹敌,同时却由于浪费、无效的利用而又缺少这些东西。苏联的粮食生产方面在世界上名列前茅,但却要每年购进几百万吨谷物作饲料。按每个人平均计算的医生、医院床位最多,但同时在医疗服务中存在严重缺点,服务质量下降。我们的火箭以惊人的准确性找到哈雷彗星并飞上金星,而在取得这一科学和工程思想的重大胜利的同时,却在为了国民经济的需要而采用科学成就方面明显落后,我们的许多家用电器落后于现代水平"。"发展速度眼看着急剧下降,全套质量指标恶化,不愿接受新的科技成果,生活水平提高缓慢,食品、住房、消费品和生活服务方面遇到困难。"③

在分析经济效益时,戈尔巴乔夫一上台,在多次讲话中尖锐地批评在苏

---

① ［俄］阿·切尔尼亚耶夫:《在戈尔巴乔夫身边六年》,徐葵等译,世界知识出版社,2001年,第40页。

② ［苏］米·谢·戈尔巴乔夫:《改革与新思维》,苏群译,新华出版社,1987年,第15～16页。

③ 同上,第16～17页。

联长期存在的基本建设中投资效益低的问题并没有好转,例如,他在1985年
召开的苏共中央四月全会上指出:"许多项目建设周期过长,使不少物资被
冻结,使生产能力增长停滞,国家不能及时得到需要的产品。固定生产基金
交付使用计划完成得不能令人满意。"①

四、农业继续衰退

我们在分析勃列日涅夫时期苏联经济状况时指出,在1979—1982年出
现了农业连续4年的下降的局面,但这种趋势,在1983年到1985年并未得
到控制。1983年苏联谷物产量为1.92亿吨,1984年为1.73亿吨,1985年为
1.92亿吨。就是说,这3年没有一年达到苏联"十一五"(1981—1985年)计
划规定年均谷物产量为2.4亿吨的指标。农业的继续衰退,对苏联社会经济
的消极影响也在不断发展:迫使苏联大量进口食品和食品原料,这类产品的
进口额在1983年、1984年和1985年分别占苏联进口总额的20.5%、22.5%
和21.2%,其中1984年粮食进口占苏联进口总额的8.2%;②阻碍了国民经
济的调整,使市场供应更加紧张,使苏联外汇资金更加短缺。

五、与美国经济实力的差距呈拉大趋势

20世纪70年代中期以前,由于苏联在经济增长速度方面对美国一直占
有优势,因而与美国经济实力的差距是不断缩小的。但从70年代中期经济
处于停滞之后,苏美两国的差距不仅没有缩小反而出现了扩大趋势。根据
苏联官方的统计资料,如1980年苏联的工业产值,农业产值与工业劳动生产
率分别为美国的80%、85%和55%,而到1985年这三项指标没有变化。国
民收入指标1980年苏联为美国的67%,而到1985年降为66%,差距扩大了
一个百分点。苏联农业劳动生产率从1966年到1984年,一直停留在美国的
20%~25%水平上。③失去速度优势,这对苏联来说,不能不是严重问题。这
说明苏联已很难赶超美国。正如戈尔巴乔夫说的:由于经济的停滞,"一个

① 苏联《真理报》1985年4月24日。
② 引自陆南泉等编:《苏联国民经济发展七十年》,机械工业出版社,1988年,第662、666页。
③ 参见《1985年苏联国民经济统计年鉴》,莫斯科财政与统计出版社,1986年俄文版,第581页。

以前大力追赶世界上最发达国家的国家,开始明显地失去一个又一个阵地"①。苏联把失去速度优势视为涉及确保国家"战略生存"的问题。

1987 年 3 月 19 日,美国中央情报局和国防部情报局,联合向美国国会联合经济委员会的国家安全经济小组委员会提交了一份现状分析报告。据这个材料分析,从 1976—1985 年这 10 年,国民生产总值的年平均增长率,除美国低于苏联之外,其他西方发达国家都高于苏联,这也进一步说明问题的严重性。

六、越来越难以应付世界新技术革命的挑战

科技一直是推动生产力发展的一个重要因素,而这一作用,对现阶段的苏联经济来说显得更为重要。因为,当前苏联经济的发展不能再依赖于传统的粗放经营方式,即靠大量投入人力、物力和财力的办法了,而必须依靠科学的发展。据计算,如果苏联今后继续靠粗放经营方式来发展经济,走拼消耗的道路,要达到计划规定的经济增长率,那么,每个五年计划的燃料和原材料的开采量需要增加 10%~15%,基建投资总额需增加 30%~40%,需为国民经济补充 800 万~1000 万劳动力。很明显,苏联根本不存在这种可能性。②

苏联科技力量的潜力很大,并有很多新技术发明,但长期以来,新技术成果在国民经济中得到应用得很少,而且周期很长。对此,戈尔巴乔夫在 1987 年苏共中央六月全会的报告中说:"最令人不安的还在于,我们的科技发展上开始落后",科技停滞"不是由于缺乏科技成果,主要是国民经济接受新事物不积极"。在苏联,阻碍新技术成果及时应用的原因很多,但主要还是经济管理体制方面的因素。

由于管理体制严重阻碍着科技的进步,从而影响着经济的发展。苏联机械化水平提高得缓慢,生产中手工劳动比例一直很大:20 世纪 80 年代中

① [苏]米·谢·戈尔巴乔夫:《改革与新思维》,苏群译,新华出版社,1987 年,第 14 页。
② 《戈尔巴乔夫言论选集》,人民出版社,1987 年,第 89 页。

期,苏联从事手工劳动的还约有 5000 万人,工业中从事手工劳动的工人约为 1/3,建筑业为一半以上,农业则为 3/4。①

据有关材料估计,在 20 世纪 80 年代中期,苏联与西方发达国家相比,科技水平要相差 15～20 年。据苏联电子工业部部长科列斯尼科夫估计,苏联一直加以重点加速发展的计算技术,现在要落后西方 8～12 年。

面对上述情况,戈尔巴乔夫在上台不久的 1985 年 6 月 11 日,就召开了全苏科技进步问题会议。他在报告中明确指出:"应该使经济最大限度地适应于科技进步,保证所有国民经济环节从切身利益上关心科技进步。""要切实保证在加速科技进步方面取得成绩的劳动集体处于优越地位,要使生产陈旧过时,缺乏效率的生产变得无利可图。"②戈尔巴乔夫他要求把加速科技进步问题放到党的工作的中心位置来考虑。

### 七、社会危机因素在增加

勃列日涅夫执政后期出现的种种社会问题,在他逝世后,虽经安德罗波夫短期执政的整顿,但并没有好转。经济中出现的种种障碍和停滞不可能不反映到社会领域中来。因此,戈尔巴乔夫上台后,不仅不断地揭示经济领域的危机现象,还一再揭露社会领域中的各种严重问题。他在庆祝十月革命 70 周年的报告中和《改革与新思维》一书中都指出,当时苏联在社会与精神道德领域出现了许多异常现象:

苏联人民对讲坛上讲的东西,报纸上和教科书中说的东西,不那么相信了;

社会道德开始堕落,酗酒、吸毒和犯罪等现象日益增多。莫斯科市去登记的吸毒者就有 3600 名;

下流无耻、低级趣味和精神空虚的文化、艺术流行;

政治上的奉承、大量授予奖赏、称号和滥发奖金,往往取代了对人及其生活和劳动条件的真正关心。苏联报刊说,勃列日涅夫执政时期是一个"拍马屁和阿谀奉承"的时代;

---

① 参见《戈尔巴乔夫言论选集》,人民出版社,1987 年,第 93 页。
② 苏联《真理报》1985 年 6 月 12 日。

贪污、盗窃、行贿现象日趋严重；

在社会科学领域几乎见不到创造性的思想。

这里特别要指出的是，当时苏联社会与广大群众对党的信任程度大大下降，对苏联长期以来存在的官僚主义体制已经十分厌恶了。我们前面提到的在短短的二年零 4 个月先后有三位老年多病的苏联最高领导人病亡，这远远不只是刺疼了广大人民的心，而是让广大人民群众对苏联未来丧失信心。人们往往用嘲弄讥笑、编政治笑话讽刺老人政治。例如，召开党代表大会时，会议主持宣布说："代表大会全体起立，现在把总书记抬进来。"意思是说，苏共总书记已老得不能动弹了。所以大会主持人宣布议程时说："一、全体起立；二、把总书记抬进来；三、由播音员宣读总书记报告……"而此时，苏联的宣传机器和领域层成员却到处"展示"苏共中央总书记充满力量的活动——在电视荧屏上，在选举活动中，在他们每天"发出的"呼吁书、答记者问、声明里，"使我们大家显得像在傻瓜的国家里"。①

八、面临着复杂的国际环境

从世界全局范围来讲，1985 年戈尔巴乔夫上台时，当时的世界是这样的："这是一个充满希望的世界，因为人们以前从来没有为了文明的进一步发展而如此全面地装备起来。然而，这也是一个危机四伏与矛盾重重的世界，这些危机与矛盾促使人们说：这几乎是历史上最令人忧虑的一段时期。""当代世界是复杂的、多种多样的、变化多端的，贯穿着各种对立倾向，充满着矛盾。"②

从苏联当时所处的外部环境来看，也是十分不利的。长期以来推行与美争霸世界的政策，竭力争夺势力范围，使得苏联与美国的军备竞赛不断升级。冷战的后果是使苏联不堪巨额军费的重负，经济被拖垮。"对苏联来说，冷战意味着苏维埃经济和政治制度的全部缺点和弊病的无法遏制地、强

---

① ［俄］阿·切尔尼亚耶夫：《在戈尔巴乔夫身边六年》，徐葵等译，世界知识出版社，2001 年，第 26 页。

② 米·谢·戈尔巴乔夫在《苏联共产党中央委员会向苏共二十七次代表大会提出的政治报告》，载苏联《真理报》1986 年 2 月 26 日。

有力地增长和加深。国家事实上变成了冷战的工具,冷战吞噬了国家几乎80%的智力、思想、政治和物质资源。"①

对东欧各国,大国主义、老子党的政策从来没改变,不准这些国家改革,干涉这些国家的内政。与此同时,东欧国家为了摆脱斯大林的模式,独立倾向在加强。与中国的关系,也刚刚开始改善。对第三世界的主权,苏联不予尊重,往往还加以干涉。1979 年入侵阿富汗,加剧与西方国家的对抗。正如戈尔巴乔夫所说的,苏联"是在国际局势日益紧张的形势下开始改革的"②。很明显,上述国际环境,对戈尔巴乔夫在国内推行改革政策是极其不利的,因此必须调整对外政策,改变苏联在国际上的形象。对此,戈尔巴乔夫在以后的著作中指出:"我们在开始改革时懂得,如果在对外政策方面不作任何改变,我们设想的国内改革也不会成功。"③这也是戈尔巴乔夫在对外政策方面提出政治新思维的原因。

戈尔巴乔夫根据 1985 年上台执政时所面临的主要问题,从改革特别是经济体制改革角度来看,从他执政初期的几次重要讲话来看,得出的重要结论是:

第一,总的来说,我们的经济基本上是一种浪费型经济;

第二,目前的主要任务是寻求和发掘提高生产效率和产品质量的一切潜力;

第三,要对计划和管理,以及整个经济机制进行深刻的改造。④ 也就是说要有战略性的转变,转向改革。

---

① 〔俄〕阿·切尔尼亚耶夫:《在戈尔巴乔夫身边六年》,徐葵等译,世界知识出版社,2001 年,第 13～14 页。

② 〔苏〕米·谢·戈尔巴乔夫:《改革与新思维》,苏群译,新华出版社,1987 年,第 169 页。

③ 〔俄〕米哈伊尔·戈尔巴乔夫:《对过去与未来的思考》,徐葵等译,新华出版社,2002 年,第 83 页。

④ 戈尔巴乔夫 1985 年 6 月 11 日在全苏科技进步问题会议上的报告,载苏联《真理报》1985 年 6 月 12 日。

# 第十九章　戈尔巴乔夫时期经济
# 体制改革的进程

在戈尔巴乔夫执政的近7年期间,他一直在推行改革,改革的进程是十分复杂和曲折的。对戈尔巴乔夫改革进程各阶段的划分、各阶段的指导思想与内容,国内外学者的看法有不少共同之处,但由于视角的不同也有一些差异。本章的主要任务是,从经济体制改革出发,对近7年来的改革进程作一梳理。

## 第一节　对改革发展阶段的若干论述

戈尔巴乔夫时期的改革涉及经济、政治与外交领域等各个方面。坚持改革是戈尔巴乔夫的一贯思想与一直推行的政策。由于在改革过程中的不同时期碰到了各种各样的问题,矛盾与斗争一直存在,特别是在1988年以后显得更加突出与尖锐,所以戈尔巴乔夫的改革指导思想与一些具体政策在各个时期发生变化。

王崇杰从苏联演变这个角度出发,认为从戈尔巴乔夫改革指导方针的变化、改革历程以及社会政治经济状况来看,大体上可分为四个阶段:

第一阶段:从1985年3月到1987年秋,约两年半的时间。这期间,戈尔巴乔夫的指导思想大体上还是"完善社会主义社会",改进苏联原来的经济和政治体制;苏联党政领导的工作重点是加速经济发展和探索经济改革的途径。

第二阶段:从 1987 年冬到 1989 年末,两年多时间。这期间戈尔巴乔夫的指导思想发生了很大变化,逐渐转向否定过去的社会主义制度,比较明显地向社会民主主义倾斜,并且形成一套所谓"人道的民主的社会主义"概念;苏联党政领导在经济改革"空转"的情况下,重点转向搞政治改革;苏联国内政治、思想、经济和民族关系等各领域的形势不断恶化。

第三阶段:从 1990 年年初到 1991 年 8 月上半月,一年半多的时间。这期间戈尔巴乔夫紧锣密鼓地推行"人道的民主的社会主义",苏共党内和社会上各种政治力量展开激烈的夺权斗争,国家的政治、经济和民族关系陷入全面危机,社会动荡不安。

第四阶段:从 1991 年 8 月 19 日至 12 月 25 日,只有 4 个多月的时间。苏联局势急剧变化,政权迅速更迭,苏联共产党和联邦国家解体,"人道的民主的社会主义"宣告破产。[①]

很明显,对戈尔巴乔夫时期改革发展阶段的上述划分,是以苏联的演变与改革指导思想的变化为依据的。

邢广程研究员,从戈尔巴乔夫执政时期苏联决策发生的几次重大变化这一角度出发,将戈尔巴乔夫时期的决策分为三个阶段:

第一阶段,从 1985 年至 1987 年,这一时期,戈尔巴乔夫主要进行了以下方面的决策:组建新的领导班子,奠定改革的组织基础;提出改革的总体思想,其主要思路是将企业作为改革的中心点,充分利用商品货币关系,通过国家订货指导企业的生产经营活动;在对外关系方面寻求总体缓和,不仅缓和与西方国家的关系,而且也竭力改善与中国的关系;批判过去,为其改革制造理论基础。这时期,戈尔巴乔夫改革步骤平衡,显示了很强的控制局面能力,比较顺利地完成了从勃列日涅夫后期政治格局向改革新格局的转变过程。经济改革是主线和重点。

---

① 刘洪潮等主编:《苏联 1985—1991 年的演变》,新华出版社,1992 年,第 1～7 页。

第二阶段，从1989年至1990年，由于经济改革没有取得当局所期望的效果，所以戈尔巴乔夫认为主要问题在于政治体制方面。从1988年起苏联决策发生重大变化，将政治体制改革提升为主线和最主要的环节。戈尔巴乔夫政治体制改革的思路是，在一党制的条件下实行"民主化"和"公开性"，还权于苏维埃，将国家重心由党的系统转向最高苏维埃系统。这期间戈尔巴乔夫系统地提出了他的新思维理论。

第三阶段，从1990年至1991年，这时期苏联又进行了重大决策转变，将"人道的、民主的社会主义"上升为路线高度；由一党制转变为多党制；将决策重心由最高苏联埃移至总统机构。与此同时，苏联制定新的经济改革和反危机纲领，出现了政府纲领与"500天计划"之争，后来又出现了亚夫斯基的"哈佛计划"。[①]

由于戈尔巴乔夫时期的政策的基本内容是推行改革，即都是围绕改革调整政策的，因此从决策角度层面来对戈尔巴乔夫执政时期进行阶段的划分，实际上，也是对戈尔巴乔夫改革进行阶段的划分。

潘德礼研究员认为：大致说来，戈尔巴乔夫执政时期的改革经历了四个阶段：

第一阶段，1985年3月至1988年6月，苏联开始进行经济管理体制改革；第二阶段，1988年6月至1990年年初，以苏共第十九次全国代表会议为标志，改革从经济领域转向了政治领域，社会出现混乱和动荡；第三阶段，1990年年初至1991年"八一九事件"发生前，1990年苏共中央二月全会接受了苏联社会业已形成的多党并存的现实，政治斗争进一步激化，苏共由党内意见分歧发展为组织上的分裂，激进民主派开始左右苏联政局；第四阶段，1991年"八一九事件"后至同年年底，戈尔巴乔夫的改革彻底失败，其标志就是苏联的剧变和解体。[②]

---

[①]　邢广程：《苏联高层决策70年》第五分册，世界知识出版社，1998年，第1~2页。
[②]　陆南泉等主编：《苏联兴亡史论》修订版，人民出版社，2004年，第690页。

在戈尔巴乔夫执政时期任苏联部长会议主席的尼·雷日科夫,在其《大动荡的十年》一书中,把戈尔巴乔夫执政时期的改革分为三个阶段:

第一阶段为 1985—1987 年,改革起步,全民欢欣鼓舞,对很快实现变化充满希望;第二阶段为 1988—1989 年,从改革的幻想中清醒过来,因欲达到提出的目标需要许久许久的时日而感到失望;第三阶段即最后阶段为 1990—1991 年,改革濒临死亡直至寿终正寝。[①]

从上述介绍的材料来看,对戈尔巴乔夫执政时期改革阶段的划分,都是从总体上加以说明的,即既包括经济体制改革也包括政治体制改革。从客观上讲,经济与政治体制改革两者是紧密联系在一起的。但各个阶段改革的重点又是不同的。如果只从经济体制改革角度来看,程伟教授在《戈尔巴乔夫执政以来苏联经济体制改革的回顾与展望》一文中认为,大体上可分三个阶段:

1985 年"四月全会"至 1987 年末——逐步形成新经济体制的整体方案和为改革作理论准备阶段;1988 年初至 1990 年末——新旧体制转换和为全面推行新经济体制创造条件的阶段;1991 年以后——全面推行新经济体制和对其进行进一步完善阶段。[②]

考虑到这篇文章是 1988 年写的,因此作者对后两个阶段的评论带有预测性质。

## 第二节　经济体制改革的三个阶段及其主要内容

这里,先要澄清至今还存在的一些不准确看法,认为戈尔巴乔夫的改革

---

是从政治体制开始的。到 2003 年,送笔者的匿名评审的一篇博士论文中还说:戈尔巴乔夫的改革"首先指的是政治改革,因为,无论是戈尔巴乔夫本人,还是苏联的改革实践都能说明,在戈尔巴乔夫时期,真正意义上的体制改革是从政治领域开始的。"但实际上,戈尔巴乔夫时期的改革是从经济领域开始的,当时的苏联主要领导人主要精力花在经济体制改革方面。戈尔巴乔夫在谈到这一问题时指出:"最近几年我不止一次地受到批评,说我应该从经济开始,而把政治的缰绳拽住……像中国那样。我并非没有对经济问题的了解,更没有忽视。只要看一下改革事件的记事表就可知道。从一开始多数中央全会讨论的正是经济改革问题。它占了我作为总书记的工作中、我的同事的工作中和政府机关工作中四分之三以上的时间和精力。"①
2004 年 5 月 31 日至 6 月 1 日,由中国国际交流协会和美国乔治·华盛顿大学联合召开的"苏联解体原因"研讨会上,美国斯坦福大学政治系副教授迈克尔·麦克福尔为会议提供的论文中谈及此问题时指出:

　　回顾过去,一些历史学家认为,戈尔巴乔夫是一个民主革命者,他很少关心经济改革,相反他从一开始就在设法毁掉苏共,并在苏联实行民主化。没有比这更离谱的了。从戈尔巴乔夫担任苏共总书记以来,他就一直致力于实施经济改革。民主化不是目标,而是取得经济改革的一种手段。他进行经济改革的速度很慢。戈尔巴乔夫改革的第一批步骤与其他苏联改革类似,都是将提高现有体制的工作效率作为目标。他的第一个针对不良经济的重大改革政策是加速发展经济。实施经济改革需要中央强有力的控制。政治体系自由化还提不到议程上。这些最初的改革政策的目标并不是要改革管理苏联经济基础的基本体制,而是使现有体制运转得更好。

　　以上简要的论述,主要说明两个问题:一是戈尔巴乔夫上台执政后,首先是从经济领域着手改革的;二是从他执政近 7 年的历史发展来看,戈尔巴

---

① ［俄］米哈伊尔·戈尔巴乔夫:《对过去与未来的思考》,徐葵等译,新华出版社,2002 年,第 78 页。

乔夫本人与当时的领导班子在相当一个时期里,工作的着力点放在通过经济体制改革来解决严重的经济问题。

从戈尔巴乔夫执政时期的实际情况看,笔者认为,经济体制改革大体上可分为三个阶段。

一、从 1985 年 3 月到 1987 年——经济体制改革的准备阶段

在此期间,苏联党政领导采取的重要决策与政策涉及很多方面,主要内容有:

(一)1985 年召开的苏共中央四月全会,它是苏联新的历史转折点的标志

这是具有十分重要意义的全会。戈尔巴乔夫在这次全会上,作了《召开苏共例行第二十七次代表会议及有关筹备和举行代表大会的任务》的报告。谈及经济问题的主要点有:

第一,分析当时苏联的经济形势,指出勃列日涅夫留下的经济困难远远没有克服;

第二,困难发生的原因,主要是没有及时地对生产发展的客观条件的变化、没有对加快生产集约化和经营管理方法的变革的必要性作出应有的评价;

第三,解决困难的途径是,广泛采用科技革命的成果,使社会主义经营管理方式符合现代条件的要求,应当大大加速社会经济进步;①

第四,解决社会经济问题最终要靠改革,报告中明确指出:"我们不管研究什么问题,不管从哪个方面来对待经济,最终一切都靠认真改进管理和整个经济机制。"②

这次全会,首次提出了苏联社会经济发展的新战略方针,即要实行大加速发展战略。戈尔巴乔夫在其《改革与新思维》一书中说:"这次全会标志着

---

① 在四月全会前的 3 月 21 日,苏共中央政治局举行了戈尔巴乔夫上任后的第一次例会,讨论并提出了动员全国力量实现经济集约化和加速经济发展的战略。

② 苏联《真理报》1985 年 4 月 24 日。

转向新的战略方针,转向改革,给改革的构想提供了依据。"曾有一段时间,苏联领导人和学者,在讲话、文章和平时的谈话中,都是把1985年的苏共中央四月全会看作是苏联进入一个新的历史转折点的标志,总是说四月全会以后如何如何,当时在不少苏联人看来,这与我国常讲1978年党的十一届三中全会标志着中国进入一个新的历史时期具有同样的重要意义。

在这次全会上,并没有研究如何实现战略方针转变的具体问题。

这次全会后不久的6月11日,召开了全苏科技进步问题会议。戈尔巴乔夫在会议所作的报告中,强调要提高苏联经济质量与效率,从而要求使经济体制适应科技进步的要求,并提出,国家计委应变成集中大科学家和主要专家的国家科学经济机关。应大大减少集中下达的计划任务。[①]

(二)1986年2月,苏共二十七大首次正式提出"加速战略"和提出根本改革的方针

代表大会对过去一个时期(主要是勃列日涅夫时期)的内外政策(主要是国内政策)进行了总结,揭露和批评了这一时期存在的缺点和失误。在此基础上,提出了苏联今后一个时期(2000年前)的战略任务以及实现这一任务的大政方针,以适应新形势发展的要求,力图使苏联经济的发展进入一个新的历史转折阶段。

在经济方面,苏共二十七大主要解决两大问题:一是代表大会确认了1985年苏共中央四月全会提出的社会经济发展的"加速战略"。苏共二十七大的决议明确指出:"党的主要活动领域过去是,现在仍然是经济。""代表大会完全赞同苏共中央委员会所制定的加速我国社会经济发展的构想和实施这一构想的实际步骤。"很明显,加速国家社会经济发展是战略方针。戈尔巴乔夫在其闭幕讲话中还进一步指出:"加速发展的思想贯彻在我们在代表大会召开之前的全部活动中,也是代表大会注意的中心问题"。二是代表大会首次提出实现"加速战略"的两个基本途径,即加速科技进步和根本改革现行经济体制。戈尔巴乔夫在报告中指出:"不深刻地改造经济机制,不建立能更充分地发挥社会主义潜力的完整、有效和灵活的管理体系,就不可能

---

① 参见苏联《真理报》1985年6月12日。

解决经济方面的新任务。""经济管理需要不断完善,这是不言而喻的。但是当前的形势是,不能只局限于局部的改进,必须进行根本的改革。"在苏共二十七大的决议中明确指出:"加速社会发展的方针要求必须深刻改造经济机制,建立一个以民主集中制原则为基础并有助于更充分地挖掘社会主义潜力的完整、有效而灵活的管理体制。代表大会委托苏共中央委员会和苏联部长会议在近期内实行一整套措施,使管理与经营方式适应现代的要求。"①

为了了解戈尔巴乔夫经济体制改革发展过程及其改革思想,必须对戈尔巴乔夫视为决定苏联今后前途和命运的"加速战略"和"根本改革"这两个重大问题进行分析。在探讨这些问题时,还应该把我们前面已提到的在苏共中央在二十七大前1985年6月举行的加速科技进步会议的材料放在一起研究。这个会议上,戈尔巴乔夫作了《党的经济政策的根本问题》的报告。苏共中央之所以要在二十七大之前召开加速科技进步问题的会议,主要考虑到这一问题对于实现党的"加速战略"所具有的重要意义。下面我们把下列三个有机联系的问题作一简要分析:

1. "加速战略"问题

20世纪60年代末70年代初开始,苏联在经济发展方面,一直在努力贯彻向集约化轨道转变的战略方针。苏联领导还一直认为,今后经济发展的深度和广度,取决于集约化战略方针的实现程度。戈尔巴乔夫执政后,一再批评苏联经济转向集约化的进程不快,效果不大,基本上还是粗放型经济与一种浪费型经济。严峻的国内外条件,要求苏联重新考虑今后社会经济的发展战略方针,并明确提出苏联今后必须实行"加速战略"。从1985年苏共中央四月全会以来的戈尔巴乔夫一系列重要讲话来看,"加速战略"大致包括的内容有:首先,是指提高经济增长速度,特别要使那些具有战略意义的部门得到迅速发展;其次,是指在加速科技发展、调整经济结构、有效管理的基础上,使生产转向集约化,达到提高经济质量的目的;另外,还包括执行积极的社会政策,确定社会主义的公正原则,改善社会关系,更新政治机关和意识形态机关的工作方式和方法,加强社会主义民主,消除怠惰、停滞不前

---

① 《苏联共产党第二十七次代表大会主要文件汇编》,人民出版社,1987年,第134～135、429、45、138页。

和保守主义,即消除阻止社会进步的一切东西。

十分明显,"加速战略"与过去的集约化战略方针是不同的,它有以下特点:

第一,"加速战略"的侧重点在速度。苏联计划国民收入的增长速度从"十一五"计划(1981—1985 年)的 3.1% 提高到 20 世纪末的 5%,在 1986—2000 年的 15 年中,年平均增长速度要达到 4.7%。战略的主要经济目标是在今后 15 年内使国民收入翻一番。

第二,"加速战略"实现的经济规模要比以往任何时期都大,今后 15 年内要做完苏维埃政权 68 年里所做的事情。

第三,速度、数量上的加速,不是粗放的、纯数量上的加速。戈尔巴乔夫一再强调,加速要求有新的质量,是集约化的加速。1986 年 3 月 21 日《真理报》的一篇论述实现"加速战略"途径的理论文章指出:提高经济发展速度将在全面集约化基础上实现。全面集约化的实质是生产上做到多、快、好、省。集约化是加速的基础。显然,在这里,全面集约化是作为实现"加速战略"的方法、手段提出的。集约化与"加速战略"并不矛盾。但不能认为,"加速战略"与集约化方针是一回事,并得出结论说,戈尔巴乔夫执政后,苏联的社会经济发展战略的内容与过去一样,没有发生变化。

第四,"加速战略"涉及的面积广,它包括了社会政策与社会关系的改造问题。因为,在这些方面如果不能进行重大改革,就可能仍然让各种惰性、消极的因素堵塞社会经济的发展,从而使"加速发展"难以实现。

2. 加速科技进步问题

这个问题的苏共二十七大是作为实现"加速战略"一个重要途径提出的。戈尔巴乔夫在加速科技进步的大会上就说过:"加速科技进步问题的迫切性还在于,科技革命的新阶段已经到来。""应当骑上科技进步的快马,其他出路是根本没有的",因为"粗放的发展方法基本上已经耗尽潜力了"。

戈尔巴乔夫执政头几年在加速科技进步方面采取的主要政策有:

第一,加速新兴工业的发展。苏联在这方面的方针是:增加高效能的、先进的劳动资料和劳动对象的生产,以保证微电子工业、自动化设备、新工艺流程、机器人、聚合材料、微生物工程等部门以更快的速度发展。戈尔巴乔夫把微电子工业、计算技术、仪表制造以及整个信息技术工业,视为现代科技进步的催化剂。

第二,优先发展机器制造业。这是更新苏联生产结构,使科学思想物质化的重要条件。当时苏联计划在六七年内使重要的机器、设备和仪表的参数达到世界最高水平,从而使国民经济各部门蓄积高效机动的科学生产力量,以满足国民经济对现代化技术设备的要求。

第三,调整产业结构。在新技术革命蓬勃发展的情况下,苏联日益感到过去那种以重工业为主导的传统工业结构不能适应新技术革命的要求。今后,苏联的产业结构将主要朝着以下两个方向变化:一是在产业结构上实行由传统产业(重化工)为主的一元化结构向新老产业并举的多元化结构转变;二是在产品结构上,实行从资源密集型向知识、技术密集型转变。实现这种转变的具体做法是:用增加的新产品、优质产品取代过时的旧产品。同时,大力开发知识密集、技术密集的新产品。苏联在"十二五"计划期间,计算技术装备的产量将增加 1.3 倍,工业机器人的数量将增加两倍。

第四,调整投资结构。要实现加速科技进步的上述三个措施,就必须在投资结构上进行调整。今后几年里,用于改建的投资在投资总额中所占的份额应当至少从 1/3 提高到一半。

第五,改革科研与生产一体化的组织形式。为此,应从以下两方面着手:一是把各部、委所属的大部分研究所和设计单位列入生产联合公司和企业的编制,从而加强工厂的科研部门。这样会使科研生产联合公司成为科技进步的真正先锋。二是为了打破部门之间的壁垒,建立跨部门的科技综合体(如机器人、激光工艺、生物基因等)。

另外,在科研政策方面,戈尔巴乔夫强调,仍要坚持优先发展基础科学。各部的科研机关,主要解决与生产脱节的问题,其科研项目应以取得优异的国民经济成果为目标。为此,要使科研单位直接参加"科研—研制—生产—销售—维修"完整周期的全部工作。

第六,加强对科研人员的物质刺激。这包含的内容大致有:①要采取切实措施来提高社会对科研人员劳动的重要作用的认识;②由于科技的迅速发展,要系统地重新培训科技人员,让他们有机会及时学到新的专业知识;

③提高科技人员的劳动报酬。苏联为此已通过决议,决定从1986年起,增加科学、设计和工艺工作者的职务工资。企业和组织的领导有权为那些做出创造性贡献和富有成效地完成复杂工作的设计师和工艺师增加工资。

3.根本改革经济体制问题

要加速科技进步,除了采取以上一些具体措施外,最根本的一条还是要改革经济管理体制。原因很简单,正如上面已指出的,当时阻碍苏联科技进步和经济发展的主要因素是体制问题,科技进步在叩体制的大门,这在苏联表现得尤为突出。戈尔巴乔夫曾指出:"加速科技进步就必定要求深刻改革计划和管理体制以及整个经济体制。"今后苏联科技进步的进程,在很大程度上取决于经济体制的改革状况。

以上分析说明,戈尔巴乔夫把解决苏联社会经济问题最后都落到体制的改革上。

苏共二十七大提出了根本改革体制的方针,但并没有、当然也不可能那么快地提出一个改革方案来。戈尔巴乔夫在代表大会的报告中,只是规定了今后改革的大致方向:

(1)提高集中领导经济的效力,加强中央在实现党的经济战略的基本目标方面,确定国民经济的发展速度和比例、国民经济的平衡方面的作用。同时应当结束中央干预下级经济部门业务活动的做法。

(2)坚决扩大联合公司和企业的独立自主性的范围,提高联合公司和企业取得最大的最终成果所负的责任。为此,要使它们转向真正的经济核算、自负盈亏和自筹资金,使各集体的收入水平直接取决于工作效率。

(3)各级国民经济部门改用经济领导方法,为此要改变物质技术供应工作,完善价格形成、拨款与信贷制度,制定有效的反浪费办法。

(4)使管理工作具有现代化组织结构,并考虑到生产的集约化、专业化与协作化趋势。这指的是建立相关部门的综合体、跨部门科学技术中心、各种形式的经济联合公司、地区——生产联合公司。

(5)保证将部门的经济管理同地区的经济管理合理地结合起来,使各共和国和地区得到综合的经济发展和社会发展,安排合理的跨部门的联系。

(6)实现管理的全面民主化,提高劳动集体在管理中的作用,加强自下而上的监督,加强经济机关工作中的报告制度和公开制度。

戈尔巴乔夫在苏共二十七大报告中还指出:苏联处于社会主义经济体制进行最重大的改组时期。这种改组已经开始进行。工业企业主要向两级管理制度过渡。从1986年开始,经济试验的新的经营方法在企业和联合公司中采用,这些企业和联合公司的产值占全部工业产值的一半。他还强调,对以前改革试验虽一直在进行,但苏联的改革是刚刚起步。①

苏共二十七大后,围绕扩大企业权限,调整国家与企业的关系,继续推行1984年安德罗波夫执政时已开始的改革试验,同时根据二十七大确定的改革方针,对试验的内容加以完善、充实和提高,并积极着手准备完整的改革方案。

苏共二十七大还通过了关于《苏联1986年至1990年和至2000年经济和社会发展基本方针》的决定。在这一决定中,专门有一部分论述"完善国民经济的管理"的内容,并要求:"在第十二个五年计划期间,所有经济部门都要改行新的经营方法。"②

(三)1987年苏共中央一月全会对改革的大讨论和再动员

这次全会曾引起国内外政界和舆论界的广泛注意。一些苏联学者甚至认为,会议的意义超过了苏共二十七大。不管这种说法是否妥当,但说明这次全会的重要性。戈尔巴乔夫在会上做了《关于改革与党的干部政策》为题的报告。会议的主题是改革、民主和干部问题,要集中解决的问题是:苏联究竟要不要进行根本性的改革,并提出要实现根本改革就要依靠民主化和排除来自干部方面的阻力。这里人们会问:根本改革的方针已在1986年2月召开苏共二十七大的决议中通过,为什么时隔不到一年又重新讨论这个问题?主要原因是:二十七大后,一方面改革逐步取得进展,改革的试验工作在进行;另一方面又出现了不少改革阻力,在推进改革过程中,党内外各阶层特别是干部对改革的认识出现了不同的看法,不少人对改革持"等待"态度,甚至有人"公开阻挠"改革。所以戈尔巴乔夫在报告中指出:"向好的方面的转变进展缓慢,改革工作比预想的更困难,社会中积存的问题的根源

---

① 参见《苏联共产党第二十七次代表大会主要文件汇编》,人民出版社,1987年,第45～46页。

② 《苏联共产党第二十七次代表大会主要文件汇编》,人民出版社,1987年,第311页。

比原来预想的更深。"不少人对改革的复杂性"认识不足",常常问:"转变是否太急了?"①

针对这种情况,对根本改革的方针,必须再次进行大讨论,重新分析1985 年苏共中央四月全会之前党和苏联社会所遇到的问题,以及搞清产生消极趋势的原因,并在此基础上,统一认识,以便使已经开始的改革变得不可逆转,并且还要指出改革的具体方向。为了统一认识,戈尔巴乔夫在报告中,就如何理解改革、改革的含义作了论述,他说:

改革,就是坚决地克服停滞不前的过程,摧毁阻碍前进的机制,建立可靠、有效的加快苏联社会经济发展的机制。

改革,就是依靠群众的活生生的创造,全面发展民主,社会主义自治,鼓励主动精神和首创精神,加强纪律与秩序,在社会生活的各个领域扩大公开性,展开批评与自我批评,这也是对个性和尊严的高度尊重。

改革,就是不断地提高苏联经济中的积极因素的作用,恢复和发展国民经济管理工作中的列宁的民主集中制原则,普遍运用经济的管理方法,放弃发号施令和行政命令的做法,保障各个经济环节全面运用经济核算制原则,新的劳动与生产组织形式,全力鼓励革新和社会主义进取精神。

改革,就是坚决地转向科学,就是科学与实践的业务合作以取得最大的最终成果,就是善于把任何创举置于牢固的科学基础上,就是科学家愿意和热烈希望积极支持党的社会更新方针,同时,这也是关心科学的发展、科学干部的成长,他们积极参与改造的过程。

改革,就是优先发展社会领域,日益充分地满足苏联人民对劳动、生活、休息、教育、医疗服务的良好条件的需求,这是不断关心每个人和整个社会的精神财富和文化,这是能够把处理社会生活的重大、根本问题与解决人们关心的当前问题结合起来。

---

① 《戈尔巴乔夫关于改革的讲话》,人民出版社,1987 年,第 124 页。

改革,就是积极地使社会摆脱对社会主义道德的曲解,始终不渝地贯彻社会公正原则,这是言行一致,是权利与义务一致,这是提高诚实的高效劳动的威信,是克服劳动报酬方面的平均主义趋向和只顾满足个人需求的倾向。①

戈尔巴乔夫在报告的结尾指出,通过改革要使苏联"变成高度发达国家的典范,成为一个具有最先进的经济、最广泛的民主、最人道的崇高道德的社会,在这个社会中,劳动人民能感到自己是享有充分权利的主人,能够享受物质文明和精神文明的一切好处,而他们的子女的未来能得到保障,他们自己则拥有朝气蓬勃和丰富多彩的生活所需的一切"。通过改革,要使社会主义成为"一种为人谋福利,为人的社会利益和经济利益及其高尚的精神服务的社会"②。

在这次全会上,戈尔巴乔夫一再强调民主的重要性,指出"民主不单纯是个口号,而是改革的实质"③。强调民主的主要目的有两个:一是通过民主化来排除改革的各种阻力,发展改革形势;二是通过民主化,充分发挥人的作用,以此来推动和实现改革。戈尔巴乔夫在提出民主这一重要性的同时,还强调发展人民自治问题。

关于干部问题,这次全会着重强调的是,改革的成败取决于干部,为此要重新制定选拔干部的标准,不再允许那些"不胜任职责""不拉车"的领导人再留在领导岗位上。他提出的选拔干部的具体准则是:一是对改革的态度,这是"评价干部的决定性标准";二是开拓精神,反对因循守旧;三是"具有高超的专业水平",即是内行;四是高度的组织性与纪律性;五是具有崇高的道德,诚实、廉洁和谦逊的品质。全会还指出,干部对改革的态度,"才是干部政策中的决定性标准,才是干部政策的一种定音器"④。

这次全会还首次正式提出了两个重要的理论观点:一是苏联社会正在

①　《戈尔巴乔夫关于改革的讲话》,人民出版社,1987 年,第 133 ~ 134 页。
②　同上,第 184 页。
③　同上,第 145 ~ 146 页。
④　同上,第 167 页。

积聚危机因素;二是由于过去政策的失误,在社会经济发展中,形成了"阻碍机制"。

戈尔巴乔夫为召开这次全会作了大量的准备工作,曾三次推迟开会日期,可见,开会之前,在有关改革的一些重大问题的认识上是多么不一致,斗争是多么得激烈。据会后有关材料透露,戈尔巴乔夫曾说过,如果全会不赞成在苏联实行根本改革的方针,苏联就要"完蛋",他自己也准备辞职不干。

一月全会取得了很大的成功。会议的开法打破了常规,发言不是采取预先指定的办法进行,与会者均可自由发言。两天会议,准备发言的有 77 人,因时间关系,34 人发了言。通过热烈讨论,会议起了对改革统一认识和再动员的作用,确认了实行苏共二十七大规定的根本改革方针的必要性。不仅如此,还提高了对改革的认识。二十七大提出的改革,基本上还是局限于经济体制的改革,而这次全会,提出了全面改革的方针。戈尔巴乔夫在全会的报告中明确提出:"改革的最终目的是一清二楚的,那就是使国家生活的所有方面彻底更新,使社会主义具备社会组织的最高形式,更充分地揭示我国的制度在其所有决定性方面——经济、社会政治和道德方面的人道主义性质。"

另外,还应指出的是,这次全会提出了不少有关推进改革的一些理论问题。我们将在下一章结合戈尔巴乔夫上台后对改革进行的一些理论探索,进行专门的论述。

(四)1987 年苏共中央六月全会提出了引人关注的较为完整的综合改革方案

如果说一月全会主要讨论究竟要不要进行根本改革问题的话,那么六月全会主要解决如何进行根本改革的问题,要提出改革具体原则和方案。戈尔巴乔夫在这次全会上作了题为《关于党的根本改革经济管理的任务》的报告。在报告中明确指出:"今天我们将讨论改革一个根本问题。这指的是根本改革经济管理,即经营机制的体制的质变。"①

在六月全会上,通过了《根本改革经济管理的基本原则》和《苏联国营企

---

① 《戈尔巴乔夫关于改革的讲话》,人民出版社,1987 年,第 332 页。

业(联合公司)法》(以下简称《基本原则》和《企业法》)两个重要文件。接着,1987 年 7 月 17 日,苏联又通过了有关计划、价格、财政、银行、物资技术供应体制改革等 11 个决议。这样就与实施《企业法》相配套,形成了戈尔巴乔夫时期苏联经济体制改革完整的综合方案。①

可以说,六月全会是戈尔巴乔夫改革思想与方针得到充分体现的一次重要会议。它标志着苏联的改革已进入最重要的时期——切实行动时期。

当时苏联有人把以上四次重要会议,称之为戈尔巴乔夫改革的四个里程碑,也有人说成是改革的四步棋或四个步骤,说法不一,但都是为了说明它们在戈尔巴乔夫改革的历史上所起的重要作用。当然,我们对上述四次会议进行评析,也只是从戈尔巴乔夫上台到通过一个完整的改革方案这一段历史来谈的。这里,需要指出的是,我们把 1987 年苏共中央六月全会前视为改革的准备阶段,但并不是说,在这一阶段经济改革一点也没有进行,实际上改革已启动,"要求改革的人已经干起来了",准备阶段也是改革的起始阶段,当然,还"只处于改革的第一浪潮上。这一浪潮冲击了一潭死水"。这一阶段从经济角度来看,已发生了两方面的变化:一是表现在人们对劳动、对完成自己生产义务的态度上,他们积极支持加快社会经济的发展政策;二是表现在不少企业和部门积极地推行改革的试点。许多部门开始改为实行新的经营方法,实行完全经济核算制和自筹资金,同时发展先进的劳动组织形式,首先是集体承包制。但是改革进程缓慢,"障碍机制还没有被粉碎,没有让位于加速机制"②。改革是个过程,为了解决改革过程中出现的问题,又不得不采取新的改革政策与措施,乃至改革的指导思想亦不断发生变化。

(五)不断地调整干部队伍,使其适应改革的要求

这项工作十分紧迫,因为,不解决好这个任务,一切改革政策和措施都难以付诸实践。为此,从 1985 年 3 月 17 日起,苏联《真理报》开辟《各地召开党代会讨论苏共中央对干部要求》的专栏。各报刊还发表文章社论,强调调整干部对改革的重要意义。戈尔巴乔夫调整干部队伍是从最高领导层开始

---

① 考虑到本书以后各章在对各经济领域改革将作较系统论述,因此在这里对改革综合方案内容不作介绍。

② 《戈尔巴乔夫关于改革的讲话》,人民出版社,1987 年,第 334、340、334、366 页。

的。1985 年 7 月 1 日，主管工业的中央书记罗曼诺夫"由于健康原因"，被劝退休。7 月 2 日，免去世界上任期最长的以"摇头先生"著称的葛罗米柯的外交部部长职务，改任最高苏维埃主席。9 月 27 日，部长会议主席吉洪诺夫退休。10 月 14 日，国家计委主席巴伊巴科夫退休。1985 年年底，莫斯科市委第一书记格里申被解职。与此同时，切布里科夫、利加乔夫、雷日科夫和谢瓦尔德纳泽先后被提升为政治局委员。索科洛夫和塔雷津成为政治局候补委员。

在 1985 年苏共中央四月全会以后很短的时间内，对很大一部分书记处成员和苏共中央委员会一些部长实际上进行了更新，苏联部长会议主席团的几乎所有成员也更换了。撤换了近五十名共和国和州的第一书记。戈尔巴乔夫在谈及这一情况时说："这种换班是不得已的，因为在很长一段时间里没有能保证中央和政府成员的更新，没能像现实生活要求的那样保证用新干部不断地充实它们。""干部队伍表现相当严重的停滞现象。许多党委会的书记班子、地方、共和国和全苏一级的苏维埃机关和经济机关的工作人员，往往好几十年没有进行必要的干部更迭，没有增添新人。"①

（六）改变人们观念，围绕改革进行理论探索

1985 年 5 月 17 日，戈尔巴乔夫在列宁格勒党组织积极分子会议上发表讲话。在这次讲话中下面这些话特别值得注意：在"全面大转变时期"，"人人都应当改变看法"，"从工人到部长，到党中央委员会书记，到政治领导人都应当改变看法。人人都应该熟悉的工作方法，要懂得，除此，我们别无他路可走"。关于戈尔巴乔夫对改革进行的理论探索，这是准备全面推行改革的一项重要内容。考虑到本书下一章专门论述这方面的内容，在此就不展开阐述。

以上六个方面，是戈尔巴乔夫上台后为全面推行经济改革所做的主要准备工作。

二、从 1987 年至 1990 年具体实施改革阶段

在 1987 年经济体制改革整体方案形成之后，逐渐进入经济体制改革具

---

① 《戈尔巴乔夫关于改革的讲话》，人民出版社，1987 年，第 160、162 页。

体实施阶段。

一些学者认为,经济"改革在 1987 年到 1989 年上半年间达到了高潮。苏共中央两次全会——一月全会和六月全会制定了社会生活民主化和对经济管理体制进行彻底改革的方针"①。

按照戈尔巴乔夫在庆祝十月革命 70 周年大会上的报告中的说法,1987 年苏共中央六月全会之后,"经济改革已经不仅是计划和意图,更不是抽象的理论推断。它已牢牢地进入生活。今天,有相当多的联合公司,工业、建筑业、运输和农业企业在自我补偿和自筹资金的原则基础上工作。从明年开始,生产着 60% 的工业产品的企业将在这些条件下工作,国营企业(联合公司)法也将生效"。这些生产着 60% 的工业产品的企业包括全部机器制造业、冶金业、燃料动力部门的大部分企业以及化学工业、林业、轻工业、食品工业、渔业和各类运输业,都将实行新的经营原则和《企业法》。第二阶段,按计划部署,应该在 3 年内完成,却到 1990 年结束。具体安排是:1989 年全部企业完成向新的经营机制的过渡,而对涉及集中的经济管理职能的改革,到 1990 年完成。这里,主要包括客观经济体制如计划、物资供应、财政、银行、价格等改革。这样,苏联就可以带着新的经济机制进入第十三个五年计划。简言之,苏联计划在 1988—1990 年内,形成新经济体制的基本框架。

戈尔巴乔夫根据 1987 年苏共中央六月全会前经济改革出现的情况,明确指出:"今后两年或三年将是最复杂的、具有决定性意义的、从某种意义上说是至关重要的阶段。首先因为将要同时解决经济方面、社会方面,国家和社会管理改革、意识形态和文化方面的规模巨大的任务。""今后这段时间的复杂性也在于,改造将涉及越来越多的人民群众、社会团体、居民阶层和全体干部的利益。"②

后来改革的实践证明,从 1987 年下半后到 1990 年具体实施改革方案过程中,苏联出现了极其复杂的局面,发生了不少重要事件,使得经济改革困难重重。

---

① [俄]博戈莫洛夫:《俄罗斯的过渡年代》,张弛译,辽宁大学出版社,2002 年,第 11 页。
② 新华社参编部编:《庆祝十月革命 70 周年戈尔巴乔夫的四个讲话》内部文集,1987 年,第 28 页。

1987 年 11 月,苏联政治书籍出版社和美国哈泼罗公司分别用俄文和英文出版戈尔巴乔夫的《改革与新思维》一书。当时在国际社会引起轰动,它对苏联的改革与对外政策都有重要影响。按照戈尔巴乔夫的说法,此书不是学术著作,也不是宣传性论著,但"是以一定的价值观念和理论前提为依据的。这多半是对改革,对我们面临的问题,对变革的规模,对我们时代的复杂性、责任和独特性的评述和思索"。从改革角度讲,戈尔巴乔夫说,要回答的问题有:"何谓改革? 为何需要改革? 改革的实质和目的何在? 改革摈弃什么和创造什么? 改革进行得如何? 它会给苏联和国际社会带来哪些后果?"①

戈尔巴乔夫的新思维有个形成过程,它是把此书出版前,戈尔巴乔夫对苏联社会主义、改革和当今世界的各种想法、思考和观点加以系统,并提出了总的看法。如果对新思维的最主要内容作一个非常简要的归结,大体上说,包括以下含义:从国内来讲,提出对原有的体制必须进行刻不容缓的根本性改革,改革是"第二次革命",改革"将发生第二次飞跃",通过改革使社会主义有个新的面貌;从对外关系来讲,"新思维的核心是承认全人类的价值高于一切,更确切地说,是承认人类的生存高于一切"。②

1987 年 10 月 21 日,苏共中央全会讨论庆祝十月革命 70 周年的问题。在这会议上,叶利钦在会上发言,批评改革进展缓慢,没有取得什么进展,批评"党中央书记处的工作作风和利加乔夫本人的工作作风没有任何变化",并说"对总书记的过分赞扬有所增长感到十分不安",还提出辞去政治局候补委员的职务。这样,苏共中央政治局在改革等问题上的分歧公开化了,最高领导层的政治气氛显得紧张起来。后来的事态发展表明,矛盾的焦点是以叶利钦为代表,主张加速改革,以激进的方式推行改革,也被称为激进主义者;以利加乔夫为代表,反对激进的改革,被人们称之为改革保守派或保守主义者。甚至被认为是"改革反对派"。实际上,戈尔巴乔夫从推行改革以来,一直受到既来自右的也来自左的尖锐的批评。

这两派之间的斗争对苏联体制改革产生了严重的影响。戈尔巴乔夫时

---

① ［苏］米·谢·戈尔巴乔夫:《改革与新思维》,苏群译,新华出版社,1987 年,第 2 页。
② 同上,第 184 页。

而批评激进主义,时而批评保守主义,但在较长一个时期里,他实际上是支持激进的改革,因为他一直提倡加速改革进程,但有时出于某种政治需要,也批评他们"不考虑社会进程,提出错误口号"。到"1991 年 3 月戈尔巴乔夫在视察白俄罗斯的发言中提出中派主义的观点。他将此观点与健康政治思想,解决整个社会问题,争取公民和民族团结联系在一起。""在分析中派主义的政治特点时,戈尔巴乔夫提到了忠实社会主义选择,团结社会健康力量、高度关心人民道德、爱护历史传统、高度注意爱国主义问题。"①可以说,在 1986 年至 1987 年,党内斗争主要表现为叶利钦与利加乔夫之间,后来叶利钦把戈尔巴乔夫视为斗争的目标,斗争的主要内容在各个时期有所不同,但最后发展为如何对待苏共和苏联问题上。

1988 年 6 月 28 日至 7 月 1 日,苏共举行第十九次代表会议。在会上戈尔巴乔夫做了《关于苏共二十七大决议的执政情况和深化改革的任务》的报告。这是一次十分重要的会议。从会议内容来看,提出了不少重要问题和有关社会主义与改革的理论。一直有这样一种看法:认为,由于戈尔巴乔夫在这次会议上提出了根本改革政治体制的任务,这样,苏联从这次会议之后,只搞政治体制改革而不搞经济体制改革了。实际上并非如此。

第一,我们可从这次会议的目的来分析。戈尔巴乔夫在会上的报告,首先是总结了从 1987 年 2 月召开苏共二十七大以来经济体制改革的基本情况,一方面指出,在经济体制改革方面的取得的进展,"已成功地阻止了国家滑向经济、社会和精神领域的危机"。另一方面指出,这并不意味着,到处都在全速地出现好转和革命性改造已经不可逆转。"还未消除造成障碍的深刻原因。"戈尔巴乔夫明确地指出:"今天我们面临着许多复杂的问题。但它们之中哪个是关键问题呢? 苏共中央认为,改革我们的政治体制就是这样的问题。"他还讲:"今天,改革的根本问题——经济改革、发展社会主义领域、教育人以主人翁的态度关心对待我国发生的一切——所遇到的障碍正是僵化的权力体制,这个体制的行政强制结构。""如果我们不改革政治体制,我们所有的创举,所有业已开创的大规模的事业将会停滞。""我们在精

---

① 《政党与当代世界》1992 年第 8 ~ 9 期。

神领域做了许多工作,并且无论有多大困难都将进行根本的经济改革。但是,如果我们不改革政治体制,那么所有这一切都会付之东流。"仅从上述所引用的论述,可以十分清楚地说明,苏共第十九次代表会议之所以提出必须进行政治体制改革,其目的就是要保证经济体制改革的不可逆转。

第二,从政治体制改革要实现的基本任务和最终目的来看,它与经济体制改革要达到的目标也是相辅相成的。根据戈尔巴乔夫的报告,政治体制改革应解决以下七项基本任务:

(1)尽一切可能使成千上万的劳动者不是在口头上,而是在行动上由国家管理。

(2)为社会的自我调节和自治过程开辟最广阔的天地,为充分发挥公民、权力代表机关、党组织和社会组织、劳动集体的主动性创造条件。

(3)调节下列机制:自由形成和表现各阶级和社会集团的利益和意志,他们商定和实现苏维埃国家的对内对外政策。

(4)为各大小民族的进一步自由发展、在族际主义原则上加强与他们的友好和平等合作保障。

(5)根本加强社会主义法律和法制,以排除篡夺政权和滥用权力的可能性,有效地抵制官僚主义和形式主义,可靠地保障公民的宪法权利和自由,以及他们对社会对国家的义务。

(6)根据列宁的共产党是社会的政治先锋队和苏维埃国家是人民的政权工具的观念,党的机关和国家机关的职能应严格分开。

(7)最后,建立一种有效的机制,随着国内和国际条件的变化这种机制能保障政治体制及时自我更新,而政治体制要能在一切生活领域越来越积极地发展和实行社会主义民主和自治原则。①

具体一点说,通过政治体制改革要达到塑造社会新形象的目的,使最终达到的目标与社会主义理想相接近。按照戈尔巴乔夫在报告中的说法,社会主义新形象体现在以下七个方面:

(1)认为社会主义是真正的、现实的人道主义制度,在这一制度下,人真

---

① 参见苏联《真理报》1988年6月29日。

正是"万物的尺度"。社会的整个发展,从社会的经济到精神思想领域,目的都是在于满足人的需求和人的全面发展。而且所有这一切都要通过人们本身的劳动、创造和凭人的毅力来达到。

(2)认为社会主义是一种有效而活跃的经济制度,它所依靠的是科技进步的优秀成果并保证有最高的劳动生产率;是一种直接服从于满足社会需要和灵活适应这种需要的经济。公有制和个人所有制以及生产组织的多种多样的形式是这种经济的基础。在这些组织形式当中劳动人民实际上是生产的主人,工资和劳动成果直接挂钩得到保证。对经济实行计划管理的出发点是要使中央的作用同作为商品生产者的生产单位的广泛自主性有机地相结合,这些生产单位实行经济核算和自主的原则并为市场而工作。

(3)认为社会主义是一种社会公正的制度,这种制度把人对劳动、保健、教育和住房、社会赡养等十分重要的需求的社会保障,同始终不渝地实施按劳分配的原则、铲除任何形式的平均主义和社会寄生现象结合起来。在这个社会中对人的能力、人的卓有成效的劳动、技能和天才给予最高的评价和应有的物质上和精神上的鼓励。

(4)认为社会主义是一种具有高度文化素养和道德的制度。它继承和扩大了人类精神发展的优秀成果和人类丰富的精神阅历。这是一种劳动者的生活在物质方面和精神方面都生气勃勃和极为丰富的社会,这个社会否定消费主义、精神颓废和文化原始主义。在高度文化素养的概念中还包括社会的生态文化素养,以爱惜和理智的态度对待生活的自然条件和人们的生产活动,保护和增加自然资源。

(5)认为社会主义是一种真正的人民政权制度,在这种制度下,保证了全体劳动人民都有充分的可能性来表达自己的需求和利益,参与社会进程的管理,消除人与政权疏远的现象。这是一种社会主义人民自治、在管理经济和社会进程方面深入和彻底的民主化以及法制、开放性和公开性的社会。

(6)应把社会主义看作是各民族真正平等的制度,看作是各民族社会与精神繁荣和互相充实的制度。在这种制度中,任何民族间仇视的表现以及民族主义和沙文主义的偏见都没有存在的余地,占上风的是族际主义和各民族的兄弟情谊。

（7）应把社会主义看作是这样一种制度,它的本质和利益必然渴望和平,渴望加强与社会主义兄弟国家的合作和协作,渴望在民主的平等原则、互不干涉事务、承认各国人民自己决定自己命运的主权的基础上,在各国和各国人民之间建立正常和文明的关系。

戈尔巴乔夫把上述社会主义新形象最后归为是一种民主的和人道的社会主义。这是第一次提出了"民主的、人道的社会主义"概念。①

第三,苏共第十九次代表会议,并不只是保证经济体制改革出发讨论政治体制改革问题,而且还专门讨论了经济体制改革下一步如何推行问题。戈尔巴乔夫在报告中谈及此问题时,用的标题是:"始终如一地实行根本的经济改革"。他认为,应特别突出讨论"怎样实现根本的经济改革"。并提出:"考虑到已经积累的经验,我们应当精心准备,从 1989 年年初开始完成物质生产领域各企业向新的经营条件的过渡。"②

我们上面的分析,主要是说,苏共第十九次代表会议的目的,不是让经济体制改革停下来,而是为经济体制改革的顺利进行扫除障碍。但后来,由于政治斗争的激化,政治过热,经济体制改革受到很大冲击,这也是客观事实。

1990 年 7 月 2—13 日,苏共召开了第二十八次代表大会。这次代表大会,是在苏联政治、经济形势十分尖锐、复杂,党内产生严重分歧的情况下召开的。会议总结了苏共二十七大以来苏联进行的经济与政治体制改革的经验、教训以及存在的问题,确定了在社会主义选择范围内进行体制改革与更新整个社会的政治方针,这指的是改革指导思想转向人道的、民主的社会主义。戈尔巴乔夫在报告中说:"在这项工作的开始阶段,我们就理解到了社会需要根本革新。这就产生了改革的主导思想——在社会主义选择的范围内使社会深刻民主化和人道化,使其成为自由的社会,为人们创造应有的条件。""我们说:社会主义是现实的运动,是群众的生机勃勃的创造。我确信,苏共已正确确定了这个运动的目标——人道的、民主的社会主义。"代表大会通过了《走向人道的、民主的社会主义》的纲领性声明(以下简称《纲领性

---

①　参见苏联《真理报》1988 年 6 月 29 日。
②　苏联《真理报》1988 年 6 月 29 日。

声明》),并对这一《纲领性声明》还通过了相应的决议。在代表大会通过的《苏联共产党章程》规定:"在国内建立人道的、民主的社会主义,保证人的自由全面发展的条件为自己的目标。"①有关《纲领性声明》具体内容将在本书第二十三章中论述。

根据苏共二十八通过的《纲领性声明》《苏联所有制法》《苏联和各加盟共和国土地立法纲要》与《稳定国民经济和向市场经济过渡的基本方针》等文件,当时苏联确定的所有制改革的基本方向是:通过支持非国有化和民营化,为形成和发展所有制的多种形式创造条件,积极发展合作社,使各种所有制形式一律平等,这样为向市场经济过渡与自由竞争创造条件;②确定了向市场经济过渡的方针。苏联在 1990 年之前,不论是官方文件还是领导人的讲话,都避而不谈市场经济。到 1989 年,由于经济形势严重恶化,工业产值比上年仅增长 1.7%,增速已降到战后的最低点。市场供应越来越紧张,经济已十分困难。这说明前几年实行的经济体制改革措施未能发挥作用。在此背景下,在客观上要求寻觅摆脱经济困境,稳定社会的新思路。经过一段时间的酝酿和讨论,向市场经济过渡的方针就提了出来。

1989 年 12 月,苏共中央全会和苏联第二次人代会通过了为期 6 年的政府健康化计划。该计划分两个阶段实施:1990—1992 年为第一阶段,其主要任务是扭转经济形势,稳定经济。这阶段在经济改革方面,以实行行政命令为主,以经济杠杆调节为辅。并采取一些紧急措施,着重解决财政赤字和市场严重失衡等问题。与此同时,要奠定新经济体制的法律基础,对一些重要的经济法律进行重大修改;1993—1995 年为第二阶段,其主要任务是借助于第一阶段所创造的条件深化经济改革,解决经济改革中的一些基本问题。健康化计划的一个重要特点是,把经济改革和调整经济两者分开,大致上确定了先调后改的顺序。

接着 1990 年 2 月,苏共中央全会通过了向党的第二十八次代表大会提

---

①　《苏联共产党第二十八次代表大会主要文件资料汇编》,人民出版社,1991 年,第 33、34、146 页。

②　关于人的重要性与所有制问题,考虑到本书下一章在分析经济体制改革的理论探索时,将会较详细的谈及,这里不作详细的论述。

出的行动纲领草案,草案确定:"争取确立有效的计划-市场经济。"计划-市场经济包括的经济改革的主要内容,大体与健康化计划相同,提出了以下五个问题:

一是根本经济改革的结果应当从计划-市场经济来取代本身具有垄断性和缺乏主动精神、消耗大和经营不善以及忽视消费者利益的命令主义分配制度;

二是计划-市场经济的基础,是多种多样的所有制形式、独立商品生产者的竞赛、发达的财政体系,并有能力激发个人和集体对利益的关心;

三是经济改革一个最复杂的问题,就是要找到调节市场经济活动的方法与市场方法的有机结合;

四是为了组织起真正的市场经济,必须形成消费品、生产资料、有价证券、投资、外汇和科研成果市场,加速财政、货币和信贷体制的改革;

五是价格形成的改革是实行经济的市场调节的必备基本。人为制定的价格水平和比例,向一些企业提供无效益的补贴和从另一些企业那里破坏性地收缴资金的负担使经营单位执行一种错误方针,搅乱了对经营效益的评价,保护了科技落后的现象,妨碍了对国际分工优越性的利用。

苏联在提出健康化计划到1990年召开的苏共中央二月全会提出计划-市场经济模式之后,从理论界到各种政治力量之间一直存在尖锐的争论。从客观上讲,健康化计划实施一个时期后,生产继续滑坡,稳定与整顿经济的主要措施都未见效,财政赤字不断增加,货币发行未得到控制,通胀率不断提高,市场供应更趋紧张,指令性计划的效率大大降低。在整顿措施软弱无力的情况下,先稳定经济后再向市场经济过渡的设想难以行得通,这样,苏联不少人提出要加速向市场过渡。另外,不少苏联学者提出,从计划-市场经济这个概念上来说,容易造成这样的误解,即被当作是计划经济与市场经济相结合的混合经济,甚至有人认为,这是一种运用行政计划调节的一种经济,与过去的传统的计划经济不易划清界限。苏联的激进派表示强烈反对计划-市场经济的提法。他们认为,"计划-市场经济"这一提法带有旧体制的痕迹,它强调的主要是计划,这样就难以克服官僚主义的集中制。在上述情况下,1990年3月,戈尔巴乔夫当选总统后,总统委员会和联邦委员会多次讨论向市场经济过渡问题,都主张加速过渡进程,并决定把"计划-市场经济"改革为"可调节的市场经济"。这一修改得到了戈尔巴乔夫的赞同和支持。

1990 年 5 月,时任苏联部长会议主席的雷日科夫,代表政府提出了《关于国家经济状况和向可调节的市场经济过渡的构想》。这个构想一公布,又立即引起社会的激烈争论,提出了各种各样的批评意见。意见最多的是有关价格问题,认为这是一个全面提价的方案,这给苏联人民带来了巨大的心理压力,方案公布后,立即出现了席卷全国的抢购风潮,给苏联社会带来了巨大的震荡。另外,这个方案基本上没有摆脱原健康化计划设想的"先调整后改革"的框框,把过渡期拖得较长。不少人,特别是激进派认为,这样就难以使苏联在短期内摆脱经济困难。但当时谁也拿不出一个各派政治力量都能接受的方案来。在此情况下,1990 年 6 月 13 日,苏联最高苏维埃通过决议,委托政府在吸取各方面意见的基础上,对方案进行修改,在 9 月 1 日之前再提出形成可调节的市场经济机构与机制的具体计划,等到 9 月开会时再审议向市场经济过渡的方案。

1990 年 7 月,在苏共二十八大上,经过激烈争论,在经济改革方面,又肯定了向市场经济过渡的经济改革总方向。二十八大还通过了《关于党进行经济改革和市场关系过渡的政策的决议》,决议指出:"向市场关系过渡应该是进行彻底的经济改革和改善国民经济状况的主要内容。可调节的市场经济有助于实现'各尽所能,按劳分配'的原则,能鼓励人们进行生产效率高的、创造性的劳动,建立起一种保持生产者和消费者互利关系的有效机制,消除长期存在的商品匮乏和排队现象,杜绝投机倒把和影响经济的其他现象。"决议还强调:"在遵守各共和国经济平等和主权的情况下发展统一的全苏市场。"①

从上述有关向市场经济过渡方案讨论过程可以看到,戈尔巴乔夫对政府方案一直持支持态度,苏联最高苏维埃和苏共二十八大也都认同这个方案。但到了 1990 年 8 月底,根据戈尔巴乔夫和叶利钦的共同委托,由沙塔林

---

① 《苏联共产党第二十八次代表大会主要文件资料汇编》,人民出版社,1991 年,第 167 页。

率头的 500 天纲领问世。与此同时,经过修改的苏联政府的纲领也准备就绪。这样,在最高苏维埃就搁着两个不同的纲领。围绕 500 天纲领和政府纲领,各派政治力量又展开了十分激烈的争斗。两个纲领都主张经济体制改革的方向是向市场经济过渡。但在一些重要问题存在严重的差别:

(1)从政治这一视角看,政府纲领主张,为了有效解决各个共和国和整个联盟的共同性问题,各主权共和国应授予联盟一系列调节国民经济的权力,应建立全联盟的市场;而 500 天纲领则坚持,各共和国在经济上独立自主,联盟是主权共和国的经济联盟,共和国是国家调节经济的主体。500 天纲领明确说:"各共和国和中央相互关系的主要原则是,谁也不领导谁,谁也不指挥谁。整个纲领是从尊重各共和国通过的主权宣言出发的。经济改革不可能在来自中央的命令基础上进行。不管这些命令如何正确。"

(2)在向市场过渡过程中如何对待价格改革这一重要问题上,政府纲领认为,应先从修订各种价格开始,在此基础上逐步放开价格,使愈来愈多的产品改行调节价格和自由价格;而 500 天纲领规定,要在纲领实施的第 100～250 天内,实行价格自由化,即放开价格。

(3)政府纲领不赞成在农业中实行土地买卖,认为,刺激农业生产主要靠对其灵活的社会政策,提高农产品收购价格,注销集体农庄和国营农场的债务,积极支持农户(农场主)经济发展等措施;而 500 天纲领主张实行土地改革,农工综合体各生产单位和企业的土地、固定基金实行非国有化,要消除土地占有方面的垄断现象。改造土地所有制关系的具体形式、期限和方法(包括出卖土地问题和土地私有制问题)由主权共和国确定。

(4)政府纲领认为,在生产不断滑坡的情况下,大幅度压缩财政赤字在短期内很难做到,而只能通过采取严厉的紧缩开支政策,逐步减少赤字。1989 年财政赤字为 920 亿卢布,1990 年计划规定为 600 亿卢布(而实际为581 亿卢布);而 500 天纲领主张,要尽快地压缩财政赤字,搞紧缩政策,提出1990 年把财政赤字压缩到 500 亿卢布。

(5)在向市场经济过渡的期限方面,政府纲领的计划是:1991 年是开始形成市场经济的阶段。在这一时期应形成市场关系,首先为改进物资、财政的平衡、巩固货币制度、为消费市场正常化创造必要的前提。为广泛发展企业经营和多种所有制形式采取实际步骤,建立市场基础设施,进行价格形成的综合改革,完成国民经济管理体制的改革,积极利用新的对外经济联系形式。

1992 年和以后的 12 年,是发展市场机制的阶段。这一时期,应在经济非国有化、发展竞争和克服垄断、利用有效的国家调节措施的基础上达到商品货币平衡,实现重大的国民经济结构变动;[①]而 500 天纲领规定分以下阶段完成向市场经济过渡:

前 100 天——非常措施计划(从 1990 年 10 月 1 日到 1991 年年初)。在这 100 天采取整套向市场经济过渡的非常措施。措施的出发点是,把预算赤字压缩到计划的水平,并且预计限制货币的措施会有成效。同时设想各加盟共和国会协调行动,居民会表现出信任。在这种前提下,通过比较缓和的手段有可能在短时期内把经济引导到全新的状态,使它进入市场。但是,如果这些前提不能得到保障,就需要采取相当强硬的痛苦的措施,对于这种措施的实施同样应有所准备。

第 100～250 天——价格自由化和硬性财政限制。这个时期的任务首先在于,保持已经取得的成绩,努力适应新的条件,不断扩大改革的有益潜力,为形成兴旺的市场创造良好条件。考虑到这一时期会发生物价上涨,可能会出现社会冲突,为了使改革形势不发生逆转,应当在控制收入增长方面达成社会协议,同时准备在加强控制货币量方面采取一套措施。

第 250～400 天——稳定市场。这一时期的主要任务在于,基本上稳定消费品和生产资料市场,扩大市场关系领域,建立新的经济联系制度。

第 400～500 天——开始发展。这个时期的基本任务是,巩固经济与财政的稳定性,加速形成竞争的市场环境,这样才能使市场固有的自我调节机制充分发挥作用。

到 500 天时,应把不低于 70% 的工业企业、80%～90% 的建筑业、汽车运输业、生产技术性产品的批发商业、零售商业、公共饮食业、生活服务行业从

---

① 雷日科夫 1990 年 10 月 19 日在最高苏维埃会议发言时曾说过,为了走上正确的通向市场之路,国家需要的不是 500 天,而至少要 6～8 年。参见[俄]尼·雷日科夫:《大动荡的十年》,王攀等译,中央编译出版社,1998 年,第 473～474 页。

国家所有制改造为股份制企业、出售或租赁。

在各派政治力量的激烈较量的情况下,戈尔巴乔夫采取了折中办法,把两个纲领糅合在一起,于 1990 年 10 月 15 日以总统的名义向最高苏维埃提出了《稳定国民经济和向市场经济过渡的基本方针》(以下简称《基本方针》),并在 1990 年 10 月 19 日通过①,成为指导苏联经济改革的官方正式文件。《基本方针》取消了"可调节的"这个定语,直接用"向市场经济过渡"的概念。

1990 年 7 月,戈尔巴乔夫在苏共二十八大上谈到苏联改革进程时,他认为,这个时期,苏联"已经进入改革的最重要阶段,下一步将是大规模的改革"②。

戈尔巴乔夫经济体制改革第二阶段特别是到 1990 年,一个最为重要的特点是,围绕制定与讨论向市场经济过渡方案进行了激烈的政治斗争,成了争权夺利的工具。可以说,经济改革成了政治斗争的"人质"。在这个斗争过程中,随着叶利钦权力与影响的扩大,戈尔巴乔夫时常出现退让与妥协。

三、从 1990 年年底到 1991 年年底苏联剧变——经济体制改革停滞和夭折阶段

尽管在 1990 年下半后,围绕向市场经济过渡方案在苏联展开尖锐的政治斗争,但毕竟最后还是通过了《基本方针》的官方正式文件,按理说,这可以作为推行经济改革的依据。但此后,并没有出现戈尔巴乔夫在苏共二十八所期望的大规模改革,经济改革实际上处于停滞状态,最后改革以失败告终,成了加速苏联解体的一个重要因素。

1991 年经济改革之所以难以进行下去,其原因甚多,但从客观情况来讲,一个重要的原因是阻碍机制的作用越来越大。③ 另外,直接原因是,这一年政治过热,争权夺利的斗争白热化,政治、经济和民族危机交织在一起,在此情况下,没有人也没有精力顾及经济改革。

---

① 此前,俄联邦最高苏维埃通过了"500 天计划"。
② 《苏联共产党第二十八次代表大会主要文件资料汇编》,人民出版社,1991 年,第 68 页。
③ 关于阻碍机制问题,下面将会作较为详细分析。

　　这一年发生的大事有:波罗的海三国要求独立;罢工、集会和游行示威不断;6月叶利钦当选为俄罗斯联邦总统;8月19日,苏联副总统亚纳耶夫宣布戈尔巴乔夫"由于健康原因无法履行其苏联总统的职责",由他代理总统职务,并宣布苏联实行为期6个月的紧急状态法。这使苏联国内局势发生剧变。同日中午,叶利钦宣布紧急状态是"反动政变",并号召举行"无限期大罢工"。8月22日凌晨,戈尔巴乔夫回到莫斯科,称赞叶利钦在粉碎夺权阴谋中起了显著作用;8月23日,叶利钦宣布封闭苏共中央总部,禁止在俄罗斯境内的苏军党组织活动,中止俄共活动,禁止苏联国家安全委员会和内务部党组织的活动;8月24日,叶利钦签署法令,承认波罗的海三共和国独立;同日,乌克兰宣布独立,之后,一系列共和国先后宣布独立,就在这一天,戈尔巴乔夫宣布辞去苏共中央总书记,并提出苏共中央"自行解散","各共和国共产党和地方组织的前途自行决定"……12月8日,俄罗斯、乌克兰与白俄罗斯的领导人共同签署了成立"独立国家联合体"协议,到12月21日,由原苏联15个加盟共和国的11个共和国的领导人共同签署了成立"独立国家联合体"的文件,正式宣布"苏维埃社会主义共和国联盟停止存在",12月25日,戈尔巴乔夫向全国发表电视讲话,正式宣布他辞去苏联总统职务。

　　1991年的情况说明,这一年的经济改革已处于停滞状态。所以有人说戈尔巴乔夫的经济体制改革实际上只推行了6年,而不是7年。这种说法也是有道理的。但毕竟1991年还是戈尔巴乔夫执政,也是经济改革发展的最后一个阶段。

　　从上述戈尔巴乔夫执政7年改革进程来看,在1988年6月苏共举行第十九次代表会议之前,他的体制改革一直强调在社会主义范围内进行,但苏共第十九次代表会议后,由于经济体制改革遇到极大阻力,戈尔巴乔夫认为,经济体制改革所面临的复杂问题,主要来自僵化的政治体制,因此提出在进行经济体制改革的同时必须进行政治体制改革。另外,由于戈尔巴乔夫认识到过去历次改革都是修修补补,使落后的体制难以得到实质性的改变,因此从他改革的指导思想来说,应该进行根本性的改革。所以在执政后几年与在苏联发生剧变的过程中,他的不少改革政策与措施,不仅与他的前任过去的改革相比有很大不同,就是与执政头几年相比也发生了根本性的变化,这种变化表现在通过改革实现体制转型上。所以我们说,体制转型酝酿与发端在戈尔巴乔夫改革后期。

戈尔巴乔夫执政后几年,通过改革以实现体制转型在经济与政治方面都有明显的反映。1990年7月,在苏共第二十八大上,经过激烈争论,在经济改革方面,又肯定了向市场经济过渡的经济改革总方向。二十八大还通过了《关于党进行经济改革和市场关系过渡的政策的决议》。决议指出:向市场关系过渡应该是进行彻底的经济改革和改善国民经济状况的主要内容。从此,"市场经济"不再是禁区,各政治派别达成共识,都认为今后改革的方向,"除了向市场过渡,别无选择"。

在政治体制改革方面,在1990年召开的苏共二月全会上,决定放弃苏共在政治体制中的领导作用,并且提出在苏联设立总统职位问题。同年3月,第三次苏联非常人民代表大会通过了《关于设立苏联总统职位和苏联宪法修改补充法》等决议,决定删去1977年制定的苏联宪法第六条①,改为:"苏共和其他政党及工会、共青团等社会组织通过被选为人民代表、苏维埃代表及其他形式,参与制定苏维埃国家的政策、管理国家和社会事务。所有政治力量、社会团体和群众运动在宪法和苏联法律的范围内活动。"这样也使业已形成的多党并存成为现实,还通过了设置苏联总统职位法,戈尔巴乔夫当选苏联总统。这样在苏联初步形成了"三权分立"的政治体制架构:人民代表大会、最高苏维埃为立法机关,行使立法权;部长会议作为政府行使执行权;最高法院、最高检察院等司法机关行使司法权。

1990年12月,苏联第四次人民代表大会把部长会议改组为总统领导下的内阁制,使行政权直接置于总统控制之下。1990年7月苏共第二十八次代表大会,通过了主流派的《走向人道的、民主的社会主义》的纲领性声明,提出要建立"人道的、民主的社会主义","以社会所有制和混合所有制为基础的可调节市场经济"。1991年8月19日,苏共党内强硬派发动了政变(即

①　1977年苏联宪法第六条的主要内容为:"苏联共产党是苏维埃社会的领导和指导力量,是其政治制度、国家和社会组织的核心。苏联共产党之存在是为了人民,是为人民服务的。""以马克思列宁主义武装起来的苏联共产党决定着社会发展的总的前景,决定着苏联的对外、对内政策,领导着苏联人民的伟大的创造性活动,使她为争取共产主义胜利的斗争具有按计划的有科学根据的特点。""党的一切组织都在苏联宪法的范围内行动。"

"八一九事件"），政变失败后，叶利钦下令中止苏共在俄罗斯的活动，并没收其财产。8 月 24 日，戈尔巴乔夫宣布辞去苏共中央总书记职务，并建议苏共中央"自行解散"。同年 12 月 8 日，叶利钦和乌克兰总统克拉夫丘克、白俄罗斯最高苏维埃主席舒什克维奇签署了建立"独立国家联合体"的协定，发表了告全体人民书，宣布苏联解体。三国元首商议建立"独立国家联合体"。12 月 21 日 11 个苏联加盟共和国元首在阿拉木图举行会晤，签署了《关于建立独立国家联合体协议的议定书》。12 月 25 日，苏联总统戈尔巴乔夫宣布辞职。

　　以上就是戈尔巴乔夫执政后期苏联体制已发生的转型情况。在此期间，戈尔巴乔夫在各个领域的改革，体现了与前面所简要叙述的体制转型思路。有关戈尔巴乔夫各个领域改革的有关论述，可进一步论证上述的观点。因此，有关这方面的内容将在本书下卷研究体制转型时加以论述。

陆南泉　著

# 俄罗斯经济体制改革史论：

## 从俄国彼得一世到普京

### （下卷）

天津出版传媒集团

天津人民出版社

# 第四编

# 经济体制转型酝酿与发端时期

1991年底苏联发生剧变。从转型视角来讲，剧变所引起的主要变化是，剧变后新的执政者宣布与斯大林时期形成与发展起来的高度集中的政治体制与指令性计划经济体制决裂，朝着政治民主化、经济市场化方向的体制转型。在戈尔巴乔夫执政后几年与在苏联发生剧变的过程中，他的不少改革政策与措施，体现了通过改革实现体制转型。因此，本编所论述的主要内容是，作为体制转型酝酿与发端的戈尔巴乔夫改革后期的有关内容。

# 第二十章　戈尔巴乔夫时期经济改革的指导思想与理论探索

戈尔巴乔夫执政时期,在推行体制改革的同时,一直在进行理论讨论,鼓励学术界大胆探索改革理论,力求在理论上有一个原则性的突破,以适应根本改革体制的需要。戈尔巴乔夫在苏共第二十七大报告中强调:"要改造经济机制,首先得改变思想,抛弃老一套的思维和实践模式"①。

从戈尔巴乔夫执政近七年的发展情况来看,戈尔巴乔夫提倡的新思维是一个较为完整的思想体系,涉及的领域十分广泛,"它实际上包括了当代所有的主要问题"②。新思维的经济内容主要是围绕社会主义的一些主要原则问题,特别是根据根本改革经济体制而提出的一些新观点,这也是构成苏联经济体制改革的重要理论基础。③

## 第一节　把解决人的问题作为改革的指导思想

戈尔巴乔夫在整个执政期间,在其体制改革(不论是经济体制还是政治体制)过程中,一直强调人的地位和作用。从改革的实践过程看,戈尔巴乔夫其指导思想是要解决人的问题,强调人的作用,人的积极性和人的利益是改革的出发点。戈尔巴乔夫认为,社会主义思想的核心是人。斯大林时期所形成的社会主义发生了严重的变形,实际上建立的是"专制极权和行政命

---

① 《苏联共产党第二十七次代表大会主要文件汇编》,人民出版社,1987年,第51页。
② [苏]米·谢·戈尔巴乔夫:《改革与新思维》,苏群译,新华出版社,1987年,第6页。
③ 参见[苏]米·谢·戈尔巴乔夫:《改革与新思维》,苏群译,新华出版社,1987年,第6页。

令的官僚体制"。在这种体制模式下,人不被当作目的,而是当作手段来使用,也就是说,把人当作党和国家机器的"螺丝钉"。这样的结果是必然在经济上产生人与生产资料、劳动成果的疏远;在政治上产生人与政权的疏远。为了克服上述弊端,通过改革使社会主义重新振作起来,发挥社会主义的潜力,克服人与所有制、与生产资料、与政治进程、与政权、与文化的疏远现象,从而需要明确人是问题的中心,明确社会主义"是真正的、现实的人道主义制度",人是"万物的尺度"。

在戈尔巴乔夫时期的体制改革过程中,他对有关人与人权问题提出了不少看法。

一、在经济体制改革方面

从经济体制改革来看,解决人与人权问题,其主要出发点是:首先要使经济面向人,面向社会,全部生产面向消费者的要求,目的是使苏联能创造出无愧于现代文明的劳动条件与生活条件,保证公民经营自由;其次是要保证劳动者变成生产的主人,使劳动者感到自己是全权主人,是真正的主人。

为了通过经济体制改革解决人、人权问题,调动人的积极性,使人民真正成为国家的主人,苏联特别强调了管理民主化和自治理论。

戈尔巴乔夫执政以来,民主管理、自治、自我管理等概念已越来越多地被人们接受。这与他对上述问题给予高度重视分不开的。苏共二十七大报告的第三部分专门谈了社会进一步民主化和加深社会主义自治问题。苏联强调:不发扬社会主义民主,那么加速社会的发展是不可思议的,也是不可能的。要完成当前规模巨大而又复杂的任务,就要始终不渝和不断地发扬社会主义的人民自治。

1987年召开的苏共中央一月全会的主题也是发扬民主。苏联强调:只有通过不断发展社会主义所固有的民主形式和扩大自治,才能使生产、科学和技术、文学、文化和艺术等在社会生活的各个领域中前进。只有通过这个途径才能保障自觉遵守纪律。只有通过民主和借助民主,改革本身才有可能实现。

社会主义民主与自治是苏联制定企业法的指导思想,它在企业法中体

现在许多方面,例如:

企业法规定:"企业的活动是根据社会主义自治原则进行的,作为企业全权主人的劳动集体,独立自主地解决生产发展和社会发展的一切问题。"这是自治思想在企业活动原则和企业地位方面的体现;

企业法规定:"企业是社会主义商品生产者","劳动集体作为主人利用全民财产","企业是法人,具有独立的一部分全民财产和独立的资产负债表"。这里反映了企业与全民财产的关系。这是企业自治思想在所有制方面的体现;

企业法规定:企业"要在民主集中制、集中领导和劳动集体社会主义自治相结合的原则基础上进行管理。"企业领导人由选举产生、企业实行劳动集体大会(代表会议)制。在企业行政部门与劳动集体委员会意见不一致的情况下,问题提交劳动集体全体大会解决。这样,企业的权力中心由原来的行政转移到企业劳动集体,经理不再是主宰一切的领导人。这些内容是自治思想在企业权力领导体制方面的体现。

戈尔巴乔夫还强调改革与推动民主和自治制度的紧密联系。1987年5月18日,他在回答意大利《团结报》编辑部问题时也强调了这一点,他说:苏联的"改革意味着深化社会主义民主和发展人民自治。这指的不是摧毁我们的政治制度,而是更充分、更有效地利用我们政治制度的可能性"。在民主问题上,"苏联国内的分歧主要涉及民主进程范围、程度和速度问题"。他还说:"社会主义民主是我们改革的目的、条件和强大武器。"①他在1987年召开的苏共中央六月全会的报告中提出,推行民主化方针是粉碎阻碍机制的主要措施。

关于自治问题,自苏共二十七大以来,已出现了各种不同的提法,如"人民的社会主义自治""社会主义自治""人民自治""企业自治""生产自治"和"劳动集体自治"等概念。从现有的各种材料来看实行社会主义自治的基础是:

从经济角度来看,那就是生产资料的公有制。在公有制条件下,每个劳

———————————

①　苏联《真理报》1987年5月20日。

动者与生产资料的关系应该是处于同等地位。随着生产资料公有化的发展,随着劳动者管理生产和组织自由劳动水平的提高,自治的经济基础必然会得到进一步的发展。从政治角度看,自治的基础是社会主义民主。自治也是民主不断发展的必然结果。从社会角度看,工人阶级在一切领域中的领导作用,工、农和知识分子在政治、道义和利益等方面的一致是自治的社会基础。从精神角度来看,劳动人民信仰马克思列宁主义,在生活中起主要作用的是社会主义的精神文化,这些是自治的精神基础。另外,从经济管理角度来看,苏联企业实行的自筹资金和完全经济核算制,它亦为自治和整个社会政治生活的民主化打下了经济基础,这也是保证劳动集体与每个职工实现民主管理权的重要条件。

总体来说,戈尔巴乔夫强调民主与自治思想,其基本出发点是寻找发展群众在社会生活各个领域中创造活动的新途径,让千百万人以主人翁态度负责、自觉和积极地参与社会经济目标的实现。根本改变过去把人看作像技术设备、原料、能源这类管理客体的概念,而要把人作为劳动活动和经济活动有意识的主体。要认识到人、人的劳动积极性是生产力、生产关系和经济机制这三个组成部分的核心,并从这个基本观点出发来改革经济体制,使人这个主体成为推动社会经济发展的主要动力。

从戈尔巴乔夫执政后期的经济体制改革来看,把解决人的问题与向市场经济过渡为取向的改革日益密切地结合起来。1990 年 10 月,戈尔巴乔夫以总统名义提交给最高苏维埃通过的《基本方针》文件中指出:"我国社会向市场经济过渡完全是由人的利益决定的""只有市场与全社会的人道主义方向相结合,才能保证人们的需要得到满足、财富的公正分配、公民的社会权利和社会保障、自由和民主的扩大"。

二、在政治体制改革方面

在 1988 年 6 月召开的苏共第十九次全国代表会议上,戈尔巴乔夫所作的报告把"改革与人权"单列一个问题加以论述,并第一次明确提出:"全面充实人权,提高苏联人的社会积极性",是苏联政治体制改革的"最终目的",

也是决定改革能在多大程度上实现的"主要标准"。①

这次代表会议指出,苏联政治体制与党的变形主要表现在以下方面:

(1)广大人民群众没有实际参加解决国家和社会事务的权力。各种管理任务都由执行机关来完成,党政领导人的权力越来越大。由于低估和贬低了社会主义民主的作用,导致个人崇拜现象不断复发。

(2)部门管理机关的职能和结构上都过于膨胀,苏维埃和党的机关均难以对部门利益进行有效监督,结果是这些部门管理机关往往把自己的意志强加给各经济单位和政治部门。而这些部门对自己作出的决定和行动的后果又不负经济责任。

(3)社会生活的过分国家化,国家调节扩大到了社会生活的范围。力图用详细的集中计划和监督来括及生活的所有角落这种做法已经笼罩整个社会,成为人们、社会组织和集体积极性发挥的严重障碍。

(4)国家结构的官僚化和群众的社会创造精神下降,导致社会思想单一化和停滞不前。

(5)传统的政治体制运行机制不是靠法律而是靠行政命令,即靠强制的命令和指示。这在日常生活中表现为:口头上宣扬民主原则,实际上却是独断专行;在讲台上宣扬人民政权,实际上是唯意志论和主观主义;在理论上大谈民主制度,实际上是践踏社会主义生活方式准则,缺乏批评与公开性。②

上述五个方面,集中到一点就是苏联传统的政治体制缺乏民主,没有把人、人权、人的社会价值放在首位,这是导致社会经济停滞不前的一个重要原因。

鉴于对传统政治体制的上述认识,苏联确定了以全面充实人权为主要内容的政治体制改革。

关于人权的内容,苏联学术界一般认为包括三个方面:一是指人的社会权利,要保障苏联人的平等权利受社会的保护,如改善劳动条件,提高国民教育和保健卫生的质量,以及各种社会保障;二是指人的个人权利,指的是用整个法律制度来保证公民的个人生活和住宅不受侵犯的权利,保障他们

---

① 苏联《真理报》1988 年 6 月 29 日。

② 参见苏联《真理报》1988 年 6 月 29 日。

拥有打电话、通信、通邮和打电报的隐私权,法律应当可靠地保护人的个人尊严。规定对批评者进行迫害要追究刑事责任。由于这些条件,苏联决定不受理匿名信;三是指个人的政治权利,在过去的政治体制下,这方面存在严重的问题,使人与政权、与政治疏远。个人的政治权利,最主要的是政治自由,给人提供对任何问题发表自己意见的机会。戈尔巴乔夫认为,只有这样才能使公众对他所关心的任何问题进行讨论,并有可能在仔细考虑之后表示"赞成"还是"反对"。另外,还提出了信仰宗教的自由。戈尔巴乔夫指出:"所有信教者,不管他们信仰哪个宗教,都是享有充分权利的苏联公民。"①

1990 年苏共中央二月全会通过了向党的二十八大提出的行动纲领草案,草案的第二部分对有关通过改革如何解决人、充实人权问题又作了进一步阐述。文件指出:"党认为自己的主要目标是:使人真正处于社会发展的中心,保障人具备应有生活和劳动条件,保证社会公正、政治自由、个人能得到全面发展及精神焕发。社会的进步就是应该由这些来决定。""苏共主张尽快建立维护公民权利和自由的法律保障。""现在必须把这些权利固定下来,为它们奠定牢固的物质、法律和政治基础。"在草案中,苏共主张尽快使苏联公民得到以下权利:

第一,为公民的尊严与人身、为公民的住宅和财产不受侵犯、为通信和通话秘密提供可靠的法律保护;

第二,加强实现劳动权的保障,包括保证按劳动数量和质量及其最终成果付酬;建立扶持就业,对骨干的培训和进修、对被迫改变职业或工作地点的人提供必要的物质帮助的机制;

第三,发展和加强公民的政治权利,即参与社会和国家事务的管理,言论、出版、集会、游行、结社的自由。同时应严格遵守法律程序与苏联法律的要求;

第四,创作自由,像对待国家财产一样对待才能。党在大力鼓励文化领域多样化的同时将捍卫人道主义标准,保护社会不受假文化的侵犯。对社

---

① 苏联《真理报》1988 年 6 月 29 日。

会主义来说,对文化采取商业态度是不能接受的;

第五,人的精神领域的自由自决,信仰和宗教自由。党在不放弃自己的世界观立场的同时将深入进行无神论者与宗教信仰者之间的对话,继续执行使各教派有可能在法律范围内自由活动的方针,使其为人们的相互谅解做出自己的贡献;

第六,提高法院捍卫公民权利的作用,建立进行护法活动的社会—国家委员会。

苏共二十八大通过的《纲领性声明》中又明确指出:"党认为,保证苏联人良好生活条件是党政策的中心战略任务。""党主张:按照国际公认的准则实现人权;……人有权确定自己的世界观和精神需求以及信仰自由"。①

苏联围绕充实人权为主要内容的政治体制改革,基本趋向是:①坚持和发展民主化进程;②逐步向建立起公民社会和法治国家的目标前进。包括两方面的内容:一是强调经民主程序制定的法律应在社会生活占统治地位,实现法律面前人人平等的原则;二是国家与公民之间相互拥有的权利和承担的义务,都必须按法律行事,换言之,应由法律来制约。苏联还强调立法过程的民主化与公开性,允许意见多元化,目的是排除政治权力的垄断。

三、在对外关系方面

长期以来,西方国家特别是美国一直攻击苏联违反人权原则,说苏联是个"铁幕国家",不允许国际信息的自由传播;指责苏联没有移民自由;认为苏联的法律惩治过严、过宽;还特别谴责苏联歧视和镇压不同政见者;等等。

戈尔巴乔夫上台后,苏联强调人、人权问题在对外方面主要的目的是改变苏联形象,改善与西方国家的关系,为国内改革创造良好的国际环境。为此,在人权政策上作了一些调整。例如在1988年联合国《世界人权宣言》发表40周年之际,苏联不少报刊全文发表了这个宣言,进行了广泛报道与宣传;1989年苏联宣布承认自1948年至1984年期间6项人权条约,表示撤销过去对人权条约的保留意见;还表示今后苏联的立法改革要与它签字的国

---

① 《苏联共产党第二十八次代表大会主要文件汇编》,人民出版社,1991年,第119页。

际人权条约相一致;在实际行动中也采取了一些措施:如 1988 年苏共中央专门成立一个委员会,负责对 20 世纪 30 年代案件的重新审理,对大批冤假错案进行平反。戈尔巴乔夫给著名的持不同政见者萨哈罗夫院士打电话,允许他回莫斯科居住,给予他言论与行动自由,还将其选为苏联最高苏维埃代表。大大放宽了移民的限制。提倡民主、公开性、允许公民对过去认为属于禁区的一些问题发表意见等。

从以上三个方面的情况分析说明,在戈尔巴乔夫推行改革过程中,人的问题在改革中一直居重要地位,是他改革的指导思想。与此相联系,对人的问题的研究也越来越被重视,成为哲学研究的一个主题。人学曾一度兴起,苏联科学院成立人的问题综合研究学术委员会,建立了人的研究所,创办《人》杂志。

笔者认为,虽然戈尔巴乔夫时期的改革失败了,并成为苏联解体的一个重要因素,但他在改革初期,针对斯大林专制制度产生的严重问题,重视人与人权问题的理论探索还是应该肯定的。

## 第二节　对所有制理论的重新认识

戈尔巴乔夫执政后对所有制理论的探索,在不少方面与安德罗波夫时期提出的观点相似,如安德罗波夫提出,"所有制方面的变革绝不会是一次性行动",而戈尔巴乔夫在苏共第二十七大报告中强调:社会主义所有制"具有丰富的内容",它包含着"一整套多方面的关系和一整套经济利益","它是处于运动之中的",需要"经常的调整"。① 又如,安德罗波夫强调,在现阶段的苏联集体所有制不是"过时的"所有制形式,而戈尔巴乔夫一再提倡要发展合作社,在合作社所有制问题上应有完全明确的认识。他在 1987 年召开的苏共中央一月全会上谈到这一问题时指出:由于过去把苏联合作社所有制看作是某种"二等的"、没有前途的,因而产生了"严重后果","造成了经

---

① 《苏联共产党第二十七次代表大会主要文件汇编》,人民出版社,1987 年,第 53 页。

济上和社会上的不小损失"。有的学者还提出,合作化已经结束的结论作得过早了。现在应该在城市真正地开展合作化运动。① 与此相联系,各类租赁承包形式也得到发展。过去是急于把集体所有制过渡到全民所有制,而现在相反,已出现了把长期亏损的农场和农庄,改为合作社经济,由劳动集体加以租赁。

为了发展合作社所有制,1988 年 5 月苏联还通过了《苏联合作社法》。再如安德罗波夫提出要放松对个体劳动的限制,戈尔巴乔夫也认为,在社会主义制度下一定数量的个体劳动活动是"符合社会主义经营原则"的"有益于社会的劳动"。这一问题的理论变化的直接结果是苏联于 1986 年 11 月通过了《个体劳动法》。该法从 1987 年 5 月 1 日起生效。这是苏联历史上第一个关于个体劳动的法律,也是经济改革中的一项重大措施。该法规定在生产和服务行业中可以从事 29 种个体劳动,对搞活苏联经济,缓和社会经济生活中的矛盾起重要作用。

戈尔巴乔夫执政时期,在所有制理论方面的新观点,它的主要特点是与发挥人的作用、落实人权和向市场经济过渡紧密连在一起的。

戈尔巴乔夫一再强调,解决人的问题与向市场经济过渡密切相关,而向市场经济过渡必须改革所有制,改革所有制又必须对传统所有制关系进行再认识。他认为人道的、民主的社会主义经济的基本思想只能在深入批判传统的经济管理体制基础上才能产生和形成,而传统经济管理体制的核心是所有制关系。

从解决人、发挥人的积极性、使人成为生产资料的真正主人等角度来看,在生产资料所有制问题上,戈尔巴乔夫除沿袭安德罗波夫有关所有制的论述外,还特别强调以下问题:

第一,完善经济管理体制与完善公有制是同一个过程,是不可分的。实现了生产资料社会主义改造任务之后,生产者取得主人的权利同成为真正和有主动精神的主人并不是一回事。因为实现了社会主义革命的人民还需要长期熟悉自己作为整个社会财富最高的唯一的所有者的新的地位,这就

---

① 参见苏联《文学报》1986 年 4 月 16 日。

需要在经济上、政治上和心理上熟悉、培养集体主义的思想和行为。另外,要使劳动者成为生产资料真正的主人,最重要的一条是要在完善经济管理体制方面做大量工作,即只有在充分调动生产者积极性的经济管理体制条件下才能做到。因此,必须认识到要完善和发展生产资料的所有制,就必须完善和发展经济管理体制。这两者是紧密结合的同一个过程。戈尔巴乔夫反复强调经济管理的民主化和社会主义自治,亦是为了使劳动者成为生产资料的真正主人,调动生产者的积极性。

第二,对所有制的一些传统理论提出了质疑和新看法。例如越来越多的学者论证,全民所有制和国家所有制不是一回事,这两者就物质内容、形成的来源方面是完全不同的,有决定性的差别。全民所有制是由于当初资本主义私有财产实行国有化而形成的,后在社会扩大再生产过程中得到发展巩固。从经济意义来看,就形成的根源而论,全民所有制是第一性的。从狭义上讲,国家所有制作为"国家机关系统的所有制"是这样形成的:从第一性的所有制中拨出一部分,用以满足国家机关的需要,因而从经济形成意义上说国家所有制是第二性的。

把全民所有制理解为国家即国家机关或者某个机关所有,这是广泛实行行政命令管理,压制企业主动性和对企业进行琐碎监督的重要原因。

第三,随着向市场经济过渡为取向的经济改革的推行,到戈尔巴乔夫执政后期,日益明确所有制的改革方向是非国家化、民营化和私有化。认为这一改革方向是解决劳动者与生产资料、与管理相结合最重要的途径。戈尔巴乔夫指出:"当前所理解的市场否定了单一所有制形式的垄断,要求有多种所有制,经济与政治的平等。""在向市场过渡时,需要订出一些首要措施。搞国营企业股份化,创造现实的经营自由,将小企业和商店出租,把住房、股票和其他有价证券及一部分生产资料纳入买卖领域。"[①]在以戈尔巴乔夫总统名义提出并在最高苏维埃通过的《基本方针》这一文件中指出,使财产非国有化和民营化,实行土地改革,应是在向市场经济的第一阶段开始就应实行的一项非常性措施。该文件还就如何实行非国有化和民营化作出了较详

---

① 《苏联共产党第二十八次代表大会主要文件资料汇编》,人民出版社,1991年,第12~13页。

细的规定。

## 第三节 从克服对商品货币关系的偏见到认同市场经济

苏联在历次经济体制改革过程中,都涉及社会主义社会的商品货币关系的理论问题。应该说在理论认识都有所进步,但都未取得实质进展,都没有摆脱商品货币关系不是社会主义经济的属性这一基本看法。

在戈尔巴乔夫执政后,在商品货币关系问题上有较大发展。这表现在:

第一,从领导到学术界,都强调要克服长期以来的对商品货币关系的偏见。戈尔巴乔夫在苏共二十七大报告中说,应该克服对商品货币关系的成见。在1987年召开的苏共中央一月全会上又指出:"对商品货币关系和价值规律作用的偏见,以及往往把它们当作某种异己的东西同社会主义直接对立起来的做法,导致了经济中的唯意志态度,导致了对经济核算制估计不足,以及在劳动报酬方面的'平均主义',在价格形成中产生了主观主义原则,破坏了货币流通,不重视调节供求问题。"

第二,普遍认为,商品货币关系是有机地列入社会主义经济系统中的,是社会主义的内涵关系,没有这种关系,社会主义经济就不可能存在和运行。

第三,在《企业法》中明确指出了"企业是社会主义商品生产者"的观点。

第四,戈尔巴乔夫在1987年召开的苏共中央六月全会的报告中提出:"应该从整个管理经济体制中辩证统一和相互补充中出发来考虑计划性与商品货币关系问题。"另外,从这次全会通过的有关文件来看,苏联将经济改革是朝着形成生产资料批发贸易市场、资金市场、合同价格方向发展,并扩大自由价格应用的范围与加深市场关系。

第五,提出在社会主义社会竞争的必要性。苏联强调要限制垄断和开展竞争,不能把"竞争"这个词与"私人资本主义"紧紧联在一起,竞争不是恶语。就是在资本主义条件下,竞争除了有其无人性、危害社会的消极作用外,更为重要的是还起着积极作用,它促进科技的发展和提高产品质量。因此随着经济改革的深入,在苏联,竞争必将扩展到整个经济领域。

第六,随着进一步深化经济改革方案的讨论,苏联终于在1990年结束了"市场经济"是个禁区的局面,而是把市场经济确定为经济改革的总方向。《基本方针》明确指出:"除了向市场过渡,别无选择。全世界的经济已经证明,市场经济是有活力和效率。我国社会向市场经济过渡完全是由人民的利益决定的,目的在于建立起面向社会的经济,使全部生产面向消费者的需求,克服商品短缺和排长队的耻辱,切实保证公民的经营自由,为鼓励热爱劳动、创造性、主动性和高生产效率创造条件。""向市场与我国人民的社会主义选择并不矛盾。只有市场与全社会的人道主义方向结合,才能保证人们的需要得到满足、财富的公正分配、公民的社会权利和社会保障、自由和民主的扩大。""市场固有的自我调节机制,能保证在全体生产者活动十分协调一致的情况下使经济保持平衡,保证合理地利用人力、物力和财力。市场要求生产具有灵活性,并能迅速接受科技进步的成果。""向以市场关系为基础的经济体制过渡,使我们的经济能够同世界经济有机地结合起来,并使我国公民得以利用文明的一切成就。"

可以说,以上对当时苏联为何要实行市场经济作了一个较为全面的分析。

## 第四节　进一步修正社会发展阶段理论

在安德罗波夫和契尔年科执政时期,一致对勃列日涅夫时期宣布苏联已经建成发达社会主义的理论进行重大修正,从"建成"改为苏联只处于发达社会主义的"开端"或起点。

这里有必要专门分析一下戈尔巴乔夫在社会发展阶段问题上的观点。他在出任苏共中央总书记以前,与安德罗波夫、契尔年科的观点是一致的,但从1986年2月召开的苏共二十七大起以及之后的重要报告和讲话中,对发达社会主义的提法采取形式上继承而在内容上加以批判的态度。一方面,他在二十七大的报告和党纲修订本中,虽然也用了苏联"进入发达社会主义"的提法;另一方面,则用"完善社会主义"来取代安德罗波夫提出的"完善发达社会主义"的提法。后来,在公开发表的几次讲话中,多次使用"发展中的社会主义"这一提法。

"发展中的社会主义"这个概念的含义是什么? 应该如何理解?

第一,有人把"发展中的社会主义"视为一个阶段。说成是"苏联强调处于'发展中的社会主义'阶段"。我们认为戈尔巴乔夫的这一新提法不是指一个阶段,也就是说不是用它来划分阶段的,而是用来反映当时苏联社会主义现实状况。"发展中的社会主义",是指不断发展和前进的社会,而不是僵化的、停滞不前的社会。1987 年,戈尔巴乔夫在苏共中央六月全会的报告中指出:"我们革命学说的全部实质,我们全部的丰富经验表明,不能把社会主义看成某种僵化的和一成不变的社会,也不能把完善社会主义的实际工作看成使复杂的现实凑合和迁就一劳永逸地形成思想、概念和公式的方法。"

从科学的理论概念这一角度出发,苏联的提法仍然是处在发达社会主义的初级阶段。为什么现在苏联很少提及"发达社会主义"这个概念? 按阿巴尔金解释,主要考虑到推行现实政策的需要,并要把使用的理论概念与所需要解决的具体任务联系起来,当前的任务是加速社会经济发展。为此,他认为在实践中应更广泛地使用"加速阶段"或"加速社会经济发展时期"的概念。①

第二,"发展中的社会主义"与苏共二十七大"有计划地全面完善社会主义"的提法,相互是衔接的。发展中的社会主义充满着矛盾与斗争,要克服一切停滞的现象,加速社会经济的发展。而要做到这些,就要求全面的改革,以达到完善社会主义之目的。

第三,既然"发展中的社会主义"不是作为社会历史发展阶段的概念提出来的,因此使用这个概念较为灵活,回旋余地大。

第四,"发展中的社会主义",是针对当时苏联社会经济发展现状提出来的,确有冲淡发达社会主义的用意,避免过去不恰当地宣扬苏联所取得的成绩,掩饰矛盾和问题等错误,以利于今后的改革。但使用这一概念绝不是说

---

① 参见苏联《世界经济和国际关系》1987 年第 4 期。

苏联自己认为它是一个"发展中的社会主义国家"。苏联不可能否定它70多年来所取得的重大发展,而降为发展中的国家。

勃列日涅夫逝世后,苏联在社会发展阶段性质问题上发生了如此大的变化并非简单的学术观点之争,而是反映了对苏联经济体制改革的不同方法,实际上涉及用什么样的指导思想来进行今后的改革。例如在勃列日涅夫时期,由于强调苏联已建成了发达的社会主义,生产关系与生产力性质的相适应可得到自动的实现等观点,所以勃列日涅夫对旧体制只采取小修小改的态度。

戈尔巴乔夫上台后,对社会发展阶段问题上"左"的错误进行了批判,在这基础上提出了根本改革旧体制的主张。

戈尔巴乔夫执政时期,苏联对社会发展阶段性质问题讨论与勃列日涅夫时期相比有很大的不同,不再无休止地议论社会阶段的如何划分、标志等问题,而是转向如何理解社会主义,集中在对社会主义的再认识问题上,不断地揭示过去的社会主义变形方面,并探讨如何通过改革"使社会主义具有最现代的组织形式"。所以戈尔巴乔夫在苏共第十九次代表会议上,一再强调要发扬所有真正的社会主义价值观念,通过革命性的改造来塑造社会主义的新形象。[1]

戈尔巴乔夫的社会主义理论与传统的社会主义理论相比,确实是一种崭新的观点,反映了他对体制改革的一种理念。

到了戈尔巴乔夫执政的最后两年,在谈到社会主义社会时,更多的是转向对斯大林的社会主义的批判。在苏共二十八大上,戈尔巴乔夫说:"我们所抛弃的、实质上是斯大林专横官僚体制模式的那种社会主义。"[2]在他下台后出版的有关著作中也再次提到如何认识苏联时期的社会主义性质。他写道:"归根到底,大家看到,苏联所实现的'模式'不是社会主义社会的模式,而是极权主义社会的模式。这对所有认真追求人类进步的人来说,都是值得进行思考的一个严肃问题。"接着,他引了"奥地利马克思主义"之父和社会民主党领导人之一的奥托·鲍威尔在《布尔什维主义和社会主义》一书中

---

① 有关社会主义新形象的7个方面的内容,见本书第十九章,第二节。
② 《苏联共产党第二十八次代表大会主要文件汇编》,人民出版社,1991年,第30页。

对苏联社会主义的下列看法:"……如果这是社会主义,那么这是特别的社会主义——专制的社会主义。因为在这里社会主义并不意味着劳动人民自己支配生产手段,领导劳动过程和分配自己的劳动产品。相反,它意味着一个脱离人民的、只代表人民的少数、凌驾于人民群众之上的国家政权支配着生产手段和劳动力、劳动过程和劳动产品,用自己的暴力手段使人民的全部力量服从自己的劳动计划,让他们参与自己的劳动组织。"①

---

① [俄]米哈伊尔·戈尔巴乔夫:《对过去与未来的思考》,徐葵等译,新华出版社,2002 年,第29、46、47 页。

# 第二十一章  戈尔巴乔夫时期以企业为出发点的根本改革经济体制的构想

在戈尔巴乔夫整个经济体制改革过程中,与围绕解决人这一根本问题相联系,在论述根本改革经济体制问题时一直强调要从企业入手。在体现苏联经济体制改革方案的 1987 年召开的苏共中央六月全会上,戈尔巴乔夫在报告中指出:"我们是从经济的基本环节——企业和联合公司着手根本改造经济机制的,这里首先指的是为其创造最好的经济环境,加强其权利,同时提高其责任,并在此基础上根本改变经济管理的所有上级环节的活动。"①

这一章将围绕戈尔巴乔夫对苏联经济体制改革的构想,就其一些重要问题进行论述。

## 第一节  先从根本改革经济体制的目的与主要内容说起

戈尔巴乔夫在分析 1987 年苏共中央六月全会批准的《根本改革经济管理的基本原则》(以下简称为《基本原则》)时说:"这大概是 1921 年列宁颁布新经济政策以后我国经济体制的最重大的和最根本的改造纲领。""改革的基础是大大扩大联合公司和企业的自主权"。"为了企业的利益,规定对经济的集中管理实行根本改革。"②这次改革,"目的是使经济增长从中间结果转向具有社会意义的最终成果,转向满足社会需要,使人得到全面发展,

---

① 《戈尔巴乔夫关于改革的讲话》,人民出版社,1987 年,第 372 页。
② [苏]米·谢·戈尔巴乔夫:《改革与新思维》,苏群译,新华出版社,1987 年,第 32~33 页。

使科技进步成为经济增长的主要因素,建立可靠有效的反消耗机制"。"为了达到所有这些目的,必须使各级领导从以行政方法为主的领导过渡到以经济方法为主的领导,过渡到管理的广泛民主化,大力活跃人的因素。"①

苏联的整个改革纲领,不论从整体上来说还是从各个部分来说,不论从经济体制上来说还是从政治体制上来说,完全是建立在多一些社会主义和多一些民主这样一个原则上的。戈尔巴乔夫对多一些社会主义和多一些民主这一整个改革纲领的总原则所含内容作了以下的阐述:

> 多一些社会主义,意味着多一些活力和创造,多一些组织性、法制和秩序,多一些经营的科学性和主动性,多一些管理工作的效率,人们生活得更好更有保障;
>
> 多一些社会主义,意味着社会生活中多一些民主,公开性和集体主义,在人与人之间的生产关系、社会关系和个人关系中多一些文明和人道主义,多一些人的尊严和自尊;
>
> 多一些社会主义,意味着多一些爱国主义和对崇高理想的追求,多一些公民对全国事务及其对国际事务的良好影响的关切;
>
> 换言之,就是多一些社会主义本质所包含的内容,就是多一些社会主义作为一种社会经济形态的理论前提所包含的内容。②

在上述整个改革纲领的原则指导下,苏联根本改革经济体制的目的是:

第一,把经济的增长目标从中间成果改为最终的、具有社会意义的成果,改为满足社会的需求;

第二,把社会、集体和每个工作人员的利益有机地结合起来,全面发展人,使苏联人的福利达到崭新水平;

第三,把科技进步变为经济增长的主要因素;

第四,保证平衡,克服妨碍有效经营和生产集约化的物质资源和消费资料短缺的现象;

---

① 《戈尔巴乔夫关于改革的讲话》,人民出版社,1987 年,第 371 页。

② [苏]米·谢·戈尔巴乔夫:《改革与新思维》,苏群译,新华出版社,1987 年,第 37~38 页。

第五,使用货币单位在经济关系中具有优先地位,赋予它进行经营选择的权利和可能性;

第六,建立使国民经济,首先是使基层环节——企业(联合公司)发挥职能的可靠的、有效的反消耗机制。①

根据上述改革的目的,六月全会规定经济管理体制改革的主要内容有:

第一,大力扩大企业(联合公司)的自主权,使它们实行完全经济核算制和自筹资金,提高对最终成果的责任,履行对用户的义务,规定集体收入的水平直接依赖于集体的工作效率,在劳动关系中广泛发展集体承包制;

第二,根本改革对经济的集中领导,提高领导工作的水平,把力量集中在决定整个国民经济的战略、速度和比例以及整个国民经济平衡的主要过程,同时坚决放弃中央对下级经济环节的日常工作进行干涉的做法;

第三,根本改革计划工作、价格形成和财政信贷机制,向生产资料批发贸易过渡,改革对科技进步,对外经济关系、劳动以及社会发展进程的管理;

第四;建立新的组织结构,以保证加深专业化和提高协作联系的可靠性,把科学直接纳入生产,并在此基础上向世界质量水平跃进;

第五,从过分集中的管理体制向民主的管理体制过渡,发展自治,建立调动人的潜力的机制,明确划分党组织、苏维埃组织、社会组织以及经济组织的职能和根本改变它们的工作作风和工作方法。②

## 第二节　以企业作为改革出发点的缘由与目标

一、把前人改革的思路颠倒过来的原因

苏联过去的历次改革,都是从上到下进行的。就是说,先是从中央开始的,先确定中央经济机关的职能与结构,然后再来确定中间管理环节(如总管理局或工业联合公司的职能和结构),最后才来确定基层单位——企业和

---

① 参见 1987 年 6 月 26 日苏共中央通过的《根本改革经济管理的基本原则》的决议。
② 参见《戈尔巴乔夫关于改革的讲话》,人民出版社,1987 年,第 371～372 页。

联合公司的地位与职能。这次改革决定颠倒过来,一切从基层环节的企业开始。这样做的主要理由是:

1.过去改革提供的一个重要教训

苏联在召开苏共中央六月全会之前,于1987年6月8—9日召开了苏共中央工作会议。戈尔巴乔夫在这次会上曾指出:"当我们考虑根本改革苏联经济的管理工作时,那么关于经济的基本环节及它在完整的管理体制中的地位问题是一个根本的问题。过去60和70年代的改革,是从上而下进行的。这是过去改革的一个最主要的缺点,也是未收到充分效果的一个重要原因。因为只要中央机关一讨论计划和管理问题就层层贯彻,结果是新的条例和建议传到企业已变得面目全非了。最高层往往会把一切都垄断起来,企业什么也得不到。"考虑到过去的改革教训,这次改革一切从经济的基层环节企业开始。关于这一点,他在《改革与新思维》一书中又作了明确说明,认为:"过去曾多次试图改组最上层管理机构而不以'来自下层'的运动为后盾,结果均告失败。这是因为受到了不愿与许多特权和权利决裂的管理机构的顽强抵制。""必须把来自上面的动力与'来自下面'的运动结合起来,即使改革本身具有深刻的民主性"。①

2.解决企业具有内在动力的问题

从上而下的改革,主要权力集中在中央管理机关,其结果是企业只能是上级行政管理部门的附属品。主管部门借助行政手段,通过层层下达大量指令性指标、指示来控制企业的一切经济活动。这样企业的经营机制不具有自我发展的内在动力,习惯靠指令性指标得到任务和资源,也不关心工作所得的最终成果。因为一切消耗和支出都会得到弥补。在这种情况下,采用新技术生产新产品等,企业都不感兴趣。所以戈尔巴乔夫讲:"在内部刺激自身发展力量薄弱的情况下,企业的工作水平只能是处于中等和劣等水平。"改革从基层企业这一环节开始,就意味着首先为企业确定最有效的经营模式,为它创造最良好的经济环境。扩大和加强它的权力,就是要为企业创造有充分发挥积极性和主动精神、挖掘潜力和提高效率的条件,在此基础

---

① 　[苏]米·谢·戈尔巴乔夫:《改革与新思维》,苏群译,新华出版社,1987年,第102页。

上来根本改变一切上级经营环节的活动。很明显,这是一种完全不同于以往的新的改革思路。

3. 企业具有的特殊地位

戈尔巴乔夫之所以确定从企业开始改革的顺序,还因考虑到企业作为国民经济细胞的特殊重要性,企业生产着社会所需要的全部产品和提供各种劳务。主要经济活动是在这里展开的,物质财富在这里创造,科技构想是在这里变成物质的。在企业这个劳动集体里,实际已形成经济关系与社会关系,这一关系又在很大程度上决定了整个社会的政治气氛。企业又是个人利益、集体利益和社会利益的交织点,能否解决好这三种利益关系,对调动各方面的积极性、改革的顺利进行,起着十分重要的作用。

戈尔巴乔夫从企业开始的经济体制改革思路和基本观点,在六月全会通过的改革文件中得到了充分而又具体的体现。《基本原则》的第一部分的第1条就是这样规定的:"基本经济环节——企业(联合公司)是根本改造经营机制的出发点。应当为它们创造最有利的经济环境,加强其权力,提高其责任,并在此基础上改革整个经营机制。"

为了实现上述改革思路,就应进一步为企业创造内部和外部条件,即要规定企业经营机制,如改革和集中管理职能如何改革的问题。

二、企业经营机制改革的总目标——企业成为真正的商品生产者

为了实现这一改革目标,采取的改革措施主要是解决企业作为真正的商品生产者,它应负的经济责任和应拥有的权利问题。

1. 在完全经济核算制和自筹资金基础上建立企业活动的现代化机制

实行完全经济核算制和自筹资金的企业,对自己的活动承担全部的经济责任,这实际上是一种承包经营的方式。

自筹资金,简单地说就是企业的工资基金、物质鼓励基金以及经济与社会发展所需的各项基金均靠企业的经济核算收入来支付。就是说,在自筹资金的条件下,企业将完全依靠自己的收入来抵补一切支出,既要抵补简单再生产的开支,又要抵补扩大再生产的开支,不仅要抵补生产耗费,还要抵补社会性耗费。具体来讲,企业靠自己获得收入来抵补以下费用:一是补偿

企业在生产上耗费的物质资源;二是发放工资基金;三是用企业建立的生产发展基金和拨归企业支配的统一科技发展基金来保证企业改造、改建和扩建所需的资金(如资金不足,可从银行获得长期贷款解决);四是企业的社会发展基金,也靠企业集体挣得的收入来解决。

完全经济核算制,除包括自筹资金的内容外,还包括企业的独立性、吸收劳动群众参加管理、组织企业内部经济核算、法人权利和合同责任等。

苏联《企业法》把完全经济核算制和自筹资金看作是一种经济核算的形式,即规定经济核算有两种模式。

第一种模式以定额分配利润为基础。企业从产品销售进款中扣除各种物资耗费,提取工资基金(按形成定额)后,形成企业利润(简单地说,即从企业产品销售进款中扣除成本之后,就为企业利润)。企业从形成的利润中完成对预算的缴款和上级机关的缴款,支付贷款利息和罚款等。在这之后所剩余的利润再来形成生产、科技发展基金、社会发展基金和物质鼓励基金。在这种模式中,经济核算收入是由工资基金与剩余利润两部分组成的。

第二种模式(集体承包模式)是建立在收入定额分配基础上的。企业从产品销售进款中扣除各种物资耗费后,形成企业纯收入(即可分配收入)。从企业纯收入中来支付预算缴款、上级机关的缴款,支付贷款利息和罚款等。之后形成经济核算收入。从经济核算收入中提取生产、科技发展基金、社会发展基金。最后剩下的经济核算收入余额形成统一的劳动报酬基金。

上述两种模式最大的差别是:第一种模式是企业从产品销售进款中首先要扣除各种物资耗费与工资基金;第二种模式是工资基金要在一切扣除之后才能形成,即把工资和奖金捆在一起形成统一的劳动报酬基金。前一种模式工资基金是有保证的,后一种工资不予保证。《基本原则》规定,企业职工可以根据生产活动特点,从上述两种模式中任选一种。从当时情况看,虽有一些企业,主要是轻工业、商业企业选择第二种模式,而大多数企业采用第一种模式。但不论选择哪一种,企业都要对自己的经营活动承担全部责任,企业的发展及职工的劳动报酬完全取决于自己的最终经营成果。国家不对企业的义务负责,预算拨款一般将予取消。至于长期亏损企业,经采取一切措施又无效时,就应从社会利益放在首位这个角度出发实行改组或停止企业活动。

经济核算的两种模式都涉及利润分配定额问题。苏联为了制订有根据的经济定额,在一些企业搞试验。

2. 赋予企业作为商品生产者应有的权限

为了保证企业实行自筹资金的经营原则,并对自身的经营活动承担全部责任,就要求赋予企业相应的权限。所以,苏联在设计以企业为出发点的改革方案时,把扩大企业权利作为改革企业经营机制的一项重要内容。

(1)最主要的是计划权。为此规定:"企业应当以国家订货、企业和组织的直接订货及消费者需求为基础,从社会需要出发,制定和批准自己的五年计划和年度计划。"这标志着企业拥有了经营决策权,向成为商品生产者迈出了极为重要的一步。

(2)为了实现自筹资金的经营原则,应保证企业用自己挣得的收入及时获得生产所需的原材料、设备等一切物资。为此目的,苏联决定逐步取消生产资料由国家统一调拨的制度,改革生产资料批发贸易制度。

(3)实行自筹资金原则后,一切支出要靠企业自己的经营所得来弥补。为此,苏联规定,要大大增加企业留利比例,国家与企业之间在利润分配方面按固定的定额进行分配和结算。

(4)企业用留归它的利润和一部分基本折旧费,建立生产与科技发展基金。企业有权自行批准用该项基金进行基建。

(5)企业完成供货合同后,有权支配自己的产品,产品可按国家定价、合同价格或自由价格出售。

(6)企业对固定资产和流动资金以及其他物质财富和财政资源,行使占有权、使用权和支配权。

(7)企业有权把建筑物、设施、设备、运输工具、原料和其他物资转让、出售、交换、租赁给其他企业和组织。

(8)国家要创造条件,使各企业有同等的竞争条件,限制企业作为某种产品生产者的垄断地位。这样做的目的是增强各企业的竞争意识和竞争能力,使它真正作为一个商品生产者出现在市场。

(9)在处理部与企业之间关系时,强调必须充分利用经济手段和利益机制,以便使企业的权力与责任有机地结合。同时《企业法》还规定:"授权企业在部委越权或违反法律下达指示时,向仲裁委员会声明该指示全部或部分无效。"这样也就排除了对企业活动来自各方面,特别是上级机关的行政干扰,使企业具有真正的独立性。

3. 实行企业自治

长期以来,苏联在企业领导体制方面一直实行一长制。苏联的一长制体现了企业管理权的高度集中,企业经理根据国家计划和上级各项指示作出决定,广大职工无权参与,他们给经理的决策所施加的影响是十分有限的。在这种企业领导体制下,必然使生产者与生产资料两者分离,生产者并不感到自己是企业的主人,而是一个雇佣劳动者,这大大挫伤了生产者的积极性,严重地影响苏联经济的发展,成了生产过程中造成大量浪费的一个重要原因。

由于上述原因,戈尔巴乔夫执政以来,一直反复强调管理民主化和企业自治的重要性。从改革企业内部领导体制这个角度来看,自治主要体现在以下方面:

(1)劳动集体是企业的全权主人。《企业法》第 1 条规定:"企业实现劳动集体的自治,从而使每个工作人员个人深刻地关心以主人翁态度使用全民财产,使每个工作人员有机地参与集体和国家事务"。第 2 条规定:"企业的活动根据社会主义自治原则进行。劳动集体是企业的全权主人,独立自主地解决生产和社会发展的一切问题。企业工作的成就和损失直接影响集体的经济核算收入和每个工作人员的福利水平。"以上内容反映了企业自治的基本精神和要求。

(2)劳动集体作出企业最重要的决策并监督其执行。《企业法》第 6 条规定:劳动集体的全体会议(代表会议)是行使劳动集体全权的主要形式。劳动集体的全体会议(代表会议)的权限有:

①选举企业领导人和劳动集体委员会,听取他们关于工作情况的汇报;

②审议并批准企业的经济和社会发展计划,确定提高劳动生产率和利润(收入),提高生产效率和产品质量,维护和加强全民所有制,加强作为企业日常活动基础的生产物质技术基础的途径;

③赞同集体合同并授权工会委员会以劳动集体的名义同企业行政机关签订这一合同,承担社会主义义务;

④根据行政机关和工会委员会的提议批准内部的劳动规章;

⑤审议企业活动的其他最重要的问题。

企业行政部门与劳动集体委员会意见不一致时,把问题提交劳动集体代表大会讨论决定。这样使权力的中心由企业行政转到企业劳动集体。苏联计划1988年在全国各企业组成劳动集体委员会。该委员会由企业集体全体会议以无记名投票或记名投票方式选举产生,任期2—3年。委员会由工人、作业队长、工长、专家、行政、党、工会、共青团和其他社会组织的代表组成。行政代表不得超过劳动集体委员会总人数的1/4。

(3)企业领导人由选举产生。选举制度适用于企业、联合公司、生产单位、车间、工段、工区、牧场和班组的领导人,以及工长和作业队长。企业和联合公司的领导人由劳动集体代表大会以无记名投票或公开投票方式选举,一般要采用竞选制度。选举的经理、厂长要经上级机关任命,任期5年。如果上级机关不批准劳动集体所选出的候选人,则进行重新选举,但同时上级机关必须向劳动集体解释不批准的原因。上级机关根据劳动集体全体会议或劳动集体委员会的决定,提前解除企业领导人的职务。

(4)企业管理仍实行一长制,但性质和内容与过去不同。一长制的原则被纳入企业自治体系。正如上面提到的,企业的重大决策是由劳动集体作出,不再是经理说了算。由于企业领导人由选举产生,因此,经理对企业活动的结果既对国家负责,又要对企业劳动集体负责。

(5)关于企业中的党政关系和社会组织的作用问题。《企业法》规定:"作为集体的政治核心的企业党组织在宪法范围内活动,它指导整个集体及其自治机关、工会、共青团和其他社会组织的工作。对行政机关的活动实行监督。"这说明,在基层企业党组织不起领导作用,只起监督作用,即不能干涉企业行政与经济业务活动。苏联建立以来,在企业这一环节从未出现过以党代政、党委书记负责制的做法。

在自治条件下,企业工会的作用日益提高了。它可代表劳动集体与企业行政签订集体合同。另外,它有权参加制定企业的生产经营计划,确定经济刺激基金使用办法、劳动报酬制度等。未经工会同意,行政领导不得解雇职工。在社会福利和劳动保护等方面,工会拥有决定权。工会权力的扩大,亦反映了管理民主化和自治的发展。

从上面的分析来看,戈尔巴乔夫时期在改革企业经营机制方面主要的措施是:实行自筹资金、扩大企业权限和自治。把这三方面的改革措施有机地结合起来,明确了企业经营原则——实行以自筹资金为主要内容的承包制,通过扩权解决了企业经营决策权,实行自治调动企业劳动集体和每个劳动者的自主性和积极性。这些措施使企业成为商品生产者,为形成微观经济一级即企业新的经营机制创造内部条件。

## 第三节　农业企业推行以承包制为主要内容的改革

在上一节,我们从工业企业这一领域分析了戈尔巴乔夫以企业为出发点的经济体制改革的基本思路。这一思路同样也体现在农业体制改革方面。

在戈尔巴乔夫执政以来,十分注重农业问题。在苏共二十七大上戈尔巴乔夫强调:农业的改革要"为用经济手段进行经营管理开辟天地,大大扩大集体农庄和国营场的自主性,提高它们对最终成果的利益的关心和责任感"①。改革的主要途径是推行完全经济核算制、集体承包和家庭承包制。关于这一点,在 1987 年的苏共中央六月全会作了较为详细的论述,并举例论证实行承包制后效益大大提高的情况。如佩塔洛沃区的农庄和农场的 8 个畜牧场在 1987 年初实行了家庭承包,在 5 个月的时间里,用同样多的饲料使牲畜重量增加 1 倍,每昼夜达 800～1000 克。该区近40%的大田作业改为小组劳动组织形式。春播 6 天完成的工作量相当于平时 15～18 天的工作量。区组织和农庄、农场的领导人不再用发布命令和指示,也不再用对工作进程进行严格监督的方法进行领导工作。又如布列斯特州布列斯特区的伊里奇

①　《苏联共产党第二十七次代表大会主要文件汇编》,人民出版社,1987 年,第43 页。

集体农庄是个落后农庄,两年来组织了一个 6 人承包小组,这个小组承包了 100 头奶牛、50 公顷牧场。这两年来,每头奶牛的挤奶量从 2917 千克上升到 5580 千克。①

苏共二十七大之后,农业中的家庭承包制开始在各种正式文件中具有了合法的地位。1986 年 3 月公布的《关于进一步完善全国农工综合体经济机制的决议》中规定,允许集体农庄和国营农场根据自身的具体条件,在种植业和畜牧业中采用家庭承包和个人承包制,并把它作为集体承包制的一种形式。1988 年 5 月 26 日通过的《苏联合作社法》中规定:集体承包或家庭承包是农业企业内部生产——经济关系的主要形式。1988 年 1 月公布的新的《集体农庄示范章程》草案是苏联继 1935 年和 1969 年先后通过的第三个《集体农庄示范章程》的草案,已由第四次全苏集体农庄庄员代表大会通过。该草案对 1969 年的章程作了很大修改。从农业体制改革角度看,主要变化反映在:第一,恢复了集体农庄的合作社性质。章程草案明确规定:集体农庄是社会主义经济的一种合作社形式;第二,国家对农庄的经济领导由过去通过一系列以指令性指标为基础的行政强制方法改为通过经济杠杆和刺激施加影响的经济方法。集体农庄是在完全独立自主和自我管理的条件下的农业企业;第三,章程草案第 26 条还明确规定:"集体农庄采用集体承包制作为劳动组织和劳动刺激的基本形式,同时还可采用家庭承包、个人承包和其他承包形式。"②

后来承包制发展为租赁承包,承包制进入了一个新的阶段。农业中的集体承包还是家庭与个人承包,承包人的自主权是很有限的,即只是有权自主安排生产活动,而生产资料和生产的产品仍直属于农庄、农场,承包人无权独立支配。土地虽固定给承包人,但时间短,这样承包人不可能对改良土壤有兴趣,而是只顾追求短期经济效益。简言之,承包制尚难以使承包人成为生产资料的真正主人,从而也难以克服生产者与生产资料相脱离的弊端。戈尔巴乔夫在 1988 年召开的苏共中央二月全会上,把农业中的承包制分为集体承包、租赁承包、家庭承包和个人承包四种。后来戈尔巴乔夫越来越重

---

① 参见《戈尔巴乔夫关于改革的讲话》,人民出版社,1987 年,第 346、351 页。
② 苏联《经济报》1988 年第 2 期。

视租赁承包。他在1988年苏共中央七月全会上,对有关租赁承包问题作了较为详细的论述。他认为,租赁承包是较为彻底的一种承包形式,因为租赁承包人租赁生产资料(主要是土地)时间长,25～30年,有的甚至达50年,这样租赁者就会关心租赁的土地及其他生产资料,并会关心生产效益的提高。

在戈尔巴乔夫执政期间,各种形式的租赁承包得到了较为广泛的发展。截至1991年3月1日,苏联实行内部租赁承包的农庄、农场共有31882个,占农庄、农场总数的61%,实行内部租赁承包形式的农庄、农场在某些共和国中更为普遍,如哈萨克和土库曼分别高达93%和90%。与此同时,私人农场(家庭农场)也有了发展。到1991年3月1日,按各共和国已有的私人农场数量计算,居第一位的是格鲁吉亚,有20750个;居第二位的是俄罗斯联邦,有8931个。在全苏每个私人农场平均占用的土地面积为22公顷。私人农场共占农用土地面积为102.3万公顷,仅占全苏农用土地面积0.17%。[①]当然,在戈尔巴乔夫执政时期,对农业的改革还涉及其他方面。后来随着农业问题的日趋尖锐,使得市场的食品供应更加紧张。针对这一情况,在1990年召开的苏共二十八大上,戈尔巴乔夫提出解决农业问题三项基本政策:"第一,应当在完全自愿选择的基础上,给农村各种经营形式以充分的自由。第二,确立城乡之间、工业和农业之间的合理交换,这种交换将会在极短的历史时期内促进农村振兴。第三,国家应当最大限度地促进解决农村的迫切问题,首先是为我国农民创造良好的生活条件。只有这三点能使农村获得复兴并使国家的食品得到保证。"[②]

---

[①]　参见《世界经济》1992年第3期。
[②]　《苏联共产党第二十八次代表大会主要文件资料汇编》,人民出版社,1991年,第58页。

# 第二十二章　戈尔巴乔夫时期主要宏观经济体制改革思路

为了使企业成为真正的商品生产者,使企业在新的经营机制下进行活动,仅仅为企业创造上一章所谈的内部条件是不够的,还必须为其创造外部条件,即同时要对集中的经济领导体制进行根本改革。这方面的主要内容是改变中央经济领导机关的职能、领导经济的方法和中央经济领导机关本身的改组,就是必须改革宏观经济体制。

改革宏观经济体制时,首先碰到的问题是如何重新认识民主集中制,即在改革过程中如何摆正民主与集中两者之间的关系。在高度集中的经济管理体制条件下,不论是政治领导还是经济领导,都难以真正贯彻民主集中制的原则。

戈尔巴乔夫在论述改革进程中如何解决民主与集中的关系问题时认为,改革并不是要削弱中央的作用,像平衡、比例、居民的货币收入与商品总量和服务量相适应,结构政策、国家财政、国防等问题的解决,要求有一个牢固的集中原则,这是苏联社会稳定的保证。而此时的问题是中央忙于处理各种琐碎的小事,精力放在处理大量的业务工作上,这就忽略了战略性的问题。现在出现的不少问题正是由于这一原因产生的。

针对上述情况,苏联提出改革宏观经济体制的基本原则和要求是在企业(联合公司)活动的新的经济机制条件下,必须使对经济的集中领导具有崭新的面貌,必须使这种领导集中在只有中央才应该和能够解决的那些问题上。这就是:第一,实现全国的经济发展、社会发展和科技发展的战略,在经济的全面而可靠的平衡基础上调节国民经济过程;第二,为企业(联合公司)和地区行政单位有效的经营管理创造必要的条件。改组应该保证对经济的集中的有计划领导与经济的各个环节的自主性、与发展商品货币关系最佳地结合起来。换言之,中央经济机关一个重要职能是为企业服务。为此,戈尔巴乔夫特别强调:"改组中央机关及其职能的全部工作将严格按照国营企业法进行。"①

根据上述改革精神,中央经济管理机关的职能,必然朝着日益摆脱对企业实行业务管理的方向发展,而把精力用于解决主要问题上。与此同时,在管理方法上不再用行政方法而要用经济方法。主管部门与企业的关系应建立在经济利益的基础上。

以上分析说明,根据1987年苏共中央召开的六月全会与通过的有关决议要求,宏观经济体制的改革必须遵循两条基本原则:一是严格执行《企业法》,保证企业独立商品生产者的地位和充分的经营自主权的实现;二是要实行用经济方法来管理经济。正如戈尔巴乔夫强调指出的:"我们应该认识到,那种管理工作就是下命令、下禁令和发号召的时代已经一去不复返了。现在大家都很清楚,再用这种方法工作已经不行了。这种方法根本无效。建立一个调动所有工作人员充分发挥自己的才能、卓有成效地劳动和最有效地利用生产资源的强有力的动机和刺激机制——这就是时代的要求。"②


## 第一节　以取消指令性指标为主要内容的计划体制改革

苏联自20世纪20年代末确立了指令性计划体制以来,虽经多次改革,但都只是在指令性指标数量的增与减之间打转转,就是说,都未涉及取消指令性指标这一根本性问题。1987年通过《苏共中央和苏联部长会议关于在新的经营条件下改革计划工作和提高苏联国家计委的作用的决定》。从而规定了计划体制改革的大轮廓。

1.突破"没有指令性就没有计划"的理论教条

长期以来,苏联一直认为,计划经济是必须由中央层层下达几十项指令

①　[苏]米哈伊尔·戈尔巴乔夫:《改革与新思维》,苏群译,新华出版社,1987年,第107~108页。
②　《戈尔巴乔夫关于改革的讲话》,人民出版社,1987年,第387页。

性指标的经济。1987 年 4 月,时任部长会议副主席的阿巴尔金在接受一家日本杂志社记者采访谈到苏联计划体制改革设想时指出:指令性指标不是社会主义计划工作的必要组成部分。正如时任苏联世界社会主义体系经济研究所副所长沙斯季特科指出的,2600 万种产品靠计委来集中计划根本无法做到。尽管指标一大堆,实际上根本谈不上是计划。所以国民经济经常出现失调现象,一会儿钢材短缺,一会儿火柴短缺,一会儿牙膏脱销。这种计划的自发性比起市场的自发性还要糟。

《基本原则》规定,改革计划体制的一个重要内容是取消指令性计划。苏联把这一改革看作使企业成为商品生产者的一个重要条件。戈尔巴乔夫强调:"计划工作的优越性将在越来越大的程度上与社会主义市场的刺激因素相结合。"①

2. 这次改革明确规定,企业自行编制和批准五年计划与年度计划

这样一来,势必要改变国家计委的职能。现规定,国家计委的主要职能是应该集中精力解决下列战略方针问题:①确立全国社会发展的主要优先项目和目标。为此要加强远景计划的工作;②决定结构和投资政策的方针。投资政策是实现结构变化的主要杠杆;③选择科技进步的方向;④解决主要社会任务、积累社会和科学、教育和文化力量;⑤保证国家的防御能力保持在应有的水平上。国家计委任务改变之后,它就可变为摆脱日常经济问题的真正的国家科学经济部。

3. 计划体系的重大变革

苏联今后的计划体系将包括《15 年苏联经济和社会发展基本方针》和按年度划分任务的《苏联经济和社会发展的国家五年计划》。为了在计划中体现党的经济战略,确定实现这一战略的根本途径和手段,在起草《苏联经济和社会发展基本方案》前,国家计委会同其他有关部门先要起草《苏联经济和社会发展设想》草案,它最迟于下一个五年计划开始前两年提交苏共中央和苏联部长会议。从 1991 年起,不再每年制订和批准国家年度计划,就是说年度计划不再每次都得重新修订,而是完全根据五年计划中规定的相应年

---

① 　[苏]米哈伊尔·戈尔巴乔夫:《改革与新思维》,苏群译,新华出版社,1987 年,第 109 页。

份的指标来执行。

4.扩大计划的公开性

凡是在计划中涉及全国、共和国、边疆区、州、市等利益的最重大的经济发展问题,应进行广泛地讨论。涉及需要利用大量国民经济资源的科技问题、社会问题及生态问题,必须交全民讨论。在向人民通报制订计划和完成计划情况的信息时,应遵循的指导思想是:只有在全体劳动人民都接受计划作为具体的行动纲领的情况下,顺利实现计划才是现实的。

5.采用新的调控手段,使国民经济平衡发展

取消指令性指标,企业自己编制和批准计划之后,必然就产生一个问题:国家采用什么手段调控宏观经济和引导企业的生产经营活动。《基本原则》规定的手段有4个:

第一,控制数字。它包括产品生产指标、为签订合同而以价值(核算)表示的产品产量指标、利润(收入)、外汇收入、科技进步的最重要的综合性指标及社会领域的发展指标。控制数字应当反映社会对企业所生产的产品的需要,反映最低限度的生产效率。它不具有指令性质,不是束缚企业制订计划的手段,而是要使企业有充分的余地在签订经济合同时选择决定和选择伙伴。按阿巴尔金的说法,控制数字是企业在五年计划开始前就应早早得到的计划方针,这实际上是一种社会需求的信息来源,它可使企业确定计划指标时有明确的方向,在计划阶段企业的活动就明确是为了满足社会的需求。控制数字由国家计委根据国民经济比例制定,告诉企业什么样的工作参数可以保证让它保持稳定的经济状况。控制数字似乎在警告企业:"你如果忽视我,当心滑进风险区。"

第二,长期稳定的经济定额。它包括三方面的内容:首先是企业向国家财政的缴款定额,指的是生产基金付费、劳动资源付费、自然资源付费以及利润(收入)税的缴纳,这是反映企业与国家财政的关系;其次是工资基金形成定额;最后是经济刺激基金(生产、科技发展基金、物质鼓励基金、社会发展基金)形成定额。上述定额是调整国家、企业集体与职工个人三者利益关系的重要经济杠杆。因此,定额是否科学对今后的改革具有十分重要的意义。戈尔巴乔夫曾说过:"对经济定额的作用怎么估计也不会过高,如果企

业能事先知道计划期的各种条件——供货任务、价格,利润的预算缴款、工资基金和经济核算的刺激基金形成定额,那么企业集体能够不断挖掘潜力,创造性地制订保证以更高的速度增加生产、大大提高生产效率的计划。"《基本原则》指出,经济定额与价格和信贷利息一起是计划工作的主要工具,是计划机关影响企业的主要杠杆,这种杠杆使企业为社会利益,为达到计划的特定目标进行活动。

第三,国家订货。通过订货达到的主要目的是,把最迫切需要的物资掌握在国家手里,以满足最重要的社会需求,它是保证实现整个国民经济利益的重要手段。但必须指出,国家订货与过去下达指令性计划任务不是一回事。这是因为对订货的双方(订货单位和执行单位)都负有经济责任;国家的订货单可以由上级机关发给企业,也可以在投标基础上进行分配;确定订货时,要为企业完成订货任务提供优惠条件和创造刺激因素,即要使企业对完成国家订货感兴趣。1987年5月,阿巴尔金访华时谈到,现在的苏联和中国,对完成国家订货的企业往往是不利的。今后要改变这种局面,像西方国家那样,要使企业争着要国家订货。这就要国家为承担订货的企业提供有利条件,首先要解决价格问题。

这里应澄清对国家订货的一些模糊观念。一是有人认为,《基本原则》规定,订货必须列入计划,那就意味着国家订货带有指令性质的或强制性质的给企业下达的计划任务。所谓订货必须列入企业计划,是指企业在接受订货之后应把它列入计划,并要保证完成已接受的订货任务,这是与完成任何合同任务是同一个含义。也有人指出,现在苏联的实际情况是国家订货要占企业产量的80%甚至100%。对此,苏联学者Н.什梅廖夫认为:"在目前情况下国家订货只不过是通过法令进行的直接计划的另一种形式而已。"如何认识这一情况?国家订货量过大,有时成了变相的指令性计划。这一情况产生的原因是,在新机制刚开始起作用时,旧机制还起很大影响,还在顽强地表现自己。中央经济管理部门还不愿放弃自己的权力,总想用指令性计划压企业。关于这一点,戈尔巴乔夫在第十九次全苏党代表会议上作了严肃的批评,他认为:"通过国家订货,强迫企业生产消费者所不需要的产品,是绝对不容许的。这种强迫做法只不过是要保证臭名远扬的'总产值'。""这种做法根本违背改革意图,无异于保持使我们经济走进死胡同的那些管理方法。"他还批评一些主管部门,想用计划"压一压"企业使其改进经济指标的错误做法。这些都说明,苏联改革的基本文件所规定的国家订货,不带有指令性的含义。因此不能把执行过程中被扭曲的现象作为根据,硬说国家订货与指令性计划是一回事。对此,戈尔巴乔夫也作了分析,他说:"我们也遇到直接企图歪曲改革实质的做法,以及用旧的内容填补新的管理形式的做法。各部和主管部门经常背离企业法的条文和精神。""由于这种做法,企业法并未完全执行。"

第四,限额。它包括的内容是:规定国家集中投资的最高限额,以保证重大的新建项目任务;规定建筑安装工程和承包工程量;保证这些重要项目建设需要集中分配的物资资源。

以上四种宏观调控手段,既可充分保证企业的独立性,又可引导企业的活动朝着整个国民经济目标方向进行。这样计划体制也将发生根本性的变化,即从指令性计划制度转向指导性计划制度。这一变化对改变企业的地位有重要意义。《基本原则》把在控制数字、长期稳定的经济定额、国家订货和限额基础上按经济方法制订企业活动计划视为改革的中心因素。

## 第二节　从集中分配向批发贸易过渡的物资技术供应体制改革

1987年7月,通过了《苏共中央和苏联部长会议关于在新的经营条件下改革物资技术供应和苏联国家物资技术供应委员会的工作决定》。在决定中,"现行的供应和销售体制不符合国民经济业已增长的要求,这种体制显得臃肿而且保守,同提高生产效益的任务相矛盾。""物资的计划分配过于集中和复杂,并且不能保证生产和消费的必要平衡。"还批评说:自1985年改革以来,"批发贸易这种先进的物资技术供应形式没有得到发展"[1]。为此,

---

[1] 《苏联经济管理改革方案》,新华出版社,1989年,第104页。

戈尔巴乔夫要求物资技术供应体制应"发生根本变化。变化的主要方向是从所谓调拨,即集中分配物资向批发贸易过渡"①。在上述决定中也明确规定:"改革物资技术供应工作的原则是:坚决地从集中调拨物资和使用户依赖供货单位的做法向生产资料的批发贸易过渡。"②

批发贸易这个概念,早在1965年推行"新经济体制"时已提出。1965年10月4日,《苏共中央和苏联部长会议关于完善计划工作和加强工业生产的经济刺激的决议》中就曾规定:"保证通过消费地区的地区供销站进一步扩大向企业供应物资的系统和组织生产资料的批发贸易。"提出实行批发贸易办法之后,苏联建立了国家物资技术供应委员会(供委)及其领导下的全国物资供应网。但由于当时企业自主权问题未能解决;批发贸易在很大程度上带有行政指令的性质,未能形成一套可靠的经济机制作保证,所以长期以来,真正以批发贸易形式供应的物资数量很小,绝大部分的生产资料供应都是集中调拨性质的。由供委为用户规定固定的供货者,用户单位则无权自主选择。

从当时的材料来看,苏联实行批发贸易制度主要考虑的问题与设想是:

第一,先要在思想、理论上弄清一个问题,即在资源短缺的情况下能否实行批发贸易。戈尔巴乔夫在1987年召开的苏共中央六月全会的报告中谈到,这是在讨论改行批发贸易问题时总是要提出的一个问题。他的结论是:越是实行直接联系与批发贸易,就将越快解决短缺和多余的物资储备问题。当时在苏联工业部门,原料、材料和半成品的储备超过定额的70%。这些储备分散在几万家企业,难以有效地加以利用。这就产生了在这些物资过剩情况下的短缺。因此不能一般地用扩大生产资料生产的办法来消灭短缺现象。戈尔巴乔夫认为,实行批发贸易后,会使"今天稀缺的物资到明天就可能变为生产过剩"。

第二,苏联改行批发贸易的最终目的是形成生产资料市场。关于这一点,雷日科夫在1987年召开苏共中央六月全会的报告中讲得十分明确。他说:批发贸易"不需要基金(指调拨量)和订单,而以用户的订货为准,广泛采

---

① [苏]米·谢·戈尔巴乔夫:《改革与新思维》,苏群译,新华出版社,1987年,第109页。
② 《苏联经济管理改革方案》,新华出版社,1989年,第106~107页。

用合同价格,按社会主义竞赛原则争取顾客,可以选择业务伙伴。归根到底,这样做将建立社会主义的生产资料市场,消除生产者的强制和垄断"。批发贸易应在自由买卖的形式下进行。

根据上述改革精神,苏联大致确定了以下三种批发贸易的形式:一是由供需双方企业直接签订合同。这种直接联系要经供委安排。但《企业法》规定,企业可以不同意供委的安排,可要求改变供货单位。二是用户企业与中间人(供委的地区机构)签订合同。三是用户单位到供委直属商店自由购买。与过去的物资供应体制相比,改革后的批发贸易主要特点是:不再以计划调拨单作为供货的依据,而是以用户的直接订货为根据;用户可以自由选择供货企业,不再由供委硬性规定固定的供货者;批发贸易主要采用合同价格。这里顺便要指出,由于批发贸易更多地采用合同价格,因此大规模地转向批发贸易就必然要求改革价格形成体制。所以生产资料改行批发贸易与价格改革应是同一个进程,或者稍晚于价格改革。但据苏联供委完善供应局局长图戈夫所谈,苏联的价格改革不会早于1990年,而批发贸易在此之前就要进行,因此就面临如何解决生产资料的价格问题。苏联计划在实行批发贸易后,有一段时间生产资料仍实行统一价格,以后随着形势的发展逐步向自由价格过渡。当时苏联并没有考虑实行类似中国价格的双轨制。

第三,向批发贸易过渡将逐步进行,按《基本原则》规定:"在最近几年内,实现某几类商品向批发贸易过渡,首先是生产消费品,保证农业、建筑业和机器制造业以及发展个体劳动活动协作所必要的几类产品。"苏联供委的具体设想是:1987年通过批发贸易实现的产品占生产资料周转额的5%左右,1988年这个比重提高到15%,约400亿卢布,计划到1990年,这个比重达到60%,1992年完成向批发贸易的过渡,其比重将达到75%~80%。但根据第十九次全苏党代表会议的要求,要加速向批发贸易过渡的进程,在1990年完成这一过渡。提出加速的原因是,因为物质生产领域的所有企业从1989年年初起都将实行完全经济核算制和自筹资金,如果批发贸易制度进展缓慢,会给企业向新的经营机制过渡造成困难。

第四,由于今后苏联将取消指令性计划,国家将以订货方式取得必要的产品,因此,订货将成为批发贸易的主要内容。当时苏联把国家订货分成三个档次:一是国家计委安排的订货;二是各部门与主管部门经与国家计委协商后规定的订货;三是各加盟共和国部长会议规定的订货。

第五,物资技术的供应,除了批发贸易这一有前途的、先进的形式之外,还有集中分配物资的形式。采取集中分配的产品,是指那些对形成社会生产速度和比例、解决发展经济和提高人民福利的关键性任务具有头等重要意义的产品。目前主要包括石油、天然气、煤炭等能源产品以及一些紧缺的原材料。这些产品的分配按限额(调拨量)进行。但在采用集中分配方式时,不再由上面过分详细规定供应的产品目表,要赋予企业在合同基础上选择产品和供货单位的自主权。另外,随着新的管理方法的发展和改革的深化,集中分配的物资范围将缩小,而要不断扩大以批发贸易形式分配的物资范围。苏联设想,当物资技术供应体制完成了向批发贸易制度过渡之后,集中分配的物资占物资周转额的比例一般在20%左右。

第六,物资技术供应机构本身的改革。向批发贸易过渡后,国家供委的主要任务是协调组织生产资料贸易,有效地监督产品供应和合理使用物资,并要对大多数物资的平衡负责。对于作为国家供委的地区机构(物资局),要按《企业法》规定的原则进行工作,即要实行经济核算制。它们的劳动报酬基金与发展基金数额要同组织对用户的物资技术供应和提供服务工作的最终结果挂钩。改革物资技术供应体制的一个重要目的是,大力节约物资,减少用户的物资储备,尽可能多地吸收再生资源投入经济周转,超速发展各种经济型和资源节约型产品的生产。为此必须把供委的地区机构变成实行经济核算制的物资技术供应机构,这样才能促进它们对生产和消费,特别是对节约物资的关心。

对于供销组织,同样要实行经济核算制。销售产品和提供商业性的信息以及其他性质服务所获得的收入是这些组织经济核算的基础。供销组织要靠自己的收入抵补自己的流通费用,完成对国家财政和上级机关的上缴任务,并保证自身科技、生产与社会的发展。它们工作的主要任务是按每个订单及时地向用户供应物资及提供服务。

戈尔巴乔夫认为,在新的经济机制条件下,实行批发贸易是保证企业实现完全经济核算制及自筹资金的极为重要的条件,因为只有实行了批发贸易,才能"保证企业用自己挣得的钱购买生产所需产品,进行建设和改建以及解决社会问题所需的一切"。

## 第三节　价格体制改革是向新机制过渡的必要条件

在苏联历史上,由于历次经济体制改革都是在指令性计划体制框架内进行的,都把市场对价格形成中的作用排挤在外的,因此到戈尔巴乔夫推行根本改革经济体制时,在价格形成体制方面长期存在的一系列问题并没有解决,如果简要归纳一下,这突出反映在:

一是许多种产品的价格不反映价值即社会必要劳动消耗,没有充分考虑产品的使用性能和质量,没有对供求平衡起到调节作用。二是现行价格形成方法在很大程度上是建立在补偿企业个别耗费这一原则基础上的,因而使企业有可能获得与经营效率无关的利润,也为企业抬高价格提供可能性。三是价格体系作为一个统一的整体的管理原则遭到破坏,使大量产品的批发价格、收购价格、零售价格和服务费率的水平与价格体系所能发挥作用的管理原则发生严重不适应,这必然使全国利益与企业经济核算利益之间产生矛盾。四是缺乏有经济根据的价格形成方法,使不少产品的价格严重扭曲,从而产生市场上供求比例失调,导致国家财政补贴增加(1986年用于肉、奶和其他食品的财政补贴就达628亿卢布,占财政支出总额的1/6,加上其他方面物价补贴,要占财政支出总额的1/5。据苏联计算,1987年各种财政补贴共计为860亿卢布,同时又存在相当数量的亏损企业(占全部企业的13%)。五是价格体制在很大程度上是与世界经济水平相脱节的;六是价格管理权过于集中,几乎全部产品价格由国家统一规定,企业无定价权。

要使企业成为真正的商品生产者,实行完全经济核算制和自筹资金,充分发挥商品货币关系及市场的作用,必须有一个合理的价格形成体制。戈尔巴乔夫在1987年召开的苏共中央六月全会上,在谈及价格形成体制改革必要性时提出了以下看法:①价格形成的根本改革是整个经济体制改革的一个极为重要的组成部分。没有这一改革,就不可能彻底地向新的机制过渡;②现行的价格制度对改进资源的利用、降低消耗、提高产品质量、加速科技进步以及整个分配和消费的合理化方面,都起不到刺激作用;③长期以来形成的价格体制是以廉价的自然资源为着眼点的。这样使得现行的煤炭、石油、天然气和电力价格不能为燃料综合体自筹资金保证条件,并且继续让人造成一种自然资源十分便宜而且是取之不尽的错觉;④由于价格形成是缺乏根据的,导致对产品生产和销售以及服务的补贴大大增加。国家预算的补贴总额超过 770 亿卢布。另外使一些产品获得毫无根据的高额利润,根本不是真实的生产效益。与此同时,另一些产品因毫无根据压低价格,使生产这些产品的企业亏损。这样使得国民经济中根本不可能建立起正常的经济关系。正因为如此,苏联不能对价格体制只作某种局部改善,必须根本改革价格形成,同时相应改革整个“价格经济”——批发价格、收购价格、零售价格和收费率。①

《基本原则》也明确指出:“价格形成的根本改革应当成为经济管理改革的一个极为重要的组成部分。在新的经营条件下,必须坚决消除对价格形成在国民经济管理中的作用估计不足的现象,把价格变成提高社会生产效率、发展经济管理办法、加深经济核算和自筹资金的有效工具。”在苏共第十九次代表会议上,戈尔巴乔夫再次强调价格改革的重要性,认为“现在许多问题也有赖于价格结构的改革”。如果不进行价格改革,苏联“就无法在国民经济中建立正常的经济关系,无法保障有根据地估计生产的消耗和成果以及商品和服务的等价交换,无法刺激科技进步和节约资源,无法使市场情况正常化和公正地按劳分配。”②从苏联已公布的材料来看,今后改革价格体制的基本趋向是:

从价格管理体制来看,苏联要实行三种价格形式:重要产品的国家定价;合同价格;企业自行批准的价格,即自主价格。目前采用合同价的生产资料产品按销售额计算约占 2% ~ 3% ,以后逐步扩大这一比例,1988—1989年机器制造业中采用合同价的产品将达 15% 。当时国家统一定价的产品按产值计算为 80% ,以后逐步降低。苏联认为,必须保证一半以上的产品由国

---

① 参见《戈尔巴乔夫关于改革的讲话》,人民出版社,1987 年,第 378 ~ 379 页。
② 苏联《真理报》1988 年 6 月 29 日。

家统一定价,其中生产资料由国家定价的比例要高些,消费品的比例要低一些。但总的趋势是,随着完全经济核算制的推行和批发贸易的发展,合同价格与自主价格应用的范围势必扩大。

从价格改革的步骤来看,1990年进行工业批发价格的改革,1991年1月对建筑业预算价格和农产品收购价格制度进行改革。零售价格的改革放在最后。1988年先提出零售价格改革的若干个方案,1989年第一季度进行全民讨论。在零售价格全面调整之前,先作部分调整。苏联一再强调,在改革零售价格时,要避免人民生活水平的下降,要充分体现社会公正。

关于房租改革问题,苏联准备先放一放,先重点解决食品的价格问题。因为如果食品、消费品、房租同时进行改革的话,会增加改革的难度,各个方面承受不了。

为了防止在价格改革过程中出现哄抬物价的情况,苏联准备建立一个全国统一的价格监督体系。另外还规定,企业违反价格纪律所得的利润要没收缴归财政。

# 第四节 财政信贷体制的改革

1987年7月17日,通过了《苏共中央和苏联部长会议关于在新的经营下改革财政机制和提高苏联财政部的作用的决定》和《苏共中央和苏联部长会议关于完善全国银行系统和加强银行对提高经济效益的影响的决定》。

财政信贷体制的改革,是推行根本经济体制改革的重要组成部分。戈尔巴乔夫在1987年召开的苏共中央六月全会的报告中说:苏联"财政体制已明显过时了。它不能促进经营效率的提高,它追求的往往是一时的国库目标。信贷在很大程度上也失去了自己的作用。信贷不同于无偿拨款这条界限已被冲破"。财政信贷体制改革的目的应该是:"使国家预算的关系转到定额基础上来,杜绝商品尚未最终出售就获得收入的各种可能,使国民经济实现全面的财政正常化。"①

一、财政体制改革

财政体制改革的重点放在改变财政过分集中的运行机制上,以便在财政方面体现国家不再以直接指令方式管理企业,而以间接的经济方法来管理企业。财政改革的主要任务是,提高它对加速国家社会经济发展、保证国民收入、利润及国家其他财政资源的不断增长和对社会生产各个环节的经济核算制的影响,使国家与企业的关系建立在新的基础上,以便达到既能调动企业的积极性,扩大其财权,又能保证国家财政收入的稳定性。改革的主要措施是上面已提到的、以长期稳定的经济定额来处理国家与企业的利益关系。从财政体制角度来看,主要是规定企业向国家缴款的定额,即使国家预算与企业的关系建立在定额基础上。苏联当时规定,企业要向国家财政缴纳各种付费和利润,还要向主管部门上缴一部分利润。各种付费和上缴利润的数额均根据经济定额按比率确定。定额全国应是统一的,五年不变。但由于目前各部门、各企业盈利水平不相同,条件差别很大,实行统一的定额存在困难,需要制定定额等级表,即先有一个时期实行不同的定额,然后再向统一的定额过渡。苏联认为,这个过渡时期约需要 2 ~ 3 年,争取在1991 年起实行统一的定额。

基金付费:考虑到 1988 年已有占工业产值 60% 的企业转向实行自筹资金的新机制,为此苏联在 1988—1990 年期间,根据现行批发价格和收费率的水平对企业分别规定定额,其定额为固定基金和定额流动资金年平均价值的 2%、4%、6% 和 8% 四种。最终的定额是多少这要取决于价格改革后的企业盈利水平。据苏联一些人的估计,基金付费的定额可能确定在 6% 这个水平上。劳动资源付费:该项付费的定额是全苏统一的,企业每使用一个劳动力一年应向国家缴纳 300 卢布,在个别劳动力剩余的地区为 200 卢布。计划亏损和盈利水平低的企业,上级机关可暂免其生产基金付费和劳动资源付费,或暂免其中一种。自然资源付费:这主要在天然气等行业实行,并将扩

---

① 《戈尔巴乔夫关于改革的讲话》,人民出版社,1987 年,第 381 页。

大范围。预计到"十三五"计划期间(1991—1995年),国家财政通过这项付费可征收200亿卢布。

从当时苏联的情况看,企业向财政上缴利润的比例相差很大。以1988年计划为例,重型机械行业上缴定额为企业核算利润的9%,建筑、筑路和公用事业机械制造业为44%,邮电业为68%。再从率先试行自筹资金制度的利哈乔夫汽车厂、列宁拖拉机厂和科辛针织联合公司来看,它们上缴财政的利润比例也有很大的差别。上述三厂上缴利润的比例分别为30%、46.9%和70%。

企业向主管部门上缴的利润。为了克服过去主管部门平调先进企业的利润去帮助后进企业的做法,现在也规定按定额向主管部门上缴的办法。从原则上讲,先进与落后企业应按同一定额向上级主管部门上缴利润,但当时由于赢利水平差别大,暂还难以做到。为了防止主管部门过多干预企业的生产经营活动,现在只是规定,上缴主管部门的利润额不得超过上缴国家财政的利润额。主管部门用企业上缴的利润和企业的部分折旧费提成来形成其集中掌握的三项基金:生产和科技发展基金、社会发展基金和工资后备基金,以用于本部门的发展。前两项基金可用于基建投资,也可为本部门企业向银行贷款提供担保等用途。

在实行定额分配利润的条件下,企业工资基金由工资基金基数和工资基金增长额两部分组成。前一部分按试验前一年的工资总额确定;后一部分按产品产值每增长1%的工资基金增长定额(一般为0.3%~0.6%)来提取,或者按劳动生产率提高1%,工资提高若干(苏密科学生产联合公司规定为0.45%)来提取。采用这一办法为的是防止工资基金盲目增长。

二、银行信贷体制改革

长期以来,由于苏联主要以行政方法管理经济,因而信贷的作用大大削弱了。随着整个国民经济体制改革的深化,必须改革银行信贷体制,让其在管理扩大再生产和监督合理利用资源及挖掘生产潜力方面发挥更大的作用。改革的主要措施有:

第一,建立两级银行体制。苏联国家银行起中央银行的作用,要使其切实成为国家的主要银行,成为国民经济各种信贷和结算关系的组织者和协调者,并增强它作为统一的发行和出纳中心的作用。国家银行在对外经济方面的职能是,实行外汇业务的统一政策,规定外汇对苏联卢布的法定汇价,同其他国家的中央银行保持联系并解决其他一系列问题。同时苏联还建立了5家专业银行:

苏联对外经济银行——保证组织和实行进出口及非贸易业务的结算,给有对外经济联系的联合公司、企业和组织贷款、监督综合外汇计划的执行,合理地节约使用国家的外汇资金,开展在国际金融和信贷市场上的业务以及与现汇及外汇有关的业务;

苏联工业建筑银行——负责工业、建筑业、交通运输和邮电业,国家供委系统的信贷业务;

苏联农工银行——对农工综合体的企业和组织进行信贷业务;

苏联住宅—公用事业和社会发展银行——负责住宅、公用事业、生活服务、社会文化建设、地方人民代表苏维埃所属单位,以及合作社和个体劳动活动领域的信贷业务;

劳动储蓄银行——负责储蓄业务,完成非现金结算,为居民进行出纳业务,发行和清偿公债券,为公民的消费需要提供贷款。

苏联银行建制扩大以后,就产生如何加强各银行之间相互协调的问题。当时苏联正为此目的筹组银行委员会之类的机构,同时考虑如何进一步加强作为中央银行的国家银行的协调作用。

第二,扩大银行职能,提高信贷、投资和结算的灵活性,以促进企业发展。今后贷款的重点是放在刺激科技进步和提高经济效益上。银行有权对那些经济效益低下的改装、扩建等项目停止贷款。地方银行有权对那些长期亏损和丧失支付能力的企业,实行特殊的贷款和结算制度,并有权宣布这些企业倒闭或改组。苏联今后随着批发贸易的发展,将允许企业之间相互拆借资金,形成商业信贷。

第三,使专业银行机关企业化,即与生产企业一样,实行经济核算制和自筹资金,用自己的收入弥补一切开支,其目的是促进银行扩大信贷业务,提高信贷业务的质量和效率。

第四,重申信贷的基本原则——保证性、专用性、期限性、偿还性及付息性。这主要为了保证信贷资金使用的方向,提高贷款的使用效益。

## 第五节　中央经济管理机构本身的改组

为了使企业成为商品生产者,改革企业的经营机制,除了改变中央经济机构的职能和领导经济的方法、形式外,还必须改组现有的中央经济机构。关于这一问题,戈尔巴乔夫1986年在苏共二十七大的报告中就指出:改革的"成效在很大程度上取决于对中央机关,首先是对国家计划委员会工作的改组"①。他在1987年的苏共中央六月全会又讲道:"在改变经营机制、向新的经济管理方法过渡的时候,不认真地完善组织结构是不行的。"这方面的改革,应包括"明确划分职责:部负责什么,而联合公司和企业又负责什么"②。在这方面,戈尔巴乔夫的主要做法有:

一是合并一些部,精简机构。为了解决部门之间的相互隔绝和政府机构的森严壁垒,需要减少多余的部门,合并一些部。苏联现已把农业机器制造部和畜牧业机器制造部合并,把重型机器制造部与动力机器制造部合并,共精简了1226人,并把一些联盟-共和国部改建为全苏的部,以消除重复领导。

苏联部长会议副主席西拉耶夫对《真理报》记者发表谈话时曾指出:随着《企业法》于1988年1月1日生效,企业自主权的大大增加,政府部门不再需要对企业进行过细的领导,因此这些部的机构将要精简50%。③ 另据苏联社会发展局副局长帕斯图霍夫1988年1月21日在《真理报》发表的与记者的一次谈话中透露,要减少加盟共和国不合理存在的部和主管部门,削减管理机构的人数。预计共和国部和主管部门机关人员要减少50%,州一级要减少30%~35%。到2000年,将腾出1600万多余人员。精简下来的人

---

①　《苏联共产党第二十七次代表大会主要文件汇编》,人民出版社,1987年,第47页。
②　《戈尔巴乔夫关于改革的讲话》,人民出版社,1987年,第332~334页。
③　参见苏联《真理报》1987年9月27日。

员,除退休者外,大部分转到非生产领域,如商业和服务部门。苏联在这个领域的职工占国民经济部门职工总数的27%,大大低于西方一些国家。此外,还有一些人将从事合作社经营和个体劳动,这可以缓解国家在满足居民对消费品和服务业需求方面的不足。

苏联为了鼓励精简中央各部的机构和人员,规定因减少机关人数而节约的工资基金的70%由他们自己支配。后来苏联各部着手制定具体的改革计划。

二是建立综合性的部长会议常设机构。当时建立了国家农工委员会、国家建设委员会、机器制造局和燃料动力综合局、对外经济委员会和社会发展局。1987年苏联又成立了国家经济委员会,牵头的是国家计委主席。看来这一机构是负责协调上述综合管理机构同国家计委与各部之间职能的合理分配。另外,苏联还准备建立一个新的经济组织——国家生产联合公司,它将把现有的生产联合公司、科学—生产联合公司、科研所以及运输、销售、外贸、教学等其他企业和单位集中在一起,但各自保持独立的经济核算。西拉耶夫在解释成立这一经济组织的原因时说,只有能够独立实现扩大再生产的整个过程(科研、制订计划、拨款、生产、销售、服务)的企业,才能在自筹资金的条件下正常运转和发展,因此,需要改组各个部门,合并企业,融科学、设计和生产为一体。①

三是简化管理层次。1987年召开的苏共中央六月全会决定,苏联准备彻底实行两级管理体制,即部—生产联合公司(企业),取消总管理局或工业联合公司这一中间管理环节,使企业不受中间管理环节的干预。作为中间环节的工业联合公司成立之后,工作效率一直不高,既增加了管理层次,又使大量管理人员和技术人员脱离管理与生产第一线。

为了实现改革从企业开始,贯彻自下而上进行改革的思想与方案,戈尔巴乔夫采取了两个办法:一是制定企业法。在戈尔巴乔夫上台执政时,苏联的经济体制和整个国民经济显得十分混乱。在这混乱的线团中要理出一个线头来,戈尔巴乔夫首先抓住企业这一环节,制定和通过《企业法》,并从

---

① 参见苏联《社会主义工业报》1987年8月21日。

1988年1月1日起开始生效。《企业法》是整个经济体制改革的根本法,其他任何改革措施、决议、条例、法令均不得与它相违背,这就保证了改革从企业开始的设计方案得以实现,并在此基础上推动整个经济机制的改革;二是戈尔巴乔夫在召开准备通过改革主要文件的六月全会之前,于1987年6月8—9日开了中央会议。会议邀请了一些企业和联合公司的领导人参加,就下列3个问题让他们发表意见:有关前一个时期改革的进展情况、对公布的《企业法》草案的看法和中央管理机关应起什么作用。很显然,企业领导人就上述3个问题发表的意见都将有利于企业自主地位的加强,有利于《企业法》的顺利通过。正如戈尔巴乔夫在这次会议作总结发言时指出的:在新的条件下,所要求的是"使中央的活动,使中央在经济管理方面所要解决的一切不违背企业法"。

## 第六节　可以得出的简要结论——经济体制发生根本性变化

我们通过上一章和本章对微观和宏观经济体制改革思路的简要分析,可以看到,在戈尔巴乔夫执政时期,苏联经济体制由传统的计划体制转向市场体制,虽然只是在他执政的最后时期(1990年10月)提出,后来由于激烈的政治斗争和出现复杂的局势,经济改革实际停了下来,因此经济体制模式的转型是在苏联解体后才开始的。但是在戈尔巴乔夫经过一段时间准备,于1987年苏共中央六月全会之后,苏联经济体制模式与过去相比还是发生了根本性变化。如果按确定的改革原则进行下去,笔者认为,苏联经济体制将发生模式性的变化。这主要表现在:

第一,企业地位将发生根本性变化。这突出反映在企业独立地制订和批准自己的计划,用自己的收入进行投资(包括简单再生产和扩大再生产)和支付劳动报酬,企业实行自治。

第二,取消指令性计划,充分利用商品货币关系和运用市场机制。苏联这次在取消指令性计划的同时,所采用的宏观调控手段,都不带有指令性质。这样,如坚持这一改革方向,则会使长期实行的指令性计划体制被指导性计划体制取替。今后企业将主要根据市场的需要进行生产,这样就必然将商品货币关系、市场机制有机地纳入经济体系中去,使企业有可能成为真正的商品生产者,从而将结束企业为上级机关附属品的地位。

第三,这次经济体制改革是综合性的改革。《基本原则》明确规定:党对经济方面的主要政治任务是实现根本改革,建立完整的、有效的和灵活的管理体制,以便最大限度地和充分地实现社会主义优越性。苏联在1987年通过经济改革方案之后,在第十九次全苏党代表会议上又通过了政治体制改革的方案。特别要指出的是,戈尔巴乔夫在改革国内政治、经济体制时,还着力调整对外政策,以便与国内改革相配合。戈尔巴乔夫一再强调改革的全面性,也是为了使苏联的整个经济体制发生根本性的变化。

第四,从经济体制改革的指导思想来看,它着重要解决人、人权问题,从各方面促进人的全面发展,调动人的积极性,力求克服斯大林体制模式下存在的严重异化问题,以此来改变社会主义社会的形象。

# 第二十三章　戈尔巴乔夫积极推动对外经济体制改革

1848年,马克思、恩格斯在《共产党宣言》中就曾指出:"资产阶级,由于开拓了世界市场,使一切国家的生产和消费都成为世界性的了。""过去那种地方的和民族的自给自足和闭关自守状态,被各民族的各方面的互相往来和各方面的互相依赖所代替了。"①一百多年以后的现今世界各国之间,相互往来、相互依赖的经济关系大大发展了。生产的社会化早已超越了国界,迅速地向国际化发展,越来越多的商品、资本、劳动力、科技信息等进入了国际市场。一国的生产不单单要以世界市场为背景,而且要与国际交流和合作为条件。就拿作为发展国际经济关系最普遍的形式国际贸易来讲,已经成为很多国家发展经济,甚至是生存的必要条件。20世纪50年代,世界出口总额占世界产值的比率为5%,而到21世纪初,这一比率已超过20%。世界各国经济发展的历史实践证明,谁搞闭关锁国政策,谁就会在经济、技术方面落后,经济上缺乏竞争能力。

苏联成立以后,在发展对外经济关系方面虽有了不少发展,但与西方发达国家相比,有很大的局限性。例如从对外经济关系形式来看,主要是商品贸易,对外的生产技术合作、投资等很不发达,从地区结构来看,主要限于经互会国家范围内。苏联为了实现从粗放经营向集约经营的经济发展战略的转变,为了缩短与西方发达国家的经济、技术差距,为了在充分发展经济的基础上,提高生产技术水平与产品的国际竞争能力,积极参与国际经济合作,已成为发展苏联经济的一项战略性任务,亦是一种客观的必然趋势。

① 《马克思恩格斯选集》第一卷,人民出版社,1995年,第276页。

在戈尔巴乔夫执政时期,对外经济体制的改革,一方面是实现根本经济体制改革的一个重要内容,也是向市场经济过渡的要求;另一方面也是为了实现加大开放力度,使苏联经济日益国际化与融入世界经济的目的。戈尔巴乔夫在1987年苏共中央六月全会上讲:"在当今世界上,任何一个国家都不认为自己在经济方面能够与其他国家隔绝。我国在这方面也不例外。苏联经济是世界经济的一部分。各个国家的国际贸易和外汇财政相互关系,以及最新科学技术改造,都不可避免地以某种形式影响我国的经济状况。"①雷日科夫在苏共二十七大上也指出:"在当今世界上,积极发展经济和科学技术联系,参加国际分工,都是极其必要的。"②这次会议通过的关于《苏联1986年至1990年和至2000年经济和社会发展基本方针草案》规定,要大大扩大对外经济联系。苏联还强调,对外经济体制的彻底改革,可成为科技与经济发展的强大加速器。到了1990年7月的苏共二十八大,由于经济形势的恶化,戈尔巴乔夫在谈到改善经济状况时指出:"苏联经济的健康化,在不小程度上取决于它纳入国际分工体系的状况。"③

戈尔巴乔夫执政时期,为了使苏联经济能更快地融入世界经济,使其经济适应开放与国际化这一总趋势的要求,在对外经济体制领域采取一系列改革政策与措施。

## 第一节 对外政策日趋经济化

戈尔巴乔夫对外政策新思维的一个重要内容是:尽管当今世界矛盾重重,存在着多种多样的社会经济制度,各国人民在不同时期作出的选择也各不相同,但世界是一个。它是相互联系、相互依赖和相互需要的统一整体;而且各国之间的相互联系和相互依赖越来越紧密。当今世界的统一性和完整性,从社会经济角度来讲,主要由以下因素决定:

---

① 《戈尔巴乔夫关于改革的讲话》,人民出版社,1987年,第381页。
② 《苏联共产党第二十七次代表大会主要文件汇编》,人民出版社,1987年,第221页。
③ 《苏联共产党第二十八次代表大会主要文件资料汇编》,人民出版社,1991年,第15页。

第一,由于科技革命的迅速发展大大加速了各国经济国际化的发展、现代科技的发展:它一方面促进了生产力的大发展从而要求世界开放,加强各国之间的经济联系和合作;另一方面又为经济国际化创造了必要的物质基础和技术条件,如提供现代化的交通工具和电讯,从而使地球大大缩小了。第二,世界各国面临着涉及全人类命运的一系列全球性问题,如保护和合理利用自然资源、保护生态平衡、消除各种可怕的新老疾病以及世界广大地区的饥饿和贫困、开发宇宙和海洋以造福全人类。当今世界,没有一个国家有能力单独解决这些问题。因此,必须加强国际合作,建立起有效的国际秩序和协调机制。这些都有力地推动着各国经济国际化的进程。

戈尔巴乔夫执政期间,在全力推行国内改革政策的同时,一直积极地调整对外政策。从发展对外经济关系角度看,苏联调整对外政策的主要目的在于:

一是要改变苏联在世界上的形象。为此戈尔巴乔夫强调:在这个世界上每个人都可以保留自己的哲学、政治、意识形态观点和自己的生活方式。在外交活动中,要实行灵活的政策,要进行理智的妥协。苏联认识到,只有其形象改变之后,才能为其国内改革和经济发展创造宽松的国际环境,才能顺利地发展对外经济关系。

二是在处理国际关系时,强调求同存异,不把意识形态的分歧搬到国际关系中来;承认各国人民有权选择自己的社会发展道路,更多地着眼于同其他国家发展经济关系。

三是要使对外政策直接为苏联经济国际化服务,拓宽苏联与世界各国经济联系和合作领域,使苏联经济成为世界经济的一部分,冲破过去传统的自我封闭的思想。① 正如时任苏联外长谢瓦尔德纳泽指出的,苏联外交正处于一个非常重要的和不平常的时期,今天使苏联对外政策"更经济化"的时候到了。② 十分明显,苏联在发展对外经济关系方面的指导思想是"国际关系经济化、国际关系非意识形态化"。这种"更经济化"的外交政策,无疑是苏联经济国际化的催化剂。

---

① 参见[苏]米·谢·戈尔巴乔夫:《改革与新思维》,苏群译,新华出版社,1987年,第三章。
② 参见《苏联东欧问题》1989年第4期。

戈尔巴乔夫执政期间,在对外经济关系问题上提出的新思维,还与以下因素密切相关:一是不再像过去那样用简单化的方法去看待资本主义经济的发展。认为随着科技革命的迅速发展,资本主义的经济发展还有很大的余地。1987 年 10 月 10 日戈尔巴乔夫在访美期间向美国实业界人士表示:苏美经济协作在某种程度上将有助于解决苏联的问题。① 二是戈尔巴乔夫当时认识到,在当代资本主义经济已进入科技革命阶段,加强与西方发达国家的经济与技术合作,是实现苏联科技进步任务的一项战略性任务。对此苏联科学院院士普里马科夫在分析苏共二十七大与世界经济及国际关系问题时指出:"必须以现实主义的态度注意到资本主义的经济已进入科技革命的新阶段。发达资本主义国家加速科技革命的过程已经出现。这种加速过程的主要领域是微电子学、信息学、新科技的生产、生物工程等。"因此,"对资本主义条件下的科技革命的研究非常重要"②。这就要求,在资本主义经济进入科技革命阶段之际,苏联必须通过经济体制改革,加快新技术的引进与开发,促进科技的发展,使本国科技的进步能跟上世界新科技革命的浪潮。三是戈尔巴乔夫上台执政时,中国与东欧一些国家,改革与开放出现了新的浪潮,这些国家特别是中国,对外开放已取得了不少进展。应该说,这对当时苏联推行开放政策是个促进因素。

## 第二节　赋予各部门、企业直接进入国外市场的权利

对外贸易的发展水平,是反映一个国家经济国际化程度的综合性标志,也是推行经济国际化政策普遍、基本的形式。苏联成立后,已同世界 140 多个国家和地区建立了贸易关系。1998 年苏联外贸总额为 1320 亿卢布,这比1950 年增长了 44 倍。但总体来说,由于长期实行外贸垄断制,产品缺乏竞争力,出口结构单一等因素的制约,外贸水平远不能与世界经济国际化发展进程相适应。1998 年,苏联出口总额为 670 亿卢布,占国民生产总值 8660

---

① 参见陆南泉主编:《苏联改革大思路》,沈阳出版社,1989 年,第 213 页。
② 苏联《世界经济与国际关系》1986 年第 5 期。

亿卢布的 7.7%。

这几年来,苏联一直不断地在改革外贸体制,其改革的一个重要趋势是:通过外贸渠道,使各部门、地区和企业有可能直接进入国际市场,并为此注入各种刺激机制,以此来加速苏联经济国际化的进展。所采取的措施有以下三点:

一、从理论上重新认识外贸垄断制原则

过去苏联在谈到外贸垄断时,常常引 1918 年 4 月列宁签署的人民委员会《关于对外贸易全部国有化》法令中的一段话:"全部对外贸易实行国有化,同国外和外国人个别贸易企业买卖各类产品(采掘业,制造业,农业及其他)的交易,只能由以俄罗斯共和国的名义专营此事的全权机关进行,除这些机关外,同外国的任何进出口交易一律禁止。"列宁的这一指示,并没有把外贸垄断说成是只能由一个部或一个主管机关来垄断。当时有权进入国际市场的,不仅有对外贸易人民委员部及全国消费合作总社还有其他一些组织,例如,20 世纪 20 年代初就有对外贸易人民委员部,最高国民经济委员会和全苏联消费合作社同私人企业家共同建立的《皮革原料内外销股份公司》。这些都说明,在当时,对外贸易垄断也不应该理解为由一个主管部门来垄断,更不能理解为独家经营。

二、实行外贸易管理权与经营权分离的原则

1986 年 8 月 19 日,苏联通过的《关于完善对外经济管理措施的决议》中规定:"在保持和发展对外经济活动国家垄断的同时,迫切需要扩大各部、主管部门、联合公司、企业和组织在这个领域的权力和加强它们的责任性,保证它们走向国外市场,加强对发展国际合作和加速采用最新科技成果的兴趣,从而提高对外经济联系的效率。外贸管理权仍然是实行垄断原则,目的是使国家有效地控制对外经济关系,使国家利益不受损害。"为此,新成立的对外经济委员会(它取代了原来有效地控制对外经济联络委员会),其主要职能是:负责全面领导,制定远景计划,监督与协调外经外贸工作,实现外经外贸归口管理,统一对外,防止政出多门。

与此同时,下放外贸经营权,逐步改变外贸部门垄断外贸的局面。1987年,苏联授权22个部门、77家生产联合公司、企业和组织可以面向世界市场,直接经营进出口业务。这些部门和企业获得外贸经营权后,进出口额大大增加,1987年就已占全苏外贸总额的19.5%,出口的机器设备、运输工具占该类商品出口额的4.6%。1998年年底,苏联又通过《关于进一步发展国营、合作社营和其他社会性企业、联合单位的对外经济活动》的决议,规定从1989年4月1日起,凡产品(工程和服务)在国外市场具有竞争能力的所有企业、联合公司、生产合作社和其他单位,都有权直接从事进出口业务。苏联企业对这种直接联系形式的外贸活动,怀有极大的兴趣,促使企业关心其他产品的竞争能力,研究世界行情,尽快以最新技术更新其生产设备,生产现代化的产品,以扩大产品出口量。1998年,由企业直接从事的进出口贸易,已占苏联外贸总额的42%。可见,企业与国外直接贸易形式的作用,已大大提高。

后来,苏联还赋予各加盟共和国和地区的外贸经营权,授权它们开展地方贸易和边境贸易。波罗的海沿岸的爱沙尼亚、拉脱维亚和立陶宛共和国,以及俄罗斯、乌克兰、白俄罗斯等共和国相继成立了地方贸易公司,边境地区也在积极发展边境贸易。授予各级地方从事外贸的权力,对于开拓外贸经营渠道、调动地方的积极性,将起很积极的作用。就以与中国接壤的远东地区来说,两国边境贸易在高速增长,以黑龙江为例,1988年,中苏边境贸易额为1.96亿法郎,比上年增长4.7倍,相当于从1957年到1966年和从1983年到1987共15年的边贸的总和。

三、注入刺激机制,从多方面来增强企业冲向国际市场的内在动力

从苏联这方面采取的一些措施来看,着力解决的问题有:一是使有外贸经营权的企业具有真正的自主权。就是说,使这些企业的对外经济活动也建立在自主经营、自筹资金和自负盈亏的基础上。自筹自主经营指外贸企业成为决定对外经济活动的主体,外贸计划由其自身制订,遵循自筹资金和自负盈亏的原则,主要是指要从根本上改变外贸企业与国家财政的关系。

今后,这些企业的用汇和创汇应紧密结合,企业进口设备等所需外汇应靠自己产品出口所获的外汇来支付。同时,企业对其对外经济活动的效益和外汇的使用承担全部责任。企业为了扩大出口商的生产,如外汇不足,可向银行获得外汇贷款,并用出口商品获得外汇贷款。一旦发生因完不成出口任务而引起外汇短缺的情况,不能靠国家财政拨款来解决。

二是实行外汇留成制度,刺激企业出口积极性。苏联根据出口产品的不同种类,规定不同的外汇留成制度,刺激企业出口的积极性。苏联根据出口产品的不同种类,规定不同的外汇留成比例,(从0.5%~50%)。例如,对出口原料商品留成比例为0.5%~2%;机电产品为15%(如创现汇则为20%)。零配件为30%(如创现汇则50%)。对超计划的出口创汇全部留归企业支配。十分明显,这些不同的外汇留成比例,目的是鼓励计划出口。这里应指出,外汇留成制度是外资企业实现自筹资金原则的一个重要条件。

三是对一些地区制订特殊的优惠政策,为其走向世界市场创造更方便的条件。1998年9月,戈尔巴乔夫视察远东克拉斯诺亚尔斯克时提出,应为西伯利亚和远东地区更快地发展对外经济联系,规定一些优惠待遇:这些地区的企业可以利用外汇留成在国外直接买消费品;可以利用它们所节约下来的全部材料加工出口,职工工资由经理和工会的酌情决定,而不受一般企业工资制度的限制;等等。

## 第三节　摆脱传统理论束缚开拓非传统的对外经济合作形式

苏联在20世纪30年代中期以前的一个较长时期,与西方国家经济联系和合作的形式还是多种多样的,其中合营企业得到了相当发展。在1925年年初,在苏联境内共有64家合营公司,它们在出口中所占的比重达到10%,在进口中占5%。在这些合营企业股份中,苏联占有50%以上的股权。特别要指出的是,苏联在各个重要部门都建立了合营企业,如俄美压缩天然气公司、俄奥搪瓷器皿公司、俄美木材公司、俄德建筑工程公司等。这些合营公司和租让企业一样,对当时恢复和发展苏联经济起过无可置疑的作用。但自 30 年代中期开始,苏联对西方国家的经济联系形式基本上是通过对外贸易轨道实现的,即主要集中在流通领域。之所以出现这种情况,这与当时的苏联领导错误地对待新经济政策,把它看作是暂时的,是向资本主义不得已的退却有关。新经济政策不存在了,从这一政策中产生出来的租让制和合营公司自然也就被革出了教门。

从这以后的很长历史时期里,特别在苏联完成了生产资料所有制的社会主义改造以后,从理论到实践,不再允许在苏联国土上出现任何形式的生产资料私有制,更不允许外国资本在苏联国土上出现。对此,戈尔巴乔夫在苏共二十八大的报告中说:"要走向世界市场,要使苏联参与世界经济,我们干部的思维以及态度都得作根本改变。""改变他们的思维,需要善于按新的方式办事。"①

戈尔巴乔夫执政后,在分析国内经济停滞原因时,也分析了长期以来苏联对外经济关系方面存在的保守主义、教条主义对经济发展所产生的影响,并认识到,要使苏联经济走向世界,只靠单一的传统的贸易形式是远远不能适应世界经济形势发展需要的,这只会导致苏联经济的继续落后,要改变这一局面,就必须用其他一些社会主义国家,如中国、匈牙利、罗马尼亚、保加利亚等国,早已采用的一些非传统的对外经济关系合作形式,如建立合资企业、自由经济区和免税区等。

随着改革的发展,苏联在发展对外经济关系方面,特别注意了如何从单一的贸易方式转向生产合作方式。做法是:第一,在同社会主义国家的经济合作中,苏联已明确规定,要"从以贸易为主的联系方式向深层次的生产专业化合作过渡"②。在各部门、联合公司和企业一级进行直接的国际生产联系和科技联系,共同解决科研、生产、供货、销售、售后服务等问题。苏联把这种方式作为重点加以推广。当时,苏联已有一千七百多家企业与经互会成员国的企业建立了直接联系。

第二,1987 年 1 月,苏联通过决议,决定在苏联境内同外国建立合资企

---

① 《苏联共产党第二十八次代表大会主要文件资料汇编》,人民出版社,1991 年,第 15 页。
② 苏联《经济报》1987 年第 4 期。

业,以便利用这种方式来发展国际生产合作和开拓新的经济联系形式,并通过这种形式来吸收和利用外资,引进国外先进技术,工艺和管理方法,发展出口基地,提高产品在国际市场上的竞争能力、减少不合理的进口,最后达到加速经济发展和使经济转向集约化经营的目的。1988年,苏联为了加快合资企业的建立,改善国内投资条件,提高合资参加者的兴趣,修改了合资法。主要内容有:取消了合资企业中外国参加者的比例不得超过49%的规定,而规定,这个比例由合作者之间的合同确定;取消了合资企业管理委员会主席和经理必须由苏方人员担任的规定,而规定,可以由外国公民担任,合资企业的管委会有权独立决定雇工、解雇、劳动报酬的形式和数量,以及对工作人员采取的奖励制度;对合资企业为发展生产而运进苏联的商品将征收最低的进口税或完全免除关税;外国伙伴的利润可以汇回本国;大大简化建立全资企业的手续;等等。

采取上述措施以后,在苏联境内创办的合资企业数量有明显增长:1987年5月12日苏联建立了第一家合资企业,1987年底仅有7家,1988年底为164家,1989年年初为191家,而到1989年4月已达到485家。它们分布在工业、商业、建筑、科技、咨询等各行业。联邦德国和芬兰各占53家和50家。同社会主义国家建立的合资企业共为44家,其中中苏合资企业为4家。这说明,苏联在认真研究和吸取其他国家的经验和外国伙伴的建议的基础上,对合资法所采取的种种完善措施,对外国投资者起到了一定的鼓励作用。当时苏联一再表示,在完善合资企业方面的工作,并没有终止,将继续做大量的工作,要制订出更具体的法律和条例。苏联为了加强对合资企业的管理,成立了苏联合资企业联合会。485家合资企业全部入会。还规定,不论合资企业规模大小,凡入会者每年缴纳会费3500卢布,其中500卢布为外汇。据合资企业联合会执行干事米特罗凡诺夫估计,几年后,在苏联境内的合资企业可达几千家,产值可占全苏社会总产值的10%以上。根据当时的发展势头来看,是有这种可能的。

关于自由经济区的问题,在戈尔巴乔夫上台执政的初期,苏联还是持怀疑态度,在思维观念上是有阻力的,更多地认为它只具有为资本主义复辟的本质属性。经过一段时间研究,特别对中国特区的多次考察和多方了解之后,在认识上发生了变化。后来苏联开始讨论自由经济区的问题,把它看作是推动本国经济发展和扩大与密切同西方经济联系的一种重要形式。从1988年开始,苏联对建立自由经济区的问题已从讨论转入落实。并决定,首先建立两个自由经济区:一是苏芬边境的赛马运河区,另一个是远东的符拉迪沃斯托克。据报道,滨海边疆区、索契、敖德萨、爱沙尼亚等15个地区当时亦考虑筹建自由经济区的问题。为了鼓励外国投资者,苏联还考虑,给予自由经济区种种特殊优惠的条件,如不受苏联海关的限制,为外国投资规定附加保证,实行商业风险保险制度等。

另外,有关在苏、中、朝交界的苏联境内建立多边合作经济特区,在中、苏、朝边境的哈桑建立"综合商业中心",即所谓"远东的香港"等问题,也曾一度为苏联所关注。

苏联创建自由经济区,当时仅处于起步阶段,但确曾下了决心。据苏联国家对外经济委员会副主席伊万诺夫谈,1989年夏季前准备制订一些地区建立自由经济区的计划。苏联世界社会主义体系经济研究所已成立了一个专门研究自由经济区的科研小组。

为了疏通经互会国家与西欧国家之间的经济联系渠道,苏联一些学者大胆提出在经互会国家境内建立统一市场的设想。其主要内容是:在这统一市场范围内,在参加国境内商品可以或多或少地自由流动。为了达到这一目的,第一步应建立自由贸易区。这些国家之间实行免税贸易制度,对进出口商品的数量与价值不加限制,相互之间取消关税壁垒。在一体化刚开始阶段,自由贸易区不一定需要本国货币完全自由兑换,但参加国的本国货币至少要有现实的灵活的汇率。经互会国家内部自由贸易形成后,可以与西欧工业品自由贸易区形成一片。当然,实现这一设想是件十分复杂的事,绝非在短期内可办到的。但它反映了戈尔巴乔夫在对外经济关系中包含关于建立世界经济一体化的新思维。

在推动苏联经济国际化进程中,另一个不可忽视的问题是,必须重新认识当今世界上存在的一些重要国际经济组织,特别是像国际货币基金组织和关税及贸易总协定。长期以来,苏联对这些组织持批判、否定的态度,其原因是:首先,苏联一直把东西方关系的经济内容看成两种制度对立关系的一个重要方面,从而忽视了东西方互利和合作的可能性和重要性。其次,苏联认为,在第二次世界大战后相继出现的国际经济组织,都是由美国为首的资本主义国家倡议和支持下成立的,是由资本主义国家,特别是美国等所控制和操纵的。推行经济体制改革以来,苏联在戈尔巴乔夫新思维的指导下,逐步改变了上述看法,认识到在世界经济国际化迅速发展的今天,任何一个国家如不参加国际经济组织,不仅给本国参加国际经济活动带来诸多不便,并且还难以使自己在国际经济活动中发挥作用。另外,苏联还认识到,有关重大的国际货币金融和贸易问题,一般都是通过这些国际经济组织成员国进行讨论、协商和决策的。因此,不参加这些组织,在经济上难以受益,例如不能在国际贸易中取得最优惠国待遇和获得国际货币基金组织的低利率贷款。后来,苏联主动要求以观察员身份出席关税与贸易总协定的协商会议,并关注国际货币基金组织的活动,设法与其接触。

## 第四节　积极调整对外经济关系的地区战略

总的来说,苏联成立以来,特别在第二次世界大战后,在其理论及实践中,一直把发展与东欧国家间的经贸关系视为战略重点。直到1988年,苏联与社会主义国家的外贸额占苏联外贸总额的65%以上。苏联上述地区战略思想,日益与戈尔巴乔夫推进其经济国际化方针不相适应。从经互会成员国民用技术水平来看,各国虽在某些领域各有其特点,但总的来说,处在同一水平线上,如果长期主要集中在这些国家范围内进行贸易和经济合作,不可避免地会出现低水平的重复,这对提高各国的技术水平和产品质量有着明显的消极作用。从经互会成员国的经贸体制来看,长期实行的是一种"统包统揽"的做法,进出口基本上都由政府统一包下来,这样,竞争机制不起作用。在这种体制下,经互会成员国家采取把高质量产品出口西方换自由外汇,而把质次产品进行互相交换,这种做法必然影响各国经济的发展和技术的提高。

为了改变上述情况,戈尔巴乔夫执政后,在调整对外政策的同时,对外

经济关系的地区战略也作了相应调整。调整的总趋势是,把战略重点逐步由东欧移向西方。采取的措施有:

一、调整与东欧国家的经济关系

从 1986 年起,苏联不再增加向东欧国家供应燃料和其他原材料,明确表示,今后不能再成为东欧各国廉价能源和原材料的供应国。另外,在对外贸易体制上,苏联主张在经济核算制的基础上同东欧各国建立部门间、企业间的直接经济联系,自行协商和解决经济合作中的有关问题。这样做的目的是十分清楚的,即为了使苏联政府尽可能地摆脱对东欧国家"统包统揽"的局面,而让各部门、企业根据自己的需要和利益来发展与东欧各国的经济关系.

二、积极发展与西欧的经济关系

在对外经济关系调整过程中,苏联把西欧作为发展经济关系的战略重点,其出发点是,西方世界的美、日、西欧三足鼎立中,苏与美长期形成的对抗、紧张局面不可能一下子完全消除,同日本的领土麻烦也难以解决,而同西欧各国有传统的经济联系,在地理上又是近邻,可作为苏联同整个西方国家发展经济关系的前沿阵地。应该说,戈尔巴乔夫执政以来,对西欧的上述战略思想取得了很大进展,如当时的西德对苏的贷款,与苏创办的合资企业都列前茅。

三、在缓和与美、日政治关系的同时,积极发展经济关系

苏美之间由于受政治关系的影响,经济关系一直处于低水平状态。1987 年两国贸易额只有 12 亿卢布,占苏联与西方国家贸易额的 4.2%。后来,出现了上升的势头。当时据美方估计,经过 3~7 年的发展,苏美贸易额可由 1987 年的 20 亿美元增加到 100 亿~150 亿美元。美国赴苏的实业家人士越来越多,对发展两国经济关系的兴趣越来越大。

苏联积极靠拢日本,希望在"政经分离"的原则基础上,加快经济关系的发展步伐。后来,苏日贸易发展较快。1988 年,苏联向日本的出口额为 27.7

亿美元,比上年增长 17.8% ,从日本的进口额达 31.1 亿美元,比上年增长 22.1% 。

四、以加速开发与开放远东地区为契机,来推动苏联与亚太地区国家的经济合作

戈尔巴乔夫上台后,在对外关系方面特别重视亚太地区,这也是苏联调整对外经济地区结构的一个重要内容,又是作为推动整个苏联经济国际化的重要一环。苏联加速开发与开放远东地区,是经过深思熟虑的。

第一,苏联清楚地看到,20 世纪末,苏联的西伯利亚和远东、日本、中国以及整个东南亚将成为世界经济贸易的中心,国际贸易的重点将向这些地区转移。苏联要做好准备,使西伯利亚和远东适应这一发展趋势。戈尔巴乔夫本人也十分重视苏联与亚太地区的合作。他指出:"东方、亚洲与太平洋地区文明的发展越来越充满着活力。我国的经济也在转向西伯利亚和远东。因此,我们在客观上对加强亚洲太平洋合作表示关注。"①

第二,与苏联远东地区相毗邻的国家,是一些市场容量大的亚太地区国家。它们对远东地区的资源感兴趣,而苏联对这一地区近邻国家的机器设备、先进技术、资金、食品和生活用品感兴趣。因而,发展经济合作的潜力很大。

第三,苏联要开发远东地区,存在缺乏技术、资金、劳力和食品供应紧张等困难,这在客观上要求通过邻国发展经贸关系来解决。这里顺便提一下,苏联加速远东地区的开发与开放,对中国来说,是发展对苏联经济关系的一种良好机遇,我们应该密切注意这一地区的发展,认真加以研究,制订措施。

从以上的简单分析可以看到,戈尔巴乔夫执政时期,苏联调整对经济关系地区战略的意图是:首先,从总的来说,向西方倾斜,目的在于更多地引进外资和先进技术,提高经济效益和竞争能力,为苏联今后进入世界市场创造条件;第二,目前重点面向西欧,是为了促进苏联西部地区的发展,以西部来带动东部;第三,面向亚太地区,是为了开发远东和西伯利亚地区,逐步使东

① ［苏］米·谢·戈尔巴乔夫:《改革与新思维》,苏群译,新华出版社,1987 年,第 230～231 页。

部地区成为今后整个苏联经济的坚实基地,也为今后深化与亚太地区各国经济关系打下基础。

苏联决心把自己的经济与世界经济紧密联系起来,沿着国际化的道路前进,这是无疑的。但在这条道路上,并不是铺满着玫瑰花,呈现一幅田园般的图画,而将是在披荆斩棘中前进,困难是很多的。具体来看,有以下5点:

第一,人们的旧思想仍然是一大障碍。不少人仍把合资企业、自由经济区等新的对外经济合作形式看作是资本主义性质的。用苏联一些学者的话来说,"停滞的卫士们"怕外国资本把苏联淹死,怕苏联工人遭受剥削。还有一些人,仍在过分强调社会主义国家技术经济独立性,充满着保守主义,这样就很难适应当今世界各国互相经济依赖性日益加强的客观要求。

第二,长期形成的官僚主义、行政命令作风,严重影响着对外经济关系的重大革新。苏联报刊已开始披露这方面的问题:由于官僚主义者的"努力",在创建合资企业中专门制造不少麻烦,有时竟达到滑稽可笑的地步。例如,在决定一家合资企业制作图章问题上,苏联官员竟用了一整年的时间,另一家企业的方案经过了15个各种单位的审查,而其中的多数单位"一点都不懂行"。一些领导人总是表现出强烈的行政愿望,显示其指示的威力,以弥补自己的知识不足。一家生产女鞋的列宁格勒合资企业,因为行政领导一个指示,把价格一下子提高了50%,结果,女鞋失去了消费市场上的竞争能力。

第三,缺少从事外经外贸的专业干部,成了当时苏联经济走向国际化道路上的一个突出障碍。苏联对外经济委员会的一些领导人认为,第一个问题是确保有一批懂得对外经济活动的干部,因为不论是搞合资企业还是建立自由经济区,如果弄不清楚西方的经营方法是不行的。当务之急,要加强这类干部的培训和进修。

第四,随着苏联非传统的对外经济关系的发展,卢布的不可兑换性问题,日益尖锐起来,它在各个方面影响着苏联对外经济关系的发展。正如阿甘别基扬院士说的:"没有自由兑换的卢布,苏联就不能平等地参与世界经济活动。"[1]这个问题的解决,取决于很多因素,国内有丰富的消费品市场,生产资料实行批发贸易,提高产品的质量和竞争能力,保证有价证券的自由流通,建立自由外汇市场,国内价格与世界市场价格的接近,等等。阿甘别基扬预测,要过 7~10 年后,自由兑换卢布将可成为现实。

第五,苏联经济国际化的速度和深度,取决于国内经济体现改革的进程。例如,苏联国内市场机制因素作用的局限性,就是苏联经济向国际化方向发展的一个重要阻碍因素。具体说,由于苏联批发贸易不发达,加上合资企业的物资技术供应又是不列入国家计划的,因此物资技术供应往往得不到保证。不少苏联学者指出,这已是挫伤外商在苏联投资积极性的一个不可忽视的因素。

---

① 陆南泉:《对苏联推行经济国际化政策的分析》,《苏联东欧问题》1989 年第 4 期。

# 第二十四章 提出转为"走向人道的、民主的社会主义"纲领

1990 年 7 月 2 日—13 日,苏共召开了二十八大。7 月 1 日代表大会以 3777 票赞成、274 票反对与 61 票弃权,通过了"走向人道的、民主的社会主义"纲领性声明(以下简称"纲领性声明")。对此纲领一直存在不同的看法,有人认为,"人道的、民主的社会主义"是一条背离马克思主义的改革路线,是对马克思主义的背叛。也有人认为,由于改革确立了"人道的、民主的社会主义"纲领,从而使苏共二十八大实际上加速了苏共的瓦解,成为埋葬苏共和社会主义的最后一次代表大会。但有些学者认为,"人道的、民主社会主义"纲领是作为与背离人的需要为目标的斯大林模式的社会主义相对立场而提出的,是要通过政治体制改革,根本上抛弃斯大林时期建立的、长期没有实质性变革的不人道的、不民主的社会主义。

本章只是对 20 世纪 90 年代苏共在体制改革过程提出"人道的、民主的社会主义"纲领有关问题作一分析。

## 第一节 提出的背景

苏共二十八大是在极其复杂情况下召开的,也是在戈尔巴乔夫上台执政苏联经历了 5 年革命性变革的条件下召开的。戈尔巴乔夫在会议上作了题为《苏联共产党中央委员会向苏共第二十八次代表大会提出的政治报告和党的任务》的报告。他在报告一开头就说:"五年来,我们在所有的生活领域实现了革命性的飞跃。这使我们面临重大的转折关头。今天的问题是,

要么苏联社会主义沿着已经开始的深刻改革的道路继续前进,这样,我坚信,我们伟大的多民族国家就会迎来美好的未来;要么反改革势力占上风,让我们直言不讳地说,那时国家和人民就将面临黑暗时代。"①他在报告中首先是总结了从1987年2月召开苏共二十七大以来经济体制改革的基本情况,一方面指出,在经济体制改革方面取得的进展,"已成功地阻止了国家滑向经济、社会和精神领域的危机。"改革所取得的进展在苏共二十八的决议中作了以下论述:

给国家、人民、党、社会主义思想本身造成巨大损失的极权的斯大林体制在逐步消除中,建立在社会主义价值原则基础上的自由公民和社会正在形成;

整个政治上层建筑正在进行根本性的改造,以确立人权、自由选择、多党制为特征的真正的民主在日益加强;超级中央集权的国家正在改造成建立在各民族自决和自愿联合基础上的真正联盟国家;

意识形态专制正在让位于自由思考、公开性和信息开放;

使劳动人民脱离所有制及其劳动成果的国家垄断生产关系正在消除;

正在形成社会主义生产者自由竞争的条件。②

同时,戈尔巴乔夫在报告中指出,改革过程中也出现不少问题与遇到不少困难。他认为,这首先因为"改革本身尚未完成",苏联"处在旧体制尚未完全废除和新体制更是没有完全建立起来的过渡时期"。他接着指出,改革之所以那样费劲,"其中主要原因之一是,管理机构的官僚主义阶层以及与之有关的社会力量对变革的反抗。我们当然清楚,改革必然会触犯手中握有实权的和以人民的名义支配社会财富的人的利益"。这些人"信守老一套,无论如何也不能与改革进程融为一体,而且在政治上以及心理上都不接受改革的进程"。他们"顽固地抓住旧的东西不放,阻挠社会上正在发生的

① 苏联《真理报》1990年7月3日。
② 苏联《真理报》1990年7月11日。

变革,而且试图在为人民服务的利益,为意识形态原则的纯洁性而斗争的幌子下,坚持自己的保守主义立场的那些人"。①

可见,阻碍改革的主要因素是政治体制领域存在的问题,消除这些阻碍因素必须从政治体制改革着手。关于这个问题,戈尔巴乔夫在1988年6月召开的苏共举行的第十九次代表会议已提出了。他在报告中首先总结了从1987年2月召开苏共二十七大以来经济体制改革的基本情况,一方面指出,在经济体制改革方面取得的进展,"已成功地阻止了国家滑向经济、社会和精神领域的危机"。另一方指出,这并不意味着,到处都在全速地出现好转和革命性改造已经不可逆转。"还未消除造成障碍的深刻原因。"戈尔巴乔夫明确地指出:"今天我们面临着许多复杂的问题。但它们之中哪个是关键问题呢? 苏共中央认为,改革我们政治体制就是这样的问题。"他还讲:"今天,改革的根本问题——经济改革、发展社会主义领域、教育人以主人翁的态度关心对待我国发生的一切——所遇到的障碍正是僵化的权力体制,这个体制的行政强制结构。""如果我们不改革政治体制,我们所有的创举,所有业已开创的大规模的事业将会停滞。""我们在精神领域做了许多工作,并且无论有多大困难都将进行根本的经济改革。但是,如果我们不改革政治体制,那么所有这一切都会付之东流。"

要消除改革的阻力,必须提出新的改革思路,确立新的改革目标。这次在苏共二十八大提出了政治改革的明确目标,即《纲领性声明》中指出的:"政治改革的实质,就是从极权官僚制度向人道的、民主的社会主义社会过渡。这条道路尽管艰难,但却是通往美好生活,通往发挥国家物质和精神潜力的唯一正确的道路。"

从人道的、民主的社会主义改革纲领提出的背景来看,可以判断:一是经过5年的改革,苏联仍然面临的是超级的高度集权的斯大林体制模式;二是改革阻力主要来自政治领域;三是进一步推动改革必须寻觅新的思路与确定新的目标。

---

① 苏联《真理报》1990年7月15日。

## 第二节　形成过程

人道的、民主的社会主义纲领的形成有个过程。

从戈尔巴乔夫一开始进行经济改革与其整个改革过程看，一直强调人的地位和作用。从改革的实践过程看，戈尔巴乔夫其指导思想是要解决人的问题，强调人的作用，人的积极性和人的利益是经济改革的出发点。戈尔巴乔夫认为，社会主义思想的核心是人。斯大林时期所形成的社会主义，发生了严重的变形，实际上建立的是"专制极权和行政命令的官僚体制"。在这种体制模式下，人不被当作目的，而是当作手段来使用，也就是说，把人当作党和国家机器的"螺丝钉"。这样的结果是，必然在经济上产生人与生产资料、劳动成果的疏远；在政治上产生人与政权的疏远。为了克服上述弊端，通过改革，要使社会主义重新振作起来，发挥社会主义的潜力，克服人与所有制、与生产资料、与政治进程、与政权、与文化的疏远现象，从而需要明确人是问题的中心，明确社会主义"是真正的、现实的人道主义制度"，人是"万物的尺度"。

从经济体制改革来看，解决人与人权问题，其主要出发点是：首先，要使经济面向人、面向社会、全部生产面向消费者的要求，目的是使苏联能创造出无愧于现代文明的劳动条件与生活条件，保证公民经营自由；其次，是要保证劳动者变成生产的主人，使劳动者感到自己是全权主人，是真正的主人。

为了通过经济体制改革解决人、人权问题，调动人的积极性，使人民真正成为国家的主人，苏联特别强调了管理民主化和自治理论。

戈尔巴乔夫执政以来，民主管理、自治、自我管理等概念已越来越多地被人们接受。这是与他对上述问题给予的重视分不开的。苏共二十七大报告的第三部分，专门谈了社会进一步民主化和加深社会主义自治问题。苏联强调：不发扬社会主义民主，那么加速社会的发展是不可思议的，也是不可能的。要完成当前规模巨大而又复杂的任务，就要始终不渝和不断地发扬社会主义的人民自治。

1987 年召开的苏共中央一月全会的主题也是发扬民主。戈尔巴乔夫强调:只有通过不断发展社会主义所固有的民主形式和扩大自治,才能在生产、科学和技术、文学、文化和艺术,在社会生活的各个领域中前进。只有通过这个途径,才能保障自觉遵守纪律。只有通过民主和借助民主,改革本身才有可能实现。同时,戈尔巴乔夫也发现,改革遇到很大阻力,认为阻力在很大程度上来自对社会主义概念的教条主义理解而产生的保守思想,因此急需改变社会意识与思维方式。

1987 年 11 月,苏联政治书籍出版社和美国哈泼罗公司分别用俄文和英文出版戈尔巴乔夫的《改革与新思维》一书。当时轰动国际社会,它对苏联的改革与对外政策都有重要影响。按戈尔巴乔夫的说法,此书不是学术著作,也不是宣传性论著,但"是以一定的价值观念和理论前提为依据的。这多半是对改革,对我们面临的问题,对变革的规模,对我们时代的复杂性、责任和独特性的评述和思索"。从改革角度讲,戈尔巴乔夫说,要回答的问题有:"何谓改革? 为何需要改革? 改革的实质和目的何在? 改革摒弃什么和创造什么? 改革进行得如何? 它会给苏联和国际社会带来哪些后果?"[①]

戈尔巴乔夫的新思维有个形成过程,它是把此书出版前戈尔巴乔夫对苏联社会主义、改革和当今世界的各种想法、思考和观点加以系统,并提出了总的看法。如果对新思维的最主要内容做一个非常简要的归结,大体上包括以下含义:从国内来讲,提出对原有的体制必须进行刻不容缓的根本性改革,改革是"第二次革命",改革"将发生第二次飞跃",通过改革使社会主义有个新的面貌;从对外关系来讲,"新思维的核心是承认全人类的价值高于一切,更确切地说,是承认人类的生存高于一切"。[②]

总的来说,戈尔巴乔夫强调民主与自治思想,其基本出发点是寻找发展群众在社会生活各个领域中创造活动的新途径,让千百万人以主人翁态度负责、自觉和积极地参与社会经济目标的实现。根本改变过去把人看作像技术设备、原料、能源这类管理客体的概念,而要把人作为劳动活动和经济活动有意识的主体。要认识到人、人的劳动积极性是生产力、生产关系和经

---

① [苏]米·谢·戈尔巴乔夫:《改革与新思维》,苏群译,新华出版社,1987 年,第 2 页。

② 同上,第 184 页。

济机制这三个组成部分的核心,并从这个基本观点出发,来改革经济体制,使人这个主体成为推动社会经济发展的主要动力。

从戈尔巴乔夫执政后期的经济体制改革来看,把解决人的问题与向市场经济过渡为取向的改革日益密切地结合起来。1990年10月,戈尔巴乔夫以总统名义提交给最高苏维埃通过的《稳定国民经济和向市场经济过渡的基本方针》文件中指出:"我国社会向市场经济过渡完全是由人的利益决定的","只有市场与全社会的人道主义方向相结合,才能保证人们的需要得到满足、财富的公正分配、公民的社会权利和社会保障、自由和民主的扩大"。

在1988年6月召开的苏共第十九次全国代表会议上,戈尔巴乔夫在其所作的报告中,把"改革与人权"单列一个问题加以论述,并第一次明确提出:"全面充实人权,提高苏联人的社会积极性",是苏联政治体制改革的"最终目的",也是决定改革能在多大程度上实现的"主要标准"。①

这次代表会议指出,苏联政治体制与党的变形,主要表现在以下方面:

(1)广大人民群众没有实际参加解决国家和社会事务的权力。各种管理任务都由执行机关来完成,党政领导人的权力越来越大。由于低估和贬低了社会主义民主的作用,导致个人崇拜现象不断复发。

(2)部门管理机关的职能和结构上都过于膨胀,苏维埃和党的机关均难以对部门利益进行有效监督,结果是,这些部门管理机关往往把自己的意志强加给各经济单位和政治部门,而这些部门对自己作出的决定和行动的后果又不负经济责任。

(3)社会生活的过分国家化,国家调节扩大到了社会生活的极广泛范围。力图用详细的集中计划和监督来囊括生活的所有细节,这种做法已经笼罩整个社会,成为人们、社会组织和集体积极性发挥的严重障碍。

(4)国家结构的官僚化和群众的社会创造精神下降,这导致社会思想单一化和停滞不前。

---

① 苏联《真理报》1988年6月29日。

(5)传统的政治体制其运行机制不是靠法律而是靠行政命令,即靠强制的命令和指示。这在日常生活中表现为:口头上宣扬民主原则,而实际上却是独断专行;在讲台上宣扬人民政权,实际上是唯意志论和主观主义;在理论上大谈民主制度,实际上是践踏社会主义生活方式准则,缺乏批评与公开性。①

上述 5 个方面,集中到一点:那就是苏联传统的政治体制缺乏民主;没有把人、人权、人的社会价值放在首位,这是导致社会经济的停滞不前的一个重要原因。

鉴于对传统政治体制的上述认识,苏联确定了以全面充实人权为主要方向的政治体制改革。

关于人权的内容,当时苏联学术界一般认为包括 3 个方面:一是指人的社会权利,要保障苏联人的平等权利和受社会的保护,如改善劳动条件,提高国民教育和保健卫生的质量,以及各种社会保障。二是指人的个人权利,这指的是整个法律制度来保证严格遵守公民的个人生活和住宅不受侵犯的权利,保障他们拥有打电话、通信、通邮和打电报的隐私权,法律应当可靠地保护人的个人尊严。规定对批评者进行迫害要追究刑事责任。由于这些条件,苏联决定不受理匿名信。三是指个人的政治权利。在过去的政治体制下,这方面存在严重的问题,使人与政权、与政治疏远。个人的政治权利,最主要的是政治自由,给人提供对任何问题发表自己意见的机会。戈尔巴乔夫认为,只有这样,才能使公众对他所关心的任何问题进行讨论,并有可能在仔细考虑之后表示"赞成"还是"反对"。另外,还提出了信仰宗教的自由。戈尔巴乔夫指出:"所有信教者,不管他们信仰哪个宗教,都是享有充分权利的苏联公民。"②

1990 年苏共中央二月全会通过了向党的二十八大提出的行动纲领草案,草案的第二部分,对有关通过改革如何解决、充实人权问题,又作了进一步阐述。文件指出:"党认为自己的主要目标是:使人真正处于社会发展的

---

① 苏联《真理报》1988 年 6 月 29 日。
② 苏联《真理报》1988 年 6 月 29 日。

中心,保障人具备应有生活和劳动条件,保证社会公正、政治自由、个人能得到全面发展及精神焕发。社会的进步就是应该由这些来决定。""苏共主张尽快建立维护公民权利和自由的法律保障。""现在必须把这些权利固定下来,为它们奠定牢固的物质、法律和政治基础。"在这个草案中,苏共主张尽快使苏联公民得到以下权利:

第一,为公民的尊严与人身、为公民的住宅和财产不受侵犯、为通信和通话秘密提供可靠的法律保护;

第二,加强实现劳动权的保障,包括保证按劳动数量和质量及其最终成果付酬;建立扶持就业,对骨干的培训和进修、对被迫改变职业或工作地点的人提供必要的物质帮助的机制;

第三,发展和加强公民的政治权利,即参与社会和国家事务的管理,言论、出版、集会、游行、结社的自由。同时应严格遵守法律程序与苏联法律的要求;

第四,创作自由,像对待国家财产一样对待才能。党在大力鼓励文化领域多样化的同时将捍卫人道主义标准,保护社会不受假文化的侵犯。对社会主义来说,对文化采取商业态度是不能接受的;

第五,人的精神领域的自由自决,信仰和宗教自由。党在不放弃自己的世界观立场的同时将深入进行无神论者与宗教信仰者之间的对话,继续执行使各教派有可能在法律范围内自由活动的方针,使其为人们的相互谅解做出自己的贡献;

第六,提高法院捍卫公民权利的作用,建立进行护法活动的社会-国家委员会。

苏共二十八大通过的《纲领性声明》中又明确指出:"党认为,保证苏联人良好生活条件是党政策的中心战略任务。""党主张:按照国际公认的准则实现人权……人有权确定自己的世界观和精神需求以及信仰自由。"[①]

---

① 苏联《真理报》1990年7月15日。

苏联围绕充实人权为主要取向的政治体制改革,基本趋向是:坚持和发展民主化进程,逐步向建立起公民社会和法治国家的目标前进。这包括两方面的内容:一是强调经民主程序制定的法律应在社会生活占统治地位,实现法律面前人人平等的原则;二是国家与公民之间相互拥有的权利应承担的义务,都必须按法律行事,换言之,应由法律来制约。苏联还强调,立法过程的民主化与公开性,允许意见多元化,目的是排除政治权力的垄断。

在围绕充实人权为主要取向的政治体制改革过程中,亦逐步形成"人道的、民主的社会主义"纲领。

1988 年 6 月 28 日—7 月 1 日,苏共举行第十九次代表会议。会议明确提出政治体制改革应解决以下七项基本任务:

(1)尽一切可能使成千上万的劳动者不是在口头上,而是在行动上参与国家的管理。

(2)为社会的自我调节和自治过程开辟最广阔的天地,为充分发挥公民、权力代表机关、党组织和社会组织、劳动集体的主动性创造条件。

(3)调节下列机制:自由形成和表现各阶级和社会集团的利益和意志,他们商定和实现苏维埃国家的对内对外政策。

(4)为各大小民族的进一步自由发展、在族际主义原则上加强他们的友好和平等合作保障条件。

(5)根本加强社会主义法律和法制,以排除篡夺政权和滥用权力的可能性,有效地抵制官僚主义和形式主义,可靠地保障公民的宪法权利和自由,以及他们对社会对国家的义务。

(6)根据列宁的共产党是社会的政治先锋队和苏维埃国家是人民的政权工具的观念,党的机关和国家机关的职能应严格分开。

(7)最后,建立一种有效的机制,随着国内和国际条件的变化这种机制能保障政治体制及时自我更新,而政治体制要能在一切生活领域越来越积极地发展和实行社会主义民主和自治原则。①

---

① 参见苏联《真理报》1988 年 6 月 29 日。

具体一点说,通过政治体制改革要达到塑造社会新形象的目的,使最终达到的目标与社会主义理想相接近。按照戈尔巴乔夫在苏共举行第十九次代表会议报告中的说法,社会主义新形象体现在 7 个方面。①

戈尔巴乔夫把社会主义新形象最后归为是一种民主的和人道的社会主义。这是第一次提出了"人道的、民主的社会主义"概念。②

## 第三节　"走向人道的、民主的社会主义" 改革纲领主要内容

下面根据苏共二十八大通过的《纲领性声明》《苏联共产党章程》与戈尔巴乔夫的报告等材料,对"走向人道的、民主的社会主义"改革纲领主要内容作一概要介绍。

### 一、革新后的苏共将是什么样子的?

——是以社会主义为选择和以共产主义为前景的党,是在自己政策中体现工人阶级、农民、知识分子利益的志同道合者的自愿联盟。

——是献身于全人类和人道主义的思想,珍视民族传统和民族夙愿,同时对沙文主义、民族主义和种族主义、反动思想和黑暗势力的任何表现毫不调和的党。

——是从教条主义的意识形态污垢中解放出来的、力求在政治和意识形态过程中起倡导作用的党,它采用说服和宣传自己政策的方法,发展同国内所有进步的社会—政治力量的对话、讨论、合作和伙伴关系。

——是把自己成员之间的相互关系建立在党内同志关系、尊重每个成员的意见、承认少数人保留个人立场的权利、对多数人通过的所有

---

① 有关社会主义新形象化本书第十九章第二节已有介绍,在此不再重复。

② 参见苏联《真理报》1988 年 6 月 29 日。

决议有讨论的完全自由和义务的基础上的党。

　　——是确立内部生活自治原则、党组织行动自由、加盟共和国共产党在同一点纲领目标和章程条款下联合而又独立自主的党。

　　——是实行与不同国家和不同方向的共产党人、社会民主党人、社会党人,与现代政治和科学思想的许多其他派别的代表接触和相互协作的主义。


在党的作用方面,考虑到"几十年来,苏共只是为专横的官僚体制服务"的情况,需要改变党的职能,首先"苏共坚持放弃政治和意识形态垄断,放弃取代国家管理的经济管理机关的做法。蓬勃发展的变化要求加快把苏共改造成一个名副其实的、表达和捍卫工人阶级、农民和知识分子的根本利益,在公民社会范围内发挥作用的政党"。"党不可干涉苏维埃机关的职能。"①

苏共正在变化成这样一个政治组织,它将以自己的实际行动和解决社会发展问题的建设性立场,在同其他社会政治力量的自由竞争中捍卫政治领导权。

党将实现下列职能:


理论职能。党在科学地分析社会发展的客观趋势,从理论上估计社会发展前景,认清并考虑在各种社会集团利益的基础上制定社会主义的革新战略和策略,以及社会经济、政治和其他计划。

意识形态职能。党捍卫它的世界观和道德价值观,宣传自己的纲领性目标和政策,将公民吸引到苏共方面和吸收到苏共队伍中来。

政治职能。苏共经常在群众中,在劳动集体中进行工作,同社会团体和运动进行协作,争取在各级权力机关选举中获胜,并在取胜的情况下建立相应的执行机关,进行议会活动,实现自己的竞选纲领。

组织职能。苏共进行组织工作是为了实现它的纲领性原则和决定。在干部工作方面,党将放弃形式主义和圈定名单的做法。国家权

---

① 苏联《真理报》1990 年 7 月 13 日。

力机关和管理机关有权作出干部任免决定,党内的干部任免权由上级机关下放给党组织和全体党员。

由于党内关系缺少深刻的民主化,苏共在社会中就不能发挥它的作用。苏共坚决放弃在行政命令体制条件下形成的那种硬性集中的民主集中制,坚持民主原则即坚持选举制和更换制、公开性和报告制、少数服从多数、少数有权坚持自己的观点,包括在党的舆论工具上坚持自己观点的权利。

苏共愿意与以社会主义为方向的运动与组织合作,同一切进步的思想政治派别对话和建立伙伴关系。党准备同这些派别建立政治联盟。

二、人道的、民主的社会主义是一种什么样的社会?

人是社会发展的目标,为人创造无愧于现代文明的生活条件和劳动条件,克服人与政权以及他们所创造的物质财富和精神财富的分离,确保人能积极参加社会进程。

在多种所有制形式和经营形式的基础上,确保劳动者变成生产的主人,激励他们有从事高效率劳动的强烈愿望,为生产力进步和合理利用自然资源创造最佳条件,保证社会公正和劳动者的社会保护。

人民的自主意志是权力的唯一源泉,受社会监督的国家应保证维护人的权利和自由、尊严与人格,而不问其政治地位、性别、年龄、民族和宗教信仰,保证在法律范围内行动的所有社会政治力量自由竞争。[①]

三、政治制度是怎么样的?

考虑到超级集权行政命令的官僚体制,"从社会主义理想中抽掉了主要的东西——人本身,人的需要、利益、人的活生生的生活",因此革新后的政治制度应以民主与自由等人类共同文明的价值观作建立新政治制度的基

---

① 参见《苏联共产党第二十八次代表大会主要文件资料汇编》,人民出版社,1991年,第117页。

础。实现人道的、民主的社会主义必须建立公民社会和法治国家,以走向真正的人民政权。政治制度建立的原则是:法律至上,法律面前人人平等;国家与公民在相互权利与义务方面由法律加以制约。必须保护苏联公民的权利与自由,公民财产不可侵犯。直接的平等的普选权原则;实行三权分立,确认立法、行政、司法三权分立能保障避免滥用权力;实行政治多元化,容忍与接受多党制;保障民族权利,在优先、无条件地确保每个人权利的前提下扩大各民族的权利。

四、形成怎么样的经济体制?

"纲领性声明"推出:要"争取建立有效的经济。"这里讲的有效的经济就是要把解决人的问题与向市场经济过渡为取向的改革日益密切地结合起来。苏共二十八大后于1990年10月,戈尔巴乔夫以总统名义提交给最高苏维埃通过的《稳定国民经济和向市场经济过渡的基本方针》文件中指出:"我国社会向市场经济过渡完全是由人的利益决定的","只有市场与全社会的人道主义方向相结合,才能保证人们的需要得到满足、财富的公正分配、公民的社会权利和社会保障、自由和民主的扩大"。为了形成市场经济必须对一些重要经济理论重新认识。

1. 对所有制理论的重新认识

戈尔巴乔夫执政后,对所有制理论的探索,在不少方面与安德罗波夫时期提出的观点相似,如安德罗波夫提出:"所有制方面的变革绝不会是一次性行动",而戈尔巴乔夫在苏共二十七大报告中强调:社会主义所有制"具有丰富的内容",它包含着"一整套多方面的关系和一整套经济利益","它是处于运动之中的",需要"经常的调整"。[1]

又如,安德罗波夫强调,在现阶段的苏联集体所有制不是"过时的"所有制形式,而戈尔巴乔夫一再提倡要发展合作社,在合作社所有制问题上,应有完全明确的认识。他在1987年召开的苏共中央一月全会上谈到这一问题时指出:由于过去把苏联合作社所有制看作是某种"二等的"、没有前途的,

---

[1] 《苏联共产党第二十七次代表大会主要文件资料汇编》,人民出版社,1987年,第53页。

因而产生了"严重后果","造成了经济上和社会上的不小损失"。有的学者还提出,合作化已经结束的结论做得过早了。现在应该在城市真正地开展合作化运动。① 与此相联系,各类租赁承包形式也得到发展。过去是急于把集体所有制过渡到全民所有制,而现在相反,已出现了把长期亏损的农场和农庄改为合作社经济,由劳动集体加以租赁。为了发展合作社所有制,1988年5月,苏联还通过了《苏联合作社法》。

再如,安德罗夫提出要放松对个体劳动的限制,戈尔巴乔夫也认为,在社会主义制度下,一定数量的个体劳动活动是"符合社会主义经营原则"的"有益于社会的劳动"。这一问题的理论变化,其直接结果是,苏联于1986年11月通过了《个体劳动法》。该法从1987年5月1日起生效。这是苏联历史上第一个关于个体劳动的法律,也是经济改革中的一项重大措施。该法规定,在生产和服务行业中可以从事29种个体劳动,对搞活苏联经济,缓和社会经济生活中的矛盾起了不小的作用。

戈尔巴乔夫执政时期,在所有制理论方面的新观点,它的主要特点是与发挥人的作用、落实人权和向市场经济过渡紧密连在一起的。

戈尔巴乔夫一再强调,解决人的问题与向市场经济过渡密切相关,而向市场经济过渡必须改革所有制,改革所有制又必须对传统所有制关系进行再认识。他认为,人道的、民主的社会主义经济的基本思想,只能在深入批判传统的经济管理体制基础上才能产生和形成,而传统经济管理体制的核心是所有制关系。

从解决人、发挥人的积极性和使人成为生产资料的真正主人等角度来看,在生产资料所有制问题上,戈尔巴乔夫除沿袭安德罗波夫有关所有制的上述论述外,还特别强调以下问题:

第一,完善经济管理体制与完善公有制是同一个过程,是不可分的。实现了生产资料社会主义改造任务之后,生产者取得主人的权利同成为真正和有主动精神的主人,这并不是一回事。因为实现了社会主义革命的人民还需要长期熟悉自己作为整个社会财富最高的唯一的所有者的新的地位,

---

① 参见苏联《文学报》1986年4月16日。

这就需要在经济上、政治上和心理上熟悉、培养集体主义的思想和行为。另外,要使劳动者成为生产资料真正的主人,最重要的一条是要在完善经济管理体制方面做大量工作,即只有在那种充分调动生产者积极性的经济管理体制条件下,才能做到。因此,必须认识到,要完善和发展生产资料的所有制,就必须完善和发展经济管理体制。这两者是紧密结合的同一个过程。戈尔巴乔夫反复强调经济管理的民主化和社会主义自治,亦是为了使劳动者成为生产资料的真正主人,调动生产者的积极性。

第二,对所有制的一些传统理论提出了质疑和新看法。例如越来越多的学者论证,全民所有制和国家所有制不是一回事,这两者就其物质内容、形成的来源方面是完全不同的,有决定性的差别。全民所有制是由于当初资本主义私有财产实行国有化而形成的,后在社会扩大再生产过程中发展巩固。从经济意义说,就形成的根源而论,全民所有制是第一性的。从狭义上讲,国家所有制作为"国家机关系统的所有制"是这样形成的:从第一性的所有制中拨出一部分,用以满足国家机关的需要,因而从经济形成意义上说国家所有制是第二性的。

把全民所有制理解为国家即国家机关或者某个机关所有,这是广泛实行行政命令管理,压制企业主动性和对企业进行琐碎监督的重要原因。

第三,随着向市场经济过渡为取向的经济改革的推行,到戈尔巴乔夫执政后期,日益明确所有制的改革方向是非国家化、民营化和私有化。认为这一改革方向是解决劳动者与生产资料、与管理相结合最重要的途径。戈尔巴乔夫指出:"当前所理解的市场否定了单一所有制形式的垄断,要求有多种所有制,经济与政治的平等。""在向市场过渡时,需要订出一些首要措施。搞国营企业股份化,创造现实的经营自由,将小企业和商店出租,把住房、股票和其他有价证券及一部分生产资料纳入买卖领域。"①在以戈尔巴乔夫总统名义提出并在最高苏维埃通过的《稳定国民经济和向市场经济过渡的基本方针》(以下简称为《基本方针》)这一文件中指出,使财产非国有化和民营化,实行土地改革,应是在向市场经济的第一阶段一开始就应实行的一项

---

① 《苏联共产党第二十八次代表大会主要文件汇编》,人民出版社,1991年,第12~13页。

非常性措施。该文件还就如何实行非国有化和民营化作出了较详细的规定。

2. 从克服对商品货币关系的偏见到认同市场经济

苏联在历次经济体制改革过程中,都涉及社会主义社会的商品货币关系的理论问题。应该说,理论认识都有所进步,但都未取得实质进展,都没有摆脱商品货币关系不是社会主义经济的属性这一基本看法。

在戈尔巴乔夫执政后,在商品货币关系问题上,有较大发展。这表现在:

第一,从领导到学术界,都强调要克服长期以来的对商品货币关系的偏见。戈尔巴乔夫在苏共二十七大报告中说,应该克服对商品货币关系的成见。在1987年召开的苏共中央一月全会上又指出:"对商品货币关系和价值规律作用的偏见,以及往往把它们当作某种异己的东西同社会主义直接对立起来的做法,导致了经济中的唯意志态度,导致了对经济核算制估计不足,以及在劳动报酬方面的'平均主义',在价格形成中产生了主观主义原则,破坏了货币流通,不重视调节供求问题。"

第二,普遍认为,商品货币关系是有机地列入社会主义经济系统中的,是社会主义的内涵关系,没有这种关系,社会主义经济就不可能存在和运行。

第三,在《企业法》中明确指出了"企业是社会主义商品生产者"的观点。

第四,戈尔巴乔夫在1987年召开的苏共中央六月全会的报告中提出:"应该从整个管理经济体制中辩证统一和相互补充中出发来考虑计划性与商品货币关系问题。"另外,从这次全会通过的有关文件来看,苏联将经济改革朝着形成生产资料批发贸易市场、资金市场、合同价格方向发展,并扩大自由价格应用的范围与加深市场关系。

第五,提出在社会主义社会竞争的必要性。苏联强调,要限制垄断和开展竞争,不能把"竞争"这个词与"私人资本主义"紧紧联在一起,竞争不是恶语。就是在资本主义条件下,竞争除了有其无人性、危害社会的消极作用外,更为重要的是还起着积极作用,它促进科技的发展,提高产品质量。因此,随着经济改革的深入,在苏联,竞争必将扩展到整个经济领域。

第六,随着进一步深化经济改革方案的讨论,苏联终于在1990年结束了"市场经济"是个禁区的局面,把市场经济确定为经济改革的总方向。《基本方针》明确指出:"除了向市场过渡,别无选择。全世界的经济已经证明,市场经济是有活力和效率。我国社会向市场经济过渡完全是由人的利益决定的,目的在于建立起面向社会的经济,使全部生产面向消费者的需求,克服商品短缺和排长队的耻辱,切实保证公民的经营自由,为鼓励热爱劳动、创造性、主动性和高生产效率创造条件。""向市场与我国人民的社会主义选择并不矛盾。只有市场与全社会的人道主义方向结合,才能保证人们的需要得到满足、财富的公正分配、公民的社会权利和社会保障、自由和民主的扩大。""市场固有的自我调节机制,能保证在全体生产者活动十分协调一致的情况下使经济保持平衡,保证合理地利用人力、物力和财力。市场要求生产具有灵活性,并能迅速接受科技进步的成果。""向以市场关系为基础的经济体制过渡,使我们的经济能够同世界经济有机地结合起来,并使我国公民得以利用文明的一切成就。"

笔者要再强调一下,本章只是对苏共二十八大提出并通过的"人道的、民主的社会主义"纲领性声明的背景、形成过程与主要内容作一诠释,以便读者较全面了解这方面的内容。

# 第二十五章　戈尔巴乔夫经济体制 改革失败原因分析

1985 年戈尔巴乔夫开始改革后召开的苏共中央四月全会,标志着广大苏联人民对改革抱有希望的开端。虽然经济体制改革在某些领域和某个阶段取得了一些进展,一些改革政策及措施得到了实现。但从整个改革过程看,进行得并不顺利,在不少情况下改革处于"空转"状态。正如我们在前面对经济体制进程各阶段进行分析时指出的,实际上,到 1990 年改革已停滞不前。改革因遇到阻力而出现缓慢的迹象,在 1987 年苏共中央十月全会上叶利钦已尖锐地指出,此时改革开始碰到了困难,已停顿下来。尽管随后戈尔巴乔夫等苏联领导人,采取各种措施来消除与疏通改革的障碍,但并未解决问题,而是经济体制改革困难越来越大,最后以失败告终,并成为苏联经济状况严重恶化和加速苏联剧变的重要原因之一。

本章是论述戈尔巴乔夫时期经济体制改革的最后一章,主要分析这一时期改革失败的客观因素、主观原因与对苏联剧变的关系。

## 第一节　客观因素——阻碍机制与阻力对 改革的影响日益增大

长期以来,笔者在分析戈尔巴乔夫经济体制改革失败原因时,一直特别重视阻碍机制(有人译为障碍机制,这是翻译的问题。原文都是 припяствие механизма)对其改革所产生的影响,这绝不是一个空洞的理论问题,而是在斯大林体制模式下长期成长起来的、在各个领域让人感觉到的、实实在在存在的种种阻力,并在此基础上形成的一种十分顽固的、一时难以克服的机制。笔者认为,这一阻碍机制,由于在斯大林逝世后的历次改革并没有对斯大林体制模式发生根本性的触动,因此这一机制虽然对社会经济发展和改革产生影响,但并不突出。但到了戈尔巴乔夫时期,进行根本性体制改革时,情况就不同了,阻碍机制对改革所体现的阻力开始强化并最后发展到政治冲突的地步。改革刚开始时,"党领导层的大多数持正统观点的人,总的来说承认有必要进行局部改革"。这是因为,这些人在改革刚开始认为,"这些变革的主要目的是进一步加强单一的权力、单一的所有制和单一的意识形态"。而当改革深化时,特别是从准备苏共第十九次代表会议起,这些人看到了改革的观念发生了大的改革,与此同时,对改革的"抵制也加强了,这种抵制马上显露了自己的布尔什维主义本性,即不能容忍异己思维"①。

　　苏共第十九次代表会议,对经济体制改革作了估价,认为改革虽有进展,但并没有达到不可逆转的地步,在会上戈尔巴乔夫指出:"改革的进展,是否意味着到处都在全速出现好转和革命性改造已经不可逆转了呢? 不,并不意味着是这样。如果我们想分析一下现实的基础的话,那么我们应当承认……我们还远未消除造成障碍的深刻原因。"②这次会议的根本任务是要深入改革,使改革不可逆转。对此,《苏共中央二十七大决议执行情况和深化改革的任务的决议》中明确指出:"改革进程是矛盾的、复杂的和艰难的,是在新与旧的对抗中进行的,虽然出现了积极倾向,取得了初步成果,但在经济、社会和文化发展方面还未发生根本的转折。阻碍机制还未彻底拆除,也未被加速机制所取代。经济在很大程度上仍是沿着粗放道路向前发展的。"

　　应该说,戈尔巴乔夫在改革一开始就意识到了改革的阻力问题,随着改革实际进程的发展,认识在逐步加深。他在 1987 年苏共中央一月全会首次提出了"阻碍机制"之后,在 1987 年出版的《改革与新思维》一书中又指出:"改革就意味着坚决果断地破除已形成的阻碍社会经济发展的东西,破除经

---

　　① ［俄］亚·尼·雅科夫列夫:《一杯苦酒——俄罗斯的布尔什维主义和改革运动》,徐葵等译,新华出版社,1999 年,第 184～185 页。
　　② 苏联《真理报》1988 年 6 月 29 日。

济管理中的陈旧制度和思维上的教条主义的清规戒律。改革会触及许多人的利益,触及整个社会。自然,要破就不可能没有冲突,有时甚至不能没有新旧事物之间的尖锐斗争。只不过是没有炸弹的轰鸣和枪弹的呼啸声而已。"①他还在各种场合谈到,围绕改革展开的斗争虽然不表现为阶级斗争的形式,但斗争却是很尖锐的。

一、阻碍机制的含义与产生的原因

关于这个问题,从苏联领导人到学者,都没有给予一个统一的而明确的解释,但基本含义还是比较清楚的。

从戈尔巴乔夫在 1987 年苏共中央一月全会的报告来看,阻碍机制是指过去长时期内在理论、意识形态、政治、经济、组织等各个方面形成的一种阻碍社会前进的机制。后来,他对此又作了进一步的论述。他指出,20 世纪 30 至 40 年代形成的管理体制,越来越不起作用;相反,阻碍作用不断增长,从而形成了阻碍机制。这一机制在政治方面,表现出这样一个奇怪现象:有教养的、有才干的、忠于社会主义制度的人民不能充分利用社会主义所提供的可能性,不能利用其实际参加管理国家事务的权利,经济中的阻碍机制及其社会意识形态的一切后果,导致了社会结构的官僚主义化和各级官僚阶层的"不断繁衍",这些官僚阶层在整个国家、行政乃至社会生活中都具有不可估量的影响。

苏联驻华大使罗扬诺夫斯基在一次谈话中解释说,阻碍机制是过去的一套不能刺激企业采用新技术和新东西的机制。

莫斯科大学布坚科教授撰写了若干篇专门分析阻碍机制问题的文章,他对产生阻碍机制的原因作了深刻分析。在他看来,阻碍机制这个术语虽在苏联是不久前才出现的、但这种现象本身却早已存在。阻碍机制是由那些不能使社会主义可能性得到充分发挥并束缚其优越性被顺利利用的经济、政治和意识形态的方式和现象,以及管理杠杆和体制组成的。

在社会主义条件下,并不是一定会产生阻碍机制。苏联出现这个机制

---

① 　[苏]米·谢·戈尔巴乔夫:《改革与新思维》,苏群译,新华出版社,1987 年,第 58 页。

是有原因的。它实际上是社会历史中形成的、行政和官僚对阶级统治的曲解的副产品。苏联不存在有人有意识地企图阻止苏联社会的发展,也没有人专门设计这种机制。在苏联,阻碍机制的基础是:

从政治关系看,由于苏联政权具有经过周密安排的职务上的等级制度,加上有一个保证国家对经济活动及社会生活的各个方面实行直接集中领导的系统,从而产生党和国家的职能实际上的相互重叠,难以分开,所有大权都集中在由上面任命的、不向人民汇报的行政领导阶层手中,在这种政治制度下,本位主义和官僚主义生长繁殖,使得无论是工人阶级还是全体人民都无法实现真正的民主政治,无法实现自己的国家主人的地位;

从经济关系看,称之为全面所有制形式的国家所有制是苏联政治制度的经济基础,但这种所有制只把劳动者看作是活劳动的体现者,而未能成为它的主人。在这种高度集中管理国家财产的条件下,这种所有制形式的空洞性越来越明显地暴露出来。在财产的分配、有效的使用和增加方面与生产者没有现实的利害关系;

从社会关系看,由于整个政治经济体制是以庸俗的社会各阶层根本利益一致的思想为依据的,因而对各个社会集团和阶层的利益不相同的观点持轻视和隐讳的态度。

对阻碍机制的基础作了以上的分析之后,布坚科教授得出的结论是:"阻碍机制是僵化的经济形式、陈腐的政治组织体制、无效的领导方法和管理杠杆的总和,它阻碍着已成熟的矛盾的解决,使社会主义优越性得不到体现,束缚着社会主义的顺利发展并使其进步的速度放慢。"他的另一个重要结论是,"官僚主义是阻碍机制的主要社会力量",为了解决这个结论,我们再引用另一位苏联学者莫佳绍夫有关分析官僚主义本质问题文章的观点(题为《从利益的不和谐到和谐》)①,也是有益处的。他的基本看法是:官僚

① 参见苏联《真理报》1987 年 6 月 12 日。

主义者生活在一切都颠倒过来的"办公室"世界里,他们首先是为个人"谋前程",在职务的阶梯上提升,当官以及每升一级就会有随之而来的物质福利和显示自己权力的机会。"当官威风"是官僚主义者相当流行的人生哲学。他们盲目相信硬性规定的形式主义化的行动以及现成的世界观和公式,就其本质来说,他们是教条式的,对变革特别反感,并疯狂地加以反对。他们压制各种不听"上面"意见和富有创造精神的人,不相信劳动群众的经验和对国家大事的思考。

我认为,苏联的官僚主义是在斯大林时期的政治经济体制条件下形成和滋长起来的。当然不能说,所有的各级领导人,都变成了墨守成规为主要特征的官僚主义者,但也应该看到,患有不同程度官僚主义习气的人,却是厚厚的一层。所以戈尔巴乔夫执政以来,一再抨击官僚主义是有道理的,它确实成了阻碍机制的主要社会力量。

阿巴尔金在1987年5月访华时,对阻碍机制也作了分析。他认为,所谓阻碍机制是指阻碍事物前进、相互作用的一系列因素,而不是个别的东西和因素。阻碍机制在苏联包括以下4个方面的内容:一是教条主义理论;二是在这个理论基础上产生的经济管理方法;三是苏联国民经济比例本身的失调;四是干部因素,主要是官僚主义。

二、阻碍机制对改革体现出来的阻力

在戈尔巴乔夫推行改革过程中,改革遇到的阻力是多方面的,表现形式也是各种各样的。改革的阻力是阻碍机制的具体体现。正如戈尔巴乔夫所指出的:"障碍机制的具体体现者在反抗,而无所事事,漠不关心、懒惰散漫、不负责任和经营不善也是一种反抗。"[1]苏联"正在就改革遇到的障碍进行激烈的辩论。人们感到担心的是,苏共中央一月全会和六月全会(1987年)的革新决议在实际贯彻中进展缓慢,困难重重"[2]。

1.阻力来自中央领导层对改革的不同认识

苏联从领导到学者,在公开场合一向否认苏共中央领导层存在一个改

---

①　[苏]米·谢·戈尔巴乔夫:《改革与新思维》,苏群译,新华出版社,1987年,第58页。

②　戈尔巴乔夫在1988年召开的苏共中央二月全会上的讲话。

革的反对派。例如,苏联部长会议主席雷日科夫就说过:"我们这里没有人从政治上反对改革方针。"①在不久前召开的第十九次全苏党代表会议上,苏共中央书记利哈乔夫在发言中说:党的高层领导"是团结一致的,既没有保守派,也没有改革狂"。又如苏联科学院世界经济与国际关系研究所所长普里马科夫在 1987 年 3 月访华时的一次发言中说,在苏联并没有改革的反对派。他举例说,在苏共 1987 年中央一月全会上有 34 位代表发了言,没有一个发言者是反对改革的。我认为,普里马科夫所举的具体事例,也许是实情。但并不能以此证明,苏共中央领导层对改革的认识是一致的,在改革的作法、进程等方面的观点是相同的。据各种材料来判断,中央领导层在改革问题上的矛盾不仅存在,有时还表现的很尖锐。戈尔巴乔夫的每次报告和讲话,往往批评阻碍改革的保守势力。

　　保守势力存在于各个阶层,其中也包括中央领导层。戈尔巴乔夫把保守势力作为抵制改革、反对改革的代名词。保守主义者对当时苏联改革的认识是这样的:改革是整容修理,是粉饰门面,是对现有机制的某种"小调整",现有机制虽然运转不灵,但总还是在运转,而新机制会带来什么却不清楚。对保守主义者来讲,改革步子迈得大些,对旧体制作根本性的改革,对社会主义一些原则性问题进行反思,就意味着对马克思列宁主义的修正,放弃社会主义。所以在苏联出现了一些马克思列宁主义的"捍卫者"和社会主义的"哭灵人",这是毫不奇怪的。

　　这里应该分析一下在 1987 年召开的苏共中央十月全会上发生的叶利钦事件。

　　在这次全会上,发言很踊跃,争论也很激烈。一些人认为,当前改革步子过急,慎重考虑不够。有些人不赞成领导层的更换面过大,也有人反对急于改革物价。有些人提出要修改党史,即对苏共历史上的一些重大问题重新认识,但另一些人则认为这并非当务之急。总之,有不少人不赞成加快改革速度,而是要求放慢改革步伐。针对这一情况,戈尔巴乔夫在十月全会之后的纪念十月革命胜利 70 周年的报告中指出:"看不到保守势力的反对有

---

① 苏联《新时代》1988 年第 2 期。

所加强是不对的。"

　　1987年10月21日,叶利钦在十月全会上也发了言,主要批评改革进程缓慢,收效不大,改革主要停留在制订方案、立法与制造舆论方面,缺乏实际行动。叶利钦的发言,被认为是犯了"政治性错误",因而先后被解除了莫斯科市委第一书记和苏共中央政治局候补委员的职务,改任为国家建委第一副主席。

　　在戈尔巴乔夫任总书记之后连升三级的叶利钦(先由斯维尔德洛夫斯克州委第一书记调任中央书记处书记,后调任莫斯科市委第一书记,之后不久又选为中央政治局候补委员),为什么要下台? 现在有各种说法,有人认为是由于他平时讲话偏激、个人素养较差等因素所致。这些因素是会有影响的。

　　但我认为,最主要的原因是他是改革的激进派,他在任莫斯科市委第一书记时,为了推动改革,在反对特权和官僚主义以及揭露并解决莫斯科市种种问题方面,做了大量工作。他取消了对各级领导节日食品供应的特殊照顾,提出外地人与莫斯科人上大学应有同等的机会,主张对外语院校进行改革,让更多的孩子有机会掌握外语,等等。苏共中央领导层的大部分人员生活在莫斯科,取消各种特权,势必得罪一大批上层领导。至于莫斯科的名牌大学,国际与外交方面的院校,早已成为高级干部子女的世袭领地,这是人所共知的事。另外,叶利钦在莫斯科任职期间,撤换了2/3的区委书记。这当然直接损害了一批领导人的地位和利益。据叶利钦在《莫斯科真理报》发表的一次谈话中透露,有一位"由上级任命的干部"的妻子给该报写信说:"我们是社会的精华,你们要停止社会分化,办不到! ……我们将撕破你们改革的无力的风帆,你们不会达到对岸。"

　　在十月全会上,保守势力利用这次机会,向叶利钦发动一场攻势,使得一向重用他的戈尔巴乔夫也帮不了他的忙,也打乱了戈尔巴乔夫原来准备在这次全会上主要批判保守主义的战略部署,而不得不反"左"。所以可以认为,叶利钦在这次会议上,对改革的进展完全采取否定态度,又以"突然袭击"的方式提出辞职,确实给戈尔巴乔夫帮了倒忙。正是由于这个原因,戈尔巴乔夫在纪念十月革命70周年的报告中,在重点批判右的保守主义的同时,不得不又指出:"我们不应当屈服于那些过分热心和迫不及待的人的压力。"

不管怎么说,解除叶利钦的党内职务,意味着叶利钦这面改革风帆被撕破,也说明苏共中央领导层中对改革的看法有很大分歧,反映了高层领导中改革派与保守派之间的矛盾和斗争。叶利钦事件,对改革派来说,不能不是一个打击,并助长了保守势力的发展。这在一定程度上影响了戈尔巴乔夫改革的进程。但也不能认为,这一事件会影响到苏联改革的总方针和总趋势。

叶利钦被解职,并不等于苏联上层领导围绕改革存在的矛盾和斗争就此而消失。叶利钦也许还只是一个前台人物。

接着。另一场更尖锐的斗争在《苏维埃俄罗斯报》与《真理报》之间展开。

在戈尔巴乔夫访问南斯拉夫前夕的 1988 年 3 月 13 日,《苏俄报》发表了列宁格勒工学院女教师妮娜·安德烈耶娃给该报编辑部的信——《我们不能放弃原则》。在信中,对斯大林和改革问题提出了看法,认为目前苏联正在"背离社会主义",对斯大林的批判有"不少歪曲和片面性"。她在信中还不点名地指责力主改革的戈尔巴乔夫及其支持者为"左派自由社会主义者",还指责目前苏联领导"利用公开性,散布非社会主义的多元论"。影射批判戈尔巴乔夫所说的在核时代"全人类利益高于阶级利益"的观点,是一种"公开的或隐蔽的崇拜世界主义趋势",是没有用阶级观点观察世界,理解全人类利益和阶级利益的联系,等等。3 月 18 日,戈尔巴乔夫从南斯拉夫回国后,召开政治局会议,讨论《苏俄报》的文章,并决定由苏共中央书记处书记雅科夫列夫主持撰写了《改革的原则:思维和行动的革命性》长文,发表在 4 月 5 日的《真理报》上。这篇文章系统而尖锐地批驳了《苏俄报》的那篇长信,认为安德烈耶娃的信是"试图悄悄地修正党的决议",是"反改革势力的思想纲领和宣言"。4 月 15 日,《苏俄报》表示完全同意《真理报》的批评,公开认错。

为什么一位普通女教员的信引起轩然大波,如此大动干戈? 积极主张改革的波波夫教授 4 月 7 日在《苏维埃文化报》撰文暗示,安德烈耶娃的信是否出自她的手,值得怀疑。据不少材料透露,此信是在身居高位的领导人授意下发表的。

这里顺便提一下,趁戈尔巴乔夫不在莫斯科之际出现这类事件,并非第一次。人们也许会记得,1987年夏天,苏联掀起了一股"反对非劳动收入"风,这主要针对1987年5月1日开始生效的《个体劳动法》和发展合作经营而来的。批判个体劳动者是"财迷",提出反对"个人致富"等。因此在一些地区发生了抄家事件。如亚美尼亚某区消费者协会主席被抄家,唯一的原因是邻居反映他家的东西多。结果只抄出60双穿过的鞋、19条连衣裙、14套新旧不等的西服。但法官竟说:"我们生活在社会主义社会,一个正常人有两三双鞋就够了。"这很明显,在《个体劳动法》尚未实现之前就先开展批判,这只能阻碍个体劳动经济的发展。这股风的风源来自上层。当时戈尔巴乔夫正在外地撰写《改革与新思维》一书。

戈尔巴乔夫不在国内或集中一段时间离开莫斯科时,主持中央工作的是利加乔夫。

最高领导层在改革问题上存在的分歧和矛盾,在第十九次全苏党代表会议上又一次得到反映。例如在会上,利加乔夫与叶利钦又进行了交锋。他俩在一些问题上的观点尖锐对立。

从上面分析的材料来看,我认为,苏联最高领导层在改革的一开始,在改革问题上的矛盾是非本质的,只是表现为对改革的速度、范围等看法不一。但随着改革的深入,分歧的性质也逐步发生了变化,这突出表现在改革指导思想上的差别。戈尔巴乔夫等认为,要进行根本性的改革,必须对社会主义一些重要原则进行再认识,这就必然涉及斯大林问题。另外,为了解决人的问题,发挥和调动人的积极性,又必须实行民主化和公开性原则。而另一些人则采取各种形式反对这样做,认为这会引起思想混乱,否定社会主义,他们还认为会从公开性的瓶子里放出资产阶级自由化的妖魔来。

2. 来自权利之争方面的阻力

在分析上一个问题时,实际上也涉及了权利问题。在这里,我们从更广泛的角度来分析这一问题。我们常说,改革涉及权利再分配,因此,往往会遭到一些人的反对、抵制。这是所有社会主义国家都会碰到的问题。但在

各个国家不同的历史条件下会有不同的表现形式。从戈尔巴乔夫头几年的改革情况看,这方面的阻力主要表现在:

第一,地方党组织的领导人,他们中间不少人害怕根本性的改革而失去权利。十分明显,苏联今后的改革趋势是不断扩大企业权利,实行企业自治,加强经济民主管理,要求用经济方法管理经济。这样,必然扩大企业领导和行政领导的权力,而从事党的工作的干部的权利将大大缩小,所以这些人对改革持不积极的态度。

第二,中央管理机关的阻碍作用。在苏联,经过几十年发展起来的高度集中的经济管理体制,已是根深蒂固,纵横交错,本身就是进行根本性改革的重要障碍之一。反映集权意志的原有的中央经济管理机关,十分习惯地、顽固地和本能地在起作用。它们在经济体制改革过程中,不断地反映出对经济集中控制的要求,不愿放弃自己的权力,总认为没有原来的一套领导方法,一切都会变得很糟,管理部门将不会正常发挥作用。这些也必将成为阻碍改革的一个重要因素。

戈尔巴乔夫执政以来,多次批评像国家计委这类中央主管经济部门。在苏共二十七大上,戈尔巴乔夫和雷日科夫都强调要改组国家计委,认为目前苏联进行的经济机制改革能否取得成功,在相当大的程度上取决于能否作好这项工作。在1987年六月全会上他们又谈到,某些中央主管部门接受改革是多么痛苦,并又一次点名批评了国家计委和国家供委等主管部门。例如,戈尔巴乔夫曾批评国家计委是全权独揽,为所欲为,要"人人都向计委乞讨",在工作中只热衷于解决部门和企业领导人"完全能够解决的问题",而起不到"经济领导中枢"的作用。

苏联改革智囊人物之一的阿甘别基扬院士,对中央经济部门的阻碍作用也提出自己的看法。他认为,政府各部、计划等部门,总是有人把老内容塞进新形式中去,经济定额变成了计划指标的翻版,订货也成了计划指标的翻版。他们还歪曲《企业法》,例如《企业法》对服务行业只规定3项指标,但白俄罗斯共和国规定79项指标,对轻工业有115项。这是因为老办法已经习惯了。他哀叹说:"政府有那么多部,计委有那么多司,有那么多管理干部,一辈子只会干这个①,官僚总是官僚嘛!"②在1988年召开的苏共中央二月全会上,戈尔巴乔夫再次批评中央经济管理机关不愿放权的错误。他指出,至今这些机关还在牢牢控制着综合指标,通过国家订货进行行政管理,企图把经营管理的方法变得含糊不清。他们不考虑企业的具体情况,下达违反《企业法》的任务这类事情常有发生。

第三,行政管理机关臃肿,人浮于事,是改革的一个重要障碍。现在苏联平均每六七个工人中就有一个管理人员。在过去的旧体制条件下,逐步形成了庞杂的管理机制,习惯于行政命令的工作方法,文牍主义和官僚主义泛滥,往往不能切实有效地进行工作和解决问题。而这次根本性的经济体制改革,要大大精简行政管理机构和裁减行政人员。因此,人数如此众多的各级行政官员的权利将被剥夺,他们就接受不了;于是就紧紧抓住过去的东西不放,对改革,对新思维持消极态度。这些干部的信条是:"宁可安安稳稳坐办公室挣150卢布,也不愿为500卢布累断了腰。"

这里,为了更清醒地认识这些干部对改革持消极态度的原因,要进一步分析这些干部的特点。在旧体制的长期培养下,出现了一大批富有惰性的干部。这些人习惯于机械地执行上级下达的任务、指标,例行公事,用行政命令领导经济。他们害怕为自己的行动承担责任。要改变工作方法,对这些人来说,是十分困难的。再从管理素质来说,具有积极的经济思维方法的领导干部只占1/4。③正是由于这个原因,在1987年召开的苏共中央一月全会上,戈尔巴乔夫专门分析了干部问题,强调调整干部队伍对推动改革的重要性。

3.阻力来自一部分企业领导人

在勃列日涅夫时期,一直把企业领导人视为最支持改革的一个阶层。当时企业领导人要求扩权,反对上级对企业的种种限制。但现在进行根本性改革,企业要实行自负盈亏、自筹资金,大大扩大企业权限,使一部分企业领导人变得害怕起来,感到风险大,责任大,不希望进行大的改革。另外,还

---

① 此处指用行政命令办法管理经济。
② 1987年10月19日在苏联电视台的讲话。
③ 参见苏联《社会主义工业报》1987年8月7日。

应看到,在企业这一级还有一个实际问题,即有不少企业经营条件不好,长期处于亏损状态,要自负盈亏在短期内不可能做到,这些企业领导人更害怕大的改革。

1987年5月25日,苏联《真理报》用了一个整版的篇幅摘登了来自各阶层人士给苏共中央和戈尔巴乔夫的信。不少信中揭露了基层企业领导人抵制改革的做法:

一是把改革停留在口头上,等待,观望,有时用时髦的口号掩护自己,改革在企业处于空转状态,结果使企业失去宝贵的时间;

二是对中央有关改革决议的态度是:"他们说得容易,他在那里说,我得在这里和工人一起干";

三是对基层企业的民主选举,借口目前只是搞试验而显得毫无热情,搞选举也是往往流于形式,有时变成一场闹剧;

……

### 4.阻力来自一部分劳动群众

苏联报刊摘登的一位读者来信说:人民没有把党所开始进行的改革当作自己的切身事业,没有为实施改革承担责任。许多人对党的号召无动于衷,这似乎是一种普遍的气氛。[1]《旗帜》杂志主编巴格拉诺夫指出:人民是赞成改革的,然而不少人在等待着看看改革能取得什么结果。[2] 我认为,这个看法反映了当时苏联广大群众对改革的基本情况。在苏联产生上述情况,可能有很多方面的原因:

一是随着改革的深入,越来越涉及千百万人的切身利益,涉及整个社会。但人们还没有很好地弄清楚已开始的改革的实质和意义,特别不清楚改革后自己在利益、社会地位方面将会发生什么变化,所以很多人持观望态度。

---

① 参见苏联《共产党人》1987年第3期。

② 参见戈尔巴乔夫1988年1月8日,在苏共中央委员会举行的同舆论工具、意识形态机关和创作协会领导人会晤时的讲话。

二是苏联长期以来,有相当一部分劳动者已习惯于吃"大锅饭",搞平均主义的分配,习惯于在劳动中懒懒散散,不愿受劳动纪律的约束。改革必然要求改变上述情况,而这些人并不想很快改变原来的习惯。

三是还因为,目前苏联广大居民的生活水平,虽然赶不上发达的西方国家,但可以说过着较为舒适的生活,达到了小康水平。1987 年苏联职工的月平均工资为 201 卢布,农庄庄员的月平均劳动报酬为 167 卢布。如果把社会消费基金付款和各种优惠计算在内,职工月平均收入为 287 卢布,庄员为 248 卢布。全国每个居民的平均住房面积为 15.2 平方米,居住面积为 10.3 平方米。长期以来,居民享受低廉的房租(居民交纳的房租不足住房维修费的 25%),基本食品的消费量也达到了一定的水平。1986 年,全苏按人均计算的主要食品年消费量是:肉 62.4 公斤,牛奶 333 公斤,蛋 268 个,鱼 18.6 公斤,糖 44.0 公斤,植物油 9.8 公斤,土豆 102 公斤,蔬菜 107 公斤,水果 56 公斤,面包 132 公斤。由于达到了这一生活水平,人们不太想为多挣几个卢布而紧张地劳动,加上多挣了钱,也买不到自己需要的高质量商品。这样,也造成一些人对改革持消极态度。

四是由于人们还没有从头几年的改革中获得明显的实惠。这是非常重要的一个原因。它大大影响广大群众参与改革的积极性。戈尔巴乔夫执政以来,虽然一再强调要改善食品供应和住房条件,但进展缓慢。特别是食品供应仍令人失望,日用品供应也有很多短缺。总之,由于不少人对当前进行的根本性改革尚缺乏思想准备和充分的认识,因此对改革的态度也各不相同。根据戈尔巴乔夫谈及人民对改革持不同态度的各种材料,有人加以归纳,大致有以下八种态度:

第一种态度是理解、拥护改革并"热情地投入工作"。戈尔巴乔夫称这些人是"献身于改革"的,"能激动人们为社会的革命性变革进行斗争"。

第二种态度是理解、拥护改革,但不主张"转得太急"。戈尔巴乔夫多次强调这种党内和社会上"广泛流行的情绪"是"对我国形势的复杂性的某种认识不足","有害于改革"。

第三种态度是"赞成改革,愿意参加改革",但是"从纯消费的观点看待改革","用眼前的好处衡量改革"。戈尔巴乔夫说这些人一旦没有"立即从改革中得到想得到的东西",便开始对改革的"后果产生疑问"。

第四种态度是赞成改革,但"不知如何以新的方式工作"。戈尔巴乔夫指出,对"这样的人应当教育,应当帮助"。

第五种态度是,"支持新办法",但认为"搞改革的不应该是他们,而是上面的某个地方,是另一些人,即党的机关,国家机关,经济机关,其他部门,协作企业,相邻的车间、畜牧场或者建筑工地。简而言之,是所有的人,唯独没有他们自己"。

第六种态度是公开反对改革,并真心认为彻底改革是向资本主义倒退。戈尔巴乔夫认为,"他们是一些诚实、无私,但暂时还只抱有旧观念的人","应该用信念","用事业的正确性,用改革的成就赢得他们的信任"。

第七种态度是"清楚地了解什么是改革""知道后果如何",但"不接受改革"。戈尔巴乔夫称这是一些"习惯于磨洋工、靠碰运气办事、无动于衷、惰性十足,毫无主动性的人""把企业、区市、实验室当作世袭领地加以控制的人""盗窃国家财产、发横财、厚颜无耻地鄙视法律和道德规范的人",其中,"直接公开反对改革的人不多",更多的人是由于"野心"或"自私""打着改革的旗号虚伪应付""用空话取代改革的具体工作"。

第八种态度是"等待和观望",甚至不相信改革能取得成功。戈尔巴乔夫认为,他们"怀疑改革"会停下来,是"由于过去讲的是一套,做的是另一套,人们感到痛心"。

阿巴尔金认为,一方面,一部分群众对改革的消极态度,对改革是十分不利的。但要改变这种情况也是十分困难和复杂的,需要有个过程。另一方面,改变消费结构和消费政策,使劳动者在消费方面有新的追求和刺激,不断地缩减社会消费基金,扩大付费范围等,这是更为复杂和要担风险的事。

5. 来自"左"的、僵化的理论和思想方面的阻力

在改革过程中,戈尔巴乔夫一直在大力宣传新政治思维,要求人们改变旧观念、旧意识、旧习惯,并一再强调要抛弃教条主义、官僚主义和唯意志论的遗产。应该说,改革的头几年在这方面取得了不少的进展。阿甘别基扬认为,目前"精神领域的改革正以超越的速度发展着"。我认为,这个说法是

符合当时苏联情况的。但这远不能说，经过头几年的斗争，已经克服了"左"的教条主义理论。应该看到，对苏联来说，教条主义理论、旧的观念和意识形态，一直是阻碍改革的一个重要因素，它还处处、时时地在起作用。苏共中央书记处书记雅科夫列夫在一次讲话中指出：改革已经两年多了，希望对社会上正在进行的过程和新观点的性质进行科学的分析和理解。然而处在进步最前哨的社会科学有时却是保守主义的前哨和教条主义的保护者。他并且批评理论工作者落后于改革实践。①

由于教条主义和旧的传统观念的严重存在，一直有不少人对苏联几十年来第一次出现的思想观念上的社会主义多元论，毫无准备，很不习惯。戈尔巴乔夫在 1988 年 4 月 8 日塔什干的讲话中说：改革所带来的许多问题把一些人吓坏了，他们完全不知所措，还有人高喊"救命"，并要求取消改革。存在严重教条主义和旧观念的人，需要的是臆想出来的社会主义，而不是现实的社会主义。接着，在 4 月 9 日，戈尔巴乔夫在乌兹别克发表讲话时又指出："改革的最大困难是思维改革。"不接受新思维的人，对改革中出现的新事物总是看不惯的，对此，戈尔巴乔夫在其《改革与新思维》一书中，对这些人作了以下描述："直到现在，我们还听到和读到我们的某些正人君子的严厉指责。有这样一个迂腐的'正人君子'，一边走一边用手指着两旁说，这里乱七八糟，那里不成体统，这里不足，那里不够。当有人开始做一件有益的、但不寻常的事时，这位假社会主义者就大喊大叫：你们破坏社会主义基础！这也是改革中的一种实际情况。我们不得不同这些为'纯洁的'社会主义而斗争的斗士们进行耐心地争论，他们把社会主义抽象地理想化，认为社会主义是'一尘不染的'，我们不得不证明生活中没有这样的事。"②

讲到传统习惯，不能不提到苏联各阶层存在的严重依赖心理。各地方领导人什么事情都要找莫斯科解决。在一些劳动集体流行的思潮是：有领导，让领导去考虑。从而形成以下的连锁反应：工人说，让经理去考虑吧；经理认为，市委或者苏维埃执行委员会应当考虑，而市委和苏维埃执行委员会则指望中央机关。这种传统习惯，白白地浪费了时间，延误了改革的时机和

---

① 参见苏联《真理报》1987 年 11 月 28 日。
② ［苏］米·谢·戈尔巴乔夫：《改革与新思维》，苏群译，新华出版社，1987 年，第 116 页。

进度。

三、清除改革阻力的措施

尽管经济体制改革遇到很多阻力,但并没有动摇戈尔巴乔夫和苏联其他领导改革的决心,而是一再强调,改革不能后退,也没有地方可退。为了消除改革的阻力,在整个经济体制改革过程中曾采取了一系列措施:

1. 摈弃旧观念,提倡新思维

要破除在过分集中条件下形成的思维框框,理论教条,绝非一朝一夕能做到的,不可能一下子从根本上改变千百万人几十年来形成的意识和观念。而进行根本性的改革,又必须在理论观念方面进行根本性的转变。这也是戈尔巴乔夫反复提倡新思维,要求加快改革理论发展的原因。

为了推动改革理论的发展,在讨论教育体制改革的苏共中央二月全会(1988 年)上,戈尔巴乔夫集中谈了理论、意识形态的革新问题,针对当时苏联改革中存在的阻力,他再次强调了破除旧理论、旧观念,用新思维来统一全党思想的重要性。并且,他还对一些重要原则性问题提出了看法。他强调,应该用革命的辩证法来探索马克思列宁主义,马列主义是一种创造性的学说,而不是一堆现成的处方和脱离实际、死守教条的规则。创造性的马克思列宁主义是对现实情况"活的、科学的、批判性的"分析,而不是简单地重复早已证明的真理。他还认为,在改革理论的探索方面,是不应有界限的。在谈到社会主义问题时,戈尔巴乔夫认为,必须把社会主义的本质表现同社会主义的变形区别开来,即要弄清哪些原则是真正体现社会主义的,哪些是违背社会主义原则而产生的"积垢和变形"。他还强调,此时,苏联在理论、意识形态领域中尽管各种思想很活跃,但保守、僵化的东西仍是主要的。所以真正解放思想、创造性地探索改革理论,仍是一项十分艰巨的任务,又是推动改革必不可少的条件。

2. 粉碎阻碍机制的主要办法是推行民主化方针和公开性原则

戈尔巴乔夫认为,要大力深化和发展国内已形成的改革形势,就必须坚决推行民主化和公开性原则,这是头几年苏联改革实践提供的一条重要经验。没有民主化和公开性,就不可能完成改革的任务。民主化使所有的人各就其位,让大家清楚地看到,谁是什么人和谁在干什么。民主化是粉碎阻碍机制的主要社会力量即官僚主义的最有力武器。今天的一切都取决于民主化这一任务的解决。民主化的推行,有利于每个人表现自己的公民立场,积极参加讨论和解决与自己切身利益有关的重要的社会经济问题。随着改革的深入、民主进程的深化,苏联人民再也不能容忍把他们排除在外、随便由别人来决定其命运的现象了。

公开性原则,是实现社会经济和政治生活民主化的重要手段,是推动经济体制改革和其他一切领域改革的一项根本性措施。从当时苏联报刊材料的解释来看,公开性原则的重要内容包括:苏联全体公民应了解所在单位和全国发生的事情;创造条件让人民公开讨论全国和各地发生的、他们感兴趣的问题;不断完善民主过程,发展人民自治,首先要让群众参加社会与经济管理;人民群众可以开诚布公地、大胆地议论和纠正过去的错误,党和政府应该把出现的各种错误的原因告诉人民;人民有权对党政机关和各级领导人的活动进行监督,提出批评意见。

苏联认为,当前害怕公开性原则的主要是那些企图维护自己特权,对改革抱有自私自利目的的官僚主义者。

戈尔巴乔夫为了推动改革,活跃国内政治气氛,调动人民群众的积极性,在推行公开性原则方面已采取了一系列措施:

(1)每周定期通过报刊、电视和广播,公布苏共中央政治局例会以及中央和政府重要会议讨论的问题和作出的决定。

(2)主要领导人带头揭露问题,开展批评。根据苏共二十七大提出的"要把政治和实践中出现的某些原因如实告诉人民"的精神,利用开会或会见记者等机会在报刊上公开揭示。

(3)领导人经常与群众会见和对话,通过这种方式向广大人民宣传改革和新思维,同时直接回答广大群众提出的问题。会见与对话的形式是各种各样的;领导深入基层,与广大群众进行广泛交谈;把有关人士邀请到中央委员会,通过面商解决一些实际问题;召开一些专业性的会议,以便创造条件使中央领导同与会代表共同讨论重大问题;与不同政见者和少数闹事者会晤,中央领导一方面听取意见,一方面做宣传解释工作。

(4)通过报刊、广播、电视揭露阴暗面,不粉饰太平。这几年来,揭发高级干部以权谋私等文章和报道日益增多。报刊也公开报道罢工、示威游行、黑市交易、吸毒、卖淫等种种社会问题。

(5)对历史上的一些重大事件、人物与当前改革问题,不管它是否已作过结论还是未作过结论,均可进行讨论与争论。自提倡民主化和公开化方针后,苏联报刊上这方面的文章大大增加,不少观点是针锋相对的,例如对斯大林问题的看法,就存在很大的意见分歧。

(6)逐步解除一些文艺禁锢。戈尔巴乔夫执政后不久,苏联就开始对电影和戏剧中有争论的作品,甚至一些长期被禁演的剧目允许上演,放松了在这方面的控制。

(7)释放持不同政见者,并释放了一些政治犯。第十九次全苏党代会《关于公开性的决议》中指出:"没有公开性就没有改革,没有民主。"但要看到,苏联实行的公开性也不是无限制的。叶利钦事件发生后,苏联人民群众中流传着这样的说法:叶利钦是衡量公开性的一个尺度。为什么这样说,因为叶利钦被解职后,全国各地寄给报社很多支持叶利钦的信,但没有一封信在报纸上发表。莫斯科的很多大学生上街讲演支持叶利钦,教师与市委对话,也表示支持叶利钦,但在报纸上也未曾反映过。所以有人说,公开性像放射元素一样,人体受放射元素的照射有一个允许的限度,超过这个限度人,就有死亡的危险。

### 3.不断调整干部队伍

可以说,自戈尔巴乔夫任总书记以来,一直在调整干部队伍。调整干部队伍的基本出发点是看其对改革的态度。

在改革过程中,一方面撤换对改革持消极态度和不称职的干部,与此同时,戈尔巴乔夫把积极支持改革的干部提拔到各级领导岗位上来。执政的前几年(或者说在1988年前),在改革派和保守派之间,总的来说,一般不是更多地采取调和、折中的态度,而是旗帜鲜明地站在改革派一边,严肃批评墨守成规的保守主义者,并在时机成熟的情况下果断地撤换他们,不让这些人得势,破坏改革的形势。同时他也比较注意斗争策略。

4.经常分析改革形势,揭示问题与矛盾

戈尔巴乔夫作为苏联主要领导人,在其工作中有一个重要特点,那就是通过总结与分析形势,不断地揭示问题与各种矛盾,改变以往盛行的传统,每次会议都颂扬一番,而现在是把面临的困难告诉人民,并进一步说明根本改革的必要性,以此来推动改革。

戈尔巴乔夫在 1987 年苏共中央六月全会上的报告,第一部分是总结 1985 年四月全会以来改革的结果,并对 1987 年一月全会以来改革形势作了分析。这样做,是为了全党对改革形势和面临的困难有个清醒的认识。在六月全会上,他揭露了不少过去从未透露过的问题。一个突出的例子是,苏联长期以来公布的国家预算收支总是平衡的,"表面上是一切都很顺当"。但是苏联长期以来弥补财政支出的办法不是靠提高经济效益,而是在世界市场上大量出售石油及其他燃料动力与原料资源。有的经济学家甚至提出,苏联仍是发达国家的"原料附属国"。在同发达资本主义国家的贸易中,能源占 80% 以上。① 另外,苏联还用大大增加酒精饮料的生产和销售而获得税收的办法,以及用与工作最终成果无关的发行货币办法来弥补财政支出。这些做法,不论从经济角度还是从社会角度来讲,都是不正确的。在第十九次全苏党代会上,戈尔巴乔夫再次指出,许多年来,国家预算支出的增长比收入的增长快。预算赤字冲击着市场,破坏卢布和整个货币流通的稳定性,产生通货膨胀。戈尔巴乔夫还揭露,苏联的金属、燃料、水泥、汽车和消费品一直短缺,生产计划完不成而工资却不断突破,科技停滞等。他指出,面对这一切,如果不进行根本改革,那就意味着对国家与人民孕育着严重的后果,就无法提高经济效益,反消耗机制就建立不起来。

5.加强法律机制建设来保证改革顺利进行

《基本原则》文件中说,"苏共中央委员会特别强调指出加强国家经济管理的法律基础的必要性"。从一些材料来看,苏联运用法律机制来推动改革

---

① 参见苏联《消息报》1987 年 10 月 10 日。

的基本思想是：

第一，要明确广泛的经济体制改革工作，应该包括立法工作，在推行改革，形成新的经济机制的同时应形成和建立起改革的法律机制，并使它成为所有的改革措施和企业经济活动的准则。也就是说，在形成新的经济机制时必须同时形成法律机制，法治建设要跟上体制改革的需要，两者不能脱节。同时，还要取消那些过时的法律。从 1988 年 1 月 1 日起，苏联的《企业法》生效，但改革的反对者往往按以前的决议、文件、条例行事，而不执行《企业法》，这样就使改革中的这一主要经济法规难以付诸实施。为此，苏联成立了以部长会议副主席沃罗宁为首的政府委员会，专门清理过去的决议文件，剔除其中妨碍改革的部分，从而为贯彻《企业法》创造条件。1988 年 4 月，苏联宣布废除先前为经济管理部门制订的 2.17 万多项决议、条例、法令和其他文件。

特别要指出的是，第十九次全苏党代会还专门通过了《关于司法改革的决议》，提出社会主义国家应成为法制的国家，通过法律来保证实施改革方面的重大措施。

第二，经济体制改革的法律机制，应该十分明确地规定经济生活中哪些属于合法的，哪些是不合法的，应杜绝在合法与非合法问题上模糊不清的现象。应该允许企业、职工集体与公民个人做法律不禁止做的一切事情。

第三，法律机制的建立，应该按严格的法律程序进行，这样才能在经济体系各个环节排除出现唯意志论的可能性。法制改革应针对苏联实践中暴露出来的主要问题即保守性来进行。保守性表现在：大部分法律制度不是采取民主的、经济的领导方法，而是采取带有大量禁令和琐碎规章的行政命令式的领导方法。所以，法律制度不改革，它必将阻碍整个改革的进行。

第四，今后所有有关经济体制改革的具体决议和法律，都必须以现已通过和实施的《企业法》为根据，不得与此法相违背。当时，苏联把《企业法》是当作经济体制改革领域的宪法看待的。

第五，通过建立法律机制来保护敢于创新、积极进行改革的人员不受打击。1987 年 6 月 30 日，苏联最高苏维埃通过的《全民讨论国家生活主要问题法》和《对妨碍公民权利的官员的不合法行为向法院起诉法》，都将起到保护和促进改革的作用。

第六,在加强法律机制建设的同时,苏联还强调加强监督工作,保证法律得以遵守。在1987年苏共中央六月全会上,戈尔巴乔夫指出:"最近几年来在经济领域揭露出来的舞弊行为和犯罪的事实证明,已经形成的监督机制是无效的,因为它过于琐碎,浪费工时,占用大量人员和财力,并且它局限于本位主义和地方主义的利益,在很大程度依赖受监督的那些组织和公职人员。"戈尔巴乔夫认为,要改造当前庞大而无效的监督机关,"应当考虑以人民监督委员会为基础,成立一个统一而完整的监督系统"。他的意思是,今后监督不能由执行系统领导,而应独立出来。

6. 努力解决涉及群众切身利益的重大生活问题,以争取他们对改革的支持

戈尔巴乔夫在第十九次全苏党代会上再次强调:"如果改革不触及每个劳动者的个人利益,不成为他们切身的事情,改革就不会起作用,就不会收到我们所期望的成果。"为了取得人们对改革的支持,戈尔巴乔夫在各次会议上,利用一切机会,反复讲,要解决人们所关心的食品供应和住房问题。苏联清楚地认识到,如不花大力气去解决这两个问题,将会大大挫伤群众对改革的热情,难以巩固民心。第十九次全苏党代会把食品问题视为苏联社会生活中的最大的痛点、最尖锐的问题,并指出,国家能在多长时间内解决食品问题,这一切都取决于苏联能多快地使人们对租赁集体和承包集体的工作发生兴趣并安排好这一工作,取决于苏联能否广泛地使农村劳动者参加到这一进程中来,使农民成为土地的真正主人。此外,苏联还准备改善农产品的运输、贮存和加工,及时地把产品送给用户。至于住房问题,当时依然十分紧张。苏联准备压缩生产性投资来增加住宅的建设,还依靠企业的资金等途径,来大大增加住房的建设规模。计划在2000年基本上做到每一个家庭有独套住房或独家住宅,为此需要建设3500万套住房和住宅。

戈尔巴乔夫在解决人们最为关心的生活问题的做法是:一方面对一些从纯消费、只用眼前利益来衡量改革的人,进行正面教育和宣传工作,并用算细账、摆具体情况的办法,使人们相信改革以来已经带来的好处,同时还反复强调过去苏联经济困难的严重性,当前取得的经济进展来之不易;另一

个方面是采取一些具体措施,切实解决人民生活问题。戈尔巴乔夫在 1987 年 10 月 18 日结束的中央会议上讲:"当人民感觉到食品供应出现了重大变化时,这就将是改革和我们呼吁人们所做的一切的最好的宣传。"

**7. 企图通过政治体制改革来消除阻力**

戈尔巴乔夫执政前期,主要是搞经济体制改革。经济改革虽取得了一些进展,但改革的障碍严重存在,其主要原因是现行的政治体制难以适应经济体制改革的需要,它往往扭曲经济体制改革方针的实施。所以戈尔巴乔夫在第十九次全苏党代会报告中提出,要通过政治体制改革达到经济改革不可逆转的目的。换言之,要使整个改革不可逆转,不进行政治体制改革是不可能的。举个简单的例子来说,在勃列日涅夫时期,有近百个联盟部和主管部门,还有 800 个共和国部和主管部门的管理机关,它们实际上把自己的意志强加给各经济单位,但又对自己的决定不负任何经济责任,在这种情况下,根本性的经济改革不可能顺利进行,《企业法》也就很难实施。所以苏联当时提出政治体制改革并相应通过了改革决议,以便达到推进经济改革的目的。

最后,还应指出,戈尔巴乔夫为了推动国内的改革和促进经济的发展,在外交工作方面提出了"新政治思维",明确提出:苏联外交要为经济发展创造条件,现在的对外政策"比以往任何时候都更取决于苏联的国内政策"①,要使外交战线"尽一切可能为加速苏联社会的社会经济发展创造最有利的外部条件"②。

从经济角度来看,戈尔巴乔夫调整对外政策的主要意图是:

一是改变苏联在世界上的形象,为其对外开放政策、吸收外资与技术以及发展合资企业创造条件,也为其走向世界经济服务。

二是通过缓和与美国的关系,改变过去与美无休止军备竞赛的局面,以便把更多的力量与资金用于发展国内经济和改善人民生活,以利于改革政策的推行;

三是在处理国际关系时,有意模糊和冲淡与别国的利害关系。总之,戈

---

① 苏联《真理报》1987 年 2 月 17 日。
② 苏联《苏联外交通报》1987 年第 1 期。

尔巴乔夫力图尽量使苏联的对外政策,能为发展本国经济与推行改革政策创造宽松的国际环境服务。

尽管戈尔巴乔夫为消除改革阻力与疏通改革之路采取了一系列措施,但是经济体制改革最后仍然没有取得成功,这是因为,戈尔巴乔夫在改革过程存在不少严重的失误。因此,要说明戈尔巴乔夫经济体制改革失败的原因,仅仅从戈尔巴乔夫上台时因阻碍机制已达到根深蒂固的程度这一个客观因素来分析是不够的。为此,我们在下一节集中讨论改革失败的主观原因。

# 第二节 主观原因——一系列改革政策的失误

一、在经济体制改革起始阶段,实行加速战略是走错的第一步

戈尔巴乔夫上台后,在推行经济体制改革的同时,不是着力、及时地调整严重不合理的经济结构,而是实行加速战略,这是迈出错误的第一步。

长期以来,由于苏联片面发展重工业,特别是军事工业,从而形成了国民经济结构的比例严重失调,是一种畸形的经济。20世纪80年代中期从社会总产值的部门结构来看,农、轻、重三者的比例关系大致为2:2:6。重工业过重,轻工业过轻,农业长期落后的状况,成了影响经济正常发展,市场供应改善,人民生活水平提高的一个重要因素。

十分明显,在这种条件下,在推行根本性的经济体制改革时,必须同时下大决心和采取重大战略性措施来调整不合理的经济结构,即在改变旧的经济体制模式同时应及时改变发展战略,使后者与前者相适应,并为前者创造有利的条件。

但是戈尔巴乔夫在其执政后不久召开的1985年苏共中央四月全会上,在分析如何克服经济困难时,就提出了加速战略的思想。1986年2月召开苏共二十七大,正式提出并通过加速战略的方针。当时戈尔巴乔夫虽然强调,加速战略不是粗放的、纯数量和速度上的加速,速度上的加速是要在

集约化的基础上来实现。但从实质上来看,加速战略的重点仍是速度。①

现在回过头来看,戈尔巴乔夫的加速战略的主要失败和消极后果有:

第一,加速战略的主要目标,是增强苏联的综合国力,而不是调整经济结构,缓解紧张的市场,满足人民生活的需要。正如苏联一些经济学家说的:苏联经济的发展政策仍是背离"一切为了人的福利"这个口号的,变形的国民经济结构"是背向人的"。

第二,从这几年的苏联经济发展现实来看,加速战略与经济结构的调整政策存在着尖锐的矛盾。由于加速的重点仍放在重工业,结果是国民经济比例关系更加失调,经济更加不合理,从而使整个经济增长速度上不去。

第三,加速战略的直接后果是,使消费品市场更加紧张,基本消费品在苏联市场上出现的是全面短缺,加上价格上涨,卢布贬值的情况下,只要有点风吹草动,就引起抢购风潮。这种经济状况,使广大群众感觉不到经济改革带来的实惠,从而对改革持消极态度,逐步失去信心,这又成为推进改革的一大困难。苏联一些学者在总结戈尔巴乔夫头几年来的经济体制改革时认为,没有把调整经济结构的政策与经济改革两者有机地衔接起来,而实行加速战略,这是一大失误,并认为,在结构政策方面戈尔巴乔夫已输掉了第一个回合。

二、经济体制改革未从农业开始,影响了整个经济体制改革的顺利进行

根据苏联经济严重畸形的特点与市场供求关系的失衡,改革头几年,应把重点放在解决农业问题上。但戈尔巴乔夫并没有这样做。苏联农业问题的严重性表现在:

第一,长期以来,由于政策上的失误,苏联农业长期处于落后状态。尽管到了勃列日涅夫执政时,对农业投资大幅度增加,但因农业体制的问题,并没有保证农业的稳定发展。

第二,苏联在农业管理方面,一直忽视集体所有制的特点,从而不能使

---

① 有关加速战略的内容,在本书第十九章第二节已作了较详细的论述。

农业因地制宜地发展。这种管理体制,对农业生产所起的消极作用要比工业部门大得多,因此改变农业管理体制显得更为迫切。

第三,市场供应紧张是苏联长期存在的一个尖锐问题。市场问题中,主要是消费品供应问题,而消费品中最为突出的是与居民生活密切相关的食品问题。居民对食品的要求得不到满足的情况日益严重。据估计,未能得到满足的食品要求近 500 亿卢布,这相当于全苏食品产量的 1/3。苏联通过国营和合作社商业销售的食品有 1/6 是进口的。解决食品问题,消除它的尖锐性,也就会使社会的尖锐状况消除 70%～80%。

第四,还应指出,苏联要调整严重不合理的经济结构,加速轻工业的发展,尽快地增加消费品的供应量,这在很大程度上也取决于农业的状况。苏联轻工业原料的 2/3 和食品工业原料的 80% 来自农业。

戈尔巴乔夫执政后,虽然一再提及农业和食品问题,但问题在于,一是没有狠抓和实抓,口头讲得多;二是根本没有意识到,根据苏联当时经济情况特别是市场供应情况,经济改革先从农业开始的必要性。只是在 1989 年苏共中央三月全会才做出了农业改革的决定。时任苏联部长会议副主席的阿巴尔金认为,农业改革晚了 4 年。农业改革的滞后,给苏联经济发展和经济体制改革带来的后果是十分明显的。戈尔巴乔夫执政以来,粮食产量一直在 2 亿吨左右徘徊,1984—1986 年,农产品年均增产速度为 2.6%,而1987—1989 年下降 1.5%。1986—1989 年 4 年进口粮食 1.37 亿吨,年均进口量为 3430 万吨,另外,肉、糖、黄油、土豆和水果等进口量日益增加。由于农业改革没有先走一步,因而市场紧张等一系列重大社会经济问题也难以解决,挫伤了群众参与改革的积极性,改革的反对者也利用这一点,来使大家厌烦改革。在苏共二十八大上,农业问题也成为不少代表严厉批评的对象,批评戈尔巴乔夫不重视农业。可见,农业问题的尖锐性、急迫性,在苏联一直没有得到缓解。

农业改革滞后,是苏联经济改革中的一大失误,后来为苏联许多人士所共识。所以笔者认为,戈尔巴乔夫上台后,应先从农业着手改革,这并不是简单地要求搬用中国的做法,而是客观上确有其必要性。

三、在经济改革过程中,没有注意解决以下"四个结合"问题

第一,经济发展与经济改革相结合问题。经济改革是为了推动经济的发展,经济的发展则又可支持和推动改革,这两者必须妥善地结合。戈尔巴乔夫的改革没有促进经济的发展,反而使经济严重恶化,这必然影响经济改革的进行。

第二,改革中人民的近期利益和长远利益的结合问题。戈尔巴乔夫的改革,既没有给人民带来近期的利益,也没有使人民看到美好的未来,在此情况下,使人民对改革逐步失去信心。

第三,改革的迫切性与长期性相结合的问题。由于苏联面临严峻的经济形势,人们十分容易看到改革的迫切性,但不少国家改革历史证明,改革的困难与复杂性要比原来想象的大得多,因此要充分认识到改革的长期性与艰巨性,使改革稳步前进,像苏联这样的大国,旧体制有70多年的历史,如果在改革过程中只看到改革的迫切性而忽视其长期性,容易出现失误,会提出一些不切实际的改革纲领。

第四,微观与宏观改革措施相结合问题。戈尔巴乔夫时期的改革,没有使微观与宏观改革措施衔接起来。微观搞活了,宏观调控措施又跟不上,出现宏观失控。在企业经营机制改革过程中,形成了这样的局面:一方面刺激生产的机制十分弱;另一方面刺激分配的机制的作用却加强。最后的结果是,生产没有发展,而货币工资却大大增加,加剧了通货膨胀,助长了企业小集团利益的膨胀。

出现的另一种情况是,由于宏观调控措施不恰当,难以使微观搞活,像国家订货一度成了变相的指令性指标,这又卡死了企业。

四、政治体制改革从失控到迷失方向,使它对经济体制改革起不到促进作用

到了1988年,戈尔巴乔夫认识到经济体制改革的阻力主要来自政治体制,下决心进行政治体制改革,这一思路并没有错,问题是如何进行,如何能使政治与经济体制改革互相推动。可是,苏联1988年以后推行的政治体制

改革,又搞得过激,一下子铺得太宽。结果是旧的政治体制被摧毁,新的又未运转起来,人们的思想倒被搞乱了。这样,正如戈尔巴乔夫自己说的:"苏联这艘船成了无锚之舟。它飘落摇曳,大家也随着摇晃。"政治体制改革过激产生的主要问题有:

第一,行"民主化"无度,"公开性"无边,结果是,在全国范围内出现了无政府状态,中央控制不了地方,法律约束不了行动,劳动纪律松弛,在推行各项政策时,往往出现令不行禁不止的局面。这些情况,在很大程度上影响了社会生活的正常进行,阻碍了经济的发展。

第二,在实行党政分开的过程中,由于行动过快,缺乏周密安排,形成了权力真空。在实行党政分开的政治体制方针后,戈尔巴乔夫提出一切权力归苏维埃,同时还大大精简政府行政机关和裁减人员。苏联政府原有 51 个部,后减为 28 个部。这样一来,政府的权力大大削弱了,政府十分软弱。最后使经济、经济改革等重大问题,处于"三不管"的局面:党无权管,最高苏维埃无力管,政府无法管。

第三,在对待干部问题上出现了偏差。主要表现在三个方面:①在推行改革政策时,适当地调整干部是必要的,但戈尔巴乔夫执政后,干部调整过多,过于频繁。仅 1988 年一年,被撤换的各级领导干部达 13000 多人,其中部长级的 60 多人,共和国、州委一级的达 30%~40%。苏联部长会议成员几乎全部撤换。②1987 年召开的苏共中央一月全会,集中讨论了干部问题,目的是消除改革来自干部方面的阻力。但把干部的责任提的十分尖锐,使一部分干部精神很紧张,使他们不能以积极态度来对待各项决议。③在党的威信下降,党的权力削弱的情况下,有相当多的党的干部,无心工作,更多地考虑自己未来的前途。另外,又看到东欧国家政局剧变后党的干部受到冲击,面临失业威胁,更对自己的前途增加忧虑。这些因素,也严重影响着苏联经济改革的顺利发展。

第四,1988 年推行政治体制改革后,戈尔巴乔夫对苏联政治形势的发展在相当程度上处于失控状态,被牵着鼻子走,不得不把主要精力花在处理不断出现的社会政治问题上。1988 年一年,就开了八次中央全会,两次人民代表大会,两次最高苏维埃会议。在这样的情况下,不可能集中精力来抓经济和经济改革问题。另外，在批判旧的政治体制时，又过多地纠缠历史旧账，强调不留历史"空白点"，引发出一场又一场的大争论，在争论中，又缺乏正确引导，从而出现了对历史否定过头、人们思想混乱、党的威信急剧下降，最后导致苏共垮台，使改革失去了坚强的政治领导核心。对出现的民族问题的复杂性、尖锐性又估计不足。这些情况，对苏联解体都起了作用。

五、戈尔巴乔夫把政治领域中实行的妥协策略，运用到经济体制改革中，导致经济改革踏步不前

从戈尔巴乔夫执政以来的情况看，他的政治策略是一种妥协策略，这是十分明显的。他利用一个极端来削弱另一个极端。在苏共二十八大，无论苏共纲领，还是他的政治报告，一方面尽量吸取激进派的观点，另一方面又吸收传统派的观点，从而保证以他为代表的主流派的纲领和主张得以通过。戈尔巴乔夫还善于使自己的今天与自己的昨天、明天妥协，即善于不断变化。他在政治领域中采用的妥协策略，在苏联存在各种政治势力、各种思想和流派的情况下，在社会严重动荡的情况下，对稳住他的领导地位，无疑是有用的。但是这种妥协策略，运用到经济体制改革中来，就会带来十分有害的作用。

第一，要使经济体制改革取得成功，十分重要的一点是，正确的改革方针、方案和措施，一旦以决议的方式确定下来之后，就必须坚决地执行，不能因受到各种阻力而摇摇摆摆。这样会使改革缺乏连贯性和系统性，往往使改革半途而废。妥协策略的一个重要弱点是政策多变。在经济体制改革方面，这类事例甚多。如1987年通过的企业法规定，劳动集体是企业的全权主人，为此，企业要实行自治，企业领导人要选举产生，但因执行过程中产生了一些问题，不久就取消了自治制度和选举制度。又如，为了使企业成为真正独立的商品生产者，发展商品货币关系，规定要尽快改革价格制度。但由于遇到阻力而一拖再拖。

为此，雷日科夫在苏共二十八大的工作汇报中指出："不管选择价格形成中的哪种方案，不进行价格改革就无法形成市场的道路。要是像1988年那样，表现出不坚决，再次把这样异常复杂但却是客观上必要的任务推迟

'以后'去完成,这将是最大的错误。"妥协策略的软弱性还在改革方法上体现出来。按苏联原来的计划,1988 年提出零售价格改革若干方案,1989 年第一季度进行全面讨论。这次进行零售价格改革时,甚至有人主张全民表决。在苏联近 70 年传统体制下生活的人,他们大多数人的心态是:"多挣钱、少干活、不涨价。"在这种情况下,通过全民表决来决定改革零售价格问题,其结果是可想而知的。

第二,使各项经济体制改革的决议内容本身包含着很多矛盾,很难在实际中推行。就拿《苏联所有制法》和《苏联和各加盟共和国土地立法原则》来讲,就是各种政治力量妥协的产物。因此,很多问题含糊不清,自相矛盾。以是否存在私有制为例,激进派认为,这两个法没有给私有制留下一席之地,改革难以进行;传统派则坚决反对出现私有制概念。为了调和这两种不同的立场,在所有制法中用了含有私有制含义的个人所有制和农户所有制等概念。但两个法律通过不久,就遭到很多人的异议,在苏共二十八大纲领声明中,不得不明确地使用劳动私有制的概念。

第三,政策多变使经济体制改革的方针变得模糊不清,使改革的积极支持者和拥护者,弄不清改革的方向。这样,改革的拥护者日益减少,对改革领导人信任程度降低,甚至连一些有名的为改革出谋划策的学者,也感到摸不清戈尔巴乔夫经济改革的底牌是什么,究竟朝什么方向发展。

戈尔巴乔夫在经济体制改革方面的上述错误,使苏联经济在困境中愈陷愈深,使改革彻底失败。

## 第三节 改革失败加速了苏联剧变的进程

有关苏联剧变与戈尔巴乔夫的关系问题,至今还存在不同的看法。有人认为,苏联发生剧变完全是戈尔巴乔夫的责任,说是戈尔巴乔夫对苏联社会主义叛变行为的结果,甚至说他是叛徒。考虑到本书并不是研究苏联剧变原因的专著,所以在这里笔者只是从戈尔巴乔夫改革与苏联剧变关系进行简要地分析。下面从四个方面提出一些粗浅的看法,以求得批评指正。

一、先从苏联剧变的根本原因说起

我认为,20世纪80年代末90年代初,苏联东欧各国先后发生剧变,根本原因或者说深层次原因是斯大林-苏联社会主义模式丧失了动力机制,它的弊端日趋严重,成了社会经济发展的主要阻力,这种模式走不下去了,走进了死胡同。之所以发展到这种严重地步,主要原因有二:一是斯大林-苏联社会主义模式的弊端带有制度性与根本性的特点;二是斯大林逝世后的历次改革,都没有从根本上触动斯大林-苏联社会主义模式。这种制度模式,其问题与矛盾日积月累,最后积重难返,使危机总爆发,苏联、东欧各国人民对其失去了信任。换言之,当这些国家人民看到世界发展的情况,发现自己的国家大大落后了,除了产生屈辱感外,人们要继续前进,振兴自己的国家,那就只好抛弃斯大林-苏联社会主义模式,寻觅另一种社会发展道路。也正是这个原因,苏联东欧各国在发生剧变后,无一例外地都宣布彻底与斯大林时期形成与发展起来的苏联社会主义模式决裂,朝着经济市场化,政治民主化方向转轨。①

二、戈尔巴乔夫改革失败与剧变的关系

我们在前面论述戈尔巴乔夫上台执政时面临的背景时,十分清楚地看到,当时苏联的局势已包藏着发生严重社会经济与政治危机的威胁。戈尔巴乔夫力图通过改革来重建苏联,改变局面。但是戈尔巴乔夫时期的改革失败了,从而加速了苏联解体的进程。苏联解体发生在戈尔巴乔夫执政时期,这是不争的历史事实,但发生在戈尔巴乔夫时期,有其十分复杂的原因,主要是以下三个因素相互作用的结果:一是经济体制改革本身的严重错误,最后导致出现严重的经济危机;二是政治体制改革的严重错误,逐步迷失了改革的方向,使苏共失去了领导地位,从而在苏联失去了领导改革的政治核心力量,最后导致政治局势失控,出现大动荡;三是存在严重的阻碍机制。

关于阻碍机制问题我们在本章第一节作了较为详细的论述,它到了戈

———————

① 这里提出的关于苏联和东欧各国剧变根本原因的基本观点,是作者从1989年以来一直坚持的看法,参见宫达非主编:《中国著名学者苏联剧变新探》,世界知识出版社,1998年,第216~220页。

尔巴乔夫时期的作用是不能低估的。

根据各种情况的综合分析,笔者认为,在梳理戈尔巴乔夫时期改革与苏联解体关系问题时,应该作出以下两个不同层次的结论:

第一,戈尔巴乔夫改革的严重错误,特别是后期改革迷失方向,加速了苏联解体的进程,是苏联解体的直接原因。

第二,更应看到,苏联的解体有其十分深刻的深层次的历史原因。正如有些学者指出的,"如仅仅停留在戈尔巴乔夫改革错误这一直接原因去分析苏联剧变,只能是一种浅层次的认识",因为"从历史的角度看,任何一件大事的发生总有它的基础的导因,这种基础因素是决定性的,是历史发展中带有必然性性质的东西,由于它们的存在,导致事物在一段时期内的结束"。因此,在指出戈尔巴乔夫在苏联解体问题上负有不可推卸的责任的同时,应该看到,"这种责任只能是直接意义和浅层次上的,是表面上的,属于导因性质,它诱发了社会内部长期以来的根本矛盾,离开了这些根本矛盾,戈尔巴乔夫的作用便无法去理解,也不可能存在"①。就是说,不要因为苏联剧变发生在戈尔巴乔夫执政时期,而忽略了苏联历史上长期积累下来的问题,忽略引起质变的诱因,忽略量变背后更为重要的起决定性作用的东西。弄清楚这个因果关系,才能对戈尔巴乔夫的改革失败为我们提供的深刻教训作出全面的符合实际的总结。

### 三、戈尔巴乔夫与东欧剧变的关系

1989 年下半年波兰第一个发生剧变,接着东欧社会主义阵营国家接连陷入剧烈动荡。

有些学者把东欧剧变的原因归结为戈尔巴乔夫的人道的、民主的社会主义路线和对东欧的政策。这些结论是值得商榷的。

首先要分析一下,人道的、民主的社会主义是在怎样的条件下提出的。1985 年 3 月 11 日戈尔巴乔夫上台执政,上台后就着手经济体制改革,1986年 2 月提出"根本的经济改革"方针。强调苏联的政策是在"有计划地全面

---

① 《当代世界社会主义问题》1992 年第 1 期。

地完善社会主义"的方针下进行的。但后来发现,经济改革遇到很大阻力,1987 年苏共中央一月全会对前几年推行的改革进程进行了分析,得出的一个重要结论是:改革的阻力在很大程度上是来自由于对社会主义概念的教条主义理解而产生的保守主义思想。当时苏共认为,必须迅速改变社会意识,改变人们的心理与思维方式,否则改革就难以推进与取得成功。1987 年的下半年,戈尔巴乔夫的《改革与新思维》一书出版,接着,在庆祝十月革命胜利 70 周年的大会上又作了题为《十月革命与改革:革命在继续》的报告。其间,戈尔巴乔夫对传统的社会主义理论概念进行了分析与批判,提出改革的最终目的是使社会主义"具有现代化的社会组织形式",充分揭示了社会主义制度的"人道主义本质"。

从戈尔巴乔夫发表的论著与讲话看,有关社会主义的主要论点有:目前的社会主义概念还停留在(20 世纪)30—40 年代的水平上,而那时苏联面临的是完全不同于现在的任务;在苏联并没有完全贯彻列宁的社会主义思想;苏联改革的目的是从理论和实践上完全"恢复列宁的社会主义概念"。到了1988 年 6 月,戈尔巴乔夫在苏共第十九次全国代表会议的报告中,首次提出了"民主的、人道的社会主义"这一概念。但这次代表会议的决议并未采用这一概念,即尚未被全党接受。1989 年 11 月 26 日,戈尔巴乔夫在《真理报》发表了《社会主义思想与革命性改革》一文,系统地论述了"民主的、人道的社会主义"的概念。1990 年召开的苏共中央二月全会通过的向二十八大提出的苏共纲领草案中,才作为党的正式文件用了"走向人道的、民主的社会主义"概念。这个概念大致包括以下内容:人道主义与自由,强调人是社会发展的目的;公有化的和高效率的经济;社会公正;真正的人民政权;高度的文化素养和道德;主张和平与合作。

从上述分析看,"人道的、民主的社会主义"概念到 1990 年才正式形成,在苏联也仅在付诸实践之中,而东欧国家 1989 年就先后发生了剧变。当时人们并不十分清楚戈尔巴乔夫的人道的、民主的社会主义是什么含义。

其次,再分析一下戈尔巴乔夫对东欧的政策。1987 年 4 月,戈尔巴乔夫访问捷克斯洛伐克的讲话,被认为是苏联对东欧政策转折的标志。在这次讲话中,他谈了苏联对东欧国家政策的一些最主要的原则:在社会主义国家中,"谁也无权追求特殊地位""各国经济上应互助互利""政治上应以平等和相互负责为基础""各国党对本国人民负责,有权自主解决本国发生的各种问题"。这次讲话也谈了要"协调行动""关心共同利益""不能只关心自己利益"。与过去明显不同的是,戈尔巴乔夫明确宣布,东欧各国在国内建设上不必像过去那样把苏联的经验当作样板,可以从本国特点出发,制定自己的改革政策,不必遵守苏联制定的共同规律等。在外交上也不再强调一致行动。在庆祝十月革命胜利 70 周年大会的报告中,他还首次把"和平共处原则"列为社会主义国家关系中"必须遵守的原则"。

可以说,戈尔巴乔夫对东欧政策的调整内容无可指责。1968 年,勃列日涅夫镇压捷克斯洛伐克的改革,苏联戴上了社会帝国主义的帽子;1989 年,波兰首先发生剧变,共产党失去领导权,瓦文萨上台,那么是不是戈尔巴乔夫派兵镇压才是正确呢? 不镇压,就成了共产主义的叛徒了吗?

2002 年 1 月 25—27 日,北京大学国际关系学院召开了"冷战后世界社会主义运动"学术讨论会。俄罗斯著名历史学家罗伊·麦德维杰夫教授在大会上发言时,正值笔者主持会议,他发言后笔者向他提出一个问题:当东欧各国先后发生剧变时,当时的苏联、戈尔巴乔夫能做些什么? 他回答说:可考虑的只能做两件事:一是提供大量经济援助,二是军事镇压。他接着说,从客观情况来看,提供经济援助对当时的苏联来说是不可能的,因苏联本身经济处于极其困难状况。至于军事镇压,那是不可想象的事。这些都说明,当东欧各国广大民众起来斗争,要求抛弃强加在他们国家的斯大林-苏联社会主义模式,寻觅新的社会发展道路时,不论是提供经济援助还是军事镇压都无济于事。戈尔巴乔夫在以后的著作中也写道:"还有人说,我们失去了东欧的盟友,在没有得到补偿的情况下把这些国家'交出去了'。但是,我们把他们'交'给谁了呢? 交给了他们自己的人民。那些在自由表达意愿的过程中选择了符合他们民族要求发展道路的人民。"有人提出,当时戈尔巴乔夫应"拯救"东欧各国,他回答说:"拯救它只有一个办法了——开坦克进去(就像 1968 年在捷克斯洛伐克一样)……还有就是这样做会带来一切可能的后果,包括发生全欧战争。"①

实际上,东欧各国先后发生剧变后,在 1990 年召开的苏共二十八大上就讨论了这个问题:苏联、当然主要是戈尔巴乔夫应负什么责任,是不是苏联外交的惨败。这是时任外交部部长谢瓦尔德纳泽在大会上发言时,有位代表向他发问的一个问题。外长回答说:"如果我们的外交尽力不让邻国发生变化,如果因此而使我们同他们的关系恶化和激化,那才是惨败。苏联外交没有也不可能抱着这样一个目的:反对别国消除别人强加给它们的、与它们格格不入的行政命令制度和极权主义政权。这样做就会违反我们自己行动的逻辑和新政治思维的原则。再有,即使东欧发生的事不符合我们的利益,我们也绝不会干涉这些国家的事务。这样的干涉是不可取的,因为我们今天不是在口头上,而是在行动上承认国家平等、人民主权、不干涉它们的事务,承认有自由选择的权利。采取任何别的立场,就是滑向十足的沙文主义和帝国大国主义,这是违背真正共产党人一贯宣布的那些原则的。"苏共中央国际部部长瓦·米法林代表"苏共国际活动"小组发言时指出:"把多数东欧国家共产党失去领导作用同我们的改革联系起来,完全是无稽之谈。小组会列举了许多事实,证明苏共中央了解这些国家的潜在进程,并在不干涉内部事务和尊重各国人民选择权利原则的情况下,努力对局势施加影响。"足以说明问题的是,"从 1986 年起,戈尔巴乔夫同东欧国家领导人举行了 103 次会晤,苏共中央其他领导人同他们举行了 147 次会晤"②。

这里要指出的是,东欧国家对强加给他们的斯大林-苏联社会主义模式,早就力求摆脱它。1953 年民主德国发生的暴乱、1956 年匈牙利发生的大规模暴力事件、1968 年的布拉格之春,都已彰显东欧国家要摆脱苏联强加给它们的模式。

四、对戈尔巴乔夫时期的研究应注意的几个问题

第一,戈尔巴乔夫的改革失败了,但不能因此对其在改革过程中、对苏

---

① [俄]米哈伊尔·戈尔巴乔夫:《对过去与未来的思考》,徐葵译,新华出版社,2002 年,第 259 页。

② 《苏联共产党第二十八次代表大会主要文件资料汇编》,人民出版社,1991 年,第 222~223、454 页。

联社会主义重新思考基础上提出的新看法采取简单的完全的否定。例如，戈尔巴乔夫一再强调，要把解决人的问题作为改革的指导思想，一切事情都必须从人出发。戈尔巴乔夫之所以把民主的、人道的社会主义与解决人与人权问题联系起来，这是因为传统体制的一个根本要害问题是践踏了人，不尊重人的社会价值和尊严，把人视为集权管理体制上的一个螺丝钉。这样，使广大劳动者疏远政权、公有制与管理，使人的精神与肉体处于麻木的半睡眠状态，导致思想的单一化和停滞不前，社会缺乏活力，从而产生异化，严重挫伤人民群众的积极性，生产效益低下，浪费严重，最终结果是使社会主义濒临危机，无法体现社会主义的优越性。这些理论观点，是值得我们去研究的。

从戈尔巴乔夫下台后所坚持的一些观点来看，与他在推行体制改革时的上述思想是雷同的。

第二，对戈尔巴乔夫的改革与其本人的研究，由于十分复杂，不少问题不能说已弄得十分清楚了，因此在一些问题上存在一些不同的看法是十分自然的，也是不可避免的，看来，不同意见的争讨还将继续下去，这对深化研究是十分有益的。

那种把戈尔巴乔夫执政时期的改革，不论从整个国家来说，还是对戈尔巴乔夫个人来说，说成"改革早已成为一系列大大小小的背叛行为"，说戈尔巴乔夫"一次再次宣誓忠于社会主义，以此为烟幕，暗中实际上进行改变社会主义制度的准备"。[①] 在笔者看来，这些结论，并不符合戈尔巴乔夫执政近7年的过程中的行为。举一个简单的例子，戈尔巴乔夫到他执政最后一刻，还在为维护联盟作努力。1989年底以前，戈尔巴乔夫从未表明过有实行多党制的意向，后来，他与叶利钦斗争过程中不断妥协，到1990年3月才同意修改宪法第六条。这怎么能说戈尔巴乔夫的改革早已成为一系列叛变行为了呢？我们的确应该理性地来研究戈尔巴乔夫执政时期的改革。

第三，讨论问题，包括对戈尔巴乔夫执政时期的各种重大问题的讨论，都应该本着"双百"方针的精神进行，不要把不同意见说成是"为一个社会主

---

① 　[俄]尼·雷日科夫：《大动荡的十年》，王攀等译，中央编译出版社，1998年，第380页。

义的叛徒开脱和辩护"①。这种扣政治大帽子的做法不利于开展正常的学术讨论,也达不到追求真理的目的。

随着历史的发展,人们对戈尔巴乔夫及其改革的评价也在变化。俄罗斯总统普京于 2001 年 3 月 2 日向戈尔巴乔夫祝贺 70 寿辰的信中说的:"应该把戈尔巴乔夫的名字与整个时代联系在一起。"站在这样一个高度研究这一时期的苏联与改革,有利于研究的深化。2011 年 3 月 2 日,普京在祝贺戈尔巴乔夫 80 岁生日的贺电说:"在我国甚至在国外,您都是对世界历史进程产生显著影响并对加强俄罗斯的威望贡献良多的当代最杰出的国务活动家之一而闻名的。"同日,梅德韦杰夫总统会见了戈尔巴乔夫并授予俄罗斯最高荣誉勋章——圣安德鲁勋章,并说:"我认为这是对您作为国家元首所做大量工作的恰当评价,我们大家都清楚这一点。""这也是您领导的那个国家,我们大家的共同祖国,苏维埃联盟表示尊重的标志。"2013 年 3 月 2 日,普京总统致信戈尔巴乔夫 82 岁生辰称:"您从事的社会与研究活动卓有成效并致力于慈善项目,为自己赢得了当之无愧的广泛尊重。"

---

① 《真理的追求》2001 年第 6 期。

# 第五编 经济体制转型时期

以叶利钦为代表的民主派全面执掌政权后，立即着手体制转型，在执政初期叶利钦推行激进式的"休克疗法"改革，力图尽快破除旧体制依存的基础。在叶利钦于 1999 年 12 月最后一天任两届总统辞职后，普京上台执政，任两届总统，梅德韦杰夫任总理；普京两届总统期满后改任总理，后由梅德韦杰夫任一届总统；2012 年之后又由普京任总统，接着 2018 年普京又当选总统。这在俄罗斯出现的"普梅""梅普"二人转特殊政治生态，但在叶利钦之后实际权力一直由普京执掌。本编所要论述的是这一时期俄罗斯经济体制转型的主要进展、特点与问题。

# 第二十六章 转向市场经济体制转型的改革

苏联解体后,俄罗斯成为苏联继承国,并开始独立执政。从而苏联解体后叶利钦成为真正意义上的最高领导人,并立即进行激进式"休克疗法"转型。

## 第一节 作为苏联继承国的俄罗斯

1990 年 6 月 12 日,俄罗斯发表主权宣言。1991 年 12 月 21 日,俄罗斯、乌克兰、白俄罗斯、摩尔多瓦、亚美尼亚、阿塞拜疆、哈萨克斯坦、乌兹别克斯坦、土库曼斯坦、吉尔吉斯斯坦、塔吉克斯坦苏联 11 个加盟共和国的元首在阿拉木图举行会议,签署并发表了成立独立国家联合体总原则的《阿拉木图宣言》,宣布苏联已不复存在,俄罗斯成为独立国家。同年 12 月 25 日,苏联领导人戈尔巴乔夫向全国发表电视讲话,正式宣布他辞去苏联总统职务。

戈尔巴乔夫辞职演讲:

> 亲爱的同胞们,朋友们:
>
> 作为最近建立独立国家联合体这一局面的结果,我宣布辞去我作为苏维埃社会主义共和国联盟总统的职务。我一直以来坚决支持国家的独立、自主和加盟共和国的主权,但同时我也支持维护政权联合,国家统一。
>
> 事态发展背离了初衷。即使我不能赞同的解体这个国家,分裂这

个政局的政策仍然占了上风。在阿拉木图会议决议之后,我在这个方面的态度仍然没有改变。此外,我确信这一程度的决定应该建立在大众的期待和意愿的基础之上。

然而我会继续尽我全力所能保证所签署的协议能成为真实可行的条约,同时能使社会摆脱危机和改革进程的困境。我以苏联总统的身份最后一次向您宣告,我认为对1985年以来我们经历的改革历程,尤其是对我关于这充满矛盾、肤浅和主观认识的历程的观点有必要作出解释。

命中注定当我作为这个国家的领袖时,这个国家的形势已经不容乐观。虽然我们拥有丰富的像土地、石油、天然气等自然资源,上帝也赐予了我们智慧与才华,我们的生活依旧远远差于发达国家,我们在落后的道路上越走越远。

原因已经可以知晓:社会被命令和官僚主义的系统压制,注定为意识形态服务,同时也承受着沉重的军备竞赛的负担。国家已经到了它能力的极限。所有的尝试和许多不完全的改革,相继以失败告终。这个国家正在失去它的判断力。我们不能继续这样。一切都应该被根本地改变。

事实证明,修复这个国家和根本地改变这个世界的进程远比我们所能预期的复杂。然而已经发生的事应该符合预期,这个社会需要自由,在政治上和精神上解放自己,这是一个我们至今没有完全理解的最高目标,因为我们还没有学会如何运用自由。

不过,具有历史意义的工作已经完成,很多年前剥夺了整个国家繁荣和兴旺的机遇的极权主义系统已被终结。民主转型之路上的重大进展已经实现。选举自由、出版和宗教自由,代表机构的权力和多党制已经成为现实,人权被视为最优先的原则。

与过去完全不同的经济体制已经形成,各种所有制的平等已经建立,劳作在土地上的人民在土地改革的框架中开始了新生活,自由的农民出现,数以百万英亩的土地被给予那些生活在乡村和城镇的人们。

生产者的经济自由已经合法化,企业制、股份制和私有化势头渐强。在市场经济改革中，重要的是牢记这些都是为了个人而进行。在这个困难的时刻，更应该尽一切可能巩固社会保障制度，尤其是在老人和儿童方面。

我们生活在一个新世界。冷战已经结束，残害我们经济、公众精神和道德的疯狂的军备竞赛已经停止。世界战争的威胁已经消除。我想再一次强调，对我而言，为了保证可靠地对核武器的控制的一切工作已经在转型期内完成。

我们对世界开放自己，放弃对他人事务的干涉和境外军队的使用换来了信任、团结和尊重。

我们国家和国家的公民获得了真正的选择发展道路的自决自由。联邦制民主改革的探索使我们达成了建立新的独联体的最底线共识。这些改变带给了我们极大的焦虑。这种焦虑伴随着不断增长的来自旧势力的反抗，以种种尖锐的斗争表现出来。

旧的体制在新体制未能有足够时间运转之前崩溃，社会危机因此更加严重。

八月政变把社会的普遍危机带到了一个极限。这次政变最糟糕的后果就是国家的解体。今天我担心我们的人民失去了一个伟大的国家的国籍。这种情况也许对每个人来说都将意味着很艰难的未来。

我带着我的忧虑离开这个职位，但是我也带着希望，带着对你们的信心，这种信心来自你们的智慧和精神的力量。我们是一个杰出的文明的继承人，这个文明进入新的、现代化和有尊严的新生取决于你们每一个人。

一些错误完全可以被避免，很多事情可以做得更好，但是我确信或早或晚我们共同的努力会有结果，我们的国家会成为一个繁荣而民主的社会。

谨此向各位致以我最美好的祝福！


戈尔巴乔夫发表辞职讲话之后，他签署了一项使俄罗斯总统叶利钦成为苏联核武器最高指挥官的法令，并把核控制权亲手交给了叶利钦。苏联国旗从克里姆林宫上空降下,升起了白红蓝三色俄罗斯国旗。从此,俄罗斯成为独立执政的国家,叶利钦成为全权领导俄罗斯的最高领导人,一直到1999 年 12 月 31 日在他接班人普京被邀到克里姆林宫之后,在莫斯科时间12 时整发表电视讲话宣布辞职为止,整整执政 8 年。1999 年 8 月 9 日叶利钦打发谢·斯捷帕申政府辞职,任命弗·普京为代总理。在告全国公民书中,叶利钦总统公开称普京为自己的接班人。8 月 16 日,俄罗斯杜马以 233票正式批准普京为俄罗斯政府总理。而在叶利钦宣布辞职时也宣布普京为代总统。

2000 年 1 月 13 日,普京宣布参加总统竞选。3 月 26 日,俄举行总统大选,普京在第一轮选举中获得半数以上选票,当选为俄第二任民选总统。普京执政 4 年后,又于 2004 年 3 月 14 日举行的俄总统大选中,以 71.2% 的高得票率连任。高得票率反映了俄广大民众对普京第一任期执政业绩的肯定。但亦应看到,他在第二任期面临着不少复杂的问题。最为突出的还是经济问题,其中包括艰巨与复杂的经济体制转型问题。

苏联解体后,作为苏联继承国的俄罗斯进入了一个新的历史时期。在论述这个时期经济体制转型问题之前,笔者认为,有必要对以下问题作一简要说明。

笔者在苏联解体前(从赫鲁晓夫到戈尔巴乔夫)都用经济体制"改革"一词,但从叶利钦时期开始,用经济体制"转型"一词。为何用两个不同的概念,这里需要作出解释。在苏联东欧国家发生剧变前,社会主义国家改革目标是,通过一些对原体制的改进、改良来对现有经济体制加以完善,而不以根本改变制度为目标。与此相反,转型则意味着发生实质性的、制度性的变化,将引入全新的制度安排。按科勒德克的说法,在原苏东国家社会主义制度崩溃前,所做的一系列改革尝试,"其目的在于对旧制度的完善,而不是引入新制度"。"(20 世纪)80 年代末至 90 年代初,社会主义国家已经终于下定决心放弃旧制度,这一制度已经不能应对 21 世纪的世界经济的挑战。与此同时,它们已经选择了转向市场经济。""在当时政局许可的情况下,从社会主义转轨已经不可避免。"他进一步解释说:"应当将市场化改革与向市场经济转型区别开来。改革的焦点是调整与完善现有制度,而转型是改变制度基础的过程。从这种意义上来讲，只要目的在于现有制度的完善并通过使之完善而得以维系而不是完全抛弃该制度，那就是在对它进行改革。而转型则是要通过完全的制度替换和建立新型的经济关系来废除以前的制度。"①鉴于"改革"与"转型"上述内含的划分十分明显，叶利钦执政后所推行的是转型。但同样需要指出的是，在谈到具体体制变革时，还是用"改革"一词。

俄罗斯是苏联15个加盟共和国中最大的一个共和国，苏联解体后的1992年1月5日，俄罗斯最高苏维埃通过决议，将"俄罗斯苏维埃社会主义联邦共和国"改名为"俄罗斯联邦"（简称为"俄罗斯"）。叶利钦总统于1991年12月24日，通过苏联常驻联合国大使沃龙佐夫向联合国秘书长德奎利亚尔递交了有关要求俄罗斯接替苏联在联合国席位的一封信。12月25日，老布什向全国发表电视讲话，宣布同俄罗斯建立全面的外交关系，并承认俄罗斯是继承苏联的国家。12月27日，中国外交部部长钱其琛致电俄罗斯外交部部长科济列夫，宣布中华人民共和国政府承认俄罗斯联邦政府。中国对外经济贸易部部长李岚清率中国政府代表团访俄时，向俄副总理绍欣转告中国承认俄罗斯联邦取代苏联在联合国的席位。俄成为苏联继承国得到国际的承认。另外，从俄罗斯继承苏联的经济情况看，也得到充分的体现。

俄罗斯领土面积为1707.54万平方千米，占地球陆地总面积的11.4%，是苏联总面积的76.3%。1989年1月俄罗斯人口为1.47亿（据2002年全国人口普查结果，俄罗斯有人口1.452亿），占苏联人口的一半。它是世界上民族最多的国家，境内大小民族多达160个，其中超过40万人口的民族有23个。据苏联1989年第五次人口统计资料，俄罗斯族是最大的民族，占全俄总人口的81.5%。苏联的经济实力主要集中在俄境内。1990年俄罗斯在苏联国民财富（不包括土地、森林和矿藏）总量中占64%。1989年俄拥有的生产固定基金约占全苏的63%，社会总产值与工业产值均占60%。苏联解体时，拥有科技人员约150万人，而留在俄罗斯境内的为96万人，占原苏联科技人员总数的64%，特别要指出的是，为军工服务的高科技力量主要集中

---

① ［波兰］格译戈尔兹·W.科勒德克：《从休克到治疗——后社会主义转轨的政治经济》，刘晓勇等译，上海远东出版社，2000年，第4、30、34页。

在俄罗斯。俄罗斯拥有的军事力量约占苏联的 2/3。一些主要工农业产品占全苏的比重,详见以下两表:

表 26-1　1990 年主要工业品产量及其占全苏总量的比重

| 产品名称 | 单位 | 数量 | 占比(%) | 产品名称 | 单位 | 数量 | 占比(%) |
|---|---|---|---|---|---|---|---|
| 电力 | 亿度 | 10820 | 62.7 | 各种轮胎 | 万条 | 4767 | 69.9 |
| 石油(包括凝析油) | 百万吨 | 516.2 | 90.4 | 经济木材 | 百万 M³ | 2422 | 91.6 |
| 天然气 | 亿 M³ | 16406 | 78.6 | 锯木材 | 百万 M³ | 75.2 | 82.1 |
| 煤 | 百万吨 | 395.1 | 56.2 | 纸 | 万吨 | 524 | 85.2 |
| 钢 | 万吨 | 18962 | 58.0 | 水泥 | 万吨 | 8303 | 60.0 |
| 电动机 | 万台 | 197.5 | 22.7 | 建筑用砖 | 亿块 | 245 | 53.5 |
| 金属切削机床 | 万台 | 7.4 | 47.2 | 窗玻璃 | 百万 M³ | 130.4 | 61.2 |
| 锻压机 | 万台 | 2.7 | 64.7 | 收音机 | 万台 | 575.8 | 62.8 |
| 石油设备 | 百万卢布 | 191.8 | 80.6 | 电视机 | 万台 | 472.2 | 44.8 |
| 化工设备 | 百万卢布 | 675.6 | 63.5 | 其中:彩色的 | 万台 | 265.5 | 37.0 |
| 农业设备 | 百万卢布 | 2142 | 59.6 | 录音机 | 万台 | 340.6 | 54.3 |
| 畜牧业设备 | 百万卢布 | 815.4 | 32.0 | 电冰箱 | 万台 | 377.6 | 58.1 |
| 推土机 | 万台 | 2.3 | 61.2 | 吸尘器 | 万台 | 446.9 | 77.4 |
| 桥式起重机 | 台 | 12944 | 50.3 | 洗衣机 | 万台 | 541.8 | 69.3 |
| 烧碱 | 万吨 | 323.9 | 74.3 | 自行车 | 万台 | 396.5 | 62.6 |
| 苛性碱 | 万吨 | 225.7 | 75.9 | 摩托车 | 万台 | 76.5 | 70.0 |
| 化肥(100%有效成分) | 万吨 | 159.8 | 50.4 | 家具 | 亿卢布 | 62.0 | 57.4 |
| 化纤和布 | 万吨 | 67.3 | 45.6 | 棉布 | 百万 M² | 5625.6 | 71.7 |
| 麻布 | 百万 M² | 603.2 | 66.8 | 毛料 | 百万 M² | 465.3 | 66.1 |
| 丝料 | 百万 M² | 1052.0 | 50.7 | 加工肉 | 万吨 | 664.2 | 51.3 |
| 针织品 | 百万件 | 769.7 | 39.8 | 动物油 | 万吨 | 83.3 | 47.9 |
| 鞋 | 百万双 | 385.3 | 45.17 | 植物油 | 万吨 | 115.9 | 35.5 |

续表

| 产品名称 | 单位 | 数量 | 占比(%) | 产品名称 | 单位 | 数量 | 占比(%) |
|---|---|---|---|---|---|---|---|
| 袜子 | 百万双 | 872.4 | 40.5 | 罐头 | 百万标准件 | 8206 | 39.9 |
| 砂糖 | 万吨 | 375.8 | 30.2 | 全部生活日用品 | 亿卢布 | 2463 | 53.3 |
| | | | | 其中:轻工业品 | 亿卢布 | 1483 | 57.3 |

资料来源:《世界经济》1992年第10期。

表26-2　1990年主要农产量及其占全苏总产量的比重

| 产品名称 | 单位 | 数量 | 占比(%) | 产品名称 | 单位 | 数量 | 占比(%) |
|---|---|---|---|---|---|---|---|
| 农业总产值 | 亿卢布 | 1021 | 46.7 | 肉 | 万吨 | 1011.2 | 50.6 |
| 谷物 | 百万吨 | 116.7 | 53.5 | 奶 | 万吨 | 5571.5 | 51.4 |
| 甜菜 | 万吨 | 3109.1 | 38.0 | 蛋 | 百万个 | 47470.0 | 58.1 |
| 葵花籽 | 万吨 | 342.7 | 52.2 | 牛 | 百万头 | 57.0 | 49.3 |
| 亚麻纤维 | 百吨 | 7.1 | 29.0 | 奶牛 | 百万头 | 20.5 | 49.4 |
| 土豆 | 万吨 | 3084.8 | 48.0 | 猪 | 百万头 | 38.3 | 50.7 |
| 蔬菜 | 万吨 | 1052.8 | 38.9 | 绵羊、山羊 | 百万头 | 58.2 | 41.7 |
| 水果和浆果 | 万吨 | 236.6 | 26.0 | 马 | 万头 | 261.8 | 44.2 |

资料来源:《世界经济》1992年第10期。

正如笔者前面指出的,苏联解体时,给俄罗斯留下的基本上仍是传统的经济体制,因此俄罗斯独立执政后面临的最紧迫的任务是加速经济体制的转型。现在人们把俄罗斯称为世界上最大的经济转型国家。笔者认为,这不只是因为俄罗斯是个大国,还在于以下的原因:一是作为苏联继承国的俄罗斯,它是中央集权的计划经济体制模式的发源地,并且实施这一体制模式的时间最长;二是斯大林时期形成、巩固与不断发展并凝固化的传统体制模式,在以后的苏联各个历史时期未能进行根本改革,因此俄罗斯面临的体制转轨任务最为艰巨;三是俄罗斯经济转型过程中,出现的矛盾和问题十分复杂,而转型危机也十分严重。

## 第二节　转型方式的争论与方案

关于这一问题在戈尔巴乔夫执政末期,即 1990—1991 年讨论向市场经济过渡时争论已十分激烈,并提出了一些过渡方案。著名经济学者、时任苏联部长会议副主席、经济改革委员会主席的阿巴尔金院士,根据过去几年经济改革的经验和其他国家改革的实践的基础上,提出了经济改革的构想,并勾画了苏联新型经济体制的基础特征:所有制形式的多样化,它们之间平等和竞争的关系;所得收入的分配应符合在最终成果上的贡献;将与国家调控相结合的市场变成协调社会主义生产参加的活动的主要工具;在灵活的经济和社会基础上实行国家调控经济;将公民的社会保障作为国家最主要的任务。构想中对向市场经济过渡的几种方案进行了比较研究。这些方案分别被称为"渐进的""激进的"(后来被称为"休克的")和"适度激进的"三种,并对三种方案的基本特征和预期结果进行了比较。

表 26-3　向市场经济过渡的三种方案

| | 主要特点 | 预期结果 |
|---|---|---|
| 渐进方案 | ①用适当的速度循序渐进地进行改革;<br>②主要采用行政方法调控正在形成的市场和通货膨胀;<br>③逐步减少国家订货,控制物价和收入的增长。 | ①可以逐渐适应变化,最大限度地减少剧烈变革造成的损失;<br>②延缓改革,采取措施的效果不明显以及不足以克服负面影响;<br>③有生产大幅下降,商品短缺和社会问题加剧的危险。 |
| 激进方案 | ①短期内彻底摧毁现有结构;<br>②同时消除市场机制运作的所有障碍;<br>③大量减少国家订货,几乎完全取消对价格和收入的控制;<br>④大范围地向新的所有制形式过渡。 | ①寄希望快速建立市场的成效;<br>②有货币流通出现混乱的危险,通货膨胀失控的可能性很大;<br>③大量破产,生产大幅下滑,出现大范围的失业;<br>④生活水平严重下降,居民收入差距拉大,社会紧张局势加剧。 |

续表

| 主要特点 | | 预期结果 |
|---|---|---|
| 适度激进方案 | ①采取系列激进措施,为向新机制过渡创造启动条件;<br>②建立积极调控市场的组织机制;<br>③落实巩固和发展新的经营体制的措施;<br>④对价格,收入和通货膨胀在所有阶段进行监控,对低收入阶层提供强有力的社会支持。 | ①能在相对短的时间内获得改革的明显效果;<br>②快速形成市场;<br>③遏制生产下降和财政赤字增长,控制通货膨胀;<br>④居民适应市场经济条件的环境比较宽松,缓解社会紧张局势。 |

资料来源:《阿巴尔金经济学文集》,李刚军等译,清华大学出版社,2004 年,第 91 页。

在阿巴尔金的构想中,提出了大量有利于第三种方案即适度激进方案的论据。据当时社会民意调查,赞同第一种方案的占 10%;赞成第二种方案的为 30%,赞成第三种方案的为 60% 以上。在构想中,还规定了实施适度激进改革方案的三个阶段:第一阶段已经始于 1988 年,并在 1991 年初结束。1990 年应该是执行稳定国内经济形势的刻不容缓措施并制订关于建立过渡时期经济机制的一整套措施的关键时期;第二阶段跨越了 1991—1992 年,在这阶段里应该实施一整套同时的措施,并启动新型的经济机制;第三阶段是实施激进经济改革计划的结束阶段,它包括 1993—1995 年。阿巴尔金认为,鉴于当时的实际情况,这一方案是逐步实行激进的经济改革最明智、最周到的方案。因为该方案有以下优越性:

> 它在允许价格和工资有控制地增长的同时,能够无须依靠行政性措施最终制止财政赤字的增长和生产的下滑,为市场的形成开辟了现实的道路。建立有效地对居民的社会支持体系,补偿因涨价、下岗和接受再培训等造成的大部分损失,这能够缓解过渡时期的困难,帮助人们尽快适应市场经济条件,能够刺激劳动生产率和经营积极性的提高。[1]

---

[1] 有关上述构想,参见《阿巴尔金经济学文集》,李刚军等译,清华大学出版社,2004 年,第 90~92、98 页。

有关 1991 年末开始的俄向市场经济过渡必要性与方式问题在讨论中提出的看法,时任俄财政部第一副部长的乌留卡耶夫认为,基本观点可划分为四种类型。

第一种观点是,否定俄罗斯经济需要进行彻底的市场改革的必要性,坚持在必须保留原有经济体制的同时对其进行某些现代化改造使其增加活力。这种观点在左派政治家们——久加诺夫、雷日科夫、利加乔夫等人的著作中,以及具有社会主义倾向的经济学家们——布兹加林、卡尔加诺夫、谢尔盖耶夫等人的文章中均可见到。他们认为,整套改革思想全都是错误的,不适用于俄罗斯的条件。私有化、对外和国内贸易自由化、争取金融稳定、本国货币的可兑换等措施破坏了民族工业,使社会形势恶化。他们主张,应该集中精力按照 1982—1983 年安德罗波夫改革的先例进行所谓的整顿经济秩序,强调国家验收,严格监督产品质量,强化经理对企业工作的责任心,向非劳动收入宣战等。

第二类的经济学家和政治家宣称,市场改革原则上必须进行,但不能如此迅猛和激进,应该更大程度地允许国家参与经济;更多地保留国有制,对国内生产者实行保护。总之,他们赞成经济现代化的"特殊的俄罗斯道路"。宣传此类观点的有经济学家阿巴尔金、沙塔林、利沃夫、博戈莫洛夫、亚廖缅科、什梅列夫和所谓的国家派政治家格拉济耶夫、斯科科夫、沃尔斯基、舒梅科、费奥多罗夫、卢日科夫等。他们认为,不应该搞大规模私有化、放开对外贸易和外汇流通、放开物价,应该重点建立强大的金融工业集团,国家有选择地扶持工业,以保障首先是国家对俄罗斯国产商品的更多需求。这一派经济学家和政治家的特点正如著名的瑞典经济学家奥斯伦德所讲的那样,他们完全忽视了宏观经济问题(诸如货币平衡、通货膨胀、预算等)。这些人还要求降低改革速度,制定和执行经济政策时按部就班不能犹豫不决。

第三类政治家和经济学家素有"真正的改革家"的威望,坚持不懈地宣传各种改革方案,但又猛烈抨击现实的改革:称改革进行得不正确,不符合理论,所作出的选择不符合行动的循序渐进性——首先必须实现私有化、民主化、形成市场机制,然后才能采取措施稳定财政和放开经济。持这类观点的主要有亚夫林斯基和他的支持者彼特拉科夫、梅利尼科夫、米哈伊洛夫等。

最后,第四类经济学家都极其重视存在失误和倒退的现实改革中的现实问题,在1992年的短暂时间里,继而又在1997年保证了改革向前推进。他们是盖达尔、亚辛、丘拜斯、德米特里耶夫、费奥多罗夫等。

为了评价上述几类人物的观点,我们有必要对1991年改革前的俄罗斯经济的实际状况进行分析。首先提出这样一个问题:当时是否可以推迟对经济关系的激进改革,是否可以对改革方式进行根本性的改变?[①]

乌留卡耶夫根据1991年底苏联解体时十分严峻的社会经济情况,得出的结论是:"俄罗斯的经济改革政策不是由改革家的理论思维确定的,而是由通货膨胀危机(严重的宏观经济比例失调反映在公开的通货膨胀加剧和所有商品市场严重短缺上),支付危机(黄金外汇储备严重短缺和国家贷款能力下降导致了被迫大量削减进口)和体制危机(各级国家权力机关丧失了调节资源配置能力)同时并发决定的,这些危机在外部表现为生产的急剧衰退。"因此,"在经济和体制危机并发这种极为严重的情况下进行根本的经济体制",只能实行"由总统下令而不管苏维埃的意见"的"激进改革"。[②]

## 第三节　推行激进式"休克疗法"改革的历史背景

在前一节,我们简要地论述了苏联解体前夕学者对向市场经济转轨方式的讨论及基本观点。在这一节,笔者就俄政府独立执政后缘何立即决定推进激进式"休克疗法"改革,提出自己的看法。人所共知,苏联东欧各国中的多数国家,在从传统的计划经济向市场经济转型时,实行激进的"休克疗法",其基本内容一般归结为自由化、稳定化与私有化。俄罗斯在1992年年初围绕这"三化"推行的激进改革措施是:①俄实行"休克疗法"最重要和最

---

①　参见[俄]A. B. 乌留卡耶夫:《期待危机:俄罗斯经济改革的进程与矛盾》,石天等译,经济科学出版社,2000年,第15~16页。

②　[俄]A. B. 乌留卡耶夫:《期待危机:俄罗斯经济改革的进程与矛盾》,石天等译,经济科学出版社,2000年,第26~27页。

早出台的一项措施是,从 1992 年 1 月 2 日起,一次性大范围放开价格,结果是,90% 的零售商品和 85% 的工业品批发价格由市场供求关系决定。②实行严厉的"双紧政策",即紧缩财政与货币,企图迅速达到无赤字预算、降低通胀率和稳定经济的目的。紧缩财政的措施主要有:普遍大大削减财政支出;提高税收,增加财政收入;规定靠预算拨款支付的工资不实行与通胀率挂钩的指数化。紧缩货币的主要措施是,严格控制货币发行量与信贷规模。③取消国家对外贸的垄断,允许所有在俄境内注册的经济单位可以参与对外经济活动,放开进出口贸易。④卢布在俄国内可以自由兑换,由原来的多种汇率过渡到双重汇率制(在经常项目下实行统一浮动汇率制,在资本项目下实行个别固定汇率制),逐步过渡到统一汇率制。⑤快速推行私有化政策。俄政策规定在 1992 年内要把 20%~25% 的国家财产私有化。1992—1996 年,俄基本上完成了私有化的任务。在 1996 年,私有化的企业和非国有经济的产值分别占俄企业总数与国内生产总值的比重约为 60% 和 70%。

1992 年初,为什么俄罗斯政府实行的是"休克疗法"式的激进改革? 有些人认为,这主要与在政治上刚刚取得主导地位的民主派,为了在经济转型过程中取得西方的支持所决定的。还有人认为,这是民主派屈从于西方压力的结果。实际上,当时以叶利钦、盖达尔为代表的俄罗斯民主派之所以选择"休克疗法"式的激进改革,有其十分复杂的原因。

一、从苏联历次经济改革失败原因谈起

斯大林之后的苏联历次经济体制改革都未取得成功,其原因很多。如果从经济角度来看,最为重要的共同性原因是,不把建立市场经济体制模式作为改革目标。这样,在苏联解体前,影响市场经济发展的三个主要问题未解决,这指的是:①与改革国有制有关的商品生产的主体问题,即没有使企业成为独立的商品生产者,转换其经营机制,企业生产的目的只是为了完成国家下达的任务。②计划与市场关系问题。改革理论的研究与改革实践,主要集中在使计划与市场两者结合问题上,而不是集中在如何建立与发育市场体系问题上。在苏联长期的经济体制改革过程中,一方面强调要发展商品经济,利用商品货币关系;另一方面又不放弃政府对经济的直接控制,包括不放弃指令性计划。经济改革的主要措施往往体现在指令性指标数量的增减方面,结果造成残缺不全的指令性计划与发育不良的市场调节相结合的局面。由于在相当长的时间里停滞和僵持于这个格局中,就使得本来不正常的经济关系更加扭曲,经济更难以正常运转。③由于苏联时期的价格改革没有围绕为形成有竞争性市场价格体系这个根本目的来进行,因此,合理的价格形成体制未能建立起来。而没有一个合理的价格形成体制,要发挥市场的调节作用是一句空话。

只是到了戈尔巴乔夫执政的后期,经过激烈争论,"到(20世纪)80年代末,俄罗斯的大多数政治力量和居民在必须进行自由化和向市场经济过渡方面实际上已达成共识"①。普遍认识到,只有向市场经济过渡,才是唯一的选择。俄民主派在确定以建立市场经济模式为改革方向之后,总结过去改革的教训,决定改变过去把改革停留在口头上、纸上的做法,而是采取实际行动,快速向市场经济过渡,以此来解决当时俄罗斯面临的依靠传统体制根本无法解决的严重社会经济问题。这说明,当时俄罗斯"转型进程启动缘于人们越来越确信中央集权的计划经济已经走到了尽头"②。

二、极其严峻的经济形势,是促使俄罗斯新执政者实行激进改革的一个最为直接的原因

1992年1月2日作为俄罗斯"休克疗法"式激进改革的起点,那么必须分析一下在此前苏联的经济与市场状况,否则就不能理解新执政者为何如此果断地选择了激进改革方案。

苏联到了1990年,社会总产值、国民收入和社会劳动生产率分别比上年下降2%、4%和3%。而到苏联解体的1991年经济状况进一步恶化,国民收入下降11%,GDP下降13%,工业与农业生产分别下降2.8%和4.5%,石油和煤炭开采下降11%,生铁下降17%,食品生产下降10%以上,粮食产量下

①　[俄]科萨尔斯等:《俄罗斯:转型时期的经济与社会》,石天等译,经济科学出版社,2000年,第59页.

②　[波兰]格泽戈尔兹·W.科勒德克:《(从休克到治疗——后社会主义转轨的政治经济》,刘晓勇等译,上海远东出版社,1999年,第3页。

降24%,国家收购量下降了34%,对外贸易额下降37%。1991年,国家预算赤字比计划数字增加了5倍,占GDP的20%。财政状况与货币流通已完全失调。消费品价格上涨了1倍多(101.2%),而在1990年价格还只上涨5%。外汇危机十分尖锐,载有进口粮食的货轮停靠在俄罗斯港口而不卸货成为惯常现象,因为没有外汇去支付粮款、装卸费和运输费。①

经济状况严重恶化,使得市场供应变得十分尖锐。1990年,在1200多种基本消费品中有95%以上的商品供应经常短缺,在211种食品中有188种不能自由买卖。到1991年,国家不得不在所有城市实行严格的票证供应。到1991年年末,苏联居民食品供应量是:糖1千克/人/月,黄油0.2千克/人/月,肉制品0.5千克/人/月。即使这个标准也缺乏实际保证。零售贸易中的商品储备减少到破纪录的最低水平——只够消费32天。1992年1月,粮食储备约为300万吨,而当时俄国内粮食消费每月为500万吨以上。在89个俄罗斯地区中,有60多个地区没有粮食储备和面粉,都在"等米下锅"。②"社会局势紧张到了极点,人们纷纷储备唯恐食品完全匮乏。"③1991年10月—1992年4月,笔者在苏联(俄罗斯)科学院经济研究所作为访问学者考察当时正处于准备与起始阶段的经济改革,见证了这个时期苏联(俄罗斯)市场商品奇缺的状况,它比人们想象的要严重得多,真是"空空如也"。奈娜回忆起1991年随叶利钦访问德国科隆的情况时说:"当时我们应邀参观市场和路旁的店铺,那里商品丰富,琳琅满目,使她想到了俄罗斯商店里商品奇缺的情况,羞愧得恨不得一头钻到地底下,心想,我们一辈子都在工作,完成五年计划,但是,为什么我们什么都没有呢?"④

对新上任的俄罗斯领导人来说,面对如此紧张的社会经济局势,实行渐进改革已不大可能。正如俄学者指出的:"在俄罗斯(苏联)利用中国改革经验,也许在这一经验出现前的十几年是可行的。因为当中国改革的经验出

---

① 参见[俄]A. B. 乌留卡耶夫:《期待危机:俄罗斯经济改革的进程与矛盾》,石天等译,经济科学出版社,2000年,第17~20页。

② 同上,第18、20页。

③ [俄]科萨尔斯等:《俄罗斯:转型时期的经济与社会》,石天等译,经济科学出版社,2000年,第28页。

④ 《北京晨报》2002年3月7日。

现的时候(20 世纪 70 年代末)，俄罗斯的原社会经济体制已经病入膏肓，无法医治，与其说是需要医生，不如说是需要挖坟者了。"①

三、巨大的心理与政治压力

俄罗斯新执政者一上台，在以什么样的速度推行经济体制改革问题上，面临着巨大的心理与政治压力。人们对旧体制对社会经济造成的严重恶果已看得清清楚楚，同时又看到西方国家的市场经济所带来的丰硕经济成果，所以在 20 世纪 90 年代初，包括俄罗斯在内的所有转型国家，从官方到普通居民产生一种"幻想与错觉"，似乎经济只要一向市场经济转型，马上就可摆脱危机，很快就可以缩短与发达国家的距离，并很快可以达到发达国家的经济水平。正是这种压力成为俄罗斯加快改革步伐的催化剂。从这个意义讲，俄罗斯采用激进式的"休克疗法"进行经济体制转型，是公共选择的结果，在较大程度上反映了当时的民意。下列的情况亦可能从一个侧面证明这一点。俄罗斯 1992 年初推进"休克疗法"后"从街上回来的人，惊慌失措，神情沮丧。然而根据民意测验，1992 年底有 60% 的居民支持市场改革"②。

我清楚记得，1992 年转型初期，我在商店排队购买十分短缺的食品时，与俄罗斯居民聊天，问他们怎么看当前市场供应那么困难的问题时，他们都认为这是短期的困难，过些时候就会好的；并说你们中国与其他国家进行体制转型的过程中，刚开始阶段也是挺困难的嘛。这反映了当时俄罗斯老百姓普遍的一种看法，认为只要快速地向市场经济过渡，经济形势很快就会好转的。

四、通过激进改革尽快摧垮传统计划经济体制的基础，使得向市场经济的转型变得不可逆转

1991 年底苏联解体，俄罗斯独立执政，民主派取得了领导权。但是民主派的领导地位并不十分巩固，面临着以俄共为代表的左派力量的挑战，在当

①　[俄]A. B. 乌留卡耶夫:《期待危机:俄罗斯经济改革的进程与矛盾》,石天等译,经济科学出版社,2000 年,第 6 页。

②　[俄]格·萨塔洛夫等:《叶利钦时代》,高增训等译,东方出版社,2002 年,第 217 页。

时的俄罗斯国内,各种反对派的力量,对民主派实行以私有化为基础的资本主义市场经济体制并不都持赞成的立场。就是说在民主派上台初期,俄国内面临着国家向何处去的争论与斗争,斗争的核心是俄罗斯国家发展道路问题。另外,虽然以叶利钦总统为中心的国家执行权力机关已成为国家强有力的权力,但亦应看到,另一个国家最高权力机关——人民代表大会,它是由左派俄共等反总统派居主导地位的。在上述政治背景下,在民主派看来,必须加速经济体制转型进程,特别是要加快国有企业的私有化速度,从根本上摧垮以国有制为基础的计划经济体制,最后达到体制转型不可逆转的目的。被称为私有化之父的阿纳托利·丘拜斯认为,俄罗斯的转型到了1996年才可以说已不可逆转了,一个重要的标志是,这个时候已基本完成了私有化任务。2001年12月29日,叶利钦对俄罗斯电视台《明镜》电视节目发表谈话时谈到,1999年底他之所以能下决心辞职,是因为他坚信在俄罗斯体制转型已不可逆转。

五、政治局势也是促使新执政者推行经济激进转型的重要因素

我们在上面着重分析了苏联解体前后所面临的复杂而又严峻的经济形势,但在政治领域情况也十分严重。1991年八一九事件后,那时由戈尔巴乔夫领导的苏联,改革实际已停顿。"联盟国家机关已经寿终正寝并且四分五裂。""无论是什么样的国家监控实际上都不起作用。"[①]这是因为,"俄罗斯市场是在苏联经济的行政命令体制崩溃过程中产生的。它产生于强大的国家体制削弱和瓦解过程之中",这在"客观上导致了旧的国家调节经济机制陷入崩溃"。[②] 在此期间,大家忙于政治斗争,重大事件一个接一个,取缔苏共,最后是苏联解体。这样,在俄罗斯已不存在强有力的政治核心力量,掌了权的民主派,在上述政治情况下,决心实行激进的改革。

---

① 〔俄〕A. B. 乌留卡耶夫:《期待危机:俄罗斯经济改革的进程与矛盾》,石天等译,经济科学出版社,2000年,第21、22页。

② 〔俄〕科萨尔斯等:《俄罗斯:转型时期的经济与社会》,石天等译,经济科学出版社,2000年,第30页。

"改革战略的实质不仅在于要进行极为迫切的经济改革,而且还在于要建立俄罗斯民族国家,这个国家具有一切必要的属性,如预算、稳定的并可兑换的本国货币、税收制度、边防军队、海关、有效的货币制度、可控制的国家银行,等等。"①这也说明,当时俄罗斯可供选择的改革途径已经十分狭窄了。俄罗斯有的学者认为,当时俄罗斯最高领导只要愿意,就完全能建立和形成一个权威机构,因此这不能成为否定当时存在渐进改革的理由。但另一些学者指出,这种说法是脱离当时俄罗斯实际情况的,"这只在办公桌上是可能的"。"在纸面上一切都好摆弄,但忘记了存在峡谷。而目前的俄罗斯政治经济现实是接连不断的峡谷。"②正如弗拉基米尔·毛在论证"为什么俄罗斯不能像中国那样,通过渐进的方式启动和实现经济转型"时指出:"中国模式的关键是(转型开始时),中国的党政集权制度仍然有效地控制着全国局势……而俄罗斯的自由化改革开始时,不仅没有强大的政府,而是根本就没有政府——苏联已经解体,俄罗斯作为一个主权国家仍只是停留在纸上。"③

六、合乎历史逻辑的发展

从历史逻辑来看,以叶利钦、盖达尔为代表的民主派推行的激进改革,是承袭了戈尔巴乔夫下台前的 1990—1991 年所形成和提出的改革设想。经过激烈的争论与斗争,在 1990 年,苏联先后提出了四个向市场经济过渡的文件。④ 我们在前面分析戈尔巴乔夫执政时期经济体制改革过程时,对向市场经济转轨的沙塔林 500 天纲领,亚夫林斯基的 400 天构想都作了介绍。不论是 400 天构想还是 500 天纲领,都是快速转轨的计划。这说明,在戈尔巴乔

---

① 　[俄]A. B. 乌留卡耶夫:《期待危机:俄罗斯经济改革的进程与矛盾》,石天等译,经济科学出版社,2000 年,第 26 页。

② 　同上,第 33 页。

③ 　丁一文:《浅析俄罗斯的经济改革:兼谈盖达尔及其"休克疗法"》,《西伯利亚研究》2006 年 4 月第 33 卷第 2 期。

④ 　1991 年 3 月,中国国家体改委国外经济体制司委托特约研究员陆南泉组织有关研究人员翻译了这四个文件,以《苏联向市场经济过渡文件汇编》供国内跟踪研究苏联经济体制改革进程进行参考。在此之前,当时任苏联部长会议主席的雷日科夫于 1990 年 9 月签署了《苏联关于形成可调节市场经济的结构和机制的政府纲领》。

夫执政后期,苏联各政治派别不仅就经济改革的市场目标达成了共识,并且快速向市场经济转轨的主张也已占主导地位。因此,叶利钦、盖达尔执政后,从历史逻辑上来说,推行激进改革是顺理成章的事。

上述分析说明,20 世纪 90 年代初俄实行激进改革是由特定的历史条件决定的。这也充分说明,到了这个时期,苏联社会中已积累了能够破坏一切的能量。寻找一个宣泄这股破坏性能量的出口,是俄罗斯转轨的当务之急。从这个意义上讲,激进式"休克疗法"不过是释放 1991 年俄罗斯经济与社会生活中所积累破坏性能量的一种较为可行的策略选择,亦是一种无可奈何的危机应对策略。这正如盖达尔所说的:"到了 1990 年秋天,很明显一场危机就要爆发了。一场革命就要来临,在这种背景下,有秩序的改革是根本不可能的,唯一剩下的就是如何对付危机。"①丘拜斯在分析 20 世纪 90 年代初俄罗斯之所以采取激进转轨方式时指出:盖达尔政府开始的改革,"不是别人强加给我们的,不是有人从外面命令我们做的。这是已经成熟了的、使人困扰已久的变革,是由整个俄罗斯的历史进程所准备好了的变革。这是我们国家命运中不能避免的转折"②。

雅科夫列夫在谈到这一问题时说:盖达尔政府"从所有可能的方案中选择了最简捷的,但也是最脆弱的方案——休克疗法"。"我自己最初就感到这个方案至少是冒险的,代价会很大,是注定要失败的,这一点我在 1992 年 2 月就说了。物价放开需要有个竞争环境,然而当时并没有这种环境。在市场上,土地、住房、生产资料都不上市。没有制订应有的保护企业家、特别是生产者的法律。""但是我既不充当预言家,也不想充当裁判员。在怀疑'休克疗法'主张的同时,我依然认为,当时政府根本没有别的选择。"③中国学者程伟教授对俄罗斯当时之所以采用激进式改革提出的结论之一是:"俄罗斯经济转轨启用激进方式,即使是不合适的,但却是不可避免的。"④

---

① 徐坡岭:《俄罗斯经济转轨的路径选择与转型性经济危机》,《俄罗斯研究》2003 年第 3 期。

② [俄]阿纳托利·丘拜斯主编:《俄罗斯式的私有化》,乔木林等译,新华出版社,2004 年,第 12 页。

③ [俄]亚·尼·雅科夫列夫:《一杯苦酒——俄罗斯的布尔什维主义和改革运动》,徐葵等译,新华出版社,1999 年,第 262 ~ 263 页。

④ 程伟:《计划经济国家体制转轨评论》,辽宁大学出版社,1999 年,第 166 页。

我们再看看,在俄罗斯连坚决反对叶利钦、盖达尔经济转型的阿巴尔金在他在主管苏联经济改革期间,亦曾设想过激进改革的方案,他回忆说:"时间会令人忘却一些事情,而今日的激愤又限制了历史的记忆。但是应该直说,激进经济改革的构想是有过。……你可能喜欢它或者不喜欢它,但这是另一个问题。"①后来,阿巴尔金赞成的是实行适度激进方案。有人说,在俄罗斯除选择激进转型方式别无他途的说法,十足是一种宣传伎俩,是给不明真相的人强行灌输一种观念;另有人说,俄罗斯选择激进转型方式,纯粹是出于意识形态的理由;还有人说,俄罗斯实行激进转轨方式是完全屈从西方国家的压力;等等。笔者一直认为,对俄罗斯采取激进转型方式原因的分析,应该从当时俄罗斯面临诸多复杂的主客观因素去探究,切忌简单化,更不能想当然地认为,套用中国的做法才是正确的。

## 第四节　有关激进、渐进转型方式的浅见

有关激进与渐进两种转型方式的评价,是个十分复杂的问题,学术界至今存在不同看法。它既关系到经济转型的理论问题,也关系到对这两种不同经济转型方式实际绩效的评价问题。在此,笔者提出一些粗浅的看法。

第一,不能以激进和渐进来划分市场经济体制模式,这只是过渡方式的区别。不论是激进还是渐进,都只不过是一种手段与方式。市场经济体制模式基本上有两种:自由市场经济模式和社会市场经济模式。这是大家所公认的。

第二,从过渡速度来划分渐进与激进也是相对而言的。有不少激进的改革措施具有局部性与临时性的特点。从波兰头五年来的激进改革过程看,也很难认为全部变革都是采取激进的方式。俄罗斯政府也在不断调整政策,逐步放弃"休克疗法"初期的一些做法。中国采取渐进方式进行经济体制改革,是从近四十年来的整个改革过程来讲的。在各个领域、各个时

① 《阿巴尔金经济学文集》,李刚军等译,清华大学出版社,2004年,第90页。

期,改革的速度也不都是一样的,有时慢一些,有时快一些。应该认识到,"即使是激进的改革也有渐进的性质"①。

第三,国外有些学者有这样的说法,即认为渐进式向市场经济过渡必然要失败,这种说法是没有根据的。当然也不能笼统地认为渐进方式一定要比激进方式好。俄罗斯实行"休克疗法"的过渡未取得成功,不等于波兰也不成功。波兰1990年实行休克疗法之后,在较短的时间内度过了最困难的时期,并较快地出现了经济的增长,1992年国内生产总值增长2.6%,1993年增长3.8%,1990—1999年均增长率为2.69%。通货膨胀也得到了遏制,1992年通货膨胀率为43%,1993年为32.2%,据计算,1994年为29.5%。这表明波兰实行激进式过渡,较快地获得了成效。

第四,一个国家采用激进式的过渡往往是不得已而为之的。它们或者是在多次采取措施仍无法控制通膨时,被迫一次性放开价格;或者是在国内市场极其不平衡、赤字庞大、通膨失控、国家行政管理体系完全崩溃的条件下,通过政府有效控制地、逐步地实行价格改革已不可能,因而不得不采用激进方式。

第五,从实行渐进式向市场经济过渡的一些国家情况来看,也并不像有些人所想的那样,渐进式过渡必然拖得很长,进程很慢。拿匈牙利来说,它是东欧诸国中实行渐进式过渡的典型。虽然在转轨的头几年它离发育完善的市场体制还有较大距离,但匈牙利在向市场经济过渡方面也取得了很大进展,即价格早已基本放开,价格结构有了很大调整,传统的计划体制已经打破,市场调节的作用大大加强,市场经济的因素明显增多。另外,匈牙利的某些措施,如在企业破产方面,比实行"休克疗法"的波兰迈的步子要大得多。所以渐进式绝不是慢慢来,更不是走走停停,而是同样需要迈大步。

第六,人们对激进过渡方式所产生的问题容易看得比较清楚,如生产下滑速度快、通胀失控、生活水平大幅度下降、失业人数增加、承担的风险大等。但容易忽视渐进过渡方式存在的问题,如过渡时间拖得较长,在较长时间内价格仍不是市场价格,价格仍不能成为衡量经济效率的标准,不利于产

---

① [美]杰里·霍夫:《丢失的巨人》,徐葵等译,新华出版社,2003年,第324页。

权关系的改革,本国价格与国际价格长期脱节等。渐进的过渡方式,容易把问题与矛盾掩盖起来,搞得不好,有可能使问题越积越多,使改革难以取得实质性进展。另外,由于渐进式过渡时间较长,在过渡期会出现双轨体制的运行状态,尤其是价格双轨制,难免会导致经济秩序混乱,企业行为短期化,会为官倒、私倒创造条件,成为产生腐败的一个重要因素。所以,不能忽视渐进式改革的负效应,而应该力争在实行渐进式改革过程中把它带来的负效应减少到最低限度。

第七,不论采取哪种方式向市场经济过渡,过渡的主要内容是相同的:一是通过对国有企业的改造,改变独占的、单一的所有制结构,建立起多种所有制形式,在此基础上,使企业成为独立的商品生产者。二是为了使市场机制在实现社会资源优化配置方面起决定性作用,转换经济的运行机制,即由传统计划经济条件下形成的行政机制转换成市场机制。三是改变政府调控宏观经济的手段与方法,即由直接的行政方法的调控改为间接的经济方法的调控,为此就必须转变政府职能。四是在形成与培育市场经济的同时,建立起完善的社会保障体系。

第八,从苏联与东欧各国向市场经济过渡方式的发展过程看,其趋势是渐进与激进两种方式的混合,但侧重于渐进式。笔者认为,搞激进转型的国家,经过一段时间后转向渐进,并不意味着对前一段时间激进改革政策的根本否定,亦不是什么纠偏,是合乎逻辑的发展。因为原苏东国家要从传统的计划经济体制向市场经济体制过渡,不可能一蹴而就。转型是一个推陈出新的过程,一些国家通过激进式转型是为未来整个经济改革过程与制度建设创造初始条件。按科勒德克的看法,经济稳定化和自由化可以以激进方式达到,而结构改革、制度安排与现存生产力的微观结构重组则必须是渐进进行的。[①] 所以笔者认为,如果从通过转轨达到制度建设的目的这一角度讲,所有计划经济体制向市场经济体制过渡的国家,其经济体制转型实质上都是渐进的,必然是一个渐进的过程。关于这一点,应该是不存疑问的。

以上的分析说明,不要对激进与渐进转型方式绝对化的理解,实际生活

---

① 参见[波兰]格泽戈尔兹·W.科勒德克:《从休克到治疗——后社会主义转轨的政治经济》,刘晓勇等译,上海远东出版社,2000年,第35～37页。

中往往出现这种情况:在"某个人看来是渐进的转型,或许在另外一个人看来就是激进的改革"。例如,"科尼亚和波波夫则把越南视为休克方式的典型,主要是指其快速放松价格管制并保持宏观经济的稳定。他们因此而将俄罗斯和乌克兰计入实施非连续休克战略的国家之列,也就是迅速放开价格,但却未能保持宏观经济稳定"①。拿中国改革来说,一般认为是渐进的典型,而吴敬琏教授在分析中国改革战略问题时指出:"不能用'渐进论'概括中国的改革战略。"他自问自答地说:"'渐进改革论'是否符合中国改革的实际?是否符合小平同志经济体制改革的战略思想?我的回答是否定的。""中国改革举世公认的成就,并不是因为国有经济采用了渐进改革的方法才取得的"。中国改革取得的成就主要是由于在"1980 年秋到 1982 年秋短短2 年时间内,就实现了农村改革,家庭联产承包责任制取代了人民公社三级所有制的体制。1982 年以后,乡镇企业大发展,进而带动了城市非国有经济的发展。加上搞了两个特区和沿海对外开放政策,使中国一部分地区和国际市场对接,而且建立了一批'三资企业'。……一个农村改革,一个对外开放,构成了 1980 年以后中国改革的特点。1980—1984 年所取得的成就在很大程度上与这一特点有关"②。而搞农村改革、特区和对外开放,其速度都是快的,也并不是时间拖得很长的渐进式进行的。杰弗里·萨克斯也说:"我并不认为中国的成功是渐进主义发挥了特别的作用,真正起作用的是开放农村、开放沿海地区、鼓励劳动密集型生产、允许外资与技术的输入,等等。一句话,允许足够的经济自由,从而最好允许足够的经济自由,从而最好地利用了中国的结构。"③

---

① [波兰]格译戈尔兹·W.科勒德克:《从休克到治疗——后社会主义转轨的政治经济》,刘晓勇等译,上海远东出版社,2000 年,第 35、47 页。

② 吴敬琏等:《渐进与激进:中国改革道路的选择》,经济科学出版社,1996 年,第 1~3 页。

③ 同上,第 166 页。

# 第二十七章　叶利钦时期经济转型的评价

从 1992 年初到 1999 年底这 8 年,是叶利钦主政时期,对其经济转型的评价问题,俄罗斯国内与国际社会一直存在不同的看法,在中国国内看法也是很不一致的。但持否定看法的居多。而否定叶利钦时期俄罗斯经济转型的一个基本观点是,把俄罗斯经济大幅度下降完全归结为激进式的"休克疗法"。这样,很长一个时期,在国内的一些论著中,经常看到的是以下公式化的结论:由于叶利钦推行"休克疗法"的转型政策,导致俄罗斯出现严重经济危机和经济大幅度的下降。这似乎成了不可讨论的公理。长期以来,笔者一直关注叶利钦时期经济转轨问题,特别是在求索俄罗斯经济转型危机的原因上,在研究过程中发现,叶利钦时期出现经济转型危机的原因非常复杂,决不能仅仅归结为"休克疗法"一个因素。这一章,是本书论述叶利钦时期经济转型的最后一章,主要是对这一时期经济转型进行一些评述。在这里,笔者所提出的看法,供读者讨论,目的是使这一领域的研究更加深入,更加符合俄罗斯的实际。

## 第一节　总体评价

如何评价叶利钦执政时期 8 年的经济转型,是个复杂的问题。笔者认为,俄经济转型是个十分复杂的过程,涉及多方面的问题,因此只有对复杂的问题采取深入、多层次和多角度地分析之后,才能得出更符合实际和科学的结论。

　　在叶利钦执政期间,形成一批与他长期共事的亲信,也出现了一些对他
持坚决反对的人,还有一些与他共过事后又被解职的人。各种代表性人物
对叶利钦的评论性看法,自然是不相同的,有时看法截然相反。作为总统助
理的萨塔罗夫等人说:"鲍·叶利钦的名字曾经是俄罗斯社会独特的政治分
界线和定音器。关于他,人们曾经在家庭、在街头巷尾、在工作场所争论不
休。对于一个人来讲什么更为珍贵呢? 是排几小时的队凭票得到一根价值
两卢布的香肠,还是获得自由的空气? 对于一部分人来讲,这位俄罗斯第一
位总统是希望和确保永远告别过去的象征;对另一部分人来讲,他是民族灾
难、国家解体、被极权制度驯服的千百万人悲剧的化身。"①就是说,在评价叶
利钦的转型时面临着这样的矛盾:相当一部分俄罗斯民众不想回到过去,人
们珍惜来之不易的政治、思想与经济自由,现在不愿意得而复失。摧毁了高
度集权的斯大林体制,人不再是"螺丝钉",经济自由给人们创造了广阔的活
动空间与施展才能空间;而同时,相当一部分俄罗斯人,在转型过程中丧失
了很多,生活十分困难。这就是在评论叶利钦转型时出现种种矛盾的根本
原因。

　　不少人认为,叶利钦在执政时期,所做的最重要的和成功的一件事是,
摧垮了斯大林体制的基础。在 1992—1994 年,基本上摧毁了指令性的集中
计划经济管理体制。② 至于摧垮之后建设什么样的资本主义制度,对叶利钦
为代表的当时的民主派来说,考虑得很少。换言之,他们对转型的起点是清
楚的,这就是斯大林-苏联式的社会主义,而转型终点模糊不清,最后会造成
什么后果也了解甚少。所以叶利钦转型时期采取的一些重要政策,都是围
绕摧垮旧体制和巩固权力而进行的。在叶利钦时期任总理 8 个月的普里马
科夫对叶利钦作总体评价时说:"虽然叶利钦有过错,也有失误,但我认为,
他仍然是一位伟大的具有悲剧色彩的人物,他毋庸置疑地将被载入史册。"
在对叶利钦时期转型的评价时说:这个时期"无疑产生了一个主要结果——
积累了大规模的、多方面的变革潜力,已经不会回到苏联式的经济国家和社

---

　　① ［俄］格·萨塔罗夫等:《叶利钦时代》,刘增训等译,东方出版社,2002 年,第 2~3 页。
　　② 参见［俄］科萨尔斯等:《俄罗斯:转型时期的经济与社会》,石天等译,经济科学出版社,2000
年,第 70 页。

会管理模式,不会回到旧的国际关系实践"。他还分析说:"鲍里斯·尼古拉耶维奇·叶利钦的个性十分有趣。20世纪90年代上半期,他是一位意志坚强、富有直觉、非常自信的领导人,即使是有什么东西不甚了解,但借助以往的经验和实践也都解决了。"但到了1996年由于各种寡头联合起来帮助他竞选总统获得成功,寡头们"假借他的名义由他们自己来管理国家,稳定致富",还利用叶利钦的疾病为他们达到这种目的提供便利。做过心脏手术后,叶利钦完全变成了另外一个人。他依赖药品每天只能工作有限的几个小时,并且还不能保证每天工作。他的体力无法抗衡来自新亲信的压力,"家族"充分利用了这些。[①] 这说明,1996年后的叶利钦,失去了那种意志坚强、自信和独立处理问题的个性。听从寡头与家族,是造成叶利钦悲剧的一个重要原因。

笔者认为,对叶利钦时期经济转轨的总全权评价,应该考虑到以下三个方面:

一、必须与制度变迁结合起来考察

20世纪90年代初启动的俄罗斯经济转型,是与制度变迁同时进行的,或者说它是整个制度变迁中的一个重要组成部分。就是说,当时俄罗斯新的执政者,通过经济与政治体制的改革,要改掉在斯大林时期建立起来的、已失去发展动力和人们不再信任的苏联社会主义模式。因此,当时俄罗斯需要确定十分明确的制度改革目标,即在政治上建立民主体制和在经济上建立市场体制。对这个转型的大方向持什么态度是评价叶利钦时期与以后时期转轨的基本出发点。

叶利钦在俄罗斯之所以能执掌政权8个年头,主要原因是,他在俄罗斯推行的转轨型就其大方向而言,是符合社会历史发展潮流的。[②] 这8年的转型有进展也有失误甚至严重错误,从而民众对他往往徘徊在希望与失望之间。否则就无法解释,为什么在1996年7月俄罗斯一千年历史中首次通过

---

① 　[俄]叶夫根尼·普里马科夫:《临危受命》,高增训等译,东方出版社,2002年,第198、222、197页。

② 　这指的是政治上民主化与经济上市场化。

全民投票选举国家首脑时,叶利钦能获胜。

从俄国内情况来讲,俄罗斯当时面临着十分艰巨与复杂的改革任务。在1999年的最后一天,叶利钦在辞职讲话中说:"我已经完成了我一生的主要任务。俄罗斯将永远不会再回到过去,俄罗斯将永远向前迈进。"这里讲的主要任务,就是指8年来的制度性转型冲垮了苏联时期传统的社会主义政治与经济体制模式,形成了新的政治与经济体制模式的框架。

二、必须与政治体制变革联系起来考察

既然经济转型是俄制度变迁中的一个组成部分,因此我们不能只从纯经济角度分析经济转型中的得失,而必须把政治与经济体制的变革联系起来加以考察。叶利钦执政8年,通过政治体制的改革,使一党垄断、党政融合、议行合一、高度集权、缺乏民主等为特征的斯大林式的社会主义政治体制不复存在,而是过渡到以总统设置、多党制议会民主、三权分立、自由选举等为特征的西方式政治体制模式。应该说,这对作为苏联继承国的俄罗斯来讲,是政治体制的一个质的变化,它有利于克服那种高度集权、缺乏民主的政治体制所存在的种种严重弊端,使广大俄罗斯人民得到在苏联时期不可能得到的民主与自由。也正是这个原因,在俄所形成的政治体制框架已为多数政党与多数民众接受,从而使这种转型方向变得不可逆转,恢复苏联时期那种政治体制已不可能。

当然,我们讲俄在政治体制改革方面取得重大进展,并不忽视在俄罗斯形成的新的政治体制有着严重的局限性与不完善之处,俄罗斯尚未成为一个现代的民主社会与民主国家,这主要表现在:一是俄总统权力过大,在很多方面实行的是"总统集权制",不少重大政策的决定是由叶利钦个人作出,因此,往往带有叶利钦独裁的性质。① 虽然在转型初期的特定条件下,"总统集权制"有其积极作用,如能较快结束俄"双重政权"局面,总统在稳定政局中有着极为重要的影响。但"总统集权制"也有明显的负面效应,难以使政

---

① 叶利钦的独裁与斯大林时期的独裁有着很大区别,前者更多的是着眼为了控制各种权力机关,不是针对广大民众,尽量给予民众民主自由;后者是对所有不同政见者加以镇压,直至在肉体上加以消灭。

府和议会充分发挥作用,严重影响三权分立体制的实施,容易出现决策失误,这也是导致俄政局不稳定的一个重要因素。① 二是政党政治很不成熟,政党过多,1999 年 12 月俄议会选举获准登记的党派就有 26 个。在议会占多数的党派无权组阁,政党的作用受到制约。这样,使政党在决定国家重大方针政策方面难以发挥作用。三是俄公民在实现自己民主权利方面还存在不少问题,很多民主权尚难享用。

三、形成了市场经济体制框架

经济转轨本身来看,激进的改革方式,选择的自由市场经济模式,俄很快就冲垮了传统的计划经济体制模式,1996 年形成了市场经济体制的框架,主要表现在:②

1.私有化

通过私有化,打破了国家对经济的垄断,形成厂私营、个体、集体、合资、股份制与国有经济多种经济成分并存的多元化格局。俄罗斯的一些政要还认为,通过私有化较顺利地实现了其政治目标:一是铲除了社会主义的计划经济体制的经济基础,使经济体制转型朝向市场经济体制模式变得不可逆转;二是培育与形成一个私有者阶层,成为新社会制度的社会基础的政治保证。

2.按西方国家模式,构建适应市场经济要求的宏观调控体制

在银行体制方面,俄建立了以中央银行为主体、商业银行与多种金融机构并存的二级银行体制。通过立法,明确了中央银行的独立地位,实行利率市场化。

在财税体制方面,俄通过改革使国家财政向社会共同财政转化,缩小财政范围。财政职能转变的重点是两个:一是财政作为政府行为不再直接干预企业的生产经营活动,主要是解决市场不能满足的一些社会公共需要;二是由于在市场经济条件下,国家调控宏观经济的方式由以直接行政方法为

---

① 叶利钦在 8 年里,撤换了 7 个总理、9 个财政部部长、6 个内务部部长和 3 个外交部部长。

② 在本书第 26 章,已分别对叶利钦时期宏观经济体制与微观经济体制改革作了较详细的论述,因此在这里仅作简单地归纳,以说明市场体制框架已形成的标志。

主转向间接经济方法为主。因此,要强化财政对宏观经济的调控作用。通过实行分税制,在联邦预算中建立转移支付项目。联邦、联邦主体和地方三级税收体制基本上已建立。

在外汇管理方面,由一开始实行的自由化转向实行有管理的浮动汇率制度。

3.确立了社会保障体制改革的方向

俄在这一领域的改革是朝以下方向进行的:一是逐步放弃国家包揽一切的做法,实现社会保障的资金来源多元化;二是在处理社会公平与效率的相互关系问题上,重点由重视公平而忽视效率转向效率兼顾公平。

4.在经济建设法规方面也取得了一定的进展,制定了大量的法规

但应该看到,叶利钦时期形成的市场经济框架,是极其不成熟的。由于俄罗斯市场是在苏联经济的行政命令体制崩溃过程中产生的,产生于强大的国家体制削弱与瓦解过程中,这样,国家调节市场的能力很差,加上在市场形成过程中,充满着政治斗争,这使得市场经济运作中出现无序、混乱、经济犯罪和影子经济。

四、出现了严重的经济转型危机

叶利钦时期的经济体制转型,并没有使俄罗斯摆脱经济困境,而是给人民生活带来了很大困难。为此,叶利钦在辞职讲话中说:"恳请大家原谅。"他说:"我苦思该采取何种举措来确保国人生活得安逸,哪怕是改善一些。在总统任期内,我再没有比这重要施政目标了。"

从1992—1999年的8年中,俄罗斯经济除了1997年和1999年分别增长0.9%和5.4%外,其他6年都是负增长,1992年国内生产总值下降14.5%,1993年为8.7%,1994年为12.7%,1995年为4.1%,1998年为4.6%。经济转轨以来,俄国内生产总值累计下降40%。

这里有必要分析一下1998年出现的金融危机。1998年俄罗斯经济的一个重要特点是:经济危机与金融危机交织在一起,互为因果,相互促进。这一年俄金融市场不断出现动荡,一直发展到"八一七"爆发全面金融危机。这给俄经济带来了沉重打击,除了国内生产总值下降4.6%外,居民实际收

入下降18.5%,失业率为13.3%,卢布贬值75%,生活在贫困线以下的居民人数从原来占居民总数的1/5剧增到54%,年通胀率达到84.4%(1997年已降至11%)。

（一）"八一七"全面爆发金融危机的过程与原因

自1997年10月以来,受东亚金融危机的影响,俄罗斯金融市场出现了多次大的动荡。1998年5月27日俄罗斯金融市场出现了"黑色星期三"。这一天,美元对卢布的汇率提高到1美元换6.2010~6.2030卢布,超过了央行的1998年外汇与卢布比价浮动走廊规定的最高限度6.1810卢布,并出现了国债收益率暴涨60%~80%和股票指数暴跌10.5%。这迫使俄罗斯央行迅速作出把主要利率提高两倍的决定,即从原来的50%提高到150%。俄罗斯这次金融动荡是东亚金融危机以来俄罗斯出现的第四次金融动荡,也是最严重的一次。

在俄罗斯政府采取一系列措施之后,5月30日危机出现缓解。当时的基里延科总理于5月31日指出,俄罗斯金融危机最严重阶段已经过去。但时隔不久,在6月28日以后的两周内,俄罗斯金融市场再次出现动荡,如6月29日股市价格下跌6.11%,债券利率在7月3日劲升70%的情况下再度扬升。接着在7月20日获得国际货币基金组织48亿美元贷款不久的7月28日,股市又下跌9%,短期债券利率上升到74%。从7月底到8月13日不到半个月的时间里,反映100种工业股票价格的"俄罗斯交易系统"综合指数,下跌了55%,跌破俄罗斯交易指数3年前开业时的起点。国债券的年收益率也从7月31日的51%~60%猛升到8月13日的160%。与此同时俄罗斯发行的欧美债券在国外债市上已跌到面值的1/2。在这种情况下,虽然俄罗斯政府竭力设法挽救金融市场,全力保卢布,但已无能为力,最后俄罗斯政府与央行不得不联合宣布调整卢布汇率,即将美元与卢布汇率比价从1:6:2扩大到从1:6.2到1:9.5之间自由浮动,这实际上可以允许卢布贬值50%。与此同时,俄罗斯政府还宣布将1999年12月31日之前到期的国家短期债券转换为3年、4年、5年的长期债券,在转换手续结束之前,暂停这部分国债券的买卖;在8月17日起的90天内,暂停俄罗斯对外债务与紧急外汇合同的偿付等。十分清楚,通过上述措施,达到延期偿还债务的目的。在8月17

日宣布上述政策后,俄罗斯银行体系处于瘫痪状态,金融市场一片混乱。

俄罗斯之所以爆发"八一七"全面金融危机,总的来说,是各种因素作用的结果,反映了它经济的虚弱性,国际金融市场一有风吹草动,就会波及俄罗斯,发生全面金融危机的主要原因有:

1. 对经济发展前景失去信心

1997 年 7 月以来接连不断的东亚金融危机,已使外国投资者普遍感到十分紧张,这使他们比以前更加关注俄罗斯令人担心的经济发展态势。1997 年俄罗斯经济出现了转机,走出谷底,有了微弱增长。但 1998 年 4 月 10 日基里延科总理在国家杜马发表施政纲要时指出,目前俄罗斯经济形势是"十分复杂的","国家去年年底和今年年初出现了经济增长,但是在主客观的影响下瞬间就化为乌有了"。1—7 月国内生产总值下降 1.1%,其中 7 月份的幅度最大,为 4.5%。8 月 21 日发表了俄经济部的经济预测说,俄 1998 年国内生产总值与工业产值分别下降 2.5% 和 3%。被叶利钦定为"经济增长年"的 1998 年已改为"反危机年"。这样,使得那些接连不断受东亚金融危机影响的投资者更加感到紧张,并使他们比以前更加关注俄罗斯令人担心的发展态势,对其经济越来越失去信心。可以说,俄整个经济的脆弱性与不稳定性是它金融市场不断出现动荡的基本因素。

2. 出口形势严重恶化

1998 年以来,这突出反映在两个方面:一是出口额大幅下降,1998 年比上年下降 8.4%。前几年出口较大幅度的增长与大量外贸顺差对支撑俄经济起了不小的作用,而现在这一因素作用正在消失。二是,更为严重的问题在于,1998 年以来,世界市场上石油价格狂泻,使俄罗斯全年损失约 150 亿美元,而其 1/3 的外汇收入是靠出口石油换取的。

3. 由于预算危机十分严重

1998 年以来俄罗斯经济形势恶化最为突出的表现是预算危机。多年来,俄罗斯一直存在大量预算赤字。叶利钦在 1998 年 2 月 17 日向俄联邦会议发表的总统国情咨文中提出:"1998 年应当消除预算危机。"但从 1998 年上半年执行预算的情况看,预算出现了庞大的赤字,竟有一半以上的预算支出没有资金来源。俄罗斯出现如此严重的预算危机,除了经济不振、缺乏牢

靠的财政基础这一原因外,1998 年出现了以下一些特殊因素:

（1）接连不断的金融危机,导致外资撤离。俄罗斯受东亚金融危机冲击最大但是国家短期债券。到 1998 年上半年,俄罗斯共发行了短期债券约 630 亿美元,其中外国投资者拥有 40%。另外,外资拥有俄罗斯股票约 150 亿美元。亚洲金融危机发生后,外国投资者为了避免风险,不时地抛售短期债券,1997 年 12 月底已撤走 100 亿美元,1998 年 5 月,外国投资者在"黑色星期三"前的短短两周内又抽走 140 亿美元。外资的撤离,还带动了俄罗斯国内资金的外流。美国马丁·西夫于 5 月 28 日在《华盛顿时报》发表的文章中说:据估计,20 世纪 90 年代初以来俄罗斯外流资金总额至少有 2000 亿美元,有些专家估计可能达到 4000 亿美元。

（2）俄罗斯为了遏制外资抛售短期债券的势头,不得不提高其收益率,这大大增加了俄国家预算付息的负担。当时普遍认为,最为危险的政府债务急剧增加。7 月 10 日基里延科总理在一次讲话中谈到,俄罗斯政府债务已达到国内生产总值的 44%,而在一个月以前还不到国内生产总值的 1/3。俄 1998 年有外债 1500 美元,内债 630 亿美元,已是负债接近极限的国家,它现在 1/3 的预算支出用于偿还债务,如果债务状况不改善,到 2001 年俄预算支出的 70% 将用于偿还债务。

（3）上面已提到的,世界市场石油价格暴跌,对今年俄罗斯预算带来了严重损失。严重的财政问题,使俄罗斯金融市场难以抵御东亚金融危机的冲击。正如当时任总理的基里延科说的:导致这次金融危机的主要原因是"我们没有学会有多少钱过多少钱的日子——国家收支不抵"。也正是由于这个原因,8 月 17 日俄罗斯在宣布调整卢布汇率的同时,不得不提出重组债务的政策。

4. 调控金融市场的能力越来越差

这主要反映在:

（1）亚洲金融危机以来,俄外汇储备不断减少。1997 年 7 月 1 日为 238 亿美元,1998 年 1 月中旬降到 200 亿美元,到 2 月下旬又降至 150 亿美元,而到了 5 月仅有 140 亿美元,其中 45 亿美元是黄金储备。

（2）俄罗斯金融体系十分脆弱,不少银行资不抵债,到 1996 年初,商业银行对央行的欠款数额已大大超过央行账户上全部现金总额,两倍于非现金货币额。1998 年初,央行依法吊销了 315 家商业银行的营业执照。前几年,俄罗斯商业银行发展很快,曾达到 2500 多家,金融危机后只剩下约 1800家。在这些银行中有一半的银行资本在 15 万美元以下。与此同时,商业银行系统对可疑与不良债务的保险储备日益下降,1996 年 1 月 1 日,这笔储备只能保证 70% 的不良债务,但是到了 1996 年 4 月 1 日,这一数字下降到50%。不良债务的保险储备不断下降,加上由于亏损企业大量增加(1997 年底约占企业总数的 50%),导致俄银行的呆账率的不断提高(约为 50%)。这些使得俄罗斯金融体系更加脆弱。

(3)俄罗斯居民与企业对卢布的信誉程度日益下降,国民经济美元化趋势没有得到遏制。1996 年居民储蓄的 80% 是存美元,而 1998 年"八一七"之后这一指标为 90%,这充分反映了卢布的脆弱性。原第一副总理丘拜斯就说过,俄罗斯"金融市场受到的压力是复杂的,压力强大,负担沉重"。一些西方学者也指出,在上述货币金融条件下,一旦出现卢布贬值,金融市场大动荡,届时,如果俄得不到国际货币基金组织与七国集团采取资金接济行动,俄罗斯就没有什么力量可以进行干预了。事实证明,就算得到国际金融组织的帮助,俄罗斯在 1998 年 8 月 17 日也同样会爆发全面的金融危机。正如有些俄学者指出的:"丘拜斯的胜利不是俄罗斯克服金融危机的胜利。有充分理由认为,哪怕在数十亿注入我国以后,也不能结束经济萧条。国际货币基金组织的帮助只不过是片阿司匹林,它只能将发高烧的俄罗斯经济从40 度降到 38 度,但治不好它的病。"

5. 税收状况未能改善

在基里延科任总理的 122 天里,他对付金融危机的主要政策是增收节支。但实现该政策相当困难,一是改善税收纪律需有一个过程;二是俄经济的一个特点是"经济易货贸易化"趋势十分严重,75% 为易货,地下经济占国内生产总值比重较多,这是税收收不上来的一个重要原因;三是俄罗斯亏损企业大量增加,到 1998 年 8 月,工业部门中的亏损企业占其企业总数的70%,而在农工综合体部门中这一指标高达 90%。这样就失去了税收的经济基础。

6.政治局势十分严峻

1998 年俄罗斯从 3 月到 8 月的半年内,两次更迭政府,使政局变得十分复杂,社会各界矛头直指叶利钦,要求他下台的呼声越来越高,他的威望与社会支持率已降到了有史以来的最低点。可以说,1998 年俄经济危机、金融危机与政治危机交织在一起,使得本来就不稳定的俄罗斯经济变得更加脆弱,变得更加扑朔迷离。

(二)金融危机对俄经济的影响

从 1998 年的情况看,金融危机对俄经济产生了复杂和深远的影响,它突出表现在以下方面:

1.首先波及股票市场

由于受东亚金融市场阴影的影响,世界主要股市全面走低,俄罗斯股票市场也立即得到反应。如 1998 年 1 月 12 日,蓝筹股的收市价比上一个交易日平均下跌了 10%。据俄罗斯报刊材料报道,从 1997 年 10 月份以来,股票价格已下降了 40%。与此同时,股票交易剧增,"俄罗斯交易系统"在 1998 年 1 月 12 日一天,交易量就达到 9500 万美元。这表明俄股票抛售活动的活跃。外资在俄罗斯股票市场拥有 100 亿~150 亿美元。据有关材料表明,参与抛售活动的主要是一些西方投资者。

2.受冲击最大的是俄罗斯国家短期债券市场

在 1995 年以前,约 4/5 的赤字靠央行的集中贷款来弥补,俄罗斯政府为了控制通胀,在 1995 年调整经济政策时,决定改变弥补预算赤字的办法,即停止向央行贷款,改为财政部印发为期 3 个月和 6 个月的短期债券,在国内市场筹集资金,并向国际货币基金组织进行贷款。这样,1995 年国债收入就弥补了当年 35% 的联邦预算支出。另外,俄财政部用提高为期 3 个月短期债券的收益率的办法,吸引外资进入国债一级和二级市场。1995 年,俄罗斯证券市场交易额中 99% 是为期 3 个月的国债券。到 1996 年,由于总统大选的政治需要,国债发行量剧增。到 1997 年底,俄罗斯共计发行短期国债券约 580 亿美元,其中外国投资者拥有 40%。东亚金融危机发生后,外国投资者为了避免风险,开始撤离资本。

### 3. 增加摆脱投资危机的难度

叶利钦在1998年的总统国情咨文中评价1997年的经济增长时指出:投资少,没有足够的资金支撑,经济增长是不稳定的和无效的。他还特别批评了对经济发展成为主要推动力的高科技部门几乎完全没有投资的严重问题。因此,他认为,俄罗斯当时面临的原则性任务之一,就是提高投资的积极性。在俄资金极端短缺、投资严重萎缩的情况下,舍弃国家短期债券就难以做到加大投资。为此,俄政府不得不采取提高短期债券收益率的办法,以起到遏制外资抛售短期债券的作用。但这里必须指出,这并不等于可以达到相应增加生产性投资的目的。这倒并不是像某些西方人士所说的,是"因为俄罗斯对资金的运用有个坏习惯",即资金不是投向生产的坏习惯。实际情况是,提高国家短期债券收益率在起到遏制外资抛售短期债券的同时,导致俄国内商业银行把资金投向收益率高又有政府作保的短期债券上,不用于生产性贷款上。

还有一点需要指出的,自1992年俄经济转轨以来,由于投资环境不佳,风险大,俄在吸引外资方面一直进展不大:1991年吸引外资1.36亿美元,1992年3.49亿美元,1993年22.15亿美元,1994年10亿美元,1995年28亿美元,1996年65亿美元,1997年外国对俄的直接投资比1996年增长70%,但这主要是上半年吸引的外资,下半年特别在东亚金融危机发生后,外资大大减少。按1998年1月20日俄副总理兼经济部长乌松宣布的材料,俄罗斯1992年至1998年上半年,共吸引外资230亿美元,其中直接投资为97亿美元。俄吸收外资的规模,已从1997年以前的第58位,下降到1994年的第149位。这么一点外资对俄罗斯这个大国来说,不论是在推动经济改革还是在改造结构以及推动技术进步方面,本来就显得十分不足。但对极度需要增加投资的俄罗斯来说,吸收外资十分迫切,特别在1997年上半年已出现了吸收外资有较大增长的良好趋势,但在金融危机的冲击下,吸引外资的良好趋势又很快消失了。

对此,叶利钦在1997年11月28日向俄罗斯人民发表广播讲话时说,只有依靠国内资金才能使经济稳定。他还在1998年的总统国情咨文中提出吸引国内投资的主张,认为,重点放在俄国内特别是大银行身上。这个思路有一定道理,但对俄罗斯来说是很难做到的。第一个原因我们在前面已涉及,在金融危机严重冲击下,俄罗斯商业银行的资金投向是由收益率来决定的。当时俄国内短期债券一个个到期,政府不得以新还旧。为了新的债券能推销出去,必须将其收益率提高到一个较高的水平上,这自然就把商业银行的资金吸引到短期债券上去了。第二,即使政府采取措施压低短期债券利率,但在俄罗斯大量企业效率低、亏损企业大量增加的情况下,银行不愿把资金贷给企业用于生产性投资贷款。因为一旦投放给企业,成为呆账的可能性很大。这决定了俄罗斯银行的活动是进行货币交易即金融投机,而不是把资金投向生产领域。以上分析说明,金融危机对俄目前的投资危机起了雪上加霜的作用。

4.增加了解决预算危机的困难

1997 年俄罗斯预算支出超过收入的 7.4% 。据国际货币基金组织说,税收仅占俄国内生产总值的 10.8% ,而支出占 18.3% 。叶利钦在 1998 年的总统国情咨文中批评说:"预算改革我们迟搞了好几年","1998 年应当通过预算法典,否则就不能使预算工作井然有序",并要求"1998 年应当消除预算危机"。这次金融危机对俄引进外资等方面产生的不利影响,给俄罗斯财政带来更大的困难。俄经济部部长亚辛认为,由于受这次金融危机的影响,1998 年财政赤字占国内生产总值的比重比原计划增加 1.5 ~ 2 个百分点。

5.不可避免地影响卢布的稳定

"八一七"爆发了全面金融危机后,金融条件急剧恶化,银行信誉严重受损,俄国民经济的美元化趋势继续发展。在这样的条件下,卢布变得更加脆弱,"八一七"之后,卢布对美元的汇率虽然在 1999 年以来制止了大幅度下跌的局面,但仍呈下跌的趋势。此外,居民的储蓄主要存美元的情况亦难以改变。

以上分析表明,"八一七"金融危机,严重地影响着俄罗斯经济的恢复过程。很明显,俄经济转型,从制度建设来看,取得了一定进展;但从经济发展来看,改革是不成功的。叶利钦时期的经济转型,不仅没有达到振兴经济的目标,而使经济出现了严重的转型危机。对此,博戈莫洛夫说,在叶利钦时期的转轨,"在政治方面,这个时代推动了我们前进,但是在经济方面,我们走的是一条通向灾难的道路"①。俄罗斯经济转型危机具有严重性、持续性与全面性的特点。

## 第二节 出现严重经济转型危机原因分析

关于俄罗斯经济转型过程中,产生经济转型危机的原因问题,正如我们在前面指出的,有人仅归咎于"休克疗法",例如有人说:"俄罗斯经济形势和经济转轨出现的问题,原因不在别处,而在'休克疗法'本身。""休克疗法""把国民经济搞休克了,把国家搞休克了,把人民搞休克了。"有人还说,"休克疗法"是"醒不过来的噩梦"。长期以来,笔者一直不同意把俄出现严重的经济转型危机仅仅归结为"休克疗法"的这个结论。叶利钦时期俄罗斯出现严重的经济转型危机是各种因素作用的结果。因此,必须历史地、全面地分析,切忌简单化。

普京在《千年之交的俄罗斯》一文中,在回答这个问题时写道:"目前我国经济和社会所遇到的困境,在很大程度上是由于继承了苏联式的经济所付出的代价。要知道,在改革开始之前我们没有其他经济。我们不得不在完全不同的基础上,而且有着笨重和畸形结构的体制中实施市场机制。这不能不对改革进程产生影响。""我们不得不为苏联经济体制所固有的过分依赖原料工业和国防工业而损害日用消费品生产的发展付出代价;我们不得不为轻视现代经济的关键部门付出代价,如信息、电子和通信;我们不得不为不允许产品生产者的竞争付出代价,这妨碍了科学技术的进步,使俄罗斯经济在国际市场丧失竞争力;我们不得不为限制甚至压制企业和个人的创造性和进取精神付出代价。今天我们在饱尝这几十年的苦果,既有物质上的,也有精神上的苦果。""苏维埃政权没有使国家繁荣,社会昌盛,人民自由。用意识形态化的方式搞经济导致我国远远地落后于发达国家。无论承认这一点有多么痛苦,但是我们将近70年都在一条死胡同里发展,这条道路

---

① [俄]O.T.博戈莫洛夫:《俄罗斯的过渡年代》,张骏译,辽宁大学出版社,2002年,第113~114页。

偏离了人类文明的康庄大道。"与此同时,普京也写道:"毫无疑问,改革中的某些缺点不是不可避免的。它们是我们自己的失误和错误以及经验不足造成的。"①我之所以引了普京上面这些话,因为我认为他讲的是符合实情的,我找不到理由来反对这些看法。基于此,我认为,应从以下方面去研究俄经济转型危机如此严重、时间如此之长的原因。

一、要从与苏联时期留下很深的危机因素联系起来加以分析

俄罗斯是苏联的继承国。俄罗斯经济继承了苏联经济,两者有着十分密切的联系。导致俄经济转型危机的因素中,不少是苏联时期留下来的,也就是说,旧体制、不合理的经济结构与落后的经济增长方式等惯性作用在短期内不可能消除。在转型过程中,新旧体制的摩擦、矛盾与冲突,比任何一个从计划经济体制向市场经济体制过渡的国家要尖锐和严重。这是因为:

第一,苏联历次改革未取得成功,因此经济问题越积越多,潜在的危机因素逐渐增加。到了20世纪70年代,苏联经济已处于停滞状态。戈尔巴乔夫改革的失败使苏联经济状况进一步恶化。正如我们前面指出的,苏联经济的负增长在1990年已出现,到1991年国内生产总值下降13%,预算赤字占国内生产总值的20%,黄金与外汇储备基本用尽。这发生在没有实行"休克疗法"之前,这是不争的事实。而实行"休克疗法"的第一年(1992年),国内生产总值下降幅度是14.5%,这比1991年也并不大多少。而联邦预算赤字占国内生产总值的比重是5%。这比没有实行"休克疗法"的1991年低得多。

第二,长期走粗放型的发展道路,明显地影响了经济增长速度与效益的提高。早在1971年,苏联就正式提出经济向集约化为主的发展道路过渡,但一直到1991年底苏联解体,集约化的道路仍未取得进展。这种拼消耗、浪费型的经济增长方式长期得不到改变,严重制约了经济的发展。

第三,苏联经济结构严重畸形,军工部门过于庞大,80%的工业与军工有关。这严重制约了俄罗斯经济的发展,突出表现在两个方面:一是冷战结

_____

① 《普京文集》,中国社会科学出版社,2002年,第4~5页。

束后,世界军火市场大大萎缩,军工生产处于减产和停产状态;二是庞大的
军工企业进行所有制改造与向市场经济转型,要比民用企业难得多,因为军
工产品的买主是单一的,即政府。在这种情况下,市场机制难以起作用,政府
订货一减少,军工企业便陷入困境,从而对整个工业企业产生重大影响。这
里,我们不妨列举一些资料具体分析一下这个问题。普里马科夫指出,苏联
解体前军工领域各部门创造的产值占国内生产总值的70%。[①] 如此庞大、占
国内生产总值比重如此高的军工企业,在俄罗斯经济转型起始阶段由于受
上面指出的因素制约,在1992—1993年,武器生产几乎下降了5/6,军工企
业生产总规模下降6/7。[②] 上面的数据告诉我们,占国内生产总值70%的军
工生产下降了6/7,这对俄罗斯在经济转型初期经济增长率大幅度下降起多
大的作用;还告诉我们,军工生产急剧下降,主要是国际形势的变化与军工
企业转型的特殊性造成的。

第四,苏联时期的经济处于半封闭状态,60%左右的对外经贸是与经互
会成员国进行。1991年经互会解散,导致俄与经互会国家的贸易锐减。与
此同时,俄罗斯的产品在国际市场上缺乏竞争力,难以扩大与西方国家的经
济关系,这对俄经济的发展必然带来严重的消极影响。据有关材料分析,在
经互会解散的1991年,苏联国内生产总值下降的50%以上是与经互会方面
经济联系遭到破坏造成的。这里还要考虑到苏联解体后,原各共和国之间
地区合作和部门分工的破裂对经济产生的严重影响。

这里可以看到,仅军工生产的大幅度下滑和经互会解体这两个因素,对
俄罗斯出现经济转轨危机起了多大的作用。我想,这不是一道复杂的数
学题。

第五,还有一个不可忽视的因素是,长达75年苏联历史留给人们头脑中
的"印迹",一时难以抹去的陈旧的、习以为常的东西,它们与新体制难以很
快合拍,按新规则行事。对此,俄罗斯学者分析说:"俄罗斯向市场过渡遇到
困难的主要原因是什么呢,是政策不对头,是市场经济模式不好,是俄罗斯

---

民众的独特性,抑或是其他什么原因? 如果简单地进行回答,可以说主要原因存在于向市场经济过渡开始前的75年的历史中。历史并没有无声无息地流逝,而是留下了痕迹和遗产,因为它在人们头脑中和各个领域都打下了'印迹'。在国家机构中,在今天的政治家的活动方式中,在今天企业经营的特点中,在企业的经理、专家和工人当中,在本身带有过去特征和社会遗产的整个目前的社会当中,历史都留下了自己的印迹。"①

第六,由于叶利钦在推行激进改革时,既没有制定详细的计划,也没有在事先与获得主权的共和国就政策协调达成协议,这样一开始就给货币体系稳定带来了很多不确定因素,因为人们不清楚,原来的卢布是否将保留,还是仅缩小到俄罗斯联邦地区,再说想留在卢布区的共和国,也没有提出明确的财政与信贷政策,俄罗斯对其货币金融政策的监督是否有效。另外,不少主权国家都准备发行自己的货币,这种情况下,使大量的货币流入俄罗斯,而商品从俄罗斯流走,这就在很大程度上使得俄宏观经济更加不稳定,经济发展更加困难。②

二、经济转轨过程中出现的矛盾与失误

在这方面有两类问题:一类是俄罗斯实行快速向市场经济过渡而所采取的措施本身所含有的内在矛盾,③及它对经济发展带来的困难;一类是转型过程中出现的政策失误。

(一)第一类问题:内在矛盾

1.措施与目标矛盾

快速地向市场经济过渡的目标是要稳定经济,但为此而采取的措施,往往与目标相矛盾。这表现在:

---

① 〔俄〕科萨尔斯等:《俄罗斯:转型时期的经济与社会》,石天等译,经济科学出版社,2000年,第35页。

② 参见〔俄〕博戈莫洛夫:《俄罗斯过渡年代》,张池译,辽宁大学出版社,2002年,第139～140页。

③ 关于"内在矛盾"的观点,笔者早在1993年2月撰写的一份调研报告中就提出。同年3月在厦门大学一次学术研讨会上,在向会议提交的题为《苏联与东欧各国向市场经济过渡若干问题分析》论文中,又详细地作了分析。该论文收集在由陆南泉、阎以誉编著的《俄罗斯·东欧·中亚经济转轨的抉择》一书中(见中国社会出版社,1994年)。

第一,俄罗斯在转型起步阶段,其经济处于深刻危机状态,原来的经济结构严重畸形,市场供求关系极不平衡。这种情况下,客观上要求政府加强对经济的干预,有时还需要采取一定的行政手段。但快速地、大范围地放开价格,实行经济自由化,一般会使政府的间接调控和行政干预的作用大大减弱,甚至根本不起作用,这样,不仅达不到稳定经济的目标,反而使经济更加混乱和动荡不定。

第二,稳定经济与紧缩财政与信贷政策之间有矛盾。俄罗斯在转型头几年,经济危机与财政危机一直并存。从客观上讲,要遏制生产下降,稳定经济,就要求增加投资,放松银根。而解决财政赤字问题和控制通胀,又必须压缩支出,减少国家投资和紧缩信贷,这与稳定经济、促进生产的发展又相矛盾。

第三,大幅度地减少财政赤字,除了压支出还要增收,而增收的主要办法是增加对企业的课税。增加对企业课税的结果实际上把企业掠夺一空,刺激生产发展的机制就形成不了。

### 2. 垄断程度高

苏联与东欧各国经济的一个重要特点是垄断程度高,如苏联时期40%的工业产品受垄断控制的。在垄断没有打破的情况下放开价格,很难达到刺激生产的目的。因为这样往往会出现由国家垄断价格变成某部门、某地区甚至某个大企业的垄断价格,难以形成市场竞争环境。

### 3. 措施之间实现条件不同

在向市场经济过渡的起步阶段,实施的像放开价格等宏观改革措施与使企业成为独立的商品生产者的微观改革措施,发挥作用的条件与时间是不同的。例如,放开价格等措施在极短时间内即可实现,而私有化则是一个较长时间的过程,企业机制的转型难以在短期内实现,因此,企业对转向市场经济的宏观改革措施所发出的各种经济信号不能作出灵敏的反应。又如,要形成能适应市场经济的企业领导层和改变广大生产者的惰性,也不是短时间能做到的。

### 4. 垄断制与开放的矛盾

打破对外经济关系垄断制,向国际市场全面开放,是向市场经济过渡的重要外部条件。但这会立即面临激烈的竞争,而俄罗斯的生产设备只有16%能承受住竞争的压力。在这种情况下,加速对外开放的宏观改革措施与保护及促进本国企业发展的微观改革措施难以协调。

以上种种矛盾,往往会拖延向市场经济过渡的速度,使社会经济的动荡与痛苦变成一个慢性的和长期的过程,成为在短期内难以摆脱经济困境的一个重要原因。

(二)第二类问题:政策失误

1.放弃了国家对经济的调控

这在俄罗斯转型头几年表现得尤为突出。当时盖达尔主张,应该采取措施,以最快的速度在俄罗斯形成自我调节和自我组织的市场经济,国家应最大限度地离开市场经济。到1994年2月10日,盖达尔在《消息报》发表文章还强调:"要尽最大可能减少国家对经济的管理。"十分明显,当时俄罗斯经济转型在新自由主义影响下,强调国家放弃对经济的干预,强调市场的神奇力量。没有摆正政府与市场的关系。1994年3月,俄罗斯对专家就国家对经济的作用问题进行了调查,受调查的专家中,认为"国家对经济的调节力度过于软弱"的占57%。① 关于这一点,几乎有一致的看法。普里马科夫批评说:"现代自由主义作为一种经济思想,过去和现在都在宣扬在国家最少干预管理对象活动的条件下实行自由竞争。"他认为,要在俄罗斯实现公民社会,政治多元化,继续市场改革,把俄罗斯经济作为世界经济的有机部分发展,"首先必须加强国家对经济的作用,但完全不意味着,也不可能意味着收缩市场过程。与此相反,我们认为国家应当促进转入文明的市场。没有国家认真干预,混乱的运动本身不会也不能出现这一市场"②。阿巴尔金指出,对形成市场经济过程中加强国家作用的看法,国内外多数学者持一致的看法,他转引美国约瑟夫·斯蒂格利兹等三名获得诺贝尔经济学奖的学者的观点说:"他们认为,绝对自由的、自发的市场发展会导致经济中的失衡现象。尖锐的、不可调节的冲突会造成不稳定现象并出现社会危机和动荡。为了防

---

① 参见[俄]科萨尔斯等:《俄罗斯:转型时期的经济与社会》,石天等译,经济科学出版社,2000年,第64页。

② [俄]叶夫根尼·普里马科夫:《临危受命》,高增川等译,东方出版社,2002年,第21、36、37页。

止这些弊端,按照他们的意见,必须有规律地增加国家的调节作用。"①

2. 紧缩政策的失误

过度的、无区别的紧缩政策恶化了宏观经济环境,还危及企业的基本生存条件。俄罗斯在实行经济自由化特别是价格自由化过程中,为了抑制通胀,需要实行紧缩财政、货币政策,但俄罗斯没有在不同的时间、不同的部门实行适度紧缩,而是全面紧缩,不加区分,结果造成投资大幅下降,1995 年俄罗斯投资总额仅为 1990 年的 25%。投资危机在经济危机中最为突出。另外,货币供应量和信贷投放量的过度紧缩,使企业由于缺乏必要的资金而难以进行正常生产经营活动。实践证明,过度的紧缩政策既没有达到稳定经济的目标,也没有达到平衡财政的目标。还需要指出的是,过度紧缩政策,还导致三角债大量增加,并出现经济货币化大幅度下降与严重的支付危机。俄罗斯很多经济问题都与三角债有关。过度紧缩使货币量大大减少:经济转型之初的 1992 年 1 月,货币量占 1991 年国内生产总值的 66.4%,大体与世界实践相适应。到 1998 年 6 月 1 日货币量仅占 1997 年国内生产总值的13.7%。② 累积的债务率不断增加,1993 年占国内生产总值的 9.6%,而到1998 年高达 49%。③

3. 软性预算控制措施与软弱无力的行政控制手段

这是俄罗斯长期解决不了财政问题的重要原因。国际货币基金组织出版的《金融与发展》季刊 1999 年 6 月号发表盖达尔的一篇文章,总结俄罗斯危机给转型国家带来的教训。他认为俄罗斯改革中最重要的一个失误是:"软性预算控制措施与软性或不存在的行政管理限制灾难性地融合在一起。"过去,在计划经济体制条件下,软性预算措施是与硬性的行政管理措施是共存的。由于每个企业都是某个庞大的统治集团的一部分,因此国家牢牢控制着经理的任用,还要确保这些经理完成赋予他们的任务,企业经理人员完全处于集权化的政治控制体系中,他们必须循规蹈矩。虽也有掠取企业财富的犯罪行为,但受到限制。而当这种集权化的计划经济体制崩溃之

① 《阿巴尔金经济学文集》,李刚军等译,清华大学出版社,2004 年,第 294 页。
② 参见[俄]叶夫根尼·普里马科夫:《临危受命》,高增川等译,东方出版社,2002 年,第 47 页。
③ 参见《阿巴尔金经济学文集》,李刚军等译,清华大学出版社,2004 年,第 242 页。

后,对企业经理人员的行政控制也就瓦解了。这样造成的结果是,每年的税收计划往往只能完成50%左右,而大量的财政支出压不下来,财政危机不断加深。我们在前面分析的1998年"八一七"的那场金融危机是说明这一点的典型例子。从这一年上半年预算执行情况看,俄竟有一半以上的预算支出没有资金来源。这种状况一直延续下去,与此同时,还债的压力越来越大,并已完全丧失了偿还债务的能力,到了8月,俄政府与央行不得不宣布调整卢布汇率与重组债务。

### 4.国企改革中的失误

这对俄罗斯经济发展起着不可低估的负面作用。从传统的计划经济体制向市场经济体制过渡,一个重要条件是要把过去统一的、过分集中的以国家所有制为基础的经济变为与市场经济相适应的所有制关系。俄罗斯改革所有制结构,这是实行市场经济必不可少的一步。它在这方面的错误,不在于搞不搞私有化,而在于私有化的战略目标与方式等方面出了严重错误。有关这方面的问题将在本书第三十章加以论述。

### 5.对西方的经济援助期望过高

俄罗斯在转型初期,原设想只要沿着西方认同的改革方向发展,与社会主义决裂,就可获得西方大量资金。实践证明,西方的经济援助不仅数量有限并有苛刻的政治条件,援助的目的是为西方国家自身的安全利益服务的,即要使俄罗斯长期处于弱而不乱状态。几年后,俄罗斯对此才有较为清醒的认识。

### 6.分配领域中的失误

市场经济要求的效率优先、兼顾公平的原则,在俄罗斯经济转型过程中的相当一个时期未能实现这个原则。转型一开始,由于盖达尔坚持实行自由市场经济模式,在社会与分配领域,他坚持的政策是:国家只负责保护社会上最贫困的那部分居民。这样,在废除苏联原有的社会保障体制同时,并未采取有效的社会公正政策来遏制各阶层收入差距的不断扩大。据俄罗斯统计资料,10%的富有阶层的收入与10%的最低收入阶层的收入差距在1991年为4.5倍,1992年为8倍,1993年为11倍,1993年与1994年上升到14倍左右,1999年的第二季度升至14.7倍。20世纪90年代中期,俄罗斯社会中 10% 和高收入阶层占居民总收入的 26%,而占人口总数 10% 的贫困阶层的收入占总收入的 2.3%。① 另外,国家基本上不能保证教育、保健与文化等一系列社会问题要求得到满足。这种分配政策,使得大量社会问题得不到解决,大多数居民与政府处于对立状态。这是社会不稳定、改革得不到支持、市场经济秩序迟迟建立不起来的一个重要原因。

### 三、政治因素对经济衰退的作用

很长一段时期,俄罗斯政局的不稳是阻碍经济转型和经济正常运行的重要因素。向市场经济过渡要求有一个稳定的社会政治环境,法治建设必须跟上。俄罗斯在向市场经济转型的开始阶段,经济过渡与政治过渡之间存在严重的脱节和不协调。1993 年 10 月,叶利钦"炮打白宫"以及政府的不断更迭,不仅反映出政治体制的不成熟、不稳定及不定型,还反映出各种职能机构之间缺乏协调机制,失控现象十分严重。在这样的条件下,俄罗斯难以形成一个在实际中能贯彻执行的经济纲领,从而导致经济运行处于混乱、无序的状态。这种复杂的动荡不定的政局、一场接一场的政治风波,使得俄罗斯经济变得更加脆弱,更加扑朔迷离。

### 四、转型理论准备不足

在苏联时期,经济理论在意识形态的重压下,对市场经济理论主要是批判,对现代市场经济理论根本不熟悉,因此,在快速向市场经济转型时,就会对西方市场经济理论不顾俄罗斯具体条件而盲目运用到经济改革中来。正如俄罗斯科学院经济学部在对十年经济转型进行反思时提出的:"不能把改革失败的全部过失归咎于俄罗斯当今的改革派。不管情愿与否,必须承认,改革失败的重要原因之一在经济学对于改革的总体理论准备不足。"

以上分析说明,在俄罗斯转型初期出现的严重经济危机有其十分复杂的原因,不能由此得出结论说,俄罗斯改革是"自由主义乌托邦的破产",也不能依此证明:"从计划指令性管理过渡到市场经济的历史试验没有证实市

---

① 参见张树华:《过渡时期的俄罗斯社会》,新华出版社,2001 年,第 111～112 页。

场经济的任何优越性:私有制没有比公有制更优越,市场定价没有比行政定价更优越,资本的自由流动没有比计划发展和生产布置更优越。"①这种观点反映了部分俄罗斯学者的观点。但笔者认为,这种认识有很大的片面性。

①　[俄]格拉济耶夫:《俄罗斯改革教训:自由主义乌托邦的破产与创造"经济奇迹"之路》,李勇慧等译,中国社会科学出版社,2018 年,引言第 1 页。本书俄文版于 2011 年出版,该书作者对俄罗斯改革基本上持否定的看法,在书的第一部分标题是:《不是改革,而是灾难》。

# 第二十八章 "梅普组合"与"普梅组合"时期经济体制转型的思路与任务

普京执政已经历了 18 年,2019 年进入第 19 个年头,普京 2018 年又当选总统,还要执政 6 年,就是说实际上普京至少要领导俄罗斯 24 年。因此,不论是谈论普京经济体制还是政治体制转型的思路与目标任务,应首先分析普京的治国思想与总目标。

## 第一节 先从普京实现的总目标与治国思想谈起

一、总目标是实现富民强国纲领

普京在 2000 年 5 月就任俄罗斯第一任总统时,俄罗斯正处于数百年来最困难的一个历史时期,大概这是俄罗斯近两三百年来首次真正面临沦为世界第二流国家,抑或三流国家的危险。普京面临的形势是十分复杂的,其中经济问题尤为突出。正是由于这个原因,普京提出了富民强国的竞选纲领,大声疾呼:战胜贫困,改善民众生活,要洗刷掉国家贫穷的耻辱,还国家以经济尊严。普京为了实现富民强国的经济纲领,他一方面一直坚持叶利钦时期转型的大方向,即政治民主化和经济市场化。2002 年 4 月 18 日,他在联邦会议上发表的总统国情咨文中再次强调,俄罗斯发展的目标不变:

"这就是发展俄罗斯的民主,建立文明的市场和法治国家。"①另一方面,针对叶利钦时期转型中存在的问题,对在政治、经济转型的具体政策等方面提出新思路与新方针,把转型的重点由过去主要摧毁旧制度转向主要建设新制度。

二、治国思想

普京的治国思想,是他1999年底发表的《千年之交的俄罗斯》纲领性文章中提出的"俄罗斯思想"。② 它包含的内容是:①"爱国主义",即对"自己的祖国、自己的历史和成就而产生的自豪感",也是为建设强大国家的一种"心愿";②"强国意识",强调俄罗斯过去与将来都是"强大的国家",这"决定着俄罗斯人的思想倾向和国家的政策";③"国家观念",即认为拥有强大权力的国家"是秩序的源头和保障,是任何变革的倡导者和主要推动力";④"社会团结",强调俄罗斯人向来重视"集体活动","习惯于借助国家和社会的帮助和支持"来"改善自己的状况"。十分明显,"俄罗斯思想"实质上是带有浓厚俄罗斯民族主义色彩的爱国主义,其核心是"国家"的观念,即突出国家的地位与作用,恢复俄罗斯的大国和强国地位。

关于这一点,普京在2000年7月8日向俄罗斯联邦会议提交的总统国情咨文中说得更加明确。他说:"俄罗斯唯一的选择是选择做强国,做强大而自信的国家,做一个不反对国际社会,不反对别的强国,而是与其共存的强国。"③普京认为,为了使俄罗斯成为强国,"需要有一个强有力的国家政权体系。历史已雄辩地证明,任何专制和独裁都是短暂的,只有民主制度才能长久不衰。尽管民主制度也存在着种种不足,但人类还没有想出比这更好的制度。在俄罗斯建立强大的国家政权,即是指建立一个民主、法制、有行为能力的联邦国家"④。在普京看来,针对叶利钦时期存在的问题,为建立强大的国家政权,应遵循下列方针:

---

① 《普京文集》,中国社会科学出版社,2002年,第602页。
② 关于"俄罗斯思想"基本内容的论述,参见《普京文集》,中国社会科学出版社,2002年,第7~10页。
③ 《普京文集》,中国社会科学出版社,2002年,第77页。
④ 《普京文集》,中国社会科学出版社,2002年,第10~11页。

——使国家政权机关和管理机关结构合理化,提高国家公务员的专业素质、纪律性和责任性,加大反腐败的力度;

——以选拔优秀专家原则为依据改革国家干部政策;

——为在俄罗斯建立一个生机勃勃、能使政权保持平衡并得到监督的公民社会创造有利条件;

——提高司法权力机关的作用和威望;

——完善联邦制关系,其中包括预算财政领域的关系;

——同犯罪做积极主动的斗争。①

普京认为,为了使俄罗斯成为强大的国家,应使其经济发展成为有效的经济。

三、治国思想形成的因素

作为普京治国思想的俄罗斯思想,其形成有多方面的因素,但最主要的有:

第一,与普京上台执政时所面临的十分困难和复杂的客观条件有关。普京上台时,一方面,俄罗斯在 20 世纪 90 年代的转轨,它已为今后的变革积累了潜力,转轨已不可逆转。另一方面,"俄罗斯在 90 年代经历的道路显得非常矛盾,变化没有经过深思熟虑,是自发性的,轻举妄动,后果不佳。这就导致在新世纪(21 世纪)之初,俄罗斯仍将面临选择"。

——文明的市场关系与大权在握的垄断集团的淫威。后者使用这些关系,不仅危害社会,也危害中小企业;

——社会定向的多层次经济与发展。在此种形势下,生活在贫困线以下的居民成分将增加;

——人人都必需的法律和贯穿到社会生活所有细胞的无法无天行为和腐败;

---

① 《普京文集》,中国社会科学出版社,2002 年,第 11 页。

——保障公民安全的秩序与镇压部分与护法机关勾结的有组织犯罪的优柔寡断；

——巩固联邦关系与许多地区表现的分离主义；

——民主与混乱；

——在社会的实际监督下提高国家的作用与专政；

——即不与外国对抗又能保护国家利益与愿意参加"文明国家俱乐部"，但又不盲目追随美国的政策。

这说明，普京上台执政时，需要在一系列重大政策方面作出选择，进行调整，因为"他接受的是一个烂摊子"①。或者像俄罗斯著名的历史学家、传记与政论作家罗伊·麦德维杰夫说的："弗拉基米尔·普京是在国家处于非常条件下上台执政的。俄罗斯经济衰弱，国家政治上软弱无力，而且出现联邦解体的危险，这一切汇合成一个危险——似乎很少有什么东西能够使国家复兴，国民已经厌倦了20世纪的诸多尝试。这种情况下普京总统和他的班子就负有特殊责任。"②

普京面对上述局面，一方面要充分利用已形成的改革潜力，调整政策使转型进程继续下去，使俄罗斯避免陷入沦为世界上第二流，甚至是三流国家的危险；另一方面，要避免上述危险，又要克服种种困难，把精力用在改革上，而要做到这一点，需有一种思想把俄罗斯社会团结起来，不再是一盘散沙。为此，普京强调，在"一些重要问题上意见一致是十分重要的，例如，大多数俄罗斯人所期望和关心的是目标、价值观、发展水平这些问题。我国的改革艰难而缓慢的原因之一就是公民不和睦，社会不团结。精力都耗费在政治内讧上，没有用在解决俄罗斯改革的具体问题上"③。笔者认为，以上是普京提出俄罗斯思想并把它作为治理俄罗斯的指导思想的基本出发点。

第二，与俄罗斯经济衰退的严重性有关。普京充分意识到，不振兴经济，就体现不了俄罗斯思想中的一个重要内容——树立起强国意识。对此，

---

① ［俄］叶夫根尼·普里马科夫：《临危受命》，高增训等译，东方出版社，2002年，第222～224页。
② ［俄］罗伊·麦德维杰夫：《普京时代》，王桂香等译，世界出版社，2001年，第14页。
③ 《普京文集》，中国社会科学出版社，2002年，第8页。

普京说:"应保证在比较短的历史时期里消除持续已久的危机,为国家经济和社会快速和稳定发展创造条件。我想强调,必须尽快快速发展,因为俄罗斯已经没有时间晃来晃去。""达到应有的增长速度,不仅仅是一个经济问题,这也是一个政治问题;我不怕讲这个词,从某种意义上来说,这是意识形态问题。更准确地说,它是一个思想问题、精神问题和道德问题。而最后一点,从团结俄罗斯社会来说,在现阶段意义尤其重大。"①这就是为什么普京执政以来一直不断地、反复地强调要快速发展经济的缘由。

第三,与普京其人本身有关。普京是何许人,其思想、理念的轨迹又如何,一直是人们议论纷纷的话题。一些记者亦经常向他提出这个问题,但普京一般都不作正面回答。例如,2001 年 7 月 18 日在克里姆林宫举行的记者招待会上,有位记者问道:"总统先生,一年前我在达沃斯曾问过,普京先生是个什么样的人,当时没有人能回答我。我至今仍想知道这个问题的答案。请问您的政治标签是什么? 您怎样描述自己的政治方向:社会民主主义者、自由主义者,还是其他什么?""什么样的政治和经济模式更适合俄罗斯? 如果有俄罗斯独特的模式,那将是什么样的?" 对上述问题普京回答道:"普京先生是什么样的人? ……无论如何,我想请您允许我不回答这个问题。我不想为自己画像,更不能像您所问的那样,给自己贴什么政治标签。我想,您和您的同事不用我的参与就会做出结论的。……而实质上,我觉得,评价一个人不应当根据他关于自己说了些什么,应看他做了些什么。"②接着,普京分析了他执政以来在政治、经济与建设国家方面发生了什么。如果简单地作一归纳,普京认为,一年多来,发生变化的事有:在 20 世纪 90 年代期间宪法的基本规定没有得到执行,而他执政期间,俄罗斯国家体制的所有工作都在国家宪法规定的范围内有序运转;在政治领域积极准备政党法;在经济领域始终不渝地进行反对经济官僚化。普京接着说:"从这些变化的事实中,你们大概可以得出结果:普京先生是个什么样的人。"③

普京执政至今,如何认识普京其人、思想轨迹,尚有各种不同说法。

---

① 《普京文集》,中国社会科学出版社,2002 年,第 6~7 页。
② 同上,第 380 页。
③ 同上,第 380~382 页。

在普京参加第一任总统大选前夕,莫斯科瓦格利乌斯出版社出版了《与首脑的谈话》(直译为《来自一号人物:与普京的谈话》)一书。此书是普京与三位记者的谈话录,是当时也是最早一部透露普京个人情况与思想的书籍。书中说,普京过去的经历铸造了他"为国家利益"服务的信念。选举前普京的一些文章与讲话,基本上反映了普京对俄罗斯社会的看法,构成了普京思想的大致轮廓。但亦看到,这些言论有些笼统和空泛,且带有宣传的成分。书中认为:"普京在政治思想上属于国家主义者,在经济上将奉行温和的自由主义路线,在社会生活中强调秩序和道德准则,带有'自由保守主义'的色彩。普京既不属于右派,也不属于左派,政治色彩非白、非红,是自由派,但有别于民主派。普京主张经济自由,但不提政治民主;追求强大的国家,又保留个人自由;提出以'稳定代替混乱,增长代替改革,保守代替激进,小康代替贫困等'。价值观念倾向欧洲,而不是美国或亚洲。"①

普里马科夫在普京上台执政不久的 2001 年,在莫斯科思想出版社出版了《8 个月加……》(中文本译为《临危受命》)一书,该书最后一章的题目是"从叶利钦到普京"。他在书中说:"通过与普京的多次谈话我开始清楚,他是一个爱国者。他没有大国沙文主义观点,也不把方向定在与左派或右派接近上。他的政治好恶服从于自然是他所认识到的俄罗斯国家利益。""我对弗拉基米尔·弗拉基米罗维奇·普京的许多做法表示钦佩。无疑他是一个能干的人,能够迅速深入到事情的实质,善于对各种不同的听众发表演说,遇事冷静、能克制、有知识。"普里马科夫还根据普京执政一年来的情况分析,认为他与叶利钦在以下三个方面有所区别,或者说出现了"遗传链的断裂":第一,普京努力巩固垂直的执行权力,并竭力从事实上解决;第二,如果说叶利钦讨好俄罗斯地方的领导人,建议他们"能够吞下多少主权,就夺多少主权",那么普京显示了限制他们权利的方针,特别是在反宪法和非法活动方面;第三,严肃处理违法者和利用自己的地位、违背各阶层大多数人民利益的官员。普里马科夫认为:"所有这些措施,勾画了新总统政策的轮廓。"②

---

① 张树华 2000 年 4 月 20 日撰写的一份题为《普京:其人、其政》的研究报告。

② ［俄］叶夫根尼·普里马科夫:《临危受命》,高增训等译,东方出版社,2002 年,第 213 页、215~216 页。

麦德维杰夫认为:"弗拉基米尔·普京是克林姆宫新一代俄罗斯政治家的代表,他们在第二次世界大战后才出生,是仅通过书本和前辈讲述才对二战有所了解的新一代。他们是(20世纪)60—70年代、在苏联环境下和苏联学校里接受教育和培养的,他们仕途的最初阶段是在苏联时期度过的,不过他们这些人在90年代自由派改革中并没有隐退。通常这是些清醒的实用主义者,而且也是些有能力的人,他们希望利用旧俄国、苏联和新的民主俄罗斯的一切最好的价值和传统,作为国家和人民生活的支柱,也就是说,希望恢复俄罗斯历史的继承性及恢复俄罗斯在欧洲和亚洲的原有地位。"①叶利钦在其回忆录中写道,他选择普京最主要的原因是:"此人既对民主和改革感兴趣,又是一位坚定的爱国主义者,总是以国家利益为重。对于这一点,我了解他的时间越长,越是坚信不疑。"②

苏联著名的不同政见者索尔仁尼琴在2000年普京当选总统后,与他进行了4个小时会晤后,对普京进行了热情洋溢的评论。民族主义者的报刊《明日报》对普京其人作了以下描述:"普京——这是位国家强力政权的拥护者和爱国者,他打算把所有的社会支持潜力都吸引过来,在自己这边儿工作。在他执政时期,已经不单是要靠'市场这只看不见的手'来创造历史了,而主要是要靠群众的劳动和创造力来创造历史。这是'共同事业的宗旨',如果它能成为克里姆林宫的实际政策,那么这可能彻底改变俄罗斯的国内政治形势及国际地位。"③

下面我们不妨再看看在2004年3月初,普京总统在莫斯科郊区官邸接受法国《巴黎竞赛画报》记者采访时,是如何对在执政4年后向社会坦言自己思想、政策与个性的。普京谈到"专制的民主"问题时说:"我不同意有人针对俄罗斯使用'专制的民主'这一说法。""没有一定的基础,民主根本无从谈起,如果经济发展达不到某种水平,这种基础也就很难建立起来。比如俄罗斯,我们就面临着建立一个有效的、确保人人守法的法治环境问题。"关于"国家",普京说:"如果说在我任期内取得什么骄傲的成就,我认为是恢复了

---

① 〔俄〕罗伊·麦德维杰夫:《普京时代》,王桂香等译,世界出版社,2001年,第14页。
② 同上,第2~3页。
③ 同上,第368~369页。

国家的威望。在我上台之时,宪法已经失去根本大法的性质。处处都出现了分离主义的倾向。地方不交税,一些地区还想发行自己的货币,北高加索处于内战状态。如今恢复了统一的法律空间,地方上不再违反宪法。与此相伴的是经济逐年增长。"谈到彼得大帝时,普京说:"我非常尊重彼得大帝,但并非认为他说的话都对。我也不同意彼得大帝的这种说法:只有让人怕俄罗斯,俄罗斯才会受到尊重。只有当俄罗斯借助经济发展在民主国家占有自己应当占有的一席时,它才能赢得尊重。只有这样,俄罗斯才会成为一个稳定国家。"谈到政治时,普京说:"政治的艺术是在'必须'和'可能'之间找到平衡。我们每次遇到的情况是千差万别的。适应这样的变化,这便是一种艺术。"至于个人崇拜,普京说:"这种情况在俄罗斯已经消失,而且我认为是永远消失了。人们有时对我表现出过多的关注,这种现象不是不可避免的,但好在只是暂时的。"谈到言论自由问题时,普京回答说:"俄罗斯只有一个电视台是国家的。国家对它的影响当然很大。""可以说,人们对俄罗斯言论自由的兴趣是人为炒作。整个 90 年代,俄罗斯社会走过的是一条寡头猖獗之路。那些接近权力的人通过合法或不合法的手段得到了国家的产业。为了保住这些财富,他们需要控制传媒,于是他们开始争夺报纸、电视台,有时采取非法手段。他们这样做不是为了言论自由,而是为谋取自身的利益。如今。当寡头集团受到法律约束时,他们当然会感到不满,于是便开始谈论所谓言论自由了。"①

我们根据俄罗斯国内一些人物对普京个人与其思想的评述,通过普京对一些重要问题发表的言论,再通过他执政以来推行的政策,笔者认为,普京的所作所为,都体现了他提出的、作为治国思想的俄罗斯思想。这里可以看到,把俄罗斯建设成为一个"强国",是普京步入政坛以来最为重要的政治理想。这也集中体现了他的爱国主义。为了实现这个理想,他首先要做的是建立强有力的国家政权,反映其强权治国的思想,以此来保证社会的稳定和社会的团结与和睦;其次是把经济搞上去,在此基础上提高人民生活水平。这是强国的基础;最后,在对外政策方面,一切都要服从俄罗斯国家利

---

① 俄罗斯《共青团真理报》2004 年 3 月 13 日。

益,并积极争取融入世界经济体系。

可以说,在普京连任后,上述体现俄罗斯思想的一些基本原则与政策将会继续下去。普京总统在 2004 年 5 月 26 日发表的国情咨文中明确说:"我们政策的基本原则不会发生任何改变。""彻底改变经济政策,对外交政策全面修正,所有偏离历经磨难的俄罗斯所选择的历史道路的做法只会带来不可逆转的灾难。必须坚决杜绝这些行为。"从普京执政 18 年的历程来看,笔者认为,从俄罗斯今后国内政策的总趋向来看,所推行的改革政策与措施,都将围绕加速发展经济与加强中央权力这两个轴心来进行。

## 第二节　普京经济体制转型的基本政策

普京上台后的首要任务是通过实行修补与整治等政策,使混乱无序的市场转向有序。

2000 年 5 月普京任总统。为了解决在叶利钦时期存在一系列严重的社会经济问题,普京在建立强有力的国家,整顿权力机构的秩序的同时,继续实行市场经济政策。他强调的战略是,通过在政治上建立强有力的国家政权体系与加强中央权力,保证俄罗斯实现市场经济的改革。1999 年 11 月普京明确地说:"我相信,只有市场经济能让我们实现目标。政府必须把市场经济改革一直进行下去,直至市场经济能够全面运作时为止。"①2000 年 1 月 18 日,普京在新一届杜马的讲话也表示了俄罗斯将广泛实施以市场为导向的经济,他敦促国家杜马批准久拖未决的土地私有化。同时,普京强调,这种市场经济不是像叶利钦时期那样的野蛮的资本主义市场经济,而是文明的、建立在法律与平等竞争基础上的市场经济,这也是一种符合市场经济一般原则要求的"自由经济"。普京认为,在保持强有力的中央政治控制下推行"自由经济",对推动市场经济的改革与经济发展可取得最佳效果。

他在 2000 年的总统国情咨文中说:"我们极为重要的任务是学会利用

---

① 《开放导报》2002 年第 7 期。

国家工具保证各种自由：个人自由、经营自由、发展公民社会机构的自由。"
"我们的战略方针是：减少行政干预，增加经营自由——生产、买卖和投资的
自由。"①2000年7月在对《消息报》记者谈话时又强调："应该保护经济自
由。"②2001年7月在一次记者招待会上讲："我们明白俄罗斯努力方向是什
么，即追求经济的自由化，杜绝国家对经济的没有根据的干预。我要说明一
点：不是完全取消国家的调节职能，而是要杜绝没有根据的干预。"他还接着
说：在经济领域，始终不渝地反对经济官僚化，而主张经济自由化。③ 在2001
年10月的一次讲话中他指出："我们主张经济制度的自由化。"④

普京为了实现其"自由经济"的改革方针，针对叶利钦时期存在的问题，
特别强调以下五点：

第一，加强国家对经济的调控。这一点，普京在其《千年之交的俄罗斯》
一文中指出："俄罗斯必须在经济和社会领域建立完整的国家调控体系。这
并不是说要重新实行指令性计划和管理体系，让无所不包的国家从上至下
为每个企业制定出工作细则，而是让俄罗斯国家成为国家经济和社会力量
的有效协调员，使它们的利益保持平衡，确立社会发展最佳目标和合理参
数，为达到这一目的创造条件和建立各种机制。"他还强调："在确定国家调
控体系的规模和机制时，我们应遵循这一个原则：'需要国家调控的地方，就
要有国家调控；需要自由的地方，就要有自由'。"⑤

第二，在经济转型的方法上，今后"只能采用渐进的、逐步的和审慎的方
法实施"，切忌90年代机械搬用西方经验的错误做法，强调俄罗斯必须寻觅
符合本国国情的改革之路。

第三，重视社会政策。普京强调："对俄罗斯来说，任何会造成人民生活
条件恶化的改革与措施基本上已无立足之地"，因为俄罗斯国内出现了十分
普遍的贫困现象。1998年初世界人均年收入大约为5000美元，而俄罗斯只
有2200美元，1998年金融危机之后，这一指标更低了。普京还指出：俄罗斯

---

① 《普京文集》，中国社会科学出版社，2002年，第81、86页。
② 同上，第102页。
③ 参见《普京文集》，中国社会科学出版社，2002年，第373、382页。
④ 同上，第446页。
⑤ 同上，第13页。

人民生活水平大幅度下降,是个尖锐的社会问题,政府应制定新的收入政策,新政策的目的是在增加居民实际收入的基础上确保居民的富裕程度稳步提高。这几年多来,普京十分重视职工工资与退休人员养老金的提高。

第四,反对重新国有化。

第五,要有经济发展战略。过去没有切实可行的长期的经济发展战略,对此,普京强调,为了使俄罗斯有信心走出危机,走向振兴之路,增强国内凝聚力,需要制定经济发展战略。

普京为了有效地实行其"自由经济"的改革方针,在2000年的国情咨文中提出了以下政策措施:

(1)应当保护所有权。国家应当确保股东能够获得有关企业经营情况的信息,防止资产流失。公民的财产所有权应当得到保护,他们的住房、土地、银行存款及其他动产和不动产的所有权应当得到保障。

(2)保证竞争条件的平等。不允许一些企业被国家处于特权地位。因此,应当取消各种毫无根据的优惠及对企业实行毫无理由的各种直接与间接的补贴。

(3)使经营者不受行政压迫。国家应始终避免对经营活动进行过多的干预。应当发挥法律的直接效率,将部门的指示减少到最低限度,消除对法规文件进行双重解释的现象。此外,还应简化企业登记、鉴定、拟定投资项目等活动的程度。

(4)减轻税负。目前的税制加剧了普遍的偷税漏税和影子经济,降低了投资的积极性,最终导致俄罗斯国家竞争力的下降。

(5)发展金融基础设施。当前,俄应该把没有生命力的金融机构清除出银行系统,保证银行活动的透明度。证券市场应当成为募集投资的真正机制,资金应当放到最有前途的经济部门。

(6)实行现实的社会政策。这是俄罗斯经济改革与发展经济最为重要的任务。①

总之,普京在总结叶利钦时期经济转轨的深刻教训基础上,为了实现其

---

① 参见《普京文集》,中国社会科学出版社,2002年,第87~89页。

富民强国的纲领,强调要以"俄罗斯思想"作为今后治理俄罗斯的思想,与此同时,为了使经济转轨符合俄具体国情,使经济发展有明确的方向,普京早在 1999 年发表的竞选纲领中提出了以下的发展经济的政策:

(1)刺激经济的快速增长。要做到这一点,最重要的是增加对产业部门的投资。为此,普京主张实行一种纯市场机制与国家刺激措施相结合的投资政策,积极改善投资环境,吸引外资。

(2)推行积极的工业政策。普京强调,在 21 世纪俄经济的发展水平都将首先取决于那些立足高科技、生产科学密集型产品的部门的进步。因为当今世界 90% 的经济增长靠的是新知识和新技术的推广应用。

(3)实施合理的结构政策。作为苏联继承国的俄罗斯,经济结构畸形,所有制结构单一是其经济最突出的问题,正如经合组织一篇报告中指出的,若不大力推进经济结构改革,俄罗斯经济就难以出现持续增长。另外要看到,这几年来俄罗斯一直忙于处理眼前问题,而总是把经济结构改革这一带有长远意义的改革任务放在后面,从而使这方面的改革更加困难。

(4)建立有效的金融体系。要做到这一点,就要完成一系列复杂的工作:如提高作为国家最重要经济手段的预算的效力;改革现行税制;解决三角债和杜绝易货及其他假货币结算方式;保持低通胀率和卢布汇率的稳定;建立文明的金融和证券市场,使其成为融资渠道;改组银行体系。

(5)取缔影子经济,打击各领域特别是金融信贷领域的有组织的经济犯罪。在俄罗斯国内生产总值中影子经济占 40%,而发达国家占 15%~20%。

(6)实现俄罗斯经济与世界经济的一体化。普京强调,如果俄罗斯不参与世界经济一体化过程,俄罗斯不可能达到先进国家经济和社会进步所达到的那种高度;同时也强调,俄罗斯参与一体化过程必须循序渐进,必须保护本国民族经济的发展。参与经济一体化的基本方针是:国家积极支持俄罗斯企业与公司的对外经贸活动,成立联邦出口支持署,为俄罗斯生产厂家的出口合同提供担保;抵制国际商品、服务及资本市场对俄罗斯歧视行为,要制定和通过反倾销法;使俄罗斯加入国际对外经济活动调节体系,首先是加入世界贸易组织。

(7)推行现代化的农业政策。不论是苏联时期还是现在的俄罗斯,农业一直是拖整个国民经济发展后腿的一个落后部门。为此,普京认为:"没有俄罗斯农村的复兴,没有农业的发展,就不可能有俄罗斯的复兴。我们所需要的农业政策必须能够把国家扶持和国家调控措施同农村及土地所有制方面所实行的市场改革有机地联系起来。"①

普京任总统两届执政前8年期间,俄罗斯各领域中的消极因素日益得到抑制,政治秩序混乱、无序状态有了根本性的好转,加上多年来经济发展保持了良好的态势,人民生活水平有较大改善,8年间俄罗斯国内生产总值增长了70%,年均增长率为6.9%,居民实际收入增加了1倍。

# 第三节 "梅普组合"与"普梅组合"时期
# 转向市场经济的主要任务

2008年5月7日,梅德韦杰夫任总统,8日普京被俄国家杜马批准为政府总理。这样,"梅普政权"正式形成。2012年3月俄总统大选后,梅普换位,形成"普梅政权"。不论是梅普组合还是普梅组合时期,俄罗斯转市场经济的主要任务是实现国家现代化,在当今与今后相当一个时期,俄罗斯经济现代化主要问题是要着力解决由资源型向创新型转变。

2009年11月,俄罗斯总统梅德韦杰夫在国情咨文报告中正式提出,俄将以实现现代化作为国家未来十年的任务与目标。他提出的现代化是"需要全方位的现代化"的概念。梅德韦杰夫说:"我们将建立智慧型经济以替代原始的原料经济,这种经济将制造独一无二的知识、新的产品和技术,以及有用的人才。我们将创造一个有智慧的、自由的和负责的人们组成的社会,以取代领袖思考和决定一切的宗法式社会。"但其中经济现代化是个极其重要的内容。

## 一、俄罗斯经济现代化的迫切性

俄罗斯经济转轨也已有二十多年。在这期间,经历了叶利钦与普京时

---

① 参见《普京文集》,中国社会科学出版社,2002年,第12~15页。

期,后进入梅普时期,或者说后普京时期,出现过严重的经济转轨危机与经济快速增长的不同阶段,先后发生两次大的金融危机。

对俄经济转型,值得研究与总结的问题甚多,这里仅就经济现代化问题谈点看法。

俄罗斯经济现代化的迫切性突出表现在:它在转变经济体制的同时未能和转变经济增长方式、经济发展模式与调整经济结构结合起来。

长期以来,苏联经济质量与效率低以及高浪费问题得不到解决,是粗放型的经济方式,即靠大量投入劳动力、资金与耗费大量原材料来保证经济的增长。1971 年召开的苏共二十四大正式提出经济向集约化为主的发展道路发展,但一直到苏联 1991 年解体,其经济增长方式仍是粗放型的,形成这种情况的主要原因是经济体制改革没有发生根本性变革。应该说,落后的经济增长方式从一个重要的方面反映了苏联经济的脆弱性,亦是苏联与资本主义国家在竞争中被击败的一个重要因素。应该说,20 年来俄罗斯粗放经济增长方式并未发生实质性变化。梅德韦杰夫在《前进,俄罗斯!》一文中指出:"我们大部分企业的能源有效利用率和劳动生产率低得可耻。这还不是很糟糕。最糟糕的是,企业经理、工程师和官员们对这些问题漠不关心。""低效的经济,半苏联式的社会环境……所有这些对于向俄罗斯这样的国来说,都是很大的问题。"2010 年 1 月 13 日,俄罗斯联邦工商会会长叶夫根尼·普里马科夫在一次会上讲:"俄罗斯每生产一吨钢,要比利时、法国、意大利多消耗两倍的电力,每生产 1 吨化肥要比阿拉伯国家多耗费 5 倍的电力。"

至于经济发展模式,俄罗斯独立以来一直在努力从资源出口型向以高新技术、人力资本为基础的创新型经济发展模式转变,但并未取得多大进展,梅德韦杰夫在上面提到的那篇文章中指出:"20 年激烈的改革也没有让我们的国家从熟悉的原料依赖中摆脱出来。""简单地依靠原料出口来换取成品的习惯导致了经济长期的落后。"他还提出了一个严肃的问题:"我们应不应该把初级的原材料经济……带到我们的未来?"目前,俄罗斯能源等原材料出口占出口总额的 80%左右,高科技产品出口不仅数量少,而且逐年下降。2004 年俄高新技术产品出口,占世界中的比重为 0.13%,这一比例比菲律宾少 67%，比泰国少 78%，比墨西哥少 90%，比马来西亚和中国少 92%，比韩国少 94%。俄罗斯要改变经济发展模式与经济结构，面临着一系列的制约因素，这将是长期的复杂的历史过程。

笔者认为，研究像俄罗斯这样国家的经济转轨，时至今日，不能仅局限于计划经济体制向市场经济转轨问题，而应该深入研究在这一转轨过程中，如何解决经济增长方式、经济发展模式的转变与经济结构调整问题。这三方面的问题俄罗斯没有很好解决。我们在研究俄罗斯经济转轨问题时，对不少问题产生了疑问：譬如说，俄罗斯先是出现严重经济转轨危机后来又出现快速增长，现在又面临严重经济滑坡，2009 年俄罗斯下降 7.9%，它与转轨或体制改革究竟是什么关系，体制因素对不同时期的俄罗斯经济起多大影响，具体表现在哪些方面？又譬如，经济增长方式的转变，主要依赖于经济体制的改革，苏联时期实行指令性计划体制是阻碍其经济由粗放转向集约化发展的主要障碍，这是人们的共识。但俄转轨以来，并没有解决这个问题，依然是高消耗、低效的经济发展方式。再譬如，这次金融危机对俄罗斯经济影响缘何特别严重，当然，还可以提出不少类似的问题。鉴于上述的思考，我认为，当今在研究经济转轨问题时，必须深入探讨以上三个既有相对独立性又相互紧密联系的重要问题。这三个问题困扰着俄罗斯经济可持续的发展，亦是实现经济现代化必须面临的问题。

二、俄罗斯经济现代化主要问题是要着力解决由资源型向创新型转变

不论是普京还是梅德韦杰夫，都一再强调俄罗斯现代化是其社会经济发展的总目标。而实现这一目标，必须解决俄罗斯经济从当前的资源型向创新型转变。普京在其离任前的 2008 年 2 月 8 日提出的《关于俄罗斯到2020 年的发展战略》明确指出：

第一，经济实行创新型发展。普京强调，这是俄罗斯"唯一的选择"，"创新发展的速度必须从根本上超过我们今天所有的速度"。[①]

第二，增加人力资本投入。普京讲："要过渡到创新发展道路上去，首先

---

① 《普京文集》，中国社会科学出版社，2008 年，第 677 页。

就要大规模地对人的资本进行投资。"①"俄罗斯的未来,我们的成就都取决于人的教育和身体素质,取决于人对自我完善的追求,取决于人发挥自己的素养和才能。""因此,发展国家教育体系就成了进行全球竞争的一个要素,也是最重要的生活价值之一。"②为此,俄罗斯计划用于教育与医疗卫生的预算支出占国内生产总值的比重分别由 2006 年的 4.6%、3% 增加到 2020 年的 5.5%~6%、6.5%~7%。同时,普京强调科研的重要性,要为科研活动创造良好的环境。另外要着力解决住房问题,提高医疗卫生水平。

第三,积极发展高新技术,因为这是"知识经济"的领航员。普京认为,俄罗斯今后重点发展的高新技术主要是:航空航天领域,造船业和能源动力领域,还有发展信息、医疗和其他高新技术领域。

第四,调整经济结构。普京说,尽管最近几年俄罗斯取得了一些成绩,但经济并未摆脱惯性地依赖于能源原料的发展版本。俄罗斯也只是局部地在抓住经济的现代化。这种状况将不可避免地导致俄罗斯不断依赖于商品和技术的进口,导致俄罗斯担当世界经济原料附庸国的角色,从而在将来使俄罗斯落后于世界主导经济体,把俄罗斯从世界领头人的行列中挤出去。

普京在 2009 年的政府工作报告中谈到,"后危机时代的经济发展应当首先与技术更新联系起来。因此,新阶段的税收改革将致力于支持创新"。梅德韦杰夫任总统后,更加强调俄罗斯经济由资源型向创新型转变的迫切性。他在《前进,俄罗斯!》一文中说:"除了少数例外,我们的民族企业没有创新,不能为人们提供必需的物质产品和技术。他们进行买卖的,不是自己生产的,而是天然原料或者进口商品。俄罗斯生产的产品,目前大部分都属于竞争力非常低的产品。"俄罗斯"依靠石油天然气是不可能占据领先地位的"。"再经过数十年,俄罗斯应该成为一个富强的国家,她的富强靠的不是原料,而是智力资源,靠的是用独特的知识创造的'聪明的'经济,靠的是最新技术和创新产品的出口。"

第五,要为实现现代化调整外交政策。2010 年 7 月召开的俄驻外使节会议的主题是:"保护国家利益与促进国家全面现代化",强调俄外交要突出

---

① 《普京文集》,中国社会科学出版社,2008 年,第 677 页。

② 同上,第 678 页。

寻求能为俄罗斯提供相应技术发展和为国产高科技产品走向地区和国际市场做出更大贡献的国家。首先要与主要国际伙伴德、法、意等欧盟和美国建立专门的现代化同盟。

实现上述转变的必要性十分明显,但将是一个缓慢的过程。俄罗斯现代发展研究所所长伊戈尔·尤尔根斯指出:俄罗斯"现代化、摒弃原料经济向创新型经济发展的过程过于缓慢"①。之所以缓慢,是由以下多种原因造成的:

(1)俄罗斯企业缺乏创新的积极性。目前只有10%的企业有创新积极性,5%的企业属于创新型企业,5%的产品属于创新型产品成本。产生上述问题的原因是,俄罗斯现在的经济"还没有创新需求。倘若企业家投资原材料贸易可获得50%的年利润,而创新收益仅有2%～3%,起初甚至会赔钱,你会选择哪个?"②

(2)与上述因素相关,俄罗斯在实行由资源型向创新型转变时,面临着难以解决的矛盾:一方面反复强调要从出口原料为主导的发展经济模式过渡到创新导向型经济发展模式;另一方面,发展能源等原材料部门对俄罗斯有着极大的诱惑力与现实需要。要知道,在俄罗斯国家预算中几乎90%依赖能源等原材料产品,燃料能源系统产值占全国国内生产总值的30%以上,占上缴税收的50%与外汇收入的65%。而俄罗斯高新技术产品的出口在全世界同类产品出口总额中占0.2%都不到。

(3)设备陈旧,经济粗放型发展,竞争力差,这些是老问题又是需要较长时间才能解决的问题。这在向创新型经济转变的条件下,俄罗斯更感到这些问题的迫切性。不少学者认为,俄罗斯自2000年以来,虽然经济一直在快速增长,但令人担忧的是,俄罗斯经济仍是"粗糙化"即初级的经济,工艺技术发展缓慢。俄罗斯科学院经济研究所第一副所长索罗金指出:"俄罗斯主要工业设施严重老化,到目前至少落后发达国家20年,生产出的产品在国际上不具有竞争力。机器制造业投资比重为2%～3%。同发达国家相比明显存在技术差距。原料出口国对原料产业先进设备供应国的依赖令人担忧。"

---

① 俄罗斯《俄罗斯报》,2010年4月14日。
② 俄罗斯《俄罗斯报》,2010年4月14日。

早在2003—2004年已有60%~80%的生产设备老化。

设备不更新,技术落后,已成为制约俄罗斯向创新型经济转变的一个重要因素。十多年来这一状况并没有改变,俄罗斯机电产品出口的大幅度减少就是一个明显的例证。俄罗斯与中国的机电产品在双边贸易总量中所占的比重从2001年的24.9%下降到2009年的7.2%。

(4)投资不足。为了优化经济结构,就需要大量增加在国际市场上有竞争能力的经济部门和高新技术部门的投资。梅德韦杰夫总统成立了俄罗斯经济现代化和技术发展委员会,并确定了国家经济现代化与技术革新的优先方向,涉及医疗、信息、航天、电信、节能等领域。发展这些领域都要求有大量的投资。解决这些问题,俄罗斯学者认为有三种选择:一是优化预算支出;二是让石油天然气企业为代表的国家自然资源垄断企业增加对科技创新的投入;三是调整税收政策,减轻高新产业区的税负。

(5)俄罗斯科学院副院长涅基佩洛夫认为,在金融危机发生前,俄罗斯犯了"非常严重的错误",即没有利用国家已有资源加速推进现代化进程。

(6)目前俄国内对现代化与建立创新型经济持有不同看法。有人认为,只有1/4的人赞同梅德韦杰夫式的现代化即更新产能与发展创新型经济。因为在目前的俄罗斯社会经济条件下无法建立创新型经济,而当前第一步应该是消除腐败与提高国家管理效率。据"俄罗斯现代化改造和创新道路上的障碍"一项调查报告得出的结论说:俄罗斯创新道路上面临的主要制约因素是官僚主义、不完善的法律环境和缺乏对投资商的保护,以及项目融资的困难。因此,有人提出俄实现现代化的关键在社会领域,即确保法律公平,严厉打击腐败与维护社会正义。有鉴于此,2010年7月27日梅德韦杰夫在经济现代化委员会上也指出,向现代化过渡不只是向创新经济过渡,而且还要解决贪污腐败、减少行政干预、发展良性竞争的问题,否则任何技术现代化与创新经济都是不可能的。

创新型经济发展缓慢,落后的经济增长方式不能改变,经济发展摆脱不了能源等原材料部门,这必然使俄罗斯经济难以在短期内实现现代化与保证稳定和可持续发展。这从近几年俄罗斯经济出现严重衰退的状况说明这一点。

造成 2014 年俄罗斯经济出现严峻局面是多种因素叠加的结果,这可从浅层次与深层次两个视角加以分析。从浅层次视角来看,主要因素有:乌克兰危机后以美国为首的西方国家经济制裁与国际油价大幅度下跌。如果只是从西方制裁与国际市场油价大跌两个因素,对 2014 年俄罗斯经济出现严峻形势进行分析的话,那么难以解释 2013 年并不存在以上两个因素的情况下,缘何出现国内生产总值 1.3% 的低速增长呢? 因此我认为,对俄 2014 年经济情势的分析,要进行深层次的探讨。从深层次因素视角来看,以下三个因素对俄经济发展是有着长期起制约性作用的:

第一,经济结构严重失衡:制造业严重衰退与过度依赖能源等原材料部门。

经济结构问题,不论在苏联时期还是在当今的俄罗斯,始终是影响其经济发展的重要因素,在很大程度上体现其经济发展模式。如果严重不合理的经济结构长期不能改变,不排除俄罗斯经济在今后发展过程中出现结构性下降乃至出现大幅度经济滑坡的可能性。对此,国际货币基金组织在 2003 年的一份报告中指出:"俄罗斯应该加大力度推进经济结构改革,只有结构改革才能保证经济的持续发展,并且减轻对能源领域的依赖。"①而二十多年的俄罗斯经济发展进程说明,上述看法是正确的。

俄罗斯独立执政后亦力图调整不合理的经济结构,但随着向市场经济方向转型,由于实行对外开放与贸易自由化,经互会的解散,加工制造业部门的产品生产工艺落后,年复一年地生产老产品,从而使产品质量长期处于落后状态,在国际市场上缺乏竞争能力。在转型过程中造成加工制造业部门不断萎缩的两个直接因素是:

(1)在转型期间,俄罗斯为了摆脱经济困境,尽快使经济复苏,获取极其需要的短缺的外汇资金以购买大量国内急需的消费品,俄罗斯不得不靠大量出口能源等原材料产品,这就成为其解决急迫经济问题的一个捷径。可以说,二十多年来俄罗斯经济一直没有摆脱对能源、原材料部门的依赖。俄罗斯在经济发展过程中"三化"十分明显:一是经济原材料化,即经济发展依

---

① 法国《费加罗报》2003 年 7 月 2 日。

赖能源等原材料部门;二是出口原材料化,俄罗斯出口产品按所占比重的排序,燃料能源产品占首位,2013 年能源产品出口占出口总额的 70.6%;三是投资原材料化,即俄罗斯投资相当部分用于采掘工业。"三化"的结果是使得俄罗斯工业中能源和原材料部门的比重日益提高,1990 年,工业中能源和原材料工业比重为 33.5%,制造业比重为 66.5%。到 1995 年,俄罗斯制造业在工业中的比例已下降至 42.7%,而能源和原材料工业比重相应增长至57.3%。2004 年后,随着国际能源价格的走高,能源工业快速发展,2006 年,能源工业比重已达到 67.8%。尽管能源和原材料工业受国际市场价格等因素的影响,但它工业中的比重一般都要超过 60%,2013 年占 66.7%,而制造业则占 33.3%。特别要指出的是,工业尤其是制造业下降趋势日益明显,2013 年与 2012 年相比工业仅增长 0.3%,而机器与设备的生产下降了7.6%。其中机床生产下降了 16.2%,化工设备下降了 5.6%。

从对俄罗斯经济增长或下降所起的作用来看,能源部门的影响十分明显。据俄罗斯科学院院士阿甘别基扬提供的材料,1999—2004 年期间,俄罗斯国内生产总值的增长率,70% 是国际市场能源及其他原材料价格上涨的结果。正如本章一开头指出的,由于 2009 年国际市场上能源价格大跌导致俄罗斯该年国内生产总值下降 7.8%。这不论在 2009 年世界排名前十位的国家中,还是在"金砖国家"中,俄罗斯经济下滑幅度是最大的。

上述分析说明,过度依赖能源等原材料的俄罗斯经济,不可能保证经济稳定、可持续发展,难以应对国际市场的变化,特别是能源价格是很难预测的。同时也可看到俄罗斯经济带有"荷兰病"的症状。当然这种症状在勃列日涅夫时期也有明显表现。这个时期经济的低速增长,国际市场石油价格猛涨起了很大的作用。人所共知,1973 年爆发了中东战争。之后,石油输出国组织"欧佩克"为对付西方国家,把石油价格提高了 15 倍。苏联当时作为世界主要石油输出国之一,借机大量出口石油,据统计,1974—1984 年苏联仅从出卖石油与石油产品获得的收入,最保守的估计也达到 1760 亿外汇卢布,约折合 2700 亿~3200 亿美元。① 这笔巨额"石油美元"对当时苏联渡过

---

① 参见陈之骅主编:《勃列日涅夫时期的苏联》,中国社会科学出版社,1998 年,第 195~196 页。

经济难关起着重要的作用,在很大程度上掩盖了经济停滞和下滑的严重性,缓解了种种矛盾。如排除这些因素,差不多有4个五年计划期间,国民收入的绝对额没有增加。阿尔巴托夫指出:"在70年代末至80年代初,不论是我还是我的许多同事都不止一次地想到,西西伯利亚石油挽救了我国经济。而后来开始得出结论,这个财富同时又严重破坏了我国经济,它使我们不可饶恕地丢失了许多时间,长久地推迟了已经成熟甚至过分成熟的改革。"①他还说:"那时我们把载能体出口无限度地增长,从这里找到了摆脱一切灾难的灵丹妙药。那时没有一个人(包括我自己)懂得不是挣来的财富最容易使人腐败这句古老的谚语,不但适合于个人,而且也适用于国家。"②

(2)从历史上来看,俄制造业部门不断萎缩与苏联工业特别机器制造业80%与军工部门这一特点有关。这严重制约了俄罗斯经济的发展,突出表现在两个方面:一是冷战结束后,世界军火市场大大萎缩,军工生产处于减产和停产状态;二是庞大的军工企业进行所有制改造与向市场经济转型,要比民用企业难得多,因为军工产品的买主是单一的,即政府。在这种情况下,市场机制难以起作用,政府订货一减少,军工企业便陷入困境,从而对整个工业企业产生重大影响。这里,我们不妨列举一些资料具体分析一下这个问题。普里马科夫指出,苏联解体前军工领域各部门创造的产值占国内生产总值的70%。③ 如此庞大、占国内生产总值比重如此高的军工企业,在俄罗斯经济转型起始阶段由于受上面指出的因素制约,在1992—1993年,武器生产几乎下降了5/6,军工企业生产总规模下降6/7。④ 可见这对俄罗斯制造业与经济增长率大幅度下降起多大的作用。

俄制造业部门严重萎缩,导致在这一领域进出口结构发生重大变化。1970年苏联的机器设备与运输工具出口占出口总额的24.81%,而2014年降至5.0%,相应时期这类产品进口从35.6%提高到了47.8%。对此,上面

---

① [俄]格·阿·阿尔托夫:《苏联政治内幕:知情者的见证》,徐葵等译,新华出版社,1998年,第300~301页。

② 同上,第299页。

③ 参见[俄]叶夫根尼·普里马科夫:《临危受命》,高增川等译,东方出版社,2002年,第62页。

④ 参见[中]刘美珣、[俄]列·亚·伊万诺维奇主编:《中国与俄罗斯两种改革道路》,清华大学出版社,2004年,第350页。

提到的伊诺泽姆采夫的文章中认为：当今"俄罗斯不是一个工业体，而是资源经济体。"当今，俄罗斯工业部门的绝大部分产品依赖进口：机床制造业超过90%，重型机器制造业达60%～80%，轻工业70%～80%，无线电工业80%～90%，制药和医疗行业70%～80%。[①] 由于加工工业的落后，俄一方面大量出口粮食（2014年出口2980万吨），同时又大量进口食品与食品原料。1995年该类产品进口占俄进口总额的28.1%，占比虽下降，2010年与2014年分别降为15.9%与13.8%，但绝对额大大上升。按现价计算，1995年食品与食品原料进口额为131.52亿美元，而到2010年为364.8亿美元。该类产品在俄进口产品中至今占第二位。至今，俄大城市食品供应50%以上靠进口。作为一个大国，没有强大的制造业与加工工业产品，很难想象能支撑其经济稳定、可持续发展。

第二，长期以来，落后的、低效的经济增长方式未转变。

在高度集中的指令性计划经济体制条件下，随着这种经济体制模式的功效日益衰退，苏联经济增长率出现了递减，即出现了由高速、低速、停滞到危机。从20世纪60年代起经济增长速度递减趋势已十分明显。

第三，经济发展从资源型向创新型转变的战略在相当时期内难以实现。

综上所述，可以得出的基本看法是，这次俄罗斯经济的衰退是结构性衰退，今后一个时期俄经济处于低速增长期，在此期间不排除某些年份出现负增长。2015年与2016年俄国内生产总值可能萎缩3%～5%。

---

① 参见李建民：《卢布暴跌成因、影响及中俄合作机遇》，《经济社会体制比较》2015年第1期。

# 第二十九章　为向市场经济体制转型改革宏观经济体制

俄罗斯在确立了以建立市场经济为目标的经济体制转型后,必须对在传统的计划经济条件下形成的宏观经济体制进行重大改革,使其适应市场经济发展的要求。

## 第一节　价格自由化

价格自由化,是俄罗斯在向自由市场经济快速过渡起始阶段一项最为直接与明确的、十分重要的改革政策与措施。具体做法可简单归结为一次性大范围放开价格。实行价格自由化的改革政策的必要性,从当时俄罗斯的情况来看,突出表现在以下方面:

第一,直接反映了与实行激进方式向自由市场经济过渡的需要。

第二,苏联时期的历史改革,都未解决一切产品与服务(除了约占商品流转额3%集体农庄集市上交易外)均由国家统一定价的价格形成制度,从而产生了一系列长期难以克服的弊端,如比价关系严重失衡,价格起不到平衡市场供求关系的作用,国家摆脱不了财政补贴的重负(1991年苏联政府对消费品的价格补贴就达1000亿~1500亿卢布),价格起不到对生产与流通的刺激作用。

第三,到了戈尔巴乔夫执政时期,苏联已出现了十分严重的财政赤字,居民手中握有大量货币,如"笼中之虎",而市场供应极度紧张,生产情况不断恶化,在此情况下,只有放开价格来抑制现期和潜在的需求。

第四,俄罗斯改革者设想,价格自由化,使商品生产者的企业有了定价权,可以刺激其增加生产,有效供给就会增加,从而有利于缓解市场供应的紧张。

在上述背景下,尽管1992年启动激进改革时,不少人认为应从非垄断化和建立竞争环境与私有制开始,然后再放开价格。但俄罗斯改革进程却是另一种情形。"因为得从大量的市场调节方式中选择一种能最大限度满足经济生活的方式,即社会稳定的起码保障。放开价格正是成了这样的一种方式。"①也就是说,放开价格视为实行休克疗法激进式转型的启动点。

从提价角度来看,价格改革在戈尔巴乔夫执政后期的1991年4月2日已开始,这次70%的商品提价幅度为2~3倍。但是这毕竟没有改变价格形成的原则,价格仍由国家决定,价格并没有自由化和市场化。

价格自由化是从1992年1月2日开始的,它以叶利钦总统关于《放开价格的各项措施》的命令为标志,该命令宣布:"①从1992年1月2日起,根据供求关系,基本上实施生产-技术用途产品、日用品、劳动和服务向自由(市场)价格及收费标准转变。国家按自由(市场)价格收购农产品。②决定从1992年1月2日起,企业和单位,不论所有制形式为何,除了有限的生产-技术用途产品,基本消费品和劳务的平均价格均采用国家调控价(收费标准)。"由国家调控的产品有12种重要的生产技术性商品和消费品,如,电力、动力煤、炼焦煤、石油、天然气、贵重金属等生产技术性商品,国家规定的提价限额为4~8倍,而面包、牛奶、食糖、植物油和儿童商品等主要食品和消费品的国家规定的提价限额为3~5倍(分别见表29-1和表29-2)。

表29-1　一些生产—技术产品与服务提价的限额

| 产品名称或服务项目 | 提价最高系数 | 产品名称或服务项目 | 提价最高系数 |
| --- | --- | --- | --- |
| 动力煤 | 5 | 空运 | 5 |
| 炼焦煤 | 8 | 河运 | 5 |
| 石油、石油气 | 5 | 汽车货运 | 3.6 |
| 气体凝析液 | 5 | 主要的通信服务 | 3 |

---

① ［俄］格·萨塔罗夫等:《叶利钦时代》,高增训等译,东方出版社,2002年,第211页。

续表

| 产品名称或服务项目 | 提价最高系数 | 产品名称或服务项目 | 提价最高系数 |
|---|---|---|---|
| 天然气（包括液化气） | 5 | 贵金属及其合金、碎块、下脚料；金刚石原料、宝石、人造宝石 | 由俄政府确定 |
| 发动机燃料、锅炉 | 4.8 | | |
| 燃料、炼油 | 5.5 | | |
| 页岩 | 4 | 铁路货运 | 5 |
| 电力 | 每度 8 戈比 | 海运 | 5 |
| 其中：农业消费者用电热力 | 4 | | |

资料来源：参见俄罗斯政府：《关于放开物价措施的决定》附件 1。

表 29-2　一些主要消费品和服务提价限额

| 产品名称或服务项目 | 提价最高系数 | 产品名称或服务项目 | 提价最高系数 |
|---|---|---|---|
| 面包 | 3 | 柴油燃料 | 2.8 |
| 奶类、酸奶、脱脂奶渣 | 3 | 煤油 | 5 |
| 儿童食品 | 3 | 城市居民用电 | 每度 8 戈比 |
| 食盐 | 4 | 上下水服务 | 5 |
| 食糖 | 3.5 | 集中供热 | 3 |
| 植物油 | 3 | 房费 | 不变 |
| 伏特加啤酒 | 4.5 | 铁路客运和行李运输 | 2 |
| 火柴 | 4 | 海洋客运和行李运输 | 2 |
| 药品和医用品 | 4 | 空中客运和行李运输 | 2 |
| 残疾人康复设备 | 4 | 内河客运和行李运输 | 2 |
| 汽油 | 3 | 跨州公路客运和行李运输 | 2 |
| | | 邮电服务 | 3 |

资料来源：参见俄罗斯政府《关于放开物价措施的决定》附件 2。

　　1992 年 1 月 2 日一次性大范围放开价格后，约有 90% 的消费品和 80% 生产资料价格已放开。接着俄罗斯政府又于 1992 年 3 月 7 日取消了对面包、牛奶、酸奶、脱脂奶渣、食糖、食盐、植物油和火柴的提价限额。这样，食品与消费品的价格基本上全部放开了，即实行了完全的价格自由化与市场化。

有关能源载体的价格,原准备在 1992 年 4 月 20 日放开。但俄罗斯政府考虑到这类产品所引起的连锁反应特别大,几次推迟了放开能源价格的期限。到了 1993 年 7 月才放开了煤炭价格,其余的能源价格仍未放开,只是不断地大幅度提价。仅 1992 年 5 月 18 日载能体价格上调 4~5 倍,结果是石油的批发价由每吨 350 卢布调至 1800~2200 卢布;天然气由每千立方米 260 卢布调到 1000~1600 卢布。由于载能体价格上调,使一些生产-技术性产品消费品的价格与服务收费标准,在上次提价的基础上再提价 1.5~2 倍,而油田气、冷凝气和生活用液化气的价格则提高 5~6 倍(见表 29-3)。

表 29-3　一些生产-技术性产品与服务提价限额

| 产品名称或服务项目 | 提价最高系数 | 产品名称或服务项目 | 提价最高系数 |
|---|---|---|---|
| 铁路货运 | 1.8 | 洋客运和行李费 | 2 |
| 海洋货运 | 2 | 内河客运和行李费 | 2 |
| 油田气 | 5 | 空中客运和行李费 | 1.5 |
| 冷凝气、宽馏分生活用液化气 | 6 | 煤油、燃料(煤、劈柴等) | 2 |
| 工业用水 | 3 | 暖气和热水 | 2 |
| 铁路客运和行李费 | 2 | 电能 | 2 |

资料来源:参见俄罗斯《经济与生活》周刊 1992 年第 21 期。

1992 年 9 月 18 日,俄罗斯政府又决定,石油、石油产品和凝析油价格提价 1 倍。这导致动力、热能、上下水服务、生活用液化气、煤油、燃料与居民公用设施用电的收费以及铁路、海洋、内河的客运费和行李运费提高 50%,空中客运和行李运费提高 2 倍。

这次俄罗斯政府实行的基本上一次到位的价格改革,其出现的问题是非常明显的,也十分突出。最主要的是引起严重的通货膨胀。叶利钦执政时期的通胀率分别为:1992 年为 2500%,1993 年为 840%,1994 年 330%,1995 年 130%,1996 年下降为 21.8%,1997 年降到 11%,在 1998 年金融危机后通胀率又上升到 84.4%,1999 年出现下降,为 36.5%。通胀率多年居高不下,对社会经济的消极影响也表现得十分充分:一是使居民生活水平大大降低。拿 1992 年来讲,物价上涨了约 25 倍,而居民名义工资仅增加 11 倍。如果再考虑到居民的大量储蓄因严重的通胀率而基本贬值为零,那么对居民生活水平下降的影响程度更大。考虑到食品价格的大幅度上涨,对居民生活水平和生产的影响更大和更直接。据一项调查资料表明,在圣彼得堡最低食品组合(总共33种食品)价格由1990年12月的42.9卢布涨到2000年11月的710.4卢布,这样,使72%的家庭用于购买食品的资金占家庭预算的60%~90%。① 从全俄罗斯来看,反映居民生活水平的恩格尔系数长期保持在50%左右的水平上。二是高通胀率成为投资大幅度下降的一个重要因素。在高通胀率的情况下,导致积累率贬值,企业经营者已没有兴趣将所得利润投入扩大生产中去。三是使卢布汇率大幅度下跌。卢布汇率从1990年的1美元兑换0.6卢布跌至1997年的1美元兑换6000卢布。② 四是使易货贸易不断发展,从而经济实物化趋势日趋明显。在通胀极其严重的情况下,商品生产者之间不愿接受货币是十分自然的事。

尽管价格自由化的改革,特别在其起始阶段,对俄罗斯社会经济带来了不可低估的消极影响,但从经济体制转型角度看,它最终结束了传统计划经济体制条件下形成的价格制度,使新的价格体系与市场经济关系相适应。笔者认为,在评价俄罗斯价格自由化、基本上一步到位的价格改革政策时,以下四点是值得思考的:

第一,1992年初一次性大范围放开价格,它对当时俄罗斯遏制需求、缓冲极度紧张的消费市场起到了应有的作用。尽管放开价格并没有像盖达尔等民主派预言的会很快刺激生产,增加市场供应,但亦应看到,消费市场在放开价格的头几个月,有了某些积极的变化。商品储备从1991年底放开价格前的37天的临界点,上升到1992年6月底的81天。以不变价格计算的商品储备,1992年6月底与1月底相比,增长了61%。商品储备占居民持有的货币比例,从放开价格前15.4%增长到1992年6月的54.4%。③ 如果不

---

① 参见[中]刘美珣、[俄]列·亚·伊万诺维奇主编:《中国与俄罗斯两种改革道路》,清华大学出版社,2004年,第416页。

② 在1997年,俄罗斯恶性通胀得到遏制,在这一年进行货币改革,将卢布升值1000倍,即1000旧卢布相当于1新卢布。在1998年爆发金融危机后,卢布汇率又进一步下跌。2000年2月,1美元兑换28.7新卢布。

③ 参见陆南泉主编:《独联体国家向市场经济过渡研究》,中共中央党校出版社,1995年,第51页。

采取放开价格这一改革措施,居民手中握有的货币越来越多,这一"笼中之虎"最后冲向市场,其后果是不堪设想的。

第二,俄罗斯的价格自由化政策,给广大居民带来的痛苦是有目共睹的,人民群众也进行过不少次抗议示威活动,但并没有发生流血事件,影响大局。这有两方面的原因:一是作为第一位民选总统的叶利钦,应该说,在当时还是有较广泛的社会政治基础,这提高了俄罗斯政府对出现的种种社会矛盾和冲突的承受力;二是相当一部分人民群众,较为理性地对待当时出现的困难。俄罗斯普通老百姓对当时高通胀率对生活造成的困难,认为这是不可避免的,总是要经历那么一段时间,说日本、德国战后都有一段困难时期。可以说,以上两个因素,是俄罗斯当时能在如此严重的通胀情况下不出大乱子的重要原因,也是俄罗斯能实施一步到位、大范围放开的价格自由化改革方式成为可能的原因。

第三,向市场经济过渡,不论是哪种市场经济模式,不对传统的价格体制进行彻底的改革,市场经济是不可能建立起来的。在苏联解体前的历次改革,价格体制改革不断地往后拖延,这使得到了苏联解体后,进行价格体制改革的条件十分恶劣,在客观上必然要付出更高的代价。阿巴尔金对此谈到,在1987—1988年,原准备在整顿价格的基础上,逐步地、分阶段地实现价格自由化。但由于优柔寡断,对价格制度未能进行改革。他认为,如果那时进行改革可以相对容易些,到了1991年困难就多得多。① 这说明,叶利钦在1992年进行价格体制改革的方式,有其被迫性和复杂性的特点。

第四,从俄罗斯政府实行自由价格办法中,所规定的有关新的自由价格形成的一些办法来看,可以说是符合价格市场化要求的。这些办法是:①生产资料的自由批发价格由生产者根据平等的原则,在经过消费者同意的情况下确定;②消费品的自由价格(出厂价格)由商品生产者根据同零售商业和其他销售企业协商确定;③上述价格要根据市场行情,供求状况,以及产品质量、产品的消费性能确定;④产品成本和增值税均应计入上述价格。

① 参见《阿巴尔金经济学文集》,李刚军等译,清华大学出版社,2004年,第120~121页。

## 第二节　财政体制改革

不论在计划经济体制还是在市场经济体制条件下,就财政作为分配与再分配社会产品和国民收入的这一职能而言,并没有多大区别,即国家都凭借政治权力取得财政收入,以此来为保证国家职能顺利实现提供财政基础。但财政在实现分配职能的过程中,采取的财政政策、政策目标、途径与作用,在不同经济体制条件下,有很大的区别。计划经济条件下的财政体制,其最大的一个特点是,国家在参与企业分配时,不以企业是市场主体为出发点的。在具体政策上,实行的是统收统支。在这种条件下,从国家与企业的财政关系看,是政府的一个下属行政机构,这是由国家对企业实行直接管理与控制的计划经济体制所决定的。由于不把企业视为独立的商品生产者与市场的主体,因此在苏联时期经过多次的经济改革,在国家参与企业利润分配时,就可以从国家需要出发,让企业把绝大部分利润上缴财政,从而使企业缺乏自我更新的能力,影响企业的生产积极性。

传统经济体制条件下的财政体制的另一个特点是,集中程度高。这表现在两个方面:一是大量的国民收入通过财政分配与再分配,集中到国家预算。以1980年为例,苏联国家预算占国民收入的比重为65%以上。二是财政资金主要集中在中央预算,1980年苏联地方预算占的比重在为17.1%。在谈到传统经济体制条件下的财政体制特点时,不能不提及财政与银行的关系。苏联时期,在产品经济理论的影响下,重视生产过程,忽视流通过程,把大量国民收入集中在财政,通过财政进行直接分配,从而使管理资金流通的银行不能充分发挥作用。银行往往成为货币资金的出纳机构和财政的附庸,在相当一个时期里,银行不独立。很明显,原来财政体制的一些特点,很难与以建立市场经济体制目标为方向的经济改革相适应。

俄罗斯在1992年初在进行激进式向市场经济转型时,也对财政体制进行根本性的改革。

1. 由国家财政向社会公共财政转化,缩小财政范围

有关财政范围和体系问题,在苏联历史上曾是经常争论的一个问题。

在20世纪30年代以前,由于国家的货币资金基本上是集中在国家预算,之后,再按国家统一的计划进行统一分配,因此,对国家财政的范围局限于国家预算,往往把国家预算与国家财政等同起来。20世纪30年代后,随着国营企业在整个国民经济中占主导地位,国营企业广泛推行经济核算,企业自行支配的货币基金增多,随之财政的范围亦扩大,国民经济各部门与企业的财务成了国家财政体系中的一个重要环节。根据当时的苏联财政理论,国民经济各部门与企业的财务主要作用有:一是通过财务活动来形成内部资金,以保证企业生产的顺利实现;二是实现国家与企业的财政关系,即向预算的和获得预算的拨款;三是体现公有制企业一切经济活动是为完成苏联国家经济职能的直接组织者作用。后来,在苏联形成的财政体系包括三个领域:物质生产领域财务、国家预算与非生产领域财务。

十分明显,在财政体系中列入企业财务,是指令性计划经济体制的要求。苏联长期坚持的看法是在国营和合作企业在国民经济中占绝对统治地位的条件下,企业财务是整个国家财政的基础,国家通过财政分配与再分配,把企业大量资金集中在国家(预算)手里,然后按国家统一计划进行分配与使用。因此,国家要求直接管理企业的活动,参与企业货币基金的形成与分配过程。

在俄罗斯确立了以向市场经济过渡为改革目标后,在改革财政体制时,开始调整国家与企业的关系。财政职能转变的重点有两个:一是财政作为政府行为,不再直接干预企业的生产经营管理活动,主要是为解决市场不能满足的一些社会公共需要,如社会保险、义务教育、防疫保健、国防、社会安全、行政管理、基础科学研究、生态环境保护等。二是由于在市场经济条件下,国家调控宏观经济的方式由以直接的行政方法为主转向以间接的经济方法为主,因此要强化财政对宏观经济的调控作用。

这方面的作用是多种多样的,如保证国家基础产业,重点项目的投入;调节行业之间、地区之间收入分配水平,促进社会分配的公平;运用财政、税收杠杆,调整产业结构,促进生产要素的优化配置与经济效益的提高;通过财政政策与货币政策的相互配合与协调应用,来调节社会供需总量,以利其平衡;加强财政法、税法的建设,实行依法理财,强化财政监督管理,从而在市场经济运行过程中,使财政领域的法治日益加强。而过去在指令性计划经济体制条件下,靠各级行政权力、人治办法运转经济的现象,逐渐得以克服;等等。

中东欧一些转轨国家,在改革财政体制时强调,国家财政在现代市场经济中的主要功能是:资源配置功能、收入再分配功能、经济管理功能与宏观调控功能。财政职能的重大转变,有利于使企业成为独立的商品生产者,成为市场经济的主体。另外,随着东欧中亚国家私有化政策的推行,国营企业的比重大大降低,私有化企业与国家关系已发生重大变化。

鉴于财政职能的上述变化,在俄罗斯财政体系中,已不列入企业财务。在其他转型国家,如1991年初,罗马尼亚公布的《公共财政法》,一是已不再用国家财政的概念,而是采用西方国家的公共财政概念;二是在新财政体系中,主要包括国家公共预算(由中央预算、地方预算与国家社会保险预算组成)、税收和财政监督等。

2. 预算结构的调整

(1)预算管理体制的调整

国家预算管理体制是与国家政权及行政管理体制相适应的。苏联长期实行三级制。根据1924年通过的苏联宪法确定的原则,建立了统一的国家预算管理体制,它由联盟(中央)预算、各加盟共和国预算和地方预算组成。国家预算中还包括社会保险综合预算。1991年以前,苏联的预算制度由中央实行单一的统一管理。1992年实行向市场经济转轨的初始阶段,俄罗斯预算制度的调整带有明显的分权性质。1993年12月12日颁布的俄罗斯宪法,开始向巩固国家联邦制方向发展,改变了在预算制度和预算程序领域的法规。根据国家管理级别,分清了预算权能,确定了各级预算之间的相互关系。俄罗斯从1991年到1998年期间颁布了一系列预算法。1998年7月31日通过的(于2000年1月1日正式生效)俄罗斯联邦预算法典规定,俄联邦预算体系建立在俄罗斯联邦经济关系和国家制度基础上,它是受法规制约的俄罗斯联邦预算、俄罗斯联邦各主体预算①、地方预算和国家预算外基金

---

① 俄罗斯由89个联邦主体组成,其中包括21个共和国,50个州,6个边疆区,10个自治区,莫斯科与圣彼得堡直辖市。

的综合体。就是说,俄罗斯的预算体系仍由三级组成(见表29-3)。

表29-3　俄罗斯联邦预算体系构成

资料来源:[俄]波利亚克院士主编:《俄罗斯预算体系》,莫斯科 ЮНИТИ－ДАНА 出版社,2003 年俄文版。

从上表可以看出,第一级预算为联邦预算(中央预算),但不再称为联邦预算;第二级为联邦主体预算,即 89 个联邦主体;第三级为地方预算,包括区、市、镇和乡预算。在涉及中央与地方关系时,俄罗斯则把第二和第三级预算合称为地方预算,联邦预算与地方预算合在一起构成国家预算,称为联合预算。这里要指出的是,在俄罗斯进行转型后,建立了预算外基金制度。这一部分也是俄罗斯联邦预算体系的组成部分。

俄罗斯预算外基金分成两个部分:一是称之为专项社会基金,它包括养老基金、社会保险基金和联邦、地方强制医疗保险基金。这三项基金构成了当前俄罗斯的社会保险体系。二是称之为专项经济基金,主要指地区道路基金、联邦矿物原料基地再生产基金、联邦生态基金、国家制止犯罪基金,联邦支持小企业主活动基金与促进科技进步基金等。今后,俄罗斯对预算外基金在管理方面的改革,其基本方向是:对专项社会基金,在保持其法人独立地位的同时,要将其纳入联邦预算体系之内;至于经济预算外基金将朝着把资金列入预算、管理权交给财政机关的方向进行。

俄罗斯还规定,以下原则是俄罗斯联邦执行预算体系的基础:统一性;分清不同级别预算的收入和支出;独立性;全面反映预算、国家预算外基金的收入与支出;平衡预算;节约与高效利用预算资金;全面弥补预算支出;公开性;预算的可信度;预算资金的针对性和目的性。

(2)合理划分中央财政与地方财政的关系

俄罗斯在向市场经济过渡的初始阶段,调控宏观经济手段还很不完善,更谈不上已形成较为成熟的体系。因此,如何在中央与地方政府事权范围较为明确划分的基础上,合理划分中央财政与地方财政的收支范围,处理好两者之间的关系,尚处于探索与不断调整时期,东欧中亚各国,普遍通过分税制办法来协调中央财政与地方财政关系。但从近几年的情况看,中央与地方政府在财政收支问题上存在尖锐矛盾,双方都力图控制更多的财源。这在俄罗斯表现得更为突出。

表29-4　俄罗斯中央与地方预算收支比例

| 项目 | 1992 年 | | 1995 年 | |
| --- | --- | --- | --- | --- |
| | 收入 | 支出 | 收入 | 支出 |
| 中央 | 57.5 | 70.0 | 54.0 | 50.0 |
| 地方 | 42.5 | 30.0 | 46.0 | 50.0 |

资料来源:俄罗斯《经济与生活》1993 年第 5 期,《国外经济体制研究》1997 年第 6 期。

从上表可明显看到,俄罗斯地方财政收入的相当一部分要上缴中央财政来支配,从而使85%的地区要靠联邦预算补贴来维持。这严重地影响了地方的积极性,制约了地方经济的发展,因此也必然遭到地方的抵制。地方许多人士认为,在俄罗斯应实行地方优先的预算制度,并建议把60%的税收留归地方,提出的主要根据是,美国把全部税收收入的60%留给了州和市政府。

特别要指出的是,一些地方执政者,公开主张实行预算单轨制,即以地方为主,上缴中央的部分由地方来确定。苏联解体前的1991年,俄罗斯联邦曾经用这一办法对付过当时的联盟中央,并使联盟中央财政处于极为不利的地位。曾有数十个联邦主体在自己的苏维埃议会上作出向预算单轨制过渡的决定,这无疑严重影响俄联邦中央财政的稳定。

俄罗斯地方政府还采取了一些具体办法来与俄中央相抗争,主要办法是不完成上缴税收任务。如1993年,有38个地区没有完成增值税的上缴任务,14个地区未完成上缴利润税。另据1993年10月18日美国《新闻周刊》报道,在俄罗斯89个地区中,已经有30个地区停止向中央财政缴税。俄联邦为了制止上述情况的发展,叶利钦总统发布命令授权政府采取严厉制裁措施,主要有:对抗税地方政府停止提供资金、分配出口份额、提供进口物资,减少国家贷款,没收其在银行账户的资金等。

与此同时,俄联邦中央政府对地方采取了一些缓解措施,如1993年4月曾通过《俄罗斯联邦地方预算权基础法》规定,适当扩大地方财权,对有些重要税种如增值税与利润税由联邦税改为联邦地方共享税。增值税收入的20%~50%留归地方,32%的利润税中,22%留归地方,10%缴入联邦中央预算。还规定,个人所得税全部划归地方等。

之后,俄罗斯联邦政府又采取了一些扩大地方财政的措施。但问题并没有根本解决。后来,俄罗斯联邦政府又采取以下办法:在每年编制预算前,先确定地方预算的最低需要额度,如本地方收低于支,中央财政用调节税给予补贴,以保证地方预算收支之间的平稳。从形式来看,上述做法可以起到平衡地方预算的作用,但在实践中存在不少问题,主要是在确定地方最低需要额度问题上缺乏科学根据,带有很大的盲目性与随意性,执行的结果往往是苦乐不均,该得到调节收入的没有得到,不该得到的反而给予了过多的补贴。在这种情况下,有人建议,实行预算双轨制,即一方面有中央统一规定税率,各地方与企业必须一律执行;另一方面中央只规定税率的上限,各地方在此限度内制定本地区的税率,形成地方预算。

看来,俄罗斯联邦在转轨初期,中央财政与地方财政关系的矛盾十分突出。形成这个局面是有多种因素造成的。从当时的客观条件来看,转型初期的经济危机十分严重,国内生产总值总量大大减少,而国家通过税收等途径所得统一预算收入占国内生产总值的比重也大大下降,1992 年为 28%,1993 年 29%,1994 年为 28.2%,1995 年为 26.8%,1996 年为 24.8%,1997 年为 25.7%,1998 年为 24.5%,1999 年为 24.7%。在财政收入下降的情况下,各级政府却竭力争取获得更多的财政资金。

另外,娜迪亚(Nadezhda Bikalova)认为,从俄罗斯各级政府间财政关系的改革来看,存在的以下主要缺陷:"财政预算收入分配缺乏客观、标准的基准;地方和地区政府对开发自己的财政收入和缩减开支缺乏兴趣;联邦政府向联邦成员转移支付时没有考虑到它们得到的其他国家的补贴和资助。地区政府的结构和职能缺乏透明度,联邦政府又对其缺乏了解。这都是各级政府间财政关系冲突的重要原因。"[1]还要指出的是,在经济转型出现严重危机的年份,联邦政府根据其自然和气候条件以及自然资源情况向各地区与地方拨给了一定的资金,但同时给它们又下放了向公民提供服务及支付儿童保育费和退伍军人津贴等许多责任,但却未批准给地区征收新税以提供财政收入的机会。这也使许多地区陷入极端困难境地。

由于地区差别很大,人均预算收入的地区差异日益加剧。地区间人均最高预算收入与人均最低预算收入的比值从 1991 年的 11.6 增加到 1998 年的 30。[2] 而这些富裕的地区又反对将它们所征收的税收转移到联邦预算中。对此,叶利钦领导的联邦政府采取的政策是,经常通过给予它们比其他地区更加优惠的条件寻求它们的政治支持。这样,使得在俄罗斯转轨后的相当一个时期里,推行财政的地方分权进展得十分缓慢。自 1992 年以来,地方财政在俄罗斯预算收入的比重比苏联时期虽大大提高了,但一般保持在 50%

---

① 《金融与发展》2001 年 9 月号。娜迪亚(Nadezhda Bikalova)系国际货币基金组织财务部访问学者,现任北方地区和远东问题委员会顾问,曾为俄罗斯国家杜马成员。

② 参见《金融与发展》2001 年 9 月号。

的水平。这使得各地区和地方政府满足法定支出义务的能力显然不足。这可从俄罗斯1997年实行的转移支付制度①的情况可证实这一点。

1994年全俄89个联邦主体中,接受转移支付资金的有66个,1995年增加到78个,1997年有85个享受转移支付资金。转移支付资金在各种财政援助总额中的比重从1994年的21%上升到1996年42.4%。到了1998年,俄罗斯在改善中央与各地方财政关系方面采取措施,一个重要的举措是,由俄罗斯政府、联邦议会和国家杜马派出代表组成的三方委员会,就改革俄罗斯各级预算之间关系提出建议,其主要内容是,制定三级主要政府之间的无偿转移和税收分配新办法,并被1998年7月30日联邦政府批准的《1999—2001年政府间关系改革纲要》采纳,并在1999年的联邦预算中执行。

后来,一些学者讨论和提出进一步改进政府间财政关系体制的建议和途径。如上面提到的娜迪亚认为,提出了以下4个途径:①通过颁布特别的法律,如颁布防止各级政府及各自的法规间冲突的法律来加强政府间的财政关系;②分配税收收入,使各地区可以满足必要的支出;③保证合并预算平衡表透明,能反映联邦、地区和地方政府的所有金融流量;④明确地方政府的职能并为其建立预算收入来源。②

普京执政后,俄罗斯联邦政府于2001年8月15日通过了2005年之前预算联邦制发展纲要。主要目的在于划清各级预算支出与收入的权能,从而保证各主体、地方权力机构财政的独立性与责任心,提高它们在管理公共财政方面的兴趣,实施有效管理,支持地区经济的发展,实行结构改革。③

普京执政后,于2001年8月15日俄罗斯联邦政府通过了2005年之前预算联邦制发展纲要。主要目的在于划清各级预算支出与收入的权能,从而保证各主体、地方权力机构财政的独立性与责任心,提高它们在管理公共

---

①　系指俄罗斯联邦进行预算调节的一种办法,以此来为地方预算提供财政援助。按规定,如果一个地区的人均预算收入低于全国所有地区人均预算收入,那么该地区就有权得到联邦的转移支付资金。

②　参见《金融与发展》2001年9月号。

③　参见[中]刘美珣、[俄]列·亚·伊万诺维奇主编:《中国与俄罗斯两种改革道路》,清华大学出版社,2004年,第436页。

财政方面的兴趣,实施有效管理,支持地区经济的发展,实行结构改革。① 从长远来看,今后在调整中央与地方预算关系的趋势是,不断扩大地方的财权,以保证地方财政的独立性与财政责任的机制得以建立,这要依赖于进一步界定与划分税收权限、收入来源与法定的支出义务,另外,在一定时期内实行联邦中央财政为各联邦主体(地区)提供财政援助基金的做法,仍是必要的。

根据"俄罗斯联邦 2006—2008 年提高预算间关系的效果和提高国家财政与市镇财政管理质量的构想",俄罗斯在发展预算联邦制和加强预算间关系,处理中央与地方政府间财政关系方面有以下三项主要任务:②

一是巩固和加强联邦主体的财政独立性。

虽然《俄罗斯联邦预算法典》明确规定要保证地区财政和市镇财政的稳定性,如明确划分由联邦税费划入各个级次预算的收入;如果一年内支出责任发生变化时必须修改预算法等,但这些措施对加强联邦主体和地方的财政独立性作用并不是很大。为了扩大联邦主体国家政权机关和地方自治机构在预算计划和管理领域的独立性并提高其责任,需要进一步明确预算分类的构成,制定对俄联邦预算体系的各级预算都划一的预算收入分类标准和支出分类标准。与此同时,每个联邦主体和地方政府都应根据每一级预算的特点和实际需要来独立细化预算分类。此外,还必须规定改变预算间转移支付的形成和分配原则所应严格遵守的程序,确定特殊情况下如在税法变更和事权受限时调整这类资金分配的办法。

必须进一步完善预算间转移支付制度,包括切实遵守财政援助资金的分配应考虑联邦主体的预算保障水平这一原则,特别是应当集中财政援助资金来保证联邦主体国家政权机关和地方自治机构行使自己的权限。

二是增加联邦主体预算和地方预算收入,提高支出效果。

增加自有收入,并使预算保障程度较低的联邦主体的预算保障程度逐

---

① 参见[中]刘美珣、[俄]列·亚·伊万诺维奇主编:《中国与俄罗斯两种改革道路》,清华大学出版社,2004 年,第 436 页。

② Концепция повышения эффективности межбюджетных отношений и качества управления государственными и муниципалъными финансами в Российской Федерации в 2006 – 2008 годах . Финансы . 2006. №5. с. 15—21.

步提高,是俄政府的一项主要任务。根据联邦预算拨付的预算间转移支付占联邦主体自有预算收入总额的比重,可以将联邦主体分为三类,并对每一类作出不同的规定:一是对预算收入中从联邦预算获得的财政援助资金的比重不超过自有收入20%的这一类联邦主体,适用俄联邦预算法作出的一般性规定,包括对联邦主体的国债和预算赤字规定最高限额。二是对预算收入中从联邦预算获得的财政援助资金的比重占自有收入20%～60%的这一类联邦主体,必须规定更加严格的限制措施,包括限制用于维持国家政权机关的支出和用于联邦主体国家公务员的劳动报酬支出等。三是对预算收入中从联邦预算获得的财政援助资金的比重超过自有收入总额60%的联邦主体,必须采取诸如限制国债规模和预算赤字、提高预算资金的使用效率等措施来监督预算资金的有效使用。

三是提高地区财政和市镇财政的透明度。

俄政府认为,增加联邦主体国家政权机关和地方自治机构活动的透明度,提供真实可靠的信息,是保证国家财政和市镇财政有效和稳定管理的必要条件。要达到这一目标,要求公开披露有关联邦主体国家政权机关和地方自治机构的工作计划和执行结果方面的信息。透明度便于社会对国家财政和市镇财政的管理实行有效的监督,提高联邦主体国家政权机关和地方自治机构的决策责任,也有助于加强国家和市镇机关的内部纪律。俄罗斯联邦主体和市镇的财政状况,以及国家财政和市镇财政管理等方面的信息披露应当真实可靠和及时。

鉴于联邦国家政权机关、联邦主体国家政权机关和地方自治机构之间的权限划分,俄罗斯预算法典规定,必须在预算体系的各层级实行支出责任登记制度,并向俄财政部提交俄联邦主体登记表和市镇登记表。必须实行联邦主体国家政权机关和地方自治机构的年度公开决算(报告)制度,并制定年度公开决算的编制细则。联邦主体国家政权机关和地方自治机构的年度公开决算(报告)应当包括上期活动结果和提高计划期地区财政和市镇财政管理效率的计划。

上述措施的实施能够保证俄联邦预算间关系改革的顺利进行,并在俄联邦的各级政权机构间建立起有效、稳固和透明的财政相互关系体系,使这一体系能够在各层级预算独立性原则与其共同利益统一原则相结合的基础上得以独立发展。①

（3）收支结构变化

苏联时期,国家预算收入的一个重要特点是,它集中全点的主要原因是,国家执行着广泛的职能,特别是经济职能,国有经济占的比重极高,全国的经济政策,从宏观到微观都控制在国家手里,全国经济活动基本上按统一的国家计划运行。在向市场经济过渡后,国家集中的财政资金日益减少。正如前面指出的,在经济体制转型初期,由于出现经济转型危机,俄罗斯国家预算收入总额约占国内生产总值的25%,但随着经济的发展这一比重日益提高,2012年占37.6%,2016年占32.8%。国家预算收入另一个重要变化是,税收占的比重日益增大,以税收形式的缴纳一般要占俄罗斯预算收入总额的80%~90%,1992—1993年分别占98%~84%,2018年占89.8%。

表29-5 2016—2018年度俄罗斯联邦综合财政收入结构(单位:亿卢布)

| 收入项目 | 2016年 | 2016年占比(%) | 2017年 | 2017年占比(%)* | 2018年 | 2018年占比(%)* |
|---|---|---|---|---|---|---|
| 收入 | 281815 | 100 | 272687 | 100 | 330815 | 100 |
| 企业利润税 | 27703 | 9.8 | 30375 | 11.1 | 38406 | 11.6 |
| 个人所得税 | 30185 | 10.7 | 28006 | 10.3 | 31523 | 9.5 |
| 强制社会保险缴费 | 63260 | 22.4 | 57124 | 20.9 | 63388 | 19.2 |
| 增值税 | 46334 | 16.4 | 27034 | 9.9 | 31354 | 9.5 |
| 消费税 | 13560 | 4.7 | 13866 | 5.1 | 13736 | 4.2 |
| 总收入税 | 3885 | 1.4 | 4298 | 1.6 | 5010 | 1.5 |
| 财产税 | 11171 | 4.0 | 11754 | 4.3 | 13177 | 4.0 |
| 自然资源使用税 | 29518 | 10.5 | 37266 | 1.37 | 56625 | 17.1 |
| 对外经济活动所得 | 26060 | 3.2 | 22794 | 8.4 | 32968 | 10.0 |
| 关税 | 20540 | 7.3 | — | — | — | — |

① 以上有处理中央与地方政府间财政关系方面有几项主要任务的内容引自陆南泉主编:《俄罗斯经济二十年》,社会科学文献出版社,2013年,第42~43页。

| 收入项目 | 2016 年 | 2016 年占比（%） | 2017 年 | 2017 年占比（%）* | 2018 年 | 2018 年占比（%）* |
|---|---|---|---|---|---|---|
| 市政财产税 | — | — | 8654 | 3.2 | 8707 | 2.6 |
| 其他 | 30139 | 10.6 | — | 24.03 | — | 10.8 |

\* 为 1—11 月数字

资料来源：根据俄罗斯公布的统计资料编制。

从预算收入结构来看，强制社会保险缴费占第一位，2017—2018 年分别占俄罗斯联邦综合财政收入的 22.4% 与 19.2%，其次是增值税、个人所得税、自然资源使用税与企业利润税，自然资源使用税呈上升趋势，2018 年占17.1%。

从支出结构来看，随着向市场经济过渡，国家组织经济、直接干预经济作用的削弱，一个突出的变化是，用于国民经济的拨款大大减少。在苏联时期，国家预算用于发展经济的支出要占全部预算支出的 50% 以上（如 1980年占 54.77%，1988 年占 52.8%），而到 1994 年，俄罗斯这项支出只占 27%。从 1995 年开始，在俄罗斯预算支出中，不再单列"国民经济"项目，而分别列为工业、能源、建筑；农业与渔业；道路交通、通信、信息、住宅公用事业等四项。如把这四项加在一起，作为国民经济拨款，那么 1998 年与 1999 年，其所占俄罗斯联邦综合预算支出总的比重分别为 19.8% 和 17.5%。到 2017—2018 年又分别降为 11% 与 11.6%。

表 29-6　2016—2018 年度俄罗斯综合财政支出结构（单位：亿卢布）

| 支出项目 | 2016 年 | 2017 年* | 2018 年* |
|---|---|---|---|
| 国家性问题 | 18499 | 16052 | 17250 |
| 国防 | 37776 | 23036 | 23143 |
| 国家安全和司法 | 20114 | 16760 | 17461 |
| 国民经济 | 38898 | 31944 | 33038 |
| 住房和公用事业 | 9926 | 8763 | 9416 |
| 社会文化措施 | 179467 | 163715 | 174713 |

续表

| 支出项目 | 2016 年 | 2017 年* | 2018 年* |
|---|---|---|---|
| 债务偿还 | 7718 | 7669 | 8332 |
| 其他 | 839 | 946 | 1207 |
| 合计 | 313237 | 268984 | 284560 |
| **支出%** | | | |
| 国家性问题 | 5.9 | 6.0 | 6.1 |
| 国防 | 12.1 | 8.6 | 8.1 |
| 国家安全和司法 | 6.4 | 6.2 | 6.1 |
| 国民经济 | 12.4 | 11.9 | 11.6 |
| 住房和公用事业 | 3.2 | 3.3 | 3.3 |
| 社会文化措施 | 57.3 | 60.9 | 61.4 |
| 债务偿还 | 2.5 | 2.9 | 2.9 |
| 其他 | 0.3 | 0.2 | 0.5 |

\* 为 1—11 月数字。

资料来源:根据俄罗斯公布的统计资料编制。

发生上述变化的一个直接原因是投资主体的改变。随着私有化的推行,过去的投资主体是国家,现在主要是企业。以俄罗斯经济转轨头几年的情况来看,其基建投资资金的 2/3 来自企业自有资金。1993 年,来自俄联邦预算的拨款占全部基建投资的 17.5%,地方预算拨款占 15.1%,1994 年又分别降为 15% 和 11%。而来自企业自筹资金的投资 1993 年占全部基建投资的 59.8%,1994 年又提高到 62%,1995 年仍保持这个水平。在预算支出总额中社会文化措施一直占主要地位,占比一般在 60% 上下,2016—2018 年三年分别占 57.3%、6.09% 与 61.4%。进项支出主要涉及民生项目,它包括社会政策、教育、医疗、文化、影视与体育等内容。其次是国防与国民经济支出,2017—2018 年分别占 16.1% 和 8.6%。

这里需要指出的是,在研究俄罗斯财政体制改革问题的不少论著中,往往从财政收支结构的变化中去分析问题。笔者认为:研究转型国家的财政体制改革必须先从财政本质的变化去分析,才能认识到财政改革的本质,也就是说只能从原来的国家财政转变为公共财政这一个角度去认识问题,才能认识到财政本质的根本性变化;其他财政领域如收支结构、各级财政关系的变化等都是因财政本质的变革而发生的,是派生性的。

## 第三节　税收体制改革

俄罗斯政府为了使税制适应市场经济体制的要求,特别是为了税制成为调节宏观经济的有力工具,通过税制改革不仅要保证国家有效地筹集资金即发挥集中收入的功能,并且还要与刺激投资有效地结合起来。为此,在苏联解体前、俄罗斯宣布独立后不久,就在税制改革方面通过了一些改革的法规,这包括《关于俄罗斯联邦税收体制的基本原则法》《俄罗斯联邦增值税法》《俄罗斯联邦企业和组织利润法》《俄罗斯联邦个人所得税法》等。由于俄罗斯税法不断补充和改变,使得其中的一些条款出现相互不一致,有关税收的某些问题的处理上缺乏法律根据。从 1995 年起就提出制定俄罗斯联邦税收法典问题,到 1998 年 7 月 31 日,在俄罗斯联合会议上通过了《俄罗斯联邦税收法典》(以下简称《税法典》)的第一部分,并于 1999 年生效。这是俄罗斯税制的主要文件。《税法典》的第二部分于 2001 年生效。

在 1999 年以前,即 1998 年《税法典》第一部分生效前,所通过的有关税制改革的一些法规,大体上规定了俄罗斯税制改革的主要内容和基本框架,也就形成了头几年与向市场经济过渡相适应的新的税收体制。

纵观叶利钦执政时期税制改革的发展过程,其税制改革的基本方向是实行分税制,统一税制,简化税率,实行当今世界上市场经济国家普遍采用的增值税为主体的流转税制度。主要税种是增值税、利润税、所得税和消费税。

### 一、实行分税制

建立市场经济体制要求财政体制与政策,从原来的计划经济体制条件下所起的管理工具作用转变为市场经济基础上起宏观调控经济手段的作

用,而分税制适应了这一要求。这是因为分税制有利于市场经济的发展,它表现在:

首先,可以使对市场经济宏观调控间接化和规范化。过去中央财政收入与地方财政收入的划分,主要是按行政隶属关系进行的,分税制则按税种划分,这样改变了企业与各级政府的关系,从而有利于弱化财政的直接管理,强化对经济的间接调控。其次,分税制有利于资源的优化配置。市场经济条件下,主要通过市场调节来实现资源优化配置,要达到这一目的,需要政府创造良好的投资、运营和销售环境。而分税制是按分级财政的原则来提供公共产品的。这比过去单靠中央不仅提供全国,而且还要提供各地公共产品的集税制更为有效。由于事先明确了各自的事权范围,也有利于各级政府有效地利用归属于它的资金。另外,分税制有利于地方政府发挥对经济的调控作用。在旧体制条件下,财政资金主要集中在中央财政一级。因此,用于发展国民经济的主要资源来自中央财政,从而地方财政对经济调控作用十分有限。在市场经济的条件下,调控经济不但要靠中央政府还要靠地方政府。地方财政是国家宏观调控中的一个有机组成部分。这有利于全国经济的稳定发展。

从实行分税制的世界各国情况看,分税制有多种类型,税制结构和具体做法更是多种多样。但如果从分税制的彻底程度来划分,基本上可分为两种类型:即彻底的分税制与适度的分税制。彻底的分税制,其主要特点是只设中央税与地方税,不设共享税,并且中央与地方在税收立法、管理征收等方面也完全分开。适度的分税制,其主要特点是既设中央税与地方税,也设共享税,在税收立法权方面,一般集中在中央,但地方也具有一定的税收管理权限。

从俄罗斯税制改革情况看,实行的是适度的分税制。

俄罗斯新的税收体制是在苏联旧税制基础上逐步形成的,至今还处于调整和完善过程中。根据俄罗斯转轨起始阶段颁布的有关税制改革的法令,确定了46个税种,按全国三级财政加以划分,属于联邦(中央)的有16种,主要有增值税、企业利润税、消费税、自然人所得税等;属于联邦主体税及地方税共30种,主要是那些与地方经济关系较为密切、资源较为分散的税种,如财产税、土地税、森林税、广告税、企业注册手续费等。增值税是全国普遍征收的税,它又是在全国各级财政之间分配的调节税。属于调节分配的还有自然资源利用税、企业利润税和自然人所得税等。

俄罗斯的骨干税种是增值税、利润税这两项,消费税与所得税也有一定的比重。1997年增值税、利润税和消费税三项就占税收总额的74.75%。[①]

二、实行的几种主体税

俄罗斯向市场经济转轨后,实行利改税后,主体税一般由增值税、利润税所得税与消费税组成。

一是增值税。它是对原来的周转税进行重大改革后形成的新税。与周转税相比,增值税有明显的特点:一是它采取价外税的形式,即其税金不包括在产品销售价内,不由销售方支付,而由需求方缴纳;二是征收的范围很大,对所有产品和劳务的增加价值征税,不仅在生产环节征收,而且在商业批发环节征收。

二是利润税。这是由原来的利润提成缴纳改变来的。它是国家参与企业利润分配与直接调节利润的重要税种。俄罗斯在税改时,决定实行企业利润税。按照俄罗斯《企业利润法》的规定,在俄罗斯境内所有企业、法人团体、有单独财务平衡表和银行账户的分公司、分支机构、外资在俄罗斯的常设机构等,统一按比例税率征收利润税。应税利润是商品和劳务的经营所得和营业外所得。企业的利润税率为32%。交易所与中间商为45%。利润税是一次性原则征收,即同一纳税对象不重复征税。企业的应税利润是企业出售商品和提供劳务收入减去生产费用、增值税与消费税后的利润。俄决定在1996年1月1日起,对企业超标准支付的劳动报酬基金部分不再征收企业利润税,采取这一措施而减少的利润税收入,准备用增加个人所得税方法为弥补。

三是所得税。现今的所得税与过去的所得税在内容上不同。苏联时期一般指居民收入和合作制企业缴纳所得税,而现在的所得税包括两部分内

---

①　参见郭连成:《俄罗斯联邦税制》,中国财政经济出版社,2000年,第265页。

容:法人所得税和自然人所得税。俄罗斯在实行私有化之后,不少居民成为企业、公司的所有者或经营者,这些法人缴纳上面提到的利润税。大部分居民不具有法人地位,他们是自然人,而按自然人所得税税法纳税。俄罗斯《自然人所得税法》规定,自然人所得税按自然人全年总收入计税,但计算总收入时,先要扣除一个月的最低工资额,再扣除子女和被赡养的赡养费,余下部分则是应税总收入额。如夫妇都工作,只能一方享有免征赡养费的待遇。在2001年前俄罗斯自然人所得税实行的是累进税率。

四是消费税。这是包含在商品价格中由消费者支付的间接税。苏联在20世纪20年代曾采用过这一税种,后因并入周转税而取消。1992年又开征此税。课征对象主要是部分高级消费品,税率为商品自由批发价格的10%~90%不等。

三、税制中存在的主要问题

俄罗斯在1999年之前,税收体制存在不少问题,突出表现在以下方面:

第一,税制复杂与混乱。转轨初期俄罗斯政府规定有联邦与地方税费共46种。但在叶利钦于1994年颁布了有关对联邦主体下放一些税收立法与同意地方可以自行收费的总统令后,这使得税收秩序更加混乱,使联邦税费一度增加到40种,联邦主体税费达到70种,地方税费增加到140种,三级税费相加竟达到250种,在税项数量方面俄罗斯名列世界前茅。如此繁杂的税费,极度地增加了征管的难度,也妨碍了税收任务的完成。

第二,税负过重所引起的种种后果。由于俄罗斯的税制改革基本上以完成国库任务为导向,从而削弱了税收对经济的刺激作用。俄罗斯学者认为,长期以来,税款占了企业总收入的80%~90%。对汽车制造企业的研究表明,企业的通常纳税水平占账面利润的70%~120%。根据社会学家的调查,超过90%的企业经营者认为,税收政策是俄罗斯商业发展的主要障碍之一。问题是,这种主要以满足国库要求的税制,实际上并不能达到目的。高额税收迫使相当一部分的公开交易转入"地下"。根据企业经营者的调查表明,只有1.5%的经营者按规定签订商业合同,并缴纳所有税项。这样亦使得俄罗斯企业的财务报表只能反映不超过50%的真实流转情况,相应的征税水平平均为50%~60%,个别税种更低。例如,1997年,根据真正的纳税基础,个人所得税总额应为1750亿卢布,但事实上只上缴了750亿卢布,即只完成应缴税款的42.8%。[①] 普里马科夫在谈到税负过高的消极作用时指出:"过高的税收不仅限制了生产的发展,而且引发大量逃税,将相当大一部分经济变成了所谓的'影子'领域,其中包括本来想诚实但经常被迫去做'影子'勾当的企业。同时,对劳动报酬过分沉重的税收压力也刺激了上面所说的'影子'报酬,为大规模的藐视法律提供了温床。"[②]

第三,税收体制的非市场特点,表现在对一些税收的优惠。对部分地区和企业征收延期与税收纪律执行宽严等问题上,往往取决于官员的态度,因此,寻求与政府机构建立非正式的不正常关系的渠道和形式,成了企业经营行为的重要目标。这样不可避免地出现官员腐败和大量的偷税漏税。"不同资料显示,犯罪组织和商务机构利润的20%~50%用于贿赂国家各级机构官员。"[③]

第四,由于地方缺少骨干税种和税量小等原因,使得地方财政难以完成所承担的任务。这就容易造成地方政府抗税。1993年8—9月间曾出现过三十多个联邦主体联合抗税的风潮。

# 第四节　财税体制今后改革方向

一、进一步调整中央财政与地方财政的关系

在改革财税体制过程中,中央财政与地方财政的矛盾不容易很快理顺,因此进一步调整好这两者关系仍是今后东欧中亚国家财税体制改革的重要任务。调整中央与地方财政关系的主要方向和原则,仍是根据各级政府的

---

①　参见[中]刘美珣、[俄]列·亚·伊万诺维奇主编:《中国与俄罗斯两种改革道路》,清华大学出版社,2004年,第516页。

②　[俄]叶夫根尼·普里马科夫:《临危受命》,高增川等译,东方出版社,2002年,第49~50页。

③　同上,第183页。

事权进一步推行分税制。在这基础上,再采取调整税种归属关系的具体措施,这是首先要解决问题。其次,考虑到理顺中央与地方财政关系过程中会遇到不少问题和困难,有些问题难以在短期内解决,因此适当增加共享税是必要的。最后,在理顺中央与地方财政关系时,一方面要做到有利于地方财政权限的扩大和收入基础的稳定;另一方面亦强调不应削弱国家通过财税体制改革对经济的宏观调控作用,因此,在扩大地方财权的同时又要保证中央财力。

二、进一步改革税制

在叶利钦执政时期,对税制也进行过一些修补措施,但新的一轮税制改革,即根据《税法典》的改革,实际上是在普京执政后才付诸实施(该《税法典》在1998年通过后,从2000年4月开始,对其第一部分进行修改,同时又讨论了《税法典》的第二部分涉及各个专项税,并在2000年7月26日由联邦委员会批准通过)。这一轮改革对简化税制、减少税种、减轻税负等方面都进行了重大改革。

今后俄罗斯税制改革的主要方向:一是考虑税收收入对社会经济发展的重要作用,应不断扩大税基,增加税收收入;二是要改善税收的合理性与公平性,以提高企业生产经营的积极性。这是逐步优化税收收入结构,减少对能源部门的依赖,当然,这依赖于俄罗斯经济结构特别是出口结构的调整进展情况。

具体不同税种改革可能采取的措施有:一是关于增值税税率问题。对此,俄罗斯国内有两种相反的意见,一种意见是调低税率,另一种意见提高税率。俄财政持后一种意见,主张增值税税率由目前的18%提高到22%,其理由不只是为了增加预算收入,而是要提高间接的比重,减少直接税的比重。在此同时主张降低社会保险缴费费率(由30%调低至22%)。二是个人所得税改革问题。普京执行后实行单一的个人所得税税制,并取得了良好的社会经济效果。但这种税利主要问题是不利于解决在目前俄罗斯收入差距日益扩大的趋势,难以起到调节收入分配的作用。但为了保持国家政策的稳定性,普京一再表示,在今后相当一个时期内个人所得税税制不会有变化。三是企业利润税的改革问题。为了鼓励企业发展,特别是近几年来提倡发展实体经济,实行进口替代政策,再考虑到投资来源主要来自企业资金,因此总的趋势是企业利润税税率是逐步下调的,2009 年为了反危机,企业利润税税率由 24% 下调至 20%。

俄罗斯为了实现经济现代化,在鼓励与促进企业创新方面给予税收优惠。具体措施有:①为支持以智力成果为主要产品的公司发展,对开展创新活动的纳税人在 2015 年前按 14% 的优惠费率(全额 34%)课征社会保险费;②对科技园区实行单独的税收政策,如 10 年内免缴利润税,财产税和土地税,企业社保费上缴减半等;③为刺激节能和自然资源的合理使用,对使用节能设备的企业自节能设备投入使用起免征三年财产税;④对科技、卫生、教育领域(包括非营利性和商业)企业给予利润税零利率特别优惠;等等。①至于消费税,2018 年对该税税率实行指数的改革,今后改革主要是朝着如何更好地引导消费方向发展。

三、强化财政纪律和税收管理

由于存在严重的偷税漏税,加强财税纪律成为十分重要的问题。俄罗斯联邦税务局局长阿尔马佐夫认为,在俄罗斯,"违反税收法的现象已经严重到能威胁国家的生存的程度"。针对上述情况,在叶利钦执政时期,俄罗斯在强化财税纪律方面,采取了一些措施,主要有:一是对偷漏税采取严厉的惩罚制度,如 1994 年 5 月,俄罗斯颁布了关于采取一整套措施使税款和其他强制性缴纳及时全部的纳入预算的命令,其中规定,如银行与信贷机构只有在纳税人出示登记证明的情况下,才可为其开设结算(往来)账户,如果违反规定,则对企业、银行及其他组织和机构的领导人处以行政性罚款,其款额为法定最低工资额的 100 倍。还规定,税务机构查出的隐瞒未报或少报的外汇收入款(利润),要予以没收,缺乏外汇,可按查出隐瞒或少报的数额按当天中央银行公布的外汇牌价,以卢布代替。对企业逾期三个月不缴纳的税款,财政部可与国有财产管理委员会协商,就企业破产一事起诉,等等。

---

① 参见童伟等:《2012 年俄罗斯财经研究报告》,经济科学出版社,2012 年,第 39~40 页。

二是建立严格的纳税申报制度。企业必须定期向税务部门报告其银行账目,对不按期报告的进行经济惩罚。三是加强与健全税务稽征机构及检查监督机构,提高税务部门对税收的征管水平。俄罗斯为此建立了税务警察局。税务警察有权使用武力、跟踪、窃听和使用情报人员。四是减少优惠、减免税收范围。

## 第五节　金融体制改革

为了向市场经济过渡,金融体制市场化的改革成为一个必不可少的、十分重要的一个内容。通过金融体制改革要使其在调控宏观经济中的作用大大提高。俄罗斯在金融体制改革方面涉及多方面的内容。

### 一、银行从财政分离出来,中央银行逐步获得独立地位

在苏联时期,银行隶属于财政部,银行业务完全由国家专营。俄罗斯在改革金融体制过程中,首先采取的措施是:使银行从财政部门分离出来并逐步赋予中央银行的独立地位。1993 年俄通过的宪法虽在原则上已规定央行在执行保证货币稳定性职能方面所具独立地位,央行还有发行货币的垄断权,并在履行职能时独立于国家权力的其他机构。但宪法又规定,政府要保证实行统一的财政、信贷与货币政策。这样,俄罗斯政府是宏观经济政策的制定者,中央银行往往只是政府政策的执行者。同时,银行与财政部门的职能也并没有划分得很清楚,实际上,银行还未完全摆脱财政部门的出纳机构的地位,从而也使得信贷资金在使用上存在严重财政化的问题。这突出反映在 1995 年以前,约有 4/5 的预算赤字由中央银行透支来解决。这说明,在向市场经济过渡的初期,俄央行往往不能完全独立地履行其职能,在相当程度上仍从属于政府。

从 1995 年起,才决定改由发行债券来解决财政赤字。该年的债券收入弥补了 1/3 的预算支出。1995 年俄罗斯还通过有关央行的法律,规定了央行的三项主要职能:一是保卫和保障卢布的稳定性,包括卢布的购买力与对

外国通货的汇率;二是发展与巩固银行体系;三是保证支付体系有效、不间断地运行。该法律还规定,央行向国家杜马负责,央行行长每年至少向杜马汇报两次工作。央行职能也逐渐走向规范化。这些措施,对改革银行与财政的关系,央行执行较为独立的信贷货币政策有重要意义。从1997年起,俄央行独立制定和发布《国家统一货币信贷政策基本方针》,这表明,俄央行实质上已不再从属于政府。1999年末俄政府制定并于2000年7月5日,国家杜马通过了《关于俄罗斯联邦中央银行(俄罗斯银行)联邦法》修改草案。草案明确规定,在宪法与联邦法律允许的职权范围内,俄联邦中央银行是独立的,它直接对总统和国家杜马负责。从此,确立了央行的独立地位。与此同时,央行对宏观经济调控的主体地位也进一步加强。

二、建立两级银行体制

苏联时期实行的是单一银行制度。以国家银行为中心,连同其他几家专业银行包揽了全国的金融业务。在全国业务由国家专营的条件下,在国内不存在金融市场,央行也起不到"银行的银行"的作用。很明显,这一银行体制不可对宏观经济起调控的作用。到了1992年初,俄罗斯大体上已形成了两级银行体制。俄央行是由苏联国家银行改组而来的,商业银行基本上是在原国家专业银行及其分支机构基础上改建而成的。

俄央行对商业银行的调控与管理,采用国际上市场经济发达国家通用的办法,主要有:通过法定准备金制度调控信贷规模;通过不断调整贴现率的办法,调节信贷规模;公开市场业务,即央行通过参与二级市场的买卖有价证券调节金融;建立存款保险制度。这一点对信誉不佳的俄罗斯商业银行来讲十分重要。

俄商业银行虽发展很快,但存在不少问题:第一,规模小,发挥职能有很大的局限性;第二,商业银行的主要活动不在生产领域,即资金不是用于生产性贷款上,而从事金融投机,即主要从事股票和政府债券等货币交易;第三,由于1992年俄在向市场经济转轨过程中所建立起来的商业银行,一半是由企业或企业集团创建的,其资金来源主要是企业存款,容易产生银行的活动要服从企业的利益,参股企业在取得贷款方面有优先权,这样就导致出现大量内部贷款,对银行失去监控。第四,银行的独立性经常受到干扰,国家往往要求央行通过商业银行向经营效益差的企业贷款。就是说,银行并没有真正做到依据市场经济的法则去配置资源,这也是银行不良债务迅速增加的原因之一。

三、发展证券市场

随着俄向市场经济的过渡,证券市场的出现成为必然,它对融资、资金配置的市场化、促进银行体制改革和公司治理等,均有重要的意义。证券市场可分为股票市场和债券市场。

在俄罗斯股票市场主要有:私有化企业股票、投资基金股票与商业银行股票。当俄罗斯通过证券私有化实行股份化时,就出现了大量私有化企业股票。

债券市场是俄罗斯证券市场的另一个重要组成部分。债券可分联邦政府债券、地方政府债券和国际债券。这三种债券中联邦政府债券占主导地位。

证券市场的发展,在融资方面还是起了不小的作用,如1997年,俄证券市场的融资额相当于银行贷款的3倍;在促进资金横向流动、改变弥补财政赤字的方式方面,其积极作用亦应予肯定;另外,通过债券市场吸收大量游资,也可减缓卢布汇率的波动和通胀方面的压力。

四、卢布汇率制度的变革

苏联时期一直实行由国家规定的卢布固定汇率,卢布不能自由兑换。这种汇率制度不能适应金融体制自由化发展的需求,因此改革卢布汇率制度的改革在经济转轨之初就被提了出来。1992年7月1日,俄罗斯政府开始实行卢布统一浮动汇率制内部自由兑换。这一汇率体制的改革政策是在俄国内经济大幅度下滑、通胀加剧和财政赤字严重的情况推出的。因此,它必然导致卢布大幅度贬值。卢布兑换美元的比价由1992年7月1日的135.4:1降至1995年上半年的5130:1。很显然,卢布的急剧贬值使得俄金融市场处于动荡与混乱,严重阻碍经济的正常运行,还使经济中美元化趋向快速发展,1995年初,俄居民手持美元已达250亿美元,其购买力超过卢布现金总额的1倍。[①] 针对上述情况,俄政府与央行于1995年7月6日联合发表声明,宣布实行"外汇走廊"政策。规定从7月6日到10月1日卢布对美元的汇率限定在4300∶1～4900∶1之间波动。后来,这一汇率"走廊"又延至11月30日,并宣布这一汇率政策在1996年上半年继续实行。这样做的目的是使人们对卢布汇率产生较强的可预见性,也可使人们降低对通胀的预期。俄央行认为,这段时期实行汇率"走廊"政策是富有成效的一项措施。1996年5月16日,俄决定放弃汇率"走廊"政策,改行浮动汇率。就是说央行根据外汇市场的供求、通胀率变化、国际外汇市场行情、国家外汇储备和国际收支平衡等因素,自行决定卢布对美元的汇率。俄还规定,每天卢布对美元汇率的买卖差价不得大于1.5%。1998年8月金融危机后,卢布大幅度贬值,居民储蓄90%为美元。1998年9月3日,俄央行宣布取消汇率"走廊"上限,接着在9月4日,又宣布放弃汇率"走廊"和国家调节汇率的政策。这样,从1996年实行的有管理的"浮动汇率制"转自由"浮动汇率制"。1998年到1999年,卢布汇率不断下跌,到了2000年才逐步走向稳定。

五、利率市场化

这是金融体制改革的一个重要内容,也是经济市场化的必然要求。俄罗斯在向市场经济转轨的初期,就开始放开商业银行的利率,逐步形成央行再贷款或再贴现率作为基础的利率体系。但应指出,由于俄经济转轨头几年通胀率居高不下,从而使得实际利率较长时期内是负值。这样,在利率严重扭曲的情况下,利率市场化很难体现。只是到了1994年央行的再兑现率与通胀率才达到基本平衡。

# 第六节　社会保障体制改革

经济学界把建立适应市场经济所需的社会保障体制,视为经济转型继

---

① 参见《国际金融研究》1996年第12期。

宏观经济稳定化、经济活动自由化与国有资产私有化这三大支柱之后的第四大支柱,也是建立现代化市场经济的重要条件。近些年来,社会领域的支出金额占俄罗斯全部预算支出总额的一半以上,占国内生产总值的比例从21%提高到了27%。①

一、养老保障制度改革

养老保障制度是社会保障体制中的一个重要内容。

苏联在传统的计划经济体制条件下所建立的养老保障制度,在保障广大居民必要的生活条件与保持社会稳定等方面,都起过良好的作用。但存在的问题亦很明显:突出表现在一切由国家统一包揽。这种办法,一方面超越了国家经济与财政能力;另一方面使得社会成员在思想与理念上,忽视了在建立养老保障制度方面应尽的责任与义务,而是完全躺在国家身上。另外,俄罗斯推行的激进转型政策,在价格自动化、国有企业私有化等方面的改革都是快速地进行的,这在客观上亦要求加速养老保障制度改革,否则,就会制约经济体制转型的进程。对于俄罗斯而言,养老保障制度改革的迫切性还在于人口危机与老龄化严重。1989—2002 年俄人口减少了 180 万人,2002—2010 年间又减少 230 万人。据俄罗斯国家统计局测算,2031 年俄罗斯的人口危机将达到高峰,届时俄罗斯劳动年龄人口为 7650 万人(指16～59 岁的男性与 16～54 岁的女性),老年人口为 4007 万人,两者之间的比例由 2010 年的 2.8∶1,下降到 2031 年的 1.9∶1。

俄罗斯养老保障制度改革是以下方面进行的:一是逐步放弃国家包揽一切的做法。实现社会保障的资金来源多元化。二是在处理社会公平与效率的相互关系问题上,重点由过去的公平而忽视效率转向效率兼顾公平。三是不断提高养老金水平。

在 1997 年以前,这一领域改革的主要内容有:第一,在俄罗斯除了实行自愿投保养老外,所有公民与企业事业单位均必须参加强制性养老保险,其基金来源与国家预算脱钩,建立专门的俄联邦预算外自治养老基金,基金来

---

① 普京:《俄罗斯的社会政策:建设公正社会》,俄罗斯《共青团真理报》2012 年 2 月 13 日。

自联邦与各联邦主体预算拨款、投保单位和个人三方面。雇主按工资总额31.6%缴纳,雇员按工资收入5%缴纳,企业与职工的缴纳一般要占该基金总额的90%以上。强制性养老保险基金,它是预算外基金的一个重要部分,单独进行管理。养老保险基金绝大部分(占94%)用于发放养老金、残疾金、对丧失赡养者与暂时丧失劳动能力的人的社会救助;5%用作流动资金;1%用于养老基金会的经费支出。

第二,领取养老金的条件与苏联时期一样,男年满60岁工龄不少于25年,女年满55岁工龄不少于20年。由于通胀率高并且变动大,原来那种长期不变的计算发放养老金的办法难以适应变化了的情况,往往不能抑制由于通胀引起的养老金实际水平的下降,从而使养老金领取者维持最低生活水平得不到保证。

因此,从1992年起对养老金实行指数化。指数化主要根据以下因素计算:市场价格的变动、在职职工的平均工资数额和养老金领取者原有工资与优抚金水平。1997年9月,俄罗斯通过了《关于计算和增加养老金的程序法》,规定从1998年2月1日起,养老金的计算不再以价格的增长为依据,而以全国的月平均工资的提高水平为根据,同时规定采用个体系数来完善养老金。

经过二十多年时间,俄罗斯养老保障制度在不断调整与完善。1997年,俄罗斯参照世界银行提出的"三支柱"模式,对养老金保障制度进行了重大的改革,实行"三支柱"养老保障制度。第一支柱是社会养老保险,它仅限于为无力缴纳养老保险费的特困人群提供帮助,由政府财政出资;第二支柱是强制养老保险,这是"三支柱"中最重要的部分,其资金来源由企业和职工的缴费和基金收益,2001年通过开征统一社会税形成。该税是把原来的养老基金、社会保险基金、强制医疗保险基金合并到一起。统一社会税按工资总额的35.6%征收,其中28%用于养老基金,4%用于社会保险基金,3.6%用于强制医疗保险基金。由于养老保险分成了三部分,相应的纳税也分为了三部分。其中,用于养老基金部分的50%作为退休金基础部分的保险费交入联邦财政部门,通过联邦财政预算的方式予以发放,另外50%作为退休金保险和积累部分的保险费。开征统一社会税后就取代了此前实行的向国家预算外基金缴纳保险费的制度。第三支柱是补充养老保险,是一种自愿养老保险,由雇主自愿建立,所有职工均可自愿参加,采用基金制的个人账户管理方式,使职工在得到基本生活保障之外可自行通过购买补充养老保险灵活调整退休后的收入。俄罗斯自愿养老保险的人数很少,只有1%的劳动年龄居民参加了这种保险。原因在于:一是总的来说,大多数居民收入水平较低,无力承担额外的保险支出;二是养老保险基金投资收益率往往低于其他投资的回报率;三是在俄的非国有金融机构信誉差,广大居民对其缺乏信任。

普京执政后,先后出台了一系列有关养老保险改革的法律,主要是围绕落实与完善"三支柱"型养老保险制度采取的政策与措施,主要内容有:一是落实"第一支柱"社会养老保险。这是国家提供给不能享受退休人员养老金的老年人、残疾人和丧失赡养人的社会群体的养老金。有权享受社会养老金的人群包括一、二、三级残疾人员、残疾儿童、失去单亲或双亲的未满18周岁的未成年人。此外还有年满65周岁的男士、年满60周岁的女士,即不能享受退休金的人员,在到达公认退休年龄之后的5年可以享受社会养老金。二是强化"第二支柱"强制性养老保险。根据有关法律规定,劳动退休金由基本养老金、养老保险金和养老储蓄金三部分构成。基本养老金是其中硬性规定的固定数额,根据年龄、身体是否残疾,是否有受抚养人和赡养人以及受抚养人和赡养人的数量等确定,从俄联邦财政预算资金中支出。基本养老金缴费由企业和国家共同承担,企业每月将职工工资总额的14%上缴(统一社会税中职工工资总额28%的一半),政府用这笔钱和部分财政拨款给退休人员发放基本养老金。三是采取一些优惠政策扩大"第三支柱"即补充养老保险的人群。

俄罗斯在养老保障制度方面虽进行了多次改革,但仍与国际标准存在较大差距,另外,在面临人口持续老龄化趋势压力的同时国家负担日益加重,使养老保障体系赤字运行,靠财政补贴难以维系。针对上述情况,俄罗斯决定从2010年1月1日起,对养老保障制度进行新的改革,其实质是向保险原则过渡,即公民所享受的养老金权利和养老金额度直接取决于每个人向国家养老基金的保险缴费。目的是使养老金收入由依靠税收收入向依靠保险收入转变。同时把养老基金的保险缴费率,从 2010 年前的 20% 提高到 26%,以便使养老金保持收支平衡。另外,从 2010 年起取消统一社会税,重新开征包括养老保险在内的社会保险费。

总的来说,俄在经济转型过程中重视养老保障制度的改革,并不断提高养老金水平,2000—2007 年,8 年间养老金增加了 1.5 倍。2012 年全俄月均养老金为 9800 卢布(按 1 卢布折合 0.1989 人民币计算为 1949 元),该年平均养老金与平均工资的比率为 35.5%。

但同时要指出的是,俄罗斯养老保障制度尚存在不少问题,最为突出的是:第一,尽管俄政府采取诸如提高养老保险费率等政策来减轻国家负担,但国家财政仍面临巨大压力。2007 年俄罗斯联邦政府用于养老保障的转移支付占国内生产总值的比重为 1.5%,而到 2010 年占国内生产总值的比重提高到 5.2%,提高了近 2 倍。这是指俄罗斯联邦政府用于养老保障的转移支付,而俄整个养老金支出约占国内生产总值的 9%。俄从 2005 开始养老基金出现赤字,数额为 870 亿卢布,据预测,到 2050 年养老基金赤字占国内生产总值的比重为 1.25%。俄准备通过提高退休年龄等措施来缓解赤字,计划到 2015 年之后男性公民退休年龄由 60 岁提高到 65 岁,女性公民由 55 岁提高到 60 岁。第二,在相当一个时期内难以解决的以下矛盾,一方面养老基金占国内生产总值的比重日益提高,另一方面平均退休金占平均工资的比率不高。结果是使国家财政压力增大,同时又往往使退休人员因养老金低对政府不满。为此,俄政府承诺退休金从 2015 年起将至少提高 45%。第三,由于俄人口老化与不断减少,每 100 名劳动年龄人口要负担的老年人将 2010 年的 36 人上升 2031 年的到 53 人,抚养负担率将提高 47.2%。这不仅对如何发展俄养老保障制度是个重大问题,亦是俄经济与社会发展面临的一大挑战。

俄养老保障制度今后改革的总趋势是:以建立长期稳定的养老保障机制,使当代及后代老年公民都能获得充足的养老金、能够过上体面的生活为目标;通过拓宽养老金融资渠道,发展非国有养老保险,提高养老储蓄管理水平等措施,逐步缩小养老基金赤字;继续提高劳动退休金的平均发放水平,在 2016 年到 2020 年,使其达到最低生活保障水平的 2.5~3 倍(2011 年全俄平均最低生活标准为6369卢布,有劳动能力者为6878卢布,退休人员为5032卢布,儿童为6157卢布),创造条件,使退休人员的平均退休金占平均工资的比率不低于40%。

二、俄罗斯住房制度改革

住房是广大老百姓极为关切的问题,亦是不容易解决的十分复杂的问题。十月革命前的俄国,居民居住条件很差,1913年城镇人均住房的面积为6.3平方米。革命胜利后的20世纪20年代,由于战争的破坏与城市人口的大量增加,到1926年人均住房面积降至5.8平方米,有近30%的工人家庭还不到3平方米。经过30年代苏联工业化时期的经济发展,到1940年居民人均住房面积亦只有6.4平方米。在第二次世界大战中,苏联25%的城市居民住房遭到破坏,经过战后几年的住房建设,到1950年城市人均居民住房面积才提高到7平方米。1953年赫鲁晓夫上台执政后,在解决居民住房方面面临巨大压力,当时大多数居民居住条件十分恶劣,几户合住在一套房,离婚夫妇还住在一起。1956年,笔者去莫斯科留学时住的学生宿舍里,还住着大学副校长与教授,一对离婚的夫妻还同住在一间学生宿舍里。赫鲁晓夫下决心要在10~12年内解决住房不足的问题。从1957年开始,决定每年建造200万平方米的居民住宅,目标是为每个家庭提供独户住房,人均9平方米。住房设计较简单,是装配式预制结构五层住房,后来被称为"赫鲁晓夫筒子楼"。尽管这一时期所建住房带有简易经济房性质,但对缓和住房紧张起很大作用,到1965年居民人均住房面积为10平方米,约有30%的家庭住进了单元式住房。到勃列日涅夫时期,继续加强住房建造,后经过各届领导的努力,在苏联解体前的1991年,苏联居民人均住房面积为16.5平方米。

苏联时期住房一直处于十分紧张的状态,改善进展缓慢,尽管在客观上有战争破坏与俄国留下很差的住房条件的影响,但从根本上来说是由苏联的住房制度造成的。与传统的计划经济体制相适应,苏联的住房制度具有福利性质,它的主要特点是,由国家大包大揽,即靠国家解决住房问题,大多数公民的住房主要由国家负责建造和无偿分配给予,实行低租金与高补贴政策。上述苏联住房制度具体反映在:

第一，住房建造主要靠国家，尽管苏联亦有鼓励合作社建房与私人建房的政策，但始终没有改变以国家建房为主，1986—1990年国家所建住房的面积占总面积的68.9%，合作社占6.4%，私人占17.3%。第二，国家所建住房由国家按统一规定标准无偿提供公民使用，只象征性收取一点租金。根据1928年的有关规定，每平方米住房面积每月租金为13.2戈比，对后来新建的设备比较完善的住房租金为16.5戈比，水、电、煤气与暖气供应等收费亦很低，并且长期不变。因此，居民用于住房的开支占其家庭收入很小一部分，1990年占职工家庭收入的2.5%，占集体农庄庄员家庭收入的1.7%。第三，住房的维修靠国家补贴。

苏联上述住房制度的弊端十分明显：一是国家承担沉重的财政负担。长期以来，国家用于国民经济的基建投资中，住房建设投资要占15%~18%，仅次于工业、农业投资。二是极低的房租无法弥补住房折旧与保养维修，相差2/3，这要靠国家大量补贴解决。据莫斯科市的材料显示，向居民收取的房租、水电费、暖气费与天然气费，只能弥补实际费用的1%~2%，甚至连维持收费单位的经费开支都不够。三是助长了人们对国家的依赖心理，削弱了多渠道建房的积极性。四是在分配住房的过程中，由于苏联是官本位制度，很难按统一规定分配住房，往往领导人利用权力多占住房。总之，苏联的住房制度，难以从根本上解决住房问题，并且越来越尖锐。据俄国家建委负责人1993年年底发表谈话说，俄仍有1700万人的住房面积低于5平方米，约有1100万户几家合住一套住宅，约有200万户住旧房危房，约有950万户在排队等房，全俄缺4000万套住房，排队等房的队伍越来越长，平均等房期限长达20年之久。①

在上述情况下，俄罗斯在经济体制转型过程中，必须对住房制度进行根本性改革。改革的基本政策是：一是实行公有住房私有化，即以无偿方式把房产权交给居民；二是改变原来主要靠国家建房并无偿提供居民使用的住房制度，即国家亦不再分配住房，实行多渠道筹资建房，并鼓励公民个人建房与购房；三是提高房租，使其接近住房实际价值，以克服原来的低房租的

---

① 参见俄罗斯《文学报》1993年12月29日。

平均主义;四是尽快建立与发展房地产市场,使其与国企大规模私有化和整个经济向市场经济体制转型相适应。

俄住房私有化是根据自愿、无偿与一次性三原则进行的。自愿原则就是公民根据自己的意愿参与住房私有化,使公有住房归己所有;无偿原则即所有公民均可按规定的标准无偿获得自住房屋的所有权。无偿转为公民所有的住房按俄罗斯人均住房面积确定,不得少于每人 18 平方米,特殊条件下,可按住房性能再向每户提供 9 平方米,超标部分按一次性或分期付款方式解决。一次性原则即公民可按私有化方式一次性获得归己所有的住房。

在推行住房私有化的同时,俄采取各种政策措施鼓励公民建房与买房,如提供建房买房信贷。俄规定,银行可通过缔结信贷和抵押合同向法人与公民提供三种信贷:用于得到建房地段的短期或长期贷款,用于建设住房的短期贷款,用于购买住房的长期贷款。俄还通过发放住房券以吸引居民手中资金投资建房。住房券是具有保值作用的有价证券,持有者可用来分期购买住房。另外,俄对自有资金和专项贷款建房、买房的公民,其个人存入住宅专项储蓄账户的可以免征个人所得税。

逐步提高居民住房公用事业的缴费比例,从 2005 年起 100% 由居民负担,如该项费用在居民家庭总收入中的比例超过 20% 的,国家可给予相应补贴。这一措施既有利于减轻地方财政压力,又可以使住房公用设施的维修得到资金保证。

住房制度的改革,使私人住房量大大增加,到 2001 年私人住房占存量住房的 63%,公房占 37%,而改革前的 1989 年 67% 的住房为公房,33% 为私房。这对逐步形成住房一、二级市场也有重要意义。住房制度改革促进了住房建设的发展,1992 年俄住房总面积为 24.92 亿平方米,2011 年增加到32.72 亿平方米。从而使人均住房面积从 1992 年的 16.8 平方米,提高到2011 年的 22.8 平方米。

目前住房方面存在的主要问题是,住房私有化后,可提供无偿分配或以优惠价出售的房源大大减少,从而使无房户增加。产生这一问题还与房价大幅度上涨有密切的关系。随着住房私有化改革的进行,俄罗斯房地产走上市场,房价也随之上涨。特别是进入 21 世纪,俄罗斯房价迅猛飙升,

2000—2005 年间,房价上涨了 253% 。2006 年房价上涨了 53.8%,而首都莫斯科的房价上涨了 93.8% 。2012 年房价比上年上涨 9.9% 。

根据俄罗斯报纸公布的俄各主要城市 2011 年 10 月房价排行榜,其中前十名城市的城市名单如下:莫斯科 5902 美元/平方米(套内面积)、圣彼得堡 2895 美元/平方米、叶卡捷琳堡 1985 美元/平方米、哈巴罗夫斯克 1872 美元/平方米、卡卢加 1845 美元/平方米、顿河畔罗斯托夫 1767 美元/平方米、新西伯利亚 1738 美元/平方米、秋明 1637 美元/平方米、克拉斯诺达尔 1597 美元/平方米、雅罗斯拉夫尔 1579 美元/平方米。在莫斯科市黄金地段的高档住房,每平方米近 1 万美元,有的甚至高达 5 万美元。那么,2011 年 1—5 月莫斯科市人平均月工资为 1465 美元,其中金融领域从业人员月工资为 3500 美元,建筑领域从业人员月工资为 1000 美元。2011 年,全俄月均最低生活费的标准为 6369 卢布,约 213 美元。随着房价上涨,租房也很贵,根据俄罗斯联邦"房产世界"协会 2011 年 10 月 20 日公布的对 24 个主要城市租房价格的调查,莫斯科市一居室的平均月房租为 1000 美元、两居室为 1723 美元、三居室为 3502 美元。圣彼得堡一居室为 644 美元、二居室为 925 美元、三居室为 2103 美元。莫斯科州的一居室为 639 美元、二居室为 827 美元。

普京在 2012 年 2 月 13 日在《共青团真理报》发表的题为《俄罗斯的社会政策——建设公正社会》总统竞选一文中指出:目前俄只有 1/4 的公民有能力建设或购买新住房。据专家计算,如果把全部工资都用上,那么 1989 年要买 54 平方米的房子要攒 2.5 年,而现在需要 4.5 年。在俄住房制度改革过程中,另一个问题是,房地产行业存在垄断,市场存在价格操控。针对这一问题,普京在 2004 年的总统国情咨文中就强调指出,为了使房地产市场规范化,必须打破建筑市场的垄断,俄公民不应当为建筑业由于行政障碍造成的代价付钱,也不应为建筑商的超额利润付钱。这几年来,俄罗斯主要采取两大措施调控房价:一是加大建造经济适用房的力度,增加住房市场供应量;二是加大查处垄断与腐败,压制房价。

针对上述问题,普京在上面提到那篇文章中又提出解决住房问题的四项对策措施:一是降低住房建设价格,杜绝因建筑业腐败而导致的价格泡沫。这可使现代舒适住房价格下降20％，个别地区下降30％。二是让大量土地进入流通市场，土地应该免费地（条件是规定住房销售价格）给那些建设社会性、经济性住房与社会性项目的人。三是要使按揭贷款的价格与通胀同步降低。四是要建立文明的住房租赁市场。大多数欧洲国家中1/3～1/2的家庭一辈子都在租房。普京认为，随着各种措施的实施，2020年前可以让60％的家庭获得新住房，2030年前可以彻底解决该问题。

### 三、俄罗斯医疗保险制度改革

医疗保险制度是苏联时期整个社会保障制度的一个重要组成部分。它对广大居民的生、老、病、死、残起着保障作用，因此它与每个社会成员都有密切的关系。在十月革命前，列宁在1912年1月在布拉格召开的俄国社会民主工党第六次全国代表大会上，列宁谈及社会保障问题时提出以下思想："最好的工人保险形式是工人的国家保险，它是根据下列原则建立的：①在工人丧失劳动力的一切情况（伤残、疾病、年老、残废；还有女工的怀孕和生育；供养人死亡后所遗寡妇和孤儿的抚恤）下，或在他们因失业而失去工资的情况下，国家保险都应该给工人以保障；②保险应包括一切雇佣劳动者及其家属；③对一切被保险人都应按照偿付全部工资的原则给予补偿，同时一切保险费应由企业主和国家负担；各种保险应由统一的保险组织办理；这种组织应按区域和按被保险人完全自行管理的原则建立。"十月革命胜利后，苏维埃政府着手建立医疗保险制度，并把包括医疗保险制度在内的社会保险制度列入了宪法，如1977年10月7日通过的《苏维埃社会主义共和国联盟宪法》规定："这个社会的生活准则是大家关心每个人的福利和每个人关心大家的福利。"第35条规定："采取措施保护妇女的劳动和健康"，"对母亲和儿童给予法律保护"。第42条规定：苏联公民"有享受保健的权利"，第43条规定：苏联公民"在年老、患病、全部或部分丧失劳动能力以及失去赡养者的情况下，有享受物质保证的权利"等。1965年，苏联把社会保证与社会保险范围发展到了集体农庄。这样在苏联实现了全民免费医疗。这里有关苏联免费医疗的具体含义有必要作一说明。各类医疗服务是免费的，但是药费是由患者自费购买的。只有对住院者、战场负伤者、未满周岁的婴儿、癌症患者、精神病者、急救处理者等免收药费。另外,对在门诊治疗的结核病、糖尿病患者的药品与价格较高的抗生素,亦是免费的。就是说,除上述患者外,其他在门诊就诊者是按医生开出的处方去药房自费购买药品。凭医生开出的处方购买的药品,价格十分低廉,甚至有 1/3 的药品价格低于成本价。

在苏联时期医疗卫生经费主要来自国家预算与企业、社会团体及集体农庄的资金,而以国家预算拨款为主要来源。苏联每年编制的国家预算支出项目中列有社会文化措施支出一栏,这一栏中就包括医疗卫生支出的经费。苏联解体前的 1990 年该栏目支出为 1700 亿卢布,如加上其他资金来源共计为 1951 亿卢布,占当年国民收入总额的 19.6%。

各医疗机构由苏联卫生部统一领导,医疗卫生事业的各项政策措施由国家实施。

应该说,苏联时期的医疗制度在保障广大居民获得医疗服务方面,还是有成效的,医疗卫生事业亦取得不少进步,苏联解体前的 1990 年全苏拥有各科医生 127.92 万名,每万名居民的医生为 44.2 名(十月革命前的 1913 年这两个指标分别为 2.81 万名与 1.8 名);1990 年病床数为 383.21 万张,每万名居民的病床数为 132.6 张(1913 年这两个指标分别为 20.8 万张与 1 张)。可以说,苏联所拥有的医生人数和病床数在国际上均在前列。

苏联时期的医疗制度存在的主要弊端是:第一,由于医疗服务不是采用社会保险形式,资金来源主要靠国家财政拨款,随着享受免费医疗人员的增加,对医疗条件的要求不断提高,使国家财政负担难以承受。第二,由于经费不足,医疗机构的医疗设备不能及时更新,导致医疗设备长期落后、药品短缺、医疗服务水平低下,实际上广大居民看病难问题一直没得到很好解决。第三,由于医疗机构由国家实行集中统一的行政方式管理与资金主要依赖国家,从而使医疗保险不可能社会化更谈不上市场化,医疗机构之间缺乏竞争,年复一年地在维持现状。第四,苏联虽实行全民免费医疗,但各阶层居民在享受该权利时有极大的差别,各级官员在医疗方面享有种种特权,有专门的医院,那里医疗设备先进,配有高水平的医务人员,而普通老百姓只能承受在一般医院的低水平的医疗服务,并往往受排长队之苦。

苏联解体时,俄罗斯面临十分严峻的经济形势,1991 年,苏联国家预算赤字比计划数字增加了5倍,占国内生产总值的20%。财政状况已完全失控。在此情况下再靠财政拨款来维持广大居民的卫生医疗已不可能。另外,苏联解体后叶利钦实行了"休克疗法"激进式向市场经济转型,原来的医疗制度与整个经济体制的市场化已不相适应。这些都要求新执政的俄罗斯政府改革医疗制度。改革的基本目标是建立起与市场化相适应的现代强制医疗保险制度。为此,实施的主要政策有:一是由国家财政拨款制度转为社会保险制度;二是由国家财政负担的免费医疗制度转为由国家与居民共同负担的医疗制度。

1991年6月28日俄罗斯通过了《俄罗斯联邦公民医疗保险法》。该文件为俄罗斯医疗制度改革奠定了法律基础,亦反映了俄医疗制度改革的主要内容。该法律规定:①所有俄罗斯境内的常住居民均须参与强制医疗保险,保险费由国家及企业共同承担。有工作的居民,由其所在单位按工资收入的一定比例缴纳强制医疗保险,没有工作的居民由国家预算支付强制医疗保险;②强制和自愿医疗保险缴费是俄罗斯医疗保障体系的主要资金来源;③在强制医疗保险范围内由政府提供免费医疗服务,其数量和条件依据联邦政府和各级地方政府批准的强制医疗保险基本纲要执行;④改变医疗保险给付标准,国家为居民提供的医疗保障拨款不再以个人工资为标准,而改按其缴纳的医疗保险费用,采用多缴多付、少缴少得的原则;⑤除强制医疗保险外,设立自愿医疗保险,保费由企业和个人共同负担,在居民享受免费之外的医疗服务时,由非国有保险公司承担其费用。

1993年4月和1996年又分别通过了《关于建立联邦和地方强制医疗保险基金的规定》和《俄罗斯联邦公民强制性医疗保险法》,目的是为推进强制医疗保障制度的建立。为此,俄根据上述法律文件,进一步采取一些具体改革医疗保障制度,主要有:

第一,建立强制医疗保险基金。强制医疗保险基金分为联邦强制医疗保险基金和地区强制医疗保险基金。该基金的主要任务是:①保证《俄罗斯联邦公民医疗保险法》的实施;②保证联邦主体强制医疗保险体系的财务稳定性;③保证俄罗斯法律规定的公民在强制医疗保险体系中的权利;④参与强制医疗保险领域国家财政政策的制订和实施;⑤制订和实施配套措施,以保证强制医疗保险体系的财务稳定性,为拉平各地区的医疗服务水平和质量创造条件。强制医疗保险基金的主要资金来源有:①雇主缴纳的强制医疗保险费,费率为工资基金总额的3.6%,其中0.2%纳入联邦强制医疗保险基金;3.4%纳入地区强制医疗保险基金;②用于完成国家级强制医疗保险计划的联邦预算拨款;③法人和自然人的自愿缴款;④基金闲置资金的经营所得,基金所得免征所得税。在上述资金来源中,最主要的资金来源为保险缴费,占强制医疗保险基金总收入的90%以上。①

第二,成立医疗保险公司。该公司是不受政府卫生医疗部门管理的独立经营主体,它可承包各类医疗保险业务。企业和国家管理机关作为投保人同保险公司签订合同,被保险人在保险公司指定的医疗服务机构就医,保险公司为被保险人支付医疗费用。医疗保险公司可代表受保人的利益对医疗机构所提供的医疗服务质量进行检查和监督,必要时对医疗单位提出索赔和罚款制裁。

在叶利钦执政期间,形成了新的医疗保险制度框架,但由于这一时期出现了严重的经济转型危机,市场混乱,各种法律难以执行,因此有关医疗制度改革的法规与政策并没有得到很好落实。特别要指出的是,由于资金短缺国家对卫生医疗的拨款大大减少,使不少人求医遭到困难。1998年金融危机后,俄联邦称医疗拨款在该项支出总额中的比重由1997年的43%降至1998年的37%,这使得医疗总费用的2/3由普通居民来抵补了。

普京执政后,十分关注俄罗斯的卫生医疗事业。首先,他在2005年提出,医疗是国家优先发展计划四大领域之一(其他三项为教育、住宅和农业),并亲自担任为此而专门成立的国家优先发展计划委员会的主席。"健康"国家优秀发展计划当年开始实施,该年的支出就高达787亿卢布,占当年对医疗卫生事业投入的9.1%。发展高科技医疗。普京提出实施"健康"国家优先发展计划的另一个重要原因是为了提高俄罗斯人的寿命。1994年俄人平均寿命降至57岁,1999年提高到60岁,2012年为68岁。尽管平均寿命在提高,但在世界上处于低水平,这是俄罗斯亟待解决的问题。普京在

---

① 参见童伟等:《2012年俄罗斯财经研究报告》,经济科学出版社,2012年,第237页。

2008 年提出,到 2020 年要让俄罗斯人的平均寿命提高到 75 岁。因此,提高卫生医疗服务水平是一项十分迫切的任务。第二,继续对医疗制度采取一些改革措施,重点是扩大资金来源,保证医疗保险基金有可靠的来源。为此,采取的措施有:一是 2002 年开征"统一社会税",把其中一部分纳入强制医疗保险基金。统一社会税把原来的三种国家预算外基金——退休基金、社会保险基金、强制医疗保险基金合在一起,缴费的主体是各种所有制形式的企业、组织、机构,此外还包括从事个体劳动和私人经营活动的公民。其中医疗保险缴费率为劳动报酬的 3.6%,其中 0.2% 上缴联邦医疗保险基金,3.4% 纳入地方医疗保险基金。二是提取部分社会保险基金,用于对医疗卫生事业拨款。2005—2006 年来自社会保险基金中的资金占俄罗斯医疗卫生事业总投入的比重分别达到 1.8% 和 2.6%。

为了医疗保险制度与市场化与现代化相适应,2010 年 11 月 29 日通过了俄联邦《关于部分修订俄罗斯联邦强制医疗保险法》法律。这是俄从 2011 年开始进一步对医疗制度的改革。主要内容有三:①给予被保险人有自主选择医疗保险公司的权利。以前,被保险人无选择医疗保险公司的权利。新的医疗保险法规定,自 2011 年起,可由被保险人自主选择医疗保险公司。②扩大强制医疗保险给付范围。强制医疗保险体系目前给医疗机构的保险给付范围仅包括薪金、工资、支出成本、药品和食物 5 个方面。自 2013 年起,医疗机构中除用于基本建设、维修和购买 10 万卢布以上设备的支出外,其他所有支出全部由强制医疗保险体系承担。③取消私人医疗机构进入强制医疗保险体系的限制。这次改革,使俄罗斯强制医疗保险更便于广大居民就医。

经过多年努力,到 2011 年底,俄罗斯境内共计有 1 个联邦强制医疗保险基金,84 个地区强制医疗保险基金,107 个有法人地位的医疗保险公司和 246 个下属分支机构,8200 余个合同医疗机构。参加强制医疗保险的居民有 1.423 亿人,其中 5880 万人为有工作的居民,8350 万人为无工作居民。[①]

目前,俄罗斯卫生医疗体系存在的主要问题有:一是资金不足仍未很好

---

① 参见童伟等:《2012 年俄罗斯财经研究报告》,经济科学出版社,2012 年,第 237 页。

解决,强制性医疗保险体系至 2012 年年初资金缺口约为 1000 亿卢布;医疗服务水平低,工作效率不高,广大民众不满意。造成这一情况除医疗设备较落后外,与医务人员收入低有关,2007 年西方国家医生的收入是社会平均工资的 2~3 倍,而 2007 年俄罗斯医生收入仅是社会平均工资的 65%。这必然影响医务人员提高业务水平的积极性。俄这几年来一直在着力提高医务人员的收入水平。普京曾提出,到 2018 年医务人员的工资,要达到本地区年平均工资的 200%。[①] 二是药品不足。患者服用的进口药和非处方药所占比重较高,2009 年上半年,按价值量计算,进口药品和国产药品的比例是 76:24,处方药与非处方药的比例是 52:48。俄药品市场上的价格高,又缺少应有的价格调控,而且完全没有国家补贴,这大大加重了患者负担;与全国一样,俄医疗领域的腐败也十分严重,这"红包"现象十分普遍。普京在 2008 年 2 月 8 日作题为《关于俄罗斯到 2020 年的发展战略》的讲话中说:"无论到哪个机构……到医疗点、到妇科大夫那里……都要带着贿赂去,简直是太可怕了!"

由于存在上述问题,在俄罗斯特别像莫斯科那样的大城市,出现了不少私人医院。一些收入较高的患者去私人诊所就医。据有关报道:看一次感冒的诊疗费用需要交 1500 卢布,住院治疗每天的开销要 4500 卢布,但先进的医疗水平和温馨周到的护理还是受到不少高收入人群的青睐。

自经济体制转型以来,特别是普京执政后,由于实行一系列以提高居民生活福利为目的的社会保障体制改革,俄罗斯居民生活水平有明显提高。普京在 2012 年竞选总统发表的文章中说:"发展经济首先是人、就业、收入和新的机会。与 20 世纪 90 年代相比,贫困人口减少了 3/5。大城市中有劳动能力的人口找不到工作或几个月拿不到工资的停滞时代已经过去。根据一些独立调查,4/5 的人的实际收入超过了苏联发展顶峰的 1989 年,从那一年之后国家社会经济开始下降和失衡。80% 的俄罗斯家庭的消费水平超过了苏联时期。家用电器的拥有量增加了 50%,已经达到发达国家水平。每两个家庭中就有一辆汽车,比苏联时期增长了 2 倍。住房条件大大改善。不只

---

① 参见普京:《俄罗斯的社会政策:建设公正社会》,俄罗斯《共青团真理报》2012 年 2 月 13 日。

是中等的俄罗斯人,就连退休人员的食品支出也比 90 年代多。"①反映俄居民生活水平的具体指标如下(以 2012 年为例):2012 年俄月均实际工资为 26690 卢布(按 1 卢布折合 0.1989 人民币计算为 5039 元);全俄月均养老金为 9800 卢布;人均住房面积为 22.8 平方米;失业率为 5.3%(430 万人);实行全民基本免费医疗服务,手术免费、住院免费、治疗免费,唯一不免的只有药费。不管你是不是俄罗斯人,只要在俄罗斯境内的任何人得了病,都免费给你治疗;实行 11 年义务教育和部分免费高等教育。在公立大学中的公费大学生比例不得低于 40%。实际上,公费大学生的比例约为 50%;2012 年月均最低生活水平线为 6511 卢布,约为 217 美元;2011 年每 100 户家庭拥有电视机 164 台、电冰箱 121 台、洗衣机 99 台、轿车 48 辆:目前年消费食用肉及制品达 47 千克、植物油 85 千克、食糖 33 千克、奶制品 211 千克。

俄罗斯时期宏观经济体制的转型,其主要特点是,基本上搬用了西方国家自由市场经济模式。本章对这一时期宏观经济体制的转型问题,只对其主要内容进行简要的论述。

---

① 普京:《俄罗斯在努力——我们要面对的挑战》,俄罗斯《消息报》2012 年 1 月 16 日。

# 第三十章 所有制改革是建立现代市场经济的一个前提条件

苏联发生剧变后,改变所有制结构成为经济体制转型的一个最为重要的内容。普遍认为,不改变原来由国家通过行政指令集中控制的、一统天下的国有制或被称为最高形式的全民所有制,要向市场经济转型是不可能的。因此,这些国家不论在向市场经济转轨方式上(激进不是渐进)有何不同,但通过实行私有化政策来改革所有制以适应市场经济体制的要求,在这方面是相同的。只改革宏观经济体制而不改革微观经济体制,那是不可能形成市场经济体制的。

俄罗斯是通过私有化来改革所有制结构的。俄推行私有政策的历史背景、发展过程、方式方法、成效与建立现代市场经济的一个前提条件是产权多元化,因为单一的国家所有权排斥产权多元化,企业不可能成为独立的商品生产者,也不可能形成平等的市场竞争。因此,所有由传统计划经济体制向市场经济体制转型的国家,不论其转型方式与最后达到的目标模式有何不同,都无例外会涉及所有制的改革。可以说,所有制的改革是经济转型的核心问题,而国有企业改革又是所有制转型的关键。这也决定了所有转型国家都把国有企业改革置于十分重要的地位。

长期以来,不论在苏东国家还是在中国,一直存在着一个历史性的理论误区:即认为国有制是全民所有制,是社会主义公有制,是社会主义经济的高级形式,并把这个理论说成是马克思主义重要理论。实际上,这并不是马克思主义理论而是由斯大林执政后一步一步确立的理论,或者说是苏联化了的社会主义所有制理论。而马克思认为:取代资本主义的新的社会主义生产方式将是实现劳动者与生产资料所有权的统一,它是"联合起来的社会个人所有制"，是建立在协作和共同占有生产资料的基础上的个人所有制。这也是马克思所说的："在协作和对土地及靠劳动本身生产的生产资料的共同占有的基础上，重新建立个人所有制。"①马克思在《1861—1863 年经济学手稿》中，把这种所有制称之为"非孤立的单个人的所有制"，也就是"联合起来的社会个人的所有制"。② 这些都说明，社会主义所有制形式的一个重要特征是：以劳动者在联合占有的生产资料中享有一定的所有权。进一步说，这种所有制具有以下两个方面相互密切相关的本质内含：一是劳动者集体共同占有和使用生产资料，任何个人均无权分割生产资料；二是在用于集体劳动的生产资料中，每个劳动者都享有一定的生产资料所有权。这就是"在自由联合的劳动条件下"实现劳动者与生产资料所有权相统一的具体形式。

　　在国有企业是全民所有制经济、是社会主义公有制的高级形式这理论误区的影响下，长期以来影响着经济改革的深化。苏联时期的历次改革，有两个问题是不允许触及的：一是市场经济，二是国家所有制经济。勃列日涅夫时期显得尤为突出，这个时期是批"市场社会主义"最起劲的，认为搞市场经济就会冲垮国有制经济。中国随着经济改革的深化，特别在股份制推行的起始阶段，不少人就认为是"走向资本主义"，是"社会主义的倒退"或者称之为"和平演变"。产生上述问题亦是合乎逻辑的：既然国家所有制是高级形式，或者像由斯大林亲自审定的、1954 年出版的苏联《政治经济学》教科书所说的，国有企业是社会主义生产关系"最成熟、最彻底的"③，那么，任何对这种所有制形式的改革必然意味着是一种倒退。而实际上，国家所有制也好，还是全民所有制也好，都没有解决劳动者与生产资料的结合问题，而是存在着严重的异化。这就说明，要把所有制变成真正社会主义的经济性质，其方向应是马克思所说的劳动者与生产资料所有权统一的"联合起来的社会个人的所有制"。

---

① 《马克思恩格斯全集》第 25 卷，人民出版社，1972 年，第 832 页。

② 《马克思恩格斯全集》第 48 卷，人民出版社，1985 年，第 22 页。

③ 《政治经济学》，人民出版社，1955 年，第 428 页。

## 第一节　俄罗斯国企改革的迫切性

苏联解体后,独立执政的俄罗斯,在转轨起步阶段实施的是激进"休克疗法"过渡方式,目的是在短时期内形成市场经济体制模式。但为此,必须尽快实现国企的改革,形成多种所有制结构,使企业成为真正意义上的独立商品生产主体。但是对苏联继承国的俄罗斯来说,国企改革的迫切性比其他转型国家更为突出。

苏联时期建立了以国家所有制为主体的、单一的公有制结构。斯大林执政期间,在国家所有制是全民所有制经济、是社会主义经济的高级形式这一理论为指导下,在超高速工业化与全盘农业集体化过程中,加速了生产资料所有制的改造。在完成第二个五年计划时,苏联完成了从多种经济成分变成了单一的生产资料公有制经济(见表30-1)。

表30-1　社会主义经济在整个国民经济中所占比重(%)

| 生产性固定资产* | 1924 年 | 1928 年 | 1937 年 |
|---|---|---|---|
| 包括牲畜 | 35.0 | 35.1 | 99.0 |
| 不包括牲畜 | 58.9 | 65.7 | 99.6 |
| 国民收入* | 35.0 | 44.0 | 99.1 |
| 工业产值 | 76.3 | 82.4 | 99.8 |
| 农业产值* | 1.5 | 3.3 | 98.5 |
| 零售商品周转额<br>(包括公共饮食品) | 47.3 | 76.4 | 100.0 |

＊包括集体农庄庄员、工人和职员的个人副业。

资料来源:苏联部长会议中央统计局编:《苏联国民经济六十年》,陆南泉等译,生活・读书・新知三联书店,1979 年,第 5 页。

在后来的苏联经济发展过程中,虽然经历多次经济体制改革,但单一的公有制结构不仅未能改变,而且国家所有制进一步发展。苏联解体前的1990 年,所有制结构中,国有制的比重为 92%,各部门的所有制结构(见表30-2)。

表 30-2　1990 年苏联固定资产所有制结构

| 部门 | 总计（亿卢布） | 其中（%） | | | |
|---|---|---|---|---|---|
| | | 国家所有制 | 合作社 | 集体经济 | 其他 |
| 固定资产 | 18287 | 92 | 1 | 5 | 2 |
| 工业 | 6149 | 99 | — | 1 | — |
| 建筑 | 974 | 99 | — | 1 | — |
| 农业 | 2977.8 | 66 | | 30 | |
| 运输 | 2437 | 100 | — | — | — |
| 通讯 | 190 | 96 | | 4 | |
| 批发贸易 | 116 | 100 | — | — | — |
| 零售贸易 | 419 | 80 | 14 | 1 | |
| 住宅 | 3401 | 83 | 4 | 1 | |
| 服务业 | 852 | 98 | — | 2 | — |

资料来源：张森主编：《俄罗斯经济转轨与中国经济改革》，当代世界出版社，2003年，第 34 页。

从上表可以看出，苏联在剧变前的国有制经济占绝对的统治地位，真正地体现了"一大二公三纯"的特点。

苏联国有经济占统治地位这一所有制结构的特点，在一定的历史条件下与传统的计划经济体制一起，对苏联经济的发展起过积极的作用。第一，十月革命后，无产阶级必须通过生产资料的改造，建立必要的国有企业，以保证社会主义经济基础的建立；第二，通过国有企业的建立，国家直接控制这些企业及财政资源，可以发展新的经济部门与建设一些重大的具有全国经济意义的重大项目；第三，往往具有较大规模，在保证量的在增长与较快发展速度方面起到较为有效的作用；第四，国家直接控制大量的国有企业，比较容易适应战备的要求。

但是苏联这种全盘国有化的所有制结构，与传统的计划经济体制一样，随着经济的发展，其局限性日益明显，它不可能改变企业是政府的一个附属单位的地位，也不可能使企业成为独立的商品生产者，企业的经济运行全靠上级行政指令，物资由国家统一调拨，国家对企业在财政上实行统收统支，价格由国家统一规定。这样排斥了市场的作用,也就决定了企业在资源有效配置中不可能发挥作用。

这里可以看到,全盘国有化的所有制结构是传统计划经济体制的经济基础,而传统计划经济体制又在体制上保证了国有经济的巩固与不断强化。这也说明国有企业作为政府的附属品,完全听从政府的指令,它与传统计划经济体制是完全合拍、互为条件的。所以当苏联剧变后,俄罗斯在向市场经济体制方向转型时,即要实现从原来的以国有制经济为基础的计划经济体制向以非国有化和私有化为基础的市场经济体制过渡。形成市场经济体制,一个重要条件是,要把过去统一的、过分集中的以国家所有制为基础的经济变为与市场经济相适应的所有制关系。所以对从计划经济体制向市场经济转型的国家来说,改革国有企业是必不可少的步骤。

这里还应指出的是,在政治上高度集权、政企不分的条件下,在理论上把国有制视为全民所有制,而实际上在苏联所谓的全民所有制是虚拟的,并随着官僚特权阶层的形成与发展,国企的管理权、分配权操控在这些人手里,生产者并没有感到自己是企业的主人。换言之,官僚特权阶层借助权力实际上占有以全民所有制形式出现的生产资料与产品。可见,不改革一统天下的国有制,既不可能建立现代市场经济,也不可能铲除官僚特权阶层实际占有生产资料的经济基础。

## 第二节　私有化的理论、含义与目标

一、以西方产权理论为指导的私有化

俄罗斯对国有企业的改革,其主要途径是私有化。它在20世纪90年代推行的私有化,并不是一个孤立的现象。自20世纪80年代初以来,可以说,私有化作为一种经济思潮已波及全世界。之所以出现这种情况,一方面由于以市场经济运行为主要研究内容的西方经济学日趋成熟,对如何处理市场与政府的关系有了广泛的认同;另一方面,历史证明市场经济要优于传统的计划经济。俄罗斯私有化的构想是以西方产权理论设计的。这一理论的著作与代表人物不少,但普遍以科斯定理为代表,其基本观点是:市场经济本质上是一种私人占有权为主要基础来实现产权交易与重组的机制;私人产权是最有效的产权,私有产权制度是最具效率的产权制度形式;私有产权才能保证给个人行动提供最大的激励与必要的成本约束。很明显,科斯产权理论最重要倾向是产权的私有制,或者说其制度偏好是私有制。上述西方产权理论,符合20世纪90年代初刚上台的俄罗斯民主派国有制企业改革思路的。当时以盖达尔为首的俄罗斯政府,国有企业改革政策的实质,是建立在国家应不管经济和国家所有制绝对没有效率这个总的思想基础上的。盖达尔一再主张,要最大限度地限制国家对经济的调节作用,国家应最大限度地离开市场经济。1994年盖达尔还撰文强调:"要尽最大可能减少国家对经济的管理。"①

在上述理论与指导思想的基础上,俄罗斯政府制定了私有化纲要。

二、私有化的含义与目标

关于私有化的含义,一直有不同的理解。一些经济学家认为,私有化是一种产权在不同主体之间交易而不受国家垄断的制度安排;另一些学者则认为,只有把财产分给自然人个人时,才算是实现了真正的私有,即才能称为私有化。实际上,对私有化一直存在的两种理解:即狭义理解的私有化是指所有权的转化;而广义理解的私有化不只包括所有权的转化,还应包括经营权的转化与经营方式的改变。

弄清俄罗斯私有化概念,是个重要的问题。1992年俄罗斯公布的用于指导私有化的法律文件《俄罗斯联邦和地方企业私有化法》规定:"国营企业和地方企业私有化,是指公民、股份公司(合伙公司)把向国家和地方人民代表苏维埃购置的下列资产变为私有:企业、车间、生产部门、工段和从这些企业划分为独立企业的其他部分;现有企业和撤销企业(根据有权以所有者的名义作出这种决定的机构的决议)的设备、厂房、设施、许可证、专利和其他

———————

① 俄罗斯《消息报》1994年2月10日。

物质的与非物质的资产；国家和地方人民代表苏维埃在股份公司（合伙公司）资本中的份额（股份、股票）；在其他股份公司（合伙公司），以及合资企业、商业银行、联合企业、康采恩、联合会和其他企业联合公司资本中属于私有化企业的份额（股金、股票）"。

俄推行一个时期私有化政策之后，在总结过去私有化的经验教训上，从1996 年起政府着手调整私有化政策，从而在 1997 年 7 月 21 日俄罗斯通过了新的私有化法，即《俄罗斯联邦国家资产私有化和市政资产私有化原则法》。该法第 1 条规定的私有化概念是："对于本联邦法律的目标来说，国有资产和市政资产的私有化，应理解为把属于俄罗斯联邦、俄罗斯联邦主体或市政机构所有的财产（私有化对象）有偿转让，变为自然人和法人所有制"。新旧私有化法都把私有化的概念归结为"把国有资产与市政资产有偿转让给自然人和法人所有"。但在旧的私有化法中有关"变为私有"的提法在新私有化法中取消了。1999 年俄国家统计委员会对国家与地方所有的财产私有化进行再次界定："把俄罗斯联邦、各联邦主体和地方机构的财产有偿让渡给自然人和法人所有。"

这些变化进一步明确了俄罗斯私有化既包括把国有资产转让为私人所有，也包括把它转为法人（股份公司、集体企业）所有。在中东欧国家，把私有化也分为狭义与广义两种，前者是指通过出售把国有企业的全部或部分资产转为私人所有，后者既包括将国有企业的资产转为私人所有、非国有成分的法人所有，也包括将国有资产的所有权与经营权分离等。这些都说明，在俄罗斯等经济转轨国家，私有化实际上是指国有经济的非国有化过程，所有非国有化的形式（包括个体、合作、股份等），都属于私有化的范畴。从俄罗斯的实际情况及有关文件看，俄罗斯有时单独用"私有化"（Приватизация）一词，有时单独用"非国有化"（Разгосударствление）一词，有时把这两词并列使用。所以私有化是一个内容很广泛的概念，不能只归结为把国有资产转为私人所有。

以上是从法律文件来界定私有化的含义的。笔者在 20 世纪 90 年代中期对苏东国家私有化问题进行过专门的考察，与不少学者及一些负责推行私有化的政府机构进行了解，他们对推行私有化的政策与理论一般归纳为以下六点：

①所有制改革的基本出发点是取消国家的直接经济职能，把权力交给企业。②改革所有制政策的理论基础，是建立在国家所有制绝对没有效率这个总的想法的基础上的。③私有化是市场化的必由之路。一些学者指出：私有化是为市场经济创造条件。过去东欧国家几十年经济改革的特点是在国家所有制基础上寻找计划与市场的正确结合点，但公有制或国家所有制起决定性作用的条件下，市场就难以发挥作用。④把小型企业，特别是商业、服务业、饮食业，通过转让、出售等途径变为私有。⑤实行私有化的形式是多种多样的，但不论何种所有制形式，都必须实行自由经营，即使企业作为独立商品生产者出现在市场。各种所有制一律平等，在同一基础上发展，都在竞争中求生存与发展。⑥不再人为地规定以哪种所有制形式为主，哪种所有制对经济发展有利就发展哪种所有制，即不坚持以国有经济为主体。

俄罗斯通过私有化要达到的目标是：首先要使所有制结构符合市场经济的要求，使企业不再受政府的直接控制；其次，还包括一系列的经济目标，如使国家摆脱亏损国营企业的包袱，减少财政补贴，回收资金以弥补财政赤字；另一个目标是提高企业经营效益，为整个经济注入活力；最终要达到的目标是，建立起以私有制经济为基础的市场经济。《俄罗斯私有化纲要》对其要达到的目标作了以下规定：①形成一个广泛的私有化阶层；②提高企业的生产效率；③用私有化收入对居民进行社会保护和发展社会性基础设施；④促进国家财政稳定；⑤创造竞争环境，打破经济中的垄断；⑥吸引外国投资；⑦为扩大私有化创造条件，并建立组织机构。

## 第三节 私有化进程与方式方法

### 一、私有化的基本方式

经济转轨国家私有化的一个特点是，都采取了先易后难的做法，即都从小私有化开始，然后再逐步对大中型国家企业推行私有化。所以俄罗斯的私有化分为小私有化与大私有化两种基本方式。

小私有化是指对小型工商企业、饮食业、服务业及一些小型的建筑企业实行私有化。对实行小私有化的小企业的标准,各国都有一些规定,俄罗斯规定的标准是:到 1992 年 1 月 1 日,固定资产净值不超过 100 万卢布,工作人员不超过 200 人。小私有化一般采取三种办法进行:公开拍卖、租赁和出售。① 俄罗斯在 1993 年的小私有化中,采取赎买租赁财产办法的占 42.8%,商业投标占 44%,拍卖占 9.2%,股份制占 3.9%。匈牙利主要采取直接出卖与拍卖的形式,对没有出售和未被拍卖的企业实行私有化租赁。波兰的办法是,先把国有企业撤销,即使其不再存在,之后再出售其全部或部分资产。一些国家在出售小企业时允许同时出售企业的不动产和经营场地,但采用这一做法的并不很多,在波兰、匈牙利和捷克等国只占 12%,而 75% 的小私有化过程中出售的只是企业不动产的租用权。

小私有化进展较顺利,速度也较快,一般在 2 ~ 3 年内完成。俄罗斯从 1992 年起实际起步到 1993 年底,小私有化基本完成:实现了小私有化的企业已达 6 万家,占商业、服务业企业的 70%,占轻工、食品和建材企业的 54%~56%,建筑企业的 43%,运输企业的 45%。到 1994 年,俄罗斯零售商品流转额中非国有成分已占 85%。

大私有化是指大中型国有企业的私有化。这比小私有化复杂得多,进展也较慢,出现的问题也较多。大私有化的具体办法分无偿分配和有偿转让,采取的主要形式是股份制。考虑到大私有化难度大,因此大多数国家对大私有化实行分阶段进行,俄罗斯先实行并非国有化,之后逐步使产权转移。

俄罗斯确定的大企业标准是:截至 1992 年 1 月 1 日,固定资产超过 5000 万卢布或工作人员人数超过 1000 人。它采取的步骤是:先将大型国有企业改造为股份公司或集团,即首先改变其所有权;之后,使股份公司的股票进入资本市场,具体办法有无偿分发和出售转让。

---

① 在东欧一些国家还采用退赔的方式,这系指依法将国有化时期被没收的财产归还原主。俄罗斯没有实行这一做法。

二、大私有化的发展阶段

俄罗斯大私有化的第一阶段,从1992年7月开始到1994年6月,①经历了两年。这一阶段私有化的主要特点是,通过发放私有化证券无偿转让国有资产,通常称之为"证券私有化"阶段。证券发放的具体做法是:俄罗斯政府从1992年10月1日起,向每个公民无偿发放私有化证券,所以是一次大规模的群众性私有化运动,也叫作大众私有化。按照规定,每个公民不分民族、性别、年龄、收入水平、社会地位,从刚出生的婴儿到年迈的老者,均可获得面值为1万卢布的私有化证券。按当时黑市汇率计算,一张私有化证券相当于150美元,或4个月的平均工资。俄罗斯公民得到了14605.5万张私有化证券。每个持有者使用私有化证券的方法有四种:①以自己的证券内部认购本企业的股票(在认购过程中共吸收了2600万张证券);②参与证券拍卖;③购买证券投资基金会的股票(这样的投资基金会共640个),它们共收集了6000多万张私有化证券;④出售证券(总共有1/4左右的证券被卖掉)。另据有关材料,分给居民的证券,25%流向证券投资基金;25%的证券被出售;余下的5%证券被劳动集体的成员作为资金投到自己的企业中去了。在私有化过程中,总共有95%~96%的发出的证券得到了利用。

在股票上市前,俄罗斯对股份制的企业职工,规定用三种优惠的方案向本企业职工出售股票。企业职工根据全体会议作出的决定,从三种方案中选择一种。这三种方案之间的主要区别在于赋予企业职工的种种优惠不同。

第一个方案:企业职工可以一次性无偿获得企业法定资本25%的优先股(无投票权)。

第二个方案:企业职工有权按国有资产委员会规定的价格,购买占企业法定资本51%的普通股票(有投票权),即使职工的股票达到控股额,以体现企业归职工控制的要求。

---

① 主管俄罗斯私有化重要人物之一的阿尔弗雷德·科赫认为,1994年初,俄罗斯已完成了证券私有化。

第三个方案:企业职工可购买企业40%的股份(有投票权)。

从第一阶段私有化的发展情况看,大部分企业选择了第二种方案(约占70%),选择第一种方案的约占20%,而选择第三种方案的仅为2%。

俄罗斯在1996年6月底之前,为何采用无偿的证券私有化或大众私有化,其主要原因有四:一是为了加速私有化的进程。二是俄罗斯缺乏资金。当时俄罗斯存有的资金只属于国家,并且数额有限,把资产卖给外国人,对此时的叶利钦来说意味着政治上的自杀,而企业、居民个人普遍没有资金,在此情况下,尽管俄罗斯政府当时亦考虑到,无偿私有化并不是最佳方案,但实际上又不得不实行这一方案。三是无偿的证券私有化,在当时的条件来看,也较为公平。在广大公民中发放人人有份的证券,比用货币购买股票平均得多。因为在推行证券私有化时,不只居民货币持有量很少,而仅有的货币亦集中在5%的居民手中。所以当时无偿的证券私有化要比货币私有化具有明显的优势,居民容易接受。四是政治需要。对此,被称为俄罗斯私有化之父的丘拜斯毫不隐讳,他说:"俄罗斯实行的整个私有化是一种享有优惠政策的私有化。对我们来说,重要的是要获得各种政治力量和社会力量的支持,获得企业经理们、工人们、地方当权派和广大人民的支持。我们需要把上述这些人都变成自己的同盟者。正是这种状况在很大程度上决定了我们对私有化战略的选择。"不得不采用优惠的办法,"把很不错的一块财产给予企业的经理们和职工们。"他还说:考虑到当时执政当局在政治上还不够强大,刚刚组织起来的政府组织能力很弱等,这些情况,"我们得出这样一个结论:要'正确地'按照经典标准推行私有化,使它自始至终绝对符合国家的利益,这是不可能的。为了使私有化得以进行,它必须在政治上是可以被大家接受的,在实践上是可行的"①。

俄罗斯私有化的第二阶段,从1994年7月1日开始到1996年底。这一阶段称之为货币(或称现金)私有化。第二阶段的私有化与第一阶段的证券私有化其根本性区别在于:前者是无偿转让国有资产,而后者主要是按市场

---

① [俄]阿纳托利·丘拜斯主编:《俄罗斯式的私有化》,乔木森等译,新华出版社,2004年,第35页。

价格出售国有资产。此外,两者区别还在于:证券私有化通过国有资产平均分配来形成广泛的私有化阶层,而货币私有化重点是解决投资与改造两者的结合;货币私有化与证券私有化相比,私有化范围大大扩大,除了30%的企业禁止私有化外,其他企业均可私有化;货币私有化比证券私有化对企业劳动集体与领导人的优惠大大减少。货币私有化要实现的战略任务是:

(1)形成控股的投资者,以期提高他们对长期投资的兴趣;

(2)为推行私有化改革的企业进行结构变革提供必要现金;

(3)促进增加国家预算收入。

俄罗斯在推行货币私有化阶段期间,搞了"抵押拍卖"。在抵押拍卖过程中,出现了不少问题。被进行抵押拍卖的一般是俄罗斯带有战略性的骨干企业,又是"肥肉",因此争夺很激烈。而这些竞拍项目往往需要上亿美元的资金,所以有力量参与拍卖的亦只能是几个大财团。抵押拍卖的结果是,使一些大型的具有重要全俄经济意义的企业落到一些财团手里,特别是一些金融集团手里。另外,由于抵押拍卖过程中缺乏透明度,使这一私有化方式往往变成"内部人之间的分配。"这也是引起国内对抵押拍卖激烈争论与强烈不满的原因。

到1996年,俄罗斯以转让国有资产为主要内容的大规模的产权私有化已基本结束。私有化企业在俄罗斯企业总数中的比重与其生产的产值占全俄GDP的比重均约为70%。但正如前面已指出的,由于私有化是个广义的概念,因此俄罗斯统计上使用的"私有化企业"所含内容很杂,它不只包括真正意义的私有化企业与个体经济,并还包括租赁企业、承包企业、股份制企业、各种形式的合营、合伙与合作制企业。据有关材料估计,1996年真正的私有经济大约只占俄GDP的25%。私营部门、混合所有制和集体所有制部门的就业人数占俄罗斯就业总人数的63%。另外,针对前两个阶段私有化过程出现的问题,俄罗斯需要总结与整顿,因此宣布"今后不再搞大规模的拍卖"。时任俄总理的切尔诺梅尔金提出,从1997年起俄罗斯经济体制转轨进入一个新阶段,即结构改革阶段,其主要任务是恢复经济增长,提高经济效益。在此背景下,在 1996 年下半年俄政府制定了《1997—2000 年俄罗斯政府中期纲要构想:结构改革与经济增长》。根据该纲要构想,从 1997 年起,俄罗斯私有化将从大规模私有化转向有选择地对个别国有企业的私有化,即进入私有化的第三阶段——"个案私有化"。在这一阶段,对进行股份制改造的企业名单,要由俄联邦政府根据国有资产管理委员会的提议并在制定的私有化计划中批准,还需呈交国家杜马。之后,才逐个地对企业制订私有化方案。2010 年 11 月 27 日,普京总理签署政府令,批准了《2011—2013 年及 2015 年前联邦资产私有化计划》。

如果 1992—1998 年为俄罗斯第一轮私有化,那么从 2009 年开始酝酿开始推行第二轮私有化。这一轮私有化期限从 2010 年至 2015 年。启动新一轮私有化的原因有:一是受 2008 年世界金融危机的影响,国际市场石油价格大幅度下滑,使俄政府财政收入减少,同时又要为挽救实体经济投入大量资金,这样就导致 2009 年出现财政赤字。为此,俄力图通过私有化增加财政收入,以缓解财政困难。二是与普京任期不同阶段的不同政策有关,在第一任期内,普京明确反对重新国有化,要用法律来规范和保护私有产权,通过规范的私有化程序,达到提高生产效率和增加预算收入的双重目标。另外他实行坚决打击寡头政策,不让其干预政治。

从 2002 年开始,俄罗斯国有资产部每年都提出新的私有化计划和企业目录。这一时期的私有化基本是按照"个案私有化"的方式进行的。但在普京执政时的国家公司,特别是加强国家对战略性行业的控制,并同时确定涉及国防、石油、天然气、运输、电力、外贸、银行、渔业、钢铁制造业等领域的 1063 家大中型企业为国有战略企业,规定政府无权对这些战略企业实行私有化。实行上述政策后,俄罗斯在 2004—2007 年间,国有股在俄资本市场中的占比从 24% 上升到 40%,2009 年达到 50%。1997—2009 年,国有经济比重从 30% 反弹至 67%,银行业、加工业、石油天然气行业中国有股份占比分别达到 60%、50% 和 45%。这期间,私有化基本处于停滞状态,每年的私有化计划实际都完不成任务,实际上普京实行了一段时间的国有化政策。但问题是国有经济的效率低下,成为阻碍经济发展的一个重要因素,加上组建的超大型国企又是垄断程度高的企业,这又影响市场经济的发展。

由于这些因素,在梅德韦杰夫上台后,私有化问题在俄罗斯再次引起关注。2010 年 11 月 27 日俄政府批准了《2011—2013 年联邦资产私有化预测计划和私有化基本方针》。根据该规划,俄拟于 2011—2013 年对包括 10 家超大型国有公司、117 家联邦单一制国企、854 家股份公司、10 家有限责任公司和 73 处不动产在内的国有资产实施私有化,范围涵盖金融、石油、电力、粮食、运输、农业、化工、石化等行业,预计收益达 1 万亿卢布,约合 350 亿美元。10 家超大型国有公司股权出售比例分别为:俄罗斯石油公司拟出售 25% 减 1 股、俄水电公司 7.97% 减 1 股、俄联合船舶公司 50% 减 1 股、联邦电网公司 4.11% 减 1 股、外贸银行 35% 减 1 股、储蓄银行 7.58% 减 1 股、俄农业银行 25% 减 1 股、联合粮食公司 100%、俄铁路公司 25% 减 1 股、俄农业租赁公司 50% 减 1 股。俄在公布私有化计划后又陆续出台具体实施办法,包括公开拍卖、IPO、股权置换、直接交易等。

私有化计划落实情况:2011 年,实施私有化的企业有 319 家,私有化收益为 1210 亿卢布,其中出售外贸银行 10% 股份的收益就达到 957 亿卢布;2012 年 9 月 17 日,俄罗斯储蓄银行的私有化正式启动。出售的股权占储蓄银行股权的 7.58%,约为 17.13 亿普通股。按照每股 93 卢布的价格,私有化总收入为 1593 亿卢布;到 2012 年 11 月,私有化收益为 2230 亿卢布,与计划中的 3000 亿卢布尚有差距;10 家超大国企的计划中,除了出售了外贸银行 10% 的股份和储蓄银行 7.58% 的股份,其他公司的私有化计划均未落实。

应该说,普京第二任期在国家调控经济政策方面出现了偏差,这也是"梅普"之间的一个分歧。2009 年 9 月 10 日,梅德韦杰夫在俄罗斯报纸网发表长篇文章中说,当今俄罗斯仍是"效率低下的经济、半苏联式的社会领域、脆弱的民主……"他坚决主张扩大私有化,多次批评政府职能部门私有化计划执行不力,并提出废除政府副总理及部长在其主管领域内大型国企董事会和金融董事会或监事会任职的做法。

## 第四节 私有化的评价

经济转轨国家的私有化,在不同国家的业绩与问题方面存有差别,但有些问题是相同的。总的情况看,中东欧国家私有化的效果要比以俄罗斯为代表的独联体国家要好。下面集中对俄罗斯私有化的主要业绩与问题进行分析。

一、私有化的主要业绩

第一,由于俄罗斯以较快速度实现了私有化,从而打破了国家对不动产与生产设备所有权的垄断,形成了私营、个体、集体、合资、股份制与国有经济多种经济成分并存和经营多元化的新格局,为多元市场经济奠定了基础。

第二,在俄罗斯政府看来,较为顺利地实现了私有化的政治目标:一是铲除了社会主义计划经济体制的经济基础,从而使经济转轨朝向市场经济体制模式变得不可逆转;二是培育与形成一个私有者阶层,成为新社会制度的社会基础和政治保证。

第三,私有化企业经营中决策的自由度增大与开发新产品积极性的提高,这样,使企业生产经营活动有可能更符合市场的要求。根据俄罗斯学者1994年对426名企业经理所进行的调查材料来看,经理们认为企业私有化后主要的积极变化也表现在以上两个方面。在这426名企业经理中,认为决策自由度有改善的占61%,有利于刺激企业开发新产品的占52%。[①] 私有化企业的经理普遍认识到,与国有企业相比,他们只能更多地利用市场方式去解决自己面临的各种问题,只能通过开发新产品,提高竞争力,吸引外资,寻找新的销售市场等途径求生存和求发展。

第四,小私有化都取得较为明显的效果:①由于商业、服务业、小型公交企业转换了所有制形式,提高了适应市场经济的能力,从而得到较快发展。1994年在俄罗斯零售商品流转总额中,非国有成分已占80%以上。②活跃了消费市场与促进了流通领域发展。③对调整苏联长期存在的不合理的经济结构起了积极影响,特别是在促进第三产业的发展方面的作用更大,如俄罗斯,1991年服务业占GDP的24%,而到1994年已上升为50%。

---

① 参见[俄]科萨尔斯等:《俄罗斯:转型时期的经济与社会》,石天译,经济科学出版社,2000年,第81页。

二、私有化的主要问题

第一,由于俄罗斯,私有化首先考虑的是政治目的。换言之,是在私有化之父丘拜斯经济转轨的下述主导思想下进行的,即尽快摧垮社会主义经济的基础。丘拜斯明确地说:"我们需要解决的是一个问题:凡是有助于使国家脱离共产主义,有助于在国内消除共产主义意识形态和共产主义制度的基础的东西,就应该能做多少,就做多少。"①因此,俄罗斯私有化从指导思想与方法等方面,都存在严重失误。例如:

(1)俄罗斯改革国营企业,采取强制的方法,人为地确定在每个时期要把国有经济成分在整个国民经济中的比重下降到多少,等等。

(2)为了尽快培植起一个广泛的私有者和企业家阶层,形成一个资产阶级,就实行无偿的证券私有化,力图用相当于当时俄罗斯国有资产总值的1/3 的证券,让公司购买私有化后企业的股票。但实际上,由于严重的通胀因素,原值可购买一辆小汽车,变成只能购买一箱啤酒,后来甚至只值 5 美元,只能买一瓶"伏特加"酒。更为严重的是,广大居民手中持的私有化证券大部分落入领导人手中,或者落入 MMM 那样的搞欺诈和投机的公司手中。据一项调查,俄罗斯 61% 的新企业主曾经被列为党、政府、企业的精英成员。就是说,私有化为原领导人和投机者大量侵吞国有资产大开方便之门。他们从事投机,大发横财。

(3)与上述问题有关,俄罗斯在私有化过程中,公司治理实行的是经理人员控股的"内部人控制"的模式。据调查,1994 年,私有化的企业中,65%股权为内部人所掌握,13% 仍在国家手中,而外部人与法人只控股 21%。这样。企业内部人主要是经理人员的利益得到了充分的体现。

(4)与上述因素相联系,在改造国有企业过程中,没有考虑如何保护国有企业已经形成的潜力,并使其继续发挥,而是在条件不具备的情况下,匆匆把国营企业推向市场。在改革国有企业的同时,也并没有去研究和解决如何改变国有企业的经营管理机制问题。这些因素,也是导致俄罗斯在转

① [俄]阿纳托利·丘拜斯主编:《俄罗斯式的私有化》,乔木森等译,新华出版社,2004 年,第282 页。

轨初期产生严重经济危机的重要原因之一。

第二，国有资产大量流失。这是经济转轨国家普遍存在的一个严重问题。主要原因有：①向居民无偿发放"私有化证券"以及向职工按优惠价格转让股权，这造成国有资产的直接流失；②问题的复杂性在于资产评估。例如，俄罗斯国有资产按 1992 年 1 月 1 日会计报表上的账面价值出售与转让的，并没有充分考虑到通胀因素，例如，1992 年 1 月物价上涨了 26 倍，而大部分企业在私有化时，允许以股票面值的 1.7 倍价格出售。更重要的是出现了资产评估的价值与会计核算中的资产价值的严重脱节。如俄罗斯 500 家最大的私有化企业按现价至少值 2000 亿美元，而实际以 72 亿美元出售。

第三，国有大中型工业企业私有化后，经济效益没有提高或者变化不明显。这是由多种因素决定的：

（1）私有化的一个重要目标是使企业成为独立的商品生产者，成为市场的主体，以此来促使企业尽快转换经营机制，提高经营效率与竞争能力。但实现这一目标，对长期在计划经济体制条件下从事生产经营活动的国有企业来说，需要有个过程，绝不是某些人所想象的，只要所有制一变，经营机制立即会变，经营效果立即会提高。

（2）对部分以股份制形式实现私有化、并又是国家控股的企业来说，企业的产权与责任并不十分清楚，一个重要原因是，这类私有化企业，更多的是考虑国有财产的处理问题，不顾及企业管理机制的改革问题。

（3）经济转轨国家的大中型国有工业企业，在传统体制下，都忽视设备的更新，生产技术十分落后，急需更新设备与技术，而私有化后的新企业主往往缺乏资金，没有新的投入。"根据全俄社会舆论研究中心的材料，当原班管理人员当领导时，74% 的新投资者拒绝为自己拥有的项目投资。"①这样就难以提高产品质量与生产效益。

（4）一个重要的因素是，俄罗斯私有化尽管是打着科斯定理的旗号下进行的，即国家财产一旦私有化，它最终会落入效率最高的生产者手中。而俄罗斯实际上没有按科斯定理推行私有化。

---

① ［中］刘美珣、［俄］列·亚·伊万诺维奇主编：《中国与俄罗斯两种改革道路》，清华大学出版社，2004 年，第 352 页。

（5）大私有化打破了国家的垄断,但在俄罗斯又出现私人垄断和行业垄断。这在西方如英国也出现过这种情况,如英国供排水公司,私有化初期效果较好,后来因存在行业垄断,该公司价格上涨幅度大于利润上涨幅度。俄罗斯推行私有化政策后,由七个银行家和商人联合起来控制俄罗斯 50% 财产的成员之一的鲍里斯·别列佐夫斯基供认,①这些大财团,控制某个行业是十分容易的事。垄断不打破,就不能通过竞争达到提高效率的目的。

（6）从客观条件来讲,较为完善的发达的市场经济条件尚未形成。

第四,产生的社会问题甚多。主要有失业人数增加;经济犯罪日益严重;对整个社会经济犯罪起着推动的作用;加速了社会的两极分化。如在俄罗斯一方面出现了暴发的"新俄罗斯人";另一方面出现了大量的生活在贫困线以下的广大居民阶层。这必然使社会大多数人的不满和社会处于紧张状态。

第五,通过私有化也没有达到大量增加预算收入的目的。普里马科夫指出:"从 1992—1998 年,预算从大量的、全面的私有化中仅仅得到相当于国内生产总值 1% 的收入。其余的全部落入人数很少的所谓'寡头'集团的腰包。"②

第六,国家政权的"寡头化"。俄罗斯经济转型进程中,出现了金融资本与工业资本的互相融合与发展过程,因此,也可称金融工业集团。

金融寡头的出现,从其大环境来讲,是俄罗斯社会经济的转型;从具体条件来讲,最直接与重要的原因是俄罗斯国家实行的私有化政策与采取的全权委托银行制度。这些条件为俄罗斯在私有化过程中已握有财权和管理权的大企业与大银行,通过与权力的结合,成为更快集聚资本的最有效的途径。

## 第五节　农业改革与发展状况

农业在苏联时期一直是一个薄弱的经济部门,长期处于落后状态,也是

---

① 参见美国《挑战》杂志 1997 年第 5—6 月号。
② ［俄］叶夫根尼·普里马科夫:《临危受命》,高增训等译,东方出版社,2002 年,第 33、183 页。

长期以来阻止苏联经济顺利发展与影响广大居民生活水平提高的一个重要原因。

### 一、农业长期落后的根由是斯大林建立的集体农庄制度

斯大林之所以下决心通过农业全盘集体化建立集体农庄制度，有以下因素：

#### 1.对农民问题的错误认识

应该说，斯大林在1928年前，他对农民问题的看法，在总体上与列宁的思想是一致的，对农民在社会主义建设中的作用基本上是肯定的，认为："基本农民群众的根本利益是同无产阶级的利益完全一致的。"①"这些共同利益就是工农联盟的基础。"②他在1925年5月召开的联共（布）第十四次代表会议上的工作总结中指出："现在主要的问题完全不是挑起农村中的阶级斗争。现在主要的问题是：使中农团结在无产阶级周围，重新把他们争取过来。现在主要的问题是：和基本农民群众结合起来，提高他们的物质生活和文化生活水平并和这些基本群众一道沿着社会主义的道路前进。"③

但从1928年开始，斯大林对农民的看法及采取的政策发生了根本性的变化，直接起因是出现了粮食收购危机。围绕粮食收购危机在党内领导层开展了激烈的争论，存在着两种截然不同的看法：以布哈林为代表的一派看法是，粮食收购危机的主要原因是粮价偏低，使得农民不愿种粮与卖粮，因此出路在于调整工农业产品的市场价格比例，城乡关系的基础是农业的商品化，个体农民仍具有发展潜力。而斯大林认定粮食收购危机是农民资本主义自发势力造成的，从而对私有农民的评价也发生了根本性变化，强调小农经济是和资本主义经济"同一类型的经济"④，说基本农民群众在新经济政策时期一直在走"旧的资本主义发展道路"⑤，"个体农民是最后一个资本主

---

① 《斯大林选集》上，人民出版社，1979年，第372页。
② 同上，第336页。
③ 同上，第346页。
④ 《斯大林选集》下，人民出版社，1979年，第215页。
⑤ 同上，第201页。

义阶级"①。与此同时,斯大林还宣布小农所从事的个体经济已毫无生命力,说"大部分不仅不能实现逐年扩大的再生产,相反,连简单再生产也是很少有可能实现"②,"我们在个体小农经济的基础上是不能进一步发展的"③。

十分清楚,斯大林在农业全盘集体化时期,不仅全面否定农民的积极作用,而且把农民作为最后一个资本主义阶级加以消灭。斯大林对此解释说:"为什么把个体农民看作是最后一个资本主义阶级呢?因为在构成我国社会的两个基本阶级中,农民是一个以私有制和小商品生产为经济基础的阶级。因为农民当他还是从事小商品生产的个体农民的时候,经常不断地从自己中间分泌出而且不能不分泌出资本家来。"④就这样,把在苏联社会中人口众多的农民当作最后一个资本主义阶级消灭了。这样也就在国内消灭了资本主义复辟的最后根源。

2. 控制粮食与取得资金

从斯大林 1929 年决定推行农业全盘集体化的起因来看,控制粮食是建立集体农庄的一个重要又是直接的原因。由于工业化与集体化基本上是同时进行的,加上超高速的工业化所需资金相当一部分要从农业中取得,因此,加速农业集体化,又为斯大林通过控制农业来解决工业化所需资金提供了保证。斯大林为了重工业高速发展所需的资金,就必然要提高积累。而提高积累率的一个重要办法是靠剥夺农民,即靠农民的"贡税"来解决资金来源问题。斯大林通过"贡税"这种强制的办法,使农民一半的收入交给国家。据估计,"一五"计划时期(1928—1932 年),从农业吸收的资金占用于发展工业所需资金的 1/3 以上。

3. 全面建立社会主义的经济基础

在斯大林看来,通过农业集体化,使得苏联社会主义有了牢固的经济基础。到了 1934 年,由于工业化与农业集体化都取得了重大进展,社会主义经济成分在苏联已成为整个国民经济的绝对统治力量。国营工业已占苏联全

① 《斯大林选集》下,人民出版社,1979 年,第 141 页。
② 同上,第 213 页。
③ 《斯大林全集》第 11 卷,人民出版社,1955 年,第 8 页。
④ 《斯大林全集》第 12 卷,人民出版社,1955 年,第 37 页。

部工业的99％。集体农庄与国营农场的谷物播种面积已占全部谷物播种面积的85.5％。斯大林认为,如果不搞农业集体化,苏维埃政权和社会主义建设事业就会建立在两个不同的基础上,"就是说,建立在最巨大最统一的社会主义工业基础上和最分散最落后的农民小商品经济基础上"。如果是"这样下去,总有一天会使整个国民经济全部崩溃"。那么"出路就在于使农业成为大农业"①。斯大林的上述看法,是他在1929年12月27日发表的以《论苏联土地政策的几个问题》为题的演说中讲的,是用来批评"平衡"论的。很清楚,这时的斯大林完全否定了小商品生产者再有发展的可能了,在社会主义建设中不再有积极作用了,从而也就否定了对农民进行改造的长期性。

4. 最后形成了完整的斯大林模式

在斯大林的农业全盘集体化的思想指导下,在强大的政治压力下,用强制与暴力的办法强迫农民与中农参加集体农庄。1933年1月,联共(布)中央宣布:"把分散的个体小农经济纳入社会主义大农业轨道的历史任务已经完成。"农业全盘集体化完成过程中,苏联也逐步建立起高度集中的农业管理体制,从而把占人口最多的农民与在国民经济中居重要地位的农业,纳入了斯大林统制经济体制之中,亦意味着在苏联最后形成完整的斯大林模式。

农业集体化中的主要问题有:

(1)十分突出地超越了生产力的发展水平。从斯大林整个经济体制形成过程来看,生产关系脱离生产力发展水平,使形成的经济体制不符合客观实际,这是带有普遍性的问题,但农业集体化显得最为突出。斯大林农业集体化不论从指导思想还是具体做法,都完全是违反马克思主义的。马克思讲过:"无论哪一种社会形态,在它所能容纳的全部生产力发挥出来以前,是决不会灭亡的;而新的更高的生产关系,在它的物质存在的条件在旧社会的胎胞里成熟以前,是决不会出现的。"②

(2)农业集体化运动对农业造成了极大的破坏。到1950年苏联谷物总产量为6480万吨,还低于1913年沙俄时期的7250万吨,同期,肉类分别为490万吨与500万吨,人均谷物为447公斤与540公斤,畜产品为27公斤与

---

① 《斯大林选集》下,人民出版社,1979年,第213页。
② 《马克思恩格斯选集》第二卷,人民出版社,1972年,第83页。

31 公斤。到斯大林逝世的 1953 年牛、马、绵羊的头数仍未达到集体化前的水平,粮食产量仍然还低于 1913 年的水平。[①] 在农业集体化的 20 世纪 30 年代出现了大规模的饥荒。这一期间一方面农业生产遭严重破坏,另一方面斯大林对农庄实行粮食高征购,留给农村的粮食不断减少。许多庄员吃完储备粮陷于挨饿的困境。1932 年夏,出现饥荒。斯大林在 1940 年 9 月的一次讨论电影片的会议上承认过去有 2500 万 ~ 3000 万人挨饿,但此话未公开发表。[②] 1932—1933 年大饥荒造成大量人口死亡。在乌克兰饿死 350 万 ~ 400 万农民。俄罗斯著名人口学家乌尔拉尼斯认为,苏联居民从 1932 年的 16570 万降为 1933 年 4 月的 15800 万,减少的 770 万人主要是农民。另一个统计资料表明,1932 年全苏人口增加 105 万人,而 1933 年不但没有增加,反而减少了 590 万人。死亡人数由 1932 年的 478 万人猛增为 1145 万人。苏联学者普利马克提出,在集体化运动中,一些人遭迫害,一些人迁往城镇,苏联农村总共减少了 300 万农户,1500 万人。1942 年,丘吉尔在同斯大林交谈时问他,集体化是否牺牲了很多人? 斯大林把张开五指的双手向上一举。他用这个手势说明集体化使人民付出了 1000 万生命的代价,或是说牺牲的人很多很多。[③]

斯大林宣传说,他的农业集体化是列宁合作社计划的继承和发展。实际上与列宁的晚年思想有着重大原则区别。列宁主张"在农民中进行文化工作",使他们认识到合作社的好处,强调自愿原则,认为,完成这项任务需要几代人的努力。1922 年 11 月底副财政人民委员弗拉基米罗夫到列宁那里做客,在交谈中列宁说了以下一段被弗拉基米罗夫叫作"赠言"的话:"我们现在有两个最重要的领域。第一个是商业,这就是学会经商,为的是首先同农村、农民结合。不这样做有一天农民会让我们去见鬼的。老实讲,农民并不理会谁,什么样的领导坐在城里,谁在克里姆林宫统治。对他们来说,

---

① 参见陆南泉等编:《苏联国民经济发展七十年》,机械工业出版社,1988 年,第 251、270 页;李宗禹等:《斯大林模式研究》,中央编译出版社,1999 年,第 104 页;其他有关材料。

② 引自 РГАСПИФ71,ОП. 10,Д. 127,Л. 39 引自 Данилов В. П. Зеленин И. Е. Организованный голод к 70 – летию общекрестьянской трагедии// Отечественная история. 2004. No5 C108.

③ 参见陆南泉等主编:《苏联真相——对 101 个重要问题的思考》上,新华出版社,2010 年,第 260 ~ 261 页。

重要的是从城市得到什么,克里姆林宫给他们什么。他们会使用这样的试金石:同沙皇时期相比,他们生活变得好一些,还是变坏了。如果看到用自己的产品换来比过去多的印花布、砂糖、鞋子、器皿、农具,如果还看到赋税减少了,在农村再也看不到他们痛恨的警察和警察局长了,庄稼汉对新制度就会感到完全满意。而如果不满意,对付数以百万计的农民是困难的,不可能的。喀琅施塔得起义、安东诺夫运动、坦波夫以及其他省份的叛乱,都是对我们的严重警告。应当采取一切措施,以便生活在长期的和平之中,同中农友好相处。"①

斯大林执政后,对农民采取的实际上是剥夺的政策,实行的粮食征收制几乎把农民的所有粮食都征走了,致使农民实在难以活下去,导致在内战后期终于揭竿而起,反对布尔什维克政权。说"揭竿而起"不是比喻,而是真实的历史,那时就有一宗起义叫作"叉子暴动",农民没有武器就把叉子当作战斗的武器,可以说是"揭叉而起"。农民高呼"打倒康姆尼","康姆"是共产的意思,可以理解为"打倒公社",也可以理解为"打倒共产主义",反正农民不要布尔什维克的领导了。那时官方把农民暴动叫作"盗匪活动",但这并不改变农民反抗布尔什维克政权的实质。列宁承认,那时农民暴动遍及全国各个省份。最后爆发喀琅施塔得兵变。

喀琅施塔得本来是革命的堡垒,十月武装起义时著名的阿芙罗拉巡洋舰就是从喀琅施塔得军港开过来的,喀琅施塔得的水兵是一支富有战斗力的突击力量,在革命和内战中哪儿有困难,就派水兵去支援,如今连这后院也举行暴动,而其纲领并不反对革命,而仅仅反对布尔什维克的错误政策。这些反布尔什维克的暴动汇集成一股强大的激流,使布尔什维克政权遭遇到革命胜利以来最严重的政治经济危机。正是在这股激流的冲击下,布尔什维克党在1921年召开的第十次党代表大会上不得不匆匆忙忙通过废除不得民心的粮食征收制,改行粮食税制度,使农民在完税后能够自由支配手中的余粮。这就是著名的新经济政策的开端。②

---

①　Н. Волентинов(Вольский). Новая экономическая политика и кризис партии после смерти Ленина. Stanford. California. 1971. c. 186.

②　参见郑异凡:《列宁1922年的赠言》,《同舟共进》2013年第2期。

　　戈尔巴乔夫在下台后出版的著作中指出："在斯大林时期,工业化是靠强迫劳动,靠利用集中营的囚犯,同时也是靠农业的破产来实现的。对农业来说,集体化实际上成了新的农奴制。"①

　　斯大林对待农民的政策,发展农业的模式,导致苏联时期农业一直停滞不前,使他之后的各届领导人上台后不得不把很大精力放在农业上。赫鲁晓夫一上台之所以首先抓农业,是因为他清楚地认识到苏联尚未解决粮食问题。赫鲁晓夫执政时期农业虽有一定的发展,但由于农业制度没有根本性改变,农业仍处于不稳定状态。勃列日涅夫一上台,亦不得不首先推行加强农业的政策。但同样出现经常性的农业歉收。1979—1982 年出现连续四年歉收。1973 年苏联历史上第一次成为粮食净进口国。这一年净进口 1904万吨。后来,粮食进口上了瘾,就像吸毒者上了海洛因的瘾一样,②震惊了世界市场,引起了各国愤怒。1985 年进口粮食 4420 吨,1989 年为 3700 万吨。③长期以来,苏联农业劳动生产率只及美国的 20% ~ 25% 。

　　苏联解体后,俄罗斯新执政者为了构建市场经济体制,不仅对城市的国有企业实行私有化,并且也对农业进行改革,农业领域的改革,涉及两个相互紧密联系但又有区别的内容:即农业生产经营组织的改组与农业土地所有制问题。

二、集体农庄与国营农场经营组织形式的改组

　　叶利钦上台执政后,决定把在农业中占绝对统治地位的国营农场与集体农庄加以改组。规定必须在一年内(在 1993 年 1 月 1 日前),完成国营农场与集体农庄重新登记工作,并对那些无力支付劳动报酬和偿还贷款债务的农场、农庄,应在 1992 年第一季度加以取消与改组。1992 年 9 月 4 日,俄罗斯政府正式批准了农场、农庄与国营农业企业的条例。该条例确定的经营

　　① ［俄］米哈伊尔·戈尔巴乔:《对过去与未来的思考》,徐葵等译,新华出版社,2002 年,第35 ~ 36 页。

　　② 参见［俄］格·阿尔巴托夫:《苏联政治内幕:知情者的见证》,徐葵等译,新华出版社,1998 年,第 239 页。

　　③ 参见苏联国家统计委员会:《1990 年苏联国民经济》,莫斯科财政与统计出版社,1991 年俄文版,第 653 页。

形式改革与产权改造的基本原则是:按生产单位劳动集体成员的意愿,将农庄、农场改组为合伙公司、股份公司、农业生产合作社、家庭农场及其联合体。到1993年年底,俄罗斯已有2.4万个农庄、农场进行了改组与重新登记,这占农庄、农场总数的95%,其中1/3的农庄、农场根据劳动集体的决定保留了原来的经营形式,其余的2/3改组为1.15万个合伙公司、300个股份公司、2000个农业合作社和3000个其他新的经营形式。它们的成员成为具有自己份地和股份的商品生产者。① 农庄、农场改组后的详细情况(见表30-3)。

表30-3　俄罗斯农庄、农场的改组情况

| 项目 | 1993年 | 1994年 | 1995年 |
|---|---|---|---|
| 重新登记的集体农庄和国营农场占原有的比重(%) | 77 | 95 | — |
| 其中:保留原有法律地位的占已重新登记的集体农庄和国营农场的比重(%) | 35 | 34 | 32 |
| 改组为下列企业形式的占已重新登记的集体农庄和国营农场的比重(%): | | | |
| 　开放型股份公司 | 1.5 | 1.3 | 1.0 |
| 　有限责任公司,合营公司 | 43.7 | 47.3 | 42.6 |
| 　农业合作社 | 8.6 | 7.8 | 7.2 |
| 　农民经济联合体 | 3.6 | 3.7 | 2.5 |
| 　被工业企业和其他企业买断的 | 1.8 | 1.7 | — |

资料来源:过渡时期经济问题研究所编:《过渡时期经济》,莫斯科1998年俄文版,第579页。

这里要指出的是,在叶利钦时期,特别重视发展农户(农场)经济。这与当时叶利钦、盖达尔等人接受西方模式来改造俄罗斯农业的战略有关。这个模式就是以土地私有化和经营组织农场化为基础的。在他们看来,美国与西方其他一些国家在土地私有制基础上发展家庭农场能获得良好的经济效益。但在俄罗斯,这种农户(农场)经济并没有得到很大发展,更没有成为

---

①　参见陆南泉主编:《独联体国家向市场经济过渡研究》,中共中央党校出版社,1995年,第134页。

农业生产的主力军。1992 年农户(农场)经济 49000 个,1993 年为 182800 个,从 1994 年至 1999 年,一直保持在 27～28 万个这一水平。占用土地面积一般在 1200～1300 万公顷,平均每个农户经济占用土地为 40～50 公顷。1999 年农户(农场)经济生产的粮食占俄粮食总产量的 7.1%,而在畜牧业中的比重很小,如在大牲畜中饲养头数中只占 1.8%,其中奶牛占 1.9%,猪占 2.2%,羊占 5.5%,在整个农业产值中仅占 2.5%。[①]

在俄罗斯,农户(农场)经济之所以难以发展,因它受到一系列条件的制约:

第一,俄罗斯不像在美国,有发达的、及时能得到的农业社会化服务。美国家庭农场所以能发展并有巩固的地位,一个十分重要的条件就是具有高水平的社会化服务。而这一套服务体系绝不是在短期内可建立起来的。

第二,长期以来,在俄罗斯搞的是大农业,国营农场和集体农庄的生产规模都很大,使用的是大型农业机械,机械化水平已达到一定程度,粮食作物的种植与收获已全部机械化,畜牧业综合机械化水平已达到 70%～80%。而搞小规模的农户经济,需要小型的农业机械。在当时的俄罗斯,财政极其困难,国家不可能投入资金来及时地发展小型农机,以满足农户经济的需要。

第三,在苏联,大型农业已搞了几十年,农业生产中的劳动分工已形成,这样,能够掌握农业生产全过程的典型的农民已不存在,这对搞一家一户的农业经济在客观上就有很多困难。

第四,农户缺乏必要的启动资金,它们既得不到财政帮助,又得不到必要的银行贷款,这种情况下,使得组建来的农户经济难以维持,出现大量解体的情况。

第五,农用生产资料如化肥等得不到保证。

叶利钦时期推行的小农业经济政策并不适合俄罗斯国情,未能取得应有的效益。普京上台执政后,不得不改变农业发展政策,变革农业发展道路。普京强调要搞大农业,具体说要搞大型的农业综合体,把它视为发展农业的重要途径之一,要把俄罗斯农业在今后成为"大的商品生产者"。从西

---

① 参见王跃生等主编:《市场经济发展:国际视角与中国经验》,社会科学文献出版社,2006 年,第 250 页。

方发达国家的情况看,大型农业企业是农业生产经营的一种基本形式。目前美国50%的商品农产品是由占4.7%的大农场生产的,而欧盟国家50%的商品农产品是由10%~15%的大农场生产的。大型农业在俄罗斯农业中起着重要的作用,它们生产92%粮食,94%的甜菜,86%的向日葵籽,70%的蛋,49%的奶,39%的肉,38%羊毛,21%的蔬菜和90%的饲料。在这些大企业中,已有300个大型龙头企业,俄罗斯还在组建15个大型农工集团。这些大型农业企业的经营效益也较好,如300个大型龙头企业,虽仅占农业总数的1.1%,但在2000年生产的商品农产品占其总量的16.1%,所得收入占农业总收入的28%,所得利润占农业总利润的47.2%。①

当今俄罗斯农业生产组织有三种生产组织形式:农业企业、居民经济和农户(农场)经济。这三种不同类型的农业生产组织在发展过程中,相互间形成了自然的劳动分工(见表30-4)。

表30-4　俄罗斯农产品三种生产组织形式占比(按实际价格计算,单位:%)

| 年份 | 整个农业 | 其中 | | |
|---|---|---|---|---|
| | | 农业企业 | 居民副业 | 农户(农场)经济 |
| 1990 | 100 | 73.7 | 26.3 | — |
| 1991 | 100 | 68.8 | 31.2 | — |
| 1992 | 100 | 67.1 | 31.8 | 1.1 |
| 1993 | 100 | 57.0 | 39.9 | 3.1 |
| 1994 | 100 | 54.5 | 43.8 | 1.7 |
| 1995 | 100 | 50.2 | 47.9 | 1.9 |
| 1996 | 100 | 49.4 | 48.6 | 2.0 |
| 1997 | 100 | 47.4 | 50.2 | 2.4 |
| 1998 | 100 | 40.4 | 57.4 | 2.2 |
| 1999 | 100 | 42.6 | 54.8 | 2.6 |
| 2000 | 100 | 45.2 | 51.6 | 3.2 |

① 以上资料转引自乔木森2003年10月撰写的题为《俄罗斯农业发展道路》的研究报告。

| 年份 | 整个农业 | 其中 | | |
|---|---|---|---|---|
| | | 农业企业 | 居民副业 | 农户（农场）经济 |
| 2001 | 100 | 45.9 | 50.2 | 3.9 |
| 2002 | 100 | 42.3 | 53.8 | 3.9 |
| 2003 | 100 | 42.6 | 52.5 | 4.9 |
| 2004 | 100 | 45.8 | 47.9 | 6.3 |
| 2005 | 100 | 44.6 | 49.3 | 6.1 |
| 2006 | 100 | 44.9 | 48.0 | 7.1 |
| 2007 | 100 | 47.6 | 44.3 | 8.1 |
| 2008 | 100 | 48.1 | 43.4 | 8.5 |
| 2009 | 100 | 45.4 | 47.1 | 7.5 |
| 2010 | 100 | 44.5 | 48.4 | 7.1 |
| 2011 | 100 | 47.2 | 43.8 | 9 |
| 2012 | 100 | 47.9 | 43.2 | 8.9 |
| 2013 | 100 | 47.6 | 42.6 | 9.8 |
| 2014 | 100 | 49.5 | 40.5 | 10 |
| 2015 | 100 | 53.9 | 34.6 | 11.5 |
| 2016 | 100 | 55.1 | 32.5 | 12.4 |
| 2017 | 100 | 55 | 32.5 | 12.5 |
| 2018 | 100 | 55.1 | 33 | 11.9 |

表30-5　三类农业生产组织在农产品生产中的比重结构(%)

| 项目 | 农业企业 | | | | 居民副业 | | | | 农户（农场）经济 | | | |
|---|---|---|---|---|---|---|---|---|---|---|---|---|
| | 2005 | 2010 | 2011 | 2013 | 2005 | 2010 | 2011 | 2013 | 2005 | 2010 | 2011 | 2013 |
| 粮食（加工后重量） | 80.6 | 77.1 | 76.8 | 74.5 | 1.1 | 1.0 | 1.1 | 0.9 | 18.3 | 21.9 | 22.1 | 24.6 |
| 甜菜 | 88.4 | 88.7 | 86.4 | 89.6 | 1.1 | 0.4 | 0.5 | 0.5 | 10.5 | 10.9 | 13.1 | 9.9 |
| 葵花籽 | 72.1 | 73.0 | 71.9 | 70.7 | 0.5 | 0.6 | 0.4 | 0.4 | 27.4 | 26.4 | 27.7 | 28.9 |

续表

| 项目 | 农业企业 | | | | 居民副业 | | | | 农户（农场）经济 | | | |
|---|---|---|---|---|---|---|---|---|---|---|---|---|
| | 2005 | 2010 | 2011 | 2013 | 2005 | 2010 | 2011 | 2013 | 2005 | 2010 | 2011 | 2013 |
| 马铃薯 | 8.4 | 10.5 | 13.0 | 10.9 | 88.8 | 84.0 | 79.6 | 82.3 | 2.8 | 5.5 | 7.4 | 6.8 |
| 蔬菜 | 18.7 | 17.1 | 19.7 | 16.3 | 74.4 | 71.5 | 66.6 | 69.4 | 6.9 | 11.4 | 13.7 | 14.3 |
| 禽、畜屠宰量（出栏重量） | 46.2 | 60.6 | 63.2 | 70.3 | 51.4 | 36.5 | 33.8 | 26.9 | 2.4 | 2.9 | 3.0 | 2.8 |
| 牛奶 | 45.1 | 44.9 | 45.4 | 46 | 51.8 | 50.4 | 49.7 | 48.1 | 3.1 | 4.7 | 4.9 | 5.9 |
| 蛋 | 73.6 | 77.1 | 77.5 | 78.1 | 25.7 | 22.1 | 21.7 | 21.2 | 0.7 | 0.8 | 0.8 | 0.7 |
| 羊毛（重量） | 25.7 | 19.7 | 18.1 | 18.3 | 54.7 | 54.4 | 54.9 | 49.1 | 19.6 | 25.9 | 27 | 32.6 |

资料来源：根据俄罗斯公布的统计资料编制。

从上表可以看出，农业企业是粮食、甜菜和葵花籽、鸡蛋、肉类产品的生产主体；居民经济是马铃薯、蔬菜、牛奶等产品的生产主体，农户（农场）经济生产的农产品所占比重很低，2013 年占份额最高的是葵花籽，为 28.9%。农户（农场）经济虽然在产品产量和产值中所占比例不大，但其增长速度高于农业企业和居民家庭经济（见表 30-5）。

从表 30-5 可见，农业企业在农业总产值中的比重由 1992 年的 67.1% 下降到 2013 年的 47.6%，相应年份农户（农场）经济由 1.1% 提高到 9.8%。从各年增速来看，农户（农场）经济亦高于农业企业和居民家庭经济。

俄罗斯在农业领域出现了一些大型控股公司。这些公司通过投资设厂、收购、兼并等措施，建立起了集生产、加工、销售于一体的大型企业集团，进行规模化经营。一些大型农业加工企业正在兴起，比如，欧洲最大的年加工能力为 1 百万吨葵花籽的加工企业，已在顿河罗斯托夫建成投产；投资 3.5 亿美元兴建的"鲁斯农业"生猪养殖场在贝尔格勒州也已建成。[①]

三、实行土地私有化改革

苏联在十月革命胜利后，列宁就宣布，一切土地归国家所有。1970 年 7

---

① 参见陆南泉等主编：《苏东剧变之后——对 119 个问题的思考》中，新华出版社，2012 年，第 571 页。

月 1 日批准的《俄罗斯联邦土地法典》也明确规定,土地归国家所有,农业企业、其他企业、社会组织和机构以及公民有权无限期使用。俄罗斯为了向市场经济转型,认为,不能在国民经济其他部门进行私有化时,还在农业中对最重要的生产资料土地,仍保持单一的国有制。为此,1991 年 4 月 25 日,俄罗斯联邦议会通过了《俄罗斯联邦土地法典》。该法典为"根本改革俄罗斯联邦土地关系、保护土地所有者、土地占有者和土地使用者的权利,组织合理使用土地资源,提供了法律保证"。根据这一法典,在俄罗斯取消了土地的单一形式,确定了多种土地所有制形式,包括国家所有制。它分为联邦所有制和共和国所有制;集体所有制。土地可作为集体共同所有的财产,但不为其中的每个公民确定具体的土地份额;集体股份所有制。在确定每个公民的具体土地份额后,土地所有权转交给公民,并可作为集体股份制;公民所有制。公民在从事家庭农场、个人副业、个人住宅与别墅建设等活动时,有权获得土地所有权,并终身继承占有权或租赁权。

1991 年底,叶利钦签发了《关于俄罗斯联邦实施土地改革的紧急措施》的总统令,它不仅规定了土地改革的一般原则还要求在一年内完成集体农庄和国营农场的改组与重新登记,预定要在俄罗斯农村发展 100 万个家庭农场,以形成一个中产者阶层。

1993 年 10 月 27 日,叶利钦又签署了《关于调节土地关系和发展土地改革》的总统令。这道总统令的一项重要内容是,规定土地所有者有权出售为自己所有的土地。接着,又于 1994 年和 1995 年分别颁布了俄罗斯政府《关于借鉴下诺夫戈德州实际经验改革农业企业》的决议和《关于实现土地份额和财产份额所有者权利的方式》的决议。根据这两个决议,在改组农业企业的过程中,使这些企业的工作人员和农民得到归自己所有的一份土地和一份财产。1996 年 3 月 7 日,叶利钦又签署了《关于实现宪法规定的公民土地权利》的总统令,重申土地所有者有权自由支配自己的土地份额,包括出售、出租和赠送土地份额。

随着农业改革的发展和一系列总统令的实施,俄罗斯在调节土地关系的政策、法规与 1991 年 4 月 25 日通过的《俄罗斯联邦土地法典》存在一些矛盾的地方,加上俄罗斯社会各界人士对土地所有制改革的看法亦不一致,因此,决定要制订新的土地法典。但从拟定草案、多次审议,经过不断反复,一直到叶利钦1999年年底辞职,包括土地私有化特别是土地自由买卖内容的土地法典也未最后获得通过。

虽然俄罗斯在执行有关土地所有制改革的总统令方面,存在不少阻力,但土地私有化的改革还是取得了不少进展。到1997年1月1日,国营农业企业占用的农业用地占全俄农业用地的比重已下降到13.4%,其中耕地为12.5%。到1999年,约有63%的农业用地转为私人所有。土地使用结构也发生了大的变化,农业企业和组织使用土地为1.6亿公顷。占农用土地的81.9%。[①]

叶利钦时期,有关土地私有化的改革,虽然通过了有关法典,并签署了一系列总统令,但并没有解决一个关键性问题——农用土地可以自由买卖。后来叶利钦总统与杜马为此闹得很僵。1997年8月,俄罗斯杜马通过的新土地法典由于没有规定农用土地可自由买卖的内容,从而遭到叶利钦的否决,叶利钦还明确地说:只要新土地法典没有规定农用土地可以自由买卖的内容,他就不会在上面签字。

普京上台后,在农业问题上强调指出,要解决俄罗斯农业中存在的大量问题,急需尽快通过长期争论不休的新土地法典。2000年1月,他在国家杜马发表讲话时就呼吁尽快通过土地法典。在他执政初期,对土地自由买卖问题的态度并不十分明朗,比较谨慎,但实际上是同意土地自由买卖的。2001年1月30日,普京在俄罗斯国务委员会主席团会议上要求:必须通过明确的土地法。认为,缺乏对土地的调节,是影响投资的一个很大障碍。接着他2001年2月21日在俄罗斯联邦国务委员会议上讲:"土地关系领域需要解决三个关键问题","第一,在所有制领域制定出各种法律关系的规定;第二,清点土地数量;第三,建立土地资源有效管理的体系"。"新的土地法典应该成为推进这方工作的出发点。"他还接着说,在农业方面俄罗斯"最尖锐的问题是农业用地的流转问题。在土地资源的构成中,农业用地占了1/4。在今

---

① 在经济转型前的1991年底,国营农场占用农业用地为1.06亿公顷,集体农庄占用7910万公顷,分别占全部农业用地的47.7%和35.6%。

天的讨论中我们应该对此予以特别的关注"①。2001 年 4 月 3 日,普京发表的总统国情咨文中专门谈了土地问题。他说:"现在的主要问题是,在那些已有土地市场的地方,不要去阻挠土地市场的发展。把关于调节土地关系的形式和方法的最现代的概念写入法典。还应该承认,现在非农用土地在民间交易中已不受限制。对农用土地的交易调控显然需要专门的联邦法律,大概还应当赋予联邦主体独立决定何时进行农用土地交易的权限。"②

经过激烈争论,2001 年 9 月 20 日,国家杜马三读通过了拖了 7 年之久的新的俄联邦土地法典草案,10 月 10 日,俄罗斯联邦议会以 103 票赞成、29 票反对、9 票弃权的表决结果最后通过了《俄罗斯联邦新土地法典》,并由普京总统签发生效。但这一法典并未解决农用土地私有化与自由买卖问题。为了解决这个问题,2002 年 6 月 26 日,俄罗斯国家杜马最终通过了《俄罗斯联邦农用土地流通法》。7 月 9 日俄罗斯联邦委员会批准,并由总统签发,自正式公布之日起 6 个月后生效。应该说,这项法律的出台,它标志着俄罗斯土地私有化有了重大发展,即最后解决了农用土地可以自由买卖的问题。

《俄罗斯联邦农用土地流通法》明确规定了农用土地地块和具有共同所有权的土地份额的流转(交易)规则和限制条件,完成交易的结果,是产生或者中止农用土地地块和具有共同所有权的农用土地份额的各种权力。还规定,"不允许俄联邦主体通过法律法规包括附加条款,对农用土地地块的流转进行限制"。这里要指出的是,有关农用土地自由买卖还是需要遵循一些原则。《俄罗斯联邦农用土地流通法》作了以下一些限制性的规定:如为了保证农用土地的专项用途,在出售股份所有制的土地份额时,其他土地股份所有者有权优先购买;出卖农用土地地块时,俄联邦主体或联邦主体法律规定的地方自治机构享有优先购买这些土地地块的权利;禁止将农用土地卖给外国人、无国籍人士和外国人的股份超过 50% 的法人。从杜马讨论农用土地进入流通问题的情况看,总的看法比较一致,即不能把农用土地卖给外国人。③ 这主要是担心俄罗斯农业和农村被外国企业与外籍人士控制。关

---

① 《普京文集》,中国社会科学出版社,2002 年,第 257 页。

② 同上,第 284 页。

③ 外国人可购买工业和建筑用地。农用土地只能租赁,租赁期不得超过 49 年。

于这个问题,2002 年 6 月 19 日普京在俄罗斯工商会第四次代表大会上说:
"我理解那些主张不急于赋予外国人购土地的人。""解决这个问题需要平
衡、斟酌和非常谨慎。"但他还说:"随着土地市场和必要基础设施的发展,这
个问题还会被提到日程上来。"至于农用土地自由买卖的改革,虽已通过了
法律,但在实施过程中不同观点的争论不会停止,而土地私有化改革的进程
也不会因有争论而停滞不前,还会不断深化。

《俄罗斯联邦农用土地流通法》的颁布与实施,不仅为土地流通提供了
法律基础,如果从经济转型视角来讲,其重要意义还表现在以下方面:

第一,解决了农用土地进入流通领域,成为商品经济的一个重要因素。
这样使俄罗斯市场体制得以全面和完善。

第二,允许土地进入流通,改变了从事农业生产的农民与土地的关系,
农民真正成为土地的主人。《俄罗斯联邦农用土地流通法》的实施,使土地
份额所有者出租、出售、抵押、交换等有了法律保证。

第三,农用土地进入流通,这为俄罗斯农业朝着规模化和效益化方向发
展提供了可能。就是说,随着土地自由进入流通,就会使土地向大生产者集
中和发展规模化经营创造条件。与此同时,这亦有利于吸引国内外的投资。
正如普京所指出的:"缺乏对土地问题的调节,是投资过程中的很大障碍。
谁会把钱投向别人的土地上的项目? 土地已进入国内流通,而且没有发现
有害。这个问题的解决,我们拖得太久了,时间已经耗尽。不调节土地问题
会对人们的生活、对经济产生不良影响,降低投资积极性,产生腐败。"[1]

四、农业发展状况

俄罗斯农业在叶利钦执政期间,与整个经济一样也出现了大幅度下滑
的情况,1991—1998 年农业产值年均下降了 5.5%,在 20 世纪整个 90 年代,
农业生产下降了 40%。俄罗斯 3300 万居民处于贫困状态,其中 75.6%
(2950 万人)是农村居民。[2] 只有约 60% 的农村居民达到全国人均收入水

① http://www.strana.ru。

② 参见 Галина Карелова, У бедности деревенское лицо, http://www.rg.ru/2003/10/28/karelova.html.

平,35%的居民实际可支配收入低于最低生活标准。① 近年来俄罗斯农业形势有了明显好转,但农村面貌仍有待改善。贫穷是俄罗斯农村发展中亟待解决的问题。20世纪90年代的经济危机造成俄农村状况不断恶化。据统计,俄罗斯3300万居民处于贫困状态,其中75.6%(2950万人)是农村居民。② 在农业改革过程中,农业劳动生产率明显下降。在整个90年代,农业生产下降了40%。农业生产增长速度放缓,农村就业岗位少,农村社会和工程基础设施不完善,导致农村社会问题不断激化。另外,俄罗斯农村不仅农业劳动力的质量明显下降,而且劳动力在数量上难以满足需要,更是缺乏专业技术人才。

从1999年起,俄农业生产开始好转,2000年和2001年增长率分别高达7.7%和7.5%,从2001年开始,俄罗斯首次实现了粮食自给自足。当年俄粮食产量达到8520万吨,不仅满足了国内粮食需求,而且使俄再次成为粮食出口国,2001年俄罗斯出口粮食320万吨。2002年,俄罗斯粮食产量更是达到8660万吨,粮食出口1850万吨,成为当年第五大粮食出口国。但俄罗斯粮食产量很不稳定,波动幅度很大,如2009年9711.1万吨,2010年下降为6096.0万吨,又如2011年为9421.3万吨,2011为7400万吨,2013年为9240万吨,2014年为1.052亿吨,2015年为1.02亿吨,2016年为1.191亿吨,2017年为1.355亿吨,2018年1.129亿吨。

表30-6 俄罗斯种植业主要产品生产指数(与上年同期相比,单位:%)

| 年份 | 粮食 | 亚麻 | 甜菜 | 油料作物 | 其中 | | 马铃薯 | 蔬菜 |
| | | | | | 葵花籽 | 黄豆 | | |
|---|---|---|---|---|---|---|---|---|
| 1991 | 76.4 | 143.0 | 75.1 | — | 85.0 | — | 111.3 | 101.0 |
| 1992 | 119.9 | 76.5 | 105.2 | — | 107.4 | — | 112.0 | 96.0 |

---

① 参见 А. Гордеев, О проекте Государственной программы "Развитие сельского хозяйства и регулирование рынков сельскохозяйственной продукции, сырья и продовольствия на 2008 – 2012 годы", http://www.mcx.gov.ru, 12.07.2007.

② 参见 Галина Карелова, У бедности деревенское лицо, http://www.rg.ru/2003/10/28/karelova.html.

续表

| 年份 | 粮食 | 亚麻 | 甜菜 | 油料作物 | 其中 | | 马铃薯 | 蔬菜 |
| | | | | | 葵花籽 | 黄豆 | | |
|---|---|---|---|---|---|---|---|---|
| 1993 | 92.7 | 74.6 | 99.7 | — | 88.9 | — | 98.5 | 98.0 |
| 1994 | 82.0 | 93.0 | 54.8 | 91.3 | 92.3 | 84.9 | 89.8 | 97.9 |
| 1995 | 78.0 | 127.0 | 136.8 | 147.9 | 164.5 | 68.9 | 118.0 | 117.2 |
| 1996 | 109.1 | 85.8 | 84.8 | 69.2 | 65.8 | 97.5 | 94.3 | 915.0 |
| 1997 | 127.8 | 39.5 | 85.9 | 101.5 | 102.4 | 98.8 | 93.4 | 103.0 |
| 1998 | 54.0 | 144.6 | 77.8 | 104.6 | 105.8 | 105.5 | 82.4 | 91.7 |
| 1999 | 114.4 | 70.3 | 141.0 | 136.4 | 138.6 | 113.3 | 96.7 | 113.0 |
| 2000 | 119.7 | 215.9 | 92.3 | 95.7 | 94.4 | 102.2 | 105.2 | 98.3 |
| 2001 | 130.1 | 113.3 | 103.6 | 71.1 | 68.4 | 102.3 | 100.1 | 103.2 |
| 2002 | 101.6 | 65.0 | 107.6 | 134.3 | 137.5 | 120.8 | 91.3 | 95.5 |
| 2003 | 77.4 | 146.5 | 123.6 | 130.5 | 132.5 | 92.9 | 109.0 | 110.1 |
| 2004 | 116.2 | 104.5 | 112.7 | 102.6 | 98.4 | 141.2 | 95.0 | 95.5 |
| 2005 | 100.0 | 96.7 | 97.6 | 132.0 | 134.5 | 123.8 | 100.9 | 101.2 |
| 2006 | 100.5 | 64.6 | 144.2 | 108.7 | 104.2 | 117.3 | 100.4 | 100.2 |
| 2007 | 104.1 | 131.5 | 94.0 | 85.6 | 84.1 | 80.8 | 96.2 | 101.2 |
| 2008 | 132.8 | 110.6 | 100.6 | 127.5 | 129.6 | 114.7 | 106.1 | 112.6 |
| 2009 | 89.8 | 99.6 | 85.8 | 91.2 | 87.8 | 126.5 | 107.9 | 103.4 |
| 2010 | 62.8 | 67.4 | 89.4 | 91.1 | 82.8 | 129.5 | 67.9 | 90.5 |
| 2011 | 154.5 | 123.4 | 214.1 | 175.9 | 182.1 | 145 | 151.3 | 118.5 |
| 2012 | 75.3 | 106 | 94.6 | 86.4 | 82.7 | 102.4 | 87.7 | 98.1 |
| 2013 | 130.3 | 84.8 | 87.3 | 124.4 | 131.3 | 90 | 97.9 | 98.5 |
| 2014 | 112.8 | 95.2 | 85.2 | 96.9 | 85.1 | 155.9 | 100.4 | 100.3 |
| 2015 | 99.5 | 121.6 | 116.5 | 107.6 | 109.5 | 114.5 | 104.6 | 102.8 |
| 2016 | 115.2 | 91.2 | 131.6 | 117.4 | 118.6 | 115.7 | 88.4 | 100 |
| 2017 | 112.3 | 94.1 | 101.1 | 101.4 | 95.2 | 115.2 | 96.6 | 103.3 |

从上表可以看出,俄罗斯农业发展并不稳定,特别是粮食生产波动比较大。

俄罗斯畜牧发展缓慢,主要表现为牲畜的存栏量不断下降,主要养殖业产品的产量下降与不稳定(见表30-7)。

表30-7 俄罗斯畜牧业牲畜存栏数(单位:千头)

| 年份 | 大牲畜 | 其中:牛 | 猪 | 羊 | 其中:绵羊 | 其中:山羊 | 马 | 禽 | 驯鹿 | 兔 | 蜂 |
|---|---|---|---|---|---|---|---|---|---|---|---|
| 1990 | 57043.0 | 20556.9 | 38314.3 | 58194.9 | 55242.1 | 2952.8 | 2618.4 | 659807.5 | 2260.6 | 3354.1 | 4502.6 |
| 1991 | 54676.7 | 20564.1 | 35384.3 | 55254.8 | 52194.6 | 3060.2 | 2590.0 | 652187.3 | 2207.8 | 3366.0 | 4593.0 |
| 1992 | 52226.0 | 20243.4 | 31519.7 | 51368.4 | 48182.5 | 3185.9 | 2556.0 | 568277.9 | 2126.6 | 3298.4 | 4711.4 |
| 1993 | 48914.0 | 19831.3 | 28556.6 | 43712.4 | 40615.9 | 3096.5 | 2490.1 | 565184.3 | 1965.5 | 2988.3 | 4333.0 |
| 1994 | 43296.5 | 18397.9 | 24858.7 | 34540.4 | 31767.3 | 2773.1 | 2431.1 | 490848.7 | 1833.9 | 2470.5 | 4303.5 |
| 1995 | 39696.0 | 17436.4 | 22630.6 | 28026.6 | 25344.6 | 2682.0 | 2363.0 | 422600.5 | 1695.0 | 1578.9 | 4082.8 |
| 1996 | 35102.8 | 15874.1 | 19115.0 | 22772.4 | 20327.0 | 2445.4 | 2197.2 | 371873.5 | 1592.3 | 1352.5 | 3741.3 |
| 1997 | 31519.9 | 14536.4 | 17348.3 | 18774.0 | 16482.7 | 2291.3 | 2013.9 | 359717.2 | 1484.6 | 1201.9 | 3578.6 |
| 1998 | 28480.8 | 13473.2 | 17248.3 | 15556.4 | 13412.5 | 2143.9 | 1800.2 | 355663.1 | 1357.3 | 1149.6 | 3521.1 |
| 1999 | 28060.3 | 13138.6 | 18341.1 | 14776.2 | 12622.2 | 2154.1 | 1682.0 | 346433.2 | 1244.0 | 1210.1 | 3440.6 |
| 2000 | 27519.8 | 12742.6 | 15824.4 | 14961.9 | 12730.5 | 2231.4 | 1622.2 | 340665.1 | 1197.0 | 1276.7 | 3473.9 |
| 2001 | 27390.2 | 12310.7 | 16227.0 | 15572.9 | 13253.6 | 2319.4 | 1581.7 | 346834.7 | 1246.4 | 1695.6 | 3446.3 |
| 2002 | 26846.1 | 11854.2 | 17600.6 | 16370.3 | 14012.3 | 2358.0 | 1540.9 | 346164.2 | 1236.4 | 1855.5 | 3414.6 |
| 2003 | 25091.1 | 11083.3 | 16278.2 | 17261.3 | 14875.8 | 2385.5 | 1497.3 | 342613.9 | 1275.1 | 1714.1 | 3302.8 |
| 2004 | 23153.8 | 10244.1 | 13717.2 | 18077.7 | 15774.7 | 2303.0 | 1407.7 | 341581.5 | 1272.6 | 1565.4 | 3297.0 |
| 2005 | 21625.0 | 9522.2 | 13811.7 | 18581.4 | 16417.7 | 2163.7 | 1316.6 | 357467.9 | 1298.5 | 1584.4 | 3228.5 |
| 2006 | 21561.6 | 9359.7 | 16184.9 | 20194.5 | 17997.9 | 2196.6 | 1300.6 | 374686.6 | 1445.6 | 1900.6 | 3060.4 |
| 2007 | 21501.6 | 9286.4 | 16370.8 | 21577.1 | 19324.0 | 2253.1 | 1307.0 | 388434 | 1483.3 | 2016.6 | 3072.5 |
| 2008 | 20952.1 | 9060.3 | 16217.0 | 21742.8 | 19573.7 | 2169.1 | 1324.7 | 404338 | 1549.5 | 2147.8 | 2946.5 |
| 2009 | 20540.0 | 8924.9 | 17287.8 | 21937.1 | 19798.9 | 2138.3 | 1330.2 | 436197 | 1595.2 | 2416.9 | 3012.4 |
| 2010 | 19793.9 | 8713.0 | 17251.4 | 21733.7 | 19676.1 | 2057.6 | 1284.2 | 449711 | 1626.2 | 2773.3 | 3018.9 |

| 年份 | 大牲畜 | 其中：牛 | 猪 | 羊 | 其中：绵羊 | 其中：山羊 | 马 | 禽 | 驯鹿 | 兔 | 蜂 |
|---|---|---|---|---|---|---|---|---|---|---|---|
| 2011 | 19900.8 | 8807.5 | 17262.9 | 22726.9 | 20640.8 | 2086.2 | 1287.6 | 473253 | 1650.7 | 2970.1 | 3220.9 |
| 2012 | 19679.8 | 8657.2 | 18785.4 | 23998.9 | 21892.1 | 2106.8 | 1287.3 | 495514 | 1684.8 | 3153.7 | 3255.1 |
| 2013 | 19272.6 | 8430.9 | 19010.3 | 24131.4 | 22053.0 | 2078.4 | 1266.2 | 493945 | 1746.0 | 3210.6 | 3311.9 |
| 2014 | 18919.9 | 8263.2 | 19451.6 | 24445.4 | 22352.5 | 2092.8 | 1249.3 | 524252 | 1651.8 | 3515.8 | 3445.5 |
| 2015 | 18620.9 | 8115.2 | 21405.5 | 24606.5 | 22443.0 | 2163.5 | 1240.6 | 543914 | 1764.4 | 3749.8 | 3425.4 |
| 2016 | 18346.1 | 7966.0 | 21924.6 | 24716.9 | 22662.4 | 2054.5 | 1216.4 | 550169 | 1787.6 | 3625.7 | 3317.0 |
| 2017 | 18294.2 | 7950.6 | 23075.5 | 24389.1 | 22347.3 | 2041.8 | 1238.6 | 555827 | 1838.7 | 3744.7 | 3182.4 |
| 2018 | 18149.3 | 7917.6 | 23735.4 | 22908.5 | — | — | — | 543010 | — | — | — |

资料来源:根据俄罗斯公布统计资料编制。

由于农业特别是畜牧业的落后,俄罗斯为了保证市场的食品供应,不得不大量进口食品与农业原料,2011年该项进口额为425亿美元,占俄进口总额的13.9%。在食品进口中肉类占很大份额,如2009年为48.43亿美元。2013年到2017年由于粮食产量不断增加,粮食出口也不断增加,粮食出口增加了1.2倍从1990万吨增加到4330万吨。2018年俄罗斯进口的食品和农业原料为26.32亿美元,占其进口总额的12%,居进口的前3位。

2011年左右俄罗斯农业和食品工业产值一般占GDP的8.5%左右,其中农业占GDP的4.4%;农业就业人口约为730万人,占就业人口总数的11%。总的来说,经过20多年的经济转型,俄罗斯农业并没有摆脱落后状态。2011年5月18日梅德韦杰夫在记者会上说,俄罗斯农村人口占总人口的1/3(2012年1月1日,俄罗斯农村人口3730万人,占全俄人口总数的26%),而工业发达国家只占3%~5%。在他任总统后重视农业问题,视其为俄罗斯大力发展的一个优先方面。

# 第六节　对农业的扶持政策

在叶利钦执政时期,由于出现了严重的经济转型危机,俄罗斯自20世纪

90 年代初以来,用于农业领域的财政资金每年都在缩减,各级财政的支出中农业(包括渔业)支出的比重从 1990 年的 15% 降到 2002 年的 2.3%。[①] 后来随着经济、财政情况的好转,逐步实施调整与加强农业的政策。

一、增加对农业的资金投入

俄罗斯政府对农业投入的增加与出台的有关政策有密切的联系,如 2005 年俄出台农业发展纲要后的两年时间,对农业的投入就增加了近 10 倍,达到 3600 亿卢布。2011 年 11 月 7 日,俄罗斯农业部公布了《2013—2020 年俄罗斯联邦农业发展和农产品、原料和粮食市场调控国家纲要》(简称《新纲要》)。为加大《新纲要》的贯彻执行,预计划拨联邦预算资金 2.37 万亿卢布,其中俄罗斯农业部取得预算拨款 2.285 万亿卢布,俄罗斯农业科学院取得 849.73 亿卢布。保证 7 个子纲要与 3 个联邦专项纲要[②]顺利执行的联邦预算资金分别为:用于执行《种植业部门的发展,种植业产品的加工和销售》子纲要的预算资金为 5697.82 亿卢布,对《畜牧业部门的发展,畜牧业产品的加工和销售》的预算拨款为 7018.82 亿卢布,《支持农业小企业》为 1092.41 亿卢布,《技术现代化与创新发展》为 1215.67 亿卢布,《建立管理农业领域的自动化系统》为 97.35 亿卢布,《国家纲要政策实施的科学保障》为 986.74 亿卢布,《保证实施国家纲要的管理功能》为 2032.34 亿卢布。用于执行 3 个联邦专项纲要的联邦预算分别是:《2013 年前农村社会发展》为 77.2 亿卢布,《2014—2017 年和 2018—2020 年农村稳定发展》为 2945.4 亿卢布,《2020 年前俄罗斯农业用地土壤改良的发展》为 2537.24 亿卢布。《新纲要》执行期间各年的联邦预算资金为:2013 年 2024.13 亿卢布,2014 年为 2447.46 亿卢布,2015 年为 2697.92 亿卢布,2016 年为 2926.38 亿卢布,2017

---

① 参见 В. А. Вашанов:Развитие аграрной сферы России в условиях глобализации,Москва,СОПС,2006 г.,с.109.

② 7 个子纲要分别为:《种植业部门的发展,种植业产品的加工和销售》《畜牧业部门的发展,畜牧业产品的加工和销售》《支持农业小企业》《技术现代化与创新发展》《建立管理农业领域的自动化系统》《国家纲要政策实施的科学保障》和《保证实施国家纲要的管理功能》。3 个联邦专项纲要分别为:《2013 年前农村社会发展》《2014—2017 年和 2018—2020 年农村稳定发展》和《2020 年前俄罗斯农业用地土壤改良的发展》。

年为3121.79亿卢布,2018年为3295.05亿卢布,2019年为3498.47亿卢布,2020年为3689.81亿卢布。除联邦预算资金外,在执行《新纲要》过程中预计划拨联邦主体预算资金2.349万亿,预算外资金预计达到2.279万亿卢布。由此可见,《新纲要》的资金保障更加多元化,不再单纯依靠联邦预算拨款,地方政府和企业的投资也占有相当大的比例。① 十分明显,今后一个时期俄将大大增加对农业的投入。

二、实行税收优惠的政策

俄罗斯在调整农业政策中的一项重要的措施是减轻税负,2003年开始征收统一农业税。俄罗斯规定统一农业税税额为农业企业总收益与其总成本之差的6%。此外,俄罗斯还对农产品增值税实行税收优惠,即按10%的优惠税率课税(标准税率为18%)。实施这一税收后使农业商品生产者的税负减少3/4。这一优惠政策的适用对象为饲养牲畜家禽类农业企业;肉类、牛奶和奶制品、植物油和人造黄油、精炼糖与原糖、鸡蛋和蔬菜等主要农产品;饲料谷物、混合饲料、油籽粕和油籽饼等农业投入品。为了适应"入世"的需要,俄罗斯国家杜马于2012年9月三读通过了一项法律,强化对农业生产者实施的税收优惠政策:规定农业企业利润税将无限期实行零税率政策;在2017年12月31日前对一些粮食种子、种畜等农产品的增值税继续实行10%的优惠税率。②

三、实施信贷优惠政策

这主要有:一是针对农民贷款难的问题,俄政府成立了俄罗斯农业银行,专门负责分配使用国家对农业的投资,发放农业贷款,并将长期贷款的期限从原来的8年延长到10年,同时,还加大了对长期贷款的补贴额。农民可以以抵押土地的方式申请贷款,政府补贴贷款利息;二是政府资助建立农村信贷合作社,帮助农户和小型农业合作集体解决生产资金问题;三是调整

---

① 参见郭晓琼:《俄罗斯农业发展现状与预测》,载李永全主编:《俄罗斯发展报告(2012)》,社会科学文献出版社,2012年,第167页。

② 参见《俄罗斯:通过立法对农业实施税收优惠政策》,中国税务网,2012年9月21日。

国家对农业的贷款政策。自2000年秋开始,国家将农业预算资金用于支付商业银行的信贷利率,以鼓励商业银行向农业贷款,等等。①

---

① 参见郭连成、唐朱昌:《俄罗斯经济转轨路径与效应》,东北财经大学出版社,2009年,第96~97页。

# 第三十一章 经济体制转型过程中调整经济结构问题

经济结构问题,不论在苏联时期还是在当今的俄罗斯,始终是影响其经济发展的重要因素,在很大程度上体现其经济发展模式。普京在 2008 年 2 月 8 日离任前提出的《关于俄罗斯到 2020 年的发展战略》(以下简称为《发展战略》),提出很多经济社会问题都涉及经济结构的调整问题,如实行经济创新型发展、增加人力资本的投入、积极发展高新技术产业、加快中小企业的发展、强调要从出口原材料为主导的发展模式过渡到创新导向型经济发展模式等,都是为了尽快改变目前俄罗斯存在的严重不合理的经济结构与落后的经济发展模式。如果严重不合理的经济结构长期不能改变,也就难以实现其经济现代化,并不排除俄罗斯经济在今后发展过程中出现结构性下降的可能性。对此,国际货币基金组织早在 2003 年的一份报告中就指出:"俄罗斯应该加大力度推进经济结构改革,只有结构改革才能保证经济的持续发展,并且减轻对能源领域的依赖。"①

这些都说明,研究俄罗斯经济结构对实现其经济现代化、保证经济的持续稳定发展具有十分重要的意义。

## 第一节 苏联时期力图调整经济结构采取的主要政策措施

人所共知,斯大林时期形成了严重畸形的经济结构。赫鲁晓夫上台后,

---

① 法国《费加罗报》2003 年 7 月 2 日。

尽管在执政初期出于政治需要,曾一度反对 1953 年 8 月 8 日马林科夫在最高苏维埃会议提出的、以加强消费资料生产为中心的广泛的国民经济调整计划,并还批判说:"认为轻工业可以而且应该居于一切工业部门之上的思想……是极其错误的理论,同马克思列宁主义在精神不相容。这不过是对我党的诽谤。这是右倾渣滓的呕吐。"[①]借此,迫使马林科夫辞去部长会议主席的职务。但后来,赫鲁晓夫出于国内急需缓解消费品供应严重不足的压力,不得不改变经济发展方针。他说:"显然,我们不会执行一种尽量发展黑色冶金工业的政策。显然,我们将把一部分资金转到农业方面和轻工业方面。仅仅生产机器和黑色、有色金属是不能建设共产主义的。人必须能够吃饱穿暖,有房子住,有其他物质和文化条件。"[②]但赫鲁晓夫调整经济结构的主要政策是全力以赴地加强农业。他一上台首先抓农业,因为当时苏联不少人认识到,如再不抓农业,再过二三年,就可能发生灾难性的粮食生产危机与全国性的饥荒。

　　1957 年 5 月 22 日,赫鲁晓夫在列宁格勒的一次讲话中表示:"我们不想用炸弹来炸毁资本主义世界。假如我们在按人口平均计算的肉类、黄油和牛奶的生产水平赶上美国,那么我们就向资本主义制度的基础发射了一枚最强有力的鱼雷。"[③]随后,赫鲁晓夫又在列宁格勒的讲话中具体提出要在三四年内,在肉、奶与黄油等按人均计算的产量赶上与超过美国。1959 年赫鲁晓夫又强调,"要在短短的历史时期内赢得这场竞赛"。并且,赶超美国已不再限于农产品,而还包括工业产品。苏共二十一大通过的 1959—1965 年苏联发展国民经济的控制数字这一文件中说:实现 7 年计划的基本经济任务,就是要"在最短的历史时期内使按人口平均计算的产品产量赶上并超过最发达的资本主义国家方面,迈出决定性的一步"。[④] 这里可以看到,赫鲁晓夫先是要在农畜产品与食品方面提出赶超美国。但在他执政期间并没有解决农业问题,按计划,1959—1963 年农产品的年均增长速度为 8%。而实际上,

①　苏联《真理报》1955 年 2 月 3 日。
②　苏联《真理报》1961 年 1 月 25 日。
③　《赫鲁晓夫言论》(第 6 集),世界知识出版社,1965 年,第 337 页。
④　《苏联共产党和苏联政府经济问题决议汇编》第四卷,中国人民大学出版社,第 519 页。

前 4 年为 1.7% ,1963 年则为负增长。工业中的"第一部类"与"第二部类"之间的比例更加失调,1963 年前者增长速度为 10% ,而后者为 5% ,前者比后者高出 1 倍。

勃列日涅夫上台后,他与赫鲁晓夫一样,首先也是抓农业,力图推行以加强农业为主要内容的经济结构调整政策,并为此采取了一系列的政策。与此同时,调整工业内部结构。他一再强调,制定五年计划要有"充分科学依据",要选择"最优比例",使整个国民经济协调与平衡发展。

在勃列日涅夫执政后制定的第一个五年计划("八五"计划),在工业投资中乙类工业的投资占 14.8% ,而"六五"与"七五"计划期间分别为 9.2% 与 13.2% 。这使得"八五"计划期间乙类工业发展速度与甲类工业逐步接近。

表 31-1　勃列日涅夫时期苏联甲、乙两类工业年均增长速度(按可比价格计算,%)

| 时期 | 工业总产值 | 其中 | | |
| --- | --- | --- | --- | --- |
| | | 甲类 | 乙类 | 两类速度对比 |
| "八五"计划时期 | 8.5 | 8.6 | 8.5 | 1.01:1 |
| "九五"计划时期 | 7.4 | 7.9 | 6.5 | 1.21:1 |
| "十五"计划时期 | 4.4 | 4.8 | 3.9 | 1.23:1 |
| 1981 年 | 3.4 | 3.3 | 3.6 | 0.92:1 |
| 1982 年 | 2.8 | 2.8 | 2.9 | 0.97:1 |

资料来源:陆南泉等编:《苏联国民经济发展七十年》,机械工业出版社,1988 年,第 125~126 页。

从上表可以看到,除了"八五"计划期间甲、乙两类工业发展速度接近外,后来由于勃列日涅夫又一再强调优先发展重工业的方针,使得 1971—1980 年("九五"与"十五"计划)期间,甲乙两类工业发展速度的差距又拉大了。[1] 只是在"十一五"计划期间,出于国内十分尖锐的消费压力,迫使苏联再次规定加速乙类工业发展的方针。这一期间乙类工业年均增长速度为

---

[1]　1971—1980 年这个 10 年苏联甲、乙两类工业增长速度的比例为 28:1,而 1961—1970 年这个 10 年的比例为 1.18:1。

3.9%，它超过了甲类工业的 3.6%。从甲、乙两类工业部门工业总产值中所占比重来看，在勃列日涅夫时期并没有发生大的变化，1965 年甲类工业占工业总产值的 74.1%，乙类工业占 25.9%，1970 年这两个指标分别为 73.4% 与 26.6%，到 1982 年勃列日涅夫逝世的那年，这两个指标分别为 75.1% 与 24.9%。[①]

在勃列日涅夫时期，阻碍经济结构调整的原因甚多。一个直接的最重要的原因是，长期坚持扩充争霸实力，争夺军事优势的战略方针。当时苏联一再强调："国防问题处于一切工作的首位"，"为保障军队具有现代化技术和武器，需要有高度发展的工业水平，首先是重工业的先进部门，即冶金工业、机器和机床制造业、造船工业、原子能工业、无线电电子工业、航空火箭工业、化学工业和专门的军事工业"。[②] 苏联不惜花费巨额资金，把最好的原料、设备，最优秀的科技人员和熟练劳动力用于发展军事科研和军工生产，来建立庞大的战争机器。勃列日涅夫时期的苏联，在实行打破美国军事优势并夺取全面军事优势的方针条件下，要调整经济结构是不可能的。

戈尔巴乔夫上台时面临着十分严峻的经济形势，他必须通过改革来解决经济问题。但在 1985 年 3 月到 1987 年经济改革准备阶段，戈尔巴乔夫提出了"加速战略"。而实现这一战略的一个重要途经是加速科技进步。在他执政的头几年，在加速科技进步方面采取了多项政策，其中一项是优先发展重工业。当时提出，苏联在要在六七年内使重要的机器、设备和仪表的参数达到世界最高水平。实行"加速战略"的消极后果有：

一是加速战略的主要目标是增强综合国力，而并不是调整经济结构，缓解紧张的市场，满足人民生活的需要。二是从当时经济发展的情况看，"加速战略"与经济结构的调整政策存在着尖锐的矛盾。由于加速的重点仍放在重工业方面，结果是国民经济比例关系更加失调，经济更加不合理，从而使整个经济增长速度上不去。三是加速战略的直接后果是，使消费品市场更加紧张，基本消费品在苏联市场上出现了全面短缺，加上价格上涨，卢布贬值的情况，有点风吹草动，就引起抢购风潮。这种经济状况，使广大群众

---

① 参见陆南泉等编：《苏联国民经济发展七十年》，机械工业出版社，1988 年，第 124 页。
② 苏联经济研究会编：《苏联经济体制问题》，时事出版社，1981 年，第 366 页。

感觉不到经济改革带来的实惠,从而对改革持消极态度,逐步失去信心,这又成为推进改革的一大困难。苏联一些学者在总结戈尔巴乔夫执政头几年的经济体制改革时,普遍认为,没有把调整经济结构的政策与经济改革两者有机地衔接起来,而实行加速战略,这是一大失误,并认为,在结构政策方面戈尔巴乔夫输掉了第一个回合。

从上述简要论述可以看到,在斯大林之后的各个时期,虽然力图调整严重畸形的经济结构,但都未取得实质性进展。从苏联产业结构来看,它的落后突出表现在:二战后产业结构并没有像西方发达国家那样,从资源与设备密集型产业为主过渡到知识与技术密集型产业为主,加速高科技产业、农业中的生物工程技术与遗传工程技术的发展,第三产业很不发达。这种产业政策与产业结构,使得苏联产品在国际市场上缺乏竞争力,并成为经济增速不断下降的一个重要原因。

## 第二节　俄罗斯经济结构调整趋势

俄罗斯独立后,在推行经济转型的过程中,同时亦力图改善经济结构。但在经济转型初期,这一调整过程的一个重要特点是,经济结构的变化并不是因实行某种特定的调整政策使有关部门增速与降速途径来实现的,而是在经济转型危机的过程中,由于各部门下降程度的不同而自发地、被动地进行的。俄罗斯经济转轨的头 8 年工业产值累计下降 46%,但各部门下降幅度不相同,从军工部门来看,由于国家订货与出口急剧减少,军工产值在GDP 中的比重从 1991 年的 8.7% 下降到 1992 年的 1.6%。而军工部门转产生产民用产品的比重在 1994 年已达到 78.3%。从原材料部门来看,由于俄罗斯在经济转型头几年,其经济困难不只表现在生产大幅度下滑,还表现在与人民生活密切相关的大量消费品短缺,其解决的办法是靠大量进口消费品,这就需要大量外汇。而俄罗斯只能主要依赖大量出口原材料产品换取外汇。

俄罗斯原材料部门在转轨头几年虽然也出现下降的情况,但与整个工业相比要低,如石油产量 1995 年与 1991 年相比下降了 33.5%,天然气下降了 7.5%,煤下降了 25.8%;从整个能源部门来看,从 1995—1998 年期间下降的幅度不大,而到 1999 年开始回升,增长 2.5%,之后增长率不断提高,到 2003 年增长率为 9.3%。这样,导致俄罗斯工业中能源部门的比重提高。1992 年燃料工业占俄罗斯工业总产值的比重为 14%,到 1995 年上升到 16.9%。而轻工业产值 1995 年与 1991 年相比下降了 82.4%,轻工业基本上被冲垮,到 1995 年它在整个工业中的比重下降为 2.3%,同期食品工业下降 51.2%。农业在 1992—1999 年累计下降 40%。

由于苏联时期一直存在重生产轻流通,把服务部门视为非生产领域,从而忽视第三产业,结果第三产业严重落后。俄罗斯继承了这一不合理的三产结构。苏联解体的 1991 年,服务性产值占国内生产总值的 24%,而商品产值占 76%。随着向市场经济过渡,服务性产值的比重逐步提高,1992 年为 32.6%,1994 年为 50%。根据俄官方公布的材料,1995 年国内生产总值的生产结构为:商品产值为 40.7%,服务性产值为 51.5%,净税收为 7.8%。如果从三产关系看,第一产业(农业)的比重从 1990 年的 15.3% 下降到 1994 年的 6.5%;第二产业(工业与建筑业)相应年份从 44% 下降到 36%;第三产业(服务业)相应年份从 32.5% 提高到 48.9%。第三产业上升主要由于市场型服务扩大的结果。经过 20 多年的经济转型与三产结构的调整,1991 年至 2014 年三产关系的变化情况详见表 31-2。

表 31-2 三大产业的产出结构(%)

| 年份 | 第一产业 | 第二产业 | 第三产业 |
|------|----------|----------|----------|
| 1991 | 13.9 | 48.6 | 37.5 |
| 1992 | 7.0 | 41 | 52 |
| 1993 | 7.8 | 42.7 | 49.5 |
| 1994 | 6.5 | 42.3 | 51.2 |
| 1995 | 7.2 | 37.2 | 55.6 |
| 1996 | 7.0 | 35.9 | 57.1 |
| 1997 | 7.1 | 35.6 | 57.3 |

续表

| 年份 | 第一产业 | 第二产业 | 第三产业 |
|------|----------|----------|----------|
| 1998 | 6.1 | 35.6 | 58.3 |
| 1999 | 6.7 | 36.8 | 56.5 |
| 2000 | 6.5 | 38.2 | 55.3 |
| 2001 | 6.9 | 38.5 | 54.6 |
| 2002 | 5.9 | 38.5 | 55.6 |
| 2003 | 5.4 | 39.2 | 55.3 |
| 2004 | 5.1 | 40.4 | 54.4 |
| 2005 | 4.9 | 39.9 | 55.2 |
| 2006 | 4.7 | 38.8 | 56.5 |
| 2007 | 4.4 | 37.6 | 58.1 |
| 2008 | 4.4 | 36.1 | 59.5 |
| 2009 | 4.8 | 34.6 | 60.6 |
| 2010 | 4.1 | 35.5 | 60.4 |
| 2011 | 4.5 | 35.9 | 59.6 |
| 2012 | 4.2 | 35.5 | 60.4 |
| 2013 | 4.3 | 35.0 | 60.7 |
| 2014 | 4.3 | 34.9 | 60.8 |

资料来源:根据俄罗斯联邦统计局数据计算得出。

　　随着市场经济的发展、转型、深化,特别是为了使经济持续稳定的增长,产品在国际市场有竞争能力,客观上要求俄罗斯经济的发展需从资源型向发展型转变,而实现这一转变,重要的一条是调整与优化经济结构。因此,在普京执政后,在稳定经济发展的同时,特别重视经济结构的调整和与此相关的经济发展模式的转变。在制定的一系列社会经济发展纲要、政策等文件中,都强调了产业结构调整政策与具体措施。2003年12月18日,普京与选民的一次直接对话中讲:"俄罗斯经济发展到了一个特殊的阶段,需要进行结构改革的阶段。"2006年5月10日普京提出的总统国情咨文中说:"我们已经着手采取具体措施来改变我国经济结构,就像人们过去大谈特谈的那样,要让我国经济具备到新的素质。""我们目前需要一个能够产生新知识的创新环境。"①

俄罗斯在调整与优化经济结构方面的主要设想与措施是:一是要控制石油、天然气等采掘部门的生产规模,大幅度提高非原材料与加工工业产品的生产与出口。二是加速发展高附加值的高新技术产业与产品,即发展新经济。俄罗斯强调,要把发展新经济作为一项具有战略意义的国策加以实行。三是积极发展中小企业,这是俄罗斯经济中的一个薄弱环节。四是加快农业发展,促使农业现代化,提高农业生产技术水平。五是改革与加强国防工业。加快国防工业的技术向民用工业部门转移,并继续扩大军工产品的出口。俄罗斯军工产品的出口由 1994 年的 17 亿~18 亿美元增加到 2006 年的 61 亿美元,2007 年约为 75 亿美元。另外,还应看到,国防工业生产的民用产品份额 2005 年为 45%,到 2015 年可达到 60%。这说明俄罗斯军转民取得了进展。② 在新形势下,俄罗斯把巩固与发展国防工业视为促进经济增长与提高民族经济竞争力的重要因素。以上的政策措施,既为了调整与优化经济结构,也将成为俄罗斯经济新增长点。

为了调整与优化经济结构,俄罗斯政府还在投资政策方面进行调整,即增加在国际市场上有竞争能力的经济部门和高新技术部门的投资。这里税收发挥了重要的调节作用,使税赋从加工部门向采掘部门转移。为此,开征石油税,2000 年每开采 1 吨石油需缴纳 46.5 美元,2003—2005 年则分别上升至 69 美元、106.4 美元与 188.5 美元;2000 年石油纯收入税率为 57%,2003—2005 年分别上升到 80%、81% 和 91%。对石油开采加重税收,从而为国家财政扩大对新技术部门的发展扩大投资创造条件。

另外,俄罗斯政府还在加快科技发展与创新活动方面实行一些积极支持的政策,如组织实施一些与世界科技发展潜力相适应的高水平科技与工艺研制大项目;完善拨款机制;在防止科技人才流失等方面采取一些鼓励性措施(如提高工资、改善住房条件、增加科研津贴等)。与此相关,俄罗斯十

---

① 《普京文集》,中国社会科学出版社,2008 年,第 284、286 页。
② 参见俄罗斯 T. A. 谢里晓夫在 2007 年 11 月上海财经大学召开的"地缘经济视角下的特型国家:制度变迁与经济发展"国际研讨会提交的论文。

分重视对教育与科研的投入,争取达到发达国家的水平。对教育与科研经费占国内生产总值的比重分别要达到5.4%与2%~3%。

从普京执政8年来看,尽管在调整经济结构方面谈得很多,制定的纲领与政策不少,但总的来说,主要还是两条:一是要发展创新型经济,二是要尽快改变俄罗斯在世界经济中为原料附庸国的地位。这是两个相互密切关联的问题,核心改变经济发展模式。这一指导思想,在《关于俄罗斯到2020年的发展战略》的讲话中体现得很清楚(有关内容见本书第二十八章第三节)。

应该说,这一时期俄罗斯经济结构的调整取得了一定的积极进展。第一,最为突出的一点是,三产比例关系有了大的变化。到2004年服务业在国内生产总值中的比重已接近60%(据阿甘别基杨院士的预测,到2030年将达到75%~80%),第一产业已由1990年的16.5%下降到2004年的5.1%,而第二产业为40%左右。俄罗斯三产的比例关系已接近发达国家的水平,2006年为49.7%。第二,工业内部结构亦有改善。如果从价值指标看,工业内部原材料产业(电力、燃料与冶金工业)在工业总产值中的比重由1992年的36%提高到2004年43%,这主要由于国际市场价格上涨造成的。而机器制造与金属加工业在工业总产值中的比重,在苏联时期一般要占30%左右,俄经济转轨期后从1992年至今,基本上占20%左右。

再从俄罗斯固定资产投资的部门结构变化趋势看,亦在朝着利于经济结构完善的方面变化。从1992—2004年来,整个工业的投资在全俄罗斯固定资产投资中的比重大致为35%~40%,而用于基础设施的投资呈上升趋势,如对交通、通信部门的投资由1995年的14.6%提高到2004年的26.7%。用于高新技术领域的投资也逐步增加,从1995年的0.4%提高到2004年的0.8%。与此同时,对采掘工业的投资从所占比重来看,基本上保持稳定,但绝对额是大幅度增加的。

1995年对石油开采业的投资占14.2%,2000年为18.1%,2001年为19.0%,2002年16.9%,2003年为15.9%,2004年为15.4%。2005年为13.9%,2006年为15.3%。从投资的绝对额来讲,如果2000年为2114亿卢布的话,那么2006年为7003亿卢布。

另外,还应看到,2006年俄罗斯在调整经济结构方面还采取了一些具体

措施,以便使经济具备崭新的素质。2006 年俄罗斯在这方面的思路与主要政策措施有:

(1)国家要增加为改变经济结构的投资,并正确选择国家投资的项目,即重点用于对调整国家经济结构有重要作用的项目上。

(2)从主导思想来看,俄罗斯经济的发展要摆脱过多依赖能源的局面,而要加快制造业的发展,并提高其质量与竞争能力。

(3)制定《2006—2008 年轻工业发展措施计划草案》。该草案已由俄罗斯工业与能源部等十多个部联合提交给俄联邦政府。草案强调了以下问题:提高轻工业投资吸引力,防止非法商品在俄国内市场的流通,更新轻工业企业技术设备,创造条件为行业原材料的供应提供保障,利用部门专项纲要实现行业发展措施。据工业与能源部副部长估计,轻工业行业有能力在今后 5～7 年使产量至少翻番。2006 年俄罗斯轻工业品市场总价值为 1.25万亿卢布,仅占俄罗斯国内生产总值比重的 17.7%。草案还规定,要在先进技术发展的基础上制定 2008—2010 年轻工业发展的部门目标规划,以促进俄罗斯轻工业的快速发展。

(4)大力扶持高新技术产品出口,以带动制造业的发展。俄罗斯经济素质的提高与摆脱过分依赖能源产品的局面,必须加快发展高新技术产业,生产与出口更多的高新技术产品。

根据 2005 年的计算结果,俄罗斯高新技术产品出口额大约比菲律宾少67%,比泰国少78%、比墨西哥少90%、比马来西亚和中国少92%、比韩国少94%。针对上述情况,俄罗斯通过实施大力扶植高新技术产业的政策,争取在此后的十年内,高新技术产品的出口所占世界的份额由目前的 0.13%提高到 10%。

俄罗斯联邦经济发展与贸易部公布的 2020 年前俄罗斯长期经济社会发展增订草案(以下简称"新构想"),按新构想俄罗斯经济发展设计了三种发展方式:创新发展方式、偏重能源与原材料发展方式与惯性发展方式。按第一种发展方式,到 2020 年对知识与高新技术的经济投资额将占投资总额的16.5%,这一经济在 GDP 中的比重将达到 17.2%。这意味着俄罗斯在为发展创新型经济作出努力。

### 第三节　俄罗斯经济结构调整面临的难题

尽管俄罗斯经济结构在某些方面出现了改善的趋势,特别是三次产业比例关系有了大的变化,第三产业所占比重大大提高,但是俄罗斯当时一直在着力解决的一个主要问题并未得到实质性进展,即通过经济实行新型发展,快速发展高新技术与新兴产业,以促使俄罗斯从目前的资源出口型向以高新技术、人力资本为基础的创新型经济发展模式的转变。到目前为止,经济的发展仍是主要依赖能源等原材料产业出口来支撑。2007 年这些产品的出口占其出口的总额的85%,机械设备出口只占5.6%,高新技术产品出口不仅数量少而且逐年下降,它在世界高科技产品出口中的比重几乎可以不计。

制约俄罗斯经济结构调整的因素甚多,但主要有:

#### 一、历史因素

俄罗斯作为苏联的继承国,它继承了苏联时期留下的在世界大国中最为畸形的经济结构,苏联80%的工业与军工有关。普里马科夫指出,苏联解体前军工领域创造的产值占国内生产总值的70%。① 这两个数字就可以告诉我们,俄罗斯要调整其经济结构有多么难,多么复杂。

#### 二、高新技术产业发展困难甚多

普京执政后一再强调要使经济发展朝着创新型发展,这无疑是正确的思路,亦是俄罗斯经济现代化的唯一选择,也只有这样,才能从根本上调整俄罗斯的经济结构。问题是,发展高新技术产业面临一系列难题:

一是苏联时期留下的机械设备严重陈旧。2003—2004 年俄罗斯就有60%~80%的生产设备老化,需要更新。二是大量更新陈旧的生产设备,需要大量投资。尽管随着经济快速发展,投资也有很大增长,但远远满足不了

---

① 参见［俄］叶夫根尼·普里马科夫:《临危受命》,高增川等译,东方出版社,2002 年,第 62 页。

需要。2006 年俄罗斯固定资产投资只是达到 1990 年 47% 的水平。还应看到，固定资产的投资主要用于采掘工业部门，像对机器设备制造等决定经济技术水平部门的投资所占比重很低，1995 年占整个经济领域投资的比重为 0.7%，2000 年与 2001 年均为 0.8%，2002 年与 2003 年均为 0.7%，2004 年为 1.0%，2005 年为 0.9%，2006 年为 1.0%。这比我们前面提到的采掘工业的投资要低得很多。2007 年在俄罗斯机器制造的外资仅占外资总额的 1%~2%。2007 年 1—3 月，外商直接资助 98 亿美元，其中投入石油部门为 77 亿美元，而投入机器制造业为 7 亿美元。三是科技适应不了高新技术产业发展的要求。苏联虽是科技大国，但这主要体现军工领域，而民用工业大大落后于西方。在 20 世纪 80 年代中期就科技总体水平而言，苏联与西方发达国家水平相比要落后 15~20 年。根据苏联电子工业部部长科列斯尼科夫的说法，苏联一直加以重点发展的计算技术，当时要落后西方 8~12 年。俄罗斯经济转轨以来，由于对科技的投入大大减少，[①]导致俄科技严重衰退，科技人员大量流失。1992—2001 年十年间，俄罗斯科技人员流失近 80 万，其中 20 多万顶尖的科学家移居西方。正是在这种背景下，普京在其《发展战略》讲话中，强调要增加人力资本投入。

这里特别要指出的是，在向创新型经济转变的条件下，俄罗斯更感到解决设备陈旧、技术落后、经济粗放型发展与竞争力差等问题的迫切性。不少学者认为，俄罗斯自 2000 年以来，虽经济一直在持续增长，但令人担忧的是，俄罗斯经济仍是"粗糙化"即初级的经济，工艺技术发展缓慢。俄罗斯科学院经济研究所第一副所长索罗金指出："俄罗斯主要工业设施严重老化，到目前至少落后发达国家 20 年，生产出的产品在国际上不具有竞争力。机器制造业投资重为 2%~3%。同发达国家相比明显存在技术差距。原料出口国对原料产业先进设备供应国的依赖令人担忧。"另外，还应看到，目前俄罗斯工业企业中生产设备不足的占 18%。很多企业需要投资更新设备。至于消费品工业的设备老化更为严重，如轻工业部门固定资产更新率仅为 0.5%，

---

① 例如，2001 年，以货币的购买力平价计算，俄罗斯用于研究与开发的费用总计为 123 亿美元，而美国为 271 亿美元，法国为 314 亿美元，德国为 551 亿美元，日本为 982 亿美元，美国为 2653 亿美元。

设备更新非常缓慢,从而导致俄罗斯消费品产品质量与档次都处于低位,在国内外市场都缺乏竞争力。

应该说,上述问题已成为制约俄罗斯经济持续稳定发展的一个重要因素。机电产品出口的大幅度减少,就是一个明显的例证。这里以中俄贸易为例也可说明这一点。俄罗斯与中国的机电产品在双边贸易总量中所占的比重从2001年的24.9%下降到目前的2%左右。这充分说明俄机电产品缺乏竞争力。俄罗斯竭力想增加对华机电产品的出口,为此,于2007年11月正式成立中俄机电商会。目的是积极研究中俄机电领域合作中出现的问题,通过组织活动、交流信息、提供政策建议手段,促进中俄机电领域企业的直接沟通和交流,深化中俄机电领域的全面务实合作。当然,商会的成立,对推动中俄机电产品会有积极作用,但应指出,这一领域合作的发展,从根本上来说取决于俄罗斯机电产品竞争能力的提高。俄罗斯学者对此亦坦率地指出:"无法强行实施政府的增加机械产品出口的决定,因为中国是市场经济,竞争力决定一切。"

三、相当一个时期内难以改变原材料密集型产业的重要地位

俄罗斯十分清楚,作为一个大国,其经济的发展不能长期依赖能源等原材料部门。再说,俄罗斯亦很清楚地看到,能源部门的增长速度在放慢。《新构想》按发展速度最快的创新发展方式计算,石油产量将低速增长,今后12年石油开采量将增长9%。石油出口占开采总量比重从2007年的52.7%降至2020年的51%。尽管俄罗斯反复强调要改变经济发展主要依赖能源等部门的局面,但从经济转轨以来的情况看,上述局面不仅未能改变,而且在经济发展进程中"三化"更加明显:一是经济原材料化,即经济发展依赖能源等原材料部门。二是出口原材料化。2007年俄罗斯出口产品按所占比重的排序,燃料能源产品占首位,超过60%。三是投资原材料化,即俄罗斯投资相当部分用于采掘工业。

缘何出现这种情况,这是因为:①从客观上讲,在严重畸形与落后的经济结构条件下,它不得不依赖丰富的自然资源,经济发展难以摆脱资源开发型的特点。不依赖自然资源,俄罗斯还能依赖高科技产业,出口大量新技术

产品吗？当然不可能。②在能源等原材料产品在国际市场保持高价位的情况下,对俄罗斯来说有着极大的诱惑力。在实际生活中,俄罗斯不可能去控制能源等原材料部门的发展,而是通过这一部门产品的出口,既要赚取大量外汇,用来进口大量先进的机器设备,为改变经济结构与发展模式创造条件。③用赚取的大量外汇,进口大量消费品来满足国内市场的需要,提高人民生活水平,从而稳定国内政局。④能源产品大量出口,为增加财政收入、建立稳定基金与增加外汇储备提供了可能。⑤最后还有一个不能忽视的因素是,在当今世界,石油等能源的作用正被重新定位,它不只是具有重要经济意义,并且其政治意义越来越明显,在国际上成为重要的外交资本。近几年来,俄罗斯一直在追求成为国际上能源出口大国。在这种背景下,俄罗斯不可能放松能源部门的发展。

四、制造业与加工工业严重衰退

从历史上来看,俄制造业与加工工业部门不断萎缩,是与苏联工业特别是机器制造业80%与军工部门这一特点有关。这严重制约了俄罗斯经济的发展,突出表现在两个方面:一是冷战结束后,世界军火市场大大萎缩,军工生产处于减产和停产状态;二是庞大的军工企业进行所有制改造与向市场经济转型,要比民用企业难得多,因为军工产品的买主是单一的,即政府。在这种情况下,市场机制难以起作用,政府订货一减少,军工企业便陷入困境,从而对整个工业企业产生重大影响。这里,我们不妨列举一些资料具体分析一下这个问题。普里马科夫指出,苏联解体前军工领域各部门创造的产值占国内生产总值的70%。① 如此庞大、占国内生产总值比重如此高的军工企业,在俄罗斯经济转型起始阶段由于受上述因素制约,1992—1993年,武器生产几乎下降了5/6,军工企业生产总规模下降6/7。② 可见这对俄罗斯制造业与经济增长率大幅度下降起多大的作用。

俄制造业部门严重萎缩,导致在这一领域进出口结构发生重大变化。

---

① 参见[俄]叶夫根尼·普里马科夫:《临危受命》,高增川等译,东方出版社,2002年,第62页。
② 参见[中]刘美珣、[俄]列·亚·伊万诺维奇主编:《中国与俄罗斯两种改革道路》,清华大学出版社,2004年,第350页。

1970 年苏联机器设备与运输工具出口占出口总额的 24.81%，而 2014 年降至 5.0%，相应时期这类产品进口从 35.6% 提高到了 47.8%。对此，上面提到的伊诺泽姆采夫的文章中认为：当今"俄罗斯不是一个工业体，而是资源经济体"。当今，俄罗斯工业部门的绝大部分产品依赖进口：机床制造业超过 90%，重型机器制造业达 60%～80%，轻工业 70%～80%，无线电工业 80%～90%，制药和医疗行业 70%～80%。[①] 由于加工工业的落后，俄一方面大量出口粮食（2014 年出口 2980 万吨），同时又大量进口食品与食品原料。1995 年该类产品进口占俄进口总额的 28.1%，占比虽下降，2010 年与 2014 年分别降为 15.9% 与 13.8%，但绝对额大大上升。按现价计算，1995 年食品与食品原料进口额为 131.52 亿美元，而到 2010 年为 364.8 亿美元。该类产品在俄进口产品中至今占第二位。至今，俄大城市食品供应 50% 以上靠进口。转型以来俄罗斯制造业衰退情况详见表 31－3。

表 31－3　1990—2016 年俄罗斯工业结构（%）

| 年份 | 工业 | 能源和原材料工业 | 制造业 |
|------|------|------------------|--------|
| 1990 | 100 | 33.5 | 66.5 |
| 1995 | 100 | 57.3 | 42.7 |
| 1996 | 100 | 57.4 | 42.6 |
| 1997 | 100 | 57.7 | 42.3 |
| 1998 | 100 | 57.9 | 42.1 |
| 1999 | 100 | 55.8 | 44.2 |
| 2000 | 100 | 58.4 | 41.6 |
| 2001 | 100 | 56.3 | 43.7 |
| 2002 | 100 | 57.2 | 42.8 |
| 2003 | 100 | 57.6 | 42.4 |
| 2004 | 100 | 60.6 | 39.4 |
| 2005 | 100 | 66.8 | 33.2 |

---

① 参见李建民：《卢布暴跌成因、影响及中俄合作机遇》，载《经济社会体制比较》2015 年第 1 期。

| 年份 | 工业 | 能源和原材料工业 | 制造业 |
|------|------|------------------|--------|
| 2006 | 100 | 67.8 | 32.2 |
| 2007 | 100 | 66.1 | 33.9 |
| 2008 | 100 | 65.4 | 34.6 |
| 2009 | 100 | 66.0 | 34.0 |
| 2010 | 100 | 65.6 | 34.4 |
| 2011 | 100 | 66.2 | 33.8 |
| 2012 | 100 | 65.4 | 34.6 |
| 2013 | 100 | 66.1 | 33.9 |
| 2014 | 100 | 67.2 | 32.8 |
| 2015 | 100 | 62.3 | 37.7 |
| 2016 | 100 | 61 | 39 |

资料来源:根据俄联邦国家统计署每年各部门产值经计算得出。

作为一个大国,没有强大的制造业与加工工业产品,很难想象能支撑其经济稳定、可持续发展。这一情况亦说明,俄罗斯面临再工业化的任务。可以说,俄罗斯只有通过再工业化才能使其产业结构升级和调整经济结构,从而才能保证经济持续稳定增长。

五、俄罗斯中小企业的发展缓慢

谈到经济结构,不得不谈及企业规模结构中的中小企业问题。这是因为,从世界各国的情况来看,中小企业的发展,不论对经济的发展还是对变革所有制结构有着重要的作用,特别是其通过技术创新实现经济现代化也有着不可忽视的意义。当今在美国等西方发达国家,中小企业对 GDP 的贡献率可达50%,美国近 50 年来 GDP 的增长靠科技创新,科技创新主力是企业,特别是中小企业。在很多国家中小企业的产值占 GDP 总量的 50% 以上,就人口的比重可达 90% 以上,占企业总数的 80% 以上。根据 2015 年 4 月普京的一次讲话中的数据,俄罗斯中小企业的产值占 GDP 总量的 21%,远远低于西方发达国家。2009 年俄罗斯共有 160 多万家中小企业,比 1991

年增加了 4.6 倍,从业人数达 1120 万人,占经济部门从业人员总数的 16.6%(2008 年达 21% 以上),平均每一企业的从业人数为 7 人。2008 年,建筑部门的从业人员占总数的 30%,商业部门占 30% 以上,宾馆和餐饮部门占 27%。[1] 2009 年中小企业对 GDP 的贡献率不超过 15%。尤其从小企业的行业分布看,集中于商业和餐饮、旅馆业的小企业高达 45% 以上,而从事工业生产和科研创新的小企业仅略高于 10%。这说明,俄罗斯小企业在经济现代化中的作用十分有限。

应该说,俄罗斯自推行经济转型政策以来,对发展中小企业是重视的。1991 年 7 月 18 日俄罗斯联邦政府通过了《关于俄罗斯联邦发展和扶持小企业的措施》的法令,1995 年 6 月 14 日,俄罗斯又通过了《俄罗斯小企业促进法》,2007 年 7 月 24 日俄罗斯联邦政府颁布了《俄罗斯联邦发展中小企业法》,明确区分了中型、小型和微型企业的规模。

普京执政后,曾委托政府制定中小企业发展战略,目标是要使中小企业产值达到国内生产总值的 50% 以上。不仅要求中小企业成为纳税的主体,而且还希望通过发展中小企业改善经济结构,优化产业结构,调节市场需求结构,扩大就业,提高居民收入,提高企业的国际竞争力,维护社会的稳定。为此,普京政府强调,俄罗斯经济中既要有大公司、大集团的发展空间,又要有中小企业的发展空间,以保持各种经济形式的合理比例,只有这样,才能真正建立起合理的结构政策和国家—私人伙伴关系。所谓的国家—私人伙伴关系是指让所有企业与政权保持同等关系,避免国家的家长作风和企业利用政权为自己谋利的可能性。根据俄罗斯学者的分析,这种伙伴关系具体包括六个内容:这种关系应该既有国营经济,又有私人经济;这种关系应该以正式文件(合同等)固定下来;这种关系应该是平等的;这种关系应该具有明确的共同目标与国家利益;伙伴双方应该为实现共同目标做出自己的贡献;伙伴双方应该利益共沾,风险共担。[2]

---

① 参见 2008 年和 2009 年中小企业从业人数占从业人员总数的比重相差较大,一是因为数据的来源不同,二是因为 2008 年的金融危机对中小企业产生的冲击。Раздел из книги?Российские реформы в цифрах и фактах?,из http://kaivg. narod. ru.

② 参见[俄]列昂季耶夫,拉琴科:《企业区域合作关系研究》,钟建平译,黑龙江教育出版社,2011 年,第 68 页。

在普京时期,俄罗斯还通过了《反垄断法》《俄罗斯联邦行政法》《租赁协议法》《自由经济区法》《关于中小企业租赁联邦主体或地方自治体所有的不动产特别转让办法的法案》《进行国家和地方自治机关检查(监督)时保护法人和个体企业主权利的法案》《银行和银行业务法(修正案)》等法律文本,以便为中小企业的发展提供法律保证。此外,普京时期俄罗斯还通过采取一系列规制金融寡头干预政治和操纵经济的措施,确保政策和法律的实施。①

俄罗斯中小企业发展缓慢的主要原因有:

(1)转型过程中有关支持中小企业的一些机制法规,在实际执行过程中往往不能执行,即形成的各种制度起不到约束作用,政府部门往往把中小企业视为市场经济的副产品,只起到需要时加以利用的工具或手段,有时甚至把发展中小企业视为政府的一种负担,是政府的"受抚养者"。

(2)中小企业一直存在着融资难的问题。尽管俄罗斯政府出台了不少解决融资难、税收优惠等各项服务性政策,但至今据有关资料表明,43%的中小企业认为需要政府帮助解决融资难的问题(中小企业吸收的外资占俄外资总额的3%~5%),67%中小企业希望给予税收优惠,13.5的中小企业希望政府提供信息支持。②

(3)官僚主义的行政审批手续,经营环境不佳,从而提高了企业开业成本。2008年俄罗斯的企业经营环境排名在世界的120位,详见表31-4。

表31-4 2008年部分国家和地区企业经营环境排名

| 国家 | 名次 |
|------|------|
| 新加坡 | 1 |
| 美国 | 3 |
| 中国香港 | 4 |

---

① 参见唐朱昌:《罗斯中小企业发展缓慢的原因是什么?》,载陆南泉等主编:《苏东剧变之后——对119个问题的思考》中,新华出版社,2012年,第662~663页。

② 参见[俄]列昂季耶夫,拉琴科:《企业区域合作关系研究》,钟建平译,黑龙江教育出版社,2011年,第192页。

续表

| 国家 | 名次 |
|------|------|
| 英国 | 6 |
| 日本 | 12 |
| 德国 | 25 |
| 法国 | 31 |
| 中国内地 | 83 |
| 俄罗斯 | 120 |

资料来源:陆南泉等主编:《苏东剧变之后——对 119 个问题的思考》中,新华出版社,2012 年,第 672 页。

(4)俄罗斯经济垄断程度高,很多重要经济领域如能源、矿产、交通基础设施等,中小企业很难进入。因此,小企业主要集中于商业和餐饮、旅馆业,这些企业要占 45% 以上,而从事工业生产和科研创新的小企业仅略高于 10%。

以上的分析说明,俄罗斯调整经济结构与改变经济发展模式,使其符合经济现代化要求,并非易事,是一个长期的复杂的历史过程。

# 第三十二章　融入世界经济体系是经济走向市场化必须迈出的一步

　　1848 年,马克思、恩格斯在《共产党宣言》中就曾指出:"资产阶级,由于开拓了世界市场,使一切国家的生产和消费都成为世界性的了。""过去那种地方的和民族的自给自足和闭关自守状态,被各民族的各方面的互相往来和各方面的互相依赖所代替了。"①一百多年以后的世界各国之间,相互往来,相互依赖的经济关系大大发展了。生产的社会化早已超越了国界,迅速地向国际化发展,越来越多的商品、资本、劳动力、科技信息等进入了国际市场。一国的生产不单单要以世界市场为背景,而且要与国际交流和合作为条件。就拿作为发展国际经济关系最普遍的形式国际贸易来讲,已经成为很多国家发展经济,走向经济现代化,甚至是生存的必要条件。20 世纪 50年代,世界出口总额占世界产值的比率为 5%,而到 21 世纪初,这一比率已超过 20%。世界各国经济发展的历史实践证明,谁搞闭关锁国政策,谁就会在经济、技术方面落后,经济上缺乏竞争能力,亦难以实现经济现代化。

## 第一节　苏联解体前对外经贸关系的特点

　　我们在本书第二十三章已谈到,在戈尔巴乔夫执政时期,力图通过对外经济体制的改革,实现苏联经济日益国际化与融入世界经济的目的。

---

　　① 《马克思恩格斯选集》第一卷,人民出版社,1995 年,第 276 页。

虽然戈尔巴乔夫执政后对对外经贸体制与政策作了一些调整,但综观苏联对外经贸关系的发展历史,它有以下一些特点:

第一,从地区结构来看,由二战前的贸易对象为西方到二战后转向东方。二战前,苏联对作为唯一的社会主义国家,它只能主要与西方资本主义国家发展经贸关系。战后与战前相比。地区结构发生了根本性的变化,即由西方转向东方在战后初期,与社会主义国家贸易在苏联对外贸易总额中占有很大的比重,在 1950 年占 81.1%。到 1989 年,社会主义国家的比重由 1950 年的 81.1%下降到 61.6%,而同期发达资本主义国家与发展中民族主义国家的比重分别由 15.0%提高到 26.2%与由 3.0%提高到 12.2%。尽管社会主义国家所占比重下降了,但一直保持在 60%以上。

第二,从进出口商品结构来看,类同于发展中国家。苏联虽然是个工业大国,但机器设备及其他深加工产品在出口中所占的比重不高,在 20 世纪 80 年代占 15%左右。而燃料、电力和原材料的出口要占一半以上。在进口产品中,占第一位的是机器和设备,在 80 年代要占 40%左右,其次是食品与食品原料,占 17%左右。

第三,从战后苏联对外贸易发展情况来看,其重要特点是:发展速度超社会总产值的增长速度;一般保持顺差;外贸在社会总产值中的比重不断提高。苏联在对外贸易中较为重视平衡并尽可能保持一定的顺差。从 1946 年到 1988 年的 43 年间,只有 8 年出现过少量逆差,而其余的 35 年均为顺差。

第四,从外贸管理体制来看,苏联很长一个时期坚持实行对外经贸活动的国家垄断制。苏联在对外经贸体制与整个国民经济管理体制一样,实行中央高度集权,以行政管理方法为主的管理原则。它与其他经济部门不同是完全由国家垄断。具体由外贸部与对外经济联络委员会垄断经营,而其他经济部门,特别是生产企业与组织均无权从事对外经贸活动。这种管理体制,既不能调动各经济部门与企业从事涉外经贸活动的积极性,也不能适应世界市场的变化,更不能使各部门与企业走向国际市场和参与竞争。这样使得苏联企业失去对采用新技术的兴趣,难以提高产品质量。在斯大林逝世后,苏联虽然对对外经贸体制做过一些改革,但实际上都未从根本上触动对外经贸活动的国家垄断制。只是到了戈尔巴乔夫时期,才着手积极推动这一领域的改革。

# 第二节 俄罗斯对外经贸合作政策

苏联解体后,作为苏联继承国的俄罗斯,在对外经贸关系方面既有与苏联时期相同之处,也有很大变化并产生了不少新特点。

一、对外经贸关系对支撑俄罗斯经济的作用大大提高

俄罗斯独立后的时期,在对外商品贸易方面,除 1992 年、1998 年、1999 年 3 年比上年下降外,其余各年均是上升的。从 2000 年开始,保持了稳定增长的态势(见表 32－1)。

表 32－1 1992—2018 年俄罗斯的对外贸易(单位:亿美元)

| 年份 | 贸易额 | 同比增减(%) | 出口额 | 同比增减(%) | 进口额 | 同比增减(%) | 贸易差额 |
|---|---|---|---|---|---|---|---|
| 1992 | 965.7 | －20.7 | 536.05 | －19.8 | 429.71 | －22 | 106.34 |
| 1993 | 1039.5 | 8.6 | 596.46 | 11.3 | 443.04 | 3.1 | 153.42 |
| 1994 | 1180.6 | 13.6 | 675.42 | 13.2 | 505.18 | 14 | 170.24 |
| 1995 | 1450.41 | 23.1 | 824 | 28.3 | 626 | 24.1 | 198 |
| 1996 | 1574.27 | 10.8 | 885.99 | 9.3 | 688.28 | 12.9 | 197.71 |
| 1997 | 1619.39 | 2.9 | 883.26 | －0.3 | 736.13 | 7 | 147.13 |
| 1998 | 1334 | －17.6 | 739 | －16.4 | 595 | －19.1 | 144 |
| 1999 | 1152 | －13.3 | 757 | ＋1.1 | 395 | －31.9 | 362 |
| 2000 | 1499 | 30.5 | 1055 | 39.4 | 449 | ＋13.7 | 606 |
| 2001 | 1556 | 3.8 | 1019 | －3.0 | 538 | 19.8 | 481 |
| 2002 | 1683 | 8.1 | 1073 | 5.3 | 610 | 13.4 | 463 |
| 2003 | 2120 | 26.0 | 1359 | 26.7 | 761 | 24.8 | 599 |
| 2004 | 2806 | 32.4 | 1832 | 34.8 | 974 | 28.0 | 858 |

续表

| 年份 | 贸易额 | 同比增减(%) | 出口额 | 同比增减(%) | 进口额 | 同比增减(%) | 贸易差额 |
|---|---|---|---|---|---|---|---|
| 2005 | 3689 | 31.5 | 2436 | 32.9 | 1253 | 28.7 | 1183 |
| 2006 | 4684 | 27.0 | 3045 | 25.0 | 1183 | 30.8 | 1407 |
| 2007 | 5779 | 23.4 | 3544 | 16.9 | 2235 | 35.4 | 1309 |
| 2008 | 7623 | 31.9 | 4708 | 32.8 | 2915 | 30.4 | 1793 |
| 2009 | 4952 | −35.3 | 3034 | −35.7 | 1918 | −34.2 | 1116 |
| 2010 | 6468 | 30.6 | 3980 | 31.8 | 2488 | 33.0 | 1492 |
| 2011 | 8339 | 28.9 | 5154 | 29.5 | 3185 | 28.0 | 1969 |
| 2012 | 8631 | 3.5 | 5274 | 2.3 | 3357 | 5.4 | 1917 |
| 2013 | 8645 | 0.2 | 5232 | −0.8 | 3413 | 1.7 | 1819 |
| 2014 | 7829 | −9.4 | 4969 | −5.0 | 2860 | −16.2 | 2109 |
| 2015 | 5262.1 | −32,9 | 3435,43 | −30.9 | 1827.19 | −36.3 | 1068.24 |
| 2016 | 4677,5 | −11.1 | 2854.9 | −16.9 | 1822.6 | −0.3 | 1032.3 |
| 2017 | 5916 | 26 | 3537 | 26 | 2379 | 24 | 1158 |
| 2018 | 6871.2 | 17.4 | 4496.9 | 25.7 | 2374.2 | 4.4 | 2122.7 |

资源来源:根据俄罗斯联邦统计委员会编辑出版的历年统计年鉴资料编制。

从上表可以看到,除2009年俄罗斯对外贸易由于金融危机影响出现大幅度下降外(35%),其外贸额增长速度要比国内生产总值的增速快得多。2000—2006年俄罗斯国内生产总值年均增长率为6%~7%,而同期对外贸易额的年均增长率为22.6%。2007年与2008年俄罗斯对外贸易额分别增长23.4%与此同时31.9%,而同期国内生产总值分别增长工8.1%与5.6%。这无疑对推动俄罗斯经济起着重要作用。从出口对俄罗斯经济增长的贡献率来看,2001年为36.7%,2002年为35.2%,2003年为35%。据俄罗斯经济分析研究所的估计,1999—2003年期间对外经济因素保证了俄罗斯每年5.9%的经济增长率,2004年俄罗斯经济50%增幅得益于国际市场的高油价。[①]

---

① 参见高际香:《俄罗斯对外经济关系研究》,中华工商联合出版社,2007年,第37页。

对外贸易对俄罗斯经济发展的作用还表现在不断增长的外贸顺差。从1992 年的 106 亿美元增加到 2014 年的 2109 亿美元。外贸顺差增加了近 19 倍。1992 年至 2014 年顺差共计为 20599.89 亿美元。这对发展俄罗斯经济的作用表现在：一是使外汇储备大量增加；二是保证了联邦预算的稳定，预算盈余不断增加；三是提高了偿还外债的能力，从而减轻了俄罗斯外债的负担。

二、对外贸易的地区结构的变化

随着经互会的解散，苏联东欧各国发生剧变，俄罗斯对外贸易的地区结构也发生了重大变化，原东欧国家发展都有着重要的作用。另外，俄罗斯通过外贸大量进口国外先进技术设备和消费品特别是食品，对改善其经济结构、产业升级与稳定国内消费市场都起了不小的作用。东欧国家已不占主要地位。对外贸易的地区为：欧盟居首位，其次是独联体国家、亚太地区与中东欧国家（见表 32－2）。

表 32－2　俄罗斯对外贸易地区结构（占外贸总额的比重：%）

| 年份 | 所有地区 | 欧盟 | 独联体国家 | 亚太经合组织国家 | 中东欧国家 |
|------|---------|------|-----------|----------------|-----------|
| 1997 | 100 | 34.5 | 22.2 | 16.1 | 13.5 |
| 1998 | 100 | 33.9 | 21.8 | 17.7 | 12.4 |
| 1999 | 100 | 34.4 | 18.7 | 17.1 | 12.9 |
| 2000 | 100 | 35 | 19 | 15.3 | 14.39 |
| 2002 | 100 | 36.8 | 16.9 | 16.4 | 12.9 |
| 2003 | 100 | 36.1 | 17.8 | 16.1 | 12.4 |
| 2004 | 100 | 45.1 | 18.3 | 16.8 | 12.9 |
| 2005 | 100 | 52.1 | 15.2 | 16.2 | 12.9 |
| 2006 | 100 | 52.7 | 14.7 | 17.1 | — |
| 2007 | 100 | 51.3 | 15 | 19.3 | — |
| 2008 | 100 | 52 | 14.5 | 20.4 | — |
| 2009 | 100 | 50.5 | 14.7 | 20.7 | — |

续表

| 年份 | 所有地区 | 欧盟 | 独联体国家 | 亚太经合组织国家 | 中东欧国家 |
|------|----------|------|------------|------------------|------------|
| 2010 | 100 | 49.6 | 13.7 | 25.6 | — |
| 2011 | 100 | 47.9 | 15.1 | 23.8 | — |
| 2012 | 100 | 48.7 | 14.7 | 23.8 | — |
| 2013 | 100 | 49.6 | 13.4 | 24.8 | — |
| 2014 | 100 | 48.2 | 12.2 | 27 | — |

资料来源:根据俄罗斯海关统计、全俄罗斯行情研究所《中外商情公报》与俄罗斯联邦统计委员会编辑出版的历年统计年鉴有关资料编制。

从上表可以看出,欧盟国家的贸易占俄罗斯外贸总额比重不仅最大,而且是不断提高的趋势。到 2006 年占 52.7%。这是因为俄罗斯出口主要依赖于欧盟市场,而欧盟的能源主要靠俄罗斯供应。另外,近几年来,中东欧一些国家先后参加了欧盟,这样使欧盟从原来的 15 国增加到 2006 年的 25 国,2007 年又增加到 27 国。近几年来,俄罗斯与欧盟国家的贸易额比重虽有下降,但仍占到一半,2014 年为 48.2%。这几年来,俄罗斯与独联体国家的贸易呈下降趋势,从 1997 年的 22.2% 下降到 2014 年的 12.2%。

虽因克里米亚问题受西方制裁的影响,但俄罗斯对外经贸关系重点仍在欧洲。据俄罗斯海关公布的材料,2018 年欧盟占俄罗斯贸易的 42.8%,双边贸易额达 2942 亿美元,增长 19.3%,其中,出口增长 28.3%,进口增长 2.7%。亚太合作国家(包括俄罗斯最大的对外贸易伙伴中国)占俄罗斯外贸额的 31%,为 2132 亿美元,贸易额增长 19.8%。出口增长远快于进口,增长率为 34.7% 对 5.7%。从具体国别来看,2018 年在俄罗斯主要贸易伙伴出口国排在前 15 位的分别为:中国(占 12.3%)、荷兰(占 9.7%)、德国(占 7.6%)、意大利白俄罗斯(占 4.8%)、土耳其(占 4.8%)、韩国(占 4.0%)、意大利(占 3.7%)、波兰(占 3.6%)、哈萨克斯坦(占 2.8%)、美国(占 2.8%)、日本(占 2.8%)、芬兰(占 2H5%)、英国(占 2.2%)、乌克兰(占 2.1%)与比利时(占 2.1%)。中国在俄罗斯外贸中的地位日益提升,从 2010 年起已上升为第一,至今一直保持这个地位。

2018 年,俄中两国的贸易额增长了 26%,达到 1082 亿美元,这主要由于俄罗斯对华石油和燃料出口增长了 63%，这在对华出口贸易总额中所占份额增至 73.5%。但要指出的是，从实物看，俄罗斯油气资源出口增速则稍低一些，为 20.2%。其他产品也是如此，如以美元计算，俄罗斯对中国出口增长 44%，以实物计算则只增长了 14%。因此，2018 年中俄贸易大幅度增加很大程度上是由于汇率变化和 2018 年能源价格较高的增速有关。中国对俄罗斯主要出口电子产品。2018 年俄罗斯手机进口增长 20.4%，电脑设备进口增长 0.4%。此外，中俄两国还在战略合作伙伴关系框架内发展航空、能源、基础设施以及数字技术等项目。

俄罗斯高等经济学院欧洲和国际综合研究所高级研究员瓦西里·卡申（Vasily Kashin）认为，除了增加双边贸易额之外，俄罗斯还需要推进实现出口多元化。卡申表示："在当前的俄罗斯对华出口结构中，机械设备已经占到了约 6%，占整体对外出口额的 3%，而这还可进一步提高，因为人民币对卢布汇率被高估 1.5～2 倍，中国技术装备的价格要高于俄产同类设备。俄罗斯的另一个出口增长点是农业和食品。要在这一领域取得成功，需要发展基础设施，开展贸易谈判，打开中国市场。俄罗斯可以对华出口禽肉、奶制品、小麦和水产品，木材加工产品在中国也有需求。在初期，我们应通过资源出口多元化来向前推进，对于较长愿景，则应制定国家工业政策。"总的来说，今后一个时期，中俄经贸会有一个较大的发展，合作领域都将进一步拓宽，结构将进一步改善。

### 三、进出口商品结构与苏联时期大体类同，但出口更加原材料化

从总体来看，由于作为苏联继承国的俄罗斯，也继承了苏联时期的经济结构，因此，其进出口商品结构大体上与苏联时期相类同。在出口产品中主要以燃料能源等原材料产品为主，2014 年占俄罗斯出口产品的 83.2%，2018 年为 2419.6 亿美元，比 2017 年增长 36.3%，占进出口总额的 62.7%。

俄罗斯自经济转型以来，其经济结构的调整未能取得进展，因此其出口商品的结构有以下特点：一是由于经济原材料化的趋势日益严重，燃料能源产品在对外出口产品中一直占主要地位；二是机器设备与运输工具类产品出口不断下降，在 20 世纪最后 10 年这类产品出口还占其出口总额的 10%

左右,但到了21世纪出现了明显下降的局面。

在分析俄罗斯出口商品结构时,值得一提的是军技产品出口问题。苏联时期军技产品在其出口中占有重要地位。苏联解体后,俄罗斯在经济转型初期实行"雪崩式"的转产,即力图通过急剧消减国家军事订货的办法,在两年内使70%的军工企业实现转产。这种快速的转产,在客观上不可能做到,而实际的结果是导致大量军工企业停产。后来,不得不调整快速军转民的政策,并认识到这是一个长期的过程,需要大量投资,叶利钦的顾问马列伊认为:"实现军工转产需要15年的时间,花费1500亿美元。"

普京执政后,对军事工业采取扶植的政策,主要措施有:一是进行规划。2001年俄罗斯通过《到2010年及未来俄联邦军工综合体发展政策纲要》与《2002—2006年军工综合体改革与发展专项纲要》。二是加强管理。2000年11月4日,普京签署了《关于创建俄罗斯联邦国有公司"俄罗斯武器出口公司"1834号总统令》,由其代表国家经营俄罗斯军技产品进出口。2001年5月,在普京的支持下,又把1500家军工企业改组成50家综合性的军品出口集团。俄罗斯武器出口从原来的9~12级管理变成3级管理:即由总统、政府、专门的军技产品出口机构进行。三是增加军技产品生产的科研费用。俄罗斯将出口军技产品所得的外汇收入,60%用于开发新武器与发展军工综合体,以便研制更新、更有战斗力的武器。四是俄罗斯这几年来重视售后服务,并能为买主培训人员与供应武器零配件。五是俄通过外交途径支持军技产品的出口,领导人出访,一有机会就着力开拓军技产品市场。这些政策措施,使俄罗斯军技产品出口有较大的增长。目前,俄罗斯已向世界上80个国家出口武器,2010—2014年俄出口武器占世界总量的27%,仅低于美国的31%。

俄罗斯增加对军技产品的出口,其主要目的是促进整个国民经济的发展。人所共知,庞大的军事工业,它与各工业部门有着密切的关系,苏联时期80%的工业直接与间接地为军工服务。俄罗斯进口商品中,机器设备与运输工具一直占主要地位,在20世纪最后10年一般要占进口总额的32%~35%,而且前仍约占50%。另一个大项是食品、轻纺产品,2000年前一直要占俄罗斯进口总额的30%左右。随着俄罗斯经济好转,特别是食品工业与轻工业的发展,这类产品进口所占的比重逐步下降,但绝对额还是增加的。2005 年与 2010 年进口的食品与农业原料分别占进口总额的 17.7% 与 15.9%,价值分别为 174.3 亿与 364.82 亿美元。俄罗斯依赖大量出口能源赚取的外汇,购进西方先进的机器设备与食品,是俄罗斯对外贸易的一项重要政策。在乌克兰危机受西方制裁的条件下。俄罗斯下决心发展进口替代产品,特别是食品工业。

四、积极推行融入世界经济体系的对外经贸政策

在戈尔巴乔夫执政时期,就苏联经济如何融入世界经济体系提出了一些设想并也采取了一些措施,但真正采取实际行动的是在 1992 年俄罗斯推行经济转轨之后。俄罗斯经济转轨目标已不再像戈尔巴乔夫执政后期处于争论不休的状态,而是十分明确,即由传统的计划经济体制转向市场经济体制。这一转轨目标与经济全球化、全球经济一体化有着密切的联系。就是说,俄罗斯经济要融入世界经济体系,参与全球化过程,必须使其经济适应世界经济变化了的环境,跟上经济全球化的步伐。因此,改变对外经贸关系体制与政策成为俄罗斯经济转轨的一个重要组成部分。为此,俄罗斯实施了下列政策措施:

1. 积极参加国际经济组织

俄罗斯在向市场经济转轨过程中,对国际经济组织持积极合作的态度。俄罗斯先后加入的国际经济组织有:

(1)1992 年 6 月加入国际货币基金组织(IMF)。当时俄罗斯的经济处于十分困难的时期,特别是债务危机与支付危机尤为严重。俄罗斯加入了 IMF 后,对其缓解经济危机还是起到了一定的作用,在 20 世纪 90 年代,IMF 向俄罗斯提供的贷款总额为 321 亿美元。

(2)俄罗斯在苏联解体后的 1992 年加入世界银行。俄罗斯自加入世界银行后,先后获得的贷款项目共有 53 个,世界银行共向俄罗斯提供了 134 亿美元的贷款,俄罗斯其中实际使用了 84 亿美元。

(3)俄罗斯除了参与世界性金融组织外,还与一些地区性的国际金融机构合作,如欧洲复兴开发银行、欧洲投资银行都有合作关系。另外,俄罗斯

与由其主导或创建的地区性国际金融机构进行合作,这些机构有:国际经济合作银行、国际投资银行、独联体跨国银行、黑海贸易与发展银行等。①

俄罗斯为了更好地参与经济全球化进程,加强与世界各经济区域的合作,还参加了如西方"八国集团"、亚太经合组织、上海合作组织等国际经济机构。

2. 努力争取加入世界贸易组织(WTO)

与世贸组织的关系,从一个重要侧面反映了俄罗斯的对外贸易政策的指导思想,回顾入世准备,为此,这里进行较多的论述。

1990 年苏联成为世贸组织前身关贸总协定的观察员。1991 年年底苏联解体后,俄罗斯于 1992 年继承了苏联的观察员地位。1993 年俄罗斯向关贸总协定递交了加入该组织的正式申请。2001 年俄罗斯加紧了入世的步伐。与此同时,其国内对此问题的讨论更加热烈,不同意见的争论也日益尖锐。俄罗斯为加入世贸组织已进行了多年的努力,为什么直至 2012 年才得以成功?

从叶利钦执政时期来看,主要原因有:

第一,尚缺乏必要的与世贸组织标准接轨的法律。在叶利钦执政时期,虽然通过激进的经济改革,很快冲破了传统的计划经济体制模式,形成了市场经济体制的框架,但它的市场经济一直处于混乱无序状态。一系列重要的经济法规,如税法、土地法、银行法、外国投资法等,要么尚未很好地建立起来,要么难以执行。以外国在俄罗斯投资为例就可说明这一点。1989—1998 年 9 年间,俄罗斯所吸引的外国直接投资,按人均计算,在中东欧和独联体 25 个国家中排第 21 位,从外资占国内生产总值的比重看,在情况最好的 1997 年为 0.8%。在中东欧和独联体国家中排行倒数第二。2000 年,俄罗斯吸引的直接投资仅为 44.29 亿美元,而证券投资几乎为零,大大低于其他发展中国家的水平。据德国经济学院专家对在俄罗斯投资的 340 家公司问卷调查,有 90% 多的被调查者认为,影响俄罗斯引进外资的主要因素是:"法律的不稳定,税收过高……高关税、地方当局的官僚主义。"

---

① 有关俄罗斯参加国际金融机构的情况与问题,参见郭连成主编:《俄罗斯对外经济关系》,经济科学出版社,2007 年,第 2~18 页。

第二，俄罗斯担心其经济的安全受到威胁。作为苏联继承国的俄罗斯，实行了七十多年的计划经济体制，约60%经贸是与经互会成员国进行的，它的大量民用产品缺乏竞争能力，因此一下子全面开放市场，其经济会受到重大冲击，而俄罗斯打进西方市场的可能性又很小。俄罗斯从经济转轨以来，由于缺乏对本国工业的保护措施，它的轻工业、食品工业等部门几乎被冲垮，大量企业倒闭。

第三，俄罗斯国内缺乏统一的认识。长期以来，一直存在两种不同的意见：一是一些大公司、大企业特别是一些垄断大财团和国家安全部门，坚决反对俄罗斯匆忙入世，认为俄罗斯政府如果在入世谈判中妥协过大，让步过多，会得不偿失；二是国家主要领导人和大部分知识界人士认为，俄罗斯应该争取早日参加世贸组织。

普京执政后，一直十分重视俄罗斯入世问题。他在2001年的总统国情咨文中说："今天我国正在加快融入世界经济一体化进程。"应该"加快在我们可以接受的条件下加入世界贸易组织的准备工作"。2001年10月30日，普京在莫斯科召开的世界经济论坛《相会俄罗斯——2001》会议上明确指出："俄罗斯的战略目标是成为商品和服务最有竞争力的国家，我们的全部活动都是为了实现这一目标。"他还表示，俄罗斯致力于在合理的条件下加入世界贸易组织。普京还一再强调，俄罗斯今后应以世贸组织的规则与要求为坐标进行经济体制改革。普京在2002年总统国情咨文中专门谈了入世问题。他指出："世贸组织是一种工具。谁善于使用它，谁就会变得更强大。谁不善于或不想使用它、不想学习，宁愿坐在贸易保护主义的配额和税率的栏杆外面，谁就注定要失败，在战略上绝对要失败。""这将使俄罗斯经济停滞，降低俄罗斯经济竞争能力。"他在2002年6月24日举行的记者招待会上又强调："如今俄罗斯是世界经济大国中唯一一个不是世界贸易组织成员的国家，唯一的国家！参加世贸组织的国家的经济占到世界经济的95%可能还多一点，停留在这个组织的框架之外或这个进程之外是危险和愚昧的。对我们来说，问题不在于从表面上计算是否值得，尽管这同样重要，也需要计算。问题在于，加入世贸组织会自然而然地将文明世界的一套法律关系推广到俄罗斯。这会在相当程度上影响到国家的经济、社会和政治领域，也包括犯罪。因为这会大大地使我国的各种经济秩序合法化并把它们置于法律的框架内。"①普京在其连任后,于 2004 年 5 月 26 日发表的第一个总统国情咨文中也谈道:"希望俄罗斯经济今后进一步与全球经济接轨,包括在符合我国利益的前提下加入世界贸易组织。"

第四,一个不可忽视的因素是,在较长的时间里,俄罗斯政府在组织入世的领导工作方面极为不力。自 1993 年提出入世申请后,也成立了俄罗斯入世的政府委员会,并由一名副总理任该委员会主席。但在普京上台执政前,历届负责入世的政府委员会并未积极开展工作,而该委员会的主席往往是在被解职前才知道自己是担任这一职务的。

尽管出现了一些有利于俄罗斯跨入世贸组织大门的因素,也存在很多困难。

第一,俄罗斯市场经济从无序走向有序,使法律与世贸组织条款和标准相一致,对俄罗斯来说,有漫长的路要走。2001 年 7 月,世贸组织总干事穆尔在发表有关决定推迟俄罗斯入世问题谈判的声明时说,为加入世界贸易组织俄罗斯需要通过一些必要的法律,开放市场,建立可靠的金融体系,使生产商适应世界市场高度竞争的环境。为此,俄罗斯还需要若干年。

第二,一些涉及俄罗斯国家经济安全的重要领域,如农业、航空、家具、汽车制药和钢铁业等,其入世谈判是十分复杂和困难的,俄罗斯与世贸组织存在很大的分歧。俄罗斯农业部部长曾说,世贸组织对新成员的审核不公平,他举例说,俄罗斯每公顷只有 5 美元的补贴,而欧盟国家为 800 美元。在此情况下,世贸组织还要求俄罗斯支持农产品出口的补贴与 1985—1990 年相比应降低 35%。

第三,普京上台执政初期,俄罗斯国内反对入世的呼声很高,有人专门建立了反对入世的网站,大财团、大企业一再呼吁,政府入世前必须加强与他们对话,听取他们的意见,并说,如果俄罗斯政府采取强制性的办法来加速入世,这会导致俄 4 万家企业倒闭。从而会导致在入世初有 1000 万 ~ 1500 万人失去工作。在这种压力下。俄罗斯入世谈判代表团团长梅德韦德科夫表态说:参加世贸组织的代价应该是合理的,不能超过从加入世贸组织

①  《普京文集》,中国社会科学出版社,2002 年,第 290、617、618、700、701 页。

中得到的好处。如果我们看到这种平衡无法保持，我们将不建议俄罗斯政府加入这个国际组织。

第四，对俄罗斯来说，入世谈判最复杂的对手是欧盟。欧盟市场约占俄进口额的40%与出口额的38%，俄罗斯吸收的全部外资中有一半来自西欧。因此，欧盟的态度对俄罗斯入世无疑至关重要。在相当一个时期里欧盟一方面表示欢迎俄罗斯入世，同时又向世贸组织施压，让其制止俄罗斯对他们的倾销活动。

第五，任何一个大国参加世贸组织，不只是考虑经济因素，国际政治关系的影响是不可低估的，俄罗斯也不例外。1998年，美国作为对俄罗斯默认北约东扩的回答，叶利钦与克林顿都声明，俄罗斯应在1998年12月成为世贸组织的成员。"9·11"事件后，普京发表了全面支持在阿富汗实施军事打击的五点声明。美对此在俄罗斯入世问题也做出反应。美贸易谈判代表表示，俄罗斯尽快入世符合美国利益，同时承诺在2001年年底前讨论俄罗斯参加WTO的问题。但后来实际情况表明，美国并没有在俄罗斯入世问题给予积极支持。

尽管俄罗斯入世过程中遇到种种困难，但一直没有停止入世方面的工作，例如，俄罗斯为了与世界经济接轨，为入世做好准备，于2003年4月25日国家杜马通过新的《俄罗斯联邦海关法》，5月28日普京签署命令公布，2004年1月1日起实施。这部法典是对1993年7月21日公布实施的《俄罗斯联邦海关法》的补充和修订，其间经历近5年时间，经过反复协商，反复修改，终于获得了通过。

新海关法与旧海关法相比，一个最重要的特点是更加符合国际规范，与国际公约中简化程序的原则协调一致，同时也有利于从事对外经贸活动的单位和个人维护自己的利益。海关将按法律赋予的权力履行自己的义务和职责。俄罗斯国家杜马预算和税收委员会副主席德拉加诺夫认为，新海关法与旧海关法相比，国家减少了对外经贸活动经营者的行政壁垒；新海关法更加透明，外贸经营者不会再对如何逃避海关税费感兴趣；是俄罗斯与国际一体化接轨迈出的一步，将有利于俄罗斯加入世界贸易组织。俄罗斯海关委主席瓦宁强调，新海关法中规定通关的时间是3天，实际上，海关计划

90%的商品在一天之内就能通过,即早晨上交文件,晚上收到货物。这样做简化了程序;促进了信息技术的广泛采用;保证了海关税费24小时到位;还将会采用海关统一的付费卡。瓦宁主席还强调,根据新海关法,俄罗斯海关将对商品过境的办理海关手续做到简捷、方便、快速和舒适。应该说,俄罗斯新海关法的实施,对其入世是个很大的促进。入世谈判一直在进行。2004年10月普京访华时,在北京完成了有关俄罗斯入世谈判,签署了《中华人民共和国与俄罗斯联邦关于俄罗斯加入世贸组织的市场准入协议》,使中国成为最早与俄罗斯结束入世谈判的世贸组织成员之一。到2005年5月,俄罗斯已经结束了与世贸组织大多数成员国的谈判。2006年,俄罗斯先后与哥伦比亚、澳大利亚、哥斯达黎加、危地马拉、萨尔瓦多、斯里兰卡等国结束了俄罗斯加入世贸组织的双边谈判。2006年11月19日,在河内举行的亚太经合组织峰会期间,俄美签署了俄罗斯入世双边谈判议定书。从而美国成为俄罗斯达成商品市场准入协议的第56个、完成双边服务市场准入谈判的第27个世贸组织成员方。

从争取入世的进程可以看出,俄罗斯在这个问题上的基本政策是:总的来说是持积极的态度,但同时表现得较为谨慎。2007年,普京在葡萄牙俄欧峰会结束后举行的记者招待会上表示,只有在加入世贸组织参数符合俄罗斯利益的情况下,俄罗斯才会作出加入世贸组织的最终决定。据俄罗斯入世谈判组织征询地方意见后得出的看法是,俄罗斯入世后,进口量的加大可能对22个地区(联邦主体)产生负面影响。

这种谨慎的态度,一是与俄罗斯的对外战略总的主导思想有关,它在对外关系方面一直是以追求最大限度国家利益为原则的,因此在入世问题上一再强调不能以牺牲国家利益为条件,普京强调,俄罗斯现在已经不存在是否应该加入世贸组织的问题,而是何时、以何种条件加入的问题;二是与俄罗斯的经济结构有很大的关系。它出口的主要是能源等原材料产品,这是在国际市场短缺的产品,竞争力很强。而其进口的主要机器设备、运输工具、食品与服务等轻工产品,这些产品在国际市场并不稀缺。这说明,入世后在短期内难以给俄罗斯带来很大效益,因此俄罗斯入世更多着眼于长远利益;三是从俄罗斯申请入世到目前为止,主要面临关税减让、过渡期的确定、服务贸易的准入与农业补贴等难题。这些问题的解决是十分困难的,是影响谈判进程的重要因素。

后来俄罗斯在入世问题上,又涉及是否坚持俄罗斯、白俄罗斯与哈萨克斯坦将作为统一关税同盟同时入世问题,欧盟委员会发言人卢茨·古尔纳于2009年6月10日在新闻吹风会议上要求俄罗斯澄清入世立场。俄罗斯在2009年6月在与欧盟举行部长级会议上表示,打算在2009年年底前完成入世谈判。俄罗斯第一副总理伊戈尔·舒瓦洛夫2009年8月12日又向媒体证实,俄罗斯将作为一单国家入世,但在入世谈判与白俄罗斯两国开展合作。之后不久,俄罗斯又宣布它将单独入世。据俄罗斯《报纸报》2010年10月1日报道,俄罗斯将在2011年入世。经过18年的努力,俄罗斯于2011年12月16日跑完了"入世"马拉松,世贸组织第八次部长级会议期间签署俄罗斯入世协议。2012年8月22日,俄罗斯正式成为世贸组织第156个成员,也成为最后一个加入世贸组织的主要经济体。

# 第三节 改革对外经济体制

一、废除国家对对外经贸的垄断制,实行外经贸活动自由化

1991年11月15日,俄罗斯通过了《对外经济活动自由化法令》。该法令明确规定,废除国家在对外贸易中的垄断制,放开对外经营活动。还规定,凡是在俄罗斯境内注册的企业,不论其是何种所有制,均有权从事对外经贸活动,包括中介业务。1992年,俄罗斯向市场经济过渡之后,围绕废除国家垄断制与实行外经贸活动自由化,还采取了一些具体措施,这主要有:取消对外贸易的各种限制,逐步减少按许可证和配额进出口的商品数量。在转轨初始阶段,在商品进口方面取消了一切限制,以便尽快解决国内市场商品(特别是消费品)严重短缺问题。在1992年6月以前实行免征关税的政策。后来,随着市场供应的逐步缓解,考虑到增加财政收入与保护本国工业的恢复,俄联邦政府才决定从1992年7月1日起对14类进口商品征收

15%的临时关税。从1993年2月1日起,俄罗斯开始对大部分进口商品课征增值税(税率统一规定为价值的20%),对某些特定商品课征消费税。从1993年8月1日,俄联邦通过的《海关税法》生效,对进口商品采用国际上通用的从价税、从量税和综合税按国际价格课税。在商品出口方面,也实行取消出口限制的政策。

俄罗斯自1993年之后,在对外经贸活动实行以自由化为方向改革的同时,考虑到保护本国经济需要等因素,也加强了国家的宏观调控,其主要手段是利率和关税,并不断注意规范关税制度,使其逐步朝着与国际接轨的方向发展。

二、实行全面的开放政策

前面我们谈到的废除外贸垄断制,对外经贸活动自由化,这为俄罗斯经济开放创造了基础性条件。俄罗斯在推进全面开放方面,采取了一些具体政策与措施。

首先,强调用新的思维对待国际经济关系。1992年2月,叶利钦总统在会见驻莫斯科外交使团团长时就说,俄罗斯准备与世界各国、各地区进行广泛合作,将实行开放政策。叶利钦执政后,其对外政策的特点是:推行不受意识形态束缚的外交政策;推行全方位外交政策(除了1992年实行"一边倒"的对外政策外),既面向西方,也面向东方,既同北方,也同南方进行广泛合作;实行重视国家利益的经济优先外交政策,把对外开放视为俄罗斯的一项基本政策。当然,俄罗斯对各地区与国家发展经济合作时有其不同的侧重点,对美国与欧洲发达国家,主要是吸引资金与技术,争取获得更多的经济援助;对独联体国家,主要是通过经济一体化,实现多层次的经济合作,并达到在政治上的扩大影响;对亚太地区特别是东北亚地区加强经济合作,一方面可以推动俄罗斯参与多边合作和世界经济一体化进程,另一方面使俄罗斯西伯利亚与远东地区适应世界经贸的重点向亚太地区转移的总趋势,同时也促进西伯利亚与远东的开放。

其次,积极争取加入WTO等国际经济组织;改善投资环境,引进外资;等等。有关这一方面的情况,在前面已作论述,这里不再重复。

## 第四节 强化战略东移亚太

在分析俄罗斯对外经贸关系调整问题时,不能不提及俄罗斯强化战略东移亚太政策。

当今,随着美国的战略重心向亚太地区转移的同时,也出现了俄罗斯战略东移亚太日趋强化的态势。2012年9月,亚太经合组织(APEC)第20届领导人非正式会议就在俄罗斯远东城市符拉迪沃斯托克召开。在会议前夕,俄罗斯总统普京撰文指出,无论从历史还是地缘角度看俄罗斯都是亚太地区不可分割的一部分。

### 一、俄罗斯视野里的亚太之变

俄罗斯清楚地认识到,亚太地区经济的重要性在不断上升,21世纪将是亚太世纪,世界经济与贸易重点已日趋转向亚太地区,俄罗斯必须做好准备,使其东部地区适应这一发展趋势。2007年9月7日,普京发表了《俄罗斯与亚太经合组织:走向亚太地区的持续稳定发展》一文。文章说:"亚太地区的迅速发展使人们把亚太地区经济合作组织称为世界上最有前景的经济联合体。现在世界国内总产量的57.5%、世界贸易总额的48%和40%以上的外国直接投资都已经落在了加入论坛的国家。据专家估计,这些指标在近年内可能还会增长。"2007年全球经济增长的40%来自亚洲。"目前在俄罗斯对外贸易中,亚太经济合作组织的比重已经增加到了18.1%,其中俄罗斯的出口达到16.6%。"而2006年俄罗斯东部地区对亚太地区的贸易占其贸易总额的40%。普京在2000年11月10日谈到俄罗斯的亚太政策时就指出:"我们任何时候也没忘记,俄罗斯的大部分领土位于亚洲。的确,应该诚实地说,并不是所有时候都利用了这一优势。我认为,我们同亚太国家一起从言论转向行动去发展经济、政治和其他联系的时刻到了。在今天的俄罗斯,这种可能性已完全具备了。""在很短的时间里,亚太地区各国,首先是日本、中国、东盟国家发生了巨大的变化。俄罗斯自然也不会置身于这里所发生的进程之外。"他还说:"三年之前俄罗斯成了亚太经合组织的成员国。这促进了我们的合作。""我们准备同亚太地区的大国和小国合作,准备同经济发达国家和刚刚起步的国家合作。"应该看到,西伯利亚与远东和亚太地区国家在经济上的互补性强,合作潜力很大。俄罗斯要进入亚太地区,加强与这一地区国家的合作,首先需要借助中国这一亚太地区的重要经济体。目前中国不仅是亚太地区的重要经济体,并且已成为推动世界经济的主要发动机。这几年来,全球经济增长率中的一半是依赖于中国经济的发展。

二、加速开发与开放东部地区

对俄罗斯来讲,开发与开放东部地区(远东与西伯利亚)是其重要经济社会发展战略。该地区是当今世界上少有的尚未充分开发的地区,也是俄经济较落后的地区。2012年5月,普京签署命令,在俄政府中设立远东发展部,该部设在紧邻中国的远东城市哈巴罗夫斯克。该部部长伊沙耶夫接受媒体访谈时表示,俄罗斯当前的目标是集中力量,推动俄远东社会、经济实现进一步大发展,最终使远东成为俄在亚太地区的影响力中心。通过发展远东,带动俄东部地区发展,这将成为普京新任期内俄国家战略构想中的一个重要内容。2012年9月8日召开的亚太经合组织领导人与工商咨询理事会代表对话会上,普京为俄远东发展描绘了更为细致的政策图景。

俄用了4年的时间、花了210亿美元精心筹备了APEC会议,其目的十分明确:向世人宣示俄远东在亚太地区的存在,不能成为"被遗忘的角落",为积极与亚太各国合作作好准备,使远东成为俄"走向世界"的前哨,连接亚太地区的重要接口,并以此次APEC会议为契机,使俄远东开发与开放进入一个采取切实行动的新阶段。这对作为俄近邻的中国尤其是东北三省来说,参与远东地区的合作创造了良好的机遇。

东部集中了俄70%～80%的各种重要资源。苏联时期对这一地区经过数十年的开发建设,建成了全国的燃料动力工业基地、黑色和有色冶金工业基地、森林采伐、木材加工和纸浆造纸工业基地、化工和石油化工基地及机器制造基地。该地区经济结构的特点是:从产业结构总体来看,农、轻、重发展比例失调,从工业内部结构来看,采掘工业与加工工业比例失调;军工企业在机器制造业中占有很大比重,经济结构带有严重的军事化性质;基础设施发展滞后,第三产业不发达。目前,西伯利亚与远东地区的经济虽比叶利钦时期大有改善,但与欧洲部分相比仍要落后得多。由于投资不足,旧生产能力的改造和技术更新十分缓慢,导致生产企业固定资产严重老化;采掘工业地质勘探普查工作滞后,从而使新探明的矿产储量不能抵补开采量,导致俄罗斯油气产量增速下降;科技进步缓慢,技术、工艺落后,产品更新换代迟缓;人口大幅度下降,面临劳动力严重不足的困难;等等。

苏联解体后,俄罗斯在向市场经济转型时期,资源的分配与生产的组织由集中的计划程序转向市场调节的程序。在这一过程中,中央与地方的关系发生了重大变化,经济上的分权强化,另外,全俄经济形势严重恶化,在此背景下,1996年制定了《俄罗斯联邦远东和外贝加尔1996—2005年及2010年前社会经济发展专项纲要》。它阐述了今后这一地区经济发展的总目标,即最大限度地减轻阻碍本地区适应新经济形势各种因素的影响;充分地利用现有的发展条件,从而为迅速摆脱危机和以后加速发展创造条件。1998年9月俄联邦政府完成了拟定"西伯利亚"联邦专项纲要草案的工作。纲要的战略意图是有效利用西伯利亚大区的自然、生产和智力潜力及地区参与全俄分工和国际分工的优势,以便最迅速地摆脱危机,稳定和振兴西伯利亚经济。

以上分析说明,俄罗斯经济今后的发展,能否崛起,成为世界性的经济大国,到2020年能否成为世界第五大经济体,在相当程度上取决于东部地区的发展。再说,如果东部地区长期落后,经济结构不能调整,正如普京说的,那么俄罗斯均衡的区域发展政策就不能实现,亦不能保证俄罗斯的和谐发展。在哈巴罗夫斯克举行的边境地区合作会议上,时任总统的梅德韦杰夫在作总结时指出:"尽管发生了全球性金融危机,但俄罗斯远东与西伯利亚的重大项目不应该因此停下来。"他说:"俄罗斯政府正在对远东与西伯利亚发展战略进行研究,并且已在相关联邦计划框架下实施一系列项目,已通过了一些行动决策。"

俄东部地区的开发,需要大量资金、技术与劳动力,这单靠俄本身力量是做不到的,对此,俄罗斯国内与国际上一些有识之士早就提出,东部地区参与国际合作是不可避免的。特别要指出的是,在全球金融危机的严重冲击下,俄罗斯经济出现了严重的困难,俄罗斯更需要加强与中国等亚太国家的经济合作。

可以说,这次普京下了很大决心实施加速开发与开放东部地区的战略,他把该战略视为俄"极其重要的地缘政治任务",亦看作将成为他第三任期的一项重大政绩。

### 三、经济考量大于政治诉求

俄强化战略东移亚太着重点是加速开发与开放东部地区,实现经济强国与经济现代化的任务,即经济考量大于政治诉求。因此,俄对当今亚太地区存在极其复杂的领土争端等热点问题,基本上采取不参与、不选边的超脱立场。但这并不意味着俄忽略其在亚太的政治影响。俄在美国战略重心向亚太转移的大背景下,将通过强化亚太战略,并利用亚太地区目前混乱的局面,尽可能获得更多的战略利益,从而提高其在亚太地区的政治地位。因此,中国不能指望借助俄罗斯来应对亚太地区出现的种种问题,而必须靠自身的力量去面对来自各方面的挑战。

### 四、俄罗斯经济重心在欧洲

必须明确指出的是,不能因为俄罗斯强化战略东移亚太,就此得出结论说俄"经济重心东移亚太",俄经济重心仍在欧洲。俄从来自认为是欧洲国家,它的经济重心一直在欧洲,不论苏联时期还是当今的俄罗斯,尽管大部分资源集中在东部地区,但生产能力70%~80%在西部。目前东部地区生产总值仅占俄全国GDP总量的20%,固定资本占15%左右。从对外经贸关系来说,俄外资50%以上来自欧盟,能源出口重点也在欧盟,进口的机器设备亦主要来自欧盟,尽管这几年俄力求加强对亚太国家的能源出口,但所占份额有限。俄预计到2030年向亚太地区的石油出口额占其石油出口总额将由2008年的8%上升到2030年的22%~25%,天然气将由2008年的几乎为零增加到2030年的20%。以上情况说明,把俄强化亚太战略说成是俄经济重心东移到亚太,这是没有根据的。

# 第五节 推进独联体地区经济一体化

## 一、发展进程

苏联解体后,俄罗斯除了通过对外经济政策的改革,力图融入世界经济体系外,还对以后苏联空间不断地尝试启动一体化的进程。在苏联解体初期即20世纪90年代初,独联体各国领导人首要任务是解决国内面临亟待解决的问题:克服严重的经济困难,巩固政权,建立新的国家机构,发展与西方国家的经济关系等。到了1993年,俄罗斯经济度过严重的转型危机后,就着手第一个一体化计划,即于1995年1月俄罗斯与白俄罗斯签署了关税同盟协议,之后,哈萨克斯坦、吉尔吉斯斯坦与塔吉克斯坦也先后加入进来。这个关税同盟实际上是空有虚名,并没有实际行动。到了普京执政后的2000年10月10日,俄、白、哈、吉与塔五国在阿斯塔纳签署了关于欧亚经济共同体协议,该协议在2001年5月30日生效。后来乌兹别克斯坦加入,亚美尼亚、摩尔多瓦和乌克兰作为观察员参与。但是这个一体化组织也同样未能运转起来。

到了2008年,世界金融危机发生后,俄、白、哈商谈建立关税同盟,该同盟于2010年正式运行,到了2014年5月,签署欧亚经济联盟条约,并于2015年1月1日正式启动。从这个过程可见,俄罗斯实际上一直在力图推动独联体地区一体化的进程。

俄罗斯通过建立欧亚经济联盟积极推进独联体地区一体化,其主要意图是:从经济上讲,主要通过建立统一的经济空间加强经贸合作,以利于克服经济困难;从地缘政治上讲,俄罗斯力图强化与扩大在独联体地区特别在中亚地区的影响;从对外政策上讲,这些国家联合在一起,可更有力地应对西方国家政治方面的博弈,避免独联体国家在国际社会被边缘化的危险。

2011年9月,在统一俄罗斯党代表大会上,梅德韦杰夫宣布普京当选该党总统候选人消息后,当年10月3日,普京在《消息报》发表了《欧亚新的一体化计划:未来诞生于今日》一文,作为总统竞选的一个政策性文件。该文谈及欧亚联盟意义时指出:"欧亚联盟作为大欧洲不可分割的一部分,将立足于普遍适用的一体化原则,共享自由、民主和市场规律的统一价值观。早在2003年,俄罗斯与欧盟就达成了建立共同经济空间、协调经济活动规则(不建立超国家机构)的协议,现在,关税同盟以及今后的欧亚联盟将参与同欧盟的对话。这样,加入欧亚联盟除了直接的经济利益外,还可使每个成员以更有利的地位更快地融入欧洲。此外,欧亚联盟和欧盟合作伙伴合理及平衡的经济体系能够为改变整个大陆地缘政治和地缘经济态势创造现实条件。"可见,在后苏联空间地区建立欧亚经济联盟这一战略的实质,是要把欧洲与亚太地区联系起来,使独联体国家在更高层次、更深程度上实施地区的经济一体化。并以俄、白、哈关税同盟为基础,在争取更多的独联体国家参与的情况下,构建横跨欧亚大陆的区域一体化合作机制。欧亚经济联盟构想的提出,并不意味着普京要恢复苏联。

对于参加欧亚一体化的哈、白两国来说,在动机与经济利益方面都有其共性。对此问题,俄罗斯外交和国防政策委员会成员卡布耶夫作了较为深刻的分析,这里不妨将其观点做一简要介绍。他认为,哈参加欧亚一体化计划出于以下四个原因:

一是哈希望通过关税同盟和统一经济空间的帮助全面进入俄罗斯和白俄罗斯市场,这样,哈企业将得到一个10倍于本国市场(1700万人)的大市场。二是哈意在获得从中亚经俄罗斯至欧盟的能源运输干线管道。长期以来,哈萨克斯坦一直试图与欧洲用户直接签订石油和天然气供应合同,但遭到俄罗斯的阻止,结果哈企业只能在边境将自己的原料卖给俄罗斯企业,俄罗斯企业再以更高的价格将这些石油、天然气转手卖给欧盟。对此哈总理马西莫夫在接受《生意人》报采访时说,如果不解决能源运输问题,那么"建立统一经济空间就没有任何意义"。三是哈希望通过以更低的税收吸引大量俄罗斯和白俄罗斯企业到哈投资。良好的投资环境也是哈在2009—2013年间的一大优势。在2012年世界银行营商环境便利度排名中俄罗斯名列第112位,白俄罗斯名列第58位,哈萨克斯坦名列第49位。如果欧亚经济联盟能为每个成员国的企业在共同市场内创造平等的竞争环境,那么很多企业可能更愿意在哈注册。四是哈国内精英深切地感到自己国家的脆弱性。

对国际原材料市场的高度依赖、来自伊斯兰国家的挑战以及国内政治体制的不稳定使哈精英意识到,国家需要一个强大的外部合作伙伴。鉴于美国和欧盟距离遥远,在危急情况下未必能前来援助,只有与俄罗斯和中国结盟,而中亚精英对日益强大的中国又怀有很深的疑虑,这时俄罗斯的庇护就更受欢迎。

对白俄罗斯来说,其参加欧亚一体化计划,主要是因为在不危及卢卡申科现行制度的情况下这是改善国家经济形势的唯一途径。在2010年总统选举和2012年议会选举后,白俄罗斯处于被西方国家孤立的状态,卢卡申科试图与欧盟和美国谈判以解除制裁,但没有成功。此外,俄白欧亚经济之间的贸易战——俄罗斯拒绝向白俄罗斯提供无出口关税的石油,对白农产品出口俄罗斯实行禁运,有力地打击了白俄罗斯经济。因此,对白俄罗斯来说,与俄罗斯和哈萨克斯坦的一体化是保证其获得俄廉价石油(这些石油在白俄罗斯炼油厂加工后卖到欧盟,是白外汇收入的重要来源)以及保证白农产品和机械产品自由进入主要市场的唯一可行的途径。①

应该说,从俄、白、哈关税同盟最后发展为欧亚经济联盟,对于俄罗斯在推进欧亚经济一体化方面具有重要意义,并且在不断地发展,亚美尼亚与吉尔吉斯斯坦已成为成员国,还有约40个国家和组织表示愿与欧亚经济联盟建立自贸区的意愿。俄、白、哈三国元首于2014年5月29日签署的《欧亚经济联盟条约》,计划在2025年前实现商品、资本、服务和劳动力的自由流动,并在能源、工业、农业、交通运输等重点领域推行协调一致的政策。②

很明显,欧亚经济联盟有利于扩大成员国之间的市场空间,提高经贸合作水平,推进融入亚太地区的进程。对当前与今后一个时期因乌克兰危机面临不利国际环境的俄罗斯来说,欧亚经济联盟的启动,还能在应对外部战略挤压与区域安全方面发挥作用。

二、欧亚经济联盟在推动欧亚一体化进程中的困难问题

尽管欧亚经济联盟的启动,是推动欧亚一体化的重要步骤,但它在相当

① 参见卡布耶夫:《谁是欧亚经济联盟的受益者》,载《欧亚经济》2015年第3期。
② 参见《欧亚经济》2015年第3期。

一个时期里作用有限,欧亚一体化进程不会很顺利,它受到多种因素的制约。

第一,在推进贸易合作中不少实际问题有待解决。这里涉及的问题有:一是能源领域不同的利益诉求。能源领域的一体化不可能很快实现。俄罗斯坚持认为,由于油气和电力行业的战略性质,其在欧亚经济联盟框架内的一体化步伐应比其他行业慢,要在 2019 年 7 月 1 日前将出现共同能源市场。白与哈都不赞同这个观点,因为能源在两国的经济中都占有很大比重。都希望在能源领域的一体化中获益。由于时间漫长,很多人怀疑,届时能源领域一体化实现的可能。

二是对欧亚一体化的目标与实现时间有着不同的认知。例如,在实行统一关税的商品名录等问题很难达成一致,这导致约有 30% 的商品名录不包括在统一关税中,这 30% 的商品在各自国家都有自己的海关税率,在服务贸易方面豁免和限制的比例约为 65% 欧亚经济联盟文件中有超过 800 条参照国家相关法律的规则。豁免和参照原则帮助各国维持贸易壁垒,并限制企业从其他联盟国家进入本国的敏感市场。三是建立统一的货币问题绝非易事。俄罗斯方面早就公开阐明了这一主张,即欧亚经济联盟应有统一的货币和统一的发行中心,但没指出是哪种货币或哪个中心。考虑到成员国的经济规模,大家都明白,这指的是卢布和莫斯科。白俄罗斯和哈萨克斯坦对此极力反对。一方面,鉴于俄罗斯和哈萨克斯坦的经济结构根本不同,货币汇率与石油价格紧密相连;另一方面,白俄罗斯认为,要规范一种假想的统一货币的汇率是一件极其困难的事。①

第二,欧亚联盟是否仅限于经济联盟还是会发展到政治联盟,在俄罗斯的思想深处,力图通过经济联盟最后发展成政治联盟,这对独联体国家,特别是其中的中亚国家都是难以接受的。这些国家认为,如欧亚联盟发展成政治联盟,很可能会影响其独立的主权国家地位。中亚国家有着十分强烈的民族国家独立主权的意识与敏感性。因此,俄罗斯在推行欧亚联盟战略时,由于在有关欧亚联盟发展趋向问题上的不同认识而出现不利影响。

---

① 参见《欧亚经济》2015 年第 3 期。

第三,欧亚联盟由俄罗斯主导,这是毫无疑问的。但俄要起到主导国家的作用,不只是做组织协调工作,而且还必须对欧亚联盟参与国在经济上给予利益。对经济较为落后的中亚国家来说,加入欧亚联盟自然希望从俄罗斯得到经济实惠。而问题是,对俄罗斯来讲,其经济本身是个软肋。近几年来俄经济增速大幅度下滑。2013 年 GDP 增速降为 1.3%,2014 年增长 0.6%。

问题的严重性还在于俄经济这种下行趋势具有中期或较长时期的特点,即将在相当一个时期经济处于低速增长期。形成这一情势的深层次原因有:一是俄罗斯长期以来难以改变落后的经济增长方式,经济效率低,其劳动生产率为发达国家的 1/3 或 1/4。二是转型以来,俄罗斯加工制造业并没有受到重视,生产工艺长期处于落后状态,产品质量在国际市场缺乏竞争能力,从而日益萎缩,制造业在工业中的比重从 1990 年的 66.5% 下降到 2011 年的 33.6%。2013 年作为实体经济的主要部门的工业几乎没有增长。三是经济现代化短期内很难有大的发展,因它受到企业缺乏创新性、设备陈旧、投资不足与中小型企业发展缓慢等一系列因素的制约。还应指出的是,由于乌克兰事件,西方对俄的制裁对其经济也不可能不产生影响。在俄罗斯上述经济情况下,俄罗斯在欧亚联盟中的主导作用将受到制约,而中亚国家亦将对欧亚联盟能给它们带来多大经济利益产生疑虑。再说中亚国家为了自身的利益最大化的目的,一直在大国之间搞平衡外交,大搞实用主义,一旦从欧亚联盟中难以获得其所需的经济利益,必然会拉紧与中国或美国的关系。2012 年俄与中亚五国的贸易额为 315 亿美元,而与中国的贸易额为 459.49 亿美元。

第四,中亚国家本身存在的问题,如经济发展水平低,各国水平也有不少差异,中亚五国之间很难形成统一的经济空间,相互在领土(乌、吉、塔三国间)、水资源利用、哈与乌争夺地区大国地位等方面存在一定分歧。还应看到,当今中亚的现实情况是矛盾与分歧呈扩大趋势,呈现“碎片化”。

第五,乌克兰问题的影响。俄一直十分重视乌克兰参与欧亚一体化进程。乌克兰不论从经济还是综合国力来讲,都居独联体中的第二位。它的国土面积在欧洲仅次于俄罗斯,居第二位。俄罗斯充分认识到,乌克兰是俄再次崛起的一个重要因素,俄离开了乌克兰就不再是一个强大的欧亚大国。正如布热津斯基谈到乌克兰对俄罗斯重要性时指出的:"没有乌克兰,俄罗斯不能成为帝国。"因此,俄罗斯与乌克兰加强经济合作具有头等的重要意义,比中亚国家更具重要性。2013年俄与乌克兰的贸易额为396亿美元。为此,俄一直在努力强化与乌克兰的经济合作。如2011年4月普京访问乌克兰时希望乌加入关税同盟,并论述了加入后乌克兰在经济上得到的利益。但乌未能允诺,并提出了若干理由。但说到底,根本原因是乌克兰不想改变参与欧洲经济一体化的既定政策,认为如参加欧亚联盟就改变了乌克兰发展面向欧洲的大方向。这次乌克兰危机,虽然克里米亚"脱乌入俄"既成事实,2014年4月17日,乌克兰、俄罗斯、美国与欧盟四方在日内瓦会谈达成协议,之后又签订停战协议。但这并不意味着乌克兰危机的结束。俄与乌及西方国家将就乌今后的走向继续展开激烈的争斗,在此情况下,乌根本不可能考虑加入俄罗斯主导的欧亚联盟,而是一心想加入欧盟。从而,2015年启动的欧亚联盟,也显得十分弱势。在今后相当一个时期,看不到俄罗斯与乌克兰的关系改善的前景。

# 第六节 "一带一路"框架下中俄经贸合作水平不断提升

"一带一路"倡议本质上是为推进国际经济合作的平台。从国际经济领域讲,"一带一路"倡议这个平台,它是通过加强区域经济合作来推进经济全球化、贸易自由化的进程。这对目前"逆全球化""反对贸易自由化"声浪不时出现、日益抬头的情况下,显得尤为重要。从国内经济发展来讲,"一带一路"建设,有利于中国形成全方位开放新格局与推动经济可持续增长。2013年11月12日,中共十八届三中全会决议中明确指出:"建立开发性金融机构,加快同周边国家和地区基础设施互联互通建设,推进丝绸之路经济带、海上丝绸之路建设,形成全方位开放新格局。"习近平总书记在中共十九大报告中指出:"推动形成全面开放格局,要以'一带一路'建设为重点,坚持引进来和走出去并重,遵循共商共建共享原则,加强创新能力开放合作,形成海内外联动、东西双向互济的开放格局。”“一带一路”建设对推进我们全方位开放新格局的重要意义表现在：一是适应对外开放格局调整趋势的要求。今后在坚持扩大沿海地区的开放的同时，加快西部地区和东北地区的开放步伐，形成多层次、全方位、多边的开放格局。二是提高中国西北、东北三省对外开放力度，这有利于加强与亚太地区各国的经济合作。

### 一、推进中俄经贸合作的有利因素

从当前与今后一个时期来看，存在不少有利于推进中俄区域经贸合作的因素。

（一）国际关系变化使中俄合作日趋强化

这两年多来，随着特朗普以“美国第一”“美国优先”为基本原则的对外政策的推行，使得国际关系日趋复杂化与尖锐化。2017 年 12 月与 2018 年 1 月美国先后发布了《国家安全战略报告》与《国防战略报告》。这两份报告都突出渲染中国、俄罗斯等“大国竞争”的挑战，并将这种挑战置于恐怖主义之前。在此基础上，报告明确把中俄两国定性为美国的战略对手，如此定位的根据是：中国“以掠夺式的经济活动胁迫其邻国，同时在南海实施岛礁军事化。俄罗斯侵犯邻国边境，并追求在邻国经济、外交和安全决定上拥有否决权”。美国出台的这两个报告其核心是，力图凭借其军事、经济的硬实力与软实力，维护美国霸权地位，以便获取更大的利益。美国认为，阻碍其实现上述战略意图的主要是中国与俄罗斯。

1. 美俄关系发展趋势

美俄关系短期内难以改善，并将日益恶化。这是因为：

一是美俄之间的矛盾是结构性的，涉及各自的根本利益，妥协余地很小。特朗普坚持的外交总原则与奥巴马一样，奥巴马要确保“百年全球领导权”，特朗普要坚持“美国优先”“美国第一”。俄一直力求保持大国地位，绝不甘心当小伙伴。美不可能给俄平起平坐的地位，经济差距太大，俄唯一能与美平起平坐的只是战略核威慑。从 28 年来的俄美关系看，曾有过几次“重启”，但都未成功。

二是在对外一些大的战略利益上，美俄双方很难有大的退让，克里米亚、反导部署、网络攻击、北约东扩与核裁军等问题上相互都表态强硬,两国存在不同意见。

三是美国内的"反俄、抑俄、弱俄"的力量一直高于对俄友好的力量。

四是美俄之间缺乏广泛与深厚的经贸合作点。两国贸易额在 200 亿 ~ 300 亿美元,互补性差;在能源领域两国是竞争者,不是合作者。

**2. 中美关系面临各种挑战,不确定因素增加**

中美关系最为突出的在较长期间起作用的问题是经贸问题,即美国在中美贸易中的巨额逆差。美国在经贸方面得不到想得到的中国让步及其利益,为此特朗普不时地会在各个方面对中国施压、挑战乃至威胁,其主要原因是:第一,一个直接的目的是换取经贸利益,让中国在这一领域做出更大的让步;第二,瞄准 2025 年中国将由制造业大国向制造业强国迈进,防备中国高新技术产品进入美国;第三,如果打压作为全球第二大经济体的中国获得成功,就可以让世界其他国家都屈服于美国;第四,最终目的是遏制中国发展,保持美国优先地位。目前中美之间贸易摩擦,绝非偶发事件。中美贸易摩擦虽经过几次谈判取得了大的进展,但是,我们应该充分考虑到,就是在达成了协议后,中美在贸易和其他领域的摩擦还会不断地发生。所以,我们在应对美不时地发起贸易战的同时,特别要注意的是美国在以下四个问题会对中国加压力制造摩擦:一是一中问题,这并不已无疑义了,美通过的《台湾旅行法》就是一例;二是南海问题;三是朝核问题;四是如果萨德在韩部署之后,接着在日本部署,一旦出现这种局面,必将会引起中美严重冲突。

**3. 中俄关系日趋强化**

在上述背景下,为了应对美国的挑战,这为中俄关系进一步深化发展创造了客观条件。目前,中俄两国都把对方视为应对国际关系中出现重大问题的战略依托。中国面临的国际环境也是十分复杂与严峻的,因此与最大的邻国俄罗斯的关系是重要的。另外,中俄两国经贸合作水平在不断提高,合作领域日益拓展,贸易质量和进出口结构都有所改善,尤其在油气领域合作有了大的进展。

当今中俄关系处于历史上最好时期,并呈日益强化态势,这对两国发展经贸合作提供了有利的政治条件。当然中俄关系也存在一些不确定因素,两国在一系列问题上需要不断协调。目前保持这种结伴不结盟的关系是合适的选择。

(二)从国内经济情势来看,加强合作有利于两国经济发展

2018年3月普京胜选后,面临不少迫切需要解决的难题,主要问题有:

一是经济问题。经济能否振兴成为决定国家前途命运的关键问题。应该说,在普京上一任期经济形势是十分严峻的,主要反映在:①经济下滑的幅度大,还出现了负增长。②经济结构没有调整。2012—2017年经济衰退乃至危机,虽与受西方制裁和国际市场油价下跌有关,但主要原因是普京执政期间并没有着力调整经济结构。③经济效益低下。普京在2012年提出提高劳动生产率的目标不仅没有实现,反而在2012—2016年下降了0.1%。因此,也没有改变2012年普京指出的"俄罗斯的劳动生产率只是发达国家的1/3或1/4"的状态。④忽视基础设施建设。⑤设备陈旧、固定资产大量损失等问题日趋严重。⑥严重的腐败问题。2016年,俄罗斯在世界清廉指数排行榜上排名131位。

普京连任后,推行的振兴俄罗斯经济、解决面临难题的主要政策是:①优先发展基础设施。此后6年将拨款11万亿卢布(约合1940亿美元)修路,拟建1200千米高速铁路(莫斯科—喀山、叶卡捷琳堡—车里雅宾斯克、莫斯科—图拉),5000千米高速公路以及北海航道、贝阿铁路和西伯利亚大铁路等。②积极发展实体经济,加快制造业与加工工业的发展,为此要继续推进进口替代政策。③经济要实行创新型发展。

2018年5月17日,普京在宣誓就职俄第七届总统后的几小时后,签署了《关于俄罗斯到2024年前的国家战略发展任务和目标》的总统令,要求在2024年前俄成为全球第五大经济体(2017年俄在全球排在第12)。这个目标很难实现。

二是民生问题。由于经济状况恶化,在普京2012—2017年这一总统任期,民生状况明显恶化,如贫困人口1995年已降至1790万人,但目前又增至2340万人。人口危机没有缓解,据俄官方预测是,20~30年后俄罗斯人口将减少到1.2亿。针对上述情况,普京一再强调解决民生问题的重要性与迫切性。普京为了解决民生问题提出了一些具体政策措施及量化指标。比如他

提出,在 2030 年前使俄罗斯人均寿命从 73 岁提高至 80 岁以上。他力求在未来 6 年间,将俄罗斯"令人无法接受"的贫穷率减半,即减至 1000 万人。普京还特别强调要进一步采取措施解决人口危机问题,因为这是有关俄罗斯今后社会经济发展前途与国家安全的大事。俄采取的主要政策是鼓励生育,并为此实行一些具体措施。2019 年 2 月 20 日普京发表了总统国情咨文中再次强调民生问题,并把解决人口和贫困放在首要的社会经济问题。他还在去年 5 月提出的战略发展的 12 个方面国家计划:人口、医疗、教育、住房、道路、劳动生产率、生态、数字经济、企业经营、出口、科学与文化。

三是强军问题。俄面临复杂的国际环境必须提升军事力量。这几年来,特别是 2014 年克里米亚危机以来,受到了以美国为首的西方制裁,并且制裁呈长期化的趋势。北约东扩已到俄罗斯家门口,严重影响到俄罗斯的安全。2018 年 1 月 18 日乌克兰议会宣布俄罗斯为"侵略国",3 月 11 日乌克兰成为北约"申请国"。这不仅进一步恶化俄乌关系,这必然影响俄美关系。近期中东地区俄美争夺加剧,合作空间收窄。在上述复杂的背景下,普京大谈强军问题,在未来 10 年大规模更新俄军军备,2018—2027 年用于军备的拨款额度初步定为 19 万亿卢布(约合 3150 亿美元)。

要解决上面提出的民生、经济与强军三大问题,都需要投入大量资金。普京在其 2016 年国情咨文中就指出,俄罗斯经济中的主要问题是:"缺乏投资资金。"据 2017 年 9 月 2 日俄卫星通讯社报道,俄经济发展部部长奥利什金在一次会议上表示,俄每年还需要吸纳 5 万亿卢布(约合 868 亿美元)的额外投资才能使经济增长率超过世界平均水平。问题是,从哪里获得这些所需资金? 俄罗斯解决资金问题根本问题是靠经济的发展,但当今与今后一个时期振兴经济又要依赖大量的投资,这在短期内难以解决的矛盾。经济上不去,民生与强军问题也难以解决。俄罗斯通过不断改善投资环境,积极参与"一带一路"建设,应该说,这为吸引中国投资在客观上增加了可能性。

二、中俄经贸合作主要领域

1. 交通运输基础设施领域的合作应先走一步

"丝绸之路"顾名思义就要有路,即要形成经济带就要铺设交通运输通道,我们也常说:"要想富先修路。"

"丝绸之路"将是一条特殊的从亚洲(具体说从中国西部)到欧洲的交通运输走廊。这是一条几乎穿越整个欧亚大陆的跨国运输走廊。俄罗斯学者塔季扬娜·戈洛瓦诺娃在谈到这一运输走廊的意义时指出:这将使中、俄与中亚各国的经贸合作迈出新的一步。新的运输通道建成,不只是便利商品和服务贸易的流通,还可以催生出新的工业群、新的产业和技术。如这一计划能实现,中国将缩短货运周期。现在中国商品走海路到欧洲需要45天,走西伯利亚大铁路需要两个星期,走"新的丝绸之路"则不超过10天。这条运输走廊的建设,俄罗斯、中亚国家都将得益。她还指出,俄罗斯是赢家,因为可以利用过境运输国的所有便利条件,普京总统在圣彼得堡经济论坛上也曾谈到这一项目的重要性。哈萨克斯坦肯定也会从中获益,它现在已经在利用自己的地理位置赚钱了,如今有大量货物经哈通往欧洲。① 问题是,俄罗斯在交通运输设施方面并不很发达,特别是俄罗斯东部地区较为落后。《俄罗斯联邦远东和外贝加尔1996—2005年及2010年前社会经济发展专项纲要》指出:"远东和外贝加尔占俄罗斯疆土的40%,交通运输网欠发达。这是制约其经济发展的重要原因之一。""与全国的平均数相比,按1万平方公里计算,该地区公共使用的铁路经营长度比全国少2/3,硬面公里比全国少4/5。"就全俄来讲,25年来,俄罗斯在交通基础设施建设方面进展不大,大大落后于俄经济发展的要求。对此,2016年1月13日《俄罗斯商业咨询日报》发表的伊诺泽姆采夫题为《普京十六年的总结》文章中指出:"16年来,俄没有铺一公里的现代化高速铁路,2014—2015年修公路1200公里,相当于2000年的1/4,20世纪90年代就开始开工的莫斯科至圣彼得堡公路,至今还未完成。居民天然气覆盖率一年内提升0.1%,达到65.4%,按此速度,国家实现完全的天然气化要等到22世纪初了。16年来俄港口的吞吐量的增长相当于上海1个港口的50%。2014年通过北方海上航道运输的物资仅有13万吨,较1999年46万吨更少。基础设施建设跟不上,长期处于落后状态,必然阻碍经济的发展。俄急切需要加紧交通基础设施建设。"

---

① 参见奥斯特洛夫斯基2015年10月在第二届中俄经济合作高层智库研讨会上的发言。

普京在中俄经济论坛上谈到加强两国区域合作问题时指出:"地区合作成功的一个重要条件就是发展地区的基础设施,包括建立边境贸易综合体、过境站和过桥通道。我们希望,无论是俄罗斯的还是中国的企业家应把现钱投出来建设基础设施。"2016年5月26日,俄驻华大使杰尼索夫在接受记者采访时说,物流和铁路在贸易中发挥着至关重要的作用。为了提高运输能力,俄罗斯正在改造旧的道路设施,并修建新的铁路和公路。他还说:"未来,我们还可以修建从俄罗斯经蒙古国和中亚国家到中国的大规模铁路网。"以上情况说明,俄罗斯要适应"丝绸之路经济带"构想发展的需要,拓展中俄经贸合作,必须加强交通运输设施的建设,这是一项十分迫切的任务。

俄学者奥斯特洛夫斯基认为,当前俄东部地区迫切需要尽快解决纳霍德卡、符拉迪沃斯托克、瓦尼诺等港口基础设施、西伯利亚和雅库特至中国东北和西北的石油天然气管道、从西伯利亚穿过阿尔泰至中国西北的交通走廊等建设问题。这些交通基础设施规划的实现不仅仅是在远东和西伯利亚,也可以影响到全俄整体经济状况。此外,这将使俄罗斯亚洲部分经济基础设施在整体上得到极大提高,并能给国外企业家一个比较有利的投资环境。这样,不仅能给俄罗斯西伯利亚和远东地区的经济发展以推动,而且能吸引更多的外国投资,从而加快俄罗斯在亚太经合组织的一体化进程。他还指出,在确定中国是俄罗斯在东北亚的优先伙伴时,交通领域的合作具有重要意义,因为俄联邦和中国的大部分边界都是陆上边界。

但这些国家在资金与技术等方面都需要发展与国外合作。因此,中国在这一领域可以成为重要的合作伙伴。

但要指出的是,在交通基础设施方面的合作,还有不少问题有待解决。需要周密、慎重地考虑。原因有二:一个是由于俄罗斯经济情况不好,没有那么多的资金投入。这条铁路需要投入240亿美元,即使获得中国部分资金的支持,但俄罗斯也不可能拿出那么多钱来投资这条铁路;另一个原因是俄罗斯方面对客流量提出了质疑。因为高铁的造价很高,坐高铁的价格必然不菲。那么俄罗斯人会不会去坐高铁,这也必然影响客流量。

2. 能源合作

2009年俄罗斯向中国出口石油1530万吨,2014年增加到3300万吨,占中国进口石油总量的 10.74%,居中国石油进口国排序第三位(第一、二位分别为沙特与安哥拉)。但到 2015 年的 5 月,中国从俄罗斯进口石油 3920 万吨,取代沙特为第一。2016 年俄罗斯向中国出口石油 5238 万吨,同比增长 23.44%,占中国进口石油总量的 13.75%,俄罗斯成为中国全年进口石油第一大来源国。沙特则降为第二位,对中国出口油 5100 万吨。2017 年全年俄向中国出口石油约 6000 万吨,占中国同期进口石油总量 4.2 亿吨的 14%,2018 年向中国出口石油 7149 万吨,比 2017 年增长 19.7%。十分明显,自 2009 年后,俄向中国石油出口量大幅增加。2016 年到 2018 年,俄罗斯连续三年都是中国石油第一大供应国。

至于中俄在天然气项目的合作比石油方的合作要迟缓得多,到 2014 年 5 月才签署了《中俄东线供气购销合同》,为期 30 年,按合同,俄从 2018 年起将向中国出口价值 4000 亿美元的天然气,输气量逐年增加,最终达到每年 380 亿立方米。但据中国石油天然气集团公司 2017 年 12 月 13 日宣布,随着中俄东线黑河—长岭段 11 个点段同时打火开焊,中俄东线天然气管道工程正全面加速建设。中俄东线天然气管道工程于 2015 年 6 月开工建设,将分期建设北段(黑河—长岭)、中段(长岭—永清)和南段(永清—上海),预计 2019 年 10 月北段投产,2020 年年底全线贯通。

俄罗斯将为该输气管道建设投资 550 亿美元,作为供气协议的另一方的中国预付约 200 亿美元资金。缘何在此时才签署该项合同,这与 2009 年签署石油协议的背景类似。因为 2014 年俄罗斯经济已十分困难,GDP 增长率已下降为 0.6%,西方已开始对俄制裁,欧盟设法减少从俄进口天然气,俄需要新的市场。另外,还应看到,在页岩气革命、乌克兰危机、西方制裁与欧盟竭力减少对俄能源依赖多种因素的影响下,在能源合作谈判中俄有利地位日益弱化。这些因素有利于中俄在油气合作方面达成共识。

中俄天然气领域的另一个重大进展是,2017 年 12 月 8 日中俄合作的亚马尔液化天然气(LNG)项目正式投产。俄罗斯总统普京出席第一批 LNG 装船庆典,并启动装船键。该项目投资 270 亿美元,由于俄罗斯遭受美国为首的西方制裁与缺乏资金险些夭折,在此关键时刻,中国提供了价值 120 亿美元的贷款,中国丝路基金 14 亿美元从诺瓦泰克公司购入 9.9% 的股份,这样中国在该项目中的股份达到 29.9%，才使得项目继续下去。亚马尔液化天然气项目一期正式投产，年生产能力将达 550 万吨，预计三期全部建成以后，年生产能力将达到 1650 万吨（250 亿立方米），凝析油 100 万吨。根据中俄的合同，这一项目产量的 54% 出售亚洲市场，其中约 1/3 将运往中国。

中俄天然气合作还逐步向下游延伸。据《人民日报》2017 年 8 月 4 日报道，8 月 3 日下午，位于俄罗斯远东地区、临近中国黑龙江省的阿穆尔州斯沃博德区，中俄合作的阿穆尔天然气加工厂，在施工现场举行了开工仪式。俄罗斯总统普京参加仪式并致辞。阿穆尔天然气加工厂建设共分三个标段，均由中方企业以投标方式参加。根据规划，阿穆尔天然气加工厂项目建成后，设计能力为年加工天然气 420 亿立方米，年产氦气 600 万立方米。建成后，它不仅是俄罗斯最大的天然气处理厂，也将成为世界最大的天然气处理厂之一。该项目的一期计划于 2018 年交工，二期将在 2020 年建成，届时将建成从别廖佐夫卡村到黑河的石油产品管道。从 2019 年起，每年将加工 400 万吨石油与 200 万吨天然气凝析油全部产品的 4/5 运到中国。[①] 俄罗斯天然气公司总裁米勒指出，该项目"将为俄罗斯远东地区和东西伯利亚地区社会经济发展带来强劲动力"。这是中俄两国在天然气管道合作项目的一个最新成果。中俄合资的天津炼化厂项目正在积极推进，这是每年 1600 万吨的炼油化工一体化项目。

中俄天然气合作向下游延伸，这使两国天然气合作正从上游勘探延伸到下游加工链，从而使合作迈向新的水平。

但应看到，由于中俄天然气合作进程缓慢，到 2017 年俄罗斯才是我国第 11 大液化天然气的进口来源地。根据中国海关的统计，2017 年 1—11 月份，中国天然气进口 6069.6 万吨，其中，自俄罗斯进口 38.4 万吨，仅占中国天然气进口总量的 0.63%。能源领域的合作项目尽管主要由政府和大公司参与，但与东北三省特别是黑龙江省有着密切的关系。能源领域的合作范围很广，不只是油气，还有电力、煤炭、核能等。油气开发项目，不仅在上游合作，还可在下游进行合作。另外，能源技术合作也是一个内容。再者，能源

---

① 参见［苏］苏斯洛夫：《俄远东吸引外国直接投资的现状和问题》，载《西伯利亚研究》2018 年第 3 期。

合作项目有大有小。所以东北三省在这一领域做出不少努力。2008 年黑龙江省从俄罗斯进口原油仅为 149.48 万吨,成品油为 5 万吨,到 2011 年黑龙江从俄进口石油增至 1273 万吨,2015 年为 1548 万吨,金额为 63.5 亿美元,占全省从俄进口额的 74.8%。

笔者认为,东北地区与俄罗斯在能源合作的主要方向是:第一,随着俄罗斯的东西伯利亚—太平洋石油管道中国支线的修建,黑龙江省大庆应进一步发展石油加工工业,再加上本身具有丰富的能源资源,从而黑龙江省可建立起石油产业带。第二,积极参与西伯利亚与远东地区能源开发。近几年来,中俄双方都希望通过相互直接投资来扩大经贸合作。在开发能源项目,一般以参股即合资的方式进行;生产的产品既可供应中国,也可供应国际市场。第三,在油气加工技术方面,东北三省可以有针对性地引进俄罗斯的技术与设备。第四,除了在油气方面进行合作外,还应扩展其他能源产品,如电力、煤等。总之,东北三省要根据自身的特点,开展对俄在能源领域的合作,从俄罗斯直接进口油气的数量不可能很多,正如我们一开始就指出的,中俄能源领域合作的大项目主要由国家大公司来进行的。

3. 促进科技领域的合作

"一带一路"倡议的实施,一个重要目的是,要促进参与国提高自己的竞争能力,生产出具有高科技含量的产品,因为在当今条件下参与"一带一路"倡议,必须以提高新技术为依托。为此,需要提高科技水平,重视科技领域合作。据《中国社会科学报》记者刘丹妮的报道,俄经济发展部部长顾问叶夫根尼·霍图列夫在接受记者采访时指出,区域技术合作是推动亚太经济发展的另一动因。他认为,技术合作对亚太地区先导性产业的带动作用不可小觑,从基础设施完善、农业增产到科技创新等都离不开相互间的技术交流与协作。据悉,俄罗斯为了进一步加强技术合作,将在新西伯利亚建立国家级科技开发中心,作为亚太地区技术合作的基地。俄罗斯科学院社会经济地区发展研究所主任费拉基米尔·伊林则对记者表示,在技术推动世界经济发展的大背景下,亚太地区也应紧跟时代步伐,充分利用科技进步的成果,实现资源高效利用,由传统资源依赖型发展模式过渡到资源高效型模式。

对中俄两国来说,加强科技合作有其重要的意义。从国家层面讲,不论是中国还是俄罗斯,要实现经济转型、经济现代化与加快经济增长方式的转变,都必须加速科技进步与提高企业生产技术的创新。要做到这一点,一方面要靠本国积极发展教育事业与增加对科技领域的投入,另一方面还需要加强国际合作,而中俄两国的科技合作有着很大的潜力。从地区层面讲,中国东北三省调整与改造工业的一项共同性任务是,加速发展装备制造业。为此,必须依赖先进的科技,靠领先的科技所形成的核心竞争力,来牵动工业企业在国内外市场竞争,实现可持续、跨越式的发展,与此同时也就达到用高新技术改造传统产业的目的。而上述目标的实现,单靠中国东北三省和国内自身的科技力量是不够的,需要加强对俄科技合作。

中国在一般民用科技方面具有一定的优势,并在前沿技术领域,逐渐突破一批核心技术,取得了大量自主产权,涌现了载人航天、超级杂交水稻、高性能计算机、超大规模集成电路、高铁、第三代移动通信国际标准以及先进国防武器装备等一批重大自主创新成果。高技术产业在世界范围内处于较高水平,它在全部制造业总产值增长的贡献率为 15.5% 。

这说明,中俄在科技合作方面也存在互补性。在这一领域加强合作,符合两国实现经济发展与现代化的要求。

### 4. 农业合作

俄罗斯远东人烟稀少,空旷肥沃的黑土地有着无限的开发潜力。俄东西伯利亚与远东地区有近 50% 的耕地处于闲置状态,俄准备进一步加大农用地的出租规模。普京在 2012 年 9 月召开的 APEC 会议期间,在回应各国投资者关注的有关农业开发问题时明确指出:"开诚布公地说,我们希望少购买些商品,能吸引更多的资本来发展俄罗斯农业,大量尚未开垦的农业土地,是我们具有竞争力的优势。"看来,今后中国东北三省与俄远东农业合作重点是投资开发农业。应该说,中俄加强农业合作,不仅对改善俄远东地区农副产品的供应有重要作用,而且如果合作得好,对保证世界粮食安全将会产生积极影响。

近几年来,黑龙江省在与俄农业合作方面有进展,一些公司已与俄在远东地区建立农业合作区,如在东宁有华信(滨海边疆区)现代农业产业合作区,实施主体为俄罗斯阿尔玛达公司。中俄都出台了一些政策,鼓励开展农业合作项目。2015年9月3日,俄罗斯远东发展部与中国相关企业签署成立"俄罗斯远东农工产业发展基金",为两国农业合作提供资金支持,力图在2020年实现年生产粮食及其相关产品1000万吨的目标。

另外,近几年来俄农业有较大发展,2017年粮食产量达1.4亿吨,打破40年来的最高纪录(1978年为1.274亿吨),成为最大的小麦出口国。2017年中国从俄进口农产品达40亿美元。

5. 中国与俄罗斯远东地区合作有较大潜力

俄罗斯为发展远东地区经济下了不少功夫,但收效并不十分明显,人口外流仍在继续。据有关报道,自1991年苏联解体,户籍制度终结,该地区人数下降超过1/3,主要原因是这里缺乏基本基础设施,人们看不到良好的经济前景。俄必须通过加强对外合作,加速远东地区的发展。中国东北与俄远东经贸合作已有较好的基础。2017年,俄远东与中国东北发展政府间委员会(中方由汪洋副总理,俄方由尤里·特鲁特涅夫副总理领导)开始工作,远东中国投资者支持中心成立,这有利于一些项目的落实。据《俄罗斯报》2017年12月29日报道,中国将在俄远东地区落实40亿美元的28个项目,涉及交通运输与物流、旅游、林业、能源开发、钢材深加工等诸多领域。2018年9月,俄召开了第四届东方经济论坛,这意味着俄进一步强化亚太地区,面向东方。中方每年都派遣大型代表团参加东方经济论坛,2018年规模更超以往。中方9个省、自治区的负责人和俄方13个联邦主体的负责人参加了这次中俄地方领导人对话会。中方与会者不仅来自与俄罗斯毗邻的北方省区,还来自经济发达的东南沿海省份,以及经济快速发展的西部省份。与会省区覆盖地域之广,也表明中俄地方合作的广度和深度在不断拓展,双方在各自区域发展战略上的对接日益紧密。地方是中俄开展全方位互利合作的重要力量。习近平主席和普京总统共同决定2018年至2019年举办中俄地方合作交流年。中俄现已建立了"长江—伏尔加河""东北—远东"两大区域性合作机制,缔结了140对友好城市及省州,基本实现双方积极推进远东开发、北极开发、数字经济、跨境电商等新兴领域合作。①

在中俄双方积极推动下,中方参与俄远东地区的合作不断加强,据俄方统计,2017 年,中国与俄远东地区间的贸易额达 78 亿美元,同比增长26.7%。中国是俄远东地区第一大贸易伙伴国。中国自俄远东进口的货物、劳务及服务共计 50 亿美元,同比增长 31.5%。2017 年中方与俄远东联邦区的贸易额超过 77 亿美元。中国已成为远东地区第一大贸易伙伴国与第一大外资来源国。中俄双方已制定了《2018—2024 中俄在远东地区合作规划》(详细内容见附录)。

6. 积极推进金融领域合作

中俄金融联盟中方执行主席郭志文指出:随着两国央行层面的金融合作分委会机制不断完善,两国政策性银行、商业银行间的合作和相关民间跨境金融交流活动更加频繁。在央行层面,建立了两国金融合作分委会制度,这是两国金融合作顶层设计的重要机制和专业平台。至今,金融合作分委会已经连续召开了 17 次,在推动两国本币结算、挂牌交易、互设机构、监管合作等方面起到了重要作用。此外,中俄两国政府层面还通过中俄直接投资基金、丝路基金、亚投行、上海合作组织银联体等平台加强金融合作。在银行层面,目前,工、农、中、建四大国有银行均在俄罗斯设立了子银行,进出口银行和国开行均在俄罗斯设立了办事处,俄罗斯联邦储蓄银行、外经银行、天然气工业银行等在北京或者上海设立了代表处或分行。据不完全统计,国内商业银行已与俄罗斯超过 200 家银行建立了代理行关系。

由于中俄政治与经贸关系不断提升,合作项目日益增多,加上俄严重缺乏资金,中俄金融合作也将进一步加强。首先应指出,随着金融合作分委会机制日益完善,这对中俄金融合作有重要作用,使两国政策性银行、商业银行间的合作和相关民间跨境金融交流活动更加频繁。同时对促进中俄两国采用本币结算、挂牌交易、互设机构与监管合作等方面有重要意义。目前,国内商业银行已与俄罗斯约有两百家银行建立了代理行关系。另外,这几年来金融合作模式也有新发展,如由传统的"跨境商行"向"跨境投行"模式

---

① 参见管先强:《共同开启中俄地方合作新时代》,《人民日报》2018 年 9 月 12 日。

延伸,由单一金融主体间的合作向跨境金融联盟模式延伸。在跨境投行方面,债券发行和产业基金成为新兴的金融合作领域。两国的金融合作逐渐由传统的银行业务合作向保险、证券等金融领域的合作延伸。2017 年中国对俄直接投资为 22.2 亿美元,同比增长 72%,在俄新签工程承包合同额 77.5 亿美元,同比增长 191.4%。

三、问题与风险

在"一带一路"框架下推动中俄经贸合作,虽有着不少有利因素,还有着不少潜力。但要指出的是,在合作过程中有可能遇到问题或风险。对此,我们亦应有清醒的认识。这主要表现在以下两个方面:

第一,政治层面的问题。俄罗斯经过一段时期的考察,虽对"一带一路"倡议从怀疑、担心影响其利益转向认同与支持,并在 2015 年 5 月 8 日中俄两国元首签署了《中华人民共和国与俄罗斯联邦关于丝绸之路经济带建设和欧亚经济联盟建设对接合作的联合声明》文件,在俄不少学者发表了支持"一带一路"倡议的观点,但应看到,至今仍有人担心中国实施"一带一路"倡议会影响俄在中亚的地位,会被边缘化。俄罗斯有些学者认为,俄不希望中国借助丝路经济带建设介入中亚地区。甚至说,丝绸之路是中世纪的浪漫神话故事,俄罗斯政治家绝对不该支持中国这个神话故事,否则容易使中亚国家的公众产生不再需要依赖俄罗斯的幻想。因此,俄在与中国合作过程中,会持谨慎的态度,所以不能设想推进中俄区域合作进程会很快很顺利。

第二,经济层面的问题。这主要是投资风险。"一带一路"倡议的一个重要目的是带动中国对外投资的增长。有人认为"一带一路"倡议实际上是一项重要的对外投资政策,没有"一带一路"所牵动的投资,就难以找到对外贸易的增长点。投资风险是一个极为重要的问题。"一带一路"倡议的一个重要目的是带动中国对外投资的增长。2015 年中国对外直接投资 1456 亿美元,占全球流量的 9%,同比增长 18.3%,次于美国 2999 亿美元,居世界第二,实现净资本输出;同期对共建"一带一路"国家投资 189.3 亿美元,同比增长 38.6%。2018 年上半年中国对外投资 624 亿美元,对共建"一带一路"的 50 多个国家投资为 76.8 亿美元,占对华投资总额的 15%。未来 5 年中国对外投资将超过5000亿美元,今后5年对外投资增速将保持10%以上。我们倡导亚投行对此将起重要作用,因此有人认为"一带一路"倡议实际上是一项重要的对外投资政策,没有"一带一路"倡议所牵动的投资,就难以找到对外贸易的增长点。问题是,不能不看到扩大对外投资是有不少风险的:

一是投资效益率不会高,因为"一带一路"的投资,主要部分集中在交通基础设施领域,而这些领域的投资收益率低,周期长。交通基础设施主要指高铁、港口、机场、高速公路与管道等项目,这些项目往往靠自身收费来收回与偿还投资的还本付息,所以时间较长。二是对交通基础建设项目,都是大项目,一些国家政权不稳,政权更迭,加上信誉差等因素,投资安全得不到保证。三是竞争激烈。在交通基础设施投资中,不少国家与中国有较强的竞争实力,如日本在高铁方面一直是主要对手。竞争加剧,一方面会影响中国的对外合作的成功率,另一方面由于竞争必然会降低投资的收益率。四是中国企业在海外投资经验不足,据有关智库调查表明,只有10%~15%的中国企业在境外谈判签约成功。

中俄经贸合作各个领域,特别是交通基础设施领域的项目,都需要借助大量投资来实现。对俄投资风险突出反映在:一是俄罗斯投资环境并不好,二是俄国内资金十分紧张,资金短缺是俄罗斯面临的一大难题。这方面的问题表现在:西方制裁掐断了融资的资金链,增加了引进外资的难度;短期内国际石油市场供大于求的状况不会改变,不能指望石油价格大幅度上升;逆全球化、贸易保护主义抬头,世界经济回升乏力,这都会对俄在对外经贸合作中产生不利影响;俄国内企业在西方制裁与竞争加剧的条件下难以提高盈利水平,因此不能指望企业大幅增加投资。这就是为什么普京在谈到国内主要经济问题时将缺乏投资资金列在首位的原因。在上述情况下,实施中俄区域合作项目的实施,往往会让中方提供更多的资金支持。三是投资效益率问题。因为中俄区域合作涉及大量投资的项目主要集中在交通基础设施领域。正如前面指出的,这些领域的投资收益率低。

应对各种风险,我们应该在以下六个方面作出努力:一是建立科学决策体系,善于听取各种意见;二是建立项目评估体系,循序渐进地审批项目;三是加强立法,认真研究国际法准则,熟悉与通晓各国法律;四是要与相关国家签订国与国的投资协定,有关建立"全球华语律师联盟"的倡议,对中国企业参与建设"一带一路"投资提供法律服务,无疑是十分重要的;五是要严格区分对外援助与对外投资的界线,有些国家希望把两者打包混在一起,"一带一路"倡议不是援助计划,对此有学者建议中国制定《对外援助法》;六是在确定投资与合作项目时,不要以政治考量高于经济考量,要按经济规律办。

# 第三十三章 从极权政治体制转向民主政治体制

对作为苏联继承国的俄罗斯来说,通过转型实现从高度集权政治体制转向民主政治体制,是实现体制转型的一个重要内容,也是俄罗斯实现全面现代化的决定性因素。政治现代化的一个关键问题是政治民主化。实现政治民主化,涉及政治体制很多重要领域,如选举制度、司法制度与政党制度等根本性的改革。

## 第一节 民主政治体制形成过程

我们在论述戈尔巴乔夫执政后期改革问题已指出,俄罗斯政治民主化,始于20世纪80年代末90年代初。虽然在戈尔巴乔夫执政后期,通过政治体制改革,在政治民主方面有了不少变化,但由于他的改革未取得成功,很快失去了执政地位,1991年年底苏联解体,加上他所推行的民主化改革也没有充分的法律保障,特别是没有通过新的宪法。因此,实际上,他的政治改革只是开了个头,政治体制发生根本性的改革是在以叶利钦为代表的激进民主派上台执政后。

俄罗斯民主派于1991年底上台执政后,首要任务是通过政治转型,从根本上要改掉在斯大林时期建立起来的、已失去发展动力和人们不再信任的苏联政治制度,使俄罗斯国家政治制度发生了根本性变化。1992年1月5日,俄罗斯最高苏维埃通过决议,将"俄罗斯苏维埃联邦社会主义共和国"改名为"俄罗斯联邦",简称"俄罗斯"。同年3月31日,俄罗斯89个联邦主体

(除鞑靼斯坦和车臣两个共和国没有参加)中的 87 个联邦主体签署了《俄罗斯联邦条约》。条约确立了联邦制的原则,划分了俄联邦中央与各联邦主体之间的职权范围。

1993 年 12 月 12 日,俄罗斯对宪法草案进行全民投票并获得通过。同年 12 月 25 日宪法正式生效。由此确立了俄罗斯的政治制度,也明确了国家权力结构。1993 年通过的基本宪法制度根本不同于苏联历史上先后制定的四部宪法中的任何一部。

从立法原则到宪法的内容与形式等各个方面都有根本性的变化:如《俄罗斯联邦宪法》放弃了"社会主义"及其立法原则,以西方"民主政治"的基本原则作为宪法的基本原则,确定了俄罗斯联邦的基本政治制度。宪法体现了政治民主基本要素。从保证人民实现民主与自由权利角度来看,1993年的俄罗斯宪法突出体现在以下方面:

宪法第一条第一、二款规定:

俄罗斯联邦——俄罗斯是具有共和制政体的民主的、联邦制的法治国家。

国名俄罗斯联邦和俄罗斯意义相同。

第二条规定:人、人的权利与自由是最高价值。承认、遵循和捍卫人与公民的权利和自由是国家的义务。

第十七条第一、二、三款规定:

在俄罗斯联邦,根据普遍公认的国际法原则和准则并根据本宪法承认和保障人与公民的权利和自由。

人的基本权利和自由是不可让与的,属于每个人与生俱有的。

实现人和公民的权利和自由不应侵犯他人的权利和自由。

第二十条第一款规定:

每个人都有生存权。

第二十一条第一款规定:

人的尊严受国家保护。任何东西均不得成为诋毁人格的理由。

第二十二条第一款规定:

每个人都有自由和人身不受侵犯的权利。

每个人都有通信、电话交谈、邮政及电报和其他交际秘密的权利。只有根据法庭决定才可限制这一权利。

第二十八条规定：

保障每个人的信仰自由、信教自由，包括单独地或与他人一道信仰任何宗

教或者不信仰任何宗教、自由选择、拥有和传播宗教的或其他的信念和根据这些信念进行活动的权利。

第二十九条第一、五款规定：

保障每个人的思想和言论自由。

……

从以上列举的条款看，应该说，1993 年通过的宪法在有关保障俄罗斯人民的民主与自由权利方面有广泛与充实的内容。可以说，该宪法的实施，在实现政治民主与保障人的自由方面与苏联时期相比，有了质的变化，也标志着俄罗斯权力结构的根本变化。

《俄罗斯联邦宪法》还规定，由联邦委员会和国家杜马组成的俄罗斯联邦会议（议会）行使立法和监督职能。俄罗斯联邦的司法系统包括联邦宪法法院、最高法院、最高仲裁法院与联邦总检察院构成俄罗斯联邦司法系统。按宪法规定，审判权只由法院行使，法官是独立的，只服从俄罗斯联邦宪法和联邦法律。按照俄罗斯宪法和《俄罗斯联邦检察机关法》，俄罗斯检察机关既不属于国家立法和执行机关，也不属于司法机关，而是一种特殊的国家机关。作为联邦集中统一的机关体系，俄罗斯各级检察机关是代表联邦对国家各部门的法律执行情况实施监督的法律监督机关。

叶利钦执政 8 年，通过政治制度的转型，使一党垄断、党政融合、议行合一、高度集权、缺乏民主、高度集权等为特征的斯大林模式的社会主义政治制度不复存在，而是过渡到以总统设置、多党制议会民主、三权分立、自由选举等为特征的西方式宪政制度模式。应该说，这对作为苏联继承国的俄罗斯来讲，是政治制度的一个质的变化，它有利于克服那种高度集权、缺乏民

主的政治制度所存在的种种严重弊端,使广大俄罗斯人民得到在苏联时期不可能得到的民主与自由,是政治制度迈向现代化的重大步骤。正是这个原因,在俄罗斯所形成的政治制度框架为多数政党与多数民众接受,从而使这种转型方向变得不可逆转,再恢复苏联时期那种政治制度已不再可能。在1999年的最后一天,叶利钦在辞职讲话中说:"我已经完成了我一生的主要任务。俄罗斯将永远不会再回到过去,俄罗斯将永远向前迈进。"这里讲的主要任务,就是指8年来制度性的转型、冲垮了苏联时期传统的社会主义政治与经济制度模式,形成了新的政治与经济制度模式的框架。

当然,我们讲俄罗斯在政治制度转型取得重大进展,并不忽视在俄罗斯形成的新的政治制度有着严重的局限性与不完善之处。在叶利钦执政时期,俄罗斯尚未成为一个现代化的民主社会与民主国家,这主要表现在:一是俄总统权力过大,在一些方面实行的是"总统集权制",不少重大政策的决定是由叶利钦个人作出,因此往往带有叶利钦个人集权的性质。虽然在转型初期的特定条件下,"总统集权制"有其积极作用,如能较快结束俄罗斯"双重政权"局面,总统在稳定政局中有着极为重要的影响。但"总统集权制"也有明显的负面效应,难以使政府和议会充分发挥作用,严重影响三权分立体制的实施,容易出现决策失误,这也是导致俄罗斯政局不稳定的一个重要因素。二是政党政治很不成熟,政党过多,1999年12月俄议会选举获准登记的党派就有26个。在议会占多数的党派无权组阁,政党的作用受到制约。这样,使政党在决定国家重大方针政策方面难以发挥作用。三是俄公民在实现自己民主权利方面还存在不少问题,很多民主权尚难享用。四是在私有化过程中形成的寡头,对政治的干预影响俄罗斯政府机构决策的民主进程,使宪法的执行受到制约,最终损害国家向民主政治制度转型目标的实现。关于这一问题,普京在2012年1月俄罗斯总统大选前发表的《民主与国家素质》一文中指出,在叶利钦时期民主被寡头精英们侵占了,"在民主的大旗下,我们得到的不是一个现代国家"。

普京从2000年起的两届总统期间,为了建立一个强有力的国家政权体系,强化国家权威,政治上的中央集权化呈现不断加强的趋势。主要是因为在叶利钦时期存在一系列严重的社会经济问题:贪污腐败和团伙犯罪已经达到创纪录的地步。普京认为,产生这些弊病的根源是国家的软弱无力。因此,普京在政治领域的整治政策是,加强国家权力机关的权威,增强中央的集权。这也是普京每次讲话反复强调国家作用的基本原因。他在2001年发表的国情咨文中讲:巩固国家是战略任务。通过加强所有机构和各级权力机构来巩固国家。不解决这个关键问题,俄罗斯就无法在经济和社会领域取得成就。

普京为建立强有力的国家,提出的方针是,坚持整顿权力机构的秩序,并逐步实现国家现代化。这方面的主要任务是:完善政治制度,实际改善联邦主体的条件和建立发展俄罗斯的法律保障。

从普京执政8年的情况来看,在国家权力的整顿与建设方面取得了不少进展:调整了中央与地方的关系,强化了联邦中央的权威,加强了对地方的控制;加强了对新闻媒体控制与引导,2001年4月26日俄国家杜马通过了《新闻媒体法修正案》;推进政党制度建设,2001年已通过《政党法》;采取措施排除寡头对政治的干扰;加快司法改革,加强对腐败的打击力度;下决心加快行政机构的改革,目的是消除官僚主义、官员腐败和管理低效对社会经济发展的阻碍作用。普京在2002年4月18日发表的总统国情咨文中特别强调:执行权力机关的分支机构,仍然是集中的国民经济部门的指挥部,各部还在继续作出努力,使企业和组织在财政和行政方面服从于自己。由于限制经济自由发展的结果,"人们都在用贿赂来克服种种行政障碍。障碍越大,贿赂数额就越大,收受贿赂的人的级别就越高"。普京还透露,在俄电视征询的近50万居民的意见中,有3/4的人控告的是行政管理部门的肆意妄为。

普京在2004年3月15日凌晨当选连任后,一再强调最首要的任务是进行强有力的行政改革,进一步加强中央政府的控制能力。普京这8年在政治制度方面,强化了以总统制为核心的政治制度架构,形成了大大突出他个人的作用新权威主义下的宪政体制。由于普京强调集权与稳定,这一时期俄罗斯政治制度转型停滞不前。对此,2009年6月9日,曾是忠于普京的俄罗斯公正党领袖、联邦委员会主席米罗诺夫就公开指出,俄罗斯包括政党体制在内的许多民主机制已经不符合时代的要求。在政权党一党独大的基础上建立起来的政治系统越来越停滞不前。梅德韦杰夫在2008年当选总统后的第一个国情咨文中也指出："我们的国家机关成为最大的雇主、最活跃的出版者和最佳制片人，它自己就是法院、政党和人民。这样的系统绝对是没有效率的，并且只会催生出腐败。它助长大众的法律虚无主义，违背宪法，妨碍创新型经济和民主制度的发展。"这亦说明俄罗斯政治体系是没有效率的。

正如在上述背景下，2009年9月10日梅德韦杰夫在报纸网发表题为《前进，俄罗斯》的纲领性文章中公布了国家新政方略。之后，梅德韦杰夫在不同场合公开阐述了政治现代化问题对俄罗斯的重要性。两个月后，即2009年11月，时任总统的梅德韦杰夫在国情咨文中具体阐述了新政治战略付诸实施的计划，并在新政治战略概念的基础上首次提出了"全面现代化"的理念。他指出："我们将建立智慧型经济以替代原始的原料经济，这种经济将制造独一无二的知识、新的产品和技术，以及有用的人才。我们将创造一个有智慧的、自由的和负责的人们组成的社会，以取代领袖思考决定一切的宗法式社会。"就是说，21世纪俄罗斯现代化将以民主与自由的价值观和体制为基础。

接着2008年5月7日，梅德韦杰夫在宣誓就职的演讲中说："人权和自由在我们的社会被认为是最高的价值，正是这两点决定着所有国家活动的意义和内容。"他认为："自己的最重要任务是继续发展公民自由，为自由和责任感的公民实现自我价值和国家繁荣创造宽泛的条件。"据可信的说法，梅德韦杰夫的就职演说是由他本人撰写的。2008年11月5日，梅德韦杰夫所作的首个总统国情咨文中，又特别强调指出，宪法所保障的个人自由和民主体制的成熟程度是俄罗斯今后发展的源泉。他还说，通过宪法来扩大经济与商业自由，形成中产阶级、发展中小企业与建立创新经济。

从经济社会发展思想来看，梅德韦杰夫主张更自由化一些。俄罗斯经济评论网2008年2月11日的一篇评论说："梅德韦杰夫被认为是普京亲信中自由化程度最高和反西方色彩最低的人物。商界精英和西方都在实施自由化方针上对他寄予厚望。"美国媒体说："梅德韦杰夫具备相对有力的准自由主义经济和政治资格。"[①]波兰学者罗戈札认为："梅德韦杰夫是具有自由

---

① 美国《东西双边关系》2008年1月号。

派形象的体制内的人。"①上述对梅德韦杰夫的评价,被梅德韦杰夫在以后的时间里发表的一些值得关注的言论所证实。

2010年9月9日至10日,俄罗斯雅罗斯拉夫尔国际政治论坛召开。该论坛由梅德韦杰夫倡导于2009年创立。这次论坛的主题是"现代国家:民主标准与效率准则"。俄罗斯现代化与民主标准问题是会议主题。梅德韦杰夫在会上发表了题为"现代国家:民主标准和效率准则"的讲话(以下简称"讲话"),在会议期间梅德韦杰夫与国际著名政治学者进行了对话(以下简称"对话")。② 在此论坛上他较集中论述了有关现代化与民主及自由问题。他在"讲话"中说:"我不仅坚信作为管理形式的民主,不仅坚信作为政治制度形式的民主,而且坚信民主在实际应用中能够使俄罗斯数以百万计的人和世界上数以亿万计的人摆脱屈辱和贫困。"他还强调:"与人权一样,民主标准(实际上民主标准包括人权在内)也应该是国际公认的。只有这样,它才能成为有效的。"接着,梅德韦杰夫提出以下五条民主的普遍标准:

一是从法律上体现人道主义价值和理想。要使这些价值具有法律的实际力量,从而引导所有社会关系的发展,并以此来确定社会发展的主要方向。

二是国家拥有保障和继续保持科技高水平发展的能力,促进科学活动,促进创新,最终生产充足的社会财富,使公民能够获得体面的生活水平。贫困是民主的主要威胁之一。不久之前,在改革第一阶段所导致的大规模贫困期间,"民主"这个词本身在俄罗斯获得了消极的意义。

三是民主国家有能力保卫本国公民不受犯罪集团侵犯。

四是高水平文化、教育、交流手段和信息沟通工具。自由民主社会,毕竟是受过良好教育、有教养、有文化的人的社会。俄罗斯从前在很多世纪中,在千百年间,走的是非民主的发展道路。21世纪是有教养的、聪明的,也可以说"复杂的"人的时代,他们自己掌握自己的才能,他们不需要那些代替他们作出决定的领袖、保护人。由"领袖们"指示"普通老百姓"应当如何生活和为什么生活的时代已经结束了。

---

① 《中国社会科学院院报》2008年2月21日。

② 以上两个材料见俄罗斯总统网站 http//:www.icremlin.ru。

　　五是公民确信自己生活在民主社会。这也许是主观的,但却是极端重要的事情。每个人应该独立地对民主作出自己的判断。但是假如人们自己感觉不自由、不公正,那就是没有民主,或者是民主出了问题。政府可以不断地对自己的公民说,你们是自由的,但是,只有当公民本身认为自己是自由的,那时才开始有民主。梅德韦杰夫在"对话"中强调,民主是发展俄罗斯这个国家、这个庞大经济和政治系统的必要条件。他与学者谈到在俄罗斯推行民主进程中遇到的困难有:一是在俄罗斯转型初期,由于复杂与困难的政治及经济形势,当时大多数公民又不具有在市场条件下生活的素养,不得不集中精力谋求个人生存之术,因此当时的民主仅仅限于参加选举时投票。二是正是在那种形势下,新的统治精英很快学会了操纵选举程序,建立保障他们一直掌握政权的机制。而西方国家当时所关心的是制止在俄罗斯复辟共产主义制度,因此并没有对俄罗斯推行民主化施加更多的压力。这样,就使得在俄罗斯国家转型初期在民主化进程中出现很多缺陷,并且使威权主义抬头。三是广大群众民众还未做好准备。正如梅德韦杰夫在"对话"中讲的,推行民主最大的困难是,广大民众总体上还没有准备好接受完整意义上的民主,没有准备好去亲身经历民主、去共同参与政治进程,并感觉到自己的责任。四是受历史传统的影响。梅德韦杰夫在"对话"中指出,俄罗斯千年历史上从来没有过民主:当我们国家是沙皇和皇帝执政的时候,没有任何民主,苏联时期也没有任何民主,也就是说,我们是有千年威权史的国家。人们习惯主要寄希望于沙皇老爷,寄希望于高层力量。

　　俄罗斯经历了二十多年的转型,民主政治有了进展。在梅德韦杰夫看来,俄罗斯虽已经是个民主国家,存在着民主,但这种民主是年轻的、不成熟的、不完善的,还处于民主发展道路上的起点,因此俄罗斯在这方面还有很多事情要做。

　　不同的价值观也在俄国内外政策方面有所反映。

　　例如,在国家现代化问题上的差异。2009 年 11 月,俄罗斯总统梅德韦杰夫提出的国情咨文报告,正式提出俄罗斯将以实现现代化作为国家未来 10 年的任务与目标。他提出的现代化是"需要全方位的现代化"的概念。梅德韦杰夫说:"我们将建立智慧型经济以替代原始的原料经济,这种经济将制造独一无二的知识、新的产品和技术,以及有用的人才。我们将创造一个有智慧的、自由的和负责的人们组成的社会,以取代领袖思考决定一切的宗法式社会。"就是说,21世纪俄罗斯现代化将以民主与自由的价值观和体制为基础。

2009年9月10日,梅德韦杰夫在俄罗斯报纸网发表题为《前进,俄罗斯》文章,概述了他对俄罗斯未来10年的看法。他在文章中说:"效率低下的经济、半苏联式的社会领域、脆弱的民主、人口负增长的趋势以及动荡的高加索,这些即使对俄罗斯这样的大国来说都是非常严重的问题。"普遍认为,梅德韦杰夫的文章,对俄罗斯的现状做出了精确地"诊断",并明确了未来的发展方向。梅、普都主张国家现代化,但存在不同的理解。

第一,有关国家现代化的含义与目标不同。梅德韦杰夫的现代化包括经济、政治、社会等领域的国家全面现代化,特别强调政治现代化,加速推进民主化的进程,而普京主要强调经济现代化。

第二,虽然梅、普都认为现代化的目标是富民强国,但含义不同。在梅德韦杰夫看来,"富民"应包括富裕的俄罗斯公民感觉到自己生活在民主国家里并享受有充分的自由;而"强国"的含义应包括一个强大的俄罗斯,它的民主与自由应得到国际社会的公认。而普京的富民强国纲领主要着眼于经济。

第三,梅德韦杰夫在"对话"中强调,不论经济层面还是政治层面,要实现国家现代化,只有靠自由的人,那些感觉自己是自由的人,才能从事现代化建设。如果一个人畏首畏尾,束手束脚,怕国家,怕司法机关,怕竞争对手,怕生活,就不可能去搞现代化。只有自由的人才能做这件事,普京则更多从国家政策与技术层面来谈现代化如何实现的问题。

第四,梅德韦杰夫虽然也认为现代化的进程要视客观条件而定,但他总的来说主张加快推进现代化进程。他在"对话"中说,政府以及我本人的任务,就是要加强现代化运动,我们确实不能原地踏步了。而普京则强调渐进地逐步推行,一再反对跳跃式地实行现代化。与此相关,梅德韦杰夫在2010年11月24日的一次讲话中表示:"在某种程度上,我们的政治生活开始出现停滞不前的症状。"而普京在同年的1月22日一次讲话中说:俄罗斯的政治体制改革需要"特别谨慎"。

又如,在对苏联历史与斯大林评价问题上的不同。总的来说,梅德韦杰夫对苏联历史基本上持否定与批判的态度,并且这一态度越来越鲜明,例如,2009 年 10 月 30 日,即在俄罗斯政治镇压受害者纪念日的时候,他在网上发表了题为"对民族悲剧的纪念如同对胜利的纪念一样神圣"的视频博客。他说:"无法去想象我们所有民族所遭受的恐怖的规模。恐怖的高潮是在 1937—1938 年。索尔仁尼琴称当时的不尽的'被镇压的人流'是'人民痛苦的伏尔加河'。在战前的 20 年里,我国人民中的整个阶层和整个专业界遭到毁灭。哥萨克人实际上都被消灭了。农民们被'剥夺了生产手段和土地',变得毫无生气。知识分子、工人和军人都遭到了政治迫害。所有的宗教界代表都遭到了迫害。""我们只要想一想:几百万人死于恐怖和不实指控——那是几百万人。所有的权利都被剥夺了,甚至人应有的安葬权都被剥夺了,而长期以来他们的名字就被从历史上勾销了。"他接着说:"但是,直到今天仍然可以听到这种说法:为了某些崇高的国家目标,这么多人的牺牲是值得的。""我坚信,国家的任何发展、国家的任何成就和理想,都不能以人的苦难和损失为代价来取得和实现。没有任何东西可以高于人的生命的价值。"

关于斯大林评价,可以说,梅德韦杰夫一直持否定与严厉批判的立场。就是在弘扬俄罗斯大国地位,强调苏联对德战争中发挥重要作用的庆祝二战胜利 65 周年活动期间,梅德韦杰夫一再谴责斯大林犯下永远不可饶恕的严重错误与罪行。他非常明确地说,自新的俄罗斯产生以来,国家领导人对斯大林的评价非常明确。他还说,俄罗斯每个人都有权利对斯大林做出自己的评价,但"这种个人评价不应影响到国家评价"。2010 年 5 月 7 日,梅德韦杰夫在接受《消息报》的访谈时说:"坦率地说,苏联政权……只能被称为极权政权。在这个政权统治下,基本的权利和自由受到压制。"他还驳斥了有关"'斯大林主义'正在苏联死灰复燃的看法"。

当 2010 年 11 月 26 日,俄罗斯国家杜马指认斯大林制造屠杀波兰军官的"卡廷惨案"时,梅德韦杰夫提醒广大俄罗斯群众认清斯大林独裁者曾犯下的诸多罪行。普京对待苏联历史与斯大林的评价采取两分法,既有肯定又有否定。最典型的反映在 1999 年发表的《千年之交的俄罗斯》一文中,他说:"俄国斯有 3/4 的时间是在为共产主义而奋斗的标志下生活的。看不到这一点,甚至否定这一时期不容置疑的成就是错误的。……苏维埃政权没有使国家繁荣,社会昌盛,人民自由。用意识形态的方式搞经济导致我国远远落后于发达国家。无论承认这一点有多么痛苦,但是我们近 70 年都在一条死胡同里发展,这条道路偏离了人类文明的康庄大道。"①2009 年 12 月 3 日,普京在回答网民的提问时也指出,斯大林时期苏联取得的成绩,"是以不可接受的代价取得的"。普京在应用两分法过程中,又往往趋向于更多地肯定苏联历史与斯大林。

关于这个问题,2006 年凤凰网苏联解体 15 年的专题里面有这样一篇文章:《普京对苏联历史及苏联解体的评价》,对此作了很好的梳理,现摘录如下:

苏联问题至今仍是俄罗斯发展绕不开的话题。在这个问题上,现任总统普京的观点既不同于俄国内曾盛行一时的"全盘否定",也不同于"基本肯定"的俄共主张。

普京于 1999 年 8 月出任政府总理,成为俄罗斯"第二号人物"。同年 12 月下旬,普京发表《21 世纪的头十年》一文,其中提到,过去百年来的"共产主义尝试"已经"失败"。

2000 年 3 月,普京当选总统后,实行"强国"战略,在政治、经济和社会领域实施一系列改革,力图"复兴"俄罗斯。普京在从事国务活动时,经常遇到如何对待苏联时期的重要标志、重要人物和重要事件的问题,其间,他往往力排众议,作出重大决定,在许多方面肯定过去苏联的传统。

例一,普京主张沿用苏联国歌旋律和红旗。

2000 年 5 月 7 日,在普京就任俄总统的仪式上,曾出现一个"插曲"。当普京来到仪仗队面前时,一位将军向普京报告:"总统同志,仪

---

① 《普京文集》,中国社会科学出版社,2002 年,第 5 页。

仗队列队完毕,请接受检阅。"当时,这位将军没有使用时下流行的"先生"一词,而沿用了苏联时期的传统称呼"同志"。对此,普京并无异议,欣然接受,随后也向仪仗队响亮地喊出"同志们"的称呼,并得到仪仗队的热烈回应。

同年12月,俄国家杜马根据普京的提议通过有关法律,规定用苏联国歌旋律作为俄罗斯的国歌,并用红旗作为俄军军旗。当时,普京的主张遭到右翼势力及前任总统叶利钦的强烈反对。叶利钦批评说,老国歌只代表官僚权力的苏共党代会,年轻一代人不会喜欢,总统不应该盲目崇尚民意。但普京强调,苏联国歌曲调激昂,振奋人心,否定苏联时期的一切象征性标志从原则上讲是错误的,否定历史会使整个民族"数典忘祖"。

12月4日,普京在《关于国家标志问题的声明》中说:"难道除了斯大林的集中营和镇压以外,在苏联时期我国所拥有的一切就不值得我们回忆了吗?我们把杜纳耶夫斯基、肖洛霍夫、肖斯塔克维奇、科罗廖夫(苏联火箭制造和宇航方面的科学家和设计师——笔者注)和航空航天领域的成就置于何地?我们把宇航员尤里·加加林的飞行置于何地?把从鲁缅采夫、苏沃洛夫、库图佐夫时期以来俄国军队所取得的辉煌胜利置于何地?1945年春天的伟大胜利又该怎么解释……红旗正是我国人民在伟大卫国战争中取得胜利的旗帜。"

例二,普京对斯大林作出正面评价。

长期以来,俄国内舆论对斯大林的评价大都是全盘否定的,但普京不同。2002年1月15日,普京在接受波兰记者采访时说:"斯大林是一个独裁者,这毋庸置疑。但问题在于,正是在他的领导下苏联才取得了伟大卫国战争的胜利,这一胜利在很大程度上与他的名字相关联。忽视这一现实是愚蠢的。"另据报道,俄共领导人久加诺夫曾在一次宴会上提议"为斯大林干杯",因为这一天恰好是斯大林的生日。普京也欣然回应说:"为斯大林干杯。"有人就此评论说,如果叶利钦或戈尔巴乔夫遇到这种情况,他们是不会像普京那样做的。

2004年7月23日,普京还下令将莫斯科无名烈士墓镌刻的城市名字"伏尔加格勒"改为"斯大林格勒"。命令指出,在伟大卫国战争胜利60周年前夕作出这样的决定,是为了使人们重视斯大林格勒战役这个卫国战争的根本转折点,尊重斯大林格勒保卫者的英雄壮举,并忠实于俄罗斯国家的历史。

2005年5月6日,普京接受德国《图片报》记者采访,在谈到斯大林问题时说:"斯大林时代发生了诸多罪行:政治镇压、许多民族的人受到驱逐。"但普京强烈反对将斯大林与希特勒相提并论,他针对西方流行的一种看法说:"是的,斯大林是个暴君,许多人称他是罪犯。但他不是纳粹分子。不是苏联军队于1941年6月22日侵入德国,而是恰恰相反。首先不能忘记这一点。"

例三,普京强调当年的苏联是"世界的稳定因素"。

2004年2月,俄军举行大规模的战略核军演。普京在主持核军演时发表讲话说:"苏联时期,苏联的存在以及它的核力量曾是世界强有力的稳定因素"。这说明,普京是肯定当年苏联的强大军事力量对世界所具有的积极意义的。这种看法与那种一味指责苏联扩军备战、威胁世界和平、拖垮国内经济的流行观点有很大不同。

例四,普京主张保存列宁遗体供人瞻仰。

在俄罗斯,一些人提出把苏联缔造者列宁的遗体迁出红场,送回列宁家乡进行安葬。叶利钦当年也主张"将列宁土葬",并强调,"列宁给俄罗斯带来许多苦难"。普京则主张维持现状不变。

2001年7月中旬,普京在新闻发布会上谈到有关迁葬列宁遗体问题时说:"我反对这样做。许多人把自己的生活与列宁联系在一起,安葬列宁意味着他们虚度了生命。"还说,"安葬列宁遗体将导致社会动乱"。

例四,总结教训,确认苏联解体是"悲剧"。

2000年2月9日,普京在共青团真理报社现场回答读者的热线电话,当有人提出"您怎样看待苏联解体"的问题时,普京没有正面回答,只是引用俄罗斯家喻户晓的一句话说:"谁不为苏联解体而惋惜,谁就没有良心;谁想恢复过去的苏联,谁就没有头脑。"

这种说法比较笼统,但也说明,普京的看法既不同于为苏联解体而兴高采烈的右翼势力，也不同于要求"恢复苏维埃政权"的俄共。应该说，普京的态度与叶利钦是截然不同的。

2002年6月12日，叶利钦在俄独立日接受电视记者采访时表示，他对自己在苏联解体中扮演的角色无怨无悔。叶利钦说，没有必要为苏联解体掉眼泪，"年复一年，我越来越相信，这是我们保存俄罗斯的唯一机会，它使俄罗斯走上了民主和市场经济的发展道路"。而普京对苏联解体则表示惋惜。

2000年3月，普京在《访谈录》中谈到"柏林墙的倒塌"时说："这是不可避免的，但我还是为苏联阵地在欧洲的丧失感到惋惜"；"如果我们不是那么仓促地逃走的话，就可以避免许多许多的问题"。同样，他在回答"什么时候退出苏共"的问题时说："我没有退出。苏共不存在了，我就把党证放在抽屉里。"

过了4年，普京对苏联解体有了明确的评价。2004年2月，普京在竞选连任总统时对自己竞选总部工作人员发表讲话说："苏联解体是全民族的重大悲剧"，其间"大多数公民一无所获，人们遇到大量问题"；当时存在的问题——文化、语言、宗教问题"本可以在一个国家框架内在新的基础上加以解决"。这表明，普京在经过多年思考后确认，苏联解体本可避免而并非必然，当时存在的危机本可以通过另一种方式加以解决。

2005年4月25日，普京在国情咨文中对苏联解体作了更为具体的评述。普京说："首先应当承认苏联解体是20世纪地缘政治上最大的灾难，对俄罗斯人民来说这是一个悲剧，我们数以千万计的同胞流落在俄罗斯土地之外，苏联解体就像流行病一样也波及俄罗斯自身。人们的积蓄化为乌有，曾经的信仰不复存在，许多部门机构或被解散或是匆忙地进行了改革，而国家的完整因恐怖主义的影响和随后的妥协而遭受损害。寡头集团完全掌控着大众传媒，它们只为自己的小集团谋取利益，而普遍的贫困开始被视为正常的现象。但要知道，所有这些都是在经济急剧下滑、金融动荡和社会瘫痪的背景下发生的。"

2005年5月，普京在接受德国电视记者采访谈到苏联解体时还形象地说,这确实是千千万万人的悲剧,"我们在泼水的时候,连同孩子一起倒掉了"。

本文详细展示了普京对苏联历史及苏联解体的评价的发展过程。我们从中可以了解到俄罗斯社会思想的动向和发展。

2010 年,普京在谈到怎么看待苏联解体问题时,提出了大家熟悉名言:"谁对苏联解体不感到惋惜,谁就没有良心,而谁想按原样恢复苏联,谁是没有头脑。"①

这种变化,是普京价值观变化的一种反映,也是为了迎合俄罗斯各阶层的不同认识、不同情绪与感受的需要。

至于在对外政策方面,梅、普同样持有不同看法,例如,当普京批判西方国家对利比亚的军事干涉是中世纪进行的十字军远征,而梅德韦杰夫很快提出不同看法。他说:"利比亚所发生的一切完全是利比亚领导人的丑陋行为与对自己的人民所犯下的罪行有关。这一点不能忘记。其他所有的事情都是结果。"

# 第二节　选举制度

1993 年通过的《俄罗斯联邦宪法》,是保证俄罗斯广大人民民主与自由的根本法,是基础性条件,但为了保证人民民主与自由权利得到具体实现,仍需要进行一系列的改革,建立一些具体法律制度。人民具有选举权,是实现政治民主的一个重要条件。《俄罗斯联邦宪法》第三十二条第一、二款规定:

俄罗斯联邦公民有直接或通过自己的代表参加管理国家事务的

---

① 参见俄文原文:《Кто не жалеет о распаде СССР, у того нет сердца. А у того, кто хочет его восстановления в прежнем виде, у того нет головы》。2010 年 12 月 16 日电视讲话,http://www.aif.ru/politics/world/251189。

权利。

　　俄罗斯联邦公民有选举或被选入国家权力机关和地方自治机关以及参加公决的权利。

　　人民有选举国家权力机关与地方自治机关的权利,这体现了民众要求选举国家各级权力机关的政治诉求。俄罗斯通过改革在政治体制转型过程中,根据《俄罗斯联邦宪法》与各类联邦选举法,已形成了定期进行国家各级权力机关代表与领导人的民主选举制度,从而也就成为俄罗斯政治民主生活的一个重要内容。

　　一、叶利钦时期形成的选举制度

　　俄罗斯的选举制度按照类型可分为议会、总统与地方三种选举体制。除了宪法及联邦法律规定的有关选举制度的一般原则外,三种选举体制在内容和形式上都自成体系,俄罗斯的选举制度也就是由体现这三种选举体制的各种法律性文件组成的。

　　1. 俄罗斯的议会选举制度

　　1993 年 10 月 1 日和 11 日,叶利钦以总统令的形式分别签署并颁布了《1993 年俄罗斯联邦联邦会议国家杜马代表选举条例》和《1993 年俄罗斯联邦联邦会议联邦委员会选举条例》。两院代表选举条例对俄罗斯国家权力机关的构成、选举的方式和程序等都作出了新的规定。根据两院选举条例,新的俄罗斯国家代表机关——联邦会议(俄罗斯联邦议会)将由国家杜马(下院)和联邦委员会(上院)两院组成,国家杜马代表选举将采用“混合式代表选举体制”,即在 450 名杜马代表中,225 名代表按单名制(全国划分为 225 选区,1 个选区选举 1 名代表)方式与多数代表制(获相对多数选票的候选人当选)原则由选民直接选举产生,另外 225 名代表则在全联邦范围内从参加竞选并获得 5% 以上选票支持的选举联合组织和选举联盟中,根据其获得选票的多少,按比例选出;联邦委员会将从 89 个联邦主体中按多数制原则各选出 2 名代表,共由 178 名代表组成。

　　1993 年 12 月 12 日,按照两院选举条例选举产生了俄罗斯联邦第一届联邦会议。作为临时议会,本届联邦会议任期 2 年。

在举行俄罗斯联邦会议两院代表选举的同一天,俄罗斯通过了俄罗斯联邦宪法。新宪法将全民公决和自由选举作为俄罗斯宪法制度的基本原则之一,并承认了第一届联邦会议的法律地位及其选举的合法性。但新宪法只规定了有关选举的一般原则,并没有设置针对任何一项选举的专门章节。根据宪法,组成联邦委员会和选举国家杜马的程序将由专门的联邦法律规定。

为准备第二届联邦会议代表选举,1995 年 6 月和 12 月,俄罗斯国家杜马先后通过了《国家杜马代表选举法》和《联邦委员会组成程序法》,并以这两个法律为基础选举产生了第二届联邦会议。1995 年的《国家杜马代表选举法》基本重复了 1993 年杜马代表选举条例中的主要条款,保留了"混合式代表选举体制"。此后,有关俄罗斯联邦议会选举的立法工作基本上没有大的改动,主要是针对 1993 年议会选举以来出现的问题对选举法进行的某些必要修改和补充,其中包括:国家杜马 1997 年 9 月 5 日通过的《基本保障俄罗斯联邦公民选举权与参加全民公决权法》和 1999 年 6 月 2 日通过的《1999 年国家杜马代表选举法》。

2. 俄罗斯的总统选举制度

1991 年 3 月 17 日,全联盟就"是否保留苏联"的问题举行全民公决的当天,在俄罗斯境内同时就有关设立总统职位问题举行全民公决。全民公决的结果,有 52% 的选民支持在俄罗斯实行总统制。

全民公决后仅一个多月,1991 年 4 月 24 日,俄罗斯最高苏维埃讨论并通过了《俄罗斯苏维埃联邦社会主义共和国总统选举法》,该法规定了俄罗斯总统选举的主要原则和程序,内容包括:俄罗斯总统将由具有选举权的公民根据普遍、平等、直接、无记名投票的方式选举产生。总统候选人的年龄应限定在 35 周岁至 65 周岁,任期为 5 年,且同一人不得连任两届以上总统职务。设立副总统一职,副总统候选人由总统候选人提名,两人作为联盟者一同参加竞选。在选举方式上,采用由选民直接投票的绝对多数代表制,即在选民参选率过半,且有两名以上候选人参选的情况下,所得选票超过投票总数半数以上的候选人当选。如所有候选人所得选票均未超过总票数的一半,则将在第一轮选举后的 15 天内进行第二轮选举,由得票相对最多的候选人当选。在提名总统候选人的程序上,规定:凡在联邦司法部取得正式登记的全俄性政党、社会组织、群众运动,在征集到 10 万以上选民支持的情况下,均有权提名总统候选人。

根据该总统选举法,1991 年 6 月 12 日,俄罗斯联邦举行了第一届总统选举。叶利钦等 6 人在中央选举委员会取得了总统候选人的资格登记。选举结果,叶利钦在第一轮投票中获得 57.3% 的选票,顺利当选俄罗斯第一任总统。

1993 年俄罗斯颁布了新宪法。新宪法针对俄罗斯总统选举也作出了一些调整,如:去除了对候选人年龄资格上限的限制,却增加了对候选人在俄罗斯境内居住年限的限制。规定,"凡年满 35 岁,在俄罗斯联邦定居 10 年以上的俄罗斯联邦居民,均可以当选为俄罗斯联邦总统";将俄罗斯联邦总统的任期由原来的 5 年改为了 4 年。

为准备 1996 年总统大选,依据 1993 年的《俄罗斯联邦宪法》,1995 年 5 月 17 日俄罗斯国家杜马通过了独立以后的第一部总统选举法。该法保留了 1993 年宪法中有关总统选举的基本原则,如俄罗斯总统选举的普遍、平等、直接、无记名投票等原则,并在此基础上又提出了一系列新的原则,其中包括:公民自愿参加总统选举原则、总统候选人建立个人竞选基金原则,以及在准备和举行总统选举中的公开性原则(指各国家政权机关和选举机关作出的所有与总统选举有关的决议、命令必须予以公布)。根据 1995 年总统选举法,选举总统的程序主要包括:划分选区与成立各级选举委员会;进行选民登记,建立选民名册;提名与登记总统候选人;总统候选人举行竞选活动;选民投票;统计与公布选举结果。在提名总统候选人方面,该法规定:"选举联合组织、选举联盟或者由 100 名以上选民组成的倡议小组有权提名总统候选人","每个被提名的总统候选人须征得 100 万名以上选民的签名支持,在每个联邦主体内征集到的选民签名不得超过所征集选民签名总数的 7%"。

为适应 2000 年总统大选的需要,1999 年 12 月 1 日俄罗斯国家杜马又通过了一部新的总统选举法,以代替 1995 年总统选举法。新总统选举法对

由联邦预算拨款的竞选基金的使用作了某些限制,规定在总统选举中所获
选票未达到投票总数3%的候选人,选举结束后须将本人联邦预算部分的竞
选基金如数退还。2000年总统选举的结果,在11名候选人中只有3人获得
了3%以上的选票(普京、久加诺夫和亚夫林斯基),根据该规定,其余候选人
不得不将选举时从联邦预算得到的竞选基金上交出去。此外,新总统选举
法还增加了有关提前选举总统的内容。而恰在《1999年俄罗斯总统选举法》
公布的当天,即1999年12月31日,俄罗斯总统叶利钦突然宣布提前辞去总
统职务。依照俄罗斯宪法,总理普京代行总统职权,直至举行新的总统
大选。

3. 俄罗斯的地方选举制度

俄罗斯是一个由83个①联邦主体组成的联邦制国家。这83个联邦主
体又分为共和国,边疆区,州、联邦直辖市,自治州和自治专区等不同类型。
这些类型不同或相同类型的联邦主体,受不同的历史条件、地理环境、文化
传统与经济发展的影响,在实施其所属职权时形成了各自不同的地方政权
体系,包括各自政权机关的选举体制。

1993年10月22日和26月,叶利钦分别签署了《边疆区、州、联邦直辖
市、自治州和自治专区在分阶段宪法改革时期国家政权机关组织与活动的
基本原则》和《边疆区、州、联邦直辖市、自治州和自治专区国家代表权力机
关选举基本原则》,②对地方代表机关的活动范围、代表任期与选举日期等都
做了规定。1993年10月27日,叶利钦还分别签署了《有关边疆区、州、直辖
市、自治州与自治专区国家代表权力机关选举一般原则的命令》和《有关地
方自治机关选举一般原则的命令》,宣布立即解散联邦主体地方苏维埃,同
时根据新的选举原则重新进行地方代表权力机关的选举。

与俄罗斯联邦国家杜马代表的选举原则一致,俄罗斯各联邦主体代表
权力机关的选举均实行普遍、平等、直接和无记名投票的方式,以及选举过

---

① 叶利钦执政期间,俄罗斯共有89个联邦主体。普京执政后,对联邦体制实行了多项改革,
其中之一就是合并了部分联邦主体。目前,俄罗斯合并后的联邦主体数量为83个。

② 这两个文件都没有涉及联邦各共和国,在此之前,各共和国都是按照自己规定的程序选举
其立法权力机关代表的。

程公开原则和公民自愿参加选举原则等。大多数联邦主体宪法或章程都明确规定:地方代表机关的代表不得兼任地方行政职务。在公民享有选举权与被选举权方面,各联邦主体代表机关选举法普遍都对拥有选举权和被选举权的公民的年龄、居住地和居住时间作了一定限制,规定:凡年满 18 岁且其大部分时间居住在该联邦主体境内的俄罗斯联邦公民均享有选举权;凡年满 21 岁且在该联邦主体内居住 1 年以上的俄罗斯公民享有被选举权。但某些联邦主体却有另外的规定,如在乌里扬诺夫斯克州,公民享有选举权与被选举权的法定年龄都为 18 岁;在车臣共和国,把公民享有被选举权的法定年龄下限提高到了 23 岁;而在印古什共和国,根据其选举法,年龄在 21 ~ 55 岁的公民才可以被提名为代表候选人。大部分联邦主体都规定选民最低参选率为 25% 以上,而阿尔泰、卡巴尔达-巴尔卡尔、北奥塞梯等共和国甚至规定,只有选民参选率达到 50% ,选举才被认为有效。另外,各联邦主体对选举时使用语言的规定也各不相同,其中大部分联邦主体都允许选民使用俄语和本地语,或除俄语和本地语之外的多种语言投票,而在鞑靼斯坦共和国却严格规定:在选举时只能使用本地语言。

1991 年以前,俄罗斯历史上从来没有进行过地方行政长官的直接选举。无论是沙俄时期的省长,还是苏联时期党的州委第一书记,一律实行中央委任制。1990 年起,俄罗斯境内的自治共和国纷纷发表了自己的主权宣言,有的还设立了共和国总统职位,莫斯科与列宁格勒(现名为圣彼得堡)两个大城市的激进民主派们也提出要实行民选市长制。1991 年 6 月 12 日,在举行俄罗斯第一任总统选举的当天,鞑靼斯坦共和国、莫斯科和列宁格勒市同时还举行了各自共和国的总统选举与市长选举。这三次选举成了俄罗斯地方行政长官直接选举的初次尝试。随后,其他联邦主体也纷纷仿效他们的做法。到 1991 年年底,又有 8 个共和国在其境内举行了各自的总统直接选举。

1993 年通过的俄罗斯宪法中并没有直接涉及有关地方行政长官选举的内容。根据宪法第七十七条第一款的规定:"各共和国、边疆区、州、联邦直辖市、自治州、自治区的国家权力机关体系由俄罗斯联邦各主体根据俄罗斯联邦宪法制度基础和联邦法律所规定的组织国家权力的代表机关和执行机关的一般原则而独立确定。"也就是说,按照这一规定,联邦主体地方行政长官的产生方式应由联邦主体自行决定。从 1994 年起,各边疆区、州、联邦直辖市、自治州和自治专区在 1993 年新宪法的基础上陆续颁布了自己的宪章,并在各自的宪章中都对有关直接选举地方行政长官作出了明确规定。

1995 年 12 月 5 日国家杜马通过了《俄罗斯联邦会议联邦委员会组成程序法》。① 根据这一法律,从第二届联邦会议起,联邦委员会将由各联邦主体的执行权力机关首脑和代表权力机关领导人组成。该法同时还规定,截至 1997 年 1 月,各联邦主体必须选举出其地方行政长官。于是,从 1996 年下半年起,俄罗斯各地的地方行政长官选举全面展开。

俄罗斯地方行政长官选举制度完全是由各联邦主体国家权力机关自行制定并组织实施的。1995 年以后,俄罗斯各联邦主体在其宪法(或宪章)基础上先后又制定了各自的地方行政长官选举法,确定了地方行政长官选举的一般原则和程序。根据大多数联邦主体地方行政长官选举法的规定,地方行政长官选举按照普遍、平等、直接和无记名投票的方式,由该联邦主体公民选举产生,任期 4～5 年,可以连选连任,但不得超过两届。在通常情况下,大多数联邦主体都按照差额选举原则,实行两轮选举制,只有印古什、鞑靼斯坦、卡累利阿等共和国允许实行非差额选举,即在选举中只提出一名候选人;阿尔泰共和国实行一轮选举制。实行两轮选举制时,一般规定在第一轮选举中获绝对多数选票的候选人当选,如无人获半数以上选票,则在获选票前两位的候选人中举行第二轮选举,其中获相对多数选票的候选人当选。另外,各联邦主体还对选民最低参选率作了明确规定,宣布只有联邦主体 25% 以上的选民参加选举,选举才被认为有效,否则将重新举行选举。

在对候选人资格的限制上,大部分联邦主体都规定:凡年龄在 30 岁以上,在本联邦主体内居住满 1 年的该联邦主体公民均有权被提名为候选人。

地方行政长官的产生由任命制发展到直选制不仅大大改变了地方政权的政治格局,也打破了旧的国家垂直权力体制的基本框架。

二、普京时期选举制度的改革

2000 年 3 月,普京当选新一届俄罗斯总统。出于对叶利钦时期中央权

---

① 参见《俄罗斯联邦立法汇编》1995 年第 50 期。

力软弱,地方政府自行其是与社会严重分裂后果的认识,从 2000 年起,普京有步骤、有计划地在国家的政治领域实行了一系列制度性改革措施,其中就包括俄罗斯的选举制度。改革的主要内容包括:①多次修改了《俄罗斯国家杜马代表选举法》,取消了自 1993 年以来实行的"混合式代表制",规定今后所有国家杜马代表都将按照"比例代表制"的方式选举产生(在地方议会中依然实行混合式代表制,但按比例代表制产生的代表须占当地议会席位的一半);②将参选政党进入议会所需要获得的选票最低比率由 5% 提高到 7% ;③禁止各政党或政治组织联合组建"竞选联盟"参加选举;④取消了选票中"反对所有政党"选项;⑤取消了对选举最低投票率的限制;⑥严格限定政党参加选举活动的条件,如规定在选举前,每个参选政党必须在法定期限内获得 20 万名以上选民的签名支持,或者向中央选举委员会缴纳 6000 万卢布的选举保证金;①⑦改变了地方权力机关的组成方式,废除了叶利钦时期实行的联邦主体地方行政长官直选制,改由总统提名、地方议会批准,等等。

在两个总统任期内,凭借以上改革措施,普京在整顿社会秩序和加强中央权力方面取得了显著效果。其一,消除了叶利钦时期党派林立的现象,提高了大党在国家政治生活中的地位,议会中政党的数量越来越少,从 2007 年第五届杜马时起,有资格进入议会的只有统一俄罗斯党、俄罗斯共产党、公正俄罗斯党和自由民主党等 4 个政党。在地方议会选举中,从 2007 年起,参与竞选的政党也是逐年减少,到 2009 年,在各地区选举中能够当选的政党平均不足 3 个。② 其二,在俄罗斯形成了一个以普京为核心、集合了众多国家各级权力机关领导人、占据了国家杜马和大部分地方议会多数席位的超大型政权党——统一俄罗斯党。③ 其三,依照相关法律,联邦中央掌控了对地方代表机关的监督权和地方领导人的任命权,重塑了俄罗斯国家垂直权力体系,有效制约了地方政治精英的影响,并借助统一俄罗斯党严密的组织体

---

① 根据 2002 年《俄罗斯公民选举权与参加全民公决权保障法》,选举保证金的数额与选举基金,即候选人或政党投入选举的基金数额相关,其数额为选举基金最高支出额度的 10% ~ 15% 。

② Кынев А. В, Любарев А. Е. Партии и выборы в современной России:Эволюция и деволюция. Новое литературное обозрение. Москва, 2011. С. 681. 转引自官晓萌:《俄罗斯地区立法机关选举研究》,载《俄罗斯研究》2012 年第 2 期。

③ 从 2007 年起,统一俄罗斯党在国家杜马和各地方议会选举中的得票率均保持在 50% 以上。

系,在全联邦范围内形成了一张自上而下的政权网。

　　然而普京这种以加强中央权力为主要目的的制度修改,也对社会产生了一些副作用。首先,普京制度改革的目的明显带有"扶持"政权党的作用,因而在制度设计上大大限制了不同党派之间政治上的良性竞争,统一俄罗斯党在国家杜马和地方议会中的优势地位难以撼动,俄罗斯的多党制已形同虚设。其次,随着"废除地方行政长官直选制""取消单名制选区"等多项法律的出台,选民和候选人直接接触的机会越来越少,普通选民直接参与国家政治生活的渠道和积极性受到了一定程度的限制和影响。① 最后,政权党的过分强大造成了该党对国家政治经济资源的垄断,以致在俄罗斯社会内部形成了一个"新的官僚集团"。因缺乏有效的社会监督机制,严重的政治腐败和行政上的低效率也一直是现政权难以克服的最大难题。受2008年金融危机的影响,俄罗斯政治和经济体制中的诸多弊端更加突出,俄罗斯要求社会变革的社会情绪也在不断增长。

　　三、"梅普组合"与普京新时期选举制度的调整及其前景

　　梅德韦杰夫上任后,意识到了民众情绪的变化与俄罗斯政治体制中存在的这些问题,2008年11月5日,在他向议会发表的第一次国情咨文中,就建议地方行政长官候选人由本地方议会选举中获胜的政党提名,总统批准;取消各类选举中的选举保证金制度;建议在国家杜马选举中,取得超过5%得票率以及在三个以上地区建立杜马党团的政党,可以不用为参加国家杜马选举收集签名(此前只有在杜马建立党团的政党可以免于收集签名)等。梅德韦杰夫的改革倡议很快就被杜马以法律的形式确定下来。

　　应该说,梅德韦杰夫提出的以上这些改革措施只是对俄罗斯现有民主

① 相比较来说,俄罗斯社会针对"废除地方行政长官直选制"的反对之声最为强烈。早在普京推行这一改革措施之初,俄国内外舆论就指责该法违反了俄罗斯宪法中有关"自由选举"的宪法原则和第七十七条第一款中有关"俄罗斯联邦主体独立确定地方权力机关"的相关规定。有俄罗斯学者甚至尖锐地指出:这项法律让人联想到了苏联时期实行的行政命令式管理方式和任用地方各级政府官员的做法。2005年下半年,俄罗斯右翼政党"右翼力量联盟"的代表和部分地方选民曾联名向俄罗斯宪法法院提起诉讼,要求对该法律中部分条款的合宪性进行审议。宪法法院受理了这一诉讼请求,并于2005年12月21日作出终审裁决,认定该诉讼请求中列举的相关法律条款没有违反俄罗斯宪法,反对者也只得承认这一诉讼结果。

政治体制的一些小修小补,其改革力度和作用都非常有限,不足以在制度上形成针对日益壮大的统一俄罗斯党的制衡机制。相反,由于 2007 年以后统一俄罗斯党在地方议会选举中控制了绝大多数席位,梅德韦杰夫提出的"将地方领导人的提名权赋予议会中第一大党"的改革动议,客观上进一步强化了统一俄罗斯党在地方权力机关中的优势地位和影响力。另外,针对近年来俄罗斯社会要求"恢复地方长官直选"的呼声,梅德韦杰夫在 2011 年 5 月的一次记者招待会上曾明确表示:"在未来 10～15 年,(联邦政府)不会考虑恢复地方行政长官直选问题。"①

2011 年 12 月 10 日,莫斯科等地爆发了大规模的群众示威游行,抗议统一俄罗斯党在议会选举中的舞弊行为。考虑到三个月以后即将举行的总统大选,出于安抚抗议者的目的,2011 年 12 月 15 日,在"与民众连线"节目中,普京第一次当众表示将会"有条件地"恢复地方行政长官直选。②

作为对普京此番表态的回应,一个星期以后,即 2011 年 12 月 22 日,梅德韦杰夫在向联邦会议发表的其任期内的最后一次国情咨文中,着重阐述了有关实行政治改革的问题,并明确提出了包括"恢复地方行政长官直选制"等在内的六条制度性改革措施。随后,于 2011 年年底至 2012 年 2 月,梅德韦杰夫先后向国家杜马提交了多项改革法案。据报道,杜马在审议以上法律草案时,梅德韦杰夫还多次与反对派领导人会面,听取他们对各项法律草案的意见,邀请非议会政党和体制外反对派的代表到杜马中参加相关问题的讨论。

2012 年 4 月 25 日,国家杜马以 237 票的微弱多数通过了直接选举地方行政长官的法律,4 月 27 日俄联邦委员会批准了该法。该法的主要内容有:①地方行政长官候选人可以由政党提名或个人自荐,然后由当地选民直接选举产生;凡年满 30 岁、没有重大犯罪记录的俄罗斯公民均可成为候选人。以独立候选人身份参加竞选者需征集支持者签名,签名数量需达到该联邦

---

① Губернаторские выборы вернут через 10 - 15 лет. http://www. kasparov. ru/material. php? id =4DD3B37D45368.

② Путин предложил ввести ограниченную выборность губернаторов. http://lenta. ru/news/ 2011/12/15/govern/.

主体总人口的 0.5% 至 2% ,具体比例由各州自行决定。②总统有权就政党提名的候选人及独立候选人的人选提出意见。如果总统认为该候选人参选有可能会对该地区的领土完整、稳定或人权构成威胁,则有权对该候选人的候选人资格提出质疑。③该候选人须得到该地区议会议员一定数量的"信任签名"才能参选。④获得 50% 以上当地选民投票支持的候选人当选,否则将举行第二轮选举。当选的地方行政长官一届任期不得超过 5 年,最多不得连任两届。

普京推行的此次制度改革,虽然部分地满足了社会各阶层对扩大政治参与和民主选举的合理要求,缓解了社会紧张情绪,也相对分散了议会选举后社会抗议运动给普京政府带来的政治压力,但由于目前俄罗斯执政集团的影响力过分强大,力量过于分散的反对派政治力量还很难与之相抗衡。所以,在普京新任期,能否真正实现梅德韦杰夫曾经提出的"发展公民社会"和"政治现代化"的目标,能否真正适应民众"平等政治参与"的社会要求,还取决于在未来很长一段时期内,俄罗斯各方政治力量彼此消长与良性互动的结果。

# 第三节　司法制度

完善司法制度,是保证建设民主政治与成为法治国家必不可少的条件,也是确保人民民主、自由权利实现的重要制度。1993 年通过的《俄罗斯联邦宪法》的第七章专列司法权的内容。第一百一十八条第一、二、三款分别规定:

> 俄罗斯联邦的审判权只能由法院行使;
> 司法权通过宪法、民法、行政法和刑事诉讼程序来实现;
> 设立特别法院。

经过二十多年的政治体制转型,俄罗斯已基本上建立起一套较为完整的司法制度体系。

## 一、叶利钦时期的司法制度改革

苏联时期的司法制度,存在的主要问题可以归结为两点,一是法律虚无主义的盛行。在苏联时期,法律和作为国家根本大法的宪法,只停留在文本上,并未得到应有的尊重。虽然宪法和各种法律规定了公民享有的各种权利,但在实践中,法律法规常常会因领导人意志的变化而变化。二是司法独立性的缺失。苏联时期,司法制度被视为政治专政的工具,司法为行政所控制,司法部门未得到相关部门的授意根本不可能独自作出任何决定。

苏联解体后,为了创建民主政治体制,必须进行司法制度改革。

叶利钦时期的司法制度改革主要是在1991—1994年间进行的。为保证司法改革的顺利开展,1991年俄罗斯最高苏维埃通过了《俄罗斯司法改革基本构想》,详细规划了俄罗斯司法改革的具体任务和目标。1993年俄罗斯新宪法的颁布,为俄罗斯司法制度改革奠定了基本的指导原则和宪法保障。1994年,为进一步推进俄罗斯的司法改革,俄罗斯成立了联邦总统司法改革委员会,以统一协调有关部、委以及地方司法改革委员会在实施《俄罗斯司法改革基本构想》方面的活动。

概括起来,叶利钦时期进行的司法制度改革主要包括以下内容:

1. 构建了一套新的法院体系

将苏联时期单一的普通法院体系扩展为包含三个既相互联系、又各自独立的联邦司法部门(俄罗斯联邦宪法法院、仲裁法院和普通法院)的法院体系。这一新的法院体系不仅为俄罗斯公民提供了更多的司法服务,也扩大了法院的权限,提升了法院在社会上的地位。其中,仲裁法院是为了解决俄罗斯国内日益增多的商务纠纷而设置的,而1991年作为宪法监督机关而设立的俄罗斯宪法法院,其主要职能则在于解释宪法,审议各种联邦、地方法律法规的合宪性,以确保俄罗斯宪法享有国家最高的法律地位。

宪法法院的设立是俄罗斯司法制度改革的一大创举。但在司法实践中,无论是联邦政府,还是地方政府,都始终未能完全遵循宪法法院的决定,有时还公然对抗和藐视宪法法院,在一定程度上损害了宪法法院的权威性,降低了其履行宪法监督职权的能力,以至于一些俄罗斯学者指出,俄罗斯宪法法院长期以来只是一个"没有牙齿的""胆小的、无效的、极具依赖性"的机构。①

**2. 促进司法独立,保证公正裁决**

俄罗斯宪法对于司法独立有着明确的规定。根据俄罗斯宪法:俄罗斯实行三权分立,即立法机关、执行机关和司法机关相互独立;司法审判权只能由法院行使。但事实上,在叶利钦执政时期,由于俄罗斯社会经济下滑严重,法院的预算资金远远不能满足实际需要,有时其预算经费还经常被政府财政部门无故削减,法院系统常常处于捉襟见肘的境地,为此各级法院不得不向地方政府寻找预算以外的新财源,于是逐渐加重了对地方政府的财政依赖。直到1999年,联邦议会最终出台了《俄罗斯联邦法院财经法》。根据该法,法院系统的财政预算直接由联邦政府划拨给联邦最高法院,再由后者逐级向下拨付。为此,联邦政府还专门在联邦最高法院内设立了司法财政管理局,负责整个法院系统的财政管理工作。

司法独立的另一个基本含义是指法官的独立性。俄罗斯的法官独立主要是通过法官遴选程序、任用程序、对法官任期的保障,以及对法官人身安全与物质保障等方面来实现的。1992年俄罗斯通过了《法官地位法》,对法官的地位等问题作出了较为详细的规定。1993年俄罗斯宪法进一步确立了对法官独立地位的宪法保障,明确规定:法官独立办案,并只对宪法和法律负责;法官不可撤任,法官权力的中止或暂停须符合联邦法律规定的程序和原则;法官不可侵犯,除联邦法律规定的程序之外,不得追究法官的刑事责任,等等。

**3. 设立陪审团制度,建立司法程序的正义性**

设立陪审团制度是《俄罗斯司法改革基本构想》的主要内容之一。1993年,俄罗斯通过了《法院体系法》和《刑事诉讼法修订案》,将陪审团制度正式

---

① Jeffrey kahn, *Federalism*, *Democratizatn and the Rule of Law in Russia*, Oxford University Press, 2002, pp. 176 – 182.

引入到俄罗斯的司法体系。① 这一改革措施被认为是俄罗斯司法改革的基石,其主要目的是尽可能地减少法官遭受政治控制的可能性与促进司法的公正性,为公民直接参与司法程序提供机会,从而重新恢复公民对司法的信心。

4. 增设治安法院,减轻基层法院的办案负担

叶利钦时期,由于法院在财政上的匮乏,司法人员短缺的问题一直没有得到很好解决,但法院受理的申诉案件却在不断增多,法官们往往不堪重负。据相关资料统计,截至 2000 年,法院审理的刑事案件和民事案件只占申诉案件的 20%。② 由于案件审理速度进展缓慢,有时犯罪嫌疑人甚至被监禁 2~3 年以后才得到审判。为缓解基层法官的办案压力,1997 年俄罗斯颁布了《联邦司法体系法》,在原有三个法院层级,即联邦最高法院、联邦各主体法院(共和国、边疆区、州、直辖市法院)和区法院的基础上又增加了一个新的层级,即治安法院,负责审理轻微的民事行政案件。与陪审团一样,治安法院并非一个新鲜事物,早在 1864 年,俄罗斯就设立过类似的治安法院。此次俄罗斯设立治安法院的目的,主要是为了减轻基层法院的判案压力。

5. 实施检察制度改革,重新定位法院与检察院的关系③

在 1991 年通过的《俄罗斯司法改革基本构想》中,首次提出了有关"取消检察机关的监督职能,将其司法权力限定在刑事诉讼程序中"的建议。但这些改革建议因遭到了检察院和部分政府官员的抵制,未能全部付诸实践。1992 年通过的《俄罗斯检察院法》中,去除了检察院对法院及诉讼参加者的监督权,却保留了检察官对司法审判的一般性监督职能。1993 年,俄罗斯宪法对俄罗斯检察制度的原则进行了严格规定。根据宪法第二十二条,对任何人的逮捕和羁押只能由法院决定。这一规定不仅明确了法院与检察院的关系,也改变了过去检察机关和侦查机关主导侦查过程的办案模式,有利于

---

① 今日俄罗斯陪审制度并非初创,早在 1864 年进行的那次影响深远的司法改革中,俄罗斯就建立了陪审团制度,并一直沿用到 1917 年,才被苏联时期的人民陪审团制度所取代。

② *Judicial Reform and Human Rights in Russia*, *Strengthening Democratic Institutes Project seminar*, Harvard University, June 1,2001.

③ 尽管关于检察机关是否属于司法部门尚存在争议,但是鉴于俄罗斯宪法将对检察院的规定纳入司法权一章中,故而在探讨俄罗斯司法制度改革时也将对检察院的改革列入其中。

促进法院的司法独立以及实现对犯罪嫌疑人的权利保障。但由于落实这项宪法性原则的配套法律——刑事诉讼法迟迟未能出台,因此叶利钦时期,这一宪法原则始终停留在纸面上,检察院也依然保持着对法院的审判及日常工作的监督权。

二、普京时期的司法制度改革

普京时期的司法制度改革是在叶利钦时期司法制度改革的基础上进行的。针对俄罗斯日益严重的司法不公,以及社会上要求实行司法改革的呼声,普京在2001年4月3日发表的国情咨文中,提出了一系列实行司法制度改革的计划。

普京执政时期实行的司法制度改革措施主要有:

1. 进一步促进司法独立

针对俄罗斯司法权薄弱,法院依然没有摆脱依赖地方行政权力的现象,2002年11月普京推出了两项司法改革措施。其一,促成议会通过了《法院体系法修正案》,取消了地方立法机关参与法官任命和晋升的资格;取消了联邦行政长官对法官任命的否决权。① 其二,制定了《2002—2006年俄罗斯司法制度发展纲要》,大幅增加了对法院的资金投入,目的是使法院系统减少对地方财政的依赖性,有效地增强了法院的独立性。

2. 加强法官职权与对法官地位的保障

为了改变刑事审判中检察权主导、法院司法权弱化的现象,2001年国家杜马通过了《俄罗斯刑事诉讼法》,将以前由检察院行使的各种审前程序(如审前监禁、搜查、扣押)以及排除非法获得证据的决定权,转交给了联邦法院系统,增强了法院的司法权力及法官在整个审判过程中的主动权。2001年11月,杜马通过了《法官地位法修正案》,②进一步完善了对法官的各项保障措施,为法官公正地履行法律赋予的司法职责创造了良好的条件。2002年3月,杜马又通过了《俄罗斯法官团体法法案》,为法官团体的设置提供了法律

---

① 这两项法案在议会两院中都获得了顺利通过。这是因为,2000年普京对议会上院(联邦委员会)进行了改组,宣布地方精英不得担任联邦委员会议员,因而降低了他们对联邦议会立法的影响力。

② 这是俄罗斯国家杜马对《俄罗斯联邦法官地位法》进行的第6次修改和补充。

保障。2005 年 4 月,普京签署了一项新法律,将所有法官的退休年龄由 65 岁延长至 70 岁①,这一规定有效地调动了法官的积极性,也有利于法官队伍的稳定。由于法官享有特殊的物质和社会保障,目前法官已经成为俄罗斯社会中令人尊敬和羡慕的职业,同时也是社会竞争最为激烈的行业。②

**3. 加强司法问责**

司法问责主要是指针对司法部门的行政监督。在加强法官的独立性、确保其不会受到外部不当影响的同时,普京还推出了一些对法官权力实行监督和制衡的措施,其中包括:改变了法官评审委员会③的人员组成,将原来完全由法官组成的法官评审委员会,改为其中的 1/3 成员由地方律师和法律学者担任;明确规定了法官的退休年龄,尽管俄罗斯实行法官终身任职制,但按照相关法律,法官均须在 70 岁退休;规定法院院长的任职期限为 6 年,任期届满后,需经一定程序才可重新获得任命;改变了法官享有绝对刑事和行政责任豁免权的状况,规定只要符合一定程序,便可取消有关法官所享有的免受刑事和行政责任的特权,④等等。

**4. 提高司法效率,促进公正裁决**

2001 年国家杜马通过了三大程序法——《刑事诉讼法》《民事诉讼法》《行政过失法》。特别是刑事诉讼法,为俄罗斯公民和司法人员引入了很多全新的法律内容,如推行辩诉交易、无罪推定、对抗式审判等,反映出国家在尊重公民权利和惩治犯罪方面的改变,而这在以揭示犯罪为司法理念的苏联时期完全是不可想象的。根据刑事诉讼法,从 2003 年 1 月开始,俄罗斯所有地方法院审理重罪时都要采用陪审团制度,以确保当事人获得正当的审判程序,并最终获得公正的裁决。这一规定也标志着,作为一项重要的司法机制,陪审团制度已经在俄罗斯初步建立了起来。

**5. 加强宪法法院的职能和作用**

2001 年 5 月 23 日,普京向杜马提交了《关于执行宪法法院裁决法修正

---

① 在此之前,只有宪法法院的法官退休年龄为 70 岁。
② 任允正、余洪君:《独联体国家宪法比较研究》,中国社会科学院,2002 年,第 289～290 页。
③ 法官评审委员会(JOC),是一个负责法官任命和提职的组织机构。
④ 就刑事责任而言,只要由上级法院组成的三人专家小组作出裁决,并获得法官资格委员会的同意,那么总检察长便可对有关法官提起刑事诉讼。

案》,针对宪法法院的裁决问题进行了一些补充规定,明确了各部门废除违宪法律的责任、执行宪法法院裁决的期限,以及不能及时履行宪法法院裁决所要承担的法律责任等。这些法案的实施有效地推动了对宪法法院裁判的执行,进而增强了宪法法院的权威和地位;2005 年,通过相关法律,普京取消了对宪法法院法官任期上的限制,只在年龄上对宪法法院法官有所限制,即宪法法院法官任职年龄的上限为 70 岁。对宪法法院法官任期上的保障,进一步促进了宪法法院法官的独立性。

6. 推动检察制度改革

2001 年 12 月 5 日杜马通过了《俄罗斯联邦刑事诉讼法典》,对检察机关职权做了重大变更:其一,取消了检察机关对法院审判的监督权;其二,取消了检察长适用强制措施的决定权,将涉及公民人身自由权、财产权、住宅权和通讯自由权等限制公民自由权方面的强制措施的决定权转由法院行使。这样,原来主要作为监督部门而存在的检察院系统,现在更多的则是致力于对公民权利的保障。

三、"梅普组合"时期的司法制度改革

梅德韦杰夫担任俄罗斯总统后,将司法改革作为其执政的重点。梅德韦杰夫在 2008 年的第一次国情咨文中,提出了司法体制改革的方向和目标是,在 2008—2012 年内,主要是保障司法体系的相对独立,彻底铲除司法腐败。他采取的举措主要是:

1. 推动司法独立向纵深发展

如进一步增加司法部门的预算,提高司法透明度,允许法官终生任职而不是每 3 年就要经过克里姆林宫的确认,等等。

2. 重拳打击司法腐败

上任伊始,梅德韦杰夫即下令公开法院的司法裁决,将法官的审判置于公众的监督之下,以便于公众获得法院判决的相关信息,避免他们在信息不畅的情况下,对审判过程或结果进行任意猜测,从而增强他们对法院的信服和认可。另外,在遏制司法腐败方面,梅德韦杰夫任职期间对个别高级法官的腐败行为进行了严厉惩处,如莫斯科地区联邦仲裁法院主席柳德米拉就曾因从事不动产交易而遭到了联邦政府的查处。

3. 全面改革警察系统

一直以来,在俄罗斯提到警察,人们首先想到的就是腐败和不称职。俄罗斯警察的不端行为已成为俄罗斯社会的一大顽疾,不仅制约着俄罗斯经济的发展,也严重损害了俄罗斯的国家形象。对此,梅德韦杰夫执政期间,从法律制度和组织机构方面,对国家的警察体系进行了一系列改革:2011 年 2 月 7 日,梅德韦杰夫正式签署了《俄罗斯联邦警察法》,详细规定了警察的工作原则、权利及义务、采取强制性措施的条件、法律地位、甄选形式、社会保障和监督等。《俄罗斯联邦警察法》的出台对改革内务部的职能奠定了法律基础。根据该法律,内务部人员将于 2012 年 1 月 1 日前缩减 20%,届时所有将被列入或已经被列入编制外的人员,须通过必要考核后才可重新进入内务部机构。①

4. 大力加强人权保障

梅德韦杰夫任职后,积极致力于改变俄罗斯的人权状况。在梅德韦杰夫的倡导下,俄罗斯宪法法院先后作出两项重要司法决定。一是,2009 年 11 月宪法法院正式宣布,俄罗斯将于 2010 年 1 月起停止使用死刑。② 虽然宪法法院宣布的废除死刑决定一时遭到了俄罗斯社会各方的质疑,但该决定在保障罪犯人权方面具有十分重要的意义,它意味着俄罗斯开始兑现其对欧洲委员会的承诺③,在人权保障方面已经进入了一个新的阶段。二是,2011 年 6 月 30 日宪法法院作出了一项裁定,认定:国家公务员和政府官员具有公开批评国家和政权结构的权利,且某一公开言论是否属于被禁止的范围将由法院或专门的机构来判定。④

2011 年,在梅德韦杰夫的推动下,俄罗斯再次对《俄罗斯联邦刑事诉讼

① 自此之后,一项法律草案在进入议会程序之前交由社会讨论将成为所有涉及社会意义的俄罗斯法律的必经程序

② 尽管 1999 年以来,俄罗斯的所有死刑判决事实上都被暂缓执行。然而,对是否要彻底废除死刑制度问题,俄国内一直存在激烈争论,反对废除死刑者不在少数。

③ 1996 年俄罗斯加入欧洲委员会,之后签署了欧洲关于保护人权的第六号议定书,根据该议定书,俄罗斯从 1999 年起,暂停执行死刑。

④ *RIA Novosti*, 30 June 2011.

法》进行了重新修正,针对 68 类罪行新增设了对罪犯监狱服刑之外的刑罚措施,取消了这些罪犯监狱服刑的最低期限。在刑罚政策方面的这些重大改变,意味着俄罗斯正在从传统的控诉模式转向对罪犯从轻处理的人道关怀,增强了对罪犯的人权保障,同时也使法官从"判处轻罪即被怀疑收受贿赂"的怪圈中解脱出来,为法官审理刑事案件提供了更为宽松的环境。在保障人权问题上,梅德韦杰夫时期值得一提的另一个重大突破,是他在 2011 年 5 月承诺:俄罗斯将履行其在欧洲人权法院的义务,而这一承诺在普京任总统期间却未曾提出过。

### 四、司法制度改革的评析

二十多年来,经过各项司法制度改革,俄罗斯的司法体系正在发生着深刻变化,司法的独立性和司法判决的质量都有了很大程度的提高,法院的裁决越来越开明和公正。这些变化一方面表明俄罗斯法院的地位更加独立,另一方面也说明俄罗斯法院的价值取向也在悄然发生改变,即在权衡国家权利与公民权利方面更倾向于保护后者。司法制度改革的积极意义主要表现在:推动了俄罗斯社会的法治建设;促进了俄罗斯人权保护状况的发展;为俄罗斯的政治经济转轨提供了有效的法律保障;相对减轻了欧洲人权法院的审案压力。

虽然俄罗斯的司法制度改革取得了一定成效,但目前俄罗斯的司法体系依然存在一些问题,如:在改革检察机关的过程中,有些改革措施因受到检察机关的公然抵制和对抗而难以推行;司法独立性问题仍未得到彻底解决。虽然目前俄罗斯在司法独立方面已经取得重大进展,但实现真正意义上的司法独立还有不少距离;目前俄罗斯的司法腐败问题依然十分严重。

# 第四节　政党制度

根据《俄罗斯联邦宪法》第十三条第一至五款分别规定:在俄罗斯联邦,承认意识形态的多样性;任何意识形态不得被规定为国家的或必须服从的意识形态;在俄罗斯联邦,承认政治多样化和多党制;社会团体在法律面前一律平等;禁止建立其目的或活动在于用暴力手段改变根本宪法制度、破坏俄罗斯联邦的完整,危害国家安全,成立武装组织,煽动社会、种族、民族和宗教仇恨的社会团体,并不允许其活动。以上规定,确立了多党制原则、多党制思想基础与对政党活动作了规范。从而,多党制作为俄罗斯基本政治体制的地位,最终以国家的根本大法——宪法的形式予以确认。

叶利钦时代多党制得以建立并逐步发展。1993年宪法规定俄罗斯实行两院制,国家杜马的组织结构形式极大地促进了政党政治的发展,也预示着立法机构代表的组成,必须有新的法律规定。1993年宪法通过不久,俄罗斯制定了国家杜马规则。俄罗斯国家杜马规则第十六条规定,在按联邦选区选举,即按党派名单竞选进入国家杜马的各竞选联盟的基础上,以及由按单席位选区当选,并愿意参加该议员联盟工作的议员组成的议员联盟称为议会党团。① 也就是说,议会党团,指议会中同一政党或政党联盟的议员所组成的党派组织。它是各政党或政党联盟在议会中的重要权力机构。议会党团的主要功能是把本党或联盟党的议员联合成一个整体,建立议会中党的领导机构,沟通该党同该党议员之间的意见,协调立场,统一该党议员的行动,起到政党组织同政府和议会之间联系纽带的作用。

议会党团和政党之间互相联系,密不可分。议会党团的成员,同时也是本人所在政党的成员。加入议会党团的议员们,一方面,形式上以杜马议会党团行事,事实上也是作为政党进行活动;另一方面,一个有影响的政党在议会中只有作为议会党团才能更好地展开活动。议会党团与政党在政治现实中总是相互协调立场。从这个角度看,议会党团和政党不能截然分开。俄罗斯国家杜马中相互竞争相互辩论的议员,隶属于代表不同利益阶层的政党基础上的议会党团。议员在大选基础上组成了议会党团。议会党团首先需要内部磋商,形成统一意志。议会党团实际体现了一种团队精神。在杜马中保持一致,是议会党团纪律约束。

可见,1993年12月,根据新宪法和新的国家杜马选举规则举行的国家

---

① 邢广程等:《俄罗斯议会》,华夏出版社,2002年,第162页。

杜马选举成为俄罗斯多党制发展的重要里程碑。① 议会党团的出现,使各党派有了新的政治活动平台,促进了多党制在俄罗斯的进一步发展。而立法机构职能的明确,促进了政党制度的完善。同时,只有政党制度的发展与完善,才能使立法机构更好地发挥政治职能。立法机构在政治体制中的控制与协调职能,促成俄罗斯的政党都必须具有至少三种职能。一是意识形态方面的职能,这可以表明该党是哪些社会集团利益的代言人。在此基础上,党形成自己争取上台执政的施政纲领。二是选举职能。党是任何一场选举运动的一种组织手段。三是组织政权的职能。党应该成为各权力机关之间有效的联系环节。

　　普京前两届 8 年总统任期,政党制度进入规范化时期。这个时期按照相关法律所起的政治效果以及重大政治事件的影响来看,又可以划分为两个阶段:其一,2000 年 1 月至 2004 年 9 月,政党制度发展的初步规范化时期。其特点是:《俄罗斯政党法》出台,并对俄罗斯政党政治及 2003 年的国家杜马选举产生了实质性的影响。其二,2004 年 9 月至 2007 年 12 月,政党制度规范化确立时期。

　　在普京看来,通过规范化俄罗斯的人权与自由得到了宪法的保障,民主政治体制业已形成,多党并立的局面已成为现实。俄罗斯需要做的是促使政党制度的进一步规范化,这是建设公民社会和强力政权的必由之路。制定《俄罗斯政党法》的初衷也正是基于这一理念。普京认为,俄罗斯尚未形成真正的政党制度,目前的政党实际上都是追逐自身利益的政治俱乐部。2000 年 2 月 27 日,普京在"团结"全俄社会政治运动成立大会上强调说,俄罗斯所缺少的就是能够把俄罗斯人团结起来、有威望的、形成了体系的党,应当为在俄罗斯形成几个全国性政党创造条件。普京认为,一个正常运转的国家可以实行由两三个或四个政党参加的多党制。为了在俄罗斯出现一些有生命力的政党,依照"政党原则"组建政府,普京向国家杜马提交了《俄罗斯政党法》,意在减少政党和政治组织的数量,使政党制度纳入法制化轨道,最终建立以两党或三党为基础的多党制国家。

---

① В. Н. Краснов, Система многопартийности в современной россии. М., 1995г., с. 310.

正是基于以上的判断,普京认为制定政党和政党活动法的必要性业已成熟。2001 年 7 月 12 日,普京批准了《俄罗斯政党法》。该法案规定,一个政党必须不少于 1 万名党员,而且在一半以上的联邦主体建立有党的分支机构,每个分支机构不少于 100 名党员。据此规定,叶利钦时代形成的大多数政党、运动和其他各种政治组织真正符合要求的为数不多。

《政党法》的实施有利于提高政党制度化水平,对俄罗斯规范政党活动和完善竞选运动具有重要意义。就政治发展而言,政党制度的规范化远比政党数量重要。一方面,最终形成的几个有影响力的大党会更有利于集中反映民众意志,进一步提高政治参与水平;另一方面,政党制度化和政治参与水平的提高无疑会促进政党和政党体系的稳定及强大。"在政治中,只有各派政党在政治市场上相互竞争,政党轮番执政才能产生前进的动力。问题是如何使这一市场变成文明的市场。在建立了有威望的大党之后,这可以大大减少某些偶然的代表进入杜马的机会,即可以建立起双重监督机制。"①团结党议会党团领导人格雷兹洛夫也表示,制定政党法是俄罗斯走向文明社会的第一步。

《俄罗斯政党法》的通过使俄罗斯政治生态发生了积极变化。俄罗斯开始形成普京极力倡导的左、中、右"三党制"格局。不仅如此,俄罗斯政党力量在议会中的对比变化很快得到直接反映。随着普京国家治理的深入进行,在 2003 年 12 月第四届国家杜马选举前夕,普京对政党制度的作用和发展前景有了进一步的阐述。普京认为,经过 4 年的国家治理,俄罗斯完善了选举制度,为发展真正的公民社会,包括为在俄罗斯建立真正强大的政党创造了条件。一方面,议会中的政党是国家政治机器的一部分,同时也是公民社会的一部分,而且是公民社会最有影响、最重要的一部分。只有国家与社会经常联系才能使权力机关不犯严重的政治错误,而大的政党可能并且应该与社会保障这种联系。另一方面,真正发达的公民社会只有在大大减少国家机构的职能、克服各社会集团之间不信任的条件下才能出现。但是重

---

① В. Лысенко, Пять Уроков Российского Парламентаризма, Независимая газета, 16 мая 2000г.

要的是,只有在全社会对国家所面临的战略任务有一致认识的情况下,才有可能出现发达的公民社会。而没有政党的积极参与也不可能创造这样的条件。①

基于上述认识,普京表示,2003 年 12 月的国家杜马选举将使俄罗斯多党制的发展朝着更加公开、行为更加有效、对俄罗斯人民更加负责的方向进入一个新阶段。而且普京提出,支持加强政党在社会生活中的作用的总方针。

2004 年 12 月 22 日,普京签署了《俄罗斯政党法》修正案,其中主要规定了全国性政党的党员数量不得低于 5 万人,并禁止地方性政党的建立。根据该修正法案,截至 2007 年 9 月第五届国家杜马选举前夕,符合《俄罗斯政党法》规定的政党只有 15 个。②

梅普组合时期以及普京再次就任总统以来,俄罗斯继续采取措施,完善政党制度的规范化发展。2011 年 12 月 23 日,梅德韦杰夫向国家杜马提交了有关政党登记和总统候选人提名的两项法律草案,其中包括将组建政党的最低人数要求由目前的 4.5 万人降低至 500 人,取消关于政党各地区分部的成员最低人数限制以及至少在半数联邦主体拥有分部的要求。另外,政党提名的总统候选人和独立参选人的征集签名的数量大幅度减少,独立候选人为 30 万人,议会外政党候选人为 10 万人,同时取消政党需要征集签名才能参加国家杜马选举的规定。

经过修改的俄罗斯《政党法》于 2012 年 4 月 4 日起生效。截至 2013 年 2 月 27 日,共有 188 个政党组织在司法部申请备案,③获准注册的有 59 个政党。④

总的来说,经过二十多年的政治体制转型,俄罗斯政党制度逐步走向稳

---

① Послание Федеральному Собранию Российской Федерации, 16 мая 2003 г, http://president. kremlin. ru/appears/2003/05/16/1259_type63372type63374type82634_44623. shtml.

② Перечень зарегистрированных политических партий (из Федерального закона от 11 июля 2001 г, № 95 – ФЗ "О политических партиях"), http://www. cikrf. ru/politparty.

③ http://minjust. ru/node/2459.

④ http://minjust. ru/nko/gosreg/partii/spisok.

定与有序,可以说在俄罗斯议会中形成了一个较为稳定的政党格局。当然,如果按照西方经过几百年来形成的政党政治而言,俄罗斯政党政治尚不成熟,处于发展的初级阶段,离政党制度现代化还有很长的路要走。①

---

① 本章第二、三、四节是在由陆南泉主编的《转型中的俄罗斯》(社会科学文献出版社,2014年)一书第二编(政治转型)第三、五、六章(作者分别为李雅君、崔皓旭和庞大鹏)的基础上编写的,特此说明。

# 第三十四章　政治民主发展趋势

对普京的治国理念、俄罗斯发展道路或模式问题,一直是国内外学者极为关注的问题。我们在这一章仅从俄罗斯建立民主政治体制过程中出现的有关"主权民主"与威权主义两个问题作些简要分析,以此来探讨俄罗斯民主政治发展趋势。这两个问题既是理论问题,亦是俄罗斯在集权政治体制向民主政治体制转型过程出现的实际问题。

## 第一节　"俄罗斯思想"与"主权民主"

普京在 2000 年 5 月就任俄罗斯总统时,俄罗斯正处于数百年来最困难的一个历史时期,大概这是俄罗斯近两三百年来首次真正面临沦为世界二流国家,抑或三流国家的危险。普京面临的形势是十分复杂的,其中经济问题尤为突出。正是由于这个原因,普京提出了富民强国的竞选纲领,大声疾呼:战胜贫困,改善民众生活,要洗刷掉国家贫穷的耻辱,还国家以经济尊严。普京为了实现富民强国的经济纲领,他一方面一直坚持叶利钦时期转型的大方向,即政治民主化和经济市场化。2002 年 4 月 18 日,他在联邦会议上发表的总统国情咨文中再次强调,俄罗斯发展的目标不变:"这就是发展俄罗斯的民主,建立文明的市场和法治国家。"①另一方面,针对叶利钦时期转型中存在的问题,对在政治、经济转型的具体政策等方面提出新思路与新方针,把转型的重点由过去主要摧毁旧制度转向主要是建设新制度。

---

① 《普京文集》,中国社会科学出版社,2002 年,第 602 页。

　　普京的治国思想,是他 1999 年年底发表的《千年之交的俄罗斯》纲领性文章中提出的"俄罗斯思想"。① 它包含的内容是:①爱国主义,即对"自己的祖国、自己的历史和成就而产生的自豪感",也是为建设强大国家的一种"心愿";②强国意识,强调俄罗斯过去与将来都是"强大的国家",这"决定着俄罗斯人的思想倾向和国家的政策";③国家观念,即认为拥有强大权力的国家"是秩序的源头和保障,是任何变革的倡导者和主要推动力";④社会团结,强调俄罗斯人向来重视"集体活动","习惯于借助国家和社会的帮助和支持"来"改善自己的状况"。十分明显,"俄罗斯思想"实质上是带有浓厚俄罗斯民族主义色彩的爱国主义,其核心是"国家"的观念,即突出国家的地位与作用,恢复俄罗斯的大国和强国地位。关于这一点,普京在 2000 年 7 月 8 日向俄罗斯联邦会议提交的总统国情咨文中说得更加明确。他说:"俄罗斯唯一的选择是选择做强国,做强大而自信的国家,做一个不反对国际社会,不反对别的强国,而是与其共存的强国。"②普京认为,为了使俄罗斯成为强国,"需要有一个强有力的国家政权体系。历史已雄辩地证明,任何专制和独裁都是短暂的,只有民主制度才能长久不衰。尽管民主制度也存在着种种不足,但人类还没有想出比这更好的制度。在俄罗斯建立强大的国家政权,即指建立一个民主、法制、有行为能力的联邦国家"③。

　　普京上台执政时,需要在一系列重大政策方面作出选择,进行调整,因为"他接受的是一个烂摊子"④。或者像俄罗斯著名的历史学家、传记与政论作家罗伊·麦德维杰夫说的:"弗拉基米尔·普京是在国家处于非常条件下上台执政的。俄罗斯经济衰弱,国家政治上软弱无力,而且出现联邦解体的危险,这一切汇合成一个危险——似乎很少有什么东西能够使国家复兴,国民已经厌倦了 20 世纪的诸多尝试。这种情况下普京总统和他的班子就负有特殊责任。"⑤

---

　　① 关于"俄罗斯思想"基本内容的论述,详见《普京文集》,中国社会科学出版社,2002 年,第 7～10 页。

　　② 《普京文集》,中国社会科学出版社,2002 年,第 77 页。

　　③ 同上,第 10～11 页。

　　④ [俄]叶夫根尼·普里马科夫:《临危受命》,高增训等译,东方出版社,2002 年,第 222～224 页。

　　⑤ [俄]罗伊·麦德维杰夫:《普京时代》,王桂香等译,世界出版社,2001 年,第 14 页。

普京面对上述局面，一方面要充分利用已形成的改革潜力，调整政策使转型进程继续下去，使俄罗斯避免陷入沦为世界上第二流甚至是三流国家的危险；另一方面，要避免上述危险，又要克服种种困难，把精力用在改革上，而要做到这一点，需有一种思想把俄罗斯社会团结起来，不再是一盘散沙。为此，普京强调，在"一些重要问题上意见一致是十分重要的，例如，大多数俄罗斯人所期望和关心的是目标、价值观、发展水平这些问题。我国的改革艰难而缓慢的原因之一就是公民不和睦，社会不团结。精力都耗费在政治内讧上，没有用在解决俄罗斯改革的具体问题上"①。笔者认为，以上是普京提出俄罗斯思想并把它作为治理俄罗斯的指导思想的基本出发点。另外，俄罗斯思想的提出，与俄罗斯经济衰退的严重性有关。普京充分意识到，不振兴经济，就体现不了俄罗斯思想中的一个重要内容——树立起强国意识。对此，普京说："应保证在比较短的历史时期里消除持续已久的危机，为国家经济和社会快速和稳定发展创造条件。我想强调，必须尽快快速发展，因为俄罗斯已经没有时间晃来晃去。""达到应有的增长速度，不仅仅是一个经济问题，这也是一个政治问题；我不怕讲这个词，从某种意义上来说，这是意识形态问题。更准确地说，它是一个思想问题、精神问题和道德问题。而最后一点，从团结俄罗斯社会来说，在现阶段意义尤其重大。"②这就是为什么普京执政以来一直不断地、反复地强调要快速发展经济的根由。还应指出的是，俄罗斯思想的提出，与普京有强烈的爱国主义和维护国家利益的思想有关。

普里马科夫在普京上台执政不久的2001年，在莫斯科思想出版社出版的中文本译为《临危受命》一书，该书最后一章的题目是"从叶利钦到普京"。他在书中说："通过与普京的多次谈话我开始清楚，他是一个爱国者。他没有大国沙文主义观点，也不把方向定在与左派或右派接近上。他的政治好恶服从于自然是他所认识到的俄罗斯国家利益。""我对弗拉基米尔·弗拉基米罗维奇·普京的许多做法表示钦佩。无疑他是一个能干的人，能够迅速深入到事情的实质，善于对各种不同的听众发表演说，遇事冷静、能克制、

---

① 《普京文集》，中国社会科学出版社，2002年，第8页。
② 同上，第6~7页。

有知识。"普里马科夫还根据普京执政一年来的情况分析,已看出他与叶利钦在以下三个方面有所区别,或者说出现了"遗传链的断裂":第一,普京努力巩固垂直的执行权力,并竭力从事实上解决;第二,如果说叶利钦讨好俄罗斯地方的领导人,建议他们"能够吞下多少主权,就夺多少主权",那么普京显示了限制他们权利的方针,特别是在反宪法和非法活动方面;第三,严肃处理违法者和利用自己的地位、违背各阶层大多数人民利益的官员。普里马科夫认为:"所有这些措施,勾画了新总统政策的轮廓。"①叶利钦在其回忆录中写到,他选择普京最主要的原因是:"此人既对民主和改革感兴趣,又是一位坚定的爱国主义者,总是以国家利益为重。对于这一点,我了解他的时间越长,越是坚信不疑。"②

　　在2004年3月初,普京总统在莫斯科郊区官邸接受法国《巴黎竞赛画报》记者采访时,是如何在执政4年后向社会坦言自己思想、政策与个性的。普京谈到"专制的民主"问题时说:"我不同意有人针对俄罗斯使用'专制的民主'这一说法。""没有一定的基础,民主根本无从谈起,如果经济发展达不到某种水平,这种基础也就很难建立起来。比如俄罗斯,我们就面临着建立一个有效的、确保人人守法的法治环境问题。"关于"国家",普京说:"如果说在我任期内取得什么骄傲的成就,我认为是恢复了国家的威望。在我上台之时,宪法已经失去根本大法的性质,处处都出现了分离主义的倾向。地方不交税,一些地区还想发行自己的货币,北高加索处于内战状态。如今恢复了统一的法律空间,地方上不再违反宪法。与此相伴的是经济逐年增长。"谈到彼得大帝时,普京说:"我非常尊重彼得大帝,但并非认为他说的话都对。我也不同意彼得大帝的这种说法:只有让人怕俄罗斯,俄罗斯才会受到尊重。只有当俄罗斯借助经济发展在民主国家占有自己应当占有的一席时,它才能赢得尊重。只有这样,俄罗斯才会成为一个稳定国家。"

　　根据上述对普京其人思想的评述,通过普京执政期间对一些重要问题

---

① 〔俄〕叶夫根尼·普里马科夫:《临危受命》,高增训等译,东方出版社,2002年,第213页、215~216页。

② 〔俄〕罗伊·麦德维杰夫:《普京时代》,王桂香等译,世界出版社,2001年,第2~3页、368~369页。

发表的言论,再通过他执政以来推行的政策,笔者认为,普京的所作所为,都体现了他提出的、作为治国思想的俄罗斯思想。这里可以看到,把俄罗斯建设成为一个"强国",是普京步入政坛以来最为重要的政治理想。这也集中体现了他的爱国主义。为了实现这个理想,他首先要做的是建立强有力的国家政权,反映其强权治国的思想,以此来保证社会的稳定和社会的团结与和睦;其次是把经济搞上去,在此基础上提高人民生活水平。这是强国的基础;最后,在对外政策方面,一切都要服从俄罗斯。

可以说,在普京执政以来,上述体现俄罗斯思想的一些基本原则。

有学者提出:普京治国理念的形成与发展在总体上可以划分为两个阶段。1999 年 12 月至 2005 年 4 月为"俄罗斯思想"时期,形成了普京 8 年执政的思想基础,并在此基础上提出强国战略,也逐渐形成了普京特色的发展模式。2005 年 4 月至 2008 年 5 月为"主权民主"思想时期,概括了普京执政 8 年的政治模式及发展道路,并在"主权民主"思想的基础上提出"普京计划"。2012 年普京再次就任总统后发表国情咨文,重申了"主权民主"的核心理念。① 笔者认为,俄罗斯思想与"主权民主"提出的历史背景虽有不同,但不能把两者视为普京在不同时期两种治国理念。主权民主提出前,在 2000 年先提出"可控民主"这个概念,甚至有人把"可控民主"与"可控市场"说成是普京的发展道路即俄罗斯社会的发展道路。实际上"可控民主"是针对叶利钦时期的无政府主义所造成社会无序而言的。如果说得简单一点,所谓"可控的民主",是针对叶利钦时期的无政府主义所造成的社会无序而言的。如果这种状况不克服,就不可能使政局稳定,建立起必要的社会秩序。到 2005 年 4 月 28 日,在《俄罗斯报》发表的题为《主权民主:普京的政治哲学》一文,第一次提出了"主权民主"的概念。这时提出"主权民主"的主要背景是为了应对西方国家的"颜色革命",即要防止西方国家主要是美国,利用民主化的旗号达到颠覆、控制别国的目的。另外,针对西方国家对俄罗斯国内非政府组织提供资金支持其活动,俄罗斯为了对这些非政府组织加强管理,制定《非政府组织法》。在此过程中,俄罗斯与西方国家之间产

---

① 　参见陆南泉主编:《转型中的俄罗斯》,社会科学文献出版社,2014 年,第 74 页。

生不同看法并发生争论。在此情况下,普京开始宣传"主权民主"的思想与概念。

"主权民主"最重要、最核心的内容是:推进民主不能影响国家主权,就是说,俄罗斯推进民主政治应服从于维护与加强国家主权的要求,并把维护国家主权放在首位。为了维护国家主权,俄罗斯决定要自主地决定向何处去,走什么样的发展道路,建立什么样的民主体制模式,不允许别国干涉,也不能容忍别国利用推进民主而谋取利益。在强调主权的同时,俄罗斯也一再表示,要积极推进民主政治进程,在俄罗斯不存在所谓专制的民主,民主是建立在法治化基础上的,俄罗斯已走上了民主化之路,绝不会回头。

有关"主权民主"的一些论述,实际上在 1999 年普京发表的《千年之交的俄罗斯》一文中有所提及,如提出:"每个国家,包括俄罗斯,都必须寻找自己的改革之路",强调说:"俄罗斯需要一个强有力的国家政权体系,也应该拥有这样一个政权体系。"

根据笔者的研究,从普京 2000 年开始执政一直到目前,乃至今后时期,他的治国理念都没有离开过"俄罗斯思想"基本内涵,不同的则是在不同的具体条件下,体现"俄罗斯思想"的具体政策、侧重点不同而已。

## 第二节 威权主义问题

西方国家一直对普京的政治民主化持怀疑态度,认为在他执政下的俄罗斯在向传统的政治体制回归,甚至说普京日益斯大林化,等等。另外,国际社会普遍认为,普京的治国理念与政策,体现了威权主义,它是俄罗斯的主要政治形态,从而削弱了政治民主化进程。人们对威权主义政体,一般认同为介于民主政治体制与专制政治体制之间的过渡性政治形态,特别是像长期实行集权政治体制的原苏东国家,在转型的初期,在政治现代化的起步阶段,一般都会有以威权主义政治形态作为过渡阶段,至于过渡时间长短,由各国的具体民族、文化、历史传统与经济社会等因素决定。

俄罗斯威权主义政治的主要表现在以下方面:

一、实行以总统集权为核心的最高国家权力机构

1993 年通过的《俄罗斯联邦宪法》用很大的篇幅确立总统权力（共 16 条）。总统掌握着国家的人事、军队与外交大权。直接领导政府。政府总理同时对总统和议会负责，但实际上议会对政府的牵制能力非常有限。"总统可以独立地作出解散国家杜马的决定，无须同总理和议会两院磋商；总统发布的命令也无须总理或有关部长附署；总统有权根据自己的动议决定政府辞职等。"①俄罗斯宪法规定：政府总理人选由总统提出、国家杜马批准，但宪法又规定：如果国家杜马三次否决总统提出的人选，总统可以直接任命总理，可以宣布解散国家杜马，进行杜马的重新选举；如果杜马对政府提出不信任案，总统有权宣布政府辞职或否决国家杜马的决议；如果国家杜马在三个月内再次对政府表示不信任，则总统有权宣布政府辞职或直接解散国家杜马；

根据宪法，政府总理同时对总统和议会负责，而实际上议会对政府的制约能力十分有限。从《俄罗斯联邦宪法》规定的总统权力来看，俄罗斯总统权力要比美国总统大，有人称之为俄罗斯是"总统集权制"或"超级总统制"。有关俄罗斯总统的权限有关规定，详见本书附件《俄罗斯联邦宪法》。

二、政治上的集权化

普京执政以来，为了建立一个强有力的国家政权体系，强化国家权威，政治上的中央集权化是不断加强的趋势。其原因正如我们在前面提到的，主要是因为在叶利钦时期存在一系列严重的社会经济问题：腐败盛行、贪污腐败和团伙犯罪已经达到创纪录的地步。

据 2003 年的报道，国家杜马的 450 名议员当中有 93 位在选举时正受到刑事调查，其中许多人有前科。俄罗斯官员通过贪污获得了 400 亿美元。全国有 1 万个犯罪组织，它们从国家和私营企业以及外国企业手中收取"保护费"。16% 的警官收受犯罪团伙的钱财；②有组织的经济犯罪日趋严重，据俄

① 刘向文、宋雅芳：《俄罗斯联邦宪政制度》，法律出版社，1999 年，第 27 页。
② 参见美国《战略预测网络周刊》2003 年 10 月 15 日。

内务部透露,有500多个犯罪集团控制着2000多家商业企业和700多家银行,这些犯罪集团的4500人涉嫌卷入在俄罗斯的洗钱活动;缺乏统一的法律空间;地方主义泛滥,中央对地方严重失控;对恐怖主义束手无策,车臣问题是个典型例子;国家对媒体显得无能为力;逃税的影子经济猖獗;大量资金外流;等等。普京认为,产生这些弊病的根源是国家的软弱无力。

因此,普京在政治领域的整治政策是,加强国家权力机关的权威,增强中央的集权。这也是普京每次讲话反复强调国家作用的基本原因。他在2001年发表的国情咨文中讲:巩固国家是战略任务。通过加强所有机构和各级权力机构来巩固国家。不解决这个关键问题,俄罗斯就无法在经济和社会领域取得成就。①

普京为建立强有力的国家,提出的方针是坚持整顿权力机构的秩序,并逐步实现国家现代化。这方面的主要任务是:完善政治制度,实际改善联邦主体的条件和建立发展俄罗斯的法律保障。

从普京执政前4年的情况来看,在国家权力的整顿与建设方面取得了不少进展:调整了中央与地方的关系,强化了联邦中央的权威,加强了对地方的控制;加强了对新闻媒体控制与引导,2001年4月26日俄国家杜马通过了《新闻媒体法修正案》;推进政党制度建设,2001年已通过《政党法》;采取措施排除寡头对政治的干扰;加快司法改革,加强对腐败的打击力度;下决心加快行政机构的改革,目的是消除官僚主义、官员腐败和管理低效对社会经济发展的阻碍作用。

普京在2004年3月15日凌晨当选连任后,同媒体见面时就强调:"对俄罗斯这样一个复杂、处于发展转折关头的国家,没有最高国家权力和管理机关是不可想象的。这将导致混乱。所有的人都将受害。这是不能允许的。"现在的问题是,如何认识普京执政以来在政治上出现的中央集权化趋势。这种中央集权会发展到什么程度,会不会发展到极权,乃至独裁。从普京来说,他一再强调,他决不会回到斯大林时期的那种体制轨道上去。普京早在1999年12月发表的《千年之交的俄罗斯》一文中强调指出:"现今俄罗斯社

① 参见《普京文集》,中国社会科学出版社,2002年,第271页。

会不会把强有力的和有效的国家与极权主义国家混为一谈。"俄罗斯在建立强有力的国家政权体系的同时,并"不呼吁建立极权制度"。① 他在回答对昔日俄罗斯帝国的强盛是否有"怀旧感"问题时,他回答说:"没有,因为我认为,帝国治理形式不会长久,是错误的。它导致垮台。"②在谈到成立 7 个联邦区与任命总统驻各区全权代表会不会恢复过去的那种中央集权制度时,普京回答说:"我们不应该倒退到苏联式的过度的中央集权体制。我认为,这是一种效率不高的管理体制。"③普京在 2003 年 11 月 13 日出席俄罗斯工业家和企业家联盟第 13 次代表大会上讲:"俄罗斯不会回到老路上去。这绝对不能。"④

### 三、强化国家总统权力

普京开始第三任期后,在恢复"梅普组合"时期被打乱了的以总统为中心地位的权力结构同时,进行了一些强化总统权力的改革措施。这主要有:一是扩大总统办公厅的规模与职能,将总统下属的局由 5 个扩大到了 22 个。二是增设直属总统的委员会,由 26 个增加到了 30 个。一些主要部门由总统直接掌控,总统还出任经济现代化与创新发展、经济、能源、生态安全与民族关系等委员会的主席,特别是能源与军工等关键部门总统握有掌控的主导权。

以上一些情况说明,俄罗斯政治生态有着明显的威权主义色彩。它的形成除了具有特定的历史背景外,还应看到,俄罗斯民族有着悠久与深厚的专制独裁传统,沙俄时期没有政治民主,苏联时期没有民主,只是到了 1991 年苏联解体后进行体制根本性转型后才开始政治民主的进程,因此人们把国家的进步,民族的振兴寄托在有一个好皇帝的意识,乃是有其思想与文化基础的。

---

① 《普京文集》,中国社会科学出版社,2002 年,第 9~10 页。
② 同上,第 184 页。
③ 同上,第 399 页。
④ 俄罗斯《消息报》2003 年 11 月 15 日。

## 第三节　威权主义会发展为极权主义吗?

如何认识普京执政以来在政治上出现的中央集权化趋势。这种中央集权会发展到什么程度,会不会发展到极权,乃至独裁。从普京来说,他一再强调,他决不会回到斯大林时期的那种体制轨道上去。

笔者认为,俄罗斯政治上的集权化不大可能发展到极权化或变为独裁政治。关于这个问题提出以下看法。

第一,普京实行的政治集权化政策,是在俄罗斯特定条件下采取的一种措施。当俄罗斯社会经济有了较为稳定的基础,就是说,政治集权化最终就可能将服务于民主进程的发展。当然,这个转化是一个很长的过程。

第二,普京提出的治国思想——俄罗斯思想,"是一个合成体,它把全人类共同的价值观与经过时间考验的俄罗斯传统价值观,尤其是与经过 20 世纪波澜壮阔的 100 年考验的价值观有机地结合在一起"[①]。政治民主是全人类共同文明与价值观中最为重要的内容。因此,今后俄罗斯社会的发展,排除政治民主,或者说一味地实行"主权民主"方针,这在理论上也很难说得通。正如普京在 2004 年 5 月发表的总统国情咨文中所说的:"我国人民的意志和俄罗斯联邦的战略利益要求我们忠于民主价值。"

第三,虽然俄罗斯的政治体制还远不能说已完全定型,今后一个时期,仍有影响政治体制的不少不确定因素:如总统的地位与权限最终如何确立;进一步完善政党制。现在的政权党"统一俄罗斯"仍是一个官僚党,它在议会中占了 2/3 以上的席位,这样容易成为"一党制"。这种情况下,一旦出现问题,全部责任都将落到普京身上;今后政府内阁是一种具有较大独立性的责任内阁,还是靠总统班底运行权力;今后联邦与地方之间如何实现均衡的分权等,这对俄罗斯联邦制如何发展有着很大的影响。这些不确定因素,对俄罗斯今后政治上集权化的发展趋势,将从多方面产生影响。但是应该看到,俄罗斯经过二十多年的社会变迁,大致形成了三权分立的政治体制的框

---

[①] 《普京文集》,中国社会科学出版社,2002 年,第 10 页。

架。以上的一些不确定因素,经过一段时期的改革和各种关系的磨合,更大的可能朝更符合现代化的政治体制方向发展,政治体制走向更成熟化和法治化。在此过程中,政治集权化将渐渐地削弱而民主化将渐渐地发展。

第四,从国际背景来看,当前的俄罗斯与20世纪二三十年代的斯大林执政时期的苏联根本不同。俄罗斯走向极权必然会遭到西方的反对。再说,俄罗斯如果把自己重新孤立起来,不融入世界经济,那么振兴的目标也难以实现。

当然,作为苏联继承国的俄罗斯,推行民主政治的过程将是曲折的,不会是很顺当的。普京在2004年的总统国情咨文中说:"年轻的俄罗斯民主在其形成过程中取得了显著成绩。谁今天不愿意承认这些成就,谁就不够诚实。但我们的社会体制还远远谈不上完善,我们应该承认:我们正处于起点。"

## 第四节　普京面临的民主政治改革难题

一、从2012年总统大选出现的"反普"与"挺普"缘由说起

2012年3月4日,俄罗斯总统大选。普京以63.6%的得票率在大选中首轮胜出。这次选举虽未有悬念,但较为热闹,各政党竞争激烈,在俄罗斯很多城市出现了集会游行的街头政治。如何从这次大选分析普京今后在推进民主政治改革的走向,成为普遍关注的问题。

1.围绕大选在俄全国各地出现了"反普"集会游行的缘由

在选举过程中,反对派发动了集会,表面上是反对选举不公正,存在舞弊,实际上有其深层次原因。

第一,反对政治垄断,把国家政治成为"普梅"两人的游戏,厌恶"普梅"两人的政治二人转,认为这种"王车易位"在看似不违宪的名义下践踏民主,是民主的倒退,不利于俄罗斯民主改革,也反映了俄民主制度的缺失,并体现了加强政治竞争性的政治诉求。俄不少人士还认为,普京团队的稳定结

构,导致精英的流动性不强,削弱了政治参与的广泛度。可以说,这些看法与诉求在苏联解体20年来是前所未有的,也是要求政治民主不断发酵的结果。

第二,与上述问题相关,俄罗斯不少民众对普京时期存在的是威权主义政治模式,对一个国家依赖于某一个强权人物来主导,表达不满,认为这显然与民主政治是相违背的。

第三,严重的腐败问题得不到解决。这主要是由于官僚集权政治体制长期没有从根本上得以解决的结果,反映在办成什么事都要靠行贿,连妇女生孩子找产科医生也得行贿。

第四,贫困差距拉大,俄仍然有相当一部分人处于贫困状态。社会不公正问题,引起了人们的不满。普京在2012年2月23日"祖国保卫日"发表的讲话中承认:"俄罗斯目前存在诸多问题——不公正、不平等、受贿、贫困。"与此相关,俄罗斯市政公用服务收费过高,收费公司随意性大,价格高得让老百姓无法承受。另外,科学、教育、卫生事业拨款不足。这些亦是"反普"的一个重要因素。

第五,国家现代化没有取得重要进展,长期以来俄罗斯经济发展过多地依赖于世界市场上能源价格的上涨。2009年,石油价格大幅度下跌,一下子使俄罗斯GDP下降7.9%。

总的来说,"反普"反映了相当一部分民众对民主政治改革的强烈诉求。

2."挺普"成为民意主导地位的深层次原因

第一,众多的俄罗斯人,把普京视为稳定的象征。在"挺普"的集会上,支持普京的民众,相信普京能够引领国家实现稳定和发展,他们不希望在俄突然改变政策,搞忽左忽右的政策,不要再出现动荡。在俄第二大城市圣彼得堡"挺普"集会主题是"我们不要大动荡,我们要伟大的俄罗斯"。人们举的标语牌有:"不要橙色革命发生在俄罗斯","不要瓦解俄罗斯","不想回到90年代"。俄民众都记得,普京在接替叶利钦之后的执政时期,通过调整与整治政策,使俄结束了混乱无序的政治,并使市场经济向有序方向转变。

第二,众多的俄罗斯人,把普京视为实现强国的象征。普京前两届执政时期,经济得到了大的发展,GDP年均增长率达到7%。恢复俄在世界上的大国地位,成为强国,这也是广大俄罗斯人一直追求的梦想。普京一直强调,俄罗斯要集中力量发展经济,加强军事力量。这对富有俄罗斯民族主义的广大俄罗斯民众来说,是得到认可的。

第三,众多的俄罗斯人,把普京视为实现国家尊严的象征。由于实行以上的国内政策,加上在对外政策方面坚决捍卫俄罗斯的国家利益,不当西方的"应声虫",坚决反对"阿拉伯之春""颜色革命",从而赢得了国家尊严。这对富有强烈民族自豪感和强国意识的广大俄罗斯人来说是十分重要的。

第四,人们认同普京执政时期关注民生的政策与取得的成就,这也是支持普京的一个不可忽视的因素。普京执政时期,还实行了超前的收入分配政策,即工资的增长速度超过 GDP 的增长,还提出让老百姓看得起病、上得起学与买得起房的政策。

第五,广大民众"挺普",也反映当今广大俄罗斯人的心态。在"挺普"的人群中,在以下问题上存有共识:一是希望俄罗斯在政治领域提高透明度,更加开放,需要推进政治体制改革;二是要渐进地进行改革,不是革命,不要因改革出现社会混乱乃至动荡;三是在客观上都认识到,当今在俄罗斯还没有比普京更合适的总统候选人。应该说,以上观点也得到了部分"反普"民众的认同。

从以上的分析可以看到,普京在 2012 年总统大选中,尽管遇到一些阻力,但支持他的民意仍占主导地位,加上反对派阵营成员复杂,没有统一的政治主张和纲领,没有一个可以被多数人接受的领袖人物,没有组织。所以普京赢得大选并不困难。俄罗斯国内与国际上不少有识之士认为,普京的困难并不在于能否赢得大选,而是在选举后如何解决面临的种种难题,取得新的辉煌。

二、面临两难的民主政治改革

正如前面指出的,"反普"的根由是反对政治垄断,认为普京在践踏民主,因此"反普"反映了部分民众对俄民主制度缺失的强烈不满与加强政治竞争性的政治诉求。与上述问题相关,俄罗斯不少民众对普京时期存在的威权主义政治模式,对一个国家依赖于某一个强权人物来主导,表达不满,认为这显然与民主政治是相违背的。总的来说，"反普"的发酵告诉我们，如果在20世纪90年代中期至21世纪初期，所关心的是生存问题，但物质生活条件明显改善后，就有要求改革，特别是要求政治体制改革，转而开始关心政治问题，特别是关注民主、自由问题。这在高知群体中反映得尤为明显。从参加"反普"的人员构成也可说明这一点，60%参加者不到40岁，70%的人受过高等教育。从选举投票的地区来看，边远落后地区"挺普"力量大，远东等边远地区支持普京的一般为60%~70%，车臣高达99.7%，而莫斯科仅为49.2%，大富豪（拥有180亿美元财产）普罗霍罗夫在莫斯科的得票率为20.45%，超过久加诺夫居第二。在莫斯科大学投票的排行榜中，普京竟排在末位，只得87票，而名列第一名的普罗霍罗夫。青年人选择了普罗霍罗夫，这因为他本人就很年轻（46岁），选民愿意看到新面孔，防止国家再度集权化。

应该说，普京通过这次大选清楚地认识到，民众对政治的垄断、威权政治的强烈不满，因此必须推进改革，特别是政治体制改革。改革的方向是进一步推进民主政治。普京应该考虑到，如果过去在俄罗斯存在威权政治的空间，但现在人们越来越对威权政治、强人政治的厌倦，威权政治的空间日益狭窄。据凤凰卫视2012年4月5日的采访，莫斯科市民谈不满普京原因时说：俄罗斯到该换人的时候了。所以普京当选后，推进政治民主已成为必然，或者说，普京面对着不得不改的巨大压力。据俄罗斯时事评论网2012年2月6日报道，普京在会见政治家们时坦承，自己当选后最大的任务是在俄罗斯创建一种体制，使国家命运不会被1~3人左右。但普京在推进民主政治改革时强调，不可能一蹴而就，"要特别谨慎"。普京在竞选过程中发表的《俄罗斯的民主制度》一文中说：俄罗斯政治制度需要重塑，但不要指望外部模式。他坚持说，俄罗斯需要一个强有力的政府。在普京看来，如大步推行民主政治改革，会削弱强大的联邦中心与他个人的威权，并会影响普京依赖的已安插到70%的要害的强力部门的要职人员的利益，而且稍有不慎会影响政局稳定。普京在上述文章中还说："真正的民主不是一蹴而就的，也不能仅在表面上复制。"但是如果民主政治改革缓慢又将引起反对派的强烈不满，难以推动经济发展。所以如何推进民主政治的改革，对普京来说，不能不说既是难题又是重大挑战。

笔者认为，普京很可能在头几年依然维持现有的政治模式，之后逐步向民主政治体制转型。在这转型过程中，推行"可控民主""主权民主"政策将更具弹性、灵活性与柔性。当前普京要做的事是，缓解与政治反对派的矛盾，处理好与其他政党的关系。普京会努力避免冲突升级，不会动粗，而更多地采用疏导的方式。

通过以上分析，关于今后俄罗斯民主政治体制发展趋势，可以得出的基本看法是，当前推行威权主义政治形态，是一种过渡性质的，是俄罗斯政治转型过程中特定历史背景下产生的。从理论上讲，随着体制转型的深化，在国内外各种条件影响下，威权主义不大可能成为俄罗斯长期的政治形态，目前的集权也不大可能发展为独裁，更不可能回到斯大林时期的那种极权体制，但在俄罗斯这种由威权主义转向民主主义是个较长的时期，是一个较为缓慢的过程。特别要指出的是，从近几年来俄罗斯推行的内外政策来看，威权主义呈不断强化的态势。在俄罗斯形成了普京威权主义政治生态。

# 第三十五章　俄罗斯体制转型过程中的腐败问题

腐败已是关系到俄罗斯前途命运的一个重大问题,它引起了当今俄罗斯高层领导高度关注并采取了不少反腐措施,但至今未取得成效,并呈"越反越腐"的趋势,根由何在,值得研究。

## 第一节　腐败之历史渊源

腐败并不是在苏联解体后的俄罗斯才出现。在18世纪前的俄国,君王对其官员不发给薪俸,官吏依赖接受贿赂维生,只是从1715年开始,在彼得学习了西方才向官吏发给固定的薪俸。但在封建帝国的沙俄,庞大的官僚机关在办事效率低下与缺乏监督的情况下,并不能消除普遍存在的腐败。

到了苏联时期,斯大林利用革命初期的对社会主义的信仰,对官吏贪污腐败进行控制。但在二战后,由于斯大林对高度集权体制出现的种种弊端不思改革,从而在各级领导干部代表国家掌控与支配公共资源而广大群众又无权监督的情况下,盗窃公有财产等腐败日益严重起来。特别要指出的是,苏联时期的腐败突出的表现形式是特权阶层以权谋私。

苏联的特权阶层早在斯大林时期就已经形成。我们这里讲的特权并不是指对某些有特殊贡献的人或一部分领导人给予较高的工资或待遇,而是指利用权力享受种种特权。苏联特权阶层的特权表现在:名目繁多的津贴,免费疗养和特别医疗服务,宽敞的住宅和豪华的别墅,特殊的配给和供应,称号带来的特权,等等。对苏联上层领导来说,高薪并不是主要报酬,远为贵重得多的是上层所享有的特权。他们一切的获得主要靠特权。因此,在苏联的任何时期,作为特权阶层的一个基本特征是一样的,即他们掌握着各级党、政、军领导机关的领导权。这个领导权是实现特权的基础。

赫鲁晓夫时期,领导人的特权虽有些被削弱,但依然存在。到了勃列日涅夫时期,又开始悄悄地斯大林化。这期间特权阶层扩大化与稳定化,成为勃列日涅夫时期改革停滞不前的一个重要原因。俄罗斯著名学者、苏联发展演变过程的目睹者阿尔巴托夫指出:"早在30年代,所有这些已经形成完整的制度。根据这个制度的等级——政治局委员、政治局候补委员、中央书记、中央委员、人民委员、总局的首长,等等——每一级都有自己的一套特权。战争之前,享有这种特权的人范围相当小,但特殊待遇本身是非常优厚的,特别是同人民生活相比更是如此。"①在二战后,对苏联上层领导人的配给制达到了非常精细的程度。特别是各种商品的购货证与票券得到充足供应,逐渐成了高中级干部家庭正常生活方式的一部分。

勃列日涅夫时期特权阶层扩大化与稳定化的主要原因有:

第一,由于勃列日涅夫时期实际上没有进行政治体制改革,干部领导职务搞任命制与终身制,干部队伍较为稳定,因此特权阶层也比较稳定。而斯大林时期,虽然形成了特权阶层但它是不稳定的。这是因为斯大林一方面给予上层人物大量的物质利益和特权,另一方面又不断地消灭这些人。在20世纪30年代的大清洗运动中,首当其冲的便是这个特权阶层。

第二,由于勃列日涅夫时期的僵化和官僚主义的发展,各级领导机关干部数量大大膨胀,与此同时,特权阶层的人数也随之增加。据俄国学者估计,当时这个阶层大约有50万~70万人,加上他们的家属,共有300万人之多,约占全国总人口的1.5%。② 人们对特权阶层的人数估计不一。英国的默文·马修斯认为,连同家属共有100万人左右。西德的鲍里斯·迈斯纳认为,苏联的上层人物约有40万,如果把官僚集团和军事部门的知识分子包括进去,约70万人。苏联持不同政见者阿·利姆别尔格尔估计,当时苏联的特

① ［俄］格·阿·阿尔巴托夫:《苏联政治内幕:知情者的见证》,徐葵等译,新华出版社,1998年,第311页。

② 参见［俄］博哈诺夫等:《20世纪俄国史》,莫斯科1996年俄文版,第571页。

权阶层有 400 万人,另一些人估计不少于 500 万人。①

第三,斯大林时期,特权阶层的主要使命是维护、巩固斯大林的体制模式。而勃列日涅夫时期,特权阶层的主要使命是抵制各种实质性的改革,维护现状,使斯大林模式的社会主义更加"成熟"。这也是这个时期体制改革停滞不前的一个重要因素。

笔者认为,不能以斯大林时期特权人物不稳定和人数可能没有勃列日涅夫时期那么多为根据,得出只是到了勃列日涅夫执政后期才形成特权阶层的结论。这个结论是不符合苏联历史发展情况的。虽然在斯大林时期特权人物不稳定,今天是这一批人,明天是另一批人,人数这个时期多一些,那个时期少一些,但总是存在这么一个阶层的人。这些人,用苏联人的话来说,就是列入"花名册"(也称为"等级官员名册")的人,即那些被党的首领选来掌管最重要的职位的人的秘密名单。

在苏联时期曾任州委书记、苏共中央政治局候补委员、莫斯科市委书记,后来任俄罗斯总统的叶利钦,在《叶利钦自传》一书中,根据个人亲身经历对苏联特权阶层的种种特权加以揭示:

> 特权阶层有专门的医院、专门的疗养院、漂亮的餐厅和那赛似"皇宫盛宴"的特制佳肴,还有舒服的交通工具。你在职位的阶梯上爬得越高,为你享受的东西就丰富。如果你爬到了党的权力金字塔的顶尖,则可以享受一切——你进入了共产主义!那时就会觉得什么世界革命、什么最高劳动生产率,还有全国人民的和睦,就都不需要啦。就连我这个政治局候补委员,这样的级别,都配有 3 个厨师、3 个服务员、1 个清洁女工,还有一个花匠。特权阶层享受着现代化的医疗设施,"所有设备都是从国外进口的最先进的设备。医院的病房像是一个庞大的机构,也同样很豪华气派:有精美的茶具、精制的玻璃器皿、漂亮的地毯,还有枝形吊灯……购买"克里姆林宫贡品"只需花它的一半价钱就行了,送到这儿来的都是精选过的商品。全莫斯科享受各类特供商品的人总共

---

① 参见陆南泉等编:《国外对苏联问题的评论》,求实出版社,1981 年,第 82 页。

有4万。国营百货大楼有一些框台是专为上流社会服务的。而且那些级别稍低一点的头头们，则有另外的专门商店为他们服务。一切都取决于官级高低。所有的东西都是专门的——如专门提供服务的师傅；专门的生活条件；专门的门诊部、专门的医院；专门的别墅、专门的住宅、专门的服务……每个党中央书记、政治委员和候补委员都配有一个卫士长。这个卫士长是受上级委派办理重要公务的职员，是一个组织者。他的一个主要职责是立刻去完成自己的主人及其亲属请求办理的任何事情，甚至包括还没有吩咐要办的事情。譬如要做一套新西服。只要说一声，不一会儿裁缝就来轻轻敲你办公室的门，给你量尺寸。第二天，你便能看到新衣服，请试试吧！非常漂亮的一套新西装就这样给你做好了。每年3月8日妇女节，都必须给妻子们送礼物。这同样也不费事，会给你拿来一张清单，那上面列出了所有能满足任何妇女口味的礼品名称——你就挑吧。对高官们的家庭向来是优待的：送夫人上班，接他们下班；送子女去别墅，再从别墅接回来。每当政府的'吉尔'车队在莫斯科的大街上沙沙地飞驶而过时，莫斯科人通常停下脚步。他们停下来不是因为此刻需用敬重的目光瞧一瞧坐在小车里的人，而是由于这确实是个令人有强烈印象的场面。"吉尔"车尚未来得及开出大门，沿途的各个岗亭就已得到通知。于是，一路绿灯，"吉尔"车不停地、痛痛快快地向前飞驶。显然，党的高级领导们忘了诸如"交通堵塞"、交通信号灯、红灯这样一些概念。若是政治局委员出门，则还有一辆"伏尔加"护卫车在前面开道。叶利钦谈到自己的别墅时叙述道：我头一次到别墅时，在入口处，别墅的卫士长迎接我，先向我介绍此处的服务人员——厨师、女清洁工、卫士、花匠等等一些人。然后，领我转了一圈。单从外面看这个别墅，你就会被它巨大的面积所惊呆。走进屋内，只见一个50多平方米的前厅，厅里有壁炉、大理石雕塑、镶木地板、地毯、枝形吊灯、豪华的家具。再向里走，一个房间、二个房间、三个房间、四个房间。每个房间都配有彩色电视机。这是一层楼的情况，这儿有一个相当大的带顶棚的玻璃凉台，还有一间放有台球桌的电影厅。我都弄不清楚到底有多少个洗脸间和浴室；餐厅里放着一张长达10米的巨大桌子,桌子那一头便是厨房,像是一个庞大的食品加工厂,里面有一个地下冰柜。我们沿着宽敞的楼梯上了别墅的二楼。这儿也有一间带壁炉的大厅,穿过大厅可以到日光浴室去,那儿有躺椅和摇椅。再往里走便是办公室、卧室。还有两个房间不知是干什么用的。这儿同样又有几个洗脸间和浴室。而且到处都放有精制的玻璃器皿,古典风格和现代风格的吊灯、地毯、橡木地板等其他东西。①

法国作者罗曼·罗兰 1935 年访问莫斯科时,发现连无产阶级作家高尔基也享受贵族待遇,在金碧辉煌的别墅里,为他服务的有 40~50 人之多。在罗兰的《莫斯科日记》里写道:苏联已出现了"特殊的共产主义特权阶层"和"新贵族阶层"。"他们把荣誉、财富与金钱的优势攫为己有。"②

事实上,苏联特权阶层享受的特权是很多的。那么在苏联为何需要建立这样一个让苏共党内少数领导干部享受厚颜无耻的特权制度,为什么要建立那种财富帮会式的官僚机构配给的方式。关于这个问题,阿尔巴托夫提出的分析是很有道理的。他说:特权阶层的形成,"这是斯大林故意采用的政策,目的在于收买党和苏维埃机关上层,使其落入某种连环套之中,这是一种路线,旨在借助于直接收买,借助于灌输丢掉职位就丢掉特权、失掉自由甚至生命的恐惧思想,从而保证官员们绝对听话,并积极地为个人迷信服务"③。应该说,斯大林为苏共领导层提供的种种特权,是他建立的一种制度,或者说是苏联政治制度的一个内容。斯大林-苏联模式的一个重要内容是高度集权,权力掌握在少数领导人手里,后来集中在斯大林一个人手里,他掌握着主要领导乃至地方各级领导干部的任免权。这是斯大林为了巩固其统治的重要手段。

苏联解体后,特权阶层中很多成员,在俄罗斯经济转轨过程中,特别在国有企业私有化过程中,又大量侵吞国家财产。据一项调查显示,俄罗斯

① [苏]鲍里斯·叶利钦:《叶利钦自传》,朱启会等译,东方出版社,1991 年,第 140~147 页。

② 参见陆南泉等主编:《苏联真相——对 101 个重要问题的思考》(下),新华出版社,2010 年,第 1193 页。

③ [俄]格·阿·阿尔巴托夫:《苏联政治内幕:知情者的见证》,徐葵等译,新华出版社,1998 年,第 312 页。

61%的新企业主曾经被列为党、政府、企业的精英成员。就是说,私有化为原苏共领导人大量侵吞国有资产大开方便之门。他们从事投机,大发横财。正是由于这个原因,在俄罗斯私有化过程中围绕公司控制权而展开了各种斗争。被称为俄罗斯私有化之父的丘拜斯对此坦言:"在证券私有化起步时,苏联的经理厂长的第一次突破就是要把一切都据为己有,通过各种合法的和近似合法的途径把尽可能多的财产置于自己的控制之下。为配合这项任务,他们创建了各种各样的子公司及其下属的公司,积聚资金以收购财产。在许多情况下,钱被非法地转到这类公司和商行的账上:钱是从已被私有化的企业本身的流通中取得的。后来,这些钱被投到收购私有化证券上去。当某个时刻,即母企业进行证券拍卖的时刻来到时,他们便用私有化证券大规模地把工厂收买了。通过这种简单的行动,经理厂长便成了实际的所有者。"

## 第二节  日趋严重的俄罗斯腐败

1991年底苏联解体后,国家制度虽进行了根本性的转型,实行了经济市场化与政治民主化的改革。1996年已基本上形成了市场经济体制框架,并建立了以总统设置、多党议会民主、三权分立、自由选举为特征的西方式政治体制模式。但在叶利钦执政时期俄罗斯社会存在严重的社会混乱、无序状况。从经济体制来讲,与有序的、文明的市场还有很大距离;从政治体制来讲,民主制度很不完善,多党制并没有真正建立起来,缺乏有效的监督机制。特别要指出的是,在快速私有化过程中在形成金融-工业寡头的同时,各种侵害国家财产的情况大肆泛滥,加上在转型头几年,经济情况严重恶化,各个权力机关与官员,通过各种手段捞取实惠以缓解其困难。

当今俄罗斯是存在严重腐败的国家。2008年,它在世界180个国家透明国际清廉指数排行榜上列第147位。腐败已成为阻碍俄罗斯社会经济健康发展的一个重要因素,它对俄构成了最大威胁。为此,俄一直把反腐作为政府的一项重要任务。普京早在2006年致联邦会议的总统国情咨文中强调：腐败是俄罗斯发展道路上的"一个重大障碍"。2007 年 12 月 12 日，他在答美国《时代》周刊记者问题时也明确表示，俄罗斯的司法机关与社会组织不要容忍腐败现象，国家再也不能容许腐败分子逍遥法外了。① 梅德韦杰夫任总统后一再表示要把反腐进行到底的决心。他认为，"腐败问题是俄罗斯社会中最尖锐、最现实的问题之一"。他在 2008 年的总统国情咨文中指出：腐败是现代社会的"一号公敌"。为此，他把反腐败视为其首要任务，国家工作的"优先日程"。2009 年梅德韦杰夫总统发表的《前进，俄罗斯！》一文中他给自己提出了一个简单而又严肃的问题，即"我们应该不应该把……长期存在的腐败和根深蒂固的恶习带入我们的未来？"他还说："长期存在的腐败，一直在吞噬着俄罗斯。"梅德韦杰夫在 2009 年 11 月提出的总统国情咨文中，正式提出了俄将以实现现代化作为国家未来 10 年的任务与目标。而作为现代化主要内容的经济现代化要着力解决经济由资源型向创新型转变。2010 年 7 月 27 日，他在经济现代化委员会的发言指出，俄向创新型经济过渡就需要解决贪污的阻力、减少行政影响与发展良性竞争，不解决这些问题就不可能实现现代化。

俄罗斯不仅对反腐重要性与紧迫性的认识不断提高，而且还制订了不少反腐计划与采取一系列反腐措施。

普京在 2002 年就提出惩治腐败的两项措施：一是改革行政机关，使现行的国家机关不要成为助长行贿受贿之风的行政权力机关，使行政管理机关系统现代化，让其能为经济自由服务；二是加强法制，主要途径是推进司法制度现代化。2006 年普京又提出，为了反腐取得成效，必须改变公民对国家权力机关信任程度不高的问题，而要提高公民对国家机关信任度，必须建立公平的法律并在实际生活中付诸实施。俄在 2006 年与 2007 年提高了反腐力度，在联邦安全局、海关总署与总检察院等部门揭露出不少腐败官员。2006 年俄加入了《联合国反腐败公约》缔约国行列，从而成为世界上第 52 个参加该公约的国家，这也反映了俄惩治腐败的决心。普京任总统期间虽在打击腐败方面采取了不少措施，但效果甚微，2007 年 12 月 12 日美国《时代》

---

① 参见《普京文集》，中国社会科学出版社，2008 年，第 647 页。

周刊向普京提问时说:俄"腐败蔓延,这是您的一个障碍",他回答说:"这个问题我们解决得不成功,也未能控制住局势。"①

梅德韦杰夫上台后,提出了更多严厉的反腐措施。2008 年 7 月 31 日,梅德韦杰夫签署了《反腐败国家计划》。该计划分 4 个部分:出台反腐败的法律法规、完善国家管理(系指行政改革)、加强对居民进行法律意识教育与反腐措施。2008 年 12 月 25 日,俄出台了《俄罗斯联邦反腐败法》,该法明确了腐败的定义,规定了预防与打击腐败的一些基本原则。该法的另一个重要意义是扩大了反腐的监控范围,规定了公务员及其配偶、子女都必须提交收入与财产信息。2009 年 5 月 18 日,在梅德韦杰夫签署的反腐的五项总统令中,进一步明确了财产申报制度的实施细则,规定除国家与地方行政官员外,法院、检察院、警察、军队、安全部门、选举机构的工作人员都被纳入申报人之列。② 另外,在签署的总统令中把财产申报主体范围还扩大到国有公司的领导人。以《反腐败国家计划》为基础,2010 年 4 月 13 日,梅德韦杰夫签署了《反腐败国家战略》与《2010—2011 年国家反腐败计划》的总统令,这表明,在俄罗斯已从国家发展前途的战略高度来对待反腐问题了。2010 年 7 月 22 日,俄罗斯总统下令成立国家反腐委员会,并由梅德韦杰夫总统亲自领导。同时,批准了"国家公务员工作守则"草案,要求公务员认真履行职务。2009 年 3 月,俄出台了新的警察职业操守规范。俄杜马还将出台对收贿官员处以高额罚款,规定每次受贿达到 3000 卢布将罚 50 万卢布,同时规定在 3~10 年禁止再担任公职。

梅德韦杰夫为了表示反腐决心,尽管法律没有要求总统申报个人与家庭收入及财产,但他在 2009 年 4 月 6 日在官方网站公布了个人与家庭财产情况。接着于 4 月 7 日普京总理公布了财产情况。梅德韦杰夫还强调,如果官员拒绝向有关机构提供收入与财产情况,将会被开除公职。他还希望以此来使官员接受公众监督。应该说,官员财产申报制度是个进步之举,国际社会称之为"阳光法案",目前世界上已有 90 多个国家与地区建立了相对完善的官员财产申报制度。

---

① 《普京文集》,中国社会科学出版社,2008 年,第 641 页。
② 参见《俄罗斯东欧中亚国家发展报告》(2010),社会科学文献出版社,2010 年,第 164 页。

俄高度重视反腐,一再表达了反腐的政治意愿与决心,还采取了不少严厉措施,亦取得一些效果,2009 年透明国际清廉指数排行榜上俄罗斯的排名从 2008 年的第 147 位升到 146 位。据一项民意调查显示,2007 年只有 12% 的人认为俄政府反腐行动是有效的,而在 2009 年这个数字为 21%。但应看到,总的来说,俄政府的反腐行动收效甚微。对此,梅德韦杰夫总统在 2010 年 7 月 14 日立法委员会会议上说:"无论是国民,还是官员或者腐败者本人都对打击腐败现状不满意。国民认为腐败是最严重的问题,是对国家最大的威胁之一。但我没有看到这方面取得明显效果。"[1]2009 年俄行贿金额平均价码涨了 1 倍多,约 7700 美元,而 2008 年约 3000 美元。据俄有关学者估计,腐败所涉及的金额几乎与国家财政收入相当。据俄反贪污组织 2010 年 8 月 17 日发布的最新材料显示,俄官员贪污金额总数已占 GDP 的 50%,这与世界银行公布的 48% 相差不远。那么,俄罗斯缘何难以遏制腐败呢? 应该说有其多方面的原因,下面就一些主要问题作些分析。

1. 俄罗斯腐败已带有制度性、普遍性与合法性的特点

2008 年 5 月 19 日,梅德韦杰夫总统在反腐败会议上指出,俄罗斯的"腐败已变成一个制度性问题,我们应该用制度性的对策来应对"。制度性因素表现在很多方面:一是行政机关系统办事效率低但权力大,对经济干预多,使得公司、公民要办成一件事就靠行贿去解决。对此,普京早在 2002 年的总统国情咨文就指出,国家机关的工作助长了行贿之风,它们限制经济的自由,其结果是:"人们都在用贿赂来克服种种障碍。障碍越大,贿赂数额就越大,收受贿赂的人的级别就越高。"[2]企图参政的金融寡头虽受到打击,但那些"忠诚"的寡头依然存在,他们与官员结合,营私舞弊,成为腐败的一个重要温床;二是存在不少垄断性的国家大公司。梅德韦杰夫批评俄罗斯近几年来过度重新国有化的做法。他在 2009 年的总统国情咨文中指出,目前俄政府控制着 40% 以上的经济,这些企业效率低,又是派官员任大型企业的领导人,这容易形成官商一体的垄断组织,也是滋生腐败的重要因素。在上述体制因素影响下,在俄罗斯企业、公民个人与官员之间发生关系时,就难以

---

[1]　俄罗斯 2010 年 7 月 15 日。

[2]　《普京文集》,中国社会科学出版社,2002 年,第 607 页。

避免出现贿赂。据2010年8月17日俄报纸网公布的一份报告说,俄企业界人士表示,行贿支出占到企业总支出的一半。

腐败的普遍性在俄罗斯显得尤为突出。普京据俄罗斯总检察院2004的初步估计,俄80%以上的官员有腐败行为。据俄社会舆论基金会2008年9月提供的一份调查数据显示:有29%的俄罗斯人曾被迫行贿,经常被迫行贿的企业家更高达56%,而且,即使在那些从未行贿过的人中,也有44%准备向俄政府公职人员行贿。梅德韦杰夫总统指出,2009年查明的国家公务人员职务犯罪数量达到4.3万起,这比2008年有所增加,其中涉及审判机关滥用职权的刑事犯罪与官员收受贿赂的犯罪均上升了10%,但俄媒体与学者普遍认为,实际上尚未破获的此类案件要比已破获的多10倍甚至百倍。

据俄内务部统计,2009年俄罗斯受贿金额高达3000亿美元。[①] 2010年8月2日俄《每日商报》报道,根据《干净之手》社会组的报告材料,俄商人被腐败掉的金额几乎要占其收入的一半。从地区来说,莫斯科市居首位,莫斯科州居第二。因为这两个地区集中更多的现金渠道,有发达的金融业。腐败几乎涉及所有领域,普京有一次讲话中提到,一个孕妇分娩找产科医生亦要行贿。在俄罗斯1/4的学历是伪造的。在大部分教育机关,从学习机构到高校,80%的流动资金是不走账的。学历造假的新闻经常出现在俄报端。2009年5月,乌里扬诺夫斯克第二儿童医院持假文凭的医师罗辛,竟然为很多小孩做手术。据全俄患者维权联盟统计,俄每年有5万人死于医生的医疗事故,其中不少就是丧命罗辛这样的持假文凭的医生手里。为了取得假文凭,还得造假成绩,每次取得考试的假成绩,5000美元起价,若是知名学府要价可能高达4万美元。[②] 至于警察的腐败已惹民怨。拿交警来说,俄报刊是这样描述的:他们经常"埋伏"起来,抓到违规司机后,如果不严重,司机"反应快"就会"私了"。俄司法系统的腐败也是尽人皆知的(下面将论述)。俄罗斯纳税人为每英里高速路支付的价格是欧洲人的三四倍,其主要因为贿赂和回扣。而即使造价如此之高,工程质量的低劣使得修缮成为必要,于是

---

① 参见俄罗斯《观点报》2010年7月15日。

② 参见俄罗斯《消息报》2010年7月20日。

有了更多的腐败机会。①

在俄罗斯不少腐败行为已是合法化或半合法化,如各种小费、向医生送红包与向老师送礼等,已司空见惯,在客观上人们默认了其存在的合法性。

2. 俄民众对腐败的容忍度高,有些人甚至不希望惩罚行贿行为

在俄罗斯之所以出现上述情况,有以下原因:

一是作为苏联继承国的俄罗斯,在叶利钦执政时期的经济社会转轨,出现了严重的混乱与制度缺失,特别在私有化过程中,腐败大肆泛滥,而在普京执政的 8 年里,在反腐方面又未取得明显成效,腐败成为十分普遍的现象,有人认为,腐败在俄罗斯已成为社会的一种顽疾,无法根治。甚至还有人认为,腐败在俄罗斯已发展成为人们的一种生活方式。在此背景下人们对反腐失去了信心,所以笔者认为,俄民众对腐败的容忍度高,实际上是对惩治无所不在的腐败丧失信心的表现,是一种无奈。正像俄学者说的:俄罗斯人对普遍存在的腐败现象也怀着复杂的态度,一方面他们深恶痛绝;另一方面他们也默认了它的存在,认为它是不可根治的。

二是由于在普京时期在经济高速发展的基础上,人民生活水平的大幅度提高与腐败的发展是同时进行的。普京执政 8 年,坚持实行居民收入超前增长的政策。从 1999 年到 2007 年,俄国内生产总值增长了 68%,而居民实际收入与退休金都增加了 1.5 倍,失业率与贫困率下降了 50%。同时,普京还特别注意解决俄罗斯最紧迫的问题,提出让老百姓买得起房、看得起病与上得起学的社会政策。另外,普京提高了俄罗斯在国际社会的地位。这些因素,对缓和广大俄罗斯民众对腐败问题的不满起了不小的作用,提高了对它的容忍度。对此,俄有学者指出,"俄罗斯政治稳定在很大程度上靠金钱买来的"。"普京个人及其政府的社会支持率是靠给老百姓钱换来的。一旦钱没了,拿什么来维持社会支持率。"

三是由于行政机构官僚化,使得人们通过行贿来解决问题,并由此提出不要惩治腐败的观点。2009 年 5 月 20 日,俄罗斯司法部部长科诺瓦洛夫在国家杜马汇报工作时坦言,有 25% 的俄罗斯人希望官员腐败,愿意让腐败继

---

① 参见美国《华盛顿邮报》2010 年 5 月 26 日。

续存在下去。他还认为,这是个被大大压缩的数字,实际上有更多的人不希望惩罚受贿行为,希望通过腐败机制获得非法好处,容忍官员的索贿行为。在俄罗斯之所以出现上述情况,这与俄行政机构办事效率低下,故意失职不作为,不给好处就不办事有关。据2007年列瓦达分析中心的民意调查结果,39%的俄罗斯人认为,俄罗斯腐败不会根除,因为腐败比法律途径更能解决各种日常生活和生意上的问题,而且速度更快、成本更低,所以人们宁愿选择腐败而不是法律途径。① 据民调材料,有53%的俄罗斯人曾通过行贿解决个人问题,其中19%的人经常这么做。年龄在25～44岁的人群中,有61%～64%有行贿的经历。

　　以上情况告诉我们,民众对腐败持宽容态度,甚至默认腐败存在的必要性,并视为生活的一个内容,更为糟糕的是,据俄一项调查报告得出一个结论说:俄有相当一部分民众认为:"能够中饱私囊成了工作体面和稳定的标准。"②笔者认为,俄民众对腐败的这种心态,成为反腐的一个羁绊。这对一个国家、一个民族来说也是极为可怕的。正如俄律师根里·列兹尼科夫所指出的,在俄"反腐之所以没有效果,主要由于行贿对俄罗斯人来说已习以为常,这种现象并没有遭到整个社会的谴责,因此必须要首先解决社会的深层问题"③。对此,梅德韦杰夫总统也呼吁:俄罗斯社会应对腐败采取不容忍的态度。④ 因此,加强对公民的教育,提高其自身的道德情操,培养廉洁奉公的社会风气,这对抵制腐败是十分重要的。

　　3. 俄罗斯司法弱化与严重腐败

　　1993年在俄通过了体现宪政精神的《俄罗斯联邦宪法》。该宪法第十条规定:"在俄罗斯联邦,国家权力的行使是建立在立法权、执行权和司法权分立的基础之上。立法、执行和司法权机关相互独立。"从宪法来说,规定和保障了司法的独立性。但从俄罗斯的实际情况看,一直存在两个问题:一是司法独立性不强,其力量在三权中最弱;二是司法腐败严重。

---

① 参见《俄罗斯中亚东欧市场》2009年第11期,第46页。
② 俄罗斯《俄罗斯报纸网》2010年8月17日。
③ 俄罗斯《观点报》2010年7月15日。
④ 参见俄罗斯《俄罗斯政治评论网》2010年4月14日。

人所共识,司法是维护社会公正和正义的一个重要机构,它又是反腐败的主要机构,但在俄罗斯,司法腐败成了一个十分尖锐的问题,俄罗斯报纸网2010年8月17日公布的一份报告指出:俄"司法系统的受贿现象尤为普遍"。

司法的不公与不能救助民众正义,一个重要因素是司法腐败。司法腐败主要表现在:一是个人腐败,系指法官索贿、受贿、敲诈勒索等徇私枉法行为;二是出于政治考虑或受握有经济权人士的影响,不能公正执法。这里特别要指出的是,俄司法受地方权力机构干预十分严重,这是难以行使司法独立的一个重要因素,也是至今存在"电话审判"的原因之一。据调查,在俄腐败机构排名列在首位的是地方政府。

在俄罗斯这两种腐败均大量存在。据透明国际的调查,俄罗斯法院及其司法人员已经成为俄高腐败人群。在俄罗斯有这样一种说法:"当诉讼缠身时,最好的解决办法是和解。我们不害怕审判,但我们害怕法官,因为法官最容易被贿赂。就像鸭子的肚子,法官的口袋很难被填满。进入法院时你穿着一身衣服,出来时你会一丝不挂。"①根据俄罗斯智库的调查,在俄罗斯,当事人要赢得诉讼所花费的额外成本为9570卢布(相当于358美元)。而根据俄某社会调基金的调查,一个州法院院长每次办案平均收贿1.5万到2万美元,一个市法院普通法官办案的平均受贿金额也达4000美元。②"在司法系统,决定职业威信的标准不是执法工作,而是能否持续腐败。肥缺岗位本身就成了买卖对象。'就业'已经变成护法机关的摇钱树。例如,一个区检察长助理至少值1万美元,而到交警支队工作可能需要花比这多4倍的钱。"③

司法腐败造成了极其严重的后果:一是使人们对司法机关失去信任,普遍认为不能依赖司法求得公平与正义。2010年6月10日俄罗斯科学院社会学所一项调查报告说:"连幼儿园的儿童都不相信法律面前人人平等"。二是对国家造成重大经济损失,俄官方公布的2007年司法腐败案件中造成

---

① 《俄罗斯中亚东欧市场》2009年第11期,第45~46页。
② 参见《俄罗斯中亚东欧市场》2009年第11期,第46页。
③ 俄罗斯《俄罗斯报纸网》2010年8月17日。

的损失为 4300 万美元,但根据俄检察院下属调查委员会的调查,实际损失是它的 2000 倍。三是司法腐败助长了政治腐败,试想,腐败的法官会去追究腐败的政府官员吗! 四是司法的腐败导致破案率低,俄罗斯有 90% 的受贿者都没有受到法律严惩。这一情况,亦是造成俄腐败猖獗的一个原因。

俄罗斯腐败是严重的,俄有人甚至认为反腐是"越反越腐"。治理腐败将是一件十分艰巨与复杂的事,腐败能否得到遏制,关系到俄罗斯国家发展前途的问题。

# 第三十六章 转型以来俄罗斯经济发展状况的分析

1991 年 12 月 25 日,戈尔巴乔夫在电视上发表辞职演说。26 日,苏联最高苏维埃联盟院举行最后一次会议,代表们以举手的方式通过一项宣言,宣布苏联停止存在。俄罗斯于 1992 年 1 月 2 日实行一次性大范围开放价格,推行"休克疗法"激进式改革,正式启动向市场经济转型。不论以哪个时间作为标志,作为苏联继承国的俄罗斯,已独立执政 28 年。在这 28 年间,不论其经济体制转型还是经济发展都经历了一个曲折与复杂的过程。考虑到在论述叶利钦时期(1992—1999)的 8 年经济转型问题时,在对这时期出现的经济转型危机情况与原因已作分析。因此,本章主要论述普京执政后在体制转型过程中经济发展状况。

## 第一节 普京前两任期经济取得的进展

从经济发展来讲,普京执政的第一任期,俄罗斯经济从严重的危机状态摆脱出来,走向复苏,进入了经济增长期。经济成果主要表现在:

GDP 累计增长近 30%。由于经济摆脱了危机并出现连续增长,使俄罗斯过去丧失的经济潜力已弥补了 40%,但还没有达到 1989 年的水平。2003 年俄罗斯 GDP 总量(按卢布汇率计算)为 4315 亿美元。

人民生活水平有了明显提高。1999 年职工月均工资为 64 美元,养老金仅为 16 美元,并且经常不能按时发给。而到 2003 年这两项指标分别增加到 180 美元和 60 美元。这 4 年居民的实际收入增加了 50%。生活在贫困线以下的居民从 1999 年占总人口的 29.1% 下降到 2003 年的 22.5%。失业率从 1999 年的 12.66% 下降到 2003 年的 8.4%；一些重要的宏观经济指标有改善。在普京的第一任期内，偿还外债 500 多亿美元，而并未引起财政紧张。连续几年出现预算盈余，2003 年预算盈余占国内生产总值的 2.5%。通胀率得到控制，2003 年未超过 12%。1998 年金融危机后，几乎枯竭的外汇储备，到 2003 年达到了历史最高水平，为 790 亿美元，仅 2003 年一年就增加 300 亿美元，2004 年为 1200 亿美元。

在普京第二任期，俄罗斯经济继续保持较快的增长速度。2004 年国内生产总值增长率为 7.2%，2005 年为 6.4%（国内生产总值为 21.67 万亿卢布，合 7658 亿美元，人均国内生产总值超过 5300 美元）。职工月均名义工资约为 320 美元，增长 25% 左右，月均实际工资增长 9.3%。到 2005 年贫困人口下降为 2670 万~2900 万人，约占全国人口的 1/5，其月收入不超过 1000 卢布。2006 年国内生产总值增长 6.9%。按购买力平价计算，俄罗斯人均国内生产总值已超过 1 万亿美元。2006 年通胀率已降为 1 位数（为 9%）。居民实际可支配收入增长 11.5%，失业率下降为 7.4%。俄罗斯政府外债大量减少。在 2005 年偿还了巴黎俱乐部 150 亿美元之后，2006 年偿还外债 337 亿美元，外债余额占国内生产总值的 5%。2007 年国内生产总值增长 8.1%，工业增长 6.3%，农业增长 3.35%，固定资产投资增长 21.1%。

总的来说，普京前两届总统执政期间俄罗斯经济形势明显好转。8 年间国内生产总值年均增长率为 6.9‰。按照普京 2007 年总统国情咨文的说法，"目前俄罗斯不仅彻底度过了漫长的生产衰退期，而且还进入了世界十大经济体的行列"。

普京执政时期，俄罗斯经济不断回升，出现了较快的发展态势，虽然与普京执政以来一直把俄罗斯内外政策的着力点放在发展经济有一定关系，但主要与能源等原材料产品价格大幅度上涨有关。"9·11"事件后，国际市场原油等原材料价格急剧上扬，对俄罗斯经济起了很大作用。国际市场原油价格从 1999 年每桶 15.9 美元上涨到 2006 年的 65.15 美元，2008 年油价虽出现过暴涨暴跌，但年均价仍高达每桶 100 美元。国际市场原油价格上涨对俄罗斯国内生产总值增长保持很高的贡献率。例如，2000 年俄罗斯出口石油 1.45 亿吨,比 1999 年增长 7.1%,但石油出口收入却比 1999 年增长 78.8%,为 253.3 亿美元。对此,普京明确指出,2000 年的经济增长"在很大程度上是良好的国际市场行情造成的"①。俄罗斯杜马信贷政策委员会主席绍兴指出,2000 年俄罗斯经济增长中有 70% 是外部因素作用的结果,内需的贡献率为 30%。而 2001 年出现了相反情况,内需的扩大对经济的增长率为 70%,而出口贡献率下降为 30%。2002 年出口贡献率又上升为 60%,2003 年为 75%,2004 年为 70%。普京执政 8 年仅油气出口带来的收入达万亿美元。俄罗斯政府认为,普京执政 8 年,经济增长的外部因素与内部因素各占一半,而经济学界普遍持不同意见。俄科学院院士阿甘别基扬于 2004 年 17 日在中国社会科学院俄罗斯东欧中亚研究所的一次报告中提供的材料,1999—2004 年 6 年期间,俄罗斯 GDP 的增长率,70% 是国际市场能源及其他原材料价格上涨的结果。

# 第二节 全球金融危机后的经济

从 2008 年到 2018 年,是个较长时期,这个时期经历了"梅普""普梅"交替的组合时期。2008 年 3 月 2 日,俄罗斯举行总统大选,5 月 7 日梅德韦杰夫宣誓就任总统,5 月 8 日国家杜马以高票通过对普京的总理任命,"梅普组合"形成。这一时期经济发展基本上是沿着普京时期确立的政策进行的。应该说,梅、普发展战略目标是一致的,都要实行富民强国战略,加速经济发展,提高人民生活水平,强化市场化改革方向。梅德韦杰夫一再强调,将沿着普京的路线走下去,要继续执行普京执政时期的政策。

2008 年 2 月 15 日,从作为总统候选人梅德韦杰夫在克拉斯诺亚尔斯克在经济论坛讲话来看,他提出的经济发展方向有 4 个:国家制度化建设、基础设施、创新与投资。为了使以上 4 个重点发展方向得以实施,他指出要完成以下 7 个任务:克服法律虚无主义;彻底减少行政障碍减轻税务,以刺激创新和

---

① 《普京文集》,中国社会科学出版社,2002 年,第 80 页。

私人投资流入人力资源领域;创建能成为世界金融稳定柱石的强大且独立的金融系统;将基础设施进行现代化改造;形成创新体系;实现社会发展纲要。

很明显,不论重点发展方向还是为此要实现的任务,都与普京的发展战略构想是吻合的。但要指出的是,不能从以上的分析得出结论,梅、普在经济社会发展政策完全一样。从经济社会发展思想来看,梅德韦杰夫主张更自由化一些。他主张政府应减少对国有企业的干预,要让专业的管理者而不是官员来管理企业。还说:"大部分在(国有企业)董事会里的官员都不应担任董事。应该由国家雇佣的真正的董事来替代他们,照看国家的利益。"他还表示:国家机构在国家经济生活中扮演的不少角色都应移交给民营部门。西方对此评论说,这一主张与普京在经济上的政策是有区别的。

2008 年梅德韦杰夫上台后就遇到由美国次贷危机引发的全球金融危机,它对俄罗斯经济产生了巨大的冲击。根据俄经济发展部公布的材料,2008 年 GDP 同比增长 5.6%(2007 年为 8.1%)。工业产值增长 2.1%(2007 年为 6.3%)。另外,还应看到,金融危机对俄罗斯实体经济已产生严重影响。从 2008 年 10 月开始,俄工业生产不仅处于停滞状态,而且第四季度同比下降了 8.2%。在一些工业部门,已开始宣布减产。下面就 2008 年金融危机后有关年份经济情况作些简要分析。

一、遭重创的 2009 年经济

2009 年,俄罗斯经济自 2000 年以来首次出现负增长,而且是大滑坡。据俄罗斯经济发展部公布的材料,2009 年 GDP 同比下降 7.9%,俄在"金砖四国"中垫底。对此,2009 年 10 月 23 日俄《导报》发表的署名文章说:俄跻身"金砖四国"名不副实,俄罗斯在 20 国集团中也是靠后。2009 年 11 月 12 日,梅德韦杰夫在俄联邦会议所作的总统国情咨文中坦言:"所有国家都遭遇了全球金融危机的打击,但在俄罗斯,经济衰退比大多数国家都要厉害。"

那么,是何原因导致 2009 年俄经济出现如此严重的形势呢?笔者看来,主要是以下四个相互联系、相互影响的因素作用的结果。

1.受全球经济恶化的影响要比其他国家大

在经济全球化日益深化的今天,各国之间的经济相互紧密联系与相互

影响。因此,世界各国的经济发展都难免受全球性金融危机的影响。问题是,缘何对俄经济的影响更为严重,这是因为:

第一,俄罗斯虽不是 WTO 的成员国,但它的经济与世界经济一体化的程度很深,已是世界经济的一部分,俄罗斯市场对外资的依赖程度达到 50%~70%;对外贸易一直是支撑俄经济的一个重要因素。就是在叶利钦执政、经济转轨危机十分严重的时期,亦是通过大力发展对外贸易特别是扩大出口来缓解其经济困难的。但在全球经济恶化的情况下,2009 年俄罗斯对外贸易额同比下降 35.3%,其中出口下降 35.7%,进口下降 34.0%。外贸顺差为 880 亿美元,这与 2008 年同期的 1666 亿美元相比,几乎减少了一半(47.2%)。

第二,严重的问题还在于俄罗斯出口产品结构。长期以来,俄一直主要出口能源等原材料产品。2009 年 1—10 月,能源产品出口占俄出口总额的 66.3%(其中原油占 33.5%、石油产品占 15.7%、天然气占 13.5%)。由于 2009 年全球经济下滑世界各国对能源与原材料的需求降低,从而使油气价格下挫。2009 年 1—10 月,乌拉尔原油每桶平均价格为 58.3 美元,而 2008 年同期为 103.9 美元,价格下降了 44%。应该说,这对 2009 年俄经济的大幅度下降是一个最为直接的重要因素。在过去一个时期,油气产品的出口,对俄经济增长的贡献率为 40%,有些年份达到 70%。普京执政时期仅油气出口带来的收入达万亿美元。2009 年油气价格的大幅度下跌,使得油气部门向俄联邦预算提供的收入减少了 40.4%。

第三,由于国际市场油气价格大幅度下降,对俄通常用油气出口赚得的大量外汇进口国外先进的机器设备受阻,2009 年 1—9 月,俄进口的机器设备为 492.66 亿美元,这比 2008 年同期的 1067.89 亿美元减少了 53.9%。这对俄罗斯经济现代化、更新设备、提高产品质量与竞争能力,都将产生极为不利的影响。

2. 内需乏力

这次全球金融危机发生后,各国普遍采取的一项政策是,以扩大内需来抵消国际市场不景气的影响。俄罗斯亦曾采取增加投资、向银行发放贷款、降低税率等办法来刺激经济,但效果并不明显。2009 年固定资产投资同比下降 15.7%，而前几年这项指标一般都是以两位数的速度增长，如 2007 年增长 21.1%，2008 年虽已受金融危机的影响，但仍增长 9.1%。由于经济衰退，2009 年俄罗斯实际工资下降 3.0%。生活在贫困线以下的居民全年增加到占总人口的 17.7%。特别要指出的是，由于企业财务状况恶化，缺少自有资金，有 30 万人未能按时领到工资。拖欠工资的情况在加工部门最为严重，它占未按时领到工资总人数的 55%。由于上述种种因素，使居民购买力大大降低，最后导致 2009 年俄零售商品流转额同比下降 5.1%。

3. 实体经济大幅度萎缩

这对俄 2009 年经济产生重大影响。俄虽在金融危机后对公司提供了 1 万亿卢布的支持与援助，对经济稳定起了一定的作用，但仍顶不住金融危机的冲击。2009 年俄工业产值同比下降 9.3%。由于受金融危机的影响，俄罗斯实体经济面临困难日益增多，主要表现在：

一是企业债务负担沉重。二是受金融危机影响，俄对油气等支柱产业也存在严重投资不足问题。这导致能源的地质勘探工作不得不暂停，并且导致 2009 年能源开采量下降。俄罗斯技术公司总裁谢尔盖·切梅佐夫向议员们说，"军工企业中只有 36% 的战略机构的财务和经济状况能被视为稳定的"，"军工部门中约有 30% 的机构有破产迹象"。三是俄罗斯制成品缺乏竞争能力。尽管俄近几年来一直在强调要发展创新型经济，积极发展高新技术，但尚未取得实质性进展，其产品在国际市场上的竞争力很弱。对此梅德韦杰夫总统在其第二次国情咨文中说："俄罗斯商界至今仍然倾向于出售他国制造的商品，而我国商品的竞争力低得令人羞于启齿。"俄罗斯高新技术产品出口额目前只占世界的 0.13%。俄出口的机器设备由于缺乏竞争能力也不断下降，如 1998 年占其出口总额的 11.4%，但到 2008 年下降为 4.9%。四是在普京执政时期俄罗斯国有经济迅速增加，占经济总量的 40%。这部分经济，由于存在垄断性、封闭性与缺乏现代化的特点，其经营效果差，另外，这些大垄断集团的领导人一般由政府委派，从而容易产生官商结合的腐败。

梅德韦杰夫认为，国有经济成分不断增加，从长远看，这一点好处都没有。"国有大公司，在当代，这种方式总的来说是没有前途的。"为此，2009 年 11 月 24 日，俄发展部部长纳比乌林娜宣布，俄政府已通过 2010 年私有化计划,将出售440家股份制企业及包括俄罗斯国家保险公司在内的5家大型企业的股份,行业涉及港口、机场、船运和石油等。这次私有化的目的在于剥离国有财产、吸引额外投资以增加财政收入,提高企业管理效率与优化竞争环境等。

4.最为突出的是经济结构问题

长期来俄罗斯未能改变以出口能源与原材料为主导的经济发展模式。在俄罗斯国家预算收入几乎90%依赖能源等原材料产品、燃料能源系统产值占全国GDP的30%以上、占上缴税收的50%与外汇收入的65%的情况下,发生全球性金融危机后,俄罗斯发展经济的基本条件发生了重大变化,即它难以依赖这些产品在国际市场的高价位来支撑其经济的快速增长。因此,可以说,这种经济发展模式是这次全球金融危机使俄经济遭重创的总根由。

我们前面分析的三个因素,都直接或间接地与俄经济结构有关。为此,2009年8月27日梅德韦杰夫总统发表的《前进,俄罗斯!》文章中指出:"俄罗斯需要前进,但令人遗憾的是,目前尚在原地踏步。金融危机使俄罗斯陷入困境,我们应当作出调整经济结构的决定,否则俄罗斯经济将没有前途。"应该说,这次全球金融危机使俄罗斯经济的"荷兰病"表现得十分明显。为此,梅德韦杰夫强调,俄罗斯"经济应当调转方向","对整个生产领域实施现代化改革暨技术革新",并要"摆脱原始的经济模式,对原料出口的依赖有损尊严"。梅德韦杰夫总统在2009年9月的一次讲话中说,俄出现如此严重的经济情况,"原因在于俄罗斯经济结构不合理。希望危机变成一种动力,促进俄经济结构的调整"。看来,俄正在从金融危机中汲取教训,并以此为契机,下决心调整经济结构与改变发展经济模式。根据现实的经济状况,俄在确定了实现全方位的现代化目标前提下,提出了5个战略方向即经济发展的5个重点:推动医疗器械、治疗手段与制药行业的发展;提高能源效率、转而采取合理的资源消费模式,发展核能;发展空间技术与远程通信;发展战略通信技术。为了实现上述战略任务,梅德韦杰夫特别强调体制改革,他认为"改革已箭在弦上","没有真正的社会变革要实施我们的战略计划是不可能的"。

但要指出,俄改变经济结构有个过程,不可能一蹴而就。因此,2010年经济发展态势仍将在很大程度上受制于国际市场上能源与其他原材料价格水平。

二、2013 年经济又陷入困境

俄罗斯经济在 2009 年下降 7.8% 的严峻形势后,很快回升,2010 年与 2011 年经济增长率均为 4.3%。但 2012 俄国内生产总值增长率又降为 3.4%。俄经济增长率下降在 2012 年下半年就已开始并一直延续到 2013 年。2013 年俄国内生产总值增长率为 1.3%。俄经济处于低迷状态反映在各个方面(详见表 36-1)。

表 36-1　2013 年俄罗斯主要经济指标(与 2012 年同期相比,%)

| 指标 | 2013 年 |
| --- | --- |
| 国内生产总值 | 1013 |
| 通胀率 | 1065 |
| 工业产值 | 1004 |
| 加工业 | 100.5 |
| 农业产值 | 1058 |
| 固定资本投资 | 998 |
| 建筑业 | 1001 |
| 居民住宅建设 | 1072 |
| 居民可支配的货币收入 | 964 |
| 实际工资 | 1040 |
| 月均名义工资 | 29792 |
| 失业率 | 5.6% |
| 零售商品流转额 | 1039 |
| 居民劳务支出 | 1021 |
| 出口额(亿美元) | 5233 |
| 进口额(亿美元) | 3413 |
| 每桶石油均价(美元) | 1079 |

资料来源:根据俄罗斯经济发展部公布的材料编制。

从上表可以看到,2013 年能俄罗斯经济呈全面下行态势,GDP 下降为 1.3%外,其他一些重要经济指标同样是大幅度下降,工业生产仅增长 0.1%。

2013 年俄罗斯经济又陷入困境,增速不断下降,主要受两方面因素的影响:

一是外部经济形势。这方面起主要作用的有:一是不利的国际经济形势。总的来说 2013 年全球经济仍处于低迷状态,拿与俄罗斯经济关系密切的欧盟来说,该地区经济 2013 年前三季度经济均为负增长,第三季度负增长 0.3%。这导致对俄罗斯能源等原材料产品需求减少。2013 年 1—9 月,欧洲与俄罗斯近邻的国家减少了从俄石油、金属、机器、设备、运输工具的进口,由于 2012 年俄罗斯农业歉收,对农产品与农业原料的出口,在 1—6 月减少了 3.8%。

俄罗斯经济仍是能源经济,它的出口主要以石油、天然气产品为主。由于欧元区经济疲软,全球液化天然气产能快速增加再加上页岩气革命①等因素的影响,国际市场石油,天然气价格下降,据国际能源署 2013 年 11 月 12 日的报告,1—9 月石油均价为 107.7 美元/桶,比 2012 年同期下降 7.2%。

二是内部经济活力不足,表现在三个方面:投资大幅下滑;实体经济不振,严重衰退;消费乏力。根据以上论述,对支撑俄罗斯经济的出口、投资与内需三驾马车,对经济的发展都不能发挥有效的推动作用。

三、乌克兰危机后的经济

2014 年发生乌克兰危机,之后俄罗斯又在叙利亚积极参与反恐的军事行动。这样俄罗斯成为国际社会的热点。但俄罗斯的主要问题在国内,国内问题主要是经济问题。该年国内生产总值增长 0.7%。2015 年 12 月 3 日,普京总统向俄罗斯联邦会议发表国情咨文。他谈到 2015 年俄罗斯经济时说:"情况非常复杂。"2016 年 1 月 13 日梅德韦杰夫总理在盖达尔论坛上说:"俄罗斯经济正遭遇十年来最严峻挑战,经济形势复杂。"

2015 年俄罗斯经济之陷入更严重困境,GDP 出现负增长 3.7%.经济再

---

① 据国际能源署 2013 年 11 月 12 日的报告,到 2016 年由于美国页岩油革命提振.美将超过俄与沙特成为全球最大的产油国。

次下滑,不单受制于 2015 年国际市场油价大幅度下跌与西方的经济制裁这两个因素,而是有其更复杂与深层的原因。如果只从油价下跌与西方制裁去分析形成俄 2015 年经济困局的原因,那么就无法解释 2013 年在油价年均超过 100 美元一桶与没有西方制裁的情况下,其 GDP 增速已降至 1.3%。俄罗斯经济 2015 年出现的萎缩,主要是俄罗斯国内各种因素作用的结果。笔者在过去发表的拙文中曾多次指出,这几年来俄罗斯出现的严重经济衰退乃至危机,是结构性的。这种结构性问题长期得不到改善与解决,而且在俄罗斯经济转型 28 年过程中,对能源等原材料部门依赖程度不断提高。

2017 年对俄罗斯来说,不论从国内还是对外关系都没有发生特别重大的带有历史转折性事件,基本上是延续 2016 年的国内外政策的思路,在关注解决国内问题特别经济问题的同时,在对外方面,面对复杂的国际环境采取积极应对措施,以维护国家安全与扩大国际影响并确保其大国地位。

俄罗斯经济在 2016 年再次出现 0.2% 负增长(后俄罗斯国家统计局修正为正增长 0.3%)之后,2017 年开始回升,走出危机,GDP 增长 1.5%(后俄罗斯国家统计局修正为增长 1.6%)。2017 年俄罗斯经济出现转机走向复苏的主要原因有:

一是 2017 年国际市场能源价格上涨对俄经济增长仍有重要作用。2016 年 1—10 月国际市场石油价格均价为 44 美元/桶,从 2017 年 1—9 月为 54.24 美元/桶,截至 12 月 16 日的一周均价已上涨到 65 美元/桶。

二是实行经济调整与改革政策是推动 2017 年经济复苏的一个重要因素。从俄政府与央行的主导思想来看,发展经济的政策首先旨在维持稳定,而不是增长,围绕这一基本政策,俄实施了不少调整与改革措施,首先是实行低通胀率,俄经历长期受高通胀率的困扰,而 2017 年 1—10 月通胀率降至 3.9%,普京在记者会上说,这是降至历史上最低水平。其次是实行预算平衡政策,即实行适度的紧缩政策。2017 年预算赤字为 2.2%,主要措施是减少支出。根据曾任俄财长库德林的设想,计划 2017—2018 年联邦预算支出减少 13%,包括地方预算在内的整个预算支出应减少 14%。另外,今后预算资金应主要投入实体经济。① 俄还采取了重组银行资本、有效利用储备基金与改善投资环境等措施。这对遏制资金外流吸引外资有积极影响。普京在记者会上指出,到他开记者会为止,2017 年外国对俄直接投资达 230 亿美元,这比 2016 年增长了一倍,是过去 4 年最好的指标。固定资产投资增幅为4.2%。

三是继续采取一些反危机政策措施,促使经济趋稳。2017 年在实施经济稳定为主导的政策同时,一方面俄政府继续进行对财政和货币政策的干预,改善金融领域情况,俄自出现经济危机后,一直在整顿信贷机构,2016 年俄就停止了 68 家信贷机构的活动,在最近 3 年期间吊销了 279 份信贷机构的许可证。另一方面,继续加大对农业与农产品加工、加工工业、进口替代、住房供水燃气基础设施、机械制造、运输设备制造、创新工业园区、高技术产品出口等项目的财政和金融支持。另外,继续全面实施进口替代政策,西方制裁后积极发展本国制造业与加工工业,以此来调整经济结构,特别是改变主要工业产品过度依赖进口的局面。2017 年机器制造业虽增长幅度不大,但呈增长态势,1—9 月增长 0.3%,这领域的增长对俄改变长期处于衰退的制造业具有十分重要的意义。

四是国内政局基本稳定。2017 年是普京这一届总统任期最后一年,面临 2018 年总统大选,因此国内政局对普京十分重要。总的来说,尽管 2017 年曾出现过反普京的群众示威,国内精英政见也不相同,但俄罗斯的政治基本稳定,其原因有:第一,正如前面指出的经济状况出现好转;第二,普京通过国内各种政治制度的建设对反对派的活动起到了遏制作用,如普京所言,十几年来,俄罗斯都没有出现过有施政能力的成熟反对派;第三,加强统一俄罗斯党主导地位;第四,在防止颜色革命和恐怖主义方面采取严厉措施。另外,还应看到,普京在中东等地区的外交、军事活动得到俄国内大多数民众的认可与支持,普京的支持率一直居高不下。

2018 年俄罗斯经济增速估计为 2.3%。这一年俄经济之所以能保持上述增速,主要还是与国际市场油价上涨有关。2018 年 1—10 月俄罗斯石油

---

① 参见俄罗斯《经济问题》2017 年第 9 期。

出口收入达 1065.9 亿美元,较 2017 年同比增长 38.6%。但油价的波动性很大,2018 年前 10 个月油价为 76 美元/桶,到 12 月 24 日又下降为 42.53 美元/桶。①

应该说,2018 年俄罗斯经济呈好转态势,工业生产增长 2.9%,对外贸易增长 18.7%,固定资产投资增长 4.1%,月均工资为 43400 卢布,比 2017 年增长 9.9%,养老金为 13360 卢布比 2017 年增长 3.7%。通胀率没有超过 3%,为 2.9%。2019 年 1 月 1 日外汇储备 4685 亿美元,比 2018 年 1 月 1 日增加了 8.3%。

2018 年俄罗斯各类人员月均货币收入水平占总人数的比重:不超过 7000 卢布的占 5%;7000 ~ 10000 卢布占 7%;10000 ~ 14000 卢布占 11.2%;14000 ~ 19000 卢布占 13.8%;19000 ~ 27000 卢布占 18.2%;27000 ~ 45000 卢布占 23.7%;45000 ~ 60000 卢布占 9.2%;超出 60000 卢布占 11.9%。② 2018 年 12 月美元对卢布的汇率为 1:69.47。从上述数据看,这两个档次收入水平(19000 ~ 27000 卢布与 27000 ~ 45000 卢布)的居民所占人口总数达 41.9%,如合算为美元的话为 273 ~ 674 美元。不超过 10000 卢布的人数要占总人口数的 12%,这类人员的月收入在 100.8 ~ 147 美元,应属于贫困人口。这也是为什么普京一再强调解决民生问题的重要性与迫切性。

## 第三节　俄罗斯经济陷入困境深层次原因分析

我们上面对俄罗斯独立执政近三十年经济发展进程的简要回顾,充分地说明,俄体制转型以来其经济发展经历了十分复杂与艰难的过程。

近三十年俄经济主要特点是:经济发展极不稳定,呈不断下滑趋势乃至出现危机;经济下行的同时通胀率上升;卢布汇率时常出现暴跌。

俄罗斯经济 2015 年之所以陷入严重困境,不单受制于 2015 年国际市场油价大幅度下跌与西方的经济制裁这两个因素,而是有其更复杂与深层的

---

① 参见徐坡岭:《俄罗斯经济在凛冽寒风中期盼春天》,《世界知识》2019 年第 3 期。

② 参见俄罗斯统计局 2018 年公布的数据。

原因。就是说,分析当今俄罗斯出现的复杂经济形势,不能仅就 2015 年或其他有关年份的经济情况着手,应从苏联解体后俄罗斯经济转型 25 年的发展过程中加以考察,这样才能有深刻的理解。

因为如果只从油价下跌与西方制裁去分析形成俄 2015 年经济困局的原因,那么就无法解释 2013 年在油价年均超过 100 美元一桶与没有西方制裁的情况下,其国内生产总值增速已降至 1.3%。俄罗斯经济 2015 年出现的萎缩,主要是俄罗斯内部各种因素作用的结果。我认为,这几年来俄罗斯出现的严重经济衰退乃至危机,是结构性的。这种结构性问题长期得不到改善与解决,是由于在俄罗斯经济转型 25 年过程中存在的以下政策失误有关。

1. 俄罗斯私有化的主要失误

由高度集中计划经济体制向市场经济体制转型,通过私有化打破了国家对不动产与生产设备所有权的垄断,形成了私营、个体、集体、合资、股份制与国有经济多种经济成分并存和经营多元化新格局,是形成多元市场经济奠定基础必要条件。1932 年宣布完成工业化时,苏联工业企业几乎全部国有化,私人部分只占 0.5%。

应该说,私有化有其积极作用,使企业经营中决策的自由度增大与开发新产品积极性有所提高。这样,使企业生产经营活动有可能更符合市场的要求。

但是如果从私有化对经济的发展产生了消极影响来看。这突出表现在:

一是由于实行无偿的证券私有化,力图用相当于当时俄罗斯国有资产总值的 1/3 的证券,让公司购买私有化后企业的股票。其严重后果是,俄罗斯 61% 的新企业主曾是苏联时期党、政府、企业的精英成员。就是说,私有化为原领导人和投机者大量侵吞国有资产大开方便之门。他们从事投机,大发横财。二是与上述因素相联系,在改造国有企业过程中,没有考虑如何保护国有企业已经形成的潜力,并使其继续发挥,而是在条件不具备的情况下,匆匆把国营企业推向市场。在改革国有企业的同时,也并没有去研究和解决如何改变国有企业的经营管理机制问题。这些因素也是导致所有经济转型国家,在转型初期产生经济危机的重要原因之一。三是经济转轨国家的大中型国有工业企业,在传统体制下,都忽视设备的更新,生产技术十分落后,急需更新设备与技术,而私有化后的新企业主往往缺乏资金,加上当时政局不稳,没有新的投入。"根据全俄社会舆论研究中心的材料,当原班管理人员当领导时,74%的新投资者拒绝为自己拥有的项目投资。"①这样就难以提高产品质量与生产效益。四是大私有化打破了国家的反垄断,但又出现私人垄断和行业垄断。俄罗斯推行私有化政策后,由7个银行家和商人联合起来控制俄罗斯50%财产。② 在叶利钦时期,俄罗斯国家处在"寡头化"时期。③

在普京时期又出现另外一些问题。普京执政后在推行私有化政策方面前后并不一贯,在第一任期内,普京明确反对重新国有化,实行坚决打击寡头政策,不让其干预政治。但在普京第二任期,强化大型国有企业联合,特别是加强了国家对战略性行业的控制,并同时确定涉及国防、石油、天然气、运输、电力、外贸、银行、渔业、钢铁制造业等领域的1063家大中型企业为国有战略企业,规定政府无权对这些战略企业实行私有化。实行上述政策后,1997—2009年,国有经济比重从30%反弹至67%。这期间,实际上普京实行了一段的国有化政策。普京在摆脱寡头干预政治经济的情况下,借助市场和司法途径,通过拆分私人寡头企业的手段,促进国企强强联合,组建超大型的国家公司,强化国家对战略性行业的掌控,从而在俄罗斯实现了由寡头资本主义转向国家资本主义。

2.经济垄断阻遏市场经济的竞争

前面已谈及,不论是寡头资本主义还是国家资本主义,都是垄断性很强的经济,这必然影响市场经济所具有的竞争机制发挥作用。当今,俄罗斯经济垄断具有以下三种形式:

一是承袭苏联时期经济垄断的特点,以国家公司(Государственная корпорация)表现形式的国家垄断。

二是自然垄断。自然垄断是指在某一产品市场上,生产技术特性决定

---

① 刘美珣、[俄]列·亚·伊万诺维奇主编:《中国与俄罗斯两种改革道路》,清华大学出版社,2004年,第352页。

② 参见美国《挑战》杂志1997年第5—6月号。

③ 参见[俄]格·萨塔罗夫等:《叶利钦时代》,高增训等译,东方出版社,2002年,第916页。

了由独个厂家提供产品时才会最有效,而且产品具有不可替代性。

三是行政壁垒。行政壁垒属于非经济性进入壁垒,指行业政策法规构成的阻止新企业进入的策略行为。合理的行政调节可保证资源有效配置和必要市场秩序,但不适当的行政壁垒会阻碍行业内合理竞争。

3. 体制转型与经济结构调整没有同步进行

俄经济体制转型过程中,经济发展不仅没有调整过度依赖能源的结构政策,而且在经济发展进程中"三化"更加明显:一是经济原材料化,即经济发展依赖能源等原材料部门。二是出口原材料化。俄罗斯出口产品按所占比重的排序,能源等原材料产品占首位,一般要占出口总额的80%。三是投资原材料化,即俄罗斯投资相当部分用于采掘工业。应该说,俄罗斯早就意识到过度依赖能源的经济结构所带来的消极后果,但缘何长期难以解决这个问题,我认为,它是受到多种因素的影响。

这里特别要指出的是,俄过度依赖能源的情况在普京执政 16 年期间是呈进一步发展的态势,1999 年俄原油、石油产品与天然气出口所占比例为 39.7%,而 2014 年上升到 69.5%。对此,2008 年时任总统的梅德韦杰夫在其《前进,俄罗斯!》一文指出:"20 年来激烈的改革也没有让我们的国家从熟悉的原料依赖中摆脱出来。""简单地依靠原料出口来换取成品的习惯导致经济长期的落后。"

4. 制造业与加工工业严重衰退

在苏联解体前的 1990 年,在整个工业中能源与原材料工业占 33.5%,制造业 66.5%,而到 2014 年,这两者比例倒过来了,前者占 67.2%,后者降至 32.8%。这导致这一领域进出口结构的重大变化。机器设备与运输工具占出口总额从 20 世纪 70 年代的 24.81%。下降到 2014 年的 5%。当今,俄罗斯工业部门的绝大部分产品依赖进口:机床制造业超过 90%,重型机器制造业达 60%~80%,轻工业 70%~80%,无线电工业 80%~90%,制药和医疗行业 70%~80%。[①] 由于加工工业的落后,俄一方面大量出口粮食(2014 年出口 2980 万吨),同时又大量进口食品与食品原料。

---

① 参见李建民:《卢布暴跌成因、影响及中俄合作机遇》,载《经济社会体制比较》2015 年第 1 期。

以上情况说明,当今俄罗斯不是一个工业体,而是资源经济体。一个大国没有了强大的制造业和加工工业,很难保证经济稳定、可持续发展,难以应对国际市场的变化。

5. 没有着力调整企业规模结构严重不合理

中小企业发展缓慢问题从世界各国的情况来看,中小企业的发展,不仅对经济的发展还是对变革中所有制结构有着重要的作用,而且在技术创新实现经济现代化方面也有着不可忽视的意义。中小企业的产值一般占国内生产总值总量的50%以上,但目前俄罗斯中小企业的产值占国内生产总值总量的21%,这远远低于西方发达国家。中小企业发展缓慢的主要原因有:转型过程中有关支持中小企业的一些机制法规在实际执行过程中往往不能执行,即形成的各种制度起不到制约作用;中小企业一直存在融资难的问题;官僚主义的行政审批手续,经营环境不佳,从而提高了企业开业成本。2008年俄罗斯的企业经营环境排在世界的120位;俄罗斯经济垄断程度高,很多重要经济领域如能源、矿产、交通基础设施等,中小企业很难进入。

6. 未能改变落后的、低效的经济增长方式

苏联时期一直是实行粗放型经济增长方式。俄罗斯在25年向市场经济转型过程中,并没有同时改变经济增长方式,粗放型经济增长方式并未发生实质性变化。俄罗斯的经济乃是一种落后、低效的经济增长方式。上面提到的梅德韦杰夫文章中指出:"我们大部分企业的能源有效利用率和劳动生产率低得可耻。这还不是很糟糕。最糟糕的是,企业经理、工程师和官员们对这些问题漠不关心。""低效的经济,半苏联式的社会环境……所有这些对于像俄罗斯这样的国家来说,都是很大的问题。"2010年1月13日,俄罗斯联邦工商会会长叶夫根尼·普里马科夫在一次会上讲:"俄罗斯每生产1吨钢,要比比利时、法国、意大利多消耗2倍的电力,每生产1吨化肥要比阿拉伯国家多耗费5倍的电力。"俄罗斯自苏联早期起就在各项社会经济指标上与世界先进国家有所差距,如今这一差距正越来越大。普京在《我们的经济任务》一文中说:"俄罗斯的劳动生产率也就是发达国家的1/3或1/4。"俄学者对经济效率的评价更低,拉季科夫认为:"俄罗斯的能源效率是日本的1/18,各经济领域的劳动生产率是先进国家的1/4到1/20。农业出产率则

比遍地石头且缺少阳光的芬兰还要低一半。"①

十分明显,不论当今还是未来,俄罗斯不可能靠大量投入劳力、人力与物力来保证经济稳定与可持续发展。落后的、低效的经济增长方式,必将成为俄罗斯经济陷入低速增长期的一个重要因素。

7. 忽视了基础设施建设

2016 年 1 月 13 日《俄罗斯商业咨询日报》发表的伊诺泽姆采夫题为《普京十六年的总结》一文,批评普京在这一领域的失误时指出:16 年来,俄没有铺 1 千米的现代化高速铁路,2014—2015 年修公路 1200 千米,相当于 2000 年的 1/4,20 世纪 90 年代便开始开工的莫斯科至圣彼得堡公路,至今还未完成。居民天然气覆盖率一年内提升 0.1%,达到 65.4%,按此速度,国家实现完全的天然气化要等到 22 世纪初了。16 年来俄港口的吞吐量的增长相当于上海 1 个港口的 50%。2014 年通过北方海上航道运输的物资仅有 13 万吨,较 1999 年 46 万吨更少。基础设施建设跟不上,长期处于落后状态,必然阻遏经济的发展。

8. 不一贯的国家对经济的调控政策

放弃了国家对经济的调控。这在俄罗斯转轨头几年表现得尤为突出。当时盖达尔主张,应该采取措施,以最快的速度在俄形成自我调节和自我组织的市场经济,国家应最大限度地离开市场经济。到 1994 年 2 月 10 日,盖达尔在《消息报》发表文章还强调:"要尽最大可能减少国家对经济的管理。"十分明显,当时俄经济转轨在新自由主义影响下,强调国家放弃对经济的干预,强调市场的神奇力量。没有摆正政府与市场的关系。

后来普京又采取了一段国有化政策,强化了国家对经济的垄断与控制。同时在政治上实行威权主义。

9. 没有营造良好的投资环境,缺乏双赢与互利思想,一味追求本国利益最大化

因此,长期来俄罗斯引进外资有限。到 2013 年年底共引进外资 3841 亿美元,其中直接投资为 1259 亿美元,平均每年为 55 亿美元。2015 年俄引进

---

① 伊·弗·拉季科夫:《俄罗斯社会怀疑心态对现代化进程的阻碍》,载《当代世界与社会主义》2012 年第 2 期。

直接投资 127.57 亿美元,占世界第 25 位。今后 20 - 25 年俄罗斯需投资 25000 亿美元,每年需要 1000 亿美元,其中 1/3 靠外资。俄罗斯不改善投资环境,很难达到这个目标。

10. 长期存在严重的腐败

从政治体制大背景来看,俄罗斯腐败难以遏制与存在集团利益有关。普京执政期间,一方面整治了寡头,取得了很大进展;另一方面也培养了一批新的既得利益阶层。这里有三个因素必须考虑的:一是俄罗斯是经济垄断性很强的国家。大公司与大企业利用垄断地位支配公共资源,它们不会放弃这种特权,因此亦极力反对影响其利益的改革,并与政府部门官员结合在一起。二是俄罗斯垄断部门的大公司与企业领导人往往由政府的副总理或部长兼任,官企直接结合在一起。三是正如上面提到的,俄罗斯从 2004 年起,实际上私有化与国家化同时进行,后者比前者的速度快,有些年份私有化实际处于停顿状态。这样导致政府与经济的关系大大强化,随之而来的是官员权力扩大。

以上因素都为腐败创造条件,为寻租提供可能。

至于经济发展前景问题,俄罗斯有各种不同的计划,说得准确些是各种设想或预测,例如,俄罗斯经济发展部以油价水平为基准提出预测:如乌拉尔牌油价维持在 40 美元/桶,2019 年国内生产总值增长 2.1%,如油价为 58 美元/桶,国内生产总值增长 2.4%。

如果经济结构等方面取得进展,油价又在 58 美元/桶,那么,2019 年国内生产总值增长 4.4%。最新一点的更权威性的预测,是普京在 2017 年宣布竞选总统对选民的承诺,他提出在 2018—2024 年任期内经济增长率要达到 3%,后来在 2018 年 12 月的大型记者会上又改为 2021 年之后经济增长率为 3%,接着,2018 年 5 月 17 日在宣誓就职第七届总统后几小时后,签署了《关于俄罗斯到 2024 年前的国家战略发展任务和目标》总统令,要求在 2024 年前俄罗斯要成为全球第五大经济体。而 2017 年俄在全球排在第 14 位。

表36-2　2017世界各国国内生产总值排名

| 排名 | 国家 | GDP总量(亿美元) |
|---|---|---|
| 1 | 美国 | 195558.74 |
| 2 | 中国 | 131735.85 |
| 3 | 日本 | 43421.6 |
| 4 | 德国 | 35954.06 |
| 5 | 英国 | 32322.81 |
| 6 | 印度 | 26074.09 |
| 7 | 法国 | 25865.68 |
| 8 | 意大利 | 19329.38 |
| 9 | 巴西 | 17592.67 |
| 10 | 加拿大 | 16823.68 |
| 11 | 韩国 | 15458.1 |
| 12 | 西班牙 | 13188.26 |
| 13 | 澳大利亚 | 13171.58 |
| 14 | 俄罗斯 | 13092.68 |

资料来源:根据世界银行公布的材料。

2018年2月20日,普京在莫斯科商栈展览中心向联邦会议发表2019年度国情咨文。普京再次强调,俄罗斯需要确保经济的高速增长,经济增速应超过3%。普京表示,现在俄罗斯政府主要通过实现四个方面的任务来推动经济发展:第一是提高劳动生产率;第二是改善商业环境,增强对在俄经营公司的吸引力;第三是改善区域基础设施;第四是培养人才,为未来的就业创造优质劳动力。普京还提到,当前,俄罗斯的外汇储备可完全抵消外债。政府应该致力于促进数字经济,促进针对科技领域的投资,为投资技术初创公司创造舒适环境。

笔者认为,今后中短期内,除了我们前面提到的阻遏俄罗斯经济发展的因素仍将继续起作用外,另外,还有一些阻碍俄经济回升、复苏的因素值得关注。

一是从国际大环境来看,对俄罗斯不利因素并没有减少。这可以从三方面来考察：①俄罗斯与西方特别是与美国的关系短期内难以改善，俄罗斯仍处于孤立境地，这极大地影响外资的引进；②从世界经济状况来看，仍是复苏乏力，不容乐观；③这几年来，国际经济政策日趋政治化，突出表现贸易保护主义、竞争性的货币政策与汇率政策在发展。俄罗斯能源生产与国际市场价格方面面临日趋严重的压力。

今后一个时期，油价难以回归 100 美元/桶的高位了。石油市场出现两个明显特点：第一，油价转入更加波动期，波动的趋势是下滑；第二，恢复供需平衡的时间要比以前长。产生这两个特点的基本原因是，国际石油市场已出现的供过于求不仅继续存在，并要比预期还大。

二是资金短缺更趋严重。这有其多方面的原因。由于西方持续对俄制裁，一方面掐断了融资的资金链；另一方面通胀居高不下，投资环境恶化，资本外流将继续。另外，国际市场油价下跌，导致出口收入减少，从而使财政收入减少。

俄罗斯经济进入结构性衰退期，这期间经济处于低速增长，各个年份会有不同，个别年份增长可能稍高些，但也不排除个别年份出现负增长的可能性。应该说，当前与今后一个时期，俄罗斯经济形势是严峻的，不存在经济持续稳定快速增长的基础性条件。但还不至于发生经济崩溃与社会大的动荡。从财政金融领域来讲，都处于可控范围。

但要强调指出的是，一个大国的实力，说到底是由经济决定的。如果经济形势不断恶化，最终会影响到国内政局的稳定与普京的执政地位，不论普京实现国家现代化，还是兑现提高人民物质生活水平与强军等承诺，都离不开经济发展这个基础性条件。由于经济情况得不到改善，据全俄公众舆论研究中心公布的 2019 年 5 月 13 日到 19 日进行的一项民意调查数据表明，普京的支持率暴跌至 31.7%，普京支持率之所以大幅度下降，主要原因是俄罗斯经济的凋敝。看来，普京在 2000 年开始执政时提出的"给我 20 年，还你一个奇迹般的俄罗斯"的诺言，很难变成现实了。

# 第三十七章　苏、俄改革与转型提供的启示

## 第一节　从马克思主义的一个基本理论谈起

这里首先涉及对俄国资本主义发展水平的认识问题。根据马克思主义的基本原理,社会主义革命首先应该在发达的资本主义国家进行。换言之,社会主义必须建立在资本主义的全部生产力的基础上,不能越过这个阶段。就是说,任何一种社会经济关系都"不是从无中发展起来的,也不是从空中,又不是从自己产生自己的那种观念的母胎中发展起来的,而是在现有的生产发展过程内部和流传下来的、传统的所有制关系内部"①,即在旧社会的母腹内部生长和发育起来的。

当时在俄国有些人认为俄国资本主义已发展到相当水平,已为十月革命创造了成熟的前提条件。另外还有些人(以民粹派为代表)认为,俄国虽然还没有进入资本主义阶段,但可借助于村社,俄国可以跳过资本主义的发展阶段而直接进入社会主义或者共产主义。列宁认为俄国已经进入资本主义阶段,但还是资本主义刚刚起步不久,处于发展的初期。考虑到俄国的基本国情是资本主义不发达,农村人口占86%、国民收入中农业占53.6%的经济落后的农业国,而无产阶级占少数。对此,列宁还指出:"在像俄国这样一些国家里,工人阶级与其说是苦于资本主义,不如说是苦于资本主义发展得不够。因此,资本主义的最广泛、最自由、最迅速的发展同工人阶级有绝对

---

① 《马克思恩格斯全集》第46卷(上册),人民出版社,1979年,第235页。

的利害关系。"①

　　1917 年 3 月列宁在《给瑞士工人的告别信》中这样写道:"俄国是一个农民国家,是欧洲最落后的国家之一。在这个国家里,社会主义不可能立刻直接取得胜利。"但有可能"使我国革命变成全世界社会主义革命的序幕,变成进到全世界社会主义革命的一级阶梯"。"俄国无产阶级单靠自己的力量是不能胜利地完成社会主义革命的。但它能够使俄国革命具有浩大声势,从而为社会主义革命创造极好的条件,这在某种意义上说意味着社会主义革命的开始。"②应该说,在较长的一段时间里列宁认为,俄国应先完成资产阶级民主革命的任务,以此来为资本主义的发展扫清道路,然后再在发达的资本主义基础上进行社会主义革命。

　　二月革命后,列宁有关先进行民主革命再进行社会主义革命的观点开始有变化,其主要有两个因素:一是由于战争失败,经济遭到严重破坏,人民极度困难,群众对政府不满情绪日益高涨,临时政府不能满足人民群众对和平、土地、面包与自由的要求。这时,对布尔什维克党来说,利用这一形势,果断地举行武装起义,实现了夺取政权的目标。二是列宁对在俄国资产阶级民主革命任务是否完成问题的认识上也有变化。这反映在他在 1917 年 4 月写的《论策略书》中,他说:"无论从革命这一概念的严格科学意义来讲,或者从实际意义来讲,国家政权从一个阶级手里转到另一个阶级手里,都是革命的首要的基本的标志。""就这一点来说,俄国资产阶级革命或者资产阶级民主革命已经完成了。"③

　　既然十月革命在生产力还没有达到可以实行社会主义的高度的情况下、是在俄国资本主义不足条件下进行的,那么如何解决这个问题呢,或者说如何弥补这个先天不足呢,那只能靠后补的办法,即补资本主义的课,集中精力发展生产力,不断为社会主义创造物质前提。这对俄国、苏联来说,是个漫长的历史发展过程。但遗憾的是,在军事共产主义时期实行超越阶段直接过渡到共产主义的政策。后来列宁经过对军事共产主义政策的反

---

① 《列宁选集》第一卷,人民出版社,1979 年,第 541 页。
② 《列宁全集》第二十九卷,人民出版社,1985 年,第 90 ~ 91 页。
③ 《列宁选集》第三卷,人民出版社,1972 年,第 25 页。

思,提出向新经济政策过渡。列宁之后,正如本文在前面指出的,苏共领导人从斯大林、赫鲁晓夫到勃列日涅夫,都实行违背社会发展规律的超越社会发展阶段的理论与政策。

## 第二节　必须从体制与由各种体制构成的制度层面分析苏联解体的原因

不论是苏东国家还是中国,体制改革与转型的实践表明,邓小平关于制度问题"更带有根本性、全局性、稳定性和长期性"这一重要理论观点具有重大意义。一个社会主义国家的成败、兴衰,归根到底取决于选择的体制模式,以及能否在不同历史时期根据变化了的情况,对选择的模式进行正确与及时的改革。经济体制是整个体制中的一个重要组成部分,它对生产力的发展起着重大的作用,研究苏联的兴衰,不从体制(包括经济体制)这个视角去研究,很多重大问题难以得出正确的结论,也难以有深刻的认识。

对苏联时期的经济体制改革与俄罗斯时期的经济体制转型进行研究,从中可以得到不少启示。为了对此有正确的认识与总结,笔者认为,应先从苏联解体的根本原因谈起。

关于苏联解体的原因问题,在国内外刊物中已作了不少论述,但是,至今在这个重要问题上认识并不一致,从而得出的经验教训也不相同。

应该说,苏联解体是各种因素综合作用的结果,即是一种"合力"的结果。但问题是,如何根据历史唯物主义、辩证法,找出苏联解体的带有根本性、深层的原因,或者说起主导作用的因素。正如毛泽东指出的:"任何过程如果有多数矛盾存在的话,其中必定有一种是主要的,起着领导的、决定的作用。"[1]因此,在分析问题时,不能简单地把各种有关的因素,甲乙丙丁地加以罗列,不分主次,更不能采取实用主义的态度,对苏联解体过程中呈现出的种种现象,任意夸大或缩小某个因素的作用。

---

① 《毛泽东选集》第 1 卷,人民出版社,1991 年,第 322 页。

　　从时间来讲,苏联的解体发生在戈尔巴乔夫执政的最后时期——1991年。这是无可争辩的历史事实。并且还应看到苏联的解体与戈尔巴乔夫执政后期在体制改革政策方面的失误有联系。但笔者认为,苏联解体的根本性原因是斯大林—苏联模式的社会主义制度以及体现这一模式的体制问题,就是说斯大林—苏联模式的社会主义制度由于弊病太多,已走不下去了,已走入死胡同,失去了动力机制。历史唯物主义的一个基本观点是,社会变迁的原因应该从社会经济与政治制度中去寻找。苏联解体的根本原因亦应从制度中去找,而不能简单地归结为某些领袖人物,正如邓小平一再强调的,根本问题是制度问题。中共十六届六中全会通过《中共中央关于构建社会主义和谐社会若干重大问题的决定》的第四部分,专门论述了加强制度建设问题,明确指出:"制度是社会公平正义的根本保证。"

　　斯大林—苏联模式的社会主义是在 20 世纪二三十年代特定历史条件下逐步形成的。后来不断巩固与发展,二战后还推行到东欧各国。在相当一个历史时期,苏联利用高度集权的政治经济体制,保证了经济高速发展,在第三个五年计划结束时,苏联由一个落后的农业国基本上成为一个强大的工业国,战胜了法西斯德国。到 1933 年完成了生产资料所有制方面的改造。但高度集权的体制模式,随着历史的发展,它的弊端也在发展,矛盾越来越突出,越来越阻碍社会经济的发展,离科学社会主义越来越远。正如普京讲的:"苏维埃政权没有使国家繁荣,社会昌盛,人民自由。用意识形态的方式搞经济导致我国远远落后于发达国家。无论承认这一点有多么痛苦,但是我们将近 70 年都在一条死胡同里发展,这条道路偏离了人类文明的康庄大道。"

　　不论从政治还是从经济上看,斯大林模式与马克思主义经典作家设想的相距甚远,它不可能到达科学社会主义的彼岸。因此,我们可以说,斯大林—苏联模式的社会主义在其主要方面不反映科学社会主义的本质内容。因此,这一模式的失败,并不意味科学社会主义的失败。正如胡绳指出的,"苏东社会主义的崩溃……只是社会主义的一种特定模式即斯大林模式的失败"①。

有人认为,不应该把苏联解体的根本原因归结为斯大林—苏联模式的社会主义制度,而认为,主要应该是党的问题。笔者认为,这两者并不矛盾。有人引用邓小平1992年著名的南方谈话,即"要出问题,还是出在共产党内部"。这无疑是重要的科学结论,中国共产党应该遵循这一教导,加强党的自身建设,提高党的执政能力,领导中国人民构建社会主义和谐社会。拿苏共来论,它是执政党,是苏联社会主义国家的领导核心力量,它本身的状况自然对苏联的兴衰起着重要作用。从这个意义上看,党的问题是十分重要的。但要指出的是,党的问题本身就是政治体制的一个十分重要的组成部分。因此,党的问题只有从制度层面去分析邓小平上述的论断才能得出正确的结论。不从制度层面去分析党的问题,立即就会产生一个问题,苏共长期以来存在的严重弊端,如高度集权、缺乏民主与有效的监督机制、领导干部思想僵化、脱离群众、破坏法制、个人迷信和特权盛行、不断出现政策失误等等,是由什么造成的? 十分明显这些严重的弊端是在斯大林—苏联模式的社会主义制度基础上产生的,产生后又由这种制度保证上述弊端的长期存在并发展。

因此当斯大林—苏联模式被抛弃时,必然也抛弃了由这种制度模式保证其生存的苏共。这里还应指出的是,有人在引用邓小平上述讲话论证苏联解体根本原因时,实际上主要归咎于赫鲁晓夫特别是戈尔巴乔夫这两个社会主义"叛徒",这并不符合史实。有人在文章中,提出了一个非常重要、令人深思的问题:"一个有着将近2000万党员的大党,就这样在执政74年之后丢掉了执政地位,整个党也随之溃散。迄今为止,无论是在中央还是地方的历史档案中,人们都没有发现在敌对势力取缔共产党时遇到来自党的各级组织进行抵抗的记载,没有发现共产党员们有组织地集合起来为保卫自己的区委、市委或州委而举行的任何大规模抗议活动的记载,也没有发现人民群众为支持、声援苏共而采取任何有组织的记载。"遗憾的是,提出问题的作者并没回答这个问题。

---

① 《胡绳全书》第3卷,人民出版社,1998年,第275页。

实际上,回答这个问题并不难,简单地说,那就是因为广大党员与人民对苏共以及由其领导的社会主义制度已出现信任危机。可以说,是人民抛弃了斯大林—苏联模式的社会主义与不是先进生产力、先进思想与人民利益代表的苏共。苏共成为垄断权力、垄断利益与垄断真理的党。

这里顺便讲一下,邓小平南方谈话的中心思想是中国必须坚持改革开放的大方向,决不能动摇,并且要加大改革力度,还说出了不改革只能是死路一条狠话。十分清楚,邓小平讲党的问题亦是从制度、体制层面去考察问题的。

另有人撰文质问笔者,为何把"苏联解体的罪过往已去世达几十年之久的斯大林身上一推了之"。这里首先要指出的是:第一,笔者从来没有把苏联解体的根本原因简单地归咎于斯大林个人,而是由斯大林在20世纪二三十年代建立起来苏联社会主义模式及其反映这模式的体制。笔者一直强调要从制度、体制层面分析苏联解体的根本原因,这才是马克思主义历史唯物主义分析问题的方法。第二,斯大林去世已几十年,为何还要归罪于斯大林。这里,前面已说过,不是归罪于斯大林个人,而是由他建立的制度与体制。这是因为,斯大林逝世后虽然历经数次改革,但按斯大林观点建立的苏联模式,并没有发生实质的变化。只要对苏联问题稍有研究的学者,都会看到这一历史事实。

正是这个原因,我们在考察苏联解体根本原因时,必须从斯大林创建的苏联模式的社会主义制度中去寻找,否则不可能说清楚问题,抓住问题的实质。在保加利亚主政35年的日夫科夫,谈到苏联解体原因时指出,最让人失望的是对社会主义本质问题没有完全弄清楚,在很大程度上理解为像斯大林著作中所定型的那样。而这种情况,在斯大林死后一直保留下来。这里指的是斯大林所确定的社会主义原则。

以上简要分析说明,苏联高度集中的指令性计划经济体模式是在20世纪二三十年代形成后,在斯大林时期不断巩固与发展,斯大林之后虽经多次改革,但一直到苏联解体前,高度集中的指令性计划经济体制模式没有发生实质性变化,这是导致苏联解体的一个重要因素。

苏联解体对重启改革议程、改革正站在新的历史起点上的中国来说,苏联的经济体制改革与俄罗斯时期的经济体制转型,提供的教训是十分深刻的,不少问题值得我们深思。

"社会主义必须坚持不断地改革才能发展,不改革只能是死路一条。"邓小平这句话,对我们大多数国人来说是十分熟知的,但结合斯大林—苏联体制的实际,再考虑到中国正处在全面深化改革的重要历史时期,我们再来领悟这句话,可能会有更深刻的体会。

为什么社会主义必须进行不断的改革,笔者认为有以下两个重要原因:

第一,社会主义至今尚在实践中,社会主义并未成形。中国经过对社会主义建设历史的总结,明确提出中国处于社会主义初级阶段的科学概念。邓小平在谈到建设初级阶段的社会主义时特别强调:"我们现在所干的事业,是一项新事业。马克思没有讲过,我们的前人没有做过,其他社会主义国家也没有干过,所以,没有现成的经验可学。我们只能在干中学,在实践中探索。"①社会主义初级阶段至少需要100年的时间。至于巩固与发展社会主义制度,那需要更长更多的时间,需要几代人,十几代人,甚至几十代人坚持不懈的努力奋斗。这说明,中国远未建成社会主义,而处于社会主义的初级阶段。这说明,社会主义远未定型,只是在实践过程中不断地探索,在此过程中使社会主义日益完善、成形。在实践与探索过程中,必然要根据客观变化了的情况进行改革。关于这一点,恩格斯曾说过:"所谓'社会主义'不是一种一成不变的东西,而应当和其他任何社会制度一样,把它看成经常变化的改革的社会。"②改革是革命,是一个不断进行的革命,也就是说,只有通过不断的改革才能适应生产力发展的需要。所以邓小平讲:"社会主义基本制度确立之后,还要从根本上改变束缚生产力发展的经济体制,这是改革","只有对这些弊端进行有计划、有步骤而又坚决彻底的改革,人民才会信任我们的领导,才会信任党和社会主义。"③

第二,不断丧失改革机遇与改革失误使斯大林模式的社会主义试验失败。苏联在历史上曾痛失过多次重要的改革机遇。关于这一点,在本书论

---

① 《邓小平文选》第3卷,人民出版社,1993年,第258~259页。
② 《马克思恩格斯全集》第37卷,人民出版社,1971年,第443页。
③ 《邓小平文选》第3卷,人民出版社,1993年,第370页。

述苏联时期历次改革问题时已看得十分清楚。

应该明确地指出，不论从社会主义存在的客观条件来讲，还是从苏联改革的实践来看，都说明，社会主义社会必须进行改革，正如胡绳指出的："20世纪的历史经验，并不证明社会主义制度已经灭亡，但的确证明社会主义制度必须改革。在20世纪大部分时间通行的社会主义模式并不是唯一可能的模式，随着世纪的更替，新的模式正在促成社会主义的更生。"①1991年年底苏联解体的历史事实，亦明确无误地证明，不改革是死路一条。四十多年来，中国的改革取得了举世瞩目的成就，与此同时亦出现不少问题，而问题的解决首先要弄清问题产生的原因，是改革过了头还是改革不到位，是在通过总结改革经验教训基础上进行反思，还是否定改革。其次，要在弄清产生问题原因基础上，在各个领域深化改革，决不能走"回头路"。2006年3月6日，时任中共中央总书记胡锦涛在两会期间指出："要在新的历史起点上继续推进社会主义现代化建设，说到底要靠深化改革，扩大开放。要毫不动摇地坚持改革方向、进一步坚定改革的决心和信心。"他在中共十八大报告中提出要"全面深化经济体制改革。"

## 第三节　在改革经济体制的同时必须进行 政治体制的改革

苏联历次改革难以取得实质性进展的一个重要的原因是，不进行政治体制改革，有时还出现了倒退，如在勃列日涅夫时期。

中国在探索经济体制改革过程中，在政治体制方面也作了一些改革。在真理标准问题大讨论期间，结合"文化大革命"的教训，邓小平特别强调了要发展民主与健全社会主义法治。1980年8月18日，邓小平在中共中央政治局扩大会议的讲话，指出了我国政治体制存在的主要弊端是官僚主义、权力过分集中、家长制、干部领导终身制和形形色色有特权。随后，在选举制

---

① 《胡绳全书》第3卷，人民出版社，1998年，第275页。

度方面实行了差额选举,加强了全国人大常委会制度建设,废除领导干部终身制,扩大地方权力等,这些改革主要针对"文化大革命"出现的问题进行的。但由于政治体制改革难度极大,往往出现跟不上经济体制改革的步伐,特别在 1989 年之后,政治体制改革徘徊不前,成为经济体制改革的主要阻碍因素。

有关中国政治体制改革的问题,不只是人们普遍关注的重要问题,也是存在不少争议的问题。在这里,我们从苏联政治体制出现的问题结合中国的情况,提出一些看法。

1. 正确对待斯大林与斯大林模式

在勃列日涅夫时期,政治体制倒退的一个重要原因是,不仅不把赫鲁晓夫反斯大林个人崇拜深入进行下去,即进一步揭示斯大林模式的严重弊端,而是通过各种方式悄悄地重新斯大林主义化,其主要目的是维护斯大林模式。这样就不可能对导致苏联解体的高度集权的斯大林模式进行改革,在这个模式条件下,苏共垄断了权力、垄断了真理、垄断了利益。按理说,勃列日涅夫上台后,如果能在正确认识斯大林及其创建的社会主义模式基础上,在这不算短的 18 年期间对体制进行根本性的改革,在推进苏联进步方面有可能做出大的贡献。遗憾的是,他没有朝着历史发展潮流而进,结果是严重阻滞了苏联的发展。总结这一历史史实,我认为,应该认真严肃地考虑以下两个问题:

第一,中国通过改革就是要"去苏联化"。人们普遍认识到,中国特色首先是不要苏联特色,扬弃斯大林模式的社会主义。应该说,经过四十多年的改革,我们在去苏联化方面已取得很大进展。但要指出的是至今中国国内还有一些人认为,中国在改革过程中所出现的问题是偏离苏联模式的结果。谁要批判与否定斯大林模式就认为这是否定"无产阶级专政、社会主义基本制度、社会主义意识形态、共产党的领导"。甚至说:"中国国内全盘否定斯大林的思潮,意在否定社会主义制度,使中国走上苏联剧变的道路。"这是"力图把苏联已经发生的惨痛教训在中国重演",似乎中国只能走斯大林模式的社会主义的老路才能有前途。如果有人揭示斯大林在历史上的错误,就会批判你否定党的领袖,并认为这是导致苏联解体的第一个原因。在另一些人看来,重新认识与批判斯大林在历史上犯的种种错误乃至罪行,是历史虚无主义。说这些话的人,他们的潜台词是十分清楚的。

正当中国的改革处于深化与关系到中国实现伟大复兴的关键时期,有人为了维护从本质上、在主要方面不体现科学社会主义斯大林模式,其观点甚至发展到不顾历史事实、不顾中国前途命运的地步,这在客观上必然阻碍中国的改革与中国特色社会主义道路进一步发展。有文章说得好:"任意地或是处心积虑地美化旧体制和早已被历史证明是一条死路的苏联模式,这样做,如果是不谙世事的青年,就说明在改革开放三十年之后,对年轻的一代切实加强中国特色社会主义的教育是何等紧要;如果不是青年,而是什么这个家那个家,则实不知是何居心?"①

至于对斯大林,绝不像有人说的,在俄罗斯全国掀起了"重评斯大林的高潮",在"还斯大林伟大马克思主义者的本来面目"。就是在2010年,在为弘扬俄罗斯大国地位、强调苏联对德战争中发挥重要作用的庆祝二战胜利65周年的活动期间,俄罗斯领导也一再谴责了斯大林犯下的永远不可饶恕的罪行。梅德韦杰夫总统非常明确地说,自新的俄罗斯产生以来,国家领导人对斯大林的评价非常明确。他还说,俄罗斯每个人都有权力对斯大林作出自己的评价,但"这种个人评价不应影响到国家评价"。2011年1月中旬,在俄罗斯总统人权事务委员会会议上,梅德韦杰夫说,斯大林对自己人民犯下了大量罪行,不允许美化斯大林,今后要全面解密政治迫害档案。实在难以理解的是,时至今日有人还以《九评》作为评价斯大林的标准。读这些看法,真让人有如毛泽东所指出的只要一反斯大林就有人"如丧考妣"的感觉。有人还引用了据说是斯大林1943年说过的话:"我知道,我死后有人会把一大堆垃圾扔到我的坟上。但是历史的风一定会毫不留情把那些垃圾刮走。"有人紧接着说这个"历史的风已经强劲地吹起来了"。但遗憾的是,斯大林所希望的那个历史的风并没刮起,而是刮起了一阵阵要求对斯大林模式进行根本性改革之风;刮起了一阵阵要求建立给人民生活幸福和有尊严的科学社会主义之风;刮起了一阵阵要求消除独裁、暴力、践踏人权和滥杀无辜

---

① 《学习时报》,2007年7月9日。

之风。可以说,这个历史的风一直在强劲地刮着,可以肯定,这股风谁也阻挡不了,因为人类要进步,社会要发展。斯大林是孤独的,随着人类历史的不断向前发展,他将会更加孤独。

第二,要正确认识改革开放前中国政治体制的特点。我国在取得革命胜利后,在政治体制建设方面基本上搬用了斯大林模式,是一种高度集权的体制,但由于中国长期受封建主义的影响,这种集权往往带有封建专制主义的特点。这个特点使得各级领导在行使权力过程中往往表现为家长制,并逐步发展到对党的领袖的个人崇拜。邓小平在谈到党和国家领导制度方面的种种弊端问题时指出:"多少都带有封建主义色彩。"在中国的家长制作风有其非常悠久的历史,"陈独秀、王明、张国焘等人都是搞家长制的。""一九五九年'反右倾'以来,党和国家民主生活逐渐不正常,一言堂、个人决定重大问题、个人崇拜、个人凌驾于组织之上一类家长制现象,不断滋长。""不少地方和单位,都有家长式的人物,他们的权力不受限制,别人都要唯命是从,甚至形成对他们的人身依附关系。"

2. 实现党内民主是推行民主制度的关键

2016 年 10 月 27 日中共十八届六中全会通过的《中共中央关于新形势下党内政治生活的若干准则》中指出:"党内民主是党的生命,是党内政治生活积极健康的重要基础。要坚持和完善党内民主各项制度,提高党内民主质量,党内决策、执行、监督等工作必须执行党章党规确定的民主原则和程序,任何党组织和个人都不得压制党内民主,破坏党内民主。""党委(党组)主要负责同志必须发扬民主、善于集中、敢于担责。在研究讨论问题时要把自己当成班子中平等的一员,充分发扬民主,严格按程序决策、按规矩办事,善于听取不同意见,正确对待少数人意见,不能搞一言堂甚至家长制。支持班子成员在职责范围内独立负责开展工作,坚决防止和克服名为集体领导、实际上个人或少数人说了算,坚决防止和克服名为集体负责、实际上无人负责。"

苏共作为执政党,在斯大林时期不断破坏党内民主制度,最后使苏共变成个人集权制政党,没有人敢对斯大林说半个不字。赫鲁晓夫虽反了斯大林个人崇拜,但后来他亦搞个人崇拜。平庸的勃列日涅夫在站稳脚跟、大权集中在自己手里之后,也同样搞起个人崇拜。从这里可以让人得出这样一个结论:高度集权体制是产生个人崇拜的制度性基础,而个人崇拜又是党内缺乏民主的伴随物。少数人乃至一个人说了算,作出重大决策,一旦出现问题又没有人敢于提出批评意见,这是党内缺乏民主常见的普遍性的现象。在勃列日涅夫时期,重大问题往往在小圈子里决定,党内讨论问题往往流于形式,在这种条件下,苏联的民主政治无从谈起。

中国自实行改革开放政策以来,从上到下,从领导到一般群众,都赞成政治体制民主化的改革,都在说没有民主就没有社会主义,都认为民主是个好东西,但真正实行起来还是很难的。这方面的原因很多,但我认为党内民主没有很好地解决是个关键性的问题。如何实现党内民主,已发表了很多论著,提出了很多设想与建议,如实行党政分开,以建立权力制衡与完善监督机制为目的的党组织体制的改革,发挥广大党员的监督功能,等等。这些对改进党内民主无疑都是有益的。

3. 消除政治体制改革三大障碍

从苏联的情况来看,政治体制倒退虽有多种原因,但最为重要的有:一是维护既得利益的特权阶层;二是理论上"左"的教条主义。

中国政治体制改革难以推进,在笔者看来,并不是中央高层领导对政治体制改革的重要性缺乏认识,他们也有着紧迫感与危机感。中共十六届四中全会强调指出:"党的执政地位不是与生俱来的,也不是一劳永逸的","今天拥有,不等于明天拥有;明天拥有,不等于永远拥有"。应该说,已把问题看得十分尖锐了。影响中国政治体制改革的主要原因有三:

第一,现今中国学术界有个共识,认为政治体制改革的主要阻力来自既得利益阶层,也有人称为既得利益集团或权贵阶层。这个阶层对权力与利益的分配有相当的决策权,至少有很大的影响力。有些文章认为,这个阶层有以下几部分人组成:一是部分垄断行业高层人员,利用他们对重要的公共资源的占用和支配权,把本应归社会共享的成果变成部门利益。他们根据自身需要不断调整规则,控制市场,左右价格。为坑民肥私行为披上合法外衣。二是少数党政机关领导干部,他们把自己掌握公共权力市场化,寻租。对中央路线方针政策对有利于己的就执行,不利于己的就不执行,从拖延、推诿到偷梁换柱,企图使体制缺陷长期化,既得利益固定化。三是某些有背景的民营企业,利用权力优势破坏市场规则,谋取超额利润。这些人通过收买权力以获取资源优势,他们的行贿活动从经济领域进入政治领域。有些学者认为,"这种强势的'权贵'(资本)阶层,不但已经形成,而且似乎正在从'自在阶段'向'自为阶段'过渡或转化。反腐败斗争难以真正深入,政治体制改革难以有实质性进展,主要根源也就在此。"①根据以上的分析,中国要消除政治体制改革的阻力,最为重要的还是要从整体上加快政治体制民主化进程。只有这样才能解决公权力市场化的问题。

第二,"左"的教条主义。应该说,中国在改革过程中重视理论探讨,与时俱进。中共十六大报告中指出:"实践基础上的理论创新是新的社会发展",但这并不能说,中国在理论创新、活跃理论探讨方面有了很好的客观条件了,"左"的教条主义障碍消除了。至今还有些人动不动挥舞"资产阶级自由化"的帽子,把它当作用来压制别人的武器。"左派"们还把体制改革中出现的诸如"官僚资本主义"与用权力置换利益、经济垄断、腐败、分配不公等问题,一股脑儿全泼到自由市场经济的身上。但他们并没有认识到,出现上述问题恰恰是自由市场经济体制改革没有到位,即公民经济自由未得到保障,真正的市场主体尚未形成,垄断部门未市场化,法治建设没有跟上所造成的。

当前中国围绕改革、反对"左"的教条主义,进行理论创新,笔者认为,应从以下四个方面着手:

一是根据在改革与发展过程中出现的新问题、新情况,及时加以总结和研究,提出解决问题的新理论与答案。这对贯彻《中共中央关于加强党的执政能力建设的决定》中提出的要不断提高驾驭社会主义市场经济的能力,要坚持以人为本、全面协调可持续的科学发展观,更好地推动经济社会发展,具有极其重要的意义。应该用以人为本、科学发展观这一重要思想来完善与构建新的社会主义模式。

二是特别要重视当代科技的新发展,要充分预计到科技迅猛发展的年

① 王贵秀:《"既得利益阶层"与"利益受损阶层"》,《同舟共进》,2010年,第10期。

代,社会经济的变化往往是超出人们的想象。在这种情况下,不革新理论,党的思想必然失去先进性,也就不可能准确地认识当今世界。

三是在结合本国国情推行改革和构建新的体制模式时,应充分考虑与吸收原本就是全人类共同的文明成果,否则,同样会使党的思想、理论失去先进性。

四是通过改革实现理论创新。改革要求用新的理论指导,同时,也只有通过改革消除理论创新的种种障碍,邓小平讲,改革是"决定中国命运的一招",也可以说,改革是促进理论发展,使党始终具有先进思想的一招。

不同观点的平等讨论,真正贯彻"双百"方针,言论自由是政治民主的一个重要内容,这也是创新理论的必要条件。英国思想家约翰·斯图尔特·密尔谈到言论自由是这样说的:"迫使一个意见不能发表就是对整个人类的掠夺。因为,假如那意见是对的,就失去了一个以错误换真理的机会;假如意见是错的,也失去了从真理与错误的冲突中产生出来的、对于真理更加清楚的认识和更加生动的印象。"他还指出:"在精神奴役的气氛中,从来没有而且永远不会有智力活跃的人民。"①说得多有哲理啊!

总之,在中国,不坚持不断地解放思想,不冲破传统观念,不抛弃"左"的教条,政治体制改革很难取得实质性进展。邓小平说得好:"一个党,一个国家,一个民族,如果一切从本本出发,思想僵化,迷信盛行,那它就不能前进,它的生机就停止了,就要亡党亡国。"②笔者认为,这句话应该永远是社会科学工作者特别是理论工作者从事研究工作的座右铭。

第三,不恰当地、过度地强调民主的特殊性而忽视共性,这是影响我国政治民主化进程的一个因素。笔者认为,民主首先是有共性的东西,人类社会的发展都在追求民主,人本身追求自由、民主和人权。如果对民主的共性与特殊性在理解上出现偏差,以特殊性来否定共性,这样对推进民主共性改革产生困难。

---

① 转引自《读书》,2006 年,第 11 期。

② 《邓小平文选》第 2 卷,人民出版社,1994 年,第 143 页。

## 第四节　关于改革要坚持正确方向的问题

　　由于苏联长期来把斯大林确立的一些社会主义理论视为经典,因此在改革过程中如果背离了这些"经典"理论,都会被视为走资本主义道路。正是这个原因,决定了苏联长期以来坚持批"市场社会主义",坚持"一大二公三纯"的所有制结构与高度集权的政治体制,经济体制改革从来不以市场经济为取向,政治体制改革也从不朝民主化方向发展。

　　中国在四十多年的改革过程中,也从来没有停止过姓"资"姓"社"的争论。从中国改革理论的发展来看,邓小平并没有纠缠在姓"资"姓"社"问题上。他在 1992 年说:"改革开放迈不开步子,不敢闯……要害是姓'资'还是姓'社'的问题。判断的标准,应该主要看是否有利于发展社会主义生产力,是否有利于增强社会主义国家综合国力,是否有利于提高人民的生活水平。"①中国经济改革的指导思想,邓小平理论、"三个代表"的重要思想、科学发展观、习近平新时代中国特色社会主义思想,这些既符合马克思主义基本理论,亦反映了中国特色社会主义的重要内容。

　　笔者认为,所谓改革的正确方向,应该是指符合国际社会发展潮流,即人类历史发展过程中共同形成的文明成果。

　　从原来的社会主义国家来说,经济体制改革的方向应该是从传统的计划经济体制向市场经济体制过渡;而政治体制改革的方向应该是从高度集权的体制向民主制度过渡。关于这一改革大方向,已成为人们共识。经济市场化与政治民主化,它是构成人类共同文明的重要内容。民主、自由、人权、平等、博爱,等等,都是人类追求的目标,但它的实现有个过程,它的实现程度取决于社会经济与文化发展水平。但我们不能因目前受经济、文化水平所限,而不去追求上述目标。中国要实现上述目标只有通过全面地改革体制才能达到,也只有这样才能中国朝着现代化迈进。

　　2006 年 3 月 16 日,温家宝在两会结束后中外记者招待会上回答提问时

---

① 中共中央文献研究室编:《邓小平年谱》(下),中央文献出版社,2004 年,第 1342 页。

指出:"民主、法治、自由、人权、平等、博爱,这不是资本主义所特有的,这是整个世界在漫长的历史过程中共同形成的文明成果,也是人类共同追求的价值观。"2010年,温家宝在政府工作报告中提出:"要让老百姓活得更有尊严",主要指三个方面:第一,就是每个公民在宪法和法律规定的范围内,都享有宪法和法律赋予的自由和权利,国家要保护每个人的自由和人权。无论什么人在法律面前,都享有平等。第二,国家的发展最终目的是满足人民群众对美好生活的向往,除此之外,没有其他。第三,整个社会的全面发展必须以每个人的发展为前提,因此,我们要给人的自由和全面发展创造有利的条件,让他们的聪明才智竞相迸发。这就是笔者讲的尊严的含义。温家宝把"人民的尊严"写进政府工作报告,把"尊严"提到如此高度、深度和广度,这反映了中国共产党与中国政府"执政为民""以人为本"的施政理念。从上述内容来看,温家宝把"尊严"的内容说得非常清晰与明确。

笔者认为,如果实现"尊严"的以上三个内容,是与马克思、恩格斯把社会主义视为每个人的自由发展是一切人自由发展的条件"的联合体"的主张是一致的,也体现了马、恩以人道主义为核心的社会理想,在马、恩看来,共产主义与"真正的人道主义"是画等号的。从所有制来说,马克思主义的基本理论是,取代资本主义的新的社会主义生产方式将实现劳动者与生产资料所有权的统一,它是"联合起来的社会个人所有制",是建立在协作和共同占有生产资料的基础上的个人所有制。这也是马克思所说的:"在协作和对土地及靠劳动本身生产的生产资料的共同占有的基础上,重新建立个人所有制。"马克思在《1861—1863年经济手稿》中,把这种所有制称之为"非孤立的单个人的所有制",也就是"联合起来的社会个人的所有制"①。这些都说明,社会主义所有制形式的一个重要特征是:劳动者在联合占有的生产资料中享有一定的所有权。进一步说,马克思所说的这种所有制具有以下两个方面相互密切相关的本质内含:一是劳动者集体共同占有和使用生产资料,任何个人均无权侵害生产资料;二是在用于集体劳动的生产资料中,每个劳动者都享有一定的生产资料所有权。这就是"在自由联合的劳动条件

---

① 《马克思恩格斯全集》第48卷,人民出版社,1985年,第21页。

下"实现劳动者与生产资料所有权相统一的具体形式。

可以说,马、恩的社会主义上述思想,也体现了人类历史上创造的共同文明,因此它理应是我们建设社会主义与进行改革的正确方向。

## 第五节 正确认识改革、发展与稳定三者之间的辩证关系

关于这个问题,勃列日涅夫执政 18 年的教训是特别值得我们吸取。不少俄罗斯学者在分析勃列日涅夫时期出现全面停滞的原因时指出,它与一味地、片面地维持"稳定"有关。勃列日涅夫靠稳定来维持其领导地位,为此,也用稳定来压制改革,从而导致社会经济发展的停滞。"勃列日涅夫的关键问题与他成功攫取国家最高政治地位的秘密完全一致。这个秘密就叫稳定。"[1]我认为,这是勃列日涅夫执政时期给人们留下的一个极为重要的教训。这个时期,苏联最紧迫的任务是通过改革来推动经济的发展,从体制上解决一系列社会中存在的种种问题,缓解矛盾,达到社会稳定的目的。当然,改革的力度要根据当时社会承受的能力。但同时又应该清醒地认识到,任何改革都是权力在各阶层的一种调整,就会打破原来的平衡,从而也可能出现不同程度的社会波动,之后出现新的平衡。如果只是求稳怕乱,不敢冒一点风险,最后只能是问题越来越多,积重难返,走向停滞。对此,邓小平就讲过:"强调稳定是对的,但强调得过分,就可能丧失时机。可能我们经济发展规律还是波浪式前进……稳这个字是需要的,但并不能解决一切问题。根本的一条是改革开放不能丢,坚持改革开放才能抓住时机上台阶。"[2]

就当今的中国来说,解决在改革中出现的如腐败、贫富差别拉大、垄断等问题,也只能通过改革特别是政治体制改革来解决。政治体制改革阻滞与片面理解稳定压倒一切有关。有些人一提政治体制改革就认为就会出现

---

① ［俄］亚·维·菲列波夫著:《俄罗斯现代史》,吴恩远等译,中国社会科学出版社,2009 年,第 230 页。

② 中共中央文献研究室编:《邓小平年谱》,中央文献出版社,2004 年,第 1331 页。

社会动荡。实际上,稳定不可能压倒一切,稳定也不应该以放弃改革而导致社会经济停滞为代价。我们要特别警惕勃列日涅夫时期以政治体制改革停滞乃至倒退为代价换取社会短暂的、积聚大量矛盾与问题的"稳定",最后为苏联衰亡创造条件,这个惨痛的教训值得总结与吸取。

## 第六节　经济体制改革过程中应努力改变经济发展方式调整经济结构

如果我们从经济学角度来考察勃列日涅夫时期的经济缘何从增长率递减发展到停滞,那么一个十分明显的问题是,这个时期的苏联没有解决经济发展方式的转变问题,即从粗放经济转向集约道路。勃列日涅夫上台后意识到了这一点,并且在 1971 年苏共二十四大上正式提出了这个问题。之所以在勃列日涅夫时期没有解决经济发展方式转变,说到底是受经济体制的制约,这个问题我们在前面已作了论述。这个问题长期拖了下来,一直到苏联解体 20 年后的当今俄罗斯,其经济仍受其严重影响,20 年来粗放经济增长方式在俄罗斯也并未发生实质性变化。梅德韦杰夫总统在《前进,俄罗斯!》一文中指出:"我们大部分企业的能源有效利用率和劳动生产率低得可耻。这还不是很糟糕。最糟糕的是:企业经理、工程师和官员们对这些问题漠不关心。""低效的经济,半苏联式的社会环境……所有这些对于像俄罗斯这样的国家来说,都是很大的问题。"

至于经济发展模式,俄罗斯独立以来一直在努力从资源出口型向以高新技术、人力资本为基础的创新型经济发展模式转变,但并未取得多大进展,梅德韦杰夫总统在上面提到的那篇文章中指出:"20 年激烈的改革也没有让我们的国家从熟悉的原料依赖中摆脱出来。""简单的依靠原料出口来换取成品的习惯导致了经济长期的落后。"他还提出了一个严肃的问题:"我们应不应该把初级的原材料经济……带到我们的未来?"目前,俄罗斯能源等原材料出口占出口总额的 80% 左右,高科技产品出口不仅数量少,而且逐年下降。2004 年俄罗斯高新技术产品出口,占世界的比重为 0.13% ,这一比例比菲律宾少 67%，比泰国少 78%，比墨西哥少 90%，比马来西亚和中国少 92%，比韩国少 94%。正是由于这种经济发展模式，在金融危机发生后受能源与其他原材料产品国际市场价格大幅度下跌的影响，2009 年俄罗斯国内生产总值下降了 7.9%。

中国在经济改革的相当一个时期，并没有明确提出转变经济发展方式，到 20 世纪 90 年代初才提出这个问题，着手抓这个问题，并对世界各大国有关这一问题加以研究。应该说，到目前，中国经济的发展在相当程度上仍是粗放型的。拿能源消耗来讲，中国单位国内生产总值能耗目前是世界水平的 2.2 倍、美国的 4.3 倍、德国和法国的 7.7 倍、日本的 11.5 倍。另据材料报道，中国的经济高速发展成本很高，主要表现在以下三个方面：一是我们付出了过多的资源能源成本，从现在看到的资料来说，我们用了占世界总量 50% 左右的煤、水泥、钢铁和 10% 左右石油、天然气，支撑了 8% 以上的经济发展速度，创造了占世界国内生产总值总量 7% 左右这样一个经济成就；二是我们的环境被严重污染了，这个事实有目共睹；三是劳动力价格被过分压低了，消费严重不足，劳动报酬所占比重严重偏低。① 可见，在转变经济体制的同时必须抓经济发展方式的转变，这样才有提高经济素质，提高经济的竞争力，才能保证经济可持续发展。

中国越来越清楚地认识到，拉动经济增长不能片面地通过加速出口增长来实现，而必须走扩大内需为主的道路，2008 年的金融危机使中国进一步认识到转变经济发展模式的迫切性，如果经济发展模式不能改变，要保证中国经济稳定与可持续发展是不可能的。中国已把改变发展模式作为"十二五"时期改革的主线。在中国扩大内需的潜力很大。中国居民消费率 1952 年为 69%，1978 年降为 45%，2008 年进一步降至 35.3%。而 2008 年美国居民消费率为 70.1%，印度为 54.7%，目前世界上居民消费率大体平均在 50% 上下，只有中国低到 35% 的水平。

不论是改变经济发展方式，还是改变经济发展模式，都必须加快经济结构的调整。从目前中国来说，经济结构的调整涉及很多方面的内容，它包括

---

① 参见《中国经济时报》，2010 年 11 月 29 日。

产业结构、消费结构、区域结构、所有制结构以及企业规模结构等。

经济发展方式，发展模式与结构调整，都离不开深化改革，必须有体制机制性做保证。正如李克强在中国发展高层论坛2010年开幕式上的致辞中指出的："加快经济发展方式转变，调整经济结构，关键在理顺体制机制，难点是调整利益格局，解决办法从根本上要靠改革创新。"李克强在2011年3月30日第十二届中国发展高层论坛主旨演讲中强调，中国加快经济发展方式的转变，是经济社会领域一场广泛而深入的变革，需要健全的体制机制作保障。中国将坚持市场化改革方向，更加注重改革的顶层设计和总体规划。胡锦涛在中共十八大也明确指出："深化改革是加快转变经济发展方式的关键。"

正是由于上述原因，中共十七届五中全会公报中指出："加快转变经济发展方式是我国经济社会领域的一场深刻变革，必须贯穿经济社会发展全过程和各领域，坚持把经济结构战略性调整作为加快转变经济发展方式的主攻方向，坚持把科技进步和创新作为加快转变经济发展方式的重要支撑，坚持把保障和改善民生作为加快转变经济发展方式的根本出发点和落脚点，坚持把建设资源节约型、环境友好型社会作为加快转变经济发展方式的重要着力点，坚持把改革开放作为加快转变经济发展方式的强大动力，提高发展的全面性、协调性、可持续性，实现经济社会又好又快发展。"以上"五坚持"，阐明了加快转变经济发展方式的基本方向与重点。

有些学者提出，这次全会最重要的一句话是"加快转变经济发展方式"，因为只有这样，中国才能赢得未来，这也是对未来的关键抉择。这些说法是有道理的。

以上的情况告诉我们：第一，一个国家实现经济转型，不能只局限于由计划经济体制转向市场经济体制，而与此同时，适时地解决经济发展方式、经济发展模式的转变与经济结构调整问题；第二，经济发展方式转变的主要阻碍因素是经济体制问题；第三，不论一个国家资源条件有多么优越，不及时转变经济发展方式，就不可能保证经济可持续发展，也不可能提高经济效益，更不可能使经济现代化，最后迟早会在国际竞争中败下阵来。勃列日涅夫时期是苏联走近衰亡的时期，与他执政18年未能改变落后经济发展方式有着密切的关系。这个问题在研究中国体制改革时值得引起我们高度重视。

# 第七节 应高度重视农业问题

应该说,作为苏联继承国的俄罗斯,农业仍然是没有很好解决的问题,不稳定、效率低仍是当今俄农业的特品,农业出产率比遍地石头且缺少阳光的芬兰还要低一半。曾在叶利钦时期任 8 个月总理的普里马科夫,在他 2001 年出版的著作中,谈到农民问题和农业政策时,深有感触地写下了以下一段话:"尽管采取的措施(指对农民、农业——笔者注)很多,但它们带有'消防'性质,未来就不能总是这样下去。应当从整体上考虑俄罗斯农民的命运。他们不仅是忍受了各种苦难的伟大劳动者,也是民族文化、民族传统的保护者。俄罗斯农民蒙受了多少苦难啊!农奴的权利,给成千上万人造成致命打击的'没收富农的财产和土地',夺去了数百万人生命的饥饿,数十年的集体农庄的无权地位。蕴藏着巨大的朝气蓬勃力量的农民忍受住了。今后怎么办?"

根据上述情况,以下问题是值得我们思考的:

第一,中国自实行改革开放之后,"三农"问题有了很大的改善。特别是近几年来,国家对农业支持的力度大大加强了,如实行农业税减免,对种粮农民实行直接补贴,对主产区重点粮食品种实行最低收购价格等政策,对农村教育事业的发展也给予了大力支持。无疑,这些政策大大调动了农民的积极性,促进了农业发展。今后我们必须进一步落实对农业"多予、少取、放活"的方针。我们要清醒地认识到,到 2012 年中国农村人口还有 6.74 亿,即使工业化与城市化进展顺利,2020 年农村人口仍有 6 亿左右,"三农"问题仍是个大问题。再说,2012 年全国农村贫困人口还有近 1 亿人。不解决"三农"问题,就会影响工业化与城市化的进程,也将成为制约整个国民经济进一步发展的"瓶颈"。所以在今后的工业化与城市化进程中,一刻也不能放松解决"三农"问题,思想上认识到只有农业有了大的发展,工业化与城市化才能更快地发展。在这个问题上,列宁有很多深刻的分析,他在俄共(布)十一大的报告中说:"同农民群众,同普通劳动农民汇合起来,开始一道前进,虽然比我们所期望的慢得多,慢得不知多少,但全体群众却真正会同我们一道前进。到了一定的时候,前进的步子会加快到我们现在梦想不到的速度。"

第二,目前中国的农业还是个弱势的产业,农业增收缺乏重要的支撑,又面临国内外的激烈竞争。因此,在我国工业化中期阶段,农业不能再为工业化提供积累,而成为国家应该给予大量补贴的部门,让农业从工业化与城市化取得的进展中分享到好处,绝不可以牺牲农民的利益来推进工业化和城市化进程,并且要采取一些有力的政策推动农业现代化,特别是要使乡镇工业得到进一步发展与提高,这既可以使它与整个工业化融合为一体,还可以推进农村城市化进程。

第三,吸取苏联的教训,在中国今后的工业化进程中,绝不能不顾生产力发展的实际水平,在条件不成熟的情况下,用行政的手段去改变农业生产关系。农业的生产组织形式与经营方式要由广大农民创造。

第四,目前中国工业化已进入发展中期,在今后的工业化进程中,更应保持农轻重的平衡协调发展。农业搞不好,轻工业和食品工业亦上不去,市场供应就会十分紧张。特别要指出的是,中国农村市场的需求有很大的潜力,而这个潜力只有在农业有了大的发展、农民购买力大大提高的情况下才能得以发挥。

# 参考文献

一、经典文献

1.《马克思恩格斯全集》,人民出版社,2007 年。

2.《列宁全集》,人民出版社,1986 年。

3.《列宁选集》,人民出版社,1995 年。

4.《斯大林全集》,人民出版社,1953 年。

5.《斯大林选集》,人民出版社,1979 年。

6.《斯大林文集》,人民出版社,1985 年。

7.《苏联共产党和苏联政府经济问题决议汇编》有关卷,中国人民大学出版社,1987 年。

二、著作

1.［苏］苏联科学院经济研究所编:《政治经济学》,中共中央马列编译局译,人民出版社,1955 年。

2.［苏］苏联部长会议中央统计局编:《苏联国民经济统计年鉴》(1959年),梅国彦译,世界知识出版社,1962 年。

3.［苏］波梁斯基等主编:《苏联国民经济讲义》,生活·读书·新知三联书店出版社,1964 年。

4.［苏］《联共(布)党史简明教程》,人民出版社,1975 年。

5.［苏］苏联部长会议中央统计局编:《苏联国民经济六十年》,陆南泉等译,生活·读书·新知三联书店,1979 年。

6.［苏］马拉菲耶夫·A. H.:《社会主义制度下的商品生产理论今昔》,

马文奇等译,中国财政经济出版社,1979 年。

7. [苏]苏联科学院经济研究所编:《苏联社会主义经济史》(第一至第七卷),复旦大学经济系等译,生活·读书·新知三联书店与东方出版社,1979—1987 年。

8. [苏]安·米·潘克拉托娃主编:《苏联通史》,山东大学翻译组译,生活·读书·新知三联书店,1980 年。

9. [苏]舍尔麦涅夫·M. K. 主编:《苏联财政》,毛蓉芳等译,中国财政经济出版社,1980 年。

10. [苏]罗伊·麦德维杰夫·A. 等:《赫鲁晓夫执政年代》,邹子婴等译,吉林人民出版社,1981 年。

11. 王金存:《苏联经济结构的调整》,中国财政经济出版社,1981 年。

12. 樊亢、守则行主编:《外国经济史》(一、二、三册),人民出版社,1981 年。

13. 陆南泉、张文武编:《国外对苏联问题的评论简介》,求实出版社,1982 年。

14. [捷克斯洛伐克]奥塔·希克:《第三条道路》,张斌译,人民出版社,1982 年。

15. 商德文:《列宁经济理论的形成和发展》,北京大学出版社,1983 年。

16. [南斯拉夫]米洛凡·杰拉斯:《同斯大林谈话》,赵洵等译,吉林人民出版社,1983 年。

17. 中国社会科学院情报研究所编译:《苏联理论界论社会主义》,人民出版社,1983 年。

18. 马克思、恩格斯、列宁、斯大林:《论人性异化、人道主义》,清华大学出版社,1983 年。

19.《安德罗波夫言论选集》,苏群译,新华出版社,1984 年。

20.《安德罗波夫言论选集》,阚思替等译,世界知识出版社,1984 年。

21.《契尔年科言论选集》,苏群译,生活·读书·新知三联书店,1985 年。

22. 孙杨木等主编:《俄国通史简编》,人民出版社,1986 年。

23. 陆南泉等:《苏联东欧社会主义国家经济体制改革》,重庆出版社,

1986 年。

24. 中国苏联经济研究会编:《1984:苏联经济》,人民出版社,1986 年。

25.《戈尔巴乔夫言论选集》,苏群译,人民出版社,1987 年。

26. [苏]米·谢·戈尔巴乔夫:《改革与新思维》,苏群译,新华出版社,1987 年。

27.《戈尔巴乔夫关于改革的讲话》,苏群译,人民出版社,1987 年。

28. 陆南泉等:《苏联东欧社会主义国家经济体制改革比较分析》,山东人民出版社,1987 年。

29. [美]斯蒂芬·科恩·F.:《苏联经验重探》,陈玮译,东方出版社,1987 年。

30. 陆南泉等编:《苏联经济建设和经济体制改革理论的发展》,中国社会科学出版社,1988 年。

31. 陆南泉等编:《苏联国民经济发展七十年》,机械工业出版社,1988 年。

32. 姜长斌主编:《苏联社会主义制度的变迁》,黑龙江教育出版社,1988 年。

33. 李忠杰等:《社会主义改革史》,春秋出版社,1988 年。

34. [苏]琼图洛夫·B.T. 等编:《苏联经济史》,郑彪等译,吉林大学出版社,1988 年。

35. 陆南泉主编:《苏联改革大思路》,沈阳出版社,1989 年。

36. 陆南泉:《从企业改革入手——戈尔巴乔夫的经济体制改革》,中国社会科学出版社,1989 年。

37.《在改革浪潮中重评斯大林——苏联近期报刊文章选译》,林利、姜长斌译,求实出版社,1989 年。

38. [苏]尤里·阿法纳西耶夫编:《别无选择——社会主义的经验教训和未来》,王复士等译,辽宁大学出版社,1989 年。

39. [苏]罗·梅德韦杰夫:《斯大林和斯大林主义》,彭卓吾等译,中国社会科学出版社,1989 年。

40. [美]兹·布热津斯基:《大失败——二十世纪共产主义的兴亡》,军事科学院外国军事研究部译,军事科学出版社,1989 年。

41. 刘克明等主编:《苏联政治经济体制七十年》,中国社会科学出版社,1990 年。

42. [苏]尤·阿克秀金编:《赫鲁晓夫:同时代人的回忆》,李树柏等译,东方出版社,1990 年。

43. 陆南泉主编:《苏联经济简明教程》,中国财政经济出版社,1991 年。

44. [苏]罗伊·麦德维杰夫:《赫鲁晓夫政治生涯》,述弢译,社会科学文献出版社,1991 年。

45. 陆南泉主编:《苏联经济》,人民出版社,1991 年。

46. 陈之华主编:《苏联史纲——1917—1937》(上、下册),人民出版社,1991 年。

47. 宋则行、樊亢主编:《世界经济史》(上、中、下卷),经济科学出版社,1993 年。

48. 陆南泉、阎以誉编:《俄罗斯、东欧、中亚经济转轨的抉择》,中国社会出版社,1994 年。

49. 江流、陈之骅主编:《苏联演变的历史思考》,中国社会科学出版社,1994 年。

50. 陆南泉主编:《独联体国家向市场经济过渡研究》,中共中央党校出版社,1995 年。

51. [美]小杰克·马特洛克·F.:《苏联解体亲历记》,吴乃华等译,世界知识出版社,1996 年。

52. [俄]赵永穆等译:历史档案《苏联共产党最后一个"反党"集团》,中国社会出版社,1997 年。

53. 姜长斌主编:《斯大林政治评传》,中共中央党校出版社,1997 年。

54. 陈之骅主编:《勃列日涅夫时期的苏联》,中国社会科学出版社,1998 年。

55. [俄]格·阿·阿尔巴托夫:《苏联政治内幕:知情者的见证》,徐葵等译,新华出版社,1998 年。

56. 邢广程:《苏联高层决策 70 年》(第一——五册),世界知识出版社,1998 年。

57. 陆南泉、姜长斌主编:《苏联剧变深层次原因研究》,中国社会科学出版社,1999 年。

58. 程伟:《计划经济国家体制转轨评论》,辽宁大学出版社,1999 年。

59. 李宗禹等:《斯大林模式研究》,中央编译出版社,1999 年。

60. [俄]亚·尼·雅科夫列夫:《一杯苦酒——俄罗斯的布尔什维主义和改革运动》,徐葵等译,新华出版社,1999 年。

61. [俄]阿·切尔尼亚耶夫:《在戈尔巴乔夫身边六年》,徐葵等译,世界知识出版社,2001 年。

62. 刘祖熙:《改革与革命——俄国现代化研究》,北京大学出版社,2001 年。

63. 陆南泉等主编:《苏联兴亡史论》,人民出版社,2002 年。

64. [俄]戈尔巴乔夫:《对过去和未来的思考》,徐葵等译,新华出版社,2002 年。

65. 周尚文、叶书宗、王斯德:《苏联兴亡史》,上海人民出版社,2002 年。

66. [俄]《普京文集——文章讲话选集》,中国社会科学出版社,2002 年。

67. 张建华:《俄国现代化道路研究》,北京师范大学出版社,2002 年。

68. [俄]安. 米格拉尼扬:《俄罗斯现代化与公民社会》,徐葵等译,新华出版社,2003 年。

69. 王云龙:《现代化的特殊道路》,商务印书馆,2004 年。

70. 陆南泉、姜长斌、徐葵、李静杰主编:《苏联兴亡史论》,人民出版社,2004 年修订版。

71. 陈之骅、吴恩远、马龙闪主编:《苏联兴亡史纲》,中国社会科学出版社,2004 年。

72. 陆南泉:《苏联经济改革史论(从列宁到普京)》,人民出版社,2007 年。

73. [美]尼·梁赞诺夫斯基等:《俄罗斯史》(第七版),杨烨等译,上海人民出版社,2007 年。

74. 高际香:《俄罗斯对外经济关系研究》,中华工商联合出版社,2007 年。

75. [俄]《普京文集——2002—2008》,中国社会科学出版社,2008 年。

76. 庞大鹏:《观念与制度——苏联解体后的俄罗斯国家治理(1991—

2010)》,中国社会科学出版社,2010 年。

77. 周尚文等:《苏共执政模式研究》,上海人民出版社,2010 年。

78. 李福川:《俄罗斯反垄断政策》,社会科学文献出版社,2010 年。

79. 陆南泉等主编:《苏联真相——对 101 个重要问题的思考(上中下三册)》新华出版社,2010 年。

80. 陆南泉:《走近衰亡——苏联勃列日涅夫时期研究》,社会科学文献出版社,2011 年。

81. 陆南泉:《中俄经贸关系现状与前景》,中国社会科学出版社,2011年。

82. [俄]弗拉季斯拉夫.伊诺泽姆采夫主编:《民主与现代化》,徐向梅等译,中央编译出版社,2011 年。

83. 郭晓琼:《俄罗斯产业结构研究》,知识产权出版社,2011 年。

84. 李慎明主编:《居安思危——苏共亡党二十年的思考》,社会科学文献出版社,2011 年。

85. 陆南泉等主编:《苏东剧变之后——对 119 个问题的思考》,新华出版社,2012 年。

86. 吴敬琏、马国川:《重启改革议程:中国经济改革二十讲》,生活·读书·新知三联书店,2013 年。

87. 左凤荣、沈志华:《俄国现代化的曲折历程》(上、下册),社会科学文献出版社,2012 年。

88. 陆南泉主编:《俄罗斯经济二十年:1992—2011》,社会科学文献出版社,2013 年。

89. 陆南泉:《论苏联、俄罗斯经济》(院学部委员专题文集),中国社会科学出版社,2013 年。

90. 李新:《俄罗斯经济再转型:创新驱动现代化》,复旦大学出版社,2013 年。

91. 曲文轶:《俄罗斯转型研究》,经济科学出版社,2013 年。

92. 姚海:《俄国革命》,人民出版社,2013 年。

93. 郑异凡:《新经济政策的俄国》,人民出版社,2013 年。

94. 徐天新:《斯大林模式的形成》,人民出版社,2013 年。

95. 叶书宗:《勃列日涅夫的十八年》,人民出版社,2013年。

96. 左凤荣:《戈尔巴乔夫改革时期》,人民出版社,2013年。

97. [俄]罗伊·麦德维杰夫:《苏联的最后一年》,王晓玉、姚强译,社会科学文献出版社,2013年。

98. 李建民:《独联体国家投资环境研究》,社会科学文献出版社,2013年。

99. 黄宗良:《从苏联模式到中国道路》,北京大学出版社,2014年。

100. 李雅君等主编:《当代俄罗斯精英与社会转型》,社会科学文献出版社,2014年。

101. 陆南泉主编:《转型中的俄罗斯》,社会科学文献出版社,2014年。

102. 陆南泉:《苏俄经济改革二十讲》,生活·读书·新知三联书店,2015年。

103. [俄]戈尔巴乔夫:《孤独相伴——戈尔巴乔夫回忆录》,潘兴明译,译林出版社,2015年。

104. 陆南泉总编、李建民主编:《俄罗斯中东欧中亚转型丛书——俄罗斯经济卷》,东方出版社,2015年。

105. 陆南泉总编、李雅君主编:《俄罗斯中东欧中亚转型丛书——俄罗斯政治卷》,东方出版社,2015年。

106. 陆南泉:《俄罗斯转型与国家现代化问题研究》,中国社会科学出版社,2017年。

107. 李永全:《俄国政党史——权力金字塔的形成与坍塌》,中国社会科学出版社,2017年。

108. [俄]谢·弗·米罗年科:《19世纪初俄国专制制度与改革》,许金秋译,社会科学文献出版社,2014年。

109. 薛小荣等:《来自上面的革命——戈尔巴乔夫时期政治体制改革》,天津人民出版社,2017年。

110. 郑异凡:《苏联春秋》三卷本:《改建与易帜》《大转变》《革命与改良》,上海人民出版社。2018年。

111. 冯玉军:《欧亚新秩序》三卷本,中国社会科学出版社,2018年。

112. [俄]谢尔盖.尤里耶维奇.格拉济耶夫:《俄罗斯改革教训——自由

主义乌托邦的破产以创造"经济奇迹"之路》,李勇慧等译,中国社会科学出版社,2018 年。

113.童伟等:《俄罗斯税制改革研究》,经济科学出版社,2018 年。

三、杂志与年鉴类

《俄罗斯中亚东欧研究》、《欧亚经济》、《东北亚论坛》、《国际石油经济》、《俄罗斯研究》、《俄罗斯学刊》、《西伯利亚研究》、苏联及俄罗斯历年统计年鉴(俄文)。

四、俄文文献

(一)官方文献

1.《Концепция долгосрочного социально – экономического развития》.

2. 《Прогноз догосрочного социально – экономического развития Российкой Федерации на период до 2030 года》, Минэкономразвития России,2013.

3.《Стратегия развития авиационной промышленности на период до 2015 года》,2005.

4.《Стратегия развтия лесного компелкса Российской Федерации на период до 2020 года》, 2008.

(二)主要俄文杂志报纸

1.《Вопросы экономики》

2.《Экономист》

3.《Мировая экономика и международные отношения》

4.《Независимая газета》

5.《Российская газета》

(三)主要俄文网站

1. www. gks. ru.

2. www. economy. gov. ru.

3. www. iet. ru.

# 后 记

本书初稿于 2019 年 4 月完成,历经 5 年,终于要面世了。

在本书即将付梓之际,我感到,自己完成了一项一直想完成的事,即把我对苏联、俄罗斯经济体制改革与制度转型的历史进程进行较为系统的梳理,并对一些重要问题提出了自己的看法。之所以有这种感觉,是因为虽目前自己感到健康情况尚好,但毕竟年龄不饶人,已到耄耋之年,以后再要写篇幅较大的专著,可能力不从心了。不论是苏联时期的经济改革还是俄罗斯时期经济体制的转型,仍有很多问题值得深入研究,再说俄罗斯经济体制的转型还远没有结束,尚未建立起经济现代化的体系。中国的经济改革还有待不断深化。今后在健康条件允许的情况下,我还可能写些文章,和大家讨论一些问题,以求得学术界同行与广大读者的批评和指正。

由于本书从完稿到现今出版已过了 5 年之多,不论俄罗斯经济体制转型还是经济发展状况,都发生了一些变化。2020 年以来,俄罗斯经济面临疫情和油价暴跌的双重夹击,导致 2020 年国内生产总值下降 2.7%。2021 年经济有所好转,国内生产总值增长 4.7%,为 1.775 万亿美元,全球排名第 12 位,人均国内生产总值为 1.2 万美元。根据俄罗斯联邦统计局 2024 年 2 月 8 日发布的数据,2023 年俄国内生产总值增长 3.6%,2022 年国内生产总值由原来公布的下降 2.1%,修正后变为下降 1.2%。2023 年俄罗斯经济的增长主要与俄乌冲突后军工产品大量增加有关。

在我看来,对俄罗斯经济发展前景问题的分析,首先要看到美欧制裁对俄罗斯经济产生的影响,从今后一个时期国际大环境来看,俄罗斯经济发展的不利因素并没有减少,这可以从三方面来分析:第一,俄罗斯与西方特别是与美国的关系会进一步的恶化,美欧对俄的经济制裁将持久化与扩大化;

第二,俄乌冲突使得本来就复苏乏力的世界更加危机重重;第三,国际经济关系日趋政治化,贸易保护主义、竞争性的货币政策与汇率政策不断加深。今后俄罗斯资金短缺可能更趋严重,这一方面是由于美欧对俄罗斯的经济制裁将会继续下去,掐断了俄罗斯融资的资金链;另一方面是因为俄罗斯通胀居高不下,投资环境恶化,资本外流将继续。此外,还必须考虑到俄罗斯经济本身存在的问题,即其经济发展的基础性条件。俄罗斯经济转型30多年来,保证其经济稳定增长的一些基础性因素并没有很好的解决,如依赖资资源型经济结构难以调整,制造业、加工工业严重衰退,经济效益低下与高新技术发展缓慢等问题。阻遏俄罗斯经济发展的基础性因素难以很快得到改善。由于以上因素,今后一个时期,俄罗斯经济将可能进入困难的滞胀期。

通过对苏联、俄罗斯体制问题的研究,进一步让我认识到:一个国家的成败兴衰归根结底取决于其选择的体制模式,即由各个领域的体制形成的社会政治经济制度;一个国家能否不断向前发展,取决于其能否根据各个历史时期客观条件的变化情况,与时俱进,创新理论,及时且不断的进行改革;一个国家要实现现代化,必须以现代化的社会政治经济制度为基础,才能成为现代化国家,为此,必须通过不断的改革推进体制转型。

通过改革推进体制转型需要一个很长的历史过程。2012年12月31日,习近平在主持十八届中央政治局第二次集体学习时指出:"改革开放只有进行时没有完成时。没有改革开放,就没有中国的今天,也就没有中国的明天。"可以说,没有改革开放,也就没有中国的现代化。在改革开放过程中,随着情况的不断变化,需要研究新的问题,需要提出新的理论。理论上的创新显得越来越重要。为此,需要一个良好的学术研究环境,推行百花齐放、百家争鸣的政策十分重要。2016年习近平在加快构建中国特色哲学社会科学工作座谈会上的讲话指出:"百花齐放、百家争鸣,是繁荣发展我国哲学社会科学的重要方针。要提倡理论创新和知识创新,鼓励大胆探索,开展平等、健康、活泼和充分说理的学术争鸣,活跃学术空气。要坚持和发扬学术民主,尊重差异,包容多样,提倡不同学术观点、不同风格学派相互切磋、平等讨论。要正确区分学术问题和政治问题,不要把一般的学术问题当成政治问题,也不要把政治问题当作一般的学术问题,既反对打着学术研究旗号从事违背学术道德、违反宪法法律的假学术行为,也反对把学术问题和政治问题混淆起来、用解决政治问题的办法对待学术问题的简单化做法。"

这里还需要指出的是,本书是按照历史发展阶段展开论述的,一些重要的问题往往分散在各个历史时期,考虑到这个因素,为了读者更好地了解苏联、俄罗斯经济体制改革和转型的一些问题,我在这里将有关文章题目与出版时间和刊物列出,供读者参考:

1.《俄罗斯转型与国家现代化问题研究》,《探索与争鸣》2013 年第 4 期。

2.《莫德罗对苏联模式社会主义的反思》,《经济观察报》2013 年 2 月 25 日。

3.《60 年后再评斯大林》,《经济观察报》2013 年 3 月 11 日。

4.《邓小平对苏联社会主义模式的论述》,《经济观察报》2014 年 8 月 18 日。

5.《强人普京的民主命题》,《经济观察报》2014 年 8 月 18 日。

6.《60 年后再评赫鲁晓夫的改革》,《社会科学》2017 年第 2 期。

7.《苏联难以进行以市场取向改革的理论障碍》,《中国浦东干部学院学报》2017 年第 1 期。

8.《普京 5.0 面临的难题》,《经济观察报》2018 年 4 月 2 日。

9.《苏联时期所有制理论对经济体制改革的影响》,《中国浦东干部学院学报》2018 年第 5 期。

10.《苏联社会主义失败原因分析》(上、下篇),《重庆社会科学》2018 年第 11、12 期。

11.《对苏联社会主义发展阶段理论的评析》,《中国浦东干部学院学报》2019 年第 3 期。

12.《俄罗斯农业制度变革史论》,《中国浦东干部学院学报》2020 年第 3 期。

13.《对苏联、俄罗斯对外贸易政策与体制变革的评析》,《中国浦东干部学院学报》2020 年第 6 期。

14.《俄罗斯经济发展中的苏联经济因素分析——以经济结构与增长方式为例》,《中国浦东干部学院学报》2021 年第 4 期。

15.《苏联经济发展历史简论与启示——从 10 月革命前到列宁时期》,《中国浦东干部学院学报》2022 年第 4 期。

16.《苏联经济发展历史简论与启示——从斯大林时期到赫鲁晓夫时期》,《中国浦东干部学院学报》2022 年第 5 期。

17.《苏联经济发展历史简论与启示——从勃列日涅夫时期到戈尔巴乔夫时期》,《中国浦东干部学院学报》2023 年第 2 期。

另外,感谢天津人民出版社允诺在书中印一些我从事学术研究过程中的照片。考虑到我从事学术研究活动的时间较长,年长的一些同行并没有留有照片,现有的一些重要照片可能模糊不清,还考虑到在书中也不能印更多的照片,所以只能有选择地印现书中的一些照片作一留念。

最后,十分感谢天津人民出版社对本书的出版给予了大力的支持,还要特别感谢王琤、曹忠鑫等同志付出的辛劳。

陆南泉

2024 年 3 月 26 日